PRINCIPLES OF ECONOMICS, 7ᵉ

经济学原理 第7版

〔美〕**曼昆** 著　　梁小民　梁 砾 译
N. Gregory Mankiw

典藏版

北京大学出版社
PEKING UNIVERSITY PRESS

著作权合同登记号　图字：01-2017-1124

图书在版编目（CIP）数据

经济学原理：第7版：典藏版／（美）曼昆（Mankiw, N. G.）著；梁小民，梁砾译．—北京：北京大学出版社，2017.9

ISBN 978-7-301-28608-1

Ⅰ．①经… Ⅱ．①曼…②梁…③梁… Ⅲ．①经济学 Ⅳ．①F0

中国版本图书馆CIP数据核字(2017)第194551号

N. Gregory Mankiw

Principles of Economics, seventh edition

Copyright © 2015 Cengage Learning.

Original edition published by Cengage Learning. All Rights Reserved.

本书原版由圣智学习出版公司出版。版权所有，盗印必究。

Peking University Press is authorized by Cengage Learning to publish and distribute exclusively this simplified Chinese edition. This edition is authorized for sale in the People's Republic of China only (excluding Hong Kong, Macao SARs and Taiwan). Unauthorized export of this edition is a violation of the Copyright Act. No part of this publication may be reproduced or distributed by any means, or stored in a database or retrieval system, without the prior written permission of the publisher.

本书中文简体字翻译版由圣智学习出版公司授权北京大学出版社独家出版发行。此版本仅限在中华人民共和国境内（不包括中国香港、澳门特别行政区及中国台湾地区）销售。未经授权的本书出口将被视为违反版权法的行为。未经出版者预先书面许可，不得以任何方式复制或发行本书的任何部分。

本书封面贴有Cengage Learning防伪标签，无标签者不得销售。

本书采用出版物版权追溯防伪凭证，读者可通过手机下载APP扫描封底二维码，或者登录互联网查询产品信息。

书　　名	经济学原理（第7版）（典藏版） JINGJIXUE YUANLI (DI-QI BAN) (DIAN CANG BAN)
著作责任者	〔美〕曼　昆　著　梁小民　梁　砾　译
责任编辑	张　燕
标准书号	ISBN 978-7-301-28608-1
出版发行	北京大学出版社
地　　址	北京市海淀区成府路205号　100871
网　　址	http://www.pup.cn
电子邮箱	编辑部：em@pup.cn　　总编室：zpup@pup.cn
新浪微博	@北京大学出版社　@北京大学出版社经管图书
电　　话	邮购部 62752015　发行部 62750672　编辑部 62752926
印 刷 者	北京中科印刷有限公司
经 销 者	新华书店
	889毫米×1194毫米　16开本　48.5印张　1062千字 2017年9月第1版　2024年1月第6次印刷
定　　价	298.00元

未经许可，不得以任何方式复制或抄袭本书之部分或全部内容。

版权所有，侵权必究

举报电话：010-62752024　电子邮箱：fd@pup.cn

图书如有印装质量问题，请与出版部联系，电话：010-62756370

献给 Catherine, Nicholas 和 Peter，
作为我给下一代的另一种贡献

N. 格里高利·曼昆
图片来源：Jordi Cabre

N. 格里高利·曼昆（N. Gregory Mankiw）是哈佛大学的罗伯特·M. 伯瑞（Robert M. Beren）讲座经济学教授。作为学生，他曾在普林斯顿大学和麻省理工学院学习经济学。作为教师，他讲授过宏观经济学、微观经济学、统计学和经济学原理。多年前他还在新泽西州的长滩岛当过一个夏天的帆船运动教练。

曼昆教授是一位著作颇丰的学者，并经常参加学术与政策讨论。他的著作发表在许多学术期刊上，例如《美国经济评论》《政治经济学杂志》和《经济学季刊》，以及更具普及性的报刊上，例如《纽约时报》和《华尔街日报》。除了《经济学原理》之外，他也是畅销的中级经济学教科书《宏观经济学》（沃思出版公司出版）的作者。除了教学、研究和写作之外，曼昆教授还是美国国家经济研究局（NBER）的研究人员，国会预算办公室、波士顿和纽约联邦储备银行的顾问，以及美国教育考试服务中心（ETS）的经济学先修课程考试研发委员会成员。2003—2005 年，他曾担任美国总统经济顾问委员会主席。

曼昆教授现在与妻子 Deborah，三个孩子 Catherine、Nicholas 和 Peter，以及宠物狗 Tobin 住在马萨诸塞州的威尔斯利。

中文版序

我写经济学教科书的最大乐趣之一是看到它们能在全世界范围内被广泛采用。我在出国访学碰到他国学生，或碰到访问哈佛大学的外国学生时，他们往往会告诉我，我为他们提供了经济学的入门读本，尽管有时是被翻译成各种我所不懂的语言。关于究竟有多少学生接触过我的教科书的报道是粗略的，但很明确的是，在成为一位教科书作者二十余年后，我在全球数以百万计学生的经济学教育中扮演了一个小小的角色。

正因为经济学的基础知识是如此基本，这种全球范围内的普遍使用才成为可能。经济学领域的伟大洞见，如亚当·斯密的"看不见的手"的概念、大卫·李嘉图的比较优势原理，以及约翰·梅纳德·凯恩斯的总需求理论，并不旨在仅适用于某个特定的时间和空间。相反，它们给机敏的学生提供了观察世界的新透镜和有助于设计更好的公共政策的新工具。当然，一个人透过该透镜看到了什么，以及他或她如何运用这些工具，将取决于特定的历史、政治和文化条件。经济学理论本身并不会给出所有问题的正确答案，但作为通才教育的一部分，它为找到诸多重大问题的正确答案提供了关键要素。

美国学生通常对了解中国经济的发展颇感兴趣，我相信许多中国学生也会关注美国经济。我向我的学生们指出，中国在过去几十年里的经济增长极为引人注目。考虑到中国庞大的人口规模，人类历史上很可能没有其他事件，能比这一快速增长时期使更多人口脱离贫困。对此，我们唯一正确而合适的反应无疑是掌声和赞许。

这种快速增长强化了中国作为世界经济主要参与者的角色。未来几年，将有许多经济议题需要中美两国领导人共同讨论，如全球气候变化、知识产权保护及国际贸易和金融规则。这些讨论应基于以下认识而展开：繁荣并非一个零和博弈，而是能以一种合作和共赢的精神共同实现。就我的教科书在经济学基础课程上推动了中美两国学生的教育而言，我希望自己能以某种微不足道的方式对两国的持续发展有所贡献。

N. 格里高利·曼昆
2015 年 4 月

Preface to Chinese Edition

One of the great joys of having written my textbooks on economics is to see their widespread use around the world. When I meet students as I travel abroad or foreign students who are visiting Harvard, they often tell me that I offered them their first taste of economics, sometimes translated into languages that I cannot begin to understand. Reports of exactly how many students my books have reached are sketchy, but it is clear that, after more than two decades as a textbook author, I have played a small role in the education of many millions of students all over the globe.

Such worldwide use is possible only because the basic lessons of economics are so fundamental. The big insights of the field, such as Adam Smith's concept of the invisible hand, David Ricardo's principle of comparative advantage, and John Maynard Keynes's theory of aggregate demand, are not designed to apply to only a specific time and place. Rather, they provide the astute student with a new lens with which to view the world and new tools with which to help design better public policies. Of course, what a person sees when he or she peers through the lens and how a person applies these tools may depend on particular historical, political, and cultural conditions. The theory of economics does not by itself give the right answers to all questions, but as part of a broad education, it offers a crucial input into finding the right answers to many important questions.

American students are often interested to learn about the evolution of the Chinese economy, and I am sure that many Chinese students return the favor. I point out to my students that Chinese economic growth over the past several decades has been remarkable. Given the size of China's population, it is likely that no event in human history has pulled more people out of poverty than this period of rapid growth. The only correct response is applause.

This rapid growth has reinforced China's role as a major player in the world economy. In the years to come, there will be many economic issues which American and Chinese leaders will need to discuss, such as global climate change, intellectual property protection, and the rules for international trade and finance. These discussions should take place with the recognition that prosperity is not zero-sum but, rather, can be achieved together with a spirit of cooperation and mutual gain. To the extent that my books have helped educate both American and Chinese students in the basic lessons of economics, I hope I may have contributed in some small way to the continued success of both nations.

Greg Mankiw

April 2015

前言：致学生

19世纪伟大的经济学家阿尔弗雷德·马歇尔（Alfred Marshall）在他的教科书《经济学原理》中这样写道："经济学是一门研究人类一般生活事务的学问。"虽然自从马歇尔那个时代以来，我们对经济了解得更多了，但经济学的这一定义在今天依然如同在1890年他的教科书第1版出版时一样正确。

作为一个21世纪初的学生，为什么你还应该学习经济学呢？原因有三个：

学习经济学的第一个原因是，它有助于你理解你所生活在其中的世界。有许多经济问题会激起你的好奇心。为什么在纽约市找公寓如此困难？为什么如果旅客周六停留一个晚上，航空公司对往返机票的收费就要低一些？为什么莱昂纳多·迪卡普里奥（Leonardo DiCaprio）出演电影得到的报酬如此之高？为什么许多非洲国家的生活水平如此低下？为什么一些国家通货膨胀率高，而另一些国家物价稳定？为什么在一些年份找工作容易，而在另一些年份困难？这些只是经济学课程可以帮助你回答的几个问题。

学习经济学的第二个原因是，它将使你更精明地参与经济。在你的日常生活中，你要做出许多经济决策。当你是学生时，你要决定在学校学习多少年。一旦你参加了工作，你要决定把多少收入用于支出，多少用于储蓄，以及如何将你的储蓄用于投资。也许有一天你要管理一家小企业或一个大公司，而且你要决定为你的产品制定多高的价格。本书各章提出的观点将使你从一个新角度去思考如何最好地做出这些决策。学习经济学本身不会使你富有，但它将提供一些有助于你努力致富的工具。

学习经济学的第三个原因是，它将使你更好地理解经济政策的潜力与局限性。经济问题总是市政府办公室、州政府大厦和白宫决策者所关心的。各种不同形式税收带来的负担是什么？与其他国家自由贸易的影响是什么？保护环境的最好方法是什么？政府的预算赤字如何影响经济？作为一个选民，你可以帮助政府在这些引导全社会资源配置的政策之间做出选择。对经济学的理解将有助于你履行这一职责。而且说不准，也许有一天你自己也会成为那些决策者中的一员。

因此，经济学原理可以运用到生活中的方方面面。无论以后你阅读报纸、管理企业还是坐在白宫椭圆形的办公室中，你都将会为学习过经济学而感到欣慰。

简明目录

1	第1篇	**导言**
3	第1章	经济学十大原理
17	第2章	像经济学家一样思考
42	第3章	相互依存性与贸易的好处
55	第2篇	**市场如何运行**
57	第4章	供给与需求的市场力量
77	第5章	弹性及其应用
95	第6章	供给、需求与政府政策
113	第3篇	**市场和福利**
115	第7章	消费者、生产者与市场效率
131	第8章	应用：赋税的代价
144	第9章	应用：国际贸易
161	第4篇	**公共部门经济学**
163	第10章	外部性
180	第11章	公共物品和公共资源
193	第12章	税制的设计

211	第5篇	**企业行为与产业组织**
213	第13章	生产成本
229	第14章	竞争市场上的企业
247	第15章	垄断
272	第16章	垄断竞争
288	第17章	寡头
307	第6篇	**劳动市场经济学**
309	第18章	生产要素市场
326	第19章	收入与歧视
340	第20章	收入不平等与贫困
357	第7篇	**深入研究的论题**
359	第21章	消费者选择理论
382	第22章	微观经济学前沿
399	第8篇	**宏观经济学的数据**
401	第23章	一国收入的衡量
420	第24章	生活费用的衡量

435	第 9 篇	长期中的真实经济		591	第 12 篇	短期经济波动
437	第 25 章	生产与增长		593	第 33 章	总需求与总供给
458	第 26 章	储蓄、投资和金融体系		625	第 34 章	货币政策和财政政策对总需求的影响
476	第 27 章	金融学的基本工具		645	第 35 章	通货膨胀与失业之间的短期权衡取舍
489	第 28 章	失业				
				667	第 13 篇	最后的思考
509	第 10 篇	长期中的货币与物价		669	第 36 章	宏观经济政策的六个争论问题
511	第 29 章	货币制度				
531	第 30 章	货币增长与通货膨胀				
553	第 11 篇	开放经济的宏观经济学				
555	第 31 章	开放经济的宏观经济学：基本概念				
574	第 32 章	开放经济的宏观经济理论				

目 录

第1篇 导言

第1章
经济学十大原理

1.1 人们如何做出决策 4
    1.1.1 原理一：人们面临权衡取舍 4
    1.1.2 原理二：某种东西的成本是为了得到它所放弃的东西 5
    1.1.3 原理三：理性人考虑边际量 5
    1.1.4 原理四：人们会对激励做出反应 7
    【案例研究】汽油价格的激励效应 8

1.2 人们如何相互影响 8
    1.2.1 原理五：贸易可以使每个人的状况都变得更好 8
    1.2.2 原理六：市场通常是组织经济活动的一种好方法 9
    【参考资料】亚当·斯密与"看不见的手" 10
    1.2.3 原理七：政府有时可以改善市场结果 11

1.3 整体经济如何运行 12
    1.3.1 原理八：一国的生活水平取决于它生产物品与服务的能力 12
    1.3.2 原理九：当政府发行了过多货币时，物价上升 12
    1.3.3 原理十：社会面临通货膨胀与失业之间的短期权衡取舍 13
    【新闻摘录】为什么你应该学习经济学 14

1.4 结论 15
内容提要 16
关键概念 16
复习题 16

第 2 章
像经济学家一样思考

- 2.1 作为科学家的经济学家　17
  - 2.1.1 科学方法：观察、理论和进一步观察　18
  - 2.1.2 假设的作用　19
  - 2.1.3 经济模型　19
  - 2.1.4 我们的第一个模型：循环流量图　20
  - 2.1.5 我们的第二个模型：生产可能性边界　21
  - 2.1.6 微观经济学与宏观经济学　24
- 2.2 作为政策顾问的经济学家　25
  - 2.2.1 实证分析与规范分析　25
  - 2.2.2 华盛顿的经济学家们　26
  - 2.2.3 为什么经济学家的建议并不总是被采纳　27
- 2.3 经济学家意见分歧的原因　28
  - 2.3.1 科学判断的不同　28
  - 2.3.2 价值观的不同　28
  - 2.3.3 感觉与现实　29
  - 【新闻摘录】现实的经济学家与虚拟现实　30
- 2.4 出发吧　31
- 内容提要　32
- 关键概念　32
- 复习题　32
- 附　录　绘图：简单的复习　33

第 3 章
相互依存性与贸易的好处

- 3.1 一个现代经济寓言　42
  - 3.1.1 生产可能性　43
  - 3.1.2 专业化与贸易　45
- 3.2 比较优势：专业化的动力　46
  - 3.2.1 绝对优势　46
  - 3.2.2 机会成本和比较优势　47
  - 3.2.3 比较优势与贸易　48
  - 3.2.4 贸易的价格　48
  - 【参考资料】亚当·斯密与大卫·李嘉图的思想遗产　49
- 3.3 比较优势的应用　49
  - 3.3.1 Tom Brady 应该自己修剪草坪吗　50
  - 【新闻摘录】家庭经济学　50
  - 3.3.2 美国应该与其他国家进行贸易吗　52
- 3.4 结论　52
- 内容提要　53
- 关键概念　53
- 复习题　53

第 2 篇 市场如何运行

第 4 章
供给与需求的市场力量

4.1 市场与竞争 57
    4.1.1 什么是市场 57
    4.1.2 什么是竞争 58
4.2 需求 58
    4.2.1 需求曲线:价格和需求量之间的关系 59
    4.2.2 市场需求与个人需求 60
    4.2.3 需求曲线的移动 61
    【案例研究】减少香烟需求量的两种方法 63
4.3 供给 64
    4.3.1 供给曲线:价格与供给量之间的关系 64
    4.3.2 市场供给与个人供给 65
    4.3.3 供给曲线的移动 65
4.4 供给与需求的结合 68
    4.4.1 均衡 68
    4.4.2 分析均衡变动的三个步骤 70
    【新闻摘录】大灾之后的物价上升 74
4.5 结论:价格如何配置资源 75
内容提要 76
关键概念 76
复习题 76

第 5 章
弹性及其应用

5.1 需求弹性 77
    5.1.1 需求价格弹性及其决定因素 78
    5.1.2 需求价格弹性的计算 78
    5.1.3 中点法:一个计算变动百分比和弹性的更好方法 79
    5.1.4 各种需求曲线 80
    【参考资料】现实世界中的几种弹性 80
    5.1.5 总收益与需求价格弹性 81
    5.1.6 沿着一条线性需求曲线的弹性和总收益 82
    5.1.7 其他需求弹性 84
5.2 供给弹性 85
    5.2.1 供给价格弹性及其决定因素 85
    5.2.2 供给价格弹性的计算 85
    5.2.3 各种供给曲线 86
5.3 供给、需求和弹性的三个应用 88
    5.3.1 农业的好消息可能对农民来说是坏消息吗 88
    5.3.2 为什么石油输出国组织不能保持石油的高价格 90
    5.3.3 禁毒是增加还是减少了与毒品相关的犯罪 91
5.4 结论 93
内容提要 94
关键概念 94
复习题 94

第 6 章
供给、需求与政府政策

6.1 价格控制 95
    6.1.1 价格上限如何影响市场结果 96
    【案例研究】加油站前的长队 97
    【案例研究】短期与长期中的租金控制 98
    6.1.2 价格下限如何影响市场结果 99
    【案例研究】最低工资 101
    【新闻摘录】委内瑞拉与市场 102
    6.1.3 对价格控制的评价 103

6.2 税收 104
    6.2.1 向卖者征税如何影响市场结果 104
    6.2.2 向买者征税如何影响市场结果 106
    【案例研究】国会能分配工薪税的负担吗 107
    6.2.3 弹性与税收归宿 108
    【案例研究】谁支付奢侈品税 110

6.3 结论 110
内容提要 111
关键概念 111
复习题 111

第 3 篇 市场和福利

第 7 章
消费者、生产者与市场效率

7.1 消费者剩余 115
    7.1.1 支付意愿 116
    7.1.2 用需求曲线衡量消费者剩余 117
    7.1.3 价格降低如何增加消费者剩余 118
    7.1.4 消费者剩余衡量什么 119

7.2 生产者剩余 120
    7.2.1 成本与销售意愿 120
    7.2.2 用供给曲线衡量生产者剩余 121
    7.2.3 价格上升如何增加生产者剩余 122

7.3 市场效率 124
    7.3.1 仁慈的社会计划者 124
    7.3.2 市场均衡的评价 125
    【案例研究】人体器官市场是否应该存在 127
    【新闻摘录】"看不见的手"可以帮你停车 128

7.4 结论:市场效率与市场失灵 129
内容提要 130
关键概念 130
复习题 130

第 8 章
应用：赋税的代价

8.1 赋税的无谓损失 131
    8.1.1 税收如何影响市场参与者 132
    8.1.2 无谓损失与贸易的好处 135

8.2 决定无谓损失的因素 136
    【案例研究】关于无谓损失的争论 137

8.3 税收变动时的无谓损失和税收收入 138
    【案例研究】拉弗曲线和供给学派经济学 139
    【新闻摘录】税收争论 140

8.4 结论 142
内容提要 143
关键概念 143
复习题 143

第 9 章
应用：国际贸易

9.1 决定贸易的因素 144
    9.1.1 没有贸易时的均衡 144
    9.1.2 世界价格和比较优势 146

9.2 贸易的赢家和输家 146
    9.2.1 出口国的得失 147
    9.2.2 进口国的得失 148
    9.2.3 关税的影响 149
    【参考资料】进口配额：另一种限制贸易的方法 151
    9.2.4 贸易政策的结论 151
    9.2.5 国际贸易的其他好处 152
    【新闻摘录】对自由贸易的威胁 153

9.3 各种限制贸易的观点 154
    9.3.1 工作岗位论 154
    【新闻摘录】自由贸易的赢家应该补偿输家吗 155
    9.3.2 国家安全论 156
    9.3.3 幼稚产业论 156
    9.3.4 不公平竞争论 156
    9.3.5 作为讨价还价筹码的保护论 157
    【新闻摘录】关于自由贸易的再思考 157
    【案例研究】贸易协定和世界贸易组织 158

9.4 结论 159
内容提要 160
关键概念 160
复习题 160

第4篇 公共部门经济学

第10章
外部性

10.1 外部性和市场无效率 164
    10.1.1 福利经济学：回顾 164
    10.1.2 负外部性 165
    10.1.3 正外部性 167
    【新闻摘录】乡村生活的外部性 168
    【案例研究】技术溢出、产业政策与专利保护 169

10.2 针对外部性的公共政策 169
    10.2.1 命令与控制政策：管制 169
    10.2.2 以市场为基础的政策1：矫正税与补贴 170
    【案例研究】为什么对汽油征收的税如此之重 171
    10.2.3 以市场为基础的政策2：可交易的污染许可证 172
    【新闻摘录】应对气候变化，我们应做什么 173
    10.2.4 对关于污染的经济分析的批评 174

10.3 外部性的私人解决方法 175
    10.3.1 私人解决方法的类型 175
    10.3.2 科斯定理 176
    10.3.3 为什么私人解决方法并不总是有效 177

10.4 结论 177
内容提要 178
关键概念 178
复习题 178

第11章
公共物品和公共资源

11.1 不同类型的物品 180
11.2 公共物品 182
    11.2.1 搭便车者问题 182
    11.2.2 一些重要的公共物品 184
    【案例研究】灯塔是公共物品吗 185
    11.2.3 成本—收益分析的难题 185
    【案例研究】一条生命值多少钱 186

11.3 公共资源 187
    11.3.1 公地悲剧 187
    11.3.2 一些重要的公共资源 188
    【新闻摘录】收费公路案例 189
    【案例研究】为什么奶牛没有绝种 190

11.4 结论：产权的重要性 191
内容提要 192
关键概念 192
复习题 192

第 12 章
税制的设计

12.1 美国政府的财政概况 194
    12.1.1 联邦政府 194
    【案例研究】未来的财政挑战 198
    12.1.2 州与地方政府 199

12.2 税收和效率 201
    12.2.1 无谓损失 201
    【案例研究】应该对收入征税，还是应该对消费征税 202
    12.2.2 管理负担 202
    12.2.3 边际税率与平均税率 203
    12.2.4 定额税 203

12.3 税收与平等 204
    12.3.1 受益原则 204
    12.3.2 支付能力原则 205
    【案例研究】如何分配税收负担 206
    12.3.3 税收归宿与税收平等 207
    【新闻摘录】税收支出 207
    【案例研究】谁支付公司所得税 209

12.4 结论：平等与效率之间的权衡取舍 209
内容提要 210
关键概念 210
复习题 210

第 5 篇　企业行为与产业组织

第 13 章
生产成本

13.1 什么是成本 214
    13.1.1 总收益、总成本和利润 214
    13.1.2 作为机会成本的成本 214
    13.1.3 作为一种机会成本的资本成本 215
    13.1.4 经济利润与会计利润 215

13.2 生产与成本 216
    13.2.1 生产函数 217
    13.2.2 从生产函数到总成本曲线 219

13.3 成本的各种衡量指标 219
    13.3.1 固定成本与可变成本 221
    13.3.2 平均成本与边际成本 221
    13.3.3 成本曲线及其形状 222
    13.3.4 典型的成本曲线 224

13.4 短期成本与长期成本 225
    13.4.1 短期与长期平均总成本之间的关系 225
    13.4.2 规模经济与规模不经济 226
    【参考资料】针厂的经验 227

13.5 结论 227
内容提要 228
关键概念 228
复习题 228

第 14 章
竞争市场上的企业

14.1 什么是竞争市场 229
    14.1.1 竞争的含义 230
    14.1.2 竞争企业的收益 230

14.2 利润最大化与竞争企业的供给曲线 232
    14.2.1 一个简单的利润最大化例子 232
    14.2.2 边际成本曲线和企业的供给决策 233
    14.2.3 企业的短期停止营业决策 234
    14.2.4 覆水难收与其他沉没成本 236
    【案例研究】生意冷清的餐馆和淡季的小型高尔夫球场 237
    14.2.5 企业退出或进入一个市场的长期决策 237
    14.2.6 用竞争企业图形来衡量利润 238

14.3 竞争市场的供给曲线 239
    14.3.1 短期:有固定数量企业的市场供给 240
    14.3.2 长期:有进入与退出的市场供给 240
    14.3.3 如果竞争企业利润为零,为什么它们要留在市场上 242
    14.3.4 短期与长期内的需求移动 242
    14.3.5 为什么长期供给曲线可能向右上方倾斜 244

14.4 结论:在供给曲线背后 245
内容提要 246
关键概念 246
复习题 246

第 15 章
垄断

15.1 为什么会产生垄断 248
    15.1.1 垄断资源 248
    15.1.2 政府创造的垄断 249
    15.1.3 自然垄断 249

15.2 垄断者如何做出生产与定价决策 251
    15.2.1 垄断与竞争 251
    15.2.2 垄断者的收益 252
    15.2.3 利润最大化 254
    【参考资料】为什么垄断者没有供给曲线 256
    15.2.4 垄断者的利润 256
    【案例研究】垄断药品与非专利药品 256

15.3 垄断的福利代价 258
    15.3.1 无谓损失 258
    15.3.2 垄断利润:是一种社会代价吗 260

15.4 价格歧视 261
    15.4.1 关于定价的一个寓言 261
    15.4.2 "定价寓言"的寓意 262
    15.4.3 对价格歧视的分析 263
    15.4.4 价格歧视的例子 264
    【新闻摘录】高等教育中的价格歧视 265

15.5 针对垄断的公共政策 266
    15.5.1 用反托拉斯法增强竞争 266
    15.5.2 管制 267
    15.5.3 公有制 268
    15.5.4 不作为 269

15.6 结论:垄断的普遍性 269
内容提要 271
关键概念 271
复习题 271

第 16 章
垄断竞争

16.1 在垄断和完全竞争之间 272
16.2 差别产品的竞争 275
    16.2.1 短期中的垄断竞争企业 275
    16.2.2 长期均衡 275
    16.2.3 垄断竞争与完全竞争 277
    16.2.4 垄断竞争与社会福利 279
    【新闻摘录】多样性不充分是一种市场失灵 280
16.3 广告 281
    16.3.1 关于广告的争论 282
    【案例研究】广告与眼镜的价格 282
    16.3.2 作为质量信号的广告 283
    16.3.3 品牌 284
16.4 结论 285
内容提要 287
关键概念 287
复习题 287

第 17 章
寡头

17.1 只有少数几个卖者的市场 289
    17.1.1 双头的例子 289
    17.1.2 竞争、垄断和卡特尔 290
    【新闻摘录】公开的价格勾结 290
    17.1.3 寡头的均衡 291
    17.1.4 寡头数量如何影响市场结果 292
17.2 合作经济学 294
    17.2.1 囚徒困境 294
    17.2.2 作为囚徒困境的寡头 295
    【案例研究】OPEC 和世界石油市场 296
    17.2.3 囚徒困境的其他例子 297
    17.2.4 囚徒困境与社会福利 299
    17.2.5 人们有时能合作的原因 299
    【案例研究】囚徒困境的比赛 300
17.3 针对寡头的公共政策 300
    17.3.1 贸易限制与反托拉斯法 300
    【案例研究】一次违法的通话 301
    17.3.2 关于反托拉斯政策的争论 301
    【案例研究】微软案 303
    【新闻摘录】应该把全美大学体育协会（NCAA）告上法庭吗 304
17.4 结论 305
内容提要 306
关键概念 306
复习题 306

第 6 篇　劳动市场经济学

第 18 章
生产要素市场

18.1 劳动的需求 310
  18.1.1 竞争的、以利润最大化为目标的企业　311
  18.1.2 生产函数与劳动的边际产量　311
  18.1.3 边际产量值和劳动需求　313
  【参考资料】投入需求与产量供给：同一枚硬币的两面　314
  18.1.4 什么引起劳动需求曲线移动　315

18.2 劳动的供给 315
  18.2.1 工作与闲暇之间的权衡取舍　315
  18.2.2 什么引起劳动供给曲线移动　316

18.3 劳动市场的均衡 316
  18.3.1 劳动供给曲线的移动　317
  【新闻摘录】移民经济学　318
  18.3.2 劳动需求曲线的移动　319
  【案例研究】生产率与工资　320
  【参考资料】买方垄断　321

18.4 其他生产要素：土地和资本 321
  18.4.1 土地和资本市场的均衡　322
  【参考资料】什么是资本收入　323
  18.4.2 生产要素之间的联系　323
  【案例研究】黑死病的经济学　324

18.5 结论 324
内容提要 325
关键概念 325
复习题 325

第 19 章
收入与歧视

19.1 决定均衡工资的若干因素 326
  19.1.1 补偿性工资差别　326
  19.1.2 人力资本　327
  【案例研究】日益增加的技能价值　328
  【新闻摘录】高等教育是一种投资　329
  19.1.3 能力、努力和机遇　330
  【案例研究】漂亮的收益　330
  19.1.4 教育的另一种观点：信号　331
  19.1.5 超级明星现象　331
  19.1.6 高于均衡水平的工资：最低工资法、工会和效率工资　33

19.2 歧视经济学 333
  19.2.1 劳动市场歧视的衡量　333
  【案例研究】Emily 比 Lakisha 更容易找到工作吗　335
  19.2.2 雇主的歧视　335
  【案例研究】电车上的种族隔离与利润动机　336
  19.2.3 顾客与政府的歧视　336
  【案例研究】体育运动中的歧视　337
  【新闻摘录】性别差异　337

19.3 结论 338
内容提要 339
关键概念 339
复习题 339

第 20 章
收入不平等与贫困

20.1 不平等的衡量 341
    20.1.1 美国的收入不平等 341
    20.1.2 世界各国的不平等状况 342
    20.1.3 贫困率 343
    20.1.4 衡量不平等时的问题 345
    【案例研究】不平等的其他衡量标准 346
    20.1.5 经济流动性 346
20.2 收入再分配的政治哲学 347
    20.2.1 功利主义 347
    20.2.2 自由主义 348
    20.2.3 自由至上主义 349
20.3 减少贫困的政策 350
    20.3.1 最低工资法 351
    20.3.2 福利 351
    20.3.3 负所得税 352
    20.3.4 实物转移支付 352
    【新闻摘录】收入再分配的国际差距 353
    20.3.5 反贫困计划和工作激励 354
20.4 结论 355
内容提要 356
关键概念 356
复习题 356

第 7 篇 深入研究的论题

第 21 章
消费者选择理论

21.1 预算约束：消费者能买得起什么 360
21.2 偏好：消费者想要什么 361
    21.2.1 用无差异曲线代表偏好 361
    21.2.2 无差异曲线的四个特征 363
    21.2.3 无差异曲线的两个极端例子 364
21.3 最优化：消费者选择什么 366
    21.3.1 消费者的最优选择 366
    【参考资料】效用：描述偏好和最优化的另一种方法 367
    21.3.2 收入变动如何影响消费者的选择 368
    21.3.3 价格变动如何影响消费者的选择 369
    21.3.4 收入效应与替代效应 370
    21.3.5 需求曲线的推导 372
21.4 三种应用 373
    21.4.1 所有的需求曲线都向右下方倾斜吗 373
    【案例研究】寻找吉芬物品 374
    21.4.2 工资如何影响劳动供给 375
    【案例研究】劳动供给的收入效应：历史趋势、彩票赢家及卡内基的猜测 377
    21.4.3 利率如何影响家庭储蓄 378
21.5 结论：人们真的这样想吗 380
内容提要 381
关键概念 381
复习题 381

第22章
微观经济学前沿

22.1 不对称信息 382
    22.1.1 隐蔽性行为：委托人、代理人及道德风险 383
    【参考资料】公司治理 384
    22.1.2 隐蔽性特征：逆向选择和次品问题 384
    22.1.3 为传递私人信息发信号 385
    【案例研究】作为信号的礼物 386
    22.1.4 引起信息披露的筛选 386
    22.1.5 不对称信息与公共政策 387

22.2 政治经济学 387
    22.2.1 康多塞投票悖论 387
    22.2.2 阿罗不可能性定理 389
    22.2.3 中值选民说了算 389
    22.2.4 政治家也是人 391

22.3 行为经济学 391
    22.3.1 人们并不总是理性的 392
    【案例研究】左位偏差 393
    22.3.2 人们关注公正 394
    22.3.3 人们是前后不一致的 394
    【新闻摘录】脑科学能改善经济学吗 395

22.4 结论 397
内容提要 398
关键概念 398
复习题 398

第8篇 宏观经济学的数据

第23章
一国收入的衡量

23.1 经济的收入与支出 402
23.2 国内生产总值的衡量 403
    23.2.1 "……市场价值" 403
    23.2.2 "……所有……" 404
    23.2.3 "……最终……" 404
    23.2.4 "……物品与服务……" 404
    23.2.5 "……生产的……" 404
    23.2.6 "……一个国家内……" 405
    23.2.7 "在某一既定时期……" 405
    【参考资料】其他收入衡量指标 406

23.3 GDP 的组成部分 406
    23.3.1 消费 406
    23.3.2 投资 407
    23.3.3 政府购买 407
    23.3.4 净出口 407
    【案例研究】美国 GDP 的组成部分 408
    【新闻摘录】经济分析局改变了投资和 GDP 的定义 409

23.4 由真实 GDP 与名义 GDP 409
    23.4.1 一个数字例子 410
    23.4.2 GDP 平减指数 411
    【案例研究】近年来的真实 GDP 412

23.5 GDP 是衡量经济福利的好指标吗 413
    【新闻摘录】地下经济 415
    【案例研究】GDP 与生活质量的国际差异 416
    【新闻摘录】衡量宏观经济福利 417

23.6 结论 418
内容提要 419
关键概念 419
复习题 419

第 24 章
生活费用的衡量

24.1 消费物价指数 421
    24.1.1 如何计算消费物价指数 421
    【参考资料】CPI 的篮子中有些什么 423
    24.1.2 衡量生活费用中的问题 424
    【新闻摘录】在网络时代监控通货膨胀 425
    24.1.3 GDP 平减指数与消费物价指数 426
24.2 根据通货膨胀的影响校正经济变量 428
    24.2.1 不同时期的美元数字 428
    【参考资料】指数先生进入好莱坞 429
    24.2.2 指数化 429
    24.2.3 真实利率与名义利率 429
    【案例研究】美国经济中的利率 431
24.3 结论 431
内容提要 433
关键概念 433
复习题 433

第 9 篇　长期中的真实经济

第 25 章
生产与增长

25.1 世界各国的经济增长 438
    【参考资料】你比最富的美国人还富吗 439
25.2 生产率：作用及决定因素 440
    25.2.1 为什么生产率如此重要 440
    【参考资料】一张图片顶一千个统计数字 441
    25.2.2 生产率是如何决定的 441
    【参考资料】生产函数 443
    【案例研究】自然资源是增长的限制吗 444
25.3 经济增长和公共政策 444
    25.3.1 储蓄和投资 444
    25.3.2 收益递减和追赶效应 445
    25.3.3 来自国外的投资 446
    25.3.4 教育 447
    25.3.5 健康与营养 448
    【新闻摘录】食品援助计划有益还是有害 449
    25.3.6 产权和政治稳定 449
    25.3.7 自由贸易 450
    25.3.8 研究与开发 451
    25.3.9 人口增长 451
    【新闻摘录】一个经济学家的回答 453
25.4 结论：长期增长的重要性 456
内容提要 457
关键概念 457
复习题 457

第 26 章
储蓄、投资和金融体系

26.1 美国经济中的金融机构 459
  26.1.1 金融市场 459
  【参考资料】对股市观察者而言的关键数字 461
  26.1.2 金融中介机构 461
  26.1.3 总结 462
  【新闻摘录】大学生应该把自己作为资产销售吗 463

26.2 国民收入账户中的储蓄与投资 464
  26.2.1 一些重要的恒等式 464
  26.2.2 储蓄与投资的含义 465

26.3 可贷资金市场 466
  26.3.1 可贷资金的供给与需求 466
  26.3.2 政策1：储蓄激励 468
  26.3.3 政策2：投资激励 469
  26.3.4 政策3：政府预算赤字与盈余 470
  【案例研究】美国政府债务史 472
  【参考资料】金融危机 473

26.4 结论 474
内容提要 475
关键概念 475
复习题 475

第 27 章
金融学的基本工具

27.1 现值：衡量货币的时间价值 476
  【参考资料】复利计算的魔力与70规则 478

27.2 风险管理 479
  27.2.1 风险厌恶 479
  27.2.2 保险市场 480
  27.2.3 企业特有风险的多元化 480
  27.2.4 风险与收益的权衡取舍 482

27.3 资产评估 483
  27.3.1 基本面分析 483
  27.3.2 有效市场假说 484
  【案例研究】随机游走与指数基金 485
  【新闻摘录】有效市场假说过时了吗 486
  27.3.3 市场非理性 487

27.4 结论 487
内容提要 488
关键概念 488
复习题 488

第 28 章
失业

28.1 失业的确认 490
    28.1.1 如何衡量失业 490
    【案例研究】 美国经济中男性与女性的劳动力参工率 493
    28.1.2 失业率衡量了我们想要衡量的内容吗 494
    28.1.3 失业者没有工作的时间有多长 495
    28.1.4 为什么总有些人是失业者 495
    【参考资料】 就业岗位数 496
28.2 寻找工作 496
    28.2.1 为什么一些摩擦性失业是不可避免的 496
    28.2.2 公共政策和寻找工作 497
    28.2.3 失业保险 498
    【新闻摘录】 就业为什么下滑 499
28.3 最低工资法 500
    【参考资料】 谁在领取最低工资 501
28.4 工会和集体谈判 501
    28.4.1 工会经济学 502
    28.4.2 工会对经济是好还是坏 503
28.5 效率工资理论 504
    28.5.1 工人健康 504
    28.5.2 工人流动率 505
    28.5.3 工人素质 505
    28.5.4 工人努力程度 505
    【案例研究】 亨利·福特及其极为慷慨的每天5美元工资 506
28.6 结论 506
内容提要 507
关键概念 507
复习题 507

第 10 篇　长期中的货币与物价

第 29 章
货币制度

29.1 货币的含义 512
    29.1.1 货币的职能 512
    29.1.2 货币的种类 513
    【新闻摘录】 为什么是黄金 514
    29.1.3 美国经济中的货币 515
    【参考资料】 为什么信用卡不是货币 516
    【案例研究】 所有的通货都在哪里 516
29.2 联邦储备体系 516
    29.2.1 美联储的结构 517
    29.2.2 联邦公开市场委员会 517
29.3 银行与货币供给 518
    29.3.1 百分之百准备金银行的简单情况 518
    29.3.2 部分准备金银行的货币创造 519
    29.3.3 货币乘数 520
    29.3.4 银行资本、杠杆以及2008—2009年的金融危机 521
29.4 美联储控制货币的工具 523
    29.4.1 美联储如何影响准备金量 523
    29.4.2 美联储如何影响准备金率 525
    29.4.3 控制货币供给中的问题 525
    【案例研究】 银行挤兑和货币供给 526
    【新闻摘录】 美联储工具箱上的伯南克 527
    29.4.4 联邦基金利率 528
29.5 结论 529
内容提要 530
关键概念 530
复习题 530

第 30 章
货币增长与通货膨胀

30.1 古典通货膨胀理论 532
    30.1.1 物价水平与货币价值 532
    30.1.2 货币供给、货币需求与货币均衡 533
    30.1.3 货币注入的影响 535
    30.1.4 调整过程简述 536
    30.1.5 古典二分法和货币中性 536
    30.1.6 货币流通速度与货币数量方程式 537
    【案例研究】四次超速通货膨胀期间的货币与物价 539
    30.1.7 通货膨胀税 540
    【参考资料】津巴布韦的超速通货膨胀 541
    30.1.8 费雪效应 541

30.2 通货膨胀的成本 543
    30.2.1 购买力下降？通货膨胀的谬误 543
    30.2.2 皮鞋成本 544
    30.2.3 菜单成本 545
    30.2.4 相对价格变动与资源配置不当 545
    30.2.5 通货膨胀引起的税收扭曲 546
    30.2.6 混乱与不方便 547
    30.2.7 未预期到的通货膨胀的特殊成本：任意的财富再分配 548
    30.2.8 通货膨胀不好，但通货紧缩可能更坏 548
    【案例研究】《欧兹国历险记》与银币自由铸造的争论 549

30.3 结论 550
内容提要 551
关键概念 551
复习题 551

第 11 篇 开放经济的宏观经济

第 31 章
开放经济的宏观经济学：基本概念

31.1 物品与资本的国际流动 555
    31.1.1 物品的流动：出口、进口以及净出口 556
    【案例研究】美国经济日益提高的开放程度 557
    【新闻摘录】美国出口的属性改变 558
    31.1.2 金融资源的流动：资本净流出 559
    31.1.3 净出口与资本净流出相等 560
    31.1.4 储蓄、投资及其与国际流动的关系 561
    31.1.5 总结 562
    【案例研究】美国的贸易赤字是一个全国性问题吗 563

31.2 国际交易的价格：真实汇率与名义汇率 565
    31.2.1 名义汇率 565
    【参考资料】欧元 566
    31.2.2 真实汇率 566

31.3 第一种汇率决定理论：购买力平价 567
    31.3.1 购买力平价理论的基本逻辑 568
    31.3.2 购买力平价理论的含义 568
    【案例研究】超速通货膨胀时期的名义汇率 570
    31.3.3 购买力平价理论的局限性 570
    【案例研究】汉堡包标准 571

31.4 结论 572
内容提要 573
关键概念 573
复习题 573

第 32 章　开放经济的宏观经济理论

32.1 可贷资金市场与外汇市场的供给与需求　575
　32.1.1　可贷资金市场　575
　32.1.2　外汇市场　576
　【参考资料】购买力平价是一种特例　578
32.2 开放经济中的均衡　579
　32.2.1　资本净流出：两个市场之间的联系　579
　32.2.2　两个市场的同时均衡　579
　【参考资料】区分供给与需求　581
32.3 政策和事件如何影响开放经济　581
　32.3.1　政府预算赤字　581
　32.3.2　贸易政策　583
　32.3.3　政治不稳定与资本外逃　585
　【案例研究】中国的资本流动　587
　【新闻摘录】国家总是想要强势货币吗　588
32.4 结论　589
内容提要　590
关键概念　590
复习题　590

第 12 篇　短期经济波动

第 33 章　总需求与总供给

33.1 关于经济波动的三个关键事实　594
　33.1.1　事实 1：经济波动是无规律的且不可预测的　594
　33.1.2　事实 2：大多数宏观经济变量同时波动　594
　33.1.3　事实 3：随着产量减少，失业增加　596
33.2 解释短期经济波动　596
　33.2.1　古典经济学的假设　596
　33.2.2　短期波动的现实性　597
　【新闻摘录】经济衰退的社会影响　597
　33.2.3　总需求与总供给模型　598
33.3 总需求曲线　599
　33.3.1　为什么总需求曲线向右下方倾斜　600
　33.3.2　为什么总需求曲线会移动　602
33.4 总供给曲线　604
　33.4.1　为什么长期中总供给曲线是垂直的　604
　33.4.2　为什么长期总供给曲线会移动　605
　33.4.3　用总需求和总供给来描述长期增长与通货膨胀　607
　33.4.4　为什么短期中总供给曲线向右上方倾斜　608
　33.4.5　为什么短期总供给曲线会移动　611
33.5 经济波动的两个原因　612
　33.5.1　总需求移动的影响　613
　【参考资料】再度审视货币中性　616
　【案例研究】总需求两次重大的移动：大萧条与第二次世界大战　616
　【案例研究】2008—2009 年的衰退　617
　【新闻摘录】我们学到了什么　618
　33.5.2　总供给移动的影响　620
　【案例研究】石油与经济　622
　【参考资料】总需求与总供给模型的来源　622
33.6 结论　623
内容提要　624
关键概念　624
复习题　624

第 34 章
货币政策和财政政策对总需求的影响

34.1 货币政策如何影响总需求 626
 34.1.1 流动性偏好理论 626
 【参考资料】长期利率与短期利率 629
 34.1.2 总需求曲线向右下方倾斜 629
 34.1.3 货币供给的变动 630
 34.1.4 美联储政策中利率目标的作用 631
 【参考资料】利率降至零 632
 【案例研究】为什么美联储注视着股市（而且股市也注视着美联储） 633

34.2 财政政策如何影响总需求 633
 34.2.1 政府购买的变动 634
 34.2.2 乘数效应 634
 34.2.3 支出乘数的公式 634
 34.2.4 乘数效应的其他应用 636
 34.2.5 挤出效应 636
 34.2.6 税收变动 638
 【参考资料】财政政策如何影响总供给 638

34.3 运用政策来稳定经济 639
 34.3.1 支持积极稳定政策论 639
 【案例研究】白宫的凯恩斯主义者 640
 【新闻摘录】财政政策的乘数有多大 640
 34.3.2 反对积极稳定政策论 641
 34.3.3 自动稳定器 643

34.4 结论 643
内容提要 644
关键概念 644
复习题 644

第 35 章
通货膨胀与失业之间的短期权衡取舍

35.1 菲利普斯曲线 645
 35.1.1 菲利普斯曲线的由来 646
 35.1.2 总需求、总供给和菲利普斯曲线 647

35.2 菲利普斯曲线的移动：预期的作用 648
 35.2.1 长期菲利普斯曲线 648
 35.2.2 "自然"的含义 650
 35.2.3 使理论与证据一致 651
 35.2.4 短期菲利普斯曲线 652
 35.2.5 自然率假说的自然实验 653

35.3 菲利普斯曲线的移动：供给冲击的作用 655

35.4 降低通货膨胀的代价 658
 35.4.1 牺牲率 658
 35.4.2 理性预期与无代价的反通货膨胀的可能性 659
 35.4.3 沃尔克的反通货膨胀 660
 35.4.4 格林斯潘时代 662
 35.4.5 金融危机使美国符合菲利普斯曲线 663

35.5 结论 664
内容提要 666
关键概念 666
复习题 666

第 13 篇　最后的思考

第 36 章
宏观经济政策的六个争论问题

36.1 货币政策与财政政策决策者应该试图稳定经济吗 669
　36.1.1 正方：决策者应该试图稳定经济 669
　36.1.2 反方：决策者不应该试图稳定经济 670
　【新闻摘录】美联储还要把零利率维持多久 671

36.2 政府反衰退应该增加支出还是减税 672
　36.2.1 正方：政府应该增加支出来反衰退 672
　36.2.2 反方：政府应该减税来反衰退 674

36.3 货币政策应该按规则制定还是相机抉择 674
　36.3.1 正方：货币政策应该按规则制定 675
　【参考资料】通货膨胀目标化 676
　36.3.2 反方：货币政策不应该按规则制定 676

36.4 中央银行应该把零通货膨胀作为目标吗 677
　36.4.1 正方：中央银行应该把零通货膨胀作为目标 677
　36.4.2 反方：中央银行不应该把零通货膨胀作为目标 678
　【新闻摘录】最优通货膨胀率是多少 680

36.5 政府应该平衡其预算吗 681
　36.5.1 正方：政府应该平衡其预算 681
　36.5.2 反方：政府不应该平衡其预算 682
　【新闻摘录】美国的财政危机会是什么样 684

36.6 应该为了鼓励储蓄而修改税法吗 685
　36.6.1 正方：应该为了鼓励储蓄而修改税法 685
　36.6.2 反方：不应该为了鼓励储蓄而修改税法 686

36.7 结论 687
内容提要 688
复习题 688

术语表 689

索引 697

第1篇
导言

第 1 章
经济学十大原理

经济（economy）这个词来源于希腊语 oikonomos，它的意思是"管理一个家庭的人"。乍一看，这个来源似乎有点奇特。但事实上，家庭和经济有着许多相似之处。

一个家庭面临着许多决策。它必须决定各个家庭成员分别去做什么，以及每个家庭成员能得到什么回报：谁做晚饭？谁洗衣服？谁在晚餐时多得到一块甜点？谁来开车？简而言之，家庭必须考虑到每个成员的能力、努力和愿望，以在其各个成员中分配稀缺资源（时间、甜点、汽车行驶里程）。

和一个家庭一样，一个社会也面临着许多决策。社会必须找到某种方法决定将要做哪些工作以及谁来做这些工作。社会需要一些人种粮食，一些人做衣服，还有一些人开发电脑软件。一旦社会分配了人们（以及土地、建筑物和机器）去做各种工作，它就必然需要将他们生产的物品与服务进行分配。社会必须决定谁将吃鱼子酱而谁将吃土豆。它也必须决定谁将开法拉利跑车而谁将坐公共汽车。

由于资源是稀缺的，社会资源的管理就尤为重要。**稀缺性**（scarcity）是指社会拥有的资源是有限的，因此不能生产人们希望拥有的所有物品与服务。正如每个家庭成员都不可能得到他想要的每一件东西一样，社会上的每个人也不能达到他希望的最高生活水平。

经济学（economics）研究社会如何管理自己的稀缺资源。在大多数社会中，资源并不是由一个全权的独裁者来配置，而是通过千百万家庭和企业的共同选择来配置的。因此，经济学家研究人们如何做出决策：他们做多少工作、购买什么、储蓄多少，以及如何把储蓄用于投资。经济学家还研究人们如何相互影响。例如，经济学家考察一种物品的众多买者与卖者如何共同决定该物品的销售价格和销售量。最后，经济学家分析影响整个经济的力量和趋势，包括平均收入的增长、找不到工作的人占总人口的比例，以及价格上升的速度。

经济学的研究是多方面的，但可以用几个核心思想把这个领域统一起来。在本章中，我们将阐述经济学十大原理。即使你开始时不完全理解这些原理，或者它们并不能使你完全信服，也不必担心。在以后各章中，我们将更充分地揭示这些思想。这里

> **稀缺性**：社会资源的有限性。

> **经济学**：研究社会如何管理自己的稀缺资源。

介绍的十大原理只是为了让你了解经济学所研究内容的概况。你可以把这一章作为"即将到来的魅力的预演"。

1.1 人们如何做出决策

"经济是什么"这个问题并没有什么神秘之处。无论我们谈论的是洛杉矶经济、美国经济，还是全世界的经济，经济只不过是在生活中相互交易的人们所组成的群体而已。由于一个经济的行为反映了组成这个经济的个人的行为，所以我们的经济学学习就从个人做出决策的四个原理开始。

1.1.1 原理一：人们面临权衡取舍

你可能听到过这句老话："天下没有免费的午餐。"抛开语法不谈，这句格言包含了相当多的真理。为了得到一件喜爱的东西，我们通常就不得不放弃另一件喜爱的东西。做出决策就是要求我们在一个目标与另一个目标之间进行权衡取舍。

考虑一个学生必须决定如何分配她的最宝贵的资源——时间。她可以把所有的时间用于学习经济学，可以把所有的时间用于学习心理学，或者把时间在这两个学科之间进行分配。对于她用于学习一门课的每一个小时，她都要放弃本来可用于学习另一门课的一小时。而且，对于她用于学习功课的每一个小时，她都要放弃本来可用于睡眠、骑车、看电视或做兼职工作以赚点零花钱的一小时。

我们还可以考虑一个家庭的父母决定如何使用他们的家庭收入。他们可以购买食物、衣物，或者全家度假。他们也可以为自己退休或孩子的大学教育储蓄一部分收入。当他们选择把额外的 1 美元用于上述用途中的一种时，他们在某种其他用途上就要少花 1 美元。

当人们组成社会时，他们面临各种不同的权衡取舍。经典的权衡取舍是在"大炮与黄油"之间。当一个社会的支出更多地用于保卫其海岸免受外国入侵的国防（大炮）时，用在提高国内生活水平的消费品（黄油）上的支出就少了。在现代社会里，同样重要的是在清洁的环境和高收入水平之间的权衡取舍。要求企业减少污染的法律增加了生产物品与服务的成本。由于成本高了，结果这些企业赚的利润少了，支付的工资低了，收取的价格高了，或者是这三种结果的某种结合。因此，尽管污染管制所带来的好处是更清洁的环境，以及由此带来的健康水平的提高，但其代价是企业所有者、工人和消费者的收入减少了。

社会面临的另一种权衡取舍是在效率与平等之间。**效率**（efficiency）是指社会能从其稀缺资源中得到最大的利益。**平等**（equality）是指将这些利益平均地分配给社会成员。换句话说，效率是指经济蛋糕的大小，而平等则是指如何分割这块蛋糕。

在设计政府政策的时候，这两个目标往往是不一致的。例如，我们来考虑目的在于实现平等地分配经济福利的政策。某些此类政策，如福利制度或失业保险，是要帮

效率：社会能从其稀缺资源中得到最大利益的特性。

平等：经济成果在社会成员中平均分配的特性。

助那些最需要帮助的社会成员。另一些政策，如个人所得税，是要求经济上成功的人士对政府给予比其他人更多的支持。虽然这些政策实现了更大程度的平等，但它们降低了效率。当政府把富人的收入再分配给穷人时，就减少了对辛勤工作的奖励；结果是，人们工作少了，生产的物品与服务也少了。换句话说，当政府想要把经济蛋糕切为更为均等的小块时，这块蛋糕本身也变小了。

认识到人们面临权衡取舍本身并没有告诉我们人们将会或应该做出什么决策。一个学生不应该仅仅因为要增加用于学习经济学的时间而放弃心理学的学习。社会不应该仅仅因为环境管制降低了我们的物质生活水平而不再保护环境，也不应该仅仅因为帮助穷人扭曲了工作激励而弃之不顾。然而，人们只有了解他们面临的选择，才有可能做出良好的决策。因此，我们对经济学的学习要从认识生活中的权衡取舍开始。

1.1.2 原理二：某种东西的成本是为了得到它所放弃的东西

由于人们面临着权衡取舍，所以做决策就需要比较可供选择的行动方案的成本与收益。但在许多情况下，某种行动的成本并不是一目了然的。

考虑是否上大学的决策。主要的收益是丰富了知识且一生中拥有了更好的工作机会。但成本是什么呢？要回答这个问题，你会想把你用于学费、书籍、住宿和伙食的钱加总起来。但这种总和并不真正代表你上一年大学所放弃的东西。

这种计算存在两个问题。第一个问题是，它计算在内的某些成本并不是上大学的真正成本。即使你离开了学校，你也需要有睡觉的地方、要吃饭。只有在大学的住宿和伙食比其他地方贵时，贵的这一部分才是上大学的成本。第二个问题是，它忽略了上大学最大的成本——你的时间。当你把一年的时间用于听课、读书和写论文时，你就不能把这段时间用于工作。对大多数学生而言，为上学而不得不放弃的收入是他们受教育的最大单项成本。

一种东西的**机会成本**（opportunity cost）是为了得到这种东西所放弃的东西。当做出任何一项决策时，决策者应该认识到每一种可能的行动所带来的机会成本。实际上，决策者通常是知道这一点的。那些大学里的运动员如果退学转而从事职业运动，就能每年赚上几百万美元。他们深深认识到，他们上大学的机会成本极高。所以他们通常决定：不值得花费这种成本来获得上大学的收益。这一点儿也不奇怪。

1.1.3 原理三：理性人考虑边际量

经济学家通常假设，人是理性的。在可用的机会为既定的条件下，**理性人**（rational people）系统而有目的地尽最大努力去实现其目标。当你学习经济学时，你会遇到一些企业，为实现利润最大化，它们要决定雇用多少工人和制造并出售多少产品；你也会遇到一些人，他们要决定把多少时间用于工作，并用赚到的钱购买什么物品和服务，以便获得最大可能的满足。

理性人知道，生活中的许多决策很少是黑与白的选择，而往往是介于其间的灰色地带。当到了吃午饭的时间时，你面临的决策不是在完全不吃和大吃一顿之间的选择。

即问即答
■描述一个你最近面临的重要的权衡取舍问题。

机会成本：为了得到某种东西所必须放弃的东西。

即问即答
■举出一个既有货币性的机会成本又有非货币性的机会成本的行动的例子。

理性人：系统而有目的地尽最大努力实现其目标的人。

边际变动：对行动计划的微小增量调整。

"这次通话的边际收益大于边际成本吗？"

图片来源：
© David Davis Photoproductions RF/ Alamy.

更可能的是你将问自己"是否再多吃一勺土豆泥"。当考试临近时，你的决策不是在放弃考试和一天学习 24 个小时之间的选择，而是是否多花 1 小时时间复习功课而不是看电视。经济学家用**边际变动**（marginal change）这个术语来描述对现有行动计划的微小增量调整。记住，"边际"指"边缘"，因此，边际变动是围绕你所做的事的边缘的调整。理性人通常通过比较边际收益（marginal benefit）与边际成本（marginal cost）来做决策。

例如，假设你正在考虑用手机给一个朋友打电话。你确定与朋友通话 10 分钟给你带来的收益估计为 7 美元左右。你手机的服务费是每月 40 美元的固定费用加上每分钟 0.5 美元的通话费用。你通常每月打电话 100 分钟，因此你每月的付费为 90 美元（每分钟 0.5 美元乘每月 100 分钟，加 40 美元的固定费用）。在这种情况下，你应该打电话吗？你可能会有如下推理："由于我每月为打 100 分钟电话支付 90 美元，平均每分钟我的电话费是 0.9 美元。因此，10 分钟的电话费是 9 美元。由于成本 9 美元大于收益 7 美元，我将不打这个电话。"但是，这个结论是错误的。虽然 10 分钟电话的平均成本是 9 美元，但边际成本——如果你多打这一次电话，你付费的增加量——只是 5 美元。只有比较边际收益与边际成本，你才能做出正确的决策。由于边际收益 7 美元大于边际成本 5 美元，你应该打这个电话。这是人们先天就懂的原理：有不限时通话套餐（意味着边际上的分钟是免费的）的手机使用者会更长时间且更频繁地打电话。

企业决策时边际考虑也起作用。例如，考虑一个航空公司决定对等退票的乘客收取多高的价格。假设一架有 200 个座位的飞机横跨美国飞行一次，航空公司的成本是 10 万美元。在这种情况下，每个座位的平均成本是 10 万美元/200，即 500 美元。人们很容易就此得出结论：航空公司的票价决不应该低于 500 美元。而事实上，一个理性的航空公司往往会通过考虑边际量而设法增加利润。设想一架飞机即将起飞时仍有 10 个空位，而在登机口等退票的乘客愿意支付 300 美元买一张票。航空公司应该把票卖给他吗？当然应该。如果飞机有空位，多增加一位乘客的成本是微不足道的。虽然每位乘客飞行的平均成本是 500 美元，但边际成本仅仅是这位额外的乘客将消费的一包花生米和一罐软饮料的成本而已。只要等退票的乘客所支付的钱大于边际成本，卖给他机票就是有利可图的。

边际决策还有助于解释另外一些令人困惑的经济现象。这里有一个经典问题：为什么水这么便宜，而钻石如此昂贵？人需要水来维持生存，而钻石并不是不可或缺的；但由于某种原因，人们愿意为钻石支付的钱要远远高于水。原因是一个人对任何一种物品的支付意愿都基于其增加一单位该物品所获得的边际收益。反过来，边际收益又取决于一个人已经拥有多少这种物品。水是不可缺少的，但增加一杯水的边际收益微不足道，因为水太多了。与此相反，并没有一个人需要用钻石来维持生存，但由于钻石稀少，人们认为额外增加一颗钻石的边际收益是很大的。

当且仅当一种行为的边际收益大于边际成本时，一个理性决策者才会采取这种行为。这个原理可以解释为什么手机使用者会打那么多的电话，为什么航空公司愿意以低于平均成本的价格卖票，以及为什么人们愿意为钻石支付比水高的价格。习惯于边际思考的逻辑可能需要一段时间，但学习经济学将给你许多练习的机会。

1.1.4　原理四：人们会对激励做出反应

激励（incentive）是引起一个人做出某种行为的某种东西（例如惩罚或奖励的预期）。由于理性人通过比较成本与收益做出决策，所以，他们会对激励做出反应。你将会知道，在经济学研究中，激励起着中心作用。一位经济学家甚至提出，整个经济学的内容可以简单地概括为："人们会对激励做出反应。其余内容都是对此的解释。"

在分析市场如何运行时，激励是至关重要的。例如，当苹果的价格上涨时，人们决定少吃苹果。同时，苹果园主决定雇用更多工人并多摘些苹果。换言之，市场上的高价格提供了买者少消费和卖者多生产的激励。正如我们将看到的，价格对消费者和生产者行为的影响对于市场经济如何配置稀缺资源是至关重要的。

政府决策者决不能忘记激励，因为许多政策改变了人们面临的成本或收益，从而也改变了人们的行为。例如，汽油税鼓励人们开小型的节油型汽车。欧洲开小型车的人比美国多，原因之一就是欧洲的汽油税比美国高。更高的汽油税还鼓励人们拼车或乘坐公共交通工具，并鼓励人们在离自己住所近的地方工作。汽油税越高，就会有越多的人驾驶混合动力汽车；如果汽油税足够高，人们就会开始驾驶电动汽车。

当决策者未能考虑到他们的政策如何影响激励时，这些政策通常会带来意想不到的结果。例如，考虑一下有关汽车安全的公共政策。今天所有的汽车都有安全带，但50年前并不是这样。20世纪60年代，拉尔夫·纳德（Ralph Nader）的著作《任何速度都不安全》（*Unsafe at Any Speed*）引起了公众对汽车安全性能的关注。国会的反应是通过立法要求将安全带作为新汽车的标准配置。

安全带的法律如何影响汽车安全呢？直接的影响是显而易见的：当一个人系上安全带后，发生车祸时存活的概率提高了。但是，其影响并不是仅此而已，因为这项法律还通过改变激励而影响了人们的行为。在这里，相关的行为是司机开车时的速度和谨慎程度。缓慢而谨慎地开车是有代价的，因为这要耗费司机的时间和精力。当决定开车的安全程度时，理性人会下意识地比较安全开车的边际收益和边际成本。当提高安全程度的收益高时，他们就会更缓慢、更谨慎地开车。例如，人们在道路有冰时会比在道路干净时更缓慢而谨慎地开车。

考虑安全带的法律如何改变一个司机的成本—收益计算。安全带降低了司机的车祸代价，因为它们降低了伤亡的概率。换言之，安全带减少了缓慢而谨慎地开车的收益。人们对安全带的反应和对道路状况改善的反应一样——更快速、更不谨慎地开车。这样，安全带法律最终导致的结果是车祸的次数增加了。开车安全程度的下降对行人有明显不利的影响，因为他们遭遇车祸的概率上升了，但却没有（像司机那样）获得增加的保护的收益。

乍一看，这种关于激励与安全带的讨论似乎是毫无根据的猜测。但是，在1975年的一项经典研究中，经济学家萨姆·佩兹曼（Sam Peltzman）认为汽车安全法实际上有许多这类影响。根据佩兹曼的证据，这些法律减少了每次车祸的死亡人数，但却增加了车祸的次数。他的结论是，净结果是司机死亡人数变动很小，而行人死亡人数增加了。

激励：引起一个人做出某种行为的某种东西。

佩兹曼对汽车安全的分析是人们对激励做出反应的一般性原理的一个不同寻常而带有争议的例子。在分析任何一种政策时，我们不仅应该考虑它的直接影响，而且还应该考虑它通过激励产生的不太明显的间接影响。如果政策改变了激励，那就会使人们改变自己的行为。

即问即答

■ 描述一个你的父母为了努力影响你的行为而向你提供激励的例子。

案例研究　汽油价格的激励效应

从 2005 年到 2008 年，世界石油市场的石油价格飞涨，这是由于有限的供给与强劲的全球增长（尤其是中国的增长）所引起的需求剧增共同作用的结果。美国的汽油价格由每加仑 2 美元左右上升到 4 美元左右。同时，报纸充斥着人们对节约汽油的激励如何做出反应的故事——有些以明显的方式，有些以不太明显的方式。

这里给出了各种故事的实例：

◎ "随着汽油价格的飙升，顾客们拥向小排量车。"

◎ "随着汽油价格攀上新高，小型摩托车的销售也攀上新高。"

◎ "汽油价格推动自行车销售和修理业进入高潮。"

◎ "汽油价格让乘车者涌入公共交通。"

◎ "随着汽油价格上升，骆驼的需求上升了"：印度拉贾斯坦（Rajasthan）省的农民正在重新发现普通且实用的骆驼的价值。随着高耗油拖拉机成本猛增，骆驼又回来了。

◎ "航空公司饱受苦难，但波音和空客的订单膨胀"：对新型节油飞机的需求从未这么高。单通道、载重量大的新型空客 A320 和波音 737 飞机的需求最强劲，这种飞机的飞行成本比美国一些航空公司仍在使用的老式飞机低 40%。

◎ "家庭购买行为根据高油价进行调整"：Demetrius Stroud 正在找新房子，他分析了大量数据后发现，随着油价的上升，搬到车站附近是最省钱的做法。

◎ "汽油价格上升使学生去上网络课程"：对于北安普敦社区学院的二年级学生 Christy LaBadie 来说，在汽油价格飙升至 4 美元以上时，从她家到宾州 Bethlehem 校园的 30 分钟路程现在成为一种财务负担。因此，这个学期她决定上网络课程，以省去来回奔波——以及钱。

◎ "在燃油价格上升时，Diddy 停止了私人飞机的飞行"：燃油价格限制了一位常飞人员——说唱大腕 Sean "Diddy" Combs——的出行方式。Combs 说，他现在只乘坐商业航班而不乘坐私人飞机，过去私人飞机在纽约和洛杉矶之间往返一次的费用是 20 万美元以上。"事实上我现在只乘坐商业航班，" Combs 在登机前，坐在头等舱座位上，对着摄像头亮出他的登机牌说，"油价太高了。"

这些进展许多在后来被证明是暂时的，从 2008 年开始并持续到 2009 年的经济衰退减少了世界石油需求，汽油价格也大幅度下降了。但 Combs 先生会不会重新乘坐他的私人飞机还未可知。

1.2　人们如何相互影响

前四个原理讨论了个人如何做出决策。在我们的人生旅途中，我们的许多决策不仅影响我们自己，而且还会影响其他人。以下三个原理是关于人们如何相互交易的。

1.2.1　原理五：贸易可以使每个人的状况都变得更好

也许你在新闻中听到过，在世界经济中中国人是美国人的竞争对手。在某些方面这是正确的，因为美国企业和中国企业生产许多相同的产品。中国和美国企业在服装、玩具、太阳能电池板、汽车轮胎和许多其他物品市场上争夺同样的顾客。

但这种思考国家之间的竞争的想法很容易产生误导。美国和中国之间的贸易并不像体育比赛一样，一方赢而另一方输。实际上，事实正好相反：两国之间的贸易可以使两个国家的状况都变得更好。

为了说明原因，我们先考虑贸易如何影响你的家庭。当你的家庭的某个成员找工作时，她要与也在找工作的其他家庭的成员竞争。各个家庭在购物时也会相互竞争，因为每个家庭都想以最低的价格购买最好的东西。从某种意义上说，经济中每个家庭都在与所有其他家庭相竞争。

尽管有这种竞争，但把你的家庭与所有其他家庭隔绝开来并不会使你的家庭过得更好。如果真的隔绝开来的话，你的家庭就必须自己种粮食、自己做衣服、自己盖房子。显然，你的家庭在与其他家庭的贸易中受益良多。贸易使每个人都可以专门从事自己最擅长的活动，无论它是耕种、做衣服还是盖房子。通过与其他人贸易，人们可以以较低的成本获得各种各样的物品与服务。

国家和家庭一样，也能从相互贸易中获益。贸易使各国可以专门从事自己最擅长的活动，并享有种类更多的物品与服务。中国人和法国人、埃及人、巴西人一样，在世界经济中既是我们的竞争对手，又是我们的伙伴。

"每周只需5美元，便可让你免去割草的困扰，尽情地观赏棒球赛！"

图片来源：
From *The Wall Street Journal*—Permission, Cartoon Features Syndicate.

1.2.2 原理六：市场通常是组织经济活动的一种好方法

20世纪80年代苏联和东欧的解体是20世纪世界上最重大的变化之一。中央计划经济国家运行的前提假设是，政府官员能够最佳地配置经济中的稀缺资源。这些中央计划者决定，生产什么物品与服务、生产多少，以及谁生产和消费这些物品与服务。支撑中央计划的理论是，只有政府才能以促进整个社会经济福利的方式组织经济活动。

大部分曾经是中央计划经济的国家已经放弃了这种制度，代之以发展市场经济。在**市场经济**（market economy）中，中央计划者的决策被千百万企业和家庭的决策所取代。企业决定雇用谁和生产什么。家庭决定为哪家企业工作，以及用自己的收入购买什么。这些企业和家庭在市场上相互交易，价格和利己引导着他们的决策。

乍一看，市场经济的成功是一个谜。毕竟，在市场经济中，没有一个人追求整个社会的经济福利。自由市场包括大量物品与服务的许多买者与卖者，而所有人都主要关心自己的福利。尽管市场中存在的是分散的决策和利己的决策者，但事实已经证明，市场经济在以一种促进总体经济福利的方式组织经济活动方面非常成功。

经济学家亚当·斯密（Adam Smith）在其1776年出版的著作《国民财富的性质和原因的研究》中提出了全部经济学中最著名的观察结果：家庭和企业在市场上相互交易，它们仿佛被一只"看不见的手"所指引，并导致了合意的市场结果。本书的目的之一就是要解释这只看不见的手如何施展它的魔力。

即问即答
■ 为什么一个国家如果不把自己和其他国家隔离开来，其状况会变得更好？

市场经济：当许多企业和家庭在物品与服务市场上相互交易时，通过他们的分散决策配置资源的经济。

通过学经济学你会知道，价格就是"看不见的手"用来指引经济活动的工具。在任何一个市场上，当买者决定需求多少时，他们盯着价格；当卖者决定供给多少时，他们也盯着价格。作为买者与卖者决策的结果，市场价格既反映了一种物品的社会价值，也反映了生产该物品的社会成本。斯密的重要洞察是，价格会自发调整，指引这些单个买者和卖者达到某种结果，该结果在大多数情况下会实现整个社会福利的最大化。

斯密的观点有一个重要的推论：当政府阻止价格根据供求状况自发调整时，它就限制了看不见的手对组成经济的千百万家庭和企业的决策进行协调的能力。这个推论解释了为什么税收对资源配置有不利的影响：由于税收扭曲了价格，从而也扭曲了家庭和企业的决策。这个推论还解释了像租金控制这类直接控制价格的政策所引起的巨大危害。而且，这个推论解释了中央计划经济的失败。在中央计划经济国家，价格并不是在市场上决定的，而是由中央计划者规定的。这些计划者缺乏关于消费者爱好和生产者成本的必要信息，而在市场经济中这些信息都反映在价格上。中央计划者之所以失败，是因为他们在管理经济时把市场这只"看不见的手"绑起来了。

参考资料 亚当·斯密与"看不见的手"

这也许只是一种巧合：亚当·斯密的伟大著作《国民财富的性质和原因的研究》是在1776年出版的，而正好是在这一年，美国革命者签署了《独立宣言》。但是，这两部文献都有一个在当时很流行的观点——让人们各行其是，而不要让政府沉重的手来指导他们的行为，结果往往会最好。这种政治哲学为市场经济，从更一般的意义上来说则是为自由社会提供了理论基础。

为什么分散的市场经济运行得这么好？这是因为可以指望人们友爱而仁慈地相互对待吗？完全不是。在这本书中，亚当·斯密描述了市场经济中人们如何相互影响：

人类几乎随时随地都需要同胞的协助，要想仅仅依赖他人的恩惠，那是绝对不行的。他如果能够刺激他人的利己心，使其有利于他，并告诉其他人，给他做事是对他们自己有利的，那么他要达到目的就容易得了。……请给我我所要的东西吧，同时，你也可以获得你所要的东西：这句话是交易的通义。我们所需要的相互帮忙，大部分是依照这个方法取得的。

我们每天所需的食物和饮料，不是出自屠户、酿酒师或面包师的恩惠，而是出自他们利己的打算。我们不说唤起他们利他心的话，而说唤起他们利己心的话。我们不说自己有需要，而说对他们有利。社会上，除乞丐外，没有一个人愿意全然靠别人的恩惠过活。……

每一个人……既不打算促进公共的利益，也不知道自己是在何种程度上促进那种利益……他所盘算的也只是他自己的利益。在这种场合下，像在其他许多场合一样，他受着一只看不见的手的引导，去尽力达到一个并非他本意想要达到的目的。也并不因为不是出于本意，就对社会有害。他追求自己的利益，往往使他能比在真正出于本意的情况下更有效地促进社会的利益。

斯密是说，经济参与者受利己心所驱动，而市场上这只看不见的手指引这种利己心去促进总体的经济福利。

亚当·斯密的许多见解仍然是现代经济学的核心内容。我们在以后各章中的分析将更准确地表述斯密的结论，并更充分地分析市场这只看不见的手的优点与缺陷。

亚当·斯密

图片来源：Bettmann/Corbis.

1.2.3　原理七：政府有时可以改善市场结果

既然市场这只"看不见的手"如此伟大，为什么我们还需要政府呢？学习经济学的目的之一是提高我们对政府政策的适当作用与范围的认识。

我们需要政府的原因之一是：只有在政府实施规则并维持对市场经济至关重要的制度时，"看不见的手"才能施展其魔力。最重要的是，市场经济需要实施产权（property rights）的制度，以便个人可以拥有和控制稀缺资源。如果一个农民预见到他的谷物会被偷走，他就不会种庄稼；除非确保顾客在离开前会付费，否则餐馆就不会提供服务；如果有太多的顾客通过非法复制来逃避付费，一家唱片公司就不会生产 DVD。我们都依靠政府提供的警察和法庭来实施我们对自己生产出来的东西的权利——而看不见的手依靠我们实施自己权利的能力。

然而，我们需要政府的另一个原因是："看不见的手"是强有力的，但并不是无所不能的。政府干预经济并改变人们自己选择的资源配置的原因有两类：促进效率或促进平等。这就是说，大多数政策的目标要么是把经济蛋糕做大，要么是改变这个蛋糕的分割方式。

先来考虑效率目标。尽管"看不见的手"通常会使市场有效地配置资源，以使经济蛋糕最大化，但情况并不总是这样。经济学家用市场失灵（market failure）这个术语来指市场本身不能有效配置资源的情况。正如我们将会看到的，市场失灵的一个可能原因是外部性（externality），它是指一个人的行为对旁观者福利的影响。外部性的经典例子是污染。当一种产品的生产污染了空气并引起住在工厂附近人们的健康问题时，市场本身并不能将这种成本考虑在内。市场失灵的另一个可能原因是市场势力（market power），它是指单个人或公司（或某个小群体）不适当地影响市场价格的能力。例如，假设一个小镇里的每个人都需要水，但只有一口井，那么这口井的所有者就不会受到残酷竞争的限制，而正常情况下，"看不见的手"正是以这种竞争来约束个人的利己行为。在存在外部性或市场势力的情况下，设计良好的公共政策可以提高经济效率。

现在来考虑平等目标。即使"看不见的手"带来了有效率的产出，它也不能消除经济福利上巨大的不对称。市场经济根据人们生产其他人愿意购买的东西的能力来给予其报酬。世界上最优秀的篮球运动员赚的钱比世界上最优秀的棋手多，只是因为人们愿意为看篮球比赛付比看国际象棋比赛更多的钱。"看不见的手"并没有保证每个人都有充足的食物、体面的衣服和充分的医疗保健。根据某种政治哲学，这种不平等要求政府进行干预。实际上，许多公共政策，例如所得税和福利制度的目标就是要实现更平等的经济福利分配。

我们说政府有时可以改善市场结果并不意味着它总会这样。公共政策并不是天使制定的，而是由不完善的政治程序制定的。有时所设计的政策只是为了有利于政治上有权势的人；有时政策是由动机良好但信息不充分的领导人制定的。当你学了经济学以后，你就能更好地判断一项政府政策什么时候是正确的，因为它促进了效率或者平等，而什么时候是不正确的。

产权：个人拥有并控制稀缺资源的能力。

市场失灵：市场本身不能有效配置资源的情况。

外部性：一个人的行为对旁观者福利的影响。

市场势力：单个经济活动者（或某个经济活动小群体）对市场价格有显著影响的能力。

即问即答

■ 为什么我们有市场？根据经济学家的观点，政府应当在市场中扮演怎样的角色？

1.3 整体经济如何运行

我们从讨论个人如何做出决策开始，然后考察人们如何相互影响。所有这些决策和相互影响共同组成了"经济"。最后三个原理涉及整体经济的运行。

1.3.1 原理八：一国的生活水平取决于它生产物品与服务的能力

世界各国生活水平的差别是惊人的。在2011年，美国的人均收入约为48 000美元。同一年，墨西哥的人均收入约为9 000美元，中国的人均收入约为5 000美元，而尼日利亚的人均收入只有1 200美元。毫不奇怪，这种平均收入的巨大差别反映在生活质量的各种衡量指标上。高收入国家的公民比低收入国家的公民拥有更多电视机、更多汽车、更好的营养、更好的医疗保健，以及更长的预期寿命。

随着时间的推移，生活水平的变化也是巨大的。在美国，从历史上看，收入每年增长2%左右（根据生活费用变动进行调整之后）。按这个增长率，人均收入每35年翻一番。在过去一个世纪中，美国的人均收入增长了8倍左右。

用什么来解释各国之间和不同时期生活水平的巨大差别呢？答案非常简单。几乎所有生活水平的差别都可以归因于各国<u>生产率</u>（productivity）的差别——即每一单位劳动投入所生产的物品与服务数量的差别。在那些每单位时间工人能生产大量物品与服务的国家，大多数人享有高生活水平；在那些工人生产率低的国家，大多数人必须忍受贫困的生活。同样，一国生产率的增长率决定了它的平均收入的增长率。

生产率和生活水平之间的基本关系是简单的，但它的意义却是深远的。如果生产率是生活水平的首要决定因素，那么，其他因素就应该是次要的。例如，有人想把20世纪美国工人生活水平的提高归功于工会或最低工资法，但对于美国工人来说，真正的英雄是他们不断提高的生产率。另一个例子是，一些评论家声称，20世纪70年代和80年代美国收入增长放缓是由于与日本和其他国家日益激烈的竞争。但真正的敌人不是来自国外的竞争，而是美国生产率增长的放缓。

生产率与生活水平之间的关系对于公共政策也有深远的含义。在考虑任何一项政策如何影响生活水平时，关键问题是这项政策如何影响我们生产物品与服务的能力。为了提高生活水平，决策者需要通过让工人受到良好的教育、拥有生产物品与服务需要的工具以及获取最好的技术来提高生产率。

1.3.2 原理九：当政府发行了过多货币时，物价上升

1921年1月，德国一份日报的价格为0.3马克。不到两年之后，也就是1922年11月，一份同样的报纸的价格为7 000万马克。经济中所有其他价格都以类似的程度上涨。这个事件是历史上最令人震惊的<u>通货膨胀</u>（inflation）的例子，通货膨胀是指经济中物价总水平的上升。

虽然美国从未经历过类似于德国20世纪20年代的情况，但通货膨胀有时也成为一个经济问题。例如，20世纪70年代期间，物价总水平翻了一番多，当时的杰拉尔德·福

生产率：每单位劳动投入所生产的物品与服务数量。

通货膨胀：经济中物价总水平的上升。

特（Gerald Ford）总统称通货膨胀是"公众的头号敌人"。与此相比，在21世纪前十年，通货膨胀率平均每年为2.5%，按这种速度，物价翻一番需要几乎30年。由于高通货膨胀会让社会付出各种成本，所以世界各国的经济政策制定者都把保持低通货膨胀作为目标之一。

是什么引起了通货膨胀？在大多数严重或持续的通货膨胀情况下，罪魁祸首是货币量的增长。当一国政府发行了大量本国货币时，货币的价值就下降了。在20世纪20年代初的德国，当物价平均每月上升3倍时，货币量每月也增加了3倍。

"虽然你刚刚排队时这些东西是68美分，但现在是74美分了！"
图片来源：
Tribune Media Services，Inc. All Rights Reserved. Reprinted with permission.

美国的情况虽然没有这么严重，但从美国的经济史中也可以得出类似的结论：20世纪70年代的高通货膨胀与货币量的迅速增长是相关的，而近年来经历的低通货膨胀与货币量的缓慢增长也是相关的。

1.3.3 原理十：社会面临通货膨胀与失业之间的短期权衡取舍

虽然在长期中，物价水平上升主要是货币量增加的结果，但短期中，问题就变得更为复杂且更具争议性。大多数经济学家是这样描述货币注入的短期效应的：

- 经济中货币量增加刺激了社会的整体支出水平，从而增加了对物品与服务的需求。
- 需求的增加随着时间推移，会引起企业提高物价，但同时，它也鼓励企业雇用更多的工人，并生产更多的物品与服务。
- 雇用更多的工人意味着更少的失业。

上述推理过程得出一种在整个经济范围内的一种最终的权衡取舍：通货膨胀与失业之间的短期权衡取舍。

尽管一些经济学家对这些观点仍然有疑问，但大多数经济学家承认，社会面临通货膨胀与失业之间的短期权衡取舍。这就意味着，在一两年的时期内，许多经济政策朝相反的方向推动通货膨胀与失业。无论通货膨胀和失业是从高水平开始（如20世纪80年代初的情况）、从低水平开始（如20世纪90年代后期的情况），还是从这两者之间的某个水平开始，决策者都面临这种权衡取舍。这种短期权衡取舍关系在分析经济周期中起着关键作用。**经济周期**（business cycle）是用生产的物品与服务量或雇用的人数来衡量的，经济活动的无规律的、很大程度上无法预测的波动。

决策者在运用各种政策工具时可以利用通货膨胀和失业之间的这种短期权衡取舍关系。决策者可以通过改变政府支出量、税收量和发行的货币量来影响对物品和服务的总需求。需求的变动反过来又影响经济在短期中所经历的通货膨胀和失业的组合。

经济周期：就业和生产等经济活动的波动。

即问即答

■ 列出并简要解释描述整体经济如何运行的三个原理。

由于这些经济政策工具具有如此大的潜在力量，因此，决策者应该如何运用这些工具来控制经济一直是一个备受争议的问题。

这种争议在奥巴马总统任期的最初几年又激化了。在2008年和2009年，美国和世界上其他许多国家的经济都经历了严重的衰退。由住房市场的不良拖欠引起的金融体系的问题扩散到经济的其他部分，从而引起了收入下降和失业激增。决策者的反应是以各种方式增加物品与服务的总需求。奥巴马总统采取的首要措施是包含减税和增加政府支出的一揽子刺激计划。同时，美国的中央银行美联储也增加了货币供给。这些政策的目标是减少失业。但是，一些人担心，随着时间的推移，这些政策也会引起过高的通胀水平。

IN THE NEWS

☞ 【新闻摘录】
为什么你应该学习经济学

在这篇毕业典礼演讲的摘录中，达拉斯联邦储备银行前总裁阐述了学习经济学的充分理由。

是忧郁的科学吗？不！
Robert D. McTeer, Jr.

我认为，在职业生涯的升迁中，经济学训练的价值日益彰显。我想象不出对于公司CEO、国会议员或美国总统来说，什么专业比经济学更好。你已经学习了将使你终生受益的系统的、经过严格训练的思维方式。与此相反，那些经济学欠佳的人可能会困惑，经济如何能在由更少的人管理的情况下更好地运行。谁做计划？谁做决策？谁决定生产什么？

在我看来，亚当·斯密的"看不见的手"是你通过学习经济学所学到的最重要的事情。你了解到，我们每个人可以如何出于利己的目的而工作，并仍然会产生合意的社会结果。你也知道了，市场是如何协调杂乱无章的活动，以增进各国的财富。你明白了市场的魔力，以及过多干预市场的危险。你更好地理解了你早在幼儿园时就学过的东西：不要杀鸡取卵。

经济学训练有助于你理解一些谬论和无意的结果。事实上，我倾向于把经济学定义为研究如何预测无意结果的一门学问……

在经济学文献中，看来没什么比通常所说的"破窗谬论"更切合当前的经济争论的了。当一项政府项目就其自身价值而言并不正确，但却能带来就业机会时，就想想"破窗谬论"：那些无事生非的青少年用砖块打碎面包店的窗户。人们跑过来并惋惜道："多可恶。"但你可能不知道，有人会提出"坏事变好事"的说法：现在面包师将不得不花钱来修理窗户，这就会增加修理工的收入，而他又将把增加的收入用于支出，这又增加了其他卖者的收入，以此类推。你知道，支出链将以乘数扩大，并带来更高的收入和就业。如果打破的窗户足够大，它很可能会带来一轮经济繁荣！……

大多数选民陷入了"破窗谬论"，但经济学专业的人不会。他们会说："嗨！等一等！"如果面包师没有把他的钱用于修窗户，他可能会把钱用于购买一套他一直攒钱想买的新衣服。那么，裁缝就会有可用于支出的新的收入，以此类推。破窗并没有引起新的净支出，而只是从别处转移了支出。破窗并没有创造新的活动，而只是创造了不同的活动。人们看到发生的活动，但他们没有看到本来会发生的活动。

"破窗谬论"以许多形式反复出现。当创造或保持工作岗位成为主要目标时，我称它为"工作岗位计算谬论"。经济学专业人士了解一种非直观的事实，即真正的进步来自工作岗位的消灭。过去我们用90%的人来种植粮食，而现在只需要3%的人。但是，请允许我这样问，我们的状况因为农业工作岗位的减少而恶化了吗？那些本来会成为农民的人现在成了大学教授和电脑专家……

因此，我们要做的不是计算工作岗位的数量，而是要使每一个工作岗位发挥作用。当劳动市场上供求不一致时，我们偶尔也会遇到一些困境。但这是暂时的。不要成为卢德派分子，去毁坏机器；也不要成为一个保护主义者，企图在纽约城里种香蕉。

资料来源：*The Wall Street Journal*, Copyright © 2003 Dow Jones & Company, Inc.

1.4 结论

现在你对经济学研究什么已经有了一个初步的了解。在以后各章中，我们将提出许多关于人、市场与经济的具体见解。掌握这些见解需要付出一些努力，但并不是一项难以完成的任务。经济学这门学科建立在几个基本思想之上，这些思想可以应用于许多不同的情况。

在全书中我们将要经常提到本章所强调，并在表 1-1 中所概括的经济学十大原理。记住这些基本原理：即使最复杂的经济分析也是用这里所介绍的十大原理构建起来的。

表1-1　经济学十大原理

人们如何做出决策	1. 人们面临权衡取舍
	2. 某种东西的成本是为了得到它所放弃的东西
	3. 理性人考虑边际量
	4. 人们会对激励做出反应
人们如何相互影响	5. 贸易可以使每个人的状况都变得更好
	6. 市场通常是组织经济活动的一种好方法
	7. 政府有时可以改善市场结果
整体经济如何运行	8. 一国的生活水平取决于它生产物品与服务的能力
	9. 当政府发行了过多货币时，物价上升
	10. 社会面临通货膨胀与失业之间的短期权衡取舍

内 容 提 要

◎ 关于个人做出决策的基本结论是：人们面临不同目标之间的权衡取舍；任何一种行为的成本可以用其所放弃的机会来衡量；理性人通过比较边际成本与边际收益做出决策；人们根据他们所面临的激励改变自己的行为。

◎ 关于人们之间相互影响的基本结论是：贸易和相互依赖性可以是互利的；市场通常是协调人们之间经济活动的一种好方法；通过纠正市场失灵或者提高经济中的平等程度，政府可能改善市场结果。

◎ 关于整体经济的基本结论是：生产率是生活水平的最终根源；货币量的增长是通货膨胀的最终根源；社会面临通货膨胀与失业之间的短期权衡取舍。

关 键 概 念

稀缺性
经济学
效率
平等
机会成本
理性人

边际变动
激励
市场经济
产权
市场失灵
外部性

市场势力
生产率
通货膨胀
经济周期

复 习 题

1. 列举三个你在生活中面临的重大权衡取舍的例子。
2. 你会将哪些项目列为去迪斯尼乐园度假的机会成本？
3. 水是生活必需品。一杯水的边际收益是大还是小呢？
4. 为什么决策者应该考虑激励？
5. 为什么各国之间的贸易不像一场比赛一样有赢家和输家呢？
6. 市场中的"看不见的手"在做什么呢？
7. 解释市场失灵的两个主要原因，并各举一个例子。
8. 为什么生产率是重要的？
9. 什么是通货膨胀？什么引起了通货膨胀？
10. 短期中通货膨胀与失业如何相关？

第 2 章
像经济学家一样思考

每个研究领域都有自己的语言和思考方式。数学家谈论公理、积分和向量空间。心理学家谈论自我、本我和认知失调。律师谈论案发现场、侵权行为和允诺禁止反言原则。

经济学家也没有什么不同。供给、需求、弹性、比较优势、消费者剩余和无谓损失——这些术语是经济学家语言的一部分。在以后各章中，你将遇到许多新术语，还会碰上一些经济学家以特定方式使用的熟悉的词汇。乍一看，这种新语言似乎有一种不必要的神秘。但是，正如你将了解到的，它的价值在于能够为你提供一种关于你所生活的世界的新的、有用的思考方式。

本书的目的就是帮助你学会经济学家的思考方式。正如你不可能在一夜之间成为一个数学家、心理学家或律师一样，学会像经济学家一样思考也需要一些时间。但本书通过把理论、案例研究和新闻中的经济学事例结合起来，将为你提供充分的发展和实践这种技能的机会。

在深入了解经济学的主要内容和细节之前，概观一下经济学家如何研究这个世界是很有用的。本章将讨论经济学的方法论。经济学家在处理所遇到的问题时有何独特之处？像经济学家一样思考是什么意思？

2.1 作为科学家的经济学家

经济学家努力以科学家的客观性来探讨他们的主题。他们研究经济的方法与物理学家研究物质以及生物学家研究生命的方法在很大程度上一样：先提出理论，再收集数据，然后分析数据，以努力证明或否定他们的理论。

对初学者来说，经济学是一门科学的说法似乎有点不可思议。经济学家毕竟不用试管或望远镜进行研究工作。但是，科学的本质是科学方法——冷静地建立并检验有关世界如何运行的各种理论。这种研究方法适用于研究一国经济，就像适用于研究地心引力或生物进化一样。正如阿尔伯特·爱因斯坦（Albert Einstein）曾经指出的："所有科学不过是日常思考的不断完善而已。"

虽然爱因斯坦的评论对诸如经济学的社会科学和诸如物理学的自然科学同样适用，但许多人并不习惯用科学家的眼光去观察社会。接下来我们将讨论经济学家运用科学的逻辑来考察经济如何运行的一些方法。

2.1.1 科学方法：观察、理论和进一步观察

"Michael，我是个社会科学家，这也意味着我无法解释电学或其他类似的事物，但如果你想了解的是'人'，那你可找对人了。"

图片来源：
© J.B.Handelsman/
The New Yorker
Collection/www.
cartoonbank.com

据说17世纪著名科学家和数学家艾萨克·牛顿（Isaac Newton）有一天看到一个苹果从树上掉下来之后，好奇心油然而生。这一观察促使牛顿创立了万有引力理论，这个理论不仅能解释苹果为什么掉到地上，而且也适用于宇宙中的任意两个物体。其后对牛顿理论的检验表明，该理论在许多情况下适用（尽管正如爱因斯坦以后强调的，并不是在一切情况下都适用）。由于牛顿的理论成功地解释了人们所观察到的现象，所以现在全世界大学的本科物理课中仍讲授这一理论。

理论与观察之间的这种相互作用也发生在经济学领域中。一位经济学家若生活在价格正在迅速上升的国家中，就可能会受到这种观察的刺激而提出一种通货膨胀理论。这种理论可能会断言，当政府发行了过多货币时，高通货膨胀就发生了。为了检验这种理论，这位经济学家可以收集并分析许多不同国家价格和货币量的数据。如果货币量增长完全与价格上升的速度无关，这位经济学家就会开始怀疑自己的通货膨胀理论的正确性。如果全球数据的检验结果表明货币量增长与通货膨胀密切相关（事实的确如此），这位经济学家就会更加相信自己的理论。

虽然经济学家像其他科学家一样运用理论和观察，但他们面临着一种使其工作更具挑战性的障碍：在经济学研究中，进行实验往往是不可能的。研究万有引力的物理学家可以在他们的实验室里扔下许多物体，以得到检验他们理论的数据。与此相比，研究通货膨胀的经济学家绝不会被允许仅仅为了获得有用的数据而操控一国的货币政策。经济学家像天文学家、进化生物学家一样，通常不得不使用这个世界碰巧向他们提供的数据。

为了寻找实验室实验的替代品，经济学家十分关注历史所提供的自然实验。例如，当中东战争中断了原油运输时，全世界石油价格飞涨。对石油和石油产品的消费者来说，这个事件降低了他们的生活水平；对经济决策者来说，这个事件提出了如何做出最佳应对的难题。但对经济科学家来说，它提供了研究一种重要的自然资源对世界经

济影响的机会。因此，在本书中我们将研究许多历史事件。这些事件之所以具有研究价值，既是因为它们使我们能了解过去的经济，更重要的则是因为它们使我们能对当前的经济理论做出说明和评价。

2.1.2 假设的作用

如果你问一位物理学家，一块大理石从 10 层楼的楼顶落下来需要多长时间，他可能会通过假设这块大理石在真空中落下来回答这个问题。当然，这个假设是不现实的。事实上，楼房周围是空气，空气对下落的大理石产生摩擦力并使其下落速度变慢。但物理学家将指出，这种对大理石的摩擦力如此之小，以至于其影响可以忽略不计。因此假设大理石在真空中下落能使问题简化，而对答案又没有实质性影响。

经济学家由于同样的原因而做出假设：假设可以使复杂的世界简单化，从而使解释这个世界变得更为容易。例如，为了研究国际贸易的影响，我们可以假设，世界只由两个国家组成，而且每个国家只生产两种产品。在现实中，有许多国家，每个国家都生产成千上万种不同类型的产品。但通过假设只有两个国家和两种产品，我们可以集中思考问题的实质。一旦我们理解了这种简化了的假想世界中的国际贸易，我们就可以更好地理解我们生活在其中的、更复杂的现实世界中的国际贸易。

科学思考的艺术——无论在物理学、生物学还是经济学中——就是决定做出什么假设。例如，假设我们从楼顶扔下来的是沙滩球而不是大理石。我们的物理学家就会意识到，没有摩擦的假设在这种情况下是欠准确的：摩擦力对沙滩球的作用力要比对大理石大得多。前面所提到的重力在真空中发生作用的假设对研究大理石的下落是适用的，但对研究沙滩球的下落并不适用。

同样，经济学家用不同的假设来回答不同的问题。假设我们想研究政府改变流通中的货币量会对经济产生怎样的影响。这一分析的一个重要内容是价格会做出什么反应。经济中的许多价格并不经常变动，如报摊上的杂志价格就好几年才会变动一次。了解了这一事实后，当我们研究政策变动在长短不同时间中的影响时，就会做出不同的假设。为了研究这种政策的短期效应，我们可以假设价格变动并不大，我们甚至可以做出极端而人为的假设：所有价格都是完全固定的。但是，为了研究这种政策的长期效应，我们可以假设所有价格都是完全可变的。正如物理学家在研究大理石下落和沙滩球下落时用了不同的假设一样，经济学家在研究货币量变动的短期与长期效应时也用了不同的假设。

2.1.3 经济模型

高中生物教师用塑料人体模型来讲授基础解剖学。这些模型包括所有主要的器官——心脏、肝脏、肾脏等——这些模型使教师可以用一种简单的方式向学生说明，人体的这些重要器官是如何组合在一起的。由于这些塑料模型是程式化的，并略去了许多细节，没有人会把它们误认为是真人。尽管它缺乏真实性——实际上正是由于缺乏真实性——研究这些模型对了解人体如何运作是有帮助的。

即问即答

■ 从何种意义上说，经济学像一门科学？

循环流量图：一个说明货币如何通过市场在家庭与企业之间流动的直观经济模型。

经济学家也用模型来了解世界，但不是塑料模型，而通常是由图形和方程组成的模型。与生物教师的塑料模型一样，经济模型也忽略了许多细节，以便使我们了解真正重要的东西。正如生物教师的模型并不包括人体所有的肌肉和毛细血管一样，经济学家的模型也不包括经济的每一个特征。

当我们在本书中用模型来研究各种经济问题时，你会看到，所有模型都建立在一些假设之上。正如物理学家通过假设不存在摩擦来分析大理石下落一样，经济学家也利用假设撇开与所研究问题无关的许多经济细节。所有模型——物理学的、生物学的和经济学的——都为了加深我们对现实的理解而简化了现实。

2.1.4　我们的第一个模型：循环流量图

经济由从事许多活动——购买、销售、工作、雇佣、制造等——的千百万人所组成。为了理解经济的运行方式，我们必须找到某种方法来简化我们对所有这些活动的思考。换句话说，我们需要一个模型从总体上来解释经济是如何组织起来的，并说明经济的参与者如何相互交易。

图 2–1 提出了一个直观的经济模型，这个模型称为**循环流量图**（circular-flow diagram）。在这个模型中，经济简单化为只由两类决策者——企业和家庭——所组成。企业用劳动、土地和资本（建筑物和机器）这些投入品来生产物品和服务。这些投入品被称为**生产要素**。家庭则拥有生产要素并消费企业生产的所有物品与服务。

家庭和企业在两类市场上相互交易。在物品与服务市场上，家庭是买者，而企业是卖者。具体来说就是，家庭购买企业生产的物品与服务。在生产要素市场上，家庭是卖者，而企业是买者。在这些市场上，家庭向企业提供用于生产物品与服务的投入。循环流量图提供了一种把家庭与企业之间发生的所有经济交易组织在一起的简单方法。

循环流量图的两个环形相互区别，但又相互关联。里面的环形代表投入与产出的流向。家庭在生产要素市场上把劳动、土地和资本出售给企业。然后企业用这些要素生产物品与服务，这些物品与服务又在物品与服务市场上出售给家庭。外面的环形代表相应的货币流动。家庭付钱从企业购买物品与服务。企业用一部分销售收入支付生产要素的报酬，如工人的工资。所剩下的是企业所有者的利润，而企业所有者本身也是家庭的成员。

现在我们通过跟踪在经济中流通的 1 美元钞票来看看循环流向。设想这 1 美元从家庭开始，比如说在你的钱包里。如果你想买一杯咖啡，你就可以拿这 1 美元到经济中的一个物品与服务市场，比如当地的星巴克咖啡店去买。你在那里把 1 美元花在了你最喜欢的咖啡上。当这 1 美元进入星巴克的收银机时，它就成为企业的收益。但是，这 1 美元并不会在星巴克停留很久，因为企业会用它在生产要素市场上购买投入品。星巴克可能会用这 1 美元向房东支付租金或为工人支付工资。无论在哪一种情况下，这 1 美元又成了某个家庭的收入，又一次回到了某个人的钱包中。此时，经济循环流量图中的故事又一次开始了。

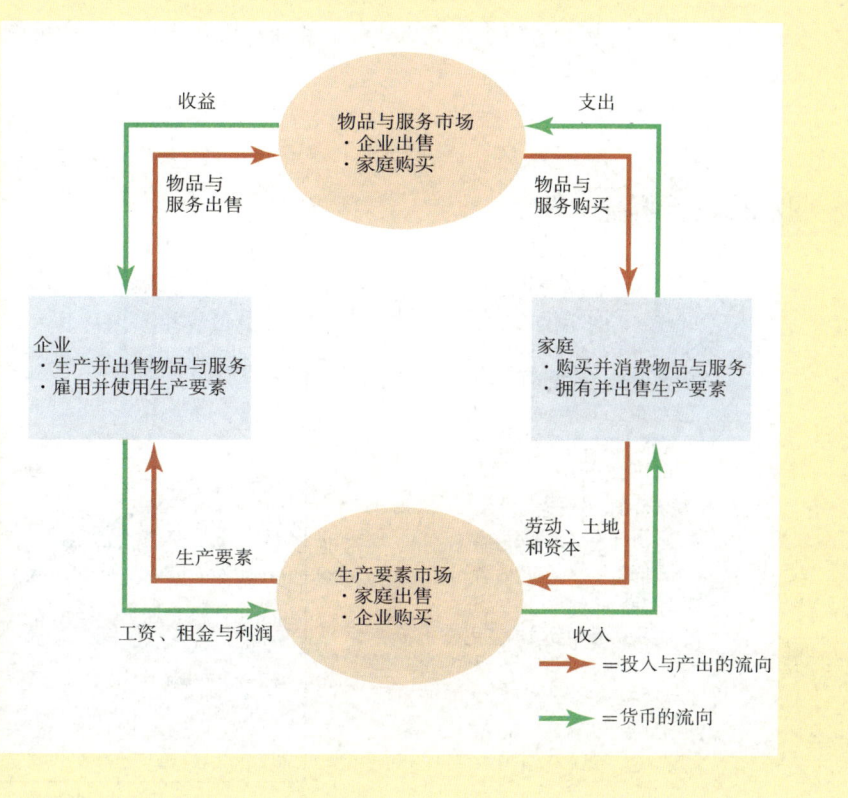

图2-1 循环流量图

该图是对经济组织方式的简要表述。经济决策由家庭和企业做出。家庭和企业在物品与服务市场（在这个市场上，家庭是买者，而企业是卖者）以及生产要素市场（在这个市场上，企业是买者，而家庭是卖者）上相互交易。外面一圈的箭头表示货币的流向，而里面一圈的箭头表示相应的投入与产出的流向。

图 2-1 中的循环流量图是一个简单的经济模型。它略去了在某些情况下会很重要的各种细节。例如，一个更为复杂、更为现实的循环流量模型应该包括政府和国际贸易的作用。（你付给星巴克的 1 美元可能会用于纳税或购买巴西农民的咖啡豆。）但这些细节对于理解经济的组织方式并不是至关重要的。由于其简化性，在考虑经济中各部分如何组合在一起时，记住这个循环流量图是很有用的。

2.1.5 我们的第二个模型：生产可能性边界

与循环流量图不同，大多数经济模型都是用数学工具来构建的。这里我们用一个最简单的经济数学模型——生产可能性边界——来阐明一些基本的经济学思想。

虽然现实经济生产成千上万种物品与服务，但我们可以设想一个只生产两种物品——汽车与电脑——的经济。汽车行业和电脑行业共同使用经济中的全部生产要素。**生产可能性边界**（production possibilities frontier）是一个图形，它表明在生产要素和生产技术既定时，一个经济所能生产的产品——在这个例子中是汽车和电脑——的数量的各种组合。

生产可能性边界：表示在可得到的生产要素与生产技术既定时，一个经济所能生产的产品数量的各种组合的图形。

图 2-2 表示这个经济的生产可能性边界。如果这个经济把全部资源都用于汽车行业，该经济将生产 1 000 辆汽车而不生产电脑。如果它把全部资源都用于电脑行业，该经济将生产 3 000 台电脑而不生产汽车。生产可能性边界的两个端点代表这两种极端的可能性。

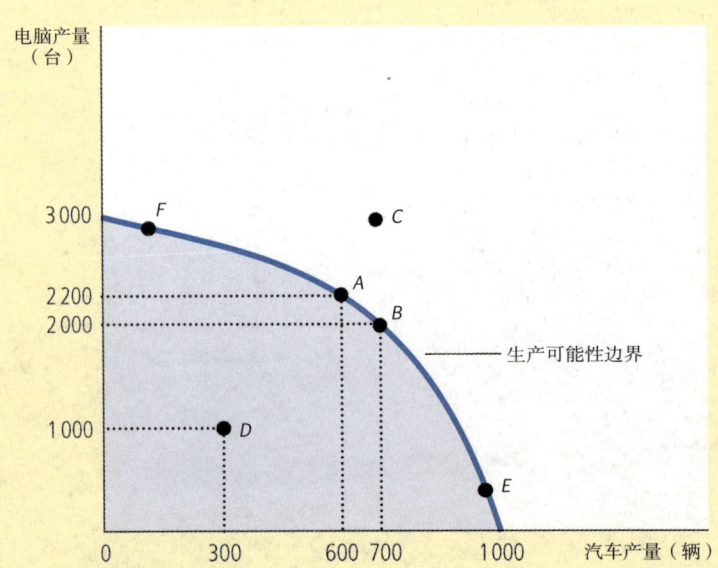

图2-2　生产可能性边界

生产可能性边界表明该经济所能生产的产品——在这个例子中是汽车和电脑——的数量组合。该经济可以生产该边界上或以内的任何组合。在既定的经济资源条件下，该边界以外的各点都是无法实现的。生产可能性边界上各点的斜率代表用电脑来衡量的生产汽车的机会成本。机会成本随着这个经济生产两种产品的数量的变化而变化。

更为可能的情况是，这个经济把资源分配在两个行业中，生产汽车和电脑。例如，该经济可以生产 600 辆汽车和 2 200 台电脑，如图 2-2 中 A 点所示。或者，通过把一些生产要素从电脑行业转向汽车行业，该经济可以生产 700 辆汽车和 2 000 台电脑，如 B 点所示。

由于资源是稀缺的，因此并不是每一种想象的结果都是可行的。例如，无论在两个行业之间如何配置资源，这个经济也不可能生产出 C 点所代表的汽车和电脑量。在用于制造汽车和电脑的技术为既定时，这个经济并没有足够的生产要素来提供 C 点所对应的产量水平。一个经济可以用它拥有的资源在生产可能性边界上和以内的任何一点进行生产，但它不能在这条边界以外的任何一点进行生产。

如果一个经济从它可以获得的稀缺资源中获得了它能得到的全部东西，就称这种结果是有效率的。生产可能性边界上（而不是这条线之内）的各点代表了有效率的生产水平。当该经济在其上的某一点，比如说 A 点进行生产时，如果不减少一种物品的生产，就没有办法生产更多的另一种物品。D 点代表一种无效率的结果。由于某种原因，也许是普遍失业，该经济的产量小于它从可以获得的资源中所能得到的最大可能产量：它只生产了 300 辆汽车和 1 000 台电脑。如果消除了无效率的来源，该经济就可以增加这两种物品的产量。例如，如果该经济从 D 点移动到 A 点，汽车的产量就从 300 辆增加到 600 辆，电脑的产量从 1 000 台增加到 2 200 台。

第 1 章中所讨论的经济学十大原理之一是人们面临权衡取舍。生产可能性边界表明了社会所面临的一种权衡取舍。一旦我们达到了该边界上有效率的一点，那么得到更多的一种物品的唯一方法就是减少另一种物品的生产。例如，当社会从 A 点移到 B 点时，社会多生产了 100 辆汽车，但代价是少生产了 200 台电脑。

这种权衡取舍关系有助于我们理解经济学十大原理中的另一个原理：某种东西的成本是为了得到它所放弃的东西。这被称为机会成本。生产可能性边界表明了用另一种物品来衡量的一种物品的机会成本。当社会从 A 点移动到 B 点时，它为了得到增加的 100 辆汽车而放弃了 200 台电脑。这就是说，在 A 点时，100 辆汽车的机会成本是 200 台电脑。换言之，每辆汽车的机会成本是两台电脑。要注意的是，一辆汽车的机会成本等于生产可能性边界的斜率（如果你想不起什么是斜率，可以通过本章附录来复习一下）。

用电脑数量来衡量的汽车的机会成本在这个经济中并不是不变的，而是取决于该经济生产多少汽车和电脑。这反映在生产可能性边界的形状上。由于图 2-2 中的生产可能性边界凹向原点，所以，当该经济生产大量汽车和少量电脑时，例如在 E 点时，生产汽车的机会成本最高，此时生产可能性边界是陡峭的。当该经济生产少量汽车和大量电脑时，例如在 F 点时，生产可能性边界是平坦的，并且生产汽车的机会成本较低。

经济学家认为，生产可能性边界通常是这种凹向原点的形状。当该经济把其大部分资源用于生产电脑时，例如在 F 点时，最适于汽车生产的资源，如熟练的汽车工人，都被用于电脑行业。由于这些工人可能并不擅长生产电脑，多生产一辆汽车只会引起很小的电脑产量的减少。在 F 点，用电脑衡量的汽车的机会成本是较小的，而且生产可能性边界较为平坦。与此相反，当经济把其大部分资源用于生产汽车时，例如在 E 点时，最适于生产汽车的资源已经用于汽车行业。多生产一辆汽车就意味着要把一些最好的电脑技工从电脑行业中转移出来，并让他们成为汽车工人。结果，多生产一辆汽车就意味着电脑产量有相当大的减少。此时生产汽车的机会成本很高，而且生产可能性边界是陡峭的。

生产可能性边界表明在某一特定时期内生产不同物品之间的权衡取舍，但随着时间的推移，这种权衡取舍可以改变。例如，假设电脑行业的技术进步提高了每个工人每周可以生产的电脑数量。这种进步扩大了社会的一系列机会。对于任何一种既定的汽车产量，该经济现在都可以生产比以前更多的电脑。如果该经济并没有生产任何电脑，它仍然可以生产 1 000 辆汽车，因此，生产可能性边界的一个端点仍然是相同的。但如果该经济将一些资源用于电脑行业，它将用这些资源生产出更多的电脑，生产可能性边界向外移动了，如图 2-3 所示。

即问即答

■ 画出一条生产食物与衣服的社会的生产可能性边界。标出一个有效率点、一个无效率点和一个不可能实现的点。说明一场旱灾对此的影响。

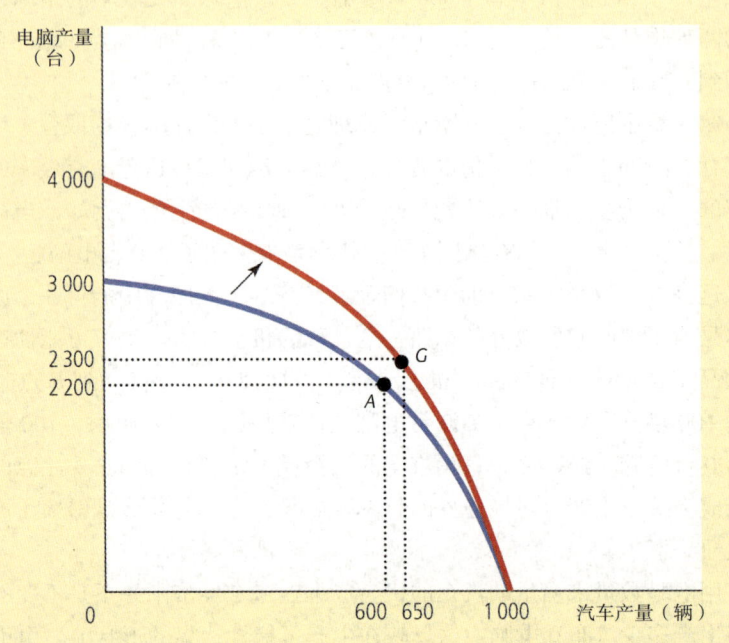

图2-3　生产可能性边界的移动

电脑行业的技术进步使经济在生产任何一个既定的汽车量时，都可以生产比以前更多的电脑。结果，生产可能性边界向外移动。如果该经济从 A 点移动到 G 点，那么汽车和电脑的产量就都增加了。

图 2-3 说明当经济增长时会发生的情况。社会可以使生产从原来的生产可能性边界上的一点移动到新的生产可能性边界上的一点。社会选择该边界上的哪一点取决于它对两种物品的偏好。在这个例子中，社会从 A 点移动到 G 点，享有了更多的电脑（2 300 台而不是 2 200 台）和更多的汽车（650 辆而不是 600 辆）。

生产可能性边界简化了复杂的经济，以便强调一些基本但极为重要的思想：稀缺性、效率、权衡取舍、机会成本和经济增长。当你学习经济学时，这些思想将以不同的形式反复出现。生产可能性边界为我们提供了一种思考这些问题的简单方法。

2.1.6　微观经济学与宏观经济学

许多学科在各种不同层次上进行研究。以生物学为例，分子生物学家研究构成生命体的化学合成物；细胞生物学家研究细胞，细胞由许多化学合成物构成，同时它本身也是构成活的生物体的基本单位；进化生物学家研究各种动物与植物，以及若干世纪以来物种如何逐步地进化。

经济学也在各种不同层次上进行研究。我们可以研究单个家庭与企业的决策。我们也可以研究某种物品与服务市场上家庭与企业之间的相互交易。我们还可以研究整体经济的运行，整体经济是所有这些市场上所有这些决策者活动的总和。

传统上，经济学被划分为两个大的分领域。微观经济学（microeconomics）研究家庭和企业如何做出决策，以及它们如何在特定市场上相互交易。宏观经济学（macroeconomics）研究整体经济现象。一个微观经济学家可能研究租金控制对纽约市住房的影响、外国竞争对美国汽车行业的影响，或者接受义务教育对工人收入的影响。一个宏观经济学家可能研究联邦政府借债的影响、经济中失业率随时间推移的变动，或者提高一国生活水平的不同政策。

微观经济学和宏观经济学是密切相关的。由于整体经济的变动产生于千百万个人的决策，所以，不考虑相关的微观经济决策而要去理解宏观经济的发展是不可能的。例如，宏观经济学家可能研究联邦个人所得税的减少对整个物品与服务生产的影响。但是为了分析这个问题，他必须考虑所得税减少会如何影响家庭把多少钱用于购买物品与服务的决策。

尽管微观经济学与宏观经济学之间存在固有的联系，但这两个领域仍然是不同的。由于它们强调不同的问题，且每个领域都有自己的一套模型，所以通常在不同的课程中讲授。

微观经济学：研究家庭和企业如何做出决策，以及它们如何在市场上相互交易的学科。

宏观经济学：研究整体经济现象，包括通货膨胀、失业和经济增长的学科。

> **即问即答**
> ■ 定义微观经济学与宏观经济学。

2.2　作为政策顾问的经济学家

人们经常要求经济学家解释一些经济事件的原因。例如，为什么青少年的失业率高于年龄大一些的人的失业率？有时，也要求经济学家提出改善经济结果的政策建议。例如，政府应该为改善青少年的经济福利做些什么？当经济学家试图去解释世界时，他们是科学家；当经济学家试图去帮助改善世界时，他们是政策顾问。

2.2.1　实证分析与规范分析

为了弄清楚经济学家的这两种角色，我们来考察语言的使用。由于科学家和政策顾问有不同的目标，所以他们也以不同的方式使用语言。

例如，假设有两个人正在讨论最低工资法。下面是你可能听到的两种表述：

Polly：最低工资法引起了失业。
Norm：政府应该提高最低工资。

现在不管你是否同意这两种表述，应该注意的是，Polly 和 Norm 想要做的事情是不同的。Polly 的说法像一个科学家：她做出了一种关于世界如何运行的表述。Norm 的说法像一个政策顾问：他做出了他想如何改变世界的表述。

一般来说，关于世界的表述有两种类型。第一种类型的表述，例如 Polly 的表述，是实证的。实证表述（positive statements）是描述性的。它们做出关于世界是什么样子的表述。第二种类型的表述，例如 Norm 的表述，是规范的。规范表述（normative

实证表述：试图描述世界是什么样子的观点。

规范表述：试图描述世界应该是什么样子的观点。

statements）是规定性的。它们做出关于世界应该是什么样子的表述。

实证表述和规范表述之间的关键区别是我们如何判断它们的正确性。从原则上说，我们可以通过检验证据而确认或否定实证表述。经济学家可以通过分析某一时期内最低工资变动和失业变动的数据来评价 Polly 的表述。与此相比，对规范表述的评价则既涉及事实也涉及价值观。仅仅靠数据不能判断 Norm 的表述。确定什么是好政策或什么是坏政策不仅仅是一个科学问题，它还涉及我们对伦理、宗教和政治哲学的看法。

实证表述与规范表述根本上是不同的，但在一个人的观念中它们通常相互关联。特别是，我们关于世界如何运行的实证观点将影响我们关于什么政策合意的规范观点。如果 Polly 关于最低工资法引起失业的说法正确的话，这可能会使她否定 Norm 关于政府应该提高最低工资的结论。但我们的规范结论并不能仅仅根据实证分析，还要涉及价值判断。

你在学习经济学时，要记住实证表述与规范表述的区别，因为这有助于你将精力集中在手头的任务上。经济学的许多内容是实证的：它仅仅在努力解释世界如何运行。但那些运用经济学的经济学家们通常有规范的目的：他们想知道如何改善经济。当你听到经济学家做出规范表述时，你就可以知道，他们此时已经是站在政策顾问的立场上，而不是站在科学家的立场上了。

2.2.2　华盛顿的经济学家们

哈里·杜鲁门（Harry Truman）总统曾经说过，他想找一个"独臂"经济学家。当他请他的经济学家提出建议时，他们总是回答："一方面……另一方面……"

杜鲁门总统正确地认识到经济学家的建议并不总是直截了当的。这种倾向根源于第1章中的经济学十大原理之一：人们面临权衡取舍。经济学家认识到在大多数政策决策中都涉及权衡取舍。一项能提高效率的政策可能会以损害平等为代价。一项有利于子孙后代的政策可能会损害当前一代人的利益。一个认为所有政策决策都轻而易举的经济学家是不值得信任的经济学家。

杜鲁门并不是唯一一位看重经济学家建议的总统。自从 1946 年以来，美国总统一直得到经济顾问委员会的指导，该委员会由三位委员和数十位经济学家组成。该委员会的办公室就在离白宫只有几步之遥的地方，它的职责不外乎向总统提出建议，并撰写每年的《总统经济报告》，该报告讨论近期经济的发展，并提供该委员会对当前政策问题的分析。

总统还从许多政府行政部门的经济学家那里得到建议。预算和管理办公室的经济学家帮助形成支出计划和常规性政策。财政部的经济学家帮助设计税收政策。劳工部的经济学家分析工人和求

即问即答
■ 举出与你的日常生活有关的一个实证表述的例子和一个规范表述的例子。

"我们来交换一下吧！我来制定政策，你执行，而他负责解释。"

图片来源：
ⓒ James Stevenson/The New Yorker Collection/www.cartoonbank.com

职者的数据,以帮助制定劳动市场政策。司法部的经济学家帮助实施国家的反托拉斯法。

还有政府行政部门之外的经济学家。为了得到对政策建议的独立评价,国会往往听取由经济学家组成的国会预算办公室的建议。美联储这个制定国家货币政策的机构也雇用了数以百计的经济学家来分析美国和全世界的经济发展状况。

经济学家对政策的影响超出了他们作为顾问的作用:他们的研究和著作经常间接地影响政策。经济学家约翰·梅纳德·凯恩斯(John Maynard Keynes)提出了这种看法:

> 经济学家和政治哲学家的思想,无论正确与否,实际上都要比一般所想象的更有力量。事实上,这个世界就是由它们统治的。那些自认为能够免于受经济学家思想影响的实干家往往是某些已故经济学家的俘虏。那些当权狂人信奉的其实也不过是若干年前某些末流文人狂妄思想的零碎而已。

虽然这些文字写于1935年,但至今仍然正确。实际上,现在正影响公共政策的"末流文人"往往是凯恩斯本人。

2.2.3　为什么经济学家的建议并不总是被采纳

任何一个向总统或其他民选领导人提出建议的经济学家都知道,他的建议并不总是受到重视。这会使人困扰,但很容易理解。制定经济政策的过程在许多方面与经济学教科书上假设的理想化的决策过程完全不同。

在本书中,我们讨论经济政策时往往集中在一个问题上:什么是政府要追求的最好政策?我们的做法好像政策是由一个仁慈的国王决定的。一旦国王选定了正确的政策,将这个政策付诸实施就不会有什么困难。

在现实世界中,选定正确的政策仅仅是一个领导人工作的一部分,有时还是最容易的一部分。在总统听取了经济顾问关于什么政策最好的意见后,他还要听取其他顾问的相关意见。他的公关顾问会告诉他如何最好地向公众解释所提议的政策,而且他们会努力预料任何一种会带来更严峻挑战的误解。他的新闻顾问会告诉他新闻媒体将如何报道他的提议,以及哪些意见将最有可能出现在全国报刊的社论上。他的法律事务顾问会告诉他议会将如何评论这个提议,议会议员将提出哪些修正,以及议会通过总统提议而写进法律的可能性。他的政治顾问会告诉他哪些集团将组织起来支持或反对所提议的政策,这个提议将如何影响选举中他在不同集团中的形象,以及是否会影响对总统任何一种其他政策主张的支持。在听取并权衡了所有这些意见之后,总统才决定下一步如何实施。

在代议制民主政体中,制定经济政策是一件麻烦的事情——而且总统(和其他政治家)往往有充分的理由不采用经济学家建议的政策。经济学家在政策制定过程中起着重要的作用,但他们的建议也仅仅是一个复杂过程中的一种要素。

即问即答

■列举出经常依靠经济学家建议的三个政府部门。

2.3 经济学家意见分歧的原因

"如果让所有的经济学家围坐在一起,他们不会达成任何一个共识。"萧伯纳(George Bernard Shaw)对经济学家的嘲讽从这句话中可见一斑。经济学家作为一个集团经常因为向决策者提供的建议相互矛盾而受到批评。罗纳德·里根(Ronald Reagan)总统曾经开玩笑说,如果小追击(Trivial Pursuit)游戏是为经济学家设计的,那么,100个问题就会有3 000个答案。

为什么经济学家往往给决策者提供相互矛盾的建议呢?这里有两个基本原因:

- 经济学家可能对世界如何运行的不同实证理论的正确性看法不一致。
- 经济学家可能有不同的价值观,因此对政策应该努力实现的目标有不同的规范观点。

我们下面开始讨论这些原因。

2.3.1 科学判断的不同

几个世纪之前,天文学家为太阳系的中心是地球还是太阳而争论不休。后来,气象学家也争论过地球是否正在经历着"全球变暖",以及如果是这样的话,原因是什么。科学是为了认识我们周围世界而进行的持续研究。随着研究的深入,科学家对真理的认知会存在分歧,这不足为奇。

基于同样的原因,经济学家也经常会产生分歧。经济学是一门年轻的科学,仍然有许多问题需要探讨。经济学家有时意见不一致,是因为他们对不同理论的正确性或对衡量经济变量如何相关的重要参数的大小有不同的直觉。

例如,经济学家对于政府是应该根据家庭收入还是应该根据消费(支出)来征税的看法就不一致。支持把现行所得税改为消费税的人认为,这种变化会鼓励家庭更多地储蓄,因为它不对用于储蓄的收入征税。高储蓄使更多的资源用于资本积累,又会引起生产率和生活水平更快地增长。支持现行所得税制的人认为,家庭储蓄并不会对税法的改变做出太大反应。这两派经济学家对税制持有不同的规范观点,是因为他们关于储蓄对税收激励反应程度的实证观点不同。

2.3.2 价值观的不同

假设Peter和Paula都从镇上的水井中汲取等量的水。为了支付维修水井的费用,镇里向其所有居民征税。Peter收入为10万美元,征税1万美元,即他收入的10%。Paula收入为2万美元,征税4 000美元,即他收入的20%。

这种政策公正吗?如果不公正的话,谁支付的太多了,而谁支付的太少了? Paula的收入低是因为她是残疾人还是因为她决定投身演艺生涯,这一点重要吗? Peter的收入高是因为他继承了大量遗产还是因为他愿意长时间地从事枯燥的工作,这一点又重要吗?

这些是可能会引起人们争论的难题。如果镇里雇了两个专家来研究该镇为维修水井应该如何向居民征税的问题,而这两个专家又提出了不一致的建议,我们应该不会感到奇怪。

这个简单的例子说明了,为什么经济学家有时对公共政策的看法不同。正如我们在以前关于实证分析和规范分析的讨论中所知道的,不能只从科学的角度来判断政策。经济学家有时提出了不一致的建议,是因为他们有着不同的价值观。对经济科学的不断完善并不能告诉我们 Peter 和 Paula 两人中谁支付的税收太多了。

2.3.3 感觉与现实

由于科学判断的差别和价值观的不同,经济学家之间有一些分歧是不可避免的,但不应该夸大这种分歧。经济学家之间的共识程度远远超出了人们有时认为的那样。

表 2-1 包含了 20 个有关经济政策的主张。在对专业经济学家的调查中,这些主张得到了绝大多数被调查者的赞同。但是,其中大部分主张并没有在公众中得到类似的认同。

表2-1 大多数经济学家同意的主张

主张(以及持赞同意见经济学家所占的百分比)

1. 租金上限降低了可得到的住房的数量和质量。(93%)
2. 关税和进口配额通常降低了总体经济福利。(93%)
3. 弹性汇率和浮动汇率提供了一种有效的国际货币协定。(90%)
4. 财政政策(例如,减税和/或增加政府支出)对低于充分就业的经济有重要的刺激效应。(90%)
5. 美国不应该限制雇主将工作外包给其他国家。(90%)
6. 像美国这样的发达国家的经济增长会使福利水平更高。(88%)
7. 美国应该取消农业补贴。(85%)
8. 设计适当的财政政策可以提高长期资本形成率。(85%)
9. 地方政府和州政府应该取消对职业运动队的补贴。(85%)
10. 如果联邦预算要实现平衡,也应该是以经济周期为基础,而不是以年度为基础。(85%)
11. 如果现行的政策保持不变,在接下来的50年中社会保障基金与支出之间的缺口会持续扩大并超出承受能力。(85%)
12. 现金支付要比与现金等值的实物转移支付更多地提高接受者的福利水平。(84%)
13. 庞大的联邦预算赤字对经济有不利的影响。(83%)
14. 美国的收入再分配是政府的一项合法职能。(83%)
15. 通货膨胀主要是由于货币供给的过分增长而引起的。(83%)
16. 美国不应该禁止转基因作物。(82%)
17. 最低工资增加了年轻人和不熟练工人的失业。(79%)
18. 政府应该按"负所得税"的思路重建福利制度。(79%)

19. 作为控制污染的方法，排污税和可交易的污染许可证要优于实行污染上限。（78%）
20. 在美国，政府对乙醇的补贴应该减少或取消。（78%）

资料来源：Richard M. Alston, J. R. Kearl, and Michael B. Vaughn, "Is There Consensus among Economists in the 1990s?" *American Economic Review*（May 1992）：203—209; Dan Fuller and Doris Geide-Stevenson, "Consensus among Economists Revisited," *Journal of Economics Education*（Fall 2003）：369—387; Robert Whaples, "Do Economists Agree on Anything? Yes!" *Economists' Voice*（November 2006）：1—6; Robert Whaples, "The Policy Views of American Economic Association Members: The Results of a New Survey," *Econ Journal Watch*（September 2009）：337—348.

即问即答

■ 为什么总统经济顾问们对一个政策问题会存在意见分歧？

表中的第一个主张是关于租金控制的，这是一项规定房东对住房可以收取的最高房租的法律规定。几乎所有经济学家都认为，租金控制对住房的可得性和质量有不利影响，而且这是一种代价高昂的帮助最贫困社会成员的方法。但是，许多市政府不理会经济学家的建议，而对房东可以向其房客收取的租金规定了上限。

表中的第二个主张涉及关税和进口配额，这是两种限制各国间贸易的政策。几乎所有经济学家都反对这种对自由贸易的限制，其原因我们将在本书中进行更充分的讨论。但是，这些年来总统和国会一直选择限制某些物品的进口。

既然专家一致反对，为什么租金控制和贸易限制这些政策还一直持续呢？这可能是因为政治过程是一种不可消除的障碍。但也可能是因为经济学家还无法使普通公众相信这些政策是不合意的。本书的目的之一就是使你理解经济学家对这些问题和其他问题的观点，也许还要说服你相信这是正确的观点。

33

IN THE NEWS

【新闻摘录】
现实的经济学家与虚拟现实

对专业经济学家来说，网络游戏可能是下一个前沿。

网络游戏经济学
Brad Plumer

通货膨胀会让任何一个中央银行都头痛。但是，当一个好战的宇宙飞船攻击星际贸易港，引起银河系矿物价格飙升时，某种类型的经济学家知道该做什么。

Eyjólfur Guðmundsson 正是这种经济学家。他在冰岛 CCP 游戏公司工作，他监督由大量玩家参与的大型多人在线游戏"星战前夜"的虚拟经济。在这个世界里，玩家兴建自己的宇宙飞船并穿越拥有 7 500 个星系的银河系。他们买卖天然矿物，从而创建了他们自己的不断波动的市场。他们进行商品投机，还形成了贸易联盟和银行。

这是一个正在蔓延的经济，有四十多万个玩家参与了这个虚拟市场——事实上，玩家的人数比冰岛的人口都多。通货膨胀、通货紧缩，甚至衰退都会发生。这就是为什么 Guðmundsson 在他位于雷克雅未克的机构带领了 8 个分析家认真研读大量数据，以确保"星战前夜"的平稳运行。他的工作不亚于在美联储监督美国经济的本·伯南克（Ben Bernanke）。

Guðmundsson 说："无论从哪个方面来看，这都相当于现实生活中的一个小国经济。这个世界没有什么是'虚拟'的。"

今天，许多大型多人在线网络游戏已经变得如此复杂，以至于网络游戏公司转而向经济学家寻求帮助。没有监督的网络游戏经济会变得很糟——当 2007 年禁赌条款使"第二生命"这个网上世界发生了一次虚拟的银行挤兑时，仅仅一家银行就耗费了玩家在现实生活中价值75万美元的货币。

但是，凡事也有另一面。正当网络游戏设计者迫切需要经济建议时，许多学院派经济学家也急切地要研究网络游戏。虚拟世界首先可以让经济学家研究现实生活中很少出现的概念，例如完全准备金银行，一种在"星战前夜"突然兴起的替代现有银行体系的自由派体系。网络游戏里的数据相当丰富。而且，在网络游戏中进行全面经济实验要容易得多——显而易见，这种实验是不能在真实的国家中进行的。

学院派经济学家认为，这种进行大规模实验的能力会带来经济学的变革。

希腊经济学家Yanis Varoufakis最近受雇于Valve网络游戏公司。他说："经济理论已经到了死亡的边缘——最近一次真正的理论突破是在20世纪60年代。但这并不是因为我们不再明智了，而是我们遇到了艰难的障碍。未来取决于实验和模拟——网络游戏给了我们这样的一个机会。"

至少这还是一个梦想。现实总是更为复杂。网络公司往往担心，捣乱的经济学家想进行的实验令虚拟世界的乐趣大打折扣。而一些学院派则嘲笑说，从一个充满术士和星际飞船的世界能学到什么？网络游戏公司和经济学家可能需要互相学习，但他们首先得学会如何分享游戏操纵杆。

6月，Varoufakis在自己的博客上宣布，他已被广受欢迎的"战栗时空"的制造商Valve公司雇为内部经济学家。Varoufakis可不是只会算数的无名小卒。自从任教于雅典大学起，他就因对希腊债务危机和欧元危机的犀利有效的分析而享有盛名。

显而易见，这就是为什么Valve公司对他有兴趣。该公司掌管着Steam平台，这个平台上运营着诸多网络游戏，包括"军团要塞"。

Valve公司想把Steam平台上不同的网络游戏联系在一起，以便玩家能对虚拟物品进行交易。Valve公司的主管Gabe Newell在他给Varoufakis的电子邮件中解释说："我们正在讨论（通过创造一种共同的货币）把两个虚拟环境的经济联系起来，同时我们必须面对棘手的国际收支问题。"

Newell认为，要解决这个问题，有谁能比处理过德国和希腊当年加入欧元区之后的困境的专家更合适呢？

至今为止，只有两家公司——CCP公司和Valve公司雇用了内部经济学家。不过有几位研究虚拟世界的学者表示，游戏设计者也咨询过他们。

康奈尔大学约翰逊管理学院研究虚拟世界的经济学家Robert Bloomfield说："如果你创建的游戏有10万用户，他们要买卖虚拟物品，那就需要一个经济学家帮助调整你的系统，以免其在快速运转中失去控制。"

资料来源：*The Washington Post*, September 28, 2012.

2.4 出发吧

本书的前两章向你介绍了经济学的思想与方法。现在我们可以正式开始学习了。下一章我们开始更详细地学习经济行为和经济政策的原理。

阅读本书时，你需要运用多方面的知识和技能。也许你会发现，记住伟大的经济学家约翰·梅纳德·凯恩斯的一些忠告是颇有裨益的：

> 经济学研究似乎并不需要任何极高的特殊天赋。与更高深的哲学或纯科学相比，经济学难道不是……一门极其容易的学科吗？它是一门容易的学科，但这个学科中很少有人能出类拔萃！对这个悖论的解释也许在于杰出的经济学家应该具有罕见的各种天赋的组合。在某种程度上，他应该是数学家、历史学家、政治家和哲学家。他必须了解符号并用文字将其表达出来。他必须根据一般性来深入思考特殊性，并在思绪奔放的同时触及抽象与具体。他必须根据过去、着眼未来而研究现在。他必须考虑到人性或人的制度的每一部分。他必须同时保持坚定而客观的情绪，要像艺术家一样超然而不流俗，但有时又要像政治家一样脚踏实地。

这无疑是一个高标准。但通过实践，你将会越来越习惯于像经济学家一样思考。

◎ 经济学家们努力以科学家的客观态度来研究他们的学科。像所有科学家一样，他们做出了适当的假设并建立了简化的模型，以便理解我们周围的世界。两个简单的经济模型是循环流量图和生产可能性边界。

◎ 经济学可划分为两个分领域：微观经济学和宏观经济学。微观经济学家研究家庭和企业做出的决策以及家庭和企业在市场上的相互交易。宏观经济学家研究影响整体经济的力量和趋势。

◎ 实证表述是关于世界是什么的论断。规范表述是关于世界应该是什么的论断。当经济学家做出规范表述时，他们的行为更像是政策顾问而不是科学家。

◎ 经济学家们向决策者提出的建议之所以有时会相互矛盾，不是因为科学判断的差别，就是因为价值观的差别。在另一些时候，经济学家提供的建议是一致的，但由于政治过程施加的力量和约束，决策者可能选择不理会这些建议。

循环流量图　　　　　　　　　微观经济学　　　　　　　　　实证表述
生产可能性边界　　　　　　　宏观经济学　　　　　　　　　规范表述

1．为什么说经济学是一门科学？
2．为什么经济学家要做出假设？
3．经济模型应该准确地描述现实吗？
4．说出你的家庭参与要素市场的一种方式，以及参与产品市场的一种方式。
5．举出一种没有包括在简单的循环流量图中的经济关系。
6．画出并解释一个生产牛奶与点心的经济的生产可能性边界。如果一场瘟疫使该经济中的一半奶牛死亡，这条生产可能性边界会发生怎样的变动？
7．用生产可能性边界描述"效率"的思想。
8．经济学分为哪两个分领域？解释这两个分领域各研究什么。
9．实证表述与规范表述之间的差别是什么？各举出一个例子。
10．为什么经济学家有时会向决策者提出相互矛盾的建议？

附 录

绘图：简单的复习

经济学家研究的许多概念可以用数字来表示——香蕉的价格、香蕉的销售量和种植香蕉的成本等。这些经济变量通常是相互关联的。当香蕉价格上升时，人们买的香蕉少了。表述变量之间关系的一种方法是使用图形。

使用图形有两个目的：第一，当建立经济理论时，用方程或文字可能表述得不够清楚，而图形提供了一种直观地表述思想的方法。第二，当分析经济数据时，图形提供了一种发现和解释数据的变动模式的有效方法。无论我们是构建理论还是分析数据，图形都提供了一个可以根据大量树木而辨认出森林的透镜。

用图形表示数字信息有多种方法，正如用文字来表述思想也有很多方法一样。一位好的作家会选择可以使其观点清晰、描述生动，或情节具有戏剧性的文字。一个有效率的经济学家会选择最适于表述其目的的图形类型。

在本附录中，我们讨论经济学家如何用图形来研究变量之间的数学关系。我们还要讨论运用图形方法时容易出现的一些错误。

单变量的图形

图 2A-1 表示了三种常见的图形：(a) 幅中的饼形图表示美国的总收入的各种来源，包括雇员薪酬、公司利润等。每一块扇形代表每种来源在总收入中的份额。(b) 幅中的柱形图比较了四个国家的收入。柱形的高度代表每个国家的平均收入。(c) 幅的时间序列图描述了随着时间推移，美国经济部门生产率的提高。线的高度代表各年中每小时的产量。也许你已经在报纸和杂志上见过类似的图形。

两个变量的图形：坐标系

尽管图 2A-1 的三个图形在表明变量如何随时间推移或在个体之间变动上是有用的，但这种图形能告诉我们的内容毕竟有限，它们只能表示一个变量的信息。经济学家通常关注变量之间的关系。因此，他们需要能在一个图形上表示两个变量。坐标系使这种需要成为可能。

假设你想考察学习时间和平均绩点（GPA）之间的关系。你可以对你们班每个学生记录一对数字：每周用在学习上的小时数和平均绩点。可以把这些数字作为一种有序数对（ordered pair）放在括号中，并用图形上的一点来表示。例如，用有序数对（每周 25 小时，3.5GPA）来代表 Albert，而他的同班同学 Alfred 用有序数对（每周 5 小时，

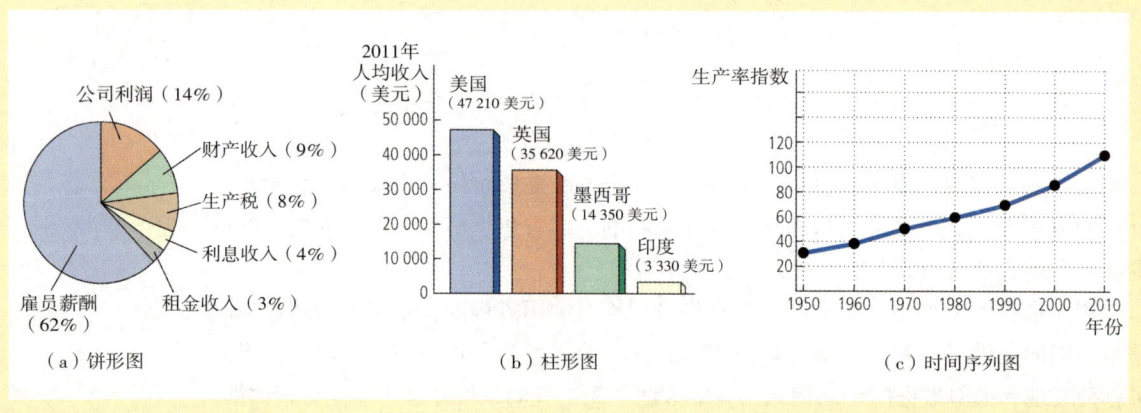

图2A-1　图形的类型

（a）幅中的饼形图表示 2011 年美国国民收入的各种来源。（b）幅中的柱形图比较了四个国家在 2011 年的平均收入。（c）幅中的时间序列图表示 1950—2010 年美国经济部门的劳动生产率。

图片来源：ⓒ Sample Name.

2.0 GPA）来代表。

我们可以把这些有序数对画在一个二维坐标方格图上。每个有序数对的第一个数字称为 x 坐标，它告诉我们该点的横向位置；第二个数字称为 y 坐标，它告诉我们该点的纵向位置。x 坐标和 y 坐标为零的点称为原点。有序数对的两个坐标告诉我们该点相对于原点的位置：在原点右边的 x 个单位，并在原点上方的 y 个单位。

图 2A-2 标出了 Albert、Alfred 和他们同班同学的平均绩点与对应的学习时间。这

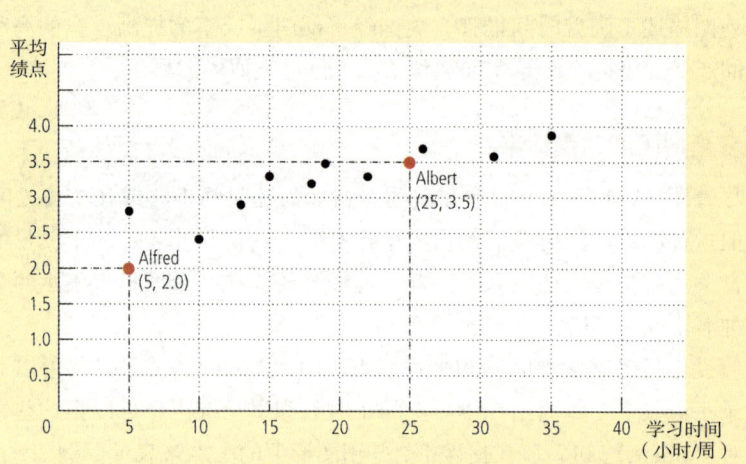

图2A-2　运用坐标系

纵轴代表平均绩点，横轴代表学习时间。各点代表Albert、Alfred 和他们的同班同学。从图中我们可以看出，学习时间更多的学生往往成绩更高。

种类型的图称为散点图，因为它描述了不连续的各点。在看这个图时，我们马上会注意到，越是向右的点（表示学习时间更多），位置越高（表示平均绩点越高）。由于学习时间与平均绩点一般是同方向变动的，因此我们说，这两个变量有一种正相关关系。与此相比，如果画出参加聚会的时间与学习成绩之间关系的图形，我们很可能发现，参加聚会时间多与成绩低相关。由于这些变量一般是反方向变动的，我们把这种情况称为负相关关系。在这两种情况下，坐标系都使我们可以轻而易举地看出两个变量之间的相关性。

坐标系中的曲线

那些学习时间多的学生往往取得更高的成绩，但其他因素也会影响一个学生的成绩。例如，事先准备是一个重要因素，其他因素如天赋、老师的关注程度，甚至早餐吃得好坏等都有影响。像图 2A-2 这样的散点图并不想把学习努力程度对成绩的影响与其他变量的影响分开。但是，经济学家通常更喜欢在其他条件不变的情况下，观察一个变量对另一个变量的影响。

为说明如何做到这一点，我们来看经济学中最重要的图形之一——需求曲线。需求曲线描绘出一种物品价格对消费者想购买的物品量的影响。但是，在说明需求曲线之前，先看一下表 2A-1，该表说明了 Emma 购买的小说数量取决于她的收入和小说的价格。当小说便宜时，Emma 就大量购买。随着小说的价格变得越来越昂贵，她就从图书馆借书而不是买书，或者选择去看电影而不是读小说。同样，在任何一种既定价格水平下，Emma 收入越高，买书越多。这就是说，当她的收入增加时，她把部分增加的收入用于买小说，部分用于买其他物品。

表2A-1　Emma购买的小说数量

该表说明在各种收入和价格水平下Emma购买的小说数量。在任何一种既定收入水平下，都可以用价格与需求量的数据画出Emma的小说需求曲线，如图2A-3和图2A-4所示。

价格（美元）	小说数量（本）		
	收入为2万美元时	收入为3万美元时	收入为4万美元时
10	2	5	8
9	6	9	12
8	10	13	16
7	14	17	20
6	18	21	24
5	22	25	28
	需求曲线D_3	需求曲线D_1	需求曲线D_2

我们现在有三个变量——小说的价格、收入和购买的小说数量，这多于我们能用二维空间表示的数量。为了把表 2A-1 中的信息描绘成图形，我们需要使三个变量中的一个不变，并描述其他两个变量之间的关系。由于需求曲线代表价格和需求量之间的关系，所以我们使 Emma 的收入不变，并说明她所购买的小说数量如何随小说的价格变动而变动。

假设 Emma 的年收入为 3 万美元。如果我们用 x 轴表示 Emma 购买的小说数量，y 轴表示小说的价格，我们就可以用图形来表示表 2A-1 的中间一列。当把代表表中各项的点——（5 本小说，10 美元）、（9 本小说，9 美元）等——连接起来时，它们就成为一条直线。图 2A-3 中画出的这条直线被称为 Emma 的小说需求曲线；它告诉我们在任何一种既定价格下，Emma 买多少本小说。需求曲线向右下方倾斜，表示较高的价格减少了小说的需求量。由于小说的需求量与价格呈反方向变动，我们说这两个变量是负相关的（相反，当两个变量同方向变动时，把它们连接起来的曲线向右上方倾斜，我们说这两个变量是正相关的）。

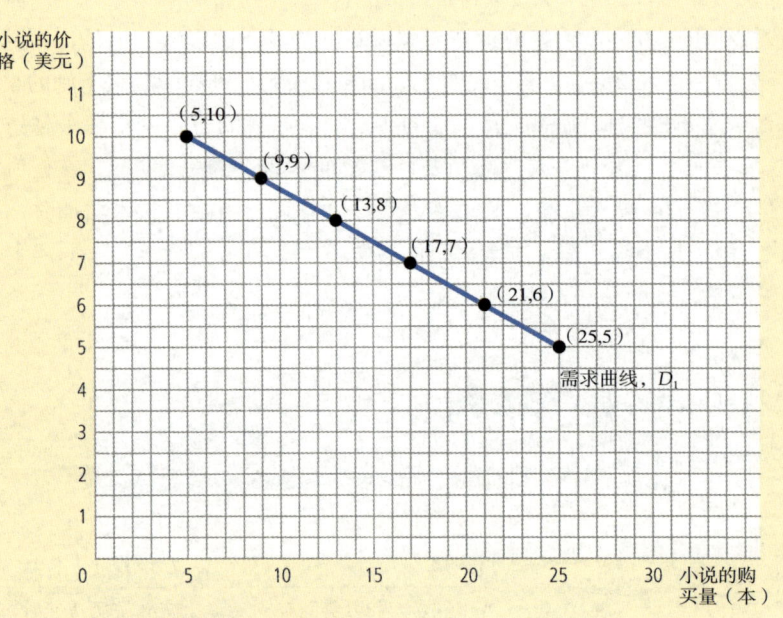

图2A-3 需求曲线

需求曲线 D_1 表明，当 Emma 的收入不变时，她购买小说的数量取决于小说的价格。由于价格与需求量是负相关的，所以，需求曲线向右下方倾斜。

现在假设 Emma 的收入增加到每年 4 万美元。在任何一种既定价格水平下，Emma 购买的小说数量都比她在以前的收入水平时多了。正如我们之前用表 2A-1 中间一列的全部数据画出了 Emma 的小说需求曲线一样，现在我们可以用该表右边一列的全部数据画出一条新需求曲线。图 2A-4 中所画出的这条新需求曲线（D_2）与旧需求曲线（D_1）平行；新需求曲线是在右方画出的一条类似的线。因此我们说，当 Emma 收入增加时，她的小说需求曲线向右移动。同样，如果 Emma 的收入减少为每

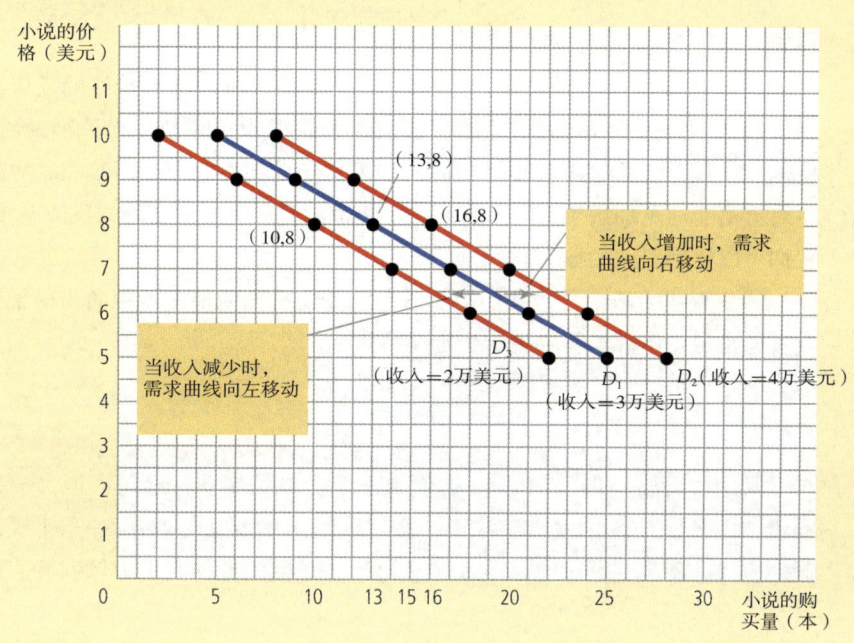

图2A-4 需求曲线的移动

Emma小说需求曲线的位置取决于她赚了多少钱。她赚的钱越多，在任何一种既定价格水平下买的小说就越多，她的需求曲线也就越靠右。曲线D_1代表Emma的收入为每年3万美元时的初始需求曲线。如果她的收入增加到每年4万美元，她的需求曲线就移动到D_2。如果她的收入减少为每年2万美元，她的需求曲线就移动到D_3。

年2万美元，在任何一种既定价格水平下，她购买的小说数量都减少了，她的需求曲线向左移动（到曲线D_3）。

在经济学中，区分沿着一条曲线的变动与曲线的移动是很重要的。正如我们从图2A-3中所能看到的，如果 Emma 的收入为每年 3 万美元，而小说价格为每本 8 美元，她每年将购买 13 本小说。如果小说的价格下降到 7 美元，Emma 每年购买的小说将增加到 17 本。但需求曲线仍在同一位置上。在同一种价格下，Emma 仍购买相同数量的小说，但随着价格下降，她购买小说的数量沿着该需求曲线从左向右变动。与此相比，如果小说的价格固定在 8 美元没变，但 Emma 的收入增加到 4 万美元，她每年购买的小说就会从 13 本增加到 16 本。由于 Emma 在同一种价格下买了更多本小说，正如图2A-4 所示，她的需求曲线向外移动。

可以用一种简单的方法来判断什么时候必须移动曲线。当一个未用任何坐标轴表示的变量发生变动时，曲线就会移动。收入既不用该图的 x 轴表示，也不用 y 轴表示，所以，当 Emma 的收入变动时，她的需求曲线必须移动。除了小说价格这个唯一例外的变动之外，任何一种影响 Emma 购买习惯的其他变动，也同样会使她的需求曲线移动。例如，如果公共图书馆关闭了，Emma 必须购买她想阅读的所有书，那么，Emma 在每种价格下都会需要更多的书，她的需求曲线将向右移动。或者，如果电影票价下降，Emma 把更多的时间用于看电影，并减少了读书时间，那么，她在每种价格下需要的小说少了，她的需求曲线将向左移动。与此相比，当图形某个坐标轴上的变量变动时，曲线并不移动。我们把这种变动称为沿着曲线的变动。

斜率

关于 Emma，我们想问的一个问题是，她的购买习惯对价格的反应有多大？我们来看图 2A-5 中画出的需求曲线。如果这条曲线非常陡峭，无论小说便宜还是昂贵，Emma 购买的小说的数量几乎相同。如果这条曲线相当平坦，Emma 购买的小说数量将对价格变动更加敏感。为了回答一个变量对另一个变量变动的反应有多大这个问题，我们可以使用斜率的概念。

一条直线的斜率是当我们沿着这条线变动时，纵轴变动距离与横轴变动距离的比率。通常可以用数学符号把这个定义写为：

$$\text{斜率} = \frac{\Delta y}{\Delta x}$$

其中，希腊字母 Δ（delta）代表一个变量的变动。换句话说，一条直线的斜率等于"上升量"（y 的变动）除以"向前量"（x 的变动）。对于一条平缓地向右上方倾斜的直线，斜率将是一个小的正数；对于一条陡峭地向右上方倾斜的直线，斜率将是

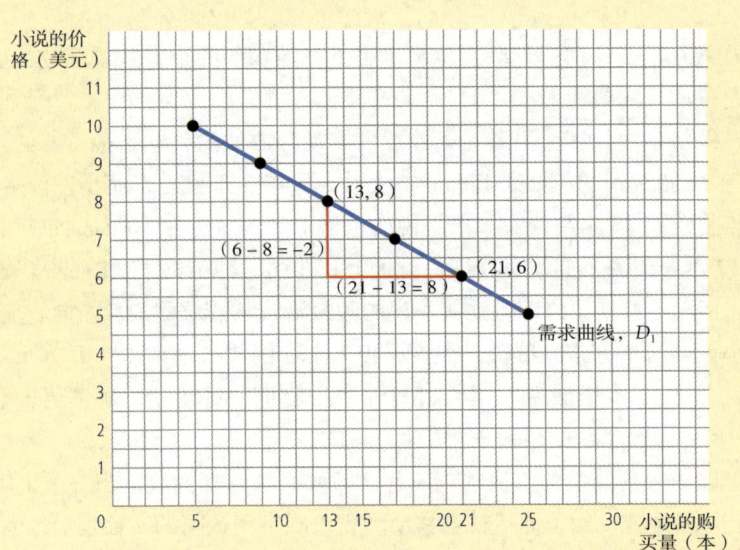

图2A-5 计算一条直线的斜率

为了计算需求曲线的斜率，我们可以观察当从一点（21, 6）移动到另一点（13, 8）时 x 坐标和 y 坐标的变动。该直线的斜率是 y 坐标的变动量（-2）与 x 坐标的变动量（+8）的比率，即等于 -1/4。

一个大的正数;对于一条向右下方倾斜的直线,斜率则将是一个负数。水平线的斜率为零,因为在这种情况下,y 轴的变量是固定不变的;垂直线被定义为有无限斜率,因为 y 轴的变量可以取任何值,而 x 轴的变量固定不变。

Emma 的小说需求曲线的斜率是多少?首先,由于该曲线向右下方倾斜,我们知道,斜率将是负数。为了计算斜率的数值,我们必须在这条直线上选择两个点。当 Emma 的年收入为 3 万美元时,她在价格为 6 美元时购买 21 本小说,或在价格为 8 美元时购买 13 本小说。在使用斜率的公式时,我们关心的是两点之间的变动,换句话说,我们关心的是它们之间的差别;这就使我们知道,我们必须从一组变量中减去另一组变量,如下所示:

$$\text{斜率} = \frac{\Delta y}{\Delta x} = \frac{y \text{ 坐标的第一个数} - y \text{ 坐标的第二个数}}{x \text{ 坐标的第一个数} - x \text{ 坐标的第二个数}}$$

$$= \frac{6-8}{21-13} = \frac{-2}{8} = \frac{-1}{4}$$

图 2A-5 用图形表明了如何进行这种计算。试着用另外两个不同的点来计算 Emma 需求曲线的斜率,你应该得出完全相同的结果,-1/4。直线的性质之一是同一条线上任何一点的斜率都相同。这一点对于其他类型的曲线并不适用,它们的某些部分比其他部分更为陡峭。

Emma 需求曲线的斜率告诉我们,她的购买量会对价格变动做出多大反应。斜率小(数值接近于零)意味着 Emma 的需求曲线较为平坦;在这种情况下,价格变动时,她购买的小说数量会有大幅度调整。斜率大(数值离零较远)意味着 Emma 的需求曲线较为陡峭;在这种情况下,价格变动时,她购买的小说数量只有很小的调整。

原因和结果

经济学家经常用图形来说明关于经济如何运行的观点。换句话说,他们用图形来说明一组事件如何引起了另一组事件的发生。用需求曲线这样的图形,不会混淆原因与结果。由于我们变动价格而使所有其他变量不变,我们就知道,小说价格的变动引起了 Emma 需求量的变动。但是,应该记住,我们的需求曲线来自一个假设的例子。当用现实世界的数据来画图时,要确定一种变量如何影响另一种变量往往是较为困难的。

第一个问题是,在研究两种变量之间的关系时要使其他条件不变是很困难的。如果不能使其他变量保持不变,我们可能会认为图形中的一个变量引起了另一个变量变动,而实际上这一变动是由在图上没有画出的第三个被忽略的变量所引起的。即使确定了所要观察的两个正确的变量,我们仍会遇到第二个问题——反向因果关系。换句话说,我们可能认为是 A 引起 B,而事实上却是 B 引起 A。忽略的变量和反向因果关系陷阱提醒我们,在用图形得出关于原因与结果的结论时要谨慎。

忽略的变量 为了说明忽略一个变量会如何导致一个容易使人误解的图形,我们来看一个例子。假设由于公众对许多人死于癌症这一问题的关注,政府委托大兄弟统计服务公司进行一项全面的研究。大兄弟公司仔细检查了在人们房间里找到的许多东西，以查明其中的哪一种东西与患癌症的风险相关。大兄弟公司在报告中指出，在两个变量之间存在密切的关系：家庭拥有的打火机数量和家庭成员得癌症的概率。图 2A-6 表示了这种关系。

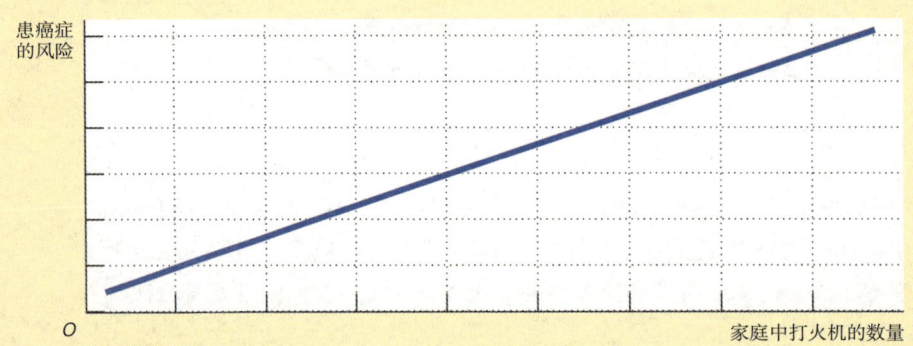

图2A-6　有一个被忽略的变量的图形

向右上方倾斜的曲线表明，家庭拥有的打火机越多，家庭成员越可能得癌症。但我们不应该得出拥有打火机引发癌症的结论，因为该图没有考虑到吸烟的数量。

面对这一结果，我们应该做些什么？大兄弟公司建议在政策上迅速做出反应。它建议政府通过对打火机征收销售税来限制人们持有打火机的数量。它还建议政府在打火机上加上警示性标语："大兄弟公司已经确认，打火机有害健康。"

在判断大兄弟公司分析的正确性时，一个首要的问题是：大兄弟公司在考虑一个变量时，是否令其他相关变量都保持不变？如果回答是否定的，这个结论就值得怀疑。对图 2A-6 的一个简单解释是，拥有打火机多的人往往吸烟也多，引发癌症的是吸烟而不是打火机。如果图 2A-6 没有使吸烟数量不变，它就没有告诉我们持有打火机的真正后果。

图片来源：Courtesy of Randall Munroe/XKCD.com.

这个故事说明了一个重要的原理：当你看到一幅图被用于支持一种关于原因与结果的观点时，应当问一下，有没有一种被忽略的变量的变动能解释你观察到的结果，这一点是很重要的。

反向因果关系 经济学家也会由于弄错了因果关系的方向而犯错误。为了说明这种可能性，假设美国无政府主义者联盟研究美国的犯罪情况，并做出图2A-7，该图画出了大城市中每千人暴力犯罪案件数量与每千人警察人数之间的对应关系。无政府主义者注意到这条曲线向右上方倾斜，并认为由于警察增加了而不是减少了城市暴力事件的数量，所以应该废除法律的实施。

如果我们可以进行可控性实验，就可以避免反向因果关系的危险。为了进行这个实验，我们应该随机地设定不同城市的警察数量，然后考察警察和犯罪之间的相关性。但是，图2A-7并不是建立在这种实验的基础上的。我们只看到，越是危险的城市警察越多。对这种情况的解释可能是，越危险的城市雇用的警察越多。换句话说，不是警察引起了犯罪，而是犯罪引来了警察。这个图形本身并不能使我们确定因果关系的方向。

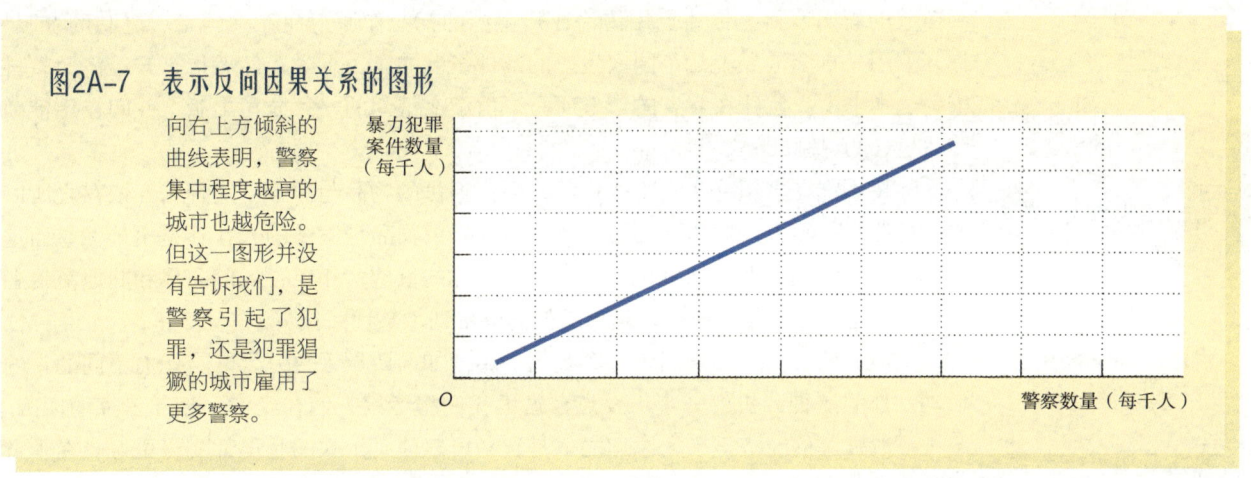

图2A-7 表示反向因果关系的图形

向右上方倾斜的曲线表明，警察集中程度越高的城市也越危险。但这一图形并没有告诉我们，是警察引起了犯罪，还是犯罪猖獗的城市雇用了更多警察。

考察哪一个变量先变动看起来是一种确定因果关系的简单方法。如果我们看到犯罪增加，然后是警力扩大，那么我们得出一个结论；如果我们看到警力扩大，然后犯罪增加，那么我们就得出另一个结论。但这种方法也有一个缺陷：人们通常并不是根据他们当前状况的变动来改变自己的行为，而是根据他们对未来状况预期的变动来改变自己的行为。例如，一个预期未来有一次大的犯罪高潮的城市现在就会更多地雇用警察。用婴儿与家用旅行车的例子可以更容易地说明这个问题。夫妇通常在预期到孩子出生时购买家用旅行车。家用旅行车的购买先于小孩的出生，但我们不会得出家用旅行车销售引起人口增长的结论！

还没有一套全面的规则可以说明什么时候从图形中得出因果关系结论是适当的。但只要记住打火机没有引起癌症（忽略的变量）和家用旅行车没有引起家庭人口增长（反向因果关系），你就会避免陷入许多荒谬的经济学争论之中。

第3章
相互依存性与贸易的好处

想想你日常生活中的典型一天。你早上起床，给自己倒了一杯用佛罗里达州产的橙子榨的果汁和用巴西产的咖啡豆煮的咖啡。早餐时，你从中国产的电视机上观看纽约播放的新闻节目。你穿上用佐治亚州生产的棉花作原料而在泰国工厂缝制的衣服。你开着用来自全世界十几个国家生产的部件组装的车去上学。然后你打开经济学教科书，这本书由一位住在麻省的作者所写，由俄亥俄州的一家公司出版，并印在用俄勒冈州生长的树制成的纸上。

你每天都在享用许多素不相识的人向你提供的物品与服务。这种相互依存之所以成为可能，是因为人们相互交易。那些为你提供物品与服务的人并不是出于仁慈而这样做的。也没有某个政府机构命令他们满足你的欲望。相反，人们向你和其他消费者提供他们生产的物品与服务，是因为他们也得到了某种回报。

在以后的各章中，我们将考察我们的经济如何协调千百万爱好与能力不同的人的活动。作为这种分析的一个出发点，这里我们将考察人们在经济上相互依存的原因。第1章所强调的经济学十大原理之一是贸易可以使每个人的状况都变得更好。在本章中我们要更详尽地研究这个原理。人们在相互交易的时候，究竟获得了什么好处？为什么人们选择了相互依存？

对上述问题的回答是理解现代全球经济的关键。在当今的大多数国家中，所消费的许多物品与服务都是从国外进口的，而且所生产的许多物品与服务也都出口给国外客户。本章的分析不仅解释了个人之间的相互依存性，而且也解释了国家之间的相互依存性。正如你将看到的，无论你是让当地理发师理发还是购买全球某个地方工人生产的T恤衫，贸易的好处都是相同的。

3.1 一个现代经济寓言

为了说明人们为什么选择在物品与服务上依靠其他人，以及这种选择如何改善了他们的生活，我们来看一个简单的经济。假设世界上只有两种物品——牛肉与土豆，而且世界上只有两个人——名叫 Rose 的牧牛人和名叫 Frank 的种土豆的农民，他们每个人都既爱吃牛肉，又爱吃土豆。

如果 Rose 只能生产牛肉，而 Frank 只能生产土豆，那么，贸易的好处是显而易见的。在一种情况下，Rose 和 Frank 可能选择"老死不相往来"。但在吃了几个月烤牛肉、煮牛肉、炸牛肉和烧牛肉之后，Rose 确信自给自足并不像想象的那样惬意。一直吃土豆泥、炸土豆、烤土豆和土豆片的 Frank 也可能同意 Rose 的看法。很明显，贸易使他们能享用更多的品种：每个人都可以吃上牛排配烤土豆或夹有薯条的汉堡包。

虽然这个故事只是最简单明了地说明了每个人如何能从贸易中获益，但如果 Rose 和 Frank 都能生产对方生产的物品，只是成本相对较高，这种好处也是相似的。例如，假定 Rose 可以种土豆，但她的土地非常不适于种土豆。同样，假定 Frank 也能养牛，但他并不擅长养牛和生产牛肉。在这种情况下，很容易看出，Frank 和 Rose 都可以通过专门从事自己最擅长的活动并从相互交易中获益。

但是，当某个人在生产每一种物品上都较为擅长时，贸易的好处就不那么明显了。例如，假定 Rose 在养牛和种土豆上都优于 Frank。在这种情况下，Rose 应该选择自给自足吗？或者她还是有理由去和 Frank 进行交易吗？为了回答这个问题，我们需要更仔细地研究影响这种决策的因素。

3.1.1 生产可能性

假设 Frank 和 Rose 每人每天工作 8 小时，并可以把这个时间用于种土豆、养牛或两者的组合上。图 3-1（a）表明每个人生产 1 盎司每种物品所需要的时间。Frank 用 15 分钟生产 1 盎司土豆，用 60 分钟生产 1 盎司牛肉。Rose 在这两种活动中的生产率都更高，可以用 10 分钟生产 1 盎司土豆，用 20 分钟生产 1 盎司牛肉。表中的后两列表示，如果 Frank 和 Rose 每天工作 8 小时只生产一种物品，他们能生产的牛肉或土豆的数量。

图 3-1（b）说明 Frank 能生产的牛肉和土豆的数量。如果 Frank 把他的全部 8 小时时间都用于生产土豆，他将生产 32 盎司土豆（用横轴表示）而没有牛肉。如果他把所有时间都用于生产牛肉，他将生产 8 盎司牛肉（用纵轴表示）而没有土豆。如果 Frank 把他的时间平均分配在两种活动上，两项活动各用 4 个小时，他将生产 16 盎司土豆和 4 盎司牛肉。图 3-1（b）表示这三种可能的结果以及介于这三种情况之间的所有其他结果。

图 3-1（b）表示 Frank 的生产可能性边界。正如我们在第 2 章中所讨论的，生产可能性边界表示一个经济所能生产的产量的各种组合。它说明了第 1 章中的经济学十大原理之一：人们面临权衡取舍。在这里，Frank 也面临着生产牛肉与生产土豆之间的权衡取舍。

你也许还记得，第 2 章中的生产可能性边界是外凸的。在那种情况下，社会可以用一种物品换取另一种物品的比率取决于两种物品当前的产量。但是在这里，Frank 生产牛肉和土豆的技术（正如图 3-1 中所概括的）使他能以不变的比率在一种物品与另一种物品之间转换。当 Frank 少用 1 小时生产牛肉并多用 1 小时生产土豆时，他的

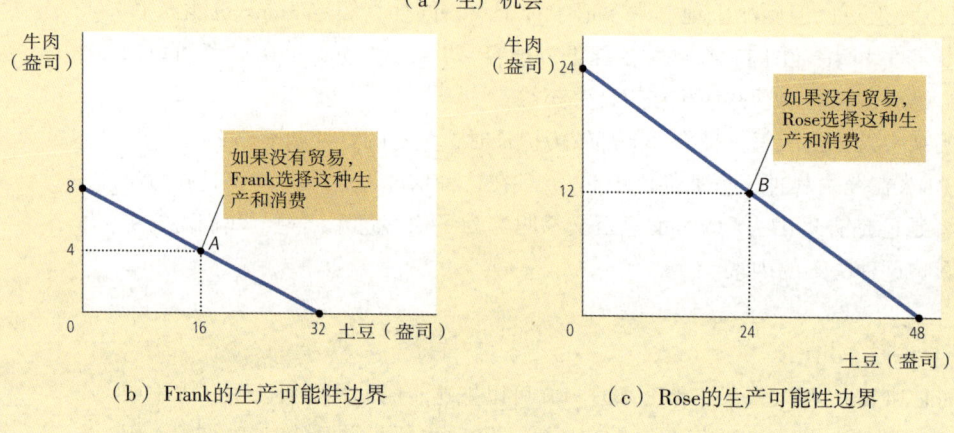

图3-1　生产可能性边界

（a）幅表示农民 Frank 和牧牛人 Rose 所能得到的生产机会。（b）幅表示 Frank 能生产的牛肉和土豆的组合。（c）幅表示 Rose 能生产的牛肉和土豆的组合。两条生产可能性边界都是通过假设 Frank 和 Rose 每人每天工作 8 小时推导出来的。如果不存在贸易，则每个人的生产可能性边界也是他的消费可能性边界。

牛肉产量将减少 1 盎司，土豆产量将增加 4 盎司——而且无论他之前已经生产了多少，情况都是如此。因此，生产可能性边界是一条直线。

图 3-1（c）表示 Rose 的生产可能性边界。如果 Rose 把全部 8 个小时都用于生产土豆，她将生产 48 盎司土豆而没有牛肉。如果她把全部 8 个小时都用于生产牛肉，她将生产 24 盎司牛肉而没有土豆。如果 Rose 把她的时间平均分配，每种活动用 4 个小时，她将生产 24 盎司土豆和 12 盎司牛肉。同样，生产可能性边界表明了所有可能的结果。

如果 Frank 和 Rose 选择自给自足，而不是相互贸易，那么，每个人消费的产品正是他所生产的。在这种情况下，生产可能性边界也是消费可能性边界。这就是说，没有贸易时，图 3-1 表示 Frank 和 Rose 每人可以生产并消费的牛肉和土豆的各种可能组合。

这些生产可能性边界曲线有助于说明 Frank 和 Rose 面临的权衡取舍，但并没有告诉我们 Frank 和 Rose 实际上将作何选择。为了确定他们的选择，我们需要知道 Frank 和 Rose 的爱好。我们假设，他们选择了图 3-1 中 A 点和 B 点所表示的组合：根据他们的生产机会和食物偏好，Frank 生产并消费 16 盎司土豆和 4 盎司牛肉，而 Rose 生产并消费 24 盎司土豆和 12 盎司牛肉。

3.1.2 专业化与贸易

在吃了几年 B 组合的土豆和牛肉之后，Rose 有了个主意，并告诉了 Frank：

Rose：Frank，我的朋友，我这里有一桩好买卖！我知道如何改善我们俩的生活。我认为你应该完全停止生产牛肉，而把你所有的时间都用于种土豆。根据我的计算，如果你一天用8个小时种土豆，你将生产32盎司土豆。如果你把这32盎司土豆中的15盎司给我，我将给你5盎司牛肉作为回报。最后，你每天将能吃到17盎司土豆和5盎司牛肉，而不是现在的16盎司土豆和4盎司牛肉。如果你按我的计划去做，你将得到更多的这两种食物。（为了说明自己的观点，Rose 向 Frank 展示了图3-2（a）。）

Frank：（声音显得有些怀疑）听起来对我是桩好买卖，但我不明白为什么你会提出这个交易。如果这个交易对我这么有好处，它就不可能对你也有好处。

图3-2 贸易如何扩大了消费机会的集合

Rose所建议的在农民Frank和牧牛人Rose之间的交易，给他们每一个人提供了一种无贸易时不可能有的牛肉和土豆的组合。在（a）幅中，Frank得到的消费在A*点，而不是A点；在（b）幅中，Rose得到的消费在B*点，而不是B点。贸易使每个人得以消费更多的牛肉和更多的土豆。

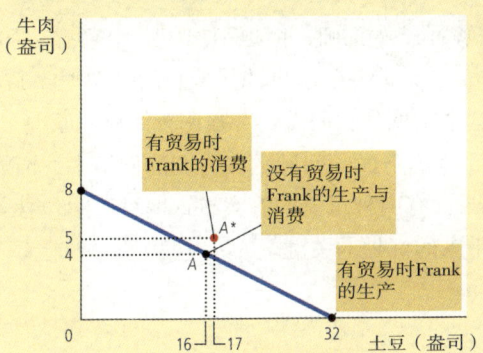

（a）Frank的生产与消费

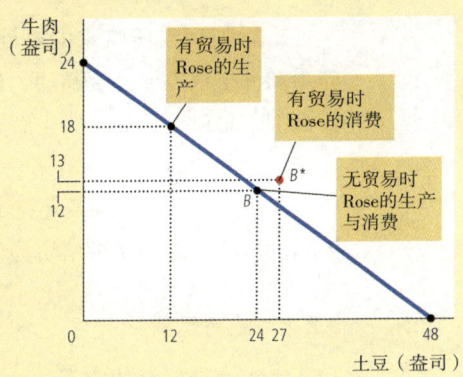

（b）Rose的生产与消费

	Frank的生产与消费（盎司）		Rose的生产与消费（盎司）	
	牛肉	土豆	牛肉	土豆
没有贸易：				
生产与消费	4	16	12	24
有贸易：				
生产	0	32	18	12
贸易	得到5	给出15	给出5	得到15
消费	5	17	13	27
贸易的好处：				
消费增加	+1	+1	+1	+3

（c）贸易的好处：总结

Rose：噢，可它对我也是有好处的！如果我每天用6小时养牛，2小时种土豆，我将生产18盎司牛肉和12盎司土豆。我给你5盎司牛肉来交换你的15盎司土豆以后，我将得到13盎司牛肉和27盎司土豆，而不是现在的12盎司牛肉和24盎司土豆。因此，我所消费的这两种食物也都将比现在多。（她指着图3-2（b）。）

Frank：我不知道……这听起来太棒了，真令人难以置信。

Rose：实际上这并不像乍看起来那么复杂。我这里有一个简单的表概括了我向你提的建议。（Rose递给Frank图3-2（c）的复印件。）

Frank：（停下来研究该表之后）这些计算看来是正确的，但我总有点弄不明白。这一交易怎么能使我们两人都过得更好呢？

Rose：我们两人都可以获益是因为贸易使我们每个人都可以专门从事自己最擅长的工作。你将把更多的时间用于种土豆，更少的时间用于养牛。我将把更多的时间用于养牛，更少的时间用于种土豆。由于专业化和贸易，我们每个人都可以不用增加工作时间就消费更多的牛肉和更多的土豆。

3.2　比较优势：专业化的动力

Rose 对贸易所带来的好处的解释虽然正确，但也引出了一个疑惑：如果 Rose 在养牛和种土豆方面都更精通，Frank 怎么能专门从事他最擅长的工作呢？Frank 似乎做什么都不是最擅长的。为了解开这个疑惑，我们需要考察比较优势的原理。

作为建立这个原理的第一步，考虑下面的问题：在我们的例子中，谁能以较低的成本生产土豆？是 Frank 还是 Rose？有两种可能的答案，这两种答案包含着解决我们困惑的方法，它们是理解贸易所带来的好处的关键。

3.2.1　绝对优势

考察生产土豆的成本的一个方法是比较两个生产者所需要的投入。当比较一个人、一个企业或一个国家与另一个人、另一个企业或另一个国家的生产率时，经济学家用**绝对优势**（absolute advantage）这个术语。如果生产者生产一种物品所需要的投入较少，就可以说该生产者在生产这种物品上有绝对优势。

在我们的例子中，时间是唯一的投入，因此我们可以通过考察每种类型的生产所需要的时间来确定绝对优势。Rose 无论在生产土豆上还是在生产牛肉上都有绝对优势，因为她生产 1 单位这两种物品需要的时间都少于 Frank。Rose 生产 1 盎司牛肉只需要 20 分钟，而 Frank 需要 60 分钟。同样，Rose 生产 1 盎司土豆只需要 10 分钟，而 Frank 需要 15 分钟。根据这一信息，我们可以得出结论，如果我们用投入量来衡量成本，则 Rose 生产土豆的成本较低。

即问即答

■ 画出鲁滨孙·克鲁索的生产可能性边界的例子。鲁滨孙是一个遇难船只的水手，他把他的时间用于采集椰子和捕鱼。如果他独自生活，该生产可能性边界是否限制了他对椰子和鱼的消费？如果他可以与岛上的当地人交易，他还会面临同样的限制吗？

绝对优势：一个生产者用比另一个生产者更少的投入生产某种物品的能力。

3.2.2 机会成本和比较优势

还可以用另一种方法考察生产土豆的成本。我们可以不比较所需要的投入，而比较机会成本。从第 1 章中我们知道，某种东西的**机会成本**（opportunity cost）是为了得到它而放弃的东西。在我们的例子中，我们假设 Frank 和 Rose 每人每天工作 8 小时。因此，用于生产土豆的时间就来自可用于生产牛肉的时间。当在两种物品之间重新配置时间时，Rose 和 Frank 放弃了一些单位的某种物品去生产另一种物品，从而就会发生沿着生产可能性边界的变动。机会成本衡量了每个生产者所面临的两种物品之间的权衡取舍。

机会成本：为了得到某种东西所必须放弃的东西。

我们先考虑 Rose 的机会成本。根据图 3-1（a），她生产 1 盎司土豆需要工作 10 分钟。当 Rose 把 10 分钟用于生产土豆时，她用于生产牛肉的时间就要减少 10 分钟。由于 Rose 生产 1 盎司牛肉需要 20 分钟，所以，工作 10 分钟将生产 1/2 盎司牛肉。这样，Rose 生产 1 盎司土豆的机会成本是 1/2 盎司牛肉。

现在来考虑 Frank 的机会成本。他生产 1 盎司土豆需要 15 分钟。由于他生产 1 盎司牛肉需要 60 分钟，所以，工作 15 分钟将生产 1/4 盎司牛肉。这样，Frank 生产 1 盎司土豆的机会成本是 1/4 盎司牛肉。

表 3-1 表示两个生产者生产牛肉和土豆的机会成本。需要注意的是，牛肉的机会成本是土豆的机会成本的倒数。由于 1 盎司土豆要花费 Rose 1/2 盎司的牛肉，所以，1 盎司牛肉要花费 Rose 2 盎司土豆。同样，由于 1 盎司土豆要花费 Frank 1/4 盎司牛肉，所以，1 盎司牛肉要花费 Frank 4 盎司土豆。

表3-1 牛肉和土豆的机会成本

	1盎司牛肉的机会成本	1盎司土豆的机会成本
Frank	4盎司土豆	1/4盎司牛肉
Rose	2盎司土豆	1/2盎司牛肉

在描述两个生产者的机会成本时，经济学家用**比较优势**（comparative advantage）这个术语。如果一个生产者在生产 X 物品时放弃了较少的其他物品，即生产 X 物品的机会成本较小，我们就可以说，他在生产该物品上具有比较优势。在我们的例子中，Frank 生产土豆的机会成本低于 Rose：Frank 生产 1 盎司土豆的成本只是 1/4 盎司牛肉，而 Rose 生产 1 盎司土豆的机会成本是 1/2 盎司牛肉。相反，Rose 生产牛肉的机会成本低于 Frank：Rose 生产 1 盎司牛肉的机会成本是 2 盎司土豆，而 Frank 生产 1 盎司牛肉的机会成本是 4 盎司土豆。因此，Frank 在种植土豆上有比较优势，而 Rose 在生产牛肉上有比较优势。

比较优势：一个生产者以低于另一个生产者的机会成本生产某种物品的能力。

尽管一个人有可能在两种物品的生产上都具有绝对优势（正如这个例子中的 Rose 那样），但一个人却不可能在两种物品的生产上都具有比较优势。因为一种物品的机会成本是另一种物品机会成本的倒数，如果一个人生产一种物品的机会成本较高，那么，他生产另一种物品的机会成本必然较低。比较优势反映了相对的机会成本。除非两个人有相同的机会成本，否则一个人就会在一种物品上具有比较优势，而另一个人将在另一种物品上具有比较优势。

3.2.3　比较优势与贸易

专业化和贸易的好处不是基于绝对优势，而是基于比较优势。当每个人专门生产自己有比较优势的物品时，经济的总产量就增加了，经济蛋糕的变大可用于改善每个人的状况。

在我们的例子中，Frank 用更多的时间种土豆，而 Rose 用更多的时间生产牛肉。结果土豆的总产量从 40 盎司增加到 44 盎司，牛肉的总产量从 16 盎司增加到 18 盎司。Frank 和 Rose 分享这种增加的产量的好处。

我们也可以看一下用各方付给对方的价格衡量的贸易的好处。由于 Frank 和 Rose 有不同的机会成本，所以他们双方都可以议价。这就是说，他们各自通过以低于自己生产某种物品的机会成本的价格得到该物品而从贸易中获益。

从 Frank 的角度考虑所提议的交易。Frank 用 15 盎司土豆换到了 5 盎司牛肉。换句话说，Frank 可以以 3 盎司土豆的价格购买 1 盎司牛肉。牛肉的这个价格低于 Frank 生产 1 盎司牛肉的机会成本，即 4 盎司土豆。因此，Frank 由于以一种有利的价格买到牛肉而从这一交易中获益。

现在从 Rose 的角度来考虑这一交易。Rose 购买 15 盎司土豆的价格是 5 盎司牛肉。这就是说，土豆的价格是 1/3 盎司牛肉。这一价格低于她生产土豆的机会成本，即 1/2 盎司牛肉。因此，Rose 由于以一种有利的价格买到土豆而从这一交易中获益。

现在牧牛人 Rose 和农民 Frank 故事的寓意应该清楚了：贸易可以使社会上每个人都获益，因为它使人们可以专门从事他们具有比较优势的活动。

3.2.4　贸易的价格

比较优势原理确定了专业化和贸易的好处，但它又带来了一些相关的问题：贸易的价格是由什么决定的？贸易的收益如何在贸易双方之间分配？对这些问题的准确回答超出了本章的范围，但我们可以说明一个一般规律：对从贸易中获益的双方而言，他们进行贸易的价格在两种机会成本之间。

在我们的例子中，Frank 和 Rose 同意按每盎司牛肉 3 盎司土豆的比例进行贸易。这一价格在 Rose 的机会成本（每盎司牛肉 2 盎司土豆）和 Frank 的机会成本（每盎司牛肉 4 盎司土豆）之间。使双方均能获益的价格并不一定非得在 2 和 4 的正中间，但它一定是在 2 和 4 之间的某个地方。

为了说明价格为什么必定在这个区间内，考虑如果不是这样会发生什么情况。如果牛肉的价格低于 2 盎司土豆，Frank 和 Rose 都想买牛肉，因为价格低于他们每个人的机会成本。同样，如果牛肉的价格高于 4 盎司土豆，他们双方都想卖出牛肉，因为价格高于他们的机会成本。但这是一个只有两个人的经济。他们不能都是牛肉的买方，也不能都是牛肉的卖方。必须有一个人充当交易的另一方。

相互有利的贸易只能在价格在 2 到 4 之间时进行。在这个价格范围内，Rose 想卖牛肉以购买土豆，而 Frank 想卖土豆以购买牛肉。每一方都可以以低于他的机会成本的价格购买一种物品。最后，他们双方都专门生产他有比较优势的物品，结果，双方的状况都改善了。

> **即问即答**
>
> ■鲁滨孙·克鲁索每小时可以摘 10 个椰子或捕 1 条鱼。他的朋友"星期五"每小时可以摘 30 个椰子或捕 2 条鱼。克鲁索捕 1 条鱼的机会成本是多少？"星期五"的呢？谁在捕鱼方面有绝对优势？谁在捕鱼方面有比较优势？

参考资料　亚当·斯密与大卫·李嘉图的思想遗产

经济学家很早就了解贸易的好处。下面是伟大的经济学家亚当·斯密所提出的观点：

> 如果购买一件东西所付出的代价比在家里生产所付出的代价小，就永远不要在家里生产，这是每一个精明的家长都知道的格言。裁缝不想制作他自己的鞋子，而向鞋匠购买。鞋匠不想缝制他自己的衣服，而雇裁缝缝制。农民不想缝衣，也不想制鞋，而宁愿雇用那些不同的工匠去做。他们都知道，为了他们自身的利益，应当把他们的全部精力集中使用到比邻人有优势的方面，而以其生产的部分物品或者说是以部分物品的价格，购买他们所需要的其他任何物品。

这段引文出自斯密 1776 年的著作《国民财富的性质和原因的研究》，这本书是贸易与经济上相互依存性分析的里程碑。

斯密的著作激励大卫·李嘉图——

大卫·李嘉图
图片来源：ⓒ Bettmann/CORBIS.

一位家资百万的股票经纪人成为一名经济学家。在其 1817 年的著作《政治经济学及赋税原理》中，李嘉图提出了我们现在所熟知的比较优势原理。他举了一个包含两种物品（葡萄酒与衣服）和两个国家（英国和葡萄牙）的例子。他说明了，两个国家都可以通过基于比较优势的贸易和专业化而获益。

李嘉图的理论是现代国际经济学的起点，但是，他对自由贸易的捍卫绝不仅限于学术层面。李嘉图将他的信仰贯彻到其作为英国议会议员的实际工作中，在议会中，他反对限制粮食进口的《谷物法》。

亚当·斯密和大卫·李嘉图关于贸易好处的结论经得起时间的考验。虽然经济学家在政策问题上通常存在分歧，但他们在支持自由贸易上是一致的。此外，自由贸易的核心论点在过去两个世纪以来并没有多少变化。从斯密和李嘉图时代以来，尽管经济学扩大了学科范围并改进了它的理论，但经济学家反对贸易限制的主要依据仍是比较优势原理。

3.3　比较优势的应用

比较优势原理解释了相互依存和贸易的好处。由于在现代世界中相互依存如此普遍，所以，比较优势原理有许多应用。这里有两个例子，一个很新奇有趣，而另一个则有着极为重要的现实意义。

"他们把这个草坪修剪得不错。"

图片来源：
ⓒ Cliff Welch/Icon SMI/Corbis.

3.3.1　Tom Brady应该自己修剪草坪吗

Tom Brady 把大量时间用于在草地上跑来跑去。他是有史以来最天才的橄榄球运动员之一，他可以以大多数非职业运动员梦寐以求的速度和准确性射进球。极有可能的是，他在其他体力活动中也出类拔萃。例如，我们可以设想，Brady 可以比其他任何一个人都更快地修剪自己的草坪。但是仅仅由于他能迅速地修剪草坪，就意味着他应该这样做吗？

为了回答这个问题，我们可以使用机会成本和比较优势的概念。比如说 Brady 能用 2 个小时修剪完草坪。在这同样的 2 小时中，他能拍一部电视商业广告片，并赚到 2 万美元。与此相比，邻居的孩子 Forrest Gump 能用 4 个小时修剪完 Brady 家的草坪。在这同样的 4 个小时中，他可以在麦当劳店工作并赚到 40 美元。

在这个例子中，Brady 在修剪草坪上有绝对优势，因为他可以用更少的时间投入完成这项工作。但由于 Brady 修剪草坪的机会成本是 2 万美元，而 Forrest 的机会成本仅为 40 美元，因此 Forrest 在修剪草坪上有比较优势。

在这个例子中，贸易的好处是巨大的。Brady 不应该自己修剪草坪，而应该去拍商业广告片，并雇用 Forrest 修剪草坪。只要他支付给 Forrest 的钱多于 40 美元而少于 2 万美元，双方的状况就都会变得更好。

IN THE NEWS

☞【新闻摘录】
家庭经济学

你的家务分工分错了
Emily Oster

没有一个人喜欢做家务。在幸福程度调查中，分担家务和上下班通勤一样，是人们最不喜欢的活动。也许这就是为什么谁做什么家务的选择往往会引起家庭气氛紧张，甚至吵架。

如果每个人擅长做不同的事，安排家务就容易了。如果你的配偶善于购买日用品，而你善于洗衣服，那就简单了。但是事实并不总是——甚至不经常是这样。通常是某一方善于做所有的家务。（实话说，这个人往往是女方。）女主人在洗衣、购物、清扫、做饭上样样行。但这就意味着她应该什么都做吗？

在女儿出生前，我既做饭又洗碗。这没什么大不了的，也用不了我多少时间，而且老实说，我做这些活都比我丈夫强很多。他做饭只会做鸡蛋和辣椒，我让他洗碗的时候，经常发现，即使是只有一个锅和八个叉子，他也会用"满载"程序洗。

有了孩子以后，我们要做的家务更

一位经济学家认为，你不应该仅仅因为你比你的配偶更擅长洗碗，就总是负责洗碗。

图片来源：
Illustration by Robert Neubecker.

多了，而时间更少了。看来最好是重新分配一下家务。当然，我仍然更擅长做所有家务。但是，难道这意味着我应该什么都干？

我可以根据公平的原则：我们每人分担一半家务。我也可以采取女权主义者的立场：调查表明，女方往往在家务分配中吃亏。就家务占用时间而言，女方比男方多做44分钟（2小时11分钟对1小时27分钟）的家务。就家务分类来看，男方只在剪草坪和房屋外部维护这两方面比女方强。当然，我可以建议我丈夫多做一些家务来打破这种不平衡，借此还可以教育我女儿，我们每个人都可以保持自我，看看，爸爸妈妈是平等的，如果两人一起分担，做家务也是有乐趣的。我甚至还可以边在洗碗机边上挥弄锅铲，边大声叹气，指望丈夫注意到，并主动提出由他来做家务。

对于我和我丈夫来说，幸好我是一名经济学家，因此，我有在暗中较劲更有效的办法。一些基本的经济学原理已经提供了答案。我们需要分担家务，原因很简单：让善于做饭和洗碗的一方从事所有做饭和洗碗并没有效率。这里用到的经济学原理是边际成本递增。一般来说，

当人们疲劳时，事情会越变越糟。我在芝加哥大学教我的学生时，我是用管理员工来解释这个原理的。假设你有一个好员工和一个不太好的员工，你会让那个好员工做所有的工作吗？

答案经常是"不会的"。为什么呢？想一想，上午9点的时候，经过了一夜充分休息的那位不太好的员工的状态，比起凌晨2点时那位已经工作了17个小时的好员工，还是要好一些的。因此，你至少还是要把一些工作交给你那位不太好的员工。同样的原理可以运用于家庭。的确，你或你的配偶更善于干所有事。但任何一个人在凌晨4点洗衣服都可能会把红色毛巾和白色T恤混起来。分工是个好办法。怎么分工取决于人们的技能下降有多快。

为了使你家庭的效率实现"最优"（这是每一个经济学家的最终目标——也是你的最终目标），你应该使每个人最后所做的工作的效率相等。你的配偶洗碗、剪草坪、列出购物清单，你做饭、洗衣、购物、清扫、支付账单。这可能看来不平衡，但想一想，你看到你的配偶在列购物清单时就已经衣衫不整地坐在那里开始打盹了，他能把你们需要多少牛奶算出来就已经很不错了。实际上他的这种状态和你付账单时的状态差不多，尽管付账单是你做的第五项家务。

如果这时你让你的配偶再去打扫卫生——即使这只是第四项家务——家里也会是一团糟，因为他做第三项家务时已经精疲力尽了，而你的状态仍然还不错。这种安排的结果很可能是有一方要多干一些活，但它绝不会让一个人包揽了一切家务。

一旦你决定要用这种方法来分配家务，你就要决定谁做什么。一种选择是随机指派家务，另一种选择是每个人做每件事的一部分。我在一个配偶生活建议网站上读到：你应该根据每个人的喜好排序来分配。这些方法中没有一种是完全正确的。（如果按个人喜好排序来分配

的话，哪一个人会做清扫卫生间的活？）

为了决定谁做什么，我们需要更多的经济学知识，特别是比较优势原理。经济学家通常从贸易的角度谈这个原理。设想芬兰在制造鹿皮帽和滑雪靴上都比瑞典好。但芬兰在制造鹿皮帽上要好得多，而在制造滑雪靴上只比瑞典略强一点。当芬兰制造鹿皮帽而瑞典制造滑雪靴时，全世界的产量实现了最大化。

我们认为芬兰在制造这两种物品上都有绝对优势，但只在制造鹿皮帽上有比较优势。这个原理就是经济学家赞赏自由贸易的部分理由。当然，这是另外一个话题了（也许有另一位作者来写这个话题）。但这个原理也是在你家里如何"交易"家务的指导原则。你要指派每个人从事他具有比较优势的工作。这与你做每一件事都有绝对优势并没有关系。如果你在洗衣服上非常非常棒，而在清扫卫生间上只略好一点，你就应该让你的配偶去清扫卫生间。你告诉他，这样是有效率的！

在我们家，分配家务很容易。除了烧烤——我心甘情愿地承认，这是丈夫的领地——我做饭要好得多，而我洗碗只好那么一点点。因此，我丈夫就负责饭后清扫，尽管他操作洗碗机的工作要受到监督才行。好消息是，另一个我本来没有指望的经济学原理——干中学——很快起了作用。当人们从事一项工作时，他们就会不断提高工作技能。在我们重新分配家务的18个月以后，洗碗机看起来简直就是一件艺术品：碗碟都整整齐齐排在里面，程序显示"只洗上一层"。而我已经被禁止接近洗碗机了，因为显然，我很可能会"搞砸了"。

Oster女士是芝加哥大学经济学教授。
资料来源：*Slate*，November 21, 2012. http://www.slate.com/articles/double_x/doublex/2012/11/dividing_the_chores_who_should_cook_and_who_should_clean.2.html

3.3.2　美国应该与其他国家进行贸易吗

正如 Frank 和 Rose 的例子那样，个人可以从专业化和相互贸易中获益，不同国家的人们也可以这样。美国人喜欢的许多物品是外国生产的，而美国生产的许多物品也在国外销售。在国外生产而在国内销售的物品称为**进口品**（imports）。在国内生产而在国外销售的物品称为**出口品**（exports）。

> **进口品**：在国外生产而在国内销售的物品。
>
> **出口品**：在国内生产而在国外销售的物品。

为了说明各国如何能从贸易中获益，假设有两个国家——美国和日本，以及两种物品——食品和汽车。假设两国在生产汽车上效率一样高：美国工人和日本工人每人每月能生产 1 辆汽车。与此相比，由于美国的土地更多更好，它更善于生产食品：每个美国工人每月能生产 2 吨食品，而每个日本工人每月只能生产 1 吨食品。

比较优势原理说明，每种物品应该由生产这种物品机会成本较低的国家生产。由于美国生产 1 辆汽车的机会成本是 2 吨食品，但日本只是 1 吨食品，所以，日本在生产汽车上有比较优势。日本应该生产多于自己使用需要的汽车，并把一些汽车出口到美国。同样，由于日本生产 1 吨食品的机会成本是 1 辆汽车，而美国只是 0.5 辆汽车，所以，美国在生产食品上有比较优势。美国应该生产多于自己消费需要的食品，并把一些食品出口到日本。通过专业化和贸易，两国都可以有更多的食品和更多的汽车。

当然，在现实中各国之间贸易所涉及的问题比我们这个例子所说明的要复杂得多。其中最重要的问题是，每个国家都有许多具有不同利益的居民。即使国际贸易可以使国家作为一个整体的状况变好，但也会使一些人的状况变坏。当美国出口食品而进口汽车时，对美国农民和对美国汽车工人的影响是不同的。但是，与政治家和政治评论家有时所说的观点相反，国际贸易并不像战争，在战争中有些国家是胜利者，而其他国家是失败者。贸易使所有国家都可以实现更大的繁荣。

> **即问即答**
>
> ■ 假设一个技术高超的脑外科医生恰巧也是世界上打字最快的打字员。他应该自己打字还是雇一个秘书？解释原因。

3.4　结论

你现在应该更充分地理解了生活在一个相互依存的经济中的好处。当美国人购买来自中国的袜子时，当缅因州的居民喝着来自佛罗里达州的橙汁时，以及当房东雇用邻居的小孩来修剪草坪时，同样的经济力量在发生作用。比较优势原理表明，贸易可以使每个人的状况都变得更好。

但是，在了解了相互依存为什么合意之后，你自然会问如何使之成为可能。自由社会如何协调经济中所涉及的所有人的各种不同活动呢？怎样才能确保物品与服务将从那些应该生产它们的人的手中流入那些应该消费它们的人的手中呢？在一个只有两个人，例如牧牛人 Rose 和农民 Frank 的世界中，答案是很简单的：这两个人可以直接讨价还价，并在他们之间配置资源。在有千百万人的现实世界中，答案就不是那么显而易见了。我们将在第 4 章中探讨这个问题，我们将看到自由社会如何通过供给与需求的市场力量来配置资源。

内容提要

◎ 每个人都消费本国和世界各国许多其他人所生产的物品与服务。相互依存和贸易之所以合意,是因为它可以使每个人都可以享有更多数量和品种的物品与服务。

◎ 有两种方法可以用来比较两个人在生产一种物品时的能力。一个可以用较少投入生产该物品的人被称为在生产该物品上有绝对优势。生产该物品的机会成本较小的人被称为有比较优势。贸易的好处是基于比较优势,而不是绝对优势。

◎ 贸易可以使每个人的状况都变得更好,因为它使人们可以专门从事自己有比较优势的活动。

◎ 比较优势原理不仅适用于个人,还适用于国家。经济学家用比较优势原理支持各国间的自由贸易。

关键概念

绝对优势
机会成本

比较优势
进口

出口

复习题

1. 在什么情况下,生产可能性边界是直线,而不是外凸的?
2. 解释绝对优势和比较优势有什么不同。
3. 举例说明一个人在做某件事上有绝对优势,而另一个人有比较优势。
4. 对贸易来说,是绝对优势重要还是比较优势重要?以你对上一道题的答案为例来解释你的推理。
5. 如果双方根据比较优势进行贸易并且双方都从中获益,则贸易的价格应该在哪个范围内?
6. 为什么经济学家反对限制各国之间贸易的政策?

第2篇
市场如何运行

第 4 章
供给与需求的市场力量

当寒流袭击佛罗里达时,全国超市的橙汁价格都上升了。每年夏天,当新英格兰地区天气变暖时,加勒比地区旅店房间的价格呈直线下降。当中东爆发战争时,美国的汽油价格上升,并且二手凯迪拉克轿车的价格下降。这些事件的共同之处是什么呢?它们都表明了供给与需求的作用。

供给与需求是经济学家最经常——而且有充分的理由使用的两个词。供给与需求是使市场经济运行的力量。它们决定了每种物品的产量及其出售的价格。如果你想知道任何一种事件或政策将如何影响经济,你就应该先考虑它将如何影响供给和需求。

本章将介绍供给与需求理论。该理论考虑买者与卖者的行为,以及他们相互之间的影响。该理论将说明市场经济中供给与需求如何决定价格,以及价格又如何配置经济中的稀缺资源。

4.1 市场与竞争

供给与需求这两个术语是指人们在竞争市场上相互交易时的行为。在讨论买者与卖者如何行事之前,让我们先更充分地考察一下市场和竞争这两个术语的含义。

4.1.1 什么是市场

市场(market)是由某种物品或服务的买者与卖者组成的一个群体。买者作为一个群体决定了一种产品的需求,而卖者作为一个群体决定了一种产品的供给。

市场有很多种形式。一些市场组织健全,如许多农产品市场。在这些市场上,买者与卖者在特定的时间与地点聚集在一起,市场上还有拍卖者帮助确定价格并安排销售。

更通常的情况是,市场并没有什么组织。例如,考虑一下某个镇上的冰淇淋市场。冰淇淋的买者并没有在任何一个时间聚集在一起;冰淇淋的卖者分散在不同的地方,并提供略有差别的产品;也没有报出冰淇淋价格的拍卖者。各个卖者标出冰淇淋的价

市场:由某种物品或服务的买者与卖者组成的一个群体。

格，而各个买者决定在每个店买多少冰淇淋。然而，这些冰淇淋的消费者和生产者是紧密联系的。冰淇淋买者都从各个冰淇淋卖者中进行选择，来满足其需求，而冰淇淋卖者都努力吸引这些冰淇淋买者，以便经营成功。尽管这个市场没有人去组织，但由冰淇淋买者和冰淇淋卖者组成的群体形成了一个市场。

4.1.2 什么是竞争

冰淇淋市场也和经济中的大多数市场一样，是高度竞争的。每个买者都知道有一些卖者可供选择，并且每个卖者也都认识到，他的产品与其他卖者提供的产品是相似的。因此，冰淇淋的价格和销售量并不是由任何一个买者或卖者决定的。确切地说，冰淇淋的价格和销售量是由所有买者和卖者通过在市场上相互交易而共同决定的。

竞争市场：有许多买者与卖者，以至于每个人对市场价格的影响都微乎其微的市场。

经济学家用**竞争市场**（competitive market）这个术语来描述有许多买者与卖者并且每一个人对市场价格的影响都微乎其微的市场。每一个冰淇淋卖者对价格的控制都是有限的，因为其他卖者也提供类似的产品。卖者没有理由以低于现行价格的价格出售产品，而如果他以较高价格出售的话，买者就将到其他地方购买。同样，没有一个冰淇淋买者能影响冰淇淋的价格，因为每个买者的购买量都很少。

在本章中，我们假设市场是完全竞争的。为了达到这种竞争的最高形式，一个市场必须具备两个特征：(1) 可供销售的物品是完全相同的；(2) 买者和卖者人数众多，以至于没有任何一个买者或卖者可以影响市场价格。由于完全竞争市场上的买者与卖者必须接受市场决定的价格，所以，他们被称为价格接受者。在市场价格上，买者可以购买他们想购买的所有东西，而卖者可以出售他们想出售的所有东西。

在某些市场上完全竞争的假设完全适用。例如，在小麦市场上，有千百万出售小麦的农民和千百万使用小麦和小麦产品的消费者。由于没有一个买者或卖者能影响小麦价格，所以每个人都把价格视为既定的。

但是，并不是所有物品与服务都在完全竞争市场上出售。一些市场只有一个卖者，而且这个卖者决定价格。这样的卖者被称为垄断者。例如，你们本地的有线电视公司可能就是一个垄断者。你们镇上的居民也许只能从一家有线电视公司购买有线电视服务。还有一些市场介于完全竞争和垄断这两种极端形式之间。

尽管我们在世界上看到的市场类型是多种多样的，但完全竞争假设是一种很有用的简化，因此，我们的分析也自然从完全竞争市场开始。完全竞争市场是最容易分析的，因为每个市场参与者都会接受市场条件决定的价格。而且，由于大多数市场上都存在某种程度的竞争，所以，我们在研究完全竞争条件下的供给与需求时所得到的许多结论也适用于更复杂的市场。

即问即答
■ 什么是市场？
■ 一个完全竞争的市场具有哪些特征？

4.2 需求

我们对市场的研究从考察买者的行为开始。为了将我们的思考集中，让我们考虑一种特定的物品——冰淇淋。

4.2.1 需求曲线：价格和需求量之间的关系

一种物品的需求量（quantity demanded）是买者愿意并且能够购买的该种物品的数量。正如我们将看到的，任何一种物品的需求量都是由很多因素决定的，但在我们对市场如何运行的分析中，有一种因素起着主要作用——物品的价格。如果每勺冰淇淋的价格上升到20美元，你就会少买一些冰淇淋。你可能会去买一些冷冻酸奶。如果每勺冰淇淋的价格下降到0.2美元，你就会多买一些。价格与需求量之间的这种关系对于经济中大部分物品来说都是存在的，而且，实际上这种关系非常普遍，因此经济学家称之为需求定理（law of demand）：在其他条件不变时，一种物品的价格上升，对该物品的需求量减少；一种物品的价格下降，对该物品的需求量增加。

图4-1中的表格表示在不同的价格水平下，Catherine每个月买多少个冰淇淋蛋卷。如果是免费的，Catherine吃12个冰淇淋蛋卷。当价格为0.5美元时，Catherine买10个冰淇淋蛋卷。随着价格继续上升，她的需求量越来越少。当价格达到3美元时，Catherine就一个冰淇淋蛋卷都不买了。这个表是一个需求表（demand schedule），它表明在影响消费者想购买的数量的其他因素都保持不变的情况下，一种物品的价格与其需求量之间的关系。

需求量：买者愿意并且能够购买的一种物品的数量。

需求定理：认为在其他条件不变时，一种物品的价格上升，对该物品的需求量减少的观点。

需求表：表示一种物品的价格与其需求量之间关系的表格。

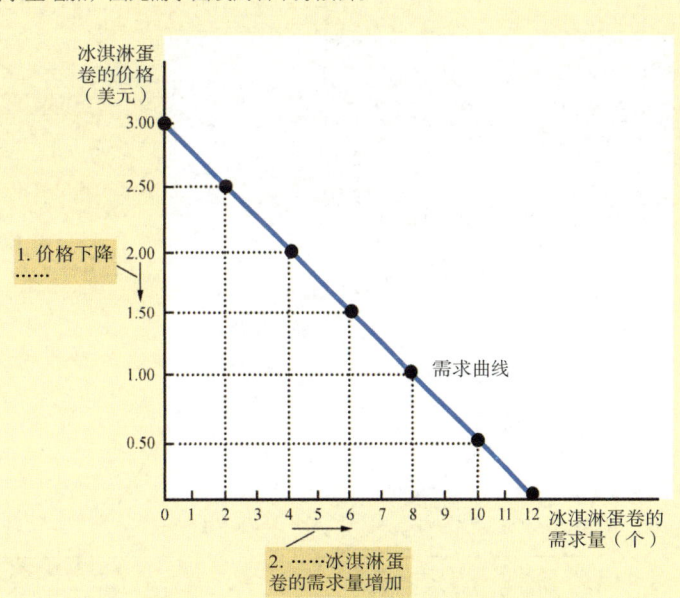

图4-1 Catherine的需求表和需求曲线

需求表是表示每种价格水平下的需求量的表。根据需求表画出的需求曲线表示一种物品的需求量如何随其价格变动而变动。由于价格下降，需求量增加，因此需求曲线向右下方倾斜。

68

需求曲线：表示一种物品的价格与需求量之间关系的图形。

图 4-1 中的图形用表中的数字说明需求定理。根据习惯，纵轴代表冰淇淋蛋卷的价格，而横轴代表对冰淇淋蛋卷的需求量。把价格与需求量联系在一起的曲线被称为**需求曲线**（demand curve）。需求曲线向右下方倾斜是因为在其他条件不变的情况下，更低的价格意味着更多的需求量。

4.2.2 市场需求与个人需求

图 4-1 中的需求曲线表示某个人对某种产品的需求。为了分析市场如何运行，我们需要确定市场需求，市场需求是所有个人对某种特定物品或服务的需求的总和。

表 4-2 中的表格是市场上的两个人——Catherine 和 Nicholas——的冰淇淋需求表。在任何一种价格水平下，Catherine 的需求表告诉我们她购买多少冰淇淋，而 Nicholas 的需求表告诉我们他购买多少冰淇淋。市场需求是在每一种价格水平下这两人的个人需求量的总和。

图 4-2 中的图形表示了对应于这些需求表的需求曲线。要注意的是，我们把个人

图4-2 市场需求是个人需求之和

一个市场的需求量是所有买者在每一价格水平下需求量的总和。因此，可以通过把个人需求曲线水平相加而得出市场需求曲线。在价格为2美元时，Catherine的需求量是4个冰淇淋蛋卷，而Nicholas的需求量是3个冰淇淋蛋卷。在这一价格水平下，市场的需求量是7个冰淇淋蛋卷。

冰淇淋蛋卷的价格（美元）	Catherine的需求量（个）		Nicholas的需求量（个）		市场需求量（个）
0.00	12	+	7	=	19
0.50	10		6		16
1.00	8		5		13
1.50	6		4		10
2.00	4		3		7
2.50	2		2		4
3.00	0		1		1

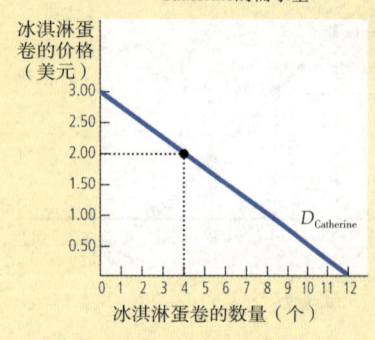
Catherine的需求量

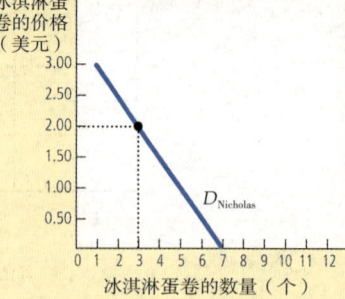
Nicholas的需求量

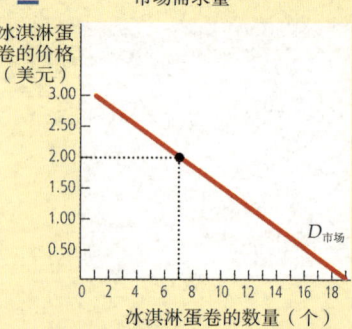
市场需求量

需求曲线水平相加得出市场需求曲线。这就是说，为了得出任何一种价格水平下的总需求量，我们要把在个人需求曲线的横轴上标出的个人需求量相加。由于我们想要分析市场如何运行，所以我们最经常使用的将是市场需求曲线。市场需求曲线表示在所有影响消费者想购买的数量的其他因素保持不变时，一种物品的总需求量如何随该物品价格的变动而变动。

4.2.3 需求曲线的移动

由于市场需求曲线假设其他条件不变，但随着时间的推移，该曲线不一定是稳定的，如果某种因素改变了任何一种既定价格水平下的需求量，需求曲线就会移动。例如，假设美国医学会发现，那些经常吃冰淇淋的人更长寿，也更健康。这个发现将会增加对冰淇淋的需求。在任何一种既定价格水平下，买者现在想购买更多冰淇淋，于是冰淇淋的需求曲线就会移动。

图4-3说明了需求曲线的移动。使每一种价格水平下的需求量增加的任何变动（例如，我们假设的美国医学会的一项发现），都会使需求曲线向右移动，我们称之为需求增加。使每一种价格水平下的需求量减少的任何变动都会使需求曲线向左移动，我们称之为需求减少。

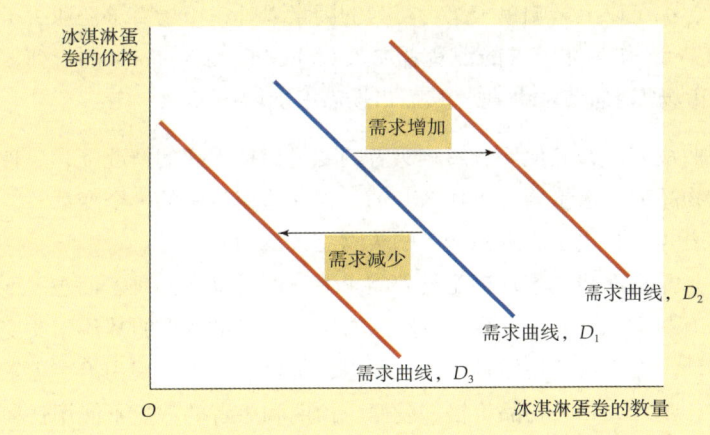

图4-3 需求曲线的移动

使任何既定价格水平下买者想购买的数量都增加的任何一种变动都会使需求曲线向右移。使任何既定价格水平下买者想购买的数量都减少的任何一种变动都会使需求曲线向左移。

有许多变量会使需求曲线移动。以下是一些最重要的变量。

收入 如果某个夏天你失业了，你对冰淇淋的需求会发生什么变化呢？很可能的情况是，需求会减少。收入降低意味着你的总支出减少，因此你不得不在某些物品上——

正常物品:在其他条件相同时,收入增加引起需求量增加的物品。

低档物品:在其他条件相同时,收入增加引起需求量减少的物品。

替代品:一种物品价格的上升引起另一种物品需求量的增加的两种物品。

互补品:一种物品价格的上升引起另一种物品需求量的减少的两种物品。

即问即答

■ 编出一个比萨饼月需求表的例子,并画出隐含的需求曲线。举出一个将使这条需求曲线移动的因素的例子,并简要解释你的推理。比萨饼价格的变动会使这条需求曲线移动吗?

也许是大多数物品上——少支出一些。当收入减少时,如果一种物品的需求量减少,这种物品就被称为正常物品（normal good）。

并不是所有物品都是正常物品。当收入减少时,如果一种物品的需求量增加,这种物品就被称为低档物品（inferior good）。低档物品的一个例子是坐公共汽车。随着你收入的减少,你不大可能买汽车或乘出租车,而更可能去坐公共汽车。

相关物品的价格 假设冷冻酸奶的价格下降。根据需求定理,你将多买冷冻酸奶。同时,你也许会少买冰淇淋。因为冰淇淋和冷冻酸奶都是冷而甜的奶油甜食,它们能满足相似的欲望。当一种物品价格下降引起对另一种物品的需求量减少时,这两种物品被称为替代品（substitutes）。替代品是那些经常相互替代使用的成对物品,例如热狗与汉堡包、毛衣与长袖衫、电影票和 DVD 租赁,等等。

现在假设奶昔价格下降。根据需求定理,你将买更多的奶昔。但在这种情况下,你也将买更多冰淇淋,因为冰淇淋和奶昔通常是一起吃的。当一种物品价格下降引起另一种物品的需求量增加时,这两种物品被称为互补品（complements）。互补品是那些经常同时使用的成对物品,例如汽油和汽车、电脑和软件、花生酱和果酱,等等。

爱好 决定你需求的最明显因素是你的爱好。如果你喜欢冰淇淋,你就会多买一些。经济学家通常并不试图解释人们的爱好,因为爱好基于超越了经济学范围的历史与心理因素。但是,经济学家要考察当爱好变动时会发生什么变化。

预期 你对未来的预期也会影响你现在对物品与服务的需求。例如,如果你预期下个月会赚到更多收入,你可能就会选择少储蓄,而用更多的当前收入去买冰淇淋。如果你预期明天冰淇淋的价格会下降,你就会不太愿意以今天的价格去买冰淇淋。

买者的数量 除了以上影响单个买者行为的因素以外,市场需求还取决于这些买者的数量。如果 Peter 作为冰淇淋的消费者加入 Catherine 和 Nicholas 的行列,则在每种价格水平下的市场需求量都会增加,从而市场需求就增加了。

总结 需求曲线表示在其他所有影响买者的变量保持不变的情况下,一种物品的价格变动时,该物品的需求量会发生什么变动。当这些变量中的一个变动时,需求曲线会发生移动。表 4-1 列出了影响消费者购买物品数量的变量。

如果你记住是需求曲线的移动还是沿着需求曲线的变动有困难,回想一下第 2 章附录中的结论是有帮助的:只有当除了用坐标轴表示的变量以外的其他相关变量变动时,曲线才会移动。由于价格用纵轴表示,所以,价格的变动表现为沿着需求曲线的变动。与此相反,收入、相关物品价格、爱好、预期和买者的数量不能用任何一条坐标轴表示,因此其中任何一种变量的变动都将使需求曲线移动。

表4-1 影响买者的变量

这个表列出了可以影响消费者选择购买多少某种物品的变量。要注意的是价格所起的特殊作用：价格变动表现为沿着需求曲线的变动，而其他任何一个变量的变动将使需求曲线移动。

变 量	这些变量的变动将
价格	表现为沿着需求曲线的变动
收入	使需求曲线移动
相关物品的价格	使需求曲线移动
爱好	使需求曲线移动
预期	使需求曲线移动
买者的数量	使需求曲线移动

案例研究　减少香烟需求量的两种方法

公共政策制定者经常想减少人们吸烟的数量，因为吸烟对健康有不利的影响。可以使用两种政策方法来实现这一目标。

减少吸烟的一种方法是使香烟或其他烟草产品的需求曲线移动。公益广告、强制性的香烟盒上有害健康的警示以及禁止在电视上做香烟广告，都是旨在减少任何一种既定价格水平下香烟需求量的政策。如果奏效，这些政策就会使香烟的需求曲线向左移动，正如图4-4（a）所示。

此外，政策制定者可以试着提高香

图4-4　需求曲线的移动与沿着需求曲线的变动

如果香烟盒上的警示能说服吸烟者少吸烟，香烟的需求曲线就向左移动。在（a）幅中，需求曲线从 D_1 移动到 D_2。在每包香烟的价格为2美元时，需求量从每天20支减少到10支，如图中从 A 点移动到 B 点。与此相比，如果税收提高了香烟价格，需求曲线没有移动，而是变动到需求曲线上的另一点。在（b）幅中，当香烟的价格从每包2美元上升到4美元时，需求量从每天20支减少到12支，如图中从 A 点移动到 C 点。

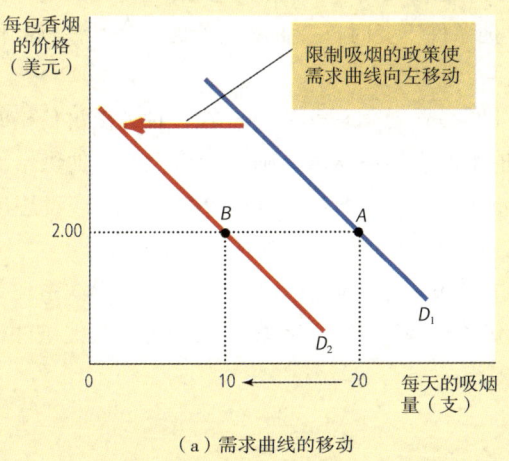

（a）需求曲线的移动

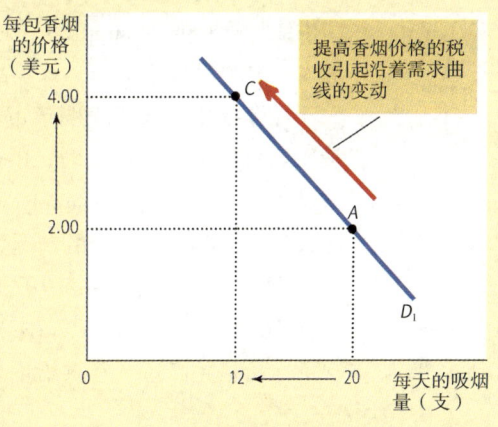

（b）沿着需求曲线的变动

烟的价格。例如，如果政府对香烟制造商征税，烟草公司就会以提高价格的形式把这种税的大部分转嫁给消费者。较高的价格促使吸烟者减少他们的吸烟量。在这种情况下，吸烟量的减少就不表现为需求曲线的移动，而是表现为沿着同一条需求曲线变动到价格更高而数量较少的一点上，如图4-4（b）所示。

吸烟量对香烟价格变动的反应有多大？经济学家试图通过研究当香烟税变动时吸烟量所发生的变动来回答这个问题。他们发现，价格上升10%，会使需求量减少4%。他们还发现，年轻人对香烟价格特别敏感：价格上升10%，会使青少年的吸烟量减少12%。

一个相关的问题是，香烟的价格如何影响大麻这类非法毒品的需求。香烟税的反对者经常争论说，烟草与大麻是替代品，因此，香烟的高价格鼓励了大麻的使用。与此相反，许多毒品专家把烟草喻为"毒品之门"，它诱使青年人尝试其他有害物质。大多数数据研究的结论与后一种观点是一致的：他们发现较低的香烟价格与更多地使用大麻是相关的。换句话说，烟草和大麻似乎是互补品，而不是替代品。

"什么是制止这种行为最好的方法？"
图片来源：
ⒸEdyta Pawlo-wska/Shutterstock.com

4.3 供给

现在我们转向市场的另一方，考察卖者的行为。为了将我们的思考集中，我们仍然考虑冰淇淋市场。

4.3.1 供给曲线：价格与供给量之间的关系

一种物品或服务的**供给量**（quantity supplied）是卖者愿意并且能够出售的该种物品的数量。决定供给量的因素有许多，但在我们的分析中，价格仍然起着一种特殊作用。当冰淇淋价格较高时，出售冰淇淋是有利可图的，因此，供给量也较大。这样，冰淇淋卖者工作时间更长，购买许多台冰淇淋机，并雇用许多工人。相反，当冰淇淋价格较低时，出售冰淇淋的获利较少，因此卖者将供应较少的冰淇淋。当价格很低时，一些卖者甚至会选择停止营业，其供给量减少为零。价格与供给量之间的这种关系被称为**供给定理**（law of supply）：在其他条件不变时，一种物品价格上升，该物品供给量增加；一种物品价格下降，该物品供给量也减少。

图4-5中的表格表明了市场上的一个冰淇淋卖者Ben在各种冰淇淋价格时的供给量。当价格低于1美元时，Ben根本不供给冰淇淋。随着价格上升，他供给的数量越来越多。这是**供给表**（supply schedule），它表示在影响某种物品的生产者想出售数量的其他因素都保持不变的情况下，该物品的价格和供给量之间的关系。

图4-5中的图形用表中的数字说明了供给定理。把价格与供给量联系在一起的曲线称为**供给曲线**（supply curve）。供给曲线向右上方倾斜，是因为在其他条件相同的情况下，价格越高意味着供给量越多。

供给量：卖者愿意并且能够出售的一种物品的数量。

供给定理：认为在其他条件不变时，一种物品的价格上升，该物品的供给量增加的观点。

供给表：表示一种物品的价格与供给量之间关系的表格。

供给曲线：表示一种物品的价格与供给量之间关系的图形。

图4-5 Ben的供给表与供给曲线

供给表是表示在每种价格水平下的供给量的表格。根据供给表画出的供给曲线表示一种物品的供给量如何随着其价格的变动而变动。由于价格越高,供给量越多,所以,供给曲线向右上方倾斜。

冰淇淋蛋卷的价格（美元）	冰淇淋蛋卷的供给量（个）
0.00	0
0.50	0
1.00	1
1.50	2
2.00	3
2.50	4
3.00	5

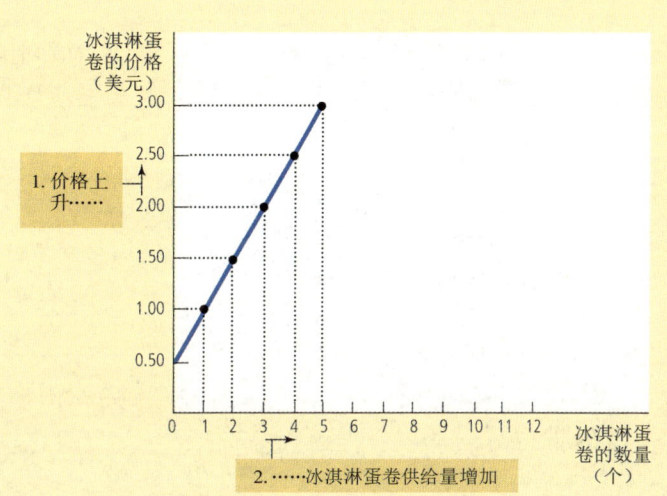

4.3.2 市场供给与个人供给

正如市场需求是所有买者需求的总和一样,市场供给也是所有卖者供给的总和。图4-6中的表格是市场上的两个冰淇淋生产者——Ben和Jerry——的供给表。在任何一种价格水平下,Ben的供给表告诉我们Ben供给多少冰淇淋,而Jerry的供给表告诉我们Jerry供给多少冰淇淋。市场供给是这两人的个人供给的总和。

图4-6中的图形表示对应于供给表的供给曲线。和需求曲线一样,我们水平地加总个人供给曲线来得出市场供给曲线。这就是说,为了得出任何一种价格水平下的总供给量,我们把个人供给曲线横轴上标出的个人供给量相加。市场供给曲线表示,在影响某种物品的生产者想出售数量的其他因素都保持不变的条件下,该物品的总供给量如何随其价格的变动而变动。

4.3.3 供给曲线的移动

由于市场供给曲线假设其他条件不变,当这些因素中的一个因素变动时,该曲线将发生移动。例如,假设糖的价格下降了。糖是生产冰淇淋的一种投入品,所以,糖的价格下降使销售冰淇淋更有利可图。这就增加了冰淇淋的供给:在任何一种既定价格水平下,卖者现在愿意生产更多的冰淇淋。冰淇淋的供给曲线向右移动。

图4-7说明了供给曲线的移动。使每一种价格水平下的供给量都增加的任何一种变动（例如,糖的价格下降）,都会使供给曲线向右移动,我们称之为供给增加。同样,

图4-6 市场供给是个人供给之和

市场供给量是在每种价格水平下所以卖者的供给量之和。因此，可以通过水平地相加个人供给曲线得出市场供给曲线。在价格为2美元时，Ben供给3个冰淇淋蛋卷，而Jerry供给4个冰淇淋蛋卷。在这一价格水平下，市场供给量是7个冰淇淋蛋卷。

冰淇淋蛋卷的价格（美元）	Ben的供给量（个）	Jerry的供给量（个）	市场供给量（个）
0.00	0	0	0
0.50	0	0	0
1.00	1	0	1
1.50	2	2	4
2.00	3	4	7
2.50	4	6	10
3.00	5	8	13

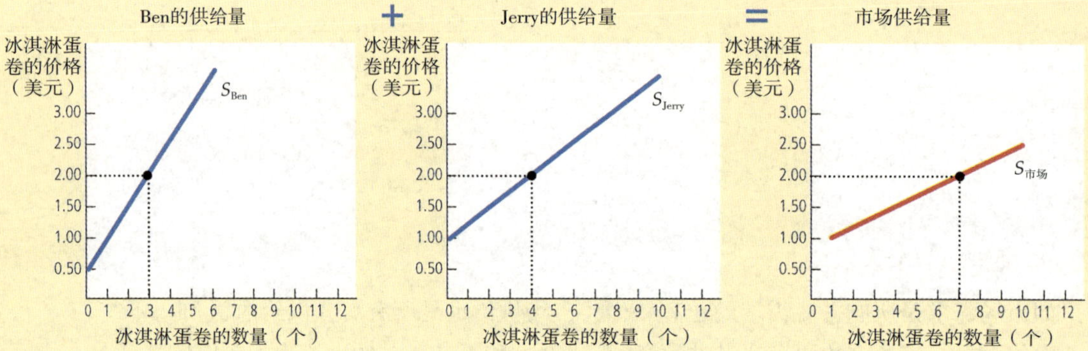

图4-7 供给曲线的移动

使任何既定价格水平下卖者愿意生产的数量都增加的任何一种变动，都会使供给曲线向右移动。使任何既定价格水平下卖者愿意生产的数量都减少的任何一种变动，都会使供给曲线向左移动。

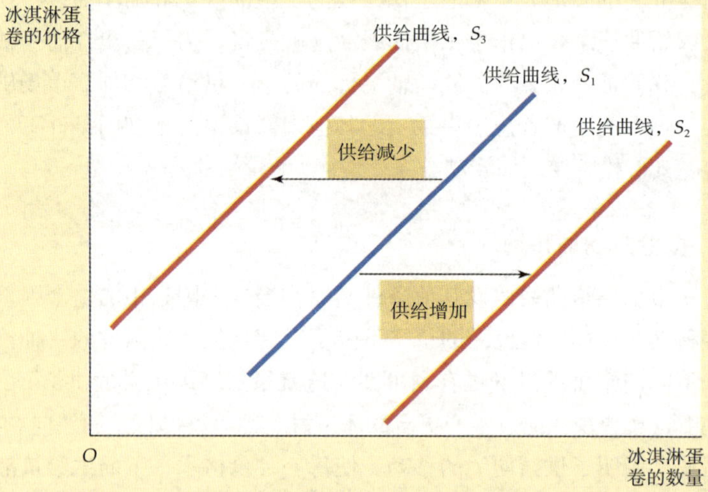

使每一种价格水平下的供给量都减少的任何一种变动,都会使供给曲线向左移动,我们称之为供给减少。

有许多变量会使供给曲线移动,以下是一些最重要的变量。

投入品价格 为了生产冰淇淋,卖者使用各种投入品:奶油、糖、香料、冰淇淋机、生产冰淇淋的厂房,以及搅拌各种材料并操作机器的工人的劳动。当这些投入品中的一种或几种价格上升时,生产冰淇淋就变得不那么有利可图,企业供给的冰淇淋就会变少。如果投入品价格大幅度上升,企业可能会停止营业,根本不再供给冰淇淋。因此,一种物品的供给量与生产这种物品所用的投入品的价格负相关。

技术 把各种投入品变为冰淇淋的技术也是供给量的另一个决定因素。例如,机械化冰淇淋机的发明减少了生产冰淇淋所必需的劳动量。这一技术进步通过降低企业的生产成本而增加了冰淇淋的供给量。

预期 企业现在的冰淇淋供给量还取决于其对未来的预期。例如,如果预期未来冰淇淋的价格会上升,企业就会把现在生产的一些冰淇淋储存起来,而减少当前的市场供给。

卖者的数量 除了以上影响单个卖者行为的因素以外,市场供给还取决于这些卖者的数量。如果 Ben 或 Jerry 退出冰淇淋经营市场,市场供给将减少。

总结 供给曲线表示在其他所有影响卖者的变量保持不变的情况下,一种物品的价格变动时,该物品的供给量会发生什么变动。当这些变量中的一个变动时,供给曲线就会发生移动。表 4-2 列出了影响生产者出售物品数量的变量。

表4-2 影响卖者的变量

该表列出了可以影响生产者选择出售多少某种物品的变量。要注意的是价格所起的特殊作用:价格变动表现为沿着供给曲线的变动,而其他任何一个变量的变动将使供给曲线移动。

变量	这些变量的变动将
价格	表现为沿着供给曲线的变动
投入品价格	使供给曲线移动
技术	使供给曲线移动
预期	使供给曲线移动
卖者的数量	使供给曲线移动

再重复一次,为了记住是供给曲线的移动还是沿着供给曲线的变动,要记住,只有当不用坐标轴表示的相关变量发生变动时,曲线才会移动。价格用纵轴表示,因此价格的变动表现为沿着供给曲线的变动。与此相反,由于投入品的价格、技术、预期和卖者的数量不用任何一条坐标轴表示,因此其中任何一个变量的变动都将使供给曲线移动。

即问即答

■ 编出一个比萨饼月供给表的例子,并画出隐含的供给曲线。举出一个将使这条供给曲线移动的因素的例子,并简要解释你的推理。比萨饼价格的变动会使这条供给曲线移动吗?

4.4 供给与需求的结合

在分别分析了供给和需求之后，现在我们把它们结合起来说明它们将如何决定市场上一种物品的价格和销售量。

4.4.1 均衡

图 4-8 中同时给出了市场供给曲线与市场需求曲线。可以注意到，供给曲线和需求曲线相交于一点，这一点被称为市场的**均衡**（equilibrium）。这两条曲线相交时的价格被称为**均衡价格**（equilibrium price），而相交时的数量被称为**均衡数量**（equilibrium quantity）。在这里，冰淇淋蛋卷的均衡价格为 2 美元，均衡数量是 7 个。

字典中，均衡这个词的定义是各种力量处于平衡的状态——这个定义也描述了市场均衡。在均衡价格时，买者愿意而且能够购买的物品量正好与卖者愿意而且能够出售的数量相平衡。均衡价格有时也被称为市场出清价格，因为在这一价格水平下，市场上的每一个人都得到了满足：买者买到了他想买的所有东西，而卖者卖出了他想卖的所有东西。

买者与卖者的行为自然而然地使市场向供给与需求的均衡变动。为了说明原因，我们来看一下当市场价格不等于均衡价格时会出现什么情况。

首先假设市场价格高于均衡价格，如图 4-9（a）所示。在每个冰淇淋蛋卷的价格为 2.5 美元时，物品的供给量（10 个冰淇淋蛋卷）超过了需求量（4 个冰淇淋蛋卷）。此时存在物品的**过剩**（surplus）：在现行价格下，供给者不能卖出他们想卖的所有物品。过剩有时也被称为超额供给的状态。当在冰淇淋市场上存在过剩时，冰淇淋卖者会发现，他们的冰箱装满了越来越多的他们想卖却卖不出去的冰淇淋。他们对过剩的反应是降低其价格。反过来，价格下降增加了需求量，并减少了供给量。这种变化表现为

均衡：市场价格达到使供给量与需求量相等的水平时的状态。

均衡价格：使供给与需求平衡的价格。

均衡数量：均衡价格下的供给量与需求量。

过剩：供给量大于需求量的状态。

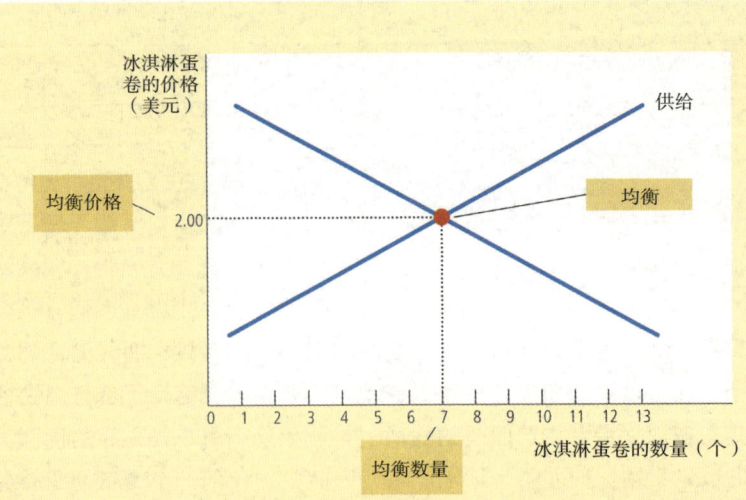

图4-8 供给与需求的均衡

均衡出现在供给曲线与需求曲线相交的那一点。在均衡价格时，供给量等于需求量。在这里，均衡价格是 2 美元；在这一价格时，冰淇淋蛋卷的供给量是 7 个，需求量也是 7 个。

沿着供给和需求曲线的变动,而不是曲线的移动。价格会持续下降,直到市场达到均衡时为止。

假设现在市场价格低于均衡价格,如图 4-9 (b) 所示。在这种情况下,每个冰淇淋蛋卷的价格是 1.5 美元,物品的需求量超过了供给量。此时存在物品的**短缺**(shortage):在现行价格下,需求者不能买到他们想买的所有物品。短缺有时也被称为超额需求的状态。当冰淇淋市场出现短缺时,买者不得不排长队等候购买现有的几个冰淇淋蛋卷。由于太多的买者抢购太少的物品,卖者可以抬高自己的价格而又不会降低销售量。价格上升引起需求量减少,供给量增加。这种变化又一次表现为沿着供给和需求曲线的变动,并推动市场走向均衡。

因此,无论起初价格是太高还是太低,许多买者与卖者的活动都会自发地使市场价格向均衡价格移动。一旦市场达到其均衡价格,所有买者和卖者都得到满足,也就不存在价格上升或下降的压力。不同市场上达到均衡的速度是不同的,这取决于价格调整的速度。在大多数自由市场上,由于价格最终要变动到其均衡水平,所以,过剩与短缺都只是暂时的。实际上,这种现象非常普遍,因此被称为**供求定理**(law of supply and demand):任何一种物品的价格都会自发调整,使该物品的供给与需求达到平衡。

短缺:需求量大于供给量的状态。

供求定理:认为任何一种物品的价格都会自发调整,使该物品的供给与需求达到平衡的观点。

图4-9 非均衡的市场

在 (a) 幅中,存在过剩。由于 2.5 美元的市场价格高于均衡价格,供给量(10 个冰淇淋蛋卷)超过了需求量(4 个冰淇淋蛋卷)。供给者努力通过降低冰淇淋蛋卷的价格来增加销售量,这使价格向其均衡水平变动。在 (b) 幅中,存在短缺。由于 1.5 美元的市场价格低于均衡价格,需求量(10 个冰淇淋蛋卷)超过了供给量(4 个冰淇淋蛋卷)。由于有过多的买者想买过少的物品,供给者可以利用短缺提高价格。因此,在这两种情况下,价格调整都使市场向供给与需求的均衡变动。

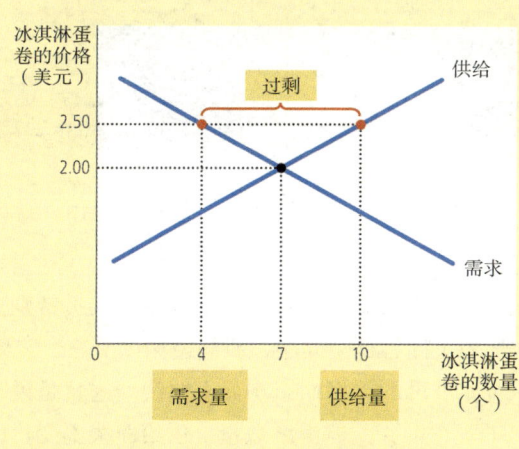

(a)超额供给

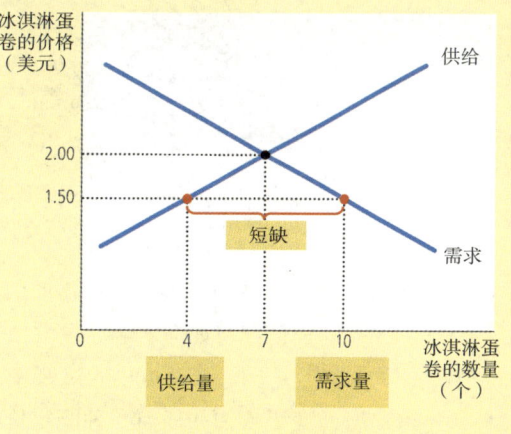

(b)超额需求

4.4.2 分析均衡变动的三个步骤

到现在为止，我们已经明白了供给与需求如何共同决定市场均衡，市场均衡又决定了物品价格，以及买者所购买和卖者所生产的该物品数量。均衡价格和均衡数量取决于供给曲线和需求曲线的位置。当某些事件使其中一条曲线移动时，市场上的均衡就改变了，从而将在买者和卖者之间产生新的均衡价格和均衡数量。

当分析某个事件如何影响一个市场上的均衡时，我们按三个步骤进行：第一，我们确定该事件是使供给曲线移动还是使需求曲线移动，还是（在某些情况下）使两种曲线都移动。第二，我们确定曲线是向右移动，还是向左移动。第三，我们用供求图来比较原来的均衡与新均衡，以说明这种移动如何影响均衡价格和均衡数量。表4-3概括了这三个步骤。为了说明如何使用这种方法，我们考虑可能影响冰淇淋市场的各种事件。

表4-3 分析均衡变动的三个步骤

1. 确定该事件是使供给曲线移动还是使需求曲线移动（还是使两者都移动）。
2. 确定曲线移动的方向。
3. 用供求图说明这种移动如何改变均衡价格和均衡数量。

图片来源：ⓒNON SEQUITUR Wiley Miller. Dist. By UNIVERSAL PRESS SYNDICATE. Reprinted with permission. All rights reserved.

举例：由于需求移动引起的市场均衡变动 假设某一年夏季，天气特别炎热。这种情况将如何影响冰淇淋市场呢？为了回答这个问题，我们遵循以上三个步骤进行。

（1）天气炎热通过改变人们对冰淇淋的爱好而影响需求曲线。这就是说，天气改变了人们在任何一种既定价格水平下想购买的冰淇淋数量。供给曲线不变，因为天气并不直接影响销售冰淇淋的企业。

（2）由于天气炎热使人们想吃更多的冰淇淋，所以，需求曲线向右移动。图4-10表示随着需求曲线从 D_1 移动到 D_2，需求增加了。这种移动表明，在每种价格水平下，冰淇淋的需求量都增加了。

（3）在原有价格2美元时，现在有对冰淇淋的过剩需求，而且，这种短缺引起企业提高价格。如图4-10所示，需求增加使均衡价格由2美元上升到2.5美元，均衡数量由7个增加到10个。换句话说，天气炎热提高了冰淇淋的价格，增加了冰淇淋的销售量。

曲线的移动与沿着曲线的变动　我们注意到，当天气炎热使冰淇淋的需求增加，并使其价格上升时，尽管供给曲线仍然相同，但企业供给的冰淇淋数量增加了。在这种情况下，经济学家说，"供给量"增加，但"供给"不变。

供给指供给曲线的位置，而供给量指供给者希望出售的数量。在这个例子中，供给没有改变，因为天气炎热并没有改变在任何一种既定价格水平下企业的销售愿望，而是改变了在任何一种既定价格水平下消费者的购买愿望，从而使需求曲线向右移动。需求增加引起均衡价格上升。当价格上升时，供给量增加了。这种供给量的增加表现为沿着供给曲线的变动。

总结一下：供给曲线的移动被称为"供给变动"，而需求曲线的移动被称为"需求变动"。沿着一条固定供给曲线的变动被称为"供给量的变动"，而沿着一条固定需求曲线的变动被称为"需求量的变动"。

举例：由于供给移动引起的市场均衡变动　假设在另一个夏季，台风摧毁了部分甘蔗田，并使糖的价格上升。这一事件将如何影响冰淇淋市场呢？为了回答这个问题，我们还是遵循以上三个步骤进行。

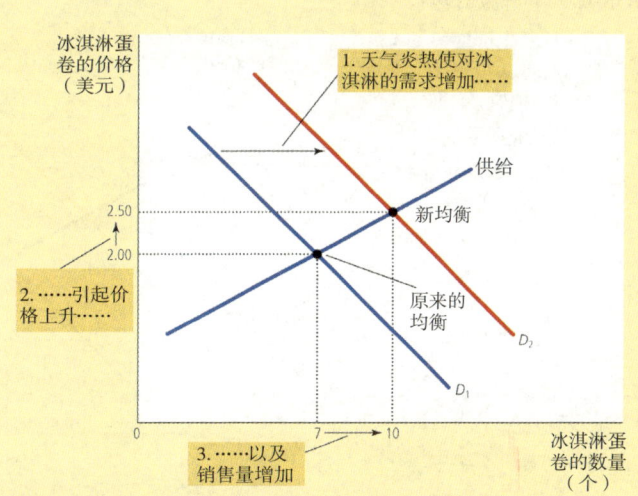

图4-10　需求增加如何影响均衡

使任何一种既定价格水平下需求量增加的事件使需求曲线向右移动。均衡价格和均衡数量都上升了。本例中，异常炎热的夏季使买者需要更多的冰淇淋。需求曲线从 D_1 移动到 D_2，这就使均衡价格从2美元上升到2.5美元，而均衡数量从7个增加到10个。

（1）作为投入品之一，糖的价格上升影响了冰淇淋供给曲线。它通过增加生产成本，减少了企业在任何一种既定价格水平下生产并销售的冰淇淋数量。需求曲线没变，因为投入品成本的增加并没有直接改变家庭希望购买的冰淇淋数量。

（2）供给曲线向左移动，因为在任何一种价格水平下，企业愿意并能够出售的总量减少了。图4-11表明，随着供给曲线从 S_1 移动到 S_2，供给减少了。

（3）在2美元的原有价格水平上，存在对冰淇淋的超额需求，这种短缺促使企业提高冰淇淋的价格。如图4-11所示，供给曲线的移动使均衡价格从2美元上升到2.5美元，使均衡数量从7个减少为4个。由于糖价上升，冰淇淋的价格上升了，而销售量减少了。

举例：供给和需求都移动 现在假设天气炎热和台风发生在同一个夏季。为了分析两个事件的共同影响，我们仍遵循三个步骤进行。

（1）我们确定，两条曲线都应该移动。天气炎热影响需求曲线，因为它改变了家庭在任何一种既定价格水平下想要购买的冰淇淋的数量。同时，当台风使糖价上升时，它改变了冰淇淋的供给曲线，因为它改变了企业在任何一种既定价格水平下想要出售的冰淇淋的数量。

（2）这两条曲线移动的方向与我们前面的分析中它们的移动方向相同：需求曲线向右移动，而供给曲线向左移动，如图4-12所示。

（3）如图4-12所示，根据需求和供给移动幅度的相对大小，可能会出现两种结果。在这两种情况下，均衡价格都上升了。在（a）幅中，需求大幅度增加，而供给减少很少，均衡数量增加了。与此相比，在（b）幅中，供给大幅度减少，而需求增加很少，均衡数量减少了。因此，这些事件肯定会提高冰淇淋的价格，但它们对冰淇淋销售量

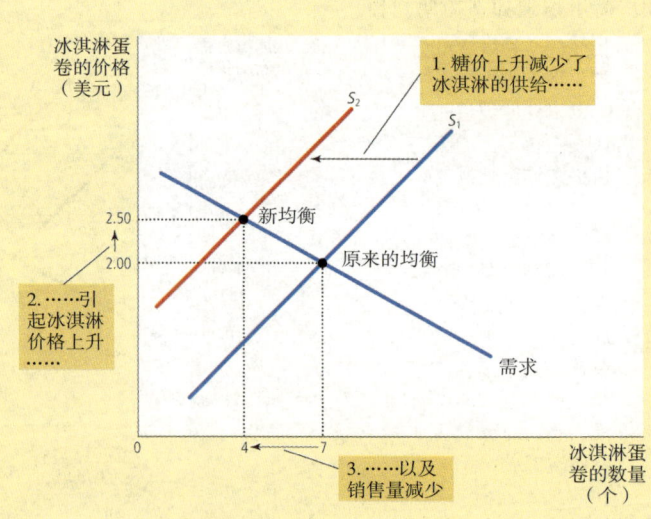

图4-11 供给减少如何影响均衡

使任何一种既定价格水平下供给量减少的事件使供给曲线向左移动。均衡价格上升，而均衡数量减少。本例中，糖（投入）的价格上升使卖者供给的冰淇淋减少了。供给曲线从 S_1 移动到 S_2，从而使均衡价格从2美元上升到2.5美元，使均衡数量从7个减少到4个。

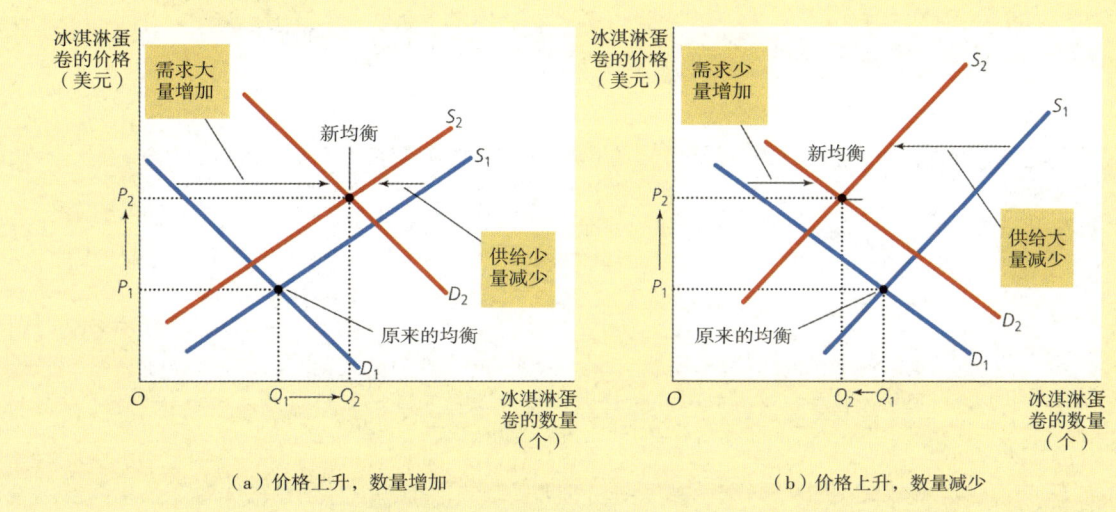

图4-12 供给和需求的移动

在这里，我们考察需求增加的同时供给减少的情况。可能有两种结果。在（a）幅中，均衡价格从 P_1 上升为 P_2，均衡数量从 Q_1 增加为 Q_2。在（b）幅中，均衡价格也是从 P_1 上升为 P_2，但均衡数量从 Q_1 下降为 Q_2。

（a）价格上升，数量增加

（b）价格上升，数量减少

的影响是不确定的（也就是说，销售量朝哪个方向变动都是可能的）。

总结 我们刚刚看到了如何用供求曲线分析均衡变动的三个例子。只要一个事件移动了供给曲线或需求曲线，或同时移动了这两条曲线，你就可以用这些工具预测这个事件将如何改变均衡时的销售量和销售价格。表4-4表示这两条曲线移动的任意一种组合的预期结果。为了确保你懂得了如何运用供求工具，在这个表中挑出几项，确保你可以解释表中给出的预期结果。

表4-4 当供给或需求移动时，价格和数量会发生什么变动

作为一种即问即答，确保你能用供求图解释该表中的至少几种情况。

	供给未变	供给增加	供给减少
需求未变	价格相同 数量相同	价格下降 数量增加	价格上升 数量减少
需求增加	价格上升 数量增加	价格不确定 数量增加	价格上升 数量不确定
需求减少	价格下降 数量减少	价格下降 数量不确定	价格不确定 数量减少

即问即答

- 用供求图分析，如果西红柿价格上升，比萨饼市场会发生什么变动。
- 用供求图分析，如果汉堡包价格下降，比萨饼市场会发生什么变动。

IN THE NEWS

👉 【新闻摘录】
大灾之后的物价上升

当台风这样的灾难袭击一个地区时，由于需求增加或供给减少，许多商品都有价格上升的压力。政治家反对这种物价暴涨，但以下这篇文章认可了市场这种自然而然的反应。

哄抬物价是变相抢劫吗

John Carney

一罐可乐4美元，在Brooklyn市中心住一晚旅馆500美元，一对电池6.99美元。

这仅仅是我和我的朋友在Sandy台风前后个人亲历的几桩物价暴涨的例子。通常人们把这种情况称为哄抬物价，在突发事件期间这种情况会普遍出现。

左右派政治家一致认为自然灾害时哄抬物价是一件可怕的、毫无任何好处的恶劣事件。纽约州总检察长Eric Schneiderman发表紧急声明："反对在Sandy台风期间必需品与必需的服务价格膨胀。"新泽西州州长Chris Christie发表强制性警告说："哄抬物价会导致高额罚款。"政府设立了热线让消费者举报哄抬物价的行为。

新泽西州的法律极为明确。在宣布本州有突发事件时，物价上升超过10%就被认为是过分的。去年热带风暴Irene期间，新泽西州一家加油站由于汽油涨价16%而支付了5万美元罚金。

纽约州的法律甚至更严厉。据总检察长Schneiderman所说："任何必需品与必需的服务的价格上涨都被视为哄抬物价。"

你愿意为买一罐可乐花4美元吗？

图片来源：
©The Power of Forever Photography/
iStockphoto.com

这位纽约州总检察长在公告中说："普通商业法禁止在自然灾害或其他干扰市场的突发事件期间，食品、水、煤气、发电机、电池和手电这些基本用品的价格以及交通这类服务的费用上涨。"

这些法律是根据完全传统的观点制定的。这种观点认为，企业利用灾害追求自己的利润是不道德的。企业所有者从自己邻居的苦难中赚钱看起来是不对的。商人由于灾难而赚到更多钱被看作通过涨价来不劳而获。

我在Brooklyn的一位邻居在谈到当地电器店电池的价格时说："这是变相抢劫。"

不幸的是，道德掺和进经济学里对法律肯定是有害的。只有在需求的物品出现短缺的情况下，哄抬物价才会出现。如果没有短缺，正常的市场过程会阻止物价突然上升。对每罐百事可乐收取4美元的熟食店店主会发现，他正把顾客赶到下条街的店里去，因为人家每罐可乐只卖1美元。

但是，当每个人都担心停电而突然开始购买电池或瓶装水时，就发生了短缺。有时，由于需求的突然剧增，会有某种物品供应不足。这样就引发了一个问题：我们如何决定哪一位顾客应该得到电池、杂货或者汽油？

我们可以抽彩。也许人们可以在杂货店拿到彩票。赢家能以正常价格购物。输家则会挨饿。或者更可能的情况是，输家被迫以更高的价格向中签者购买食品，因为没有人购买食品是为了以相同的价格卖出去。因此，哄抬物价的人只是从商人变成了中签的顾客。

我们可以有某种配给方案。根据家庭需求，每个人都可以配给一部分必需品。这是第二次世界大战期间美国采用的方法。问题是配给方案需要巨量计划——以及难以达到的知识水平。制定配给方案的官员必须准确地知道在既定的地区可以得到的每种物品的数量，以及有多少人需要它。如果台风这样的灾难降临到你所在的城市，要想得到上述信息，只能祝你好运了。

我们也可以简单地按先来先得的原则卖出物品。事实上这就是反哄抬物价法所鼓励的事情。结果是大家都知道的：人们囤积物品，商店的货架都空了。而且，你不得不怀疑：为什么比谁能先跑到收银台就比另一种价格体系更公正？速度看来不能很好地代表公正。

在极端需求情形下允许价格上涨限制了过度消费。人们会更仔细地考虑他们的购买，而不是购买成打的电池（或瓶装水、煤气），也许他们只会买一半的量。结果是在极端需求情形下会有更多顾客买得到物品。市场过程的结果实际上比反哄抬物价法更能实现较为平等的分配。

一旦我们理解了这一点，就很容易明白实际上商人并没有从灾难中获利。商人是通过对物价的管理来获利的，这种对于自己物价的管理实际上扩大了商品的分配范围，并限制了囤积居奇，从而产生了有益的社会效应。简言之，他们是由于提供了重要的公共服务而正当地获得了回报。

有反对意见认为，在价格自由浮动的价格体系里，哄抬物价合法化会让富人买得到一切物品，而穷人什么也没有。这种担心过重了。就大多数情况而言，灾难期间价格上升实际上并没有使最穷的人无法获得必需品与必需的服务。这只是让穷人的开支雪上加霜了。相对于一开始就进行价格管制来说，通过转移支付来减轻家庭赤字是更有效的解决方案。

与其打击哄抬物价，我们应该用我们在这次危机中的经验来启动我们现有的适得其反的法律的改革。下一次灾难袭来时，我们应该期待哄抬物价的情况更多些，但空货架更少些。

资料来源：Courtesy of CNBC.

4.5 结论：价格如何配置资源

本章分析了单个市场上的供给与需求。尽管我们的讨论集中在冰淇淋市场上，但所得出的结论也适用于大多数其他市场。只要你到商店去买东西，你就对该物品的需求做出了贡献。只要你找工作，你就对劳动服务的供给做出了贡献。由于供给与需求是如此普遍的经济现象，所以，供求模型是一种十分有用的分析工具。在以后各章中我们会经常使用这个模型。

第1章中讨论的经济学十大原理之一是，市场通常是一种组织经济活动的好方法。虽然要判断市场结果是好还是坏仍然为时过早，但在本章中，我们开始了解市场是如何运行的。在任何一种经济制度中，都不得不在各种竞争性的用途之间分配稀缺的资源。市场经济利用供给与需求的力量来实现这个目标。供给与需求共同决定了经济中许多不同物品与服务的价格，而价格又是引导资源配置的信号。

例如，考虑一下海滩土地的配置。由于这种土地的数量有限，并不是每一个人都能享受到住在海边的奢华生活。谁会得到这种资源呢？答案是任何一个愿意而且能够支付这种价格的人。海滩土地的价格会不断调整，直到这种土地的需求量与供给量达到平衡。因此，在市场经济中，价格是配置稀缺资源的机制。

同样，价格决定了谁生产哪种物品，以及生产多少。例如，考虑一下农业的情况。由于我们生存需要食物，所以必须要有一些人从事农业。什么因素决定了谁是农民，谁不是农民呢？在一个自由的社会中，并没有一个做出这种决策并确保食物供给充足的政府计划机构。相反，把一部分人配置到农业中是基于千百万人的工作决策。这种分散的决策制度运行良好，因为这些决策是根据价格做出的。食物的价格和农民的工资（他们劳动的价格）会不断调整，从而确保有足够的人选择从事农业。

如果一个人从未见过运行中的市场经济，则上述整个思想看起来可能是荒谬的。经济是由许多从事各种相互依存活动的人组成的群体。用什么来避免分散决策陷入混乱呢？用什么来协调千百万有不同能力与欲望的人的行动呢？用什么来保证需要完成的事情实际上也得以完成呢？用一个词来回答，那就是价格。如果正如亚当·斯密的著名论断所说，有一只看不见的手引导着市场经济，那么，价格制度就是这只"看不见的手"用来指挥经济交响乐队的指挥棒。

"2美元。"

"……零75美分。"

图片来源：©Robert J.Day/The New Yorker Collection/www.cartoonbank.com.

内容提要

◎ 经济学家用供求模型来分析竞争市场。在竞争市场上，有许多买者和卖者，他们每个人对市场价格影响很小，甚至没有影响。

◎ 需求曲线表示价格如何决定一种物品的需求量。根据需求定理，随着一种物品价格下降，需求量增加。因此，需求曲线向右下方倾斜。

◎ 除了价格之外，决定消费者想购买多少物品的其他因素包括收入、替代品和互补品的价格、爱好、预期和买者的数量。如果这些因素中的一种改变了，需求曲线就会移动。

◎ 供给曲线表示价格如何决定一种物品的供给量。根据供给定理，随着一种物品价格上升，供给量增加。因此，供给曲线向右上方倾斜。

◎ 除了价格之外，决定生产者想出售多少物品的其他因素包括投入品价格、技术、预期和卖者的数量。如果这些因素中的一种改变了，供给曲线就会移动。

◎ 供给曲线与需求曲线的交点决定了市场均衡。当价格为均衡价格时，需求量等于供给量。

◎ 买者与卖者的行为会自然而然地使市场趋向于均衡。当市场价格高于均衡价格时，存在物品的过剩，引起市场价格下降。当市场价格低于均衡价格时，存在物品的短缺，引起市场价格上升。

◎ 为了分析某个事件如何影响一个市场，我们用供求图来考察该事件对均衡价格和均衡数量的影响。我们遵循三个步骤进行：第一，确定该事件是使供给曲线移动，还是使需求曲线移动（还是使两者都移动）。第二，确定曲线移动的方向。第三，比较新均衡与原来的均衡。

◎ 在市场经济中，价格是引导经济决策从而配置稀缺资源的信号。对于经济中的每一种物品来说，价格确保供给与需求达到平衡。均衡价格决定了买者选择购买多少这种物品，以及卖者选择生产多少这种物品。

关键概念

市场　　　　　　　　低档物品　　　　　　均衡
竞争市场　　　　　　替代品　　　　　　　均衡价格
需求量　　　　　　　互补品　　　　　　　均衡数量
需求定理　　　　　　供给量　　　　　　　过剩
需求表　　　　　　　供给定理　　　　　　短缺
需求曲线　　　　　　供给表　　　　　　　供求定理
正常物品　　　　　　供给曲线

复习题

1. 什么是竞争市场？简单描述一种不是完全竞争的市场。
2. 什么是需求表和需求曲线？它们之间是什么关系？为什么需求曲线向右下方倾斜？
3. 消费者爱好的变化引起沿着需求曲线的变动，还是需求曲线的移动？价格的变化引起沿着需求曲线的变动，还是需求曲线的移动？
4. Popeye 的收入减少了，结果他买了更多的菠菜。菠菜是低档物品，还是正常物品？Popeye 的菠菜需求曲线会发生什么变化？
5. 什么是供给表和供给曲线？它们之间是什么关系？为什么供给曲线向右上方倾斜？
6. 生产者技术的变化引起沿着供给曲线的变动，还是供给曲线的移动？价格的变化引起沿着供给曲线的变动，还是供给曲线的移动？
7. 给市场均衡下定义。描述使市场向均衡变动的力量。
8. 啤酒与比萨饼是互补品，因为人们常常边吃比萨饼，边喝啤酒。当啤酒价格上升时，比萨饼市场的供给、需求、供给量、需求量以及价格会发生什么变动？
9. 描述市场经济中价格的作用。

第 5 章
弹性及其应用

假设某个事件使美国的汽油价格上升。这个事件可能是扰乱世界石油供给的中东战争，也可能是大大增加世界石油需求的中国经济的繁荣，还可能是议会通过了新的燃油税。美国消费者会对价格上升做出什么反应呢？

对这个问题的大概回答是很简单的：消费者将少买汽油。这是我们在上一章学过的简单的需求定理。但你可能想知道一个精确的回答。汽油的消费量会减少多少呢？这个问题可以用被称为弹性的概念来回答，这个概念也是在本章中我们将要研究的。

弹性衡量买者与卖者对市场条件变化的反应程度。当研究一些事件和政策如何影响一个市场时，我们不仅要讨论影响的方向，而且要讨论影响的大小。正如我们将在本章中看到的，弹性可以应用于很多方面。

但在继续本章内容之前，你可能会对上述汽油问题的答案感到好奇。许多研究考察了消费者对汽油价格上升的反应，而且，他们通常发现，需求量在长期中对价格的反应大于短期中。汽油价格上升 10%，会使汽油消费量在 1 年后减少约 2.5%，而在 5 年后减少约 6%。汽油需求量在长期中的减少量中，一半是因为人们开车少了，而另一半是因为他们转向节油型汽车。这两种反应都反映在需求曲线及其弹性上。

5.1 需求弹性

在第 4 章介绍需求时，我们注意到，当一种物品的价格降低，或买者的收入提高，或该物品替代品的价格提高，或该物品互补品的价格降低时，买者对该物品的需求通常会增加。我们对需求的讨论是定性的，而不是定量的。这就是说，我们之前只讨论了需求量变动的方向，而不是变动的大小。为了衡量消费者对这些变量变动的反应程度，经济学家使用**弹性**（elasticity）的概念。

弹性：衡量需求量或供给量对其某种决定因素的变动的反应程度的指标。

5.1.1 需求价格弹性及其决定因素

需求定理表明，一种物品的价格下降将使其需求量增加。**需求价格弹性**（price elasticity of demand）衡量需求量对价格变动的反应程度。如果一种物品的需求量对价格变动的反应很大，就说这种物品的需求是富有弹性的。如果一种物品的需求量对价格变动的反应很小，就说这种物品的需求是缺乏弹性的。

任何一种物品的需求价格弹性都衡量当这种物品价格上升时，消费者减少购买该物品的意愿有多强。由于需求反映了形成消费者偏好的许多经济、社会与心理因素，所以没有一个决定需求曲线弹性的简单而普遍的规律。但是，根据经验，我们可以总结出某些决定需求价格弹性的经验法则。

相近替代品的可获得性 有相近替代品的物品的需求往往较富有弹性，因为消费者从这种物品转向其他物品较为容易。例如，黄油和人造黄油很容易互相替代。假设人造黄油的价格不变，黄油价格略有上升，就会使黄油销售量大幅度减少。与此相比，由于鸡蛋是一种没有相近替代品的食物，所以鸡蛋的需求弹性就小于黄油。鸡蛋价格的小幅度上升并不会引起鸡蛋销售量的大幅减少。

必需品与奢侈品 必需品的需求往往缺乏弹性，而奢侈品的需求往往富有弹性。当看病的价格上升时，尽管人们看病的次数也许会比平常少一些，但不会大幅度地减少。与此相比，当游艇价格上升时，游艇需求量会大幅度减少。原因是大多数人把看病作为必需品，而把游艇作为奢侈品。一种物品是必需品还是奢侈品并不取决于物品本身固有的性质，而取决于购买者的偏好。对于一个热衷于航海而不太关注自身健康的水手来说，游艇可能是需求缺乏弹性的必需品，而看病则是需求富有弹性的奢侈品。

市场的定义 任何一个市场上的需求弹性都取决于我们如何划定市场的边界。狭窄定义的市场的需求弹性往往大于宽泛定义的市场的需求弹性，因为狭窄定义的市场上的物品更容易找到相近的替代品。例如，食物是一个宽泛的类别，它的需求相当缺乏弹性，因为没有好的食物替代品。冰淇淋是一个较狭窄的类别，它的需求较富有弹性，因为很容易用其他甜点来替代冰淇淋。香草冰淇淋是一个非常狭窄的类别，它的需求非常富有弹性，因为其他口味的冰淇淋几乎可以完全替代香草冰淇淋。

时间范围 物品的需求往往在长期内更富有弹性。当汽油价格上升时，在最初的几个月中，汽油的需求量只是略有减少。但随着时间的推移，人们会购买更省油的汽车，或转而乘坐公共交通工具，或搬到离工作地点近的地方。在几年之内，汽油的需求量会更大幅度地减少。

5.1.2 需求价格弹性的计算

我们已经在一般意义上讨论了需求价格弹性，现在我们更精确地讨论如何衡量它。经济学家用需求量变动百分比除以价格变动百分比来计算需求价格弹性，即

$$需求价格弹性 = \frac{需求量变动百分比}{价格变动百分比}$$

需求价格弹性：衡量一种物品需求量对其价格变动反应程度的指标，用需求量变动百分比除以价格变动百分比来计算。

例如，假定冰淇淋蛋卷的价格上升了 10%，使你购买的冰淇淋量减少了 20%。我们计算出你的需求价格弹性为：

$$需求价格弹性 = \frac{20\%}{10\%} = 2$$

在这个例子中，弹性是 2，表明需求量变动的比例是价格变动比例的两倍。

由于一种物品的需求量与其价格负相关，所以，数量变动的百分比与价格变动的百分比的符号总是相反的。在这个例子中，价格变动的百分比是正的 10%（表明上升），而需求量变动的百分比是负的 20%（表明减少）。由于这个原因，需求价格弹性有时为负数。在本书中我们遵循一般做法，去掉负号，把所有价格弹性表示为正数（数学上称之为绝对值）。按这个惯例处理后，需求价格弹性越大，意味着需求量对价格变动的反应越大。

5.1.3 中点法：一个计算变动百分比和弹性的更好方法

如果你想计算一条需求曲线上两点之间的需求价格弹性，你将很快发现一个令人头痛的问题：从 A 点到 B 点的弹性似乎不同于从 B 点到 A 点的弹性。例如，看一下这些数字：

$$A 点：价格 = 4 美元，数量 = 120$$
$$B 点：价格 = 6 美元，数量 = 80$$

从 A 点到 B 点，价格上升了 50%，数量减少了 33%，表明需求价格弹性是 33/50，即 0.66。与此相比，从 B 点到 A 点，价格下降了 33%，而数量增加了 50%，表明需求的价格弹性是 50/33，即 1.5。产生这种差别是因为上述变动百分比是根据不同的基础计算的。

避免这个问题的一种方法是用中点法计算弹性。计算变动百分比的标准方法是用变动量除以原来的水平。与此相比，中点法是用变动量除以原先水平与最后水平的中点值（或平均值）来计算变动百分比。例如，4 美元到 6 美元的中点值是 5 美元。因此，根据中点法，从 4 美元到 6 美元是上升了 40%，因为 (6-4)/5×100%=40%。类似地，从 6 美元变动到 4 美元是下降了 40%。

因为无论变动的方向如何，中点法给出的答案都是相同的，所以，在计算两点之间的需求价格弹性时通常用这种方法。在我们的例子中，A 点与 B 点之间的中点是：

$$中点：价格 = 5 美元，数量 = 100$$

根据中点法，从 A 点到 B 点，价格上升了 40%，而数量减少了 40%。同样，从 B 点到 A 点，价格下降了 40%，而数量增加了 40%。在这两种变动方向上，需求价格弹性都等于 1。

计算 (Q_1, P_1) 和 (Q_2, P_2) 两点间需求价格弹性的中点法可以用以下公式表示：

$$需求价格弹性 = \frac{(Q_2 - Q_1)/[(Q_2 + Q_1)/2]}{(P_2 - P_1)/[(P_2 + P_1)/2]}$$

上式中的分子是用中点法计算的数量变动百分比，分母是用中点法计算的价格变动百分比。只要计算弹性，你就应该使用这个公式。

但在本书中，我们很少进行这种计算。在大多数情况下，弹性所表示的含义——需求量对价格变动的反应程度——比如何计算弹性更重要。

5.1.4 各种需求曲线

经济学家根据需求弹性对需求曲线进行分类。当弹性大于1，即需求量变动的比例大于价格变动的比例时，需求是富有弹性的。当弹性小于1，即需求量变动的比例小于价格变动的比例时，需求是缺乏弹性的。当弹性正好等于1，即需求量与价格同比例变动时，我们说需求具有单位弹性。

由于需求价格弹性衡量需求量对价格的反应程度，所以，它与需求曲线的斜率密切相关。下面的经验法则是一个有用的指导：通过某一点的需求曲线越平坦，需求价格弹性就越大；通过某一点的需求曲线越陡峭，需求价格弹性就越小。

图5-1描述了五种情况。极端的情况是（a）幅所示的零弹性，需求完全无弹性，需求曲线是一条垂直线。在这种情况下，无论价格如何变动，需求量总是相同的。随着弹性增大，需求曲线越来越平坦，如（b）、（c）和（d）幅所示。（e）幅所示的是另一个极端，即需求完全有弹性。当需求价格弹性接近无限大并且需求曲线变为水平时，就出现了这种情况，它表明价格的极小变动都会引起需求量的极大变动。

最后，如果你觉得记住陌生的术语富有弹性和缺乏弹性有困难，有一个记忆小窍门：图5-1（a）所示的缺乏弹性（Inelastic）的曲线，看起来很像字母I。这不是什么深刻的见解，但在你下一次考试时也许会对你有所帮助。

> **参考资料** 现实世界中的几种弹性

我们已经讲过了弹性的含义是什么，什么决定弹性，以及如何计算弹性。除了这些一般性的概念之外，你可能还想知道一个具体的数字。某一种物品的价格对需求量的影响究竟有多大？

为了回答这个问题，经济学家从市场结果中收集数据，并运用统计技术来估算需求价格弹性。下面是从各种研究中得出的某些物品的需求价格弹性：

鸡蛋	0.1
医疗	0.2
大米	0.5
住房	0.7
牛肉	1.6
餐馆用餐	2.3
苏格兰威士忌酒	4.4

思考一下这类数字是有趣的，而它们在比较各种市场时也是有用的。

但是，你应该有保留地看待这些估算。一个原因是，用于得出这些数字的统计技术要求对世界做出一些假设，而这些假设实际上可能并不真实。（这些技术的细节超出了本书的范围，但如果你选一门计量经济学课程，你就会知道它们。）另一个原因是，需求价格弹性在一条需求曲线的各个点上并不是相同的，正如我们很快会在线性需求曲线的情况下看到的。由于这两个原因，如果不同的研究对同一种物品报告的需求价格弹性有所不同，你也不必感到吃惊。

图片来源：www.1tu.com

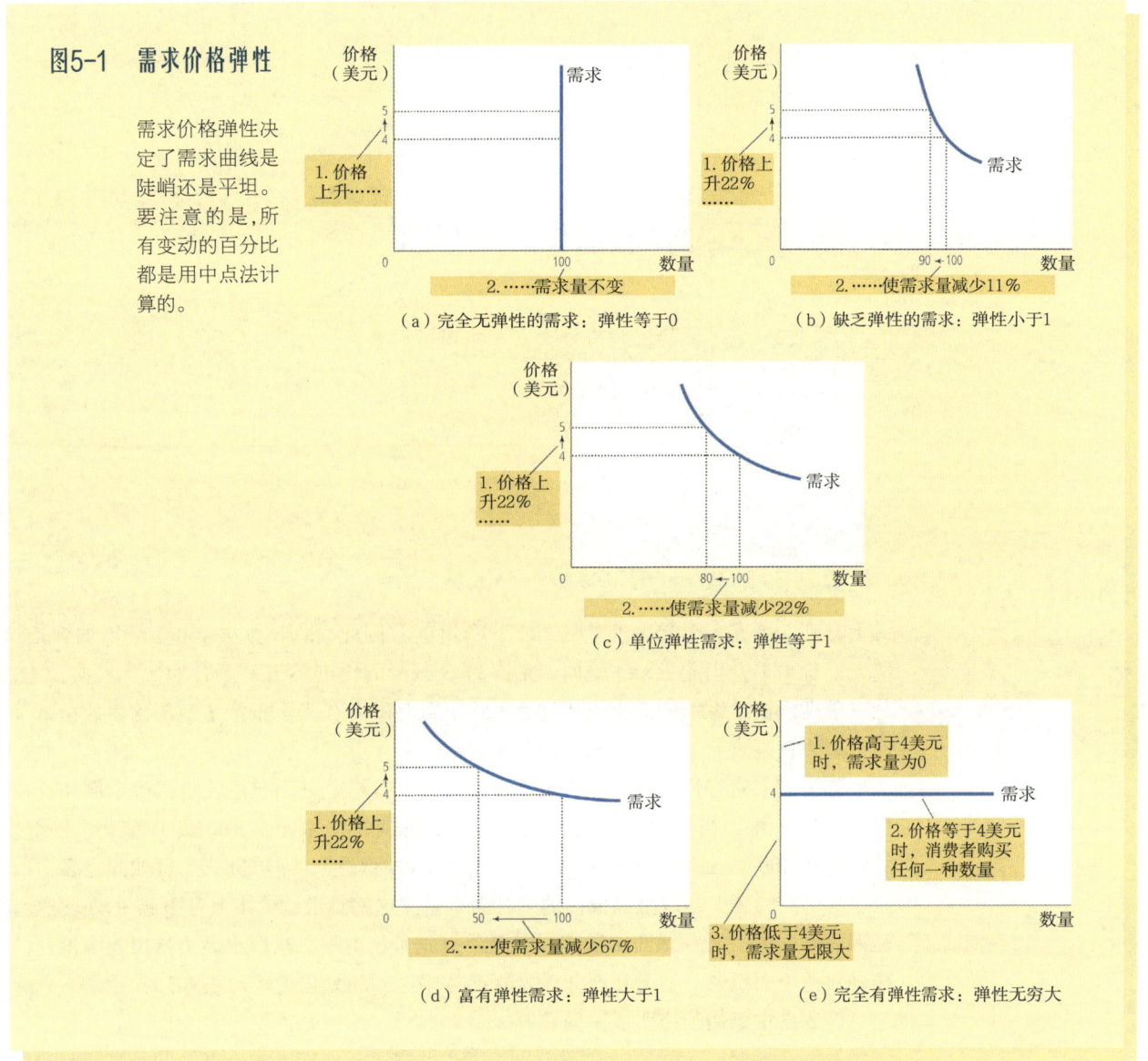

图5-1 需求价格弹性

需求价格弹性决定了需求曲线是陡峭还是平坦。要注意的是,所有变动的百分比都是用中点法计算的。

5.1.5 总收益与需求价格弹性

当研究市场上供给或需求的变动时,我们经常想研究的一个变量是**总收益**(total revenue),即某种物品的买者支付从而卖者得到的量。在任何一个市场上,总收益是 $P \times Q$,即一种物品的价格乘以该物品的销售量。我们可以用图形来表示总收益,如图 5-2 所示。需求曲线下面方框的高是 P,宽是 Q。这个方框的面积 $P \times Q$ 等于这个市场的总收益。在图 5-2 中,$P=4$ 美元,$Q=100$,总收益是 4 美元 ×100,即 400 美元。

总收益如何沿着需求曲线变动呢?答案取决于需求价格弹性。如果需求是缺乏弹性的,如图 5-3(a)所示,那么,价格上升将引起总收益增加。在这里,价格从 4 美

总收益:一种物品的买者支付从而卖者得到的量,用该物品的价格乘以销售量来计算。

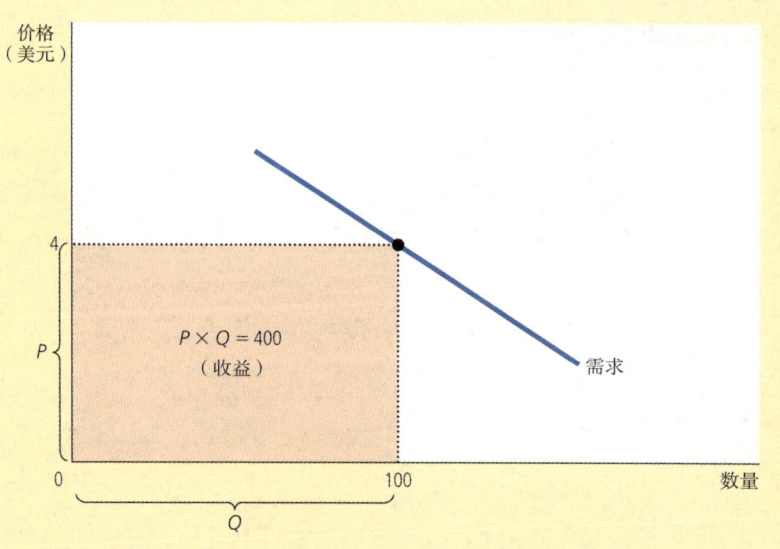

图5-2 总收益

买者支付的从而卖者作为收益得到的总量等于需求曲线下面方框的面积，即 $P \times Q$。在这里，价格为4美元，需求量为100，总收益是400美元。

元上升到5美元，引起需求量从100下降到90，因此，总收益从400美元增加到450美元。价格上升引起 $P \times Q$ 增加，是因为 Q 减少的比例小于 P 上升的比例。换言之，从以更高价格出售中获得的额外收益（图中用面积 A 代表）抵消了由于出售数量减少而引起的收益减少（用面积 B 代表）而有余。

如果需求富有弹性，我们得出相反的结论：价格上升引起总收益减少。例如，在图5-3（b）中，当价格从4美元上升到5美元时，需求量从100减少为70，因此，总收益从400美元减少为350美元。由于需求富有弹性，需求量减少得如此之多，以至于需求量的减少足以抵消价格的上升而有余。这就是说，价格上升引起 $P \times Q$ 减少，是因为 Q 减少的比例大于 P 上升的比例。在这种情况下，从以更高价格出售中得到的额外收益（面积 A）小于由于出售数量减少所引起的收益减少（面积 B）。

图5-3中的例子说明了一些一般规律：

- 当需求缺乏弹性（价格弹性小于1）时，价格和总收益同方向变动：如果价格上升，总收益增加。
- 当需求富有弹性（价格弹性大于1）时，价格和总收益反方向变动：如果价格上升，总收益减少。
- 如果需求是单位弹性的（价格弹性正好等于1），当价格变动时，总收益保持不变。

5.1.6 沿着一条线性需求曲线的弹性和总收益

我们来研究沿着一条线性需求曲线的弹性的变动，如图5-4所示。我们知道，直线的斜率是不变的。斜率的定义是"向上量比向前量"，在这里即价格变动（"向上量"）

图5-3 当价格变动时，总收益如何变动

价格变动对总收益（价格和数量的乘积）的影响取决于需求价格弹性。在（a）幅中，需求曲线缺乏弹性。在这种情况下，价格上升引起的需求量减少的比例小于价格上升的比例，因此，总收益增加。在这里，价格从 4 美元上升为 5 美元，引起需求量从 100 减少为 90，总收益从 400 美元增加到 450 美元。在（b）幅中，需求曲线富有弹性。在这种情况下，价格上升引起的需求量减少的比例大于价格上升的比例，因此，总收益减少。在这里，价格从 4 美元上升为 5 美元，引起需求量从 100 减少为 70，总收益从 400 美元减少为 350 美元。

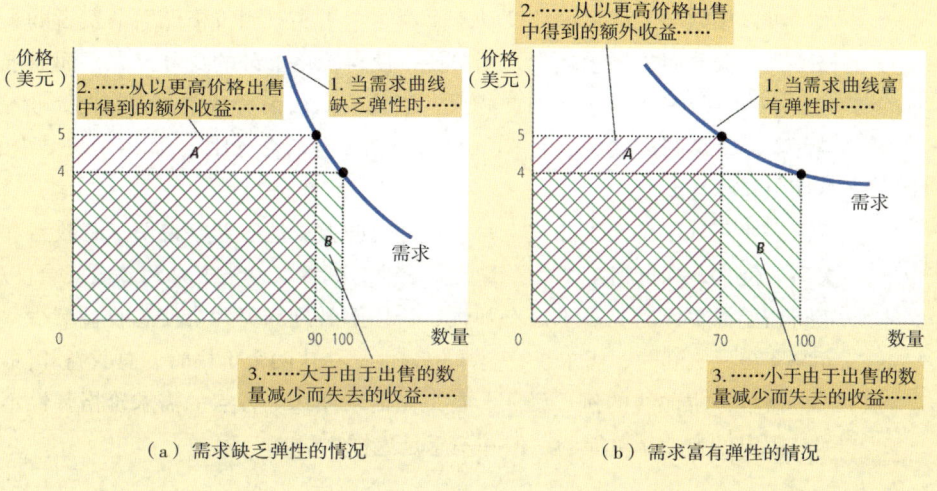

（a）需求缺乏弹性的情况　　　　　（b）需求富有弹性的情况

图5-4 一条线性需求曲线的弹性

一条线性需求曲线的斜率是不变的，但它的弹性并不是不变的。表中的需求表是用中点法来计算需求的价格弹性。在价格低而数量多的各点上，需求曲线是缺乏弹性的；在价格高而数量少的各点上，需求曲线是富有弹性的。

价格（美元）	数量	总收益（价格×数量）（美元）	价格变动百分比（%）	数量变动百分比（%）	弹性	弹性程度
7	0	0				
6	2	12	15	200	13.0	富有弹性
5	4	20	18	67	3.7	富有弹性
4	6	24	22	40	1.8	富有弹性
3	8	24	29	29	1.0	单位弹性
2	10	20	40	22	0.6	缺乏弹性
1	12	12	67	18	0.3	缺乏弹性
0	14	0	200	15	0.1	缺乏弹性

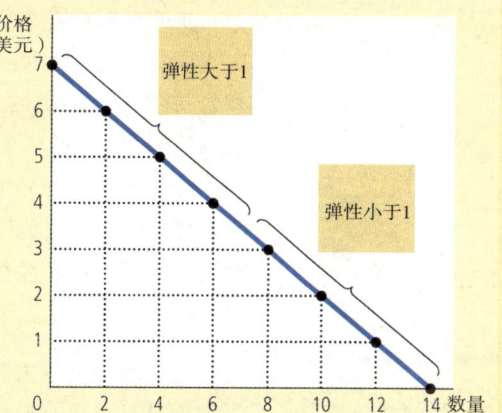

与数量变动（"向前量"）的比例。这种特殊的需求曲线的斜率不变是因为价格每上升1美元都会同样使需求量减少2个单位。

尽管线性需求曲线的斜率是不变的，但弹性并不是不变的。这是因为斜率是两个变量变动的比率，而弹性是两个变量变动百分比的比率。你可以通过观察图5-4中的表格看出这一点，该表是图中线性需求曲线的需求表。该表用中点法计算需求价格弹性。该表说明以下内容：在价格低而数量高的各点上，需求曲线是缺乏弹性的；在价格高而数量低的各点上，需求曲线是富有弹性的。

可以用数学上的百分比变动来解释这个事实。当价格低而消费者购买量多时，价格上升1美元而需求量减少2个单位，使得价格上升的百分比大，而需求量减少的百分比小，结果是弹性小。与此相反，当价格高而消费者购买量少时，价格同样上升1美元而需求量同样减少2个单位，使得价格上升的百分比小，而需求量减少的百分比大，从而引起弹性大。

表格还列出了需求曲线上每个点的总收益。这些数字说明了总收益和弹性之间的关系。例如，当价格是1美元时，需求缺乏弹性，价格上升到2美元会使总收益增加。当价格是5美元时，需求富有弹性，价格上升到6美元会使总收益减少。价格在3美元与4美元之间时，需求正好是单位弹性，在这两个价格时，总收益相同。

线性需求曲线的例子说明，在一条需求曲线上各点的需求价格弹性不一定是相同的。固定的弹性是可能的，但并不总是这样。

5.1.7　其他需求弹性

除了需求价格弹性之外，经济学家还用其他弹性来描述市场上买者的行为。

需求收入弹性　　需求收入弹性（income elasticity of demand）衡量消费者收入变动时需求量如何变动。需求收入弹性用需求量变动的百分比除以收入变动的百分比来计算。即，

$$需求收入弹性 = \frac{需求量变动百分比}{收入变动百分比}$$

正如我们在第4章中所讨论的，大多数物品是正常物品：收入提高，需求量增加。由于需求量与收入同方向变动，所以正常物品的收入弹性为正数。少数物品（例如，乘公共汽车）是低档物品：收入提高，需求量减少。由于需求量与收入呈反方向变动，所以低档物品的收入弹性为负数。

即使在正常物品中，收入弹性的大小也差别很大。像食物和衣服这类必需品往往收入弹性较小，因为即使消费者的收入很低，他们也要购买一些这类物品。像鱼子酱和钻石这类奢侈品往往收入弹性很大，因为消费者觉得，如果收入太低，他们完全可以不消费这类物品。

需求的交叉价格弹性　　需求的交叉价格弹性（cross-price elasticity of demand）衡量一种物品需求量对另外一种物品价格变动的反应程度。需求的交叉价格弹性用物品1的需求量变动百分比除以物品2的价格变动百分比来计算，即

$$需求的交叉价格弹性 = \frac{物品1的需求量变动百分比}{物品2的价格变动百分比}$$

交叉价格弹性是正数还是负数取决于这两种物品是替代品还是互补品。正如我们在第4章中所讨论的，替代品是指通常可以互相替代使用的物品，例如汉堡包和热狗。热狗价格上升会使人们去买汉堡包来代替。由于热狗价格和汉堡包需求量呈同方向变动，所以，其交叉价格弹性是正数。相反，互补品是指通常要一起使用的物品，例如电脑和软件。在这种情况下，交叉价格弹性是负数，表明电脑价格上升会使软件的需求量减少。

5.2 供给弹性

当我们在第4章中讨论供给的决定因素时，我们注意到，当一种物品价格上升时，该物品的卖者会增加供给量。为了把对供给量的说明从定性转向定量，我们要再次使用弹性的概念。

5.2.1 供给价格弹性及其决定因素

供给定理表明，价格上升将使供给量增加。**供给价格弹性**（price elasticity of supply）衡量供给量对价格变动的反应程度。如果供给量对价格变动的反应很大，就说这种物品的供给是富有弹性的；如果供给量对价格变动的反应很小，就说这种物品的供给是缺乏弹性的。

供给价格弹性取决于卖者改变他们所生产的物品量的灵活性。例如，海滩土地供给缺乏弹性，是因为生产出更多这类土地几乎是不可能的。与此相比，诸如书、汽车和电视这类制成品的供给富有弹性，是因为当价格上升时，生产这些物品的企业可以让工厂更长时间地运转。

在大多数市场上，决定供给价格弹性的一个关键因素是所考虑的时间长短。供给在长期中的弹性通常都大于短期。在短期中，企业不能轻易地改变它们工厂的规模来增加或减少一种物品的产量。因此，在短期中供给量对价格不是很敏感。与此相反，在长期中，企业可以开设新工厂或关闭旧工厂。此外，在长期中，新企业可以进入一个市场，旧企业也可以退出。因此，在长期中，供给量可以对价格变动做出相当大的反应。

5.2.2 供给价格弹性的计算

既然我们对于供给价格弹性已经有了一般性的了解，现在就让我们来更准确地说明它。经济学家用供给量变动百分比除以价格变动百分比来计算供给价格弹性，即

$$供给价格弹性 = \frac{供给量变动百分比}{价格变动百分比}$$

例如，假设每加仑牛奶的价格从2.85美元上升到3.15美元，牧场主每月生产的牛奶量从9 000加仑增加到11 000加仑。使用中点法，我们计算的价格变动百分比如下：

供给价格弹性：衡量一种物品供给量对其价格变动反应程度的指标，用供给量变动百分比除以价格变动百分比来计算。

即问即答
- 说明供给价格弹性的定义。
- 解释为什么在长期内的供给价格弹性与在短期内不同。

价格变动百分比 =（3.15-2.85）/3.00×100%=10%

同样，我们计算的供给量变动百分比如下：

供给量变动百分比 =（11 000-9 000）/10 000×100%=20%

在这种情况下，供给价格弹性是：

$$供给价格弹性 = \frac{20\%}{10\%} = 2$$

在这个例子中，弹性为 2 表明供给量变动的比例为价格变动比例的两倍。

5.2.3 各种供给曲线

由于供给价格弹性衡量供给量对价格的反应程度，所以它可以反映在供给曲线的形状上。图 5-5 描述了五种情况。一种极端情况为零弹性，如（a）幅所示，供给完全

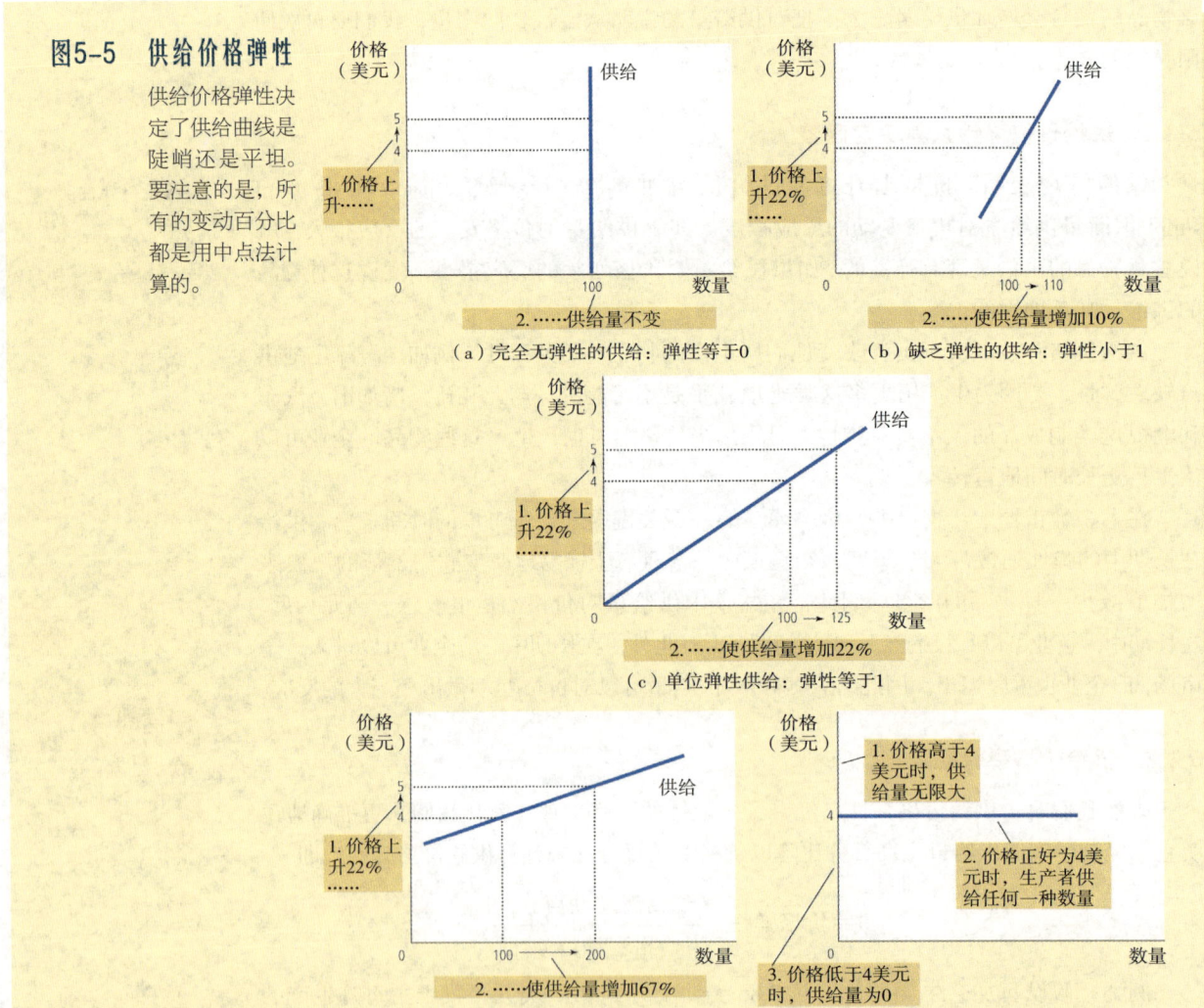

图5-5 供给价格弹性

供给价格弹性决定了供给曲线是陡峭还是平坦。要注意的是，所有的变动百分比都是用中点法计算的。

无弹性，供给曲线是一条垂直线。在这种情况下，无论价格如何变动，供给量总是相同的。随着弹性的增大，供给曲线越来越平坦，这表明供给量对价格变动的反应越来越大。在（e）幅所示的另一种极端情况下，供给完全有弹性。当供给价格弹性接近于无限大时就出现了这种情况，此时，供给曲线是水平的，这意味着价格极小的变动都会引起供给量极大的变动。

在一些市场上，供给弹性并不是不变的，而是沿着供给曲线变动。图 5-6 表示一个行业的典型情况，在这个行业中，企业拥有的工厂的生产能力是有限的。在供给量水平很低时，供给弹性很高，表明企业会对价格变动做出相当大的反应。在这一范围内，企业存在未被利用的生产能力，例如全天或部分时间处于闲置状态的厂房和设备。价格的小幅上升使得企业利用这种闲置的生产能力是有利可图的。随着供给量的增加，企业逐渐接近其最大生产能力。一旦其生产能力得到完全利用，要想再增加产量就需要建立新工厂。要使企业能承受这种额外支出，价格就必须大幅度上升，因此，供给变得缺乏弹性。

图 5-6 给出了这种现象的一个用数字表示的例子。当价格从 3 美元上升到 4 美元时（根据中点法，上升了 29%），供给量从 100 增加到 200（增加了 67%）。由于供给量变动的比例大于价格变动的比例，供给曲线的弹性大于 1。与此相比，当价格从 12 美元上升为 15 美元时（上升了 22%），供给量从 500 增加到 525（增加了 5%）。在这种情况下，供给量变动的比例小于价格变动的比例，因此，供给曲线的弹性小于 1。

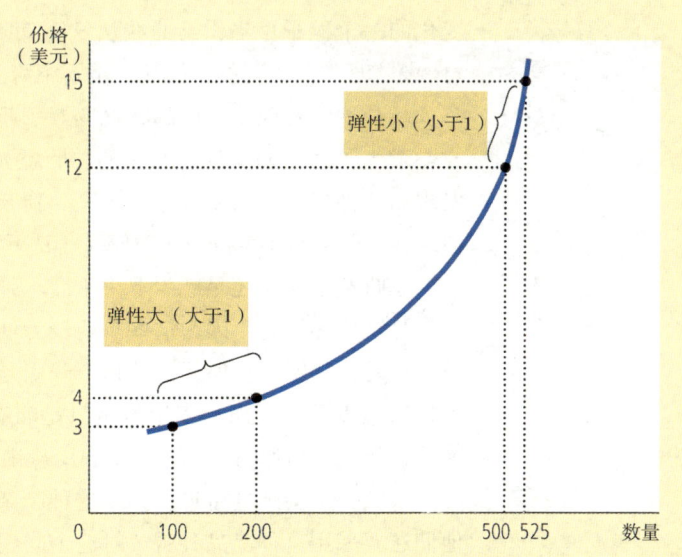

图5-6　供给价格弹性会如何变动

由于企业的生产能力通常有一个最大值，所以，在供给量低时，供给弹性会非常高，而在供给量高时，供给弹性又会非常低。在图 5-6 中，价格从 3 美元上升到 4 美元时，供给量从 100 增加到 200。由于供给量增加了 67%（用中点法计算），大于价格上升的比例 29%，所以，在这个范围内，供给曲线是富有弹性的。与此相反，当价格从 12 美元上升为 15 美元时，供给量只从 500 增加到 525。由于供给量增加的比例 5% 小于价格上升的比例 22%，所以，在这个范围内，供给曲线是缺乏弹性的。

5.3 供给、需求和弹性的三个应用

农业的好消息可能对农民来说是坏消息吗？为什么石油输出国组织（OPEC）不能保持石油的高价格呢？禁毒增加还是减少了与毒品相关的犯罪？乍一看，这些问题似乎没有什么共同之处。但这三个问题都与市场相关，而所有市场都要服从于供给与需求的力量。在这里，我们用供给、需求和弹性这些通用的工具来回答这些看似复杂的问题。

5.3.1 农业的好消息可能对农民来说是坏消息吗

设想你是堪萨斯州一个种小麦的农民。由于你所有的收入都来自出售小麦，所以你下了很大工夫以尽可能提高你的土地的生产率。你关注天气和土壤状况，检查田地以预防病虫害，并学习最新的农业技术。你知道，你的小麦种得越多，收成之后也就卖得越多，从而你的收入和你的生活水平也就越高。

有一天，堪萨斯州立大学宣布了一项重大发现。该大学农学系的研究人员培育出一种新的小麦杂交品种，该品种可以使每英亩小麦的产量增加20%。你对这条新闻应该有什么反应呢？这一发现会使你的状况比以前变好还是变坏呢？

回想一下第4章，我们回答这类问题用三个步骤。第一步，我们考察是供给曲线移动还是需求曲线移动。第二步，我们考虑曲线移动的方向。第三步，我们用供求图说明市场均衡如何变动。

在这种情况下，新杂交品种的发现影响了供给曲线。由于新杂交品种提高了每英亩土地上所能生产的小麦量，所以，现在农民愿意在任何一种既定的价格水平下供给更多小麦。换句话说，供给曲线向右移动。需求曲线保持不变，因为消费者在任何一种既定价格水平下购买小麦产品的愿望并不受新杂交品种的影响。图5-7说明了这种变化的一个例子。当供给曲线从 S_1 移动到 S_2 时，小麦的销售量从100蒲式耳增加到110蒲式耳，而小麦的价格从3美元下降为2美元。

新品种的发现使农民的状况变好了吗？要回答这个问题，首先要看农民得到的总收益发生了怎样的变动。农民的总收益是 $P \times Q$，即小麦价格乘以销售量。新品种的发现以两种相矛盾的方式影响农民。新杂交品种使农民生产了更多小麦（Q 增加了），但现在每蒲式耳小麦的售价下降了（P 下降了）。

总收益是增加还是减少取决于需求弹性。在现实中，像小麦这种基本食品的需求一般是缺乏弹性的，因为这些东西较为便宜，而且很少有好的替代品。当需求曲线缺乏弹性时，如图5-7所示，价格下降引起总收益减少。你可以从这个图中看到：小麦价格大幅度下降，而小麦销售量只是略有增加。总收益从300美元减少为220美元。因此，新杂交品种的发现减少了农民从销售农作物中所能得到的总收益。

人们一定会感到奇怪，如果这种新杂交品种的发现使农民的状况变差了，为什么他们还要采用这种新品种呢？对这个问题的回答涉及了竞争市场如何运行的中心。由于每个农民都是小麦市场上微不足道的一分子，他把小麦价格视为既定。对小麦的

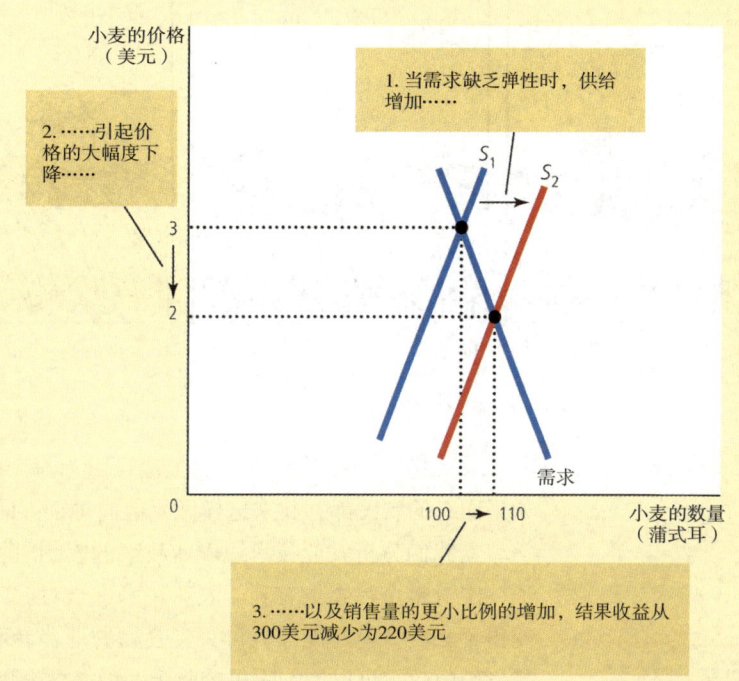

图5-7　小麦市场上供给增加

当农业技术进步使小麦供给从 S_1 增加到 S_2 时，小麦价格下降。由于小麦需求缺乏弹性，销售量从100蒲式耳增加到110蒲式耳的比例小于价格从3美元下降为2美元的比例。结果，农民的总收益从300美元（3美元×100）减少为220美元（2美元×110）。

任何一个既定价格来说，农民使用新品种以便生产并销售更多小麦会更好一些。但当所有农民都这样做时，小麦的供给增加了，价格下降了，而农民的状况也变坏了。

尽管这个例子乍看起来只是假设的，但实际上它有助于解释过去一个世纪以来美国经济的一个巨大变化。两百多年前，大部分美国人住在农村，对农业生产方法的了解是相当原始的，以至于我们大多数人不得不当农民，以生产足够的食物来养活全国的人口。但随着时间的推移，农业技术的进步增加了每个农民所能生产的食物量。由于食物的需求缺乏弹性，这种食物供给的增加引起了农业收益的减少，进而鼓励人们离开农业。

一些数字表明了这种历史变革的程度。在1950年，美国有1 000万人从事农业生产，占劳动力的17%。如今，从事农业的人不到300万，只占劳动力的2%。这种变化与农业生产率的巨大提高是一致的：尽管农民人数减少了70%，但美国现在生产的农作物与牲畜却是1950年的两倍还多。

这种对农产品市场的分析也有助于解释似乎自相矛盾的公共政策：某些农业计划努力通过使农民不把他们的全部土地都种上农作物来帮助农民。这些计划的目的是要减少农产品的供给，从而提高价格。由于农产品的需求缺乏弹性，如果农民向市场供给的产品减少了，他们作为一个整体会得到更多的总收益。从自己的立场出发，没有

即问即答

■ 一场摧毁了一半农作物的旱灾对农民来说可能是一件好事吗？如果这样的旱灾对农民来说是好事，为什么在未发生旱灾的年头，农民不去摧毁自己的农作物？

图片来源：DOONESBURY © 1972 G.B. Trudeau. Reprinted with permission of UNIVERSAL PRESS SYNDICATE. All Rights Reserved.

一个农民愿意选择荒废自己的土地，因为每个农民都把市场价格视为既定的。但是，如果所有的农民都一起来这样做，他们每个人的状况就会变得更好一些。

当我们分析农业技术或农业政策的影响时，记住下面这点很重要：对农民有利的不一定对整个社会也有利。农业技术进步对农民而言可能是坏事，因为它使农民逐渐变得不必要，但对能以低价买到食物的消费者而言肯定是好事。同样，旨在减少农产品供给的政策可以增加农民的收入，但必然会以损害消费者的利益为代价。

5.3.2 为什么石油输出国组织不能保持石油的高价格

在过去的几十年间，对世界经济最具破坏性的许多事件都源于世界石油市场。在20世纪70年代，石油输出国组织（OPEC）的成员决定提高世界石油价格，以增加它们的收入。这些国家通过共同减少它们提供的石油产量而实现了这个目标。从1973年至1974年，石油价格（根据总体通货膨胀水平进行了调整）上涨了50%以上。几年之后，OPEC又一次故伎重演。从1979年到1981年，石油价格几乎翻了一番。

但OPEC发现要维持高价格是很困难的。从1982年到1985年，石油价格一直以每年10%的速度稳步下降。不满与混乱很快蔓延到OPEC各国。1986年，OPEC成员国之间的合作完全破裂了，石油价格猛跌了45%。1990年，石油价格（根据总体通货膨胀水平进行了调整）又回到1970年时的水平，并在20世纪90年代的大部分时间内保持在这一水平。（在21世纪的前10年中，石油价格又一次大幅上升，但其主要推动力不是OPEC的供给限制，而是世界需求的增加，这种需求部分来自巨大且迅速增长的中国经济。2008—2009年，随着世界经济陷入严重的衰退，石油价格出现了下降，之后随着世界经济开始复苏，又一次开始上升。）

20世纪70年代和80年代OPEC的这个事件表明，供给与需求在短期与长期中的状况是不同的。在短期中，石油的供给和需求都是较为缺乏弹性的。供给缺乏弹性是因为已知的石油贮藏量和石油开采能力不能迅速改变，需求缺乏弹性是因为购买习惯不会立即对价格变动做出反应。因此，正如图5-8（a）所示，短期供给曲线和需求曲

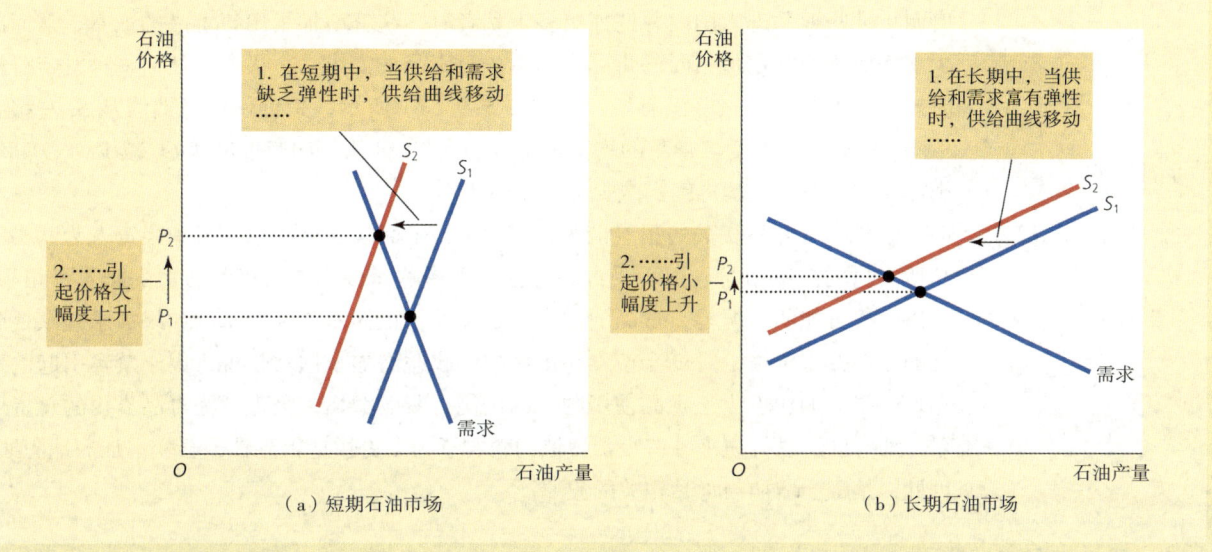

图5-8 世界石油市场供给减少

当石油供给减少时,市场的反应取决于时间的长短。在短期中,供给和需求较为缺乏弹性,如(a)幅所示。因此,当供给曲线由 S_1 移动到 S_2 时,价格大幅度上升。与此相反,在长期中,供给与需求较富有弹性,如(b)幅所示。在这种情况下,供给曲线同样大小的移动(从 S_1 到 S_2)只引起价格的小幅度上升。

线是陡峭的。当石油供给从 S_1 移动到 S_2 时,价格从 P_1 到 P_2 的上升幅度是很大的。

长期中的情况则非常不同。在长期中,OPEC 以外的石油生产者对高价格的反应是加强石油勘探并建立新的开采能力。消费者的反应是更为节俭,例如用新型节油型汽车代替老式耗油的汽车。因此,正如图5-8(b)所示,长期供给曲线和需求曲线都更富有弹性。在长期中,供给曲线从 S_1 移动到 S_2 引起的价格的变动要小得多。

这种分析说明了为什么 OPEC 只在短期中成功地保持了石油的高价格。当 OPEC 各国一致同意减少它们的石油产量时,它们使供给曲线向左移动。尽管各个 OPEC 成员国销售的石油少了,但短期内价格上升如此之多,以至于 OPEC 的收入增加了。与此相反,在长期中,当供给和需求较为富有弹性时,供给同样幅度的减少(用供给曲线的水平移动来衡量)只引起价格的小幅度上升。因此,OPEC 共同减少供给在长期中无利可图。这个卡特尔明白了一点:在短期中提高油价比在长期中更容易。

5.3.3 禁毒是增加还是减少了与毒品相关的犯罪

我们社会面临的一个长期问题是非法毒品的使用,比如海洛因、可卡因、摇头丸和冰毒。这些非法毒品的使用有一些不利影响。一是毒品依赖会毁坏吸毒者及其家庭的生活;二是吸毒上瘾的人往往进行抢劫或其他暴力犯罪,以得到吸毒所需要的钱。为了限制非法毒品的使用,美国政府每年花费几十亿美元来减少毒品的流入。现在我们用供给和需求工具来考察这种禁毒政策。

假设政府增加了打击毒品的联邦工作人员数量,非法毒品市场会发生什么变动呢?与通常的做法一样,我们分三个步骤回答这个问题。第一,考虑是供给曲线移动,还是需求曲线移动;第二,考虑曲线移动的方向;第三,说明这种移动如何影响均衡价格和均衡数量。

虽然禁毒的目的是减少毒品的使用,但它直接影响毒品的卖者而不是买者。当政府制止某些毒品进入国内并逮捕更多走私者时,这就增加了出售毒品的成本,从而减少了任何一种既定价格时的毒品供给量。对毒品的需求——买者在任何一种既定价格时想购买的数量——并没有变。正如图5-9(a)所示,禁毒使供给曲线从 S_1 左移到 S_2,而需求曲线不变。毒品的均衡价格从 P_1 上升到 P_2,均衡数量从 Q_1 减少为 Q_2。均衡数量减少表明,禁毒确实减少了毒品的使用。

但是,与毒品相关的犯罪情况如何呢?为了回答这个问题,考虑吸毒者为购买毒品所支付的总货币量。由于受毒品价格上升影响而根除自己吸毒习惯的瘾君子很少,所以,很可能的情况是,毒品的需求缺乏弹性,正如图5-9所示。如果需求是缺乏弹性的,那么,价格上升就会使毒品市场的总收益增加。这就是说,由于禁毒引起的毒品价格提高的比例大于毒品使用减少的比例,所以增加了吸毒者为毒品支出的总货币量。那些已经以行窃来维持吸毒习惯的瘾君子为了更快地得到钱,会变本加厉地犯罪。因此,禁毒会增加与毒品相关的犯罪。

图5-9 减少非法毒品使用的政策

禁毒使毒品供给从 S_1 减少为 S_2,如(a)幅表示。如果毒品需求是缺乏弹性的,那么,即使在吸毒量减少时,吸毒者所支付的总货币量也增加了。与此相比,禁毒教育使毒品需求从 D_1 减少为 D_2,如(b)幅所示。由于价格和数量都减少了,吸毒者支付的总货币量也减少了。

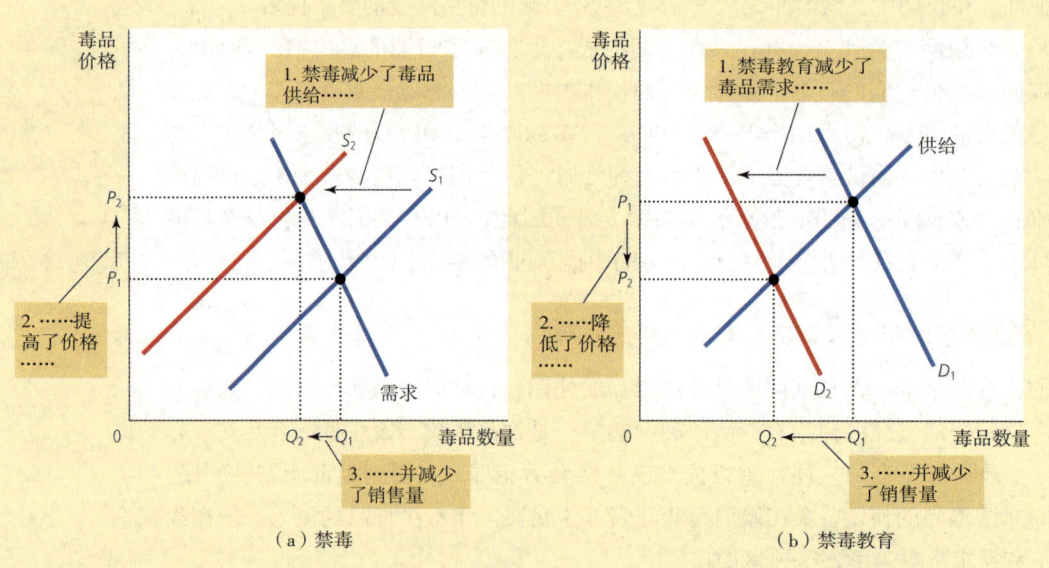

(a)禁毒　　(b)禁毒教育

由于禁毒的这种负面影响，一些分析者提出了另一些解决毒品问题的方法。不是减少毒品的供给，而是通过实行禁毒教育政策，决策者可以努力减少对毒品的需求。成功禁毒教育的效应如图 5-9（b）所示。需求曲线由 D_1 左移到 D_2。结果，均衡数量从 Q_1 减少到 Q_2，而均衡价格从 P_1 下降到 P_2。总收益，即价格乘以数量，也减少了。因此，与禁毒相比，禁毒教育可以减少吸毒和与毒品相关的犯罪。

禁毒的支持者也许会争辩说，这项政策的长期效应与短期效应是不同的，因为需求弹性取决于时间的长短。在短期中，毒品需求也许是缺乏弹性的，因为高价格对已有的瘾君子没有实质性影响。但在长期中，毒品需求也许是较富有弹性的，因为高价格会限制年轻人尝试吸毒，从而随着时间的推移，会减少瘾君子的数量。在这种情况下，禁毒在短期中增加了与毒品相关的犯罪，而在长期中会减少这种犯罪。

5.4 结论

根据一句古谚的说法，只要学会说"供给与需求"，甚至连一只鹦鹉都可以成为一个经济学家。这两章的学习应该已经使你相信，这种说法还是有一定道理的。供给与需求工具使你能分析影响经济的许多最重要的事件和政策。现在你正朝着成为一名经济学家（或者，至少是一只受过良好训练的鹦鹉）的方向前进。

内容提要

◎ 需求价格弹性衡量的是需求量对价格变动的反应程度。如果某种物品可以得到相近的替代品、是奢侈品而不是必需品、市场边界狭窄，或者买者有相当长的时间对价格变动做出反应，那么，这种物品就倾向于更富有弹性。

◎ 可以用需求量变动百分比除以价格变动百分比来计算需求价格弹性。如果需求量变动比例小于价格变动比例，那么弹性小于1，就可以说需求缺乏弹性。如果需求量变动比例大于价格变动比例，那么弹性大于1，就可以说需求富有弹性。

◎ 总收益，即对一种物品的总支付量，等于该物品的价格乘以销售量。对于缺乏弹性的需求曲线，其总收益与价格变动方向相同；对于富有弹性的需求曲线，其总收益与价格变动方向相反。

◎ 需求收入弹性衡量的是需求量对消费者收入变动的反应程度。需求的交叉价格弹性衡量一种物品需求量对另一种物品价格变动的反应程度。

◎ 供给价格弹性衡量的是供给量对价格变动的反应程度。这种弹性往往取决于所考虑的时间长短。在大多数市场上，供给在长期中比在短期中更富有弹性。

◎ 可以用供给量变动百分比除以价格变动百分比来计算供给价格弹性。如果供给量变动比例小于价格变动比例，那么弹性小于1，就可以说供给缺乏弹性。如果供给量变动比例大于价格变动比例，那么弹性大于1，就可以说供给富有弹性。

◎ 供求工具可以被运用于许多不同类型的市场。本章运用它们分析了小麦市场、石油市场和非法毒品市场。

关键概念

弹性
需求价格弹性

总收益
需求收入弹性

需求的交叉价格弹性
供给价格弹性

复习题

1. 给需求价格弹性和需求收入弹性下定义。
2. 列出并解释本章中所讨论的决定需求价格弹性的四个因素。
3. 如果弹性大于1，需求是富有弹性还是缺乏弹性？如果弹性等于零，需求是完全有弹性还是完全无弹性？
4. 在一个供求图上标明均衡价格、均衡数量和生产者得到的总收益。
5. 如果需求是富有弹性的，价格上升会如何改变总收益？解释原因。
6. 如果一种物品的需求收入弹性小于零，我们把这种物品称为什么？
7. 如何计算供给价格弹性？供给价格弹性衡量什么？
8. 如果一种物品可获取的量是固定的，而且再也不能多生产，供给的价格弹性是多少？
9. 一场风暴摧毁了豆作物的一半。当需求非常富有弹性还是非常缺乏弹性时，这个事件对农民的伤害更大？解释原因。

第 **6** 章

供给、需求与政府政策

经济学家有两种作用。作为科学家,他们提出并检验解释我们周围世界的理论;作为政策顾问,他们用自己的理论来帮助世界变得更好。前两章的重点是描述经济学家作为科学家提出的理论。我们已经知道了供给和需求如何决定一种物品的价格与销售量。我们还知道了各种事件如何使供给与需求移动,从而改变均衡价格和均衡数量。而且,我们也提出了确定这些变动有多大的弹性概念。

我们将在本章中第一次考察政策。在这里,我们仅用供求工具来分析各种类型的政府政策。正如你将看到的,这种分析得出了一些令人惊讶的见解。政策往往会产生一些其设计者没有想到或没有预见到的影响。

我们从探讨直接控制价格的政策开始。例如,租金控制法规定了房东可以向房客收取的最高租金,最低工资法规定了企业应该向工人支付的最低工资。当决策者认为一种物品或服务的市场价格对买者或卖者不公平时,通常会实施价格控制。但正如我们将看到的,这些控制政策本身也会引起不公平。

在讨论价格控制以后,我们将接着考察税收的影响。决策者用税收为公共目标筹集资金并影响市场结果。虽然我们经济中税收的普遍性是显而易见的,但它们的影响却并不显而易见。例如,当政府对企业向其工人支付的工资征税时,是企业还是工人承担了税收负担?在我们运用供求这种有力的工具之前,答案是不完全明朗的。

6.1 价格控制

为了说明价格控制如何影响市场结果,我们再来看一下冰淇淋市场。正如我们在第 4 章中所看到的,如果在一个没有政府管制的竞争市场上出售冰淇淋,冰淇淋的价格将自发调整,使供求达到平衡:在均衡价格时,买者想买的冰淇淋的数量正好等于卖者想卖的冰淇淋的数量。为了使我们的分析更具体,假设均衡价格是每个冰淇淋蛋卷 3 美元。

并不是每个人都对这种自由市场调整过程的结果感到满意。比如说，美国冰淇淋消费者协会抱怨，3 美元的价格太高了，无法使每个人每天享用一个冰淇淋（该协会推荐的量）。同时，全国冰淇淋制造商组织也抱怨，3 美元的价格——"割颈式竞争"的结果——太低了，从而减少了其成员的收入。每个群体都在游说政府，以便通过一项借助于直接控制冰淇淋的价格来改变市场结果的法律。

由于任何一种物品的买者总希望价格更低，而卖者总希望价格更高，所以，这两个群体的利益会产生冲突。如果冰淇淋消费者在游说中成功了，政府就对冰淇淋销售设置法定最高价格，由于不允许价格上升到这个水平之上，法定最高价格被称为**价格上限**（price ceiling）。与此相反，如果冰淇淋制造商在游说中成功了，政府就对冰淇淋设置法定最低价格。由于不允许价格下降到这个水平之下，法定最低价格被称为**价格下限**（price floor）。现在我们依次来考察这些政策的影响。

价格上限：出售一种物品的法定最高价格。

价格下限：出售一种物品的法定最低价格。

6.1.1 价格上限如何影响市场结果

当政府受冰淇淋消费者抱怨的推动，对冰淇淋市场实行价格上限时，可能有两种结果。在图 6-1（a）中，政府实行每个冰淇淋蛋卷 4 美元的价格上限。在这种情况下，由于使供求平衡的价格（3 美元）低于上限，价格上限是非限制性的。市场力量自然而然地使经济向均衡变动，而且，价格上限对价格或销售量没有影响。

图6-1 有价格上限的市场

在（a）幅中，政府实行的价格上限为 4 美元。由于价格上限高于均衡价格 3 美元，所以，价格上限没有影响，市场可以达到供求均衡。在这种均衡时，供给量和需求量都是 100 个冰淇淋蛋卷。在（b）幅中，政府实行的价格上限为 2 美元。由于价格上限低于均衡价格 3 美元，市场价格等于 2 美元。在这一价格水平下，需求量是 125 个冰淇淋蛋卷，供给量只有 75 个，因此，存在 50 个冰淇淋蛋卷的短缺。

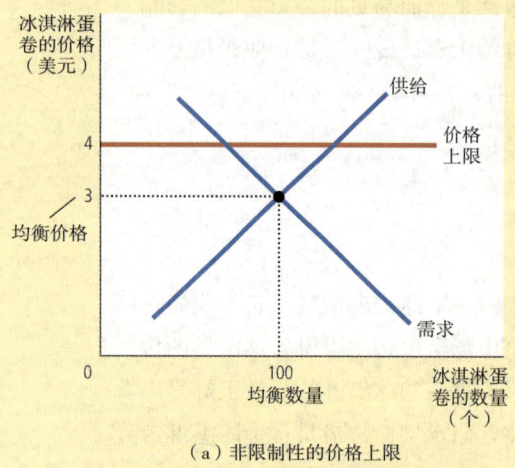
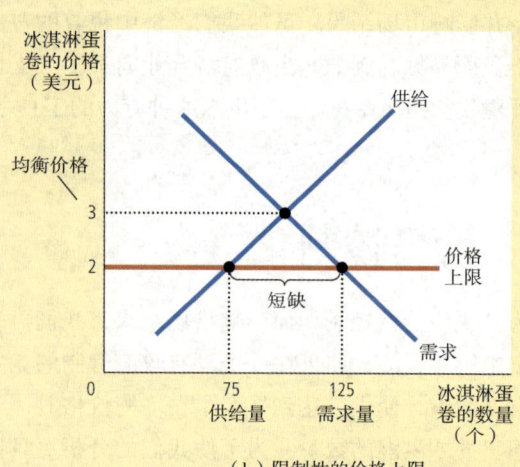

（a）非限制性的价格上限　　（b）限制性的价格上限

图 6-1（b）表示的是另一种更为有趣的可能结果。在这种情况下，政府实行每个冰淇淋蛋卷 2 美元的价格上限。由于均衡价格 3 美元高于价格上限，所以，价格上限对市场有一种限制性约束。供求力量趋向于使价格向均衡变动，但当市场价格达到上限时，根据法律就不能再上升了。因此，市场价格等于价格上限。在这种价格时，冰淇淋蛋卷的需求量（图中的 125 个）超过了供给量（75 个），因此，存在冰淇淋短缺：在这种价格时，有 50 个想以现行价格购买冰淇淋的人买不到。

当由于这种价格上限而出现冰淇淋短缺时，一些配给冰淇淋的机制自然就会出现。这种机制可能是排长队：那些愿意提前来到并排队等候的人得到一个冰淇淋，而另一些不愿意等候的人得不到。另一种方法是，卖者可以根据他们自己的个人偏好来配给冰淇淋，只卖给朋友、亲戚或同一种族或民族的成员。要注意的是，即使设置价格上限的动机是为了帮助冰淇淋买者，也并不是所有买者都能从这种政策中受益。一些买者尽管不得不排队等候，但他们确实以较低的价格买到了冰淇淋，而另一些买者根本买不到冰淇淋。

冰淇淋市场上的这个例子说明了一个一般性的结论：当政府对竞争市场实行限制性价格上限时，就产生了物品的短缺，而且，卖者必须在大量潜在买者中配给稀缺物品。这种在价格上限政策下产生的配给机制很少是合意的。排长队是无效率的，因为这样做浪费了买者的时间。基于卖者偏好的歧视既无效率（因为该物品并不一定会卖给对它估价最高的买者），又可能是不公平的。与此相比，一个自由竞争市场中的配给机制既有效率又是客观的。当冰淇淋市场达到均衡时，任何一个想支付市场价格的人都可以得到一个冰淇淋蛋卷。自由市场用价格来配给物品。

案例研究　加油站前的长队

正如我们在第 5 章中讨论的，1973 年石油输出国组织（OPEC）提高了世界石油市场的原油价格。由于原油是生产汽油的主要原料，较高的石油价格减少了汽油供给。加油站前的长队成为司空见惯的现象，而且，驾车人常常不得不为了买几加仑汽油而等待几个小时。

是什么导致了人们排队加油呢？大多数人将之归咎于 OPEC。的确，如果 OPEC 不提高原油价格，汽油的短缺就不会出现。但经济学家把它归咎于限制石油公司的汽油销售价格的政府管制。

图 6-2 描述了所出现的上述情况。正如（a）幅所示，在 OPEC 提高原油价格以前，汽油的均衡价格为 P_1，低于价格上限。因此，价格管制没有影响。但当原油价格上升时，情况变了。原油价格上升增加了生产汽油的成本，这又减少了汽油的供给。正如（b）幅所示，供给曲线从 S_1 向左移动到 S_2。在一个没有管制的市场上，供给的这种移动将使汽油的均衡价格从 P_1 上升为 P_2，而且不会引起短缺。而价格上限使价格不能上升到均衡水平。在这一价格上限时，生产者愿意出售 Q_S，而消费者愿意购买 Q_D。因此，供给曲线的移动引起了管制价格水平下的严重短缺。

最终，对汽油实行价格管制的法律被取消了。这项法律的制定者终于明白了，他们要为美国人因排队等候买汽油而浪费的许多时间承担部分责任。现在，当原油价格变动时，汽油的价格可以自发调整，使供求达到均衡。

图片来源：www.1tu.com

图6-2　有价格上限的汽油市场

（a）幅表示价格上限没有限制作用时的汽油市场，因为均衡价格 P_1 低于价格上限。（b）幅表示，在原油（生产汽油的一种投入品）价格上升使供给曲线从 S_1 向左移动到 S_2 以后的汽油市场。在没有管制的市场上，价格将从 P_1 上升为 P_2。但是，价格上限阻止了其上升。在这一价格上限时，消费者愿意购买 Q_D，但汽油生产者只愿意出售 Q_S。需求量与供给量之间的差额 Q_D-Q_S，即为汽油的短缺量。

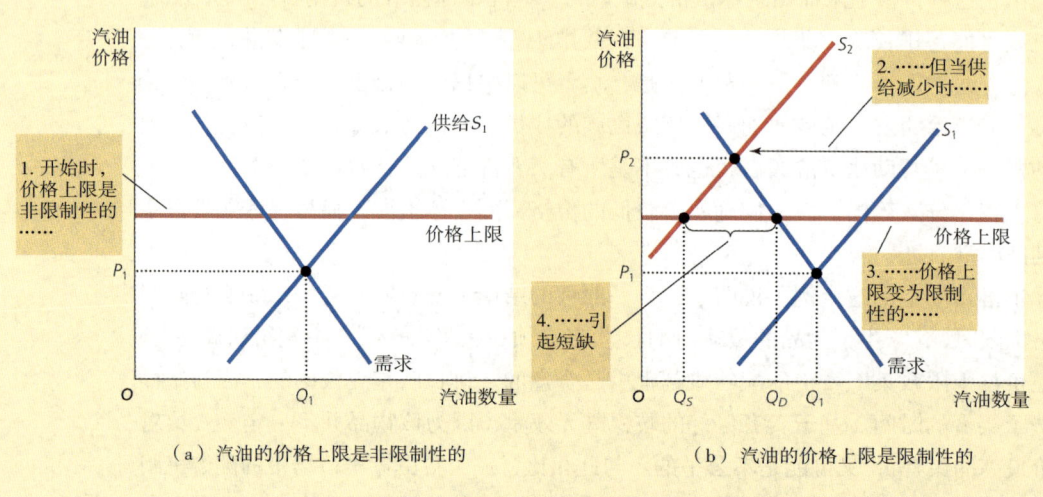

（a）汽油的价格上限是非限制性的　　　　（b）汽油的价格上限是限制性的

案例研究　短期与长期中的租金控制

一个常见的价格上限例子是租金控制。在许多城市，地方政府都规定了房东能向房客收取的租金上限。这种政策的目的是帮助穷人更能租得起住房。经济学家经常批评租金控制，认为这是一种极无效率的帮助穷人提高生活水平的方法。一位经济学家称租金控制是"除了轰炸之外，毁灭一个城市的最好方法"。

租金控制的不利影响对一般人来说并不明显，因为这些影响要在许多年后才能显现出来。在短期中，房东出租的公寓数量是固定的，而且，他们不能随着市场状况的变动而迅速调整这个数量。此外，在短期中，在一个城市寻找住房的人的数量对租金也并不会非常敏感，因为人们调整自己的住房安排要花时间。因此，住房的短期供给与需求都相对缺乏弹性。

图 6-3（a）表示租金控制对住房市场的短期影响。与任何一种限制性的价格上限一样，租金控制导致了短缺。但由于短期中供给与需求缺乏弹性，最初由租金控制引起的短缺并不大。短期中的主要影响是降低了租金。

长期的情况则完全不同，因为随着时间推移，租赁性住房的买者与卖者对市场状况的反应增大了。在供给一方，房东对低租金的反应是不建新公寓，也不修缮现有的公寓；在需求一方，低租金鼓励人们去找自己的公寓（而不是与父母同住，或与室友同住），而且也促使更多的人迁居到城市。因此，在长期中供给与需求都是较为富有弹性的。

图 6-3（b）说明了长期住房市场的情况。当租金控制把租金压低到均衡水平以下时，公寓的供给量大幅度减少，而公寓的需求量大幅度增加，结果使住房大量短缺。

在那些实行租金控制的城市里，房东采用各种机制来配给住房。一些房东让租房者排长队等待。另一些房东喜欢把房子租给没有孩子的房客。还有一些

图6-3 短期与长期中的租金控制

（a）幅表示租金控制的短期影响：由于公寓的供给与需求较为缺乏弹性，租金控制法实行的价格上限只引起了住房的少量短缺。（b）幅表示租金控制的长期影响：由于公寓的供给与需求较为富有弹性，租金控制引起了住房的大量短缺。

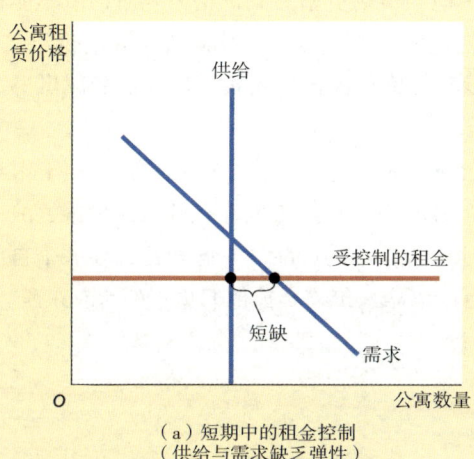

（a）短期中的租金控制
（供给与需求缺乏弹性）

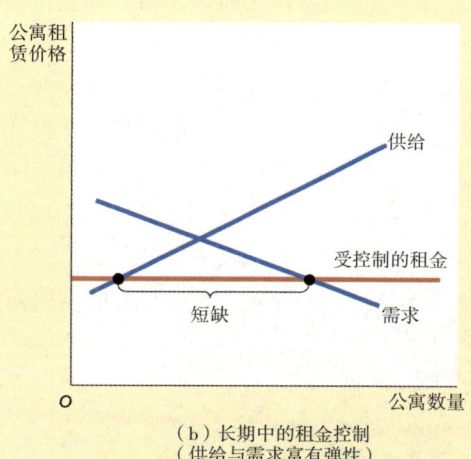

（b）长期中的租金控制
（供给与需求富有弹性）

房东根据房客的种族实行歧视。有时，住房被分配给那些愿意暗中贿赂大楼管理者的人。实际上，这些贿赂使公寓的总价格（包括贿赂）接近于均衡价格。

为了充分了解租金控制的影响，我们必须回顾一下第1章中的经济学十大原理之一：人们会对激励做出反应。在自由市场中，房东努力使自己的房子清洁而安全，因为令人满意的公寓可以租到较高的价格。与此相反，当租金控制引起短缺和排队等待时，没有什么激励能使房东对房客关心的问题做出反应。当人们排队等着住进来时，房东为什么要花钱维持和改善房屋状况呢？结果，虽然房客交的房租少了，但他们的住房质量也下降了。

决策者往往通过实施额外管制来对租金控制的后果做出反应。例如，制定相关法律，将住房中的种族歧视认定为非法，以及要求房东提供适于居住的最低条件。但是，这些法律实行起来很困难且代价高昂。与此相比，当取消租金控制，并由竞争的力量调节住房市场时，这类法律就都没有那么必要了。在一个自由市场上，住房价格会自发调整，从而消除那些引起不合意房东行为的短缺现象。

6.1.2 价格下限如何影响市场结果

为了考察另一种政府价格控制的影响，我们再次回到冰淇淋市场。现在设想政府被全国冰淇淋制造商组织的理由说服了，认为3美元的均衡价格太低。在这种情况下，政府将制定价格下限。价格下限和价格上限一样，也是政府为了使价格保持在与均衡价格不同的水平上而制定的。价格上限是为价格设置一个法定的最高值，而价格下限是为价格设置一个法定的最低值。

即问即答

■ 给价格上限和价格下限下定义，并各举出一个例子。什么引起了短缺？什么引起了过剩？为什么？

当政府对冰淇淋市场实行价格下限时，可能有两种结果。当均衡价格是 3 美元时，如果政府确定的价格下限是 2 美元，我们可以从图 6-4（a）中得出结果。在这种情况下，由于均衡价格高于价格下限，价格下限没有限制作用。市场力量自然而然地使经济向均衡变动，价格下限没有影响。

图 6-4（b）表示当政府实行每个冰淇淋蛋卷 4 美元的价格下限时出现的情况。在这种情况下，由于均衡价格 3 美元低于价格下限，价格下限对市场有限制性约束。供求力量使价格向均衡价格变动，但当市场价格达到价格下限时，就不能再下降了，此时的市场价格等于价格下限。在这种价格下限时，冰淇淋蛋卷的供给量（120 个）超过了需求量（80 个）。一些想以现行价格销售的人卖不出他们的冰淇淋。因此，限制性价格下限引起了过剩。

正如价格上限引起的短缺会导致不合意的配给机制一样，价格下限导致的过剩也会带来同样的后果。那些由于买者的个人偏好（也许是种族或家族之故）而受买者青睐的卖者能比其他卖者更容易地出售自己的产品。与此相比，在一个自由市场中，价格起到配给机制的作用，卖者可以以均衡价格卖掉他们想卖的所有东西。

图6-4 有价格下限的市场

在（a）幅中，政府实施的价格下限为 2 美元。由于这种价格低于均衡价格 3 美元，价格下限没有影响。市场价格自发调整使供求达到平衡。在均衡时，冰淇淋蛋卷的供给量和需求量都为 100 个。在（b）幅中，政府实施的价格下限为 4 美元，它高于均衡价格 3 美元。因此，市场价格等于 4 美元。由于在这一价格水平下供给量为 120 个，而需求量只有 80 个，所以存在 40 个冰淇淋蛋卷的过剩。

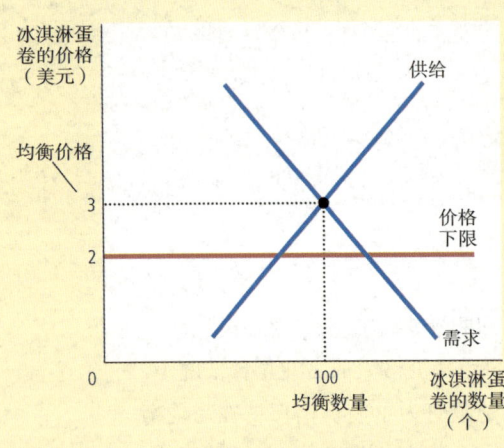
（a）非限制性的价格下限

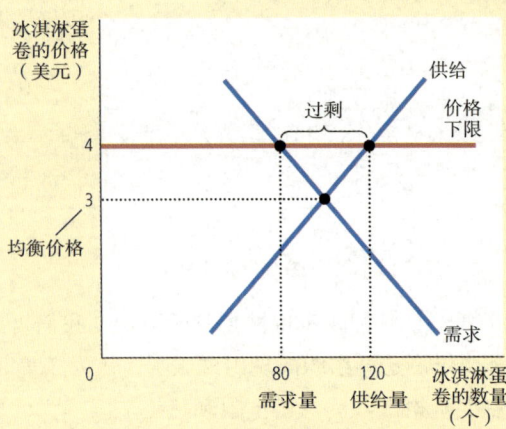
（b）限制性的价格下限

案例研究 最低工资

价格下限的一个重要例子是最低工资。最低工资法规定了任何一个雇主要支付的最低劳动力价格。美国国会在《1938年公平劳动标准法案》(Fair Labor Standards Act of 1938)中第一次制定了最低工资，以保证工人最低的适当生活水平。2012年，根据联邦法律，最低工资是每小时7.25美元。（某些州规定的最低工资高于联邦规定的水平。）大多数欧洲国家也有最低工资法，所制定的最低工资有时还远远高于美国。例如，法国的平均收入比美国低27%，但法国的最低工资是每小时9.40欧元，约合每小时12美元。

为了考察最低工资的影响，我们必须考虑劳动市场。图6-5(a)表示的是自由劳动市场，它和所有市场一样服从于供求的力量。工人决定劳动的供给，而企业决定劳动的需求。如果政府不干预，工资将自发调整，使劳动的供求达到平衡。

图6-5(b)表示有最低工资的劳动市场。如果最低工资高于均衡水平，如图6-5(b)中所示，劳动供给量大于需求量，结果是出现了失业。因此，最低工资增加了有工作的工人的收入，但减少了那些找不到工作的工人的收入。

为了充分理解最低工资，要记住，经济不是只包括一个劳动市场，而是包括由不同类型工人参与的许多劳动市场。最低工资的影响取决于工人的技能与经验。技能高而经验丰富的工人不受影响，因为他们的均衡工资大大高于最低工资。对于这些工人来说，最低工资是非限制性的。

最低工资对青少年劳动市场的影响最大。青少年的均衡工资往往较低，因为青少年属于技能最低而且经验最少的劳动力成员。此外，青少年为了得到在职培训的机会，往往愿意接受较低的工资。（实际上，有些青年人愿意以"实习"之名来工作并且不要任何报酬。但是，由于实习不支付工资，所以，最低工资不适用于实习。如果适用的话，这些实习岗位就不会存在了。）结果，最低工资对青少年的限制往往比对其他劳动力成员的限制更大。

许多经济学家研究了最低工资如何影响青少年劳动市场。这些研究者比较了多年来最低工资的变动与青少年就业的变动。虽然对于最低工资在多大程度上影响就业仍有一些争论，但有代表性的研究发现，最低工资每上升10%，就会使青少年就业减少1%—3%。在解释这种估算时，我们注意到，最低工资提高10%

图6-5 最低工资如何影响劳动市场

(a)幅表示工资自发调整，使劳动供给与劳动需求平衡的市场。(b)幅表示有限制性最低工资的影响。由于最低工资是价格下限，因此将引起过剩：劳动供给量大于需求量，结果是出现失业。

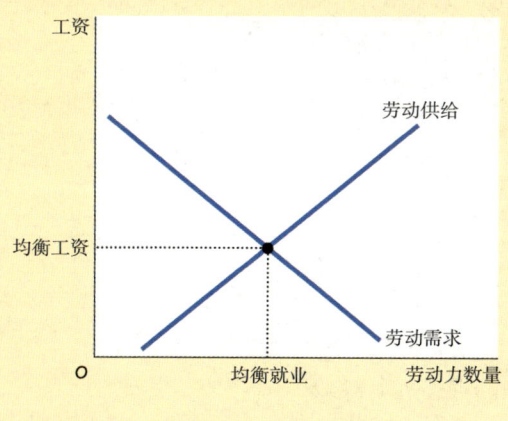

(a) 自由劳动市场

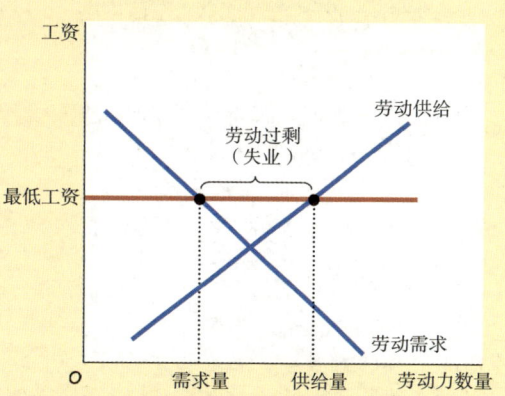

(b) 有限制性最低工资的劳动市场

并没有使青少年的平均工资提高10%。法律变动并没有直接影响那些工资已大大高于最低工资的青少年，而且，最低工资法的实施也并不彻底。因此，所估算的就业1%—3%的减少是不小的。

除了改变劳动的需求量之外，最低工资还改变了劳动的供给量。由于最低工资增加了青少年可以赚到的工资，它也增加了找工作的青少年的人数。一些研究发现，较高的最低工资会影响哪些青少年被雇用。当最低工资提高以后，一些正在上高中的青少年会选择退学并参加工作。这些新退学的青少年代替了那些在他们之前就已退学就业的青少年，使后者成为失业者。

最低工资往往是一个备受争议的话题。在这一问题上，经济学家的观点可以分为势均力敌的两种。2006年的一项对拥有博士学位的经济学家的调查显示，47%的人赞同取消最低工资，14%的人赞同维持现状，而38%的人赞同提高最低工资。

最低工资的支持者认为这项政策是增加贫困工人收入的一种方法。他们正确地指出，那些赚取最低工资的工人只能勉强度日。例如，在2012年，当最低工资是每小时7.25美元时，一年中每周工作40小时、领取最低工资的两个成年人每年的总收入只有30 160美元，还不到美国中等家庭收入的三分之二。许多最低工资的支持者承认，它有一些负面影响，包括失业，但他们认为这些影响并不大。综合考虑之后，他们的结论是，较高的最低工资可以使穷人的状况变好。

最低工资的反对者认为，这并不是解决贫困问题的最好方法。他们注意到，较高的最低工资引起了失业，鼓励了青少年退学，并使一些不熟练工人无法得到他们所需要的在职培训。此外，最低工资的反对者指出，最低工资是一种目标欠清晰的政策。并不是所有领取最低工资的工人都是竭力帮助自己家庭脱贫的家长。实际上，只有不到三分之一的最低工资领取者生活在收入位于贫困线以下的家庭中。许多最低工资领取者是中产阶级家庭的青少年，他们是为了赚点零花钱而从事兼职工作。

IN THE NEWS

【新闻摘录】
委内瑞拉与市场

这篇文章表明了当政治领导人企图以自己的意志代替市场价格时会发生什么。

在委内瑞拉食品短缺时，有人指责价格控制
William Neuman

委内瑞拉加拉加斯——早晨6：30，在商店开门前一个半小时，已经有二十多人在排队。他们耐心地等待着，但不是为了买到最新的iPhone手机，而是为了更基本的东西：日用品。

一位23岁的、有两个孩子的母亲Katherine Huga谈到自己的购物清单时说："我什么都买，"她听天由命地耸耸肩膀，"只要他们有。"

在这个能源价格飞涨的时代，委内瑞拉是世界上生产石油最多的国家之一。但牛奶、肉和卫生纸这些基本用品的缺乏已是生活的长期问题，并往往把购买日用品变成一件不是百发百中而是凭运气的事。

一些居民围绕像这种政府补贴商店的每周一次送货来安排日程。为了在存货卖完之前买到一只冻鸡，或者两袋面粉，或者一瓶食用油，天还没亮他们就来排队了。

令人惊讶的是，短缺既影响了穷人，也影响了富人。在高档社区La Castellana附近一家超市最近一直有丰富的鸡和奶酪供应——甚至还有鹌鹑蛋——但没有一卷卫生纸，货架下层只剩下几包咖啡。

有一天当牛奶也没有了的时候，有人问在哪儿能买到牛奶，一位经理嘲讽地说："在查维斯家。"

争论的中心是以查维斯总统为领导的社会主义精神的政府，为了使穷人能买得起食物和其他物品而实施了严格的价格管制。这些东西往往正是最难找到的产品。

55岁的餐馆工人Nery Reyes在工人阶层社区Santa Rosalía的一家政府补贴商店的门面说："委内瑞拉是一个富到没有这些必需品的国家。我为了买到一只鸡和一些大米在这里排了一天队。"

委内瑞拉长期以来是这个地区最繁荣的国家之一，有尖端的制造业，有充满活力的农业及强盛的商业，这使许多居民很难接受现在这种普遍的供给不足。但在繁荣之外，委内瑞拉的贫富差距极大，而这正是查维斯先生和他的部长们所说的他们正努力消除的问题。

他们抱怨不受限制的资本主义使国家经济处于不良状态，并认为在该国去年通货膨胀率上升至27.6%，也就是世界最高水平之一的时候，必须进行管制以使价格得到控制。他们说，公司为了推动价格上升而不让产品进入市场，故意引起了短缺。这个月，政府要求降低果汁、牙膏、

婴儿纸尿布以及十多种其他产品的价格。

查维斯先生最近说:"我不是让他们赔钱,只是要他们以一种理性的方式赚钱,他们不能掠夺人民。"

但是,许多经济学家认为这正是政府制造麻烦而不是解决问题的典型案例。经济学家认为,价格定得如此之低,以至于公司和生产者无法获得利润。因此,农民种的粮食少了,厂商削减了生产,而零售商也减少了存货。更有甚者,在一些出现整体性短缺的行业,比如说奶制品和咖啡业,政府已经没收了一些私人公司并由政府自己来经营,他们说这是出于国家利益。

1月份,根据委内瑞拉中央银行编制的稀缺指数,在商店货架上找到基本物品的难度是自2008年以来最严重的。尽管该指标现在已有很大回落,但许多物品现在仍然难以买到。

一家定期跟踪稀缺程度的民意调查公司Datanálisis表示,其调查者在3月初的访问中发现,在42%的商店中找不到当地的一种主要产品——奶粉。液态奶就更难找到了。

根据Datanálisis的调查,上个月供给不足的其他产品包括牛肉、鸡肉、植物油和糖。该调查公司还指出,在政府补贴的商店里,问题更为突出,而这种商店本来是为了向穷人提供可以买得起的食品而设置的。

美银美林研究委内瑞拉经济的经济学家Francisco Rodríguez说,政府可能通过新一轮的物价管制来获得一些政治加分,但是,他认为随着时间的推移,这会给经济带来麻烦。

Rodríguez先生说,在中长期中这会是场灾难。

价格管制还意味着,从商店货架上消失的物品会以高得多的价格出现在黑市上,这会引起人们的愤怒。在政府的支持者看来,这是投机的证据;而其他人则认为,这是误导性政策的结果。

如果说有一种产品是委内瑞拉可以大量生产的,那就是咖啡。在2009年前,委内瑞拉一直是咖啡出口国,但在三年前产量大幅减少后,它开始大量进口咖啡。

农民和咖啡豆烘焙商说,问题很简单:零售价格管制使咖啡价格接近或低于农民种植和收获咖啡的成本。结果,许多人就不投资新的种植园或肥料,或者削减用于种植咖啡的土地量,而近年来许多地区的减产使情况变得更糟。

据代表中小咖啡豆烘焙商的某团体说,上个月,批发市场上国产咖啡已经无货可供——咖啡行业的领袖从未在一年当中这么早的时候就看到了供应耗尽的情形。该团体宣布它与政府达成协议,将通过购买进口咖啡豆来保障货架上有咖啡供应。

在价格管制下,其他农产品也出现了类似的问题,比如牛肉、牛奶和谷物的生产停滞以及进口增加。

30岁的Jenny Montero正在排队买鸡肉和其他主要食品,她回忆说,去年秋天她无法找到食用油,因此不得不从她喜欢的油炸食物转向汤和炖菜。

她推着婴儿车里14个月大的女儿,嘲讽地说了一句:"这对我是件好事,我轻了好几磅。"

资料来源: *New York Times*, April 20, 2012.

6.1.3 对价格控制的评价

第1章讨论的经济学十大原理之一是,市场通常是组织经济活动的一种好方法。这个原理解释了为什么经济学家总是反对价格上限和价格下限。在经济学家看来,价格并不是某些偶然过程的结果。他们认为,价格是隐藏在供给曲线和需求曲线背后的千百万企业和消费者决策的结果。价格有平衡供求从而协调经济活动的关键作用。当决策者通过法令确定价格时,他们就模糊了正常情况下指引社会资源配置的信号。

经济学十大原理的另一个是,政府有时可以改善市场结果。实际上,决策者进行价格控制是因为他们认为市场结果是不公平的。价格控制的目标往往是帮助穷人。例如,租金控制法的目的是使每一个人都住得起房子,而最低工资法的目的是帮助人们摆脱贫困。

但价格控制往往损害了那些它本想要帮助的人。租金控制可以保持低租金,但它无法鼓励房东修缮住房,并使找房变得困难。最低工资法会增加一些工人的收入,但也使其他工人成为失业者。

可以用除了控制价格以外的其他方法来帮助那些需要帮助的人。例如,政府可以通过给贫困家庭部分租金补贴来使他们租得起房子。与租金控制不同,这种租金补贴并不减少住房的供给量，从而也就不会引起住房短缺。同样，工资补贴既提高了贫穷工人的生活水平，又没有刺激企业少雇工人。工资补贴的一个例子是劳动收入税收减免，它是用来补贴低工资工人的一项政府计划。

虽然这些替代性政策往往比价格控制好，但也不是完美的。租金补贴和工资补贴要花费政府资金，因此要求更高的税收。正如我们在下一节要说明的，税收也有自己的成本。

6.2 税收

所有政府——从华盛顿特区的联邦政府到小镇的地方政府——都用税收为公路、学校和国防这类公共项目筹资。由于税收是一种非常重要的政策工具，而且，由于税收在许多方面影响着我们的生活，所以，我们在全书中经常要研究税收这个话题。在这一节，我们的研究从税收如何影响经济开始。

为了设定一个分析的范围，设想一个地方政府决定举办一个年度冰淇淋节，节日期间将有游行、烟火以及本镇官员的讲话。为了筹到这项活动的经费，该镇决定对每个冰淇淋蛋卷的销售征收 0.5 美元的税收。当这项计划公布时，我们的两个游说集团立即采取行动。全国冰淇淋消费者协会声称，冰淇淋消费者无力支付，并认为，冰淇淋的卖者应该支付此项税收。全国冰淇淋制造商组织声称，它的成员在竞争市场上为生存而挣扎，并建议，冰淇淋的买者应该支付此项税收。市长希望双方达成妥协，建议买者支付一半税收，卖者支付一半税收。

为了分析这些建议，我们需要解决一个简单而敏感的问题：当政府对一种物品征税时，谁实际上承担了税收负担？是购买此物品的人，还是出售此物品的人？或者，如果买者与卖者分摊税收负担，什么因素决定如何分配税收负担？政府能像这位市长建议的一样，简单地通过立法来分配税收负担吗？还是要由更基本的市场力量来决定税收负担的分配？**税收归宿**（tax incidence）这个术语是指税收负担如何在组成市场的不同人之间分配。正如我们将看到的，通过运用供求工具，我们可以得到一些有关税收归宿的令人惊讶的结论。

税收归宿：税收负担在市场参与者之间进行分配的方式。

6.2.1 向卖者征税如何影响市场结果

我们首先考虑向一种物品的卖者征税。假设当地政府通过了一项法律，要求冰淇淋的卖者每卖一个冰淇淋蛋卷向政府支付 0.5 美元的税收。这项法律将如何影响冰淇淋的买者和卖者呢？为了回答这个问题，我们可以遵循第 4 章中分析供给与需求时的三个步骤：(1)确定该法律影响供给曲线，还是需求曲线；(2)确定曲线移动的方向；(3)考察这种移动如何影响均衡价格和数量。

第一步 在这种情况下，税收对冰淇淋的卖者产生了直接影响。由于并不向买者征税，在任何一种既定价格下，冰淇淋的需求量是相同的，所以，需求曲线不变。与此相反，对卖者征税使冰淇淋经营者在每一价格水平下的获利能力减少了，因此将使供给曲线移动。

第二步 由于对卖者征税提高了生产和销售冰淇淋的成本，因此，税收减少了每一种价格下的供给量。供给曲线向左移动（也可以说是向上移动）。

除了确定供给曲线移动的方向之外，我们还要准确地知道该曲线移动的幅度。在任何一种冰淇淋的市场价格下，卖者的有效价格——他们在纳税之后得到的量——要降低 0.5 美元。例如，如果一个冰淇淋蛋卷的市场价格正好是 2 美元，卖者得到的有效价格将是 1.5 美元。无论市场价格是多少，卖者就如同在比市场价格低 0.5 美元的价格水平上来确定冰淇淋的供给量。换言之，为了促使卖者供给任何一种既定的数量，现在市场价格必须高 0.5 美元，以便弥补税收的影响。因此，如图 6-6 所示，供给曲线从 S_1 向上移动到 S_2，移动幅度正好是税收量（0.5 美元）。

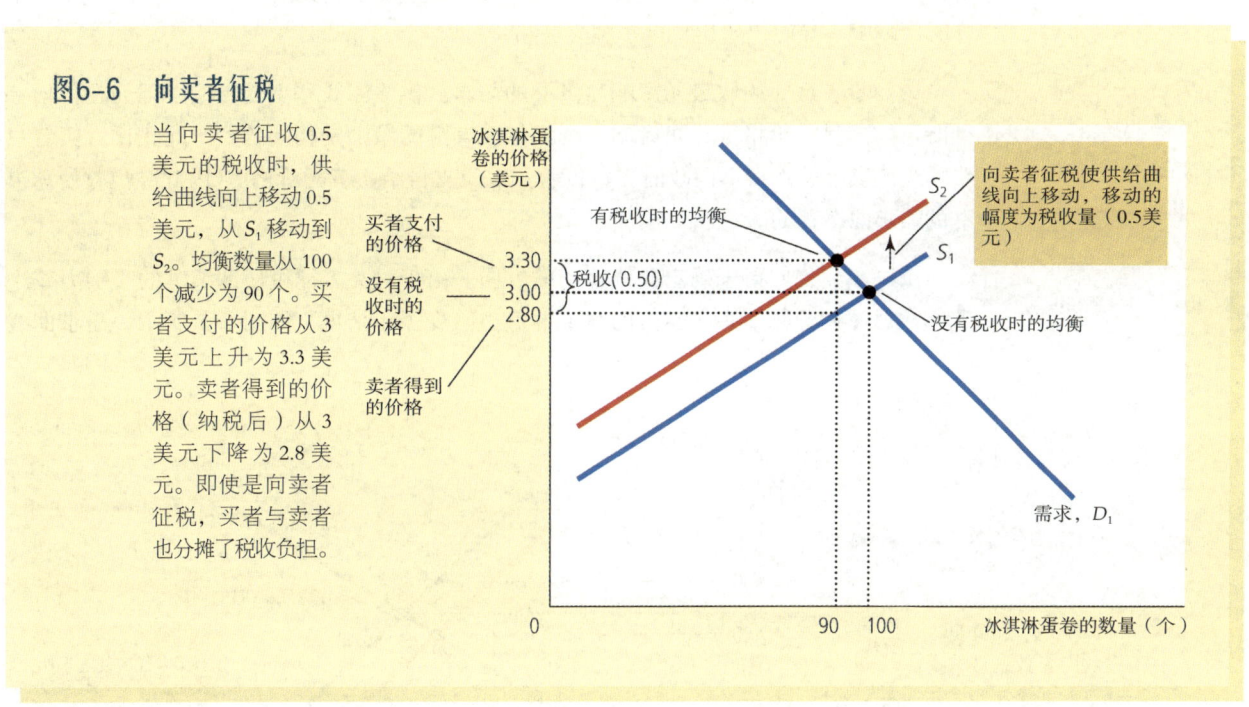

图6-6　向卖者征税

当向卖者征收 0.5 美元的税收时，供给曲线向上移动 0.5 美元，从 S_1 移动到 S_2。均衡数量从 100 个减少为 90 个。买者支付的价格从 3 美元上升为 3.3 美元。卖者得到的价格（纳税后）从 3 美元下降为 2.8 美元。即使是向卖者征税，买者与卖者也分摊了税收负担。

向卖者征税使供给曲线向上移动，移动的幅度为税收量（0.5美元）

第三步 在确定了供给曲线如何移动之后，我们现在可以比较原来的均衡与新均衡。图 6-6 表明，冰淇淋蛋卷的均衡价格从 3 美元上升到 3.3 美元，而均衡数量从 100 个减少为 90 个。由于在新均衡下，卖者的销售量减少了，买者的购买量也减少了，因此税收缩小了冰淇淋市场的规模。

含义 现在我们回到税收归宿问题：谁支付了税收？虽然卖者向政府支付了全部税收，但买者与卖者分摊了税收负担。由于在引进了税收后，冰淇淋蛋卷的市场价格从 3 美元上涨为 3.3 美元，买者购买一个冰淇淋蛋卷的支出比没有税收时增加了 0.3 美元。因此，税收使买者的状况变坏了。卖者从买者那里得到了一个更高的价格（3.3 美元），但交税后的有效价格从征税前的 3 美元下降为 2.8 美元（3.3 美元 –0.5 美元 =2.8 美元）。因此，税收使卖者的状况也变坏了。

总之，这种分析得出了两个结论：

- 税收抑制了市场活动。当对一种物品征税时，该物品在新均衡时的销售量减少了。
- 买者与卖者分摊了税收负担。在新均衡时，买者为该物品支付的更多了，而卖者得到的更少了。

6.2.2 向买者征税如何影响市场结果

现在我们考虑向一种物品的买者征税。假设当地政府通过了一项法律，要求冰淇淋的买者为他们购买的每个冰淇淋蛋卷向政府支付 0.5 美元的税收。这项法律会产生什么影响呢？我们仍然用三个步骤来分析。

第一步 这项税收最初影响冰淇淋的需求。供给曲线并不受影响，因为在任何一种既定的冰淇淋价格下，卖者向市场提供冰淇淋的激励是相同的。与此相比，买者只要购买冰淇淋就不得不向政府支付税收（以及支付给卖者的价格）。因此，税收使冰淇淋的需求曲线移动。

第二步 我们再来确定曲线移动的方向。由于对买者征税使冰淇淋的吸引力变小了，在每一种价格下买者需要的冰淇淋量也减少了。结果，如图 6-7 所示，需求曲线

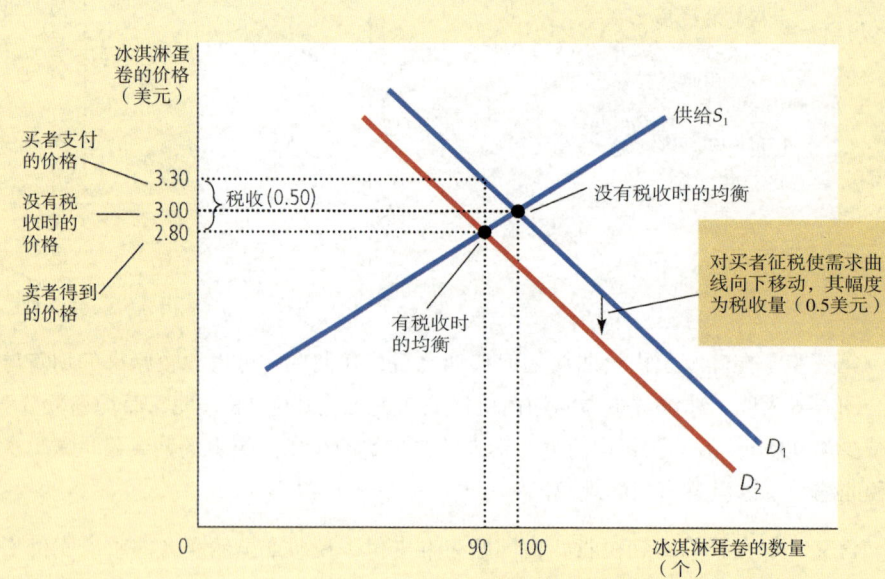

图6-7 向买者征税

当向买者征收 0.5 美元税收时，需求曲线向下移动 0.5 美元，从 D_1 移动到 D_2。均衡数量从 100 个下降为 90 个。卖者得到的价格从 3 美元下降为 2.8 美元。买者支付的价格（包括税收）从 3 美元上升到 3.3 美元。尽管是向买者征税，但买者与卖者分摊了税收负担。

向左移动（也可以说是向下移动）。

我们仍然可以准确地知道曲线移动的幅度。由于向买者征收 0.5 美元的税，所以，对买者的有效价格现在比市场价格高 0.5 美元（无论市场价格是多少）。例如，如果每个冰淇淋蛋卷的市场价格正好是 2 美元，对买者的有效价格就应该是 2.5 美元。由于买者关注的是包括税收在内的总成本，所以，他们如同是在比实际市场价格高出 0.5 美元的水平上确定对冰淇淋的需求量。换句话说，为了促使买者需要任何一种既定的数量，市场价格现在必须降低 0.5 美元，以弥补税收的影响。因此，如图 6-7 所示，税收使需求曲线从 D_1 向下移动到 D_2，其移动幅度正好是税收量（0.5 美元）。

第三步 在确定了需求曲线如何移动之后，我们现在可以通过比较原来的均衡与新均衡，说明税收的影响。你可以在图 6-7 中看到，冰淇淋的均衡价格从 3 美元下降到 2.8 美元，而均衡数量从 100 个减少为 90 个。税收又一次缩小了冰淇淋市场的规模。而且，买者与卖者又一次分摊了税收负担。卖者出售产品的价格更低了，买者向卖者支付的市场价格也比以前更低了，但有效价格（含买者不得不支付的税收）从 3 美元上升到了 3.3 美元。

含义 如果比较图 6-6 和图 6-7，你将注意到一个令人惊讶的结论：对买者征税和对卖者征税是相同的。在这两种情况下，税收都在买者支付的价格和卖者得到的价格之间打入了一个楔子。无论税收是向买者征收还是向卖者征收，这一买者价格与卖者价格之间的楔子都是相同的。在这两种情况下，这个楔子都使供给曲线和需求曲线的相对位置移动。在新均衡时，买者和卖者分摊了税收负担。对买者征税和对卖者征税的唯一区别是谁来把钱交给政府。

如果我们设想政府在每家冰淇淋店的柜台上放一个碗来收取 0.5 美元的冰淇淋税，也许就容易理解这两种征税方式是等同的了。当政府向卖者征税时，要求卖者每卖一个冰淇淋蛋卷往碗里放 0.5 美元；当政府向买者征税时，要求买者每买一个冰淇淋蛋卷往碗里放 0.5 美元。无论这 0.5 美元是直接从买者的口袋进入碗内，还是先从买者的口袋进入卖者手中，再间接进入碗内，都无关紧要。无论向谁征税，一旦市场达到新均衡，都是买者与卖者分摊税收负担。

案例研究 国会能分配工薪税的负担吗

如果你曾收到过一张工薪支票，也许你会注意到你赚到的钱已经扣除了税收。这些税中有一种叫 FICA，全称是联邦保险税法案（Federal Insurance Contributions Act）。联邦政府用 FICA 税的收入来支付社会保障与医疗费用、对老年人的收入津贴和医疗计划费用。FICA 税是工薪税的一个例子，工薪税是向企业支付给工人的工资征收的一种税。在 2013 年，一个普通的工人总的 FICA 税占其收入的 15.3%。

你认为是谁在承受这种工薪税的负担？企业还是工人？当国会通过这项立法时，它试图规定税收负担的划分。根据这项法律，企业支付一半税收，工人支付一半税收。这就是说，一半税从企业收益中支付，而另一半税从工人工薪支票中扣除。出现在你工资单上的扣除量就是工人支付的部分。

但是，我们对税收归宿的分析表明，法律制定者并不能这样轻而易举地划分税收负担。为了说明这一点，我们可以把工薪税仅仅作为对物品征收的税来分析，在这里物品是劳动，而价格是工资。工薪税的关键特征是，它是打入企业支付的工资和工人得到的工资之间的一个楔子。图6-8表示了工薪税的结果。当征收工薪税时，工人得到的工资减少了，而企业支付的工资增加了。最后，工人和企业像立法所要求的那样分摊税收负担。但税收负担在工人和企业之间的这种划分与立法的划分无关：图6-8中税收负担的划分并不一定是一半对一半，而且，即使法律要求向工人征收全部税收或向企业征收全部税收，也会出现同样的结果。

这个例子说明，公共争论中往往忽略了税收归宿这个最基本的结论。立法者可以决定税收是来自买者的口袋还是来自卖者的口袋，但他们不能用立法规定税收的真正负担。确切地说，税收归宿取决于供给和需求的力量。

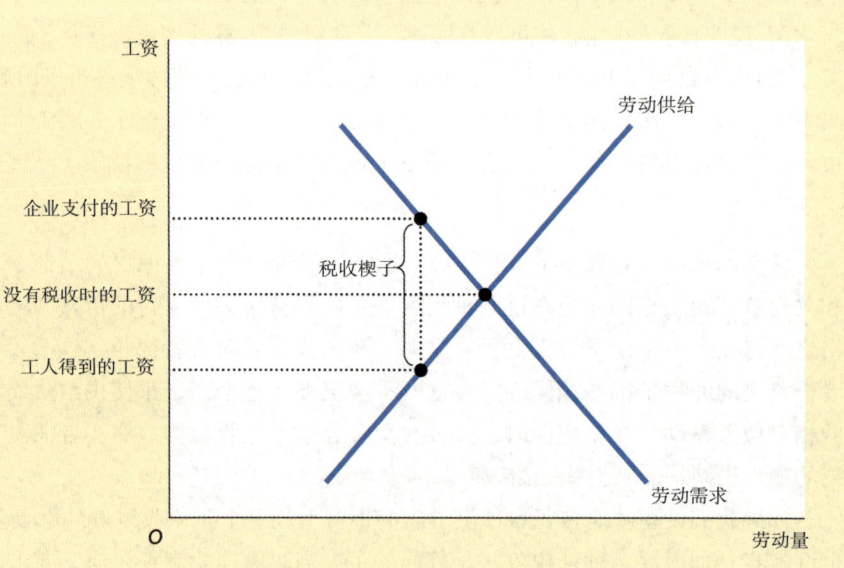

图6-8　工薪税

工薪税是打入工人得到的工资和企业支付的工资之间的一个楔子。比较有税收和没有税收时的工资，你会看到，工人和企业分摊了税收负担。这种税收负担在工人与企业之间的分配并不取决于政府是向工人征税，还是向企业征税，还是在两者之间平均分配税收。

6.2.3　弹性与税收归宿

当对一种物品征税时，该物品的买者与卖者分摊税收负担。但税收负担如何确切地划分呢？只有在极少数情况下是平均分摊的。为了说明税收负担如何划分，考虑图6-9中两个市场的税收影响。在这两种情况下，该图表示了最初的需求曲线、最初的供给曲线和打入买者支付的量与卖者得到的量之间的楔子。（在两幅图中都没有画出新的供给曲线或需求曲线。哪一条曲线移动取决于税收是向买者征收还是向卖者征收。正如我们已经说明的，这与税收归宿无关。）这两幅图的差别在于供给和需求的相对弹性。

图6-9（a）表示供给非常富有弹性而需求较为缺乏弹性的市场上的税收。这就是说，卖者对某种物品价格的变动非常敏感（因此，供给曲线较为平坦），而买者不是非常敏感（因此，需求曲线较为陡峭）。当对有这种弹性的市场征税时，卖者得到的

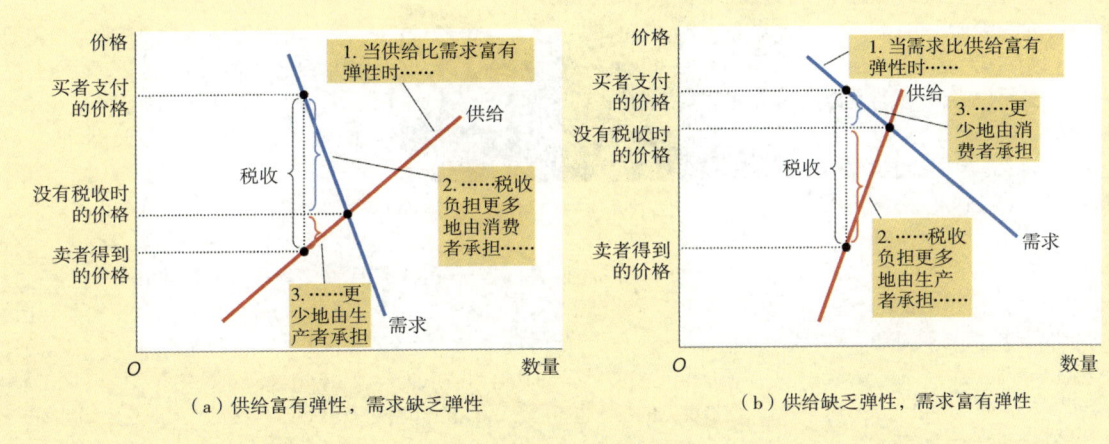

图6-9 税收负担如何分摊

在（a）幅中，供给曲线富有弹性，而需求曲线缺乏弹性。在这种情况下，卖者得到的价格只有很少的下降，而买者支付的价格大幅度上升。因此，买者承担了大部分税收负担。在（b）幅中，供给曲线缺乏弹性，而需求曲线富有弹性。在这种情况下，卖者得到的价格大幅度下降，而买者支付的价格只有很少的上升。因此，卖者承担了大部分税收负担。

价格并没有下降多少，因此，卖者只承担了一小部分负担。与此相比，买者支付的价格大幅度上升，表示买者承担了大部分税收负担。

图6-9（b）表示供给较为缺乏弹性而需求非常富有弹性的市场上的税收。在这种情况下，卖者对价格的变动不十分敏感（因此，供给曲线较为陡峭），而买者非常敏感（因此，需求曲线较为平坦）。该图表示，当对这种市场征税时，买者支付的价格并没有上升多少，而卖者得到的价格大幅度下降。因此，卖者承担了大部分税收负担。

图6-9的两幅图说明了一个关于税收负担划分的一般性结论：税收负担更多地落在缺乏弹性的市场一方身上。为什么这是正确的呢？在本质上，弹性衡量当条件变得不利时，买者或卖者离开市场的意愿。需求弹性小意味着买者对消费某种物品没有适当的替代品。供给弹性小意味着卖者对生产某种物品没有适当的替代品。当对这种物品征税时，适当替代品较少的市场一方不太愿意离开市场，从而必须承担更多的税收负担。

我们可以把这个逻辑运用于前一个案例研究中所讨论的工薪税。大多数劳动经济学家认为，劳动的供给远比劳动的需求缺乏弹性。这就意味着，是工人而不是企业承担了大部分工薪税的负担。换句话说，其税收负担的分配与立法者所期望的一半对一半相差甚远。

案例研究 谁支付奢侈品税

在 1990 年，国会通过了一项针对游艇、私人飞机、皮衣、珠宝和豪华轿车这类物品的新的奢侈品税。该税的目的是增加那些能轻而易举地承担税收负担的人的税收。由于只有富人能买得起这类奢侈品，所以，对奢侈品征税看来是向富人征税的一种合理方式。

但是，在供给与需求的力量发挥作用后，结果与国会所期望的非常不同。例如，考虑一下游艇市场。游艇的需求是极其富有弹性的。一个百万富翁很容易不买游艇，他可以用钱去买更大的房子，去欧洲度假，或者留给继承人一笔更大的遗产。与此相比，游艇的供给是较为缺乏弹性的，至少在短期中是如此。游艇工厂不能轻而易举地转向其他用途，而且，建造游艇的工人也不愿意由于市场状况改变而改行。

"如果游艇的价格再高一点，我们宁愿去打高尔夫球。"

图片来源：© Ariel Skelley/Blend Images/Corbis.

在这种情况下，通过我们的分析可以做出一个明确的预测。由于需求富有弹性而供给缺乏弹性，税收负担主要落在供给者身上。这就是说，对游艇征税的负担主要落在建造游艇的企业和工人身上，因为最后是他们的产品价格大幅度下降了。但是，工人并不是富人。因此，这一奢侈品税的税收负担更多地落在中产阶级身上，而不是富人身上。

在该奢侈品税付诸实施之后，关于其税收归宿的错误假设很快显现出来。奢侈品供给者使他们的国会议员代表意识到了他们所面临的经济困境，于是，国会在 1993 年废除了大部分奢侈品税。

6.3 结论

经济受两种规则体系支配：供求规律和政府制定的法规。在本章中我们开始说明这些规则如何相互作用。在经济中的各种市场上，价格控制政策和税收政策是很常见的，而且，这些政策的影响也经常成为媒体和决策者们争论的对象。即使只懂得一点经济学知识的人也可以大致了解并评价这些政策。

在以后几章中，我们将更详细地分析许多政府政策。我们将更充分地考察税收的影响，并考察比本章所讨论的要更广泛的政策。但本章的基本结论不会改变：当分析政府政策时，供给和需求是首要的、最有用的分析工具。

内容提要

◎ 价格上限是某种物品与服务的法定最高价格。租金控制是一个例子。如果价格上限低于均衡价格，则价格上限是限制性的，需求量大于供给量。由于所引起的短缺，卖者必须以某种方式在买者中配给物品或服务。

◎ 价格下限是某种物品或服务的法定最低价格。最低工资是一个例子。如果价格下限高于均衡价格，则价格下限是限制性的，供给量大于需求量。由于所引起的过剩，必然要以某种方式在卖者中配给买者的物品或服务需求。

◎ 当政府对一种物品征收税收时，该物品的均衡数量减少。也就是说，对某一市场征税缩小了该市场的规模。

◎ 对一种物品的征税是在买者支付的价格和卖者得到的价格之间打入的一个楔子。当市场向新均衡变动时，买者为该物品支付的价格高了，而卖者从该物品得到的价格低了。从这种意义上说，买者与卖者分摊了税收负担。税收归宿（也就是说，税收负担的分摊）并不取决于是向买者征税，还是向卖者征税。

◎ 税收归宿取决于供给和需求的价格弹性。税收负担更多地落在缺乏弹性的市场一方，因为市场的这一方较难通过改变购买量或销售量来对税收做出反应。

关键概念

价格上限　　　　　　　　　价格下限　　　　　　　　　税收归宿

复习题

1. 举出一个价格上限的例子和一个价格下限的例子。
2. 什么引起了一种物品的短缺？是价格上限还是价格下限？用图形证明你的答案。
3. 当不允许一种物品的价格使供给与需求达到平衡时，配置资源的机制是什么？
4. 解释为什么经济学家通常都反对价格控制。
5. 假设政府取消向一种物品的买者征税，而向这种物品的卖者征同样的税。税收政策的这种变动如何影响买者为这种物品向卖者支付的价格、买者所支付的（包括税收在内的）货币量、卖者得到的（扣除税收的）货币量以及销售量？
6. 一种物品的税收如何影响买者支付的价格、卖者得到的价格以及销售量？
7. 什么决定了税收负担在买者和卖者之间的分配？为什么？

第3篇
市场和福利

第 7 章
消费者、生产者与市场效率

当消费者到商店购买感恩节晚餐上用的火鸡时,他们可能会对火鸡的高价格感到失望。同时,当农民把饲养的火鸡送到市场时,他们希望火鸡的价格能再高一些。这些观点并不使人感到惊讶:买者总想少付些钱,而卖者总想多卖些钱。但是,从整个社会的角度看,存在一种火鸡的"正确价格"吗?

在前面各章中,我们说明了在市场经济中,供给与需求的力量如何决定了物品与服务的价格和销售量。但是,到现在为止,我们只是描述了市场配置稀缺资源的方式,而没有直接说明这些市场配置是不是令人满意的问题。换句话说,我们的分析是实证的(是什么),而不是规范的(应该是什么)。我们知道,火鸡的价格会自发调整,以保证火鸡的供给量等于需求量。但是,在这种均衡状态,火鸡的生产量与消费量是太少、太多,还是正好呢?

在本章中,我们要讨论**福利经济学**(welfare economics)这个主题,即研究资源配置如何影响经济福利的一门学问。我们从考察买者和卖者从参与市场中得到的利益开始。然后我们考虑社会如何可以使这种利益尽可能达到最大。这种分析得出了一个影响深远的结论:市场上的供求均衡可以最大化买者和卖者得到的总利益。

福利经济学:研究资源配置如何影响经济福利的一门学问。

也许你还记得第 1 章中经济学十大原理之一是,市场通常是组织经济活动的一种好方法。福利经济学的研究更充分地阐释了这个原理。它还将回答火鸡的正确价格这个问题:从某种意义上说,使火鸡供求平衡的价格是最好的价格,因为它使火鸡消费者和火鸡生产者的总福利最大化。没有任何火鸡的消费者或生产者的行动是为了实现这个目标,但他们在市场价格指导之下的共同行动使其达成了福利最大化的结果,就像有一只看不见的手指引一样。

7.1 消费者剩余

我们从观察参与市场的买者得到的利益开始我们的福利经济学研究。

7.1.1 支付意愿

假设你有一张崭新的猫王的首张专辑。因为你不是一个猫王迷，你决定把这张专辑卖出。卖出的一种方法是举行一场拍卖会。

四个猫王迷出现在你的拍卖会上：John、Paul、George 和 Ringo。他们每个人都想拥有这张专辑，但每个人愿意为此支付的价格都有限。表 7-1 列出了这四个可能的买者中每个人愿意支付的最高价格。每一个买者愿意支付的最高价格称为**支付意愿**（willingness to pay），它衡量买者对物品的评价。每个买者都希望以低于自己支付意愿的价格买到这张专辑，并拒绝以高于其支付意愿的价格买这张专辑，而且，对以正好等于自己支付意愿的价格买这张专辑持无所谓的态度：如果价格正好等于他对这张专辑的评价，则他无论买这张专辑还是把钱留下都同样满意。

支付意愿：买者愿意为某种物品支付的最高价格。

表7-1　四个可能买者的支付意愿

买者	支付意愿（美元）
John	100
Paul	80
George	70
Ringo	50

为了卖出你的专辑，你从一个低价格，比如 10 美元，开始叫价。由于四个买者愿意支付的价格要比这高得多，价格上升得很快。当 John 报出 80 美元（或略高一点）的出价时，叫价停止了。在这一点上，Paul、George 和 Ringo 退出了叫价，因为他们不愿意叫出任何比 80 美元高的价格。John 付给你 80 美元，并得到了这张专辑。要注意的是，这张专辑属于了对该专辑评价最高的买者。

John 从购买猫王的这张专辑中得到了什么利益呢？在某种意义上说，John 做了一笔划算的交易：他愿意为这张专辑支付 100 美元，但实际只为此支付了 80 美元。我们说，John 得到了 20 美元的消费者剩余。**消费者剩余**（consumer surplus）是买者愿意为一种物品支付的量减去其为此实际支付的量。

消费者剩余：买者愿意为一种物品支付的量减去其为此实际支付的量。

消费者剩余衡量买者从参与市场中得到的利益。在这个例子中，John 从参与拍卖中得到了 20 美元的利益，因为他为一件他评价为 100 美元的物品只支付了 80 美元。Paul、George 和 Ringo 没有从参与拍卖中得到消费者剩余，因为他们没有得到专辑，也没有花一分钱。

现在考虑一个略有点不同的例子。假设你有两张相同的猫王专辑要卖，你又向这四个可能的买者拍卖它们。为了简单起见，我们假设，这两张专辑都以相同的价格卖出，而且，没有一个买者想买一张以上的专辑。因此，价格上升到两个买者放弃为止。

在这种情况下,当 John 和 Paul 报出 70 美元(或略高一点)的出价时,叫价停止了。在这种价格时,John 和 Paul 愿意各买一张专辑,而 George 和 Ringo 不愿意出更高的价格。John 和 Paul 各自得到的消费者剩余等于各自的支付意愿减去支付价格。John 的消费者剩余是 30 美元,而 Paul 的消费者剩余是 10 美元。现在 John 的消费者剩余比在前一种情况下要高,因为他得到了同样的专辑,但为此付的钱少了。市场上的总消费者剩余是 40 美元。

7.1.2 用需求曲线衡量消费者剩余

消费者剩余与某种物品的需求曲线密切相关。为了说明它们如何相关,我们继续用上面的例子,并考察这张稀有的猫王专辑的需求曲线。

我们首先根据四个可能买者的支付意愿做出这张专辑的需求表。图 7-1 中的表格是与表 7-1 相对应的需求表。如果价格在 100 美元以上,市场需求量是 0,因为没有一个买者愿意出这么多的钱。如果价格在 80 美元和 100 美元之间,需求量是 1,因为只有 John 愿意出这么高的价格。如果价格在 70 美元和 80 美元之间,需求量是 2,因为 John 和 Paul 都愿意出这个价格。我们还可以继续这样分析其他价格。用这种方法,就可以根据四个可能买者的支付意愿推导出需求表。

图 7-1 中的图形表示与这个需求表相对应的需求曲线。要注意需求曲线的高度与买者支付意愿之间的关系。在任何一种数量时,需求曲线给出的价格表示边际买者的支付意愿。边际买者是指如果价格再提高一点就首先离开市场的买者。例如,在 4 张专辑这一数量时,需求曲线上对应的高度为 50 美元,这是 Ringo(边际买者)愿意为一张专辑支付的价格。在 3 张专辑这一数量时,需求曲线上对应的高度是 70 美元,这

图7-1 需求表和需求曲线

图中的表格表示表7-1中崭新的猫王的首张专辑的买者的需求表,图形表示相对应的需求曲线。要注意的是,需求曲线的高度反映了买者的支付意愿。

价格(美元)	买者	需求量(张)
100以上	无	0
80—100	John	1
70—80	John, Paul	2
50—70	John, Paul, George	3
50或以下	John, Paul, George, Ringo	4

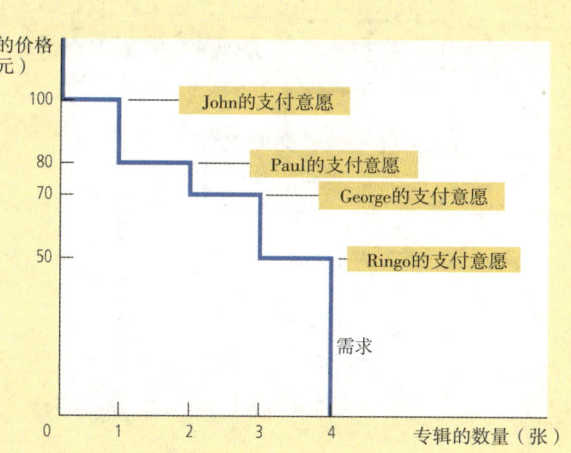

是 George（现在的边际买者）愿意支付的价格。

由于需求曲线反映了买者的支付意愿，我们还可以用它衡量消费者剩余。图 7-2 用需求曲线计算了我们两个例子中的消费者剩余。在（a）幅中，价格是 80 美元（或略高一点），而需求量是 1。注意 80 美元的价格以上和需求曲线以下的面积等于 20 美元。这个量正好是我们计算的当只卖出一张专辑时的消费者剩余。

图 7-2（b）表示当价格是 70 美元（或略高一点）时的消费者剩余。在这种情况下，价格以上和需求曲线以下的面积等于两个矩形的总面积：在这一价格时，John 的消费者剩余为 30 美元，Paul 的消费者剩余为 10 美元。总面积等于 40 美元。这个量又是我们之前计算的消费者剩余。

从这个例子得出的结论对所有需求曲线都是成立的：需求曲线以下和价格以上的面积衡量一个市场上的消费者剩余。这之所以正确，是因为需求曲线的高度衡量买者对物品的评价，即买者对此物品的支付意愿。这种支付意愿与市场价格之间的差额是每个买者的消费者剩余。因此，需求曲线以下和价格以上的总面积是某种物品或服务市场上所有买者的消费者剩余的总和。

7.1.3 价格降低如何增加消费者剩余

由于买者总想为他们买的物品少支付一些，因此价格降低使某种物品买者的状况变好。但买者的福利会由于价格降低而增加多少呢？我们可以用消费者剩余的概念来准确地回答这个问题。

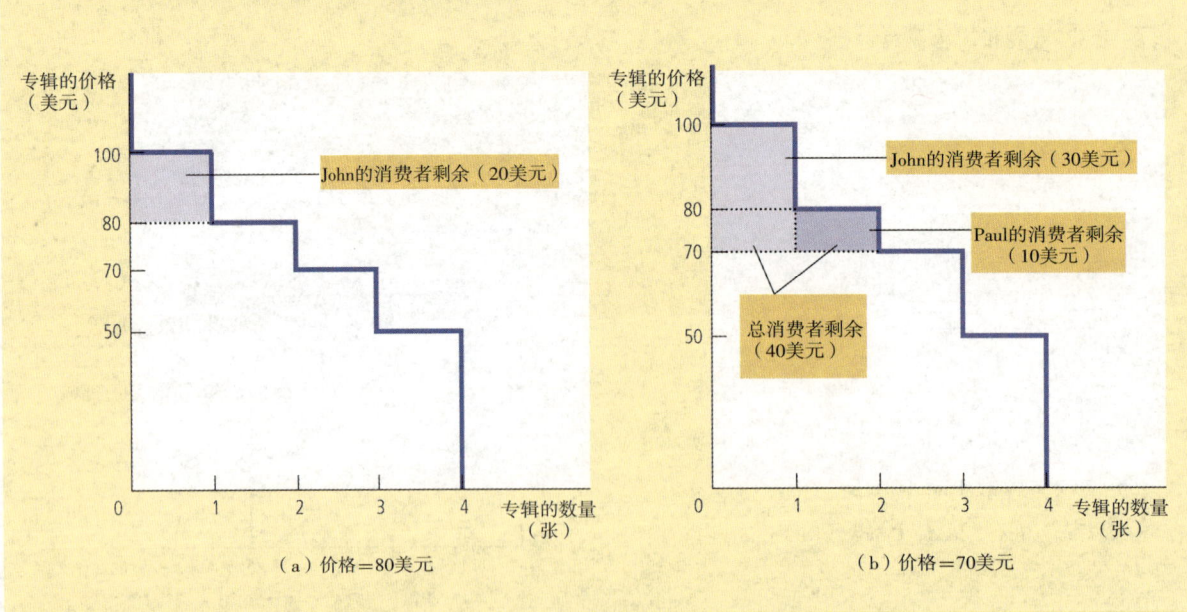

图7-2 用需求曲线衡量消费者剩余

在（a）幅中，物品价格是 80 美元，消费者剩余是 20 美元。在（b）幅中，物品价格是 70 美元，消费者剩余是 40 美元。

图 7-3 表示一条典型的需求曲线。你也许注意到了，这条曲线逐渐地向右下方倾斜，而不是像前两个图中那样是阶梯式的。在一个有许多买者的市场上，每个买者退出引起的阶梯如此之小，以至于它们实际上形成了一条平滑的曲线。尽管这条曲线与上节所描述的需求曲线的形状不同，但我们刚刚提出的思想仍是适用的：消费者剩余是价格以上和需求曲线以下的面积。(a) 幅中，在价格为 P_1 时，消费者剩余是三角形 ABC 的面积。

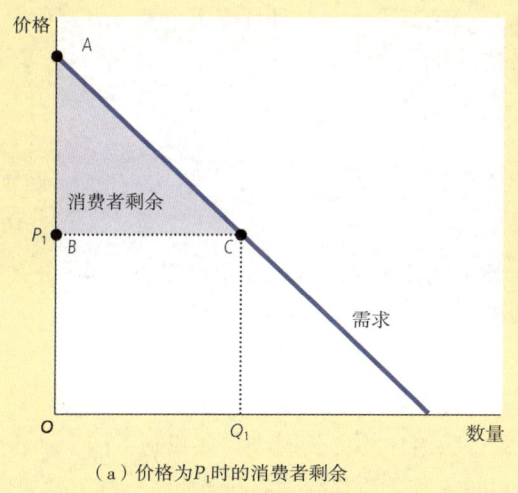
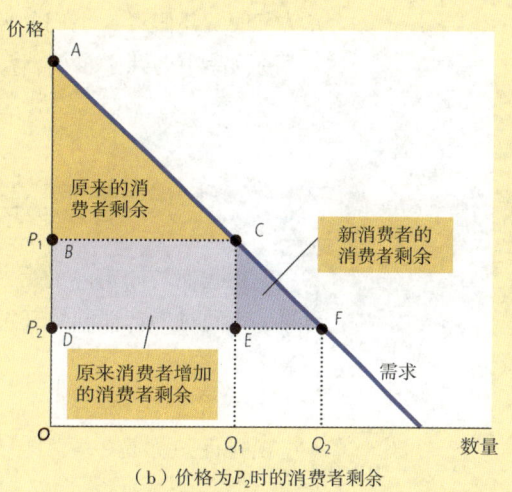

图7-3 价格如何影响消费者剩余

在 (a) 幅中，价格为 P_1，需求量为 Q_1，消费者剩余等于三角形 ABC 的面积。当价格从 P_1 下降到 P_2 时，正如 (b) 幅所示，需求量从 Q_1 增加到 Q_2，消费者剩余增加到三角形 ADF 的面积。消费者剩余的增加（BCFD 的面积）部分是因为原来的消费者现在支付得少了（BCED 的面积），部分是因为价格降低时新消费者进入了市场（CEF 的面积）。

(a) 价格为 P_1 时的消费者剩余

(b) 价格为 P_2 时的消费者剩余

现在假设如图 7-3 (b) 所示，价格从 P_1 下降到 P_2，消费者剩余现在等于三角形 ADF 的面积。由于价格降低引起的消费者剩余的增加是 BCFD 的面积。

消费者剩余的这种增加由两部分组成。第一，那些原来以较高价格 P_1 购买 Q_1 数量物品的买者由于现在支付得少了而状况变好。原有买者的消费者剩余增量是他们减少的支付量，它等于矩形 BCED 的面积。第二，一些新的买者进入市场，因为他们愿意以降低后的价格购买该物品。结果，市场需求量从 Q_1 增加到 Q_2。这些新进入者的消费者剩余是三角形 CEF 的面积。

7.1.4 消费者剩余衡量什么

我们提出消费者剩余概念的目的是对市场结果的合意性做出规范性判断。既然你已经知道了什么是消费者剩余，接下来我们再来看看，它是不是经济福利的一个好的衡量指标。

设想你是一个决策者，正努力设计一种好的经济制度。你会关心消费者剩余的量吗？消费者剩余，即买者愿意为一种物品支付的量减去他们实际支付的量，衡量了买者从一种物品中得到的自己感觉到的利益。因此，如果决策者想尊重买者的偏好，那么消费者剩余不失为经济福利的一种好的衡量标准。

在某些情况下，决策者可能选择不关心消费者剩余，因为他们不尊重某些驱动买者行为的偏好。例如，吸毒者愿意支付高价格获得海洛因。但我们并不认为，吸毒者可以从低价购买海洛因中得到巨大利益（尽管吸毒者可能会这样认为）。从社会的角度看，这种情况下的支付意愿并不是买者利益的好的衡量指标，消费者剩余也不是经济福利的好的衡量指标，因为吸毒者并没有关心自己的最佳利益。

但是，在大多数市场上，消费者剩余确实反映了经济福利。经济学家通常假设，买者做决策时是理性的。在机会既定的情况下，理性人会尽最大努力实现其目标。经济学家通常还假设，人们的偏好应该得到尊重。在这种情况下，消费者是他们从自己购买的物品中得到了多少利益的最佳裁判。

即问即答

■画出火鸡的需求曲线。在你画的图中，标出一种火鸡的价格并说明该价格下的消费者剩余。用文字解释这种消费者剩余衡量的内容。

7.2 生产者剩余

现在我们转向市场的另一方，来看看卖者从参与市场中得到的利益。正如你将看到的，我们对卖者福利的分析与我们对买者福利的分析是相似的。

7.2.1 成本与销售意愿

现在设想你是一个房屋所有者，想给你的房子刷漆。你找到了四个油漆服务的卖者：Mary、Frida、Georgia 和 Grandma。如果价格合适，每个油漆工都愿意为你工作。你决定让这四个油漆工竞价，并把这项工作拍卖给愿意以最低价格做这项工作的油漆工。

如果得到的价格超过了从事这项工作的成本，那么每个油漆工都愿意接受这项工作。在这里，**成本**（cost）这个术语应该解释为油漆工的机会成本：它包括油漆工的直接支出（油漆、刷子等）和油漆工对她们自己时间的评价。表 7-2 表示每个油漆工的成本。由于一个油漆工的成本是她愿意接受这份工作的最低价格，所以成本衡量她出售其服务的意愿，每个油漆工都渴望以高于其成本的价格出售其服务，拒绝以低于其成本的价格出售其服务，而对在价格正好等于其成本时出售其服务持无所谓的态度：无论是得到这份工作还是把她的时间和精力用于另一个目的，她都同样满意。

当你用竞价选出油漆工时，价格开始时可能很高，但由于油漆工的竞争，价格会很快下降。一旦 Grandma 报出了 600 美元的价格（或者略低一点），她就是唯一留下来的竞价者。Grandma 很高兴在这种价位从事这项工作，因为她的成本仅仅是 500 美元。Mary、Frida 和 Georgia 不愿意以低于 600 美元的价格从事这项工作。要注意的是，工

成本：卖者为了生产一种物品而必须放弃的所有东西的价值。

表7-2 四个可能的卖者的成本

卖者	成本（美元）
Mary	900
Frida	800
Georgia	600
Grandma	500

作给予了能以最低成本从事这项工作的油漆工。

Grandma 从这项工作中得到了什么利益呢？由于她愿意以 500 美元从事这项工作，但得到了 600 美元的价格，我们说她得到了 100 美元的生产者剩余。生产者剩余（producer surplus）是卖者得到的量减去其生产成本。生产者剩余衡量卖者从参与市场中得到的利益。

生产者剩余：卖者出售一种物品得到的量减去其生产成本。

现在我们考虑一个略有点不同的例子。假设你有两间房子需要油漆。你又向四个油漆工拍卖这份工作。为了简单起见，我们假设没有一个油漆工能油漆两间房子，而且你将对油漆每间房子支付同样的价格。因此，价格要一直下降到两个油漆工离开为止。

在这种情况下，当 Georgia 和 Grandma 都愿意以 800 美元（或略低一点）的价格从事这项工作时，竞价就停止了。在这一价格时，Georgia 和 Grandma 愿意从事这项工作，而 Mary 和 Frida 不愿报出更低的价格。在价格为 800 美元时，Grandma 得到了 300 美元的生产者剩余，而 Georgia 得到了 200 美元的生产者剩余。市场上的总生产者剩余是 500 美元。

7.2.2 用供给曲线衡量生产者剩余

正如消费者剩余与需求曲线密切相关一样，生产者剩余也与供给曲线密切相关。为了说明它们如何密切相关，我们继续沿用前面的例子。

我们首先根据四个油漆工的成本做出油漆服务的供给表。图 7-4 中的表格是与表 7-2 中的成本相对应的供给表。如果价格低于 500 美元，四个油漆工中没有一个愿意从事这项工作，因此，供给量是 0；如果价格为 500—600 美元，只有 Grandma 愿意从事这项工作，因此供给量是 1；如果价格为 600—800 美元，Grandma 和 Georgia 愿意从事这项工作，因此供给量是 2；以此类推。因此，可以根据四个油漆工的成本推导出供给表。

图 7-4 中的图形表示对应于这个供给表的供给曲线。要注意的是，供给曲线的高度与卖者的成本相关。在任何一种数量时，供给曲线给出的价格表示边际卖者的成本，边际卖者是如果价格再降低一点就首先离开市场的卖者。例如，在房子数量

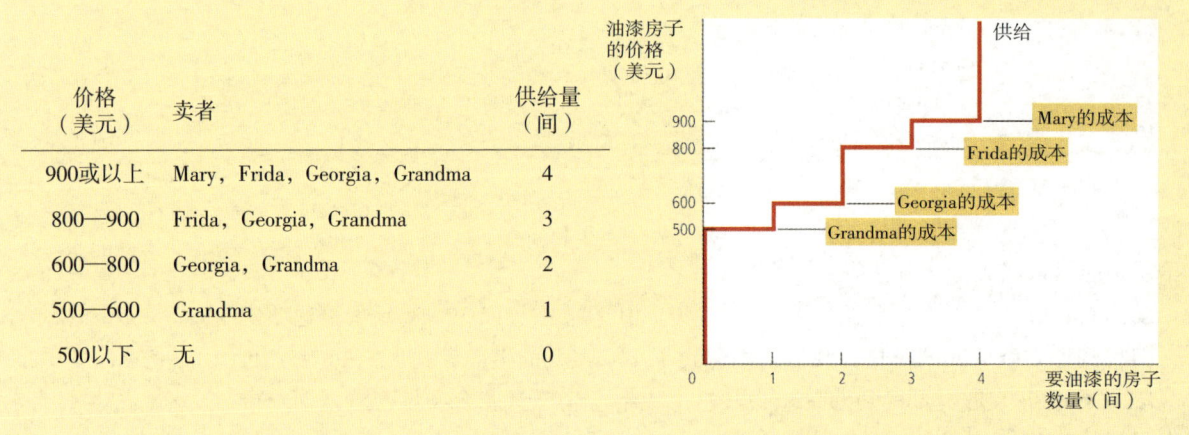

图7-4 供给表和供给曲线价格

图中的表格表示表7-2中油漆服务的卖者的供给表，图形表示相对应的供给曲线。要注意的是，供给曲线的高度反映了卖者的成本。

价格（美元）	卖者	供给量（间）
900或以上	Mary，Frida，Georgia，Grandma	4
800—900	Frida，Georgia，Grandma	3
600—800	Georgia，Grandma	2
500—600	Grandma	1
500以下	无	0

为4时，供给曲线的高度是900美元，即Mary（边际卖者）提供其油漆服务的成本。在房子数量为3时，供给曲线的高度是800美元，即Frida（现在的边际卖者）提供其油漆服务的成本。

由于供给曲线反映了卖者的成本，我们可以用它来衡量生产者剩余。图7-5用供给曲线来计算上述两个例子中的生产者剩余。在（a）幅中，我们假设价格是600美元（或略低一点）。在这种情况下，供给量是1。要注意的是，价格以下和供给曲线以上的面积等于100美元。这个数量正好是我们之前计算的Grandma的生产者剩余。

图7-5（b）表示价格为800美元（或略低一点）时的生产者剩余。在这种情况下，价格以下和供给曲线以上的面积等于两个矩形的总面积。这个面积等于500美元，即我们前面计算的当有两间房子需要油漆时，Georgia和Grandma的生产者剩余。

从这个例子中得到的结论适用于所有供给曲线：价格之下和供给曲线以上的面积衡量一个市场上的生产者剩余。这里的逻辑是很直观的：供给曲线的高度衡量卖者的成本，而价格和生产成本之间的差额是每个卖者的生产者剩余。因此，价格之下和供给曲线之上的总面积是所有卖者的生产者剩余的总和。

7.2.3 价格上升如何增加生产者剩余

当听到卖者总想使他们的物品卖个好价钱时，你不会感到奇怪。但是价格上升会使卖者的福利增加多少呢？生产者剩余的概念为这个问题提供了一个准确的答案。

图7-6表示一条在有许多卖者的市场上出现的典型的向右上方倾斜的供给曲线。尽管这条供给曲线在形状上与前面图中的梯形供给曲线不同，但我们可以用同样的方

图7-5 用供给曲线衡量生产者剩余

在（a）幅中，物品的价格是 600 美元，生产者剩余是 100 美元。在（b）幅中，物品的价格是 800 美元，生产者剩余是 500 美元。

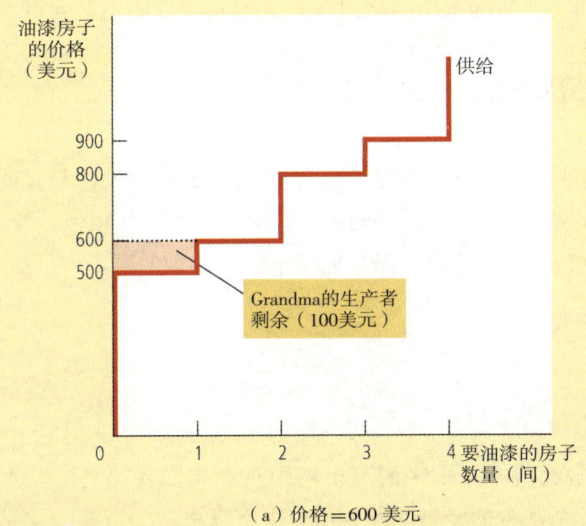

（a）价格=600美元

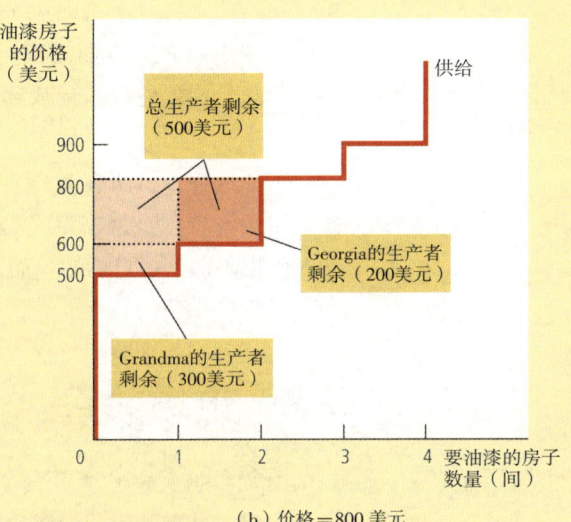

（b）价格=800美元

图7-6 价格如何影响生产者剩余

在（a）幅中，价格是 P_1，供给量是 Q_1，生产者剩余等于三角形 ABC 的面积。当价格从 P_1 上升为 P_2 时，如（b）幅所示，供给量从 Q_1 增加到 Q_2，生产者剩余增加到三角形 ADF 的面积。生产者剩余的增加（BCFD 的面积）部分是因为原来的生产者现在得到的生产者剩余多了（BCED 的面积），部分是因为在价格较高时新生产者进入了市场（CEF 的面积）。

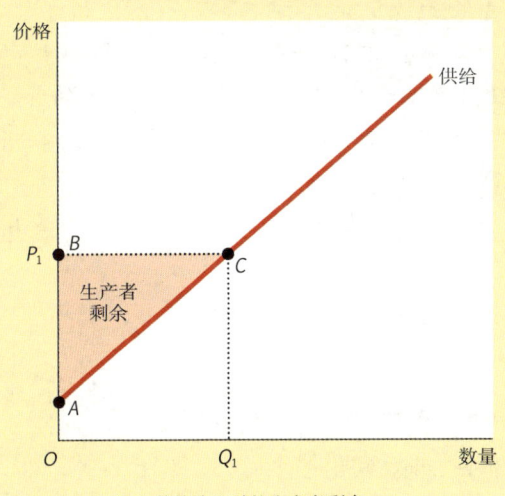

（a）价格为 P_1 时的生产者剩余

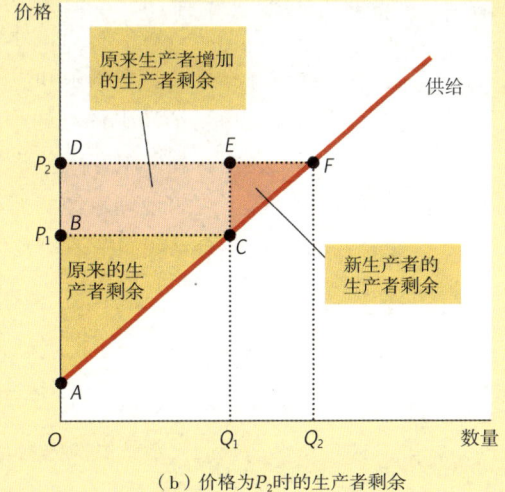

（b）价格为 P_2 时的生产者剩余

即问即答
■ 画出火鸡的供给曲线。在你的图中标出一种火鸡的价格并说明该价格下的生产者剩余。用文字解释这种生产者剩余衡量的内容。

法衡量生产者剩余：生产者剩余是价格以下和供给曲线以上的面积。在（a）幅中，价格是 P_1，生产者剩余是三角形 ABC 的面积。

（b）幅表示当价格从 P_1 上升为 P_2 时出现的变动。现在的生产者剩余等于三角形 ADF 的面积。生产者剩余的增加包括两部分：第一，在较低价格 P_1 时就已经出售 Q_1 单位物品的卖者，由于现在卖到了更高的价格而状况变好。原有卖者的生产者剩余的增加等于矩形 BCED 的面积。第二，一些新卖者进入市场，因为他们愿意以较高价格生产物品，这就使供给量从 Q_1 增加到 Q_2。这些新进入者的生产者剩余是三角形 CEF 的面积。

正如这种分析所表明的，我们用与之前用消费者剩余衡量买者福利大体相同的方法，用生产者剩余来衡量卖者的福利。由于这两种经济福利的衡量如此相似，所以，同时使用它们是很自然的。而且，实际上这也正是我们在下一节要做的事。

7.3 市场效率

消费者剩余和生产者剩余是经济学家用来研究市场中买者与卖者福利的基本工具。这些工具有助于我们解决一个基本的经济问题：由自由市场决定的资源配置是合意的吗？

7.3.1 仁慈的社会计划者

为了评价市场结果，我们在分析中引入一个假设的新角色，称为仁慈的社会计划者。仁慈的社会计划者是无所不知、无所不能、意愿良好的独裁者。这个计划者想使社会上每个人的经济福利最大化。这个计划者应该怎么做呢？她是应该放任买者与卖者自然而然地根据自己的利益达到均衡呢，还是应该通过以某种方式改变市场结果来增加经济福利呢？

为了回答这个问题，计划者首先必须决定如何衡量社会的经济福利。一种可能的衡量指标是消费者剩余和生产者剩余的总和，我们称之为总剩余。消费者剩余是买者从参与市场活动中得到的利益，而生产者剩余是卖者从参与市场活动中得到的利益。因此，把总剩余作为社会经济福利的衡量指标是自然而然的。

为了更好地理解经济福利的这一衡量指标，我们回忆一下如何衡量消费者剩余与生产者剩余。我们把消费者剩余定义为：

消费者剩余 = 买者的评价 − 买者支付的量

同样，我们把生产者剩余定义为：

生产者剩余 = 卖者得到的量 − 卖者的成本

当我们把消费者剩余和生产者剩余相加时，得出：

总剩余 =（买者的评价 − 买者支付的量）+（卖者得到的量 − 卖者的成本）

买者支付的量等于卖者得到的量,因此,这个公式中间的两项相互抵消。因此,我们可以把总剩余写为:

$$总剩余 = 买者的评价 - 卖者的成本$$

市场的总剩余是用买者支付意愿衡量的买者对物品的总评价减去卖者提供这些物品的总成本。

如果资源配置使总剩余最大化,我们可以说,这种配置是有**效率**(efficiency)的。如果一种配置是无效率的,那么,买者和卖者之间交易的一些潜在的利益就还没有实现。例如,如果一种物品不是由成本最低的卖者生产的,配置就是无效率的。在这种情况下,将生产从高成本生产者转给低成本生产者就会降低卖者的总成本并增加总剩余。同样,如果一种物品不是由对这种物品评价最高的买者消费,配置也是无效率的。在这种情况下,将该物品的消费从评价低的买者转给评价高的买者就会增加总剩余。

除了效率之外,社会计划者还应该关心**平等**(equality)——即市场上的各个买者与卖者是否有相似的经济福利水平。在本质上,从市场贸易中获得的利益就像一块要在市场参与者间分配的蛋糕。效率问题涉及的是蛋糕是否尽可能地做大了。平等问题涉及的是如何把这块蛋糕切成小块,以及如何在社会成员中进行分配。在本章中,我们的分析集中在作为社会计划者目标之一的效率上。但要记住,真正的决策者往往也关心平等。

效率:资源配置使社会所有成员得到的总剩余最大化的性质。

平等:在社会成员中平均地分配经济成果的性质。

7.3.2 市场均衡的评价

图 7-7 表示当市场供求达到均衡时的消费者剩余与生产者剩余。回想一下,消费者剩余等于价格以上和需求曲线以下的面积,而生产者剩余等于价格以下和供给曲线以上的面积。因此,供给曲线和需求曲线到均衡点之间的总面积代表该市场的总剩余。

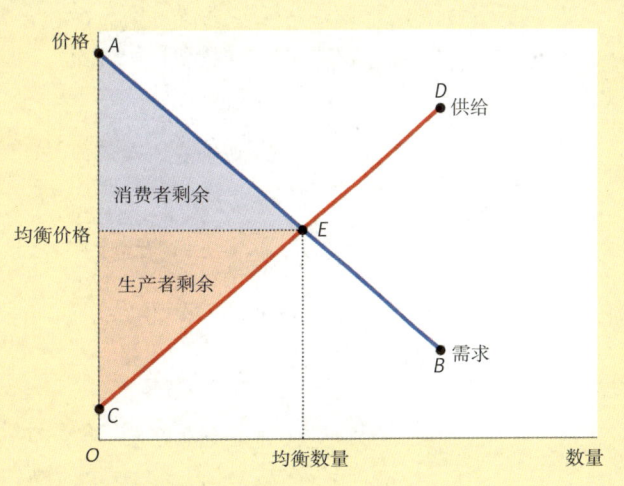

图7-7 市场均衡时的消费者剩余与生产者剩余

总剩余——消费者剩余和生产者剩余的总和——是供给曲线和需求曲线达到均衡数量之间的面积。

这种均衡的资源配置是否有效率？也就是说，它是否使总剩余实现了最大化？为了回答这些问题，我们回想一下，当市场均衡时，价格决定了参与市场的买者与卖者。那些对物品的评价高于价格（由需求曲线上的 AE 段表示）的买者选择购买物品；那些对物品的评价低于价格（由需求曲线上的 EB 段表示）的买者选择不购买物品。同样，那些成本低于价格（由供给曲线上的 CE 段表示）的卖者选择生产并销售物品；那些成本高于价格（由供给曲线上的 ED 段表示）的卖者选择不生产和销售物品。

这些观察可以得出以下两个关于市场结果的观点：

（1）自由市场把物品的供给分配给对这些物品评价最高的买者，这种评价用买者的支付意愿来衡量。

（2）自由市场将物品的需求分配给能够以最低成本生产这些物品的卖者。

因此，在生产量与销售量达到市场均衡时，社会计划者不能通过改善买者之间的消费配置或卖者之间的生产配置来增加经济福利。

但是，社会计划者可以通过增加或减少物品量来增加总的经济福利吗？回答是否定的，正如关于市场结果的第三种观点所述：

（3）自由市场生产出使消费者剩余和生产者剩余的总和最大化的物品量。

图 7-8 说明了为什么这是正确的。为了解释这个图，要记住，需求曲线反映了买者的评价，而供给曲线反映了卖者的成本。在低于均衡水平的任何一种产量，例如在 Q_1，边际买者的评价大于边际卖者的成本。因此，增加产量和消费量会增加总剩余。这种情况要一直持续到产量达到均衡水平时为止。同样，在高于均衡水平的任何一种产量，例如在 Q_2，边际买者的评价小于边际卖者的成本。在这种情况下，减少产量会增加总剩余，而且，这种情况要一直持续到产量下降到均衡水平时为止。为了使总剩

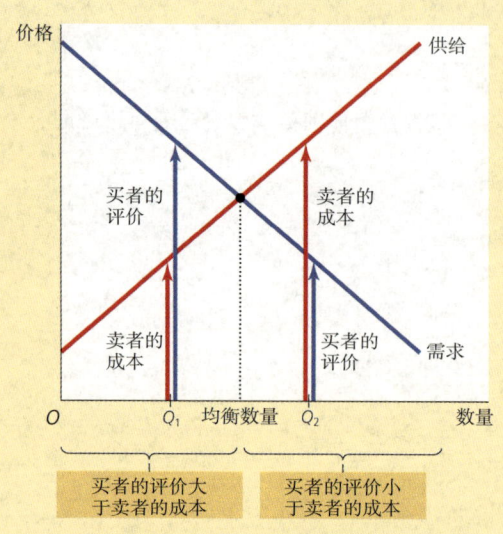

图7-8 均衡数量的效率

在产量小于均衡数量时，例如 Q_1，买者的评价大于卖者的成本。在产量大于均衡数量时，例如 Q_2，卖者的成本大于买者的评价。因此，市场均衡使生产者剩余和消费者剩余之和达到了最大化。

余最大化，社会计划者应该选择供给曲线与需求曲线相交时的产量。

总之，这三个关于市场结果的观点告诉我们，市场结果使消费者剩余与生产者剩余之和达到了最大化。换句话说，均衡的结果是资源的有效配置。因此，仁慈的社会计划者可以让市场自己得出她想要的结果。这种完全放任的政策可以用法语"laissez faire"来表述，这句话可以解释为"让人们自由行事吧"。

一个不需要计划者加以干预的社会是幸运的。尽管想象有一个无所不知、无所不能、意愿良好的独裁者怎样去做是一个有用的做法，但我们面临的问题是：这些特征很难具备。很少有独裁者能那样仁慈。而且，即使找到了某个具备这种品德的人，她也可能缺乏关键信息。

假设我们的社会计划者努力靠自己而不是依靠市场力量去选择有效的资源配置。为了这样做，她需要知道市场上每个特定物品对每个潜在消费者的价值和每个潜在生产者的成本。而且，她不仅需要有关这个市场的这种信息，而且还需要经济中成千上万个市场中每一个市场的这种信息。这个任务实际上是不可能完成的，这就解释了为什么中央计划经济不能良好地运行。

但是，一旦计划者有了一个伙伴——亚当·斯密所说的市场上"看不见的手"，事情就变得轻而易举了。这只"看不见的手"考虑到了有关买者与卖者的所有信息，引导市场上每一个人达到按经济效率标准判断的最好结果。这的确是一种非凡的能力。这也正是经济学家通常宣称自由市场是组织经济活动的最好方法的原因。

案例研究 人体器官市场是否应该存在

几年前，《波士顿环球报》（Boston Globe）的头版刊登了一篇题为《一位母亲的爱帮助挽救了两条生命》的文章。这篇文章讲述了关于 Susan Stephens 的故事，这位妇女的儿子需要进行肾移植手术。当医生得知这位母亲的肾并不适合时，他提出了一个新奇的解决方法：如果 Stephens 把她的一个肾捐给一位陌生人，她的儿子就可以排到等待肾的队伍的最前面。这位母亲接受了这个交易，很快，两位患者都换上了他们所需要的肾。

医生建议的别出心裁和母亲行为的高尚是毫无疑问的。但是，这个故事引出了许多有趣的问题。如果母亲可以用一个肾换另一个肾，那么，医院是否应该允许她用一个肾去换取她在其他情况下无法承受的、昂贵的、试验性的癌症治疗呢？是否应该允许她用自己的肾换取她儿子免费上医学院的机会呢？她能否出卖自己的肾，然后用得到的现金把她的旧雪佛兰车换成一辆新雷克萨斯车呢？

就公共政策而言，我们的社会将人们出售自己器官的行为认定为是非法的。从本质上说，在人体器官市场上，政府实行零价格上限。正如任何一种限制性价格上限一样，其结果是该物品出现短缺。该案例中的交易并不在其禁止范围之内，因为没有现金转手。

许多经济学家认为，允许人体器官自由市场的存在会产生巨大的利益。人生来就有两个肾，但他们通常只需要一个。与此同时，少数人所患的疾病使得他们连一个功能正常的肾都没有。尽管这桩贸易有明显的好处，但现在的状况是悲惨的：病人换一个肾通常要等好几年，而且，每年有成千上万人由于找不到匹配的肾源而死去。如果允许这些需要肾的人向那些有两个健康肾的人买一个，价格就会使供求达到平衡。卖者口袋里的钱多了，生活状况可以变好。买者有了挽救自己生命所需要的器官，状况也会变好。肾的短缺就会消失。

这种市场将带来资源的有效配置，但这种计划的批评者担心公平问题。他们认为，人体器官市场将以损害穷人利益为代价而使富人受益，因为器官会配置给那些最愿意购买而又买得起的人。然而，现行制度的公平性也是值得质疑的。现在，我们中的大多数人带着一个我们并不真正需要的多余器官走来走去，而我们的一些同胞却因为得不到需要的器官而生命垂危。这又公平吗？

IN THE NEWS

☞ 【新闻摘录】
"看不见的手"可以帮你停车

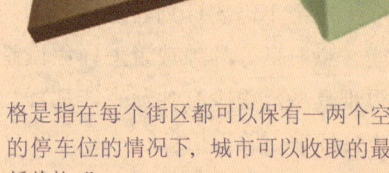

在许多城市,在街上找到一个可用的停车位看来很像中彩票。但是,如果当地政府更多地依靠价格体系,它们就可以使这种稀缺资源达到更有效的配置。

天价计时器创造了停车位
Michael Cooper　Jo Craven McGinty

旧金山——在大街上发疯地寻找停车位不仅是对司机的折磨,也是对城市的考验。在某些地段,交通量的三分之一是司机在转来转去寻找停车位。这种令人厌倦的传统浪费了时间,污染了空气,而当绝望的司机平行停上两排车时,甚至加剧了道路的拥堵。

但是,旧金山正在用一种野心勃勃的实验来缩短找车位的时间,这个实验的目的是要确保在每一个有计时器的地区至少总可以找到一个空停车位。这个项目用了新技术和供求规律,提高了城市最拥堵地区的停车价格,并降低了空闲地区的停车价格。新的价格仍然在逐渐形成中——最昂贵的停车位已经涨到每小时4.5 美元,但可以达到 6 美元——初步的数据表明,价格的变化在某些地区产生了积极效应。

我们已经可以在 Embarcadero 附近的 Drumm 大街中心区和 Ferry Building 受欢迎的餐馆看出这种变化。去年夏天在这里要找一个停车位几乎是不可能的。但在旧金山逐渐把停车价格从每小时 3.5 美元提高到 4.5 美元之后,街边嵌入的高科技传感器显示,找停车位比以前容易了点儿——Victor Chew 是一家商用洗碗机公司的销售人员,他开一辆镀银的丰田皇冠,经常在这个地区停车,这一天居然找到了一个不错的停车位。

48 岁的 Chew 说:"现在可以找到更多停车位了。我不用走半英里了。"

旧金山一直在努力改善城市和城市内部车辆之间的紧张关系——一个世纪以来,城里的高速公路建了又拆,道路扩了又缩,停车位有时增,有时减,所有这一切就是为了让市中心不至于拥堵到进不去的程度。而上述停车实验便是一种最新的重要尝试。

旧金山这个项目也受到了美国其他城市的密切关注。借助于联邦政府的拨款,旧金山在其 26 800 个计时停车位中大约四分之一的停车位上安装了停车感应器和新计时器,可以追踪停车的时间和地点。去年夏初,旧金山开始每两个月调整一次其价格——可以选择每小时上调 25 美分或降低 50 美分——希望在每一个街区最少留下一个空停车位。旧金山还降低了政府管理的车库和停车区位的价格,以引导汽车离开街道停车。

该项目是对加州大学洛杉矶分校城市规划教授 Donald Shoup 理论的一次最大检验。Shoup 教授 2005 年的著作《免费停车成本高昂》(The High Cost of Free Parking) 使他成为城市规划者崇拜的偶像——Facebook 上的 Shoupistas 小组有一千多个成员。他说:"我的基本思路是,如果我们用正确的价格来引导路边停车,我们就会得到大量的好处。所谓正确价格是指在每个街区都可以保有一两个空的停车位的情况下,城市可以收取的最低价格。"

但没人喜欢涨价。在 Shoup 的书中有一章引用了电视剧《宋飞正传》(Seinfeld) 里 George Costanza 的话:"我爸不付费停车,我妈、我哥也不付,没人付停车费。这就像去嫖娼。如果我自己本来就可以免费得到的东西,我为什么要交钱?"有些旧金山社区最近否决了在现在停车免费的街道上安装计时器的提议。而在大多数好地段的价格上升也使人们担心,这会使穷人更难到这些好地段去。

在 Drumm 大街停车的一些人就是这么想的。在价格上升之后,这里正午时的占位率从 98% 下降到 86%。55 岁的发型师 Edward Saldate 为在这里停车差不多 4 小时付费近 17 美元,他称这是"一笔巨额敲诈"。

69 岁的会计师 Tom Randlett 说,他很高兴第一次能在这里找到一个车位,但也承认"这个方案就社会平等层面而言是复杂的"。

市政官员们提醒大家,停车费是有涨有落的。Shoup 教授也说,这个方案有利于许多穷人,包括许多并没有汽车的旧金山人,因为所有停车费收入都用于公共交通,而且,任何交通量的减少都会使许多人依靠的公共汽车更快捷。他设想会有一天,司机不再把找到一个好停车位归结为运气或因果报应。

他说:"人们会认为这是理所当然的,就像你去商店时理应买到新鲜的香蕉和苹果一样。"

新的旧金山市的电子停车计时器有助于平衡供求。

图片来源:ⓒ SiliconValleyStock/Alamy.

资料来源: The New York Times, March 15 ⓒ 2012 The New York Times.

7.4 结论：市场效率与市场失灵

本章介绍了福利经济学的基本工具——消费者剩余与生产者剩余——并用这些工具来评价自由市场的效率。我们说明了，供求的力量可以有效地配置资源。这就是说，即使市场的每个买者与卖者只关心他自己的福利，他们也会共同在一只"看不见的手"的指引下，达到使买者与卖者总利益最大化的均衡。

现在是提出一些警告的时候了。为了得出市场有效率的结论，我们做出了一些关于市场如何运行的假设。当这些假设不成立时，关于市场均衡有效率的结论可能就不再正确了。在结束本章时，我们简单地考虑这些假设中最重要的两个假设。

第一，我们的分析假设，市场是完全竞争的。但在现实世界中，竞争有时远非完全竞争。在一些市场上，某个单个买者或卖者（或一小群买者或卖者）可以控制市场价格。这种影响价格的能力被称为**市场势力**。市场势力可以使市场无效率，因为它会使价格和数量背离供求均衡。

第二，我们的分析假设，市场结果只影响参与市场的买者和卖者。但在现实世界中，买者和卖者的决策有时会影响那些根本不参与市场的人。污染是市场结果影响市场参与者以外的人的一个典型例子。例如，农药的使用不仅影响生产农药的制造商和使用农药的农民，而且还影响呼吸被农药污染的空气或饮用被农药污染的水的许多其他人。市场的这种副作用被称为**外部性**，它使市场福利不仅仅取决于买者的评价和卖者的成本。由于买者与卖者在决定消费量和生产量时并没有考虑这种副作用，所以，从整个社会的角度看，市场均衡可能是无效率的。

市场势力和外部性是一种被称为**市场失灵**的普遍现象的例子，市场失灵是指一些不受管制的市场不能有效地配置资源。当出现市场失灵时，公共政策有可能纠正这些问题并提高经济效率。微观经济学家花费许多精力去研究什么时候会发生市场失灵，以及哪种政策能最有效地纠正市场失灵。在继续学习经济学的过程中，你将会看到，本章所提出的福利经济学的工具在研究上述问题时是很适用的。

尽管存在市场失灵的可能性，但市场中"看不见的手"仍然是极其重要的。我们在本章中做出的假设在许多市场中是成立的，从而市场有效率的结论是直接适用的。此外，我们可以运用我们关于福利经济学和市场效率的分析来说明各种政府政策的影响。在接下来的两章中，我们将运用刚刚提出的工具来研究两个重要的政策问题——赋税和国际贸易的福利效应。

> **即问即答**
>
> ■ 画出火鸡的供给曲线和需求曲线。标出均衡状态下的生产者剩余和消费者剩余。解释为什么生产更多的火鸡会使总剩余减少。

内容提要

◎ 消费者剩余等于买者对一种物品的支付意愿减去其实际为此所支付的量，它衡量买者从参与市场中得到的利益。可以通过找出需求曲线以下和价格以上的面积，来计算消费者剩余。

◎ 生产者剩余等于卖者出售其物品得到的量减去其生产成本，它衡量卖者从参与市场中得到的利益。可以通过找出价格以下和供给曲线以上的面积，来计算生产者剩余。

◎ 使消费者剩余和生产者剩余的总和最大化的资源配置被称为是有效率的。决策者通常关心经济结果的效率及平等。

◎ 供给与需求的均衡使消费者剩余与生产者剩余的总和达到最大化。这就是说，市场中看不见的手指引着买者与卖者有效地配置资源。

◎ 在存在市场势力或外部性等市场失灵的情况下，市场不能有效地配置资源。

关键概念

福利经济学　　　　　　　　成本　　　　　　　　　效率
支付意愿　　　　　　　　　生产者剩余　　　　　　平等
消费者剩余

复习题

1. 解释买者的支付意愿、消费者剩余和需求曲线如何相关。
2. 解释卖者的成本、生产者剩余和供给曲线如何相关。
3. 在供求图中，标出市场均衡时的生产者剩余和消费者剩余。
4. 什么是效率？它是经济决策者的唯一目标吗？
5. 说出两种类型的市场失灵。解释为什么每一种都可能使市场结果无效率。

第 **8** 章

应用：赋税的代价

税收往往是激烈的政治争论的起源。1776 年，美国殖民地人们对英国税收的愤怒引发了美国独立战争。二百多年以后，美国各政党仍在争论着税制的适当规模与形式。但没有一个人否认，一定程度的赋税是必要的。正如小奥立弗·温德尔·霍姆斯（Oliver Wendell Holmes Jr.）曾经说过的："税收是我们为文明社会所付出的代价。"

由于赋税对现代经济有重大影响，随着我们掌握的工具的增多，我们在全书中会多次回到这个主题。我们在第 6 章中开始研究税收。在那一章，我们说明了一种物品的税收如何影响它的价格和销售量，以及供给和需求的力量如何在买者与卖者之间分摊税收负担。在本章中，我们要扩展这种分析，并考察税收如何影响福利，即如何影响市场参与者的经济福利。换言之，我们要弄清楚文明社会的代价有多高。

乍看起来，税收对福利的影响似乎是显而易见的。政府征税是为了筹集收入，而这种收入必然出自某人的口袋。正如我们在第 6 章中所说明的，当对一种物品征税时，买者和卖者的状况都会变坏：税收提高了买者支付的价格，并降低了卖者得到的价格。但为了更充分地理解税收如何影响经济福利，我们必须比较买者和卖者减少的福利和政府所增加的收入量。消费者剩余和生产者剩余工具使我们可以进行这种比较。我们的分析将表明，税收给买者和卖者带来的成本超过了政府所筹集到的收入。

8.1 赋税的无谓损失

我们从回忆第 6 章中的一个出人意料的结论开始：一种物品的税收无论是向买者征收还是向卖者征收，其结果都是相同的。当向买者征税时，需求曲线向下移动，移动量为税收的大小；当向卖者征税时，供给曲线向上移动，移动量为税收的大小。在这两种情况下，当征收税收时，买者支付的价格都上升，而卖者得到的价格都下降。最终，供求弹性决定了税收负担如何在生产者和消费者之间分配。无论向谁征税，这种分配都是相同的。

图 8-1 显示了以上这些影响。为了简化我们的讨论，尽管供给曲线和需求曲线中必然有一条曲线移动，但图上并没有表示出任何一条曲线的移动。哪一条曲线移动取决于是向卖者征税（供给曲线移动），还是向买者征税（需求曲线移动）。在本章中，我们可以通过不纠缠于说明移动而使讨论一般化并简化图形。就我们的目的而言，关键的结论是，税收在买者支付的价格和卖者得到的价格之间打入了一个楔子。由于这种税收楔子，销售量低于没有税收时应该达到的水平。换句话说，对一种物品征税使这种物品的市场规模缩小。对于这些来自第 6 章的结论，读者应该很熟悉了。

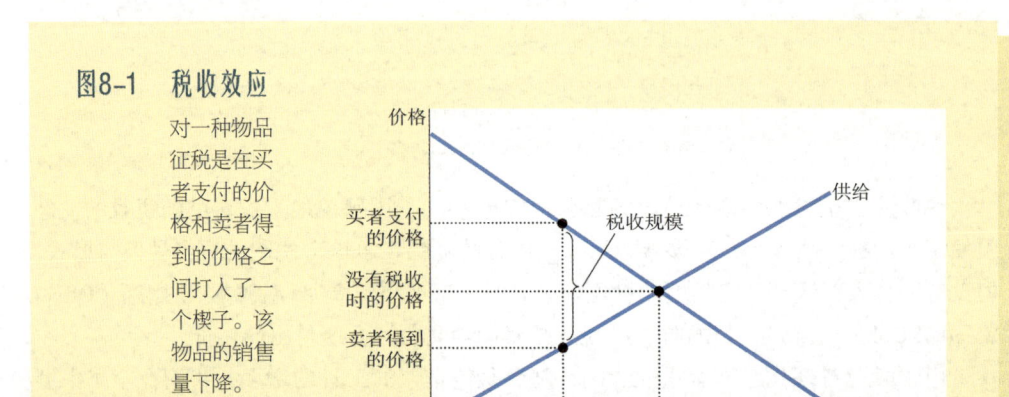

图8-1 税收效应

对一种物品征税是在买者支付的价格和卖者得到的价格之间打入了一个楔子。该物品的销售量下降。

8.1.1 税收如何影响市场参与者

我们用福利经济学的工具来衡量对一种物品征税的得与失。为此，我们必须考虑税收如何影响买者、卖者和政府。市场上买者得到的利益用消费者剩余——买者愿意为某物品支付的量减去他们实际支付的量——来衡量。市场上卖者得到的利益用生产者剩余——卖者从某种物品得到的量减去其成本——来衡量。这些正是我们在第 7 章中所用的经济福利的衡量指标。

那么，税收又如何影响利益第三方——政府呢？如果 T 是税收规模，Q 是物品销售量，那么，政府得到的总税收收入就是 $T \times Q$。政府可以用这一税收收入提供服务，例如道路、警察和公共教育，或用于帮助需要帮助的人。

"你知道吗？根据一州选民的人数来决定赋税的主意，在我看来也不怎么样。"

图片来源：
ⓒ J.B.Handelsman/
The New Yorker
Collection/www.
cartoonbank.com.

因此，为了分析税收如何影响经济福利，我们用政府税收收入来衡量从税收中得到的公共利益。但是，应该记住，这种利益实际上并不归政府所有，而是归那些得到这种收入的人所有。

图 8-2 描述了用供给曲线和需求曲线之间矩形的面积表示的政府税收收入。这个矩形的高是税收规模 T，而矩形的宽是销售的物品数量 Q。由于矩形的面积是高乘以宽，所以，这个矩形的面积是 $T \times Q$，它等于税收收入。

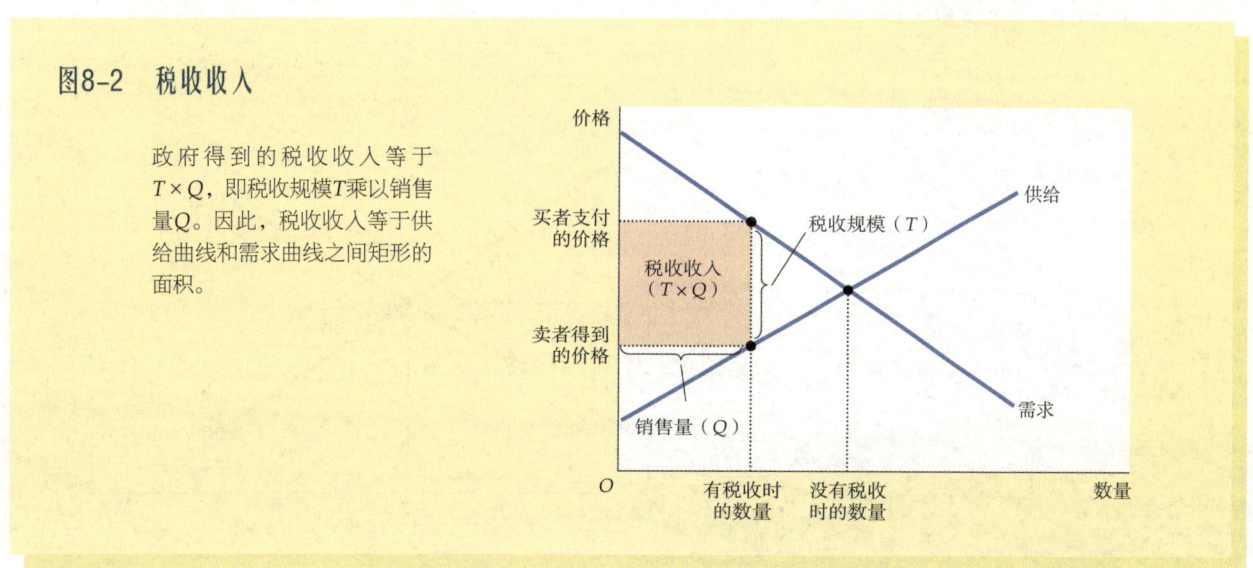

图8-2 税收收入

政府得到的税收收入等于 $T \times Q$，即税收规模 T 乘以销售量 Q。因此，税收收入等于供给曲线和需求曲线之间矩形的面积。

没有税收时的福利 为了说明税收如何影响福利，我们从考虑政府征税之前的福利开始。图 8-3 表示供求图，并用字母 A—F 标出了几个关键的面积。

没有税收时，可以在供给曲线和需求曲线相交处找出均衡价格和均衡数量。价格是 P_1，销售量是 Q_1。由于需求曲线反映了买者的支付意愿，所以，消费者剩余是需求曲线和价格之间的面积，即 $A+B+C$。同样，由于供给曲线反映了卖者的成本，所以，生产者剩余是供给曲线和价格之间的面积，即 $D+E+F$。在这种情况下，由于没有税收，税收收入等于零。

总剩余，即消费者剩余和生产者剩余之和，等于面积 $A+B+C+D+E+F$。换句话说，正如我们在第 7 章中所说明的，总剩余是供给曲线与需求曲线到均衡数量之间的面积。图 8-3 中表格的第一列概括了这些结论。

有税收时的福利 现在考虑征税之后的福利。买者支付的价格从 P_1 上升到 P_B，因此，消费者剩余现在只等于面积 A（需求曲线以下和买者价格以上的面积）。卖者得到的价格从 P_1 下降到 P_S，因此，生产者剩余现在只等于面积 F（供给曲线以上和卖者价格以下的面积）。销售量从 Q_1 减少为 Q_2，而政府得到的税收收入等于面积 $B+D$。

为了计算有税收时的总剩余，我们把消费者剩余、生产者剩余和税收收入相加。因此，我们得到总剩余是面积 $A+B+D+F$。图 8-3 中表格的第二列概括了这些结论。

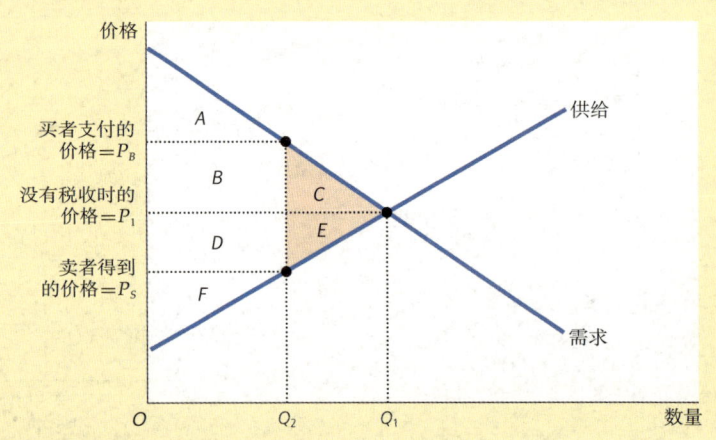

图8-3 税收如何影响福利

对一种物品征税减少了消费者剩余（面积 B+C）和生产者剩余（面积 D+E）。由于生产者剩余和消费者剩余的减少大于税收收入（面积 B+D），所以，税收引起了无谓损失（面积 C+E）。

	没有税收时	有税收时	变动
消费者剩余	A+B+C	A	−(B+C)
生产者剩余	D+E+F	F	−(D+E)
税收收入	无	B+D	+(B+D)
总剩余	A+B+C+D+E+F	A+B+D+F	−(C+E)

面积 C+E 表示总剩余的减少，并代表税收的无谓损失。

福利的变动 现在我们可以通过比较征税前后的福利来说明税收的影响。图 8-3 中表格的第三列表明了这些变化。税收使消费者剩余减少了面积 B+C，使生产者剩余减少了面积 D+E。税收收入增加了面积 B+D。毫不奇怪，税收使买者和卖者的状况变坏了，而使政府的状况变好了。

总福利的变动包括消费者剩余的变动（是负的）、生产者剩余的变动（也是负的）和税收收入的变动（是正的）。当我们把这三块相加后会发现，市场总剩余减少了面积 C+E。因此，买者和卖者因税收遭受的损失大于政府筹集到的收入。当税收（或某种其他政策）扭曲了市场结果时所引起的总剩余减少被称为<u>无谓损失</u>（deadweight loss）。无谓损失的大小用面积 C+E 来衡量。

无谓损失：市场扭曲（例如税收）引起的总剩余减少。

为了理解税收引起无谓损失的原因，回忆一下第 1 章中的经济学十大原理之一：人们会对激励做出反应。在第 7 章中我们说明了，市场通常可以有效地配置稀缺资源。这就是说，供求均衡使市场上买者和卖者的总剩余最大化。但是，当税收提高了买者的价格而降低了卖者的价格时，它对买者的激励是比没有税收时少消费，而对卖者的激励是比没有税收时少生产。当买者和卖者对这些激励做出反应时，市场规模缩小到其最优水平之下（如图所示，从 Q_1 移动到 Q_2）。因此，由于税收扭曲了激励，就引起了市场配置资源时的无效率。

8.1.2 无谓损失与贸易的好处

为了对税收引起无谓损失的原因有一些直观认识，考虑一个例子。设想 Joe 为 Jane 打扫房间，每周得到 100 美元。Joe 的时间的机会成本是 80 美元，Jane 对打扫房间的评价是 120 美元。因此，Joe 和 Jane 两人从他们的交易中各得到了 20 美元的利益。总剩余 40 美元衡量这一特定交易带来的好处。

现在假设政府对打扫房间服务的提供者征收 50 美元的税。现在没有一种价格能使他们两人在纳税之后状况变得更好。Jane 愿意支付的最高价格是 120 美元，但这时 Joe 在纳税之后只剩下 70 美元，小于他 80 美元的机会成本。相反，如果 Joe 得到他的机会成本 80 美元，Jane 就必须支付 130 美元，这大于她对打扫房间的评价 120 美元。结果，Jane 和 Joe 取消了他们的安排。Joe 没有收入了，而 Jane 生活在肮脏的房间里。

税收使 Joe 和 Jane 的状况一共变坏了 40 美元，因为他们每人失去了 20 美元的剩余量。但注意，政府也没有从 Joe 和 Jane 那里得到税收收入，因为他们决定取消他们的安排。40 美元是纯粹的无谓损失：它是未被政府收入的增加所抵消的市场上买者和卖者的损失。在这个例子中，我们可以看出无谓损失的最终来源：税收引起无谓损失是因为它使买者和卖者不能实现某些贸易的好处。

供给曲线和需求曲线之间的三角形面积（图 8-3 中的面积 C+E）衡量了这种无谓损失的大小。通过回忆需求曲线反映消费者对物品的评价和供给曲线反映生产者的成本，可以用图 8-4 更容易地说明这一结论。当税收使买者价格上升到 P_B，卖者价格下降到 P_S 时，边际买者和边际卖者离开市场，因此，销售量从 Q_1 减少到 Q_2。但正如图 8-4 所示，这些买者对物品的评价仍大于卖者的成本。在 Q_1 和 Q_2 之间任何一种数量时，情况都和我们所举的 Joe 和 Jane 的例子相同。贸易的好处——买者评价与卖者成本之间的差额——小于税收。因此，一旦征税，这些贸易就无法进行。无谓损失就是由于税收阻止了这些互利的贸易而引起的剩余损失。

> **即问即答**
>
> ■ 画出甜点的供给曲线与需求曲线。如果政府对甜点征税，说明买者支付的价格、卖者得到的价格以及销售量的变动。用你的图说明税收的无谓损失，并解释无谓损失的含义。

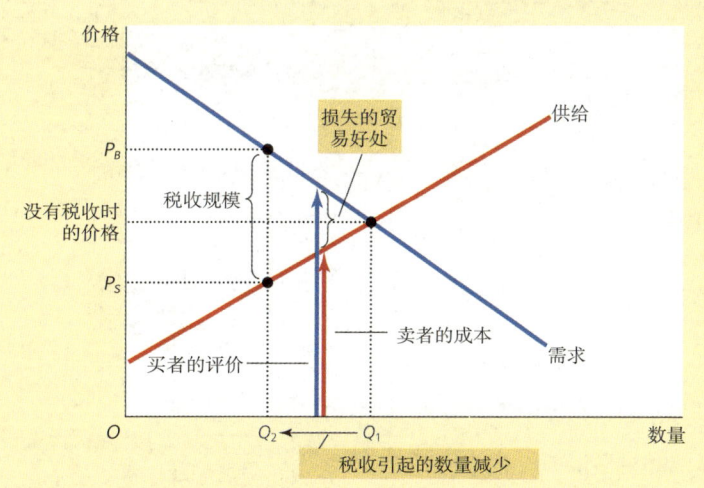

图8-4 无谓损失的来源

当政府对一种物品征税时，销售量从 Q_1 减少为 Q_2。在 Q_1 和 Q_2 之间的每一销售量上，买者和卖者之间一些潜在的贸易好处都没有得到实现。这些损失的贸易好处就引起了无谓损失。

8.2 决定无谓损失的因素

什么因素决定税收的无谓损失的大小？答案是供给和需求的价格弹性，价格弹性衡量供给量和需求量对价格变动的反应。

我们先来考虑供给弹性如何影响无谓损失的大小。在图 8-5 上面的两幅图中，需求曲线和税收规模是相同的。这两幅图唯一的差别是供给曲线的弹性。在（a）幅中，供给曲线比较缺乏弹性：供给量对价格变动只有很小的反应。在（b）幅中，供给曲线比较富有弹性：供给量对价格变动的反应很大。要注意的是无谓损失，即供给曲线和需求曲线之间的三角形面积，在供给曲线比较富有弹性时较大。

同样，图 8-5 下面的两幅图表示需求弹性如何影响无谓损失的大小。在这里，供

图8-5　税收扭曲与弹性

在（a）幅和（b）幅中，需求曲线和税收规模相同，但供给的价格弹性不同。要注意的是，供给曲线越富有弹性，税收的无谓损失越大。在（c）幅和（d）幅中，供给曲线和税收规模相同，但需求的价格弹性不同。要注意的是，需求曲线越富有弹性，税收的无谓损失越大。

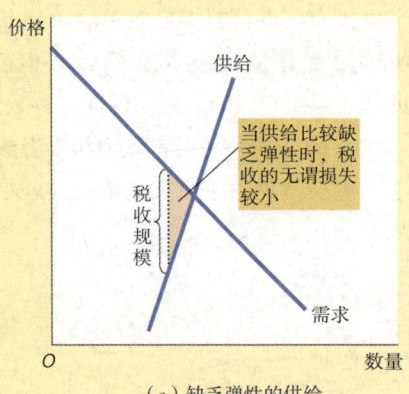
（a）缺乏弹性的供给

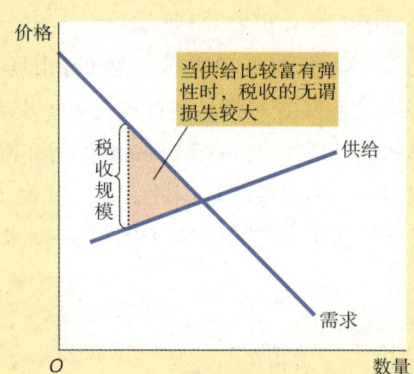
（b）富有弹性的供给

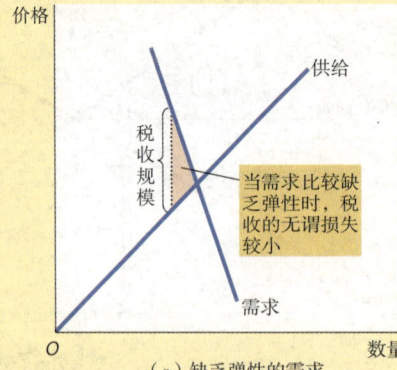
（c）缺乏弹性的需求

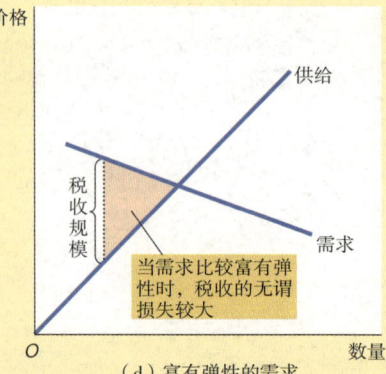
（d）富有弹性的需求

即问即答

■啤酒的需求比牛奶的需求更富有弹性。啤酒税的无谓损失大，还是牛奶税的无谓损失大？为什么？

给曲线和税收规模保持不变。在（c）幅中，需求曲线比较缺乏弹性，税收的无谓损失较小。在（d）幅中，需求曲线比较富有弹性，税收的无谓损失较大。

从这个图中所得出的结论很容易解释。税收造成无谓损失，是因为它使买者和卖者改变了自己的行为。税收提高了买者支付的价格，因此他们的消费减少了；同时，税收降低了卖者得到的价格，因此他们的生产减少了。由于行为的这些变动，市场规模缩小到最优水平之下。买者和卖者对价格变动的反应程度越大，均衡数量缩小越多。因此，供给和需求的弹性越大，税收的无谓损失也就越大。

案例研究   关于无谓损失的争论

供给、需求、弹性和无谓损失等所有这些经济学理论足以使你头昏脑涨。但是，信不信由你，这些思想触及了深层次政治问题的中心：政府的规模应该有多大？争论集中于这些概念的原因是，税收的无谓损失越大，政府实施一项计划的成本就越高。如果赋税引起极大的无谓损失，那么，这些损失就强烈支持低税无为的小政府。但是，如果税收只带来微不足道的无谓损失，那么，政府计划的成本就比其他情况下要小。

赋税的无谓损失究竟有多大？经济学家对这个问题的回答并不一致。为了说明这种分歧的本质，考虑美国经济中最重要的税收——劳动税。社会保障税、医疗保障税以及（在很大程度上来讲）联邦所得税，都是劳动税。许多州政府也对劳动收入征税。劳动税是打入企业支付的工资和工人得到的工资之间的一个楔子。对于一个普通工人来说，如果把各种形式的劳动税加在一起，劳动收入的边际税率——对最后1美元收入所征收的税收——约为40%。

尽管劳动税的规模容易确定，但这种税的无谓损失并不是显而易见。对于这40%的劳动税的无谓损失是大还是小，经济学家们的看法并不一致。产生这种分歧的原因在于他们对劳动供给弹性的看法不同。

那些认为劳动税并没有严重扭曲市场结果的经济学家认为，劳动供给是相当缺乏弹性的。他们说，无论工资如何，大多数人都会从事全职工作。如果是这样的话，劳动供给曲线几乎是垂直的，劳动税引起的无谓损失很小。

那些认为劳动税引起严重扭曲的经济学家认为，劳动供给是较为富有弹性的。在承认某些工人群体的劳动供给不会随劳动税变动而反应很大的同时，他们认为许多其他群体对激励的反应较大。下面是一些例子：

• 许多工人可以调整他们工作的时间，例如加班工作。工资越高，他们选择工作的时间越长。

• 一些家庭有第二个赚钱人——往往是有孩子的已婚女性——他们要根据情况决定是在家里从事不拿报酬的家务劳动，还是在市场上从事有报酬的劳动。当决定是否参加工作时，这些第二个赚钱人要比较在家里的利益（包括节省下来的孩子的看护费用）和他们能赚到的工资。

• 许多老年人可以选择什么时候退休，而且，他们的决策也部分地取决于工资。一旦他们退休了，工资将决定他们从事兼职工作的激励。

• 一些人考虑从事非法经济活动，例如毒品贸易，或从事可以逃税的暗中支付工

"你对劳动供给弹性的看法是什么？"

图片来源：McNamee/Getty Images.

资的工作。经济学家把这种情况称为地下经济。当决定是在地下经济中工作还是合法地工作时，这些潜在的违法者要比较他们违法赚到的收入和合法所赚到的工资。

在上述每一种情况下，劳动供给量都对工资（劳动价格）做出了反应。因此，当劳动收入要纳税时，这些工人的决策就被扭曲了。劳动税鼓励工人减少工作时间、第二个赚钱人留在家里、老年人早退休以及一些无耻之徒从事地下经济活动。

关于劳动税的扭曲效应的这两种观点今天仍然存在。实际上，当你看到两个政党候选人争论政府是应该提供更多的服务还是应该降低税收负担时，要记住这种分歧部分是源于他们在劳动供给弹性和赋税无谓损失上的不同观点。

8.3 税收变动时的无谓损失和税收收入

税收很少长期保持不变。地方、州和联邦政府的决策者总是在考虑提高一种税或降低另一种税。这里,我们要考察当税收规模变动时,无谓损失和税收收入会发生什么变动。

图 8-6 表示在市场供给曲线和需求曲线保持不变的情况下,小额税、中额税和大额税的影响。无谓损失——当税收使市场规模缩小到最优水平以下时引起的总剩余减

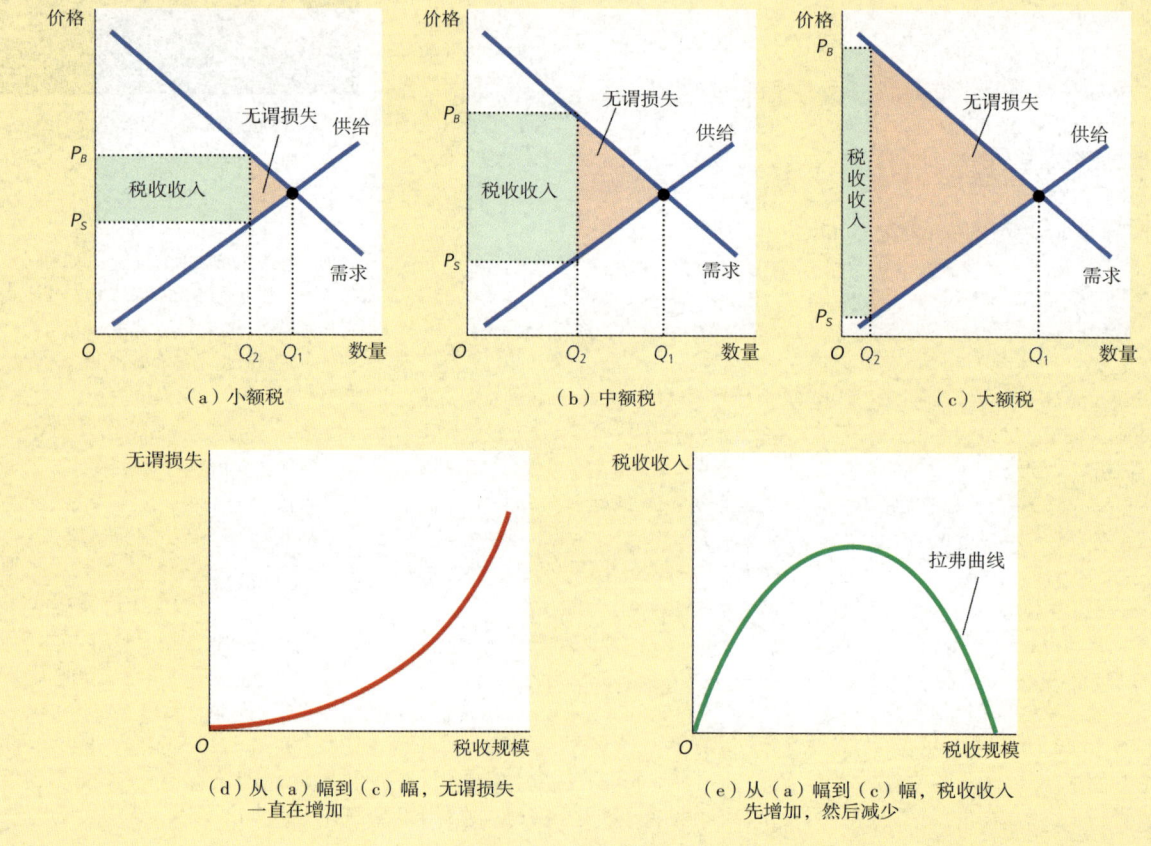

图8-6　无谓损失和税收收入如何随税收规模而变动

无谓损失是税收引起的总剩余减少。税收收入是税收与物品销售量的乘积。在(a)幅中,小额税有少量无谓损失,并增加了少量收入。在(b)幅中,中额税有较大无谓损失,并增加了较多收入。在(c)幅中,大额税有非常大的无谓损失,由于它大大缩减了市场规模,所以只增加了少量收入。(d)幅和(e)幅总结了这些结论。(d)幅表示,税收规模越大,无谓损失越大。(e)幅表示,税收收入先增加,然后减少。这种关系有时被称为拉弗曲线。

少——等于供给曲线和需求曲线之间的三角形面积。在（a）幅中的小额税时，无谓损失（即三角形的面积）相当小。但在（b）幅和（c）幅中，随着税收规模的增大，无谓损失变得越来越大。

实际上，税收的无谓损失的增加要快于税收规模的扩大。这是因为无谓损失是一个三角形的面积，而三角形的面积取决于三角形底和高的乘积。例如，如果税收规模翻一番，三角形的底和高各翻一番，这样，无谓损失就增加为原来的4倍。如果我们使税收增加为原来的3倍，三角形的底和高也增加为原来的3倍，这样，无谓损失就增加为原来的9倍。

政府税收收入是税收规模乘以物品销售量。正如图8-6的前三幅所示，税收收入等于供给曲线和需求曲线之间的矩形面积。在（a）幅中的小额税时，税收收入很少。当税收规模从（a）幅所示增大到（b）幅所示时，税收收入增加了。但当税收规模再从（b）幅所示增大到（c）幅所示时，税收收入又减少了，这是因为税收的大幅度提高极大地缩小了市场规模。当税收极高时，税收收入将缩减为零，因为人们会完全停止买卖物品。

图8-6中的最后两幅总结了这些结论。在(d)幅中，我们看到，随着税收规模的扩大，无谓损失迅速增加。与此相比，（e）幅表示随着税收规模的扩大，税收收入先是随着税收规模增大而增加，但随着税收规模进一步增大，市场收缩也非常大，以至于税收收入开始减少。

即问即答

■ 如果政府将汽油税翻番，你能肯定汽油税的收入将增加吗？你能肯定汽油税的无谓损失将增加吗？解释原因。

案例研究　拉弗曲线和供给学派经济学

1974年的一天，经济学家阿瑟·拉弗（Arthur Laffer）和一些著名记者与政治家在华盛顿的一家餐馆用餐。他拿来一块餐巾并在上面画了一个图来说明税率如何影响税收收入。这个图看起来很像图8-6中的（e）幅，接着拉弗提出，美国已处于这条曲线向下倾斜的一边上。他认为，税率如此之高，以至于降低税率实际上反而会增加税收收入。

大多数经济学家怀疑拉弗的建议。就经济理论而言，降低税率可以增加税收收入的想法可能是正确的，但值得怀疑的是在实践中是否真的如此。还没有什么证据可以证明拉弗的观点，即美国的税率实际上已经达到了这种极端的水平。

但是，拉弗曲线（它因此而闻名）激发了罗纳德·里根的想象力。里根政府的第一任预算局局长David Stockman讲了这样一个故事：

（里根）曾亲自经历过拉弗曲线所描述的情况。他总是说："第二次世界大战期间我拍电影赚过大钱。"在那时，战时附加所得税高达90%。"你只能拍四部电影就达到最高税率那一档了。"他继续说，"因此，我们都拍完四部电影就停止工作，并到乡下度假。"高税率使人们更少地工作。低税率使人们更多工作。他的经历证明了拉弗曲线。

当里根1980年竞选总统时，他把减税作为其施政纲领的一部分。里根认为，税收如此之高，以至于不鼓励人们努力工作。他认为，减税将给人们适当的工作激励，这种激励又会提高经济福利，或许甚至可以增加税收收入。由于降低税率是要鼓励人们增加他们供给的劳动数量，所以，拉弗和里根的观点就以供给学派经济学而闻名。

经济学家一直在争论拉弗的观点。许多经济学家认为，之后的历史否定了拉弗关于低税率可以增加税收收入的猜想。但是，由于历史可以有不同的解释，另一些经济学家认为，20世纪80年代的事件更支持供给学派的假说。为了准确地评价拉弗的假说，我们需要在里根没有减税的前提下重演一遍历史，来看一下税收收入是高了还是低了。不幸的是，这个实验是不可能的。

在这个问题上，一些经济学家采取了中间立场。他们认为，虽然税率的全面降低通常会减少税收收入，但一些纳税人有时可能发现自己处于拉弗曲线不利的一边。在其他条件不变时，如果对面临最高税率的纳税人实施减税，减税可能增加税收收入。此外，当考虑税率比美国高得多的国家时，拉弗的观点也许更有说服力。例如，20世纪80年代初，瑞典一般工人面临的边际税率约为80%。这样高的税率确实严重不利于工作激励。研究表明，瑞典如果降低其税率，的确可以增加税收收入。

经济学家对这些问题的看法不一致，部分是因为他们对相关弹性大小的看法不一致。在任何一个市场上，供给和需求越富有弹性，该市场上税收对人们行为的扭曲就越大，而且，减税将增加税收收入的可能性越大。但是，经济学家对以下一般性结论是没有争议的：仅仅盯住税率并不能计算出税收变动会使政府收入增加或减少多少，后者还取决于税收变动如何影响人们的行为。

IN THE NEWS

 【新闻摘录】
税收争论

在2012年，奥巴马总统连任竞选期间及以后，突出的政策争论是关于要不要增税，特别是要不要对高收入纳税人增税。在以下的两篇文章中，著名经济学家提出了正反两种观点。

高税率不会使经济增长放慢
Peter Diamond　Emmanuel Saez

美国收入最高的1%的人群的税前收入所占比例已经翻了一番还多，从20世纪70年代的不到10%增加到2010年的将近20%。与此同时，对最高收入人群的联邦所得税的平均税率大大下降了。在巨额当前赤字和计划赤字的情况下，应该对收入最高的1%的人群加税吗？由于美国收入的集中程度如此之高，所以，潜在的税收收入是巨大的。

但是，最高收入的1%的人群的应纳税收入对增税的反应会不会是大大下降，以至于税收收入增加不多，甚至下降呢？换言之，我们是否已经接近或超过著名的拉弗曲线的顶点，也就是使税收收入最大化的税率了呢？

拉弗曲线用于说明应纳税收入"弹性"的概念——即应纳税收入将随着税率变动而变动。最高收入的人群当然会把应纳税收入分配在不同的年度，以求适用更低税率，例如，改变慈善捐赠和获取资本利得的时间。还有些人会把应纳税收入转变为资本利得，并以其他方法避免高税收。但是，现有的研究并没有表明，实际情况并没有很大变动。

根据我们对当前税率及弹性的分析，使税收收入最大化的最高联邦边际所得税税率应该是或接近于50%—70%（考虑到个人还要缴纳更多的州和地方税）。因此，我们得出结论：在将最高收入人群的税率提高到最低50%（里根政府第一任时期的水平），最高70%（20世纪70年代的水平）之前，税收很可能是会增加的。为了减少避税的机会，资本利得和股利的税率应该随基本税率的提高而提高。堵塞法律漏洞和提高执行力度会进一步限制避税和逃税。

但是，提高最高收入人群的税率会大大降低经济增长速度吗？战后美国对最高收入人群的税率一直伴随着高经济增长——而不是低增长。实际上，根据美国商务部经济分析局的分析，在最高收入人群的税率相对较低的1980年到2010年间，（根据人口增长进行过调整的）人均GDP平均每年增长1.68%，而在最高收入人群的税率高达70%或更高水平的1950年到1980年间，人均GDP平均每年增长2.23%。

国际数据也没有对低增长来自对最高收入人群的高税率的观点提供支持。20世纪70年代以来，经合组织（OECD）成员国家的经济增长和最高收入人群减税之间并不存在明显的关系。

例如，从1970年到2010年，美国和英国人均真实GDP平均每年增长1.8%和2.03%，在这一时期，这两个国家都大幅度地降低了最高收入人群的税率。同一时期，法国和意大利人均真实GDP平均每年增长1.72%和1.89%，而在这一时期，这两个国家都保持了最高收入人群的高税率。尽管这不能说明对最高收入人群的高税率实际上促进了增长，但总量数据中也没有充分的证据支持高税率使增长放慢的观点。

如果我们无法确定税收收入的去向，也就无法评价增加税收收入对经济增长的最终影响。如果部分税收收入用于减少联邦赤字，就会有更多储蓄进入资本投资，这就促进了增长。事实是，那些支付高税率的人群即使减少了储蓄也不能完全抵消这种增长效应，因为他们的高税额中的一部分可能是来自于消费的减少。

如果一部分增加的税收收入被用于有高回报的公共投资，例如，教育、基础设施和研究，那么，它会进一步促进增长。近几十年来被忽略了的公共投资表明，其回报可能是相当高的。

当人们为良好投资机会筹资的能力受到限制时，就会产生很大的效率损失。调查表明，贷款困难是新创建公司面临的普遍问题。教育水平的提高要受父母财务状况的影响，而提高教育水平所带来的收入增加是很高的。低收入者进行投资筹资要比高收入者难得多。当比尔·盖茨富起来的时候，微软为投资筹资已经不会有什么问题了。因此，提高已经富起来的人群的税率不太可能会像提高即将富起来的人群的税率一样对增长造成损害。

就其本身而言，适当提高最高收入人群的税负并不能解决我们难以持续的长期财政赤字问题。但没有什么理由不用增税这个工具来为处理财政问题做出些贡献。

Diamond先生是麻省理工学院的荣誉教授，诺贝尔经济学奖得主。Saez先生是加州大学伯克利分校的经济学教授。

资料来源： *The Wall Street Journal*, April 23 ⓒ 2012 *The Wall Street Journal.*

图片来源：www.1tu.com

税收比你认为的要多得多
Edward C. Prescott   Lee E. Ohanian

奥巴马总统认为，当选就相当于批准了他可以提高高收入人群的税收。白宫表示，在已经接近所谓的财政悬崖时，在这个问题上，总统没有妥协的余地。

但是税率其实已经很高了——远高于通常人们所认为的水平——而且，提高税收会进一步抑制经济，特别是会影响美国人的工作时数。

考虑到对收入和消费支出的所有税收——包括联邦、州和地方所得税，社会保障和医疗的工薪税，消费税，以及州和地方销售税——Edward Prescott 认为，美国的平均边际有效税率是40%左右（*Quarterly Review of the Federal Reserve Bank of Minneapolis*，2004）。这就意味着，如果工人从增加的产出中平均挣到100美元，他其实只能增加60美元消费。

其他学者的研究[包括 Lee Ohanian、Andrea Raffo、Richard Rogerson，《货币经济学季刊》(*Journal of Monetary Economics*)，2008; Edward Prescott，《美国经济评论》(*American Economic Review*)，2002]表明，进一步提高税率会大大减少美国的经济活动，而且暗示，增税能增加的税收收入非常有限。

更高的税率——无论是对劳动收入还是对消费征收——减少了对于人们工作的激励，因为高税收使得消费相对于其他活动，比如休闲，更为昂贵了。尤其是当税收以私人消费的替代品的方式回到家庭，比如公立教育、警察和消防、食品券以及医疗，无论是通过政府转移支付还是实物转移，都会压抑为市场生产物品的激励。

20世纪50年代，当欧洲税率低时，许多西欧人，包括法国人和德国人，人均工作时数多于美国人。随着时间推移，在许多西欧国家，影响收入和消费的税率大幅度提高。据估算，近几十年来一些欧洲国家的工作时数减少了将近30%——从20世纪50年代的每人每年平均1400小时左右下降到现在的1000小时，高税率是重要原因。

荷兰20世纪80年代后期以来工作时数的增加也与税率变动有很大关系，它是随着降低边际所得税税率的法规而出现的。

日本的所得税与消费税的税率与美国几乎相同，2007年（进入衰退之前的最后一个年份）日本工人的工作时数为1363小时——和美国的平均工作时数1336小时基本相同。

所有这些都对美国有重大意义。加州刚刚颁布了提高所得税和销售税的法令。加州最高的所得税税率将是13.3%，而在某些领域最高的销售税税率会上升到10%之高。如果把这些州税与最高的联邦税率44%相加，再加上联邦消费税，加州最高收入人群的边际税率可达60%左右——与法国、德国和意大利同样高。

高劳动所得税和消费税还对企业家精神和冒险精神有影响。推动美国经济增长的关键因素是微软的比尔·盖茨、苹果的史蒂夫·乔布斯、联邦快递的弗雷德·史密斯和其他人的杰出贡献。他们承担巨大的风险来实施新的想法，直接和间接地创造了新经济部门和成千上万的新工作岗位。

欧洲的企业家精神要低得多，这表明高税率和设计不佳的规制限制了新企业的诞生。《经济学人》(*The Economist*)报道，在1976年到2007年间，只有一家欧洲大陆的企业表现突出，即挪威的再生能源公司（Renewable Energy Corporation），它可以与微软、苹果和其他美国大公司相媲美，也被列入《金融时报》世界500强名单……

现在经济面临两个严重的风险：压抑工作时数的更高边际税率的风险，以及继续实行诸如《Dodd-Frank 金融改革法案》、各种援助方案和补贴某些行业与技术所带来的风险，这些都会通过保护低效率生产者和限制资源流入生产率最高的使用者而抑制生产率增长。

如果这两种风险变为现实，美国经

济将面临比 2013 年的衰退更严重的问题。它将面临相对生活水平持久而不断的下降。

经济增长需要新思想与新企业，这就需要一个庞大的、有才能的年轻工人群体，他们愿意承担创办企业的巨大风险。这就需要消除创造新经济活动路上的障碍——并提高成功的税后收益。

Prescott先生是亚利桑那州立大学教授，诺贝尔经济学奖得主。Ohanian先生是加州大学洛杉矶分校的经济学教授。

资料来源： *The Wall Street Journal*, Copyright © 2012 Dow Jones & Company, Inc.

8.4 结论

在本章中，我们运用前一章提出的工具来加深对税收的理解。第 1 章中讨论的经济学十大原理之一是，市场通常是组织经济活动的一种好方法。在第 7 章中，我们运用生产者剩余和消费者剩余的概念更为精确地阐释了该原理。这里我们说明了，当政府对一种物品的买者或卖者征税时，社会就损失了某些市场效率的好处。税收给市场参与者带来损失，不仅是因为税收将资源从市场参与者手中转到政府手中，还因为税收改变了激励，并扭曲了市场结果。

这里和第 6 章提供的分析会为你理解税收的经济影响打下一个良好的基础，但事情并未到此结束。微观经济学家研究如何最好地设计税制，包括如何达到平等与效率之间的适当平衡。宏观经济学家研究税收如何影响整个经济，以及决策者可以如何运用税制来稳定经济活动，并实现更快的经济增长。因此，随着你继续学习经济学，税赋这个主题还会再次出现。

◎ 一种物品的税收使该物品买者与卖者的福利减少了,而且,消费者剩余和生产者剩余的减少常常超过了政府筹集到的收入。总剩余——消费者剩余、生产者剩余和税收收入之和——的减少被称为税收的无谓损失。

◎ 税收带来无谓损失是因为它使买者少消费,使卖者少生产,而且,这种行为变动使市场规模缩小到使总剩余最大化的水平之下。由于供给弹性和需求弹性衡量市场参与者对市场状况变动的反应程度,所以,弹性越大意味着无谓损失越大。

◎ 税收增加越多,它对激励的扭曲越大,无谓损失也就越大。但由于税收减小了市场规模,税收收入不会一直增加。税收收入起初随着税收规模的扩大而增加,但如果税收规模达到足够大,税收收入就会开始下降。

无谓损失

1. 当对一种物品征税时,消费者剩余和生产者剩余会发生怎样的变动?税收收入与消费者剩余和生产者剩余相比较如何?解释原因。

2. 画出对某种物品征收销售税的供求图。在图上标明无谓损失,标明税收收入。

3. 供给弹性与需求弹性如何影响税收的无谓损失?为什么会有这种影响?

4. 为什么专家们对劳动税无谓损失大小的看法不一致?

5. 当税收增加时,无谓损失和税收收入会发生怎样的变动?

第 9 章
应用：国际贸易

如果你查看你身上穿的衣服的标签，你也许会发现，你的一些衣服是别的国家生产的。一个世纪前，纺织业和服装业是美国经济的主要部门，但现在情况已经改变了。美国的许多企业发现，由于面临可以以低成本生产高质量物品的外国竞争者，要通过生产并销售纺织品和服装来获得利润已经越来越困难了。因此，它们解雇了工人，并关闭了工厂。今天，美国人消费的大部分纺织品和服装都是从国外进口的。

纺织业的故事提出了一个有关经济政策的重要问题：国际贸易如何影响经济福利？在各国间的自由贸易中谁受益？谁受损？如何比较收益和损失？

第3章运用比较优势原理介绍了关于国际贸易的研究。根据这一原理，各国都可以从相互贸易中获益，因为贸易使每个国家都可以专门从事自己最擅长的活动。但第3章的分析是不完全的，它没有解释在国际市场上如何实现这种贸易的好处，或者这些好处如何在各个经济参与者之间进行分配。

现在我们转向对国际贸易的研究并解决这些问题。在前几章中，我们提出了许多分析市场如何运行的工具：供给、需求、均衡、消费者剩余和生产者剩余等。我们可以用这些工具来更多地了解国际贸易如何影响经济福利。

9.1 决定贸易的因素

我们来看纺织品市场。纺织品市场很适于用来考察国际贸易的得失：世界上许多国家都生产纺织品，而且，纺织品的国际贸易量也很大。此外，纺织品市场是决策者经常考虑（而且有时实施）贸易限制，以便保护国内生产者免受外国竞争的一个市场。我们这里考察一个假想的 Isoland 国的纺织品市场。

9.1.1 没有贸易时的均衡

我们首先假设，Isoland 国的纺织品市场是与世界其他地方相隔离的。根据政府法令，Isoland 国不允许任何一个人进口或出口纺织品，而且，违背该法令的惩罚非常严厉，以至于没有一个人敢违法去这样做。

因为没有国际贸易，所以 Isoland 国的纺织品市场由 Isoland 国的买者和卖者组成。如图 9-1 所示，国内价格会自发调整，使国内卖者的供给量与国内买者的需求量达到平衡。图中显示了在没有国际贸易的均衡时的消费者剩余和生产者剩余。消费者剩余和生产者剩余之和衡量买者和卖者从参与纺织品市场中得到的总利益。

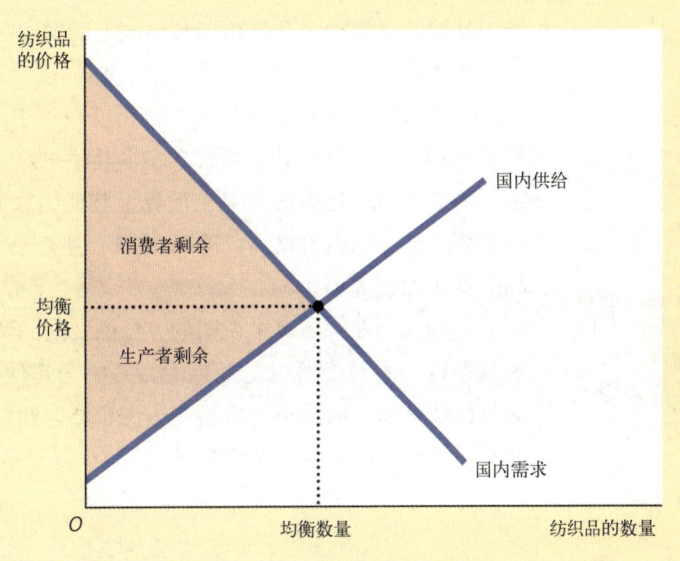

图9-1 没有国际贸易时的均衡

当一个经济不能在世界市场上进行贸易时，价格会自发调整，使国内供给与需求达到平衡。这个图表示在假想的Isoland国纺织品市场上，在没有国际贸易的均衡时的消费者剩余和生产者剩余。

现在假设在一次政局变动中，Isoland 国选出了一位新总统。新总统在参选时以"变革"为竞选纲领，并向选民承诺会大胆提出新思想。他的第一个行动是组织了一个经济学家小组来评估 Isoland 国的贸易政策，并要求这些经济学家就以下三个问题给出报告：

- 如果政府允许Isoland国进口和出口纺织品，国内纺织品市场的纺织品价格和纺织品销售量会发生什么变动？
- 谁将从纺织品的自由贸易中获益？谁将遭受损失？好处会大于损失吗？
- 应该把关税（对纺织品进口征税）作为新贸易政策的一部分吗？

在复习了他们最喜爱的教科书（当然，是本书）中的供给与需求的相关知识之后，Isoland 国的经济学家小组开始进行分析。

9.1.2 世界价格和比较优势

经济学家要解决的第一个问题是：Isoland 国会成为一个纺织品进口国还是纺织品出口国？换句话说，如果允许自由贸易，Isoland 国最后会在世界市场上买纺织品还是卖纺织品？

为了回答这个问题，经济学家对现在 Isoland 国的纺织品价格和其他国家的纺织品价格进行了比较。我们把世界市场上通行的价格称为**世界价格**（world price）。如果纺织品的世界价格高于国内价格，那么，一旦允许贸易，Isoland 国就会成为一个纺织品出口国。Isoland 国的纺织品生产者渴望得到国外可以得到的高价格，并开始向其他国家的买者出售他们的纺织品。相反，如果纺织品的世界价格低于国内价格，那么，Isoland 国就将成为一个纺织品进口国。由于外国卖者提供了更好的价格，Isoland 国的纺织品消费者将很快开始购买其他国家的纺织品。

从本质上说，比较贸易之前的世界价格和国内价格可以说明，Isoland 国在生产纺织品方面有没有比较优势。国内价格反映纺织品的机会成本：它告诉我们，Isoland 国为了得到一单位纺织品必须放弃多少其他东西。如果国内价格低，即 Isoland 国生产纺织品的成本低，这表明相对于世界上其他国家而言，Isoland 国在生产纺织品上具有比较优势。如果国内价格高，即 Isoland 国生产纺织品的成本高，这表明外国在生产纺织品上具有比较优势。

正如我们在第 3 章中说明的，各国之间的贸易最终要建立在比较优势的基础之上。这就是说，贸易之所以是互惠的，是因为它使各国可以专门从事自己最擅长的活动。通过比较贸易之前的世界价格和国内价格，我们可以确定 Isoland 国比世界其他国家更擅长还是更不擅长生产纺织品。

世界价格：一种物品在世界市场上通行的价格。

即问即答

■ Autarka 国不允许国际贸易。在 Autarka 国，你可以用 3 盎司黄金买一件羊毛套装。同时，你在邻国可以用 2 盎司黄金买一件同样的羊毛套装。如果 Autarka 国打算允许自由贸易，它将进口还是出口羊毛套装？为什么？

9.2 贸易的赢家和输家

为了分析自由贸易的福利影响，Isoland 国的经济学家假设，与世界其他国家相比，Isoland 国是一个小型经济。这一小型经济假设意味着 Isoland 国的行为对世界市场的影响微不足道。具体来说就是，Isoland 国贸易政策的任何变化都不会影响纺织品的世界价格。可以说 Isoland 人在世界经济中是**价格接受者**。这就是说，他们把纺织品的世界价格作为既定的。Isoland 可以通过以这种价格出售纺织品而成为纺织品的出口国，也可以通过以这种价格购买纺织品而成为纺织品的进口国。

小型经济假设并不是分析从世界贸易中受益或受损时所必需的。但 Isoland 国的经济学家从经验（以及阅读本书第 2 章）中知道，做出简单化假设是构建一个有用的经济模型的关键部分。Isoland 国是小型经济的假设大大简化了分析，而且，在更为复杂的大型经济的情况下，其基本结论并不会改变。

9.2.1 出口国的得失

图 9-2 表示当贸易前国内均衡价格低于世界价格时 Isoland 国的纺织品市场。一旦允许自由贸易，国内价格上升到等于世界价格。没有一个纺织品卖者会接受低于世界价格的价格，没有一个买者会支付高于世界价格的价格。

在国内价格上升到等于世界价格之后，国内的供给量就不等于国内的需求量了。供给曲线表示 Isoland 国的卖者供给的纺织品量。需求曲线表示 Isoland 国的买者需要的纺织品量。由于国内供给量大于国内需求量，Isoland 国向其他国家出售纺织品。这样，Isoland 国就成为一个纺织品出口者。

虽然国内供给量与国内需求量不同，但纺织品市场仍然是均衡的，因为现在有其他的市场参与者——世界其他国家。可以认为世界价格时的水平线代表世界其他国家的纺织品需求。这条需求曲线是完全富有弹性的，因为 Isoland 国作为一个小型经济，可以以世界价格销售它想销售的任何数量的纺织品。

现在考虑开放贸易的得失。显而易见，并不是每一个人都受益。贸易迫使国内价格上升到世界价格。国内纺织品生产者的状况变好了，因为他们现在可以以更高的价格出售纺织品，但国内纺织品消费者的状况变糟了，因为他们现在不得不以较高的价格购买纺织品。

为了衡量这种得失，我们来看一下消费者剩余和生产者剩余的变动情况。在允许

图9-2　一个出口国的国际贸易

一旦允许贸易，国内价格就上升到等于世界价格的水平。供给曲线表示国内生产的纺织品量，需求曲线表示国内消费的纺织品量。Isoland 国的出口等于世界价格时国内供给量与国内需求量之间的差额。卖者的状况变好了（生产者剩余从 C 增加到 B+C+D ），而买者的状况变坏了（消费者剩余从 A+B 减少为 A ）。总剩余的增加量等于面积 D，表明贸易增加了整个国家的经济福利。

	贸易前	贸易后	变动
消费者剩余	A+B	A	−B
生产者剩余	C	B+C+D	+（B+D）
总剩余	A+B+C	A+B+C+D	+D

面积 D 表示总剩余的增加，并代表贸易的收益。

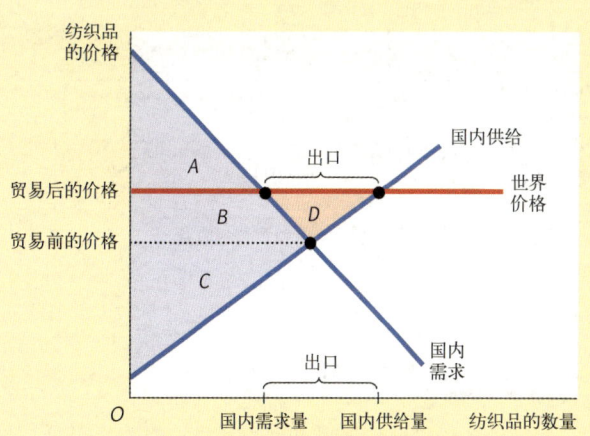

贸易前，纺织品价格自发调整，使国内供给与国内需求达到平衡。消费者剩余，即需求曲线和贸易前价格之间的面积是 A+B。生产者剩余为供给曲线和贸易前价格之间的面积 C。贸易前总剩余，即消费者剩余与生产者剩余之和，是面积 A+B+C。

在允许贸易以后，国内价格上升到世界价格。消费者剩余减少为面积 A（需求曲线和世界价格之间的面积），生产者剩余增加为面积 B+C+D（供给曲线和世界价格之间的面积），因此，有贸易时的总剩余是面积 A+B+C+D。

这些福利计算说明了在一个出口国中，谁从贸易中受益，谁从贸易中受损。卖者受益，因为生产者剩余增加了面积 B+D；买者受损，因为消费者剩余减少了面积 B。因为卖者的收益大于买者的损失，差额是面积 D，所以，Isoland 国的总剩余增加了。

上述对出口国的分析得出了以下两个结论：

- 当一国允许贸易并成为一种物品的出口者时，国内该物品生产者的状况变好了，而国内该物品消费者的状况变坏了。
- 从赢家收益超过了输家损失的意义上说，贸易使一国的经济福利增加了。

9.2.2 进口国的得失

现在假设贸易前国内价格高于世界价格。同样，一旦允许贸易，国内价格就必然等于世界价格。如图 9-3 所示，国内供给量小于国内需求量。国内需求量与国内供给量之间的差额要通过向其他国家购买来填补，从而 Isoland 国成为一个纺织品进口者。

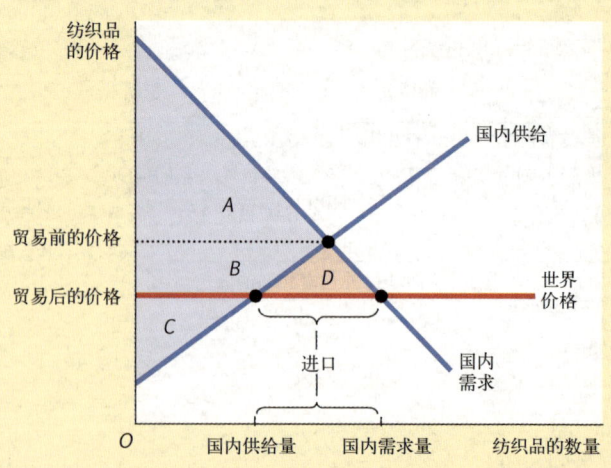

图9-3　一个进口国的国际贸易

一旦允许贸易，国内价格就下降到等于世界价格的水平。供给曲线表示国内产量，而需求曲线表示国内消费量。进口等于世界价格时国内需求量与国内供给量的差额。买者的状况变好（消费者剩余从 A 增加到 A+B+D），而卖者的状况变坏（生产者剩余从 B+C 减少到 C）。总剩余增加了面积 D，表明贸易提高了该国家作为一个整体的经济福利。

	贸易前	贸易后	变动
消费者剩余	A	A+B+D	+(B+D)
生产者剩余	B+C	C	−B
总剩余	A+B+C	A+B+C+D	+D

面积 D 表示总剩余增加，并代表贸易的收益。

在这种情况下，世界价格时的水平线代表世界其他国家的供给。这条供给曲线完全有弹性，因为 Isoland 国是一个小型经济，因此，可以以世界价格买到它想买的任何数量的纺织品。

现在考虑贸易的得失。同样，并非每一个人都受益。当贸易迫使国内价格下降时，国内消费者的状况变好了（他们现在能以较低的价格买到纺织品），而国内生产者的状况变坏了（他们现在不得不以较低的价格出售纺织品）。消费者剩余和生产者剩余的变动衡量得失的大小。允许贸易前，消费者剩余是面积 A，生产者剩余是面积 $B+C$，而总剩余是面积 $A+B+C$；允许贸易以后，消费者剩余是面积 $A+B+D$，生产者剩余是面积 C，而总剩余是面积 $A+B+C+D$。

这些福利计算说明了在一个进口国中，谁从贸易中受益，谁从贸易中受损。买者受益是因为消费者剩余增加了面积 $B+D$。卖者受损是因为生产者剩余减少了面积 B。买者的收益超过了卖者的损失，总剩余增加了面积 D。

上述对进口国的分析得出了两个与出口国情况相类似的结论：

• 当一国允许贸易并成为一种物品的进口者时，国内该物品消费者的状况变好了，而国内该物品生产者的状况变坏了。

• 从赢家收益超过了输家损失的意义上说，贸易使一国的经济福利增加了。

在完成了对贸易的分析之后，我们可以更好地理解第 1 章中的经济学十大原理之一：贸易可以使每个人的状况都变得更好。如果 Isoland 国允许它的纺织品市场参与到国际贸易中，无论最后 Isoland 国是出口还是进口纺织品，这种变动都会产生赢家和输家。但是，在这两种情况下，赢家的收益都大于输家的损失，因此，赢家可以对输家进行补偿，补偿之后赢家的状况仍然是比以前更好。从这种意义上说，贸易可以使每个人的状况都变得更好。但贸易将使每个人的状况都变得更好吗？也许并不一定。在现实中，对国际贸易中输家的补偿是很少的。没有这种补偿，一个经济向世界开放就是一种扩大经济蛋糕规模的政策，但也许会使一些经济参与者得到的蛋糕变小了。

现在我们可以知道，为什么关于贸易政策的争论如此激烈。每当一种政策创造了赢家和输家时，政治斗争就登上了舞台。一些国家有时不能享受到贸易的好处，是因为自由贸易的输家在政治上比赢家更有组织。输家可能团结起来，为实行关税或进口配额等贸易限制而利用政治影响力进行游说。

9.2.3 关税的影响

Isoland 国的经济学家接下来考虑**关税**（tariff）——对进口物品征收的一种税——的影响。经济学家很快认识到，如果 Isoland 国成为一个纺织品出口国，对纺织品征收关税没有影响。如果 Isoland 国没有人对进口纺织品感兴趣，对纺织品进口征收关税也无关紧要。只有在 Isoland 国成为一个纺织品进口国时，关税才是重要的。经济学家把注意力集中在这种情况上，比较了有关税时和没有关税时的福利。

关税：对在国外生产而在国内销售的物品征收的一种税。

图9-4 表示 Isoland 国的纺织品市场。在自由贸易下，国内价格等于世界价格。关税使进口纺织品的价格提高到世界价格之上，其增加量等于关税。那些与进口纺织品供给者竞争的国内纺织品供给者现在能以世界价格加关税量出售他们的纺织品。因此，纺织品——进口纺织品和国内纺织品——的价格上升了，上升幅度等于关税量，从而更接近于没有贸易时的均衡价格。

国内买者与卖者的行为受到价格变动的影响。由于关税提高了纺织品价格，它使国内需求量从 Q_1^D 减少为 Q_2^D，使国内供给量从 Q_1^S 增加到 Q_2^S。因此，关税减少了进口量，并使国内市场向没有贸易时的均衡移动。

现在考虑关税的得失。由于关税提高了国内价格，国内卖者的状况变好了，而国内买者的状况变坏了。此外，政府筹集到了收入。为了衡量这些得失，我们观察消费者剩余、生产者剩余和政府收入的变动。图 9-4 中的表格总结了这些变动。

在征收关税之前，国内价格等于世界价格。消费者剩余，即需求曲线与世界价格之间的面积，是面积 $A+B+C+D+E+F$。生产者剩余，即供给曲线与世界价格之间的面积，是面积 G。政府收入等于零。总剩余，即消费者剩余、生产者剩余和政府收入之和，是面积 $A+B+C+D+E+F+G$。

图9-4 关税的影响

关税减少了进口量，并使市场向没有贸易时的均衡移动。总剩余的减少量等于面积 $D+F$。这两个三角形代表关税的无谓损失。

	关税前	关税后	变动
消费者剩余	$A+B+C+D+E+F$	$A+B$	$-(C+D+E+F)$
生产者剩余	G	$C+G$	$+C$
政府收入	无	E	$+E$
总剩余	$A+B+C+D+E+F+G$	$A+B+C+E+G$	$-(D+F)$

面积 $D+F$ 表示总剩余的减少，并代表关税的无谓损失。

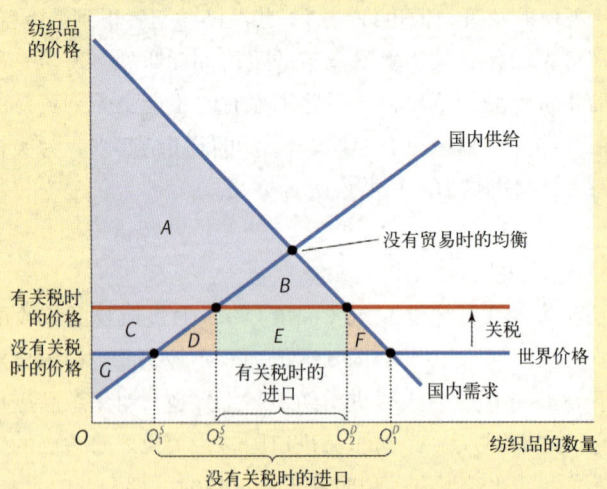

一旦政府征收关税，国内价格上升到世界价格之上，其高出量就是关税。现在消费者剩余是面积 A+B。生产者剩余是面积 C+G。政府收入等于有关税后的进口量乘以关税规模，是面积 E。因此，有关税时的总剩余是面积 A+B+C+E+G。

为了确定关税的总福利影响，我们把消费者剩余的变动（为负）、生产者剩余的变动（为正）和政府收入的变动（为正）相加。我们发现市场总剩余减少了面积 D+F。这种总剩余的减少称为关税的无谓损失。

关税会引起无谓损失，是因为关税是一种税。与大部分税收一样，它扭曲了激励，并使稀缺资源配置背离了最优水平。在这种情况下，我们可以确定两种效应：首先，当关税使国内纺织品价格高于世界价格时，它就鼓励国内生产者把产量从 Q_1^S 增加到 Q_2^S。尽管生产这些增加的纺织品的成本大于按世界价格购买这些纺织品的成本，但关税使得国内生产者生产这些纺织品还是有利可图的。其次，当关税提高了国内纺织品消费者不得不支付的价格时，它就鼓励这些消费者把纺织品的消费量从 Q_1^D 减少到 Q_2^D。尽管国内消费者对这些增加的纺织品的评价高于世界价格，但关税也导致了他们减少购买。面积 D 代表纺织品过度生产的无谓损失，而面积 F 代表纺织品消费不足的无谓损失。关税的总无谓损失是这两个三角形的面积之和。

参考资料 **进口配额：另一种限制贸易的方法**

除了关税之外，有时各国限制国际贸易的另一种方法是对进口某种物品的数量实行限制。在本书中，我们对这种政策不做出分析，仅仅是给出结论：进口配额和关税很相似。无论关税还是进口配额都减少了进口品的数量，提高了该物品的国内价格，减少了国内消费者的福利，增加了国内生产者的福利，并引起无谓损失。

这两种类型的贸易限制之间的唯一差别是：关税增加了政府的收入，而进口配额为那些得到进口许可证的人创造了剩余。进口许可证持有者的利润是国内价格（他出售进口物品的价格）和世界价格（他购买这些物品的价格）之间的差额。

如果政府对进口许可证收费，关税和进口配额就更相似了。假定政府确定的许可证费等于国内价格与世界价格之间的差额。在这种情况下，许可证持有者的所有利润都要以许可证费的形式交给政府，进口配额的作用与关税完全相同。在这两种政策下的消费者剩余、生产者剩余以及政府收入完全相等。

但是，实际上，用进口配额限制贸易的国家很少通过出售进口许可证来这样做。例如，美国政府有时施加压力让日本"自愿"限制日本汽车在美国的销售。在这种情况下，日本政府把进口许可证分配给日本企业，从而这些许可证所带来的剩余就归这些企业所有。从美国经济福利的角度说，这种进口配额比对进口汽车征收关税更糟。关税和进口配额都提高了价格，限制了贸易，并引起无谓损失，但关税至少能给美国政府带来收入，而不是给外国生产者带来利润。

9.2.4 贸易政策的结论

Isoland 国经济学家小组现在可以给新总统写一封信：

亲爱的总统阁下：
您向我们提出了有关开放贸易的三个问题。在经过大量艰苦的研究工作后，我们得出了答案。
问题：如果政府允许本国进口和出口纺织品，国内纺织品市场的纺织品价格和纺织品销售量会发生什么变动？

回答：一旦允许贸易，Isoland国的纺织品价格将被推动到等于全世界通行价格的水平。

如果现在世界价格高于Isoland国的价格，我们的价格将上升。较高的价格会减少Isoland人的纺织品消费量，并增加Isoland人的纺织品生产量。因此，Isoland国将成为一个纺织品出口者。之所以会出现这种情况，是因为此时的Isoland国在生产纺织品上有比较优势。

相反，如果现在世界价格低于Isoland国的价格，我们的价格将下降。较低的价格会增加Isoland人的纺织品消费量，并减少Isoland人的纺织品生产量。因此，Isoland国将成为一个纺织品进口者。之所以会出现这种情况，是因为此时的其他国家在生产纺织品上有比较优势。

问题：谁将从纺织品的自由贸易中获益？谁将受损？好处会大于损失吗？

回答：答案取决于允许贸易后价格是上升还是下降。如果价格上升，则纺织品生产者受益，纺织品消费者受损；如果价格下降，则纺织品消费者受益，纺织品生产者受损。在这两种情况下，收益都超过了损失，因此自由贸易会增加Isoland人的总福利。

问题：应该把关税作为新贸易政策的一部分吗？

回答：只有当Isoland国成为纺织进口国时，关税才有影响。在这种情况下，关税使经济接近于没有贸易时的均衡，而且，它与大多数税收一样，也会产生无谓损失。虽然关税改善了国内生产者的福利，并增加了政府收入，但这些收益不足以弥补消费者的福利损失。从经济效率的角度看，最好的政策是允许无关税的贸易。

我们希望以上答案对您制定新政策会有所帮助。

您忠实的仆人
Isoland 国经济学家小组

9.2.5　国际贸易的其他好处

Isoland 国经济学家小组的结论是基于标准的国际贸易分析。他们的分析使用了经济学教科书中最基本的工具：供给、需求、生产者剩余和消费者剩余。它表明，当一国开放贸易时，有赢家也有输家，但赢家的收益大于输家的损失。

但是，支持自由贸易的理由还不止这些，因为除了标准分析所强调的好处之外，贸易还会带来其他一些经济好处。这里简要地列出其中一些：

- **增加了物品的多样性**：不同国家生产的物品并不完全相同。例如，德国的啤酒与美国的啤酒并不完全相同。自由贸易使所有国家的消费者都拥有了更多的选择。

- **通过规模经济降低了成本**：一些物品只有大量生产时，才能以低成本生产，这种现象被称为规模经济。如果一个小国的企业只在很小的国内市场上销售产品，它就不能充分利用规模经济。自由贸易使企业可以进入更大的世界市场，并使企业可以更充分地实现规模经济。

- **增加了竞争**：一个避开了外国竞争者的公司更可能拥有市场势力，这又使其能把价格提高到竞争性水平之上。这是一种市场失灵。开放贸易促进了竞争，并使"看不见的手"有了施展其魔力的更好机会。

- **加强了思想交流**：技术进步在世界范围内的转移通常被认为是与含有这些技术进步的物品的国际贸易相关的。例如，对一个贫穷的农业国家来说，了解电脑革命的最好方法是从国外购买一些电脑，而不是努力在国内生产电脑。

因此，自由的国际贸易增加了可供消费者消费的物品的多样性，使企业可以利用规模经济，使市场更具竞争性，并有助于技术扩散。如果Isoland国的经济学家把这些影响也考虑进去，那么他们给总统的建议就会更有力。

即问即答

■画出Autarka国羊毛套装的供给曲线与需求曲线。当允许贸易时，一件羊毛套装的价格从3盎司黄金下降为2盎司黄金。在你画的图中，标明消费者剩余的变动、生产者剩余的变动和总剩余的变动。羊毛套装进口关税将如何改变上述结果？

IN THE NEWS

【新闻摘录】
对自由贸易的威胁

在2012年，随着美国和世界许多其他国家正慢慢地从严重衰退中复苏，贸易限制又被许多决策者当作不可抗拒的临时措施。

保护主义幻觉的回归
Douglas A. Irwin

20世纪30年代大萧条冲击时，许多国家都实行高关税、进口配额和外汇管制，错误地希望这些政策有助于复苏它们的经济。结果适得其反，这些政策导致了世界贸易的崩溃。今天保护主义的威胁又一次逼近全世界。

为了支撑比索，阿根廷采取的外汇配给政策严重限制了其在进口商品上的支出，引起了外国报复。巴西削减了来自阿根廷和墨西哥的汽车进口。一拨新的反倾销浪潮为贸易设置了更多的障碍。

出口限制也打断了贸易流：印度尼西亚和镍矿、中国和稀土矿、坦桑尼亚和玉米。而且，微妙的产品管制正大行其道地阻拦进口贸易。俄罗斯最近借口健康和安全的原因禁止从欧盟进口活动物，这引起了布鲁塞尔的强烈反对。

除了这些公开的手段外，还有一些令人担忧的草案正在出台。欧盟正在考虑在公共采购上模仿美国的购买美国国货的立法，倡导购买"欧洲货"，甚至有可能比起美国有过之而无不及。购买国货法律使国内供给商在政府合同中享有优先权，限制了贸易并提高了纳税人为政府服务所支付的价格。印度正在考虑干预信息与通信技术设备的购买偏好，不仅包括政府单位，还包括私人公司。

世界贸易组织（WTO）总干事Pascal Lamy说，这些限制或潜在限制贸易的种种手段"现在值得严重关注"。欧盟贸易委员Karel De Gucht也表示了担心，他称之为"过去8个月以来贸易限制性措施的突然上升"。

最近在墨西哥Los Cabos的高峰论坛上，G20的领导人声明，他们"密切关注全世界保护主义案例的增加"，并重申他们"坚定的立场"是避免实施新的贸易限制。他们发誓要"反对任何可能会出现的新的保护主义措施，包括新的出口限制，以及违反WTO规则的刺激出口的方式"。

说说容易。由瑞士St. Gallen大学的Simon Evenett管理的一项监控服务"全球贸易警示"（Global Trade Alert）指出，G20国家本身要对保护主义的蔓延负最大责任。许多贸易手段就是G20成员利用WTO规则的漏洞实施的。

不幸的是，奥巴马总统也没有在努力保持世界市场贸易开放上起到领导作用。由于担心触犯工会和其他国内选民，奥巴马当局长期拖延把与韩国、哥伦比亚和巴拿马的自由贸易协定送交国会批准。这届政府几乎完全被动，任凭世界贸易政策随意改变，而不是努力使已失去活力的WTO贸易谈判多哈回合恢复生机。

国会也没做什么有益的努力。共和党和民主党的参议员在上个月联合起来要求维持对糖业进口的限制，战胜了新罕布什尔州参议员 Jeanne Shaheen（D., N.H.）的一个修正案，该修正案要求逐渐取消这些限制。保持国内糖价两倍于世界水平是以牺牲消费者和纳税人的利益为代价来帮助少数甘蔗和甜菜种植户，而且会引起用糖行业，比如糖果和甜食制造业的工作岗位损失。

任何严重的倒向保护主义的倒退都是经济政策的重大失败。经验表明，一旦实施了保护主义政策，要取消就极为困难，因为既得利益者会尽全力维系保护条款。保护主义还会滋生外国的报复，这就使清除障碍加倍困难。现在已经没有时间抱有危险的幻觉了。

Irwin先生是达特茅斯学院的经济学教授，《贸易政策的灾难：20世纪30年代的教训》（*Trade Policy Disaster: Lessons from the 1930s*，MIT出版社，2012年）的作者。

资料来源： *The Wall Street Journal*, Copyright © 2012 Dow Jones & Company, Inc.

9.3 各种限制贸易的观点

经济学家小组的信开始说服 Isoland 国的新总统考虑允许纺织品贸易。他注意到，国内价格现在比世界价格高。因此，自由贸易将引起纺织品价格下降，并损害国内纺织品生产者的利益。在实施新政策之前，他请 Isoland 国的纺织品公司评论经济学家的建议。

毫不奇怪，纺织品公司反对纺织品自由贸易。他们认为，政府应该保护国内纺织品行业免受国外竞争。我们看一下他们可能用来支持自己立场的一些观点，并考虑经济学家小组会对此做出什么反应。

9.3.1 工作岗位论

自由贸易的反对者经常争辩说，与其他国家进行贸易消灭了国内的一些工作岗位。在我们的例子中，纺织品的自由贸易将引起纺织品价格下降，这就使 Isoland 国的纺织品产量减少，从而减少了 Isoland 国纺织品行业的就业。一些 Isoland 国的纺织品工人将会失业。

但自由贸易在消灭了一些工作岗位的同时，也创造了一些工作岗位。当 Isoland 人从其他国家购买纺织品时，这些国家得到了可以用来购买 Isoland 国其他物品的资源。Isoland 国的工人可以从纺织品行业流动到 Isoland 国有比较优势的行业。虽然这种转变在短期中可能会给一些工人带来困难，但它使 Isoland 国的人们作为一个整体可以享有更高的生活水平。

贸易的反对者通常对贸易创造了工作岗位持怀疑态度。他们会反驳说，每一件东西

"你作为一个工作者喜欢保护主义吗？作为一名消费者呢？"

图片来源：BERRY'S WORLD reprinted by permission of United Feature Syndicate, Inc.

都可以在国外更便宜地进行生产。他们会争辩说，在自由贸易之下，Isoland 人在任何一个行业中就业都可能是不利的。但正如第 3 章所解释的，贸易的好处是基于比较优势，而不是绝对优势。即使一国在生产每一种物品上都比另一国有优势，两个国家也仍然能从相互贸易中获益。每个国家的工人最终都会在该国有比较优势的行业中找到工作岗位。

THE NEWS

【新闻摘录】
自由贸易的赢家应该补偿输家吗

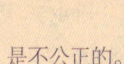

当你进行自由贸易时，你期望什么
Steven E.Landsburg

所有经济学家都知道，当美国人的一些工作岗位被外包到海外时，美国人作为一个整体是净赢家。我们得到低价格物品的利益足以补偿我们因工资降低而失去的利益。换言之，赢家完全可以承担得起对输家的补偿。这就意味着他们应该这样做吗？这就会引起在道义上命令由纳税人对再培训计划进行补贴吗？

嗯……不。即便你刚刚失去工作，谴责使你从出生以来就处于生存水平上的现象从根本上来说是有些粗鲁的。如果这个世界由于让你忍受贸易的负面影响而对你有所亏欠，那么你是否也因享受了贸易的正面影响而亏欠了这个世界呢？

我怀疑地球上还有什么人没有从与邻居自由贸易的机会中获益。设想一下，如果你必须自己种粮食，自己做衣服，而且要依靠你祖母的家庭疗法来治病，你的生活会变成什么样子。认识一个有经验的医师可能会减少你对祖母的家庭疗法的需求，但是——尤其是在你祖母这个年龄——有一个医生对她来说还是要好很多。

有些人认为，把一个新的贸易机会或自由贸易协定的道德影响剔除是说得通的。的确，我们有不少公民的利益因这些协定而受损，但除了这种情况，至少在有限的意义上，在一个贸易繁荣的世界中，他们的状况已经变好了。我们欠这些公民什么呢？

思考这个问题的一种方法是问问在类似的情况下你道义上的直觉是什么。假设你在当地药店买了许多年洗发水之后，发现可以在网上以更少的钱订购同样的洗发水，你有责任补偿你的药店老板吗？如果你搬到了更便宜的公寓，你应该补偿你的房东吗？当你在麦当劳吃饭时，你应该补偿旁边一家餐馆的老板吗？公共政策的设计不应提倡那些我们在日常生活中会拒绝的道德直觉。

那么，被取代的工人与被取代的药店老板或被取代的房东在道义上有什么不同呢？你可能会争辩说，药店老板和房东一直以来就面临激烈的竞争，因此对未来的状况有所了解，而几十年的关税和配额使制造业工人预期会受到一点保护。这种预期促使他们去培养某些技能，而现在把他们从保护伞之下拉出来是不公正的。

同样，这种观点与我们的日常直觉并不一致。几十年来，校园恶霸一直是个有利可图的行当。在全美国，这些恶霸也形成了他们自己的技能，以便更好地获利。如果我们强化了校园规则，使得恶霸无利可图，难道我们应该补偿这些恶霸吗？

恶霸和保护主义有许多共同之处。他们都用暴力（直接地或借助于法律的力量）使某人以你非自愿的损失为代价而致富。如果你被迫向美国人支付每小时 20 美元来购买本可以以每小时 5 美元从墨西哥人那里买来的物品，那么你就被敲诈了。当最终一项自由贸易协定允许你购买墨西哥人的东西时，你应该为你的自由而感到高兴。

Landsburg 先生是罗彻斯特大学经济学教授。

资料来源：*New York Times*，January 16，2008．

9.3.2 国家安全论

当一个行业受到来自其他国家的竞争威胁时,自由贸易的反对者往往会争辩说,该行业对国家安全是至关重要的。例如,如果 Isoland 国正在考虑实行钢铁的自由贸易,国内钢铁公司就会指出,钢铁是用于生产枪炮和坦克的。自由贸易将使 Isoland 国变得依靠外国来供给钢铁。如果以后爆发了战争,外国的供给中断了,Isoland 国可能就无法生产足够的钢铁和武器来保卫自己。

经济学家承认,出于对国家安全的合理考虑,保护关键行业可能是合理的。但他们担心,这种观点会很快被那些渴望以损害消费者利益为代价而牟利的生产者所利用。

当国家安全论的观点是由行业代表而不是国防机构提出时,就应该谨慎看待。为了得到免受外国竞争的保护,公司有夸大自己在国防中作用的激励。一国将军的观点可能就会非常不同。实际上,当军事部门是一个行业产品的消费者时,它就可以从进口中获益。例如,更为便宜的钢铁可以使 Isoland 国以低成本增加武器储备。

9.3.3 幼稚产业论

新兴产业有时认为,应实行暂时性贸易限制,以有助于该产业的成长。这种观点认为,在经过一段时间的保护期以后,这些产业成熟了,也就能与外国企业竞争了。

同样,老产业有时也认为,它们需要暂时性保护,以有助于它们对新情况做出调整。例如,2002 年,布什总统对进口钢铁征收暂时性关税。他说:"我确定,进口严重影响了我们的产业——一个重要产业。"持续了 20 个月的关税提供了"暂时的缓和,以便该产业可以实现自我重组"。

经济学家经常对这些要求持怀疑态度,主要是因为幼稚产业论在实践中难以实施。为了成功地实施保护,政府要确定哪个产业实施这种保护后最终是有利可图的,并确定建立这些产业的利益是否大于实施保护给消费者带来的成本。但"挑选赢家"是极为困难的。要通过政治程序来挑选就更为困难,这种做法往往是保护了那些政治力量强大的产业。而且,一旦一个政治力量强大的产业得到免除外国竞争的保护,这种"暂时性"政策就很难取消。

此外,许多经济学家从理论上怀疑幼稚产业论。例如,假设一个产业是新兴的,不能在与外国竞争对手的竞争中获利,但有理由相信,该产业在长期中是有利可图的。在这种情况下,这些企业的所有者应该愿意为了实现最终的利润而承受暂时的亏损。保护并不是一个幼稚产业成长所必需的。历史表明,即使没有避免竞争的保护,初创的企业虽然往往会经历暂时的亏损,但在长期中会取得成功。

9.3.4 不公平竞争论

一种常见的观点是,只有各国都按同样的规则行事,自由贸易才是合意的。如果不同国家的企业服从于不同的法律和管制,那么,(该观点认为)让企业在国际市场上进行竞争就是不公平的。例如,假设 Neighborland 国政府通过给予纺织品公司大幅度减税来补贴其纺织品行业，Isoland 国的纺织品行业就会认为，自己应该得到免受这种外国竞争的保护，因为 Neighborland 国不是在进行公平竞争。

实际上，从另一个国家以有补贴的价格购买纺织品会损害 Isoland 国吗？的确，Isoland 国的纺织品生产者要蒙受损失，但 Isoland 国的纺织品消费者能从这种低价格中获益。在这种情况下的自由贸易并没有什么不同：消费者从低价购买中得到的好处会大于生产者的损失。Neighborland 国对其纺织品业的补贴可能是一个糟糕的政策，但承担税负的是 Neighborland 国的纳税人。Isoland 国可以从以受补贴的价格购买纺织品的机会中获益。也许 Isoland 国应该感谢 Neighborland 国，而不是反对其补贴行为。

9.3.5 作为讨价还价筹码的保护论

另一种支持贸易限制的观点涉及讨价还价的策略。许多决策者声称支持自由贸易，但同时认为，当与自己的贸易伙伴讨价还价时，贸易限制可能还是有用的。他们声称，贸易限制威胁有助于消除外国政府业已实施的贸易限制。例如，Isoland 国可以威胁说，除非 Neighborland 国取消它的小麦关税，否则就要对纺织品征收关税。如果 Neighborland 国对这种威胁的反应是取消了其关税，其结果可能是更为自由的贸易。

这种讨价还价策略的问题是，威胁可能不起作用。如果威胁没起作用，该国就会面临在两种坏的可能性之间的选择。它可以实施其威胁并实行贸易限制，这就会减少它自己的经济福利；或者它也可以收回自己的威胁，这又会使它在国际事务中失去威信。面对这种选择，该国也许会希望，要是一开始就不做出这种威胁就好了。

> **即问即答**
>
> ■ Autarka 国的纺织行业主张禁止羊毛套装进口。描述它的游说者可能提出的五种观点。对其中每一种观点做出回应。

IN THE NEWS

【新闻摘录】
关于自由贸易的再思考

一些经济学家担心贸易对收入分配的影响。即使自由贸易提高了效率，它也可能会降低平等。

贸易的麻烦
Paul Krugman

美国长期以来从第三世界进口石油和其他原材料，而通常主要从加拿大、欧洲各国和日本这些富国进口制成品。

但是，最近我们跨过了这条重要的分界线：现在我们从第三世界进口的制成品数量大于从其他发达国家所进口的数量。这就是说，我们现在大部分工业品贸易都是与比我们穷得多的国家进行的，这些国家工人的工资也低很多。

对于世界经济的整体——特别是穷国——而言，高工资国家与低工资国家日益增长的贸易是一件很好的事情。其中最重要的，是它给了落后国家提升收入水平的最大希望。

但是对美国工人来说，事情就远远不是正面的了。实际上，很难避开这样一个结论：美国与第三世界国家日益增长的贸易降低了美国许多工人，而且也许是大多数工人的工资。而这一现实使贸易在政治上遇到了很大的困难。

我们先来谈谈经济学。

高工资国家之间的贸易使所有相关国家，或者说几乎所有相关国家都是赢家。20 世纪 60 年代的一项自由贸易合约使美国和加拿大汽车工业的一体化成为可能，两个国家的汽车行业都大规模地集中生产较小范围的产品。结果是两国都广泛地分享了生产率和工资提高的好处。

与此相反，经济发展水平极为不同

的国家之间的贸易却会产生大量输家和赢家。

尽管一些高技术工作外包到印度已成为头条新闻，但反过来，美国受教育程度高的工人也从贸易带来的更高工资和更多工作机会中受益。例如，ThinkPad 笔记本电脑现在是由一家中国公司——联想生产的，但联想的大量研发工作都是在北卡罗来纳州进行的。

但是受过较少正规教育的工人会发现，自己的工作岗位被转移到海外，或者发现，随着大量因外国竞争而失去工作岗位的素质相近的其他工人涌入他们的行业来寻找替代的就业机会，自己的工资由于连带效应而下降了。但沃尔玛的低价格却并不足以补偿他们的损失。

所有这些都是教科书中的国际经济学：与人们有时认为的不同，经济理论是说自由贸易通常能使一国更富，但它并没有说自由贸易通常对每一个人都是好的。当第三世界出口对美国工资的影响在20世纪 90 年代首次成为一个问题时，许多经济学家——包括我自己在内——都对相关数据进行了研究，并得出结论：它对美国工资的负面效应是不太大的。

现在的麻烦是，这些负面效应不再像过去那样温和，因为来自第三世界的制成品进口增长迅猛——从 1990 年的仅仅占 GDP 的 2.5% 上升到 2006 年的 6%。

而且，最大的进口增长来自那些工资很低的国家。最初的出口制成品的"新兴工业化经济体"——韩国、新加坡、中国台湾地区和中国香港地区——支付的工资是美国 1990 年水平的 25% 左右。但是，从那以后，我们进口的来源转向了工资仅为美国 11% 水平的墨西哥，以及工资仅为美国 3% 或 4% 水平的中国内地。

这里有一些情况需要说明。例如，中国制造的许多物品中包含了在日本和其他高工资国家生产的部件。但是，毫无疑问的是，全球化给美国工资带来的压力上升了。

那么，我是在为贸易保护主义辩护吗？不。那些认为全球化处处时时都是坏事的人是错误的。相反，使世界市场保持相对开放的状态对于给亿万人们以希望是至关重要的。

但是，我认为应该结束指手画脚，结束那些对经济学的无知和向特殊利益集团的献媚的谴责，这些谴责往往是对那些怀疑自由贸易协定利益的政治家的评论性回应。

经常有人说，贸易限制只能使少数人受益，而受损的是绝大多数人。就对糖实行进口配额这类措施而言，事实的确如此。但是，当涉及制成品时，也许会出现相反的情况，至少是存在争议的。能从与第三世界经济贸易日益增长中明显获益的受教育程度高的工人是少数人，远远少于那些可能受损的人。

我说过，我不是一个贸易保护主义者。出于世界整体利益的考虑，我希望在面对贸易带来的问题时，我们的反应不是停止贸易，而是做一些强化社会安全网等诸如此类的事情。但是那些担忧贸易的人们也有他们的道理，在某种程度上值得我们尊重。

克鲁格曼先生是普林斯顿大学的经济学教授，还是 2008 年诺贝尔经济学奖得主。

资料来源：*New York Times*，December 28，2007。

案例研究　贸易协定和世界贸易组织

一国可以用两种方法来实现自由贸易。它可以用单边的方法取消自己的贸易限制，这是英国在 19 世纪采取的方法，也是近年来智利和韩国所采取的方法。或者，一国也可以采取多边的方法，在其他国家减少贸易限制时自己也这样做。换句话说，它可以与自己的各个贸易伙伴谈判，以便在全世界减少贸易限制。

多边方法的一个重要例子是北美自由贸易协定（NAFTA），1993 年签署的这一协定降低了美国、墨西哥和加拿大之间的贸易壁垒。另一个例子是关贸总协定（GATT），它是世界上许多国家为了促进自由贸易而进行的一系列连续的谈判。第二次世界大战后，为了应对 20 世纪 30 年代大萧条期间实施的高关税，美国协助建立了 GATT。许多经济学家相信，这些高关税加剧了那一时期全世界范围内的经济困难。GATT 成功地把成员国之间的平均关税从第二次世界大战后的 40% 左右降低到现在的 5% 左右。

由 GATT 确立的规则现在由一个叫做世界贸易组织（WTO）的国际机构加以实施。WTO 于 1995 年成立，总部设在瑞士日内瓦。到 2009 年，已有 153 个国家加入了该组织，占到世界贸易总量的 97% 以上。WTO 的职能是制定贸易协定，组织谈判论坛，并处理成员国之间的争端。

自由贸易的多边方法有什么优缺点呢？一个优点是，多边方法可能会比单边方法带来更自由的贸易，因为它不仅可以减少本国的贸易限制，还可以减少国外的贸易限制。但是，如果国际谈判失败了，结果也会比采用单边方法时更多地限制贸易。

此外，多边方法可能有一种政治优势。在大多数市场中，生产者比消费者人数少但组织更紧密，因此，也具有更大的政治影响力。例如，Isoland 国降低纺织品关税，如果就其本身来考虑，可能在政治上有困难。纺织品公司会反对自由贸易，而那些受益的纺织品使用者人数如此之多，以至于要将他们组织起来支持自由贸易是相当困难的。但假设 Neighborland 国承诺，在 Isoland 国降低纺织品关税的同时，将降低本国的小麦关税。在这种情况下，Isoland 国那些同样在政治上有影响力的种植小麦的农民就会支持该协议。因此，在单边方法不可能赢得政治上的支持时，自由贸易的多边方法有时可以。

9.4 结论

经济学家和公众对自由贸易的看法往往不一致。在 2008 年，《洛杉矶时报》向美国公众做了一项问卷调查："总体而言，你认为自由的国际贸易对经济是有利还是有害，还是它并没有以某种方式对经济产生影响？"只有 26% 的被调查者认为自由的国际贸易有利，而 50% 的被调查者认为有害（其他人认为没有什么差别或者不确定）。与此相比，大多数经济学家支持自由的国际贸易。他们认为自由贸易是一种有效配置生产的方法，并提高了两国的生活水平。

经济学家认为，美国的实践证明了自由贸易的好处。美国在历史上一直允许各州之间进行无限制的贸易，国家作为一个整体也从贸易所带来的专业化中受益。佛罗里达州种橙子，阿拉斯加州产石油，加利福尼亚州酿造红酒，等等。如果美国人只能消费本州生产的物品与服务，他们就不会享受到今天的高生活水平。同样，世界也能从各国之间的自由贸易中受益。

为了更好地理解经济学家关于贸易的观点，让我们继续我们的故事。假设 Isoland 国的总统在知道了这项最近的问卷调查结果以后，忽视了经济学家小组的建议，并决定不允许纺织品的自由贸易。该国保持在没有国际贸易时的均衡。

有一天，某位 Isoland 国发明家发现了一种以极低成本生产纺织品的新方法。但是，生产过程是非常神秘的，而且发明家坚持保密。奇怪的是，发明家并不需要棉花或羊毛这类传统的投入品，他所需要的唯一实物投入是小麦。而且更奇怪的是，用小麦生产纺织品根本不需要任何劳动投入。

这位发明家被誉为天才。因为每个人都要购买衣服，纺织品成本的降低使所有 Isoland 人享受到更高的生活水平。工厂关门后，那些原先的纺织业工人有些度日艰难，但最终他们在其他行业找到了工作。一些人成为农民，去种植发明家用来变成纺织品的小麦。另一些人进入由于 Isoland 人生活水平提高而出现的一些新行业。每一个人都理解，过时行业中工人的向外转移是技术进步和经济增长中不可避免的一部分。

几年以后，一位报纸记者决定调查这个神秘的新的纺织品生产过程。他偷偷地潜入发明家的工厂，终于了解到这位发明家是一个骗子。他根本没有生产纺织品，只是把小麦走私到国外并从其他国家进口纺织品。发明家所发现的唯一事情是国际贸易所带来的好处。

当真相最终被披露时，政府关闭了发明家的工厂。纺织品价格上升了，工人重新回到纺织品厂的工作岗位。Isoland 国的生活水平退回到以前的水平。发明家被投入狱中并遭到大家嘲笑。毕竟，他不是发明家，而只是一位经济学家。

内容提要

◎ 通过比较没有国际贸易时的国内价格和世界价格，可以确定自由贸易的影响。国内价格低表明，该国在生产这种物品上有比较优势，而且将成为出口者。国内价格高表明，世界其他国家在生产这种物品上有比较优势，而且该国将成为进口者。

◎ 当一国允许贸易并成为一种物品的出口者时，该物品生产者的状况变好了，而该物品消费者的状况变坏了。当一国允许贸易并成为一种物品的进口者时，该物品消费者的状况变好了，而该物品生产者的状况变坏了。在这两种情况下，贸易的好处都大于损失。

◎ 关税——对进口物品征收的一种税——使市场向没有贸易时的均衡移动，因此，减少了贸易的好处。虽然国内生产者的状况变好了，而且政府筹集了收入，但消费者的损失大于这些好处。

◎ 有各种限制贸易的观点：保护工作岗位、保卫国家安全、帮助幼稚产业、防止不公平竞争以及对外国的贸易限制做出反应。尽管这些观点在某些情况下有些道理，但经济学家相信，自由贸易通常是一种更好的政策。

关键概念

世界价格 关税

复习题

1. 一国在没有国际贸易时的国内价格向我们传达了关于该国比较优势的哪些信息？
2. 一国什么时候成为一种物品的出口者？什么时候成为进口者？
3. 画出一个进口国的供求图。在允许贸易之前，消费者剩余和生产者剩余是多少？允许自由贸易之后，消费者剩余和生产者剩余是多少？总剩余有什么变化？
4. 描述什么是关税以及关税的经济影响。
5. 列出经常用来支持贸易限制的五种观点。经济学家如何对这些观点做出回应？
6. 实现自由贸易的单边方法和多边方法之间的区别是什么？各举一个例子。

第4篇
公共部门经济学

第 10 章
外部性

制造并销售纸张的企业也产生了制造过程中的副产品，化学上称为二恶英。科学家相信，一旦二恶英进入环境，就会增加人们患癌症、生出畸形儿以及出现其他健康问题的危险。

生产并排放二恶英对社会是不是一个问题呢？在第 4 章到第 9 章中，我们考察了市场如何用供求的力量配置稀缺资源，并说明了供求均衡一般是一种有效率的资源配置。用亚当·斯密的著名比喻，就是市场中看不见的手引导着市场上利己的买者和卖者，使社会从市场上得到的总利益最大化。这种见解是第 1 章中的经济学十大原理之一——市场通常是一种组织经济活动的好方法的基础。我们是否可以由此得出结论：看不见的手可以阻止造纸企业排放过多二恶英呢？

市场的确可以把很多事做好，但并不能做好每一件事。在本章中，我们开始研究经济学十大原理中的另一个原理：政府行为有时可以改善市场结果。我们考察为什么市场有时不能有效地配置资源，政府政策如何潜在地改善市场配置，以及哪种政策有可能最好地发挥作用。

本章中所考察的市场失灵属于被称为外部性的一般范畴。当一个人从事一种影响旁观者福利并对这种影响既不付报酬又不得报酬的活动时，就产生了**外部性**（externality）。如果对旁观者的影响是不利的，就称为负外部性；如果这种影响是有利的，就称为正外部性。在存在外部性时，社会对市场结果的关注扩大到参与市场的买者与卖者的福利之外，以包括那些间接受影响的旁观者的福利。由于买者与卖者在决定其需求量或供给量时忽略了他们行为的外部效应，因此在存在外部性时，市场均衡并不是有效的。这就是说，均衡并没有实现整个社会总利益的最大化。例如，把二恶英排放到环境中就是一种负外部性。利己的造纸企业不会考虑他们在生产过程中引起的全部污染成本，而纸张的消费者也不会考虑他们的购买决策所引起的全部污染成本。因此，除非政府进行阻止或限制，否则企业就会大量排放污染物。

外部性：一个人的行为对旁观者福利的无补偿的影响。

正如试图解决市场失灵的政策有很多种一样，外部性也多种多样。下面是一些例子：

- 汽车尾气有负外部性，因为它产生了其他人不得不呼吸的烟雾。由于这种外部性，司机往往造成过多污染。联邦政府努力通过规定汽车的尾气排放标准来解决这个问题。联邦政府还对汽油征税来减少人们开车的次数。
- 修复历史建筑物具有正外部性，因为那些在这种建筑物附近散步或骑车的人可以欣赏到这些建筑物的美丽，并感受到这些建筑物带来的历史沧桑感。建筑物的所有者得不到修复这些建筑物的全部利益，因此，他们往往很快就遗弃了这些古老的建筑物。许多地方政府对这个问题的反应是对拆毁历史建筑物实行管制，并向修复这些建筑物的所有者提供税收减免。
- 狂吠的狗引起负外部性，因为邻居会受到噪音干扰。狗的主人并不承担噪音的全部成本，因此很少采取防止自己的狗狂吠的预防措施。地方政府通过宣布"干扰宁静"为非法来解决这个问题。
- 新技术研究带来正外部性，因为它创造了其他人可以运用的知识。由于发明者并不能占有其发明的全部利益，所以往往倾向于投入很少的资源来从事研究。联邦政府通过专利制度部分地解决了这个问题，专利制度赋予发明者在一定时期内对其发明的专有使用权。

在以上每种情况中，都有一些决策者没有考虑到自己行为的外部效应。政府的反应是努力影响这种行为，以保护旁观者的利益。

10.1 外部性和市场无效率

在这一节，我们用第 7 章中提出的福利经济学工具来考察外部性如何影响经济福利。这种分析正是要说明，为什么外部性会引起市场资源配置的无效率。在本章的后面，我们还要考察私人和公共政策制定者用来解决这种市场失灵的各种方法。

10.1.1 福利经济学：回顾

我们从复习第 7 章中福利经济学的一些关键结论开始。为了使分析更具体，我们考虑一个特定的市场——铝市场。图 10-1 表示铝市场的供给曲线与需求曲线。

正如你在第 7 章中所了解的，供给曲线与需求曲线包含了有关成本与利益的重要信息。铝的需求曲线反映了铝对消费者的价值，这种价值用他们愿意支付的价格来衡量。在任何一种既定数量时，需求曲线的高度表示边际买者的支付意愿。换句话说，它表示所购买的最后一单位铝对消费者的价值。同样，供给曲线反映了生产铝的成本。在任何一种既定数量时，供给曲线的高度表示边际卖者的成本。换句话说，它表示出售最后一单位铝对生产者的成本。

在没有政府干预时，铝的价格会自发调整，使铝的供求达到平衡。如图 10-1 的 $Q_{市场}$ 所示的市场均衡时的生产量和消费量，在使生产者剩余和消费者剩余之和最大化

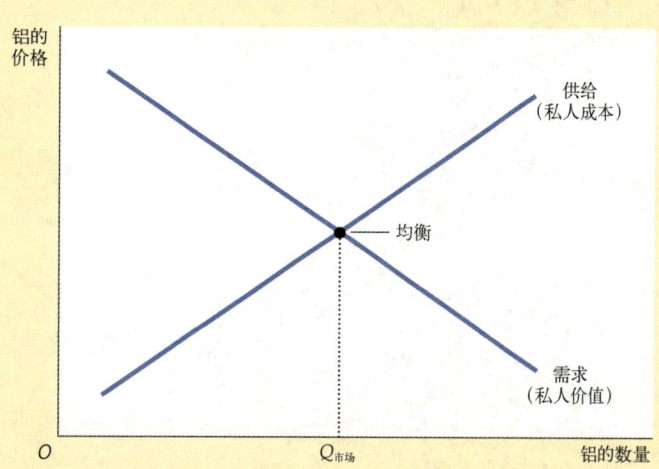

图10-1　铝市场

需求曲线反映对买者的价值，而供给曲线反映卖者的成本。均衡数量，即 $Q_{市场}$，使买者总价值减卖者总成本最大化。因此，在没有外部性时，市场均衡是有效率的。

的意义上说是有效率的。这就是说，市场以一种使购买和使用铝的消费者的总价值减生产并销售铝的生产者的总成本最大化的方式来配置资源。

10.1.2　负外部性

现在我们假设铝工厂排放污染物：每生产一吨铝就有一定量烟尘进入大气。由于这种烟尘可能损害那些呼吸空气的人的健康，因此它产生了负外部性。这种外部性如何影响市场结果的效率呢？

由于这种外部性，生产铝对于社会的成本大于对于铝生产者的成本。每生产一单位铝，社会成本都包括铝生产者的私人成本加上受到污染的不利影响的旁观者的成本。图 10-2 表示生产铝的社会成本。社会成本曲线在供给曲线之上，因为它考虑到了生产铝给社会所带来的外部成本。这两条曲线的差别反映了排放污染物的成本。

应该生产多少铝呢？为了回答这个问题，我们又要来考虑一个仁慈的社会计划者将会做什么。该计划者力图使该市场产生的总剩余——铝对消费者的价值减去生产铝的成本——最大化。但该计划者知道，生产铝的成本还包括污染的外部成本。

该计划者将选择需求曲线与社会成本曲线相交时的铝的生产水平。从整个社会的角度来看，这个交点决定了铝的最优数量。低于这一

"我只能这样讲，如果制造业的龙头老大必然也是污染的龙头老大的话，那就坦然接受这个事实吧！"

图片来源：
ⓒ J.B.Handelsman/
The New Yorker
Collection/www.
cartoonbank.com

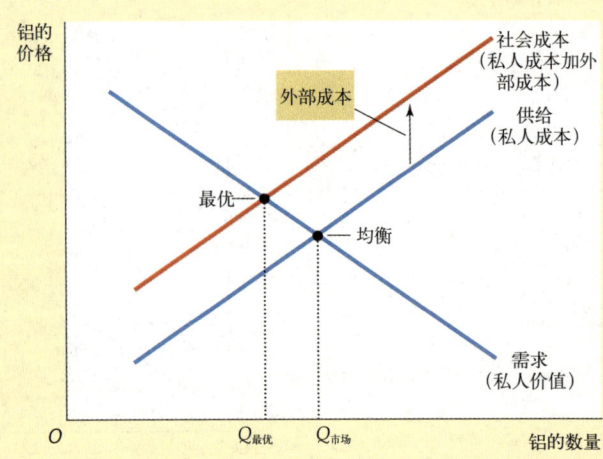

图10-2 污染与社会最优

在存在负外部性的情况下，例如污染时，物品的社会成本大于其私人成本。因此，最优量$Q_{最优}$小于均衡数量$Q_{市场}$。

水平时，铝对消费者的价值（用需求曲线的高来衡量）大于生产它的社会成本（用社会成本曲线的高来衡量）。计划者不会使产量高于这一水平，因为生产额外的铝的社会成本大于其对消费者的价值。

注意，铝的均衡数量（$Q_{市场}$）大于社会的最优量（$Q_{最优}$）。出现这种无效率是因为市场均衡仅仅反映了生产的私人成本。在市场均衡时，边际消费者对铝的评价小于生产它的社会成本。这就是说，在$Q_{市场}$时，需求曲线位于社会成本曲线之下。因此，若将铝的生产量和消费量降低到均衡水平之下，就会增加社会的总经济福利。

该社会计划者如何达到这种最优结果呢？一种方法是对铝生产者销售的每吨铝征税。税收使铝的供给曲线向上移动，移动量为税收规模。如果税收准确地反映了排入大气的烟尘的外部成本，新的供给曲线就与社会成本曲线相重合。在达到新的市场均衡时，铝生产者将生产社会最优量的铝。

外部性内在化：改变激励，以使人们考虑到自己行为的外部效应。

这种税的运用被称为**外部性内在化**（internalizing the externality），因为它激励市场买者与卖者考虑其行为的外部影响。实际上，铝生产者在决定供给多少铝时会考虑到污染的成本，因为现在税收使其要支付这些外部成本。而且，由于市场价格反映了对生产者征收的税收，铝的消费者也有少消费铝的激励。这项政策根据的是经济学十大原理之一：人们会对激励做出反应。在本章的后面，我们将更详细地考察决策者如何解决外部性。

10.1.3 正外部性

虽然一些活动给第三方带来了成本，但也有一些活动给第三方带来了利益。例如，考虑教育的情况。在相当大程度上，教育的利益是私人的：教育的消费者成为生产率高的工人，从而以高工资的形式获得大部分利益。但是，除了这些私人利益之外，教育也产生了正外部性。一种外部性是，受教育更多的人成为更理智的选民，这对每个人来说就意味着更好的政府；另一种外部性是，受教育更多的人意味着更低的犯罪率；还有一种外部性是，受教育更多的人可以促进技术进步的开发与扩散，这给每个人带来更高的生产率和更高的工资。由于这三种正外部性，人们可能更喜欢受过良好教育的邻居。

对正外部性的分析类似于对负外部性的分析。如图10-3所示，需求曲线并不反映一种物品的社会价值。由于社会价值大于私人价值，因此社会价值曲线在需求曲线之上。在社会价值曲线和供给曲线相交之处得出了最优量。因此，社会最优量大于私人市场决定的数量。

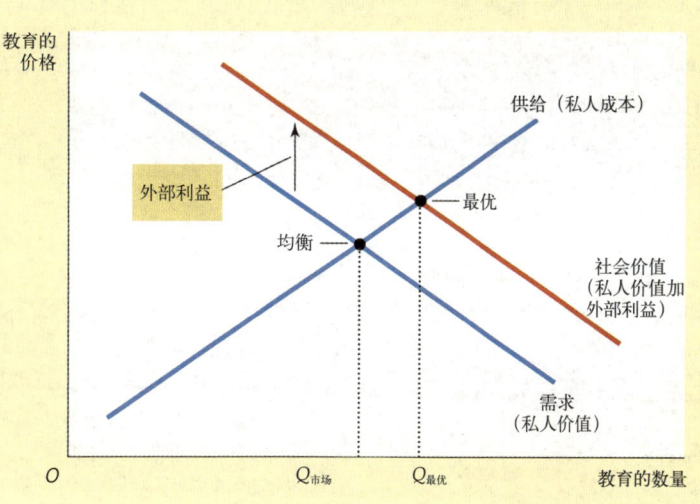

图10-3　教育与社会最优

在存在正外部性时，物品的社会价值大于其私人价值。因此，最优量$Q_{最优}$大于均衡数量$Q_{市场}$。

同样，政府也可以通过使市场参与者把外部性内在化来纠正市场失灵。在存在正外部性的情况下，政府的适当反应正好与负外部性的情况相反。为了使市场均衡向社会最优移动，需要对正外部性进行补贴。实际上，这正是政府所遵循的政策：通过公立学校和政府助学金来大量补贴教育。

总之，负外部性使市场生产的数量大于社会合意的数量，正外部性使市场生产的数量小于社会合意的数量。为了解决这个问题，政府可以通过对有负外部性的物品征税和给予有正外部性的物品补贴来使外部性内在化。

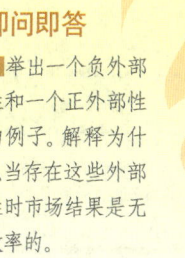

即问即答

■举出一个负外部性和一个正外部性的例子。解释为什么当存在这些外部性时市场结果是无效率的。

IN THE NEWS

【新闻摘录】
乡村生活的外部性

一位经济学家说,城市化受到了错误的指责。

老雷斯错了:
摩天大楼是绿色环保的

Edward L. Glaeser

在 Seuss 博士的环保主义寓言"老雷斯的故事"(The Lorax)里,有位新晋的纺织大亨文斯勒(Once-ler),砍倒了真心树(Truffula)用于纺织"Thneeds"。

文斯勒不顾对环境敏感的老雷斯的反对,建成了对环境具有掠夺性破坏的巨大工业城,理由是他"必须做得更大"。结果,文斯勒有点做过了头,他砍完了最后一棵真心树,断了自己的财源。受到这种惩罚后,Seuss 博士的这位工业大亨变得绿色环保起来,力劝一位年轻听众用最后一粒真心树树种种出了一片新的森林。

这个故事讲的一些教训是对的。从纯粹的利润最大化的角度看,文斯勒相当笨,他杀了能下金蛋的鹅。任何一个管理咨询顾问都会告诉他,应该更明智地增长。这个故事所传递的一个环保主义方面的信息是,竭泽而渔会让事情变糟,这也是对的。

但是,这个故事不幸的一面是,城市化被视为败笔。森林是美好的,工厂是丑恶的。这个故事不仅贬低了19世纪纺织城镇的大规模服装生产带来的显著利益,还发出了完全错误的关于环境的信息。与这个故事隐含的信息相反,城市生活是绿色环保的,而森林里的日子是黯淡无光的。

文斯勒通过建造一座又一座大楼证明了自己是真正的环保主义者。

加州大学洛杉矶分校的环境经济学家 Matthew Kahn 和我考察了美国的大都市地区,并计算出在不同地区一个新家的碳排放量。我们估算了有固定规模和收入的家庭自驾车与乘坐公共交通工具所预期的能源使用量。我们还加上了家用电器和取暖所引起的碳排放量。

我们发现,在几乎所有大都市地区,生活在市中心的居民的碳排放量都比郊区居民要少。纽约和旧金山的家庭平均碳排放量每年要少两吨多,因为他们开车少。在纳什维尔,城乡之间由于开车产生的碳排放量相差三吨多。毕竟,城市的突出特点是密度大。密度大意味着人们需要的交通距离短,这一点清楚地反映在数据中。

虽然每位乘客乘坐公共交通工具所使用的能源肯定要大大低于自驾出行,但即使不用改乘公共汽车或火车,碳排放量的大幅减少也是可能的。高密度的郊区依然主要依靠汽车出行,但所引起的交通量仍远远低于居住分散的地方。这个事实给了渴望减少碳排放量的绿色环保主义者以某些希望,因为让美国人开车的车程短一点比让其放弃汽车要容易多了。

但汽车排放量只占纽约居民和郊区居民之间碳排放量差额的三分之一。纽约城里和郊区用电产生的排放量差额还有两吨左右。家庭取暖的排放量差额几乎是三吨。所有这些加在一起,我们估算出曼哈顿市区和 Westchester 县的居民之间的碳放量差额为七吨。生活在钢筋水泥中实际上更绿色环保,生活在森林中则不行。

由此得出的政策主张就是环保主义者应该为更多更高的摩天大楼喝彩。纽约市每一座新的起重机都意味着更少的低密度的开发。环境保护的典范应该是旧金山市中心的公寓,而不是马林县的牧场。

当然,许多环保主义者还是更喜欢亨利·大卫·梭罗(Henry David Thoreau)那样独居森林的生活。不过他们应该偶尔会想到,梭罗曾在做饭时烧掉了300英亩的树林。很少有波士顿商人曾经做出如此伤害环境的事,这表明,如果你想善待环境,你就应该远离自然而居住在城市。

Glaeser 先生是哈佛大学经济学教授。
资料来源: New York Times, March 10, 2009.

图片来源: Handout/MCT/Newscom.

案例研究 技术溢出、产业政策与专利保护

正外部性的一种潜在、重要的类型是技术溢出——一个企业的研究和生产努力对其他企业接触技术进步的影响。例如，考虑工业机器人市场。机器人处于迅速变革的技术前沿。只要一个企业制造了机器人，就有可能发现新的、更好的设计。这种新的设计不仅有利于这个企业，而且有利于整个社会，因为这种设计将进入社会的技术知识宝库。这就是说，新的设计对经济中其他生产者有正外部性。

在这种情况下，政府可以通过补贴机器人生产而把外部性内在化。如果政府就企业所生产的每一个机器人向企业支付补贴，供给曲线将向下移动，移动量就是补贴量，这种移动将使机器人的均衡数量增加。为了确保市场均衡量等于社会最优量，这种补贴应该等于技术溢出效应的价值。

技术溢出效应有多大？技术溢出效应对公共政策意味着什么呢？这是一个很重要的问题，因为技术进步是生活水平不断提高的关键所在。但这也是经济学家经常争论的一个难题。

一些经济学家认为，技术溢出效应是普遍存在的，政府应该鼓励那些产生最大溢出效应的行业。例如，这些经济学家认为，如果生产计算机芯片比生产土豆片有更大的溢出效应，那么，相对于土豆片的生产而言，政府应该更鼓励计算机芯片的生产。美国税法通过对研发支出提供特别税收减免，进行有限的鼓励。另一些国家则通过对具有巨大技术溢出效应的特定行业提供补贴，进行更多的鼓励。政府旨在促进技术进步行业的干预有时称为**产业政策**。

另一些经济学家则对产业政策持怀疑态度。即使技术溢出效应是普遍存在的，产业政策的成功也要求政府能衡量不同市场溢出效应的大小。而这种衡量是极为困难的。此外，如果不能准确地衡量，政治制度的结果可能最终是那些最有政治影响力的行业得到了补贴，而不是那些产生了最大正外部性的行业。

对待技术溢出的另一种方法是专利保护。专利法通过赋予发明者在一定时期内对其发明的专有使用权而保护发明者的权利。当一个企业实现了技术突破时，它可以为这种技术申请专利，并自己占有大部分经济利益。专利通过赋予企业对其发明的产权来使外部性内在化。如果其他企业想使用这种新技术，它必须得到发明企业的允许并向该企业支付专利使用费。因此，专利制度对于企业从事推动技术进步的研究和其他活动提供了更多的激励。

10.2 针对外部性的公共政策

我们已经讨论了为什么外部性导致了资源配置的无效率，但对于如何解决这种无效率只是简要提及。实际上，无论是公共决策者还是私人，都可以以各种方法对外部性做出反应。所有这些方法都是为了使资源配置更接近于社会最优状态。

这一节考虑政府的解决方法。通常情况下，政府可以通过两种方式做出反应：**命令与控制政策**直接对行为进行管制；**以市场为基础的政策**提供激励，以促使私人决策者自己来解决问题。

10.2.1 命令与控制政策：管制

政府可以通过规定或禁止某些行为来解决外部性。例如，把有毒的化学物质倒入供水系统是一种犯罪行为。在这种情况下，社会的外部成本远远大于排污者的利益。因此，政府制定了完全禁止这种行为的命令与控制政策。

但是，在污染的大多数情况下，事情并不是这么简单。尽管一些环境保护主义者确定了目标，但要禁止所有有污染的活动是不可能的。例如，实际上各种形式的运输工具，甚至马，都会带来一些不合意的污染副产品，然而，要让政府禁止使用所有运

输工具肯定是不明智的。因此，社会不是要完全消除污染，而是要权衡成本与利益，以便决定允许哪种污染以及允许多少污染。在美国，环境保护署（EPA）就是一个提出并实施旨在保护环境的管制的政府机构。

环境管制可以采取多种形式。有时 EPA 规定工厂可以排放的最高污染水平，有时 EPA 要求企业采用某项减少排污的技术。无论在哪种情况下，为了制定出良好的规则，政府管制者都需要了解有关某些特定行业以及这些行业可以采用的各种技术的详细信息，但政府管制者要得到这些信息往往是困难的。

10.2.2 以市场为基础的政策1：矫正税与补贴

对于外部性，政府也可以不采取管制行为，而通过以市场为基础的政策向私人提供符合社会效率的激励。例如，正如我们前面知道的，政府可以通过对有负外部性的活动征税以及对有正外部性的活动提供补贴来使外部性内在化。用于纠正负外部性影响的税收被称为矫正税（corrective taxes）。这种税也被称为庇古税（Pigovian taxes），它是以最早主张采用这种税收的经济学家阿瑟·庇古（Arthur Pigou，1877—1959）的名字命名的。一种理想的矫正税应该等于有负外部性的活动引起的外部成本，而理想的矫正补贴应该等于有正外部性的活动引起的外部利益。

矫正税：旨在引导私人决策者考虑负外部性引起的社会成本的税收。

作为解决污染的方法，经济学家对矫正税的偏爱通常大于管制，因为税收可以以较低的社会成本减少污染。为了说明其原因，让我们考虑一个例子。

假设有造纸厂和钢铁厂这两家工厂，每年各自向河中倾倒 500 吨黏稠状的废物。EPA 决定减少污染量，它考虑了两种解决方法：

- 管制：EPA可以让每个工厂把年排污量减少为300吨。
- 矫正税：EPA可以对每个工厂排出的每吨废物征收5万美元的税收。

管制规定了污染水平，税收则向工厂所有者提供了一种减少污染的经济激励。你认为哪一种解决方法更好呢？

大多数经济学家倾向于税收。为了解释这种偏好，他们首先会指出，在减少污染总水平上，税收和管制同样有效。EPA 可以通过把税收确定在适当的水平上，来达到它想达到的任何污染水平。税收越高，减少的污染也越多。如果税收足够高，工厂将全部关门，污染减少为零。

虽然管制和矫正税都可以减少污染，但税收在实现这个目标上更有效率。管制要求每个工厂都等量减少污染。但是，等量减少并不一定是净化河水的成本最低的方法。可能的情况是，造纸厂减少污染的成本比钢铁厂低。如果是这样的话，造纸厂对税收的反应将是大幅度减少污染，以便少交税，而钢铁厂的反应则是小幅减少污染，多交税。

本质上，矫正税规定了污染权的价格。正如市场把物品分配给那些对物品评价最高的买者一样，矫正税把污染权分配给那些减少污染成本最高的工厂。无论 EPA 选择的污染水平是多少，它都可以通过税收以最低的总成本达到这个目标。

阿瑟·庇古
图片来源: Mary Evans Picture Library/Alamy.

经济学家还认为，矫正税对环境更有利。在命令与控制的管制政策下，一旦工厂的排污量减少到了300吨，就没有理由再减少排污。与此相反，税收激励工厂去开发更环保的技术，因为更环保的技术可以减少工厂不得不支付的税收量。

矫正税与大多数其他税不同。正如我们在第8章中讨论的，大多数税扭曲了激励，并使资源配置背离社会最优水平。经济福利的减少——消费者剩余和生产者剩余的减少——大于政府收入的增加，引起了无谓损失。与此相反，当存在外部性问题时，社会也关注那些受到影响的旁观者的福利。矫正税改变了激励，使其考虑到外部性的存在，从而使资源配置向社会最优水平移动。因此，矫正税既增加了政府的收入，又提高了经济效率。

案例研究　为什么对汽油征收的税如此之重

在许多国家，汽油是经济中税负最重的物品。汽油税可以被看作一种旨在消除与开车相关的三种负外部性的矫正税。

- **拥堵**：如果你曾滞留在一辆汽车接一辆汽车的公路上，你也许会希望路上的车少一些。汽油税通过鼓励人们乘坐公共交通工具，更经常地共乘一辆车，并住得离工作地点近一些来减少拥堵。

- **车祸**：一旦一个人买了一辆大型车或运动型多功能车，他也许使自己较为安全了，但却使周围的人处于危险中。根据美国国家公路交通安全管理局的说法，一个开普通车的人如果被一辆运动型多功能车撞了，死亡的可能性是被一辆普通车撞的五倍。汽油税是在人们的大型耗油型车给其他人带来危险时使驾驶这种车的人进行支付的一种间接方式，从而使他们在选择购买什么汽车时考虑到这种危险。

- **污染**：汽车带来了烟雾。而且，汽油之类的化石燃料的燃烧普遍被认为会引起全球变暖。对于其危险性有多大，专家们的看法并不一致，但毫无疑问，汽油税通过减少汽油的使用而降低了这种危险。

因此，汽油税并不像大多数税收那样引起无谓损失，而是实际上使经济运行得更好。汽油税意味着更少的交通拥堵、更安全的道路和更清洁的环境。

汽油税应该为多高呢？许多欧洲国家征收的汽油税比美国高得多。许多观察者也认为，美国应该对汽油征收更重的税。《经济文献杂志》（*Journal of Economic Literature*）发表的一项2007年的研究总结了各种与开车相关的外部性大小的研究。它得出的结论是，2005年，对每加仑汽油的最优矫正税是2.28美元；根据通货膨胀调整之后，在2012年这相当于每加仑矫正税2.70美元。与此相比，2012年美国的实际矫正税是每加仑汽油50美分。

这种税收可以用于降低那些扭曲激励并引起无谓损失的税收，比如所得税。此外，一些要求汽车制造商生产节油型汽车的繁杂的政府管制可能是不必要的。然而，这种观点从来没有在政治上受到过欢迎。

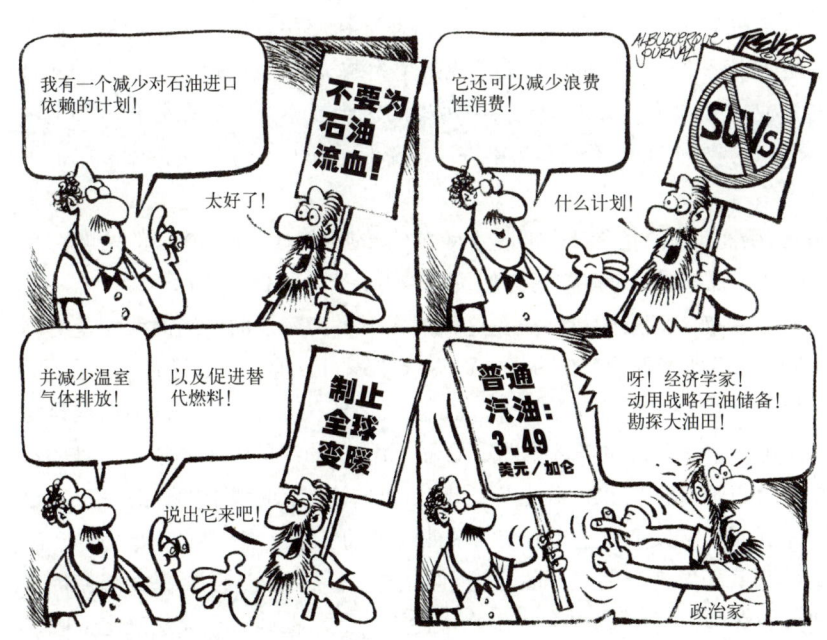

图片来源：© 2005 John Trever, *Albuquerque Journal*. Reprinted by permission.

10.2.3 以市场为基础的政策2：可交易的污染许可证

回到我们造纸厂和钢铁厂的例子。我们假设，尽管经济学家提出了建议，EPA 仍决定实行管制，并要求每个工厂把排污量减少到每年 300 吨。在管制实施而且两个工厂都予以遵守之后的某一天，两个企业来到 EPA 提出了一个建议：钢铁厂想增加 100 吨排污量；而如果钢铁厂付给造纸厂 500 万美元，造纸厂就同意减少等量的排污量。EPA 应该允许两个工厂进行这一交易吗？

从经济效率的观点看，允许这一交易是一种好政策。这一交易必然会使这两个工厂所有者的状况都变好，因为他们是自愿达成交易的。而且，这种交易没有任何外部影响，因为污染总量仍然是相同的。因此，通过允许造纸厂把自己的污染权出售给钢铁厂可以提高社会福利。

同样的逻辑也适用于任何一种污染权从一个企业到另一个企业的自愿转移。如果 EPA 允许进行这些交易，实际上它就创造了一种新的稀缺资源：污染许可证。交易这种许可证的市场将最终形成，而且，这种市场将为供求力量所支配。看不见的手将保证这种新市场有效地配置污染权。这就是说，根据支付意愿判断，许可证最终会在那些对它评价最高的企业手中。反过来，企业的支付意愿又取决于它减少污染的成本：一个企业减少污染的成本越高，对许可证的支付意愿就越高。

允许污染许可证市场存在的一个优点是，从经济效率的角度看，污染许可证在企业之间的初始配置是无关紧要的。那些能以低成本减少污染的企业将出售它们得到的许可证，而那些只能以高成本减少污染的企业将购买它们需要的许可证。只要存在一个污染权的自由市场，无论最初的配置如何，最后的配置都将是有效率的。

虽然用污染许可证减少污染看起来可能与用矫正税十分不同，但这两种政策有许多共同之处。在这两种情况下，企业都要为污染付费。在使用矫正税时，污染企业必须向政府交税；在使用污染许可证时，污染企业必须为购买许可证进行支付。（即使自己拥有许可证的企业也必须为污染进行支付：污染的机会成本是它们在公开市场上出卖其许可证所能得到的收入。）矫正税和污染许可证都是通过使企业产生污染成本而把污染的外部性内在化。

可以通过考虑污染市场的情形来说明这两种政策的相似性。图 10-4 的两幅图表示污染权的需求曲线。需求曲线表明，污染的价格越低，企业将选择排污越多。在（a）幅中，EPA 通过矫正税确定污染的价格。在这种情况下，污染权的供给曲线完全有弹性（因为企业纳税后想污染多少就污染多少），而需求曲线的位置决定了污染量。在（b）幅中，EPA 通过发放污染许可证确定排污量。在这种情况下，污染权的供给曲线是完全无弹性的（因为排污量是由许可证数量固定的），而需求曲线的位置决定了污染的价格。因此，EPA 既可以通过用矫正税确定价格来达到既定需求曲线上的任意一点，也可以通过用污染许可证确定数量来达到既定需求曲线上的任意一点。

但是在某些情况下，出售污染许可证可能比实行矫正税更好。假设 EPA 想使倒入河流的废物不超过 600 吨。但由于 EPA 并不知道污染的需求曲线，它无法确定征收多少税才能达到这个目标。在这种情况下，它只需拍卖排放 600 吨废物的污染许可证。

图10-4 矫正税和污染许可证的相等性

在（a）幅中，EPA通过征收矫正税确定了污染的价格，而需求曲线决定污染量。在（b）幅中，EPA通过限制污染许可证的数量限制了排污量，而需求曲线决定污染的价格。在这两种情况下，污染的价格和数量都是相同的。

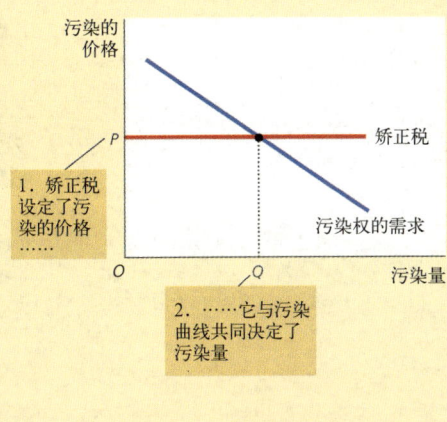

(a) 矫正税

1. 矫正税设定了污染的价格……
2. ……它与污染曲线共同决定了污染量

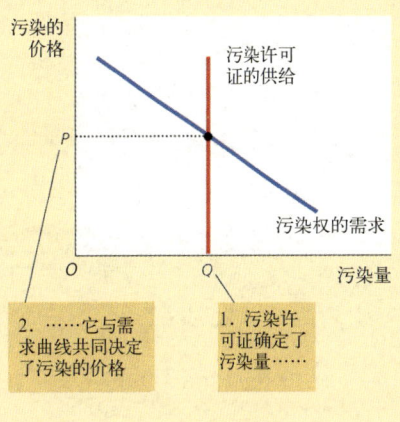

(b) 污染许可证

1. 污染许可证确定了污染量……
2. ……它与需求曲线共同决定了污染的价格

根据拍卖价格就可以得出矫正税的适当规模。

政府拍卖污染权的主意乍一看似乎是一些经济学家想象出来的。实际上，开始时情况确实是这样的。但 EPA 已日益把这种制度作为控制污染的一种方法。其中一个著名的成功案例是与二氧化硫（SO_2）——一种引起酸雨的最主要的物质——有关的。1990 年，《清洁空气法案》修正案要求发电站大幅度减少二氧化硫的排放量。同时，该修正案建立了允许工厂交易其二氧化硫许可证的制度。尽管开始时行业代表和环保主义者都对这一方案持怀疑态度，但随着时间的推移，这种制度被证明了可以以最小的代价减少污染。污染许可证和矫正税一样，现在被普遍认为是一种低成本、高效率的保护环境的方法。

即问即答

■ 一个胶水厂和一个钢铁厂排放烟雾，这种烟雾中含有一种大量吸入会有害健康的化学物质。描述镇政府可以对这种外部性做出反应的三种方法。每一种解决方法的优缺点各是什么？

IN THE NEWS

【新闻摘录】
应对气候变化，我们应该做什么

许多政治分析家认为，碳税是应对全球气候变化最好的方法。

各种税中最明智的税

Yoram Bauman　Shi-Ling Hsu

星期日，世界上最好的气候政策变得更好了：加拿大不列颠哥伦比亚省的碳税——对本省燃烧的所有化石燃料的碳成分征收的一种税——从每吨二氧化碳 25 美元提高到 30 美元，这使污染更为昂贵。

这不仅对环境来说是好消息，对几乎每一个在不列颠哥伦比亚省纳税的人来说也是好消息，因为碳税被用来减少每个人和每个企业的税收。由于这种税收互换，不列颠哥伦比亚省已经把公司所得税税率从 12% 下降到 10%，这个税率在八国集团中是最低的。该省年收入低于 11.9 万加元的人群的个人所得税税率现在在加拿大也是最低的，并且还有针对低收入者和农村家庭的返还。

唯一的坏消息是，这是不列颠哥伦

比亚省计划中的最后一次碳税提高。在我们看来，理由很简单，该省在等待北美其他地方跟进，以便使税收体系不至于失衡，或者不至于使能源密集行业处于竞争劣势。

美国应该抓住机会采用类似的使收入持平的税收互换。这是一个降低现有税收、清洁环境并且增加个人自由和能源保障的机会。

让我们从经济学说起。以碳税代替某些我们现行的税收——工薪税、投资税、对企业和个人的税——并不用绞尽脑汁。当你能对坏东西，比如排污征税时，何必还要向好东西征税呢？这种思想得到不同政治派别的经济学家的支持，从右翼的阿瑟·B. 拉弗（Arthur B. Laffer）和N. 格里高利·曼昆（N. Gregory Mankiw）到左翼的彼得·奥斯泽格（Peter Orszag）和约瑟夫·E. 斯蒂格利茨（Joseph E. Stiglitz）。这是因为经济学家知道，碳税互换可以减少我们现行税收制度所引起的经济拖累，并通过把经济从消费和借贷转向储蓄和投资而促进长期增长。

当然，碳税也减少了碳排放。经济学理论认为，用给污染定价的方式来推动减少排污比其他任何措施更经济，也更有效。这个结论也得到以前的以市场为基础的政策的支持，如1990年《清洁空气法案》修正案，这个修正案是针对二氧化硫排放的。不列颠哥伦比亚省的碳税执行了只有四年，但初步的数据表明，即使人口和GDP一直在增加，其温室气体排放还是下降了4.5%。自从2007年以来，该省车用汽油的销量减少了2%，相比之下，整个加拿大增加了5%。

不列颠哥伦比亚型的碳税在美国会变成什么样？根据我们的计算，如果征收30美元的不列颠哥伦比亚型的碳税，会使美国一年增收约1 450亿美元。这可以用于减少10%的个人和公司所得税，而且还会剩下350亿美元。如果最近的预算有一定指导性意义的话，国会可能会选择把剩下的一半用于减少不动产税（为了迎合共和党），并把另一半通过补偿税收信贷或有目标性的工薪税减少来抵消碳税引起的燃料和电力价格上涨对低收入家庭的影响（为了迎合民主党）。

随着美国人减少碳排放，碳税的收入很可能减少，但在未来很多年中，碳税仍可以补偿现行税收的减少。碳税还可以促进节约能源，引导向清洁能源和其他高效经济活动的投资。

最后，碳税实际上可以使美国人更好地控制他们的纳税额。家庭和企业可以通过减少他们对化石燃料的使用来减少碳税支付。美国人可以通过在家庭和工作场所的能源效率上进行投资、转向污染少的汽车以及其他各种创新来减少自

己的碳足迹，减少税负。所有这些行为不用靠政府主管部门来推动，而是靠亚当·斯密的"看不见的手"来推动。

无论你是共和党还是民主党，是气候变化的怀疑者还是坚信者，是保守主义者还是环保主义者，或者两者兼有之，碳税都是有意义的。通过把不列颠哥伦比亚省的碳税变为"美国制造"版本的方案，我们能够解决对全球变暖的党派之争。

Yoram Bauman 是环境经济学家，西雅图Sightline研究所研究员。Shi-Ling Hsu是佛罗里达州立大学法学教授，《碳税实例》（*The Case for a Carbon Tax*）一书的作者。

资料来源：*New York Times*, July 5, 2012.

10.2.4　对关于污染的经济分析的批评

"我们不能给任何人付费污染的选择权。"前参议员 Edmund Muskie 的这句评论反映了一些环保主义者的观点。他们认为，享有清新的空气和清洁的水是基本人权，不应该从经济方面考虑，否则就是对它们的贬低。你怎么能给清新的空气和清洁的水定价呢？他们声称，环境如此之重要，以至于无论代价多大，我们都应该尽可能地保护它。

经济学家很少赞同这种观点。在经济学家看来，好的环境政策要从承认第1章的经济学十大原理的第一个原理开始：人们面临权衡取舍。清新的空气和清洁的水肯定是有价值的。但是，必须把它们的价值与其机会成本进行权衡取舍，也就是说，与为了得到它们而必须放弃的东西相比较。消除所有污染是不可能的。想要消除所有污染，就要把许多使我们享有高生活水平的技术进步倒退回去。很少有人愿意为了使环境尽

可能清洁而接受营养不良、医疗缺乏或拥挤的住房。

经济学家认为，一些环保积极分子由于没有从经济学角度思考问题而损害了自己的目标。可以将清洁的环境仅仅视为另外一种物品。与所有正常物品一样，它有正的收入弹性：富国比穷国更有能力维持更清洁的环境，因此通常也有更严格的环境保护。此外，像大多数其他物品一样，清新的空气和清洁的水也服从需求定理：环境保护的价格越低，公众就越想要保护环境。污染许可证和矫正税这种经济手段降低了环境保护的成本，因此，它增加了公众对清洁环境的需求。

10.3 外部性的私人解决方法

虽然外部性往往会引起市场的无效率，但解决这个问题并不总是需要政府行为。在一些情况下，人们可以采取私人解决方法。

10.3.1 私人解决方法的类型

有时外部性问题可以用道德规范和社会约束来解决。例如，想一想，为什么大多数人不乱扔垃圾？尽管有禁止乱扔垃圾的法律，但这些法律并没有严格实行过。大多数人不乱扔垃圾只是因为这样做是错误的。一条教导大多数孩子的金科玉律说："己所不欲，勿施于人。"这个道德规范告诉我们，要考虑到自己的行为会对别人造成何种影响。用经济学术语讲，这就告诉我们要将外部性内在化。

另一种外部性的私人解决方法是慈善行为。例如，西拉俱乐部（Sierra Club）是一个通过私人捐款筹资的非营利组织，其目标是保护环境。另一个例子是学院和大学接受校友、公司和基金会的捐赠，部分是因为教育对社会有正外部性。政府通过允许计算所得税时扣除慈善捐赠的税制来鼓励这种外部性的私人解决方法。

私人市场往往可以通过依靠有关各方的利己来解决外部性问题。有时这种解决方法采取了把不同类型的经营整合在一起的形式。例如，考虑位置相邻的一个苹果园主和一个养蜂人。每个人的经营都给对方带来了正外部性：蜜蜂在苹果树上采花粉，有助于果树结果实。同时，蜜蜂也用从苹果树上采集的花粉来酿造蜂蜜。但是，当苹果园主决定种多少苹果树和养蜂人决定养多少蜜蜂时，他们都没考虑到正外部性。结果，苹果园主种的苹果树太少，而养蜂人养的蜜蜂也太少。如果养蜂人购买苹果树，或苹果园主购买蜜蜂，这些外部性就内在化了：可以在同一个企业内进行这两种活动，而且这个企业可以选择最优的苹果树数量和蜜蜂数量。外部性内在化是某些企业进行多种类型经营的一个原因。

在私人市场，另一种解决外部效应的方法是利益各方签订合约。在上面的例子中，苹果园主和养蜂人之间的合约也可以解决树太少和蜜蜂太少的问题。可以在合约中规定树和蜜蜂的数量，也许还可以规定一方对另一方的支付。通过确定树和蜜蜂的适当数量，这个合约就可以解决这种外部性通常产生的无效率问题，并使双方的状况都变

即问即答

■举出一个用私人方法解决外部性问题的例子。

得更好。

10.3.2 科斯定理

私人市场在解决这些外部性方面的有效性如何？一个著名的结论提出，在某些情况下，这种方法是非常有效的，这个结论被称为科斯定理（Coase theorem），该定理是以经济学家罗纳德·科斯（Ronald Coase）的名字命名的。根据科斯定理，如果私人各方可以无成本地就资源配置进行协商，那么，私人市场就总能解决外部性问题，并有效地配置资源。

> **科斯定理**：认为如果私人各方可以无成本地就资源配置进行协商，那么，他们就可以自己解决外部性问题的观点。

为了说明科斯定理如何发挥作用，考虑一个例子。假定 Dick 有一条名为 Spot 的狗。Spot 的狂吠干扰了 Dick 的邻居 Jane。Dick 从拥有一条狗中得到了利益，但这条狗给 Jane 带来了负外部性。是应该强迫 Dick 把狗送到动物收容所，还是应该让 Jane 忍受由于狗狂吠而夜不能寐的痛苦呢？

先来考虑什么结果对社会是有效率的。一个正在考虑如何从上述两种方案中做出选择的社会计划者，会比较 Dick 从养狗中得到的收益与 Jane 承受狂吠声的成本。如果收益超过成本，有效率的做法就是让 Dick 继续养狗而让 Jane 生活在狂吠声中；但如果成本超过收益，Dick 就应该放弃养狗。

根据科斯定理，私人市场可以自己达到有效率的结果。如何达到呢？Jane 只需付给 Dick 一些钱让他放弃养狗。如果 Jane 给的金额大于养狗的利益，Dick 将接受这笔交易。

通过对价格的协商，Dick 和 Jane 总可以达成有效率的结果。例如，假设 Dick 从养狗中得到的收益为 500 美元，而 Jane 由于狗的狂吠承受了 800 美元的成本。在这种情况下，Jane 可以给 Dick 600 美元，让他放弃养狗，而 Dick 也会很乐意地接受。双方的状况都比以前变好了，也达到了有效率的结果。

当然，Jane 不愿意提供任何 Dick 愿意接受的价格也是可能的。例如，假设 Dick 从养狗中得到的收益是 1000 美元，而 Jane 由于狗的狂吠承受了 800 美元的成本。在这种情况下，Dick 不会接受任何在 1000 美元以下的出价，而 Jane 又不愿意提供任何在 800 美元以上的价格。因此，Dick 最终还会继续养狗。但在这种成本与收益既定的情况下，这种结果是有效率的。

到现在为止，我们一直假设 Dick 在法律上有权养一条爱叫的狗。换句话说，我们假设，除非 Jane 给 Dick 足够的钱让 Dick 自愿放弃养狗，否则 Dick 就可以养狗。但是，如果 Jane 在法律上有权要求平静与安宁，结果会有什么不同呢？

根据科斯定理，最初的权利分配对市场达到有效率结果的能力无关紧要。例如，假设 Jane 可以通过法律强迫 Dick 放弃养狗。虽然有这种权利对 Jane 有利，但结果也许并不会改变。在这种情况下，Dick 可以向 Jane 付钱，让 Jane 同意他养狗。如果养狗给 Dick 带来的收益大于狗狂吠对 Jane 的成本，那么 Dick 和 Jane 将就 Dick 养狗问题进行讨价还价。

虽然无论最初的权利怎样分配，Dick 和 Jane 都可以达到有效率的结果，但权利分配并不是毫不相关的：它决定了经济福利的分配。是 Dick 有权养一条爱叫的狗，还是 Jane 有权得到平静与安宁，决定了在最后的协商中谁该向谁付钱。但是，在这两种情况下，双方都可以互相协商并解决外部性问题。只有养狗的收益超过 Jane 的成本，Dick 最后才会养狗。

总结一下：科斯定理说明，私人经济主体可以解决他们之间的外部性问题。无论最初的权利如何分配，有关各方总可以达成一种协议，在这种协议中，每个人的状况都可以变好，而且，结果是有效率的。

即问即答
■ 什么是科斯定理？

10.3.3 为什么私人解决方法并不总是有效

尽管科斯定理的逻辑很吸引人，但私人主体往往不能自己解决外部性所引起的问题。只有当利益各方可以顺利达成和实施协议时，科斯定理才适用。但是，在现实世界中，即使在有可能达成互利协议的情况下，协商的方式也并不总是奏效。

有时利益各方不能解决外部性问题是因为**交易成本**（transaction cost）的存在，交易成本是各方在达成协议及遵守协议过程中所发生的成本。在我们的例子中，设想 Dick 和 Jane 讲不同的语言，以至于为了达成协议他们需要请一个翻译。如果解决狗狂吠问题的收益小于翻译的成本，Dick 和 Jane 就会选择不解决这个问题。在较为现实的例子中，交易成本不是翻译的支出，而是起草和执行合约所需要的律师的费用。

还有的时候，谈判很容易破裂。战争和罢工的经常出现表明达成协议可能是困难的，而达不成协议又可能是代价高昂的。问题通常在于各方都竭力要达成对自己更好的交易。例如，假设 Dick 从养狗中得到 500 美元的利益，而 Jane 由于狗吠要承受 800 美元的成本。虽然 Jane 为 Dick 放弃狗而进行支付是有效率的，但是存在多种可以带来这种结果的价格。Dick 想要 750 美元，而 Jane 只愿意支付 550 美元。当他们就价格争执时，Dick 养狗这个无效率的结果仍然存在。

当利益各方人数众多时，达成有效率的协议就尤其困难，因为协调每个人的代价过于高昂。例如，考虑一个污染了附近湖水的工厂。污染给当地渔民带来了负外部性。根据科斯定理，如果污染是无效率的，那么，工厂和渔民可以达成一个协议。根据协议，渔民要对工厂进行支付，以使其放弃排污。但是如果有许多渔民，要协调所有的人来与工厂协商就几乎是不可能的。

当私人协商无效时，政府有时可以发挥作用。政府是为集体行为而设立的一种机构。在这个例子中，即使在渔民代表自己的利益行事不现实时，政府也可以代表渔民的利益行事。

交易成本：各方在达成协议与遵守协议过程中所发生的成本。

即问即答
■ 为什么私人经济主体有时不能解决外部性引起的问题？

10.4 结论

"看不见的手"是强大的，但不是万能的。市场均衡使生产者剩余和消费者剩余之和最大化。当市场上买者和卖者是仅有的利益方时，从整个社会的角度看，这种结果是有效率的。但是，当存在诸如污染等外部效应时，评价市场结果时还要考虑第三方的福利。在这种情况下，市场中"看不见的手"也许不能有效地配置资源。

在某些情况下，人们可以自己解决外部性问题。科斯定理表明，利益各方可以相互谈判，并达成一个有效率的解决方案。但是，有时无法通过谈判达成一个有效率的结果，这也许是因为利益各方人数太多而使谈判变得困难。

当人们不能用私人方法解决外部性问题时，政府往往就会介入。但即使有了政府干预，社会也不应该完全放弃市场的力量。政府可以通过要求决策者承担他们行为的全部成本来解决外部性问题。例如，排污的污染许可证和矫正税就是为了使污染的外部性内在化。这些做法日益成为那些关心环境保护的人的政策选择。只要得到适当的调整，市场力量往往是解决市场失灵的最好办法。

内容提要

◎ 当买者和卖者之间的交易间接影响第三方时,这种影响称为外部性。如果一项活动产生了负外部性,例如污染,市场的社会最优量将小于均衡量。如果一项活动产生了正外部性,例如技术溢出效应,社会最优量将大于均衡量。

◎ 政府用各种政策来解决外部性引起的无效率。有时政府通过管制来防止从社会来看无效率的活动。有时政府通过矫正税来使外部性内部化。还有一种公共政策是发放许可证。例如,政府可以通过发放数量有限的污染许可量来保护环境。 这种政策的结果与对污染者征收矫正税的结果大致相同。

◎ 受外部性影响的人有时可以用私人方法解决问题。例如,当一个企业给另一个企业带来了外部性时,两个企业可以通过合并把外部性内在化。此外,利益各方也可通过签订合约来解决问题。根据科斯定理,如果人们能够无成本地谈判,那么,他们总可以达成一个资源有效配置的协议。但在许多情况下,在许多利益各方间达成协议是很困难的,从而科斯定理并不适用。

关键概念

外部性　　　　　　　　　矫正税　　　　　　　　　交易成本
外部性内在化　　　　　　科斯定理

复习题

1. 举出一个负外部性的例子和一个正外部性的例子。
2. 用供求图解释企业生产过程中发生的负外部性的影响。
3. 专利制度怎样帮助社会解决外部性问题?
4. 什么是矫正税?为什么就保护环境免受污染的方法而言,经济学家对矫正税的偏好大于管制?
5. 列出不用政府干预也可以解决外部性引起的问题的一些方法。
6. 设想你是一个与吸烟者同住一间房的不吸烟者。根据科斯定理,什么因素决定了你的室友是否在房间里吸烟?这个结果有效率吗?你和你的室友是如何达成这种解决方法的?

第 11 章
公共物品和公共资源

一首老歌吟唱着这样一个事实："生活中最美好的东西都是免费的。"稍微思考一下就可以列出一长串这首歌中所说的这类物品的清单。其中有些东西是大自然提供的，比如河流、山川、海岸、湖泊和海洋。另一些是政府提供的，比如运动场、公园和节庆游行。在这些情况下，当人们选择享用这些物品的好处时，并不需要花钱。

没有价格的物品向经济分析提出了特殊的挑战。在我们的经济中，大部分物品是在市场中配置的，买者为了得到这些东西而付出钱，卖者因提供这些东西而得到钱。对这些物品来说，价格是引导买者与卖者决策的信号，而且，这些决策会带来有效的资源配置。但是，当一些物品可以免费得到时，在正常情况下配置经济中资源的市场力量就不存在了。

在本章中，我们考察当存在没有市场价格的物品时，所产生的资源配置问题。我们的分析将要说明第 1 章中的经济学十大原理之一：政府有时可以改善市场结果。当一种物品没有价格时，私人市场不能保证该物品生产和消费的数量是适当的。在这种情况下，政府政策可以潜在地解决市场失灵问题，并增进经济福利。

11.1 不同类型的物品

在提供人们需要的物品方面，市场能做到多好呢？对这个问题的回答取决于所涉及的物品。正如我们在第 7 章中所讨论的，市场可以提供有效率的冰淇淋蛋卷数量：冰淇淋蛋卷的价格会自发调节，使供求达到平衡，而且，这种均衡使生产者剩余和消费者剩余之和最大化。但是，正如我们在第 10 章所讨论的，市场不能阻止铝产品制造者污染我们呼吸的空气：一般情况下，市场上的买者与卖者不考虑他们决策的外部效应。因此，当物品是冰淇淋时，市场能很好地发挥作用；而当物品是清新的空气时，市场将很难发挥作用。

在考虑经济中的各种物品时，根据两个特点来对其进行分类是有用的：

- 该物品有排他性（excludability）吗？这就是说，可以阻止人们使用这些物品吗？
- 该物品有消费中的竞争性（rivalry in consumption）吗？这就是说，一个人使用某种物品会减少其他人对该物品的使用吗？

根据这两个特点，图11-1把物品分成了四种类型：

（1）私人物品（private goods）既有排他性又有消费中的竞争性。例如，考虑一个冰淇淋蛋卷。一个冰淇淋蛋卷之所以有排他性，是因为可以阻止某个人吃冰淇淋蛋卷——你只要不把冰淇淋蛋卷给他就行了。一个冰淇淋蛋卷具有消费中的竞争性，是因为如果一个人吃了一个冰淇淋蛋卷，另一个人就不能吃同一个冰淇淋蛋卷。经济中大多数物品都是像冰淇淋蛋卷这样的私人物品：除非你花钱，否则就得不到东西，而且，一旦你得到了它，你就是唯一获益的人。在第4、5、6章分析供给与需求，以及在第7、8、9章分析市场效率时，我们隐含地假设物品既有排他性又有竞争性。

（2）公共物品（public goods）既无排他性又无消费中的竞争性。这就是说，不能阻止人们使用一种公共物品，而且，一个人享用一种公共物品并不减少另一个人对它的使用。例如，一个小镇上的龙卷风警报器是一种公共物品。一旦警报器响起来，要阻止任何一个人听到它都是不可能的（所以它不具有排他性）。而且，当一个人得到警报的利益时，并不减少其他任何一个人的利益（所以它不具有消费中的竞争性）。

（3）公共资源（common resources）具有消费中的竞争性但没有排他性。例如，海洋中的鱼具有消费中的竞争性：当一个人捕到鱼时，留给其他人捕的鱼就少了。但这

排他性：一种物品具有的可以阻止一个人使用该物品的特性。

消费中的竞争性：一个人使用一种物品将减少其他人对该物品的使用的特性。

私人物品：既有排他性又有消费竞争性的物品。

公共物品：既无排他性又无消费竞争性的物品。

公共资源：有消费竞争性但无排他性的物品。

图11-1 四种类型的物品

可以根据以下两个特征把物品分为四种类型：（1）如果可以阻止人们使用一种物品，则该物品就是排他的。（2）如果一个人使用某种物品会减少其他人对该物品的使用，则该物品在消费中就是竞争的。下图给出了每种类型物品的例子。

	消费中的竞争性？	
	是	否
排他性？ 是	私人物品 • 冰淇淋蛋卷 • 衣服 • 拥挤的收费道路	俱乐部物品 • 消防 • 有线电视 • 不拥挤的收费道路
排他性？ 否	公共资源 • 海洋中的鱼 • 环境 • 拥挤的不收费道路	公共物品 • 龙卷风报警器 • 国防 • 不拥挤的不收费道路

俱乐部物品：有排他性但无消费竞争性的物品。

些鱼并不是排他性物品，因为在海洋浩瀚无边的情况下，要阻止渔民在海中捕鱼是很困难的。

（4）**俱乐部物品**（club goods）具有排他性但没有消费中的竞争性。例如，考虑一个小镇中的消防。要排除某人享用这种物品是很容易的：消防部门只要袖手旁观，让他的房子烧为平地就行了。但消防并不具有消费中的竞争性：一旦该镇为消防部门付了钱，多保护一所房子的额外成本就是微不足道的。（在第15章中，我们将再次讨论俱乐部物品，到时我们将了解到，它们是自然垄断的一种类型。）

尽管图11-1将物品清晰地划分为四种类型，但各种类型间的界线有时是模糊的。物品是否具有排他性或消费中的竞争性往往是一个程度问题。由于监督捕鱼非常困难，所以海洋中的鱼可能没有排他性，但足够多的海岸卫队就可以使鱼至少有部分排他性。同样，虽然鱼通常具有消费中的竞争性，但如果与鱼的数量相比，渔民的数量很少，竞争性就很小了（想一下在欧洲居民到来之前，北美洲可以捕鱼的水域）。但是，就我们分析的目的而言，把物品划分为四种类型是有帮助的。

在本章中，我们考察没有排他性的物品：公共物品和公共资源。由于无法阻止人们使用这些物品，任何人都可以免费得到它。对公共物品和公共资源的研究与对外部性的研究密切相关。对于这两种类型的物品而言，产生外部性是因为这些有价值的东西并没有价格。如果一个人提供了一种公共物品，例如龙卷风警报器，其他人的状况也会变好。他们不用为此花钱而得到了好处——正外部性。同样，当一个人使用海洋中的鱼这样的公共资源时，其他人的状况会变坏，因为可以捕的鱼减少了。他们蒙受了损失但并没有因此得到补偿——负外部性。由于这些外部效应，关于消费和生产的私人决策会引起无效率的资源配置，而政府干预可以潜在地增进经济福利。

即问即答
■ 给公共物品和公共资源下定义，并各举出一个例子。

11.2 公共物品

为了说明公共物品与其他物品有什么不同，并说明公共物品给社会带来了什么问题，我们考虑一个例子：烟火表演。这种物品不具有排他性，因为要阻止某人看烟火是不可能的，而且它也不具有消费中的竞争性，因为一个人欣赏烟火并不会减少其他任何一个人欣赏烟火的乐趣。

11.2.1 搭便车者问题

美国一个小镇的居民喜欢在每年的7月4日这天观看烟火表演。全镇500个居民中的每个人对观看烟火表演的评价都是10美元，总利益为5 000美元。放烟火的成本为1 000美元。由于5 000美元的利益大于1 000美元的成本，小镇居民在7月4日观看烟火表演是有效率的。

私人市场能提供这种有效率的结果吗？也许不能。设想这个小镇的企业家Ellen决定举行一场烟火表演。Ellen肯定会在卖这场表演的门票时遇到麻烦，因为她的潜在顾客很快就会想到，他们即使不买票也能观看烟火表演。由于烟火表演没有排他性，因此，人们有成为搭便车者的激励。**搭便车者**（free rider）是得到一种物品的利益但没有为此付费的人。由于人们有成为搭便车者而不是成为买票者的激励，市场就不能提供有效率的结果。

说明这种市场失灵的一种方法是，它的产生是由于外部性的存在。如果 Ellen 举行烟火表演，她就给那些不交钱看表演的人提供了一种外部利益。然而，当 Ellen 决定是否举行烟火表演时，她并不会将这种外部利益考虑在内。尽管从社会来看举行烟火表演是合意的，但这对 Ellen 而言却是无利可图的。结果，Ellen 做出了不举行烟火表演这种从私人来看理性，但从社会来看无效率的决策。

尽管私人市场不能提供小镇居民需要的烟火表演，但解决这个问题的方法是显而易见的：当地政府可以赞助 7 月 4 日的庆祝活动。镇委员会可以向每个人征收 2 美元的税收，并用这些收入雇用 Ellen 提供烟火表演。小镇上每个人的福利都增加了 8 美元——对烟火的评价 10 美元减去税收 2 美元。尽管 Ellen 作为一个私人企业家不能做这件事，但作为政府雇员，她可以帮助小镇达到有效率的结果。

小镇的这个故事是简化的，但却是现实的。实际上，美国许多地方政府都为 7 月 4 日的烟火付款。而且，这个故事说明了公共物品的一个一般性结论：由于公共物品没有排他性，搭便车者问题的存在就使私人市场无法提供公共物品。但是，政府可以潜在地解决这个问题。如果政府确信一种公共物品的总利益大于成本，它就可以提供该公共物品，并用税收收入对其进行支付，从而可以使每个人的状况变好。

搭便车者：得到一种物品的利益但避免为此付费的人。

即问即答

■ 什么是搭便车者问题？为什么搭便车者问题促使政府提供公共物品？

"如果我们做这件事不用增加新税收，我喜欢这个概念。"

图片来源：© Dana Fradon, The New Yorker Collection, www.cartoonbank.com

11.2.2　一些重要的公共物品

公共物品的例子有很多，这里我们考虑三种最重要的公共物品。

国防　保卫国家免受外国入侵是公共物品的典型例子。一旦国家有了国防，要阻止任何一个人享受这种国防的利益都是不可能的。而且，当一个人享受国防的利益时，他并没有减少其他任何一个人的利益。因此，国防既无排他性，也无竞争性。

国防也是最贵的公共物品之一。在2011年，美国联邦政府用于国防的支出总计为7 170亿美元，人均支出在2 298美元以上。人们对于这一支出量是太少还是太多的看法并不一致，但几乎没有人怀疑政府用于国防的某些支出是必要的。即使那些主张小政府的经济学家也同意，国防是政府应该提供的一种公共物品。

基础研究　知识是通过研究创造的。在评价有关知识创造的适当公共政策时，区分一般性知识与特定的技术知识是很重要的。特定的技术知识，例如一种长效电池、一种更小的芯片或者一种更好的数码音乐播放器的发明，是可以申请专利的。专利赋予发明者在一定时期内对自己创造的知识的排他性权利。其他任何一个想使用这种专利知识的人都必须为这种权利向发明者支付报酬。换言之，专利使发明者创造的知识具有了排他性。

与此相反，一般性知识是公共物品。例如，一个数学家不能为一个定理申请专利。一旦某个定理得到证明，该知识就没有排他性了：这个定理进入了任何人都可以免费使用的社会一般性知识库。这个定理在消费中也没有竞争性：一个人使用这个定理并不妨碍其他任何一个人使用这个定理。

追求利润的企业将大量支出用于开发新产品的研究，以便获得专利并出售，但它们用于基础研究的支出并不多。他们的激励是搭其他人创造的一般知识的便车。结果，在没有任何公共政策的情况下，社会在创造新知识上投入的资源就会太少。

政府努力以各种方式提供一般性知识这种公共物品。政府机构，例如美国国立卫生研究院（National Institutes of Health）和美国国家科学基金会（National Science Foundation），对医学、数学、物理学、化学、生物学，甚至经济学中的基础研究进行补贴。一些人以太空计划丰富了社会知识库来证明政府为太空计划提供资金的正确性。确定政府支持这些努力的合适水平是很困难的，因为其利益很难衡量。此外，那些分配研究资金的国会议员们很少是科学专家，因此，不能最准确地判断哪些研究将产生最大的利益。因此，尽管基础研究的确是一种公共物品，但如果公共部门没有为适当种类的基础研究提供适当数量的资金，我们也不必大惊小怪。

反贫困　许多政府计划的目的是帮助穷人。福利制度（官方称为TANF，即"贫困家庭临时援助"）为一些贫困家庭提供了少量收入。食品券计划（官方称为SNAP，即补充营养援助计划）为低收入家庭提供食物购买补贴。政府的各种住房计划使人们更能住得起房子。这些反贫困计划通过向那些经济上较为富裕的家庭征税来提供资金。

对于政府在反贫困问题上应该起什么作用，经济学家的看法并不一致。尽管我们将在第20章中更充分地讨论这种争论，但在这里我们要注意一种重要观点：反贫困计划的支持者声称，反贫困是一种公共物品。即使每个人都喜欢生活在一个没有贫困的社会中，反贫困也不是私人行为可以充分提供的一种"物品"。

为了说明原因，假设某个人试图组织一个富人集团来努力消除贫困。他们将提供一种公共物品。这种物品并不具有消费中的竞争性：一个人享受在没有贫困的社会中的生活并不会减少其他任何一个人对这种生活的享受。这种物品也没有排他性：一旦消除了贫困，就无法阻止任何人从这个事实中享受愉快感。结果，人们会有一种搭其他人慈善事业便车的倾向，不做出贡献而享受消除贫困带来的利益。

由于搭便车者问题，通过私人慈善活动来消除贫困也许无法实现。但政府的行为可以解决这个问题。通过向富人征税来提高穷人的生活水平可以使每个人的状况变好。穷人的状况变好，是因为他们现在享有更高的生活水平，而那些纳税人的状况变好，是因为他们现在生活在一个贫困较少的社会中。

案例研究　灯塔是公共物品吗

根据情况的不同，一些物品可以在公共物品与私人物品之间转换。例如，如果在一个有许多居民的镇上放烟火，烟火表演就是一种公共物品。但如果是在一个私人经营的游乐场，例如迪士尼世界放烟火，烟火表演就更像是私人物品，因为游人要付费才能进入公园。

另一个例子是灯塔。经济学家早就把灯塔作为公共物品的例子。灯塔用来标出特定的地点，以便过往船只可以避开有暗礁的水域。灯塔为船长提供的利益既无排他性又无竞争性，因此，每个船长都有搭便车的激励，即利用灯塔航行而又不为这种服务付费。由于这个搭便车者问题，私人市场通常不能提供船长所需要的灯塔。因此，现在的大多数灯塔是由政府经营的。

但是，在一些情况下，灯塔也可以类似于私人物品。例如，19世纪英国海岸上有一些灯塔是由私人拥有并经营的。但是，当地灯塔的所有者并不向享用这种服务的船长收费，而是向附近港口的所有者收费。如果港口所有者不付费，灯塔所有者就关掉灯，而船只就会避开这个港口。

在确定一种物品是不是公共物品时，必须确定谁是受益者以及能否把这些受益者排除在这种物品的使用之外。当受益者人数众多，而且要排除任何一个受益者都不可能时，搭便车者问题就出现了。如果一个灯塔使许多船长受益，它就是一种公共物品；但如果主要受益者是一个港口所有者，它就更像是一种私人物品。

这是哪一类物品呢？

图片来源：
Shutterstock.com/Simon Bratt.

11.2.3　成本—收益分析的难题

到现在为止，我们说明了政府提供公共物品是因为私人市场本身不能生产有效率的数量。但确定政府应该起作用只是第一步。政府还必须决定提供哪些公共物品以及提供多少。

假定政府正在考虑一个公共项目，例如修一条新的高速公路。为了确定要不要修这条高速公路，政府必须比较所有使用这条高速公路的人的总收益和建设与维护这条高速公路的成本。为了做出这个决策，政府可能会雇用一个经济学家与工程师小组来进行研究，这种研究称为**成本—收益分析**（cost-benefit analysis），它的目标是估算该项

成本—收益分析：比较提供一种公共物品的社会成本与社会收益的研究。

即问即答

■ 政府应该如何决定是否提供一种公共物品？

目对于作为一个整体的社会的总成本和总收益。

成本—收益分析面临一些难题。因为所有的人都可以免费使用高速公路，没有用来判断高速公路价值的价格。简单地问人们他们对高速公路的评价是很不可靠的：用问卷调查的结果来对收益进行定量分析是很困难的，而且回答问卷的人没有如实回答的激励。那些要使用高速公路的人为了修这条路有夸大他们所得到收益的激励，那些受高速公路损害的人为了阻止修这条路有夸大其成本的激励。

因此，有效率地提供公共物品在本质上比有效率地提供私人物品更困难。当私人物品的买者进入市场时，他们通过自己愿意支付的价格来显示自己对这种物品的评价。同时，卖者也通过自己愿意接受的价格来显示自己的成本。均衡是一种有效的资源配置，因为它反映了所有这些信息。与此相反，在利用成本—收益分析方法来评价政府是否应该提供一种公共物品以及提供多少时，其并没有可供观察的价格信号。因此，所得出的关于公共项目成本和收益的结论充其量只是一种近似而已。

案例研究 | 一条生命值多少钱

设想你被选为你们当地小镇委员会的委员。本镇工程师带着一份建议书到你这里来了：本镇可以花1万美元在现在只有停车标志的十字路口安装并使用一个红绿灯。红绿灯的收益是提高了安全性。工程师根据类似十字路口的数据估算，红绿灯在整个使用期间可以使致命性交通事故的危险从1.6%降低到1.1%。你应该花钱安装这个新红绿灯吗？

为了回答这个问题，又要回到成本—收益分析。但你马上就遇到一个障碍：如果你要使成本与收益的比较有意义，就必须用同一种单位来衡量。成本可以用美元衡量，但收益——拯救一个人生命的可能性——不能直接用货币来衡量。但为了做出决策，你不得不用美元来评价人的生命。

起初，你可能得出结论，人的生命是无价的。毕竟，无论给你多少钱，你也不会自愿放弃你的生命或你所爱的人的生命。这表明，人的生命有无限的价值。

但是，对于成本—收益分析而言，这个回答只能导致毫无意义的结果。如果我们真的认为人的生命是无价的，我们就应该在每一个路口都安装上红绿灯。同样，我们应该都去驾驶有全套最新安全设备的大型车。但并不是每个路口都有红绿灯，而且，人们有时选择购买没有防撞气囊或防抱死制动系统的小型汽车。无论在公共决策还是在私人决策中，我们有时都为了节约一些钱而愿意用自己的生命来冒险。

一旦我们接受了一个人的生命有其隐含的价值的观点后，我们该如何确定这种价值是多少呢？一种方法是考察一个人如果活着能赚到的总钱数，法院在判决过失致死赔偿案时有时会用到这种方法。经济学家经常批评这种方法，因为它忽略了失去一个人生命的其他机会成本。因此，这种方法有一个荒诞的含义，即退休者和残疾人的生命没有价值。

评价人的生命价值的一种较好方法是，观察人们自愿冒的危险以及要给一个人多少钱他才愿意冒这种危险。例如，不同职业的死亡风险是不同的。高楼大厦上的建筑工人所面临的死亡危险就大于办公室的工作人员。在受教育程度、经验以及其他决定工资的因素不变的情况下，通过比较高风险职业和低风险职业的工资，经济学家就可以在一定程度上得出人们对自己生命的评价。用这种方法研究得出的结论是，一个人生命的价值约为1 000万美元。

现在我们可以回到最初的例子，并对小镇工程师做出答复。红绿灯使车祸死亡的危险降低了0.5%。因此，安装红绿灯的预期收益是0.005×1 000万美元，即5万美元。估算出的这一收益大于成本1万美元，所以，你应该批准该项目。

图片来源：www.1tu.com

11.3 公共资源

公共资源与公共物品一样，也没有排他性：想使用公共资源的任何一个人都可以免费使用。但是，公共资源在消费中有竞争性：一个人使用公共资源就减少了其他人对它的享用。因此，公共资源产生了一个新问题：一旦提供了一种物品，决策者就需要关注它被使用了多少。用一个经典寓言最有助于我们理解这个问题，这个寓言称为**公地悲剧**（Tragedy of the Commons）。

> **公地悲剧**：一个说明从整个社会的角度看，为什么公共资源的使用大于合意的水平的寓言。

11.3.1 公地悲剧

设想一个中世纪小镇的生活。该镇的人从事许多经济活动，其中最重要的一项活动是养羊。镇上的许多家庭都有自己的羊群，并以出售用来做衣服的羊毛来养家。

当我们的故事开始时，大部分时间里，羊在镇周围的草地上吃草，这块地被称为镇公地。这块草地不归任何一个家庭所有，而是归镇上的居民集体所有，而且允许所有的居民在上面放羊。集体所有权很好地发挥作用，因为土地很广阔。只要每个人都可以得到他们想要的优质草地，镇公地就不是一种竞争性物品，而且，允许居民在草地上免费放羊也没有引起任何问题。镇上的每一个人都是幸福的。

随着时光的流逝，镇上的人口在增加，镇公地上的羊也在增加。由于羊的数量日益增加，而土地的数量是固定的，土地开始失去自我养护的能力。最后，土地上放牧的羊如此之多，以至于土地变得寸草不生。由于公地上没有草，养羊不可能了，而且，该镇曾经繁荣的羊毛业也消失了。许多家庭失去了生活的来源。

什么原因引起了这种悲剧？为什么牧羊人让羊繁殖得如此之多，以至于毁坏了镇公地呢？原因是社会激励与私人激励不同。避免草地破坏依靠牧羊人的集体行动。如果牧羊人共同行动，他们就可以使羊群数量减少到公地可以承受的规模。但没有一个家庭有减少自己羊群规模的激励，因为每家的羊群只是问题产生的一小部分原因。

实际上，公地悲剧的产生是因为外部性。当一个家庭的羊群在公地上吃草时，它降低了其他家庭可以得到的土地质量。由于人们在决定自己养多少羊时并不考虑这种负外部性，结果使羊的数量过多。

如果预见到了这种悲剧，镇里可以用各种方法解决这个问题。它可以管制每个家庭中羊群的数量，通过对羊征税把外部性内在化，或者拍卖数量有限的牧羊许可证。就是说，这个中世纪小镇可以用现代社会解决污染问题的方法来解决放牧过度的问题。

但是，土地的这个例子还有一种较简单的解决方法。该镇可以把土地分给各个家庭。每个家庭都可以把自己的一块地用栅栏圈起来，并避免过度放牧。通过这种方法，土地就成为私人物品而不是公共资源。实际上，在17世纪英国圈地运动时期就出现了这种结果。

公地悲剧得出了一个一般性的结论：当一个人使用公共资源时，他就减少了其他人对这种资源的享用。由于这种负外部性，公共资源往往被过度使用。政府可以通过管制或税收以减少公共资源的消耗来解决这个问题。此外，政府有时也可以把公共资源变为私人物品。

数千年前人们就知道这个结论。古希腊哲学家亚里士多德（Aristotle）就指出了公共资源的问题："许多人公有的东西总是被关心得最少，因为所有人对自己东西的关心都大于对与其他人共同拥有的东西的关心。"

11.3.2 一些重要的公共资源

有许多公共资源的例子。在几乎所有的例子中，都产生了与公地悲剧一样的问题：私人决策者过分地使用公共资源。政府通常对私人行为实行管制或者收费，以减轻过度使用的问题。

清洁的空气和水　正如我们在第 10 章中所讨论的，市场并没有充分地保护环境。污染是可以用管制或对污染性活动征收矫正税来解决的负外部性。可以把这种市场失灵看作公共资源问题的一个例子。清新的空气和洁净的水与开放的草地一样是公共资源，而且，过度污染也与过度放牧一样。环境恶化是现代社会的一种"公地悲剧"。

拥堵的道路　道路既可以是公共物品，也可以是公共资源。如果道路不拥堵，那么，一个人使用道路就不影响其他任何一个人使用。在这种情况下，道路的使用没有竞争性，道路是公共物品。但如果道路是拥堵的，那么道路的使用就会引起负外部性。当一个人在路上开车时，道路就变得更为拥堵，其他人必然开得更慢。在这种情况下，道路是公共资源。

政府解决道路拥堵问题的一个方法是对司机收取通行费。本质上，道路通行费就是对拥堵所产生的外部性征收的一种矫正税。正如地方道路的情况那样，有时道路通行费并不是一种切合实际的解决方法，因为收费的成本太高了。但是，几个大城市，包括伦敦市和斯德哥尔摩市都发现，提高收费是减少拥堵的一种非常有效的方法。

有时拥堵只是在一天中某些时段存在的问题。例如，如果一座桥只是在上下班高峰期过往车辆多，那么，这些时段的拥堵外部性是最大的。解决这些外部性的有效方法是，在上下班高峰时收费更高。这种收费就会激励驾车人改变安排，从而会减少拥堵最严重时的交通量。

对道路拥堵问题做出反应的另一种政策是在上一章案例研究中讨论过的汽油税。汽油是开车的互补品：汽油价格上升往往会降低开车的需求量。因此，汽油税减少了道路拥堵。但是，汽油税也是一个不完美的解决方法，因为汽油税还影响除了在拥堵的道路上开车量之外的其他决策。例如，汽油税也使人们不愿在不拥堵的道路上开车，即使这些道路上不存在拥堵所产生的外部性。

【新闻摘录】
收费公路案例

许多经济学家认为,应该向使用道路的司机收取更多费用。下面这篇文章说明了原因。

为什么你会愿意为曾经免费的道路付费
Eric A. Morris

为了结束交通拥堵的祸患,朱利叶斯·恺撒禁止大多数马车白天行驶在罗马街道上。但这没什么用——交通拥堵挪到了晚上。两千多年以后,我们已经把人类送上了月球,并开发出了比罗马长袍实用得多的衣服,但我们好像对解决交通拥堵却依然无可奈何。

如果你住在城市,尤其是大城市,毫无疑义,你会觉得交通拥堵是一件烦人又浪费的事情。根据得克萨斯交通研究所的数据,在 2005 年,交通拥堵使每个美国城市出行者平均损失了 38 个小时,几乎是一个完整的工作周。交通拥堵越来越严重,而不是有所改善:在 1982 年时,城市出行者只被延误了 14 个小时。

美国人想有所作为,但不幸的是,对于应该采取什么行动,我们想不出什么好办法。正如 Anthony Downs 的杰作《仍然身陷拥堵中:应对高峰时段的交通拥堵》(Still Stuck in Traffic: Coping With Peak-Hour Traffic Congestion) 所指出的,大部分建议的解决办法不是太难执行,就是没有效果,或者两者兼备。

幸运的是,有一种办法既可行又能保证奏效。在一两年内,我们就可以让你在高峰时段,以令人舒畅的 55 英里时速在 405 号公路或 LIE 公路上呼啸而过。

用这个妙方解决交通拥堵只有一个小问题:人们似乎宁可选择保持现状。尽管有其优点,但这种被称为"拥堵定价""价值定价"或"可变收费"的政策在政治上不容易受到欢迎。

几十年来,经济学家和其他交通学者一直建议根据道路上的拥堵情况进行不同程度的收费。简而言之,就是交通越拥堵,收费就越高,直至拥堵消失。

在许多人看来,这种想法像是精明老练的官员及其学术界的辩护者的计划,目的是抢夺司机辛苦赚来的钱。为什么司机必须为使用道路付费,他们不是已经纳税了吗?当司机被迫离开收费道路时,那些仍然免费的道路不就会堵得一塌糊涂吗?当收费公路成为"奢侈路线"时,工薪阶层和穷人不就成为牺牲品了吗?

此外,采用这种政策就意味着听从了经济学家的意见。谁想这样做呢?

这种可以自圆其说的逻辑,其实是有问题的(除了听从经济学家的部分)。收费的反对者肯定也不傻,他们的观点也值得认真考虑。但是,归根结底,他们的担心过分夸大了,而且收费的收益超过了潜在成本。

不幸的是,很难让人相信这一点,因为收费背后的理论有点复杂,而且与人们的直觉相左。这是很糟的,因为可变收费是一项很好的公共政策。理由如下:当你为某种物品——在本案例里是道路行驶空间——出价时,如果你的出价低于物品的真实价值,就会出现短缺。这是一个基本的经济学理论。

最终来看,天下没有免费的午餐。如果你想得到物品而又不想付钱,你就必须付出努力与时间。想想苏联时期,人们为了购买人为造成的低价又极为稀缺的物品,要把他们的生命都用于无止境的排队。再想想美国人,只要付出货币成本,几乎任何能想象到的消费需求都可以很快得到满足。免费而拥堵的道路就是把我们甩到了莫斯科的大街上。

换一种方式来思考,延误是司机给他的同行们带来的一种外部性。由于开车进入繁忙的道路并引起拥堵,司机使其他人放慢了速度——但他们不用为此付费,至少没有直接付费。当然结果是每个人都付了费,因为在我们给其他人带来拥堵时,其他人也给我们带来了拥堵。这就陷入了一场没有赢家的博弈。

当外部性内在化,即你要为你强加于别人的麻烦付费时,市场最能发挥作用……收费有助于使拥堵的外部性内在化,它会减少最高峰时期最拥堵道路上出行车辆的数量:有些车会转向不太拥堵的时段和路段;还有些车则完全不再出行了。这种方法使我们可以减少互相带来的拥堵成本。

可以肯定的是,收费并不能完全解决车祸及其他偶发事件,而这些都是交通延误的主要原因。但收费可以大大消除长期反复的拥堵。无论对道路的需求有多高,总有一个收费水平可以使交通自由通畅。

要使收费确实有效,价格就必须适当。收费太高,会使许多汽车离开,道路无法充分发挥作用;收费太低,拥堵就无法解决。

最好的解决方法是根据目前交通状况分析实时调整收费。正在试行的道路收费计划(诸如明尼苏达州的 I-394 号公路和南卡罗来纳州的 I-15 号公路上所进行的)是用道路上安装的感应器来监控道路上的汽车数量与速度。

图片来源:www.1tu.com

然后用一个简单的电脑程序就能确定可以允许上路行驶的汽车数量。电脑可以算出为了吸引到这一数量——而不是更多——的汽车应实行的收费水平。电子信号牌上的价格每几分钟变动一次。高科技发射应答器和天线使得在收费站排长队等待交费成为过去。

最重要的是,这样可以保持较高的通行速度(时速45英里以上),从而使道路的吞吐量高于在高峰时段允许所有汽车一起涌入公路,使得交通速度如同爬行速度时的吞吐量。

为了实现效率最高,经济学家希望从高速公路开始,对所有出行都定价。但是,被选出来的官员可不想砸自己的饭碗,所以现在比较现实的选择是只对一些有新运力或运力利用不足的高速公路收费。另一些道路仍将保持免费——并且拥堵的状态。这样司机就有了选择:等待或交费。当然,这两者都不那么理想。但现在司机连选择都没有。

这里的关键因素是什么?华盛顿州最近在167号公路上开通了拥堵定价车道。运行第一个月达到的最高收费(在5月21日周三晚间达到)是5.75美元。我知道,我知道,你绝不会支付这么高得离谱的收费,美国可一直教导你说,享用免费道路是你天生的权利。但这些钱让华盛顿的司机节省了27分钟的时间。你半小时的时间值6美元吗?

我想我已经知道了答案:这得看情况而定。大多数人对时间的评价差别很大,这取决于他们那一天要干什么事。从托儿所接孩子要迟到了?那么支付6美元节省半小时可太划算了。如果是要赶回去清扫房间呢?你回家要用的时间可是越长越好。收费将给你的生活带来新的灵活性和自由度,赋予你按你的时间表定制出行成本的权利。

资料来源:*Freakonomics blog*, January 6, 2009.

鱼、鲸和其他野生动物 许多动物物种都是公共资源。例如,鱼和鲸有商业价值,而且,任何人都可以到海里捕捉所能捕捉到的任何数量。人们很少有为下一年维系物种的激励。正如过分放牧可以毁坏镇上的公地一样,过分捕鱼和捕鲸也会摧毁有商业价值的海洋生物。

海洋仍然是受管制最少的公共资源之一。有两个问题使之不易解决。第一,许多国家濒临海洋,因此,任何一种解决方法都要求在拥有不同价值观的各国之间进行国际合作。第二,由于海洋如此浩瀚,实施任何协议都是很困难的。因此,捕鱼权经常成为引起友好国家之间的国际紧张局势的缘由。

在美国国内,有各种旨在保护鱼类和其他野生动物的法律。例如,政府对捕鱼和打猎的许可证收费,并规定捕鱼和打猎季节的期限。通常要求渔民把小鱼放回水中,而且,猎人只能捕杀有限数量的动物。所有这些法律都减少了公共资源的使用,并有助于维持动物种群。

案例研究 为什么奶牛没有绝种

在整个历史上,许多动物的物种都遭受过灭绝的威胁。当欧洲人第一次到达北美洲时,这个大陆上野牛的数量超过6 000万头。但在19世纪期间猎杀野牛如此盛行,以至于到1900年,在政府开始保护这种动物之前,只剩下400头左右了。在现在的一些非洲国家,由于偷猎者为取得象牙而捕杀大象,大象也面临着类似的困境。

但并不是所有具有商业价值的动物都面临着这种威胁。例如,奶牛是一种有价值的食物来源,但没有一个人担心奶牛会很快绝种。实际上,对牛肉的大量需求看起来保证了这种动物会继续繁衍。

为什么象牙的商业价值是对大象的威胁,而牛肉的商业价值却是奶牛的护身符呢?原因是大象是公共资源,而奶牛是私人物品。大象可以自由自在地漫步而不属于任何人。每个偷猎者都有尽可能多地猎杀他们所能找到的大象的强烈激励。由于偷猎者人数众多，每个偷猎者很少有维护大象种群的激励。与此相反，奶牛生活在私人所有的牧场上。每个牧场主都尽极大的努力来维持自己牧场上的牛群，因为他能从这种努力中得到利益。

政府试图用两种方法解决大象的问题。一些国家，例如肯尼亚、坦桑尼亚和乌干达，已经把猎杀大象并出售象牙作为违法行为。但这些法律一直很难得到实施，政府和偷猎者之间的斗争越来越暴力，而且大象种群在继续减少。与此相反，另一些国家，例如博茨瓦纳、马拉维、纳米比亚和津巴布韦，允许人们捕杀大象，但只能捕杀自己所有的大象，从而使大象成为一种私人物品。土地所有者现在有保护自己土地上大象的激励，结果是大象的数量开始增加了。在私有制和利润动机的作用下，也许某一天非洲大象也会像奶牛一样，摆脱灭绝的威胁。

"市场会保护我吗？"

图片来源：
Dudarev Mikhail/Shuttersto-ck.com

11.4 结论：产权的重要性

在本章和上一章中，我们说明了存在一些市场不能充分提供的"物品"。市场不能确保我们呼吸的空气是清洁的，也不能确保我们的国家不受外国侵略。相反，社会依靠政府来保护环境并提供国防。

虽然我们在这两章考虑的问题产生于许多不同的市场上，但它们有一个共同的主题。在所有的情况下，市场没有有效地配置资源，是因为没有很好地建立产权。这就是说，某些有价值的东西并没有在法律上有权控制它的所有者。例如，虽然没有人怀疑清洁的空气或国防等"物品"是有价值的，但没有一个人有权给它定一个价格，并从它的使用中得到利润。工厂污染太严重，是因为没有一个人能因为工厂排出污染而向它们收费；市场没有提供国防，是因为没有一个人能因为受到保卫的人获益而向他们收费。

当产权缺失引起市场失灵时，政府可以潜在地解决这个问题。有些时候，例如在出售污染许可证的情况下，解决方法是政府帮助界定产权，从而释放市场的力量。另一些时候，例如在限制捕猎季节的情况下，解决方法是政府对私人行为进行管制。还有一些时候，例如在提供国防的情况下，解决方法是由政府提供市场不能提供的物品。在所有这些情况下，如果政策能得到很好的计划和实施，就可以使资源配置更有效率，从而增进经济福利。

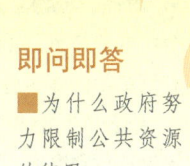

即问即答

■ 为什么政府努力限制公共资源的使用？

内容提要

◎ 物品在是否具有排他性和竞争性上存在差别。如果阻止某个人使用某种物品是可能的,这种物品就具有排他性。如果一个人对某种物品的使用减少了其他人对同一物品的使用,这种物品就具有竞争性。市场运行最适用于既有排他性又有竞争性的私人物品。市场运行不适用于其他类型的物品。

◎ 公共物品既无竞争性又无排他性。公共物品的例子包括烟火表演、国防和基础知识的创造。由于不能对使用公共物品的人收费,人们存在搭便车的激励,使私人不能提供这种物品。因此,政府提供公共物品,并以成本—收益分析为基础做出关于每种物品供给量的决策。

◎ 公共资源在消费中有竞争性但无排他性。例子包括公有的草地、清洁的空气和拥挤的道路。由于不能向使用公共资源的人收费,他们往往会过度地使用公共资源。因此,政府努力用各种方法限制公共资源的使用。

关键概念

排他性
消费中的竞争性
私人物品
公共物品
公共资源
俱乐部物品
搭便车者
成本—收益分析
公地悲剧

复习题

1. 解释一种物品有"排他性"的含义。解释一种物品有"消费中的竞争性"的含义。一块比萨饼是否有排他性?是否有消费中的竞争性?

2. 给公共物品下定义并举出一个例子。私人市场本身能提供这种物品吗?解释原因。

3. 什么是公共物品的成本—收益分析?为什么它很重要?为什么进行这种分析很困难?

4. 给公共资源下定义并举出一个例子。如果没有政府干预,人们对这种物品的使用会太多还是太少?为什么?

第 12 章
税制的设计

20 世纪 20 年代臭名昭著的匪徒和犯罪团伙头子,"疤面人"阿尔·卡彭(Al Capone)从来没有因为他的许多暴力犯罪行为而入狱,但最终他还是被关在监牢里——因为逃税。他忽视了本·富兰克林(Ben Franklin)的劝告:"在这个世界上除了死亡和税收以外,没有什么事情是确定无疑的。"

当富兰克林在 1789 年说这句话的时候,普通美国人缴纳的税不到其收入的 5%,而且在以后的一百年中情况仍然如此。但是,在 20 世纪期间,税收在普通美国人的生活中变得越来越重要。现在,把所有的税收加在一起——包括个人所得税、公司所得税、工薪税、销售税和财产税——总计超过一个普通美国人收入的四分之一。在许多欧洲国家,税收甚至比这还要高。

税收是不可避免的,因为我们作为公民期望政府向我们提供各种物品和服务。前两章说明了第 1 章的经济学十大原理之一:政府有时能改善市场结果。当政府解决一种外部性(例如空气污染),提供一种公共物品(例如国防),或管制一种公共资源的使用(例如在公共湖泊中捕鱼)时,它就可以增进经济福利。但这些活动是有代价的。政府为了行使这些以及其他许多职能,需要通过税收来筹集收入。

在前几章中我们已经开始了对税收的研究,在那里我们说明了对一种物品征税如何影响该物品的供给与需求。在第 6 章中,我们说明了税收减少了市场上的销售量,还考察了税收负担如何由买者与卖者分摊,这取决于供给弹性和需求弹性。在第 8 章中,我们考察了税收如何影响经济福利。我们知道,税收引起了无谓损失:税收引起的消费者剩余和生产者剩余的减少大于政府筹集的收入。

在本章中,我们以这些结论为基础来讨论税制的设计。我们从美国政府的财政概况开始。当考虑税制时,了解关于美国政府如何筹资和支出的一些基本事实是有用的。然后我们再考虑赋税的基本原则。大多数人都赞同税收给社会带来的成本应尽可能地低,而且,税收负担应该公平地分配。这就是说,税制应该既有效率又平等。但是,正如我们将看到的,这些目标宣称起来容易但实现起来难。

12.1 美国政府的财政概况

政府的税收占国民收入的多少？图 12-1 显示了美国经济中包括联邦、州和地方政府在内的政府收入在总收入中的百分比。它表明，在过去一个世纪中，政府的作用大大加强了。在 1902 年，政府收入占总收入的 7%；而在近些年中，政府收入约占到总收入的 30%。换句话说，随着经济中收入的增长，政府从税收中得到的收入增长得更快。

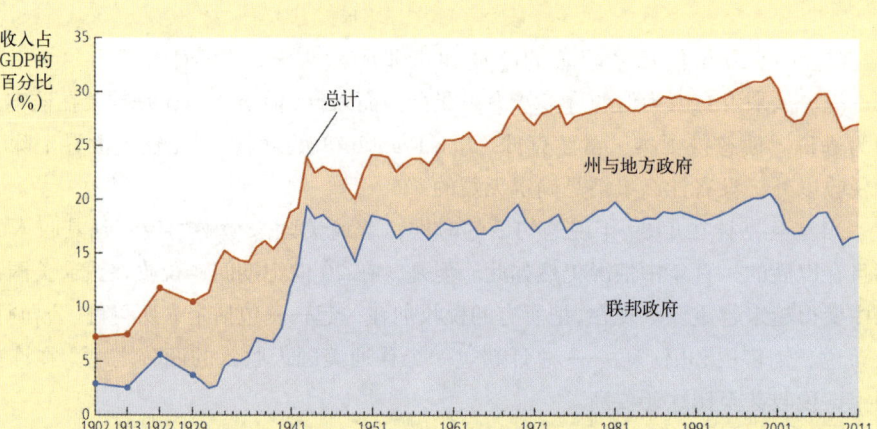

图12-1 政府收入占GDP的百分比

这个图表示联邦政府和州与地方政府收入占国内生产总值（GDP）的百分比，GDP衡量经济中的总收入。该图表示，政府在美国经济中起着重要作用，而且其作用在不断加强。

资料来源：*Historical Statistics of the United States*; Bureau of Economic Analysis；作者的计算。

表 12-1 用政府税收收入占国民总收入的百分比这个指标比较了几个大国的税收负担。与许多其他发达国家相比，美国的税收负担较轻。许多欧洲国家税收高得多，这些税收为更为慷慨的社会保障网筹资，包括对穷人和失业者提供更多的收入支持，以及扩大政府提供的医疗保障的覆盖范围。

政府的总体规模只是问题的一个方面。在总量背后是成千上万关于税收和支出的个人决策。为了更全面地了解政府财政状况，我们把总量分解为几个大类。

12.1.1 联邦政府

美国联邦政府收取了美国经济中约三分之二的税收。它以许多方式筹集这种收入，并以更多的方式来支出这种收入。

表12-1　政府税收收入占GDP的百分比

国家	税收收入/GDP（%）	国家	税收收入/GDP（%）
丹麦	48	加拿大	31
瑞典	45	希腊	31
法国	44	日本	28
意大利	43	澳大利亚	26
德国	37	美国	25
英国	36	智利	21
西班牙	32	墨西哥	20

资料来源：OECD. 表中使用的是2011年的数据。

收入　表12-2说明了联邦政府2011年的收入。这一年的总收入是25 200亿美元，数额大得令人费解。为了使这个天文数字回到现实中来，我们用它除以美国的人口，2011年美国人口为3.12亿。这样，我们发现，平均每个美国人向联邦政府缴纳了8 077美元的税收。

表12-2　2011年联邦政府的收入

税收	数量（10亿美元）	人均数量（美元）	占收入的百分比（%）
个人所得税	1 075	3 446	43
社会保险税	906	2 904	36
公司所得税	304	974	12
其他	235	753	9
总计	2 520	8 077	100

资料来源：Bureau of Economic Analysis. 由于取整，每列的数字加总不一定等于总数。

联邦政府最大的收入来源是个人所得税。在每年临近4月15日时，几乎每个美国家庭都要填写纳税表，以确定应向政府交多少所得税。每个家庭都需要报告其所有来源的收入：工作的工资、储蓄的利息、在拥有股份的公司中的股息和经营的任何一种小生意的利润，等等。家庭的纳税义务（tax liability）（应交多少税）是根据其总收入计算的。

一个家庭的所得税纳税义务并不是简单地与其收入成比例。相反，法律规定了较为复杂的计算方法。计算应纳税收入时，要从总收入中减去以抚养人口（主要是孩子）数量为基础计算出来的数额，再减去决策者认定为"可扣除"的某些支出（例如，住房抵押贷款的利息支付、联邦和地方的税收支付和慈善捐赠）。然后用表12-3所示的税率根据应纳税收入来计算纳税义务。

表 12-3 表示边际税率——收入每增加 1 美元所适用的税率。由于边际税率随着收入增加而提高，高收入家庭收入的税收占收入的百分比较高。要注意的是，表中的每种税率只适用于对应范围内的收入，而不适用于一个人的全部收入。例如，一个有 100 万美元收入的人，第一个 8 925 美元仍然只缴纳 10% 的税。（我们在本章后面将更充分地讨论边际税率的概念。）

表12-3　2013年联邦所得税税率

该表表示一个未婚纳税人的边际税率。纳税人的纳税义务取决于他的收入水平以下的所有边际税率。例如，收入为2.5万美元的纳税人对第一个8 925美元的收入按10%的税率纳税，然后再对其余收入按15%的税率纳税。

应纳税收入（美元）	税率（%）
8 925以下	10
8 925—36 250	15
36 250—87 850	25
87 850—183 250	28
183 250—398 350	33
398 350—400 000	35
400 000以上	39.6

对联邦政府来说，几乎与个人所得税同样重要的是工薪税。工薪税是对企业付给工人的工资征的税收。表 12-2 把这种收入称为社会保险税，因为这些税的收入被专门用来支付社会保障和医疗保障。社会保障是一项收入支持计划，主要目的是维持老年人的生活水平。医疗保障是政府对老年人的保健计划。表 12-2 说明，2011 年平均每个美国人支付了 2 904 美元的社会保险税。

在重要性上仅次于个人所得税和社会保险税，但在数量上远远小于两者的是公司所得税。公司是作为一个独立法人建立的企业，区别并独立于其所有者。政府根据每个公司的利润——该公司出售物品与服务的收入减去生产这些物品与服务的成本——对其征税。要注意的是，公司利润实际上要交两次税。当企业赚到利润时，要缴纳公司所得税；当公司用其利润向公司股东支付股息时，还要再缴纳个人所得税。为了部分地补偿公司这种双重纳税，决策者决定对股息收入执行比其他收入更低的税率。在 2013 年，股息收入的最高税率只有 20%（再加 3.8% 的医疗保障税），与此相比，普通收入的最高税率为 39.6%（同样，再加 3.8%）。

表 12-2 中的最后一类，即标为"其他"的，占税收收入的 9%。这个类别包括销售税，即对某些特殊物品，如汽油、香烟和酒精饮料征收的税。"其他"类还包括各种小税种，如不动产税和关税。

支出 表 12-4 显示了联邦政府 2011 年的支出。总支出是 37 570 亿美元，人均支出是 12 042 美元。该表还显示了联邦政府支出在一些主要项目上的分布。

表12-4　2011年联邦政府的支出

类别	数量（10亿美元）	人均数量（美元）	占支出的百分比（%）
收入保障	1 233	3 951	33
医疗	940	3 013	25
国防	717	2 298	19
净利息	325	1 042	9
其他	542	1 737	14
总计	3 757	12 042	100

资料来源：Bureau of Economic Analysis. 由于取整，每列的数字加总不一定等于总数。

> **即问即答**
> ■ 联邦政府最重要的两类税收来源是什么？

表 12-4 中最大的一类支出是收入保障，它主要是各种**转移支付**。转移支付是指政府未用于交换物品和服务而进行的支付。例如，包括对老年人和残疾人的社会保障支付，给失去工作的工人的失业保险支付，以及给穷人的福利支付。在 2011 年，这一项占联邦政府支出的三分之一左右。联邦政府把部分钱给予州和地方政府，这些机构根据联邦指导管理这些项目。

第二项大的支出是医疗项目。这一项包括医疗保障（政府的老年人医疗项目）、医疗援助（穷人的联邦医疗计划），以及用于医疗研究的支出，例如通过美国国立卫生研究院进行的研究。总的医疗支出占联邦预算的四分之一左右。

第三项大的支出是国防。这一类包括军事人员工薪和购买枪支、战斗机和战舰等军事装备的支出。国防支出会随着国际局势的紧张程度和政治气候的变动而波动。毫不奇怪，在战争期间国防支出会大幅度增加。

下一个项目是净利息。当一个人从银行借款时，银行要求债务人支付贷款利息。当政府向公众借款时也同样如此。政府负债越多，它在利息支付方面的支出也越大。

表 12-4 中的"其他"类包括许多支出较少的政府职能。例如，它包括联邦法院系统、太空计划、农场支持计划、住房信贷计划以及国会议员和总统的薪水。

你可能已经注意到，表 12-2 中的联邦政府的总收入比表 12-4 中的总支出少 1 万亿美元。这种情况称为政府有**预算赤字**（budget deficit）。当收入大于支出时可以说政府有**预算盈余**（budget surplus）。政府通过向公众借款来为预算赤字筹资。这就是说，它把政府债券卖给私人部门，包括美国和国外的投资者。当政府有预算盈余时，它可以用剩余的收入来减少其未清偿债务。

预算赤字：政府支出大于政府收入。

预算盈余：政府收入大于政府支出。

案例研究 未来的财政挑战

从 2009 年到 2012 年，美国联邦政府的预算赤字每年超过了 1 万亿美元，这是自从第二次世界大战以来最大的预算赤字。这些大量预算赤字主要是由于当时经济经历了严重的衰退。衰退会增加政府支出并减少政府收入。实际上，随着经济复苏，预算赤字开始减少。

但是，这种短期的赤字增加只是冰山一角：政府预算的长期规划表明，在现行法律之下，在未来几十年中，政府支出将大大超过它以税收形式得到的收入。计划的税收收入占 GDP（经济中的总收入）的百分比是大致不变的。但是，在未来几十年中计划的政府支出占 GDP 的百分比会逐渐而大幅度地提高。

政府支出增加的一个原因是社会保障和医疗保障向老年人提供了大量利益，而老年人在整个人口中所占的比重越来越大。在过去的半个世纪中，医疗进步和生活方式的改善大大地延长了预期寿命。在 1950 年，一个 65 岁的男人预期还能再活 13 年，而现在他还可以预期再活 17 年。一个 65 岁的女性的预期寿命从 1950 年的 16 年增加到今天的 20 年。同时，人们要的孩子少了。1950 年，一个女性一般有三个孩子。现在大约为两个。随着家庭规模变小，现在劳动力的增长比过去慢了。

图 12-2（a）表明预期寿命延长和出生率降低的共同作用引起的人口变动。在 1950 年，老年人口约为工作年龄人口的 14%，现在老年人口约为工作年龄人口的 21%，而且在今后 50 年中，这个数字将会上升到 40% 左右。将这些数字取一下倒数，这就意味着，1950 年，每个老年人对应 7 个工作年龄人口，而在 2050 年每个老年人将只对应 2.5 个工作年龄人口。因此，用来支撑每个老年人得到的政府福利的纳税工人的数量将会减少。

在今后几十年中将影响政府支出的另一个相关趋势是医疗保障费用的增加。联邦政府通过医疗保障体系向老年人提供医疗，并通过医疗援助向穷人提供医疗。而且，一旦 2010 年通过的医疗保险改革方案完全付诸实施，政府就将开始为许多中低收入家庭提供医疗保险补贴。随

图 12-2 人口与财政挑战

（a）幅表示美国 65 岁及以上人口占 20—64 岁人口的百分比。老年人口的增加给政府预算带来越来越大的压力。
（b）幅表示政府对社会保障和医疗计划的支出占 GDP 的百分比。对未来的预期假设现行的法律没有变动。除非通过立法改变福利标准，否则政府对这些类别的支出就会大幅度增加，并要求有大幅度的税收增加来支撑。

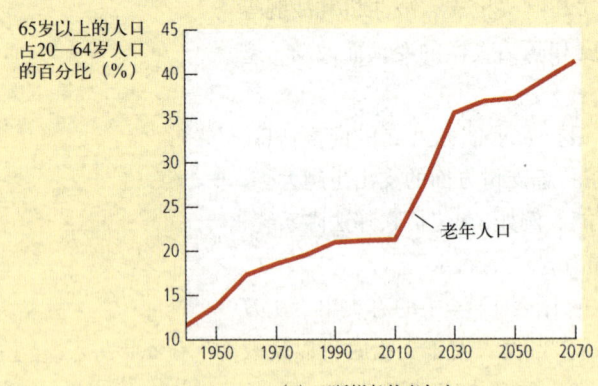

(a) 不断增长的老年人口

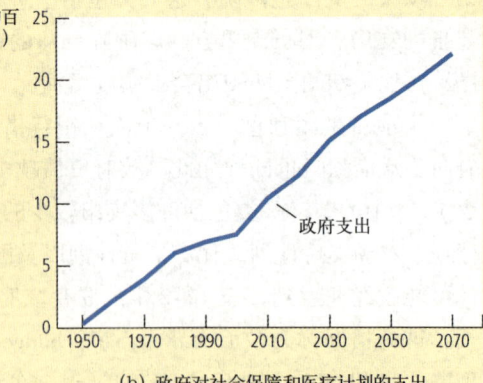

(b) 政府对社会保障和医疗计划的支出

资料来源：Congressional Budget Office.

着医疗费用的增加，政府在这些项目上的支出也将增加。

政策制定者提出了各种抑制医疗费用上升的方法，例如，减少医疗体系的诉讼负担，鼓励医疗提供者之间更多的竞争，促进信息技术的更多使用，以及对医生选择成本—有效性更高的治疗方法提供更好的激励。但是大多数卫生经济学家认为，这些措施对减少政府医疗支出的影响是有限的。他们认为医疗费用上升的主要原因是医学的进步，这为延长和改善我们的生命提供了新的、更好的，但往往也是更昂贵的方法。因此，即使上述改革值得推动，医疗保障计划的支出也会持续增加。

图12-2（b）表示美国政府的社会保障和医疗计划支出占GDP的百分比。对这些计划的支出从1950年的不到1%增长到今天的10%左右。老年人口增加和医疗费用上升并存的趋势预期会持续下去。

我们的社会将如何应对这些支出增加是一个尚无定论的问题。简单地增加预算赤字并不可行。预算赤字仅仅是把政府支出的成本推到下一代纳税人身上，他们将继承一个有大量赤字的政府。在长期中，政府必须支付自己的支出。

一些经济学家认为，为了对这些义务进行支付，我们需要大幅度提高税收在GDP中的百分比。如果是这样的话，我们在图12-1中看到的长期趋势将继续下去。

社会保障和医疗计划方面的支出占GDP的比重预期会增加10个百分点。由于现在的税收占GDP的30%，因此对这些福利计划的支付要求所有税收再增加约三分之一。

另一些经济学家认为，这种高税率给年轻工作者带来的代价太大了。他们认为，政策制定者应该减少现在对未来老年人做出的承诺，同时鼓励人们在老年时更多地自己照顾自己。这包括提高正常退休年龄，同时给人们更多的在其工作年份进行储蓄的激励，以为自己的退休和医疗费用做好准备。

很可能的情况是，最后的解决办法将是很多措施的综合。不可否认，解决这一问题是未来面临的最大挑战之一。

12.1.2 州与地方政府

州与地方政府筹集的税收占全部税收的40%左右。我们来看看它们如何筹集税收收入以及如何支出。

收入 表12-5表示美国州与地方政府的收入。2011年的总收入是20 640亿美元，人均收入为6 615美元。该表还显示了这一总收入在不同税种中的分布。

州与地方政府最重要的两类税是销售税和财产税。销售税按消费者购买零售商品的总支出的一定百分比征收。顾客每次买东西时，就要向店主支付一个额外量，店主

表12-5　2011年州与地方政府的收入

类　别	数量 （10亿美元）	人均数量 （美元）	占收入的百分比 （%）
销售税	462	1 481	22
财产税	440	1 410	21
个人所得税	323	1 035	16
公司所得税	48	154	2
联邦政府	498	1 596	24
其他	293	939	14
总计	2 064	6 615	100

资料来源：Bureau of Economic Analysis. 由于取整，每列的数字加总不一定等于总数。

把它交给政府。（有些州不对某些必需品，例如食物和衣服征收销售税。）财产税按土地和建筑物估算价值的一定百分比征收，由财产所有者支付。这两项税加在一起占州与地方政府全部收入的40%以上。

州与地方政府还征收个人所得税和公司所得税。在许多情况下，州与地方政府的所得税与联邦所得税类似。在另一些情况下，它们又非常不同。例如，一些州对工资收入的征税大大低于对以利息和股利形式赚到的收入的征税，而还有一些州对收入根本不征税。

州与地方政府还从联邦政府那里得到大量资金。在某种程度上而言，联邦政府与州政府分享其收入的政策是资金从高收入州（支付更多税收）向低收入州（得到更多收益）的再分配。这些资金往往被指定用于联邦政府想补贴的特定计划。

最后，州与地方政府从表12-5中"其他"类包括的各种来源中得到了相当多的收入，包括捕鱼与打猎许可证收费、道路与桥梁收费以及公共汽车和地铁收费。

支出 表12-6显示了州与地方政府2011年的总支出，以及它在主要类别中的分配。

表12-6　2011年州与地方政府的支出

类别	数量（10亿美元）	人均数量（美元）	占支出的百分比（%）
教育	730	2 340	34
医疗	481	1 542	22
公共秩序与安全	285	913	13
收入保障	163	522	8
高速公路	127	407	6
利息	109	350	5
其他	271	869	13
总计	2 166	6 942	100

资料来源：Bureau of Economic Analysis. 由于取整，每列的数字加总不一定等于总数。

到目前为止，州与地方政府最大的一项支出是教育。地方政府为公立学校提供经费，这些学校为大多数学生提供从幼儿园到高中的教育。州政府拨款支持公立大学。在2011年，教育支出约占州与地方政府支出的三分之一。

第二大类支出是医疗计划，例如医疗援助。然后是公共秩序与安全支出，包括警察、消防、法院及监狱。再接下来依次是收入保障支出、建设和维护道路与高速公路支出，以及州和地方政府债务的利息支出。表12-6中的"其他"类包括州与地方政府提供的许多其他服务，例如图书馆、垃圾清理和扫雪，以及公共公园和运动场的维护。

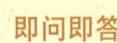

即问即答

■ 州与地方政府最重要的两类税收来源是什么？

12.2 税收和效率

我们已经说明了美国各级政府如何筹资和支出，现在我们再来考虑如何评价其税收政策并设计税制。税收制度的主要目标是筹集政府收入。但是，有许多方法可以筹集任何一种既定量的收入。当在许多不同的税制方案中选择时，决策者有两个目标：效率和平等。

如果一种税制能以对纳税人来说较低的成本筹集到等量收入，这种税制就比另一种更有效率。纳税人的税收成本是什么呢？最明显的成本是支付的税收本身。这种货币从纳税人向政府的转移是任何一种税制的必然特点。但税收还会引起两种其他成本，设计良好的税收政策正是要避免这两种成本或至少使其最小化。

"我想要修好这个房子，但如果我这么做了，市里就会增加我的税收！"

图片来源：
BERRY'S WORLD.
Reprinted by
permission of United
Feature Syndicate, Inc.

- 当税收扭曲了人们做出的决策时引起的无谓损失。
- 纳税人在遵照税法纳税时承担的管理负担。

一种有效率的税制是所引起的无谓损失和管理负担很小的税制。

12.2.1 无谓损失

经济学十大原理之一是人们会对激励做出反应，这里所说的激励也包括税制提供的激励。如果政府对冰淇淋征税，人们就会少吃冰淇淋而多吃冷冻酸奶；如果政府对住房征税，人们就会住较小的房子并把更多收入用于其他事情；如果政府对劳动收入征税，人们就会少工作而多享受闲暇。

由于税收扭曲了激励，所以引起了无谓损失。正如我们在第 8 章中第一次讨论的，税收的无谓损失是纳税人经济福利的减少超过了政府筹集到的收入的部分。无谓损失是当人们根据税收激励，而不是根据他们买卖的物品与服务的真实成本与收益配置资源时，税收引起的无效率。

为了回忆起税收如何引起无谓损失，我们来看一个例子。假设 Joe 对一个比萨饼的评价是 8 美元，而 Jane 对它的评价是 6 美元。如果没有比萨饼税，比萨饼的价格将反映制作它的成本。让我们假设，比萨饼的价格是 5 美元，因此，Joe 和 Jane 都选择购买 1 块。这两个消费者都得到了超过支付量的价值的剩余。Joe 得到 3 美元的消费者剩余，而 Jane 得到了 1 美元的消费者剩余。总剩余是 4 美元。

现在假设政府对比萨饼征收 2 美元的税，比萨饼的价格上升到 7 美元（当供给完全富有弹性时，就会发生这种情况）。Joe 仍购买 1 块比萨饼，但现在他的消费者剩余只有 1 美元。Jane 现在决定不买比萨饼，因为比萨饼的价格高于她对比萨饼的评价。政府从 Joe 的比萨饼上得到 2 美元的税收收入。消费者总剩余减少了 3 美元（从 4 美元减少为 1 美元）。由于总剩余的减少大于税收收入，所以税收有无谓损失。在这个例子中，无谓损失是 1 美元。

要注意的是，无谓损失并不是来自 Joe，即纳税的人，而是来自 Jane，即没有纳税的人。Joe 的剩余减少 2 美元正好抵消了政府得到的收入量。无谓损失的产生是由于税收使 Jane 改变了她的行为。当税收提高了比萨饼的价格时，Jane 的状况变坏了，但并没有可用于抵消的政府收入。Jane 福利的这种减少就是税收的无谓损失。

案例研究　应该对收入征税，还是应该对消费征税

当税收引起人们改变自己的行为——例如引起 Jane 少买比萨饼——时，税收就引起了无谓损失，并使资源配置效率降低。正如我们已经说明的，政府的很多收入来自个人所得税。在第 8 章的案例研究中，我们讨论了这种税如何不鼓励人们像没有税收时那样勤奋工作。这种税引起的另一种无效率是它不鼓励人们储蓄。

考虑一个 25 岁的人正打算储蓄 1 000 美元。如果他把他的钱存入储蓄账户以赚取 8% 的利息，并再留在账户上，当他 65 岁退休时就会有 21 720 美元。但如果政府对他每年赚到的利息收入征收 1/4 的税，有效利率就仅为 6%，40 年后，1 000 美元只增加到 10 290 美元，还不到没有税收时可以得到的一半。因此，由于对利息收入征税，储蓄的吸引力就小多了。

一些经济学家主张通过改变税基来消除现行税制对储蓄的抑制作用。这种情况下，政府不再是对人们的收入量征税，而是对人们的支出量征税。根据这种主张，所储蓄起来的全部收入在最后支出之前都不需纳税。这种制度被称为消费税，它不会扭曲人们的储蓄决策。

目前税法的各种条款已经使税制有点像消费税。纳税人可以把一定量的收入投入特殊储蓄账户——例如，个人退休账户和 401(k) 计划——从而在退休时支取之前这种收入和它赚到的累积利息可以不用纳税。对那些通过这些退休账户进行大部分储蓄的人来说，他们的税单实际上是基于他们的消费，而不是他们的收入。

欧洲各国对消费税的依赖比美国还强。大多数欧洲国家通过增值税（VAT）筹集到大量政府收入。增值税类似于美国许多州使用的零售税，但政府并不是在消费者购买最终物品时的零售环节取得全部税收，而是在物品生产的各个阶段（即在企业增加了该物品价值的各个生产环节）取得税收。

不同的美国政策制定者都主张，税制未来变动的方向是对消费而不是收入征税。2005 年，当时的美联储主席、经济学家艾伦·格林斯潘向总统经济顾问委员会提交了他的税收改革建议："正如你们所知道的，许多经济学家认为，从促进经济增长的角度看，消费税是最好的——特别是从零开始设计一种税制时——因为消费税会鼓励储蓄和资本形成。但是，从现行税制转向消费税也提出了一系列有挑战性的转型问题。"

12.2.2　管理负担

如果你在 4 月 15 日问一个普通人对税制的看法，你会听到有关填报税表如何令人头痛的大量抱怨。任何一种税制的管理负担都是它引起的无效率的一部分。这种负担不仅包括在 4 月初填表所花的时间，而且还包括整个一年中为税收保存各种记录的时间和政府为实施税法所必须使用的资源。

许多纳税人——特别是适用较高税率的人——雇用纳税律师和会计师帮助他们纳税。这些复杂税法方面的专家为他们的客户填表，并帮助客户安排各种事务，以减少应纳税额。这种行为是合法避税，它不同于非法逃税。

税制的批评者说，这些税收顾问通过滥用税法的一些细小条款，即通常所说的"漏

洞",来帮助客户避税。在有些情况下,漏洞是国会的失误:这些漏洞源于税法的含糊和遗漏。更经常的情况是,这些漏洞的产生是因为国会有选择地给某种类型的行为以特殊对待。例如,美国联邦税法就给予市政公债投资者以优惠待遇,因为国会想使州与地方政府更容易地借到钱。在某种程度上,这条规定有利于州与地方政府;在某种程度上,它也有利于收入高的纳税人。大多数漏洞是那些制定税收政策的国会议员们所知晓的,但在一位纳税人看来可能是有漏洞的,在另一位纳税人看来,则可能是一种合理的税收扣除。

专门用于遵从税法的资源是一种无谓损失。政府只得到了所缴纳的税收金额。与此相反,纳税人不仅失去了这一金额,而且还失去了用于整理文件、计算和避税所花费的时间和金钱。

通过简化税法可以减少税制的管理负担。但这种简化在政治上往往会有困难。大多数人都愿意通过消除有利于他人的漏洞来简化税法,但很少有人希望放弃有利于自己的漏洞。最后,有各自特殊利益的各种纳税人为自身目的进行游说的政治过程导致了税法的复杂性。

12.2.3 边际税率与平均税率

在讨论所得税的效率与平等时,经济学家区分了两个税率概念:平均税率和边际税率。**平均税率**(average tax rate)是支付的总税收除以总收入。**边际税率**(marginal tax rate)是增加的 1 美元收入所支付的额外税收。

例如,假设政府对第一个 5 万美元的收入征收 20% 的税,而对全部收入中超过 5 万美元以上的部分征收 50% 的税。在这种税收下,一个有 6 万美元收入的人纳税 1.5 万美元:第一个 5 万美元的 20%(0.2×5 万美元 =1 万美元),再加上其余 1 万美元的 50%(0.5×1 万美元 =0.5 万美元)。对这个人来说,平均税率是 1.5 万美元 /6 万美元,即 25%。但边际税率是 50%。如果该纳税人再多赚 1 美元,这 1 美元就适用 50% 的税率,从而该纳税人应向政府缴纳的税就增加 0.5 美元。

边际税率和平均税率各自都包含了有用的信息。如果我们想知道纳税人做出的牺牲,平均税率是比较适用的,因为它衡量收入中用于纳税的比例。与此相反,如果我们想要了解税制在多大程度上扭曲了激励,边际税率就更有意义。第 1 章中的经济学十大原理之一是,理性人考虑边际量。这个原理的一个推论是,边际税率衡量税制在多大程度上鼓励人们不工作。如果你正在考虑多工作几小时,边际税率决定了政府将从你增加的收入中拿走多少。因此,决定所得税无谓损失的是边际税率。

12.2.4 定额税

假设政府向每个人征收 4 000 美元税。这就是说,无论收入如何,也无论每个人会采取什么行为,每个人应缴纳的税都是等量的。这种税被称为**定额税**(lump-sum tax)。

定额税清楚地表明了平均税率和边际税率之间的差别。对一个收入为 2 万美元的

平均税率:支付的总税收除以总收入。

边际税率:增加1美元收入所支付的额外税收。

定额税:对每个人等量征收的税收。

纳税人来说，4 000 美元定额税的平均税率是 20%；对一个收入为 4 万美元的纳税人来说，平均税率是 10%。对这两个纳税人来说，边际税率是零，因为收入增加 1 美元并不改变应缴纳的税收额。

定额税可能是最有效率的税。因为一个人的决策并不改变应纳税额，税收也没有扭曲激励，因此也不会引起无谓损失。因为每个人都能很容易地算出应纳税额，而且由于没有必要雇用税收律师和会计师，因此定额税给纳税人带来的管理负担最小。

既然定额税如此有效率，为什么我们在现实世界中很少看到这种税呢？原因在于效率只是税制的一个目标。定额税对穷人和富人收取同样的量，大多数人认为这种结果是不公平的。为了理解我们所看到的税制，我们必须考虑税收政策的另一个主要目标：平等。

12.3 税收与平等

自从美国殖民地居民把进口茶叶倒入波士顿港以抗议英国的高税收以来，税收政策就在美国政治中引起了一些最激烈的争论。争论的焦点很少是由效率问题引起的，而是由在税收负担应该如何分配问题上的分歧引起的。参议员 Russell Long 曾经用这样一首歌谣来嘲讽公众的争论：

你也不纳税。
我也不纳税。
让树后的那个家伙来纳税。

当然，如果我们要依靠政府提供一些我们想要的物品和服务，税收必定要落在某个人身上。在这一节中，我们考虑税制的平等问题。应该如何在人们中分配税收负担？我们应如何评价一种税制是否公平呢？每一个人都同意，税制应该是平等的，但对于如何判断一种税制的平等，却存在着许多分歧。

12.3.1 受益原则

税收的一个原则被称为**受益原则**（benefits principle）。它认为，人们应该根据他们从政府服务中得到的利益来纳税。这种原则努力使公共物品与私人物品相似。那些经常去看电影的人买电影票花的总钱数比很少去看电影的人多，这看起来是公平的。与此相似，一个从公共物品中得到更大利益的人也应该比那些得到利益少的人多纳税。

例如，人们有时用受益原则来支持汽油税。在一些州，汽油税的收入用于修建和维护公路。因为买汽油多的人同样也是用道路多的人，所以，汽油税被视为一种为这种政府服务付费的公平方法。

受益原则也可以用于支持富有的公民应该比贫困的公民多纳税的观点。为什么？

即问即答
■ 税制的效率是指什么？
■ 什么会使税制无效率？

受益原则：认为人们应该根据他们从政府服务中得到的利益来纳税的思想。

仅仅是因为富人从公共服务中受益更多。例如，考虑警察保护不受盗贼偷窃带来的利益。有很多东西需要保护的公民从警察那里得到的利益就大于那些没什么要保护的人。因此，根据受益原则，富人应该比穷人更多地支付维持警力的费用。同样的道理也可以用于许多其他公共服务，例如，防火、国防以及法院系统。

甚至还可以用受益原则支持用富人纳的税来为反贫困计划提供资金。正如我们在第 11 章中所讨论的，人们喜欢在一个没有贫困的社会中生活，这表明反贫困计划是一种公共物品。如果富人对这种公共物品的货币评价大于中产阶级（这也许仅仅是因为他们有更多钱可花），那么，根据受益原则，他们就应该为这种计划更多地纳税。

12.3.2 支付能力原则

评价税制平等的另一种方法被称为支付能力原则（ability-to-pay principle）。该原则认为，应该根据一个人所能承受的负担来对这个人征税。这个原则有时证明了这样一种主张：所有公民都应该做出"平等的牺牲"来支持政府。但是，一个人的牺牲量不仅取决于他支付了多少税收，而且还取决于他的收入和其他情况。一个穷人缴纳 1 000 美元的税可能要比一个富人缴纳 1 万美元的税做出的牺牲还大。

支付能力原则得出了平等观念的两个推论：纵向平等和横向平等。纵向平等（vertical equity）认为，支付能力更强的纳税人应该缴纳更多税收。横向平等（horizontal equity）认为，有相似支付能力的纳税人应该缴纳等量税收。虽然这些平等概念被广泛接受，但很难简单明了地运用这些概念来评价一种税制。

纵向平等 如果税收以支付能力为基础，那么，富有的纳税人就应该比穷困的纳税人多纳税，但富人应该多纳多少呢？许多有关税收政策的争论正是围绕着这个问题展开的。

考虑表 12-7 中的三种税制。在每一种情况下，收入高的纳税人都支付得更多。但在这三种税制下，税收随着收入增加而增加的速率并不一样。第一种税制被称为比例税（proportional tax），因为所有纳税人都按收入的相同比例纳税。第二种税制被称为累退税（regressive tax），因为尽管高收入纳税人支付的税收量大，但税收在他们收

支付能力原则：认为应该根据一个人可以承受的负担来对这个人征税的思想。

纵向平等：主张支付能力更强的纳税人应该缴纳更多税收的思想。

横向平等：主张有相似支付能力的纳税人应该缴纳等量税收的思想。

比例税：高收入纳税人和低收入纳税人缴纳收入中相同比例的税收。

累退税：高收入纳税人缴纳的税收在收入中的比例低于低收入纳税人的这一比例。

表12-7 三种税制

收入（美元）	比例税		累退税		累进税	
	税收量（美元）	收入百分比（%）	税收量（美元）	收入百分比（%）	税收量（美元）	收入百分比（%）
50 000	12 500	25	15 000	30	10 000	20
100 000	25 000	25	25 000	25	25 000	25
200 000	50 000	25	40 000	20	60 000	30

即问即答

■ 解释受益原则和支付能力原则。

累进税：高收入纳税人缴纳的税收在收入中的比例高于低收入纳税人的这一比例。

入中占的比例较小。第三种税制称为**累进税**（progressive tax），因为高收入纳税人支付的税收在他们收入中占的比例较大。

这三种税制中哪一种最公平？没有一个显而易见的答案，而且经济理论也无助于找出一种最公平的税制。平等和美丽一样，是"情人眼里出西施"。

案例研究　如何分配税收负担

许多关于税收政策的争论都围绕着富人是否支付了对他们而言公正的税收份额。没有一种客观的方法可以做出这种判断。但是，在你自己评价这个问题时，了解在现行税制下不同收入的家庭支付了多少税收是有用的。

表 12-8 提供了有关联邦税收如何在各收入阶层中分配的一些数据。这些数据是 2009 年的，这个表是国会预算办公室（CBO）编制的。它包括了所有联邦税收——个人所得税、工薪税、公司所得税以及销售税——但不包括州与地方税收。在计算一个家庭的税收负担时，CBO 把公司所得税划分到资本所有者并把工薪税划分给工人。

为了编制这个表，我们根据家庭收入的不同进行排序，并将其分为五个同样大小的群体，称作五等分。这个表还提供了有关最富的 1% 美国人的数据。表的第二列表示每个群体的平均收入。收入包括市场收入（家庭从工作和储蓄中赚到的收入）和政府计划的转移支付，例如，社会保障和福利。最穷的 1/5 家庭的平均收入为 23 500 美元，最富的 1/5 家庭的平均收入为 223 500 美元。最富的 1% 家庭的平均收入在 120 万美元以上。

该表的第三列表示总税收占收入的百分比。正如你所看到的，美国联邦税制是累进的。最穷的 1/5 家庭把他们收入的 1% 用于纳税；最富的 1/5 家庭把他们收入的 23.2% 用于纳税。收入最高的 1% 家庭把他们收入的 28.9% 用于纳税。

第四列和第五列比较这五个群体中的收入分配和税收分配。最穷的 1/5 家庭赚到了全部收入的 5.1%，并支付了全

表12-8　联邦税收负担

五等分	平均收入（美元）	税收占收入的百分比（%）	占全部收入的百分比（%）	占全部税收的百分比（%）
最低群体	23 500	1.0	5.1	0.3
第二群体	43 400	6.8	9.8	3.8
中等群体	64 300	11.1	14.7	9.4
第四群体	93 800	15.1	21.1	18.3
最高群体	223 500	23.2	50.8	67.9
收入最高的1%	1 219 700	28.9	13.4	22.3

资料来源：Congressional Budget Office Analysis. 数据是2009年的。

部税收的 0.3%；最富的 1/5 家庭赚到了全部收入的 50.8%，并支付了全部税收的 67.9%；最富的 1% 家庭（记住，这是每个五等分大小的 1/20）赚到了全部收入的 13.4%，并支付了全部税收的 22.3%。

这些所缴纳税收的数字是了解政府负担如何分配的一个很好的起点，但并不完整。货币不仅以税收的形式从家庭流向政府，而且也以转移支付的形式从政府流回家庭。在某些方面，转移支付是税收的反面，把转移支付作为负税收包括在内就极大地改变了税收负担的分配。最富的 1/5 家庭即使减去转移支付仍把收入的 1/4 左右支付给政府，而收入最高的 1% 家庭几乎把 30% 的收入支付给政府。与此相反，最穷的 1/5 家庭的平均税率变成相当大的负数。这就是说，收入分配底端的普通家庭所得到的转移支付远远大于他们缴纳的税收。结论很清楚：为了充分理解政府政策的累进性，既要考虑人们所支付的，也要考虑人们所得到的。

最后，值得注意的是，表 12-8 中的数据是有些过时的。在 2012 年年底，美国国会通过并由奥巴马总统签署了一项税收法案，大幅提高了那些以前普遍认为是收入分配顶端的纳税人的税收。对应纳税收入在 40 万美元以上的个人和收入超过 45 万美元的夫妻，个人所得税的边际税率从 35% 提高到 39.6%。因此 2013 年和以后的税制比表 12-8 中显示的更有累进性。

横向平等 如果根据支付能力缴纳税收，那么，相似的纳税人应该支付相似的税收量。但是，怎样确定两个纳税人是否相似？各个家庭在许多方面存在差别。为了评价税收是不是横向平等的，必须决定哪些差别与家庭的支付能力是相关的，而哪些差别是不相关的。

假设 Smith 和 Jones 的家庭各有 10 万美元的收入。Smith 家没有孩子，但 Smith 先生有一种病，这引起 4 万美元的医疗支出。Jones 家人人健康，但他们有四个孩子，其中两个孩子在上大学，学费为 6 万美元。这两个家庭由于收入相同而支付同样的税收公平吗？给 Smith 家税收减免以帮助他们弥补昂贵的医疗支出公平吗？给 Jones 家税收减免以帮助他们弥补交学费的支出公平吗？

这些问题没有一个简单的答案。在现实中，美国的所得税有很多特殊条款，这些条款根据特定情况相应改变了家庭税收义务。

12.3.3 税收归宿与税收平等

税收归宿——研究谁承担税收负担——是评价税收平等的核心问题。正如我们第一次在第 6 章中所说明的，承受税收负担的人并不总是从政府收到税单的人。由于税收改变了供给与需求，所以，它们也改变了均衡价格。因此，税收影响的不只是根据法律实际纳税的人。当评价任何一种税收的纵向平等与横向平等时，将这些间接影响考虑在内是很重要的。

许多关于税收平等的讨论忽略了税收的间接影响，并且以经济学家所戏称的税收归宿的粘蝇纸理论为依据。根据这种理论，税收负担就像粘蝇纸上的苍蝇，被粘在它首次落下的地方。但是，这种假设很少是正确的。

例如，一个没有受过经济学训练的人会认为，对昂贵皮衣征收的税是纵向平等的，因为买皮衣的人大部分都是富人。但如果这些买者可以很轻易地用其他奢侈品来替代皮衣，那么，征收皮衣税就只能减少皮衣的销售。最后，落在皮衣生产者和卖者身上的税收负担将大于落在买者身上的税收负担。由于生产皮衣的大多数工人并不是富人，皮衣税的平等性就与粘蝇纸理论所说的大相径庭。

即问即答
■什么是纵向平等和横向平等？

即问即答
■为什么研究税收归宿对于确定税制的平等性是很重要的？

IN THE NEWS

👉 【新闻摘录】
税收支出

支出和税收之间的模糊界限
N. Gregory Mankiw

政府应该削减支出还是增加税收来解决其长期财政不平衡问题？随着奥巴马总统的赤字委员会在未来几周内将提出最终报告，这个问题很可能会划分出政治上的右翼与左翼。但是，就很多方面来说，这个问题其实是错误的。支出

税收改革者和赤字鹰派经常建议减少税收扣除、税收抵免、除外条款等降低税基的因素。

和税收的区分往往是模糊的，而且有时是无意义的。

设想有某项活动——比如说，射杀沙锥鸟——是国会议员想鼓励的。参议员Porkbelly主张政府补贴。他说："美国需要更多捕杀沙锥鸟的猎人。我提议每次有美国人打下一只沙锥鸟，联邦政府就应该给他100美元。"

议员Blowhard说："不，不，Porkbelly的计划将增加已经膨胀的政府规模。让我们减少税收负担吧。我提议，每次有美国人打下一只沙锥鸟，他将得到100美元的税收抵免来减少他的税收负担。"

的确，政府会计师可能以不同的方式处理Porkbelly和Blowhard这两项计划。他们可能认为，补贴是支出增加，而税收抵免是税收减少。而且，这两位政治家对支出和税收的华丽辞藻也会吸引不同的政治选民。

但是，无需经济学天赋也可以看出这两种计划其实没有什么差别。这两种政策都会使国家的沙锥鸟捕猎者富起来。而且，由于政府必须使收支平衡，至少要在长期中平衡，那么，捕杀沙锥鸟的收益必须以其他人更高的税收或更低的政府福利为代价。

经济学家把Blowhard的计划称为"税收支出"。税法中充斥了各种税收支出项目——虽然还没有针对捕杀沙锥鸟的税收支出。每次当一个政治家承诺"目标性减税"时，他也许是在提出一个乔装打扮后了的政府支出。

奥巴马总统的赤字委员会主席Erskine B. Bowles和Alan K. Simpson查看了这些税收支出——他们可不喜欢他们看到的东西。在这个月早些时候透露出来的他们的方案草稿中，他们建议削减各种税收支出，财政部每年要为这些税收支出花费超过1万亿美元。

Bowles先生和Simpson先生所采取的强有力措施会使预算向实现财政可持续的方向发展，并且同时会降低所得税税率。根据他们的计划，最高收入者的税率从现行法律规定的35%（以及民主党领导人现在所倡议的39.6%）下降到23%。

这个方法已经成为税收改革的长期基本处方。通过扩大税基和降低税率，我们可以增加政府收入并减轻对激励的扭曲。这应该是各种意识形态都广为欢迎的方案。不幸的是，反应并不热烈。

左翼权威怀疑任何对降低富人的边际税率的计划。但正如Bowles先生和Simpson先生指出的，税收支出更有利于经济阶梯中最顶端的人。根据他们的数字，税收支出使收入最低的20%的人群的税后收入增加了6%左右，使收入最高的1%的人群的税后收入增加了12%左右。那些关注贫富差距的进步人士应该渴望缩小税收支出。

同时，右翼权威怀疑任何增加政府收入的举措。但是他们应该认识到税收支出最好被视为支出的隐蔽形式。正如Bowles先生和Simpson先生所建议的，如果我们消除税收支出并降低边际税率，我们就基本迎合了经济保守派们一直倡导的：减少支出和税收。

但还有一个政治问题，每一种税收支出都有其政治上的选民支持者。一旦议员Blowhard实现了他们的方案，世界上的沙锥鸟捕猎者就肯定会努力维护他们的税收减免。

Bowles-Simpson计划要削减或取消的一种主要税收支出是住宅抵押贷款的利息减免。无疑，许多住房所有者和房地产行业将会反对。但他们在这方面没有什么优势。

这种对住房所有者的补贴在经济上

图片来源：The New York Times, November 21, 2010/Artist David Klein.

既无效率又不平等。经济学家早就指出，对住房的补贴，和对公司的高税收一起，引起经济中的太多资本存量被占用在住房建筑业，而公司资本则太少。这种资源的错误配置导致了生产率低下并降低了真实工资。

况且，租房子也没什么不光彩的地方，以至于要受到税收体系上的歧视。事实上：补贴房屋所有者就如同惩罚租房者。归根到底，总得有人买单吧！

还是有些我喜欢的税收支出的。我个人最喜欢对慈善捐款的税收扣除。这会鼓励慈善事业，从而鼓励了由私人而不是政府解决社会问题。

但是，我知道，解决长期财政问题并不容易。每个人都应做出一点贡献，也许还要更多一点。如果每个人都愿意放弃他们所爱的税收支出，我也愿意放弃我的最爱。

Bowles-Simpson方案并不是完美的，但它远比现有状况要好得多。接下来的问题是，我们能不能得到参议员Porkbelly和国会议员Blowhard的同意。

资料来源：*New York Times*, November 21, 2010.

案例研究 谁支付公司所得税

公司所得税是说明税收归宿对税收政策重要性的一个好例子。选民普遍欢迎公司税。毕竟公司不是人。选民们总是渴望自己税收减少,而由一些非个人化的公司来埋单。

但是,在确定公司所得税是政府筹集收入的一种好方法之前,我们应该考虑谁承担了公司税负担。这是一个难题,经济学家对此的看法并不一致,但有一点是确定无疑的:个人支付所有税收。当政府对公司征税时,公司更像一个税收征集人而不是纳税人。税收负担最终落在个人身上——公司的所有者、顾客或工人。

许多经济学家认为,工人和顾客承担了公司所得税的大部分负担。为了说明其原因,考虑一个例子。假设美国政府决定增加汽车公司的所得税。乍一看,这种税损害了汽车公司所有者的利益,因为他们得到的利润少了。但是,随着时间的推移,这些所有者将对税收做出反应。由于生产汽车不太有利可图,他们对建立新汽车厂的投资少了。相反,他们以其他形式投资自己的财产——例如,购买更大的房子,或在其他行业或其他国家建厂。当汽车工厂减少时,汽车的供给减少了,对汽车工人的需求也减少了。因此,对生产汽车的公司征税引起了汽车价格的上升和汽车工人工资的下降。

公司所得税表明,税收归宿的粘蝇纸理论是多么危险。公司所得之所以受欢迎,部分原因是它看上去好像是由富有的公司支付的。但那些最终承担税收负担的人——顾客和公司工人——往往并不是富人。如果更多的人了解公司税的真正归宿,那么这种税在选民中可能就不会那么受欢迎了。

这位工人支付了部分的公司所得税。
图片来源: Bill Pugliano/Getty Image.

12.4 结论:平等与效率之间的权衡取舍

几乎每一个人都认为平等和效率是税制的两个最重要的目标。但这两个目标往往是冲突的,特别是当根据税制的累进性来评价平等时。人们对税收政策的分歧往往是由于他们对这些目标的侧重不同。

近代税收政策的历史表明,政治领导人有关平等与效率的观点如何各不相同。当罗纳德·里根 1980 年当选为总统时,最富的美国人的边际税率是 50%。利息收入的边际税率是 70%。里根认为,这种高税率极大地扭曲了工作和储蓄的经济激励。换句话说,他声称从经济效率来看,这些高税率的成本太高昂了。因此,税制改革成为里根政府首要推行的一项改革。1981 年,里根签署了大幅度减税的法律,之后又在 1986 年再次签署了类似法律。1989 年当里根离开白宫时,最富有的美国人适用的边际税率只有 28%。

政治争论之翼左右摇摆。当比尔·克林顿竞选 1992 年总统时,他认为,富人没有缴纳公正的税收份额。换句话说,对富人的低税率违背了他关于纵向平等的观点。1993 年克林顿总统签署了一项提案,使之成为法律,这个提案把最富有的美国人的税率提高到 40% 左右。当乔治·W. 布什竞选总统时,他又再现了里根的许多思想,当总统时,他部分扭转了克林顿的增税政策,把最高税率降低到 35%。在 2008 年总统竞选期间,巴拉克·奥巴马承诺提高高收入家庭的税收,而且从 2013 年开始把最高边际税率拉回到 40% 左右。

只靠经济学家并不能确定平衡效率与平等目标的最好方法。这个问题不仅涉及经济学,还涉及政治哲学。但经济学家在这场争论中起着重要作用:他们可以说明在设计税制时社会必须面临的权衡取舍,并帮助我们避免那些牺牲了效率而从平等来看也没有任何好处的政策。

内容提要

◎ 美国政府用各种税收筹集收入。联邦政府最重要的税是个人所得税和用于社会保险的工薪税。州与地方政府最重要的税是销售税和财产税。

◎ 税制的效率是指它给纳税人带来的成本。除了资源从纳税人向政府的转移，税收还有两种成本：第一种是由于税收改变了激励、扭曲了资源配置而带来的无谓损失；第二种是遵从税法的管理负担。

◎ 税制的平等涉及税收负担是否公平地在个人之间进行分配。根据受益原则，人们根据他们从政府得到的收益来纳税是公平的。根据支付能力原则，人们根据他们承受财务负担的能力来纳税是公平的。当评价税制的平等性时，记住从税收归宿研究中得出的一条结论是很重要的：税收负担的分配与税单的分配并不相同。

◎ 当考虑税法的变动时，决策者经常面临效率与平等之间的权衡取舍。大多数关于税收政策争论的产生是因为人们对这两个目标的侧重不同。

关键概念

预算赤字　　　　　定额税　　　　　　横向平等
预算盈余　　　　　受益原则　　　　　比例税
平均税率　　　　　支付能力原则　　　累退税
边际税率　　　　　纵向平等　　　　　累进税

复习题

1．过去的一个世纪以来，政府税收收入的增长与经济中其他部分的增长相比，是更快还是更慢？
2．解释公司利润为何是双重纳税。
3．为什么纳税人的税收负担大于政府得到的收入？
4．为什么一些经济学家支持对消费征税，而不是对收入征税？
5．定额税的边际税率是多少？这与这种税的效率有什么关系？
6．举出富有的纳税人应该比贫穷的纳税人多纳税的两个论据。
7．什么是横向平等的概念？为什么很难将其运用于实践？

第5篇
企业行为与产业组织

第 13 章
生产成本

经济是由成千上万个生产你每天享用的物品与服务的企业组成的：通用汽车公司生产汽车，通用电气公司生产电灯，而通用磨坊公司生产早餐麦片。一些企业是大型的，例如这三家公司，它们雇用成千上万的工人，并有成千上万分享企业利润的股东；另一些企业是小型的，例如本地的理发店或咖啡店，它们只雇用几个工人，而且归一个人或一个家庭所有。

在前几章中我们用供给曲线总结了企业的生产决策。根据供给定理，当一种物品价格上升时，企业愿意更多地生产并销售这种物品，而且，这种反应导致了向右上方倾斜的供给曲线。在分析许多问题时，供给定理是你了解企业行为所需要的全部知识。

在本章和以下各章中，我们将更详细地考察企业行为。这个主题将有利于我们更好地理解供给曲线背后的决策。此外，还要向你介绍经济学中称为产业组织的这一部分内容——产业组织研究企业有关价格和数量的决策如何取决于它们所面临的市场条件。例如，你所住的镇里可能有几家比萨饼店，但只有一家有线电视公司。这引出了一个关键的问题：企业的数量如何影响一个市场的价格以及市场结果的效率呢？产业组织领域正是针对这个问题的。

但是，在转向这些问题之前，我们需要讨论生产成本。所有企业，从 Delta 航空公司到你家当地的熟食店，在它们生产所销售的物品与服务时都会发生成本。正如我们将在以后各章中说明的，企业成本是其生产和定价决策的一个关键决定因素。在本章中，我们将定义一些经济学家用来衡量一个企业的成本的变量，并考察这些变量之间的关系。

提醒一句：这个主题可能很枯燥且具技术性。坦率地说，你甚至可能认为它令人厌烦。但这些内容为后面令人着迷的主题提供了一个极为重要的基础。

13.1 什么是成本

我们从 Caroline 的糕点厂开始讨论成本。这家工厂的所有者 Caroline 购买面粉、糖、巧克力块和其他制作糕点的材料。她还要购买搅拌机和烤箱，并雇用操纵这些设备的工人。然后她把生产出来的糕点卖给消费者。通过考察 Caroline 在其经营中面临的一些问题，我们就可以得到一些适用于经济中所有企业的关于成本的结论。

13.1.1 总收益、总成本和利润

我们从企业的目标开始。为了理解企业所做出的决策，我们必须了解它们想做什么。可以想象，Caroline 开办她的企业也许是出于为世界提供糕点的利他主义愿望，或者，也许是出于她对糕点事业的热爱。更加可能的情况是，Caroline 开办这家工厂是为了赚钱。经济学家通常假设，企业的目标是利润最大化，而且他们发现，这个假设在大多数情况下都能很好地发挥作用。

什么是企业的利润？企业从销售其产品（糕点）中得到的货币量称为**总收益**（total revenue）。企业为购买投入品（面粉、糖、工人、烤箱等）所支付的货币量称为**总成本**（total cost）。Caroline 可以保留支付成本之外的任何收入。**利润**（profit）是企业的总收益减去其总成本：

总收益：企业出售其产品所得到的货币量。

总成本：企业用于生产的投入品的市场价值。

利润：总收益减去总成本。

$$利润 = 总收益 - 总成本$$

Caroline 的目标是使其企业的利润尽可能地多。

为了说明企业如何实现利润最大化，我们必须全面考虑如何衡量总收益和总成本。总收益的衡量较为简单：它等于企业生产的产量乘以出售这些产品的价格。如果 Caroline 生产了 1 万块糕点，并以每块 2 美元的价格出售，那么，总收益就是 2 万美元。与此相比，企业总成本的衡量就较为微妙了。

13.1.2 作为机会成本的成本

当我们衡量 Caroline 的糕点厂或任何一个其他企业的成本时，记住第 1 章的经济学十大原理之一是很重要的：某种东西的成本是你为了得到它所放弃的东西。回忆一下，一种东西的机会成本是指为了得到那种东西所必须放弃的所有东西。当经济学家提到某个企业的生产成本时，它们包括该企业生产其物品与服务的所有机会成本。

一些企业生产的机会成本是显而易见的，而另一些企业生产的机会成本则不那么明显。当 Caroline 花了 1 000 美元买面粉时，这 1 000 美元是一种机会成本，因为 Caroline 不能再用这 1 000 美元去买其他东西。同样，当 Caroline 雇用生产糕点的工人时，她支付的工资也是企业成本的一部分。由于这些机会成本要求企业付出一些货币，它们被称为**显性成本**（explicit costs）。与此相反，企业的一些机会成本不需要有现金支付，这种成本被称为**隐性成本**（implicit costs）。设想 Caroline 精通电脑，作为程序员每工作一小时可以赚 100 美元。对于 Caroline 在糕点厂工作的每一个小时，她都放弃了 100 美元的收入，而这种放弃的收入也是她的成本的一部分。Caroline 经营的总成本是

显性成本：需要企业支出货币的投入成本。

隐性成本：不需要企业支出货币的投入成本。

显性成本和隐性成本之和。

显性成本与隐性成本之间的区别强调了经济学家与会计师在分析经营活动时的重要区别。经济学家关注于研究企业如何做出生产和定价决策。由于这些决策既考虑了显性成本又考虑了隐性成本，因此，经济学家在衡量企业的成本时就包括了这两种成本。与此相比，会计师的工作是记录流入企业和流出企业的货币。因此，他们衡量显性成本，但往往忽略了隐性成本。

在 Caroline 糕点厂的例子中，很容易看出经济学家和会计师之间的差别。当 Caroline 放弃了作为电脑程序员可以赚钱的机会时，她的会计师并没有把这一点作为她糕点经营的成本。因为企业并没有为这种成本支付货币，所以它绝不会出现在会计师的财务报表上。但是，一个经济学家将把放弃的收入作为成本，因为它会影响 Caroline 在其糕点经营中做出的决策。例如，如果 Caroline 作为电脑程序员的工资从每小时 100 美元增加到 500 美元，她就会认为经营糕点生意成本太高了，并选择关闭工厂，以便成为一个全职的电脑程序员。

13.1.3　作为一种机会成本的资本成本

几乎每一个企业都有一项重要的隐性成本，那就是已经投资于企业的金融资本的机会成本。例如，假定 Caroline 用她储蓄的 30 万美元从前一个所有者那里买下了糕点厂。如果 Caroline 把她的这笔钱存入利率为 5% 的储蓄账户，那么她每年将赚到 1.5 万美元。因此，为了拥有自己的糕点厂，Caroline 放弃了每年 1.5 万美元的利息收入。这放弃的 1.5 万美元是 Caroline 的企业的隐性机会成本之一。

正如我们已经注意到的，经济学家和会计师以不同的方式来看待成本，在他们对资本成本的处理上，这一点尤其正确。一个经济学家把 Caroline 放弃的每年 1.5 万美元的利息收入作为她企业的一种隐性成本。但是，Caroline 的会计师并不把这 1.5 万美元列入成本，因为并没有货币流出企业去支付这种成本。

为了进一步揭示经济学家和会计师之间的差别，我们将上例略作改动。假设现在 Caroline 并没有购买工厂的全部 30 万美元，而只是有自己储蓄的 10 万美元，并以 5% 的利率从银行借了 20 万美元。Caroline 的会计师只衡量显性成本，将把每年为银行贷款支付的 1 万美元利息作为成本，因为这是从企业流出的货币量。与此相反，根据经济学家的看法，拥有企业的机会成本仍然是 1.5 万美元。机会成本等于支付的银行贷款利息（显性成本 1 万美元）加上放弃的储蓄利息（隐性成本 5 000 美元）。

13.1.4　经济利润与会计利润

现在我们再回到企业的经营目标：利润。由于经济学家和会计师用不同的方法衡量成本，他们也用不同的方法衡量利润。经济学家衡量企业的**经济利润**（economic profit），即企业的总收益减去生产所销售物品与服务的总机会成本（显性的与隐性的）。会计师衡量企业的**会计利润**（accounting profit），即企业的总收益仅仅减去企业的显性成本。

经济利润：总收益减总成本，包括显性成本与隐性成本。

会计利润：总收益减总显性成本。

即问即答

■ 农民McDonald讲授班卓琴课每小时赚取20美元。有一天他在自己的农场用10个小时种了价值100美元的种子。他这样做引起的机会成本是多少？他的会计师衡量的成本是多少？如果这些种子收获了价值200美元的农作物，那么McDonald赚到了多少会计利润？他赚到经济利润了吗？

图13-1总结了这种差别。要注意的是，由于会计师忽略了隐性成本，所以，会计利润通常大于经济利润。从经济学家的角度看，要使企业有利可图，总收益必须弥补全部机会成本，包括显性成本与隐性成本。

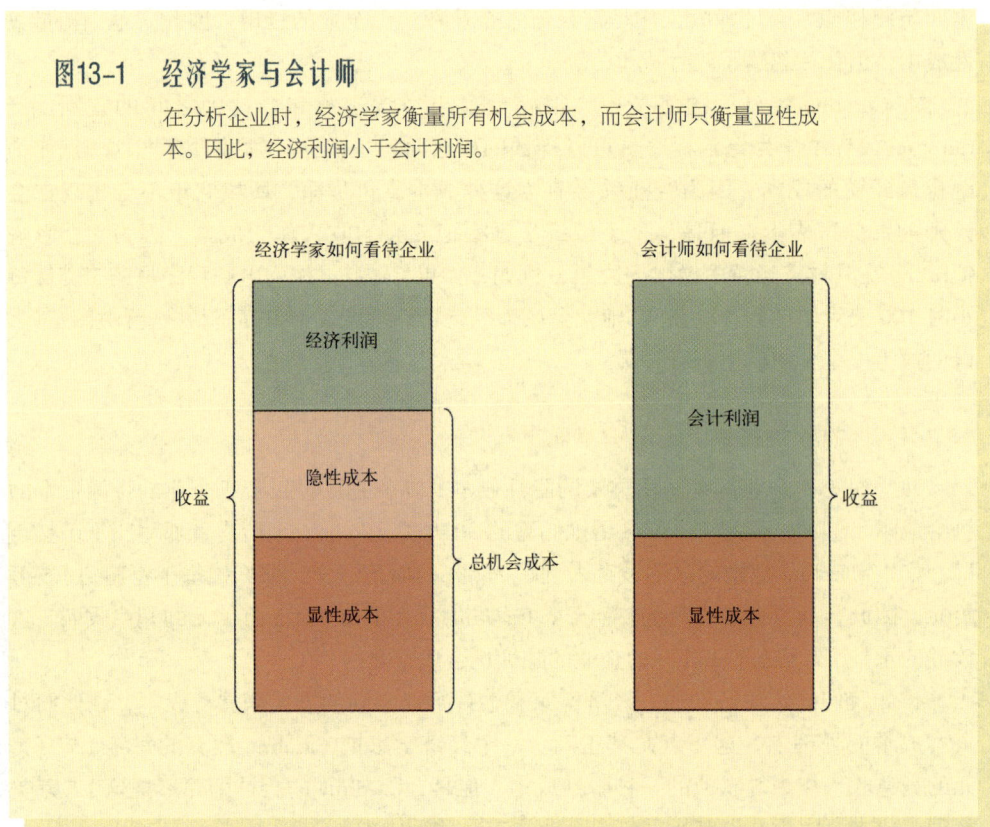

图13-1 经济学家与会计师
在分析企业时，经济学家衡量所有机会成本，而会计师只衡量显性成本。因此，经济利润小于会计利润。

经济利润是一个重要的概念，因为它是企业供给物品与服务的动机所在。正如我们将要说明的，获得正经济利润的企业将继续经营。它弥补了所有机会成本，并留下一些收益作为对企业所有者的报酬。当一个企业有经济亏损（即经济利润为负）时，企业所有者就没有足够的收入来弥补其所有生产成本。除非条件改变，否则企业所有者最终将关闭企业，并退出该行业。为了了解企业决策，我们需要紧盯经济利润。

13.2 生产与成本

当企业购买投入品生产它们计划出售的物品与服务时，就发生了成本。在这一节，我们考察企业生产过程与其总成本之间的这种联系。我们再次考虑Caroline的糕点厂。

在以下的分析中，我们做出了一个重要的简单化假设：假设 Caroline 工厂的规模是固定的，而且，Caroline 只能通过改变工人数量来改变生产的糕点量。在短期中，这种假设是现实的，但在长期中并不现实。这就是说，Caroline 不能在一夜之间建立一个更大的工厂，但她在一两年内可以这样做。因此，这种分析描述了 Caroline 短期中面临的生产决策。我们在本章后面将更充分地考察成本和时间范围之间的关系。

13.2.1 生产函数

表 13-1 显示了 Caroline 的工厂每小时生产的糕点量如何取决于工人的数量。正如你在前两列中看到的，如果工厂中没有工人，Caroline 生产不出糕点；当有 1 个工人时，她生产 50 块糕点；当有 2 个工人时，她生产 90 块糕点，等等。图 13-2（a）是根据这两列数字画出的图形。横轴是工人的数量，纵轴是所生产的糕点的数量。投入量（工人）与产量（糕点）之间的这种关系被称为生产函数（production function）。

生产函数:用于生产一种物品的投入量与该物品产量之间的关系。

表13-1　生产函数与总成本：Caroline的糕点厂

工人数量	产量（每小时生产的糕点量）	劳动的边际产量	工厂的成本（美元）	工人的成本（美元）	投入总成本（工厂成本+工人成本）（美元）
0	0		30	0	30
		50			
1	50		30	10	40
		40			
2	90		30	20	50
		30			
3	120		30	30	60
		20			
4	140		30	40	70
		10			
5	150		30	50	80
		5			
6	155		30	60	90

第 1 章的经济学十大原理之一是，理性人考虑边际量。正如我们将在以后几章中看到的，这个思想是理解企业决定雇用多少工人和生产多少产量的关键。为了理解这些决策，表 13-1 的第三列给出了一个工人的边际产量。生产过程中任何一种投入的边际产量（marginal product）是增加一单位投入所引起的产量增加。当工人数量从 1 个增加到 2 个时，糕点产量从 50 块增加到 90 块，因此，第二个工人的边际产量是 40 块糕点。

边际产量:增加一单位投入所引起的产量增加。

而且，当工人数量从2个增加到3个时，糕点产量从90块增加到120块，因此，第三个工人的边际产量是30块糕点。在该表中，边际产量标在两行的中间，因为它代表当工人数量从一个水平增加到另一个水平时产量的变动。

要注意的是，随着工人数量的增加，工人的边际产量减少。第二个工人的边际产量是40块糕点，第三个工人的边际产量是30块糕点，而第四个工人的边际产量是20块糕点。这个特征被称为**边际产量递减**（diminishing marginal product）。开始当只雇用少数工人时，工人容易使用到Caroline厨房的设备。随着工人数量增加，增加的工人不得不与别人共同使用设备，而且在较为拥挤的条件下工作。最后，厨房非常拥挤，以至于工人开始相互妨碍。因此，当雇用的工人越来越多时，每个增加的工人对生产糕点的贡献就越来越小了。

边际产量递减也反映在图13-2中。生产函数的斜率（"向上量比向前量"）告诉我们在每增加一个劳动投入（"向前量"）时，Caroline糕点产量的变动（"向上量"）。这就是说，生产函数的斜率衡量一个工人的边际产量。随着工人数量的增加，工人的边际产量减少了，生产函数变得越来越平坦。

边际产量递减：一种投入的边际产量随着投入量增加而减少的特征。

图13-2　Caroline的生产函数和总成本曲线

（a）幅中的生产函数表示所雇用的工人数量和产量之间的关系。这里雇用的工人数量（横轴）取自表13-1第一列，产量（纵轴）取自表13-1第二列。随着工人数量增加，生产函数变得平坦，这反映了边际产量递减。（b）幅中总成本曲线表示产量与生产总成本之间的关系。这里产量（横轴）取自表13-1第二列，总成本（纵轴）取自第六列。由于边际产量递减，随着产量增加，总成本曲线变得越来越陡峭。

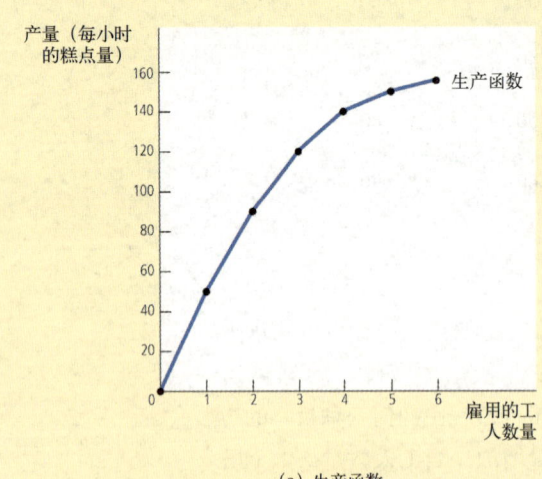

(a) 生产函数

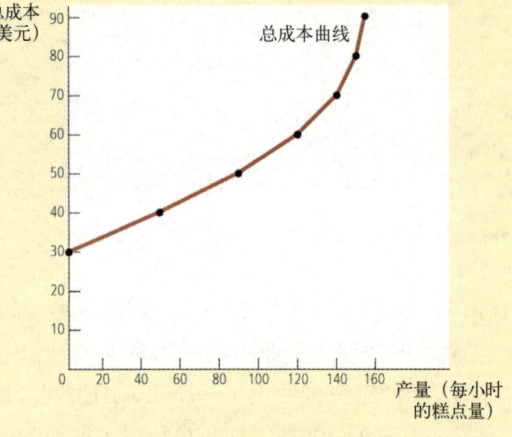

(b) 总成本曲线

13.2.2 从生产函数到总成本曲线

表 13-1 的最后三列表示 Caroline 生产糕点的成本。在这个例子中，Caroline 工厂的成本是每小时 30 美元，工人的成本是每小时 10 美元。如果她雇用一个工人，她的总成本是每小时 40 美元；如果她雇用两个工人，她的总成本是每小时 50 美元；以此类推。该表用这种信息显示了 Caroline 雇用的工人数量如何与她生产的糕点量和她的生产总成本相关。

在以下几章中我们的目的是研究企业的生产和定价决策。对于这个目的来说，表 13-1 中最重要的关系是产量（第二列）和总成本（第六列）之间的关系。图 13-2（b）以横轴表示产量，纵轴表示总成本，根据这两列数据画出了图形。这个图被称为总成本曲线。

现在比较图 13-2（b）中的总成本曲线与图 13-2（a）中的生产函数。这两条曲线是同一枚硬币的正反两面。随着产量的增加，总成本曲线越来越陡峭，而随着产量的增加，生产函数却越来越平坦。两条曲线斜率的变化是由于同一个原因。生产的糕点多，意味着 Caroline 的厨房挤满了工人。由于厨房拥挤，每增加一个工人增加的产量并不多，这反映了边际产量递减。因此，生产函数是比较平坦的。但现在将这个逻辑倒过来看：当厨房拥挤时，多生产一块糕点要求增加更多工人，从而使成本增加。因此，当产量很高时，总成本曲线是较为陡峭的。

13.3 成本的各种衡量指标

我们对 Caroline 的糕点厂的分析说明了企业的总成本如何反映它的生产函数。从企业总成本的数据中，我们可以得出几种相关的成本衡量指标，当我们在以后几章中分析生产和定价决策时，这些成本衡量指标将被证明是很有用的。为了说明如何得出这些相关的衡量指标，我们考虑表 13-2 中的例子。该表提供了 Caroline 的邻居——Conrad 的咖啡店的成本数据。

表 13-2 的第一列表示 Conrad 可以生产的咖啡杯数，每小时从 0 杯到 10 杯不等。第二列表示 Conrad 生产咖啡的总成本。图 13-3 据此画出了 Conrad 的总成本曲线。咖啡的数量（根据第一列得到）用横轴表示，而总成本（根据第二列得到）用纵轴表示。Conrad 的总成本曲线的形状与 Caroline 的总成本曲线的形状相似。具体而言就是，随着产量增加，它变得较为陡峭，（正如我们所讨论过的）这反映了边际产量递减。

> **即问即答**
>
> ■ 如果农民 Jones 没有在自己的土地上播种，他就得不到收成。如果他种 1 袋种子，将得到 3 蒲式耳小麦；如果他种 2 袋种子，将得到 5 蒲式耳小麦；如果他种 3 袋种子，将得到 6 蒲式耳小麦。一袋种子的成本是 100 美元，而且种子是他唯一的成本。利用这些数据画出该农民的生产函数和总成本曲线。解释它们的形状。

表13-2 成本的各种衡量指标：Conrad的咖啡店

咖啡的产量（杯/每小时）	总成本（美元）	固定成本（美元）	可变成本（美元）	平均固定成本（美元）	平均可变成本（美元）	平均总成本（美元）	边际成本（美元）
0	3.00	3.00	0.00	—	—	—	
							0.30
1	3.30	3.00	0.30	3.00	0.30	3.30	
							0.50
2	3.80	3.00	0.80	1.50	0.40	1.90	
							0.70
3	4.50	3.00	1.50	1.00	0.50	1.50	
							0.90
4	5.40	3.00	2.40	0.75	0.60	1.35	
							1.10
5	6.50	3.00	3.50	0.60	0.70	1.30	
							1.30
6	7.80	3.00	4.80	0.50	0.80	1.30	
							1.50
7	9.30	3.00	6.30	0.43	0.90	1.33	
							1.70
8	11.00	3.00	8.00	0.38	1.00	1.38	
							1.90
9	12.90	3.00	9.90	0.33	1.10	1.43	
							2.10
10	15.00	3.00	12.00	0.30	1.20	1.50	

图13-3 Conrad 的咖啡店的总成本曲线

这里的产量（用横轴表示）取自表13-2第一列，总成本（用纵轴表示）取自第二列。正如在图13-2中一样，由于边际产量递减，随着产量增加，总成本曲线变得越来越陡峭。

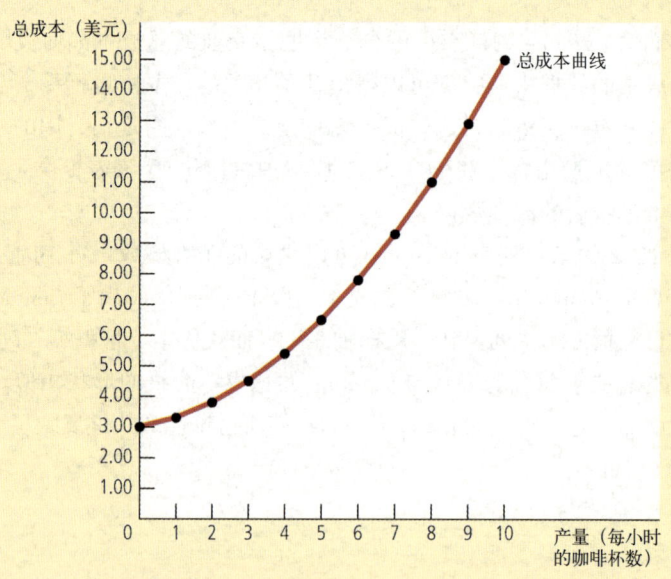

13.3.1 固定成本与可变成本

Conrad 的总成本可以分为两类。一些成本不随着产量的变动而变动，称为固定成本（fixed costs）。固定成本是即使企业根本不生产也要发生的成本。Conrad 的固定成本包括他所要支付的任何租金，因为无论 Conrad 生产多少咖啡，这种成本都是相同的。同样，如果 Conrad 需要雇用一个负责账目的簿记员，无论生产多少咖啡，这位簿记员的薪水也是固定成本。表 13-2 的第三列表示 Conrad 的固定成本，在这个例子中是每小时 3 美元。

企业的一些成本随着企业产量的变动而变动，称为可变成本（variable costs）。Conrad 的可变成本包括咖啡豆、牛奶、糖和纸杯的成本：Conrad 制造的咖啡越多，他需要买的这些东西就越多。同样，如果 Conrad 必须多雇工人以便多生产咖啡，那么，这些工人的薪水也是可变成本。表的第四列表示 Conrad 的可变成本。如果他不生产，可变成本是零；如果生产 1 杯咖啡，可变成本是 0.3 美元；如果生产 2 杯咖啡，可变成本是 0.8 美元；以此类推。

企业总成本是固定成本与可变成本之和。在表 13-2 中，第二列中的总成本等于第三列的固定成本加第四列的可变成本。

13.3.2 平均成本与边际成本

作为企业所有者，Conrad 必须决定生产多少。这种决策的关键在于他的成本如何随着产量水平的变动而变动。在做出这种决策时，Conrad 要问他的生产主管下面两个关于生产咖啡成本的问题：

- 生产普通的一杯咖啡需要多少成本？
- 多生产一杯咖啡需要多少成本？

虽然乍一看这两个问题似乎有相同的答案，但其实不然。这两个答案对于了解企业如何做出生产决策十分重要。

为了算出生产普通一单位产品的成本，我们用企业的成本除以产量。例如，如果企业每小时生产 2 杯咖啡，它的总成本是 3.8 美元，则普通一杯咖啡的成本是 3.8 美元 /2，即 1.9 美元。总成本除以产量称为平均总成本（average total cost）。由于总成本就是固定成本与可变成本之和，所以平均总成本可以表示为平均固定成本与平均可变成本之和。平均固定成本（average fixed cost）是固定成本除以产量，平均可变成本（average variable cost）是可变成本除以产量。

虽然平均总成本告诉了我们普通一单位产品的成本，但它没有告诉我们当企业改变其生产水平时总成本将如何变动。表 13-2 的最后一列表示当企业增加一单位产量时总成本的增加量。这个量称为边际成本（marginal cost）。例如，如果 Conrad 的产量从 2 杯增加到 3 杯，总成本从 3.8 美元增加到 4.5 美元，这样，第三杯咖啡的边际成本是 4.5 美元减去 3.8 美元，即 0.7 美元。在表 13-2 中，边际成本标在两行的中间，因

固定成本：不随着产量变动而变动的成本。

可变成本：随着产量变动而变动的成本。

平均总成本：总成本除以产量。

平均固定成本：固定成本除以产量。

平均可变成本：可变成本除以产量。

边际成本：额外一单位产量所引起的总成本的增加。

为它代表随着产量从一个水平增加到另一个水平总成本的变动。

用数学来表示这些定义可能有助于理解：

$$平均总成本 = 总成本 / 产量$$
$$ATC = TC/Q$$

以及

$$边际成本 = 总成本变动量 / 产量变动量$$
$$MC = \Delta TC / \Delta Q$$

在这里，Δ 即希腊字母 delta，代表变量的变动。这些公式表示如何从总成本中得出平均成本和边际成本。平均总成本告诉我们，如果总成本在所生产的所有单位中平均分摊，普通一单位产品的成本。边际成本告诉我们，多生产一单位产品引起的总成本增加。正如我们将在下一章中更充分地说明的，当决定向市场供给多少产品时，像 Conrad 这样的企业管理者需要记住平均总成本和边际成本的概念。

> **即问即答**
>
> ■ 假设本田公司生产 4 辆汽车的总成本是 22.5 万美元，而生产 5 辆汽车的总成本是 25 万美元。那么，生产 5 辆汽车的平均总成本是多少？第五辆汽车的边际成本是多少？

13.3.3 成本曲线及其形状

正如在前几章中我们在分析市场行为时发现供求图很有用一样，当分析企业行为时，我们将发现平均成本与边际成本图也是很有用的。图 13-4 用表 13-2 中的数据画出了 Conrad 的成本曲线。横轴代表企业产量，纵轴代表边际成本和平均成本。该图显示了四条曲线：平均总成本（ATC）、平均固定成本（AFC）、平均可变成本（AVC）以及边际成本（MC）。

图13-4　Conrad的咖啡店的平均成本曲线和边际成本曲线

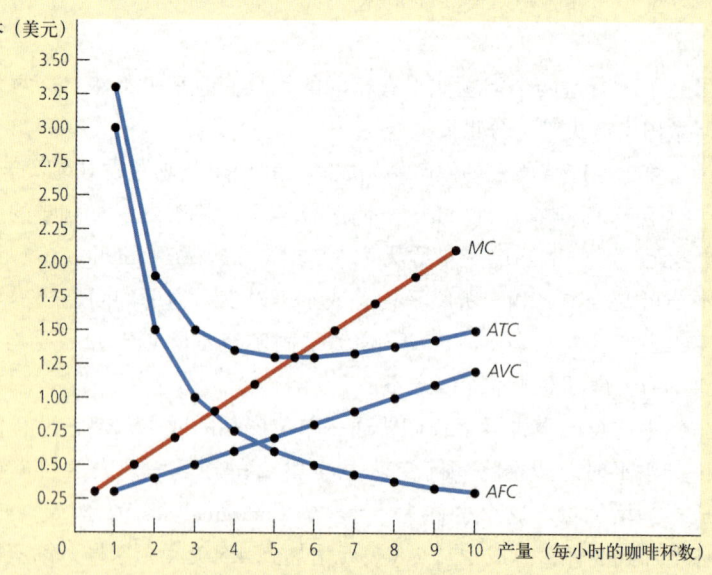

该图表示 Conrad 的咖啡店的平均总成本（ATC）、平均固定成本（AFC）、平均可变成本（AVC）和边际成本（MC）。所有这些曲线都是用表 13-2 中的数据画出的。这些成本曲线呈现出许多企业的成本曲线都具有的三个特征：（1）边际成本随着产量的增加而上升；（2）平均总成本曲线是 U 形的；（3）边际成本曲线与平均总成本曲线在平均总成本的最低点处相交。

图中所示的 Conrad 的咖啡店的成本曲线与经济中许多企业的成本曲线有一些相同的特征。我们要特别考察其中三个特征：边际成本曲线的形状、平均总成本曲线的形状以及边际成本与平均总成本之间的关系。

递增的边际成本 Conrad 的边际成本随着产量的增加而上升。向上的斜率反映了边际产量递减的性质。当 Conrad 生产少量咖啡时，他的工人很少，许多设备没有得到利用。由于他可以轻而易举地把这些闲置的资源投入使用，额外增加一个工人的边际产量很大，而且额外增加一杯咖啡的边际成本很小。与此相反，当 Conrad 生产大量咖啡时，他的车间挤满了工人，而且大部分设备得到充分利用。Conrad 可以增加工人来生产更多的咖啡，但新工人不得不在拥挤的条件下工作，而且可能不得不等待使用设备。因此，当咖啡产量已经相当高时，额外增加一个工人的边际产量很小，而且，额外增加一杯咖啡的边际成本很大。

U 形平均总成本 如图 13-4 所示，Conrad 的平均总成本曲线是 U 形的。为了理解为什么是这样，要记住平均总成本是平均固定成本与平均可变成本之和。平均固定成本总是随着产量的增加而下降，因为固定成本被分摊到更多单位的产品上。由于边际产量递减，平均可变成本一般随着产量增加而增加。

平均总成本曲线反映了平均固定成本曲线和平均可变成本曲线的形状。在产量水平极低时，例如每小时生产 1 杯或 2 杯咖啡时，平均总成本很高，尽管平均可变成本低，但由于固定成本只分摊到少数几个单位产品上，所以平均固定成本高。随着产量增加，固定成本分摊在越来越多的产品上。平均固定成本下降，开始下降得很快，以后越来越慢。结果，平均总成本也下降，直至企业产量达到每小时 5 杯咖啡为止，这时平均总成本下降到每杯 1.3 美元。但是，当企业每小时的产量超过 6 杯时，平均可变成本的增加开始起决定性作用，从而平均总成本开始上升。平均固定成本与平均可变成本之间的拉锯战使平均总成本曲线呈现为 U 形。

U 形曲线的底端对应着使平均总成本最小的产量。这种产量有时被称为企业的<u>有效规模</u>（efficient scale）。对 Conrad 来说，有效规模是每小时 5 杯或 6 杯咖啡。如果他的产量大于或小于这一数量，他的平均总成本就增加到 1.3 美元的最低值以上。在产量水平低于这一数量时，平均总成本高于 1.3 美元，因为固定成本分摊在少数产品上。在产量水平高于这一数量时，平均总成本高于 1.3 美元，因为投入品的边际产量大大递减了。在这一有效规模上，这两种力量的平衡使平均总成本达到最低。

有效规模：使平均总成本最小的产量。

边际成本和平均总成本之间的关系 如果你看图 13-4（或者回头看表 13-2），你将发现乍一看会令人惊讶的东西。<u>只要边际成本小于平均总成本，平均总成本就下降；只要边际成本大于平均总成本，平均总成本就上升。</u>Conrad 的成本曲线的这个特征不是由于该例中所用的特定数字产生的巧合：它对所有企业而言都是正确的。

为了说明其原因，考虑一个类比。平均总成本就像你的累积平均绩点，边际成本就像你下一门课将获得的成绩。如果你下一门课的成绩小于你的平均绩点，你的平均绩点就下降；如果你下一门课的成绩高于你的平均绩点，你的平均绩点就上升。平均成本与边际成本的数学关系和平均成绩与边际成绩的数学关系完全相同。

平均总成本和边际成本之间的这种关系有一个重要的推论：边际成本曲线与平均总成本曲线在平均总成本曲线的最低点处相交。为什么？在产量水平很低时，边际成本低于平均总成本，因此平均总成本下降。但在这两条曲线相交以后，边际成本增加到平均总成本之上。由于我们刚刚讨论过的原因，在这种产量水平时，平均总成本必然开始上升。因此，这个交点是平均总成本的最低点。正如你将在下一章中看到的，这个最低平均总成本在对竞争企业的分析中起着关键作用。

13.3.4 典型的成本曲线

到现在为止，在我们所考察的例子中，企业表现出边际产量递减，因此，在所有产量水平时边际成本增加。这个简化的假设是有用的，因为它可以使我们的注意力集中在成本曲线的关键特征上，而这些特征在分析企业行为时是很有用的。但是，实际中的企业情况通常要比这复杂一些。在许多企业中，并不是在雇用了第一个工人后边际产量就立即开始递减。根据生产过程，第二个或第三个工人的边际产量可能高于第一个，因为工人团队可以进行分工，并比一个工人工作更有生产率。具有这种生产模式的企业在发生边际产量递减之前，会经历一段时期的边际产量递增。

图 13-5 表示这种企业的成本曲线，包括平均总成本（ATC）、平均固定成本（AFC）、平均可变成本（AVC）和边际成本（MC）曲线。在产量水平较低时，企业经历了边际产量递增，而边际成本曲线下降。最后，企业开始经历边际产量递减，而边际成本曲线开始上升。边际产量的先递增与后递减的结合也使平均可变成本曲线呈现为 U 形。

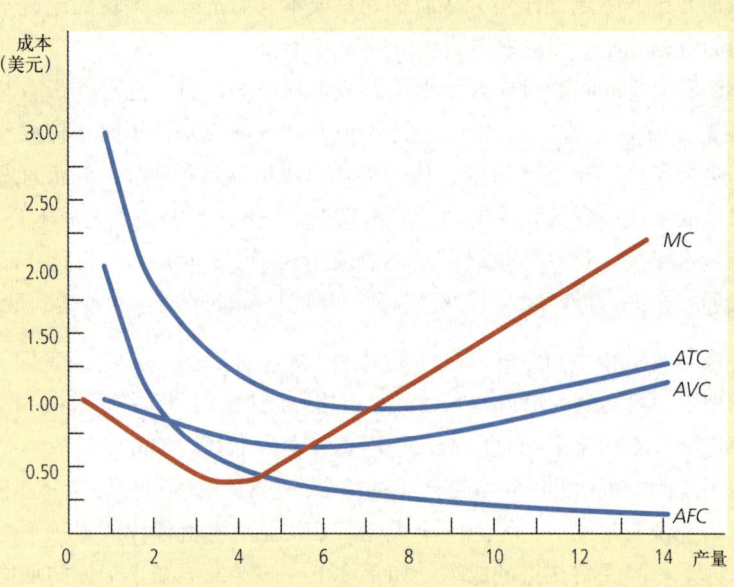

图13-5　一个典型企业的成本曲线

许多企业在边际产量递减以前经历了边际产量递增。因此，它们的成本曲线的形状与本图中类似。要注意的是，边际成本和平均可变成本在上升之前有一段时间的下降。

尽管图中所示的这些曲线与我们以前的例子有所不同，但它们也同样具有三个应该记住的最重要的共同特征：

- 随着产量增加，边际成本最终会上升。
- 平均总成本曲线是U形的。
- 边际成本曲线与平均总成本曲线在平均总成本曲线的最低点处相交。

13.4 短期成本与长期成本

在本章前面，我们提到了企业的成本取决于所考察的时间范围。现在，我们来更确切地考察为什么会是这样。

13.4.1 短期与长期平均总成本之间的关系

对许多企业来说，总成本在固定成本和可变成本之间的划分取决于时间范围。例如，考虑一个汽车制造商，比如福特汽车公司。在只有几个月的时期内，福特公司不能调整汽车工厂的数量与规模。它生产更多汽车的唯一方法是，在已有的工厂中雇用更多工人。因此，这些工厂的成本在短期中是固定成本。与此相反，在几年的时期中，福特公司可以扩大其工厂规模，建立新工厂或关闭旧工厂。因此，其工厂的成本在长期中是可变成本。

由于许多决策在短期中是固定的，但在长期中是可变的，所以，企业的长期成本曲线不同于其短期成本曲线。图13-6即为一个例子。这个图中有三条短期平均总成本曲线——一个小型工厂、一个中型工厂和一个大型工厂的。图中还给出了长期平均总成本曲线。当企业沿着这一长期曲线移动时，它是在根据产量调整工厂的规模。

这个图表明了短期成本与长期成本如何相关。长期平均总成本曲线是比短期平均总成本曲线平坦得多的U形曲线。此外，所有短期成本曲线都在长期成本曲线上或以上。之所以会出现这些特点，是因为企业在长期中有更大的灵活性。从本质上说，在长期中，企业可以选择自己想要的短期成本曲线。但在短期中，它不得不用它拥有的那一条短期成本曲线，而该曲线取决于它过去的选择。

该图是表示在不同时间范围内产量变动如何改变成本的一个例子。当福特公司想把每天的产量从1 000辆汽车增加到1 200辆时，在短期中除了在现有的中等规模工厂中多雇工人之外别无选择。由于边际产量递减，每辆汽车的平均总成本从10 000美元增加到12 000美元。但是，在长期中，福特公司可以扩大工厂和劳动力的规模，从而使平均总成本又回到10 000美元的水平上。

对一个企业来说，进入长期需要多长时间呢？对于不同的企业来说，答案是不同的。对一个大型制造企业，例如汽车公司来说，建一个更大的工厂可能需要一年或更长时间。与此相比，一个经营咖啡店的人可以在几天之内再买一台咖啡机。因此，关于企业调整其生产设备需要多长时间，并没有唯一的答案。

即问即答

■ 画出一个典型企业的边际成本曲线和平均总成本曲线，并解释这两条曲线为什么会在它们相交处相交。

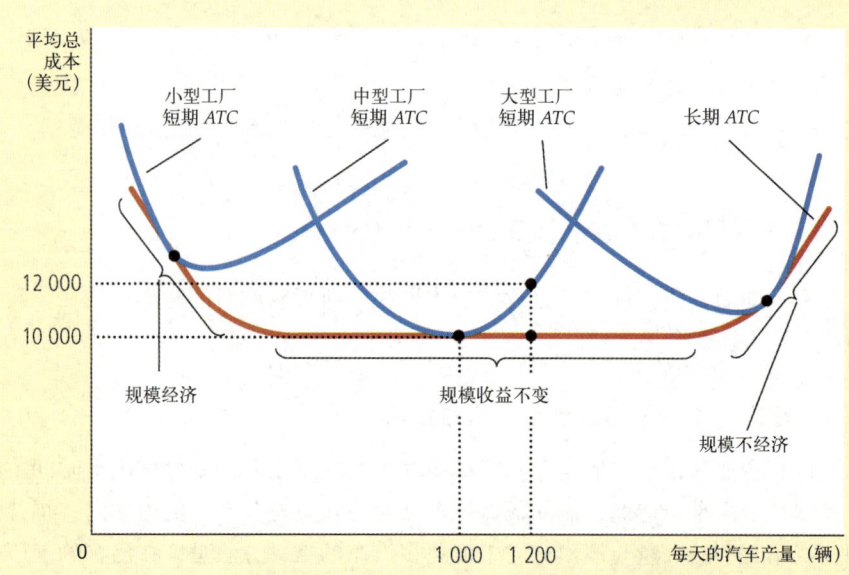

图13-6 短期与长期的平均总成本曲线

由于在长期中固定成本是可变的，所以短期平均总成本曲线不同于长期平均总成本曲线。

规模经济：长期平均总成本随产量增加而减少的特性。

规模不经济：长期平均总成本随产量增加而增加的特性。

规模收益不变：长期平均总成本在产量变动时保持不变的特性。

即问即答

■ 如果波音公司每个月生产9架喷气式客机，它的长期总成本是每月900万美元。如果每个月生产10架客机，它的长期总成本是950万美元。那么，波音公司表现出的是规模经济还是规模不经济？

13.4.2 规模经济与规模不经济

长期平均总成本曲线的形状传递了关于一个企业生产一种物品的生产过程的重要信息。具体而言，它告诉了我们成本如何随着一个企业的经营规模——即大小——而变动。当长期平均总成本随着产量增加而减少时，可以说存在**规模经济**（economies of scale）。当长期平均总成本随着产量增加而增加时，可以说存在**规模不经济**（diseconomies of scale）。当长期平均总成本不随产量变动而变动时，可以说存在**规模收益不变**（constant returns to scale）。正如我们在图13-6中看到的，福特公司在产量水平低时有规模经济，在产量处于中等水平时规模收益不变，在产量水平高时有规模不经济。

什么会引起规模经济或规模不经济呢？规模经济的产生是因为较高的产量水平允许在工人中实现专业化，而专业化可以使工人更精通某一项工作。例如，如果福特公司雇用了大量工人并生产大量汽车，它就可以用现代化流水线生产来降低成本。规模不经济的产生可能由于任何一个大型组织中固有的协调问题。福特公司生产的汽车量越多，管理团队就变得越庞大，管理者在压低成本方面的效率就越低。

这种分析表明了长期平均总成本曲线通常呈现为 U 形的原因。在生产水平低时，企业从扩大规模中获益是因为它可以利用更高程度的专业化。同时，协调问题并不尖锐。与此相比，在生产水平高时，专业化的好处已经实现了，而随着企业规模越来越大，协调问题也变得越来越严重。因此，长期平均总成本曲线在生产水平低时下降是由于专业化程度提高了，而在生产水平高时上升是因为协调问题增加了。

> **参考资料　针厂的经验**
>
> "样样通，样样松。"这句众人皆知的俗语揭示了成本曲线的本质特征。一个努力去做每一件事的人通常以什么也做不好而告终。如果一个企业想使自己工人的生产率尽可能地高，通常最好是让他们每一个人都从事自己所精通的有限工作。但只有在一个企业雇用了大量工人并生产大量产品时，这种工作的组织才是可能的。
>
> 亚当·斯密在其名著《国民财富的性质和原因的研究》中，描述了他参观一个针厂的情况。斯密所看到的工人之间的专业化及其引致的规模经济给他留下了深刻的印象。他写道：
>
> 一个人抽铁丝，另一个人拉直，第三个人截断，第四个人削尖，第五个人磨光顶端以便安装圆头；做圆头要求有两三道不同的工序；装圆头是一项专门的业务；把针涂白是另一项；甚至将针装进纸盒中也是一门手艺。
>
> 斯密说，由于这种专业化，针厂每个工人每天生产成千上万枚针。他得出的结论是，如果工人选择独立工作，而不是作为一个团队来工作，"那他们肯定不能每人每天制造出20枚针，或许连1枚也造不出来"。换句话说，由于专业化，大针厂可以比小针厂实现更高的人均产量和每枚针更低的平均成本。
>
> 斯密在针厂中观察到的专业化在现代经济中普遍存在。例如，如果你想盖一栋房子，你可以试图自己去完成所有工作。但大多数人找建筑商，建筑商又雇用木工、水暖工、电工、油漆工和许多其他类型的工人。这些工人把他们的培训和经验集中在某种工作，因此，这使他们在这种工作上比作为通用型工人时做得更好。实际上，运用专业化实现规模经济是现代社会之所以这样繁荣的原因之一。

13.5　结论

本章旨在提出一些我们可用于研究企业如何做出生产与定价决策的工具。现在你应该懂得经济学家所用的成本这个术语的含义以及成本如何随着企业生产的产量而变动。为了加深你的记忆，表13-3总结了我们曾见过的一些定义。

就其本身而言，某个企业的成本曲线并没有告诉我们该企业将做出什么决策。但是，正如我们将在下一章开始看到的，它们是这种决策的一个重要组成部分。

表13-3　成本的诸多类型的总结

名　称	定　义	数学表述
显性成本	要求企业支出货币的成本	
隐性成本	不要求企业支出货币的成本	
固定成本	不随产量变动而变动的成本	FC
可变成本	随产量变动而变动的成本	VC
总成本	企业在生产中使用的所有投入的市场价值	$TC=FC+VC$
平均固定成本	固定成本除以产量	$AFC=FC/Q$
平均可变成本	可变成本除以产量	$AVC=VC/Q$
平均总成本	总成本除以产量	$ATC=TC/Q$
边际成本	多生产一单位产品引起的总成本增加量	$MC=\Delta TC/\Delta Q$

内容提要

◎ 企业的目标是利润最大化，利润等于总收益减总成本。

◎ 分析企业的行为时，重要的是要包括生产的所有机会成本。一些机会成本是显性的，例如，企业支付给工人的工资。另一些则是隐性的，例如，企业所有者在其企业工作而不去找其他工作所放弃的工资。经济利润既考虑显性成本也考虑隐性成本，而会计利润只考虑显性成本。

◎ 企业的成本反映其生产过程。随着投入量的增加，典型企业的生产函数变得更加平坦，这表现了边际产量递减的性质。因此，随着产量的增加，企业的总成本曲线变得更加陡峭。

◎ 企业的总成本可以分为固定成本和可变成本。固定成本是在企业改变产量时不变的成本。可变成本是在企业改变产量时改变的成本。

◎ 企业的总成本可以派生出成本的两种相关的衡量指标。平均总成本是总成本除以产量。边际成本是产量增加一单位时总成本的增加量。

◎ 在分析企业行为时，画出平均总成本和边际成本的图形往往是有帮助的。对一个典型企业来说，边际成本随着产量增加而增加。平均总成本随着产量增加先下降，然后随着产量进一步增加而上升。边际成本曲线总是与平均总成本曲线相交于平均总成本的最低点。

◎ 一个企业的成本往往取决于所考虑的时间范围。特别是，许多成本在短期中是固定的，但在长期中是可变的。结果，当企业改变其产量水平时，短期中的平均总成本可以比长期中增加得更快。

关键概念

总收益　　　　　　　　　　生产函数　　　　　　　　　　平均可变成本
总成本　　　　　　　　　　边际产量　　　　　　　　　　边际成本
利润　　　　　　　　　　　边际产量递减　　　　　　　　有效规模
显性成本　　　　　　　　　固定成本　　　　　　　　　　规模经济
隐性成本　　　　　　　　　可变成本　　　　　　　　　　规模不经济
经济利润　　　　　　　　　平均总成本　　　　　　　　　规模收益不变
会计利润　　　　　　　　　平均固定成本

复习题

1．企业总收益、利润和总成本之间的关系是什么？

2．举出一种会计师不算做成本的机会成本的例子。为什么会计师不考虑这种成本？

3．什么是边际产量？边际产量递减意味着什么？

4．画出表示劳动的边际产量递减的生产函数。画出相关的总成本曲线。（在这两种情况下，都要标明坐标轴代表什么。）解释你所画出的两个曲线的形状。

5．给总成本、平均总成本和边际成本下定义。它们之间的关系是怎样的？

6．画出一个典型企业的边际成本曲线和平均总成本曲线。解释为什么这些曲线的形状是这样，以及为什么在那一点相交。

7．企业的平均总成本曲线在短期与长期中如何不同？为什么会不同？

8．给规模经济下定义并解释其产生的原因。给规模不经济下定义并解释其产生的原因。

第 **14** 章
竞争市场上的企业

如果你们当地的加油站将它的汽油价格提高 20%，它就会发现其销售量大幅度下降。它的顾客会很快转而去其他加油站购买汽油。与此相比，如果你们当地的自来水公司将水价提高 20%，它会发现水的销售量只是略微减少。人们会比往常少浇几次草地，并购买更节水的喷头，但他们很难让用水量大幅度减少，而且也不可能找到另一个供给者。汽油市场和自来水市场的差别是：许多企业向本地市场供给汽油，但只有一家企业供给水。正如你可以预见到的，这种市场结构的差别决定了在这些市场经营的企业的定价与生产决策。

在本章中我们将考察竞争企业的行为，例如你们当地的加油站。你也许还记得，如果每个买者和卖者与市场规模相比都微不足道，从而没有什么能力影响市场价格，那么该市场就是竞争性的。与此相反，如果一个企业可以影响它出售的物品的市场价格，我们就说该企业有**市场势力**。在本书的后面部分，我们将考察有市场势力的企业，例如你们当地的自来水公司的行为。

我们将在本章中分析竞争企业，以说明竞争市场上供给曲线背后的决策。毫不奇怪，我们将发现，市场供给曲线与企业的生产成本密切相关。但是，一个不太显而易见的问题是：在各种类型的企业成本——固定成本、可变成本、平均成本和边际成本——中，哪一种是与企业的供给决策最相关的？我们将看到，所有这些成本的衡量指标都起着重要而相互关联的作用。

14.1 什么是竞争市场

本章的目标是考察竞争市场上的企业如何做出生产决策。作为这种分析的背景，我们从回顾什么是竞争市场开始。

14.1.1 竞争的含义

竞争市场（competitive market）有时称为完全竞争市场，它有两个特征：

- 市场上有许多买者和许多卖者。
- 各个卖者提供的物品大体上是相同的。

> **竞争市场**：有许多交易相同产品的买者与卖者，以至于每一个买者与卖者都是价格接受者的市场。

由于以上这些条件，市场上任何一个买者或卖者的行为对市场价格的影响都可以忽略不计。每一个买者和卖者都把市场价格作为既定的。

例如，考虑牛奶市场。没有一个牛奶消费者可以影响牛奶价格，因为相对于市场规模，每个买者购买的量都很小。同样，每个牛奶场主对价格的控制都是有限的，因为有许多其他卖者在提供基本相同的牛奶。由于每个卖者都可以以现行价格卖出他想卖的所有量，所以，他没有什么理由收取较低价格，而且，如果他收取较高价格，买者就会到其他地方购买。在竞争市场上，买者和卖者必须接受市场决定的价格，因而被称为价格接受者。

除了上述竞争的两个条件之外，有时也把下面的第三个条件作为完全竞争市场的特征：

- 企业可以自由地进入或退出市场。

例如，如果任何一个人都可以决定开一个牛奶场，而且任何一个现有牛奶场主都可以决定离开牛奶行业，那么，牛奶行业就满足了这个条件。对竞争企业的许多分析并不需要自由进入和退出的假设，因为这个条件对企业成为价格接受者并不是必要的。但正如我们在本章后面要说明的，如果竞争市场上存在自由进入与退出，那么，这就是一种影响长期均衡的强大力量。

14.1.2 竞争企业的收益

竞争市场上的企业与经济中大多数其他企业一样，努力使利润（总收益减去总成本）最大化。为了说明其如何做到这一点，我们首先考虑一个竞争企业的收益。为了使问题具体化，我们考虑一个特定企业：Vaca 家庭牛奶场。

Vaca 牛奶场生产的牛奶量为 Q，并以市场价格 P 出售每单位牛奶。牛奶场的总收益是 $P \times Q$。例如，如果一加仑牛奶卖 6 美元，而且牛奶场出售 1 000 加仑牛奶，则其总收益就是 6 000 美元。

由于 Vaca 牛奶场与牛奶的世界市场相比是微不足道的，所以，它接受市场条件给定的价格。具体而言，这意味着，牛奶的价格并不取决于 Vaca 牛奶场生产并销售的产量。如果 Vaca 使自己生产的牛奶量翻一番，达到 2 000 加仑，牛奶价格仍然是相同的，而他的总收益也将翻一番，达到 12 000 美元。因此，总收益与产量同比例变动。

表 14–1 表示 Vaca 家庭牛奶场的收益。前两列表示牛奶场的产量和出售其产品的

价格。第三列是牛奶场的总收益。该表假设牛奶的价格是每加仑 6 美元,因此,总收益就是 6 美元乘以加仑量。

表14-1 竞争企业的总收益、平均收益和边际收益

产量 (加仑) (Q)	价格 (美元) (P)	总收益 (美元) (TR=P×Q)	平均收益 (美元) (AR=TR/Q)	边际收益 (美元) (MR=ΔTR/ΔQ)
1	6	6	6	
2	6	12	6	6
3	6	18	6	6
4	6	24	6	6
5	6	30	6	6
6	6	36	6	6
7	6	42	6	6
8	6	48	6	6

正如我们在上一章中分析成本时平均与边际的概念很有用一样,在分析收益时,这些概念也是很有用的。为了说明这些概念告诉了我们什么,考虑以下两个问题:

- 牛奶场从普通1加仑牛奶中得到了多少收益?
- 如果牛奶场多生产1加仑牛奶,它能得到多少额外收益?

表 14-1 中的后两列回答了这两个问题。

表的第四列表示<u>平均收益</u>(average revenue),平均收益是总收益(第三列)除以产量(第一列)。平均收益告诉我们企业从销售的普通一单位中得到了多少收益。在表 14-1 中,你可以看出平均收益等于 6 美元,即 1 加仑牛奶的价格。这说明了一个不仅适用于竞争企业,而且也适用于其他企业的一般性结论:平均收益是总收益($P \times Q$)除以产量(Q)。因此,对所有企业而言,平均收益等于物品的价格。

第五列表示<u>边际收益</u>(marginal revenue),边际收益是每增加一单位销售量所引起的总收益变动量。在表 14-1 中,边际收益等于 6 美元,即 1 加仑牛奶的价格。这个结果说明了一个只适用于竞争企业的结论:总收益是 $P \times Q$,而对竞争企业来说,P 是固定的。因此,当 Q 增加一单位时,总收益增加 P 美元。对竞争企业而言,边际收益等于物品的价格。

即问即答

■ 当一个竞争企业的销售量翻一番时,它的产品价格和总收益会发生什么变动?

平均收益:总收益除以销售量。

边际收益:增加一单位销售量引起的总收益变动。

14.2 利润最大化与竞争企业的供给曲线

企业的目标是利润最大化，利润等于总收益减去总成本。我们刚刚讨论了竞争企业的收益，而且，在上一章中我们已经讨论了企业的成本。现在我们准备好考察一个竞争企业如何使利润最大化，以及这种决策如何决定了其供给曲线。

14.2.1 一个简单的利润最大化例子

我们从表 14-2 的例子开始分析企业的供给决策。该表的第一列是 Vaca 家庭牛奶场生产的牛奶加仑量。第二列表示牛奶场的总收益，它等于 6 美元乘以牛奶的加仑量。第三列表示牛奶场的总成本。总成本包括固定成本和可变成本，在这个例子中，固定成本是 3 美元，可变成本取决于产量。

表14-2 利润最大化：一个数字实例产量

产量（加仑）(Q)	总收益（美元）(TR)	总成本（美元）(TC)	利润（美元）($TR-TC$)	边际收益（美元）($MR=\Delta TR/\Delta Q$)	边际成本（美元）($MC=\Delta TC/\Delta Q$)	利润的变动（美元）($MR-MC$)
0	0	3	-3			
1	6	5	1	6	2	4
2	12	8	4	6	3	3
3	18	12	6	6	4	2
4	24	17	7	6	5	1
5	30	23	7	6	6	0
6	36	30	6	6	7	-1
7	42	38	4	6	8	-2
8	48	47	1	6	9	-3

第四列表示牛奶场的利润，可以用总收益减总成本来计算。如果牛奶场没有生产任何牛奶，它就有 3 美元的亏损（它的固定成本）。如果生产 1 加仑牛奶，就有 1 美元的利润；如果生产 2 加仑牛奶，就有 4 美元的利润，以此类推。由于 Vaca 家庭牛奶场的目标是利润最大化，它就要选择使利润尽可能大的产量。在这个例子中，当牛奶场生产 4 或 5 加仑牛奶时，就实现了利润最大化，这时利润为 7 美元。

考察 Vaca 牛奶场决策的另一种方法是：Vaca 可以通过比较每生产一单位牛奶的边际收益和边际成本来找出使利润最大化的产量。表 14-2 的第五列和第六列根据总收益和总成本的变动计算出了边际收益和边际成本，而且最后一列表示每多生产 1 加仑牛奶所引起的利润变动。牛奶场生产的第一加仑牛奶的边际收益为 6 美元，边际成本为 2 美元，因此，生产这 1 加仑牛奶增加了 4 美元利润（从 -3 美元到 1 美元）。生产的第二加仑的牛奶的边际收益为6美元，边际成本为3美元，因此，这1加仑牛奶增加了3美元利润（从1美元到4美元）。只要边际收益大于边际成本，增加产量就会增加利润。但是，一旦Vaca牛奶场的产量达到了5加仑牛奶，情况就改变了。第六加仑牛奶的边际收益为6美元，而边际成本为7美元，因此，生产这1加仑牛奶就会减少1美元利润（从7美元减少到6美元）。因此，Vaca牛奶场的产量不会超过5加仑。

第1章中的经济学十大原理之一是，理性人考虑边际量。现在我们来看Vaca家庭牛奶场如何运用这一原理。如果边际收益大于边际成本——当产量为1、2或3加仑时——Vaca家庭牛奶场就将增加牛奶生产，因为它装入口袋的货币（边际收益）大于从口袋中拿出来的货币（边际成本）。如果边际收益小于边际成本——当产量为6、7或8加仑时——Vaca家庭牛奶场就将减少牛奶生产。如果Vaca考虑边际量并对产量水平进行增量调整，它就会自然而然地生产使利润最大化的产量。

14.2.2 边际成本曲线和企业的供给决策

为了将这种利润最大化的分析进行扩展，考虑图14-1中的成本曲线。正如我们在上一章中讨论的，这些成本曲线有三个可以描述大多数企业的特征：边际成本曲线（MC）向右上方倾斜；平均总成本曲线（ATC）是U形的；边际成本曲线与平均总成本曲线相交于平均总成本曲线的最低点。该图还显示了市场价格（P）是一条水平线。

图14-1 一个竞争企业的利润最大化

这个图表示出了边际成本曲线（MC）、平均总成本曲线（ATC）和平均可变成本曲线（AVC）。它还表示出了市场价格（P），对一个竞争企业而言，市场价格等于边际收益（MR）和平均收益（AR）。在产量为Q_1时，边际收益MR_1大于边际成本MC_1，因此，增加产量增加了利润。在产量为Q_2时，边际成本MC_2大于边际收益MR_2，因此，减少产量增加了利润。使利润最大化的产量Q_{MAX}是在水平价格线与边际成本曲线相交之处。

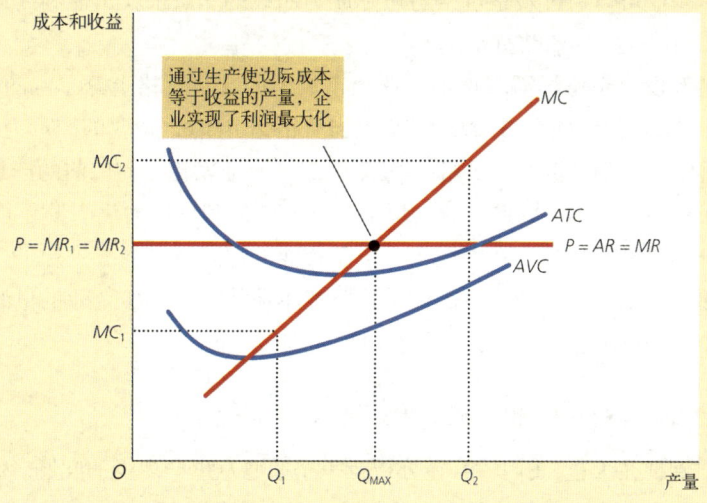

价格线是一条水平线是因为竞争企业是价格接受者：无论企业决定生产多少，企业产品的价格都是相同的。要记住，对一个竞争企业来说，企业产品的价格既等于其平均收益（AR），又等于其边际收益（MR）。

我们可以用图 14-1 找出使利润最大化的产量。设想企业的产量为 Q_1。在这种产量水平时，边际收益曲线在边际成本曲线之上，说明边际收益大于边际成本。这就是说，如果企业将其生产提高一个单位，增加的收益（MR_1）将大于增加的成本（MC_1）。利润——等于总收益减总成本——会增加。因此，如果边际收益大于边际成本，正如在 Q_1 时的情形，企业就可以通过增加产量来增加利润。

相似的推论适用于产量为 Q_2 的情形。在这种情况下，边际成本曲线在边际收益曲线之上，说明边际成本大于边际收益。如果企业减少一单位的生产，节约的成本（MC_2）将大于失去的收益（MR_2）。因此，如果边际收益小于边际成本，正如在 Q_2 时的情形，企业就可以通过减少产量来增加利润。

对产量的边际调整到哪一点时结束呢？无论企业是从低产量水平（例如 Q_1）开始，还是从高产量水平（例如 Q_2）开始，企业最终都要调整到产量达到 Q_{MAX} 为止。这种分析得出了利润最大化的三个一般性规律：

- 如果边际收益大于边际成本，企业应该增加其产量。
- 如果边际成本大于边际收益，企业应该减少其产量。
- 在利润最大化的产量水平时，边际收益和边际成本正好相等。

这些规律是任何一个利润最大化企业做出理性决策的关键。它们不仅适用于竞争企业，而且，正如我们将在下一章中说明的，也适用于其他类型的企业。

现在我们可以说明竞争企业如何决定向市场供给的物品数量。由于一个竞争企业是价格接受者，所以，其产品的边际收益等于市场价格。对于任何一个既定价格来说，竞争企业可以通过观察价格与边际成本曲线的交点来找出使利润最大化的产量。在图 14-1 中，这一产量是 Q_{MAX}。

假设由于市场需求增加，这个市场上的现行价格上升了。图 14-2 表明了一个竞争企业如何对价格上升做出反应。当价格为 P_1 时，企业的产量为 Q_1，Q_1 是使边际成本等于价格的产量。当价格上升到 P_2 时，企业发现，在以前的产量水平时现在边际收益大于边际成本，因此企业会增加生产。新的利润最大化产量是 Q_2，此时边际成本等于新的更高的价格。在本质上，由于企业的边际成本曲线决定了企业在任何一种价格时愿意供给的物品数量，因此，边际成本曲线也是竞争企业的供给曲线。但是，该结论也有一些限制，我们将在下面讨论。

14.2.3 企业的短期停止营业决策

到现在为止，我们一直在分析竞争企业愿意生产多少的问题。但是，在某些情况下，企业将决定停止营业，并根本不再生产任何东西。

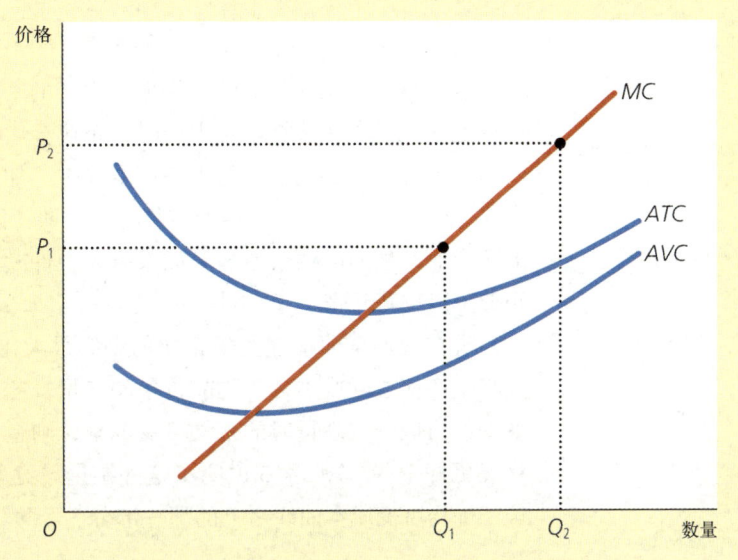

图14-2　作为竞争企业供给曲线的边际成本曲线

价格从 P_1 上升到 P_2，使企业利润最大化的产量从 Q_1 增加到 Q_2。由于边际成本曲线表示企业在任意一种既定价格时的供给量，所以，它是企业的供给曲线。

　　这里我们应该区分企业暂时停止营业和企业永久性地退出市场。停止营业指由于当前的市场条件而在某个特定时期不生产任何东西的短期决策。退出指离开市场的长期决策。长期决策与短期决策不同，因为大多数企业在短期中不能避开它们的固定成本，而在长期中可以避开。这就是说，暂时停止营业的企业仍然必须支付固定成本，而退出市场的企业既不需要支付可变成本，又不需要支付固定成本。

　　例如，考虑一个农民面临的生产决策。土地的成本是农民的固定成本之一。如果农民决定在一个季节不生产任何作物，土地被荒废，那么他就无法弥补这种成本。当做出是否在一个季节停止营业的短期决策时，土地的固定成本被称为一种沉没成本。与此相比，如果农民决定完全离开农业，他就可以出售土地。当做出是否退出市场的长期决策时，土地的成本并没有沉没。（后面我们很快会回到沉没成本问题。）

　　现在我们来考虑什么决定了企业的停止营业决策。如果企业停止营业，它就失去了出售自己产品的全部收益。同时，它节省了生产其产品的可变成本（但仍需支付固定成本）。因此，如果生产能得到的收益小于生产的可变成本，企业就停止营业。

　　用一点数学知识可以使这种停止营业标准更有用。如果 TR 代表总收益，VC 代表可变成本，那么，企业的决策可以写为：

$$\text{如果 } TR < VC, \text{停止营业}$$

如果总收益小于可变成本，企业就停止营业。这个等式两边除以产量 Q，我们可以把它写为：

$$\text{如果 } TR/Q < VC/Q, \text{停止营业}$$

不等式的左边 TR/Q 是总收益 $P \times Q$ 除以产量 Q，即平均收益，最简单的方式是用物品的价格 P 来表示。不等式的右边 VC/Q 是平均可变成本 AVC。因此，企业停止营业的标准还可以写作：

$$\text{如果 } P < AVC\text{，停止营业}$$

这就是说，如果物品的价格低于生产的平均可变成本，企业选择停止营业。这个标准是直观的：在选择是否生产时，企业会比较普通的一单位产品所得到的价格与生产这一单位产品必定引起的平均可变成本。如果价格没有弥补平均可变成本，企业完全停止生产会变好一些。企业将损失一些钱（因为它仍然必须支付固定成本），但如果继续营业，损失的钱会更多。如果将来条件改变，以至于价格大于平均可变成本，则企业可以重新开张。

现在我们全面描述竞争企业的利润最大化策略。如果企业生产某种物品，那么，它将生产使边际成本等于物品价格的产量，这一物品价格对于企业来说是既定的。但如果价格低于该产量时的平均可变成本，则企业暂时停止营业并什么也不生产会使其状况更好一些。图 14-3 说明了这些结论。**竞争企业的短期供给曲线是边际成本曲线位于平均可变成本曲线之上的那一部分。**

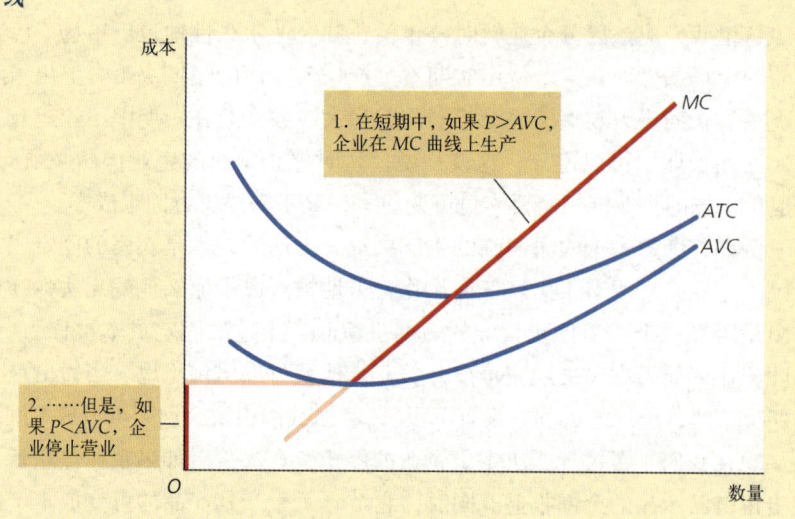

图14-3　竞争企业的短期供给曲线

在短期中，竞争企业的供给曲线是平均可变成本曲线（AVC）以上的边际成本曲线（MC）。如果价格低于平均可变成本，企业暂时停止营业更好。

1. 在短期中，如果 $P > AVC$，企业在 MC 曲线上生产

2. ……但是，如果 $P < AVC$，企业停止营业

14.2.4　覆水难收与其他沉没成本

在你的生活中或许曾经有人告诉过你"覆水难收"或者"过去的事就让它过去吧"，这些话蕴含着理性决策的深刻真理。经济学家说，当一种成本已经发生而且无法收回时，这种成本就是沉没成本（sunk cost）。因为沉没成本无法收回，所以，当你做出包括经营战略在内的各种生活决策时可以不考虑沉没成本。

沉没成本：已经发生而且无法收回的成本。

我们对企业停止营业决策的分析是沉没成本无关性的一个例子。我们假设，企业不能通过暂时停产来收回它的固定成本。这就是说，无论供给的数量是多少，即使产量是零，企业也仍然要支付它的固定成本。因此，在短期中固定成本是沉没成本，企业在决定生产多少时可以不予考虑。企业的短期供给曲线是边际成本曲线在平均可变成本曲线以上的那一部分，而且，固定成本的大小对供给决策无关紧要。

在做个人决策时，沉没成本的无关性也是很重要的。例如，设想你对看一场新上映的电影的评价是 15 美元。你用 10 美元买了一张票，但在进电影院之前，你把票给弄丢了。你应该再买一张吗？还是应该马上回家并拒绝花 20 美元看电影？答案是你应该再买一张票。看电影的收益（15 美元）仍然大于机会成本（第二张票的 10 美元）。你为丢了的那张票支付的 10 美元是沉没成本。覆水难收，不要为此而懊悔。

案例研究　生意冷清的餐馆和淡季的小型高尔夫球场

你是否曾经走进一家餐馆吃午饭，发现里面几乎没人？你可能会问，为什么这种餐馆还要开门呢？因为看起来来自几个顾客的收入不可能弥补餐馆的经营成本。

在做出是否在午餐时营业的决策时，餐馆老板必须记住固定成本与可变成本的区别。餐馆的许多成本——租金、厨房设备、桌子、盘子、银器等——都是固定的。在午餐时停止营业并不能减少这些成本。换句话说，在短期中，这些是沉没成本。当老板决定是否提供午餐时，只有可变成本——增加的食物价格和增加的店员工资——是与决策相关的。只有从吃午餐的顾客那里得到的收入少到不能弥补餐馆的可变成本时，老板才会在午餐时间关门。

夏季度假区小型高尔夫球场的经营者也面临着类似的决策。由于不同的季节收入变动很大，企业必须决定什么时候开门，什么时候关门。固定成本——购买土地和修建球场的成本——又是与决策无关的。只有在一年中收入大于可变成本的时间里，小型高尔夫球场才应开门营业。

即使许多桌子都空着，照常营业仍然是有利可图的。

图片来源：
ⓒ Alistair Heap/Alamy.

14.2.5　企业退出或进入一个市场的长期决策

企业退出一个市场的长期决策与停止营业决策相似。如果企业退出，它将失去它从出售产品中得到的全部收益，但它现在不仅节省了生产的可变成本，而且还节省了固定成本。因此，如果从生产中得到的收益小于它的总成本，企业就应退出市场。

通过用数学公式表达，我们又可以使这个标准更有用。如果 TR 代表总收益，TC 代表总成本，那么，企业的退出标准可以写为：

$$\text{如果 } TR < TC\text{，就退出}$$

如果总收益小于总成本，企业就退出。用这个公式的两边除以产量 Q，我们可以把这个公式写为：

$$\text{如果 } TR/Q < TC/Q\text{，就退出}$$

注意到 TR/Q 是平均收益，它等于价格，而 TC/Q 是平均总成本 ATC，因此，企业的退出标准是：

$$如果 P < ATC，就退出$$

这就是说，如果物品的价格小于生产的平均总成本，企业就选择退出。

相应的分析也适用于一个正在考虑开办一家企业的企业家。如果开办企业有利可图，即如果物品的价格大于生产的平均总成本，企业就将进入这个市场。进入标准是：

$$如果 P > ATC，就进入$$

进入的标准正好与退出的标准相反。

现在我们可以说明竞争企业的长期利润最大化战略。如果企业生产某种物品，它将生产使边际成本等于物品价格的产量。但如果价格低于该产量时的平均总成本，企业就会选择退出（或不进入）市场。图14-4 说明了这些结论。竞争企业的长期供给曲线是边际成本曲线位于平均总成本曲线之上的那一部分。

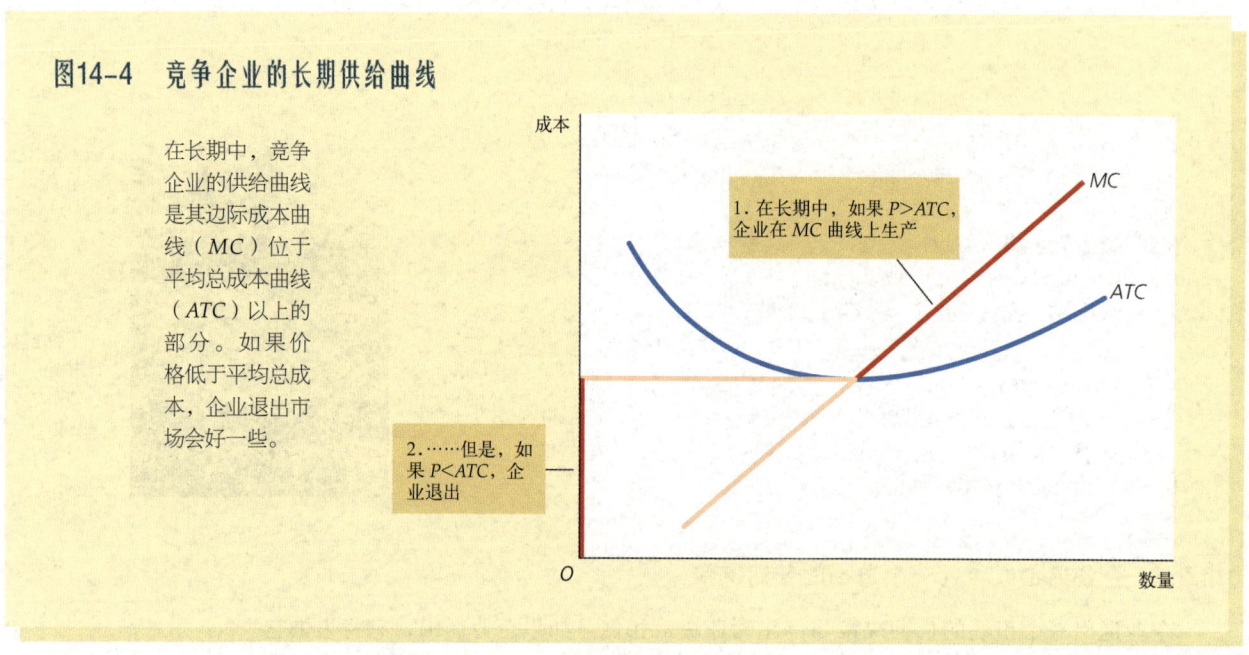

图14-4　竞争企业的长期供给曲线

在长期中，竞争企业的供给曲线是其边际成本曲线（MC）位于平均总成本曲线（ATC）以上的部分。如果价格低于平均总成本，企业退出市场会好一些。

1. 在长期中，如果 P>ATC，企业在 MC 曲线上生产

2. ……但是，如果 P<ATC，企业退出

14.2.6　用竞争企业图形来衡量利润

当我们分析退出与进入时，能更详细地分析企业的利润是有帮助的。回想一下，利润等于总收益（TR）减总成本（TC）：

$$利润 = TR - TC$$

我们可以通过把该式右边乘以并除以 Q 把这个定义改写为：

$$利润 = (TR/Q - TC/Q) \times Q$$

但注意 TR/Q 是平均收益，它也是价格 P，而 TC/Q 是平均总成本 ATC。因此，

$$利润 = (P - ATC) \times Q$$

这种表示企业利润的方法使我们可以用图形来衡量利润。

图 14-5（a）表示有正利润的企业。正如我们已经讨论过的，企业通过生产价格等于边际成本时的产量使利润最大化。现在看图中用阴影表示的矩形。矩形的高是 P-ATC，即价格与平均总成本之间的差额。矩形的宽是 Q，即产量。因此矩形的面积是 (P-ATC)×Q，即企业的利润。

同样，图 14-5（b）表示有亏损（负利润）的企业。在这种情况下，利润最大化意味着亏损最小化，同样可以通过生产价格等于边际成本时的产量来实现这一目标。现在考虑用阴影表示的矩形面积。矩形的高是 ATC-P，而宽是 Q。面积是 (ATC-P)×Q，即企业的亏损。由于在这种情况下，企业的每单位收益不足以弥补其平均总成本，企业在长期中将选择退出市场。

> **即问即答**
> ■ 竞争企业如何决定其利润最大化的产量水平？解释原因。
> ■ 什么时候一家利润最大化的竞争企业决定停止营业？什么时候一家利润最大化的竞争企业决定退出市场？

图14-5 用价格与平均总成本之间面积表示的利润

价格和平均总成本之间阴影方框的面积代表企业的利润。这个方框的高是价格减平均总成本（P-ATC），而方框的宽是产量（Q）。在（a）幅中，价格高于平均总成本，因此，企业有正利润。在（b）幅中，价格低于平均总成本，因此，企业有亏损。

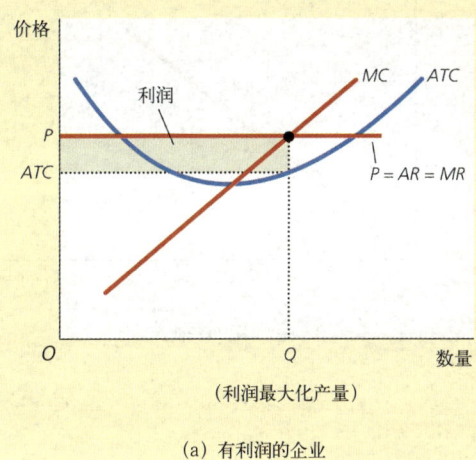

(a) 有利润的企业

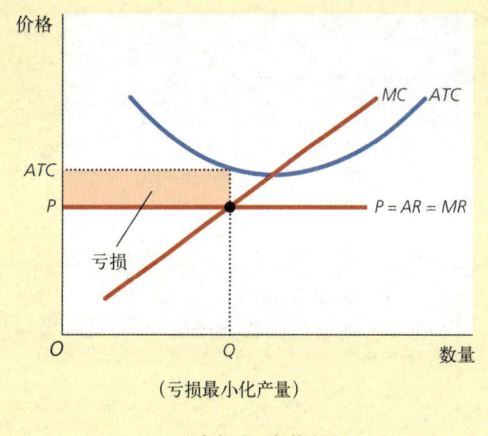

(b) 有亏损的企业

14.3 竞争市场的供给曲线

我们已经考察了单个企业的供给决策，现在我们来讨论市场的供给曲线。我们要考虑两种情况：第一，考察有固定数量企业的市场；第二，考察企业数量会随着老企业退出和新企业进入而变动的市场。这两种情况都是很重要的，因为两种情况分别适用于两种特定的时间范围。在短期中，企业进入和退出市场通常是很困难的，因此，企业数量固定的假设是合适的。但在长期中，企业数量可以随着市场条件变动而调整。

14.3.1 短期：有固定数量企业的市场供给

首先考虑有1 000个相同企业的市场。在任意一种既定价格时，每个企业供给使其边际成本等于价格的产量，如图14-6（a）所示。这就是说，只要价格高于平均可变成本，每个企业的边际成本曲线就是其供给曲线。市场供给量等于1 000家单个企业的供给量之和。因此，为了推导出市场供给曲线，我们把市场上每个企业的供给量相加。正如图14-6（b）所示，由于企业是相同的，市场供给量是1 000乘以每个企业的供给量。

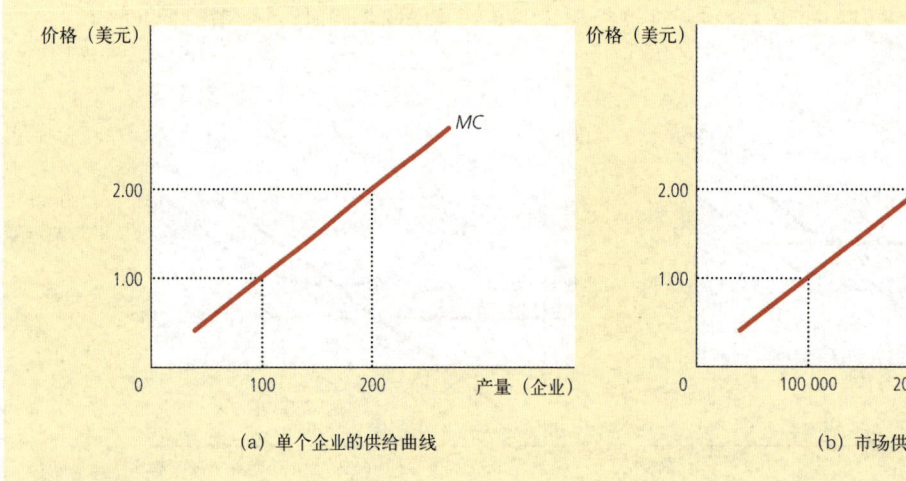

图14-6 短期的市场供给曲线

在短期中，市场上企业的数量是固定的。因此，（b）幅所示的市场供给曲线，反映了（a）幅所示的单个企业的边际成本曲线。在这个有1 000家企业的市场上，市场供给量是1 000乘以每个企业的供给量。

14.3.2 长期：有进入与退出的市场供给

现在我们来考察，如果企业能够进入或退出市场，情况会发生什么变化。我们假设每个人都可以获得生产该种物品的同样技术，并可以进入同一个市场购买生产所需的投入品。因此，所有企业和潜在企业都有同样的成本曲线。

进入与退出这种类型市场的决策取决于现有企业所有者和可以开办新企业的企业家所面临的激励。如果市场上的现有企业盈利，新企业就有进入市场的激励。这种进入将增加企业数量，增加物品供给量，并使价格下降，利润减少。相反，如果市场上的企业有亏损，那么，一些现有企业将退出市场。它们的退出将减少企业数量，减少物品供给量，并使价格上升，利润增加。在这种进入和退出过程结束时，仍然留在市场中的企业的经济利润必定为零。

回想一下，我们可以把企业的利润写为：

$$利润 = (P - ATC) \times Q$$

这个公式表明，当且仅当物品的价格等于生产那种物品的平均总成本时，一个正在经营的企业才有零利润。如果价格高于平均总成本，利润是正的，这就鼓励了新企业进入；如果价格低于平均总成本，利润是负的，这就鼓励了一些企业退出。只有当价格与平均总成本被推向相等时，进入与退出过程才结束。

这种分析有一个惊人的含义。我们在本章的前面提到，竞争企业通过选择使价格等于边际成本的产量来使利润最大化。我们刚才又提到，自由进入与退出的力量驱使价格等于平均总成本。但如果价格既要等于边际成本，又要等于平均总成本，那么，这两种成本必须相等。但是，只有当企业是在平均总成本最低点运营时，边际成本和平均总成本才相等。回想一下前一章，平均总成本最低的生产水平称为企业的有效规模。因此，在可以自由进入与退出的竞争市场的长期均衡中，企业一定是在其有效规模上运营。

图 14-7（a）表示一个处于这种长期均衡中的企业。在这幅图上，价格 P 等于边际成本 MC，因此，该企业实现了利润最大化。价格还等于平均总成本 ATC，因此，利润是零。新企业没有进入市场的激励，现有企业也没有离开市场的激励。

根据对企业行为的这种分析，我们可以确定市场长期供给曲线。在一个可以自由进入与退出的市场上，只有一种价格与零利润一致，那就是等于最低平均总成本的价

图14-7 长期市场供给曲线

长期中，企业将进入或退出市场，直至利润变为零。因此，价格等于最低平均总成本，如（a）幅所示。企业数量自发调整，以保证在这种价格时所有需求都得到满足。长期市场供给曲线在这种价格时是水平的，如（b）幅所示。

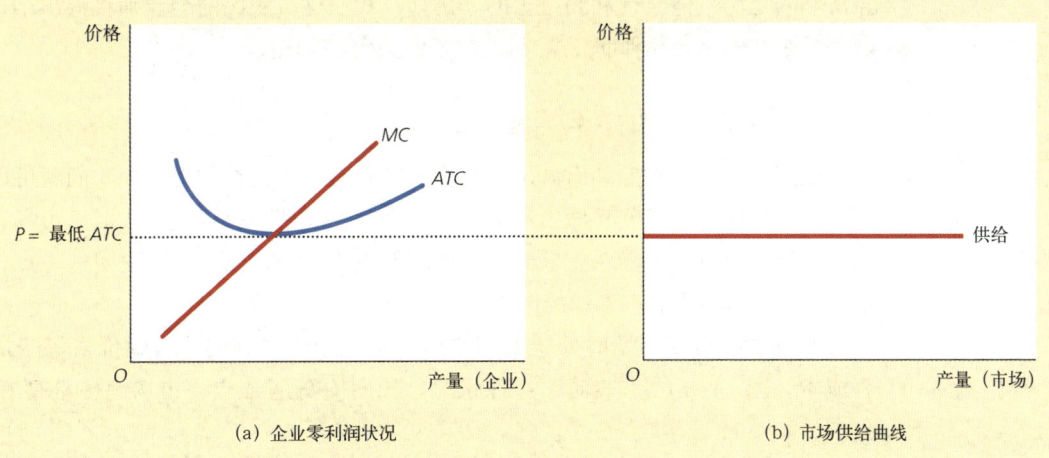

(a) 企业零利润状况　　(b) 市场供给曲线

格。因此，长期市场供给曲线必然是这种价格的水平线，如图14-7（b）所示，是一条完全富有弹性的供给曲线。任何高于这种水平的价格都会引起利润，导致企业进入，并增加总供给量；任何低于这种水平的价格都会引起亏损，导致企业退出，并减少总供给量。最终，市场中的企业数量会自发调整，以使价格等于最低平均总成本，而且，在这种价格时，有足够的企业可以满足所有需求。

14.3.3 如果竞争企业利润为零，为什么它们要留在市场上

"我们是'非营利'组织！我们无意为之，但我们确实是。"

图片来源：
GRIN & BEAT IT
ⓒ North America Syndicate.

乍一看，竞争企业在长期中获得零利润似乎是荒唐的。毕竟，人们办企业是为了获得利润。如果进入最终使利润为零，看起来似乎就没有什么理由再继续经营了。

为了更充分地理解零利润状况，回想一下，利润等于总收益减总成本，而总成本包括企业的所有机会成本。具体而言，总成本包括企业所有者用于经营的时间和金钱的成本。在零利润均衡时，企业的收益必须能够补偿所有者的上述机会成本。

考虑一个例子。假设为了开办农场，一个农民要投入100万美元。如果不这样做，他可以把这笔钱存入银行，赚取每年5万美元的利息。此外，他还必须放弃每年能赚到3万美元的另一份工作。这样，农民种地的机会成本既包括他本可以赚到的利息，又包括他放弃的工资，总计8万美元。即使他的利润为零，他从经营农场中得到的收益也弥补了他的上述机会成本。

记住，会计师与经济学家衡量成本的方法是不同的。正如我们在前一章中讨论的，会计师只关注显性成本，但不关注隐性成本。这就是说，他们衡量使货币流出企业的成本，但他们没有考虑不涉及货币流出的生产的机会成本。因此，在零利润均衡时，经济利润是零，但会计利润是正的。例如，我们这位农民的会计师将得出结论：农民赚到了8万美元会计利润，这足以使农民继续经营其农场。

14.3.4 短期与长期内的需求移动

既然我们对于企业如何做出供给决策已经有了更完整的理解，我们就可以更好地解释市场如何对需求变动做出反应。由于企业在长期中可以进入或退出市场，但在短期中不行，所以，市场对需求变动的反应取决于时间范围。为了说明这一点，我们来跟踪在某一时期内需求移动的影响。

假设牛奶市场开始时处于长期均衡。企业赚到零利润，因此价格等于最低平均总成本。图14-8（a）表明了这种状况。长期均衡是 A 点，市场销售量是 Q_1，价格是 P_1。

现在假设科学家发现，牛奶有神奇的保健功效。结果，在每一价格下的牛奶需求

图14-8 短期和长期内的需求增加

市场开始时处于长期均衡,如(a)幅中 A 点所示。在这种均衡时,每个企业获得零利润,而且,价格等于最低平均总成本。(b)幅表示当需求从 D_1 增加到 D_2 时短期中发生的变动。均衡从 A 点移动到 B 点,价格从 P_1 上升为 P_2,市场销售量从 Q_1 增加到 Q_2。由于价格现在高于平均总成本,企业盈利,在某一时期内鼓励新的企业进入市场。这种进入使短期供给曲线从 S_1 向右移动到 S_2,如(c)幅所示。在新的长期均衡,即 C 点时,价格回到 P_1,但销售量增加到 Q_3。利润再次为零,价格回到最低平均总成本,但市场上有更多的企业来满足更大的需求。

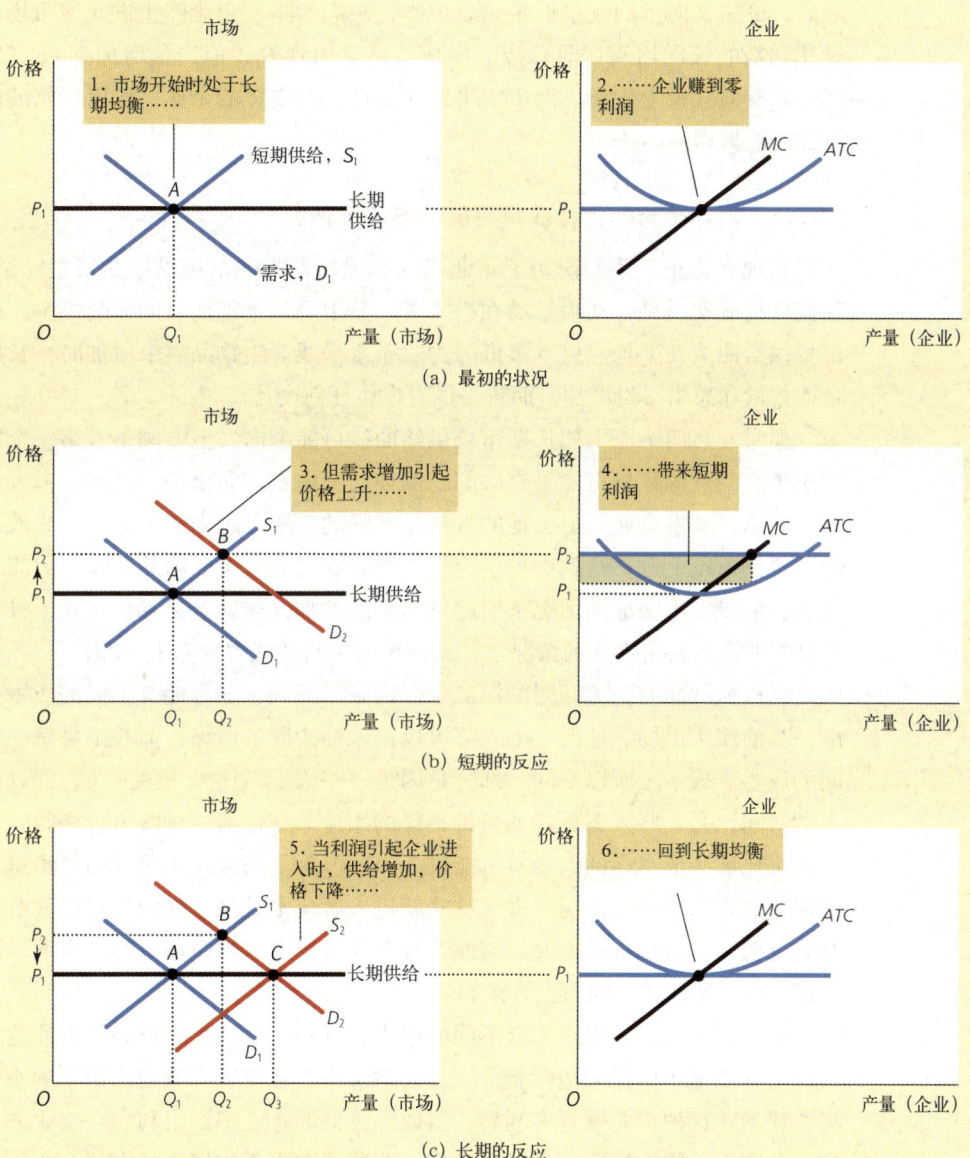

是都上升，牛奶的需求曲线从 D_1 向外移动到 D_2，如图 14-8（b）所示，短期均衡从 A 点移动到 B 点；结果，产量从 Q_1 增加到 Q_2，价格从 P_1 上升到 P_2。所有现存企业对高价格的反应是增加生产量。由于每个企业的供给曲线反映了它的边际成本曲线，所以每家企业增加多少产量由边际成本曲线决定。在新的短期均衡中，牛奶的价格高于平均总成本，因此，企业赚到了正利润。

随着时间的推移，这个市场的利润鼓励新企业进入。例如，一些农民从生产其他农产品转向生产牛奶。随着企业数量的增加，在每一价格下的牛奶供给量都上升，短期供给曲线从 S_1 向右移动到 S_2，如图 14-8（c）所示，这种移动引起牛奶价格下降。最后，价格又向下回到最低平均总成本，利润为零，企业停止进入该市场。因此，市场达到新的长期均衡，即 C 点。牛奶价格又回到 P_1，但产量增加到 Q_3。每个企业仍然在其有效规模上生产，但由于牛奶业中现在有更多的企业，所以牛奶的产量和销售量比以前提高了。

14.3.5　为什么长期供给曲线可能向右上方倾斜

到现在为止，我们说明了企业进入和退出使长期市场供给曲线是完全有弹性的。我们分析的实质是存在大量潜在进入者，其中每一个都面对同样的成本。因此，长期市场供给曲线在平均总成本最低时为一条水平线。当物品需求增加时，长期的结果是企业数量和总供给量增加，而价格没有发生任何变化。

但是，有两个原因使长期市场供给曲线可能会向右上方倾斜。第一个原因是一些用于生产的资源数量可能是有限的。例如，考虑农产品市场。任何一个人都可以选择购买土地，从事农业，但土地的数量是有限的。随着越来越多的人成为农民，农业土地的价格急剧上升，这就增加了市场上所有农民的成本。因此，农产品需求增加不能在农民的成本不增加的情况下引起供给量的增加，这就意味着价格要上升。结果，甚至在农业可以自由进入的情况下，长期市场供给曲线也向右上方倾斜。

供给曲线向右上方倾斜的第二个原因是，不同企业可能有不同的成本。例如，考虑一个油漆工市场。任何一个人都可以进入油漆服务市场，但并不是每一个人都有相同的成本。成本之所以不同，部分是因为一些人干活比另一些人快，部分是因为有些人的时间比另一些人有更好的可供选择的用途。在任何一种既定价格时，那些成本低的人都比那些成本高的人更有可能进入市场。为了增加油漆服务的供给量，就必须鼓励额外的进入者进入市场。由于这些新进入者成本较高，要使市场进入对这些人来说有利可图，价格就必须上升。因此，甚至在市场可以自由进入的情况下，油漆服务的长期市场供给曲线也向右上方倾斜。

要注意的是，如果企业有不同的成本，一些企业甚至在长期中也能盈利。在这种情况下，市场价格代表边际企业——如果价格有任何下降就退出市场的企业——的平均总成本。这种企业赚到零利润，但成本更低的企业赚到正利润。企业进入并没有消除这种利润，因为想要成为进入者的企业的成本高于市场中已有的企业。只有在价格上升使得该市场对它们有利可图时，高成本企业才会进入。

即问即答

■ 在企业可以自由进入与退出的长期中，市场价格等于边际成本还是平均总成本？还是与两者都相等？还是都不等？用图形解释。

由于这两个原因，要引致更大的供给量，较高的价格可能是必要的，在这种情况下，市场上长期供给曲线会向右上方倾斜而不是水平的。但是，关于进入和退出的基本结论仍然是正确的。由于企业在长期中比在短期中更容易进入和退出，所以长期供给曲线一般比短期供给曲线更富弹性。

14.4 结论：在供给曲线背后

我们已经讨论了完全竞争市场上供给物品的利润最大化企业的行为。你可以回忆一下，第 1 章的经济学十大原理之一是，理性人考虑边际量。本章把这一思想运用于竞争企业。边际分析向我们提供了一种竞争市场中的供给曲线理论，因此加深了我们对市场结果的理解。

我们知道，当你向一个竞争市场中的企业购买一种物品时，可以保证你支付的价格接近于生产那种物品的成本。特别是，如果该市场中的企业是竞争的和利润最大化的，则一种物品的价格等于生产这种物品的边际成本。此外，如果企业可以自由地进入和退出市场，价格还等于可能的最低生产平均总成本。

虽然我们在全章中假设，企业是价格接受者，但本章提出的许多工具对于研究竞争较少的市场的企业也是很有用的。现在我们将转向考察有市场势力的企业的行为。边际分析仍将是很有用的，但它对于企业的生产决策和市场结果的本质特征将具有完全不同的含义。

内 容 提 要

◎ 由于竞争企业是价格接受者,所以它的收益与产量是成比例的。物品的价格等于企业的平均收益和边际收益。

◎ 为了使利润最大化,企业选择使边际收益等于边际成本的产量。由于竞争企业的边际收益等于市场价格,所以企业选择使价格等于边际成本的产量。因此,企业的边际成本曲线又是它的供给曲线。

◎ 在短期中,当企业不能收回其固定成本时,如果物品价格小于平均可变成本,企业将选择暂时停止营业。在长期中,当企业能收回其固定成本和可变成本时,如果价格小于平均总成本,企业将选择退出市场。

◎ 在可以自由进入与退出的市场上,长期中利润为零。在长期均衡时,所有企业都在有效规模上生产,价格等于最低平均总成本,而且,企业数量会自发调整,以满足在这种价格时的需求量。

◎ 需求变动在不同时间范围之内有不同影响。在短期中,需求增加引起价格上升,并带来利润,而需求减少引起价格下降,并带来亏损。但如果企业可以自由进入和退出市场,那么,在长期中企业数量将自发调整,使市场回到零利润均衡。

关 键 概 念

竞争市场   平均收益   边际收益
沉没成本

复 习 题

1. 竞争市场的主要特征是什么?
2. 解释企业收益与企业利润的差别。企业使其中哪一个最大化?
3. 画出一个典型企业的成本曲线。解释竞争企业如何选择利润最大化的产量水平。在该产量水平时,在你的图形中标明企业的总收益及总成本。
4. 在什么条件下企业将暂时停止营业?解释原因。
5. 在什么条件下企业将退出市场?解释原因。
6. 竞争企业的价格是在短期中、长期中,还是在这两个时期中都等于边际成本?解释原因。
7. 竞争企业的价格是在短期中、长期中,还是在这两个时期中都等于最低平均总成本?解释原因。
8. 一般而言,市场供给曲线是在短期中更富有弹性,还是在长期中更富有弹性?解释原因。

第 15 章

垄断

如果你有一台个人电脑，那么这台电脑一般会使用微软公司所出售的操作系统——某种版本的 Windows 软件。当微软公司在许多年前第一次设计 Windows 软件时，它申请并获得了政府给予的版权，该版权授予微软公司排他性地生产和销售 Windows 操作系统的权利。如果一个人要想购买 Windows 软件，他只能向微软支付其对该产品制定的价格——近一百美元。可以说微软在 Windows 软件市场上拥有垄断地位。

上一章中我们提出的企业行为模型不能用来正确地描述微软的经营决策。在那一章中，我们分析了竞争市场，在竞争市场上有许多企业提供基本相同的产品，因此，每一个企业对其所接受的价格没有什么影响。与此相比，像微软这样的垄断者没有与之相近的竞争者，因此，它拥有影响其产品的市场价格的力量。竞争企业是价格接受者，而垄断企业是价格决定者。

在本章中，我们将考察这种市场势力的含义。我们将看到，市场势力改变了企业成本与其产品的出售价格之间的关系。竞争企业接受市场给定的其产品的价格，并选择供给量，以使价格等于边际成本。与此相比，垄断者收取高于其边际成本的价格。这个结论在微软 Windows 软件的例子中显然是正确的。Windows 软件的边际成本——微软把它的程序复制到另一张 CD 上所引起的额外成本——只有几美元。Windows 软件的市场价格是其边际成本的许多倍。

垄断者对其产品收取高价格并不令人奇怪。垄断者的顾客似乎除了支付垄断者收取的价格之外别无选择。但如果这样的话，为什么一个 Windows 软件不定价为 1 000 美元或 10 000 美元呢？原因是如果微软制定了如此高的价格，购买该产品的人就会少了。人们会少买电脑，或者转向用其他的操作系统，或者非法盗版。一个垄断企业可以控制它出售的物品的价格，但由于高价格会减少其顾客的购买量，因此垄断利润并不是无限的。

考察垄断者的生产与定价决策时，我们还要考虑垄断对整个社会的含义。与竞争企业一样，垄断企业的目标也是利润最大化，但这个目标对竞争企业和垄断企业却有非常不同的后果。在竞争市场上，利己的消费者和生产者的行为仿佛是由一只"看不见的手"指引着,达到了提高总体经济福利的均衡。与此相比,由于垄断企业不受竞争限制,有垄断的市场的结果往往并不符合社会的最佳利益。

第 1 章中的经济学十大原理之一是,政府有时可以改善市场结果。本章的分析将更充分地说明这个原理。在讨论垄断引起的社会问题时,我们还要讨论政府决策者对这些问题做出反应的各种方式。例如,美国政府就紧盯着微软的经营决策。1994 年,政府阻止微软收购个人财务软件的主要销售商 Intuit 公司,其依据是这两家企业的合并会集中过于强大的市场势力。同样,在 1998 年,当微软宣布把其网页浏览器捆绑到其 Windows 操作系统时,美国司法部持反对意见,宣称这会使微软的市场势力扩张到新领域。近年来,美国和外国管制机构已经把它们的注意力转向市场势力日益增长的企业,比如 Google 和 Samsung,但它们仍然继续监督微软遵守反托拉斯法。

15.1 为什么会产生垄断

垄断企业:作为一种没有相近替代品的产品的唯一卖者的企业。

如果一个企业是其产品唯一的卖者,而且其产品并没有相近的替代品,那么这个企业就是一个**垄断企业**(monopoly)。垄断产生的基本原因是进入壁垒:垄断企业能在其市场上保持唯一卖者的地位,是因为其他企业不能进入市场并与之竞争。而进入壁垒又有三个主要形成原因:

- **垄断资源**:生产所需要的关键资源由单个企业所拥有;
- **政府管制**:政府给予单个企业排他性地生产某种物品或服务的权利;
- **生产流程**:某个企业能以低于大量企业的成本生产产品。

下面我们简要地讨论其中每一种情况。

15.1.1 垄断资源

"我们不是垄断者,我们认为自己是'镇上唯一的游戏参与者'。"

图片来源:THE WALL STREET JOURNAL—PERMISSION, CARTO ON FEATURES SYNDICATE.

垄断产生的最简单方式是单个企业拥有一种关键的资源。例如,考虑老西部一个小镇上的水市场。如果小镇上几十个居民都拥有能用的井,前一章讨论的竞争模型就可以描述该市场上卖者的行为。结果是,由于水供给者之间的竞争,每加仑水的价格被降到等于多抽取 1 加仑水的边际成本。但是,如果镇上只有一口井,而且不可能从其他地方得到水,那么,井的所有者就垄断了水。毫不奇怪,垄断企业拥有比竞争市场上任何一家企业大得多的市场势力。对于像水这样的必需品，即使多抽取 1 加仑的边际成本很低，垄断企业也可以制定极高的价格。

市场势力来自拥有某种关键资源的一个经典案例是南非的钻石公司 DeBeers。DeBeers 公司在 1888 年由英国商人（也是 Rhodes 奖学金的捐助者）Cecil Rhodes 建立，它一度控制着全世界钻石矿产量的 80%。由于它的市场份额小于 100%，因此 DeBeers 公司不完全是一个垄断者，但该公司对钻石的市场价格可以产生巨大的影响。

虽然关键资源的排他性所有权是垄断的一个潜在起因，但实际上垄断很少是产生于这种原因。现实经济如此巨大，而且，资源由许多人拥有。事实上，由于许多物品可以在国际上交易，它们的市场的自然范围往往是世界性的。因此，拥有没有相近替代品资源的企业的例子很少。

15.1.2 政府创造的垄断

在许多情况下，垄断的产生是因为政府给予一个人或一个企业排他性地出售某种物品或服务的权利。有时垄断产生于想成为垄断者的人的政治影响。例如，国王曾经赋予他们的朋友或盟友排他性的经营许可证。还有些时候，政府也会出于公共利益而赋予某种垄断的权利。

专利法和版权法是两个重要的例子。当一家制药公司发明了一种新药时，它就可以向政府申请专利。如果政府认为这种药是真正原创性的，它就会批准该专利。该专利给予该公司在 20 年中排他性地生产并销售这种药的权利。同样，当一个小说家写完一本书时，他可以拥有这本书的版权。版权是一种政府的保证，它保证未经作者许可，任何人都不能印刷并出售这本著作。版权使这个小说家成为她的小说销售的一个垄断者。

专利法和版权法的影响是显而易见的。由于这些法律使一个生产者成为垄断者，因而也就使价格高于竞争下的价格。但是，通过允许这些垄断生产者收取较高价格并赚取较多利润，这些法律也鼓励了一些合意的行为。允许制药公司成为它们发明的药物的垄断者是为了鼓励医药研究，允许作者成为销售他们著作的垄断者是为了鼓励他们写出更多更好的书。

因此，有关专利和版权的法律既有收益也有成本。专利法和版权法的收益是增加了对创造性活动的激励，然而，在某种程度上这些收益被垄断定价的成本所抵消，在本章的后面，我们要充分讨论这一问题。

15.1.3 自然垄断

当一个企业能以低于两个或更多企业的成本为整个市场供给一种物品或服务时，这个行业就存在自然垄断（natural monopoly）。当相关产量范围存在规模经济时，自然垄断就产生了。图 15-1 表示有规模经济的企业的平均总成本。在这种情况下，一个企业可以以最低的成本生产任何数量的产品。这就是说，在既定的产量下，企业的数量越多，每个企业的产量越少，平均总成本越高。

自然垄断的一个例子是供水。为了向镇上居民供水，企业必须铺设遍及全镇的水

自然垄断：由于一个企业能以低于两个或更多企业的成本向整个市场供给一种物品或服务而产生的垄断。

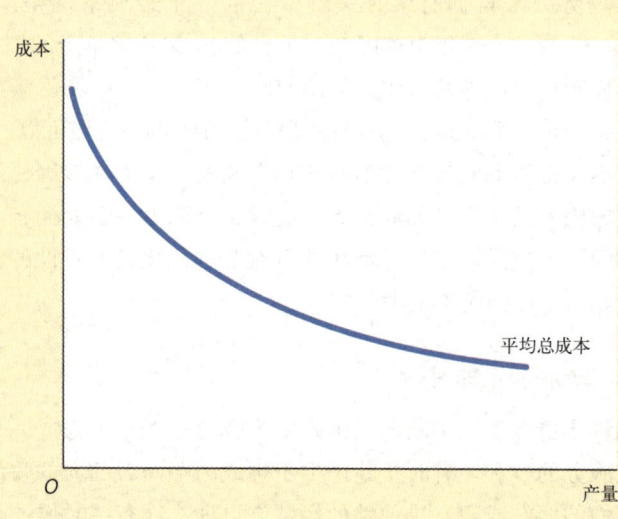

图15-1 规模经济是垄断产生的一个原因

当一个企业的平均总成本曲线持续下降时,该企业就被称为自然垄断企业。在这种情况下,当生产分散到更多企业中时,每个企业的产量减少了,平均总成本上升了。结果是,单个企业可以以最低成本生产任何既定量的产品。

管网。如果两家或更多企业在提供这种服务中竞争,每个企业就都必须支付铺设水管网的固定成本。因此,如果只有一家企业为整个市场提供服务,水的平均总成本就最低。

当我们在第11章中讨论公共物品和公共资源时,我们看到了自然垄断的另一些例子。我们提到了俱乐部物品有排他性而无消费中的竞争性。其中一个例子是很少使用以至于从不拥挤的桥。桥有排他性,是因为收费站可以阻止一个人使用桥,桥没有消费中的竞争性是因为一个人使用桥并不减少其他人使用它的能力。由于修桥有固定成本,而增加一个使用者的边际成本微乎其微,所以,过一次桥的平均总成本(总成本除以过桥人次)随着过桥人数的增加而减少。因此,桥是一种自然垄断。

当一个企业是自然垄断企业时,它很少关心有损于其垄断势力的新进入者。正常情况下,一个企业如果没有关键资源的所有权或政府保护,要维持其垄断地位是不容易的。垄断利润增加了进入市场的吸引力,而且,这些进入者使市场更具竞争性。与此相反,进入一个存在自然垄断企业的市场并不具吸引力。即将进入者知道,他们无法实现垄断者所享有的同样低的成本,因为在进入之后,每个企业的市场份额都变小了。

在某些情况下,市场规模也是决定一个行业是不是自然垄断的一个因素。仍考虑一条河上的一座桥。当人数很少时,这座桥可能是自然垄断。一座桥可以以最低成本满足所有过河的需求。但当随着人数的增加桥变得拥挤时,满足通过同一条河的所有需求就可能需要两座或更多桥。因此,随着市场的扩大,一个自然垄断市场可能会变为一个更具竞争性的市场。

即问即答
■ 市场存在垄断的三个原因是什么?
■ 举出两个垄断的例子,并解释各自的原因。

15.2 垄断者如何做出生产与定价决策

我们已经知道垄断是如何产生的，现在就可以考虑一个垄断者如何决定生产多少产品并对产品收取多高的价格。这一部分的垄断行为分析是评价垄断是否合意和政府在垄断市场上会采用什么政策的起点。

15.2.1 垄断与竞争

竞争企业和垄断企业之间的关键差别在于垄断企业影响其产品价格的能力。一个竞争企业只是它所处的市场上的一个很小的因素，因此没有影响其产品价格的力量，它接受市场条件所给定的价格。与此相反，由于垄断者是其市场上唯一的卖者，它就可以通过调整向市场供给的产量来改变产品的价格。

说明竞争企业与垄断企业之间差别的一种方法是考察每个企业所面临的需求曲线。在前一章中分析竞争企业的利润最大化时，我们把市场价格表示为坐标系中的一条水平线。由于竞争企业可以在这种价格时想卖多少就卖多少，所以，竞争企业面临一条水平需求曲线，如图 15-2（a）所示。实际上，由于竞争企业出售有许多完全替代品（该市场上所有其他企业的产品）的产品，所以，任何一个企业所面临的需求曲线都是完全富有弹性的。

与此相反，由于垄断企业是其市场上的唯一卖者，所以，它的需求曲线就是市场需求曲线。这样，垄断企业的需求曲线会由于所有的正常原因而向右下方倾斜，正如

图15-2　竞争企业与垄断企业的需求曲线

由于竞争企业是价格接受者，它们实际上面临一条水平的需求曲线，如（a）幅所示。由于垄断企业是其市场上唯一的生产者，所以，它面临一条向右下方倾斜的市场需求曲线，如（b）幅所示。因此，垄断者如果想多销售产品，就必须接受一个较低的价格。

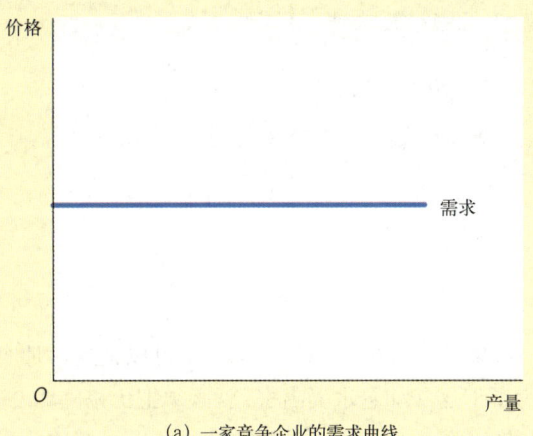
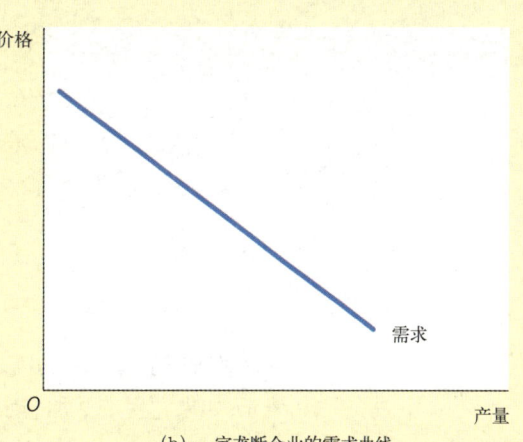

(a) 一家竞争企业的需求曲线　　(b) 一家垄断企业的需求曲线

图 15-2（b）所示。如果垄断企业提高其物品价格，消费者就会少买这种物品。换个角度看，如果垄断企业减少它生产并销售的产量，其产品价格就会上升。

市场需求曲线限制了垄断者通过其市场势力获得利润的能力。只要有可能，一个垄断者就愿意收取高价格，并在这种高价时卖出大量产品。市场需求曲线使这种结果不可能，具体来说，市场需求曲线描述了垄断企业所能得到的价格和产量的组合。通过调整所生产的数量（或者同样地，调整所收取的价格），垄断者可以选择需求曲线上的任意一点，但它不能选择需求曲线外的一点。

垄断企业将选择什么价格与产量呢？正如分析竞争企业时一样，我们假设垄断企业的目标是利润最大化。由于企业的利润是总收益减去总成本，所以，我们解释垄断者行为的下一个任务是考察垄断者的收益。

15.2.2 垄断者的收益

考虑只有一个水的生产企业的小镇。表 15-1 表示了垄断者的收益如何取决于水的生产量。

表15-1 垄断者的总收益、平均收益和边际收益

水的生产量（加仑）(Q)	价格（美元）(P)	总收益（美元）($TR=P \times Q$)	平均收益（美元）($AR=TR/Q$)	边际收益（美元）($MR=\Delta TR/\Delta Q$)
0	11	0	—	
1	10	10	10	10
2	9	18	9	8
3	8	24	8	6
4	7	28	7	4
5	6	30	6	2
6	5	30	5	0
7	4	28	4	-2
8	3	24	3	-4

前两列表示垄断者的需求表。如果垄断者生产 1 加仑水，它可以把这 1 加仑水卖 10 美元；如果它生产 2 加仑水，它为了把这 2 加仑水卖出去，就必须把价格降为 9 美元；如果它生产 3 加仑水，它就必须把价格降为 8 美元，以此类推。如果根据这两列的数字作图，就可以得到一条典型的向右下方倾斜的需求曲线。

该表第三列代表垄断者的总收益。它等于销售量（取自第一列）乘以价格（取自第二列）。第四列计算企业的平均收益，即企业每销售一单位产品得到的收益量。我们可以用第三列中总收益的数字除以第一列的产量来计算平均收益。正如我们在前一章中所讨论的，平均收益总是等于物品的价格。这一点对垄断者和对竞争企业都同样正确。

表 15-1 的最后一列计算企业的边际收益，即企业每增加一单位产量所得到的收益量。我们可以用增加一单位产量时总收益的变动来计算边际收益。例如，当企业生产 3 加仑水时，它得到的总收益是 24 美元；当产量增加到 4 加仑水时，总收益增加到 28 美元。因此，销售第 4 加仑水的边际收益是 28 美元 –24 美元，即 4 美元。

表 15-1 中所示的结果对理解垄断者行为非常重要：垄断者的边际收益总是小于其物品的价格。例如，如果企业把水的生产从 3 加仑增加到 4 加仑，即使它能以 7 美元卖出每加仑水，总收益也只增加 4 美元。对垄断者来说，边际收益小于价格是因为垄断者面临一条向右下方倾斜的需求曲线。为了增加销售量，垄断企业必须降低其向所有消费者收取的价格。因此，为了卖出第 4 加仑水，垄断者得到的前 3 加仑水的每单位收益要各少 1 美元。这 3 美元的损失是由于第 4 加仑水的价格（7 美元）和第 4 加仑水的边际收益（4 美元）之间的差额。

垄断者的边际收益与竞争企业大不相同。当垄断者增加它销售的数量时，这对总收益（$P \times Q$）有两种效应：

- **产量效应**：销售的数量增多了，即 Q 增大，从而可能增加总收益。
- **价格效应**：价格下降了，即 P 降低，从而可能减少总收益。

由于竞争企业在市场价格时可以销售它想销售的任何数量，所以没有价格效应。当竞争企业增加一单位产量时，它得到该单位所对应的市场价格，而且，它不会减少已经销售产品的收益。这就是说，由于竞争企业是价格接受者，所以它的边际收益等于其物品的价格。与此相比，当一个垄断者增加一单位产量时，它就必须降低对所销售的每一单位产品收取的价格，而且，这种价格下降减少了它已经卖出的各单位的收益。因此，垄断者的边际收益小于其价格。

图 15-3 画出了一个垄断者的需求曲线与边际收益曲线（由于企业的价格等于平均收益，因此需求曲线也是平均收益曲线）。这两条曲线总是从纵轴上的同一点出发，因为第一单位的边际收益等于物品价格。但是，由于我们刚刚讨论过的原因，此后垄断者的边际收益小于物品的价格。因此，垄断者的边际收益曲线位于需求曲线之下。

在图 15-3 中（以及在表 15-1 中），你还可以看出边际收益甚至可以是负的。当价格对收益的影响大于产量对收益的影响时，边际收益就是负的。在这种情况下，当企业多生产一单位产品时，尽管企业销售了更多单位的产品，但价格下降之大足以引起企业的总收益减少。

图15-3　垄断者的需求曲线与边际收益曲线

需求曲线表示数量如何影响物品的价格。边际收益曲线表示，当数量增加一单位时，企业的收益如何变动。由于如果垄断者增加生产，所销售的所有单位的价格都必须下降，所以，边际收益总是小于价格。

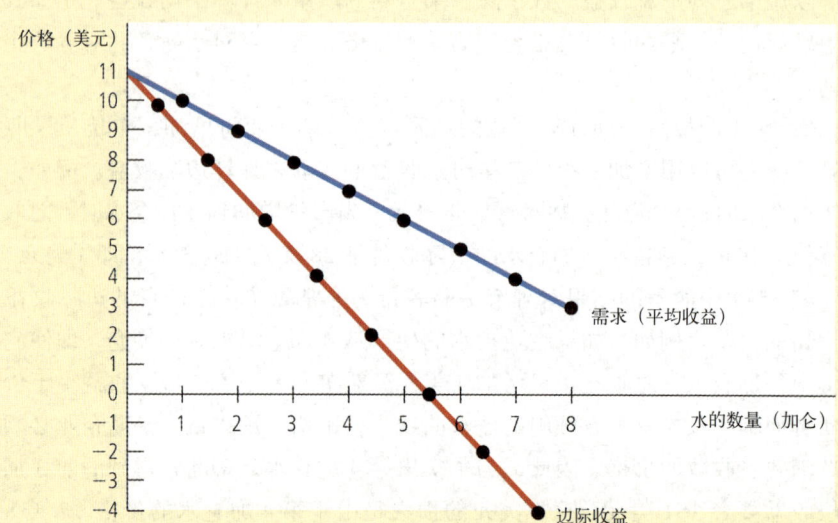

15.2.3　利润最大化

既然我们已经考虑了一个垄断企业的收益，那么现在我们来考察这种企业如何实现利润最大化。我们还记得第 1 章中的经济学十大原理之一是，理性人考虑边际量。这个结论对垄断企业和竞争企业同样正确。这里我们把边际分析的逻辑用于分析垄断企业如何决定生产多少的问题。

图 15-4 画出了一个垄断企业的需求曲线、边际收益曲线和成本曲线。所有这些曲线看来都是熟悉的：需求曲线和边际收益曲线像图 15-3 中所示的曲线，成本曲线像我们在前两章中见过的成本曲线。这些曲线包含了我们确定利润最大化垄断者将选择的产量水平所需要的全部信息。

首先，我们假设企业在低产量水平，例如 Q_1 上生产。在这种情况下，边际成本小于边际收益。如果企业增加一单位产量，增加的收益将大于增加的成本，利润将增加。因此，当边际成本小于边际收益时，企业可以通过生产更多单位的产品来增加利润。

高产量水平（例如 Q_2）的情况下也可以照此推理。在这种情况下，边际成本大于边际收益。如果企业减少一单位产量，节省的成本将大于失去的收益。因此，当边际成本大于边际收益时，企业可以通过减少生产来增加利润。

最后，企业调整其生产水平直至产量达到 Q_{MAX} 时为止，在这时，边际收益等于

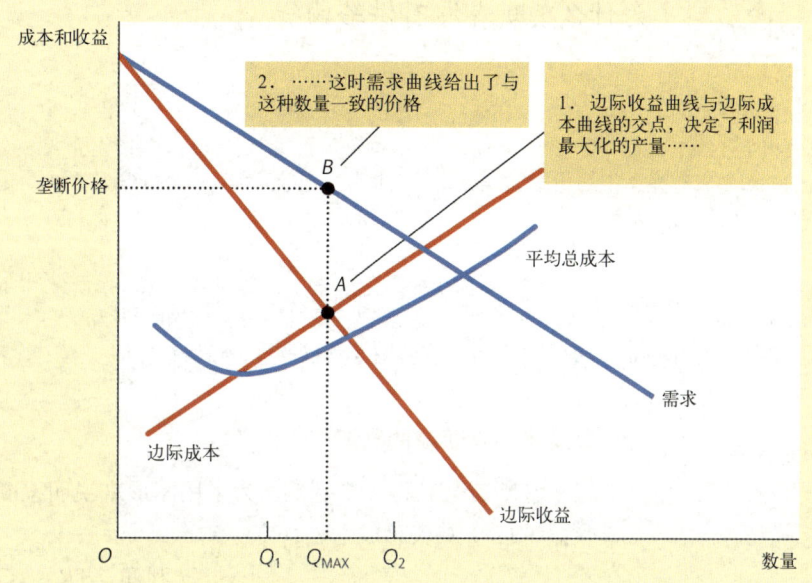

图15-4 垄断者的利润最大化

垄断者通过选择边际收益等于边际成本的产量（A点）来实现利润最大化。然后可以用需求曲线找出使消费者购买该数量的价格（B点）。

边际成本。因此，垄断者的利润最大化产量是由边际收益曲线与边际成本曲线的交点决定的。在图15-4中，两条曲线在 A 点相交。

你应该还记得，在上一章中，竞争企业也选择边际收益等于边际成本的产量。在遵循这条利润最大化原则上，竞争企业和垄断企业是相似的。但是，这两类企业之间也有一个重要的差别：竞争企业的边际收益等于其价格，而垄断企业的边际收益小于其价格。这就是说：

对于竞争企业：$P = MR = MC$

对于垄断企业：$P > MR = MC$

在利润最大化的产量时，边际收益与边际成本相等，对于这两种企业都是同样成立的。差别在于价格与边际收益和边际成本的关系。

垄断者如何找出其产品利润最大化的价格呢？需求曲线回答了这个问题，因为需求曲线把消费者愿意支付的价格和销售量联系起来了。因此，在垄断企业选择了使边际收益等于边际成本的产量之后，就可以用需求曲线找出为销售该产量它能收取的最高价格。在图15-4中，利润最大化的价格在 B 点。

现在我们知道了竞争企业市场与垄断企业市场之间的关键差别：在竞争市场上，价格等于边际成本；在垄断市场上，价格大于边际成本。正如我们即将看到的，这一结论对于理解垄断的社会成本是至关重要的。

即问即答

■ 解释垄断者如何决定产品的产量和价格。

参考资料 为什么垄断者没有供给曲线

你也许注意到了，我们是用市场需求曲线和企业成本曲线分析垄断市场的价格的，而并没有提到市场供给曲线。与此相比，当我们在第 4 章开始分析竞争市场的价格时，两个最重要的词总是供给与需求。

供给曲线哪儿去了？虽然垄断者要（以我们在本章中说明的方式）做出供给多少的决策，但它没有供给曲线。供给曲线向我们揭示，企业在任何一种既定价格时选择的供给量。当我们分析作为价格接受者的竞争企业时，这个概念是有意义的。但垄断企业是价格制定者，而不是价格接受者。问这种企业在任意一个既定价格下生产多少是没有意义的，因为垄断企业在选择供给量的同时确定价格。

实际上，垄断者关于供给多少的决策不可能与它所面临的需求曲线分开。需求曲线的形状决定了边际收益曲线的形状，边际收益曲线的形状又决定了垄断者的利润最大化产量。在竞争市场上，可以在不了解需求曲线的情况下分析供给决策，但在垄断市场上，这是不行的。因此，我们从不谈及垄断者的供给曲线。

15.2.4　垄断者的利润

垄断者会获得多少利润？为了用图形来说明垄断者的利润，回忆一下利润等于总收益（TR）减去总成本（TC）：

$$利润 = TR - TC$$

我们可以把这个式子改写为：

$$利润 = (TR/Q - TC/Q) \times Q$$

TR/Q 是平均收益，等于价格 P，而 TC/Q 是平均总成本（ATC）。因此，

$$利润 = (P - ATC) \times Q$$

这个利润方程式（对竞争企业同样成立）使我们可以用图形来衡量垄断者的利润。考虑图 15-5 中的阴影矩形。矩形的高（BC 段）是价格减去平均总成本，即 $P-ATC$，这是正常销售一单位产品的利润。矩形的宽（DC 段）是销售量 Q_{MAX}。因此，这个矩形的面积是该垄断企业的总利润。

案例研究 垄断药品与非专利药品

根据我们的分析，垄断市场上的价格决定不同于竞争市场的价格决定。对这种理论的一种自然检验是药品市场，因为这个市场同时具有垄断市场和竞争市场的结构。当一个企业开发了一种新药时，专利法使企业垄断了该药品的销售。但后来，当企业的专利过期时，任何公司都可以生产并销售这种药品。这时，市场就从一个垄断市场变为竞争市场。

当专利过期以后，药品的价格会发生什么变动呢？图 15-6 表示一个典型的药品市场。在这幅图上，生产药品的边际成本是不变的（这对许多药品来说是基本正确的）。在专利受保护期内，垄断企业通过生产边际收益等于边际成本的产量并收取大大高于边际成本的价格使利润最大化。但是，当专利到期时，生产这种药品的利润将鼓励新企业进入市场。随着市场变得越来越具竞争性，价格将下降到等于边际成本。

实际上，经验与我们的理论一致。当药品专利到期时，其他公司迅速进入并开始销售所谓的非专利药品，这种药品的化学成分与先前垄断者的品牌产品相同。而且，正如我们的分析所预言的，竞争者生产的非专利药品的价格大大低于垄断者收取的价格。

但是，专利到期并没有使垄断者失去全部的市场势力。一些消费者仍忠于有品牌的药品，这也许是出于担心新的非专

图15-5 垄断者的利润

矩形BCDE的面积等于垄断企业的利润。矩形的高（BC）是价格减去平均总成本，它等于销售每单位产品的利润。矩形的宽（DC）是销售的单位量。

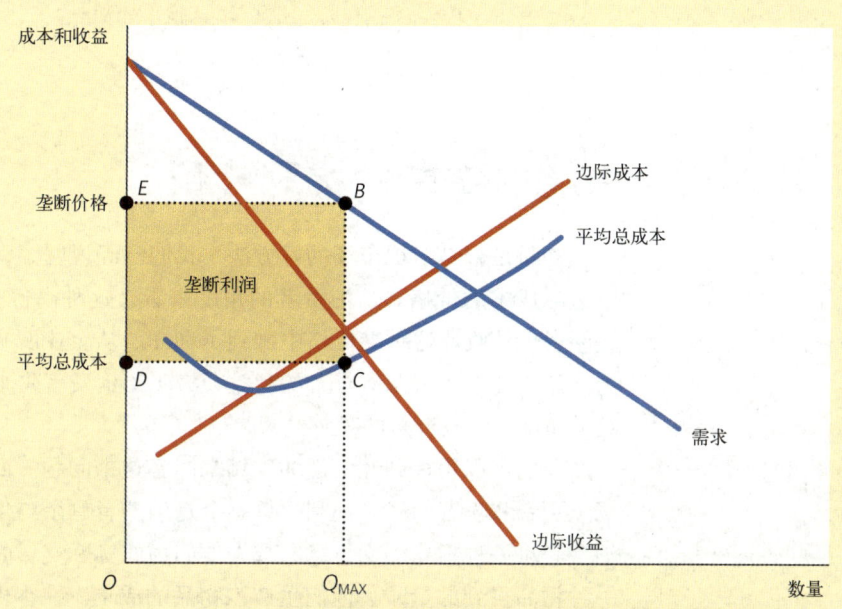

图15-6 药品市场

当专利赋予一个企业销售一种药品的垄断权时，企业收取垄断价格，垄断价格大大高于生产这种药品的边际成本。当药品专利到期时，新企业进入市场，使市场更有竞争性。因此，价格从垄断价格下降到边际成本。

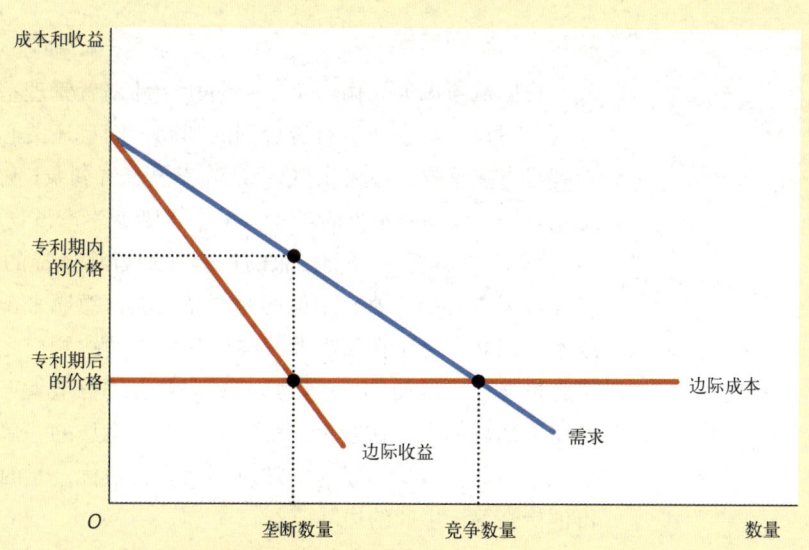

利药品的成分实际上与他们用了许多年的药品成分不一样。因此，以前的垄断者可以继续收取比新竞争者高的价格。

例如，最广泛使用的兴奋剂之一是氟西汀（fluoxetine），它被几百万名美国人使用。由于这种药品的专利在 2001 年到期，今天消费者可以在 Prozac 品牌的原药品和同样成分的无专利产品之间做出选择。Prozac 牌氟西汀的销售价格是无专利的氟西汀的三倍。这种价格差别之所以能持续，是因为一些消费者不相信两种药是可以完全替代的。

15.3 垄断的福利代价

垄断是否是组织市场的好方法？我们已经说明了，与竞争企业相反，垄断收取高于边际成本的价格。从消费者的角度来看，这种高价格使垄断是不合意的。但同时，垄断者也从收取这种高价格中赚到了利润。从企业所有者的角度看，高价格使垄断极为合意。那么，企业所有者的利益会大于给消费者带来的成本，从而使垄断从整个社会的角度来看是合意的吗？

我们可以用福利经济学的工具来回答这个问题。回想一下第 7 章，总剩余衡量市场上买者和卖者的经济福利。总剩余是消费者剩余与生产者剩余之和。消费者剩余是消费者对一种物品的支付意愿减去他们为此实际支付的量，生产者剩余是生产者出售一种物品得到的量减去他们生产该物品的成本。在本例中，只存在一个生产者——垄断者。

你也许已经能猜到这种分析的结果。在第 7 章中我们得出的结论是，在竞争市场上，供求均衡不仅是一个自然而然的结果，而且是一个合意的结果。市场中看不见的手实现了使总剩余尽可能大的资源配置。由于垄断引起的资源配置不同于竞争市场，所以其结果必然以某种方式使总经济福利没有达到最大化。

15.3.1 无谓损失

我们从考虑如果由一个仁慈的社会计划者管理垄断企业将会怎么做开始。该社会计划者不仅关心企业所有者赚到的利润，而且还关心企业的消费者得到的利益。该计划者努力使总剩余最大化，总剩余等于生产者剩余（利润）加消费者剩余。要记住的是，总剩余等于物品对消费者的价值减去垄断者生产该物品的成本。

图 15-7 分析了一个仁慈的社会计划者将选择的垄断的产量水平。需求曲线反映物品对消费者的价值，用他们对物品的支付意愿来衡量。边际成本曲线反映垄断者的成本。因此，可以在需求曲线与边际成本曲线相交之处找出社会有效率的产量。在这个产量之下，增加的一单位物品对消费者的价值大于提供物品的成本，因此，增加产量将增加总剩余。在这个产量之上，生产增加的一单位物品的成本大于其对消费者的价值，因此，减少产量将增加总剩余。在最优产量时，增加的一单位物品对消费者的价值恰好等于生产的边际成本。

如果由该社会计划者管理垄断企业，则该垄断企业可以通过收取需求曲线与边际成本曲线相交时的价格来达到这种有效率的结果。因此，社会计划者将与竞争企业一

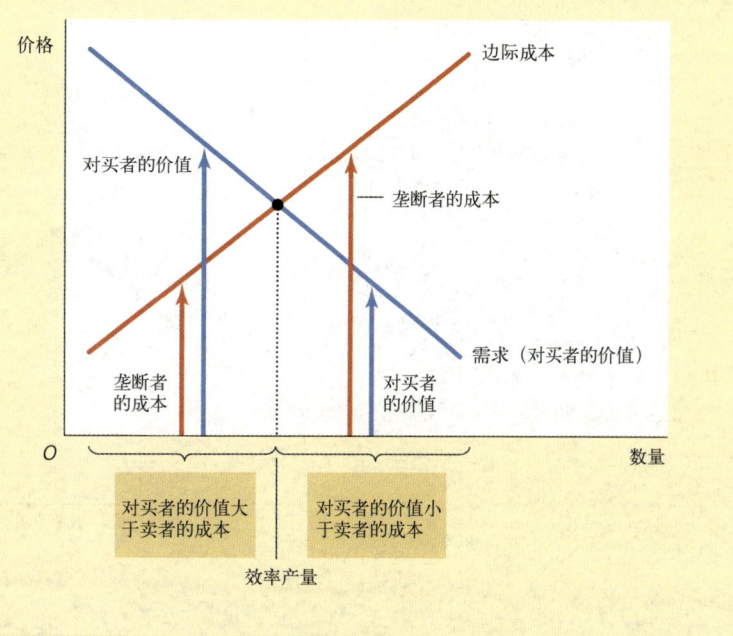

图15-7 有效率的产量水平

想使市场上总剩余最大化的仁慈的社会计划者将选择需求曲线与边际成本曲线相交的产量水平。低于这一水平，物品对边际买者的价值（反映在需求曲线上）大于生产该物品的边际成本；高于这一水平，物品对边际买者的价值小于其边际成本。

样收取等于边际成本的价格，这与利润最大化的垄断企业不同。因为这种价格将给消费者有关生产该物品成本的一个准确信号，消费者将会购买这一有效率的产量。

我们可以通过比较垄断者选择的产量水平和社会计划者可能选择的产量水平来评价垄断的福利效应。正如我们已经了解的，垄断者选择生产并销售边际收益曲线与边际成本曲线相交的产量；社会计划者将选择需求曲线与边际成本曲线相交的产量。比较的结果如图15-8所示。垄断者生产的产量小于社会有效率的产量。

我们还可以根据垄断者的价格来看垄断的无效率。由于市场需求曲线描述了价格和物品量之间的负相关关系，所以，无效率的低产量就相当于无效率的高价格。当垄断者收取高于边际成本的价格时，一些潜在消费者对物品的评价高于其边际成本，但低于垄断者的价格。这些消费者不会购买该物品。因为这些消费者对物品的评价大于生产这些物品的成本，所以这个结果是无效率的。因此，垄断定价使一些对双方有益的交易无法进行。

正如图15-8所示，可以用无谓损失三角形来衡量垄断的无效率。由于需求曲线反映了消费者对物品的评价，边际成本曲线反映垄断生产者的成本，需求曲线和边际成本曲线之间的无谓损失三角形面积等于垄断定价引起的总剩余损失。这是垄断者运用其市场势力所引起的经济福利的减少。

垄断引起的无谓损失类似于税收引起的无谓损失。实际上，垄断者类似于一个私

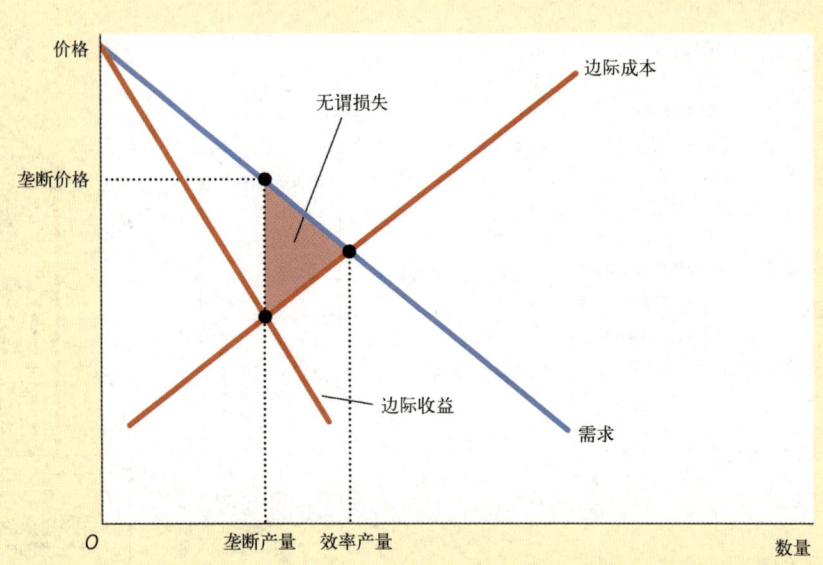

图15-8 垄断的无效率

由于垄断者收取高于边际成本的价格,并不是所有对物品评价高于物品成本的消费者都会购买它。因此,垄断者生产并销售的数量低于社会有效率的水平。需求曲线(反映物品对消费者的价值)与边际成本曲线(反映垄断生产者的成本)之间的三角形面积代表无谓损失。

即问即答

■垄断者的产量与使总剩余最大化的产量相比有何差别?这种差别与无谓损失的概念有什么关系?

人收税者。正如我们在第 8 章中所说明的,一种物品的税收是打入消费者支付意愿(反映在需求曲线上)和生产者成本(反映在供给曲线上)之间的一个楔子。由于垄断者通过收取高于边际成本的价格发挥其市场势力,它就相当于打入了一个类似的楔子。在这两种情况下,楔子都使销售量低于社会最优水平。这两种情况之间的区别在于,政府得到了税收收入,而私人企业得到了垄断利润。

15.3.2 垄断利润:是一种社会代价吗

控诉垄断者以损害公众来"肥己"是很有吸引力的。的确,垄断企业利用其市场势力赚取了更高的利润。但根据对垄断的经济分析,企业利润本身并不一定是一个社会问题。

垄断市场上的福利也与所有市场一样,包括消费者和生产者的福利。只要消费者由于垄断价格额外支付给生产者 1 美元,消费者状况就会变坏 1 美元,而生产者状况会变好 1 美元。这种从物品消费者向垄断所有者的转移并不影响市场总剩余——消费者剩余和生产者剩余之和。换句话说,垄断利润本身并不代表经济蛋糕的规模变小了,它仅仅代表生产者的那一块变大了,而消费者的那一块变小了。除非基于某种理由认为消费者比生产者更应得到市场剩余——这是已超出经济效率的范围的涉及平等的规范性判断——否则垄断利润就不是一个社会问题。

垄断市场上问题的产生是由于企业生产和销售的产量低于使总剩余最大化的产量水平。无谓损失衡量经济蛋糕变小了多少。这种无效率与垄断的高价格相关：当企业把价格提高到边际成本以上时，消费者就买得少了。但是要记住，从仍能销售的产品数量中赚到的利润并不是问题所在。问题产生于无效率的低产量。换句话说，如果高垄断价格不会阻碍一些消费者购买这些物品，它所增加的生产者剩余就正好是消费者剩余减少的量，而总剩余仍然与仁慈的社会计划者可以达到的一样。

但是，这个结论也有一个可能的例外。假设一个垄断企业为维持其垄断地位不得不引起额外的成本。例如，一个拥有政府创造的垄断地位的企业，为了保持它的垄断地位，需要雇用游说者来说服法律制定者。在这种情况下，垄断者可以用它的一些垄断利润来支付这些额外的成本。如果是这样的话，垄断的社会损失既包括这些成本，也包括由更少产量引起的无谓损失。

15.4 价格歧视

到现在为止，我们假设垄断企业对所有顾客收取同样的价格。但在许多情况下，企业以不同价格把同一种物品卖给不同顾客，尽管对两个顾客的生产成本是相同的。这种做法被称为**价格歧视**（price discrimination）。

价格歧视：以不同价格向不同顾客出售同一种物品的经营做法。

在讨论价格歧视垄断者的行为之前，我们应该注意，当一种物品在竞争市场上出售时，实行价格歧视是不可能的。在竞争市场上，许多企业以市场价格出售同一种物品。没有一个企业愿意向任何一个顾客收取低价格，因为企业可以以市场价格出售它想出售的所有物品；另外，如果任何一个企业想向顾客收取高价格，顾客就会转向另一个企业购买。对于一个实行价格歧视的企业来说，它一定具有某种市场势力。

15.4.1 关于定价的一个寓言

为了理解为什么垄断者想实行价格歧视，我们来考虑一个例子。设想你是 Readalot 出版公司的总裁。Readalot 的一位畅销书作者刚刚写完他最新的一本小说。为了使事情简化，我们设想，你为获得出版这本书的排他性权利向作者支付了固定的 200 万美元。我们再假设，印刷该书的成本为 0（这确实也有可能，例如电子书）。因此，Readalot 的利润是从销售书中得到的收益减去支付给作者的 200 万美元。在这种假设之下，作为 Readalot 的总裁，你应该如何确定这本书的售价呢？

你确定价格的第一步是估算这本书可能的需求量。Readalot 的市场营销部告诉你，这本书将吸引两类读者。一类是作者的 10 万名崇拜者，这些崇拜者愿意为这本书支付 30 美元。还有一类是 40 万名不太热心的读者，他们最多愿意为这本书支付 5 美元。

如果 Readalot 向所有顾客收取一种价格，利润最大化的价格是多少呢？我们自然会考虑到两种价格：Readalot 能吸引 10 万名崇拜者的最高价格是 30 美元，而能吸引整个市场 50 万名潜在读者的最高价格是 5 美元。解决 Readalot 问题的方法是一个简单的数学问题。在价格为 30 美元时，Readalot 售出 10 万本书，收益为 300 万美元，从而获得 100 万美元的利润；在价格为 5 美元时，售出 50 万本书，收益为 250 万美元，从而获得 50 万美元的利润。因此，Readalot 通过收取 30 美元的单价并放弃将书出售给 40 万名不太热心读者的机会而使利润最大化。

要注意的是，Readalot 的决策引起了无谓损失。有 40 万名读者愿意支付 5 美元买书，而向这些读者提供书的边际成本是 0。因此，当 Readalot 收取 30 美元的高价格时，就损失了 200 万美元的总剩余。这种无谓损失是垄断者收取高于边际成本的价格时所引起的无效率。

现在假设 Readalot 的市场营销部有一个重要的发现：这两个读者群处于相互分离的市场上。崇拜者都住在澳大利亚，而其他读者都住在美国。而且一个国家的读者很难到另一个国家买书。

作为对这种发现的反应，Readalot 可以改变其市场战略并增加利润。它可以对 10 万名澳大利亚读者收取 30 美元，对 40 万名美国读者收取 5 美元。在这种情况下，在澳大利亚的收益是 300 万美元，而在美国的收益是 200 万美元，总计 500 万美元。这时利润是 300 万美元，它大大高于公司对所有顾客收取 30 美元价格时所能赚到的 100 万美元。毫不奇怪，Readalot 公司会选择实施这种价格歧视战略。

Readalot 出版公司的故事是虚构的，但它正确地描述了许多出版公司的经营实践。例如，教科书在欧洲的销售价格通常低于美国。更重要的是精装本与平装本的价格差别。当一个出版商出版一本新小说时，它先发行昂贵的精装本，然后再发行便宜的平装本。这两种版本价格之间的差别远远大于其印刷成本的差别。出版商的目标正与我们所举的例子中一样。通过向崇拜者出售精装本和向不太热心的读者出售平装本，出版商实行了价格歧视并增加了利润。

15.4.2 "定价寓言"的寓意

与任何一个寓言一样，Readalot 出版公司的故事也是一种典型化。同样，与任何一个寓言一样，它得出了一些具有一般性的结论。在这个例子中，可以得出三个有关价格歧视的结论。

第一个，也是最明显的结论是，价格歧视是利润最大化垄断者的一种理性策略。这就是说，通过对不同的顾客收取不同的价格，垄断者可以增加利润。实际上，实行价格歧视的垄断者向不同顾客收取的价格比单一价格更接近于顾客的支付意愿。

第二个结论是，价格歧视要求能根据支付意愿划分顾客。在我们的例子中，可以从地域上划分顾客。但有时垄断者也会选择其他差别，例如，以年龄或收入来划分顾客。

第二个结论的一个推论是，某些市场势力会阻止企业实行价格歧视。其中一种力量是套利，套利是指在一个市场上以低价购买一种物品，而在另一个市场上以高价出售，以便从价格差中获利的过程。在我们的例子中，假设澳大利亚的书店可以在美国买书并转卖给澳大利亚读者，这种套利就使 Readalot 不能实行价格歧视，因为没有一个澳大利亚人愿意以较高的价格买书。

从我们的寓言中得到的第三个结论是最惊人的：价格歧视可以增进经济福利。回想一下，当 Readalot 收取单一的 30 美元价格时，产生了无谓损失，这是由于有 40 万名不太热心的读者没有买到书，尽管他们对书的评价高于生产的边际成本。与此相反，当 Readalot 实行价格歧视时，所有读者最终都买到了书，而这个结果是有效率的。因此，价格歧视可以消除垄断定价中固有的无效率。

要注意的是，在这个例子中，价格歧视带来的福利增加表现为生产者剩余更高，而不是消费者剩余更高。消费者买到了书，但其福利并没有增加：因为他们支付的价格完全等于他们对书的评价，因此他们没有得到消费者剩余。从价格歧视中获得的全部总剩余增加以更高利润的形式全部归属于 Readalot 出版公司。

15.4.3 对价格歧视的分析

现在我们更正式地来考察价格歧视是如何影响经济福利的。我们从假设垄断者可以实行完全价格歧视开始。完全价格歧视描述垄断者完全了解每个顾客的支付意愿，并对每位顾客收取不同价格的情况。在这种情况下，垄断者对每位顾客收取的价格正好等于该顾客的支付意愿，而且，垄断者得到每次交易中的全部剩余。

图 15-9 表示有无价格歧视时的生产者剩余和消费者剩余。为了使分析简化，该图假设单位成本不变，也就是说，边际成本和平均总成本不变且相等。在没有价格歧

图15-9　有无价格歧视时的福利

（a）幅表示对所有顾客收取同样价格的垄断者。在这个市场上总剩余等于利润（生产者剩余）和消费者剩余之和。（b）幅表示可以实行完全价格歧视的垄断者。由于消费者剩余等于零，此时总剩余等于企业利润。比较这两幅图，你可以看出，完全价格歧视增加了利润，增加了总剩余，但减少了消费者剩余。

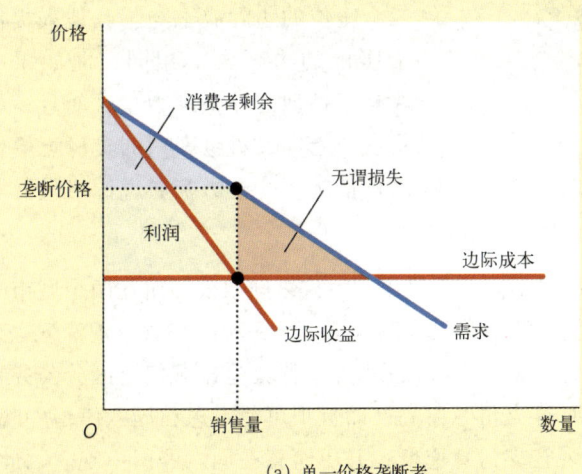
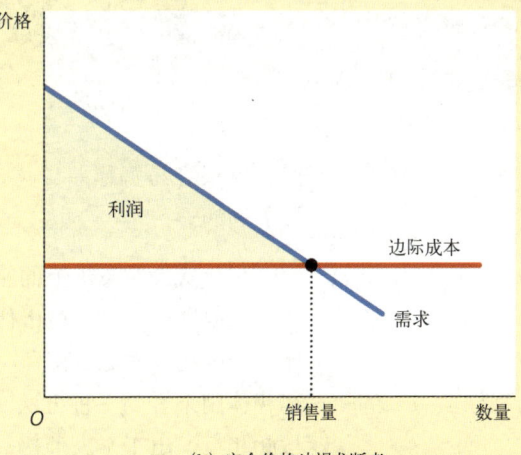

(a) 单一价格垄断者　　　　　　　　　(b) 完全价格歧视垄断者

视时，企业收取高于边际成本的单一价格，如（a）幅所示。由于一些对物品评价高于边际成本的潜在顾客在这种高价格时没有购买，垄断引起了无谓损失。但当企业可以实行完全价格歧视时，如（b）幅所示，每位对物品评价大于边际成本的顾客都买到了物品，并被收取了其愿意支付的价格。所有互惠的贸易都得以进行，没有无谓损失，垄断生产者以利润的形式获得了市场的全部剩余。

当然，在现实中，价格歧视是不完全的。顾客走进商店时并没有发出其支付意愿的信号。于是，企业通过把消费者划分为不同的群体来实行价格歧视：年轻人与老年人、平时购物者与周末购物者、美国人与澳大利亚人，等等。与我们前面的 Readalot 出版公司寓言中的情况不同，在每个群体内部的顾客对一种产品的支付意愿也不同，因此要实行完全价格歧视是不可能的。

这种不完全价格歧视如何影响福利呢？对这种定价方案的分析是极为复杂的，而且，对这个问题也没有一个一般性的答案。与单一价格的垄断结果相比，不完全价格歧视可能增进、减少市场总剩余，或使市场总剩余不变。唯一确定的结论是：价格歧视增加了垄断利润，否则企业就会选择对所有顾客收取同样的价格了。

15.4.4 价格歧视的例子

经济中的企业使用各种旨在对不同顾客收取不同价格的经营策略。既然我们已经懂得了价格歧视的经济学，那么我们现在来考虑一些例子。

"你也许有兴趣知道我的机票有多便宜吧？"

图片来源：HAMILTON © UNIVERSAL PRESS SYNDICATE.

电影票 许多电影院对儿童和老年人收取低于其他观众的价格。在竞争市场上很难解释这个事实。在竞争市场上，价格等于边际成本，为儿童和老年人提供一个座位的边际成本与为其他人提供一个座位的边际成本相同。但如果电影院有某种地区性垄断力量，而且，如果儿童与老年人对电影票的支付意愿较低，就很容易解释差异化定价这个事实了。在这种情况下，电影院通过价格歧视增加了利润。

飞机票价 飞机上的座位以许多不同的价格出售。许多航空公司对在两个城市间往返，但周六在对方城市住一个晚上的旅客收取低价格。乍一看这有点令人费解。为什么乘客在周六是否停留一个晚上与航空公司有关呢？原因是这条规定是区分公务乘客和休闲乘客的一种方法。公务乘客支付意愿高，而且很可能不想在周六停留一晚。与此相反，出于个人原因旅行的乘客支付意愿低，并更愿意在周六停留一晚。因此，航空公司可以通过对周六停留一晚的乘客收取低价格而成功地实行价格歧视。

折扣券　许多公司在报纸、杂志或网上向公众提供折扣券。买者为了得到下次购买时 0.5 美元的折扣而剪下折扣券。为什么公司提供这些折扣券？为什么它们不直接把产品价格降低 0.5 美元？

答案是折扣券使公司可以实行价格歧视。公司知道，并不是所有顾客都愿意花时间剪下折扣券。此外，剪折扣券的意愿与顾客对物品的支付意愿是相关的。富裕而繁忙的高层管理人员不大可能花时间从报纸上剪下折扣券，而且，她也许愿意为许多物品支付较高的价格。一个失业者更可能剪下折扣券并且支付意愿较低。因此，通过只对这些剪下折扣券的顾客收取较低价格，企业就可以成功地实行价格歧视。

财务援助　许多学院和大学对贫困学生提供财务援助。可以认为这种政策是一种价格歧视。富有的学生钱多，因此支付意愿比贫困学生高。通过收取高学费并有选择地提供财务援助，学校实际上是根据学生们对上学的评价来收取价格。这种行为与任何一个价格歧视垄断者的行为相似。

数量折扣　到现在为止，在我们价格歧视的例子中，垄断者对不同顾客收取不同的价格。但是，有时垄断者也通过对购买不同数量的同一顾客收取不同价格来实行价格歧视。例如，许多企业对购买量大的顾客提供低价格。面包店可能对每个甜甜圈收取 0.5 美元的价格，但对一打甜甜圈收取 5 美元的价格。这之所以是一种价格歧视，是因为顾客对购买的第一单位商品付出的价格高于第十二单位。数量折扣通常是一种成功的价格歧视方法，因为随着购买量的增加，顾客对额外一单位商品的支付意愿降低了。

即问即答　318
■ 举出两个价格歧视的例子。
■ 完全价格歧视如何影响消费者剩余、生产者剩余和总剩余？

【新闻摘录】
高等教育中的价格歧视

学院和大学正越来越多地对不同的学生收取不同的价格，这使得教育成本的数据更加难以解释。

第101种错觉：
为什么学费并不是在飙升
Evan Soltas

大家普遍认为，美国学院和大学的学费在近年来变得越来越高昂。

美国总统巴拉克·奥巴马在 2012 年国情咨文演说中说："当孩子们从高中毕业后，最具威胁的挑战会是大学学费。我们不能补贴飞涨的学费，我们会把钱花完的。"

乍一看，大学学费提高是有其数据支持的。根据劳工统计局（BLS）的资料，自从 1978 年以来，大学的学费和其他收费的上升比消费物价指数衡量的通货膨胀率的上升快三倍。

真实学费和各种收费增加是确定无疑的，但并不像媒体经常报道的或数据所显示的表面数字那么大。根据大学董事会的大学年度调查数据，在近二十年间，根据通货膨胀调整的大学净价格只是温和地增长。

学费的变化是转向了价格歧视——

对相同的产品标出不同的价格。大学通过以助学金为基础的财务援助和奖学金为大部分家庭抵消了学费标价的上涨。这就在没有增加净成本的情况下引起了 BLS 衡量指标的上升。

现在富裕家庭把孩子送到学校所付的学费比以前多多了。但对许多中产阶层来说，上大学的真实净费用没有太大变化；对许多穷人家庭而言，援助的扩大增加了他们受到大学教育的可能性和可负担性。

美国最好的学校引领了以收入为基础的价格歧视。例如，在哈佛大学，大多数学生得到了财务援助：2012 年，本科教育每年的学费标价为 54 496 美元，而助学金平均大约为 41 000 美元。

换言之，自从 20 世纪 90 年代以来，大学费用的负担已经具有了相当大的累进性。来自富裕家庭的学生现在不仅为自己的教育支付了更多费用，而且也相当大地补贴了不太富裕的学生的费用。

资料来源：Bloomberg.com, November 27, 2012.

图片来源：
© Monashee Frantz/Alamy.

15.5 针对垄断的公共政策

我们已经知道，与竞争市场相比，垄断市场不能有效地配置资源。垄断者生产的产量小于社会合意的产量，而且其收取的价格高于边际成本。政府决策者会用以下四种方式之一来应对垄断问题：

- 努力使垄断行业更有竞争性；
- 管制垄断者的行为；
- 把一些私人垄断企业变为公共企业；
- 不作为。

15.5.1 用反托拉斯法增强竞争

"如果我们公司与'大一统企业'合并，我们就有足够的资源来对抗因为此项合并所引发的反垄断制裁行动。"

图片来源：
ScienceCartoonsPlus.com

如果可口可乐公司和百事可乐公司想合并，那么，这项交易在付诸实施之前肯定会受到联邦政府的严格审查。司法部的律师和经济学家可能会认定，这两家大型软饮料公司之间的合并会使美国软饮料市场的竞争性大大减弱，结果将会引起整个国家经济福利的减少。如果是这样的话，司法部将对该项合并提出诉讼，而且，如果法院判决同意，就不允许这两家公司合并。正是这种诉讼阻止了微软在 1994 年收购 Intuit 公司。

政府对私人产业行使的这种权力来自反托拉斯法，反托拉斯法是旨在遏制垄断势力的法律集成。第一个也是最重要的反托拉斯法是《谢尔曼反托拉斯法》，美国国会在1890年通过了这个法案，以减少当时被认为主宰经济的大而强的"托拉斯"的市场势力。1914年通过的《克莱顿反托拉斯法》加强了政府的权力，并使私人对此类案件的诉讼合法化。正如美国最高法院曾经指出的，反托拉斯法是"一部全面的经济自由宪章，其目的在于维护作为贸易规则的自由和不受干预的竞争"。

反托拉斯法给予政府促进竞争的各种方式。首先，这些法律允许政府阻止合并，例如我们假设的可口可乐公司和百事可乐公司之间的合并。其次，这些法律还允许政府分拆公司。例如，政府在1984年把大型通信公司——美国电话电报公司（AT&T）分拆为八个较小的公司。最后，反托拉斯法禁止公司以使市场竞争性减弱的方法协调它们的活动。

反托拉斯法有成本也有收益。有时公司合并并不是为了减弱竞争，而是为了通过更有效率的联合生产来降低成本。这种来自合并的收益有时被称为"协同效应"。例如，近年来许多美国银行进行了合并，通过联合经营可以减少行政管理人员。如果反托拉斯法是为了增进社会福利，政府就必须能确定哪些合并是合意的，而哪些不是。这就是说，它必须要衡量并比较协同效应的社会收益与减少竞争的社会成本。批评反托拉斯法的人对于政府能否足够准确地进行必要的成本—收益分析持怀疑态度。

15.5.2 管制

政府解决垄断问题的另一种方法是管制垄断者的行为。在自然垄断的情况下，例如在自来水和电力公司中，这种解决方式是很常见的。政府机构不允许这些公司随意定价，而是对它们的价格进行管制。

政府应该为自然垄断者确定多高的价格呢？这个问题并不像乍看起来那么容易回答。一些人可能推断说：价格应该等于垄断者的边际成本。如果价格等于边际成本，消费者就将购买使总剩余最大化的垄断者产量，而且，资源配置将是有效率的。

但是，将边际成本定价作为一种管制制度存在两个现实问题。第一个问题产生于成本曲线的逻辑。根据定义，自然垄断下的平均总成本是递减的。正如我们在第13章中讨论的，当平均总成本递减时，边际成本小于平均总成本。图15-10说明了这种情况，它表明企业有大量固定成本，而且以后边际成本不变。如果管制者将价格设定为等于边际成本，价格就将低于企业的平均总成本，从而企业将亏损。与其收取如此之低的价格，垄断企业还不如离开该行业。

管制者可以用各种方式对这一问题做出反应，但没有一种方式是完美的。一种方法是补贴垄断者。实际上，政府此时承担了边际成本定价固有的亏损。为了支付补贴，政府需要通过税收筹集资金，这又会引起税收本身的无谓损失。另一种方法是管制者可以允许垄断者收取高于边际成本的价格。如果受管制的价格等于平均总成本，垄断者正好赚到零经济利润。但平均成本定价引起了无谓损失，因为垄断者的价格不再反映生产该物品的边际成本。实际上，平均成本定价类似于对垄断者出

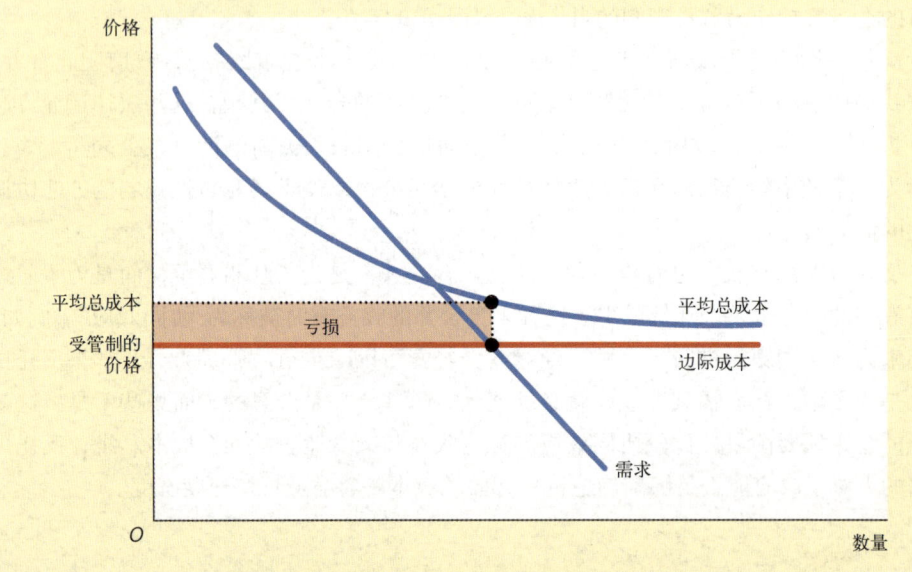

图15-10 自然垄断的边际成本定价

由于自然垄断下的平均总成本递减，边际成本小于平均总成本。因此，如果管制者要求自然垄断者收取等于边际成本的价格，价格将低于平均总成本，而且，垄断者将亏损。

售的商品征税。

将边际成本定价（平均成本定价也一样）作为一种管制制度的第二个问题是，它不能激励垄断者降低成本。由于低成本意味着高利润，竞争市场上的每个企业都努力降低其成本。但如果一个受管制的垄断者知道，只要成本降低，管制者就将降低价格，垄断者就不会从降低成本中受益。在实践中，管制者解决这一问题的方法是允许垄断者以更高利润的形式从降低成本中得到一些利益，这种做法要求对边际成本定价的某种背离。

15.5.3 公有制

政府用来解决垄断问题的第三种政策是公有制。这就是说，政府不是管制由私人企业经营的自然垄断企业，而是自己经营自然垄断企业。这种解决方法在欧洲许多国家是常见的，在这些国家，政府拥有并经营公共事业，如电话、供水和电力公司。在美国，政府经营邮政服务。普通的第一类邮件的投递常常被认为是自然垄断。

经济学家对自然垄断私有化的偏爱通常大于公有制。关键问题是企业的所有权如何影响生产成本。只要私人所有者能以高利润的形式得到部分利益，他们就会有成本最小化的激励。如果企业管理者在压低成本上不成功，企业所有者就会解雇他们。与此相反，如果经营垄断企业的政府官员做不好工作，损失者是顾客和纳税人，他们只有求助于政治制度。官员有可能成为一个特殊的利益集团，并企图阻止降低成本的改革。简而言之，作为一种保证企业良好经营的方法，投票机制不如利润动机可靠。

15.5.4 不作为

以上每一项旨在减少垄断问题的政策都有其缺点。因此，一些经济学家认为，政府通常最好不要设法去纠正垄断定价的无效率。经济学家乔治·斯蒂格勒（George Stigler）曾因对产业组织的研究而获得诺贝尔奖，下面是他的一段论述：

> 经济学中的一个著名定理认为，一个竞争性的企业经济将从既定资源存量中产生最大可能的收入。没有一个现实经济完全满足这个定理的条件。而且，所有现实经济都与理想经济有差距——这种差距称为"市场失灵"。但是，在我看来，美国经济"市场失灵"的程度远远小于根植于现实政治制度中的经济政策不完善所引起的"政治失灵"。

正如这段论述所清楚表明的，在确定政府在经济中的适当角色时，需要结合政治学与经济学来进行判断。

即问即答
■描述决策者应对垄断引起的无效率问题的方式。列出每一种应对政策存在的一个潜在问题。

15.6 结论：垄断的普遍性

本章讨论了可以控制自己售价的企业的行为。我们已经说明了，这些企业的行为与前一章研究的竞争企业的行为有很大的不同。表 15-2 总结了竞争市场与垄断市场的一些相似之处与不同之处。

从公共政策的角度看，关键结论是，垄断者生产小于社会有效率的数量，并收取高于边际成本的价格。所以，垄断引起了无谓损失。在某些情况下，垄断者可以通过价格歧视来减少这种无效率。但另一些时候，需要政策制定者扮演积极的角色。

垄断问题有多普遍呢？对这个问题有两种回答。

在某种意义上说，垄断是常见的。大多数企业对它们收取的价格都有某种控制力。无法强迫它们对自己的产品收取市场价格，因为其提供的物品与其他企业提供的物品并不完全一样。福特 Taurus 汽车与丰田 Camry 汽车不完全一样。Ben 和 Jerry 的冰淇淋与 Breyer 的冰淇淋也不完全一样。这里的每一种产品都有向右下方倾斜的需求曲线，这使得每个生产者都有一定程度的垄断势力。

但有相当大垄断势力的企业是很少的。很少有物品是真正独一无二的。大多数物品都有替代品，即使不完全一样，也是相似的。Ben 和 Jerry 可以略微提高其冰淇淋的价格而不失去其全部销售量；但如果他们提价很多，顾客就会转向其他品牌，从而销售量就会大大减少。

表15-2 竞争与垄断：总结性比较

	竞争	垄断
相似之处		
企业目标	利润最大化	利润最大化
最大化原则	$MR = MC$	$MR = MC$
短期中能赚到经济利润吗？	能	能
不同之处		
企业数量	许多	一家
边际收益	$MR = P$	$MR < P$
价格	$P = MC$	$P > MC$
能生产出使福利最大化的产量水平吗？	能	不能
长期中能进入吗？	能	不能
长期中能赚到经济利润吗？	不能	能
有价格歧视的可能性吗？	没有	有

最后，垄断势力是一个程度问题。认为许多企业有某种垄断势力是正确的，认为它们的垄断势力通常是有限的也是正确的。在这种情况下，假设企业在竞争市场上经营即使不完全正确，也不至于太离谱。

内容提要

◎ 垄断者是在其市场上作为唯一卖者的企业。当一个企业拥有一种关键资源，当政府给一个企业排他性地生产一种物品的权利，或者当一个企业可以比许多同行企业以较低成本供给整个市场时，垄断就产生了。

◎ 由于垄断者是其市场上唯一的生产者，所以它面临向右下方倾斜的产品需求曲线。当垄断者增加一单位产量时，就引起它的产品价格下降，这就减少了所有单位的产量赚到的收益量。因此，垄断者的边际收益总是低于其物品的价格。

◎ 和竞争企业一样，垄断企业也通过生产边际收益等于边际成本的产量来实现利润最大化。这时垄断者根据需求量确定价格。与竞争企业不同，垄断企业的价格高于它的边际收益，因此它的价格高于边际成本。

◎ 垄断者利润最大化的产量水平低于使消费者剩余与生产者剩余之和最大化的产量水平。这就是说，当垄断者收取高于边际成本的价格时，一些对物品评价大于其生产成本的消费者不再购买这种物品。因此，垄断会引起无谓损失（与税收的无谓损失类似）。

◎ 垄断者通常可以通过根据买者的支付意愿对同一种物品收取不同的价格来增加利润。这种价格歧视的做法可以通过使一些本来不想购买的消费者购买物品从而增加经济福利。在完全价格歧视的极端情况下，垄断的无谓损失完全消除了，而且，市场上所有剩余都归垄断生产者。在更一般的情况下，当价格歧视不完全时，与单一垄断价格相比，它会增加或减少福利。

◎ 决策者可以用四种方式对垄断行为的无效率做出反应：用反托拉斯法使行业更具竞争性；管制垄断者收取的价格；把垄断者变为政府经营的企业；或者，如果与政策不可避免的不完善性相比，市场失灵的程度相对要小，政府可以选择不作为。

关键概念

垄断企业　　　　　　　　　　　自然垄断价格歧视

复习题

1. 举出一个政府创造的垄断的例子。创造这种垄断必定是一种糟糕的公共政策吗？解释原因。
2. 给出自然垄断的定义。市场规模的大小与一个行业是不是自然垄断有什么关系？
3. 为什么垄断者的边际收益小于其物品的价格？边际收益能成为负的吗？解释原因。
4. 画出垄断者的需求、边际收益、平均总成本和边际成本曲线。标出利润最大化的产量水平、利润最大化的价格和利润量。
5. 在你前一个问题的图上标明使总剩余最大化的产量水平，标明垄断的无谓损失。解释你的答案。
6. 举出两个价格歧视的例子。在每个例子中，解释为什么垄断者选择实施这种经营战略。
7. 是什么给予政府管制企业之间合并的权力？从社会福利的角度，分别列举出两个企业想合并的一个好理由与一个坏理由。
8. 当管制者命令一个自然垄断者必须设定等于边际成本的价格时，会产生哪两个问题？

第 16 章
垄断竞争

你走进一家书店，想买一本书作为假期的消遣。在书架上你发现了一本苏·格拉夫顿（Sue Grafton）的神秘小说、一本史蒂芬·金（Stephen King）的恐怖小说、一本大卫·麦卡洛（David McCullough）的历史小说、一本斯蒂芬妮·梅尔（Stephenie Meyer）的吸血鬼传奇小说，以及许多其他可选择的书。当你从中挑选出一本书并买下它时，你是在参与哪一种市场？

一方面，书的市场看来是竞争性的。当你浏览书店的书架时，会发现许多吸引你的作者和出版者。这个市场上的买者都有成千上万种相互竞争的产品可供其选择。而且，因为任何一个人都可以通过写作和出版一本书而进入这个行业，所以图书经营并不十分有利可图。与每一位高收入的小说家并存的是数以百计的贫穷的作家。

另一方面，书的市场看来又是垄断性的。因为每本书都是独一无二的，出版者在某种程度上可以选择其所收取的价格。这个市场上的卖者是价格决定者，而不是价格接受者。而且实际上，书的价格大大超过了边际成本。例如，一本典型的精装本小说的价格是 25 美元左右，而多印一本这种小说的成本不超过 5 美元。

小说市场既不适用于竞争模式，又不适用于垄断模式。垄断竞争模式是对它最好的描述，这正是本章的主题。"垄断竞争"这个词乍一看有点矛盾，就像说"巨大的小矮人"似的。但是，正如我们将要说明的，垄断竞争行业在某些方面是垄断的，而在另一些方面又是竞争的。这个模式不仅描述了出版行业，而且也描述了许多其他物品与服务市场。

16.1 在垄断和完全竞争之间

前两章分析了有许多竞争企业的市场和只有一个垄断企业的市场。在第 14 章中，我们说明了完全竞争市场的价格总是等于生产的边际成本。我们还说明了在长期中，进入与退出使经济利润为零，因此，价格也等于平均总成本。在第 15 章中，我们说明了垄断企业如何可以使用它们的市场势力使价格高于边际成本，这就产生了企业的正经济利润和社会的无谓损失。竞争和垄断是市场结构的极端形式。当市场上有很多企业提供基本相同的物品时，就出现了竞争；当市场上只有一家企业时，就出现了垄断。

　　虽然完全竞争和垄断的情况说明了有关市场如何运行的一些重要思想，但是，经济中大部分市场同时包含了这两种情况的成分，因此不能用这两种情况中的任何一种来全面地对市场进行描述。经济中一般企业面临竞争，但竞争并没有激烈到使企业完全像第14章分析的那样，成为价格接受者。一般企业也具有某种程度的市场势力，但其市场势力还没有大到使企业可以完全像第15章分析的垄断模型那样。换句话说，很多行业介于完全竞争和垄断的极端情况之间的某个位置。经济学家称这种情形为不完全竞争。

　　不完全竞争市场的一种类型是寡头（oligopoly），寡头是只有少数几个卖者的市场，每个卖者都提供与其他企业相似或相同的产品。经济学家用统计学上所说的集中率衡量少数企业的市场支配地位，集中率是四家最大的企业在市场总产量中的百分比。在美国经济中，大多数行业的四企业集中率在50%以下，但是，在另一些行业中，最大的企业起了相当大的决定作用。高度集中的行业包括电灯泡（集中率为75%）、早餐麦片（80%）、飞机制造（81%）、家庭洗衣设备（98%）以及烟草（98%）。这些行业最适于被描述为寡头。在下一章中我们将看到，寡头的少数企业之间形成策略性互动是分析的关键内容。也就是说，寡头市场上的每个企业在选择生产多少以及定价多少时，不仅会考虑它的竞争者怎么做，而且会考虑它的竞争者会对其决策如何做出反应。

寡头：只有少数几个提供相似或相同产品的卖者的市场结构。

　　不完全竞争市场的第二种类型称为垄断竞争（monopolistic competition），它描述一个有许多出售相似但不相同产品的企业的市场结构。在垄断竞争的市场上，每家企业都垄断着自己生产的产品，但许多其他企业也生产相似但不相同的产品来争夺同样的顾客。

垄断竞争：存在许多出售相似但不相同产品的企业的市场结构。

　　说得更准确些，垄断竞争描述了具有以下特征的市场：

- **许多卖者**：有许多企业争夺相同的顾客群体。
- **产品存在差别**：每个企业生产的一种产品至少与其他企业生产的这种产品略有不同。因此每个企业不是价格接受者，而是面临一条向右下方倾斜的需求曲线。
- **自由进入和退出**：企业可以无限制地进入或退出一个市场。因此，市场上企业的数量要一直调整到经济利润为零时为止。

　　略微想一下，就可以列出一系列有这些特征的市场：书籍、DVD、电脑游戏、餐馆、钢琴课、点心和衣服等。

　　垄断竞争和寡头一样，也是介于竞争和垄断这两种极端情况之间的一种市场结构。但寡头和垄断竞争有很大的区别。寡头与第14章中讲的完全竞争的理想状态的区别在于，在寡头市场上只有几个卖者。卖者数量少使得激烈的竞争不大可能产生，并使得卖者之间的策略性相互作用显得极为重要。与此相反，在垄断竞争之下，有许多卖者，其中每一个卖者与市场相比都很小。垄断竞争市场与完全竞争的理想状态的区别在于，在垄断竞争市场上，每个卖者都提供略有差别的产品。

图 16-1 总结了市场结构的四种类型。对于任何市场来说所要提的第一个问题是该市场上有多少家企业。如果只有一家企业，该市场就是垄断的。如果只有几家企业，该市场就是寡头。如果有许多企业，我们就需要问另一个问题：企业出售的是相同产品还是有差别的产品？如果这些企业出售有差别的产品，该市场就是垄断竞争的；如果这些企业出售的是相同的产品，该市场就是完全竞争的。

即问即答
■ 描述寡头和垄断竞争的定义，并各举一个例子。

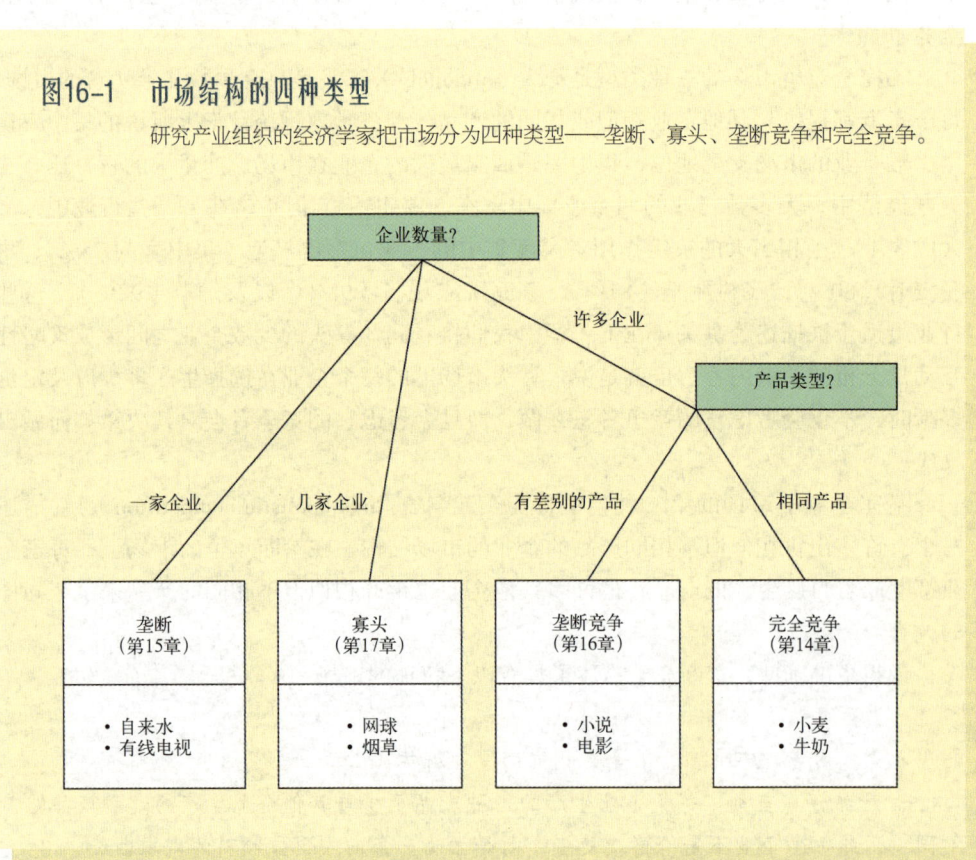

图16-1　市场结构的四种类型
研究产业组织的经济学家把市场分为四种类型——垄断、寡头、垄断竞争和完全竞争。

由于现实绝不像理论这样界限分明，在某些情况下，你会发现，很难用某种结构来描述一个市场。例如，当计算企业数量时，没有一个神奇的数字能用来区分"很少"和"很多"（现在约有 12 家公司在美国出售汽车，这使得汽车市场更接近于寡头，还是更接近于垄断竞争？答案是有争议的）。同样，也没有一种确切的方法可以确定什么时候产品是有差别的，而什么时候又是相同的（不同品牌的牛奶实际上是相同的吗？答案也是有争议的）。当分析实际市场时，经济学家必须记住从研究各种市场结构类型中得出的结论，并在适合的时候运用每个结论。

我们已经知道了经济学家如何定义不同类型的市场结构,现在我们就可以继续对每一种类型进行分析了。在本章中我们考察垄断竞争。在下一章中,我们分析寡头。

16.2 差别产品的竞争

为了理解垄断竞争市场,我们首先考虑一个企业所面临的决策;然后考察企业进入和退出一个行业在长期中的影响;接着比较垄断竞争下的均衡与我们在第 14 章中考察的完全竞争下的均衡;最后,我们从整个社会的角度来考察垄断竞争的结果是不是合意的。

"既然我们面对的是一条向右下方倾斜的需求曲线,而且其他企业又很容易进入这个行业,我们就只有让边际成本等于边际收益,以寻求最高利润。再多订一些软糖吧!"

图片来源:
ScienceCartoonsPlus.com

16.2.1 短期中的垄断竞争企业

垄断竞争市场上的每个企业在许多方面很像垄断企业。因为它的产品与其他企业提供的这种产品有差别,所以它面临一条向右下方倾斜的需求曲线(与此相比,完全竞争企业面临一条由市场价格决定的水平需求曲线)。因此,垄断竞争企业遵循垄断者的利润最大化规律:它选择生产边际收益等于边际成本的产量,然后用其需求曲线找出它可以出售的价格。

图 16-2 表示在不同垄断竞争行业中的两家典型企业的成本、需求和边际收益曲线。在这两幅图中,利润最大化产量都位于边际收益与边际成本曲线的交点。这两幅图显示了企业利润的不同结果。在(a)幅中,价格高于平均总成本,因此企业获得正利润;在(b)幅中,价格低于平均总成本,在这种情况下,企业不能获得正利润,因此企业能做的最好的事就是使其亏损最小化。

所有这一切看起来都是熟悉的。<u>垄断竞争企业选择产量和价格的方式与垄断者一样</u>。在短期中,这两种类型的市场结构是相似的。

16.2.2 长期均衡

图 16-2 描述的情况不会持续太久。当企业有利润时,如(a)幅所示,新企业有进入市场的激励。这种进入增加了顾客可以选择的产品数量,从而减少了市场已有的每家企业面临的需求。换句话说,利润鼓励进入,而进入又使已有企业面临的需求曲线向左移动。随着对已有企业产品需求的减少,这些企业的利润下降了。

相反,当企业有亏损时,如(b)幅所示,市场上的企业有退出的激励。随着企业

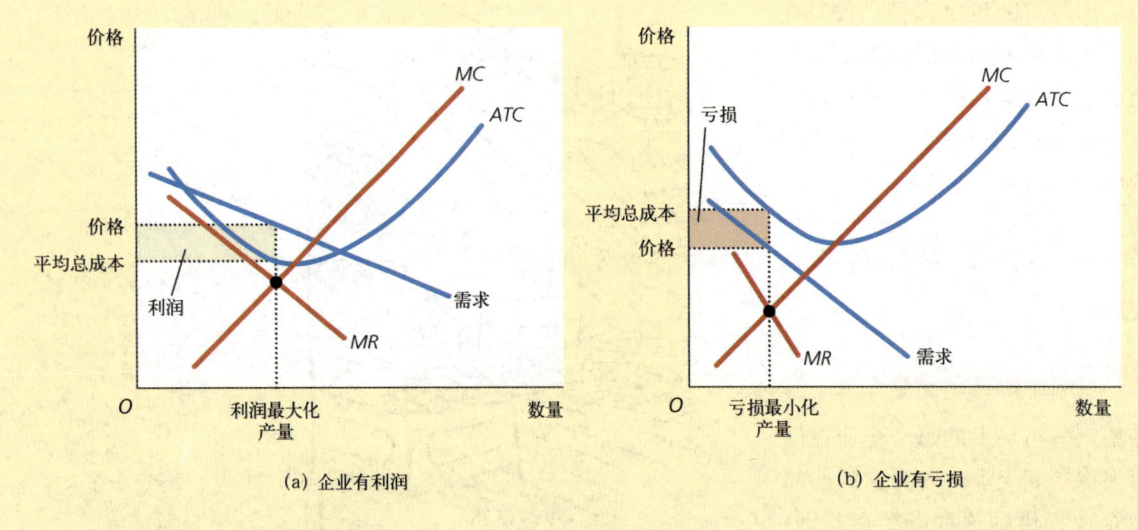

图16-2　短期中的垄断竞争者

垄断竞争者和垄断者一样，通过生产边际收益等于边际成本的产量来实现利润最大化。（a）幅中的企业有利润，因为在这个产量时，价格高于平均总成本。（b）幅中的企业有亏损，因为在这个产量时，价格低于平均总成本。

退出，顾客可选择的产品少了。这种企业数量的减少扩大了留在市场上的企业面临的需求。换句话说，亏损鼓励退出，退出使仍然留下来的企业的需求曲线向右移动。随着对留下来的企业产品需求的增加，这些企业利润增加了（也就是说，亏损减少了）。

这个进入和退出的过程一直要持续到市场上企业正好有零经济利润时为止。图16-3描述了长期均衡。一旦市场达到了这种均衡，新企业将没有进入的激励，原有企业也没有退出的激励。

要注意的是，这个图上的需求曲线正好与平均总成本曲线相接触，在数学上，我们说这两条曲线相切。一旦进入和退出使利润为零，这两条曲线必定相切。由于所销售的每单位产品的利润是价格（根据需求曲线找出）与平均总成本之间的差额，因此，只有在这两条曲线相接触且没有相交时，最大化的利润才是零。还要注意的是，这个切点与边际收益等于边际成本的那一点对应的是同一个产量。这两个点处于同一条垂线上并不是巧合：这是因为这一特定产量使利润最大化，而在长期中最大的利润正好等于零。

总之，以下两个特点描述了垄断竞争市场上的长期均衡：

- 正如在垄断市场上一样，价格大于边际成本。得出这个结论是因为利润最大化要求边际收益等于边际成本，并且向右下方倾斜的需求曲线使边际收益小于价格。

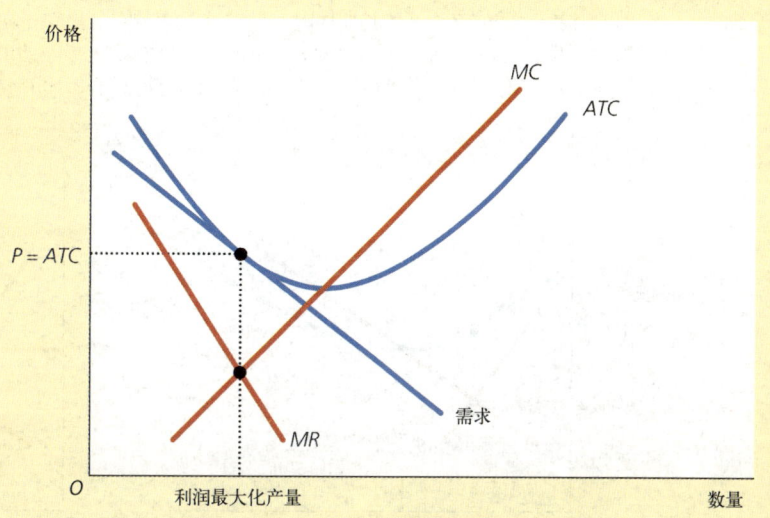

图16-3　长期中的垄断竞争者

在一个垄断竞争市场中，如果企业有利润，新企业进入，从而原有企业的需求曲线向左移动。类似地，如果企业有亏损，一些旧企业退出，从而留下来的企业的需求曲线向右移动。由于需求曲线的这种移动，垄断竞争企业最后达到本图所示的长期均衡。在这种长期均衡时，价格等于平均总成本，企业赚到零利润。

- 正如在竞争市场上一样，价格等于平均总成本。得出这个结论是因为自由进入和退出使经济利润为零。

第二个特点表明垄断竞争如何不同于垄断。由于垄断者是没有相近替代产品的唯一卖者，因此即使在长期中，它也可以有正经济利润。与此相比，由于垄断竞争市场可以自由进入，因此，这种类型市场上的企业的经济利润被驱动为零。

16.2.3　垄断竞争与完全竞争

图 16-4 比较了垄断竞争下的长期均衡和完全竞争下的长期均衡（第 14 章讨论了完全竞争的均衡）。垄断竞争和完全竞争之间有两个值得注意的差别——生产能力过剩与价格加成。

生产能力过剩　正如我们刚刚说明的，进入与退出使垄断竞争市场上每个企业达到需求曲线与平均总成本曲线相切的一点上。图 16-4（a）表示，这一点时的产量小于使平均总成本最小时的产量。因此，在垄断竞争之下，企业的生产位于其平均总成本曲线向右下方倾斜的那一部分上。在这方面，垄断竞争与完全竞争形成了鲜明对照。正如图 16-4（b）所示，竞争市场上的自由进入使企业生产平均总成本最小时的产量。

使平均总成本最小的产量称为企业的有效规模。在长期中，完全竞争企业在有效

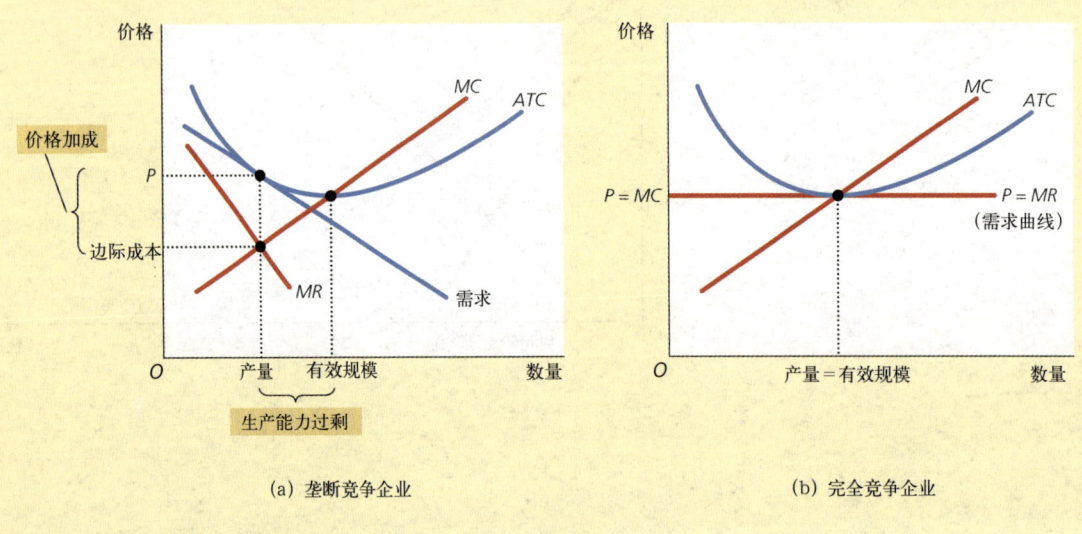

图16-4 垄断竞争与完全竞争
（a）幅表示垄断竞争市场的长期均衡，而（b）幅表示完全竞争市场的长期均衡。有两个差别是值得注意的：（1）完全竞争企业在有效规模上生产，平均总成本最小。与此相比，垄断竞争企业在小于有效规模处生产。（2）完全竞争之下价格等于边际成本，而在垄断竞争之下价格高于边际成本。

(a) 垄断竞争企业 (b) 完全竞争企业

规模上生产，而垄断竞争企业的产量低于这一水平。可以说，企业在垄断竞争之下有过剩生产能力。换言之，与完全竞争企业不同，垄断竞争企业可以增加其产量并降低生产的平均总成本。企业放弃这种机会是因为为了把增加的产品卖出去，它必须降价。对于垄断竞争者来说，继续以存在过剩生产能力的状态运营会更有利。

高于边际成本的价格加成 完全竞争和垄断竞争之间的第二个差别是价格和边际成本的关系。对一个如图16-4（b）所示的完全竞争企业来说，价格等于边际成本；对于一个如图16-4（a）所示的垄断竞争企业来说，价格高于边际成本，因为企业总有某种市场势力。

这种高于边际成本的价格加成如何与自由进入和零利润保持一致呢？零利润状况只能保证价格等于平均总成本，它并不能保证价格等于边际成本。实际上，在长期均衡时，垄断竞争企业在其平均总成本曲线向下的部分运营，因此，边际成本低于平均总成本。这样，在价格等于平均总成本时，价格必定高于边际成本。

在这种价格与边际成本之间的关系中，我们可以看到完全竞争者与垄断竞争者之间的一个关键的行为差别。设想你问企业这样的问题："你愿意看到又一位顾客走进你的店门以你现在的价格购买你的物品吗？"一个完全竞争企业将回答这无所谓，因为完全竞争企业的价格完全等于边际成本，企业从多销售一单位产品中得到的利润为零。与此相反，垄断竞争企业总是渴望得到另一个顾客。因为它的价格高于边际成本，以标价多销售出一单位产品就意味着利润增多了。

套用一个古谚的说法，垄断竞争市场是卖者向买者"寄圣诞卡"的市场。只有价格高于边际成本，努力吸引更多的顾客才变得有意义。

16.2.4 垄断竞争与社会福利

从整个社会的角度来看，垄断竞争市场的结果是合意的吗？决策者可以改善市场结果吗？在前几章中，我们以效率的观点——即社会是否从其稀缺资源中得到了可以得到的最大量——来评价市场。我们知道，竞争市场得出了有效率的结果，除非有外部性存在；而垄断市场引起了无谓损失。垄断竞争市场比这两种极端情况中的任何一种都复杂，因此，评价这类市场上的福利就更为微妙。

无效率的来源之一是高于边际成本的价格加成。由于价格加成的存在，一些对物品的评价高于生产的边际成本（但低于价格）的顾客没有购买物品。因此，垄断竞争市场存在垄断定价的正常的无谓损失。

虽然与价格等于边际成本的有效数量相比，这种结果并不合意，但决策者并没有一个简单易行的办法来解决这个问题。为了强制实行边际成本定价，决策者就需要管制所有生产有差别产品的企业。由于这种产品在经济中如此之普遍，以至于这种管制的管理负担将是巨大的。

此外，管制垄断竞争也会引起管制自然垄断所产生的所有问题。特别是，由于垄断竞争已经是零利润，要求企业把价格降低到等于边际成本就会使它们亏损。为了维持这些企业经营，政府就需要帮助它们弥补亏损。与其为支付补贴而增加税收，政策制定者通常认为允许垄断定价的无效率存在是更好的。

垄断竞争可能引起社会无效率的另一个方面是，市场上的企业数量可能并不是"理想"的数量。也就是说，可能有太多或太少的企业进入。考虑这个问题的一种方法是根据与进入相关的外部性。每当一家新企业考虑带着一种新产品进入市场时，它只考虑自己能赚到的利润。但它的进入还有两种外部效应：

- **产品多样化外部性**：由于消费者从新产品引进中得到了消费者剩余，因此新企业进入给消费者带来了正外部性。
- **抢走业务外部性**：由于其他企业因新竞争者进入而失去了部分顾客和利润，因此新企业进入给原有企业带来了负外部性。

因此，在垄断竞争市场上，与新企业进入相关的既有正外部性又有负外部性。垄断竞争市场中的产品有可能太多，也可能太少，这取决于哪一种外部性更大。

这两种外部性都与垄断竞争的条件密切相关。产品多样化外部性的产生，是因为

> **即问即答**
> ■ 列出垄断竞争的三个关键特征。
> ■ 画出并解释表示垄断竞争市场上长期均衡的图形。这种均衡与完全竞争市场上的长期均衡有何不同？

新企业提供了不同于原有企业产品的产品；抢走业务外部性的产生，是因为企业使价格高于边际成本，因此，总渴望多卖出一些产品。相反，由于完全竞争企业生产相同产品并收取等于边际成本的价格，因此在完全竞争之下，这两种外部性都不存在。

最后，我们所能得出的结论只是，垄断竞争市场并不具有完全竞争市场所具有的全部合意的福利特点。也就是说，在垄断竞争下，"看不见的手"并不能确保总剩余最大化。但由于这种无效率是模糊的，很难衡量，也很难解决，因此公共政策没有一种简单易行的办法来改善这种市场结果。

IN THE NEWS

【新闻摘录】
多样性不充分是一种市场失灵

当固定成本较高时，市场可能无法为有特殊偏好的顾客提供充分的服务。

如果鞋子不合适
Joel Waldfogel

上周，耐克公司展示了一双特别为美国印第安人设计的鞋。这种运动鞋既有本土风格的设计，而且——更重要的是——又有适应美国印第安人特殊脚形的宽形设计。由于在一些部落中糖尿病及相关状况非常普遍，因此美国印第安人首领很高兴地欢迎这种舒适的产品。唯一让人感到奇怪的就是这种特制的鞋上市用了这么长时间。毕竟，自由市场经济学家几十年来一直告诉我们，我们应该依靠市场决策，而不是政府，来满足我们的需求，因为正是市场满足了每一个人的每一种要求。

但是市场的结果却是印第安人为一双好鞋等了这么长时间。对于那些有不同于正常人的偏好的少数群体来说，市场往往不能给予他们想要的，正如我在我

图片来源：AP Photos/Don Ryan.

的新书《市场的专制：为什么你不能总是得到你想要的》(*The Tyranny of the Market: Why You Can't Always Get What You Want*)中所论述的。

约翰·斯图亚特·穆勒指出，投票会引起多数人的专制。如果我们投票选出应该生产什么颜色的衬衣——或者是生产宽还是窄的鞋——那么，多数人就可以得到他们所喜欢的，而少数人则得不到。另一方面，也可以指望市场以不同的方式运行。正如米尔顿·弗里德曼在1962年雄辩地提出："通过政治渠道来行动的特点是，它往往要求或强迫大多数的一致。市场的巨大优点就是它允许广泛的多样性。对自己想要的领带颜色，每个人都可以投票选择并得到。他没有必要去看

大多数人想要的颜色，而且如果他是少数，还要被迫服从。"这是一段很精彩的论述。但是对于许多产品和许多人来说，它是错误的。

在许多市场上普遍存在的两种简单情况意味着个人的爱好不能单独决定个人的满足程度。这两种情况是：（1）巨大的启动资金；（2）不同群体的偏好不同。有了这两种情况，一个人的满足程度就是与他的爱好相同的人数的函数。换言之，在这些情况下，市场就有了某些不为人所喜欢的政府特征，它们给予较大的群体更多、更好的选择。

在我的研究中，我发现这种现象是广泛存在的。十年前，我开始研究电台的收听方式。我注意到，在人口较多的美国大都市地区，人们听收音机较多。这并不令人特别惊讶。在大城市，更多的电台可以吸引足够的听众和广告收益来补偿成本以继续播出。可选的频道越多，听众就越多。因此，在这种高固定成本的

情况下（每个电台都需要一定的听众以实现继续广播），人们通过使更多的选择变得可行来相互帮助。

但是，谁帮助了谁呢？当我分别考察黑人和白人听众时，我注意到一些令人吃惊的事。黑人更多地在黑人多的城市听，而白人更多地在白人多的城市听。在白人多的地方，黑人听众并不增加，而在黑人多的地方，白人听众也并不增加。这就意味着，虽然整体上是大家通过增加电台的频道相互帮助，但是黑人并不帮助白人，而白人也不帮助黑人。对于西班牙裔人和非西班牙裔人也出现了同样的模式。

进一步的数据研究——必须这样做，因为我是中年白人经济学家——说明了为什么会出现这种情况。黑人和白人并不收听同样的电台。以黑人为目标的播放形式有2/3的黑人听，而只有3%的白人听。同样，吸引了大量白人听众的电台，如乡村音乐，几乎吸引不了什么黑人。这就意味着，如果你把乡村歌手"王牌接线员拉里"和他的几千个朋友空降到某个大城市，就为乡村音乐还有摇滚专辑之类的节目创造出了更多需求，这对白人听众来说是件好事，但是却根本吸引不了黑人听众。

在电台这个例子里，不同的人群不能相互帮忙，但是也没有相互伤害。可有时候，不同人群通过市场相互产生的影响是负面的。有些行业（比如日报行业）基本是每个市场只有一种。由于报纸是可以刻意迎合某个群体的，因此这个被迎合的群体越大，这份报纸就越不适合其他人。这就是由政治上的多数人专制从字面意义上转化而来的市场上的多数人专制。

让我们回到耐克的新运动鞋上。在Foot Locker商店里，大多数美国人和我都能找到合适的鞋子。但是占美国1.5%人口的印第安人普遍有宽三号的脚，他们需要有不同型号的鞋子。如果我们要全民投票来决定是应该生产宽款鞋还是普通宽度的鞋，我们一定会选后者。这就是为什么弗里德曼谴责政府配置资源。但是市场其实也是这么做的。耐克看起来是解决了这个忽视少数人偏好的问题，实际谈不上。耐克公司花了太多年才生产出了这种鞋，而根据美联社的说法，这种新运动鞋"只能代表一种良好意愿和品牌成就，而不是财务上的创利"。

市场的多数人专制在别的地方也都有。如果你病了，希望你的病足够常见，这样才可能吸引药厂的兴趣，因为开发新药要花近十亿美元。如果你想从你家飞到芝加哥，也希望你居住的城市足够大，要不然就不能保证每天一个航班。

如果你不那么幸运，那么你就只有等着政府代表你的意愿介入，对罕见病的药品研发或者小地方的航空服务给予补贴。很久以来，有影响力的经济学家们都在呼吁让市场解决各种各样的问题，这样才能保护你选择你所需要的任何东西的自由。这一点没错，但前提是每个人都赞同你的想法。

Waldfogel先生是宾夕法尼亚大学的经济学教授。

资料来源：*Slate*，Thursday，October 4，2007.

16.3 广告

在现代经济中，几乎每一天都伴随着铺天盖地的广告。不管你是在上网、更新Facebook、读报、看电视，还是在高速公路上行驶，一些企业都力图说服你购买它的产品。这种行为是垄断竞争（以及某些寡头行业）的一个自然特征。当企业销售有差别产品并收取高于边际成本的价格时，每个企业都有激励以做广告的方式来吸引更多的买者购买自己的特定产品。

各种产品之间广告量差别很大。销售有较大差别消费品（例如销售药品、香水、软饮料、剃须刀片、早餐麦片和狗粮）的企业，通常都把收益的10%—20%用于广告；出售工业品（例如销售钻探机与通信卫星）的企业，用于广告的支出一般很少；而出售同质产品（例如销售小麦、花生或原油）的企业，根本没有广告支出。

就整个经济而言，企业总收益中有2%左右用于广告。这种支出采取了多种形式，包括通过网站、电视、广播和广告牌，以及报纸、杂志、黄页和直接邮寄发布的商业广告。

16.3.1 关于广告的争论

用于广告的资源是不是一种社会浪费？或者说广告是否服务于有价值的目的？判断广告的社会价值是很困难的，而且往往引起经济学家之间的激烈争论。我们来看一下争论的双方。

广告的批评者 广告的批评者认为，企业做广告是为了操纵人们的爱好。许多广告是心理性的，而不是信息性的。例如，考虑某些品牌软饮料的一个典型电视商业广告。最可能的是，这一商业广告并没有告诉观众产品的价格或质量，而很可能是只展现了一个情景：在一个阳光明媚的日子里，海边沙滩上一群快乐的人正在举办派对，每个人手中都拿着一罐同样的软饮料。这一商业广告的目的是要下意识地（如果不明显的话）传递一个信息："只要你喝我们的产品，你也能拥有这么多朋友和快乐。"广告的批评者认为，这种商业广告创造了一种本来不存在的欲望。

批评者还认为，广告抑制了竞争。广告向消费者夸大各产品之间的差别。通过增加产品差别意识和促进品牌忠诚度，广告使买者不太关心相似产品之间的价格差，因此使某一特定品牌的需求更缺乏弹性。在需求曲线缺乏弹性时，每个企业都要收取高于边际成本的价格加成。

广告的辩护者 广告的辩护者认为，企业用广告向顾客提供信息。广告向消费者传递所销售物品的价格、新产品的存在和零售店的位置等信息。这种信息可以使顾客更好地选择想购买的物品，从而提高市场有效配置资源的能力。

辩护者还认为，广告促进了竞争。因为广告使顾客能更充分地了解市场上的所有企业，这样顾客可以更容易地利用价格差。因此，每个企业拥有的市场势力变小了。此外，广告使新企业更容易进入，因为它赋予了新进入者从现有企业中吸引顾客的一种手段。

随着时间的推移，决策者逐渐接受了广告可以使市场更具竞争性的观点。一个重要的例子是对某些职业广告的管制，比如律师、医生和药剂师等职业。过去，这些群体都以广告是"非专业性的"为理由，成功地使州政府禁止这些行业做广告。但近年来，法院得出结论：对广告的这些限制的主要影响是抑制了竞争。因此，它们取消了许多禁止这些专业人员做广告的法律。

案例研究 广告与眼镜的价格

广告对一种物品的价格有什么影响呢？一方面，做广告比不做广告使消费者认为这种产品与其他产品的差别更大。如果是这样的话，广告就减少了市场的竞争性，而且使企业的需求曲线更缺乏弹性，这就使企业能收取较高价格。另一方面，广告使消费者更易于找到提供最优价格的企业。在这种情况下，这就会使市场更具竞争性，并使企业需求曲线更富有弹性，从而使企业降低价格。

经济学家李·贝纳姆（Lee Benham）在1972年发表于《法律与经济学杂志》（*Journal of Law and Economics*）的一篇文章中检验了关于广告的这两种观点。在20世纪60年代的美国，各州政府对配镜师做广告有非常不同的规定。一些州允许为眼镜和验光服务做广告。但是，也有许多州禁止这种广告。例如，佛罗里达州的法律规定如下：

任何个人、企业或公司……直接或间接地对治疗或矫正用镜片和镜架、完全治疗或矫正用眼镜或任何验光服务做广告，无论是否有确定或不确定的价格与信用信息，都是违法的……这项规定符合公众健康、安全和福利的利益，对其条款应予以充分解释，以实现其目的和目标。

专业配镜师热烈地支持这些对广告的限制。

贝纳姆把各州法律的差别作为检验关于广告的两种观点的一个自然实验，其结果令人惊讶。在那些禁止广告的州中，对一副眼镜支付的平均价格是33美元，或者2012年的248美元。在那些不限制广告的州中，平均价格是26美元，或者2012年的196美元。因此，广告使平均价格下降了20%以上。在眼镜市场上，也许还在其他许多市场上，广告促进了竞争并使消费者得到了较低的价格。

图片来源：www.1tu.com

16.3.2 作为质量信号的广告

许多类型的广告中只含有很少的所宣传产品的明确信息。假设一个企业要宣传一种新早餐麦片。一般这种类型的广告会是某个收入很高的演员正在吃麦片，并感叹味道好极了。这个广告实际上提供了多少信息呢？

答案是可能比你想到的要多。广告的辩护者认为，即使看起来没有什么信息的广告，实际上也会告诉消费者关于产品质量的某些信息。企业愿意用大量的钱来做广告，这本身就向消费者传递了一个所提供产品质量的信号。

考虑两个企业——Post 和 Kellogg——所面临的问题。每个公司都将有新麦片上市，每盒销售价格为3美元。为了简化起见，我们假设生产麦片的边际成本是零，因此，3美元全是利润。每个公司都知道，如果把1 000万美元用于广告，就能有100万消费者试用自己的新麦片。而且，每一个公司都知道，如果消费者喜欢这种麦片，他们就不会只购买一次，而是会购买多次。

先来考虑 Post 的决策。根据市场研究，Post 知道，它的麦片味道只是一般。虽然广告能使100万个消费者每人买一盒，但消费者很快就会知道麦片味道并不怎么好，并不再购买了。Post 决定，支付1 000万美元广告费只得到300万美元销售额并不值得。因此，它不打算做广告。它让厨师回厨房研究另一种口味。

另一方面，Kellogg 知道，它的麦片味道极棒。尝试过它的每一个人第二年每个月都会买一盒。因此，1 000万美元的广告费能带来3 600万美元的销售额。在这里，广告之所以有利可图，是因为消费者会反复购买 Kellogg 的好产品。因此，Kellogg 选择做广告。

我们已经考虑了两个企业的行为，现在来考虑消费者的行为。我们首先断言消费者倾向于尝试他们从广告上看到的新麦片。但这种行为是否理性呢？仅仅因为卖者选择了做广告，消费者就应该尝试这种新麦片吗？

实际上，消费者尝试他们从广告上看到的新产品是完全理性的。在我们的故事中，消费者决定尝试 Kellogg 的新麦片，因为 Kellogg 做了广告。Kellogg 选择做广告，是因为它知道自己的麦片极棒，而 Post 选择不做广告，是因为它知道自己的麦片很平常。Kellogg 通过为广告付钱的意愿向消费者传递了其麦片质量的信号。每一个消费者都会

"消费者对 Ellen DeGeneres 称赞的产品印象深刻是理性的吗？"

图片来源: Image Courtesy of The Advertising Archives.

十分敏感地想到："啊，如果 Kellogg 公司愿意花这么多钱为这种新麦片做广告，那么它肯定是真的不错。"

这种广告理论最令人惊讶的是，消费者尝试新麦片与广告的内容是无关的。Kellogg 通过它为广告付钱的意愿传递了其产品质量的信号。广告本身说了什么并不如消费者知道广告很昂贵这一事实重要。与此相反，便宜的广告在向消费者传递质量信号方面是不可能有效的。在我们的例子中，如果广告宣传费用不超过 300 万美元，Post 和 Kellogg 就都可以用广告来推销它们的新麦片。由于好麦片和一般麦片都做广告，消费者不能从做广告这一事实中了解到新麦片的质量。时间长了，消费者就将学会不理会这种便宜广告。

这种理论可以解释为什么企业会付给著名演员大笔的钱来做广告，而从表面上看，这些广告似乎又根本没有提供什么信息。信息并不在于广告的内容，而仅仅在于做广告本身与其昂贵的价格。

16.3.3 品牌

广告与品牌的存在密切相关。在许多市场上，存在两种类型的企业。一些企业出售有广泛知名度的产品，而另一些企业出售无品牌的替代品。例如，在一个普通药店里，你可以在拜尔牌阿司匹林旁的货架上找到无品牌的阿司匹林。在一个普通杂货店中，你可以在百事可乐旁边找到不太熟悉的可乐。最常见的情况是，有品牌的企业花的广告费更多，而且产品价格也更高。

正如对广告经济学存在分歧一样，经济学家对品牌经济学也存在分歧。我们来看一下争论双方的观点。

批评者认为，品牌使消费者感觉到实际上并不存在的差别。在很多情况下，无品牌的物品与有品牌的物品几乎没什么差别。这些批评者断言，消费者对有品牌物品支付意愿更高是广告引起的非理性的一种形式。垄断竞争理论的早期创立者之一、经济学家爱德华·张伯伦（Edward Chamberlin）从这种观点中得出的推论是，品牌对经济而言是一件坏事。他主张，政府应该通过拒绝实施公司用来识别它们产品的专有商标来限制品牌的使用。

近年来，经济学家为品牌进行辩护，认为品牌是消费者保证他们购买的物品高质量的一种有用方法。这里有两种相关的观点：第一，品牌向消费者提供了在购买前不易判断的产品质量的信息；第二，品牌向企业提供了保持高质量的激励，因为企业有保持自己品牌声誉的财务利害关系。

为了说明这些观点在实践中如何起作用，我们来考虑一个著名的品牌：麦当劳汉

即问即答

■ 广告如何使市场竞争性降低？它又如何使市场更有竞争性？

图片来源：ScienceCartoonsPlus.com

堡包。设想你开车经过一个不知名的小镇，并想停下来吃饭。你看到了麦当劳和旁边一个当地餐馆。你会选择哪一个呢？当地餐馆实际上可能是以低价格提供更好的食物，但你无法知道这一点。与此相反，麦当劳在许多城市提供统一的产品。它的品牌是你判断要买的物品质量的一种有用方法。

麦当劳的品牌还保证了该公司有保证质量的激励。例如，如果某个顾客由于吃了麦当劳出售的变质食物而生病了这条新闻对于麦当劳而言可能是灾难性的。麦当劳就会失去以多年昂贵广告建立起来的良好声誉。结果，它不仅会失去出售变质食物那家店的销售额和利润，而且还会失去全国许多家店的销售额和利润。与此相反，如果一些顾客由于吃当地餐馆出售的变质食物而生病了，这个餐馆虽然也不得不关门，但损失的利润则小得多。因此，麦当劳确保自己食物安全的激励更大。

关于品牌的争论的焦点在于，消费者对品牌产品的偏好大于对无品牌替代品的偏好是不是理性的。批评者认为，品牌是非理性消费者对广告反应的结果。辩护者认为，消费者有充分的理由为有品牌产品支付更高的价格，因为他们可以更信任这些产品的质量。

即问即答
■举出支持与反对品牌的观点。

16.4 结论

垄断竞争，顾名思义，是垄断和竞争的混合。正如垄断者一样，每一个垄断竞争者都面临一条向右下方倾斜的需求曲线，因此，收取的价格高于边际成本。而在完全竞争市场上，存在许多企业，而且，进入与退出使每个垄断竞争者的利润趋向于零。表16-1总结了这些结论。

由于垄断竞争企业生产有差别的产品，因此，每个企业都要靠做广告打出自己的品牌来吸引顾客。在某种程度上，广告操纵了消费者的偏好，促成了非理性的品牌忠诚，并抑制了竞争。在更大程度上，广告提供了信息，建立了具有可靠质量的品牌，并促进了竞争。

表16-1 垄断竞争：在完全竞争与垄断之间

	市场结构		
	完全竞争	垄断竞争	垄断
三种市场结构共同的特征			
企业目标	利润最大化	利润最大化	利润最大化
最大化原则	$MR = MC$	$MR = MC$	$MR = MC$
短期中能赚到经济利润吗？	能	能	能
垄断竞争和垄断共同的特征			
是价格接受者吗？	是	不是	不是
价格	$P = MC$	$P > MC$	$P > MC$
能生产出使福利最大化的产量水平吗？	能	不能	不能
垄断竞争与完全竞争共同的特征			
企业数量	许多	许多	一家
长期中能进入吗？	能	能	不能
长期中能赚到经济利润吗？	不能	不能	能

垄断竞争理论看起来描述了经济中的许多市场。但有点令人失望的是，这种理论并没有得出简单而令人信服的公共政策建议。从经济理论家的角度来看，垄断竞争市场上的资源配置也不是完美的。但从实际决策者的角度看，也没有什么办法可以改善这种状况。

- 垄断竞争市场有三个特点：许多企业、有差别的产品和自由进入。
- 垄断竞争市场的长期均衡在两个相关的方面不同于完全竞争市场。第一，垄断竞争市场上的每个企业有过剩生产能力。也就是说，它在平均总成本曲线向右下方倾斜的部分运营。第二，每个企业都收取高于边际成本的价格。
- 垄断竞争没有完全竞争的所有合意的特点，存在由高于边际成本的价格加成引起的垄断的标准无谓损失。此外，企业的数量（以及产品的种类）可能过多或过少。实际中，决策者纠正这些无效率的能力是有限的。
- 垄断竞争中固有的产品差别使企业使用广告与品牌。广告与品牌的批评者认为，企业用广告操纵了消费者的爱好，并减少了竞争；广告与品牌的辩护者则认为，企业用广告和品牌向消费者提供信息，并使价格和产品质量上的竞争更为激烈。

寡头　　　　　　　　　　垄断竞争

1. 描述垄断竞争的三个特点。垄断竞争哪些方面像垄断？哪些方面像完全竞争？
2. 画出一个描述在垄断竞争市场上赚取利润的企业的图形。说明当新企业进入该行业时，这个企业会发生什么变动。
3. 画出垄断竞争市场长期均衡的图形。价格与平均总成本有什么关系？价格与边际成本有什么关系？
4. 与最有效率的水平相比，垄断竞争者生产的产量太多还是太少？使决策者难以解决这个问题的实际因素是什么？
5. 广告会怎样减少经济福利？广告又会怎样增进经济福利？
6. 没有明显信息内容的广告实际上如何向消费者传递信息？
7. 解释品牌的存在可能带来的两种好处。

第 17 章
寡头

如果你去商店买网球，回家时你拿的网球可能是 Wilson、Penn、Dunlop 或 Spalding 四种牌子中的一种。在美国销售的全部网球几乎都是这四家公司出品的。这几家公司共同决定了网球的生产数量，而且，在市场需求曲线为既定时，也决定了网球的销售价格。

网球市场是寡头的例子。**寡头**（oligopoly）市场的本质是只有少数几个卖者。因此，市场上任何一个卖者的行为对其他所有企业的利润都可能有很大的影响。寡头企业以一种竞争企业所没有的方式相互依存。本章中我们的目的是说明这种相互依存如何决定企业行为的形成，以及它给公共政策提出了什么问题。

寡头分析为引入**博弈论**（game theory）提供了一个机会，博弈论研究在策略状况下人们如何行为。我们说的"策略"的意思是，一个人所处的一种状态，这种状态是当他在不同的行为之中做出选择时，必须考虑其他人会对他采取的行为做出什么反应。策略思维不仅在国际跳棋、国际象棋和井字棋游戏中是至关重要的，而且在许多商业活动中也是至关重要的。由于寡头市场上只有少数几家企业，因此每一家企业都必须有策略地行事。每一家企业都知道，它的利润不仅取决于它生产多少，而且还取决于其他企业生产多少。在做出自己的生产决策时，寡头市场上的每一家企业都要考虑它的决策会如何影响市场上所有其他企业的生产决策。

博弈论对于理解竞争或垄断市场是不必要的。在完全竞争或垄断竞争这两种市场上，每个企业与市场相比都如此之小，以至于它与其他企业在策略上的相互关系并不重要。在垄断市场上，也没有策略上的相互关系，因为市场上只有一家企业。但是，正如我们将说明的，博弈论对于理解寡头和许多其他只有几个相互关联的参与者的情况是有用的。博弈论有助于解释人们所选择的策略，无论他是打网球，还是出售网球。

寡头：只有少数几个卖者提供相似或相同产品的市场结构。

博弈论：研究在策略状况下人们如何行为的理论。

17.1 只有少数几个卖者的市场

由于寡头市场只有几个卖者，因此，寡头的关键特征是合作与利己之间的冲突。寡头集团合作起来并像一个垄断者那样行事——生产少量产品并收取高于边际成本的价格——情况会最好。但由于每个寡头只关心自己的利润，因此有一种强大的激励在起作用，使得企业集团很难维持合作的结果。

17.1.1 双头的例子

为了理解寡头的行为，我们考虑只有两个卖者的寡头，即双头。双头是寡头中最简单的类型。有三家或更多数量的寡头所面临的问题和只有双头所面临的问题是相同的，因此，我们从简单的情况开始并不会对分析结果有很大影响。

设想在一个镇上只有两个居民——Jack 和 Jill——拥有能生产饮用水的水井。每周六，Jack 和 Jill 要决定抽取多少加仑水带到镇上，并以市场所能承受的价格出售。为了简单起见，假设 Jack 和 Jill 可以无成本地想抽取多少水就抽取多少水，也就是说，水的边际成本等于零。

表 17–1 表示镇上水的需求表。第一列表示总需求量，而第二列表示价格。如果两个水井的所有者总计出售 10 加仑水，1 加仑水就是 110 美元。

如果他们总计出售 20 加仑水，价格将下降到 1 加仑 100 美元，以此类推。如果根据这两列的数字画成图形，你就将得到一个标准的向右下方倾斜的需求曲线。

表 17–1 的最后一列表示卖水得到的总收益。它等于销售量乘以价格。因为不存

表17-1　水的需求表

数量（加仑）	价格（美元）	总收益/总利润（美元）
0	120	0
10	110	1 100
20	100	2 000
30	90	2 700
40	80	3 200
50	70	3 500
60	60	3 600
70	50	3 500
80	40	3 200
90	30	2 700
100	20	2 000
110	10	1 100
120	0	0

在抽水的成本，所以两个生产者的总收益等于他们的总利润。

现在，我们来考虑该镇水行业的组织是如何影响水的价格和销售量的。

17.1.2　竞争、垄断和卡特尔

在考虑 Jack 和 Jill 这个双头会引起的水的价格和数量之前，先简单地讨论一下如果水的市场是完全竞争的或者垄断的，会出现什么结果。这两种极端情况是自然而然的基点。

如果水的市场是完全竞争的话，每个企业的生产决策会使价格等于边际成本。由于我们已经假设，多抽 1 加仑水的边际成本是零，因此，完全竞争之下水的均衡价格也将是零。均衡数量将是 120 加仑。水的价格反映了生产它的成本，而且水的生产量与消费量将是有效率的数量。

现在考虑垄断者将如何行事。表 17–1 表明，在产量为 60 加仑和每加仑价格为 60 美元时，总利润最大。因此，利润最大化的垄断者将生产这种产量并收取这种价格。价格大于边际成本是垄断者的标准情况。结果将是无效率的，因为水的生产量和消费量低于对社会有效率的 120 加仑。

我们预期这一双头会带来什么结果呢？一种可能是 Jack 和 Jill 联合起来，并就水的生产量和收取的价格达成一致。企业之间有关生产与价格的这种协议被称为**勾结**（collusion），而且联合起来行事的企业集团被称为**卡特尔**（cartel）。一旦形成了卡特尔，市场实际上就是由一个垄断者提供服务，此时可以运用第 15 章我们的分析。这就是说，如果 Jack 和 Jill 勾结起来，他们就会在垄断的结果上达成一致，因为该结果使生产者能从市场上得到的总利润最大化。这两个生产者将总共生产 60 加仑水，并以每加仑 60 美元的价格出售。价格又一次大于边际成本，而且从社会来看，该结果是无效率的。

卡特尔不仅必须就总产量水平达成一致，而且还要就每个成员的生产量达成一致。在这个例子中，Jack 和 Jill 还要就如何在他们之间分配 60 加仑水的垄断性生产达成一致。卡特尔的每个成员都想有较大的市场份额，因为市场份额越大，利润就越大。如果 Jack 和 Jill 同意平均地划分市场，那么，每个人将生产 30 加仑水，价格将是每加仑 60 美元，从而每个人可以得到 1 800 美元利润。

勾结：一个市场上的企业之间就生产的产量或收取的价格达成的协议。

卡特尔：联合起来行事的企业集团。

IN THE NEWS

【新闻摘录】
公开的价格勾结

如果一个生产者集团在秘密的会议上协调他们的价格，他们就会由于违背反托拉斯法的罪行而被送去监狱。但是，如果他们公开地讨论同样的问题呢？

市场对话
Alistair Lindsay

大多数公司都制定有遵从反托拉斯法的政策。它们一般——且十分正确地——规定了许多高管和员工不应该做的事，否则就要承担刑事责任、巨额罚金和做出无限赔偿。所有这些政策都清楚地表明公司不应该与其竞争对手就固定价格进行协商。这是一条明线规则。但是，这就引发了一个重

要的问题：公司可以在不违背卡特尔规则的前提下协商提价吗？

在竞争者需要公开自己的价格以赢得业务的市场（例如，许多零售市场），只要每个卖者在决定自己的收费时完全是独立行事的，追随竞争对手的提价就完全是合法的。寡头的定义正是只有少数供给者的市场，它们确定自己的商业策略，但要考虑到竞争对手。一个竞争者可能作为领导者出现，其他人就可以根据什么时候提价和提价多少的暗示行事。

当价格在私人之间协商时——正如在许多工业市场上那样——顾客自愿提供竞争对手的价格以获取优势是很正常的："你每吨定价为100英镑，但X公司为95英镑，除非你能做得更好，否则我就到他们那儿去。"得到这种信息的公司也得到了关于竞争对手收费多少的有价值的情报，但这并不违背卡特尔规则……

公司有时也通过与投资者的沟通相互发信号，无论是否是有意的。例如，一个向市场发布信息说自己预计价格战将在

2月结束的竞争者是在向其实际和潜在的股票所有者提供信息。但是当然，它的对手也会读到同样的报告，并可以因此而改变其策略。因此，一份向市场公布的报告可以与在卡特尔会议中的声明一样起到向竞争者发出信号的作用。

通过与投资者的沟通发信号带来了卡特尔规则实施上的一些难题。执法者想保护消费者不受公开的信号的不利影响，但又不愿意以丧失金融市场的透明度为代价。例如，让投资者知道一家航空公司预计下季度每公里乘客的收入将要增加很重要。但是，另一家竞争的航空公司在确定自己下一季度的票价时就会把已公布的数字作为一个标准。

就目前的情况来看，卡特尔当局把精力集中在阻止信息畅通的市场上的合并，它们认为这类市场上的合并会通过更容易和更成功的协商进一步阻碍竞争。但是，它们还没有采取高调的行动，指控对投资者发布信息的公司违背了卡特尔规则。

如果某项公报除了向竞争对手发信号之外没有什么正当理由，卡特尔当局就应该介入。因为在这种情况下，公开发布信息和私底下与竞争对手直接讨论一样，而且，有消费者利益受到严重损害的可能。但大多数公告的确都出于合法的目的，例如向投资者披露相关信息。在这些情况下，因为有不同的政策目标发挥作用，卡特尔当局的干预看来就成为一件非常复杂的事情。

资料来源：*The Wall Street Journal*, Copyright © 2007 Dow Jones & Company, Inc.

17.1.3 寡头的均衡

寡头希望形成卡特尔并赚到垄断利润，但这往往是不可能的。有时卡特尔成员之间对如何瓜分利润的争斗也使他们彼此很难达成协议。此外，反托拉斯法把禁止寡头之间的显性协议作为公共政策的关键。即使与竞争对手谈论定价和生产限制也可能构成犯罪。因此，我们来考虑如果 Jack 和 Jill 分别决定生产多少水，会出现什么情况。

乍一看，可以预计 Jack 和 Jill 会联合起来共同达到垄断的结果，因为这种结果使他们共同的利润最大化。但是，在没有限制性协议时，垄断结果是不可能产生的。为了说明其原因，设想 Jack 预计 Jill 只生产 30 加仑水（垄断量的一半）。Jack 的推理如下：

"我也可以生产30加仑水。在这种情况下，总计60加仑水将以每加仑60美元的价格出售。我的利润将是1 800美元（30加仑×60美元/加仑）。或者，我可以生产40加仑水。在这种情况下，总量为70加仑的水要以每加仑50美元的价格出售。我的利润将是2 000美元（40加仑×50美元/加仑）。尽管市场的总利润减少了，但我的利润增加了，因为我将占有较大的市场份额。"

当然，Jill 也会以同样的方法推理。如果是这样的话，Jack 和 Jill 将各带 40 加仑水来到镇上。总销售量将是 80 加仑，而价格将下降为 40 美元。因此，如果双头在决定生产量时追求自己的私利，他们生产的总量将大于垄断的产量，收取的价格会低于垄断价格，而且赚到的总利润也会小于垄断利润。

虽然利己的逻辑使双头的产量增加到大于垄断水平，但不会使双头达到竞争状态下的分配。考虑当两人各生产 40 加仑水时会出现的情况。此时的价格是 40 美元，而且两人各能得到 1 600 美元利润。在这种情况下，Jack 利己的逻辑又得出了不同的结论：

"现在我的利润是 1 600 美元。假设我把我的产量增加到 50 加仑。在这种情况下，总计可以销售 90 加仑水，价格是每加仑 30 美元。这时我的利润只有 1 500 美元。与增加生产并使价格下降相比，将产量保持在 40 加仑时，我的状况会更好一些。"

Jack 和 Jill 各生产 40 加仑的结果看起来像是达到了某种均衡。实际上，这种结果被称为纳什均衡。[它是以经济理论家约翰·纳什（John Nash）而命名，《美丽心灵》一书和同名电影描述了他的一生。] **纳什均衡**（Nash equilibrium）是相互作用的经济主体在假定其他主体所选择的策略为既定时，选择他们自己的最优策略的状态。在这个例子中，当 Jill 生产 40 加仑水为既定时，Jack 的最优策略是生产 40 加仑水。同样，在 Jack 生产 40 加仑水为既定时，Jill 的最优策略是生产 40 加仑水。一旦他们达到了这种纳什均衡，Jack 和 Jill 都没有做出不同决策的激励。

纳什均衡：相互作用的经济主体在假定所有其他主体所选策略为既定的情况下选择他们自己最优策略的状态。

这个例子说明了合作和利己之间的冲突。合作并达到垄断的结果会使寡头的状况更好。但由于他们追求自己的私利，最后不能达到垄断结果，并且不能使他们共同的利润最大化。每一个寡头都面临扩大生产并攫取更大市场份额的诱惑。当他们每一个都努力这样做时，总产量增加了，而价格下降了。

同时，利己也不能使市场一直达到竞争的结果。和垄断者一样，寡头认识到，他们生产的产品数量的增加降低了其产品的价格，这反过来又影响利润。因此，他们不会遵循竞争企业的规律，在价格等于边际成本的那个点上进行生产。

总之，当寡头企业单独地选择利润最大化的产量时，它们生产的产量大于垄断但小于竞争的产量水平。寡头价格低于垄断价格，但高于竞争价格（竞争价格等于边际成本）。

17.1.4 寡头数量如何影响市场结果

我们可以用这种双头分析的结论来讨论寡头数量可能会如何影响市场结果。例如，假设 John 和 Joan 突然在他们的土地上发现了水源，并同 Jack 和 Jill 一起，成为水的寡头。需求表仍是表 17-1，但现在可以满足这种需求的生产者多了。卖者从两个增加到四个，这将如何影响镇里水的价格和数量呢？

如果水的卖者可以形成一个卡特尔，他们就又可以通过生产垄断产量，并收取垄断价格来使总利润最大化。正如只有两个卖者时的情况一样，卡特尔成员需要对每个成员的生产水平达成一致，并找出某种实施协议的方法。但随着卡特尔的扩大，这种结果更不可能了。随着集团规模的扩大，达成和实施协议会越来越困难。

如果各寡头没有形成卡特尔——也许是由于反托拉斯法禁止这样做——他们就必须各自决定自己生产多少水。为了说明卖者数量增加如何影响结果，我们来考虑每个卖者面临的决策。在任何时候，每个水井拥有者都有权选择多生产 1 加仑水。在做出这个决策时，水井所有者要权衡两种效应：

- **产量效应**：由于价格高于边际成本，在现行价格时每多销售1加仑水将增加利润。
- **价格效应**：提高产量将增加总销售量，这就会降低水的价格并减少所销售的所有其他水的利润。

如果产量效应大于价格效应，水井所有者将增加产量；如果价格效应大于产量效应，所有者将不会增加产量（实际上，在这种情况下，减少产量是有利的）。每一个寡头都把其他企业的产量看成既定的，并一直增加产量，直至这两种边际效应恰好平衡为止。

现在考虑行业中的企业数量如何影响每个寡头的边际分析。卖者的数量越多，每个卖者越不关心自己对市场价格的影响。这就是说，随着寡头数量增加，价格效应的程度在减少。当寡头数量增加到极大时，价格效应就完全消失了。这就是说，个别企业的生产决策不再影响市场价格。在这种极端情况下，每个企业在决定生产多少时都把市场价格作为既定的。只要价格高于边际成本，它就增加生产。

现在我们可以看到，一个大的寡头市场本质上是一个竞争企业集团。竞争企业在决定生产多少时只考虑产量效应，因为竞争企业是价格接受者，不存在价格效应。因此，随着寡头市场上卖者数量增加，寡头市场就越来越像竞争市场。其价格接近于边际成本，生产量接近于对社会有效率的水平。

这种寡头分析提供了一种有关国际贸易影响的新视角。设想日本只有丰田和本田两家汽车制造商，德国只有大众和宝马两家汽车制造商，美国只有福特和通用两家汽车制造商。如果这些国家禁止汽车的国际贸易，每个国家就都是只有两个成员的寡头市场，而且，市场结果可能远远背离了竞争的理想水平。但是，有国际贸易时，汽车市场是一个世界市场，而且，在这个例子中寡头市场有六个成员。允许自由贸易增加了每个消费者可以选择的生产者数量，增加的竞争使价格接近于边际成本。因此，除了在第 3 章讨论的比较优势理论之外，寡头理论提供了各国可以从自由贸易中获益的另一个理由。

即问即答

■ 如果寡头成员能就总产量达成一致，他们会选择什么产量？
■ 如果寡头并不同时行动，而是单独地做出生产决策，他们的总产量会比你在上一题中回答的产量大还是小？为什么？

17.2 合作经济学

正如我们已经说明的，寡头想达到垄断的结果，而这样做需要合作，但合作往往是难以建立和维持的。在这一部分我们要更深入地考察当参与者之间的合作是合意的但却有困难时出现的问题。为了分析合作经济学，我们需要学习一点博弈论的知识。

特别地，我们现在关注一个被称为囚徒困境（prisoners' dilemma）的"博弈"，这个博弈说明了为什么合作是困难的。即使在合作使所有人状况变好时，人们在生活中也往往不能相互合作。寡头正是一个例子。囚徒困境的故事包含着一个一般性结论，这个结论适用于任何一个力图维持其成员间合作的集团。

囚徒困境：两个被捕的囚徒之间的一种特殊"博弈"，说明为什么甚至在合作对双方都有利时，保持合作也是困难的。

17.2.1 囚徒困境

囚徒困境是一个关于两名被警察抓住的罪犯的故事。我们把这两个罪犯称为 Bonnie 和 Clyde。警察有足够的证据证明 Bonnie 和 Clyde 犯有非法携带枪支的轻罪，因此每人都要在狱中度过一年。警察还怀疑这两名罪犯曾合伙抢劫银行，但他们缺乏有力的证据证明这两名罪犯犯有该严重罪行。警察分别审问了 Bonnie 和 Clyde，而且向他们每个人提出以下的交易：

"现在我们可以关你1年。但如果你承认银行抢劫案，并供出合伙者，我们就免除你的监禁，你可以得到自由，你的同伙将在狱中度过20年。但如果你们两人都承认罪行，我们就不需要你的供词，而且我们可以节省一些审讯成本，这样我们就采用一种折中的方式，给你们每人判8年徒刑。"

如果 Bonnie 和 Clyde 是残忍的银行抢劫犯，只关心自己的刑期，你预计他们会怎么做呢？图 17-1 表明了他们的选择。每个囚徒都有两种策略：坦白与保持沉默。他们每个人的刑期取决于他所选择的策略，以及他的犯罪同伙选择的策略。

首先考虑 Bonnie 的决策。她会如此推理：

"我并不知道 Clyde 将会怎么做。如果他保持沉默，我最好的策略是坦白，因为我将自由而不是在狱中待1年。如果他坦白，我最好的策略仍然是坦白，因为这样我将在狱中待8年而不是20年。因此，无论 Clyde 怎么做，我选择坦白都会更好些。"

用博弈论的语言来说，如果无论其他参与者采取什么策略，某一策略都是一个参与者可以采取的最好的策略，那么，这种策略被称为**占优策略**（dominant strategy）。在这个例子中，坦白是 Bonnie 的占优策略。无论 Clyde 坦白还是保持沉默，如果 Bonnie 坦白了，她在狱中待的时间都会比较短。

现在考虑 Clyde 的决策。他面临着和 Bonnie 同样的选择，而且，他的推理也与 Bonnie 相似。无论 Bonnie 怎么做，Clyde 都可以通过坦白减少他待在狱中的时间。换

占优策略：无论其他参与者选择什么策略，对一个参与者都为最优的策略。

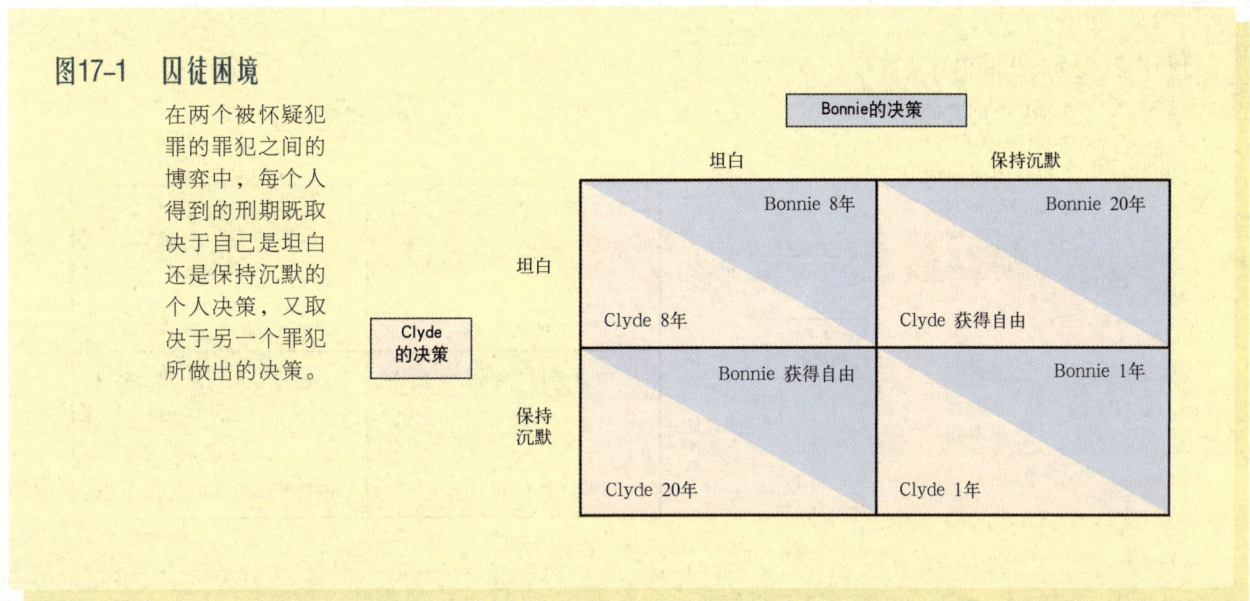

图17-1 囚徒困境 在两个被怀疑犯罪的罪犯之间的博弈中，每个人得到的刑期既取决于自己是坦白还是保持沉默的个人决策，又取决于另一个罪犯所做出的决策。

句话说，坦白也是 Clyde 的占优策略。

最后，Bonnie 和 Clyde 都坦白了，两人都要在狱中待 8 年。这个结果是一个纳什均衡：在其他人的策略为既定的情况下，每个罪犯都选择了可能的最优策略。但从他们的角度来看，这是一个糟糕的结果。如果他们两人都保持沉默，那么两人的状况都会更好些，这样他们只会因为持有枪支而在狱中待 1 年。由于各自追求自己的利益，两个囚徒共同达到了使每个人状况变坏的结果。

你会想到，Bonnie 和 Clyde 应该预见到这种情况，并提前做出计划。但是，即使有事先的计划，他们也仍然会遇到问题。设想在警察逮捕 Bonnie 和 Clyde 之前，两个罪犯做出了不坦白的承诺。显然，如果他们两人坚持这种协议，两人的状况就会变好，因为这样的话他们每人将只在狱中待 1 年。然而，事实上，这两个罪犯会仅仅由于他们之间有协议就保持沉默吗？一旦他们被分别审问，利己的逻辑就会起主导作用，并使他们坦白。两个囚犯之间的合作是难以维持的，因为从个人的角度来看，合作是不理性的。

17.2.2　作为囚徒困境的寡头

囚徒困境与市场和不完全竞争有什么关系呢？事实证明，寡头在力图达到垄断结果时的博弈也类似于两个处于囚徒困境的囚徒的博弈。

再考虑 Jack 和 Jill 所面临的选择。在漫长的谈判之后，两个水的供给者一致同意把产量保持在 30 加仑，以便能保持高价位，同时共同赚到最大利润。但是，在他们就生产水平达成协议后，双方都要决定是合作并坚持这个协议，还是不管它并生产更多水。图 17-2 表示这两个生产者的利润如何取决于他们所选择的策略。

假设你是 Jack，你可能会这样推理：

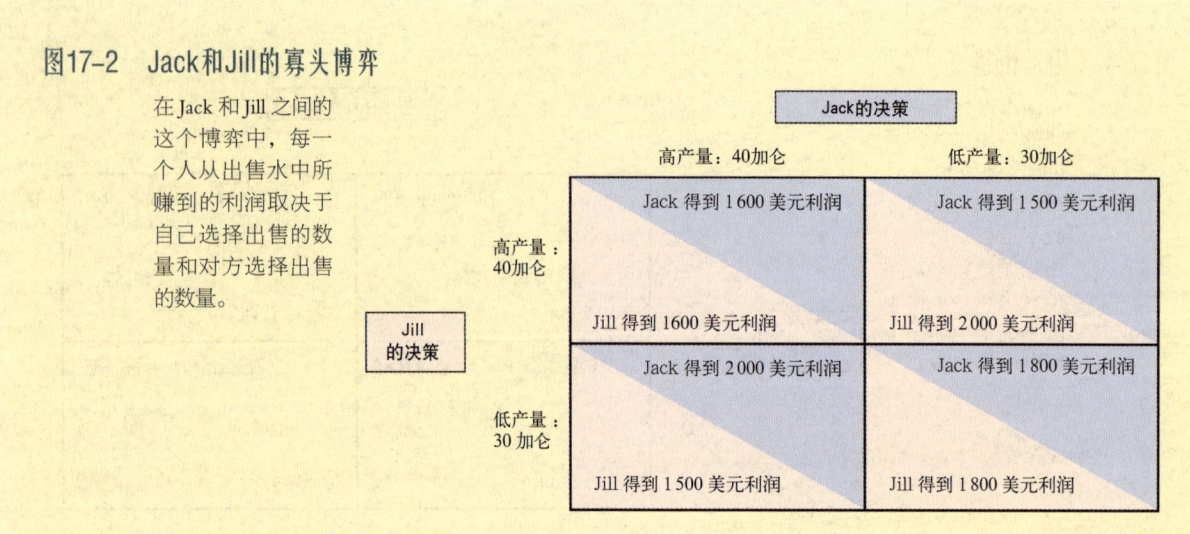

图17-2　Jack和Jill的寡头博弈

在Jack和Jill之间的这个博弈中，每一个人从出售水中所赚到的利润取决于自己选择出售的数量和对方选择出售的数量。

"我可以遵守协议将产量保持在低水平的30加仑，也可以把我的产量和销售量增加到40加仑。如果Jill遵守协议把产量保持在30加仑，那么，我在40加仑时就赚到2 000美元，而在30加仑时赚到1 800美元。在这种情况下，我保持高产量状况会更好。如果Jill不遵守协议并生产40加仑，那么，我在40加仑时赚到1 600美元，而在30加仑时赚到1 500美元。仍然是保持高产量会使我的状况更好。因此，无论Jill选择怎么做，违背协议并把产量保持在高水平都会使我的状况更好。"

生产40加仑是Jack的占优策略。当然，Jill也以完全相同的方式推理，因此，他们两人都保持40加仑的高产量。结果是不利的（从Jack和Jill的角度看），因为两个生产者中的每一个都只得到了较低的利润。

这个例子说明，为什么寡头维持垄断利润有困难。垄断结果对寡头整体来讲是理性的，但每个寡头都有违背协议的激励。正如利己使囚徒困境中的囚犯坦白一样，利己也使寡头难以维持低产量、高价格和垄断利润的合作性结果。

案例研究　OPEC和世界石油市场

我们关于小镇水市场的故事是虚构的，但如果把故事中的水变成石油，把Jack和Jill变成伊朗和伊拉克，这个故事就接近于真实了。世界上大部分石油是由少数国家——主要是中东国家——生产的。这些国家一起组成了一个寡头市场。它们关于开采多少石油的决策与Jack和Jill关于抽多少水的决策大致相同。

生产世界上大部分石油的国家形成了一个卡特尔，称为石油输出国组织（OPEC）。在1960年成立之初时，OPEC包括伊朗、伊拉克、科威特、沙特阿拉伯和委内瑞拉。到 1973 年，又有其他 8 个国家加入：卡塔尔、印度尼西亚、利比亚、阿联酋、阿尔及利亚、尼日利亚、厄瓜多尔和加蓬。这些国家控制了世界石油储量的大约四分之三。与任何一个卡特尔一样，OPEC 力图通过协调减少产量来提高其产品的价格，并努力确定每个成员国的产量水平。

OPEC 面临的问题与我们故事中 Jack 和 Jill 面临的问题大致相同。OPEC 想维持石油的高价格，但是，卡特尔的每个成员都受到增加生产以得到总利润的更大份额的诱惑，因此 OPEC 成员常常就减少产量达成协议，然后又私下各自违背协议。

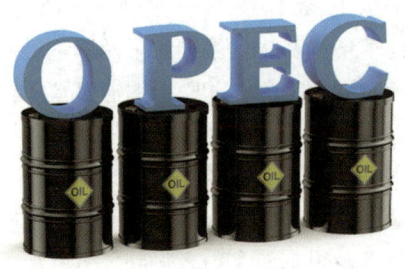

图片来源：www.1tu.com

1973—1985 年，OPEC 最成功地维持了合作和高价格。原油价格从 1972 年的每桶 3 美元上升到 1974 年的每桶 11 美元，然后在 1981 年又上升到 35 美元。但在 20 世纪 80 年代中期，各成员国开始就产量水平发生争议，OPEC 在维持合作方面变得无效率了。到了 1986 年，原油价格回落到每桶 13 美元。

近年来，OPEC 成员继续定期会谈，但它们在达成和实施协议上再也不那么成功了。因此，石油价格的波动已经更大程度上被供求的自然力量所驱动，而不是由卡特尔对生产的人为限制所驱动。虽然 OPEC 各成员国之间合作的缺乏损害了产油国的利润，但却使全世界的消费者受益。

17.2.3 囚徒困境的其他例子

我们已经说明了如何用囚徒困境来解释寡头面临的问题。同样的逻辑也可以应用于其他许多情况。下面我们考虑利己阻止了合作并导致各方不利结果的两个例子。

军备竞赛 在二战以后的几十年中，世界上两个超级大国——美国和苏联——进行了军备力量的长期竞争。这个题目引发了有关博弈论的一些早期研究。博弈论专家提出，军备竞赛非常像囚徒困境。

为了说明这一点，考虑美国和苏联关于建造新式武器还是裁军的决策。每个国家都愿意拥有比另一国强大的军备，因为军事力量强大才能对世界事务有更大的影响。但是，每个国家也喜欢生活在一个不受另一个国家军备威胁的安全世界中。

图 17-3 表示这种致命的博弈。如果苏联选择军备，美国做出同样选择以免权力丧失，美国状况就会变好；如果苏联选择裁军，美国选择军备，美国状况会变好，因

图17-3 军备竞赛博弈

在这个两国之间的博弈中，每个国家的安全程度与力量强弱取决于本国是否加强军备的决策以及另一个国家做出的决策。

		美国的决策	
		军备	裁军
苏联的决策	军备	美国处于危险之中 / 苏联处于危险之中	美国处于危险之中并弱小 / 苏联安全并强大
	裁军	美国安全并强大 / 苏联处于危险之中并弱小	美国安全 / 苏联安全

为这样做会使美国更强大。对每一个国家来说，军备都是占优策略。因此，每个国家都选择继续进行军备竞赛，这就导致了两国都处于危险之中的不良结果。

在整个冷战时期，美国和苏联企图通过军备控制谈判和协议来解决军备竞赛问题。两国面临的问题和寡头在力图维持卡特尔中遇到的问题是相似的。正如寡头争论产量水平一样，美国和苏联争论允许各国保留的军备数量；而且正如卡特尔在执行产量水平时会遇到麻烦一样，美国和苏联都担心另一国会违背协议。在军备竞赛和寡头的情况下，无情的利己逻辑都使参与者得到各方状况变坏的非合作性结果。

公共资源 在第 11 章中我们说明了，人们倾向于过度使用公共资源。可以把这个问题作为囚徒困境的一个例子。

设想两家石油公司——Exxon 和 Texaco——拥有相邻的油田。在这些油田下储备的价值 1200 万美元的石油由它们共有。钻一口井要花 100 万美元。如果每个公司钻一口井，每个公司就将得到一半石油，并赚取 500 万美元的利润（收益 600 万美元减成本 100 万美元）。

由于油田是公共资源，各家公司都不会有效率地使用。假设两个公司都可以钻第二口井。如果一家公司在三口井中有两口，这个公司就得到 2/3 的石油，这就带来 600 万美元的利润。另一家公司只得到 1/3 的石油，获得 300 万美元利润。但如果每个公司都钻第二口井，那么，两个公司又是平分石油。在这种情况下，每家公司都要承担第二口井的成本，因此，每家公司的利润只有 400 万美元。

图 17-4 表示了这个博弈。钻两口井是每个公司的占优策略。这两个博弈者的利己又一次使它们得到了不利的结果。

图17-4 公共资源博弈

在从公共油田中采油的两个企业的博弈中，每家企业所赚到的利润既取决于本企业钻井的数量，又取决于另一企业钻井的数量。

		Exxon 的决策	
		钻两口井	钻一口井
Texaco 的决策	钻两口井	Exxon 得到 400 万美元利润 Texaco 得到 400 万美元利润	Exxon 得到 300 万美元利润 Texaco 得到 600 万美元利润
	钻一口井	Exxon 得到 600 万美元利润 Texaco 得到 300 万美元利润	Exxon 得到 500 万美元利润 Texaco 得到 500 万美元利润

17.2.4 囚徒困境与社会福利

囚徒困境可以用于描述生活中的许多情况，并说明了即使合作使每个博弈参与者的状况变好，要维持合作也是困难的。显然，缺乏合作对这些情况中所涉及的各方是个问题，但这种合作的缺乏从整个社会的角度来看是一个问题吗？答案取决于环境。

在某些情况下，非合作均衡对社会和参与者来说都是不利的。在图17-3的军备竞赛博弈中，美国和苏联最后都处于危险之中。在图17-4的公共资源博弈中，Exxon和Texaco公司额外钻的井完全是浪费。在这两种情况下，如果两个参与者能达到合作性的结果，社会的状况会变得更好。

与此相反，在企图维持垄断利润的寡头情况下，从整个社会的角度来看，缺乏合作是合意的。垄断结果对寡头是好的，但对物品的消费者是糟糕的。正如我们最早在第7章中说明的，竞争结果对社会是最好的，因为这个结果使总剩余最大化。当寡头不能合作时，他们生产的数量接近于这个最优水平。换句话说，只有在市场竞争时，"看不见的手"才能引导资源有效地配置，而只有市场上的企业不能相互合作时，市场才是竞争的。

类似地，考虑警察审问两个嫌疑犯的情况。嫌疑犯之间缺乏合作是合意的，因为这样的话，警察可以使更多罪犯认罪服法。囚徒困境对囚犯来说是一种困境，但对其他每一个人来说是一种福音。

17.2.5 人们有时能合作的原因

囚徒困境表明合作是困难的。但合作真的不可能吗？当被警察审问的时候，并不是所有囚犯都决定出卖他们的犯罪同伙。有时尽管卡特尔的个别成员有违规的激励，但卡特尔也能维持勾结性的协议。最经常的情况是，参与者可以解决囚徒困境是因为，他们的博弈不是一次性的，而是多次的。

为了说明为什么在多次博弈中合作是容易的，让我们回到双头的例子——Jack和Jill，图17-2给出了他们的选择。Jack和Jill都想达成协议以维持每人生产30加仑水的垄断结果。但如果Jack和Jill的博弈只是一次性的，他们就没有任何遵守协议的激励。利己使他们每个人都违背协议，并选择生产40加仑水的占优策略。

现在假设Jack和Jill知道，他们每周将进行一次同样的博弈。当最初达成保持低产量的协议时，他们还可以规定，如果一方违约将如何处理。例如，他们可以达成协议，一旦他们之中有一个人违约并生产了40加仑水，那么两个人以后会永远生产40加仑水。这种惩罚是容易实施的，因为如果一方生产了较高的产量，另一方也有足够的理由这样做。

这种惩罚的威胁可能就是维持合作所需要的一切。每个人都知道，欺骗会使自己的利润从1800美元增加到2000美元，但这种利益只能维持一周。以后，利润将降为1600美元，并从此固定在这一水平上。只要参与者都非常关心未来的利润，他们就将放弃违规带来的一次性好处。因此，在多次进行的囚徒困境博弈中，两个参与者可能达到合作性的结果。

即问即答

■讲述囚徒困境的故事。写出表示囚徒选择的表格，并解释可能的结果是什么。

■囚徒困境告诉我们关于寡头的什么道理？

> **案例研究** 囚徒困境的比赛

设想你正与被关在另一个屋子里的"嫌疑人"进行囚徒困境的博弈。而且，再设想这种博弈不是进行一次而是多次。博弈结束后你的得分是你被监禁的总年数。你希望使这种得分尽可能地少。你应该用什么策略？你应该从坦白还是保持沉默开始？另一个参与者的行动会如何影响你以后的坦白决策？

多次的囚徒困境是极为复杂的博弈。为了鼓励合作，参与者应该相互惩罚不合作行为。但以前描述的 Jack 和 Jill 的水卡特尔的策略——只要一方违约，另一方就永远违约——是非常不宽容的。在反复许多次的博弈中，在一段不合作时期之后，允许参与者回到合作性结果的策略，可能更好一些。

为了说明哪一种策略最好，政治学家 Robert Axelrod 主持了一场比赛。人们通过提交为反复进行囚徒困境博弈而设计的电脑程序参加比赛。然后每个程序都与其他所有程序进行博弈比赛，得到待在狱中总年数最少的程序是"赢家"。

赢家最后是被称为"一报还一报"的简单策略。根据"一报还一报"的策略，参与者应该从合作开始，然后上一次另一个参与者怎么做自己也怎么做。因此，"一报还一报"参与者要一直合作到另一方违约时为止，然后再违约到另一方重新合作时为止。换句话说，这种策略从友好开始，惩罚不友好的参与者，而且，如果对方做出保证，就给予原谅。令 Axelrod 惊讶的是，这种简单的策略比人们提交的所有更复杂的策略都好。

"一报还一报"策略有悠久的历史。它实质上是《圣经》上"以眼还眼，以牙还牙"的策略。囚徒困境的比赛表明，该策略可能是进行生活中某些博弈时的一个好的经验法则。

17.3 针对寡头的公共政策

第 1 章中的经济学十大原理之一是，政府有时可以改善市场结果。这个原理直接适用于寡头市场。正如我们已经说明的，从整个社会的角度来看，寡头之间的合作是不合意的，因为它使产量太低而价格太高。为了使资源配置接近于社会最优，决策者应该努力使寡头企业竞争而不是合作。我们来考虑决策者怎样处理这种情况，并考察其在公共政策领域所引起的争论。

17.3.1 贸易限制与反托拉斯法

通过政策限制合作的一种方法是普通法。正常情况下，合约自由是市场经济的一个基本部分。企业和家庭用合约安排互利的贸易。在这样做时，它们依靠法院系统来履行合约。但几百年来，英国和美国法官都认定竞争者之间的减少产量并提高价格的协议违背了公共利益。因此，他们拒绝执行这类协议。

1890 年的《谢尔曼反托拉斯法》（以下简称《谢尔曼法》）把这个政策列入法规，并强化了这种政策：

> 每一个限制各州之间和与外国之间贸易和商业往来的合约，以托拉斯或其他形式出现的联合或勾结，都被宣布为违法……每一个将要垄断、企图垄断或与他人联合或勾结起来，以垄断任何环节的州际或国际的贸易或商业往来的人，都被认为有罪或行为不当，而且在法庭根据罪行定罪时，应该处以5万美元以下的罚金，或一年以内的监禁，或两者并罚。

《谢尔曼法》把寡头之间的协议从一种无法执行的合约提升为有罪的勾结。

1914年的《克莱顿法》进一步强化了反托拉斯法。根据该法，如果一个人可以证明他受到限制贸易的非法协议的危害，他可以提起诉讼并得到三倍于他所受损害的赔偿。这种不寻常的三倍于损害的赔偿规定的目的是，鼓励反对勾结的寡头的私人法律诉讼。

现在，美国司法部和私人方面都有权提起法律诉讼来履行反托拉斯法。正如我们在第15章中讨论的，这些法律被用于防止引起过多的市场势力集中在任何单个企业中的合并。此外，这些法律也用于防止寡头以一种使自己的市场不太具竞争性的方式共同行事。

案例研究 一次违法的通话

在寡头市场上，企业有勾结起来以便减少产量、提高价格和增加利润的强烈激励。18世纪伟大的经济学家亚当·斯密已经深刻认识到这种潜在的市场失灵。在《国富论》中，他写道："同业者往往很少聚在一起，但这种集会的结果是针对公众的合谋，或是某种提高价格的计谋。"

为了用现代的例子来说明斯密的这种观察，下面考虑一段20世纪80年代初两个航空公司的高级管理人员之间的电话谈话。1983年2月24日的《纽约时报》报道了这段电话谈话。Robert Crandall是美国航空公司总裁，Howard Putnam是布拉尼夫航空公司总裁，当时的一家主要航空公司。

Crandall："我觉得我们在这里拼个你死我活，但一分钱也没赚到，这是很愚蠢的。"

Putnam："你有什么高见吗？"

Crandall："有，我有个建议。将你的票价提高20%，明天一早我也这么做。"

Putnam："Robert，我们……"

Crandall："你能赚更多的钱，我也是。"

Putnam："我们不能谈论定价问题！"

Crandall："哦，Howard。我们想谈什么就能谈什么。"

Putnam是对的：《谢尔曼法》禁止相互竞争的企业高层管理人员哪怕仅仅是谈论定价问题。当Putnam把这段谈话的录音带交给司法部时，司法部立即对Crandall先生提出起诉。

两年以后，Crandall和司法部达成一项解决方案。按这个方案，Crandall同意对他的业务活动进行的各种限制，其中包括他与其他航空公司官员的接触。司法部说，该方案的条款将"防止美国航空公司和Crandall通过与竞争者讨论航空服务价格以垄断任何一条航线上乘客飞行服务的任何进一步的企图，来保护民航业的竞争"。

17.3.2 关于反托拉斯政策的争论

长期以来，许多争论集中在反托拉斯法应该禁止哪一种行为的问题上。大多数评论者一致认为，竞争企业之间的价格勾结协议应该是非法的。但反托拉斯法还被用于谴责一些影响并不明显的经营做法。下面我们考虑三个例子。

转售价格维持 有争议的经营做法的一个例子是转售价格维持。设想超级电子公司以100美元的价格把蓝光光盘播放机卖给零售商。如果超级电子公司要求零售商向顾客收取150美元，就可以认为该公司进行转售价格维持。任何一个收取价格低于150美元的零售商都违背了它与超级电子公司之间的合约。

乍一看，转售价格维持似乎是反竞争的，从而对社会是不利的。正如卡特尔成员间的协议一样，它禁止零售商之间的价格竞争。由于这一原因，法庭往往认为转售价格维持违背了反托拉斯法。

但一些经济学家根据两个理由为转售价格维持辩护。第一，他们否认这种做法是为了减少竞争。如果超级电子公司有任何市场势力，它可以通过批发价格而不是转售价格维持来实施这种力量。此外，并没有什么激励使超级电子公司控制其零售商之间的竞争。实际上，由于一个零售商卡特尔出售的数量低于一群竞争的零售商出售的数量，因此，如果零售商是一个卡特尔，超级电子公司的状况会变坏。

第二，经济学家认为，转售价格维持有合理的目标。超级电子公司可能希望它的零售商向顾客提供令人赏心悦目的展示间和知识丰富的销售人员队伍。但如果没有转售价格维持，一些顾客就会通过某家商店了解蓝光播放机的特点，然后在不提供这些服务的折扣零售店中购买。在某种程度上，良好的服务是出售超级电子公司产品的零售商们的公共物品。正如我们在第11章中讨论的，当一个人提供了一种公共物品时，其他人可以不付费就享用。在这种情况下，折扣零售商将搭其他零售商提供的服务便车，这就使服务低于合意的水平。转售价格维持是超级电子公司解决这种搭便车问题的一种方法。

转售价格维持的例子阐明了一个重要的原则：看起来减少竞争的经营做法实际上可能有其合理的目的。这个原则使反托拉斯法的适用变得更为困难。那些负责实施这些法律的经济学家、律师和法官必须确定，公共政策应该禁止哪一类抑制竞争并减少经济福利的行为。这项工作通常并不容易。

掠夺性定价 有市场势力的企业通常用这种力量把价格提高到竞争性水平之上。但对于有市场势力的企业收取的价格太低的情况，决策者应该予以关注吗？这个问题是关于反托拉斯政策的另一种争论的焦点。

设想一个名为Coyote的大航空公司垄断了一些航线。随后，Roadrunner公司进入，并夺走了20%的市场，留给Coyote航空公司80%的市场。为了应对这种竞争，Coyote开始大幅度降低自己的收费。一些反托拉斯分析家认为，Coyote的行为可能是反竞争的：降价的目的可能是为了把Roadrunner赶出市场，以便Coyote可以重新恢复它的垄断地位，然后再提高价格。这种行为称为掠夺性定价。

尽管掠夺性定价是反托拉斯诉讼中的一种普遍说法，但一些经济学家怀疑这种观点，并认为，掠夺性定价是不太可能，甚至根本不可能获利的经营策略。为什么呢？对于一场要赶走竞争对手的价格战而言，价格必须低于成本。但如果Coyote开始以亏损状态来出售廉价机票，它就最好准备多飞几次航班，因为低票价将吸引更多顾客。同时，Roadrunner也可以通过减少航班来对Coyote的掠夺性定价做出反应。结果，Coyote最后承担了80%以上的亏损，使Roadrunner处于较好状况并能继续在价格战中生存。正如老式的Roadrunner-Coyote漫画所描述的一样，掠夺者遭受的苦难大于被掠夺者。

经济学家一直在争论反托拉斯决策者是否应该关注掠夺性定价。各种问题仍然没有得到解决。掠夺性定价是一种有利可图的经营策略吗？如果是的话，在什么情况下有利可图？法庭能够说明哪一种降价是竞争性的，从而有利于消费者，而哪一种降价是掠夺性的吗？对此并没有简单的答案。

搭售　有争议的经营做法的第三个例子是搭售。假设 Makemoney 电影制片厂拍摄了两部新电影——《蜘蛛侠》和《哈姆雷特》。如果 Makemoney 制片厂以单一价格向电影院同时提供两部电影,而不是对两部电影单独定价,就可以认为制片厂是在搭售它的两种产品。

当搭售电影的做法在法庭上受到质疑后,联邦最高法院禁止了这种做法。法院的推理如下:假设《蜘蛛侠》是高票房影片,而《哈姆雷特》是不盈利的艺术片。这样,制片厂可以用《蜘蛛侠》的高需求迫使电影院购买《哈姆雷特》。看来制片厂可以用搭售作为扩大其市场势力的一种机制。

许多经济学家怀疑这种推论。设想电影院愿意为《蜘蛛侠》支付 2 万美元,而不愿为《哈姆雷特》支付一分钱。这样,电影院愿意为两部电影总共支付的最高价格是 2 万美元,这与为《蜘蛛侠》支付的价格一样。把迫使电影院接受一文不值的电影作为交易的一部分,并没有提高电影院的支付意愿。Makemoney 公司也不能简单地通过把两部电影捆绑在一起而增加它的市场势力。

那么,为什么存在搭售呢?一种可能是它是价格歧视的一种形式。假设有两家电影院。城市电影院愿意为《蜘蛛侠》支付 1.5 万美元,为《哈姆雷特》支付 5 000 美元;乡村电影院正好相反,愿意为《蜘蛛侠》支付 5 000 美元,为《哈姆雷特》支付 1.5 万美元。如果 Makemoney 制片厂对两部电影分别收取价格,它的最优策略是,为每部电影收取 1.5 万美元,而每家电影院将选择只上映一部电影。但如果 Makemoney 制片厂将两部电影捆绑出售,它就可以从每家电影院收取 2 万美元。因此,如果不同的电影院对电影的评价不同,搭售就可以使制片厂通过收取接近于买者总支付意愿的联合价格而增加利润。

搭售仍然是一种有争议的经营做法。联邦最高法院的观点——搭售使一个企业可以把它的市场势力扩大到其他物品——是没有什么依据的,至少以这种最简单的形式来看是没有什么依据的。但是经济学家也提出了更为详尽的理论,说明搭售如何会阻碍竞争。在我们现在的经济知识状况下,搭售对整个社会是否有不利影响尚不明确。

即问即答
■ 企业所达成的哪些协议是非法的?
■ 为什么反托拉斯法存在争议?

案例研究　微软案

"我?一个垄断者?等一等……"
图片来源:AP Photo/Laura Ranch.

近年来最重要,而且最有争议的反托拉斯案件是美国政府在 1998 年对微软公司的起诉。可以肯定的是,这个案件极富戏剧性。它使世界上最富有的人(比尔·盖茨)和世界上最有权力的监管机构(美国司法部)进行对抗。为政府作证的是一位著名经济学家——MIT 的教授 Franklin Fisher。为微软作证的同样是一位著名经济学家——MIT 的教授 Richard Schmalensee。受到威胁的是经济中增长最快的行业(电脑软件业)中一个世界上最有价值的公司(微软)的未来。

微软案的中心问题涉及搭售——特别是,是否应该允许微软把它的互联网浏览器与 Windows 操作系统捆绑起来销售。政府声称,微软把这两种产品捆绑在一起是为了把它在电脑操作系统市场上的市场势力扩大到不相关的互联网浏览器市场。政府认为，允许微软把这些产品与操作系统组合起来，会阻止其他软件公司进入市场和提供新产品。

微软的回应是指出把新功能融入老产品中是技术进步自然而然的一部分。今天的汽车包括音响和空调，这些东西曾经是分开销售的，而且，照相机也有内置的闪光灯。这一道理同样适用于操作系统。随着时间的推移，微软把许多功能融入以前是单一产品的 Windows 中，这使电脑更稳定、更容易使用，因为消费者会信任一起运行的各个组成部分。微软认为，互联网技术的整合是自然而然的下一步。

关于微软市场势力的延伸是一个分歧点。政府注意到新个人电脑中使用微软操作系统的比例超过了 80%，认为该公司已有相当大的垄断势力，而且还有扩大之势。微软申辩说，软件市场时时刻刻都在变动，而且，微软的 Windows 一直受到竞争对手的挑战，例如苹果 Mac 和 Linux 操作系统。它还认为，自己对 Windows 收取的低价格——50 美元左右，只占普通电脑价格的 3%——是其市场势力受到严重限制的证据。

与许多大的反托拉斯诉讼一样，微软案陷入了法律的泥潭。1999 年 11 月，在长期审讯之后，法官 Penfield Jackson 判定，微软有极大的垄断势力，并非法地滥用这种力量。2000 年 6 月，在关于可能的补救措施的听证会之后，他命令微软拆分为两个公司——一个销售操作系统，另一个销售应用软件。一年后，上诉法院驳回了 Jackson 的拆分命令，并把这个案件移交给一个新法官。2001 年 9 月，司法部宣布，它不再要拆分该公司，并想尽快结案。

最终，在 2002 年 11 月达成一项解决方案。微软接受对自己经营做法的某些限制，政府同意浏览器仍然可以作为 Windows 操作系统的一部分。但这项解决方案并没有结束微软的反托拉斯麻烦。近年来，该公司遇到了好几起私人反垄断诉讼，以及由欧盟认定的各种反竞争行为引起的诉讼。

IN THE NEWS

 【新闻摘录】
应该把全美大学体育协会（NCAA）告上法庭吗

大学运动的卡特尔
Joe Nocera

学院和大学定期开会讨论他们给予学生运动员的待遇问题。以下这篇新闻特写质疑了这种合作是不是违反了反托拉斯法。

卡特尔的牺牲品？
图片来源：Getty Images.

石油输出国组织（OPEC）成员每年都会在维也纳开两次会，以决定短期石油价格的走向。有时 OPEC 同意削减石油产量，以推动石油价格上升。另外一些时候，它决定增加生产。会议的目的总是决定石油价格，而不是让价格由竞争的市场决定。的确，勾结和决定价格是卡特尔存在的主要理由，这也是为什么卡特尔在美国是非法的。

但是，几周后在印第安纳波利斯，一个在美国土生土长的卡特尔将举行年会，年会的目的也是进行勾结并决定价格。这个卡特尔是全美大学体育协会（NCAA）。NCAA 想让你相信，它是业余运动员的伟大保护者，防止大学运动员被大学体育里充斥的金钱大潮所玷污。

实际上，NCAA 真正的作用是监督大学体育部门之间的勾结，这些部门的目的是收益最大化，并压低其所吸引的劳动力，也就是运动员的工资。

没有起码的一些勾结活动，体育联盟就无法存在。正如经济学家、诉讼顾问 Andy Schwarz 指出的："如果钢铁公司聚在一起决定在什么时候和什么地方生产钢铁，这就违反了反托拉斯法。但是，如果一个联盟的运动队聚在一起决定在什么时候和什么地方进行比赛，这一般是被允许的。"美国职业棒球大联盟（MLB）长期以来就享有反托拉斯豁免；其他一些职业联盟也有薪酬上限，它之所以合法是因为这是经过运动员同意的。

NCAA 既没有反托拉斯豁免，又没有运动员工会与之谈判。换言之，它缺乏能使职业运动避免受到反托拉斯法起诉的合法保护。而 NCAA 的成员全是梦想成为职业选手的年轻运动员，只要能帮助他们实现这一目标，无论义务多么繁重，他们都愿意签署任何文件。NCAA 强迫他们签署的文件完全不利于他们。

最近，NCAA 主席 Mark Emmert 努力使其规则稍微温和一些。他让 NCAA 董事会批准一种选择性的 2000 美元薪金制和四年奖学金制，而不是现在对运动员的一年一签。

卡特尔对这些温和的变动做出了什么反应呢？它奋起反抗。相当多的大学签署申请书，要求暂时冻结新薪金计划。对于四年奖学金制也是同样的反应。

Fort Worth 的律师 Christian Dennie 专门从事体育法律工作，他找到了 NCAA 的一份内部文件，其中列出了某些反对意见。有一条意见尤其值得再三提到："新教练可能有完全不同的进攻防守类型，这会使学生运动员不再适合该队。"这条意见来自印第安纳州。四年奖学金制可能意味着学校将会无法摆脱某些对这个项目没有"运动"用处的人。看看，至少有个学校就它如何看待自己的"学生运动员"实话实说了……

NCAA 对 2000 美元薪金制此一时彼一时的飘忽态度怎么能去规范业余运动员呢？它又如何能合理地中止像四年奖学金制这种真正帮助学生运动员的改革，仅仅因为教练想继续享有他们所掌握的生杀大权？NCAA 怎么能够牢牢束缚着为其他每个人都赚了大钱的劳动力？

NCAA 声称它有进行以上甚至更多作为的合法权利。也许它确实有。但能看到有人在法庭上对这种卡特尔行为提出挑战肯定是有意义的。2000 美元薪金制和四年奖学金制的不可避免的恢复将是一个非常不错的开端。

资料来源：*New York Times*，December 31，2011。

17.4 结论

寡头喜欢像垄断者那样行事，但利己使它们趋近于竞争。因此，最终寡头介于这两者之间的何处，取决于寡头市场上的企业数量以及这些企业的合作程度如何。囚徒困境的故事说明了为什么寡头即使在合作符合它们的最大利益时也不能维持合作。

决策者通过反托拉斯法管制寡头的行为。这种法律的适用范围是一个一直备受争议的话题。虽然竞争企业之间的价格勾结显然减少了经济福利，应该是违法的，但一些看来减少了竞争的经营做法也可能有即便微小但却合理的目的。因此，决策者在运用反托拉斯法的巨大权力限制企业行为时，需谨慎行事。

内容提要

◎ 寡头通过形成一个卡特尔并像垄断者一样行事以使自己的总利润最大化。但如果寡头独立地做出产量决策,结果是产量大于垄断产量,价格低于垄断价格。在寡头市场上企业数量越多,产量和价格越接近于完全竞争状态下的水平。

◎ 囚徒困境表明,利己使人们即使在合作符合他们共同利益时也无法维持合作。囚徒困境的逻辑适用于许多情况,包括军备竞赛、公共资源问题和寡头。

◎ 决策者用反托拉斯法来防止寡头从事减少竞争的行为。这些法律的适用性是有争议的,因为有些看来可能减少竞争的行为实际上可能有合理的经营目的。

关键概念

寡头　　　　　　　　　　卡特尔　　　　　　　　　　占优策略
博弈论　　　　　　　　　纳什均衡
勾结　　　　　　　　　　囚徒困境

复习题

1. 如果一群卖者可以组成一个卡特尔,它们将试图设定怎样的产量和价格?
2. 比较寡头与垄断的产量与价格。
3. 比较寡头与竞争市场的产量与价格。
4. 一个寡头市场上的企业数量如何影响市场结果?
5. 什么是囚徒困境?它与寡头有什么关系?
6. 举出寡头之外的两个例子,说明囚徒困境如何有助于解释行为。
7. 反托拉斯法禁止哪些类型的行为?

第6篇
劳动市场经济学

第 18 章
生产要素市场

毕业后，你的收入将主要取决于你所从事工作的类型。如果你成为一名电脑程序员，你将比成为一名加油站服务员赚得更多。这个事实并不让人吃惊，但其中的原因却并非显而易见。并没有哪一条法律规定电脑程序员的工资要比加油站服务员高，也没有哪一条道德规范认为程序员应该报酬更高。那么，是什么决定了不同工作的报酬呢？

当然，你的收入是更大经济中的一小部分。2012 年美国居民的总收入是 15 万亿美元左右。人们以各种方式赚到这份收入。工人以工资和福利津贴的形式赚到总收入的 2/3。其他部分以租金、利润和利息的形式归土地所有者和资本所有者——资本是经济中设备和建筑物的存量。什么因素决定了多少归工人，多少归土地所有者，多少归资本所有者？为什么一些工人赚的工资比另一些工人高？为什么一些土地所有者赚的租金比另一些土地所有者高？为什么一些资本所有者赚的利润比另一些资本所有者高？特别是，为什么电脑程序员赚的钱比加油站服务员多？

正如经济学中的大部分问题一样，对这些问题的回答仍取决于供给与需求。劳动、土地和资本的供给与需求决定了支付给工人、土地所有者和资本所有者的价格。因此，为了说明一些人的收入比另一些人高的原因，我们需要更深入地考察他们所提供的服务的市场。这正是我们在本章和以下两章中要做的工作。

本章将阐述分析要素市场的基本理论。你可以回忆一下第 2 章，**生产要素**（factors of production）是用于生产物品与服务的投入。劳动、土地和资本是三种最重要的生产要素。当一家电脑公司生产新的软件程序时，它要利用程序员的时间（劳动）、它的办公室所处的物理空间（土地），以及办公楼和电脑设备（资本）。同样，当一个加油站出售汽油时，它要利用服务员的时间（劳动）、物理空间（土地）和油箱与油泵（资本）。

在许多方面，要素市场类似于我们在前几章中分析的物品与服务市场，但两者在一个重要的方面有所不同：生产要素的需求是派生需求，也就是说，企业的生产要素需求是从它向另一个市场供给物品的决策派生出来的。对电脑程序员的需求与电脑软件的供给有不可分割的联系，而对加油站服务员的需求与汽油的供给密不可分。

生产要素：用于生产物品与服务的投入。

在本章中，我们通过考虑竞争的、以利润最大化为目标的企业如何决定购买多少生产要素来分析要素需求。我们从考察劳动需求开始分析。劳动是最重要的生产要素，因为在美国经济中工人的收入占到了总收入的大部分。在本章的后面，我们将说明，从劳动市场中得到的结论也可以应用于其他生产要素市场。

本章提出的要素市场的基本理论在解释美国经济的收入如何在工人、土地所有者和资本所有者之间分配方面向前迈出了一大步。第 19 章将在这种分析之上更详尽地考察为什么一些工人赚的钱比另一些工人多。第 20 章将考察要素市场的作用引起的收入不平等程度，然后考察政府在改变收入分配中应该起什么作用，以及实际起了什么作用。

18.1 劳动的需求

与经济中的其他市场一样，劳动市场也是由供求力量支配的。图 18-1 说明了这一点。在（a）幅中，苹果的供给与需求决定了苹果的价格。在（b）幅中，摘苹果工人的供给与需求决定了摘苹果工人的价格或工资。

如前所述，劳动市场不同于大多数其他市场，因为劳动需求是一种派生需求。大多数劳动服务不是作为最终产品供消费者享用的，而是作为生产成本投入到其他物品

图18-1　供给与需求的多功能性

供给与需求的基本工具适用于物品与劳动服务。（a）幅表示苹果的供给与需求如何决定苹果的价格。（b）幅表示摘苹果工人的供给与需求如何决定摘苹果工人的工资。

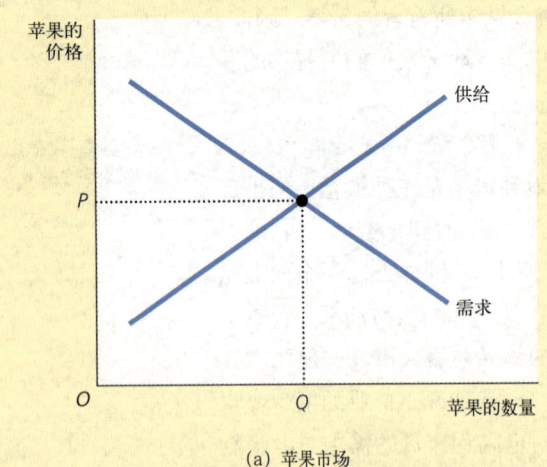

(a) 苹果市场

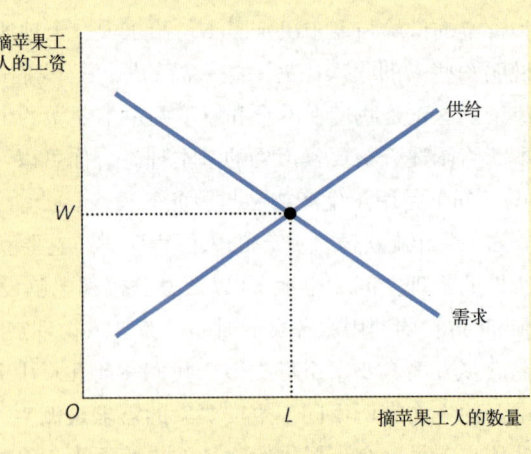

(b) 摘苹果工人市场

的生产中去的。为了理解劳动需求，我们需要将注意力集中在雇用劳动并以之生产和销售物品的企业上。通过考察物品生产和生产这些物品的劳动需求之间的联系，我们就可以说明均衡工资的决定。

18.1.1 竞争的、以利润最大化为目标的企业

我们来观察一个典型的企业，比如一个苹果生产商，如何决定劳动的需求量。该企业拥有一个苹果园，并且每周必须决定雇用多少工人来摘苹果。在企业做出它的雇佣决策以后，工人就尽可能多地摘苹果。然后企业出售苹果，支付工人工资，剩下的就是利润。

我们做出两个关于企业的假设。第一，假设我们的企业在苹果市场上（在该市场上企业是卖者）和摘苹果工人市场上（在该市场上企业是买者）都是竞争性的。竞争企业是价格接受者。由于有许多其他企业出售苹果和雇用摘苹果工人，因此，一个企业对市场上苹果的售价和付给摘苹果工人的工资几乎没有什么影响。企业接受市场条件决定的价格和工资。它唯一要决定的是出售多少苹果和雇用多少工人。

第二，我们假设，企业是追求利润最大化的。因此，企业并不直接关心它雇用的工人数和它生产的苹果量。它只关心利润，利润等于销售苹果的总收益减去生产这些苹果的总成本。企业的苹果供给和工人需求都产生于其利润最大化这个首要目标。

18.1.2 生产函数与劳动的边际产量

为了做出雇佣决策，企业必须考虑工人数量的多少如何影响产量。换句话说，它必须考虑摘苹果工人的数量如何影响它能收获和销售的苹果量。表18–1用数字进行

表18–1 竞争企业如何决定雇用的工人数量

劳动 （工人数量） (L)	产量 （蒲式耳/周） (Q)	劳动的 边际产量 （蒲式耳/周） ($MPL=\Delta Q/\Delta L$)	劳动的边际产量值 （美元） ($VMPL=P \times MPL$)	工资 （美元） (W)	边际利润 （美元） ($\Delta 利润=VMPL-W$)
0	0				
		100	1 000	500	500
1	100				
		80	800	500	300
2	180				
		60	600	500	100
3	240				
		40	400	500	−100
4	280				
		20	200	500	−300
5	300				

了说明。第一列是工人数量；第二列是工人每周收获的苹果量。

这两列数字描述了企业的生产能力。我们还记得，经济学家用**生产函数**（production function）来描述生产中使用的投入量与产量之间的关系。在这里，"投入"是摘苹果的工人，而"产出"是苹果。其他投入——苹果树本身、土地、企业的卡车和拖拉机等——现在设为固定的。这个企业的生产函数表示：如果企业雇用1个工人，这个工人每周将摘100蒲式耳苹果；如果企业雇用2个工人，2个工人每周一共摘180蒲式耳苹果，以此类推。

生产函数：用于生产一种物品的投入量与该物品产量之间的关系。

图18-2是根据表18-1提供的劳动与产量的数据绘制的。横轴是工人数量，纵轴是产量。这个图阐释了生产函数。

第1章中的经济学十大原理之一是理性人考虑边际量。这是理解企业如何决定雇用多少劳动量的关键。作为决策的一步，表18-1的第三列给出了**劳动的边际产量**（marginal product of labor），即增加一单位劳动所引起的产量增加量。例如，当企业把工人数量从1个增加到2个时，生产的苹果从100蒲式耳增加到180蒲式耳。因此，第2个工人的边际产量是80蒲式耳。

劳动的边际产量：增加的一单位劳动所引起的产量增加量。

要注意的是，随着工人数量的增加，劳动的边际产量递减。这就是说，生产过程表现出**边际产量递减**（diminishing marginal product）。起初，当只雇用少数几个工人时，他们可以摘低处的苹果。随着工人数量的增加，增加的工人不得不爬上高高的梯子找要摘的苹果。因此，随着雇用的工人越来越多，每个增加的工人对苹果产量的贡献越来越小。由于这个原因，图18-2中的生产函数随着工人数量的增加变得越来越平坦。

边际产量递减：一单位投入的边际产量随着投入量增加而减少的性质。

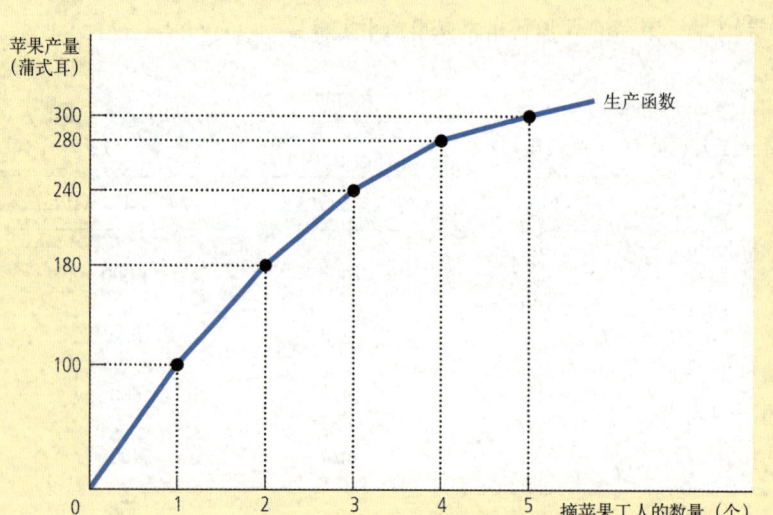

图18-2　生产函数

生产函数是生产中的投入（摘苹果工人）量与生产的产品（苹果）数量之间的关系。随着投入量增加，生产函数变得越来越平坦，这反映了边际产量递减的特性。

18.1.3 边际产量值和劳动需求

我们的利润最大化企业并不是关注苹果本身，而是关注生产和销售苹果所带来的财富。因此，在决定雇用多少工人摘苹果时，企业会更多地考虑每个工人能带来多少利润。由于利润是总收益减总成本，因此，增加的 1 个工人的利润是工人对收益的贡献减去工人的工资。

为了确定工人对收益的贡献，我们必须把劳动的边际产量（用苹果的蒲式耳数来衡量）变为边际产量值（用美元来表示）。我们用苹果的价格来进行变换。继续看我们的例子，如果每蒲式耳苹果卖 10 美元，而且如果 1 个增加的工人生产 80 蒲式耳苹果，那么，这个工人就产生 800 美元收益。

任何一种投入的边际产量值（value of the marginal product）就是该投入的边际产量乘以产品的市场价格。在我们的例子中，假设每蒲式耳苹果的价格是 10 美元，表 18-1 的第四列表示的就是劳动的边际产量值。由于一个竞争企业的市场价格是不变的，而边际产量随着工人增加而递减，因此，边际产量值（与边际产量本身一样）随着工人数量的增加而递减。经济学家有时把这一列的数字称为企业的边际收益产量：它是企业从多使用一单位生产要素中得到的额外收益。

现在考虑企业将雇用多少工人。假定摘苹果工人的市场工资是每周 500 美元。在这种情况下，正如你在表 18-1 中看到的，企业雇用第 1 个工人是有利可图的：第 1 个工人产生 1 000 美元收益，或 500 美元利润。类似地，第 2 个工人产生 800 美元的额外收益，或 300 美元利润。第 3 个工人产生 600 美元的额外收益，或 100 美元利润。但是，在第 3 个工人之后，雇用工人就无利可图了。第 4 个工人只产生 400 美元的额外收益。由于工人的工资是 500 美元，雇用第 4 个工人意味着利润减少 100 美元。因此，企业只雇用 3 个工人。

我们可以用图形来直观地考虑企业的决策。图 18-3 描述了边际产量值。这条曲线向右下方倾斜，是因为劳动的边际产量随着工人数量的增加而递减。该图还包括一条市场工资时的水平线。为了使利润最大化，企业雇用的工人数要达到这两条曲线相交的那一点。低于这个雇用水平，边际产量值大于工资，因此再雇用 1 个工人会增加利润；高于这个雇用水平，边际产量值低于工资，雇用该边际工人是无利可图的。因此，一个竞争性的、利润最大化企业雇用的工人数要达到使劳动的边际产量值等于工资的那一点。

在解释了一个竞争企业的利润最大化雇佣策略之后，我们现在可以提出劳动需求理论了。我们还记得，企业的劳动需求曲线告诉我们，在任何一种既定的工资水平下企业所需要的劳动量。我们刚刚在图 18-3 中看到了，企业选择劳动量的决策原则是使边际产量值等于工资。因此，对一个竞争性的、利润最大化的企业来说，边际产量值曲线也是劳动需求曲线。

边际产量值：一种投入的边际产量乘以该产品的价格。

即问即答

■ 描述劳动的边际产量与劳动的边际产量值的含义。

■ 描述一个竞争性的、以利润最大化为目标的企业如何决定雇用工人的数量。

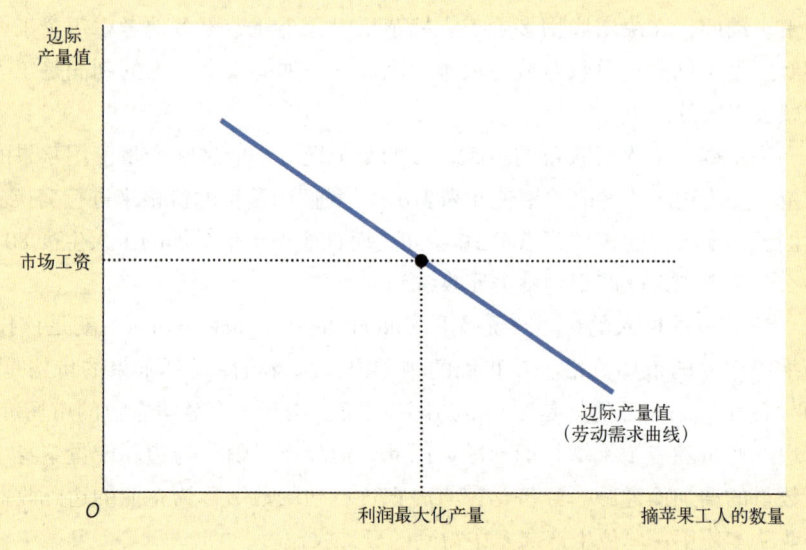

图18-3　劳动的边际产量值

该图表示边际产量值（边际产量乘以产品价格）如何取决于工人的数量。该曲线向右下方倾斜是因为边际产量递减。对一个竞争性的、以利润最大化为目标的企业来说，这条边际产量值曲线也是企业的劳动需求曲线。

参考资料　投入需求与产量供给：同一枚硬币的两面

在第14章中，我们说明了一个竞争性的、以利润最大化为目标的企业如何决定其出售的产量：它选择在该物品的价格等于生产的边际成本时的产量。我们刚才说明了这种企业如何决定雇用劳动的数量：它选择工资等于边际产量值时的劳动量。由于生产函数把投入量与产量联系起来，因此，当你了解到企业的投入需求决策与产量供给决策密切相关时，应该不会感到惊讶。实际上，这两种决策是同一枚硬币的正反两面。

为了更充分地说明这种关系，让我们看看劳动的边际产量（MPL）与边际成本（MC）如何相关。假设增加1个工人的成本为500美元，边际产量为50蒲式耳苹果。在这种情况下，多生产50蒲式

耳苹果的成本为500美元，1蒲式耳苹果的边际成本是 500 美元 /50，即10美元。推而广之，如果 W 表示工资，而且，额外的一单位劳动生产出 MPL 单位的产量，那么，一单位产量的边际成本是 MC=W/MPL。

这种分析表明，边际产量递减与边际成本递增是紧密相关的。当苹果园里挤满了工人时，每个增加的工人所增加的苹果产量就会减少（MPL 减少）。类似地，当苹果企业生产大量苹果时，苹果园已经挤满了工人，以致生产额外的1蒲式耳苹果的成本增加（MC 增加）。

现在考虑我们的利润最大化标准。我们已经明确，利润最大化企业选择的劳动量要使劳动的边际产量值（P×MPL）

等于工资（W）。用数学公式表示为

$$P \times MPL = W$$

如果我们把这个式子的两边同时除以 MPL，就得出

$$P = W/MPL$$

我们刚刚提到，W/MPL 等于边际成本 MC。因此，我们又可以代入上式得出

$$P = MC$$

这个等式表明，企业产品的价格等于生产一单位产品的边际成本。因此，当一个竞争性企业雇用的劳动达到边际产量值等于工资的那一点时，它的产量也就达到价格等于边际成本的那一点。本章中对劳动需求的分析正是我们在第14章中第一次说明的考察生产决策的另一种方式。

18.1.4 什么引起劳动需求曲线移动

现在我们理解了劳动需求曲线：它反映了劳动的边际产量值。记住这一结论，下面我们考察可能会引起劳动需求曲线移动的几个因素。

产品价格 边际产量值是边际产量乘以产品的价格。因此，当产品价格变动时，边际产量值变动，而且，劳动需求曲线移动。例如，苹果价格上升增加了每个摘苹果工人的边际产量值，从而增加了生产苹果的企业的劳动需求。相反，苹果价格下降减少了边际产量值，也减少了劳动需求。

技术变革 在 1960—2012 年间，一个普通美国工人一小时生产的产量增加了 192%。为什么呢？最重要的原因是技术进步：科学家和工程师不断地发明出新的、更好的方法。这对劳动市场有深远的含义。技术进步通常增加了劳动的边际产量，从而增加了劳动需求，并使劳动需求曲线向右移动。

技术变革也可能减少劳动需求。例如，廉价的工业机器人的发明就可能减少劳动的边际产量，使劳动曲线向左移动。经济学家把这种情况称为劳动节约型的技术变革。但是，历史表明，大多数技术进步是劳动扩张型的。这种技术进步解释了在工资上升时就业持续增加的现象：尽管（根据通货膨胀调整过的）工资在 20 世纪的最后 50 年间上升了 152%，但企业雇用的工人数量也增加了 88%。

其他要素的供给 一种生产要素的可获得量会影响其他生产要素的边际产量。例如，梯子供给的减少将减少摘苹果工人的边际产量，从而减少了对摘苹果工人的需求。在本章的后面，我们还要更充分地考察生产要素之间的这种联系。

18.2 劳动的供给

在详细分析了劳动需求后，我们转向市场的另一面，来考虑劳动供给。劳动供给的正式模型在第 21 章中给出，在那一章我们提出了家庭决策理论。在这里，我们简单而非正式地讨论在劳动供给曲线背后的决策。

18.2.1 工作与闲暇之间的权衡取舍

第 1 章中的经济学十大原理之一是人们面临权衡取舍。在人的一生中，也许没有一种权衡取舍比工作和闲暇之间的权衡取舍更明显、更重要。你用于工作的时间越多，用于看电视、与朋友吃饭，或追求自己喜欢的业余爱好的时间就越少。劳动与闲暇之间的权衡取舍隐藏在劳动供给曲线的背后。

"四十年来，我的确并未享受一周工作 5 天、一年工作 50 周的生活，但我需要钱。"

图片来源：
© Peter C.Vey/
The New Yorker
Collection/www.
cartoonbank.com

经济学十大原理中还有一个是,某种东西的成本是为了得到它所放弃的东西。为了得到一小时闲暇,你放弃了什么呢?你放弃了一小时工作,这又意味着放弃了一小时工资。因此,如果你的工资是每小时 15 美元,一小时闲暇的机会成本就是 15 美元。而且,当你的工资提高到每小时 20 美元时,享受闲暇的机会成本也随之增加了。

劳动供给曲线反映了工人如何根据这一机会成本的变动做出劳动—闲暇权衡取舍的决策。向右上方倾斜的劳动供给曲线意味着,工资上升使工人增加他们供给的劳动量。由于时间是有限的,工作时间越多意味着工人享受闲暇的时间越少。也就是说,工人对闲暇的机会成本增加的反应是减少闲暇。

值得注意的是,劳动供给曲线并不一定是向右上方倾斜的。假定你的工资从每小时 15 美元上升到 20 美元,闲暇的机会成本现在变大了,但你也比以前更富有了。有了这笔额外的财富,你现在可能会选择去享受更多的闲暇。这就是说,在高工资时,你会选择少工作几小时。如果是这样的话,你的劳动供给曲线会向后弯曲。在第 21 章中,我们将根据你的劳动供给决策的冲突效应(称为收入效应与替代效应)来讨论这种可能性。现在我们暂时不考虑向后弯曲的劳动供给曲线的可能性,并假设劳动供给曲线向右上方倾斜。

18.2.2　什么引起劳动供给曲线移动

只要人们改变他们在某一既定工资时想工作的量,劳动供给曲线就会发生移动。现在我们来考虑可能会引起这种移动的一些因素。

爱好变动　在 1950 年,34% 的女性从事有酬职业或正在找工作。2012 年,这一数字上升到 58%。当然,对这种变化有许多解释,但其中之一是爱好或对工作态度的改变。60 年前,女性留在家里照料孩子是正常的。今天,普通家庭的规模小了,更多的母亲选择了工作。结果是劳动供给增加。

可供选择的机会改变　在任何一个劳动市场上,劳动的供给都取决于其他劳动市场上可以得到的机会。如果摘梨的工人赚到的工资突然上升了,一些摘苹果的工人就会选择改变职业,结果,摘苹果工人市场上的劳动供给减少了。

移民　工人从一个地区向另一个地区,或从一个国家向另一个国家的流动是劳动供给移动的另一个重要来源。例如,当移民来到美国时,美国的劳动供给增加了,而移民国的劳动供给减少了。实际上,许多有关移民的争论集中在它对劳动供给,从而对劳动市场均衡工资的影响上。

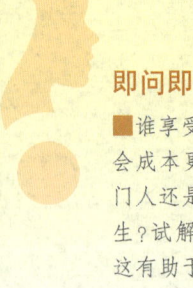

即问即答

■ 谁享受闲暇的机会成本更高——看门人还是脑外科医生?试解释原因。这有助于解释为什么医生工作时间如此之长吗?

18.3　劳动市场的均衡

到现在为止,我们已经确认了竞争性劳动市场上工资如何决定的两个因素:

- 工资会自发调整，使劳动的供求达到平衡。
- 工资等于劳动的边际产量值。

乍一看，工资可以同时做到这两件事可能令人感到惊讶。实际上，这里并不存在真正的难解之谜，但解释为什么不存在这个谜是理解工资决定的重要一步。

图18-4表示劳动市场均衡。工资和劳动量的自发调整使供求达到平衡。当市场处于这种均衡时，每个企业都已购买了其在均衡工资时有利可图的最大劳动量。这就是说，每个企业都遵循了利润最大化原则：它雇用劳动直到边际产量值等于工资时为止。因此，一旦劳动的购买量使供求达到均衡，工资必定等于劳动的边际产量值。

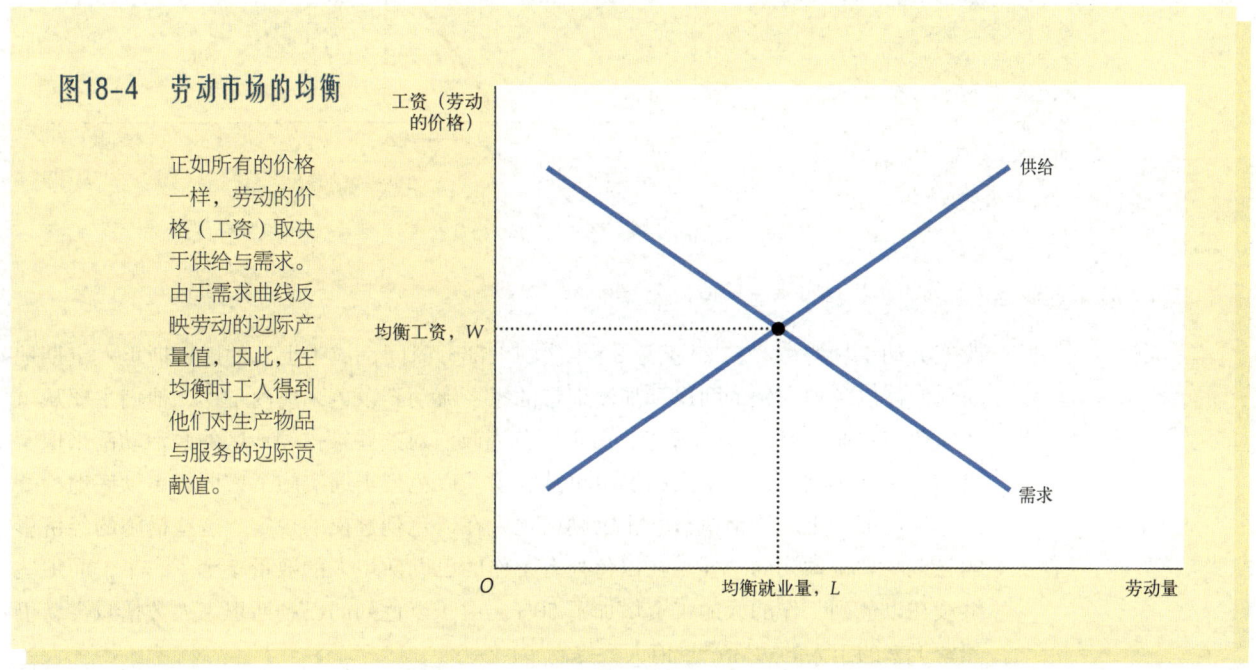

图18-4 劳动市场的均衡

正如所有的价格一样，劳动的价格（工资）取决于供给与需求。由于需求曲线反映劳动的边际产量值，因此，在均衡时工人得到他们对生产物品与服务的边际贡献值。

这就使我们得出一个重要的结论：改变劳动供求的任何事件都必定使均衡工资和边际产量值等量变动，因为这两个量必定总是相等的。为了说明这一点如何发生作用，我们考虑几个使这些曲线移动的事件。

18.3.1 劳动供给曲线的移动

假定向境内移民增加了摘苹果工人的供给。如图18-5所示，劳动供给曲线从 S_1 向右移动到 S_2。在最初的工资 W_1 时，现在劳动供给量大于需求量。这种劳动过剩对摘苹果工人的工资产生向下的压力，工资从 W_1 下降到 W_2 又使企业多雇用工人有利可图。随着每个苹果园雇用工人数量的增加，工人的边际产量减少了，从而边际产量值也减少了。在这种新均衡下，工资和劳动的边际产量值都低于新工人流入以前的水平。MIT 的经济学家 Joshua Angrist 研究的以色列的一个事例说明了劳动供给移动如何

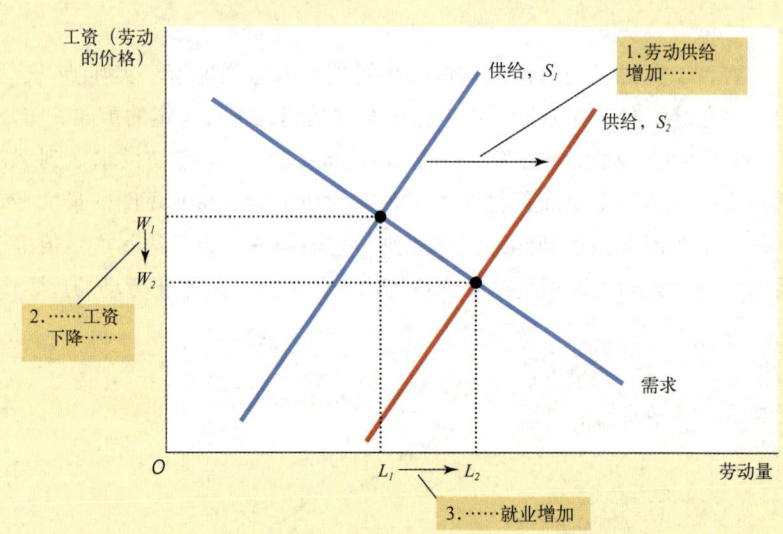

图18-5 劳动供给曲线的移动

也许是由于新工人向境内的移民，当劳动供给由 S_1 增加到 S_2 时，均衡工资从 W_1 下降到 W_2。在这种较低工资水平下，企业雇用更多工人，因此就业从 L_1 增加到 L_2。工资的变动反映了劳动边际产量值的变动：在工人较多时，增加一个工人所增加的产量减少了。

改变劳动市场均衡。在 20 世纪 80 年代的大部分时间，成千上万的巴勒斯坦人定期地从他们被以色列占领的西岸和加沙地带的家乡流动到以色列境内工作，他们主要从事建筑业与农业。但是，1988 年，由于以色列政府对这些被占领地区的政治动乱采取了措施，受其影响，这种工人的供给也减少了。以色列当局实施了戒严，更彻底地检查工作许可证，更严格地执行禁止巴勒斯坦人在以色列过夜的规定。这些措施的经济影响完全与理论预期的一样：在以色列有工作的巴勒斯坦人的数量减少了一半，而那些继续在以色列工作的人的工资增加了 50%。由于以色列的巴勒斯坦工人数量减少，仍然留下来的工人的边际产量值大大提高了。

IN THE NEWS

【新闻摘录】 移民经济学

下面是与研究移民的达拉斯联邦储备银行高级经济学家 Pia Orrenius 的对话。

问：你能告诉我们美国移民人口有多少吗？

答：移民占总人口的 13%，这就意味着约有 4 000 万出生在外国的人生活在美国。普遍接受的对在外国出生的未注册人口的估算是 1 100 万。移民来自世界各地，但是，我们发现他们的来源有了很大变化。在 20 世纪 50 年代和 60 年代，75% 的移民来自欧洲。今天约有 80% 的移民来自拉丁美洲和亚洲。今天的流入量也变得更大了，每年的新进入者有 100 万到 200 万人。但是，2010—2011 年的移民仍然低于 2007—2009 年大衰退之前的水平，当时的房地产危机引起非法移民大幅度减少。

大家关心的是我们的经济如何能吸收这些移民，并给他们工作。与其他发达国家相比，美国移民有更高的就业率。

这部分是因为我们并没有确定很高的入门级工资或者有限制雇用与解雇的规定。在这种灵活的体制中，会有更多的职位空缺。工人会有更多的机会。当然，入门级的工资也比较低，但移民至少可以落脚。

加入劳动力队伍使得移民们可以和社会上其他人交往。他们学习语言更快，纳税并成为利益相关者。

问：移民适于进入美国经济的哪些领域？

答：我们的移民在经济活动中是多元化的。我们依靠移民来从事高技能工作和低技能工作，还有一些移民是中等技能工人，但是，最主要的是他们处于教育分布的高端或低端。

移民的经济影响是不同的，这取决于你谈的是哪一个群体。我们有极为重要的高技能移民群体。我们依靠他们完成医疗、科学、技术和工程中的一些高技能工作。每年，超过1/3的科学和工程的博士学位授予出生在美国以外国家的学生。而且，研究表明，在STEM（科学、技术、工程与数学）领域，外国出生的工人比他们的美国同事更有创新和创业精神。

高技能移民有良好的经济影响——它促进了生产率的提高，并为财政做出了积极贡献。当讨论移民时，人们倾向于注意非法的或者低技能的移民，而且往往没有意识到高技能移民的巨大贡献。

问：低技能移民又怎样呢？

答：低技能移民也带来了劳动力增加的经济利益，例如给消费者带来了更低的价格，但这种利益必须与其往往是消极的财政影响相平衡。财政影响表现为家庭对税收的贡献与家庭使用的公共服务之间的差别。

使财政问题更为困难的是税收负担的分摊。联邦政府从那些工作并支付就业税的移民那里得到更多的收入。州政府和地方政府得到的收入要少一些，并要支付更多与低技能移民相关的费用——通常是医疗保障和教育支出。

问：移民合不合法重要吗？

答：非法移民多年以来也对美国经济做出了贡献。美国工人的5%是未经批准的；直至最近几十年，劳动需求强劲增长的结果是放松了管制。但是，从经济的角度看，根据各种技能水平的差别对移民进行区分比关注其合法身份更有意义。

低技能移民的经济利益一般并不取决于他们是如何进入美国的。非法移民纳税较少，但他们没有资格享受公共福利。所以说，非法并不意味着这些移民有较坏的财政影响。实际上，低技能的非法移民所带来的财政负担比低技能的合法移民少，因为没有注册的移民几乎得不到任何福利。

问：移民如何影响本土出生的人的工作和收入？

答：劳动经济学家长期以来致力于这个问题，即移民如何影响美国人的工资，特别是那些没有高中文凭的低技能工人的工资。我们关注这一点的原因是，自从20世纪70年代后期以来，低技能美国工人的真实工资一直在下降。

研究表明，这种下降主要不是因为移民的进入。普遍的看法似乎是今天工资下降的1%—3%是由于移民，尽管一些学者发现移民对低技能工人的影响要大一些。但是劳动经济学家认为，这是一个难题，他们并不能系统地确定移民对工资有更大的不利影响。

原因可能是经济一直在根据移民的进入而调整。例如，根据地理来看，大量移民流入一个地区也会鼓励新工人可以使用的资本流入、技术或生产流程进步。因此，劳动供给增加了，但劳动需求也增加了，从而移民的工资效应减弱了。

资料来源： 本访谈内容原发表于 *Southwest Economy*, March/April 2006, 在本版中由 Orrenius博士进行了更新。

Pia Orrenius

图片来源：© Courtesy of Federal Reserve Bank of Dallas, *Southwest Economy*, March/April 2006.

18.3.2 劳动需求曲线的移动

现在假定苹果受欢迎程度的提高引起了价格上升。这种价格上升并没有改变任何一种既定工人数量时劳动的边际产量，但它增加了边际产量值。在苹果价格较高时，雇用更多摘苹果工人就变得有利可图了。正如图18-6所示，当劳动需求从 D_1 向右移动到 D_2 时，均衡工资从 W_1 上升到 W_2，均衡就业量从 L_1 增加到 L_2。工资和劳动的边

即问即答

■ 工人移民如何影响劳动供给、劳动需求、劳动的边际产量及均衡工资？

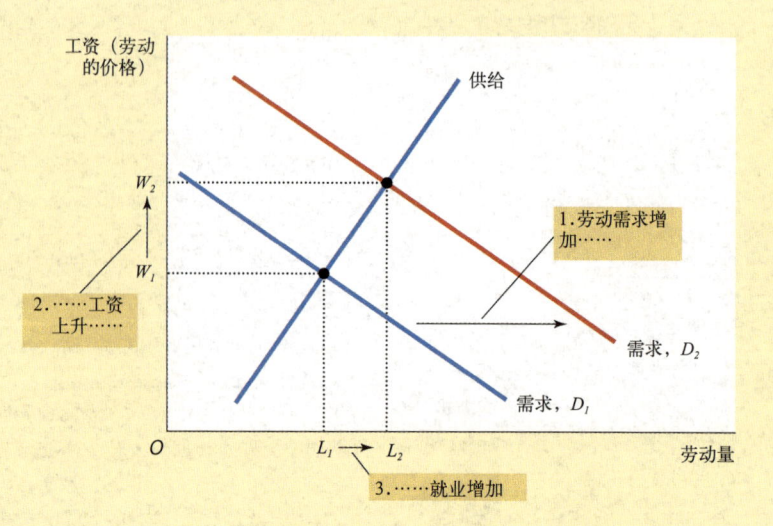

图18-6 劳动需求曲线的移动

也许由于企业产品价格上升，当劳动需求从 D_1 增加到 D_2 时，均衡工资从 W_1 上升到 W_2，就业量从 L_1 增加到 L_2。工资变动又反映了劳动边际产量值的变动：由于产品价格的上升，增加一个工人所增加的产量更值钱了。

际产量值再次同时发生了变动。

这种分析表明，一个行业中企业的繁荣程度往往与这个行业中工人的繁荣程度是密切相关的。当苹果价格上升时，苹果生产者赚到了更多利润，摘苹果工人也得到了更多的工资。当苹果价格下降时，苹果生产者赚到的利润变少了，摘苹果工人的工资也变少了。那些价格变动大的行业的工人都知道这个道理。例如，石油行业的工人从经验中知道，他们的收入与世界原油价格密切相关。

从这些例子中，你应该可以充分理解在竞争性劳动市场上工资是如何确定的。劳动供给与劳动需求共同决定了均衡工资，而且，劳动供给曲线或劳动需求曲线的移动引起均衡工资变动。同时，那些需要工人的企业的利润最大化确保了均衡工资总是等于劳动的边际产量值。

案例研究　生产率与工资

第1章中的经济学十大原理之一是，我们的生活水平取决于我们生产物品与服务的能力。我们现在可以说明这个原理如何在劳动市场上发挥作用了。具体而言，劳动需求分析表明，工资等于用劳动的边际产量值衡量的生产率。简言之，生产率高的工人其工资也高，生产率低的工人其工资也低。

这个结论对于理解为什么现在的工人比前几代工人状况更好是至关重要的。表18-2列出了一些生产率增长与实际工资（即根据通货膨胀调整后的工资）增长的数据。从1959年到2012年，以每小时产量衡量的生产率每年增长2.1%左右，实际工资则以每年1.8%的速度增长——生产率与实际工资的增长率几乎相等。在增长率每年为2.0%时，生产率和实际工资大约每35年就翻一番。

生产率的增长一直在变动。表18-2还列出了经济学家认为生产率变化很不同的三个较短时期的相关数据。1973年左右，美国经历了持续到1995年的生产率增长的放慢。虽然其中的原因还未能得到很好的解释，但我们从数据中发现的

表18-2　美国的生产率与工资增长情况

在下表中，生产率增长用非农业部门每小时产量的年度变动率来衡量。实际工资增长用非农业部门每小时报酬的年度变动率除以该部门的隐性物价平减指数来衡量。这些生产率数据衡量平均生产率——产量除以劳动量——而不是边际生产率，但可以认为平均生产率与边际生产率是密切地同时变动的。

时期	生产率增长率（%）	实际工资增长率（%）
1959—2012年	2.1	1.8
1959—1973年	2.8	2.8
1973—1995年	1.4	1.1
1995—2012年	2.3	1.9

资料来源：Bureau of Labor Statistics.

生产率和实际工资之间的关系完全像标准理论所预计的那样。生产率从每年2.8%放慢到1.4%，这与实际工资增长率从每年2.8%放慢到1.1%是一致的。

1995年左右生产率的增长又加快了。许多观察者把这种现象归因于"新经济"的到来。生产率的这种加速增长主要归因于电脑和信息技术的传播。正如理论所预计的，实际工资的增长也加快了。从1995年到2012年，生产率每年增长2.3%，而实际工资每年增长1.9%。

综上所述，理论和历史都证明了生产率和实际工资之间有着紧密的联系。

参考资料　买方垄断

如前所述，我们用供求工具对劳动市场进行了分析。在分析中，我们假设劳动市场是竞争性的。这就是说，我们假设有许多劳动的买者与许多劳动的卖者，因此，每个买者或卖者对工资的影响都是微不足道的。

现在设想一个小镇的劳动市场由一个大雇主支配，那么这个雇主就对现行工资有相当大的影响，而且，它可以很好地运用其市场势力来改变结果。这种只有一个买者的市场称为买方垄断。

买方垄断（只有一个买者的市场）在许多方面类似于垄断（只有一个卖者的市场）。回忆一下第15章，一个垄断企业生产的物品少于竞争企业，它通过减少于销售的数量来沿着产品的需求曲线变动，从而提高了价格，并增加了利润。类似地，劳动市场上的买方垄断企业雇用的工人也少于竞争企业，通过减少可获得的工作数量，买方垄断企业沿着劳动供给曲线变动，减少了它支付的工资，并增加了利润。因此，垄断和买方垄断都使市场经济活动降到社会最优水平之下。在这两种情况下，市场势力的存在都扭曲了结果，并引起无谓损失。

本书没有提出正式的买方垄断模型，因为在现实世界中买方垄断是极少见的。在大多数劳动市场上，工人有许多可能的雇主，企业也相互竞争以吸引工人。在这种情况下，供求模型是最好的分析工具。

18.4　其他生产要素：土地和资本

我们已经说明了企业如何决定雇用多少工人，以及这些决策如何决定工人的工资。在企业雇用工人的同时，它们还要决定其他生产投入。例如，苹果生产企业必须选择其苹果园的规模，以及供摘苹果工人使用的梯子的数量。我们可以把企业的生产要素分为三类：劳动、土地和资本。

劳动和土地这两个术语的含义是清楚的，但对资本的定义有点棘手。经济学家用**资本**（capital）这个术语指生产中所使用的设备与建筑物的存量。这就是说，经济中的资本代表现在正用于生产新物品和服务的过去生产的物品的积累。就苹果企业而言，资本存量包括用于爬树的梯子、用于运输苹果的卡车、用于贮藏苹果的建筑物，甚至苹果树本身。

资本：用于生产物品与服务的设备和建筑物。

18.4.1　土地和资本市场的均衡

什么决定了土地与资本所有者由于他们对生产过程的贡献而赚到的回报呢？在回答这个问题之前，我们需要区分两种价格：购买价格和租赁价格。土地或资本的购买价格是一个人为了无限期地拥有那些生产要素而支付的价格，租赁价格是一个人为了在一个有限时期内使用那些生产要素而支付的价格。记住这种区别很重要，因为正如我们将看到的，这些价格是由略有不同的经济力量决定的。

在为这些术语下定义之后，我们现在就可以把我们为劳动市场提出的要素需求理论运用到土地和资本市场中。由于工资是劳动的租赁价格，因此，我们所知道的工资决定的许多内容可以运用于土地和资本的租赁价格。正如图 18-7 所示，（a）幅中的土地的租赁价格，以及（b）幅中的资本的租赁价格，是由供给和需求决定的。此外，土地和资本需求的决定也与劳动需求的决定一样。这就是说，当苹果生产企业决定租用多少土地和梯子时，也遵循与决定雇用多少劳动时同样的逻辑。无论是土地还是资本，企业会一直增加对它们的租用量，直到要素的边际产量值等于要素的价格时为止。因此，每种要素的需求曲线反映了该要素的边际生产率。

现在我们可以解释多少收入归工人，多少收入归土地所有者，以及多少收入归资本所有者了。只要使用生产要素的企业是竞争性的和利润最大化的，每种要素的租赁价格就必须等于该要素的边际产量值。劳动、土地和资本各自赚到了它们在生产过程中的边际贡献的价值。

现在考虑土地和资本的购买价格。租赁价格和购买价格是相关的：如果土地或资本能产生有价值的租赁收入流，买者就愿意花更多钱去买一块土地或资本。而且，正如我们刚刚说明的，任何一个时点的均衡租赁收入都等于要素的边际产量值。因此，一块土地或资本的均衡购买价格取决于当前的边际产量值以及预期未来会有的边际产量值。

即问即答
■什么决定了土地所有者和资本所有者的收入？

图18-7　土地和资本市场

供给和需求决定了对土地所有者支付的报酬，如（a）幅所示，以及对资本所有者支付的报酬，如（b）幅所示。每种要素的需求又取决于该要素的边际产量值。

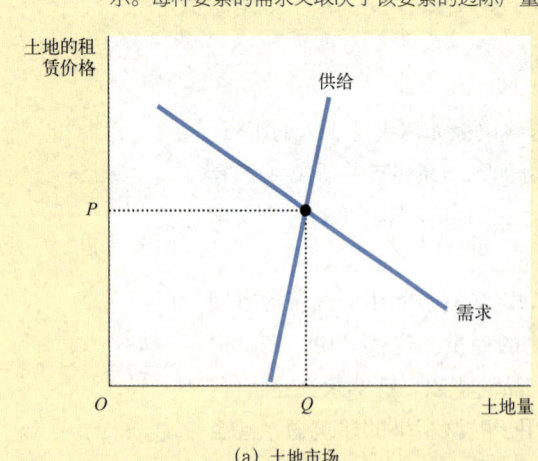
(a) 土地市场

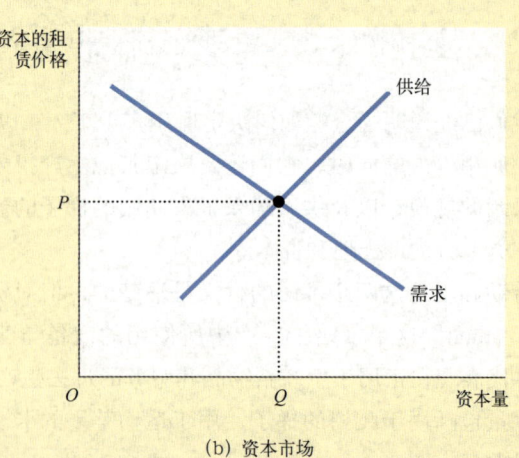
(b) 资本市场

参考资料　什么是资本收入

劳动收入是一个容易理解的概念：它是工人从其雇主那里得到的薪酬。但资本收入的含义并不那么显而易见。

在我们的分析中，一直暗含着一个假设，即家庭拥有经济的资本存量——梯子、钻床、仓库等——并把它们租给企业使用。在这种情况下，资本收入是家庭因为对其资本的使用所得到的租金。这种假设使我们对资本所有者如何得到报酬的分析简单化，但这并不完全符合实际。实际上，企业通常拥有它们使用的资本，因此，它们从这些资本中赚得收入。

但是，资本的这些收入最终要以各种形式支付给家庭。一些是以利息的形式支付给借钱给企业的家庭。债券持有者和银行储户是利息获得者的两个例子。因此，当你从你的银行账户上得到利息时，这种收入就是经济中资本收入的一部分。

此外，一些资本收入以股利的形式支付给家庭。股利是企业支付给企业股东的报酬。股东是购买了部分企业所有权，从而有权分享企业利润的人。

企业并不一定要以利息和股利的形式把收入全部支付给家庭。它也可以在企业内保留一部分收入，用于购买更多的资本。与股利不同，这些保留的收入没有直接以现金形式支付给企业股东，但股东仍然可以从中获益。因为留存收益增加了企业拥有的资本量，它们往往会增加未来的收益，从而提高企业股票的价值。

对这些基本原理的详细阐述是有趣而重要的，但它们并没有改变我们关于资本所有者赚到的收入的结论。无论资本的收入是以利息或股利的形式转移给家庭，还是作为留存收益留在企业内，都是根据资本的边际产量值来向资本支付报酬的。

18.4.2　生产要素之间的联系

我们已经说明了，支付给任何一种生产要素——劳动、土地或资本——的价格等于该要素的边际产量值。任何一种要素的边际产量又取决于可以得到的那种要素的量。由于边际产量递减，一种供给充足的要素边际产量低，从而价格较低；而一种供给稀缺的要素边际产量高，从而价格也较高。因此，当某种要素供给减少时，它的均衡价格上升。

然而，当某种要素的供给发生变化时，它的影响并不仅局限于对该要素市场的影响。在大多数情况下，生产要素以某种方式组合在一起使用，这就使得每种要素的生产率都取决于生产过程中使用的其他要素的可获得量。结果，任何一种生产要素的供给发生变化不仅影响该种要素的收益，而且影响所有要素的收益。

例如，假设一场飓风毁坏了工人用来从果园摘苹果的许多梯子，那么各种生产要素的收益会发生什么变动呢？最明显的结果是，梯子的供给减少了，因此，梯子的均衡租赁价格上升了。那些幸运的梯子免于被毁的所有者们现在把梯子租给生产苹果的企业时，可以赚到更多的收入。

但这个事件的影响并不仅仅停留在梯子市场上。由于用来工作的梯子少了，摘苹果的工人的边际产量就减少了。因此，梯子供给的减少降低了摘苹果工人的需求，而这又引起均衡工资下降。

这个事件说明了一个一般性结论：改变任何一种生产要素供给的事件会改变所有要素的收益。而任何一种要素收入的变动，都可以通过分析某个事件对该要素边际产量值的影响来确定。

即问即答

■ 资本量的增加如何影响那些已经拥有资本的人的收入和工人的收入？

> **案例研究** 黑死病的经济学

大难不死，必有后福。
图片来源：ⓒ Bettman/Corbis.

14世纪的欧洲，鼠疫的流行在短短几年内夺去了大约三分之一人口的生命。这个被称为黑死病的事件为检验我们刚刚提出的要素市场理论提供了一个可怕的自然实验。我们来看看黑死病对那些幸存者的影响。你认为工人赚到的工资和土地所有者赚到的租金会发生什么变动呢？

为了回答这个问题，我们来考察人口减少对劳动的边际产量和土地的边际产量的影响。在工人供给减少时，劳动的边际产量增加了（这是边际产量递减在相反方向起作用）。因此，我们估计黑死病提高了工资。

由于土地和劳动共同用于生产，工人供给减少也影响土地市场，而土地是中世纪欧洲另一种主要的生产要素。由于可用于耕种土地的工人少了，增加一单位土地所生产的额外产量少了。换句话说，土地的边际产量减少了。因此，我们可以认为黑死病降低了地租。

实际上，这两种预言都与历史证据相一致。在这一时期，工资翻了将近一番，而租金减少了50%，甚至更多。黑死病给农民阶级带来了经济繁荣，而减少了有土地阶级的收入。

18.5 结论

本章解释了劳动、土地和资本如何由于它们在生产过程中所起的作用而得到报酬。这里所提出的理论称为新古典分配理论。根据新古典分配理论，每种生产要素所得到的报酬量取决于该要素的供给与需求。需求又取决于某种要素的边际生产率。在均衡时，每种生产要素赚到了它在物品与服务生产中的边际贡献的价值。

新古典分配理论被广泛接受。大多数经济学家在解释美国经济的15万亿美元收入如何在其不同成员间分配时都是从新古典分配理论开始的。在以下两章中，我们将更详细地探讨收入分配。你将会看到，新古典理论为这种讨论提供了一个框架。

现在你可以用这个理论来回答本章开始时提出的问题：为什么电脑程序员的收入比加油站服务员的收入高？这是因为电脑程序员生产的物品的市场价值大于加油站服务员。人们愿意为一个好的电脑游戏支付高价格，但只愿意为加油和擦洗挡风玻璃付一点点钱。这些工人的工资反映了他们所生产物品的市场价格。如果人们突然对使用电脑感到厌倦了，并决定把更多时间用在开车上，这些物品的价格就会变动，从而这两个工人群体的均衡工资也会发生变动。

内容提要

◎ 经济的收入是在生产要素市场上分配的。三种最重要的生产要素是劳动、土地和资本。

◎ 要素需求，例如劳动需求，是一种派生需求，它产生于用这些要素生产物品与服务的企业。竞争的、以利润最大化为目标的企业在某要素的边际产量值等于其价格这一点上使用该要素。

◎ 劳动的供给产生于个人在工作和闲暇间的权衡取舍。向右上方倾斜的劳动供给曲线意味着人们对工资上升的反应是做更多工作和少享受闲暇。

◎ 支付给每种要素的价格的调整使该要素的供求趋于平衡。由于要素需求反映了该要素的边际产量值，在均衡时每种要素根据其对物品和服务生产的边际贡献得到报酬。

◎ 由于生产要素是同时使用的，因此，任何一种要素的边际产量都取决于可以得到的所有要素量。因此，一种要素供给的变动会改变所有要素的均衡收入。

关键概念

生产要素　　　　　　劳动的边际产量　　　　　　边际产量值
生产函数　　　　　　边际产量递减　　　　　　　资本

复习题

1. 解释一个企业的生产函数如何与其劳动的边际产量相关，一个企业的劳动边际产量如何与其边际产量值相关，以及一个企业的边际产量值如何与其劳动需求相关。

2. 列举出可以使劳动需求曲线移动的两个事件，并解释它们为什么能够这样。

3. 列举出可以使劳动供给曲线移动的两个事件，并解释它们为什么能够这样。

4. 解释工资如何能调整到使劳动供求平衡，而同时又等于劳动的边际产量值。

5. 如果美国的人口由于移民进入而突然增加，工资会发生什么变动？土地所有者和资本所有者赚到的租金会发生什么变动？

第 19 章
收入与歧视

在今天的美国，一名普通医生一年赚 20 万美元左右，一名普通警官一年赚 6 万美元左右，一名普通快餐店厨师一年赚 2 万美元左右。这些例子说明，在我们的经济中收入的巨大差距非常普遍。这些差距解释了为什么一些人住高档豪宅、开豪华轿车、到法国的 Riviera 海滩度假，而另一些人只能住小型公寓、乘公共汽车、在自家后院里度假。

为什么人与人之间的收入差别如此之大？在第 18 章中，我们提出了劳动市场的基本新古典理论，该理论为这个问题提供了一种答案。我们说明了工资由劳动供给与劳动需求决定。劳动需求又反映了劳动的边际生产率。在均衡时，每个工人都得到了他在经济中生产物品与服务过程中的边际贡献的价值。

这种为经济学家所广泛接受的劳动市场理论只是一个起点。为了理解我们所观察到的收入的巨大差别，我们必须突破这个一般框架，并更准确地考察什么因素决定了不同类型劳动的供给与需求。这是本章的目标。

19.1　决定均衡工资的若干因素

工人在许多方面都有不同。工作也会有不同的特点——无论是根据它们支付的工资来看，还是根据它们的非货币特性来看。在这一节，我们考虑工人和工作的特点是如何影响劳动供给、劳动需求和均衡工资的。

19.1.1　补偿性工资差别

当一个工人决定是否接受某个工作时，工资仅仅是他要考虑的许多工作特性之一。某些工作轻松、有趣又安全，而另一些工作艰苦、枯燥又危险。按这些非货币特性来判断，工作越好，在工资既定时愿意从事这种工作的人就越多。换句话说，那些轻松、有趣而安全的工作的劳动供给大于那些艰苦、枯燥而危险的工作。因此，"好"工作往往比"坏"工作的均衡工资低。

例如，设想你正在本镇海滩俱乐部找一份暑期工作。可以得到的工作有两种：你可以接受一份做海滩入场证检查员的工作，或者可以接受一份做清洁工的工作。海滩入场证检查员可以整天悠闲地沿着海滩散步，并检查一下旅游者是否带了规定的进入海滩的许可证。而清洁工要在天没亮时就起来，开着肮脏、有噪音的卡车在镇上收垃圾。你想做哪一种工作呢？如果工资相同的话，大多数人喜欢做入场证检查员。为了让人们当清洁工，镇里向清洁工提供的工资必定要高于入场证检查员的工资。

经济学家用**补偿性工资差别**（compensating differential）来指不同工作的非货币特性所引起的工资差别。补偿性工资差别在经济中普遍存在。下面是几个例子：

- 煤矿工人得到的工资高于其他有相似教育水平的工人的工资。他们的高工资用来补偿采煤的不干净和危险性，以及煤矿工人所面临的长期健康问题。
- 工厂中夜班工人的工资也高于同类白班工人的工资。高工资用来补偿他们不得不夜里工作而白天睡觉这种大多数人都不喜欢的生活方式。
- 教授的工资低于受教育程度差不多的律师和医生。律师和医生的高工资是补偿他们缺失的教授由工作所带来的学术上和个人价值上的满足。（实际上，讲授经济学如此有趣，以至于令人惊讶的是，经济学教授竟然还能得到报酬！）

补偿性工资差别：为抵消不同工作的非货币特性而产生的工资差别。

"一方面，我知道如果我放弃公职到私人部门，可以赚更多的钱；但另一方面，我就不能掌握生杀大权了！"

图片来源：
© Robert Mankoff/
The New Yorker
Collection/www.
cartoonbank.com

19.1.2 人力资本

正如我们在上一章中讨论的，资本这个词通常是指经济中设备与建筑物的存量。资本存量包括农民的拖拉机、制造商的工厂以及教师的黑板。资本的本质在于它本身是被生产出来的生产要素。

还有另外一种类型的资本，尽管它没有物质资本具体，但对经济中的生产同样重要。**人力资本**（human capital）是对人的投资的积累。最重要的一类人力资本是教育。与所有资本形式一样，教育代表着为了提高未来生产率而在某一时点的资源支出。但是，与对其他资本形式的投资不同，教育投资是与一个特定的人相联系的，这种联系使教育成为人力资本。

毫不奇怪，具有较多人力资本的工人的平均收入高于人力资本较少的工人。例如，美国大学毕业生的收入比只有高中文凭的工人高出几乎一倍。这种巨大的差异在世界上许多国家都得到了验证。这种差距在欠发达国家往往更大，在那里受过教育的工人供给稀缺。

从供给和需求的角度可以很容易地说明为什么教育提高了工资。企业——劳动需求者——愿意向教育水平高的工人支付更高的工资，因为受教育程度高的工人有着较高的边际生产率。工人——劳动供给者——只有在受教育能得到回报时才愿意支付受教育的成本。实际上，受教育程度较高的工人与受教育程度较低的工人之间的工资差别可以被看作一种对受教育成本的补偿性工资差别。

人力资本：对人的投资的积累，如教育和在职培训。

案例研究　日益增加的技能价值

"富者愈富，穷者愈穷。"就像很多谚语一样，这句话并不总是正确的，但近年来情况却的确如此。许多研究证明，过去几十年来，高技能工人与低技能工人之间的收入差距一直在扩大。

表19-1提供了大学毕业生的平均收入与高中毕业后再也没有接受任何教育的人的平均收入的数据。这些数据说明，教育的货币报酬在增加。1975年，一个有大学学位的男性的平均收入比没有大学学位的男性的平均收入高42%；到2011年，这个数字上升到75%。对于女性来说，上大学的报酬比不上大学的报酬从1975年的高出35%提高到2011年的高出81%。继续上学的激励现在和以前一样大。

为什么近年来熟练工人与非熟练工人之间的收入差距扩大了呢？没有人知道确切的原因，但经济学家提出了两种假说来解释这种趋势。这两种假说都提出，相对于对非熟练劳动的需求，对熟练劳动的需求一直在增加。需求的移动引起了这两组相应的工资变动，工资变动又引起更大的不平等。

第一个假说是，国际贸易改变了对熟练劳动与非熟练劳动的相对需求。近年来，美国与其他国家的贸易量大大增加，其进口占物品与服务总产值的比例从1970年的5%增加到2011年的18%，而出口占总产值的比例从1970年的6%增加到2011年的14%。由于许多外国非熟练劳动丰富而廉价，美国倾向于进口非熟练劳动生产的物品，而出口熟练劳动生产的物品。因此，当国际贸易扩大时，美国国内对熟练劳动的需求增加了，而对非熟练劳动的需求减少了。

第二个假说是，技术变革改变了对熟练劳动与非熟练劳动的相对需求。例如，考虑电脑的应用。电脑增加了对会用这种新机器的熟练工人的需求，并减少了对那些工作被电脑替代的非熟练工人的需求。例如，许多公司现在更多地依靠电脑数据库来储存商业记录，从而减少了对文件柜的依赖。这种变化增加了对电脑程序员的需求，而减少了对档案管理员的需求。因此，随着越来越多的企业使用电脑，对熟练劳动的需求增加了，而对非熟练劳动的需求减少了。

经济学家发现，要验证这两个假说的正确性是很困难的。这两个假说可能都是正确的：日益增长的国际贸易和技术变革可能共同导致了我们最近几十年所观察到的日益扩大的收入不平等。在下一章，我们将更详细地讨论日益扩大的不平等问题。

表19-1　不同受教育程度的人的平均年收入

大学毕业生赚的钱一直比没上过大学的工人赚的钱多，但在过去的几十年间，这种薪水的差距扩大了。

		1975年	2011年
男性	高中，未上大学	48 720美元	46 038美元
	大学毕业生	69 146美元	80 508美元
	大学毕业生高出的百分比	+42%	+75%
女性	高中，未上大学	28 066美元	32 249美元
	大学毕业生	37 804美元	58 299美元
	大学毕业生高出的百分比	+35%	+81%

注：收入数据根据通货膨胀进行了调整，并用2011年的美元表示。数据适用于18岁及以上的全职工人。大学毕业生的数据不包括有大学以上教育经历的工人，例如，有硕士或博士学位的人。

资料来源：U.S. Census Bureau以及作者的计算。

IN THE NEWS

【新闻摘录】
高等教育是一种投资

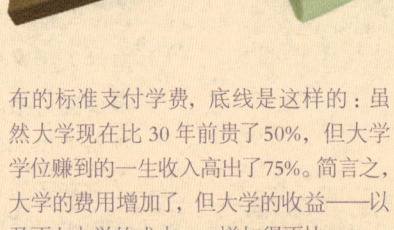

与股票和债券相比，大学学位是一种好的投资吗？根据一家优秀的华盛顿智库进行的一项研究工作，Hamilton项目，回答是坚定不移的"是"。

无论成本如何，上大学仍然是重要的
Michael Greenstone　Adam Looney

随着大萧条以来美国持续的复兴，媒体和决策者一直在进行关于大学学位在当前经济背景下价值的争论。一个受到极大关注的问题是大学成本的上涨。的确，近30年来，大学学费增加了近50%，这使得人们要问，上大学还值不值。

在这个月的分析中，Hamilton项目坚定了它原来的结论：上大学的收益远远高于股票和债券、不动产之类的其他投资。我们还发现，在过去的35年间，上大学的收益大体上是不变的，表明对大学毕业生而言，增加的学费成本被增加的额外收入所抵消。

在许多方面，大学学位从未像现在这样有价值。近来大学毕业生比他们只有高中毕业证的同龄人赚的钱更多，也可以更容易地找到工作。可能不太直观的是，近年来这种差距在扩大。在20世纪80年代，根据通货膨胀调整以后，一个年轻的大学毕业生每年比没有上大学的同龄人多赚4000多美元（是所有人口的平均数，并不只是作为劳动力的人口的平均数）。在过去的30年，这个数字已上升到每年12000美元。

同一时期，大学毕业生与非大学毕业生之间就业率的差别并没有反映出明显的趋势，但只有一个关键的例外。近年来——特别是大萧条以后——大学学位已成为一个人就业状态的日益重要的决定因素。现在，大学毕业生比只有高中毕业文凭的人的就业率会高出几乎20%之多。大学生与高中生的这种"就业差"在美国历史上是最大的……

受更多教育的终身价值是毋庸置疑的，与此同时，怀疑的声音越来越多地指向学费的上涨，认为大学并不像过去那样是一种可靠的好投资。确实，在过去几十年间，学费有了大幅度增长。在1980年，上四年大学的平均费用为56000美元（根据通货膨胀进行了调整）。这个数字包括学费、杂费，以及"机会成本"，即一个人为了上大学而不去工作所放弃的收入。（这个数字不包括食宿，一个人无论上不上大学都必须吃住。）在2010年，大学四年的费用为82000美元以上，在30年间几乎增加了50%。

学费的上涨数字基于美国国家教育统计中心的计算，但它可能高估了大学费用的增加。首先，学费的这种增加并没有考虑近年来助学金的增加。因此，大学明码标出的价格可能上升了，但学生及其家庭承担的费用增加了多少并不清楚。根据大学董事会的说法，四年制大学学位的实际成本在过去的15年间仍然相对未变。

无论学费准确的涨幅是多少，仅仅关注大学的费用是一种误导，因为这仅仅是事情的一方面，尤其是考虑到大学学位的货币收益在近几十年中也有极大的增加。1980年进入大学的人预期在其一生中赚到的收入可能要比只有高中毕业文凭的人多26万美元左右。与此相比，对一个在2010年开始上大学的人，预期其在一生中所赚到的收入要比高中毕业生多45万美元。这些估计都根据通货膨胀和这种增加的收入大多数出现在生命周期靠后些的时候的事实进行了调整。

即使我们假设所有学生实际都按公布的标准支付学费，底线是这样的：虽然大学现在比30年前贵了50%，但大学学位赚到的一生收入高出了75%。简言之，大学的费用增加了，但大学的收益——以及不上大学的成本——增加得更快。

因此，大学教育投资的回报是高的。Hamilton 项目估计，四年制大学的投资收益约为15%以上。这个数字比20世纪90年代后期的18%略有下降，但上大学仍然是一个人投资其资金的最好方式之一。上大学的回报率仍两倍于过去60年间的股票市场的平均回报率（6.8%），而且是公司债券（2.9%）、黄金（2.3%）、长期政府债券（2.2%）和住房（0.4%）的投资回报率的五倍以上。

大学的费用会吓倒许多家庭，但正因为大学是如此好的投资，所以政府在确保有充足可得的贷款项目上扮演着重要角色。当上大学是由学生的能力决定，而不取决于学生家庭的经济条件时，国家和经济整体都会更强大。事实上，从上大学的美国人的数量增长中获益的不仅仅是这类贷款项目的接受者。最近一项研究表明，即使是一个高中毕业生，如果他住在有更多大学毕业生的城市里，他的收入都会更高。更多的教育不仅仅对个人是一种好的投资，对更广泛的社会而言也是一种好的投资。

资料来源：The Hamilton Project at the Brookings Institution, October 5, 2012.

19.1.3 能力、努力和机遇

为什么美国职业棒球大联盟的运动员收入高于小联盟的运动员？可以确定，这里的高工资并不是补偿性工资差别。在大联盟里打球并不比在小联盟里打球更不愉快；实际上，情况正好相反。大联盟并不要求读过更多年书或更有经验。在很大程度上，大联盟的运动员赚钱更多只是因为他们的天赋更高。

对于从事各种职业的人来说，天赋都是重要的。由于先天遗传和后天培养，人们在体力与脑力上的特征都不一样。一些人强壮，另一些人瘦弱；一些人聪明，另一些人差一点；一些人在公共场合中是外向的，另一些人是内向的。这些和很多其他个人特征决定了工人的生产能力，因此在他们工资收入的决定中起着作用。

与能力密切相关的是努力。一些人工作勤奋，另一些人懒散。我们对那些工作勤奋的人生产能力更强和工资更高并不感到奇怪。在某种程度上，企业直接按人们生产多少支付报酬。例如，销售人员通常是按他们完成的销售额百分比提成。在另一些时候，勤奋工作却以并不直接的高年薪和奖金的形式得到补偿。

在工资的决定中，机遇也在起作用。如果一个人进职业学校学习如何修理真空管电视机，但由于晶体管电器的发明而使这种技能已经过时了，与其他受过相似年限培训的人相比，他赚到的工资更低。这个工人的低工资是由于机遇——一种经济学家承认，但并没有深入论述的现象。

能力、努力和机遇在决定工资的过程中有多重要呢？这是很难说的，因为能力、努力和机遇很难衡量。但间接的证据表明，它们是非常重要的。当劳动经济学家研究工资时，他们把工人的工资与一些可衡量的变量，如受教育年限、工作年限、年龄和工作特性联系起来，虽然所有这些可衡量的变量正如理论所预期的那样影响着工人的工资，但它们只能解释我们经济中不足一半的工资差别。由于无法解释的工资差别如此之大，因此一些被忽略的变量，包括能力、努力和机遇，应该起着重要的作用。

案例研究 漂亮的收益

漂亮值钱。
图片来源：cinemafestival/Shutterstock.com

人与人之间在许多方面不同，其中一种差别是他们的外貌吸引力。例如，演员 Ryan Gosling 是一个帅哥。部分由于这个原因，他的电影吸引了大量观众。毫不奇怪，对于 Gosling 先生，观众多意味着大量的收入。

漂亮的经济收益普遍存在吗？劳动经济学家 Daniel Hamermesh 与 Jeff Biddle 在其发表于《美国经济评论》(*American Economic Review*) 1994 年 12 月上的一项研究中力图回答这个问题。Hamermesh 和 Biddle 考察了对美国和加拿大个人进行调查的数据。这项调查要求进行调查的访问者评价每个被访者的外貌。然后，Hamermesh 和 Biddle 考察被访者的工资在多大程度上取决于标准的决定因素——教育、工作经验等——以及在多大程度上取决于他们的外貌。

Hamermesh 和 Biddle 发现，漂亮值钱。那些被认为更有魅力的人的收入比相貌平常的人平均高 5%，那些相貌平常的人的收入比那些被认为不太有魅力的人高 5%—10%。对男人和女人的调查都得出了类似的结论。

用什么来解释这些工资差别呢？有几种解释"漂亮津贴"的方法。

第一种解释是，漂亮的外貌本身也是决定生产率和工资的内在能力之一。一些人生来就有电影明星的气质，另一些人则没有。在任何一种要在公众面前露面的工作中，漂亮的外貌都是有用的——例如表演、销售和侍者。在这种情况下，有魅力的工人对企业的价值比没有魅力的工人更大。企业愿意对有魅力的工人支付更多薪酬反映了其顾客的偏好。

第二种解释是，外貌是对其他类型能力的间接衡量。一个人看起来多有魅力还取决于遗传之外的其他因素，如服装、发型、个人举止以及其他可以控制的气质。也许在调查访问中成功地设计了其魅力形象的人，也是在其他工作中取得成功的聪明人。

第三种解释是，以貌取人是一种歧视，以后我们还要回到这个话题。

19.1.4　教育的另一种观点：信号

前面我们讨论了教育的人力资本理论。根据这种理论，学校教育增加了工人的工资是因为教育使这些人的生产率提高了。虽然这种理论被广泛接受，但一些经济学家提出了另一种理论，这种理论强调，企业把教育状况作为区分高能力工人与低能力工人的一种方法。根据这种理论，例如，当人们获得大学学历时，他们的生产率并未提升，但他们向未来雇主发出了他们高能力的信号。因为高能力的人比低能力的人更容易获得大学学历，所以，更多高能力的人获得了大学学历。因此，企业把大学学历解释为能力的一种信号是合理的。

教育的信号理论和第16章中讨论的广告的信号理论是相似的。根据广告的信号理论，广告本身并没有包含实际信息，但企业通过为广告花钱的意愿向消费者发出其产品质量的信号。根据教育的信号理论，学校教育并没有使生产率实际提高，但工人通过在学校花费数年学习的意愿向雇主发出其与生俱来的生产率的信号。在这两种情况下，所采取的行为并不是为了其内在的利益，而是由于采取该行为的意愿向关注这种行为的人传递了私人信息。

因此，现在我们有两种关于教育的观点：人力资本理论和信号理论。这两种观点都可以解释为什么受教育多的人往往比受教育少的人赚得多。根据人力资本理论，教育使工人生产率提高；根据信号理论，教育与天赋是相关的。但这两种理论对旨在提高教育水平的政策的影响有完全不同的预期。根据人力资本理论，提高所有工人的教育水平会提高所有工人的生产率，从而提高所有工人的工资；根据信号理论，教育并没有提高生产率，因此，提高所有工人的教育水平并不影响工资。

最可能的情况是，真理存在于这两种极端情况之间。教育的收益也许是人力资本的生产率提高效应和信号的生产率显示效应的一种结合。这两种效应的相对大小还是悬而未决的问题。

19.1.5　超级明星现象

虽然大多数演员赚得很少，而且还不得不从事侍者这样的工作来养家糊口，但演员 Leonardo DiCaprio 拍每部片子都能赚几百万美元。同样，尽管大部分人把打网球作为消遣不拿一分钱，但 Maria Sharapova 却能在职业巡回赛中赚几百万美元。DiCaprio 和 Sharapova 在他们的领域中都是超级明星，他们巨大的公众魅力就反映在这天文数字般的收入上。

即问即答

■描述补偿性工资差别的定义，并举出一个例子。

■列举两个原因说明为什么受教育多的工人的收入比受教育少的工人高。

为什么 DiCaprio 和 Sharapova 赚的钱这么多呢？在一些职业内存在收入差距并不奇怪。好木匠赚的钱比一般木匠多，好管道工赚的钱比一般管道工多。人们的能力与努力程度不同，这些不同都会引起收入上的差别。但即使是最好的木匠和管道工也没有像最好的演员和运动员中常见的那样，赚到几百万美元。用什么来解释这种差别呢？

为了解释 DiCaprio 和 Sharapova 的巨额收入，我们必须考察他们卖出自己服务的市场的特征。超级明星产生的市场有两个特点：

- 市场上每位顾客都想享受最优生产者提供的物品。
- 生产这种物品所用的技术使最优生产者以低成本向每位顾客提供物品成为可能。

如果 Leonardo DiCaprio 是最棒的演员，那么，每个人都想看他的下一部影片；看两倍数量的只有 DiCaprio 一半才华的演员的电影并不是好的替代品。此外，每个人都享受 DiCaprio 的表演也是可能的。因为生产一部电影的拷贝是很容易的，DiCaprio 可以同时向数百万人提供他的服务。同样，由于网球比赛在电视上播出，几百万球迷可以欣赏 Maria Sharapova 精湛的球艺。

现在我们可以说明，为什么不存在超级明星木匠与管道工。在其他条件相同的情况下，每个人都会喜欢雇用最好的木匠；但与一个电影演员不同，一个木匠只能为有限的顾客提供他的服务。虽然最好的木匠也能得到比一般木匠高一些的收入，但普通木匠也仍能过上好日子。

19.1.6 高于均衡水平的工资：最低工资法、工会和效率工资

对大多数工人之间工资差别的分析都是根据劳动市场的均衡模型——假设工资调整到使劳动的供求平衡。但这种假设并不总是适用的。对一些工人来说，工资被设定在高于使供求平衡的水平上。现在我们考虑会出现这种情况的三个原因。

正如我们在第 6 章中首次说明的，工资高于均衡水平的一个原因是最低工资法。经济中大多数工人并不受这些法律的影响，因为他们的均衡工资远远高于法定的最低工资。但是，对一些工人，特别是对最不熟练而又最无经验的工人来说，最低工资法把他们的工资提高到他们在不受管制的劳动市场上所能赚到的水平之上。

工资会上升到其均衡水平之上的第二个原因是工会的市场势力。工会（union）是与雇主谈判工资和工作条件的工人协会。工会通常把工资提高到没有工会存在时的水平之上，也许是因为它们可以通过号召罢工（strike），用拒绝劳动来威胁企业。研究表明，工会工人比类似的非工会工人赚的钱高出 10%—20%。

高于均衡水平的工资的第三个原因是效率工资（efficiency wages）理论提出的。这种理论认为，企业会发现支付高工资是有利的，因为这样做提高了工人的生产率。具体而言，高工资可以减少工人的流动性，提高工人的努力程度，并提高申请该企业工作岗位的工人素质。如果这种理论正确的话，那么，一些企业就会选择向工人支付高

工会：与雇主谈判工资和工作条件的工人协会。

罢工：工会有组织地从企业撤出劳动。

于后者在正常情况下所赚到的工资。

高于均衡水平的工资，无论是由最低工资法、工会还是由效率工资引起的，对劳动市场都有类似的影响。特别是，把工资推到均衡水平之上，增加了劳动供给量，减少了劳动需求量，结果是劳动过剩或失业。旨在解决该问题的失业和公共政策研究通常被认为是宏观经济学中的一个主题，因此，它已经超出了本章的范围。但是在分析收入时，完全不考虑这些问题也是错误的。尽管可以在保持劳动市场均衡的假设之下解释大部分工资差别，但在某些情况下，高于均衡水平的工资也带来了一部分工资差别。

效率工资：企业为了提高工人的生产率而支付的高于均衡工资的工资。

19.2 歧视经济学

工资差别的另一个来源是歧视。当市场向那些仅仅是种族、民族、性别、年龄或其他个人特征不同的相似个人提供不同机会时，就出现了歧视（discrimination）。歧视反映了某些人对某个社会群体的偏见。歧视是一个经常引起激烈争论的情绪化话题，但经济学家力图客观地研究这个题目，以便把假象与现实分开。

歧视：向那些仅仅是种族、民族、性别、年龄或其他个人特征不同的相似个人提供不同的机会。

19.2.1 劳动市场歧视的衡量

劳动市场上的歧视对不同工人群体的收入有多大影响？这个问题是重要的，但并不容易回答。

如表 19-2 所示，不同群体工人赚到的工资无疑差别很大。美国黑人男性的中值工资比白人男性低 21% 左右，而黑人女性的中值工资比白人女性低 11% 左右。性别差异也是很大的。白人女性的中值收入比白人男性低 25%，黑人女性的中值收入比

表19-2　不同种族与性别的中值年收入

	白人	黑人	黑人工人收入低出的百分比
男性	50 070美元	39 483美元	21%
女性	37 719美元	33 501美元	11%
女性工人收入低出的百分比	25%	15%	

注：表中是2011年14岁以上全职工人的相关数据。

资料来源：U.S. Census Bureau.

黑人男性低15%。从这些表面的数字来看，这些差异似乎是雇主歧视黑人和女性的证据。

但这一结论有一个潜在的问题。即使在一个没有歧视的劳动市场上，不同人的工资也不同。人们拥有的人力资本量以及能够并愿意从事的工作种类不同。我们在经济中所观察到的工资差别在一定程度上归因于前一部分讨论的均衡工资的决定因素。简单地观察不同群体——白人与黑人、男人与女人——之间的工资差别证明不了雇主的歧视。

例如，考虑人力资本的作用。2011年，25岁以上的男性工人中，32%的白人拥有大学学历，与此相比，黑人的这一比例为18%。25岁以上的女性中，31%的白人拥有大学学位，而黑人的这一比例为21%。因此，至少有一部分黑人工资与白人工资之间的差别可以追溯到受教育程度的差别。

此外，在解释工资差别时，人力资本也许比受学校教育年限这一衡量指标更重要。从历史上看，以黑人为主的地区的公立学校质量——按经费、班级规模等来衡量——一直低于以白人为主的地区的公立学校质量。如果我们可以衡量教育的质量与数量，这些群体之间人力资本的差别看来还会更大一些。

以工作经验的形式获得的人力资本也有助于解释工资差别。特别是，女性往往要中断工作去抚养孩子。在25岁到34岁的人口中（在这一年龄段，许多人家中有幼小的孩子），只有75%的女性加入劳动力队伍，相比之下，男性的这一比例为90%。因此，女性工人，尤其是年龄较大的女性工人的工作经验少于男性工人。

但工资差别的另一个来源是补偿性工资差别。男性和女性不总是选择同样类型的工作，这个事实可以部分解释男性与女性的工资差别。例如，女性更可能当秘书，而男性更可能当卡车司机。秘书与卡车司机的相对工资部分取决于各自的工作条件。由于这些非货币方面的因素是难以衡量的，因此，要确定补偿性工资差别在解释我们所观察到的工资差别中的实际重要性也是困难的。

因此，对不同群体之间工资差别的研究还没有得出任何一个关于美国劳动市场普遍存在歧视的清晰结论。大多数经济学家认为，某些观察到的工资差别是由于歧视所造成的，但对于有多少是由于歧视造成的，看法并不一致。经济学家唯一一致的结论是否定的结论：由于不同群体之间平均工资的差别部分反映了人力资本和工作特性的差别，因此这些差别本身并不能说明劳动市场上到底存在多大歧视。

当然，不同工人群体之间人力资本的差异本身可能反映了歧视。例如，在历史上，向女学生提供难度较小的专业课就是一种歧视。同样，在历史上，黑人学生的学校质量低劣可以追溯到市议会与校董事会部分的偏见。但在工人进入劳动市场之前，这种歧视早就发生了。在这种情况下，虽然其表象是经济上的，但其深层原因却是政治上的。

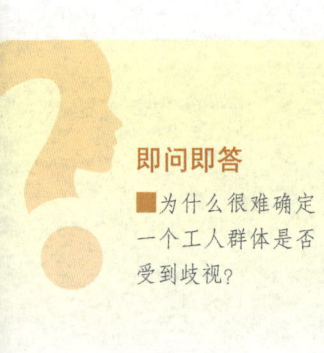

即问即答

■ 为什么很难确定一个工人群体是否受到歧视？

案例研究　Emily 比 Lakisha 更容易找到工作吗

尽管用劳动市场的结果来衡量歧视程度是困难的，但一些存在这种歧视的有力证据来自一次富有创造性的"实地调查"。经济学家 Marianne Bertrand 和 Sendhil Mullainathan 根据刊登在波士顿和芝加哥报纸上的 1 300 多则招聘广告，寄出了近 5 000 份假简历。其中一半简历上的名字用的是非裔美国人社区中常用的名字，比如说 Lakisha Washington 或者 Jamal Jones；另一半简历上是白人常用的名字，如 Emily Walsh 或者 Greg Baker。除此之外，这些简历都是相似的。这个调查的结果发表在 2004 年 9 月的《美国经济评论》上。

研究者发现，雇主对这两组简历的反应差别相当大。有白人姓名的求职者接到的感兴趣的雇主的电话比有非裔美国人姓名的求职者高出 50% 以上。这项研究发现，这种歧视发生在所有类型的雇主中，包括在招聘广告中声称自己是"机会平等雇主"的人。研究者的结论是："种族歧视仍然是劳动市场的一个显著特点。"

图片来源：www.1tu.com

19.2.2　雇主的歧视

现在让我们从歧视程度的衡量转向劳动市场上歧视背后的经济力量。即使在考虑到人力资本和工作特性之后，如果一个社会群体得到的工资仍低于另一个群体，那么谁是造成这种差别的罪魁祸首呢？

答案并不明显。把歧视性工资差别归罪于雇主看来是自然而然的，毕竟是雇主做出了决定劳动需求与工资的雇佣决策。如果某些群体的工人得到的收入低于他们应该得到的，那么，雇主似乎应该负责任。但许多经济学家怀疑这个简单的答案。他们相信，竞争市场经济对雇主的歧视提供了一种自然的矫正方法。这种矫正方法被称为利润动机。

设想一个按发色区分工人的经济。金发人与褐发人都有同样的技能、经验和职业道德。但由于歧视，雇主更愿意雇用褐发工人。因此，对金发工人的需求低于没有歧视时的情况。结果，金发工人赚到的收入低于褐发工人。

这种工资差别能维持多长时间呢？在这个经济中，一个企业可以用一种简单易行的方法打垮竞争对手：雇用金发工人。通过雇用金发工人，一家企业可以使其支付的工资和成本低于雇用褐发工人的企业。随着时间的推移，越来越多的"金发人"企业利用这种成本优势进入市场。现有的"褐发人"企业成本高，因此，当面临新竞争者时就开始亏损。这些亏损使"褐发人"企业被逐出市场。最后，"金发人"企业的进入和"褐发人"企业的退出引起对金发工人需求的增加以及对褐发工人需求的减少。这个过程一直持续到工资差别消失为止。

简言之，在与那些既对赚钱感兴趣又关心歧视的企业的竞争中，只对赚钱感兴趣的企业处于优势地位。因此，没有歧视的企业取代了有歧视的企业。竞争市场以这种方法对雇主歧视进行了自发的矫正。

即问即答

■ 解释利润最大化企业如何消除歧视性工资差别。

案例研究　电车上的种族隔离与利润动机

20世纪初期,许多南部城市的电车上实行种族隔离。白人乘客坐在电车前面,而黑人乘客坐在电车后面。你认为是什么因素引起并维持了这种歧视性做法呢?经营电车的企业如何看待这种做法呢?

在1986年《经济史学刊》(*Journal of Economic History*)的一篇文章中,经济史学家Jennifer Roback考察了这些问题。Roback发现,电车上的种族隔离是要求这种隔离的法律的结果。在这些法律通过之前,座位上的种族歧视是很少的。它远远不如把吸烟者和不吸烟者隔离开那么普遍。

此外,经营电车的企业通常都反对要求种族隔离的法律。向不同种族的人提供分开的座位增加了企业的成本,并减少了它们的利润。一个铁路公司的经理向市议会抱怨说,在种族隔离法之下,"公司不得不拖着许多空位跑"。

下面是 Roback 对一个南部城市情况的描述:

> 铁路公司并不是种族隔离政策的始作俑者,也根本不愿意服从这种政策。州政府的法律、公众煽动以及逮捕铁路公司总裁的威胁才迫使它们在自己的车厢里实行种族隔离……没有什么证据表明管理者受到人权或种族平等信念的鼓动。证据表明,他们的主要动机是经济的:种族隔离成本高昂……公司的官员可能喜欢黑人,也可能不喜欢黑人,但他们不愿意为了满足这种偏见而放弃必然的利润。

南部电车上的故事说明了一个一般结论:企业所有者通常对赚钱比对歧视某个群体更感兴趣。当企业采用歧视性做法时,歧视的最终来源往往并不在企业本身而在其他方面。在这个特定的例子中,电车公司把白人与黑人分开是由于歧视性的法律要求他们这样做,而公司是反对这种法律的。

19.2.3　顾客与政府的歧视

利润动机是消除歧视性工资差别的强大力量,但也存在着对这种矫正能力的限制。两个重要的限制因素是顾客偏好与政府政策。

为了说明顾客的歧视性偏好会如何影响工资,仍然考虑我们虚拟的金发人与褐发人经济。假设餐馆老板在雇用服务员时歧视金发人。结果,金发服务员赚的工资低于褐发服务员。在这种情况下,其他餐馆可以雇用金发服务员营业并收取低价格。如果顾客只关心他们饭菜的质量和价格,歧视性企业就会关门大吉,而且,工资差别会消失。

另一方面,也可能是顾客偏好褐发服务员的服务。如果这种歧视性偏好是强大的,金发人餐馆的进入就不一定能成功地消除褐发人与金发人之间的工资差别。这就是说,如果顾客有歧视性偏好,竞争市场就与歧视性工资差别不矛盾。有这种歧视的经济将包含两种类型的餐馆:金发人餐馆雇用金发人,成本低,收取的价格低;褐发人餐馆雇用褐发人,成本高,收取的价格也高。那些不关心服务员发色的顾客将被金发人餐馆的低价格所吸引;有偏好的顾客将到褐发人餐馆,他们要以高价格的形式为他们的歧视性偏好进行支付。

歧视在竞争性市场中得以持续的另一种方法是政府强制实行歧视性做法。例如,如果政府通过法律,宣布金发人在餐馆中只能刷盘子而不能当服务员,那么工资差别在竞争市场上就可以保持下去。前面的案例研究中电车上的种族隔离的例子就是政府强制歧视的一个例子。在南非1990年放弃其种族隔离制度以前,也曾禁止黑人从事某些工作。歧视性政府通过这些法律是为了压制自由竞争市场的正常的平等化力量。

总之,竞争市场包含了一种自发矫正雇主歧视的方法。只关心利润的企业进入市场倾向于消除歧视性工资差别。只有在顾客愿意为维持歧视性做法进行支付或政府强制歧视时,竞争市场上的这种工资差别才能持续下去。

即问即答

■ 歧视性工资差别怎样才能保持下去?

> **案例研究** 体育运动中的歧视

正如我们所说明的，衡量歧视通常是很困难的。为了确定一个工人群体是否受到歧视，研究者必须对该群体与经济中其他工人之间的生产率差别进行矫正。但在大多数企业中，要衡量某个工人对物品与服务生产的贡献是很困难的。

这种矫正较易进行的一种企业类型是体育运动队。职业的体育运动队有许多衡量生产率的客观标准。例如，在棒球队中，我们可以衡量一个运动员的平均击球率、本垒打频率、盗垒的数量等。

对运动队的研究表明，种族歧视实际上是普遍存在的，而且大部分的责任应该归咎于顾客。1988 年发表于《劳动经济学学刊》（Journal of Labor Economics）的一项研究考察了篮球运动员的薪水。该项研究发现黑人运动员的收入比能力相当的白人运动员低 20%，该研究还发现，在篮球比赛中，白人运动员较多的球队观众更多。对这个事实的一种解释是，至少在进行该项研究的当时，顾客的歧视使黑人运动员给球队老板赚到的钱不如白人运动员多。存在这种顾客歧视时，即使球队老板只关心利润，这种歧视性工资差别也会持续下去。

类似的情况也曾在棒球运动员中存在。一项研究用 20 世纪 60 年代后期的数据说明了黑人运动员赚到的收入比能力相当的白人运动员少。此外，即使黑人投球手的记录比白人投球手好，观看黑人投球比赛的球迷也比观看白人投球比赛的少。但是，近年来对棒球运动员工资的研究并没有发现歧视性工资差别的证据。

1990 年发表在《经济学季刊》（Quarterly Journal of Economics）上的另一项研究考察了老棒球队员卡的市场价格。这项研究发现了类似的歧视证据。黑人击球手的队员卡的售价比能力相当的白人击球手的队员卡低 10%；黑人投球手的队员卡的售价比能力相当的白人投球手的队员卡低 13%。这些结论表明，在棒球迷中存在顾客歧视。

THE NEWS

【新闻摘录】
性别差异

最近的经济学研究说明了，为什么男性和女性选择不同的职业路径。

再谈男性与女性之间的差别：这是一个竞争问题
Hal R. Varian

性别差异是父母、教师和社会科学家无止境地讨论的话题……一个值得关注的相关案例是，最近由斯坦福大学的经济学家 Muriel Niederle 和匹兹堡大学的经济学家 Lise Vesterlund 为美国国家经济研究局完成的一篇题为"女性回避竞争而男性过度竞争吗"的工作论文。

大家都注意到，女性不怎么担任高报酬的公司职位，或者数学、科学和工程职位。正如作者观察到的："对这种职业差别的标准经济学解释包括偏好、能力和歧视。"

在这一系列的原因之上，作者又增加了一个新因素：对竞争环境的态度。如果男性比女性更喜欢竞争的环境，那么，就会有更多的男性在竞争激烈的领域内工作。

当然，任何一种对性别差异的讨论只能说明一般情况；显然，有一些女性也是在竞争环境中发展，而一些男性却不是这样。此外，对竞争的态度也许是根深蒂固的，或是社会刻板印象这类因素导致的结果。

有什么证据能证明这种假说吗？男性真的比女性更喜欢竞争的环境吗？一个人可以举出一个又一个的事例，但作者采用了一种更直接的研究方法：进行实验。

通过一个实验，作者不仅可以确定男性与女性是否在竞争意愿上有差别，而且更重要的是可以确定他们是否在以实际绩效为条件的竞争意愿上有所差别。

经济学家邀请了 80 位被试者，分为两组女士和两组男士，让他们在 5 分钟之内将几组 5 个 2 位数相加。被试者首先根据计件法完成其任务（每一个正确答案 50 美分），而后再以比赛的形式完成其任务（每一组中正确答案最多的人每个正确答案得到 2 美元，而其他参与者什么也得不到）。注意，在比赛中有 25% 的机会成为赢家的被试者得到和计件制时相同的平均支付。

所有参加者都被告知他们有多少问题答对了，但并没有告诉他们相对成绩。在完成了两轮任务之后，让被试者选择在第三轮中是偏好计件制还是偏好比赛制。

在这个实验中,有几个令人感兴趣的发现。第一,在这两种报酬制下,男士和女士的成绩没有差别。尽管这样,选择比赛的男士是女士的两倍(75%对35%)。

即使考虑到成绩,只比较有同样正确答案数目的男士和女士,女士选择比赛制报酬的概率也要比男士低38%。

为什么男士更喜欢选择比赛呢?也许这是因为他们对自己的能力更有信心。数据支持了这个假说,75%的男士相信他们赢得了每4人一组的比赛,而只有43%的女士认为她们在自己组里是最好的。

虽然这两组都过分相信自己的成绩,但男士要自信得多……这个实验的结果与伯克利大学金融学教授Terry Odean的发现是一致的,男性的股票交易更频繁,显然是因为他们(错误地)认为他们在选择股票上有杰出的能力。女性的股票交易次数更少,但平均成绩更好,因为她们更可能采取购买并持有(buy-and-hold)策略。

作者总结了他们的实验结果:"从报酬最大化的角度看,成绩好的女士进入比赛的太少,而成绩差的男士进入比赛的太多。"成绩差的男士和成绩好的女士的行为都使其利益受损,但至少在这一实验中,应该选择而没有选择比赛的女士的成本大于应该避开比赛的男士。

我们不应该过分解读某一项研究。但是如果女性选择竞争较少的职业的确是正确的,那么就可以问问为什么。社会生物学家会提出,这种差异来自基因倾向;社会学家会认为,是由于社会角色和预期的差异;发展心理学家会强调儿童培养方面的做法。无论是什么原因,Niederle女士和Vesterlund女士确实提出了大量有趣而重要的问题。

Varian先生是加州大学Berkeley分校荣誉教授,以及谷歌首席经济学家。

资料来源:*New York Times*,March 9, 2006.

19.3 结论

在竞争市场上,工人赚到的工资等于他们对物品与服务生产的边际贡献值。但是,有许多因素影响边际产量值。企业对那些较有才能、较勤奋、较有经验而受教育较多的工人支付的更多一些,因为这些工人的生产率较高。企业对那些受到顾客歧视的工人支付的少一些,因为这些工人对收益的贡献较少。

我们在这两章提出的劳动市场理论解释了为什么一些工人的工资比另一些工人高。这种理论并没有以任何方式说明所引起的收入分配是否平等、公正或合意。这是我们在第20章中要涉及的话题。

内容提要

◎ 工人由于许多原因而赚到不同的工资。在某种程度上，工资差别是对工人工作特性的补偿。在其他条件相等时，从事艰苦、乏味工作的工人得到的工资高于从事轻松、有趣工作的工人。

◎ 人力资本多的工人得到的工资高于人力资本少的工人。累积的人力资本的收益是很高的，而且在过去几十年来一直在增加。

◎ 虽然受教育年限、经验和工作特性都像理论所预期的那样影响收入，但仍有许多收入差别不能用经济学家可以衡量的东西来解释。收入中无法解释的变动主要归因于天生的能力、努力和机遇。

◎ 一些经济学家提出，受教育更多的人得到更高工资并不是因为教育提高了其生产率，而是因为有更高天赋的工人把教育作为一种向雇主显示他们高能力的信号。如果这种信号理论正确的话，那么，提高所有工人的受教育程度就不会提高整个工资水平。

◎ 有时工资会高于使供求平衡的水平。高于均衡水平的工资产生的三个原因是最低工资法、工会和效率工资。

◎ 收入中的一些差别是基于种族、性别或其他因素的歧视。但是，歧视的衡量是很困难的，因为必须根据人力资本和工作特性的差别进行矫正。

◎ 竞争市场倾向于限制歧视对工资的影响。如果一个工人群体的工资由于与边际生产率无关的原因而低于另一个工人群体，那么，非歧视企业将比歧视企业盈利更多。因此，利润最大化行为可以减少歧视性工资差别。如果顾客愿意向歧视企业支付更多，或如果政府通过要求企业歧视的法律，竞争市场上的歧视就会持续下去。

关键概念

补偿性工资差别　　　　　　　　工会　　　　　　　　　　　　　效率工资
人力资本　　　　　　　　　　　罢工　　　　　　　　　　　　　歧视

复习题

1. 为什么煤矿工人得到的工资高于其他有相似教育水平的工人？
2. 从什么意义上可以说教育是一种资本？
3. 教育为何可能在不提高工人生产率的情况下增加工人的工资？
4. 产生收入上的超级明星的条件是什么？你预期牙科行业中会出现超级明星吗？在音乐行业中呢？解释原因。
5. 举出工人的工资会高于使供求平衡的水平的三个原因。
6. 确定一个工人群体工资低是否是由于歧视存在哪些困难？
7. 经济竞争的力量是加重还是削弱了基于种族的歧视？
8. 举出一个竞争市场中歧视如何会持续的例子。

第 20 章
收入不平等与贫困

当今社会，我们可以关注到两个重要的事实。第一，运用市场机制来配置资源的国家一般都比不运用市场机制的国家实现了更大的繁荣。这是亚当·斯密的"看不见的手"在现实中的结果。第二，人们并不能平等地分享市场经济带来的繁荣。在经济阶梯中最上层与最下层的人之间收入极不平等。富人与穷人之间的收入差距是迷人而重要的研究课题——无论对生活舒适的富人、在困苦中挣扎的穷人，还是有进取心而又有所担忧的中产阶级，都是如此。

从前两章中，你应该对为什么不同的人有不同的收入有了一些了解。一个人的收入取决于这个人劳动的供给与需求，供给与需求又取决于天赋、人力资本、补偿性工资差别和歧视等。由于劳动收入构成了美国经济中总收入的 2/3，因此，决定工资的因素也就是决定经济中总收入如何在各社会成员间分配的主要因素。换句话说，这些因素决定了谁是富人，谁是穷人。

在本章中我们讨论收入分配——一个引出有关经济政策作用的一些基本问题的论题。第 1 章中的经济学十大原理之一是政府有时可以改善市场结果。这种可能性在考虑收入分配时特别重要。市场中"看不见的手"有效地配置资源，但它并不一定能保证公平地配置资源。因此，许多经济学家——但不是全部——认为，政府应该为了实现更大的平等而进行收入再分配。但是，在这样做时，政府又遇到了经济学十大原理

的另一个：人们面临权衡取舍。当政府实施一些政策来使收入分配更平等时，它扭曲了激励，改变了行为，并使资源配置效率降低。

我们对收入分配的讨论分三步进行：第一，确定社会中不平等的严重程度；第二，考虑有关政府在改变收入分配中应该起什么作用的不同观点；第三，讨论旨在帮助社会最贫困成员的各种公共政策。

20.1 不平等的衡量

我们从提出衡量不平等的四个问题开始对收入分配的研究：

- 社会中的不平等程度有多大？
- 有多少人生活在贫困之中？
- 衡量不平等程度时引出了哪些问题？
- 人们在不同收入阶层之间流动的频度如何？

这些衡量问题是讨论旨在改变收入分配的公共政策的自然出发点。

20.1.1 美国的收入不平等

设想你根据年收入给经济中所有的家庭排队。然后你把家庭分为五个数量相等的群体：收入最低的1/5、次低的1/5、中间的1/5、次高的1/5，以及收入最高的1/5。表20-1表示每一个群体的收入范围，另外还列出了收入最高的5%家庭。你可以通过这个表找出你的家庭在收入分配中处于什么位置。

"对我来说，只要他们不干涉最高工资，对最低工资怎么调整都可以。"

为了考察随着时间推移收入分配的变化情况，经济学家发现提供像表20-2中这样的收入数据是有用的。该表表明了在所选的年份每个群体家庭得到的总收入的份额。在2011年，收入最低的1/5的家庭得到了所有收入的3.8%，而收入最高的1/5的家庭得到了所有收入的48.9%。换言之，虽然最高和最低的1/5包括了相同的家庭数，但收入最高的1/5的家庭的年收入比收入最低的1/5的家庭的年收入高约12倍。

表20-2的最后一列表示最富有的家庭的收入在总收入中所占的份额。2011年，

表20-1　美国的收入分配：2011年

群　体	家庭年收入
最低的1/5	27 218美元以下
次低的1/5	27 218—48 502美元
中间的1/5	48 502—75 000美元
次高的1/5	75 000—115 866美元
最高的1/5	115 866美元及以上
最高的5%	205 200美元及以上

资料来源：U.S.Bureau of the Census.

表20-2　美国的收入不平等状况

该表表示收入分配中每1/5的家庭及收入最高的5%的家庭所得到的税前总收入的百分比。

年份	最低的 1/5（%）	次低的 1/5（%）	中间的 1/5（%）	次高的 1/5（%）	最高的 1/5（%）	最高的 5%（%）
2011	3.8	9.3	15.1	23.0	48.9	21.3
2010	3.8	9.5	15.4	23.5	48.8	20.0
2000	4.3	9.8	15.5	22.8	47.4	20.8
1990	4.6	10.8	16.6	23.8	44.3	17.4
1980	5.2	11.5	17.5	24.3	41.5	15.3
1970	5.5	12.2	17.6	23.8	40.9	15.6
1960	4.8	12.2	17.8	24.0	41.3	15.9
1950	4.5	12.0	17.4	23.4	42.7	17.3
1935	4.1	9.21	4.1	20.9	51.7	26.5

资料来源：U.S.Bureau of the Census.

最富有的5%家庭的收入占总收入的21.3%，比最穷的40%的家庭的总收入还多。

表20-2还说明了1935年以来不同年份的收入分配状况。乍一看，收入分配似乎一直是相当稳定的。在过去几十年间，收入最低的1/5家庭得到4%—5%的收入，而收入最高的1/5家庭得到40%—50%的收入。进一步考察该表会发现不平等程度的某种趋势。从1935年到1970年，分配逐渐变得较为平等。收入最低的1/5家庭的收入份额由4.1%提高到5.5%，而收入最高的1/5家庭的收入份额由51.7%下降到40.9%。近年来这种趋势又倒过来了。从1970年到2011年，收入最低的1/5家庭的收入份额从5.5%下降到3.8%，而收入最高的1/5家庭的收入份额从40.9%上升到48.9%。

在第19章中，我们探讨了对近年来收入不平等程度加剧的某些解释。与低工资国家国际贸易的增长和技术变革倾向于减少对不熟练劳动的需求，并增加对熟练劳动的需求。因此，不熟练工人的工资相对于熟练工人的工资下降了，而且，这种相对工资的变动加剧了家庭收入的不平等。

20.1.2　世界各国的不平等状况

与其他国家相比，美国的收入分配不平等状况如何呢？这个问题是令人感兴趣的，但答案却是不确定的。有的国家得不到相关的数据。即使得到了数据，也并不是世界上每个国家都用同样的方法收集数据。例如，一些国家收集个人收入数据，而另一些国家收集家庭收入数据，还有一些国家收集支出数据而不是收入数据。结果，当我们发现两国之间的收入差别时，我们无法确定这是反映了经济中真实的差别，还是仅仅体现了收集资料方法上的差别。

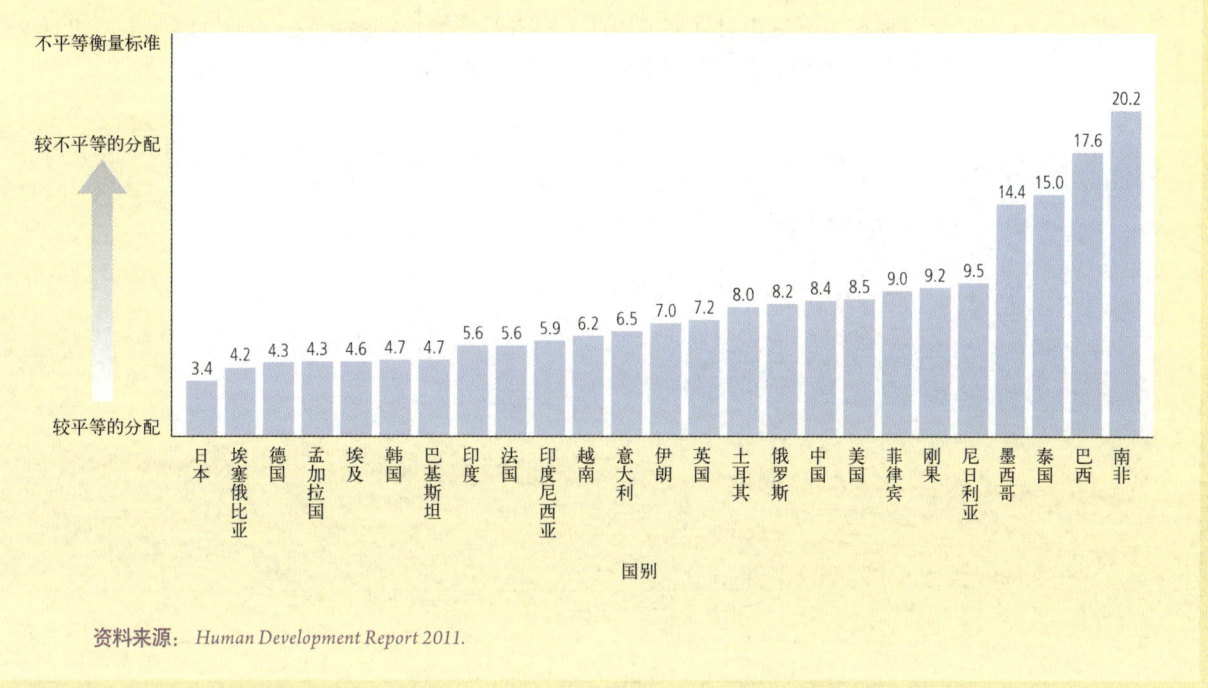

图20-1 世界各国的不平等状况

该图表示了一种不平等程度的衡量标准:属于最富有的20%人口的收入（或支出）除以最穷的20%人口的收入（或支出）。在这些国家中，日本和埃塞俄比亚经济福利的分配最平等，而南非和巴西最不平等。

资料来源: *Human Development Report 2011.*

记住这一点提示,再来看图 20-1,该图比较了 25 个人口最多的国家的不平等状况。不平等衡量标准是最富有的 1/5 人口得到的收入与最穷的 1/5 人口得到的收入的比率。日本最平等,在日本,最富有的 1/5 人口的收入是最穷的 1/5 人口的 3.4 倍。最不平等的是南非,在南非,最富有的 1/5 人口的收入是最穷的 1/5 人口的 20.1 倍。虽然各国贫富之间都相当不平等,但世界各国的不平等程度差别相当大。

当各国根据收入不平等状况排序时,美国比一般国家要更不平等一点。美国的收入分配比大多数经济发达的国家（如日本和德国）更不平等。但美国的收入分配比一些发展中国家（如南非和巴西）要平等。

20.1.3 贫困率

常用的收入分配的判断标准是贫困率。**贫困率**（poverty rate）是家庭收入低于一个称为贫困线的绝对水平的人口百分比。**贫困线**（poverty line）是联邦政府按提供充足食物成本的大约三倍的标准确定的。贫困线根据价格水平的变动每年进行调整,同时它还取决于家庭规模。

为了知道贫困率告诉我们一些什么信息,我们来考虑 2011 年的数据。这一年美国

贫困率:家庭收入低于一个称为贫困线的绝对水平的人口百分比。

贫困线:由联邦政府根据每个家庭规模确定的一种收入绝对水平,低于这一水平的家庭被认为处于贫困状态。

中值家庭收入为 60 974 美元，四口之家的贫困线是 23 021 美元。贫困率是 15%。换句话说，有 15% 的人是那些按其家庭规模收入低于贫困线的家庭的成员。

图 20-2 表示 1959 年以来的贫困率，官方数据是从这一年开始统计的。你可以看到，贫困率从 1959 年的 22.4% 下降到 1973 年的 11.1%。这种下降并不奇怪，因为在这一时期内经济中的平均收入（根据通货膨胀调整之后）增加了 50% 以上。由于贫困线是绝对标准而不是相对标准，因此，随着经济增长把整个收入分配向上推动，更多的家庭被推到贫困线之上。正如约翰·F. 肯尼迪曾经指出的，水涨船高。

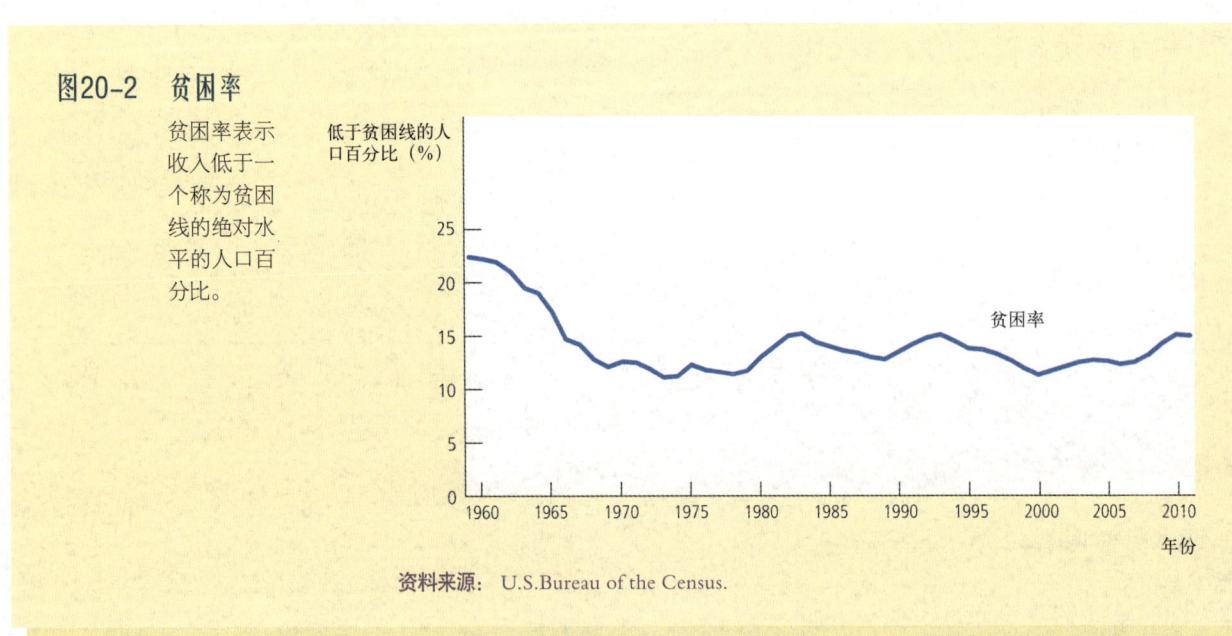

图20-2 贫困率

贫困率表示收入低于一个称为贫困线的绝对水平的人口百分比。

资料来源：U.S.Bureau of the Census.

但是，自从 20 世纪 70 年代初以来，经济的"水"涨了而一些"船"却没有随之升高。尽管平均收入持续增加，但贫困率并没有下降到 1973 年达到的水平之下。近年来在减少贫困方面没有取得进展与我们在表 20-2 中看到的不平等状况加剧密切相关。虽然经济增长增加了一般家庭的收入，但不平等状况的加剧使最穷的家庭没有分享到经济更加繁荣的成果。

贫困是一种影响所有人口群体的经济病症，但对各群体影响的大小并不同。表 20-3 显示了某些群体的贫困率，并反映出三个显著的事实：

- 贫困与种族相关。黑人和西班牙裔人生活在贫困中的可能性是白人的三倍左右。
- 贫困与年龄相关。孩子比一般人更容易成为贫困家庭的成员，而老年人比一般人更不容易贫穷。
- 贫困与家庭结构相关。没有丈夫的以女性为家长的家庭生活在贫困中的可能性是已婚夫妇家庭的五倍多。

表20-3 谁是穷人

该表表明，在人口的不同群体之间，贫困率差别很大。

群体	贫困率（%）
总人口	15.0
白人（非西班牙裔）	9.8
黑人	27.6
西班牙裔	25.3
亚裔	12.3
孩子（18岁以下）	21.9
老人（64岁以上）	8.7
已婚夫妇家庭	6.2
没有丈夫的以女性为家长的家庭	31.2

资料来源：U.S.Bureau of the Census. 取2011年的数据。

这三个事实描述了多年来美国社会的情况，它们说明了哪些人更可能成为穷人。这些影响也会同时起作用：在以女性为家长的家庭中的黑人和西班牙裔孩子，有一半以上生活在贫困之中。

20.1.4 衡量不平等时的问题

虽然收入分配和贫困率数据有助于我们了解社会不平等的程度，但解释这些数据并不像看起来那么简单。这些数据是根据家庭年收入收集的，但人们所关心的并不是他们的收入，而是他们维持良好生活水平的能力。至少由于三个原因，收入分配与贫困率数据所给出的生活水平不平等状况是不完全的。

实物转移支付 收入分配和贫困率的衡量是基于家庭的货币收入。但是，通过各种政府计划，穷人得到了许多非货币物品，包括食品券、住房补贴和医疗服务。以物品和服务形式而不是以现金形式给予穷人的转移支付称为**实物转移支付**（in-kind transfers）。不平等程度的标准衡量方法并没有考虑这些实物转移支付。

由于实物转移支付的对象主要是社会中最穷的成员，因此，没有把实物转移支付考虑在内就大大影响了所衡量的贫困率。根据美国人口普查局的研究，如果把实物转移支付按其市场价值纳入收入，生活在贫困中的家庭数量会比标准数据所显示的低10%左右。

经济生命周期 可以预见到人的一生中收入总在变动。一个年轻工人，尤其是还在学校的年轻人，收入是较低的。随着工人年龄增长和经验增加，收入在增加，在50岁左右达到最高，然后在工人65岁退休时收入又大幅度减少。这种有规律的收入变动形式称为**生命周期**（life cycle）。

由于人们能以借款与储蓄来平缓收入的生命周期变动，所以他们在任何一年的生活水平更多地依赖于一生中的收入，而不是当年的收入。年轻人也许为了上学或买房子而借款，然后在收入增加时偿还这些贷款。人们在中年时的储蓄率最高。由于人们

实物转移支付：以物品和服务而不是以现金形式给予穷人的转移支付。

生命周期：在人的一生中有规律的收入变动形式。

可以根据退休预期来储蓄，因此在退休时收入大大减少并不一定会引起生活水平的相应降低。这种正常的生命周期形式也会引起年度收入分配的不平等，但这并不一定代表生活水平的真正不平等。

暂时收入与持久收入 人一生的收入不仅仅因为预期的生命周期而变动，还因为随机的和暂时的力量而变动。某一年的霜冻摧毁了佛罗里达的橙子树，佛罗里达的橙子种植者的收入就会暂时减少。同时，佛罗里达的霜冻也使橙子价格上升，加利福尼亚的橙子种植者的收入就会暂时增加。下一年也可能会出现相反的情况。

正如人们能以借款和存款来平缓收入的生命周期变动一样，他们也能以借款和存款来平缓收入的暂时变动。在某种程度上，家庭在收入状况好的年份储蓄，而在收入状况差的年份借款（或动用储蓄）。在这个意义上，收入的暂时变动就并不一定影响他们的生活水平。家庭购买物品与服务的能力主要取决于其**持久收入**（permanent income），即正常的或平均的收入。

持久收入：一个人的正常收入。

为了衡量生活水平的不平等程度，持久收入的分配比年度收入的分配更相关。许多经济学家认为，人们根据他们的持久收入来消费，因此，消费不平等是持久收入不平等的主要判断标准。由于持久收入和消费受收入的暂时变动的影响较小，因此持久收入的分配比当期收入的分配更平等。

案例研究 不平等的其他衡量标准

达拉斯联邦储备银行的 Michael Cox 和 Richard Alm 2008 年的研究表明，不同的不平等衡量标准导致了极为不同的结论。Cox 和 Alm 比较了美国最富的 1/5 的家庭与最贫穷的 1/5 的家庭的收入分配，来观察它们的差距有多大。

根据 Cox 和 Alm 的研究，2006 年美国最富有的 1/5 家庭的平均收入为 149 963 美元，而最贫穷的 1/5 家庭的平均收入为 9 974 美元。因此，最富有群体的收入是最贫穷群体的 15 倍。

如果考虑到税收，富人与穷人的差距会缩小一点。由于税制是累进的，最富有群体的收入中税收的百分比高于最贫穷群体。Cox 和 Alm 发现，最富有的 1/5 家庭的税后收入是最穷的 1/5 家庭的 14 倍。

如果观察消费而不是收入，这个差距就大大缩小了。某一年年景特别好的家庭更可能进入富有群体，而且，他们更可能把收入中相当高的一部分储蓄起来。某一年年景特别坏的家庭更可能进入贫穷群体，而且，他们更可能把储蓄用于消费。根据 Cox 和 Alm 的研究，最富有的 1/5 家庭的消费仅仅是最贫穷的 1/5 家庭的 3.9 倍。

如果根据家庭人数差别进行矫正，消费的差距变得更小。由于大家庭更有可能是两个人赚钱，他们更可能发现自己接近于收入分配的上层。但是，他们也要养活更多的人。Cox 和 Alm 报告，最富有的 1/5 家庭平均有 3.1 人，而最穷的 1/5 家庭平均有 1.7 人。因此，最富有的 1/5 家庭的人均消费仅仅是最穷的 1/5 家庭的 2.1 倍。

这些资料表明，实质生活水平上的不平等比年收入的不平等要小得多。

20.1.5 经济流动性

人们有时在谈及"富人"与"穷人"时，仿佛年复一年这些群体都由同样的家庭组成。实际上，情况根本不是这样。经济流动性，即人们在各收入阶层之间的变动，在美国经济中是相当常见的。沿着收入阶梯向上移动可能是由于好运气或勤奋工作，向下移动可能是由于坏运气或懒惰。这种流动性有一些反映在收入的暂时变动上，而另一些则反映在收入较持久的变动上。

由于家庭收入随时间而变化，因此，暂时贫困比贫困率显示的更常见，而持久贫困则更少见。在一个典型的十年期中，四个家庭中约有一个至少在一年中处于贫困线之下，但只有不到3%的家庭在8年或更长时间中处于贫困状态。由于暂时贫困和持久贫困很可能面临不同的问题，因此，旨在反贫困的政策需要对这两个群体进行区分。

判断经济流动性的另一个方法是经济成功的代际持续性。那些研究这个问题的经济学家发现，超过平均水平的收入会从父母延续到孩子，但这种持续性并不完全，表明在各收入阶层之间有相当大的流动性。如果父亲的收入比同辈人的平均收入高20%，他的儿子很可能比同辈人的平均收入高8%。祖父的收入与孙子的收入之间的关联性则很小。

这种巨大的代际经济流动性的一个结果是，美国经济中存在大量自己致富的百万富翁（以及挥霍继承来的财产的继承人）。某项研究表明，美国有4/5的百万富翁是靠自己赚的钱，例如通过开办并建立企业或通过公司职务的晋升。只有1/5的百万富翁是继承了财产。

即问即答
■贫困率衡量了什么？
■说明在解释所衡量的贫困率时存在的三个潜在问题。

20.2　收入再分配的政治哲学

我们刚刚说明了一个经济的收入如何分配，并讨论了在解释所衡量出的不平等程度时遇到的问题。从这种解释仅仅描述了世界是什么样的意义上说，它是实证的。我们现在转向决策者面临的规范问题：政府对经济不平等应该做些什么？

这个问题不仅仅是经济学问题。仅仅通过经济分析并不能告诉我们决策者是不是应该努力使社会更平等。我们对这个问题的观点在很大程度上是政治哲学问题。但由于政府在收入再分配中的作用是许多经济政策争论的中心，因此，我们暂且离开经济科学，考虑一点政治哲学。

20.2.1　功利主义

政治哲学中的一个主要学派是**功利主义**（utilitarianism）。功利主义的奠基人是英国哲学家杰里米·边沁（Jeremy Bentham，1748—1832）和约翰·斯图亚特·穆勒（John Stuart Mill，1806—1873）。在很大程度上，功利主义的目的是要把个人决策的逻辑运用于涉及道德与公共政策的问题中。

功利主义的出发点是**效用**（utility）——人们从其环境中得到的幸福或满足程度。效用是福利的衡量指标，而且，根据功利主义者的看法，它也是所有公共政策和私人行动的最终目标。他们声称，政府的正确目标是使社会中每一个人的效用总和最大化。

功利主义者支持收入再分配是根据边际效用递减的假设。一个穷人1美元的额外收入给其所带来的额外效用大于富人1美元的额外收入带来的效用，这看来是有道理的。换句话说，随着一个人收入的增加，从增加的1美元收入中得到的额外福利是递

功利主义：一种政治哲学，根据这种政治哲学，政府应该选择使社会上所有人总效用最大化的政策。

效用：衡量幸福或满足程度的指标。

减的。这个似乎有道理的假设与功利主义者总效用最大化的目标意味着政府应该努力达到更平等的收入分配。

道理很简单。设想 Peter 和 Paul 两人除了 Peter 收入 8 万美元而 Paul 收入 2 万美元之外其他条件完全相同。在这种情况下，拿走 Peter 的 1 美元支付给 Paul 将减少 Peter 的效用而增加 Paul 的效用。但由于边际效用递减，Peter 效用的减少小于 Paul 效用的增加。因此，这种收入再分配增加了总效用，而这正是功利主义者的目标。

乍一看，这种功利主义者的观点似乎意味着，政府应该一直进行收入再分配，直至社会上每个人的收入完全相同为止。实际上，如果收入总量是固定的——我们例子中的 10 万美元——那么，情况确实是这样。但实际情况并非如此。功利主义者否定收入的完全平等化，因为他们接受了第 1 章中提出的经济学十大原理之一：人们会对激励做出反应。

要把 Peter 的钱支付给 Paul，政府就应该实行收入再分配政策。美国的联邦所得税和福利制度就是例子。在这些政策之下，收入高的人支付高税收，而收入低的人得到收入转移支付。收入转移支付是逐渐减少的：随着一个人的收入的提高，他从政府得到的转移支付减少。但是，如果政府通过高所得税或减少的转移支付压低一个人可以赚到的额外收入，Peter 和 Paul 勤奋工作的激励都变小了。当他们工作减少时，社会收入减少了，总效用也减少了。功利主义的政府必须使更大平等的好处与扭曲激励的损失保持平衡。因此，为了使总效用最大化，政府不会试图使社会完全平等。

一个有名的寓言阐明了功利主义者的逻辑。设想 Peter 和 Paul 在一个沙漠的不同地方旅行，他们都感到口渴难耐。Peter 所在的地方是一片绿洲，有许多水；而 Paul 所在的地方水很少。如果政府可以无成本地把一个绿洲的水转移到另一个地方，就可以通过使两个地方的水量相等而使水带来的总效用最大化。但假设政府只有一个漏水的桶。当它把水从一个地方运到另一个地方时，运输途中有一些水损失了。在这种情况下，功利主义的政府可能仍将根据 Paul 的口渴程度和水桶漏洞的大小，努力把一些水从 Peter 那里运到 Paul 那里。然而，在只有一个漏水的桶的情况下，一个功利主义的政府不会试图达到完全平等。

20.2.2　自由主义

思考不平等的第二种方法可以称为自由主义（liberalism）。哲学家约翰·罗尔斯（John Rawls）在他的著作《正义论》中提出了这种观点。这本书在 1971 年出版，并很快成为政治哲学中的一本经典之作。

罗尔斯从一个社会的制度、法律和政策应该是公正的这个前提开始，提出了一个自然的问题：我们社会成员如何能对公正的含义有一致的认识呢？似乎每个人的观点必然要取决于自己所处的特定环境——才能高还是才能低，勤奋还是懒惰，受教育多还是受教育少，出生在富裕家庭还是贫穷家庭。我们能客观地决定一个公正的社会应该是什么样子吗？

为了回答这个问题，罗尔斯提出了以下的思想实验。设想在任何一个人出生之前，

自由主义：一种政治哲学，根据这种政治哲学，政府应该选择被认为是公正的政策，这种公正要由一位在"无知面纱"背后的无偏见观察者来评价。

所有人都要到一起开会设计统治社会的规则。这时我们对每个人最终将处的位置都一无所知。用罗尔斯的话来说,我们都处于"无知面纱"背后的"原始状态"。罗尔斯认为,在这种原始状态下,我们可以为社会选择一套公正的规则,因为我们必须考虑这些规则将如何影响每一个人。正如罗尔斯所指出的:"由于所有人都处于相似状况,没有一个人能设计出有利于自己特定状况的原则,因此,公正的原则是公平协商或谈判的结果。"用这种方法设计公共政策和制度,能使我们在判断什么政策为公正的时候保持客观。

然后,罗尔斯考虑在这种无知面纱遮蔽下所设计的政策要达到什么目标。特别是,如果一个人不知道自己最终是在收入分配的最上层、最下层还是中间层,那么他会认为什么样的收入分配是公正的。罗尔斯认为,处于原始状态下的人会特别关注处于收入分配最底层的可能性。因此,在设计公共政策时,我们的目标应该是提高社会中状况最差的人的福利。这就是说,不是像功利主义者所主张的那样使每个人效用的总和最大化,罗尔斯是要使最小效用最大化。罗尔斯的规则被称为<u>最大最小准则</u>(maximin criterion)。

最大最小准则:一种主张,认为政府的目标应该是使社会上状况最差的人的福利最大化。

由于最大最小准则强调的是社会上最不幸的人,因此,它证明了旨在使收入分配平等化的公共政策是正确的。通过把富人的收入转移给穷人,社会增进了最不幸者的福利。但是,最大最小准则并不会带来一个完全平等的社会。如果政府承诺使收入完全平等化,人们就没有勤奋工作的激励,社会的总收入就将大大减少,而且,最不幸者的状况肯定会更加恶化。因此,最大最小准则仍然允许收入不对称,因为这种不对称可以增强激励,从而提高社会帮助穷人的能力。然而,由于罗尔斯的哲学只重视最不幸的社会成员,因此它要求的收入再分配比功利主义者更多。

罗尔斯的观点是有争议的,但他提出的思想实验非常引人注目。特别是这种思想实验使我们把收入再分配作为<u>社会保险</u>(social insurance)的一种形式。这就是说,从无知面纱遮蔽的原始状态的角度看,收入再分配很像一种保险政策。房主购买火灾保险是为了应对他们的房子着火的风险。同样,当我们作为一个社会选择向富人征税以补助穷人收入的政策时,我们就为自己成为穷人家庭成员的可能性上了保险。由于人们不喜欢风险,因此我们应该为自己出生在一个给我们提供了保险的社会而感到庆幸。

社会保险:旨在保护人们规避负面事件风险的政府政策。

但是,有一点还不是很清楚,受无知面纱遮蔽的理性人实际上厌恶风险的程度是否足以使他们遵循最大最小准则。实际上,由于原始状态的人最终可能处于收入分配的任何一个位置上,因此,在设计公共政策时,他可能平等地对待所有可能的结局。在这种情况下,在无知面纱之下最好的政策应该是使社会成员的平均效用最大化,而且,由此产生的公正概念就更接近于功利主义者而不是罗尔斯主义者。

20.2.3 自由至上主义

关于不平等的第三种观点称为<u>自由至上主义</u>(libertarianism)。到现在为止,我们考虑的两种观点——功利主义和自由主义——都把社会总收入作为社会计划者为了达到某种社会目标而能够自由地再分配的共享资源。与此相反,自由至上主义者认为,

自由至上主义:一种政治哲学,根据这种政治哲学,政府应该惩罚犯罪并实行自愿的协议,但不应该进行收入再分配。

社会本身并没有赚到收入——只是单个社会成员赚到了收入。根据自由至上主义者的看法，政府不应该为了实现任何一种收入分配而拿走一些人的收入并给予另一些人。

例如，哲学家罗伯特·诺齐克（Robert Nozick）在他1974年的著作《无政府、国家与乌托邦》中写了下面一段话：

> 我们并不是那些从某人那里分到一块蛋糕的孩子，分蛋糕的人可以对自己粗心的切割作最后的弥补。没有任何集中的分配，没有任何个人或群体有权控制所有的资源，来共同决定怎样发放这些资源。每个人得到的东西都是其他人通过交换或作为礼物送给他的。在一个自由社会里，不同的人们控制着不同的资源，新的持有来自于自愿的交换和人们的行动。

在功利主义者和自由主义者努力判断社会上的不平等程度多高为合意时，诺齐克否定了这个问题的正当性。

自由至上主义者评价经济结果的方法，是评价这些结果产生的过程。当收入分配是以不公正手段达到的时候，例如，当一个人偷了另一个人的东西时，政府有权利也有义务解决这个问题。但是，只要决定收入分配的过程是正义的，那么分配结果无论如何不平等都是公正的。

诺齐克通过进行社会收入分配与课程成绩分布之间的类比来批评罗尔斯的自由主义。假设有人要你判断你现在正在学习的经济学课程成绩的公正性，你会设想你自己处于无知面纱之下，在不知道每个学生的才能与努力程度的情况下，去选择某个成绩分布吗？还是你会保证评价学生成绩的过程是公正的，而不考虑成绩分布结果是否平均？至少就成绩的情况而言，自由至上主义者强调过程而不是结果的观点是非常有说服力的。

自由至上主义者的结论是，机会平等比收入平等更重要。他们认为，政府应该落实个人的权利，以确保每个人有同样的发挥自己才能并获得成功的机会。一旦建立了这些游戏规则，政府就没有理由改变由此引起的收入分配。

即问即答

■ Pam赚的钱比Pauline多。一个人建议向Pam征税并补贴Pauline的收入。功利主义者、自由主义者和自由至上主义者会如何评价这种建议呢？

20.3 减少贫困的政策

正如我们刚刚说明的，政治哲学家对政府在改变收入分配中应该起什么作用持有各种不同观点。占更大部分人口的选民中的政治争论反映了类似的分歧。尽管这些争论仍在继续，但大多数人认为，起码政府应该帮助那些最需要帮助的人。依照一个广为人知的比喻，政府应该提供一个"安全网"，以使任何一个公民免于陷入极度贫困。

贫困是决策者面临的最困难的问题之一。贫困家庭的成员比一般人更可能经历无家可归、毒品依赖、健康问题、青少年怀孕、文盲、失业和受教育程度低等问题。贫困家庭成员更可能犯罪，也更可能成为犯罪的牺牲品。虽然很难把贫困的原因与结果分开，但毫无疑问，贫困与各种经济和社会病症相关。

假设你是一个政府决策者，你的目标是减少生活在贫困中的人数。你应该如何实现这一目标呢？我们将考察一些你可能会考虑的政策选择。每一种选择都会帮助一些人脱贫，但没有哪一种选择是完美的，要确定哪一种政策组合最好并不容易。

20.3.1 最低工资法

规定雇主支付给工人的最低工资的法律总是争论的来源。支持者把最低工资作为帮助那些有工作的穷人而政府又不用花钱的一种方法，批评者把最低工资看成是对它想帮助的人的一种伤害。

正如我们最早在第 6 章中所说明的，很容易用供求工具来理解最低工资。对那些技能水平低和经验不足的工人来说，较高的最低工资导致其工资高于供求平衡的水平。因此它提高了企业的劳动成本，并减少了这些企业需求的劳动量。结果是受最低工资影响的这些工人群体的高失业。虽然那些仍然就业的工人从较高工资中受益，但那些原本在较低工资时能就业的工人的状况变坏了。

这些影响的大小主要取决于劳动需求弹性。支持高水平最低工资的人认为，不熟练劳动的需求是较为缺乏弹性的，因此，高水平最低工资所减少的就业是微不足道的。批评最低工资的人则认为，劳动需求富有弹性，特别是在企业可以更充分地调整就业与生产的长期中更是如此。他们还注意到，许多最低工资工人是中产阶级家庭的青少年，因此，高水平最低工资作为帮助穷人的一种政策并不能完美地帮助其目标人群。

20.3.2 福利

提高穷人生活水平的一种方法是政府补贴其收入，政府主要是通过福利制度来实现。**福利**（welfare）是包括各种政府计划的一个广义术语。贫困家庭临时援助（TANF）是一项旨在帮助那些需要抚养孩子，但没有成年人能支撑生活的家庭的计划。在一个典型的接受这种援助的家庭中，没有父亲，而母亲在家抚养小孩。另一项福利计划是补充性保障收入（SSI），它为有病或有残疾的穷人提供帮助。要注意的是，在这两项福利计划中，仅仅是收入低的穷人并没有资格获得帮助。要想获得帮助，他还应该有一些额外的困难，例如，有小孩或者残疾。

反对福利计划的一种普遍观点是，它实际上激励了人们变成"需要帮助者"。例如，这些计划会鼓励家庭破裂，因为许多家庭只要没有父亲就有资格得到经济帮助。这个计划也会鼓励未婚生育，因为许多贫穷的单身女性只要有孩子就符合接受帮助的标准。由于贫穷的单身母亲是贫困问题中相当重要的一部分，而且，由于福利计划似乎增加了贫穷的单身母亲的数量，因此这种福利制度的批评者断言，这些政策恶化了它们原本打算解决的问题。基于这些意见，1996 年的一部法律对福利制度进行了修订，该法律对可以领取福利的时间进行了限制。

福利：补贴贫困者收入的政府计划。

福利制度存在的上述潜在问题有多严重？没有一个人知道确切的情况。福利制度的支持者指出，贫穷的单身母亲依靠福利充其量也是艰难度日，而且他们怀疑，如果不是迫不得已，这种制度是否会鼓励许多人追求这种接受帮助的贫困生活。此外，长期趋势有时也不支持福利制度批评者所持的观点，即双亲家庭的减少主要是福利制度的结果。自从20世纪70年代初以来，福利补助（根据通货膨胀调整后的）一直在下降，但生活在单亲家庭中的儿童的百分比上升了。

20.3.3 负所得税

只要政府选择一种制度来征税，它就影响了收入分配。在累进所得税的情况下这显然是正确的，在这种税制下，高收入家庭收入中纳税的百分比大于低收入家庭。正如我们在第12章中讨论的，在设计税制时各收入群体之间的平等是一个重要的标准。

许多经济学家建议用负所得税（negative income tax）来补贴穷人的收入。根据这种政策，每个家庭都要向政府报告自己的收入。高收入家庭根据他们的收入纳税，而低收入家庭将得到补助。换句话说，这些低收入家庭将"支付"一种"负税"。

负所得税：向高收入家庭征税并给低收入家庭补贴的税制。

例如，假设政府用以下公式来计算一个家庭的税收义务：

$$\text{应纳税额} = \text{收入} \times 1/3 - 10\,000 \text{ 美元}$$

在这种情况下，一个收入6万美元的家庭要缴纳1万美元的税；一个收入9万美元的家庭要缴纳2万美元的税；一个收入3万美元的家庭不纳税；而一个收入1.5万美元的家庭"应纳"-5 000美元的税。换句话说，政府将给这个家庭送去一张5 000美元的支票。

在负所得税之下，贫困家庭不用表示需要就会得到经济帮助。得到帮助所需要的唯一资格就是收入低。根据不同人的观点，这个政策既有优点也有缺点。一方面，负所得税不鼓励非婚生育和家庭破裂，正如福利制度的批评者认为现行的政策鼓励了非婚生育和家庭破裂；另一方面，负所得税不仅补贴那些不幸运的人，也会补贴那些仅仅是由于懒惰而陷于贫穷的人，而一些人认为，政府不应该补贴这样的人。

一种和负所得税有相同作用的现实税收条款是劳动所得税抵免（EITC）。这种优惠使贫困劳动家庭一年中得到的所得税返还大于其缴纳的税收。由于劳动所得税抵免只适用于工作的穷人，它就不会像其他反贫困计划那样鼓励得到补贴的人不工作。但由于同样的原因，它也无助于减轻由于失业、生病或其他无工作能力引起的贫困。

20.3.4 实物转移支付

帮助穷人的另一种方法是直接向他们提供提高生活水平所需的某些物品与服务。例如，慈善机构向需要者提供食物、衣服、居住场所和圣诞节的玩具。政府向贫困家庭提供食品券，食品券是政府发放的、可以用来在商店购买食物的票证，然后商店可以把这些票证兑换为现金。政府也通过所谓的医疗援助计划向穷人提供医疗保健。

是用这些实物转移支付帮助穷人好，还是直接给穷人现金好呢？对此并没有一个明确的答案。

实物转移支付的支持者认为，这种转移支付确保穷人得到他们最需要的东西。最贫困社会成员中的嗜酒和吸毒与整个社会中存在的这种情况相比更为普遍。通过向穷人提供食物和居住场所，社会可以更确信自己不是在助长这些恶习。这是实物转移支付比现金支付在政治上更受欢迎的一个原因。

另一方面，现金支付的支持者认为，实物转移支付是无效率的和不尊重穷人的做法。政府并不知道穷人最需要什么物品与服务。许多穷人是运气不好的普通人。尽管他们不幸，但由他们来决定如何提高自己的生活水平是最适当的。与其通过实物转移支付来为穷人提供他们可能并不需要的物品与服务，还不如给他们现金以购买他们认为最需要的东西，这样会使他们的状况更好。

THE NEWS

【新闻摘录】
收入再分配的国际差距

许多国家比美国有更为慷慨的社会安全网，但它们也有极为不同的税收制度。

战胜不平等可能需要更广泛的税收
Eduardo Porter

我们很少经历过如此多的意见聚合在提高富人征税这个话题上。在赢得了以税收和支出为焦点的艰难连选战之后，奥巴马总统终于从选民那里获得了权力，有理由拿富人开刀来应付我们的赤字问题。

更重要的是，从富人那里筹集资金可能是在开辟修正我们不平衡的经济的漫长之路。在经济复苏的前两年，我们收入增长中的93%为最富有的1%家庭享有，而我们其他人只享有7%。

向经济全球化的那些赢家收取更多税负只是一个开始，它可能有助于堵上我们眼前的财政漏洞，但这仍不足以解决我们长期所需。其他许多发达国家的经验表明，向政府缴纳更多钱财以期政府能够帮助穷人和中产阶层更好地应对全球化了的全新世界，结果最后还得是中产阶层自己多掏腰包。

许多美国人会觉这有点难以置信。但是几项研究都表明，在发达世界里，美国是实行最具累进性的税制的国家之一，美国从富人那里得到的收入多于其他国家。美国家庭的税收对于资源再分配和降低不平等等方面的作用已超过了大多数其他富国的税收所及。

但是，税收提供的仅仅是财政所需资金的一半。根据一项对经合组织（OECD）各成员国财政的研究，尽管美国的税收是累进的，但在应对收入不平等上美国政府还是最无效的政府之一。一个主要的原因是：美国的税法并没有收上足够的钱。

这个悖论强调了我们可以从我们全球的伙伴身上学到的两个重要教训。第一，政府在消除不平等上的成功不取决于税法或收益的累进性，而更多地取决于政府可以用于使中产阶层和穷人受益的福利项目的税收收入量。

第二，在筹集资金问题上，最具累进性的税法并不非常有效。我们可以推断——由加州大学戴维斯分校的Peter Lindert 在他 2004 年的著作《增长的公共财政》（Growing Public）中提出的——相对于依靠更平缓的、更"累退"的税制，向每一个人筹集资金使其付钱给政府，以保证每一个家庭能有一定的生活水准而言，坚守从富人那里筹集大部分收入的高累进税制会加剧社会不平等。

考虑政府对家庭的补贴。根据OECD的研究，美国的贫困家庭临时援助计划是 22 个发达国家中最具累进性的家庭现金福利计划，且完全针对穷人设置。

但美国家庭现金福利在降低不平等的作用上是效率最低的。原因是它们的数额太低了。美国家庭现金福利的全部预算是全国经济总产量的千分之一。OECD各国的平均值是这个数字的 11 倍。即使包括税收减免和直接政府服务，美国用于家庭援助的金额占美国经济产量的份额也几乎远远低于任何一个其他发达国家。

在各种政府计划中我们也可以发现同样的模式。原因总是相同的：它们的相对数额太小。根据研究，总体上看，美国所有的政府现金补贴——包括养老金、残疾人补贴、失业保险等——平均只占家庭收入的 10% 左右。工业化各国这一项的平均值是美国的两倍。

美国的预算反映了美国与其他发达

国家的主要哲学差异。在像西欧各国这样大政府的社会民主国家，对政府的期待就是要确保一系列普惠公共服务——从医疗到儿童抚养再到养老金，这被视为公民的基本权利。为了支付这种一揽子最低福利，每个人都得出自己那份力。

美国政府有不同的目标。福利要少得多。社会保障和医疗遵循了普惠服务模式，但仅仅是针对老年人。其他社会支出只是为穷人量身定做。这种福利制度通过更为激进的累进税制来实现，它看来更像个慈善事业，而不是一项普遍权利。就最高原则而言，我们的哲学立场实际上是确保小政府的存在。

累进税制使筹资变得困难，因为这扭曲了人们的行为。它鼓励纳税人减少纳税义务，而不是增加自己的税前收入。高公司所得税鼓励公司避税。高资本所得税也鼓励避税及资本外流。最高收入者的高所得税也抑制了工作和投资。所以，试图用我们的累进税制筹集大量资金也许非但不会达到目的，反而会危害经济增长。

与此相比，大政府的社会民主国家依靠较为平缓的税收来为其公共支出筹资，比如汽油税和消费增值税。例如，北欧国家对资本所得征收的税率远远低于对工资收入征收的税率。而且它们的消费税较高。在丹麦，消费税的税收收入占该国经济的11%。在美国，香烟和其他物品的销售税和消费税总共大约只占4%。

自由民主党人长期以来就反对这种征税方案，因为它们更多地要靠穷人支持，而穷人将其收入用于支出的比例高于富人。但其实这些税种有一个很大的好处：它们很难逃避，从而对工作或投资的负激励也更小。这意味着，这些税种可以用于筹集多很多的收入。

由于各国政府正努力应对我们长期的全球性衰退以及婴儿潮的老龄化问题，今天大西洋两岸的财政都面临巨大压力。在南欧，削减普惠福利体制的压力相当大。在美国，两党的政治领导人都认识到，靠我们那点税收甚至连维持我们那一点点可怜的一揽子公共物品都不够了。

但是，美国有一个大多数欧洲摇摇晃晃的经济体都没有的可能选择。美国的税收收入如此之低，换个角度来看，就是有更大的增税空间。更有效率的、更平缓的税制可以使我们在不妨碍经济活动的同时增加税收。

曾服务于罗纳德·里根和乔治·布什政府的税收专家 Bruce Bartlett 在上周和我说，他认为联邦税收可以增加到经济产量的22%，远远超出18.5%的历史平均水平，而且不会对经济造成损害。但是，如果奥巴马总统想沿这条路走下去，他就必须建立一种较为平缓的税制。

布鲁金斯学会的税收政策专家、无党派的税收政策中心联合主任 William Gale 在电子邮件中写道："我们应该改革税制，这毫无疑问。为了增加我们所需要的收入，我们需要超越现有的税收工具——增值税和（或）碳税看来是显而易见应该实行的。" Bartlett 先生也指出："我们不可能从富人那里拿到所有所需的收入。最终，每个人都不得不多缴纳点儿。"

资料来源：*New York Times*，November 28，2012。

20.3.5　反贫困计划和工作激励

许多旨在帮助穷人的政策可能对鼓励穷人依靠自己的力量脱贫有意想不到的不利影响。为了说明这一点，让我们来看看下面这个例子。假设一个家庭维持合理的生活水平需要 20 000 美元。再假设出于对穷人的关心，政府承诺每个家庭都会达到这个收入。无论一个家庭赚多少钱，政府都会补足收入和 20 000 美元之间的差额。你预期这种政策会产生什么影响呢？

这种政策的激励效应是显而易见的：任何一个工作收入在 20 000 美元以下的人没有找工作和保持工作的激励。这个人每赚到 1 美元，政府就会减少 1 美元的收入补贴。实际上，这相当于政府对增加的收入征收 100% 的税。有效边际税率为 100% 的政策必定会招致巨大的无谓损失。

这种高有效税率的负面影响会一直持续下去。一个被鼓励不工作的人失去了工作中提供的在职培训的机会。此外，他的孩子也不能通过观察有全职工作的父母而学到一些经验，而这可能对他们自己找工作和保持工作的能力有负面的影响。

虽然我们讨论的这个反贫困计划是假设的，但并不是像乍看起来那样不切实际。福利、医疗援助、食品券和劳动所得税抵免都是旨在帮助穷人的计划，而且这些计划都与家庭收入相关。随着一个家庭收入的增加,该家庭就不再具有符合这些计划的资格。当把所有这些计划放在一起时,这些家庭就会面临很高的有效边际税率。有时,有效边际税率甚至超过100%,以至于当贫穷家庭的人们赚到更多钱时,他们的状况反而变坏了。政府努力帮助穷人,然而结果却是鼓励这些家庭的人们不工作。根据反贫困计划批评者的看法,这些计划改变了工作态度,并创造了一种"贫困文化"。

对这个问题似乎有一个简单的解决办法:随着贫困家庭收入的增加,更逐渐地减少对他们的补贴。例如,如果一个贫困家庭每赚1美元就减少30美分补贴,那么,它就面临30%的有效边际税率。虽然这种有效税率在某种程度上降低了工作的努力程度,但并没有完全消除对工作的激励。

这种解决方法存在的问题是,它会大大增加反贫困计划的成本。如果随着贫困家庭收入的增加逐渐减少补贴,那么,正好在贫困水平以上的家庭也有资格得到大量补贴。补贴减少得越慢,符合补贴资格的家庭越多,实施这个计划的成本也越大。因此,决策者面临着用高有效边际税率增加穷人负担与用高成本减少贫困计划增加纳税人负担之间的权衡取舍。

还有各种其他方法可用于减少反贫困计划的非激励性。一种方法是要求任何一个得到补贴的人接受一份政府提供的工作——有时称为劳动福利的制度。还有一种方法是只在有限的时间内提供补贴。1996年的福利改革法案遵循了这种思路,该法案把接受福利的年限定为一生中5年。当克林顿总统签署这个法案时,他是这样解释这种政策的:"福利应该成为第二次机会,而不是一种生活方式。"

即问即答

■列出旨在帮助穷人的三项政策,并讨论每种政策的优缺点。

20.4 结论

人们长期以来一直在思考社会的收入分配。古希腊哲学家柏拉图得出的结论是:在一个理想的社会中,最富的人的收入不应超过最穷的人的收入的四倍。虽然不平等程度的衡量是很困难的,但显然我们社会的不平等已大大超过了柏拉图所建议的程度。

第1章中的经济学十大原理之一是政府有时可以改善市场结果。但是,对于应该如何把这一原理运用到收入分配中很少有一致的看法。对于多大程度的收入不平等为合意的,或者甚至对于公共政策是否应该以改革收入分配为目的,现在的哲学家和决策者的看法并不一致。许多公共争论反映了这种不一致。例如,当税收提高时,法律制定者就会为富人应该承担多少、中产阶级应该承担多少,以及穷人应该承担多少而争论不休。

经济学十大原理中还有一个是人们面临权衡取舍。当考虑经济不平等时,记住这个原理是很重要的。惩罚成功和奖励失败的政策减少了对成功者的激励。因此,决策者面临平等和效率之间的权衡取舍。越平等地分割蛋糕,蛋糕就会变得越小。这是几乎每一个人都同意的有关收入分配的一个结论。

内容提要

◎ 收入分配数据表明了美国社会中存在的巨大不平等。最富有的1/5家庭的收入是最穷的1/5家庭的收入的12倍还多。

◎ 由于实物转移支付、经济生命周期、暂时收入和经济流动性对于理解收入变动如此重要,以至于要用某一年的收入分配数据来判断我们社会中的不平等程度是很困难的。当考虑到这些其他因素时,它们总倾向于表明经济福利的分配比年收入的分配更平等。

◎ 政治哲学家关于政府在改变收入分配中的作用的观点并不相同。功利主义者(例如,约翰·斯图亚特·穆勒)选择使社会中每个人效用之和最大化的收入分配。自由主义者(例如,约翰·罗尔斯)在决定收入分配时,我们仿佛被置于不了解自己的生活状况的"无知面纱"之下。自由至上主义者(例如,罗伯特·诺齐克)要求政府保护个人权利以保证一个公正的过程,但不用关注其所引起的收入分配结果的不平等。

◎ 有许多旨在帮助穷人的不同政策——最低工资法、福利、负所得税以及实物转移支付。虽然这些政策都帮助了一些家庭脱贫,但它们也有意料之外的副作用。由于经济援助随着收入增加而减少,因此,穷人往往面临很高的有效边际税率。这种高有效税率不鼓励贫困家庭依靠自己的力量脱贫。

关键概念

贫困率　　　　　　　　功利主义　　　　　　　　自由至上主义
贫困线　　　　　　　　效用　　　　　　　　　　福利
实物转移支付　　　　　自由主义　　　　　　　　负所得税
生命周期　　　　　　　最大最小准则
持久收入　　　　　　　社会保险

复习题

1. 最富有的1/5美国人的收入是最贫穷的1/5美国人的收入的3倍、6倍,还是12倍?
2. 过去四十年间,美国最富裕的1/5人口的收入份额发生了什么变化?
3. 美国人口中哪一个群体最可能生活在贫困之中?
4. 在衡量不平等程度时,为什么收入的暂时变动和生命周期变动带来了一些难题?
5. 功利主义者、自由主义者和自由至上主义者各是如何决定多大程度的收入不平等是可允许的?
6. 对穷人的实物(而不是现金)转移支付有什么优缺点?
7. 描述反贫困计划如何不鼓励穷人工作。你能如何减少这种障碍?你所建议的政策的不利之处是什么?

第7篇
深入研究的论题

第 21 章
消费者选择理论

走进商店时,你会见到成千上万种可以买的物品。然而,由于财力是有限的,你不能买想买的一切。因此,你会考虑各种可供销售的物品的价格,并在你既有的财力下购买最适合你需要和意愿的一组商品。

在本章中,我们将提出描述消费者如何做出购买决策的理论。到现在为止,我们一直用需求曲线来概括消费者决策。正如前面所说的,一种物品的需求曲线反映消费者对该物品的支付意愿。当一种物品价格上升时,消费者愿意购买的数量将减少,因此其需求量减少。现在我们深入考察需求曲线背后的决策。本章中所提出的消费者选择理论对需求提供了更全面的解释,正如第 14 章的竞争企业理论对供给提供了更全面的解释一样。

第 1 章讨论的经济学十大原理之一是人们面临权衡取舍。消费者选择理论考察了人们在作为消费者时面临的权衡取舍。当消费者多购买某种物品时,他只能少购买其他物品。当他把更多时间用于休闲并用更少的时间工作时,他的收入就减少,并只能减少消费。当他把收入更多地用于现在并减少储蓄时,他就必须接受未来的低消费水平。消费者选择理论考察的是面临这些权衡取舍的消费者如何做出选择,以及他们如何对他们环境的变化做出反应。

在提出消费者选择的基本理论之后,我们把它应用于几个家庭决策问题。特别是,我们要问:

- 所有需求曲线都向右下方倾斜吗?
- 工资如何影响劳动供给?
- 利率如何影响家庭储蓄?

乍一看,这些问题似乎是毫不相关的。但正如下文将要说明的,这三个问题都可以用消费者选择理论来解释。

21.1 预算约束：消费者能买得起什么

大多数人都想提高他们所消费的物品的数量或质量——度更长时间的假、开更豪华的车，或者在更好的餐馆吃饭。人们消费的之所以比他们想要的少是因为他们受到收入的**约束**，或者说限制。我们从考察收入和支出之间的这种联系来开始对消费者选择的研究。

为了使问题简化，我们考察一个只购买两种物品——比萨饼与百事可乐——的消费者面临的决策。当然，人们实际上购买成千上万不同种类的物品。但假设只有两种物品极大地简化了问题，而又不改变关于消费者选择的基本观点。

首先考虑消费者的收入如何约束用于比萨饼和百事可乐的支出量。假设消费者每月收入为1 000美元，而且全部用于消费比萨饼和百事可乐。一个比萨饼的价格是10美元，而一升百事可乐的价格是2美元。

图21-1中的表格说明了消费者可以购买的比萨饼和百事可乐的多种组合。该表的第一行数据表示，如果消费者把全部收入用于买比萨饼，他一个月可以吃100个比萨饼，但此时就不能买百事可乐；第二行数据表示另一种可能的消费组合：90个比萨饼和50升百事可乐；以此类推。表中的每种消费组合的花费正好是1 000美元。

图21-1 消费者的预算约束线

预算约束线表示消费者在某种既定收入时能买得起的物品的各种组合。这里指消费者购买比萨饼和百事可乐的组合。其中的表和图说明如果消费者的收入为1 000美元，比萨饼的价格是10美元而百事可乐的价格是2美元时，他能买得起的东西。

比萨饼数量（个）	百事可乐数量（升）	比萨饼支出（美元）	百事可乐支出（美元）	总支出（美元）
100	0	1 000	0	1 000
90	50	900	100	1 000
80	100	800	200	1 000
70	150	700	300	1 000
60	200	600	400	1 000
50	250	500	500	1 000
40	300	400	600	1 000
30	350	300	700	1 000
20	400	200	800	1 000
10	450	100	900	1 000
0	500	0	1 000	1 000

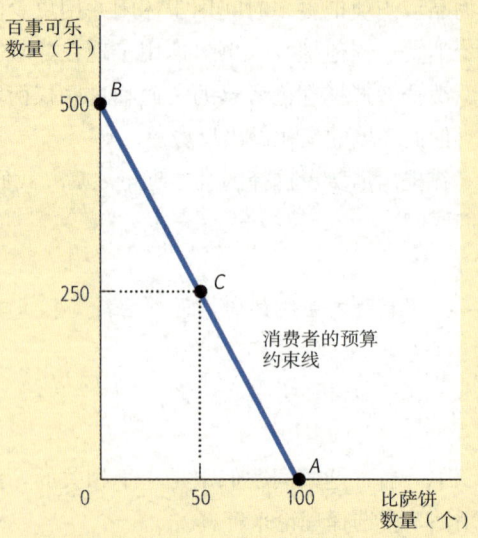

图 21-1 中的图形说明了消费者可以选择的消费组合。纵轴代表百事可乐的升数，横轴代表比萨饼的个数。该图上标出了三个点：在 A 点，消费者不买百事可乐而消费 100 个比萨饼；在 B 点，消费者不买比萨饼而消费 500 升百事可乐；在 C 点，消费者买 50 个比萨饼和 250 升百事可乐。C 点正好是线段 AB 的中点，在这一点上消费者在比萨饼和百事可乐上的支出相同（500 美元）。这只是消费者可以选择的比萨饼和百事可乐的许多组合中的三种。线段 AB 上所有各点都是可能的选择。这条线称为预算约束线（budget constraint），它表示消费者支付得起的消费组合。在本例中，它表示消费者面临的比萨饼和百事可乐之间的权衡取舍。

预算约束线：对消费者可以支付得起的消费组合的限制。

预算约束线的斜率衡量的是消费者用一种物品换另一种物品的比率。回想一下，可以用纵轴距离变动除以横轴距离变动（向上量比向前量）来计算两点之间的斜率。从 A 点到 B 点，纵轴距离是 500 升百事可乐，横轴距离是 100 个比萨饼。因此，斜率是每个比萨饼 5 升百事可乐（实际上，由于预算约束线向右下方倾斜，斜率是一个负数。但为了达到分析的目的，我们可以略去负号）。

要注意的是，预算约束线的斜率等于两种物品的相对价格——一种物品与另一种物品的价格之比。1 个比萨饼的价格是 1 升百事可乐价格的 5 倍，因此，1 个比萨饼的机会成本是 5 升百事可乐。预算约束线的斜率为 5，反映了市场提供给消费者的权衡取舍：1 个比萨饼换 5 升百事可乐。

21.2 偏好：消费者想要什么

本章的目的是说明消费者如何做出选择。预算约束是分析该问题的一个方面，它表明消费者在收入与物品价格既定时所能买得起的物品组合。但是，消费者的选择不仅取决于他的预算约束，而且还取决于他对这两种物品的偏好。因此，消费者的偏好是我们分析的另一个方面。

21.2.1 用无差异曲线代表偏好

消费者的偏好使其在比萨饼与百事可乐的不同组合中做出选择。如果提供给消费者的是两个不同的组合，他将选择最适合他爱好的组合。如果两种组合同等程度地适合他的爱好，我们说，消费者在这两种组合之间是无差异的。

正如用图形表示消费者的预算约束一样，我们也可以用图形来表示他的偏好。我们用无差异曲线来实现这一目的。无差异曲线（indifference curve）表示给消费者带来相同满足程度的消费组合。在本例中，无差异曲线表示使消费者同样满足的比萨饼和百事可乐的组合。

无差异曲线：一条表示给消费者带来相同满足程度的消费组合的曲线。

图 21-2 表示消费者的许多无差异曲线中的两条。消费者在 A、B 和 C 的组合中是无差异的，因为它们都在同一条曲线上。毫不奇怪，如果消费者消费的比萨饼减少了，比如说从 A 点减少到 B 点，百事可乐的消费必然增加，以使他同样满足；如果比萨饼

边际替代率：消费者愿意以一种物品交换另一种物品的比率。

的消费再减少，比如从 B 点减少到 C 点，百事可乐的消费量还会增加。

一条无差异曲线上任意一点的斜率等于消费者愿意用一种物品替代另一种物品的比率，这个比率称为**边际替代率**（marginal rate of substitution，MRS）。在本例中，边际替代率衡量了为了补偿一单位比萨饼消费的减少，消费者要得到多少单位百事可乐。要注意的是，由于无差异曲线并不是一条直线，因此，在一条既定的无差异曲线上，所有各点的边际替代率并不相同。消费者愿意用一种物品交换另一种物品的比率取决于他已经消费的物品量。这就是说，消费者愿意用比萨饼换取百事可乐的量取决于他的饥饿或干渴程度，而这种程度又取决于他消费了多少比萨饼和百事可乐。

在任何一条既定的无差异曲线的所有点上，消费者的满足程度相同，但他对某些无差异曲线较为偏好。因为他对较多消费的偏好大于较少消费，所以，对较高无差异曲线的偏好大于较低的无差异曲线。在图 21-2 中，消费者对无差异曲线 I_2 上任何一点的偏好都大于无差异曲线 I_1 上任何一点。

消费者的无差异曲线束给出了消费者偏好的完整排序。这就是说，我们可以用无差异曲线来给任意两种物品的组合排序。例如，无差异曲线告诉我们，消费者对 D 点的偏好大于 A 点，因为 D 点所在的无差异曲线高于 A 点所在的无差异曲线（然而，这个结论可能是显而易见的，因为 D 点向消费者提供了更多的百事可乐和更多的比萨饼）。无差异曲线还告诉我们，消费者对 D 点的偏好大于 C 点，因为 D 点在更高的无

图21-2 消费者偏好

可以用无差异曲线表示消费者偏好，它代表使消费者获得同样满足的比萨饼与百事可乐的组合。由于消费者偏好更多的某种物品，因此，他对较高无差异曲线（I_2）上各点的偏好大于较低无差异曲线（I_1）上的各点。边际替代率（MRS）表示消费者愿意用百事可乐换取比萨饼的比率。它衡量消费者为了交换一个比萨饼必须给出的百事可乐的数量。

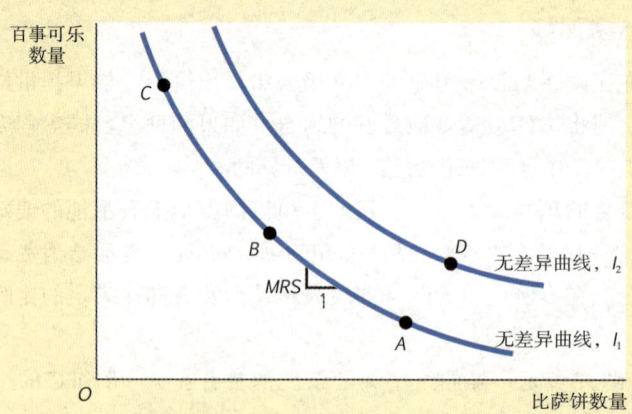

差异曲线上。尽管 D 点时的百事可乐比 C 点少，但其额外的比萨饼足以使消费者更偏好它。通过找出更高无差异曲线上的一点，我们可以用无差异曲线束来给出任何比萨饼和百事可乐组合的排序。

21.2.2 无差异曲线的四个特征

由于无差异曲线代表消费者偏好，因此，它们具有某些反映这些偏好的特征。下面我们考虑可以描述大多数无差异曲线的四个特征：

- **特征1**：消费者对较高无差异曲线的偏好大于较低无差异曲线。消费者通常偏好消费更多而不是更少的商品。这种对更大数量的偏好反映在无差异曲线上。正如图21-2所示，较高的无差异曲线所代表的物品量多于较低的无差异曲线。因此，消费者偏好较高的无差异曲线。

- **特征2**：无差异曲线向右下方倾斜。无差异曲线的斜率反映了消费者愿意用一种物品替代另一种物品的比率。在大多数情况下，消费者两种物品都喜欢。因此，如果要减少一种物品的量，为了使消费者同样满足，就必须增加另一种物品的量。由于这个原因，大多数无差异曲线向右下方倾斜。

- **特征3**：无差异曲线不相交。为了证明这一点，假设两条无差异曲线相交，如图21-3所示。这样，由于A点和B点在同一条无差异曲线上，两点能使消费者同样满足。此外，由于B点与C点在同一条无差异曲线上，这两点也能使消费者同样满足。但这些结论意味着，尽管在C点时对于两种物品都可以消费更多，但A点与C点能使消费

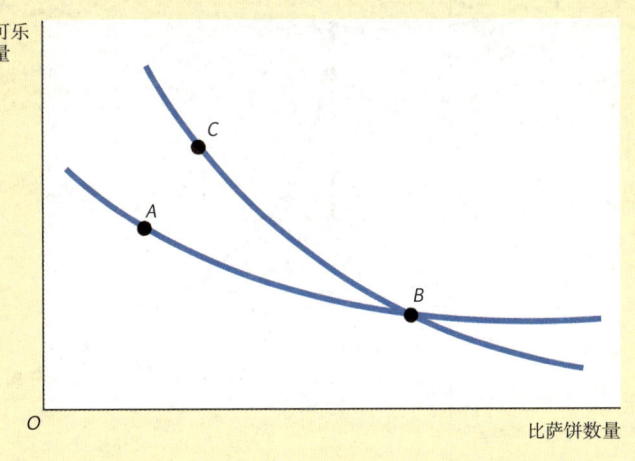

图21-3 无差异曲线相交的不可能性

像图中这种情况是绝不会发生的。根据图中所示的无差异曲线，尽管C点的两种物品都多于A点，但消费者在A、B和C点时将获得相同的满足程度。

者同样满足。这就与消费者对较多两种物品的偏好大于对较少两种物品的偏好的假设相矛盾。因此，无差异曲线不能相交。

- **特征4**：无差异曲线凸向原点。无差异曲线的斜率是边际替代率——消费者愿意用一种物品替代另一种物品的比率。边际替代率通常取决于消费者目前消费的每一种物品的量。特别是，由于人们更愿意放弃他们已经拥有的数量较多的物品，而不愿意放弃他们不多的物品，因此，无差异曲线凸向原点。例如，考虑图21-4中的例子。在 A 点时，由于消费者有大量百事可乐而只有少量比萨饼，他非常饿但并不太渴。为了使消费者放弃1个比萨饼，就要给他6升百事可乐：边际替代率是每个比萨饼6升百事可乐。与此相反，在 B 点时，消费者有少量百事可乐和大量比萨饼，因此他很渴但不太饿。在这一点时，他愿意放弃1个比萨饼来得到1升百事可乐：边际替代率是每个比萨饼1升百事可乐。因此，无差异曲线凸向原点，反映了消费者更愿意放弃他已大量拥有的那一种物品。

21.2.3　无差异曲线的两个极端例子

无差异曲线的形状告诉我们消费者用一种物品交换另一种物品的意愿。当物品很

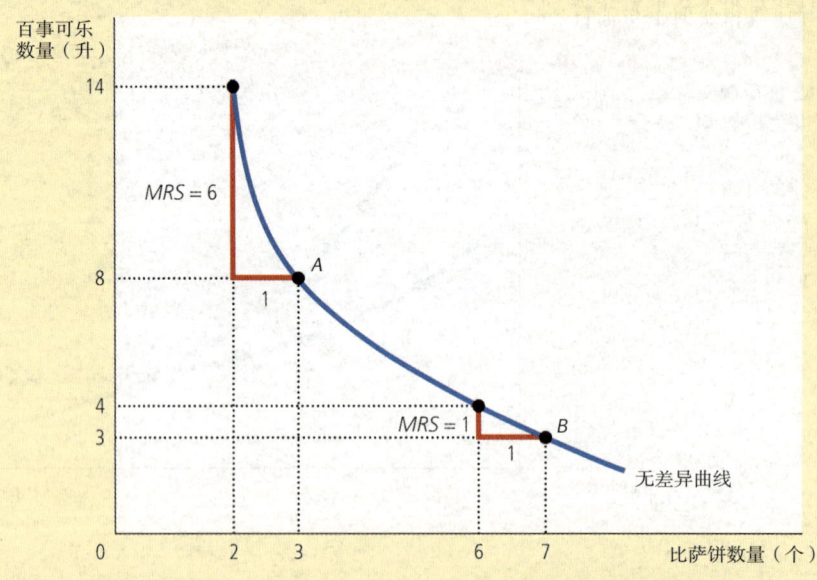

图21-4　凸向原点的无差异曲线

无差异曲线通常是凸向原点的。这种形状意味着，边际替代率（MRS）取决于消费者正消费的两种物品量。在 A 点时，消费者有大量百事可乐和少量比萨饼，因此，让他放弃1个比萨饼，他就要求有大量额外的百事可乐：边际替代率是每个比萨饼6升百事可乐。在 B 点时，消费者有大量比萨饼和少量百事可乐，因此，让他放弃1个比萨饼，他只要求少量额外的百事可乐：边际替代率是每个比萨饼1升百事可乐。

容易相互替代时，无差异曲线呈现出较小的凸性；当物品难以替代时，无差异曲线呈现出很大的凸性。为了说明这两种情况存在的原因，我们考虑两种极端的情况。

完全替代品 假设某人向你提供 5 美分硬币和 10 美分硬币的组合。你如何对这些不同的组合排序呢？

很可能的情况是，你只关心每种组合的总货币价值。如果是这样的话，无论一组组合中 5 美分的硬币和 10 美分的硬币是多少，你总愿意用 2 个 5 美分的硬币换一个 10 美分的硬币。你在 5 美分硬币和 10 美分硬币之间的边际替代率是一个不变的数——2。

我们可以用图 21-5（a）中的无差异曲线表示你对 5 美分硬币和 10 美分硬币的偏好。由于边际替代率是不变的，无差异曲线都是直线。在这种无差异曲线为直线的极端情况下，我们说这两种物品是**完全替代品**（perfect substitutes）。

完全替代品：无差异曲线为直线的两种物品。

完全互补品 假设某人向你提供了一些鞋的组合。一些鞋适合于你的左脚，另一些鞋适合于你的右脚。你如何对这些不同的组合排序呢？

在这种情况下，你只关心鞋的对数。换句话说，你将根据从这些鞋中配成的对数来判断某个组合。5 只左脚鞋和 7 只右脚鞋的组合只有 5 双。如果不同时给左脚鞋，多给一只右脚鞋没有价值。

我们可以用图 21-5（b）的无差异曲线来代表你对右脚鞋和左脚鞋的偏好。在这种情况下，5 只左脚鞋和 5 只右脚鞋与 5 只左脚鞋和 7 只右脚鞋的组合是等同的，它也与 7 只左脚鞋和 5 只右脚鞋的组合等同。因此，无差异曲线是直角形。在这种无差异曲线为直角形的情况下，我们说这两种物品是**完全互补品**（perfect complements）。

完全互补品：无差异曲线为直角形的两种物品。

图 21-5 完全替代品和完全互补品

当两种物品很容易替代时，比如 5 美分硬币和 10 美分硬币，无差异曲线是一条直线，如（a）幅所示。当两种物品非常互补时，例如左脚的鞋和右脚的鞋，无差异曲线是直角形，如（b）幅所示。

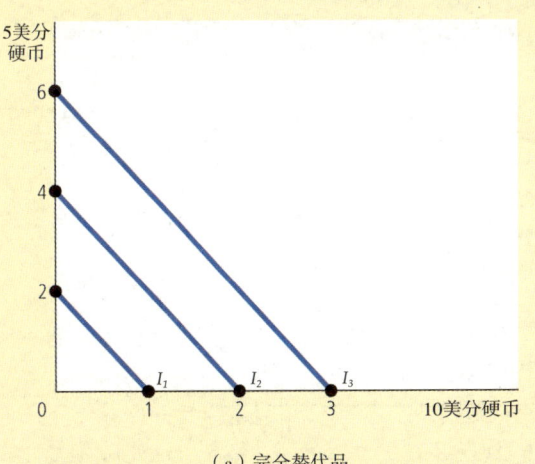

（a）完全替代品

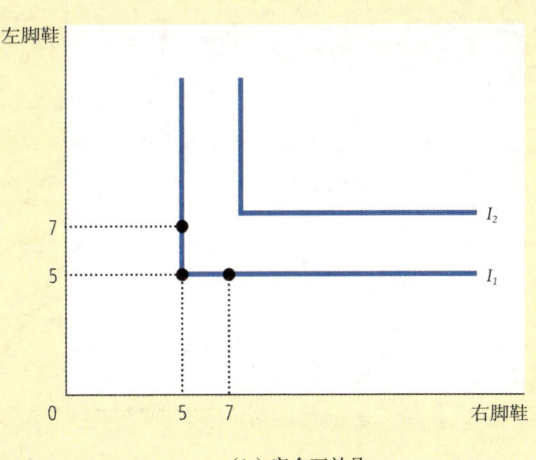

（b）完全互补品

当然，在现实世界中，大多数物品既不是完全替代品（像5美分硬币和10美分硬币）也不是完全互补品（像右脚鞋与左脚鞋）。更典型的情况是，无差异曲线凸向原点，但不会成为直角形的形状。

21.3 最优化：消费者选择什么

本章的目的是说明消费者如何做出选择。我们已经说明了这种分析所需的两个方面：消费者预算约束（他能支付得起的数量）与消费者的偏好（他想为之支出的东西）。现在我们把这两个方面结合起来，考察消费者关于购买什么的决策。

21.3.1 消费者的最优选择

再来考虑比萨饼与百事可乐的例子。消费者想达到比萨饼和百事可乐最好的可能组合——也就是说，在他的最高可能无差异曲线上的组合。但消费者还必须达到或低于他的预算约束线，预算约束线衡量他可以得到的总资源。

图21-6表示消费者的预算约束线和其许多无差异曲线中的三条。消费者可以达

> **即问即答**
>
> ■画出比萨饼和百事可乐的一些无差异曲线。解释这些无差异曲线的四个特征。

图21-6　消费者最优点

消费者选择预算约束线上位于最高无差异曲线上的一点。在这个被称为最优点的点上，边际替代率等于两种物品的相对价格。图中消费者可以达到的最高无差异曲线是I_2。消费者更偏好A点，A点在无差异曲线I_3上，但消费者负担不起这种比萨饼和百事可乐的组合。与此相比，B点是消费者能负担得起的，但由于它在较低的无差异曲线上，消费者不偏好这一点。

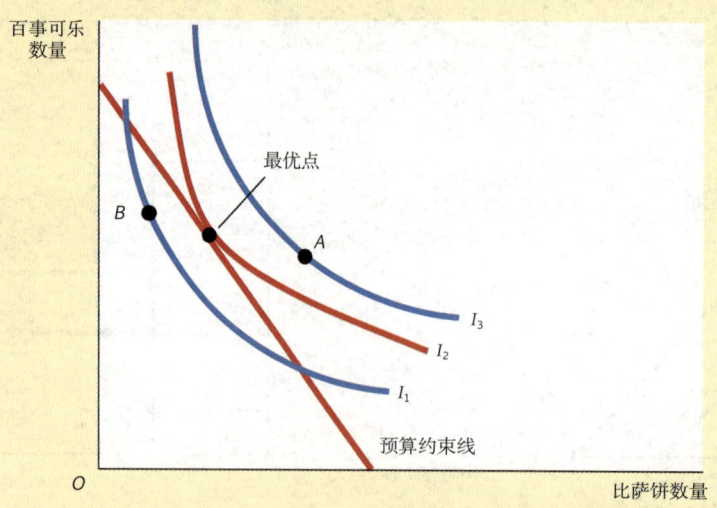

到的最高无差异曲线（图中的 I_2）是正好与预算约束线相切的那条无差异曲线，相切的点被称为最优点。消费者也许更偏爱 A 点，但他负担不起那一点，因为这一点在他的预算约束线之外。消费者可以负担得起 B 点，但这一点在较低的无差异曲线上，因此，给消费者带来的满足程度较低。最优点代表消费者可以得到的比萨饼和百事可乐的最优组合。

要注意的是，在最优点时，无差异曲线的斜率等于预算约束线的斜率，此时我们说，无差异曲线与预算约束线相切。无差异曲线的斜率是比萨饼和百事可乐之间的边际替代率，而预算约束线的斜率是比萨饼和百事可乐的相对价格。因此，消费者选择的两种物品组合要使边际替代率等于相对价格。

在第 7 章中，我们说明了市场价格如何反映消费者对物品的边际评价。这种对消费者选择的分析以另一种方法说明了同样的结论。消费者在做出自己的消费选择时，把两种物品的相对价格作为既定的，然后选择使他的边际替代率等于这种相对价格的最优点。相对价格是市场愿意用一种物品交换另一种物品的比率，而边际替代率是消费者愿意用一种物品交换另一种物品的比率。在消费者最优点，消费者对两种物品的评价（用边际替代率表示）等于市场的评价（用相对价格表示）。所以，作为这种消费者最优选择的结果，不同物品的市场价格反映了消费者对这些物品的评价。

> **参考资料** 效用：描述偏好和最优化的另一种方法

我们常用无差异曲线来表示消费者的偏好。另一种表示偏好的常用方法是用效用的概念。效用是对消费者从一组物品中得到的满足程度和幸福程度的抽象衡量。经济学家说，如果第一种物品组合提供的效用大于第二种，那么消费者对第一种组合的偏好就大于第二种。

无差异曲线和效用是密切相关的。由于消费者偏好于更高无差异曲线上的各点，因此，更高无差异曲线上物品的组合提供更高的效用。由于消费者在同一条无差异曲线所有各点上的满足程度都相同，因此，所有这些组合都提供了同样的效用。你可以把一条无差异曲线作为一条"等效用"曲线。

任何一种物品的边际效用是消费者从多消费一单位该物品中得到的效用的增加。一般假设大多数物品表现出边际效用递减：消费者已经拥有的某种物品越多，额外一单位该物品所提供的边际效用就越低。

两种物品之间的边际替代率取决于它们的边际效用。例如，如果 X 物品的边际效用是 Y 物品边际效用的两倍，那么，一个人需要两个单位的 Y 物品来补偿失去的一单位 X 物品，则边际替代率等于 2。也就是说，边际替代率（从而无差异曲线的斜率）等于一种物品的边际效用除以另一种物品的边际效用。

效用分析提供了描述消费者最优化的另一种方法。回想一下，在消费者最优点，边际替代率等于两种物品价格的比率，即

$$MRS = P_X / P_Y$$

由于边际替代率等于边际效用的比率，因此我们可以把这个最优化的条件写为

$$MU_X / MU_Y = P_X / P_Y$$

整理得

$$MU_X / P_X = MU_Y / P_Y$$

对该等式有一个简单的解释：在最优点，用于 X 物品支出的每美元的边际效用等于用于 Y 物品支出的每美元的边际效用。（为什么？如果该等式不成立，消费者就可以通过减少对每美元边际效用较少的物品的支出，增加对每美元边际效用较多的物品的支出，来增加效用。）

当经济学家讨论消费者选择理论时，他们可能会用不同的词语来表达。一个经济学家可能会说，消费者的目标是效用最大化；另一个经济学家可能会说，消费者的目标是最后达到最高可能的无差异曲线。第一个经济学家的结论是，在消费者最优点，用于所有物品的每美元的边际效用都是相等的；而第二个经济学家的结论是，无差异曲线与预算约束线相切。在本质上，这是表述同一件事情的两种方法。

21.3.2 收入变动如何影响消费者的选择

我们已经说明了消费者如何做出消费决策，现在来考察消费决策如何对收入变动做出反应。具体来说，假设收入增加了。在收入更高时，消费者可以买得起更多的两种物品。因此，收入增加使预算约束线向外移动，如图 21-7 所示。由于两种物品的相对价格并没有变，新预算约束线的斜率与原来的预算约束线一样。这就是说，收入增加引起预算约束线平行移动。

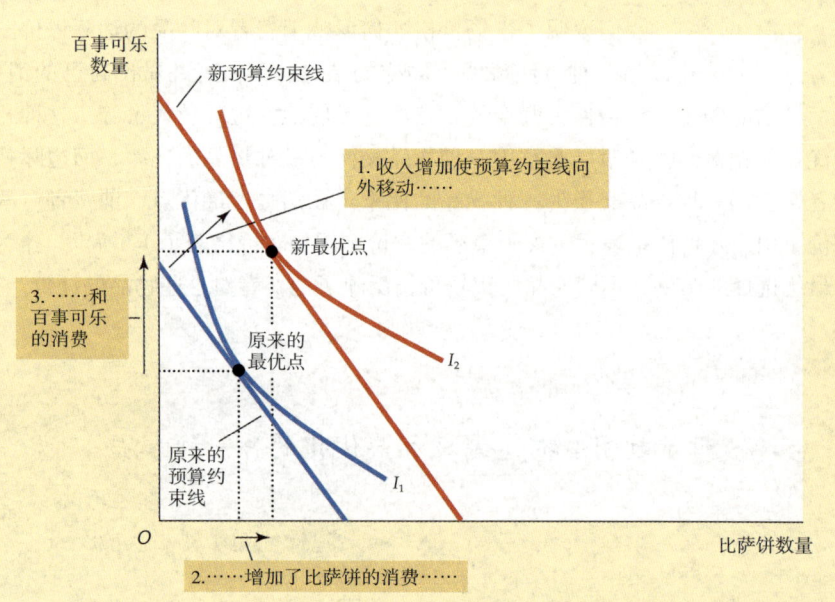

图21-7 收入增加

当消费者收入增加时，预算约束线向外移动。如果两种物品是正常物品，消费者对收入增加的反应是购买更多的这两种物品。在这里，消费者会购买更多的比萨饼和更多的百事可乐。

预算约束的扩大允许消费者选择更好的比萨饼和百事可乐的组合。换句话说，消费者现在可以达到更高的无差异曲线。在预算约束线的移动和用无差异曲线代表的消费者偏好为既定时，消费者的最优点从"原来的最优点"移动到"新最优点"。

要注意的是，在图 21-7 中，消费者选择消费更多的百事可乐和更多的比萨饼。虽然这个模型的逻辑并不要求两种物品的消费都随收入的增加而增加，但这种情况是最常见的。回忆一下第 4 章，如果当消费者收入增加时，他想更多地购买一种物品，经济学家就称这种物品是**正常物品**（normal good）。图 21-7 中的无差异曲线所依据的假设是，比萨饼和百事可乐都是正常物品。

图 21-8 表示收入增加引起消费者多买比萨饼而少买百事可乐的例子。如果消费者在收入增加时减少某种物品的购买量，经济学家就称这种物品是**低档物品**（inferior good）。图 21-8 就是依据比萨饼是正常物品而百事可乐是低档物品的假设而绘出的。

正常物品：收入增加引起需求量增加的物品。

低档物品：收入增加引起需求量减少的物品。

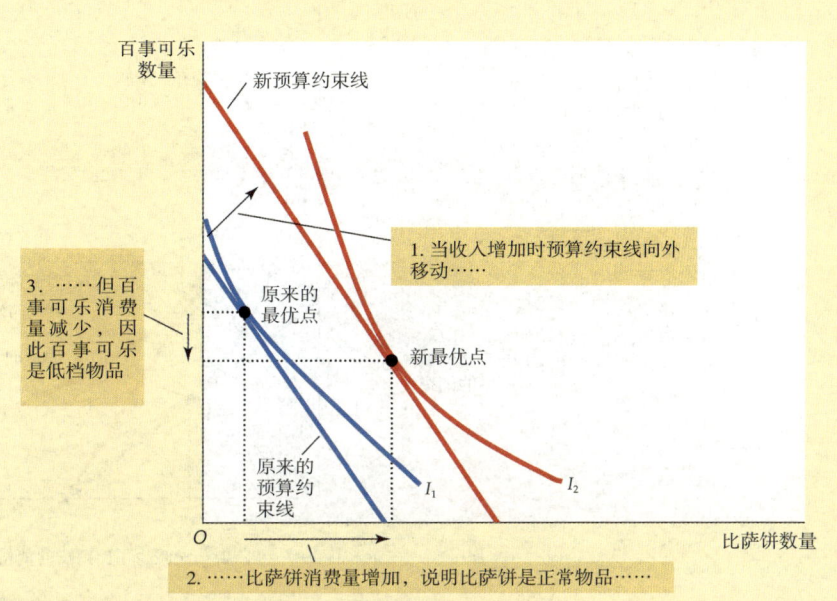

虽然大多数物品是正常物品，但在世界上仍有一些低档物品。低档物品的一个例子是坐公共汽车。随着收入增加，消费者更可能拥有自己的汽车或坐出租车，而不太可能坐公共汽车。因此，坐公共汽车是一种低档物品。

21.3.3　价格变动如何影响消费者的选择

现在我们用消费者选择模型来考察一种物品价格变动如何改变消费者的选择。具体来说，假设百事可乐的价格由每升2美元下降到1美元。毫不奇怪，较低的价格增加了消费者的购买机会。换句话说，任何一种物品价格的下降都会使预算约束线向外移动。

图21-9更具体地描述了价格下降如何影响预算约束线。如果消费者把全部1 000美元的收入用于购买比萨饼，那么，百事可乐的价格是不会影响消费者的购买决策的。因此，图中的A点仍然不变。但如果消费者把他1 000美元的全部收入用于购买百事可乐，那么他现在可以买1 000升，而不是500升。因此，预算约束线的端点从B点移动到D点。

要注意的是，在这种情况下，预算约束线向外移动改变了预算约束线的斜率（这不同于价格不变但消费者收入变动时所出现的情况）。正如我们已经讨论过的，预算约束线的斜率反映了百事可乐与比萨饼的相对价格。由于百事可乐的价格从2美元下降

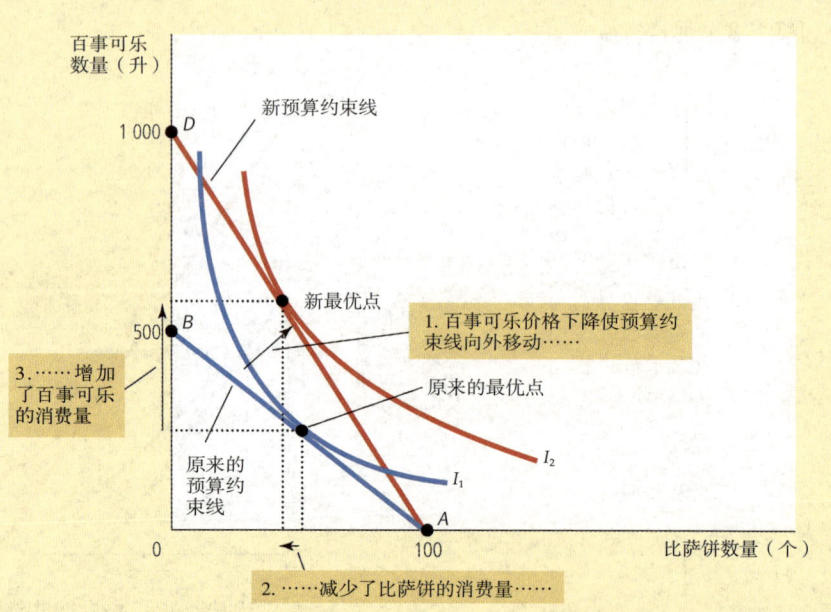

图21-9 价格变动

当百事可乐价格下降时，消费者的预算约束线向外移动，而且斜率发生了变化。消费者从原来的最优点移动到新最优点，这改变了他对比萨饼和百事可乐的购买量。在本例中，消费者对百事可乐的消费量增加了，而对比萨饼的消费量减少了。

到1美元，而比萨饼的价格仍然是10美元，消费者要用10升而不是5升百事可乐换1个比萨饼。因此，新预算约束线更为陡峭。

预算约束线的这种变动如何改变两种物品的消费量取决于消费者的偏好。就图21-9中的无差异曲线而言，消费者将购买更多的百事可乐和更少的比萨饼。

21.3.4 收入效应与替代效应

一种物品价格变动对消费的影响可以分解为两种效应：收入效应（income effect）和替代效应（substitution effect）。为了说明这两种效应，考虑当消费者得知百事可乐价格下降时会做出什么反应。他可能会以以下方式推理：

- "好消息！现在百事可乐便宜了，我的收入的购买力增加了。其实就是我比以前更富了。因为我变富了，所以我可以买更多的比萨饼和更多的百事可乐。"（这是收入效应。）

- "现在百事可乐的价格下降了，我放弃一个比萨饼可以得到更多百事可乐。因为现在比萨饼相对来说更贵了，所以我要少买比萨饼多买百事可乐。"（这是替代效应。）

你觉得哪一种说法更有说服力？

事实上，这两种说法都有道理。百事可乐价格下降使消费者状况变好。如果比萨

收入效应：当价格的某种变动使消费者移动到更高或更低无差异曲线时所引起的消费变动。

替代效应：当价格的某种变动使消费者沿着一条既定的无差异曲线变动到有新边际替代率的一点时所引起的消费变动。

饼和百事可乐都是正常物品，消费者将要把他提高的购买力分配到用于消费这两种物品。这种收入效应倾向于使消费者购买更多比萨饼和更多百事可乐。但同时，百事可乐的消费相对于比萨饼的消费变得便宜了。这种替代效应使消费者选择更少比萨饼和更多百事可乐。

现在考虑这两种效应同时发挥作用的结果。消费者肯定会购买更多百事可乐，因为收入效应和替代效应都增加了对百事可乐的购买。但消费者是否会多购买比萨饼是难以确定的，因为收入效应与替代效应在相反方向上发生作用。表21-1 总结了这个结论。

表21-1　百事可乐价格下降时的收入效应与替代效应

物品	收入效应	替代效应	总效应
百事可乐	消费者比以前更富有了，因此，他会购买更多的百事可乐。	百事可乐相对便宜了，因此，消费者会购买更多的百事可乐。	收入效应与替代效应同方向发生作用，因此消费者会购买更多的百事可乐。
比萨饼	消费者比以前更富有了，因此，他会购买更多的比萨饼。	比萨饼相对贵了，因此，消费者会购买更少的比萨饼。	收入效应与替代效应反方向发生作用，因此对比萨饼消费的总效应难以确定。

我们可以用无差异曲线解释收入效应与替代效应。<u>收入效应是向更高无差异曲线移动所引起的消费变动</u>；<u>替代效应是沿着无差异曲线变动到有不同边际替代率的一点所引起的消费变动</u>。

图 21-10 用图形表示如何把消费者决策的变动分解为收入效应和替代效应。当百事可乐的价格下降时，消费者从原来的最优点 A 点移动到新最优点 C 点。我们可以认为这种变动是分两步发生的。首先，消费者沿着最初的无差异曲线 I_1 从 A 点变动到 B 点。在这两点时消费者获得同样的满足，但在 B 点，边际替代率反映了新的相对价格（过 B 点的虚线与新的预算约束线平行，反映了新的相对价格）。其次，消费者移动到更高的无差异曲线 I_2，从 B 点变动到 C 点。尽管 B 点和 C 点在不同的无差异曲线上，但它们有相同的边际替代率。这就是说，B 点上无差异曲线 I_1 的斜率等于 C 点上无差异曲线 I_2 的斜率。

虽然消费者实际上绝不会选择 B 点，但这个假设的点在阐释决定消费者选择的两种效应时是有用的。要注意的是，从 A 点变动到 B 点仅仅代表边际替代率的变动而消费者的福利没有任何变动。同样，从 B 点到 C 点的变动仅仅代表福利的变动而边际替

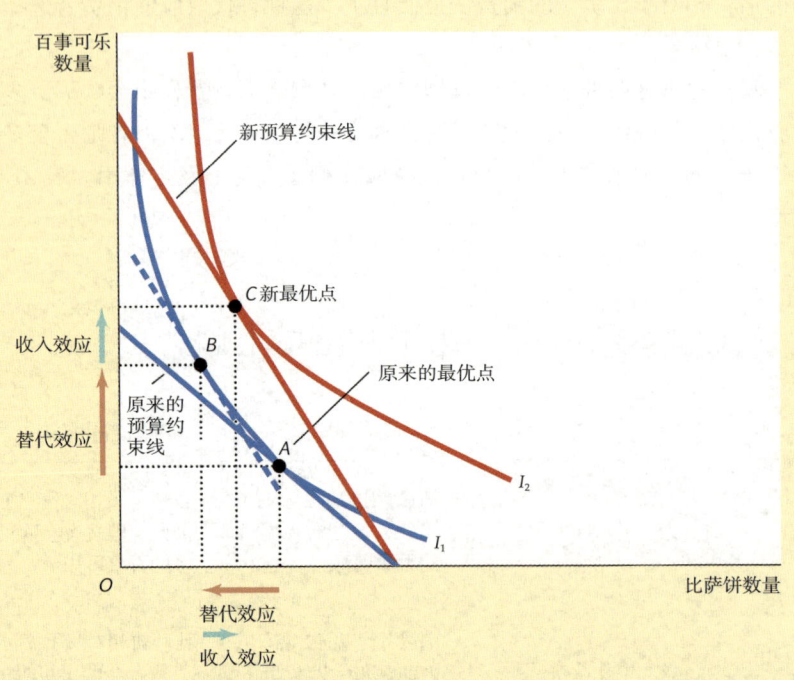

图21-10　收入效应与替代效应

价格变动的效应可以分解为替代效应和收入效应。替代效应——沿着一条无差异曲线变动到有不同边际替代率的一点上——在图中表示为沿着无差异曲线I_1从A点移动到B点。收入效应——移动到更高的无差异曲线上——在图中表示为从无差异曲线I_1上的B点变动到无差异曲线I_2上的C点。

代率没有任何变动。因此，从A点到B点的变动表示替代效应，而从B点到C点的变动表示收入效应。

21.3.5　需求曲线的推导

我们刚刚说明了一种物品价格的变动如何改变了消费者的预算约束线，从而也改变了他选择购买的两种物品量。物品的需求曲线反映了这些消费决策。你应该记得，需求曲线表示一种物品在每一价格水平下的需求量。我们可以把消费者的需求曲线作为由他的预算约束线和无差异曲线引起的最优决策的总结。

例如，图21-11考虑百事可乐的需求。（a）幅表示，当1升百事可乐的价格从2美元下降到1美元时，消费者的预算约束线向外移动。由于收入效应与替代效应，消费者购买的百事可乐从250升增加到750升。（b）幅表示由这种消费者决策引起的需求曲线。用这种方法，消费者选择理论为消费者需求曲线提供了一个理论基础。

了解到需求曲线自然产生于消费者选择理论或许是很容易的，但需求曲线的推导本身并没有证明这一理论。仅仅确定人们对价格变动的反应并不需要建立一个严格的分析框架，但是，正如我们将在下一节中说明的，消费者选择理论对研究人们在生活中做出的各种决策是有用的。

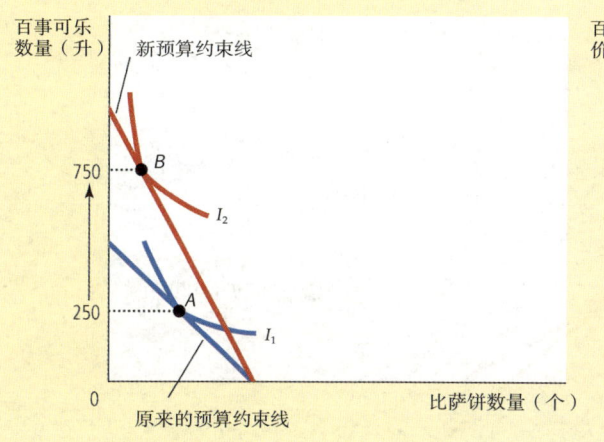

图21-11　需求曲线的推导

（a）幅表示当百事可乐的价格从 2 美元下降为 1 美元时，消费者的最优点从 A 点移动到 B 点，百事可乐的消费量也从 250 升增加到 750 升。（b）幅的需求曲线反映了价格和需求量之间的关系。

21.4　三种应用

我们已经提出了消费者选择的基本理论，现在可以用它来说明三个关于经济如何运行的问题。乍一看，这三个问题似乎是不相关的。但是，由于每个问题都涉及家庭决策，因此，我们可以用刚刚提出的消费者行为模型来解决这些问题。

21.4.1　所有的需求曲线都向右下方倾斜吗

一般来说，当一种物品价格上升时，人们对其的购买量减少。这种正常行为被称为需求定理，它反映为需求曲线向右下方倾斜。

但是，就经济理论而言，需求曲线有时也会向右上方倾斜。换句话说，消费者有时会违背需求定理，并在一种物品价格上升时购买更多。为了说明这种情况如何发生，考虑图 21-12。在这个例子中，消费者购买两种物品——肉和土豆。最初，消费者预算约束线是从 A 点到 B 点的直线，此时最优点是 C 点。当土豆价格上升时，预算约束线向内移动，现在是从 A 点到 D 点的一条直线，此时最优点是 E 点。要注意的是，土豆价格上升使消费者购买了更多的土豆。

为什么消费者以一种看似反常的方式做出反应呢？在这个例子中，土豆是一种非常低档的物品。当土豆价格上升时，消费者变穷了。收入效应使消费者想少买肉而多

图21-12 吉芬物品

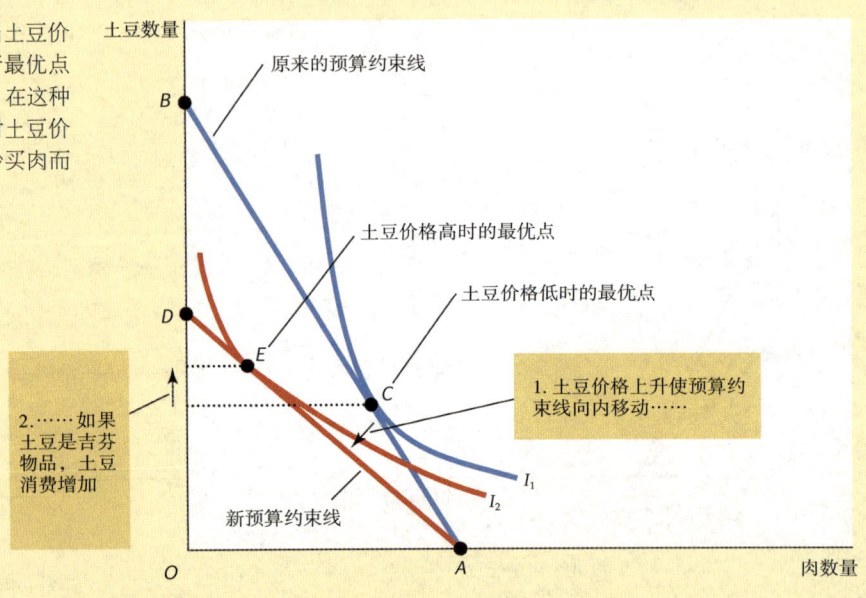

在这个例子中,当土豆价格上升时,消费者最优点从C点变动到E点。在这种情况下,消费者对土豆价格上升的反应是少买肉而多买土豆。

买土豆。同时,由于土豆相对于肉来说变贵了,替代效应使消费者想多买肉而少买土豆。但是,在这种特定情况下,收入效应如此之大,以至于超过了替代效应。结果,消费者对土豆价格上升的反应是少买肉,多买土豆。

经济学家用**吉芬物品**(Giffen good)这个术语来描述这种违背需求定理的物品,这个术语是以最早注意到这种可能性的经济学家罗伯特·吉芬(Robert Giffen)的名字命名的。在这个例子中,土豆是一种吉芬物品,即收入效应大于替代效应的物品。因此,吉芬物品的需求曲线向右上方倾斜。

吉芬物品:价格上升引起需求量增加的物品。

案例研究 寻找吉芬物品

有谁见过任何真实的吉芬物品吗?一些历史学家指出,在19世纪爱尔兰土豆灾荒时期,土豆实际上是吉芬物品。土豆是当时对人们如此重要的食物,以至于其价格上升会产生很强的收入效应。人们对自己生活水平下降的反应是削减奢侈品——肉,从而更多地购买土豆这种主食。因此,可以认为土豆价格上升实际上引起了土豆需求量增加。

Robert Jensen 和 Nolan Miller 最近的研究提出了类似但更为具体的存在吉芬物品的证据。这两位经济学家在中国湖南省进行了5个月的实地考察。他们随机地送给所选家庭购物券以补贴这些家庭对当地主要食物大米的购买,并利用调查来衡量大米消费量对价格变动的反应。他们发现了有力的证据,贫穷的家庭表现出吉芬行为。补贴带来的大米价格下降引起这些家庭减少它们的大米消费,取消补贴则起了相反的作用。Jensen 和 Miller 写道:"就我们所知,这是吉芬行为的第一个严格的经验证据。"

因此,消费者选择理论使需求曲线可以向右上方倾斜,而且,有时这种奇怪的现象的确会发生。因此,我们在第4章中首次说明的需求定理并不完全可靠。但是,可以确定的是,吉芬物品是极为罕见的。

图片来源: www.1tu.com

21.4.2 工资如何影响劳动供给

到现在为止,我们用消费者选择理论分析了人们如何在两种物品间分配自己的收入。我们可以用同样的理论分析人们如何分配时间。人们将一部分时间用于享受闲暇,一部分时间用于工作以便购买消费品。这种时间分配的本质是闲暇与消费之间的权衡取舍。

考虑自由职业软件设计者 Carrie 面临的决策。Carrie 每周除了睡觉之外有 100 小时。她把一些时间用于享受闲暇——骑自行车、看电视、学习经济学,其余时间用于开发电脑软件。她开发软件每个小时赚 50 美元,她把这些钱用于消费——食物、衣服、音乐下载。因此,她的工资(50 美元)反映了她面临的闲暇和消费之间的权衡取舍。对于她放弃的每小时闲暇,她都多工作 1 小时,并得到了 50 美元的消费。

图 21-13 表示 Carrie 的预算约束线。如果她把 100 小时全部用于享受闲暇,她就没有消费;如果她把 100 小时全部用于工作,她每周可以得到 5 000 美元的消费,但没有闲暇时间;如果她一周正常工作 40 小时,那么她将享受 60 小时闲暇,并且每周消费 2 000 美元。

图 21-13 用无差异曲线代表 Carrie 对消费和闲暇的偏好。在这里,消费和闲暇是

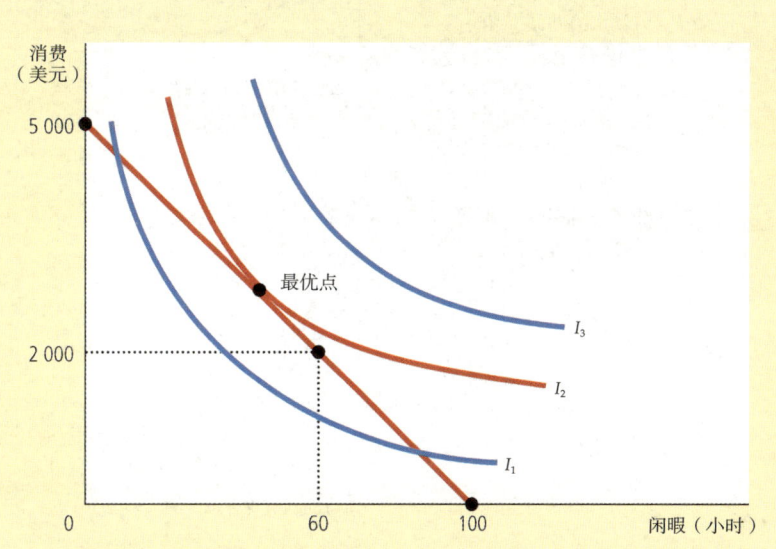

图 21-13 工作—闲暇决策

该图表示 Carrie 决定工作多少时间时的预算约束线、她消费与闲暇的无差异曲线,以及她的最优点。

Carrie要做出选择的两种"物品"。由于Carrie总喜欢更多闲暇和更多消费,因此,她对较高无差异曲线上各点的偏好大于对较低无差异曲线上各点的偏好。在每小时工资为50美元时,图21-13中"最优点"代表Carrie选择的消费与闲暇的组合。它是同时位于预算约束线和最高可能的无差异曲线 I_2 上的那一点。

现在考虑当Carrie的工资从每小时50美元增加到60美元时会发生什么变动。图21-14表示两种可能的结果。在每种情况下,左图所示的预算约束线都从 BC_1 向外移动至 BC_2。在这个过程中,预算约束线变得陡峭了,这反映了相对价格的变动:在工资较高时,Carrie所放弃的每小时闲暇得到了更多消费。

用无差异曲线代表的Carrie的偏好决定了她有关消费和闲暇的选择对更高工资的反应。在这两幅图中,消费都增加了。但在这两种情况下,闲暇对工资变动的反应不同。在(a)幅中,Carrie对更高工资的反应是享受更少闲暇;在(b)幅中,Carrie对更高工资的反应是享受更多闲暇。

Carrie对闲暇与消费的决策决定了她的劳动供给,因为她享受的闲暇越多,用于工作的时间就越少。图21-14中每幅中的右图都表示Carrie决策所暗含的劳动供给曲线。在(a)幅中,Carrie更高的工资使她享受更少闲暇和更多工作,因此,她的劳动供给

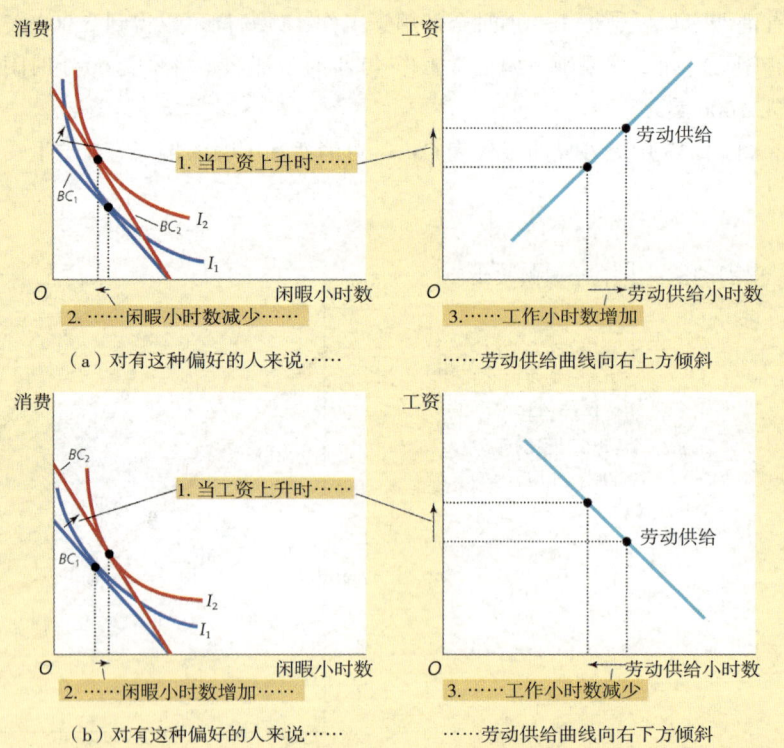

图21-14 工资增加

该图表示一个人会如何对工资增加做出反应。左图表示消费者最初的预算约束线 BC_1 和新预算约束线 BC_2,以及消费者对消费和闲暇的最优选择。右图表示所引起的劳动供给曲线。由于工作小时数等于可以得到的总小时数减闲暇小时数,因此,闲暇的任何一种变动都意味着劳动供给量的反方向变动。在(a)幅中,当工资上升时,消费增加而闲暇减少,导致向右上方倾斜的劳动供给曲线。在(b)幅中,当工资增加时,消费和闲暇都增加了,导致向右下方倾斜的劳动供给曲线。

曲线向右上方倾斜；在（b）幅中，更高的工资使 Carrie 享受更多闲暇和更少工作，因此劳动供给曲线向右下方倾斜。

乍一看，向右下方倾斜的劳动供给曲线很令人费解：为什么人们对更高工资的反应是减少工作？要回答这个问题，我们先来考虑高工资的收入效应与替代效应。

首先来考虑替代效应。当 Carrie 工资增加时，相对于消费而言，闲暇变得更昂贵了，而这就鼓励 Carrie 用消费替代闲暇。换句话说，替代效应使 Carrie 因为更高的工资而更勤奋地工作，这就倾向于使劳动供给曲线向右上方倾斜。

现在考虑收入效应。当 Carrie 工资增加时，她移动到更高的无差异曲线上。现在她的状况变得比以前好了。只要消费和闲暇都是正常物品，她就倾向于用这种福利增加来享受更高消费和更多闲暇。换句话说，收入效应导致她减少工作，这就倾向于使劳动供给曲线向右下方倾斜。

最后，工资增加会导致 Carrie 工作更多还是更少，经济理论并没有给出明确的预期。如果对 Carrie 来说，替代效应大于收入效应，她就增加工作；如果收入效应大于替代效应，她就减少工作。因此，劳动供给曲线既可能向右上方倾斜，也可能向右下方倾斜。

> **即问即答**
> ■ 解释工资增加可能如何减少一个人想要工作的量。

案例研究 劳动供给的收入效应：历史趋势、彩票赢家及卡内基的猜测

向右下方倾斜的劳动供给曲线的想法乍看起来似乎仅仅是一个理论上的新奇想法，但实际上并非如此。证据表明，从长期来看，劳动供给曲线实际上是向右下方倾斜的。一百多年前，许多人每周工作 6 天，现在人们一般是每周工作 5 天。在每周工作时间减少的同时，一般工人的工资（根据通货膨胀调整后）则一直在增加。

经济学家是这样解释这种历史模式的：长期中技术进步提高了工人的生产率，从而增加了劳动需求。劳动需求的增加提高了均衡工资。随着工资增加，工人的报酬也增加了。但大多数工人对此的反应不是工作更多，而是以更多闲暇的方式分享自己的更多财富。换句话说，更高工资的收入效应大于替代效应。

劳动供给的收入效应的进一步证据来自一种非常不同的数据：彩票的赢家。巨额彩票奖金赢家的收入极大增加，因此，预算约束线大大向外移动。但是，由于赢家的工资并没有变，他们预算约束线的斜率仍然没有变，因此就没有替代效应。通过考察彩票赢家的行为，我们可以把劳动供给的收入效应分离出来。

对彩票赢家研究的结果是惊人的。那些赢得 5 万美元以上奖金的人们中有几乎 25% 在一年内辞职，还有 9% 减少了他们工作的小时数。那些赢得 100 万美元以上奖金的人们中有几乎 40% 不再工作。赢得这种巨额奖金对劳动供给的收入效应是显著的。

发表在 1993 年《经济学季刊》（*Quarterly Journal of Economics*）上的一项研究也得出了类似的结论，该研究说明了获得遗产对人们劳动供给的影响。这项研究发现，一个继承遗产超过 15 万美元的人不再工作的可能性是继承遗产少于 2.5 万美元的人的 4 倍。19 世纪的工业家安德鲁·卡内基（Andrew Carnegie）也许对此并不会感到吃惊。卡内基警告人们："给儿子留下巨额财产的父母会使他

"我再也不用朝九晚五了。"
图片来源：Mirrorpix/Alamy.

们儿子的才能和热情大大丧失，而且使他的生活不如没有遗产时那样有用和有价值。"这就是说，卡内基认为劳动供给的收入效应是相当大的，从而给孩子留下巨额遗产的父母们会后悔。卡内基在有生之年和死后，把他巨额财产的大部分都捐给了慈善机构。

21.4.3 利率如何影响家庭储蓄

每个人所面临的一个重要决策是把多少收入用于今天的消费，把多少收入用于以备未来之需的储蓄。我们可以用消费者选择理论来分析人们如何做出这种决策，以及他们的储蓄量如何取决于储蓄将会赚到的利率。

考虑为退休计划的工人 Saul 面临的决策。为了使问题简化，我们把 Saul 的一生分为两个时期。在第一个时期，Saul 年轻并且工作；在第二个时期，他年老并且退休。Saul 年轻时，赚了 10 万美元收入。他把这笔收入分为现期消费和储蓄。当他年老时，将消费他所储蓄的钱，及其储蓄所赚到的利息。

假设利率是 10%。那么 Saul 年轻时每储蓄 1 美元，年老时就可以消费 1.1 美元。我们可以把"年轻时的消费"和"年老时的消费"作为两种物品，而 Saul 必须在两者之间做出选择。利率决定了这两种物品的相对价格。

图 21-15 表示 Saul 的预算约束线。如果他不储蓄，则他年轻时消费 10 万美元而年老时没有消费；如果把所有收入都储蓄起来，那么他年轻时没有消费，而年老时有 11 万美元的消费。预算约束线表示这两种以及所有中间的可能性。

图 21-15 用无差异曲线代表 Saul 对两个时期中消费的偏好。由于 Saul 偏好在两个时期都多消费，因此他对较高无差异曲线上各点的偏好大于较低无差异曲线上的各点。在这种既定的偏好之下，Saul 选择生命中两个时期消费的最优组合，这是既在最高可能无差异曲线上又在预算约束线上的一点。在这个最优点，Saul 年轻时消费 5 万美元，年老时消费 5.5 万美元。

现在考虑当利率从 10% 上升为 20% 时会发生什么变动。图 21-16 表示两种可能的结果。在这两种情况下，预算约束线都向外移动，并且变得更陡峭了。在新的高利

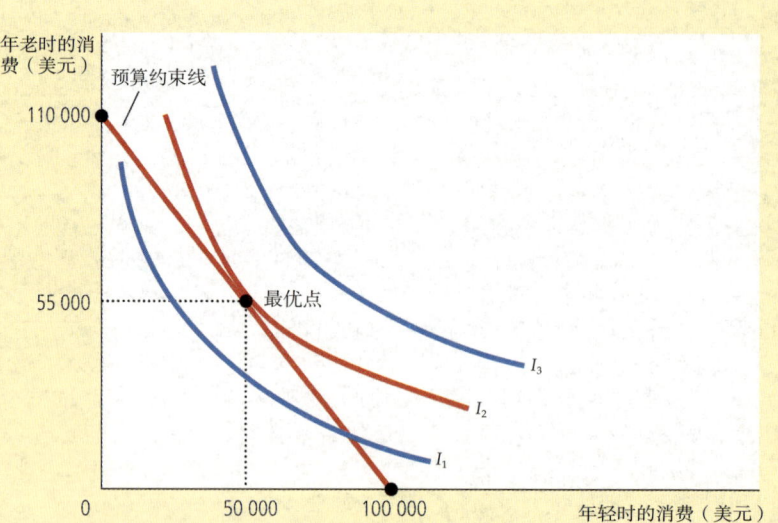

图21-15 消费—储蓄决策

该图表示一个正决定在他生命的两个时期里消费多少的人的预算约束线、代表其偏好的无差异曲线和最优点。

图21-16 利率上升

在这两幅图中,利率上升都使预算约束线向外移动。在(a)幅中,年轻时消费减少,而年老时消费增加,结果是年轻时储蓄增加。在(b)幅中,两个时期消费都增加,结果是年轻时储蓄减少。

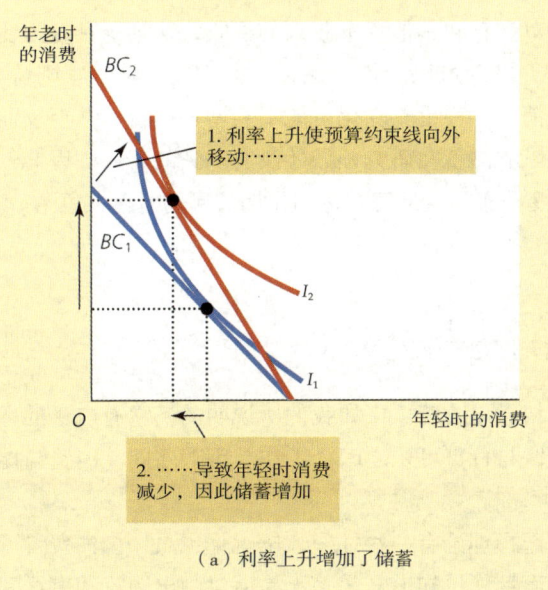

(a)利率上升增加了储蓄

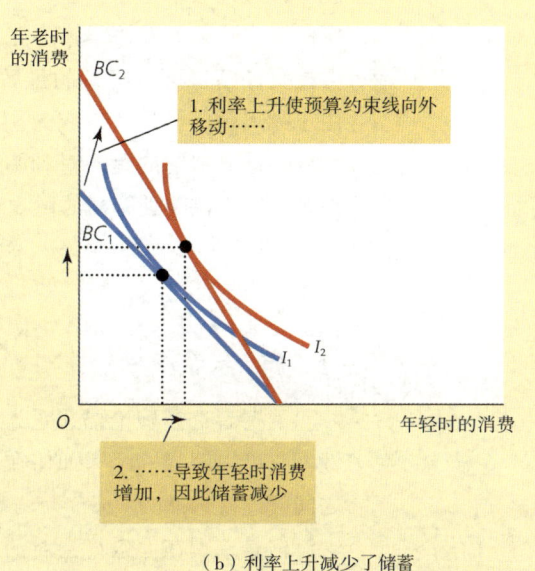

(b)利率上升减少了储蓄

率时,Saul 在年轻时所放弃的每 1 美元消费将使其在年老时得到更多消费。

两幅图表示 Saul 的不同偏好下的结果。在这两种情况下,年老时的消费都增加了,但年轻时的消费对利率变动的反应是不同的。在(a)幅中,Saul 对高利率的反应是减少年轻时的消费;在(b)幅中,Saul 对高利率的反应是增加年轻时的消费。

Saul 的储蓄是他年轻时的收入减去他年轻时的消费。在(a)幅中,当利率上升时,年轻时的消费减少,因此,储蓄必然增加;在(b)幅中,Saul 年轻时的消费增加,因此,储蓄必然减少。

(b)幅中所反映的情况乍一看有点奇怪:Saul 对储蓄收益增加的反应是减少储蓄。但这种行为实际上并不奇怪。我们可以通过利率上升的收入效应与替代效应来说明这一点。

首先来考虑替代效应。当利率上升时,相对于年轻时的消费而言,年老时消费的成本变低了。因此,替代效应使 Saul 年老时消费得更多,而年轻时消费得更少。换句话说,替代效应使 Saul 储蓄得更多。

然后来考虑收入效应。当利率上升时,Saul 移动到更高的无差异曲线上。他现在的状况比过去改善了。只要两个时期消费的都是正常物品,他就倾向于用这种福利增加来在两个时期中享受更多消费。换句话说,收入效应使他的储蓄减少。

结果既取决于收入效应又取决于替代效应。如果利率上升的替代效应大于收入效应，则储蓄增加；如果收入效应大于替代效应，则储蓄减少。因此，消费者选择理论说明了，利率上升既可能鼓励储蓄，也可能抑制储蓄。

虽然从经济理论的角度看这种不确定的结果是令人感兴趣的，但从经济政策的角度看，这种结果令人失望。事实证明，税收政策的一个重要问题部分取决于储蓄对利率的反应。一些经济学家主张减少对利息和其他资本收入的税收，认为这种政策变化会提高储蓄者可以赚到的税后利率，从而鼓励人们多储蓄。另一些经济学家则认为，由于收入效应与替代效应的相互抵消，这种税收变化可能不会增加储蓄，甚至反而会减少储蓄。遗憾的是，对利率如何影响储蓄在研究领域还没有一致的看法。因此，经济学家对旨在鼓励储蓄的税收政策变动实际上是否会达到预期效果仍然存在争论。

21.5　结论：人们真的这样想吗

消费者选择理论描述了人们如何做出决策。正如我们所说明的，它有广泛的适用性。它可以解释一个人如何在比萨饼与百事可乐之间、工作与闲暇之间、消费与储蓄之间等进行选择。

但是，现在你也许会对消费者选择理论有一些怀疑，毕竟你也是一个消费者。你每次走进商店时都要决定买什么。而且你也知道，你并不是通过画出预算约束线和无差异曲线来做出这种决策。这种对你自己做出决策的了解是否提供了与该理论相反的证据？

回答是否定的。消费者选择理论并不想对人们如何做出决策提供一种精确的描述，它只是一个模型。而且，正如我们最早在第 2 章中所讨论的，模型不一定是完全符合现实的。

看待消费者选择理论的最好方法是把它作为消费者如何做出决策的一个比喻。没有一个消费者（除非一位职业经济学家）是明确地借助这种理论中设想的最优化来做出决策的。但消费者知道他们的选择要受到自己财力的约束。而且，在这些约束为既定时，他们会尽其所能达到最高满足程度。消费者选择理论试图用清晰的经济学分析方法来描述这种隐含的心理过程。

正如布丁好不好，吃了才知道，理论的检验在于其运用。在本章最后一节，我们把消费者选择理论运用于与经济有关的三个实际问题。如果你将来选修高级经济学课程，你将看到，这种理论为更多的分析提供了一个框架。

内容提要

◎ 消费者预算约束线表示在其收入与物品价格为既定时,他可以购买的不同物品的可能组合。预算约束线的斜率等于这些物品的相对价格。

◎ 消费者的无差异曲线代表其偏好。无差异曲线表示能使消费者同样满足的各种物品组合。消费者对较高无差异曲线上各点的偏好大于对较低无差异曲线上的各点的偏好。无差异曲线上任何一点的斜率是消费者的边际替代率——消费者愿意用一种物品交换另一种物品的比率。

◎ 消费者通过选择既在预算约束线上又在最高无差异曲线上的一点来实现最优化。在这一点上,无差异曲线的斜率(物品之间的边际替代率)等于预算约束线的斜率(物品的相对价格),而且,消费者对两种物品的评价(由边际替代率衡量)等于市场的评价(由相对价格衡量)。

◎ 当一种物品价格下降时,对消费者选择的影响可以分解为收入效应和替代效应。收入效应是由于价格降低使消费者状况变好而引起的消费变动。替代效应是由于价格变动鼓励更多地消费变得相对便宜的物品而引起的消费变动。收入效应反映在从较低无差异曲线向较高无差异曲线的移动上,而替代效应表现为沿着一条无差异曲线向有不同斜率的点的变动上。

◎ 消费者选择理论适用于许多情况。它可以解释为什么需求曲线有可能向右上方倾斜,为什么工资提高既可能增加也可能减少劳动供给量,以及为什么高利率既可能增加也可能减少储蓄。

关键概念

预算约束线 完全互补品 替代效应
无差异曲线 正常物品 吉芬物品
边际替代率 低档物品
完全替代品 收入效应

复习题

1. 某消费者收入为 3 000 美元。1 杯红酒 3 美元,1 磅奶酪 6 美元。画出该消费者的预算约束线,红酒为纵坐标。这条预算约束线的斜率是多少?

2. 画出消费者对红酒和奶酪的无差异曲线。描述并解释这些无差异曲线的四个特征。

3. 选出红酒与奶酪无差异曲线上的一点,说明边际替代率。边际替代率告诉我们什么?

4. 说明消费者红酒与奶酪的预算约束线及无差异曲线。说明最优消费选择。如果 1 杯红酒的价格是 3 美元,而 1 磅奶酪的价格是 6 美元,在最优点,边际替代率是多少?

5. 某个消费红酒和奶酪的人得到晋升,因此,其收入从 3 000 美元增加到 4 000 美元。如果红酒和奶酪都是正常物品,会发生什么变动?如果奶酪是低档物品,会发生什么变动?

6. 奶酪的价格由 1 磅 6 美元上升为 1 磅 10 美元,而红酒的价格仍然是 1 杯 3 美元。对一个收入为 3 000 美元不变的消费者来说,红酒和奶酪的消费会发生什么变动?把这种变动分解为收入效应和替代效应。

7. 奶酪价格上升有可能使消费者购买更多奶酪吗?解释原因。

第 22 章
微观经济学前沿

461

经济学研究人们做出的选择以及由此而引发的人们相互之间的影响。正如我们在前面章节中所看到的，这种研究包括许多内容。但你要是认为前面所学的内容组成了一个已然完备的知识宝库，完美而恒久，那就错了。正如所有科学家一样，经济学家总是关注着新的研究领域，解释着新现象。本章，也是微观经济学的最后一章，提出了经济学前沿中的三个主题，以说明经济学家如何努力扩展他们对人类行为和社会的理解。

第一个主题是不对称信息经济学。在很多不同情景中，一些人往往拥有比其他人更多的信息，而且，这种拥有信息的不平衡会影响他们做出的决策以及他们如何相互影响。考虑这种不对称性可以阐明现实中的许多事情，从二手车市场到送礼物的习惯均有涉及。

462

第二个主题是政治经济学。在本书中，我们说明了许多市场失灵和政府政策可以潜在地改善现实问题的例子。但"潜在地"是需要加以限定的：这种潜力能否实现取决于政治制度良好运行的程度。政治经济学学科运用经济学工具去理解政府的职能。

第三个主题是行为经济学。这个学科把一些心理学观点用于研究经济问题。它提供了一种关于比传统经济理论中更微妙、更复杂的人类行为的观点，这种观点可能更接近于现实。

本章包括了许多领域的内容。为了做到这一点，本章对这三个主题的介绍并非面面俱到，而是浅尝辄止。本章的一个目的是表明经济学家为了拓展对经济如何运作的理解，正在着力研究的几个方向；另一个目的是激发你对经济学的更多课程的兴趣。

22.1 不对称信息

"我知道一些你不知道的事。"这是在孩子们中常听到的一句嘲弄人的话，但它包含了人们有时如何相互影响的深刻真理。在生活中的许多时候，一个人对正在发生的事情知道得比另一个人多。人们在获得与相互影响相关的知识上的差别被称为信息不对称。

信息不对称的例子有很多。一个工人对自己会把多少精力用于工作比他的雇主知道得多；一个二手车的卖者对车况的了解比买者多。第一个是隐蔽性行为的例子，而第二个是隐蔽性特性的例子。在每种情况下，没有信息的一方（雇主、买车者）都想知道相关信息，但有信息的一方（工人、卖车者）都有掩盖这些信息的激励。

由于不对称信息如此普遍地存在，因此，经济学家近几十年中把许多精力用于研究它所产生的影响。下面我们来讨论这种研究已经提出的一些观点。

22.1.1 隐蔽性行为：委托人、代理人及道德风险

道德风险（moral hazard）是在一个人，即所谓的代理人（agent）代表另一个人，即所谓的委托人（principal）完成一些工作时出现的问题。如果委托人不能完全监督代理人的行为，代理人就倾向于不会像委托人期望的那样努力。道德风险这个词指代理人从事不适当或"不道德"行为的风险或"危险"。在这种情况下，委托人就要试图用各种方法鼓励代理人更负责地行事。

雇佣关系是经典的例子。雇主是委托人，而工人是代理人。道德风险问题是工人在没有受到充分监督时责任心下降的现象。雇主可以用各种方法对这个问题做出反应：

- 更好的监督。雇主可能安装隐蔽录像机，以便记录工人的行为。其目的是抓住在监督者不在时的不负责的行为。
- 高工资。根据效率工资理论（在第19章中讨论的），一些雇主会选择向其工人支付高于劳动市场供求均衡水平的工资。赚到这种高于均衡水平工资的工人不太可能会怠工，因为如果他被抓住并被解雇，他就可能无法再找到另一份高工资工作。
- 延期支付。企业可以延迟支付工人的部分报酬，因此如果工人被抓住怠工并被解雇，他就会遭受较大的惩罚。延期报酬的一个例子是年终奖金。类似地，一个企业可能会选择在工人生命的后期进行支付。因此，工人的工资随着年龄而增加可能不仅反映经验带来的利益，也是对道德风险的一种反映。

雇主可以将这些用于减少道德风险问题的各种机制组合起来使用。

在工作场所之外，也有许多关于道德风险的例子。投保了火灾保险的房东可能购买过少的灭火器，因为房东要承担灭火器的费用，而保险公司却得到了灭火器带来的大部分利益。家庭可能选择住在洪水风险较高的河边，因为家庭要享受美景，而洪水之后灾难补贴的成本则由政府承担。许多管制的目的正是要解决这个问题：保险公司会要求房东买灭火器，而且，政府禁止在洪水风险较高的土地上安家落户。但是，保险公司并没有关于房东谨慎程度的完全信息，政府也没有关于家庭选择住所时有多大风险的完全信息。因此，道德风险问题就不可避免。

> **道德风险**：一个没有受到完全监督的人从事不诚实或不合意行为的倾向。
>
> **代理人**：一个为另一个人（称为委托人）完成某种行为的人。
>
> **委托人**：让另一个人（称为代理人）完成某种行为的人。

> **参考资料** 公司治理

现代经济中许多生产是在公司内进行的。公司和其他企业一样，在生产要素市场上购买投入品，并在物品与服务市场上出售它们的产品。它们也与其他企业一样，在决策中受利润最大化目标的指引。但大公司要解决一些小企业（如小型家庭企业）中没有出现的问题。

大公司的特点是什么呢？从法律的角度看，公司是被授予许可证，并被认为是权利与责任与其所有者和雇员分开的独立法律实体的一种组织。从经济的角度看，公司这种组织形式最重要的特点是所有权与控制权的分离。一个称为股东的群体拥有公司并分享利润，另一个称为管理者的群体受雇于公司并做出如何配置公司资源的决策。

所有权与控制权分离引起了委托—代理问题。在这种情况下，股东是委托人，而管理者是代理人。CEO 和其他管理者处于了解企业可获得的商业机会的最有利地位，并承担为股东实现利润最大化的任务。但要确保他们执行这个任务并不总是一件容易的事。管理者可能有自己的目标，例如，使生活更轻松，有豪华的办公室和私人飞机，举行豪华宴会，或者统治一个大企业帝国。管理者的目标可能并不总是与股东利润最大化的目标一致。

公司董事会负责雇用与解雇高层管理人员。董事会考察管理者的业绩并设计其工资福利。这种工资福利通常包括旨在使股东利益与管理人员利益一致的激励，它可能会根据业绩给予管理者奖金或给予其公司股票的期权，如果公司业绩好，这种股票的价值就更大。

但是，要注意的是，董事本身是股东的代理人。监督管理者的董事会的存在仅仅是转变了委托—代理问题。这个问题变成如何确保董事会履行按股东的最大利益行事的法律责任。如果董事们与管理者足够友好，他们可能就不会提供所规定的监督。

2005 年，公司的委托—代理问题成了一个大新闻。安然、泰科、世通等几个著名公司的高管人员被发现从事以损害股东利益为代价使自己致富的活动。在这些案例中，高管人员的行为如此过分，以至于被认定有罪，公司管理者不仅被解雇，而且还被判入狱。一些股东由于董事会没有充分监督管理者而向其提起诉讼。

幸运的是，公司管理人员的犯罪活动是很少见的，但从某种角度来说，这只是冰山一角。只要所有权与控制权分离，像在大多数大公司中那样，股东利益和管理者利益之间的冲突就是不可避免的。

22.1.2 隐蔽性特征：逆向选择和次品问题

逆向选择：从无信息一方的角度看，无法观察到的特征组合变为不合意的倾向。

逆向选择（adverse selection）是在卖者对所出售物品的特征了解得比买者多的市场上产生的问题。在这种情况下，买者要承担物品质量低的风险。这就是说，从无信息买者的角度看，所出售物品的"选择"可能是"逆向的"。

逆向选择的经典例子是二手车市场。二手车的卖者知道自己汽车的缺陷，而买者通常并不知道。由于最破旧的二手车的车主比那些拥有最好的二手车的车主更可能出售自己的车，买者就担心得到一个"次品"。结果，许多人都不去二手车市场上买车。这个次品问题可以解释为什么只使用了几周的二手车比同一种型号的新车卖得低几千美元这个现象。二手车的买者可能会推测，卖者这么快把车出手是因为他知道买者不知道的一些情况。

逆向选择的第二个例子出现在劳动市场上。根据另一种效率工资理论，工人的能力有差别，而且，他们比雇用自己的企业更了解自己的能力。当企业降低其支付的工资时，能力较强的工人就会离去，因为他们知道自己能找到其他更好的工作。因此，企业会选择支付高于均衡水平的工资，以此吸引更好的工人组合。

逆向选择的第三个例子出现在保险市场上。例如，购买医疗保险的人比保险公司更了解自己的健康问题。由于有较多隐蔽性健康问题的人比其他人更可能购买医疗保险，因此，医疗保险的价格反映的是病人的成本而不是普通人的成本。结果，高价格可能会阻止拥有正常健康水平的人购买医疗保险。

当市场受逆向选择困扰时,看不见的手就不一定能发挥其魔力。在二手车市场上,好的二手车的车主可能选择留下这些车,而不是以持怀疑态度的买者愿意支付的低价格出售;在劳动市场上,工资会处于高于使供求平衡的水平之上,这就会引起失业;在保险市场上,低风险的买者可能选择不买保险,因为向他们提供的保险单没有反映他们的真实特征。支持政府提供医疗保险的人有时把逆向选择问题作为不相信私人市场能自行提供合适医疗保险数量的一个原因。

22.1.3　为传递私人信息发信号

虽然不对称信息有时是公共政策的动因,但它也激励了一些用其他理由很难解释的个人行为。市场以多种方式对不对称信息问题做出反应,发信号就是其中之一。**发信号**(signaling)是指有信息的一方仅仅为了获得信任而披露自己私人信息所采取的行动。

发信号:有信息的一方向无信息的一方披露自己私人信息所采取的行动。

在前几章中,我们已经说明了一些发信号的例子。我们在第 16 章中看到,企业会花钱做广告,来向潜在顾客发出它们有高质量产品的信号;我们在第 19 章中看到,学生通过获得大学学历向潜在雇主发出他们能力强的信号,而不是为了提高他们的生产率。有关发信号的这两个例子(广告、教育)看来似乎是非常不同的,但在表面现象之下它们有许多相同之处:在这两种情况下,有信息的一方(企业、学生)都用信号让无信息的一方(顾客、雇主)相信有信息的一方正在提供高质量的东西。

怎样才能使一项行动成为一种有效信号呢?显然,其成本必然是很高昂的。如果信号是免费的,任何人就都可以使用它,它也就传递不了信息。由于同样的原因,还有另一个要求:对有高质量产品的人来说,信号必须是成本更低或是更有利的。否则,每一个人都有使用信号的同样激励,信号也就不能说明什么了。

再来考虑我们的两个例子。在广告的例子中,有好产品的企业从广告中得到了更大的利益,因为尝试过一次这种产品的顾客更可能成为经常性顾客。因此,有好产品的企业为信号(广告)付费是理性的,而且,顾客把信号作为一条有关产品质量的信息也是理性的。在教育的例子中,有能力的人会比没有能力的人更容易从学校毕业。因此,有能力的人为信号(教育)付费是理性的,而且,雇主把信号作为一条有关个人能力的信息也是理性的。

世界上充满了发信号的例子。杂志的广告有时包括"正如在电视上看到的"这样的短语。为什么在杂志上出售产品的企业会强调这个事实?一种可能性是,企业力图传递它支付昂贵信号(电视上的广告时间)的意愿,希望你由此推断出它的产品是高质量的。由于同样的原因,精英学校的毕业生总是很有信心地在他们的简历上强调此类事实。

案例研究　作为信号的礼物

"现在让我看看他到底有多爱我。"

图片来源：wavebreakmedia/Shutterstock.com

一个男人正为女朋友的生日送什么礼物而发愁。"我知道了，"他自言自语，"我认为我应该给她现金。我毕竟不像她自己知道自己的喜好；有了现金，她可以买她想要的任何东西。"但是，当他把钱给她的时候，他把这位女孩得罪了。女孩觉得他并不是真正爱她，于是跟他分手了。

这个故事的背后有什么经济学道理呢？

在某些方面，送礼是一种奇妙的习惯。正如我们故事中的男人所指出的，人们通常比其他人更知道自己的偏好，因此，我们可以预期每个人对现金的偏好都大于实物。如果你的雇主要用商品代替你的工资支票，你很可能拒绝这种支付手段。但是，当（你希望是）爱你的某个人做同样的事时，你的反应会完全不同。

送礼的一种解释是，礼物反映了不对称信息和发信号。我们故事中的男人拥有女朋友想知道的私人信息：他真的爱她吗？为她选择一件好礼物是他的爱的信号吗？可以肯定，挑选一件礼物而不是直接给现金的行动才能成为一个适当的信号。其代价是高昂的（需要时间），而且，它的代价取决于私人信息（他多爱她）。如果他是真的爱她，选择一件好礼物就不难，因为他时刻在想着她。如果他并不爱她，找到适合的礼物就较为困难。因此，送一件适合女朋友的礼物是他传递自己爱她这种私人信息的一种方法。送现金表明他甚至懒得去试一试。

送礼物的发信号理论与另一种观察是一致的：在感情的多少最受到质疑时，人们最在乎这一习惯。因此，给女朋友或男朋友送现金是一个很糟糕的举动。但是，当大学生收到父母的支票时，他们通常并不感觉被得罪了。父母的爱不容置疑，因此，接受者也许并不会把现金礼物理解为缺乏感情的信号。

22.1.4 引起信息披露的筛选

当有信息的一方采取披露自己私人信息的行动时，这种现象称为发信号。当无信息的一方采取行动以引起有信息的一方披露私人信息时，这种现象称为筛选（screening）。

筛选：无信息的一方所采取的引起有信息的一方披露信息的行动。

一些筛选是常识。一个买二手车的人会要求这辆车在出售之前经过汽车技师的检验。拒绝这个要求的卖者披露了他的车是次品的私人信息。买者会决定出一个低价或去寻找另一辆车。

筛选的另一个例子较为微妙。例如，考虑一个出售汽车保险的企业。这个企业想向安全驾驶的司机收取较低的保险费，而向爱冒险的司机收取较高的保险费。但是，如何才能把这两种司机区分开呢？司机知道他们自己是习惯安全驾驶的还是爱冒险的，但爱冒险的司机不会承认这一点。司机的历史记录是一种（保险公司实际上在使用的）信息，但由于汽车事故固有的随机性，历史记录是预期未来风险的一种不完美的指标。

保险公司通过提供能使司机自行分开的不同保险单来区分两类司机。一种保单保险费较高，但补偿所发生的任何一次事故的全部费用；另一种保单保险费较低，但要免赔 1 000 美元（就是说，司机要对事故的第一个 1 000 美元负责，而保险公司只补偿剩余的风险）。要注意的是，对于爱冒险的司机，有免赔条款的保单会带来更大的负担，因为他们更可能发生事故。因此，在免赔额足够大时，含有免赔条款的低保险费保单

即问即答

■ 某个人购买了一份人寿保险，他每年要支付一定数量的保费，在他死时，他的家人会得到比保费多得多的赔付。你预计购买人寿保险的人的死亡率是高于还是低于普通人？这如何成为一个道德风险的例子呢？如何成为一个逆向选择的例子呢？人寿保险公司会如何处理这些问题？

将吸引安全驾驶的司机，而没有免赔条款的高保险费保单将吸引爱冒险的司机。面对这两种保单，两类司机就会通过选择不同的保险单而披露自己的私人信息。

22.1.5 不对称信息与公共政策

我们已经考察了两种不对称信息——道德风险和逆向选择。而且，我们也说明了个人如何用发信号和筛选对这个问题做出反应。现在我们考虑研究信息不对称对于公共政策的适当范围的意义。

市场成功和市场失灵之间的紧张关系是微观经济学的中心。我们在第 7 章中知道了，从使社会可以在市场上实现总剩余最大化的意义上说，供求均衡是有效率的。亚当·斯密的"看不见的手"似乎是至高无上的。这个结论被外部性（第 10 章）、公共物品（第 11 章）、不完全竞争（第 15—17 章）和贫困（第 20 章）的研究弱化了。在这些章节中，我们发现政府有时可以改善市场结果。

关于不对称信息的研究给了我们一个警惕市场的新理由。当一些人知道的比另一些人多时，市场也不能使资源得到最好的利用。由于买者担心买到次品，那些拥有高质量二手车的人会在卖车时遇到麻烦。由于保险公司把那些很少生病的人与那些有大病（但隐瞒起来了）的人放在一起，前者将很难得到低成本医疗保险。

尽管不对称信息可以在一些情况下要求政府有所作为，但以下三个事实使这个问题复杂化了：第一，正如我们已经说明的，私人市场有时可以用发信号和筛选的组合，从而依靠自己解决不对称信息问题。第二，政府也并不比私人各方拥有更多信息。尽管市场的资源配置不是最优的，但它可能是可以达到的最好的。这就是说，当存在信息不对称时，决策者会发现很难改善所普遍承认的市场的不完美结果。第三，政府本身也是一种不完善的制度——我们将在下一节讨论这个主题。

22.2 政治经济学

正如我们已经说明的，市场依靠自身并不总能实现合意的资源配置。当我们断定市场结果无效率或不平等时，可能就需要政府介入并改善这种状况。但是，在引入一个积极干预的政府之前，我们需要再考虑一个事实：政府也是一种不完善的机构。政治经济学（political economy）学科（有时称为公共选择学科）运用经济学的方法来研究政府如何运作。

政治经济学：用经济学的分析方法研究政府。

22.2.1 康多塞投票悖论

大多数先进的社会依靠民主原则来决定政府政策。例如，当一个城市决定在两个地方中选一个建一个新公园时，就有一种简单的选择方法：多数获胜。但是，对大多数政策问题来说，可能的结果往往会超过两个。例如，新公园可以建在许多可能的地方。在这种情况下，正如 18 世纪法国政治理论家马奎斯·康多塞（Marquis de Condorcet）的著名论断所指出的那样，民主在试图选出最好的结果时会遇到一些问题。

例如，假设有三种可能的结果，分别记为 A、B 和 C，而且有三类具有表 22-1 所示偏好的选民。市长想把这些个人偏好整合为整个社会的偏好。他应该怎么做？

表22-1 康多塞悖论
如果选民对结果A、B和C有这样的偏好，那么，在两两多数投票中，A将击败B，B将击败C，而C将击败A。

	选民类型		
	类型 1	类型 2	类型 3
选民的百分比（%）	35	45	20
第一选择	A	B	C
第二选择	B	C	A
第三选择	C	A	B

首先，他会试着用一种两两投票的方式。如果他问选民在 B 和 C 中首先选什么，类型 1 和类型 2 选民将投 B 的票，B 得到了多数票。然后，如果他让选民在 A 和 B 中选择，类型 1 和类型 3 选民将投 A 的票，A 得到了多数票。观察到 A 击败了 B，B 击败了 C 之后，市长可能会得出结论，A 是选民的明确选择。

但是等一等，假设市长让选民在 A 和 C 中选择呢？在这种情况下，类型 2 和类型 3 选民将投 C 的票，C 得到多数票。这就是说，在两两多数投票的方式之下，A 击败了 B，B 击败了 C，而 C 又击败了 A。按常规来说，我们期望偏好表现出所谓传递性的特征：如果 A 优于 B，而 B 优于 C，那么，我们应该期望 A 会优于 C。**康多塞悖论**（Condorcet paradox）是指民主的结果并不总是遵照这个特性。两两投票在某些情况下可能会产生有传递性的社会偏好，但正如我们的例子所表明的，不能期望它总可以这样。

康多塞悖论的一个含义是，投票的顺序会影响结果。如果市长建议先在 A 和 B 中选择，然后将赢家与 C 相比较，该市最终会选择 C。但是，如果选民先在 B 和 C 之间选择，然后将赢家与 A 相比较，该市最终会选择 A。而且，如果选民先在 A 和 C 之间选择，然后将赢家与 B 相比较，该市最终会选择 B。

从康多塞悖论中可以得出两个结论。狭义的结论是，当有两种以上的选择时，确定议程（也就是决定对事项进行投票的顺序）会对民主选举结果有重大影响。广义的结论是，多数投票本身并没有告诉我们社会真正想要什么结果。

康多塞悖论：多数原则没有产生可传递的社会偏好。

22.2.2　阿罗不可能性定理

自从政治理论家最早注意到康多塞悖论以来，他们花费了大量精力研究投票制度并提议了一些新制度。例如，作为对两两多数投票的一种可供选择的替代，市长可以让每一个选民对可能的结果进行排序。对每一个选民，我们可以给排在最后的 1 分，排在倒数第二的 2 分，排在倒数第三的 3 分，以此类推。总分最高的获胜。在表 22-1 中，结果 B 是赢家（你可以自己计算）。这种投票方法称为博达计算，以纪念提出这种计算方法的 18 世纪法国数学家和政治学家博达（Borda）。在为运动队排序的投票中常使用这种方法。

有没有一种完美的投票制度？经济学家肯尼思·阿罗（Kenneth Arrow）在他 1951 年的著作《社会选择与个人价值》中探讨了这个问题。阿罗从定义什么是完美的投票制度开始。他假设，社会中的个人对各种可能的结果 A、B、C 等都有偏好。他又假设，社会想设计出一种能在这些结果中选出满足以下几个特征的结果的投票方案：

- **确定性**：如果每个人对 A 的偏好都大于 B，那么，A 就击败了 B。
- **传递性**：如果 A 击败了 B，B 击败了 C，那么，A 一定击败 C。
- **不相关选择的独立性**：任何两个结果 A 和 B 之间的排序不应取决于是否还存在某个第三种结果 C。
- **没有独裁者**：没有一个人总能获胜，无论其他每个人的偏好如何。

所有这些看来都是一种投票制度具有的合意特征。但是，阿罗证明了，从数学上可以毫无疑问地说，没有一种投票制度能满足所有这些特征。这个令人惊讶的结果被称为**阿罗不可能性定理**（Arrow's impossibility theorem）。

证明阿罗定理所需的数学知识超出了本书的范围，但是我们可以从两个例子中理解这个定理为什么是正确的。我们已经说明了多数原则方法的问题。康多塞悖论表明，多数原则并不能产生一个总满足传递性的排序结果。

作为另一个例子，博达计算不能满足不相关选择的独立性。回想一下表 22-1 中的偏好，用博达计算，结果是 B 胜了。但是，假设作为另一种可能的 C 突然消失了。如果博达计算仅仅用于 A 和 B，那么 A 就将获胜（你还是可以自己计算）。因此，消除了可供选择的 C，就改变了 A 和 B 之间的排序。这种变化的发生是因为，博达计算的结果取决于 A 和 B 得到的分数，而分数又取决于是否还有不相关的选择，即 C。

阿罗不可能性定理是一个深刻而又使人不安的结果。它并没有说，我们不应该把民主作为政府的形式。但是，它认为，无论社会在把其成员的偏好加总时采用哪一种投票方案，作为一种社会选择机制，它在某些方面都是有缺陷的。

22.2.3　中值选民说了算

尽管有阿罗定理，但投票仍然是大多数社会选出领导人和公共政策的方式，其中通常是使用多数原则。研究政府的下一步是要考察采取多数原则的政府如何运作。这

> **阿罗不可能性定理**：一个数学结论，它表明在某些假设条件之下，没有一种方案能把个人偏好加总为一组正当的社会偏好。

就是说，在一个民主社会里，谁来决定选择什么政策？在某些情况下，民主政府理论也产生了一个惊人的简单答案。

我们考虑一个例子。设想一个社会正在决定把多少钱用于一些公共物品，比如说军队或国家公园。每个选民都有他自己最偏好的预算，而且，他对离自己最偏好的值较近的结果的喜爱总是大于离自己最偏好的值较远的结果。因此，我们可以按偏好最少预算到偏好最大预算将选民排序。图22-1是一个例子。这里有100个选民，而且，预算规模从0到200亿美元不等。在这些偏好既定的情况下，你预期民主会产生什么结果呢？

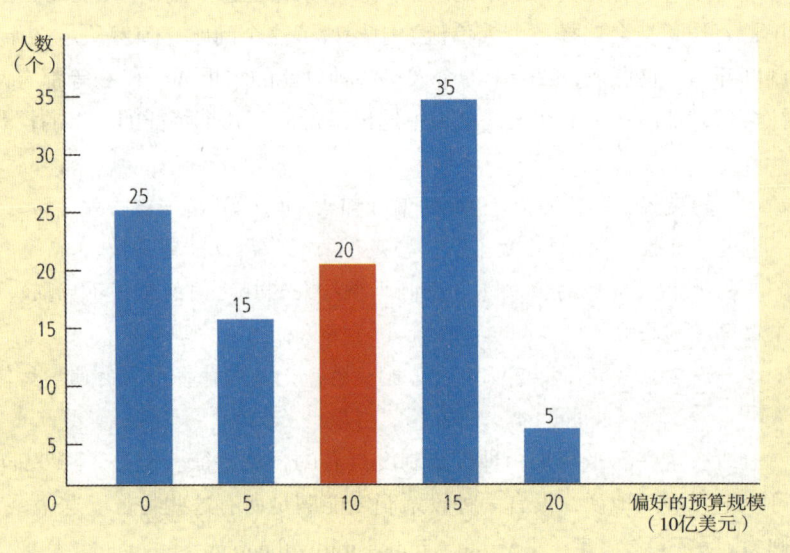

图22-1 中值选民定理：一个例子

这个柱形图表明了100个选民最偏好的预算如何分布在0—200亿美元的五种选择上。如果社会用多数原则做出选择，那么中值选民（偏好100亿美元的选民）决定了结果。

中值选民定理：一个数学结论，表明如果要选民沿着一条线选一个点，而且，每个选民都想选离他最偏好的点最近的点，那么，多数原则将选出中值选民最偏好的点。

根据称为**中值选民定理**（median voter theorem）的著名结论，多数原则将产生中值选民最偏好的结果。中值选民是正好处在分布的中间的选民。在这个例子中，如果你按选民所偏好的预算给他们排序，而且，无论从这个队列的哪一头数50个选民，你将发现，中值选民想要100亿美元的预算。与此相比，平均偏好的结果（把偏好的结果相加再除以选民的数量）是90亿美元，而多数结果（最多选民偏好的结果）是150亿美元。

中值选民决定了投票结果，因为他偏好的结果战胜了两边任何一种其他主张。在我们的例子中，有一半以上的选民想要100亿美元或更多的预算，有一半以上的选民想要100亿美元或更少的预算。如果有人建议80亿美元而不是100亿美元，每一个偏好100亿美元或更多的选民就将与中值选民一起投票。同样，如果有人建议120亿美元而不是100亿美元，每个偏好100亿美元或更少的选民就将与中值选民一起投票。在这两种情况下，中值选民这边都有一半以上的票数。

这与康多塞投票悖论有什么关系呢？结果是，当选民沿着一条线寻找一点，而且，每个选民的目的都是自己最偏好的一点时，康多塞悖论就不会产生了。中值选民最偏好的结果击败了所有的挑战者。

中值选民定理的一个含义是，如果两个政党各自努力使自己当选的机会最大化，它们就要使自己的立场接近中值选民。例如，假设民主党主张 150 亿美元的预算，而共和党主张 100 亿美元的预算。从 150 亿美元的支持者多于其他任何一种选择的意义上说，民主党的立场更受欢迎。然而，共和党将得到 50% 以上的选票：它们吸引了 20 位想要 100 亿美元的选民、15 位想要 50 亿美元的选民以及 25 位想要零预算的选民。如果民主党想获胜，也要使其立场向中值选民靠近。因此，这种理论可以解释为什么两党制下各党是相互类似的，因为它们都向中值选民靠近。

"这不就是民主的真正精神吗？……最终该批评的是选民。"

图片来源：www.Cartoonstock.com/Chris Wildt.

中值选民定理的另一个含义是，少数人的观点不会被过多重视。设想 40% 的人想把大量的钱用在国家公园上，而 60% 的人不想花钱。在这种情况下，中值选民的偏好是零，而无论少数人的观点有多强烈。这是民主的逻辑。多数原则并不是达到考虑到每个人偏好的一种折中，而是只关注正好处在分布中间的那个人。

22.2.4 政治家也是人

当经济学家研究消费者行为时，他们假设消费者购买一组能给他们带来最大满足水平的物品与服务的组合。当经济学家研究企业行为时，他们假设企业生产能带来最高利润水平的物品与服务量。当他们研究卷入政治活动的人时，他们应该假设什么呢？

政治家也是有目标的。最好假设政治领导人总是追求整个社会的福利，即他们的目标是效率与平等的最优结合。这也许是最好的，但并不现实。利己是政治活动者的强大动机，正如它是消费者和企业所有者的动机一样。一些政治家的动机是想再次当选，为了加强他们的选民基础而愿意牺牲国家利益。另一些政治家的动机只是贪婪。如果你对此有疑问，你就应该看看世界上的穷国，在这些国家，政府官员的腐败普遍制约了经济发展。

本书并不想提出某种政治行为理论。但是，在考虑经济政策时要记住，这种政策并不是由仁慈的国王（甚至是仁慈的经济学家）制定的，而是由具有所有人类欲望的真实的人所制定的。有时他们的动机是增进国家利益，但有时他们的动机是自己的政治和金钱野心。当经济政策并不像经济学教科书中得出的那么理想时，我们不应该大惊小怪。

22.3 行为经济学

经济学是研究人类行为的，但它并不是研究人类行为的唯一学科。社会心理学也可以说明人们在他们生活中做出的选择。经济学和心理学通常独立进行研究，这

行为经济学：经济学中将心理学的观点考虑进来的分支学科。

部分是因为它们解决的是不同范畴的问题。但是，最近出现了一个称为**行为经济学**（behavioral economics）的学科，在这个学科中，经济学家运用了心理学的基本观点。下面我们来讨论其中某些观点。

22.3.1 人们并不总是理性的

经济理论植根于一种特定的"物种"，有时称为理性经济人。这个物种的成员总是理性的。作为企业所有者，他们使利润最大化；作为消费者，他们使效用最大化（或者也可以说，在最高的无差异曲线上选一点）。在他们面对的约束为既定时，他们理性地评价所有成本与收益，并总是选择尽可能好的行为过程。

但是，现实的人是人类。虽然在许多方面他们类似于经济学中假设的理性的、精明计算的人，但他们要复杂得多。他们可能是健忘的、冲动的、困惑的、有感情的和目光短浅的。人类理性的这些不完善是心理学家的主要研究对象，但直到最近，经济学家才对这些不完善给予重视。

第一位从事经济学和心理学边缘研究的社会学家赫伯特·西蒙（Herbert Simon）提出，不应该把人作为理性最大化者，而应该作为满意者。他们并不总是选择最好的行为过程，而是做出仅仅足够好的决策。同样，其他经济学家也提出，人仅仅是"接近理性"，或者他们表现出"有限理性"。

对人类决策过程的研究力图查明人们犯下的系统性错误。下面是几个发现：

- **人们过分自信**。设想有人向你请教一些数字问题，比如，联合国有多少非洲国家，北美最高的山有多高，等等。但是，不是要你给出一个单个的数字，而是要你给出 90% 的置信区间，即你有 90% 的自信真实数字会落入其中。当心理学家进行这类实验时，他们发现，大多数人给出的范围是极小的：真实数字落入其区间的概率大大小于 90%。这就是说，大多数人过分相信自己的能力。

- **人们过分重视从现实生活中观察到的细枝末节**。设想你正在考虑买一辆 X 牌的小汽车。为了了解这种车的可靠性，你阅读《消费者报告》（Consumer Reports），这个报告调查了 1 000 位 X 牌汽车的车主。然后你找有 X 牌汽车的朋友，而且，他告诉你他的车不怎么样。你如何看待你朋友的意见呢？如果你理性地思考，你将认识到，他仅仅使你的样本从 1 000 个增加到 1 001 个，这并没有提供更多新的信息。但是，由于你的朋友的故事就发生在身边，在你做出决策时，你给予它的重视就会比你应有的更大。

- **人们不愿改变自己的观念**。人们倾向于用证据来坚定自己已有的信念。在一项研究中，让被试者阅读并评价一份死刑能否制止犯罪的研究报告。在阅读了这份报告后，那些本来就支持死刑的人说，他们更加坚信自己的观点；而那些原来就反对死刑的人也说，他们更加坚信自己的观点。这两组人用完全相反的方法解释同一个证据。

考虑一下你在自己的生活中所做出的决策。你表现出了一些这类特点了吗？

一个争议激烈的问题是，背离理性对于理解经济现象是不是很重要。在研究 401（k）计划，即一些企业向工人提供的享受税收优惠的退休金储蓄账户时，出现了一个令人感兴趣的例子。在一些企业，工人填一个简单的表就可以参与这个计划。在另一些企业，工人们被自动加入该计划，并可以通过填一个简单的表而退出这个计划。结果，在第二种情况下参与的工人比第一种情况下多得多。如果工人是完全的理性最大化者，无论他们的雇主提供的计划是否为默认的，工人都应该选择最优量的退休金储蓄。实际上，工人的行为似乎表现出相当大的惯性。一旦我们放弃了理性人模型，理解他们的行为似乎就容易多了。

你会问，为什么当心理学和常识都怀疑理性假设时，经济学却仍要建立在这个假设之上呢？一种回答是，即使这一假设不是完全真实的，也仍然足够接近于真实以至于能够建立合理准确的行为模型。例如，当我们研究竞争企业和垄断企业之间的差别时，企业理性的利润最大化假设就得出了许多重要而适用的观点。将一些复杂的心理偏差加入分析之中，可能会增加其现实性，但也可能把水搅浑，使我们难以得出上述洞见。回想一下第2章，经济模型并不意味着复制现实，只是要说明所涉及问题的本质，以有助于理解。

经济学家经常做出理性假设的另一个原因可能是经济学家本身也不是理性的最大化者。与大多数人一样，他们也过分自信，而且，他们也不愿改变自己的观念。他们在可供选择的人类行为理论中做出的选择也表现出巨大的惯性。而且，经济学家也会满足于并不完美但足够好的理论。理性人模型可能是社会科学家所选择的令其感到满意的理论。

案例研究　左位偏差

你可能已经注意到了，价格通常以0.99结尾。在某些情况下，这种现象是奇怪的。为什么收4.99美元，而不是5.00美元？如果人确实是理性的，卖者就没什么充分的理由去关注以0.99结尾的价格。但实际上，事实证明卖者用这种方法定价是聪明的。各种研究表明，买者对价格的最左边的数字是极为敏感的。尽管4.99美元只比5.00美元少一分钱，但买者不会这样看它。由于再多加一分钱使最左边的数字从4增加到5，这种变化可能对消费者的行为有出乎意料的相当大的影响。一种对最左边位置的非理性关注被称为左位偏差。

在一项研究中，让参与者选择购买两种不同的笔，一种便宜，另一种好一些，也贵一些。当笔标价2.00元和3.99元时，44%的人购买更贵的笔。当价格是1.99元和4.00元时，只有18%的人买更贵的笔。对如此小的价格变动的重大行为变化看起来很难与标准的理性模型一致。但如果设想消费者过度关注最左边的数字，就很容易理解这种情况。对这种消费者来说，在第一次看到的价格像是2元和3元，而在第二次看到的价格像是1元和4元，所以从第一次到第二次的变动可能看起来比实际的大。

左位偏差的另一项研究是考察汽车里程表的里程数目如何影响二手车的价格。该项研究考察了拍卖市场上销售的几百万辆二手车的数据。毫不奇怪，行驶里程多的汽车卖出的价格低，但影响并不平均。例如，当里程表上的数字从78 000英里增加到79 000英里（最左边位置的数字相同）时，汽车的价格下跌10美元。但是，当里程表的数字从79 000英里增加到80 000英里（最左边的数字增大）时，价格下跌了210美元。在每个10 000英里的节点（即里程表最左边的数字变动

为什么不在这个价格上加一分钱？
图片来源：Vector Department/Shutterstock.

时），二手车的价格都大跌。

无论是在看价格还是在看里程表时，买者看来都受到了最左边数字的非理性影响。

22.3.2　人们关注公正

关于人类行为的另一种观点可以用一个称为最后通牒博弈的实验来作最好的说明。实验如下进行：两位志愿者（他们相互不认识）被告知，他们将要去进行一个实验并可以赚到 100 美元。在玩之前，他们要了解规则。实验从掷硬币开始，硬币用来将两位志愿者分配到玩家 A 和玩家 B 的角色。玩家 A 的工作是在他自己和玩家 B 之间分 100 美元奖金。在玩家 A 提出他的建议后，玩家 B 决定是接受还是拒绝。如果他接受了，两个玩家根据这个建议得到钱。如果玩家 B 拒绝了建议，两个玩家都空手离开。无论在哪一种情况下，实验都结束了。

在继续进行之前，停下来并想想在这种情况下你会怎么做。如果你是玩家 A，你会建议如何分这 100 美元？如果你是玩家 B，你会接受什么建议？

传统的经济理论假设在这种情况下，人们是理性的财富最大化者。这个假设得出了一个简单的预期：玩家 A 应该建议他得 99 美元，而 B 得 1 美元；而且，玩家 B 应该接受这个建议。毕竟，一旦提出了建议，玩家 B 只要从中得到点什么，他接受建议状况就会改善。此外，由于玩家 A 知道，接受建议符合玩家 B 的利益，所以，玩家 A 给他的钱就没有理由多于 1 美元。用博弈论（第 17 章中讨论的）的语言说，99–1 分配是纳什均衡。

但是，当实验经济学家让现实的人玩最后通牒博弈时，结果与这种预期差别很大。充当玩家 B 角色的人通常拒绝只给他 1 美元或类似的少量钱的建议。由于预料到这一点，扮演玩家 A 角色的人通常建议给玩家 B 的钱远远多于 1 美元。一些人将提出 50–50 的分法，但更经常的是，玩家 A 建议给玩家 B 30 美元或 40 美元这样的量，并把大部分留给自己。在这种情况下，玩家 B 通常会接受建议。

这说明了什么呢？合理的解释是人们部分受天生的公正观念的驱使。99–1 的分法在许多人看来如此之不公正，以至于即使自己一无所获也要拒绝。与此相反，70–30 的分法虽然仍不公正，但没有不公正到使人们放弃正常的利己。

在我们对家庭和企业行为的整个研究中，天生的公正观念没有起到任何作用。但是，最后通牒博弈的结果表明，也许应该考虑这一点。例如，在第 18 章和第 19 章，我们讨论了劳动供求如何决定工资。一些经济学家提出，应该把企业支付给工人的工资的可观察到的公正性也包括在内。因此，当企业某一年获利特别丰厚时，工人（和玩家 B 一样）可能期望得到一份公正的奖金，尽管标准的均衡并没有给出这样的结果。企业（和玩家 A 一样）也可能由于担心工人会用降低努力、罢工甚至恶意破坏来惩罚企业而决定向工人支付高于均衡水平的工资。

22.3.3　人们是前后不一致的

设想有一些枯燥的工作，比如，洗衣服、扫自己门前路上的雪，或填写你的所得税表。现在考虑以下几个问题：

（1）你偏好 A（立即花 50 分钟做完这些事），还是 B（明天花 60 分钟做这些事）？

（2）你偏好 A（在 90 天内花 50 分钟做这些事），还是 B（花 60 分钟在 91 天内做这些事）？

当提出这类问题时,许多人对问题(1)选 B,而对问题(2)选 A。当预期未来时 [正如问题(2)那样],他们使用于枯燥工作的时间最小化。但面对立即做这些事的情况时 [正如问题(1)那样],他们又选择了拖延。

在一些方面,这种行为并不令人惊讶:每个人都时常会拖一拖。但是,从理性人理论的角度看,这令人困惑。假设,对问题(2)的回答,一个人选择在 90 天内花 50 分钟。然后,当第 90 天到来时,我们允许他改变自己的主意。实际上,这时他就面对问题(1),因此,他选择在明天做这件事。但是,为什么仅仅是时间的流逝就会影响他做出的选择呢?

生活中人们经常为自己制订计划,但他们并没有遵守计划。一个吸烟者答应戒烟,但在吸完最后一支烟的几小时里,他又要求再吸一支并违背了诺言。一个想减肥的人答应不再吃甜点,但当侍者端来甜点盘时,他又把诺言忘了。在这两种情况下,即时满足的欲望使他们放弃了自己过去的计划。

一些经济学家认为,消费—储蓄决策是人们总是表现出这种不一致性的重要例子。对许多人来说,支出提供了即时满足。储蓄,如同放弃香烟和甜点一样,要求为遥远未来的报酬而做出现时的牺牲。而且,也正如许多吸烟者希望自己戒烟和许多超重的人希望自己吃得少一点一样,许多消费者希望自己储蓄更多的收入。根据一份调查,76% 的美国人说他们的储蓄将不够退休后使用。

这种前后不一致性暗含着人们应该努力用一些方法使自己忠于未来并按计划行事。想戒烟的吸烟者可以把他的烟扔掉,想减肥的人可以锁住电冰箱。一个储蓄太少的人该怎么做呢?他应该找到某种方法在他花钱之前把钱锁起来。一些退休金账户,如 401(k),正是起到了这一作用。一个工人可以同意在他看到钱之前就从他的工资支票中划出一些钱。在退休之前可以使用存入这个账户的钱,但需要交罚金。也许这就是这些退休金账户如此受欢迎的原因之一:它们制止了人们自己即时满足的欲望。

即问即答

■ 描述人的决策不同于传统经济理论中理性人决策的至少三个方面。

N THE NEWS

【新闻摘录】
脑科学能改善经济学吗

一些学者认为,研究大脑生物学能改善我们对经济行为的理解。

神经经济学革命
Robert J. Shiller

经济学正处于一次革命的开端,这场革命的源起出人意料:医学院及其研究设备。神经科学——研究大脑这种物质器官如何实际运行的科学——正开始改变我们对人是如何做出决策的认识。这些发现将不可避免地改变我们思考经济如何运行的方式。简言之,我们正处在"神经经济学"的开端。

努力把神经科学与经济学联系起来仅仅是最近几年的事,神经经济学的发展仍处于初级阶段。但它的开端遵循了一个模式:科学的革命往往来自完全不

可预测的地方。如果一门科学没有彻底的新研究方法进入视野,这门科学就会死气沉沉。学者仍会陷入他们的方法之

一位神经经济学家正在工作。

图片来源：Andrew Rich/RichVintage/iStockphoto.com

中——用大家取得共识的语言与方法来研究其学科原理——从而使科学研究变得单调乏味，琐碎平庸。

然后，某一天某个完全没有在这些研究方法中浸淫过的人带来了令人振奋的东西——一种新想法，这种新想法吸引了年轻学者和极少数叛逆的老学者，他们愿意学习一门不同的科学及其不同的研究方法。在这个过程的某一点上，一场科学革命就诞生了。

就在最近，神经经济学经历了几个关键的里程碑，尤其是去年神经科学家保罗·格利姆彻（Paul Glimcher）的《神经经济学分析基础》（Foundations of Neuroeconomic Analysis）的出版——书名直指保罗·萨缪尔森（Paul Samuelson）1947年出版的经典著作《经济分析基础》（Foundations of Economic Analysis），后面这本书奠定了经济理论早期革命的开始。格利姆彻现在任教于纽约大学经济系（他也在纽约大学神经科学中心工作）。

但是，在大多数经济学家看来，格利姆彻好像来自外太空。毕竟，他的博士学位来自宾夕法尼亚大学医学院的神经科学系。而且，像他这样的神经经济学家之所以进行这些远远超出了他们传统同事们所习惯的范围的研究，是因为他们通过把经济学与特定脑结构联系在一起来试图改进某些经济学的核心概念。

现代经济学和金融学理论主要根据的假设是，人是理性的，因此，他们有条理地使自己的幸福最大化，或者像经济学家所说的，使自己的"效用"最大化。当萨缪尔森在他的1947年的著作中论述这个问题时，他并没有观察人们的大脑，而是借用了"显示性偏好"这个概念。人们的目标只能通过观察他们的经济活动显示出来。在萨缪尔森的指引下，一代又一代经济学家并没有把他们的研究建立在构成思想和行为基础的任何物质结构之上，而仅仅是建立在理性假设基础之上。

因此，格利姆彻质疑流行的经济理论，并要在大脑中寻找经济理论的物质基础。他想通过发现构成效用基础的大脑机制，把"软"的效用理论转变为"硬"的效用理论。

格利姆彻特别想确定的是，当人们面对不确定性时，处理效用理论的关键因素的脑结构到底是怎样的：(1)主观价值，(2)概率，(3)主观价值与概率的产物（预期主观价值），以及(4)某种神经运算机制，这种机制可以把具有最高"预期主观价值"的因素挑选出来……

虽然格利姆彻和他的同事发现了引人入胜的证据，但是，他们还没有找到大部分基础性的脑结构。也许这是因为这些结构根本不存在，效用最大化理论是错误的，或者至少需要彻底改造。如果是这样的话，这个发现就可以动摇经济学的基础。

另一个让神经科学家们激动的研究方向是大脑如何处理模糊的情形，比如不知道概率有多大，或者没有其他高度相关的信息。科学家发现，当概率确定时和概率未明时用于处理问题的脑区域是不同的。这些研究有助于我们解释人们如何处理不确定性和风险，比如说，危机时的金融市场。

约翰·梅纳德·凯恩斯认为，大多数经济决策是在不知概率的模糊状态下做出的。他得出结论说：我们的许多经济周期是由"动物精神"的波动而引发的，这种头脑里的想法是经济学家还无法做出解释的。

当然，经济学的问题是，对于任何一次危机，往往是有多少经济学家就有多少种解释。一个经济体显然是一个相当复杂的结构，如何弄清它的真相取决于对其法律、管制、商业实践和惯例，以及资产负债表等许多细节的理解。

但有可能会有一天，我们能通过更好地理解构成脑功能基础的物质结构来更深入地了解经济如何运行——或者如何不运行。这些结构——通过轴突和树突相互联系的神经网络——使大脑可以与计算机——通过电流相互联系的晶体管网络——相类比。经济是下一个类比：通过电子设备和其他联结相互交流的人的网络。

大脑、计算机和经济是三种设备，这三种设备的目的都是为了在协调个体的行为时解决关键的信息问题。大脑对应的个体是神经元，计算机对应的个体是晶体管，经济对应的个体是独立的个人。如果我们能够对这三种设备之一能解决的问题——以及它是如何排除障碍的——有更深入的了解，我们就能学习到对这三者而言都有价值的东西。

Shiller先生是耶鲁大学经济学教授。

资料来源：Project Syndicate, November 21, 2011.

22.4 结论

本章考察了微观经济学的前沿问题。你可能已经注意到，我们只是简述了思想，而没有完全展开这些思想。这不是偶然的。一个原因是，你可能在高级课程中会更详细地学习这些主题。另一个原因是，这些主题仍然是活跃的研究领域，因此，仍然在不断更新。

为了说明这些主题如何适用于更广泛的情况，回想一下第1章中的经济学十大原理。其中一个原理是，市场通常是组织经济活动的一种好方法。另一个原理是，政府有时可以改善市场结果。当你学习经济学时，你可以更充分地领悟这些原理的真实性以及运用这些原理时应该注意的问题。不对称信息的研究应该使你更谨慎地对待市场结果；政治经济学的研究应该使你更谨慎地对待政府的解决方法；而行为经济学的研究应该使你更谨慎地对待依靠人的决策的任何一种制度，既包括市场也包括政府。

如果说这些主题有一个统一的观点，那就是：生活是杂乱的。信息是不完全的，政府是不完善的，人也是不完美的。当然，在你开始学习经济学之前，你早就知道这些。但是，如果经济学家要解释，或者甚至要改善周围的世界，就需要尽可能准确地理解这些不完善之处。

内容提要

◎ 在许多经济交易中，信息是不对称的。当存在隐蔽性行为时，委托人会关注因代理人道德风险问题引起的损失。当存在隐蔽性特征时，买者会关注卖者中的逆向选择问题。私人市场有时用发信号和筛选来应对不对称信息。

◎ 虽然政府政策有时可以改善市场结果，但政府本身也是不完善的制度。康多塞悖论说明，多数原则并没有产生可传递的社会偏好；而阿罗不可能性定理说明，没有一种投票制度是完美的。在许多情况下，民主制度将产生中值选民想要的结果，而无论其他选民的偏好是什么。此外，那些决定政府政策的人会受到利己而不是国家利益的驱动。

◎ 心理学和经济学的研究表明，人的决策比传统经济理论所假设的要复杂。人们并不总是理性的，他们关心经济结果的公正性（即使对他们自己有不利影响），而且，他们可能具有前后不一致性。

道德风险　　　　　　　　　发信号　　　　　　　　　阿罗不可能性定理
代理人　　　　　　　　　　筛选　　　　　　　　　　中值选民定理
委托人　　　　　　　　　　政治经济学　　　　　　　行为经济学
逆向选择　　　　　　　　　康多塞悖论

1. 什么是道德风险？列出雇主为了降低这个问题的严重性可能会做的三件事。
2. 什么是逆向选择？举出可能存在逆向选择问题的一个市场的例子。
3. 给发信号和筛选下定义，并各举出一个例子。
4. 康多塞发现的投票的非正常特征是什么？
5. 解释为什么多数原则代表了中值选民的偏好，而不是平均选民的偏好。
6. 描述最后通牒博弈。传统经济理论预期这个博弈的结果是什么？实验证实了这种预期吗？解释原因。

第8篇
宏观经济学的数据

第 23 章
一国收入的衡量

当你上完学并开始寻找一份全职工作时，你的经历将在很大程度上受当时经济状况的制约。在一些年份，整个经济的企业都在扩大其物品与服务的生产，就业增加，找到一份工作很容易。而在另一些年份，企业削减生产，就业减少，找到一份好工作要花费很长时间。毫不奇怪，任何一个大学毕业生都愿意在经济扩张的年份进入劳动力队伍，而不愿意在经济收缩的年份进入。

由于整体经济的健康深深地影响着我们每一个人，所以，新闻媒体广泛报道经济状况的变动。实际上我们在翻阅报纸、浏览网上新闻或观看电视时都会看到新发布的经济统计数字。这些统计数字可以衡量经济中所有人的总收入（国内生产总值，即GDP）、平均物价上升或下降的比率（通货膨胀或通货紧缩）、劳动力中失去工作的人所占的百分比（失业）、商店的总销售额（零售额），或者美国与世界其他国家之间贸易的不平衡量（贸易赤字）。所有这些统计数字都是宏观经济的。它们告诉我们的不是关于某个家庭、企业或市场的情况，而是关于整体经济的情况。

你可以回忆一下第 2 章，经济学分为两个分支：微观经济学和宏观经济学。微观经济学（microeconomics）研究家庭和企业如何做出决策，以及它们如何在市场上相互影响。宏观经济学（macroeconomics）研究整个经济。宏观经济学的目标是解释同时影响许多家庭、企业和市场的经济变化。宏观经济学家解决各种各样的问题：为什么一些国家的平均收入高，而另一些国家的平均收入低？为什么物价有时上升迅速，而在另一些时候较为稳定？为什么生产和就业在一些年份扩张，而在另一些年份收缩？如果可能的话，政府可以用什么方法来促进收入迅速增长、通货膨胀率降低和就业稳定呢？这些问题在本质上都是属于宏观经济的，因为它们涉及整体经济的运行。

由于整体经济只是在许多市场上相互影响的许多家庭和企业的集合，所以微观经济学和宏观经济学密切相关。例如，供给和需求这种基本工具既是微观经济分析的中心，又是宏观经济分析的中心。但对经济整体的研究又提出了一些新颖而且迷人的挑战。

在本章和下一章中，我们将讨论经济学家和决策者用来监测整体经济状况的一些

微观经济学：研究家庭和企业如何做出决策，以及它们如何在市场上相互影响。

宏观经济学：研究整体经济现象，包括通货膨胀、失业和经济增长。

数据。这些数据反映了宏观经济学家试图解释的经济变动。本章考察国内生产总值，它衡量的是一国的总收入。GDP 是最受瞩目的经济统计数字，因为它被认为是衡量社会经济福利最好的一个指标。

23.1 经济的收入与支出

如果你要判断一个人在经济上是否成功，你首先要看他的收入。高收入者负担得起生活必需品和奢侈品。毫不奇怪，高收入者享有较高的生活水平——更好的住房、更好的医疗、更豪华的汽车、更充分的休假，等等。

同样的逻辑也适用于一国的整体经济。当判断一国经济是富裕还是贫穷时，自然就会考察经济中所有人赚到的总收入。这正是国内生产总值的作用。

GDP 同时衡量两件事：经济中所有人的总收入和用于经济中物品与服务产出的总支出。由于这两件事实际上是相同的，所以 GDP 既衡量总收入又衡量总支出。对一个整体经济而言，收入必定等于支出。

为什么这是正确的呢？一个经济的收入和其支出相同的原因就是每一次交易都有两方：买者和卖者。某个买者的 1 美元支出正是某个卖者的 1 美元收入。例如，Karen 为 Doug 给她修剪草坪而支付 100 美元。在这种情况下，Doug 是服务的卖者，而 Karen 是买者。Doug 赚了 100 美元，而 Karen 支出了 100 美元。因此，交易对经济的收入和支出做出了相同的贡献。无论作为总收入来衡量还是作为总支出来衡量，GDP 都增加了 100 美元。

说明收入和支出相等的另一种方法是用图 23-1 所示的循环流量图。你也许还记得在第 2 章中这个图描述了一个简单经济中的家庭和企业之间的全部交易。这个图通过假设所有物品与服务由家庭购买，而且家庭支出了他们的全部收入而使事情简单化。在这个经济中，当家庭从企业购买物品与服务时，这些支出通过物品与服务市场流动。当企业反过来用从销售中得到的钱来支付工人的工资、土地所有者的租金和企业所有者的利润时，这些收入通过生产要素市场流动。货币不断地从家庭流向企业，然后又流回家庭。

GDP 衡量货币的流量。我们可以用两种方法中的一种来计算这个经济的 GDP：加总家庭的总支出或加总企业支付的总收入（工资、租金和利润）。由于经济中所有的支出最终要成为某人的收入，所以无论我们如何计算，GDP 都是相同的。

当然，现实经济比图 23-1 所说明的经济要复杂得多。家庭并没有支出其全部收入：家庭要把他们的部分收入用于支付政府税收，还要为了未来使用而把部分收入用于储蓄。此外，家庭并没有购买经济中生产的全部物品与服务：一些物品与服务由政府购买，还有一些由计划未来用这些物品与服务生产自己产品的企业购买。但基本经验是相同的：无论是家庭、政府还是企业购买物品或服务，交易总有买者与卖者。因此，对整个经济而言，支出和收入总是相同的。

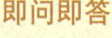

即问即答

■ 国内生产总值衡量哪两件事情？它如何可以同时衡量这两件事情？

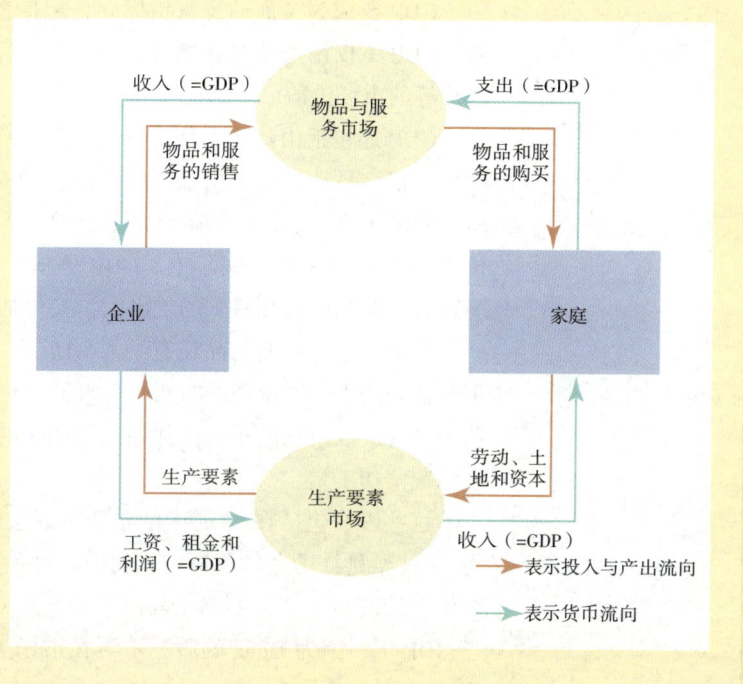

图23-1 循环流量图

家庭从企业购买物品与服务，企业用销售得到的收入来支付工人的工资、土地所有者的租金和企业所有者的利润。GDP等于家庭在市场上为物品和服务支付的总额。它也等于企业在市场上为生产要素支付的工资、租金和利润的总额。

23.2 国内生产总值的衡量

我们已经在一般意义上讨论了国内生产总值的含义，现在可以更准确地说明如何衡量这个统计数字。下面是GDP的定义，这个定义的中心是把GDP作为对总支出的衡量：

· **国内生产总值**（gross domestic product，GDP）是在某一既定时期一个国家内生产的所有最终物品与服务的市场价值。

这个定义看来是相当简单的。但实际上，在计算一个经济的GDP时许多微妙的问题出现了。因此，我们来仔细探讨这个定义中的每一个词。

国内生产总值 (GDP)：在某一既定时期一个国家内生产的所有最终物品与服务的市场价值。

23.2.1 "……市场价值"

你也许听到过一句谚语："你无法比较苹果与橘子。"但GDP正是要这样做。GDP要把许多种不同物品加总为一个经济活动价值的衡量指标。为了这样做，它使用了市场价格。由于市场价格衡量人们愿意为各种不同物品支付的量，所以市场价格反映了这些物品的价值。如果一个苹果的价格是一个橘子价格的2倍，那么一个苹果对GDP的贡献就是一个橘子的2倍。

即问即答

■ 生产一磅汉堡包和生产一磅鱼子酱，哪一个对GDP的贡献更大？为什么？

23.2.2 "……所有……"

GDP 要成为全面的衡量指标。它包括在经济中生产并在市场上合法出售的所有东西。GDP 不仅衡量苹果和橘子的市场价值，而且还衡量梨和葡萄、书和电影、理发和医疗等的市场价值。

GDP 还包括由经济中住房存量提供的住房服务的市场价值。就租赁住房而言，这种价值很容易计算——租金既等于房客的支出，又等于房东的收入。但许多人对自己所住的房子有所有权，因此并不付租金。政府通过估算租金价值而把这种自有房产的价值包括在 GDP 中。实际上，GDP 是基于这样一个假设：所有者将房屋出租给自己，隐含的租金既包括在房东的支出中，又包括在其收入中，因此，它计入 GDP。

但是，还有一些物品没有纳入 GDP 中，因为衡量这些物品的价值十分困难。GDP 不包括非法生产与销售的东西，例如非法的毒品。GDP 也不包括在家庭内生产和消费，从而没有进入市场的东西。你在杂货店买的蔬菜是 GDP 的一部分，但你在自己花园里种的蔬菜却不是。

这些没有包括在 GDP 中的东西有时会引起一些似是而非的结果。例如，当 Karen 为 Doug 给她修剪草坪而进行支付时，这种交易是 GDP 的一部分。如果 Karen 与 Doug 结婚，情况就变了。尽管 Doug 仍然会为 Karen 修剪草坪，但修剪草坪的价值就不属于 GDP 了，因为 Doug 的服务不再在市场上出售。因此，如果 Karen 和 Doug 结婚了，GDP 就减少了。

23.2.3 "……最终……"

当国际纸业公司生产出纸张，Hallmark 公司用纸来生产贺卡时，纸被称为中间物品，而贺卡被称为最终物品。GDP 只包括最终物品的价值。这样做是因为中间物品的价值已经包括在最终物品的价格中了。把纸的市场价值与贺卡的市场价值相加就会重复计算。这就是说，会（不正确地）把纸的价值计算两次。

当生产出来的一种中间物品没有被使用，而是增加了企业以后使用或出售的存货时，这个原则就出现了一个重要的例外。在这种情况下，中间物品被暂时作为"最终"物品，其价值作为存货投资成为 GDP 的一部分包括在内。因此，把存货加到 GDP 上，而当存货中的物品以后被使用或出售时，存货的减少再从 GDP 中扣除。

23.2.4 "……物品与服务……"

GDP 既包括有形的物品（食物、衣服、汽车），又包括无形的服务（理发、打扫房屋、看病）。当你购买了你最喜爱的乐队的 CD 时，你购买的是一种物品，购买价格是 GDP 的一部分。当你花钱去听同一个乐队的音乐会时，你购买的是服务，票价也是 GDP 的一部分。

23.2.5 "……生产的……"

GDP 包括现期生产的物品与服务。它不包括涉及过去生产的东西的交易。当福特汽车公司生产并销售一辆新汽车时，这辆汽车的价值包括在 GDP 中。当一个人把一辆二手车出售给另一个人时，二手车的价值不包括在 GDP 中。

23.2.6 "……一个国家内……"

GDP 衡量的生产价值局限于一个国家的地理范围之内。当一个加拿大公民暂时在美国工作时，他的产出是美国 GDP 的一部分。当一个美国公民在海地拥有一个工厂时，这个工厂的产出不是美国 GDP 的一部分（它是海地 GDP 的一部分）。因此，如果东西是在一国国内生产的，无论生产者的国籍如何，都包括在该国的 GDP 之中。

23.2.7 "在某一既定时期……"

GDP 衡量某一特定时期内发生的生产的价值。这个时期通常是一年或一个季度（3个月）。GDP 衡量在这一段时期内经济收入与支出的流量。

当政府公布一个季度的 GDP 时，它通常按"年增长率"来计算 GDP。这意味着，所公布的季度 GDP 的数字是那个季度的收入与支出量乘以 4。政府采用这种习惯做法是为了更易于比较季度与年度的 GDP 数字。

此外，当政府公布季度 GDP 时，它提供的是用称为季度调整的统计程序修改之后的数据。未经调整的数据清楚表明，一年中某个时期生产的物品与服务多于其他时期。（正如你会猜到的，12 月份的圣诞节购物旺季是一个高点。）当监测经济状况时，经济学家和决策者通常想撇开这些有规律的季节性变动。因此，政府统计学家调整季度数据，以避开季度性周期。在新闻中公布的 GDP 数据总是进行了这种季度性调整的。

现在我们再复习一下 GDP 的定义：

- 国内生产总值（GDP）是在某一既定时期一个国家内生产的所有最终物品与服务的市场价值。

这个定义的中心是把 GDP 作为经济中的总支出。但是，不要忘记，一种物品或服务的买者的每一美元支出都要变为那种物品或服务卖者的收入。因此，除了运用这个定义以外，政府还要加总经济中的总收入。计算 GDP 的两种方法得出了几乎完全相同的答案。（为什么是"几乎"？尽管这两种衡量应该是完全相同的，但数据来源并不完全。GDP 这两种计算结果之间的差额称为统计误差。）

显然，GDP 是衡量经济活动价值的一种复杂指标。在高级宏观经济学课程中，你将进一步了解由这种计算所产生的细微差别。但即使现在你也可以看到，这个定义中的每个词都有某种含义。

> **参考资料** 其他收入衡量指标

当美国商务部每三个月计算一次本国的 GDP 时，它还计算收入的其他衡量指标，以更全面地反映经济中所出现的情况。这些其他衡量指标与 GDP 的不同之处是不包括或包括某些收入范畴。以下按从大到小的顺序简要地描述了五种收入衡量指标。

· 国民生产总值（GNP）是一国永久居民（称为国民）所赚到的总收入。它与 GDP 的不同之处在于：它包括本国公民在国外赚到的收入，而不包括外国人在本国赚到的收入。例如，当一个加拿大公民暂时在美国工作时，他的产出是美国 GDP 的一部分，但不是美国 GNP 的一部分（而是加拿大 GNP 的一部分）。对包括美国在内的大部分国家来说，国内居民是大部分国内生产的承担者。因此，GDP 和 GNP 是非常接近的。

· 国民生产净值（NNP）是一国居民的总收入（GNP）减折旧。折旧是经济中设备和建筑物存量的磨损或损耗，例如卡车报废和电脑过时。在商务部提供的国民收入账户中，折旧被称为"固定资本的消费"。

· 国民收入是一国居民在物品与服务生产中赚到的总收入。它与国民生产净值几乎是相同的。这两个指标的不同是由于数据收集问题引起的统计误差。

· 个人收入是家庭和非公司制企业得到的收入。与国民收入不同，个人收入不包括留存收益——公司获得的但没支付给其所有者的收入。它还要减去间接营业税（例如销售税）、公司所得税和对社会保障的支付（主要是社会保障税）。此外，个人收入还包括家庭从其持有的政府债券中得到的利息收入，以及家庭从政府转移支付项目中得到的收入，如福利和社会保障收入。

· 个人可支配收入是家庭和非公司制企业在完成它们对政府的义务之后剩下的收入。它等于个人收入减个人税收和某些非税收支付（例如交通罚单）。

虽然各种收入衡量指标在细节上不同，但是它们几乎总是说明了相同的经济状况。当 GDP 迅速增长时，这些收入衡量指标通常也迅速增长。当 GDP 减少时，这些衡量指标通常也减少。就监测整体经济的波动而言，我们用哪一种收入衡量指标无关紧要。

23.3 GDP 的组成部分

经济中的支出有多种形式。在任何时候，Smith 一家人可能在 Burger King 餐馆吃午饭；福特汽车公司可能建立一个汽车厂；海军可能获得一艘潜艇；而英国航空公司可能从波音公司购买一架飞机。GDP 包括了用于国内生产的物品和服务的所有支出形式。

为了了解经济如何使用稀缺资源，经济学家研究 GDP 在各种类型支出中的构成。为了做到这一点，GDP（用 Y 表示）被分为四个组成部分：消费（C）、投资（I）、政府购买（G）和净出口（NX）：

$$Y = C + I + G + NX$$

这个等式是一个恒等式——按等式中各个变量的定义，该等式必定成立。在这种情况下，由于 GDP 中每一美元的支出都属于 GDP 四个组成部分中的一个，所以四个组成部分的总和必然等于 GDP。现在我们来进一步考察这四个组成部分。

23.3.1 消费

消费（consumption）是家庭除购买新住房之外用于物品与服务的支出。"物品"包括家庭购买的汽车与家电等耐用品，以及食品和衣服等非耐用品。"服务"包括理发和

消费：家庭除购买新住房之外用于物品与服务的支出。

医疗这类无形的东西。家庭用于教育的支出也包括在服务消费中（虽然有人会认为教育更适合下一个组成部分）。

23.3.2 投资

投资（investment）是对用于未来生产更多物品和服务的物品的购买。它是资本设备、存货和建筑物购买的总和。建筑物投资包括新住房支出。按习惯，新住房购买是划入投资而不划入消费的一种家庭支出形式。

投资：用于资本设备、存货和建筑物的支出，包括家庭用于购买新住房的支出。

正如本章前面所提到的，存货累积的处理值得注意。当苹果公司生产了一台电脑但并不出售它，而是将它加到其存货中时，则假设自己"购买了"这台电脑。这就是说，国民收入会计师会把这台电脑作为苹果公司投资支出的一部分来处理。（如果苹果公司以后卖出了存货中的这台电脑，这时其存货投资就将是负的，抵消了买者的正支出。）用这种方法处理存货是因为 GDP 衡量的是经济生产的价值，而且增加到存货中的物品是这个时期生产的一部分。

要注意的是，GDP 核算中用的投资这个词不同于你在日常谈话中所听到的这个词。当你听到投资这个词时，你也许会想到金融投资，如股票、债券以及共同基金——在本书的后面我们要研究这个问题。与此相反，由于 GDP 衡量对物品与服务的支出，因此这里投资这个词是指购买未来用于生产其他物品的物品（例如资本设备、建筑物和存货）。

23.3.3 政府购买

政府购买（government purchase）包括地方、州和联邦政府用于物品与服务的支出。它包括政府员工的薪水和用于公务的支出。近年来，美国国民收入账户更名为更长的"政府消费支出和总投资"，但在本书中，我们将继续采用传统且较短的术语"政府购买"。

政府购买：地方、州和联邦政府用于物品与服务的支出。

要对"政府购买"的含义做一个说明。当政府为一位陆军将军或中小学教师支付薪水时，这份薪水是政府购买的一部分。但是，当政府向一个老年人支付社会保障补助或者向刚刚被解雇的工人支付失业保险补助时，事情就完全不同了：这些政府支出被称为转移支付，因为它们并不用于交换现期生产的物品与服务。转移支付改变了家庭收入，但并没有反映经济的生产。（从宏观经济的角度看，转移支付像负的税收。）由于 GDP 要衡量来自物品与服务生产的收入和用于这些物品与服务生产的支出，所以转移支付不计入政府购买。

23.3.4 净出口

净出口（net export）等于外国对国内生产的物品的购买（出口）减国内对外国物品的购买（进口）。一家国内企业把产品卖给别国的买者，比如，波音向英国航空公司销售一架飞机，就增加了美国的净出口。

净出口：外国人对国内生产的物品的支出（出口）减国内居民对外国物品的支出（进口）。

"净出口"中的"净"指从出口中减去进口这一事实。之所以要减去进口，是因为 GDP 的其他组成部分包括进口的物品与服务。例如，假设一个家庭向瑞典汽车制造商沃尔沃公司购买了一辆价值 4 万美元的汽车。这个交易增加了 4 万美元的消费，因为购买汽车是消费支出的一部分。它还减少了净出口 4 万美元，因为汽车是进口的。换句话说，净出口包括国外生产的物品与服务（符号为负），因为这些物品和服务包括在消费、投资和政府购买中（符号为正）。因此，当国内的家庭、企业或政府购买了国外的物品与服务时，这种购买就减少了净出口，但由于它还增加了消费、投资或政府购买，所以并不影响 GDP。

> **即问即答**
> ■ 列出支出的四个组成部分。哪一部分最大？

案例研究 美国 GDP 的组成部分

表 23-1 说明了 2012 年美国 GDP 的构成。这一年美国的 GDP 超过了 15 万亿美元。把这个数字除以 2012 年美国的人口 3.14 亿，得出每个人的 GDP（有时称为人均 GDP）。2012 年平均每个美国人的收入和支出是 49 923 美元。

消费占 GDP 的 71%，亦即每人 35 411 美元；投资是每人 6 557 美元；政府购买是每人 9 758 美元；净出口是每人 -1 806 美元，这个数字是负的，因为美国人从出售给外国人的物品中所赚到的收入小于他们用于购买外国物品的支出。

这些数据来自经济分析局，它是美国商务部中提供国民收入核算的部门。你可以在它的网站 http://www.bea.gov 上找到最新的 GDP 数据。

表23-1 GDP及其组成部分

该表说明了2012年美国经济的GDP总量及其在四个组成部分中的细分。在看这个表时，要记住 $Y=C+I+G+NX$ 这个恒等式。

	总量（10亿美元）	人均量（美元）	占总量的百分比（%）
国内生产总值，Y	15 676	49 923	100
消费，C	11 119	35 411	71
投资，I	2 059	6 557	13
政府购买，G	3 064	9 758	20
净出口，NX	-567	-1 806	-4

资料来源：U.S. Department of Commerce. 由于计算过程中的四舍五入，各部分之和可能与总量不等。

IN THE NEWS

👉 【新闻摘录】
经济分析局改变了投资和GDP的定义

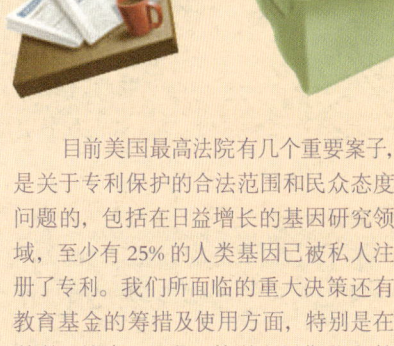

2013年，经济分析局（Bureau of Economic Analysis, BEA）宣布将扩大投资和GDP的定义范围，把各种形式的知识产权的生产也计入。本文讨论了这种改变。本书出版时由于新的数据还没有公布，这里所引用的数据都是传统的狭义定义范围内的。

图片来源：www.1tu.com

是的，女歌神Lady Gaga的歌曲也对GDP做出了贡献

Osagie Imasogie
Thaddeus J. Kobylarz

美国政府最近宣布了估算国内生产总值（GDP）的一项受欢迎的革新。从7月31日开始，BEA将记录用于"研发、娱乐、文学和艺术原创"之类固定资产投资"的支出，把这种支出与软件支出合并，计入一个新的投资门类"知识产权产品"。

这对于GDP来说意味着什么？威尔斯利（Wellesley）学院的经济学家Daniel Sichel告诉国家公共广播电台（NPR），在这项GDP统计方法改变之前，"如果Lady Gaga举办演唱会售票，票款是计入GDP的"，但她用于写歌、录制唱片的开支并不计入。Sichel先生指出，艺术家为一首歌或一部电影所投入的金钱"与工厂投资购买一部新机器是基本一样的"，所以，这种GDP计算方法是不对的。同理，为开发新药品或者智能手机投入的金钱也应该计入GDP。

如此看来，这次GDP计算范围的修订比1999年将软件开发支出计入国民核算的改革更为重要。为什么呢？第一，由于把计入GDP的知识产权投资扩大到了研发以及艺术和娱乐产业，因此现有美国经济的规模比人们预想的扩大了大约3%——相当于4 000亿美元。（但这并不意味着7月份以后我们就能看出GDP的剧增；数据的调整会追溯至1929年，以减少改变对于现期增长率的影响。）第二，这种改变反映出整体经济已经从以工业为要务平稳地转型为以知识和信息产业为基础。第三，这种改变开启了未来GDP计算方法的变革之路，因为BEA已经从根本上认识到了GDP指标的现有意义已经远远落后于当今的经济现实。

这种改变不仅仅是经济学家才会感兴趣的那种晦涩难解的问题。政府的GDP数字决定了许多影响公民日常生活的基础政策，比如预算决策、联邦项目的资金等。观察GDP数据也是评估国家整体经济表现的捷径。

BEA这次决策的目标非常清晰，就是更好地反映知识产权作为国家经济的关键贡献因素的作用。这种GDP衡量标准的改变不仅仅会影响与知识产权相关的政策决策，还会影响我们如何作为一个社会整体理解自身。

目前美国最高法院有几个重要案子，是关于专利保护的合法范围和民众态度问题的，包括在日益增长的基因研究领域，至少有25%的人类基因已被私人注册了专利。我们所面临的重大决策还有教育基金的筹措及使用方面，特别是在科学、技术、工程、数学和早期儿童教育领域中。

在过去20年里，知识产权已经崛起，成为美国和其他一些发达国家经济增长的主要发动机。从许多方面来看，知识产权现在是全球新货币。这在很大程度上是由于美国成功地在全世界推广了其知识产权保护对于经济重要性的观念，尽管盗版仍然一直是严峻的挑战。简而言之，美国之所以成为世界经济的领导者，就是因为它有能力培养出富有创新意义的"造币厂"，从而生成这种新的全球货币并从中获益。

政府新的GDP衡量方法说明经济学家正在积极正确地适应经济新形势。传统保守主义者仍然在将土地、劳动和资本视为生产的决定性要素，但经济学家们已经越来越认识到那些更无形的要素的生产性意义。它包括知识产权，更广泛地说，是智力资本。

资料来源：*The Wall Street Journal*, May 28, 2013.

23.4 真实GDP与名义GDP

正如我们已经说明的，GDP衡量经济中所有市场上用于物品与服务的总支出。如果从这一年到下一年总支出增加了，下述两种情况中至少有一种必然是正确的：（1）生产了更多的物品与服务；（2）以更高的价格销售物品与服务。当研究随着时间的流逝在经济中发生的变动时,经济学家们想区分这两种影响。特别是他们想衡量不受物品与服务价格变动影响所生产的物品与服务的总量。

为了这样做,经济学家使用了一种被称为真实 GDP 的衡量指标。真实 GDP 回答了一个假设的问题:如果我们以过去某一年的价格来确定今年生产的物品与服务的价值,那么这些物品与服务的价值是多少?通过用固定在过去水平上的价格来评价现期生产,真实 GDP 说明了一段时期内经济的整体物品与服务生产的变动。

为了更准确地说明如何构建真实 GDP,我们来看一个例子。

23.4.1 一个数字例子

表 23-2 表示一个只生产两种物品——热狗与汉堡包——的经济的一些数据。该表说明了在 2013 年、2014 年和 2015 年这两种物品的价格和产量。

表23-2 真实GDP与名义GDP

该表说明了如何计算假设只生产热狗和汉堡包的经济的真实GDP、名义GDP和GDP平减指数。

	价格与产量			
年份	热狗价格（美元）	热狗产量（个）	汉堡包价格（美元）	汉堡包产量（个）
2013	1	100	2	50
2014	2	150	3	100
2015	3	200	4	150

	计算名义GDP
2013	（每个热狗1美元×100个热狗）+（每个汉堡包2美元×50个汉堡包）= 200美元
2014	（每个热狗2美元×150个热狗）+（每个汉堡包3美元×100个汉堡包）= 600美元
2015	（每个热狗3美元×200个热狗）+（每个汉堡包4美元×150个汉堡包）= 1 200美元

	计算真实GDP（基年是2013年）
2013	（每个热狗1美元×100个热狗）+（每个汉堡包2美元×50个汉堡包）= 200美元
2014	（每个热狗1美元×150个热狗）+（每个汉堡包2美元×100个汉堡包）= 350美元
2015	（每个热狗1美元×200个热狗）+（每个汉堡包2美元×150个汉堡包）= 500美元

	计算GDP平减指数
2013	（200美元/200美元）×100 = 100
2014	（600美元/350美元）×100 = 171
2015	（1 200美元/500美元）×100 = 240

为了计算这个经济的总支出，我们把热狗和汉堡包的数量乘以它们的价格。在 2013 年，100 个热狗以每个 1 美元的价格售出，因此，用于热狗的总支出等于 100 美元。在同一年，50 个汉堡包以每个 2 美元的价格售出，因此，用于汉堡包的支出也等于 100 美元。该经济的总支出——用于热狗的支出和用于汉堡包的支出之和——是 200 美元。这个量是按现期价格评价的物品与服务的生产，称为**名义 GDP**（nominal GDP）。

表 23-2 说明了这三年名义 GDP 的计算过程。总支出从 2013 年的 200 美元增加到 2014 年的 600 美元，然后增加到 2015 年的 1 200 美元。这种增加部分是由于热狗和汉堡包数量的增加，部分是由于热狗和汉堡包价格的上升。

为了得到不受价格变动影响的产量的衡量指标，我们使用真实 GDP，**真实 GDP**（real GDP）是按不变价格评价的物品与服务的生产。我们在计算真实 GDP 时，首先指定一年作为基年，然后用基年热狗和汉堡包的价格来计算所有各年的物品与服务的价值。换句话说，基年的价格为比较不同年份的产量提供了一个基础。

假设在这个例子中我们选择 2013 年作为基年，然后用 2013 年热狗和汉堡包的价格计算 2013 年、2014 年和 2015 年生产的物品与服务的价值。表 23-2 显示了计算过程。为了计算 2013 年的真实 GDP，我们用 2013 年（基年）热狗和汉堡包的价格和 2013 年生产的热狗和汉堡包的数量。（对基年而言，真实 GDP 总是等于名义 GDP。）为了计算 2014 年的真实 GDP，我们用 2013 年（基年）热狗和汉堡包的价格和 2014 年生产的热狗和汉堡包的数量。同样，为了计算 2015 年的真实 GDP，我们用 2013 年的价格和 2015 年的产量。当我们发现真实 GDP 从 2013 年的 200 美元增加到 2014 年的 350 美元，然后又增加到 2015 年的 500 美元时，我们知道，这种增加是由于产量的增加，因为价格被固定在基年的水平上。

总之，名义 GDP 是用当年价格来评价经济中物品与服务生产的价值；真实 GDP 是用不变的基年价格来评价经济中物品与服务生产的价值。由于真实 GDP 不受价格变动的影响，所以真实 GDP 的变动只反映生产的产量的变动。因此，真实 GDP 也是经济中物品与服务生产的一个衡量指标。

我们计算 GDP 的目的是衡量整个经济的运行状况。由于真实 GDP 衡量经济中物品与服务的生产，所以它反映经济满足人们需要与欲望的能力。这样，真实 GDP 作为衡量经济福利的指标要优于名义 GDP。当经济学家谈到经济的 GDP 时，他们通常是指真实 GDP，而不是名义 GDP。而且，当他们谈论经济增长时，他们用从一个时期到另一个时期真实 GDP 变动的百分比来衡量增长。

23.4.2　GDP 平减指数

正如我们刚刚说明的，名义 GDP 既反映经济中生产的物品与服务的数量，又反映这些物品与服务的价格。与此相反，通过把价格固定在基年水平上，真实 GDP 只反映生产的数量。从这两个统计指标中，我们可以计算出被称为 GDP 平减指数的第三个统计指标。**GDP 平减指数**（GDP deflator）只反映物品与服务的价格。

GDP 平减指数的计算如下：

名义GDP：按现期价格评价的物品与服务的生产。

真实GDP：按不变价格评价的物品与服务的生产。

即问即答

■ 定义真实GDP与名义GDP。哪一个是更好的经济福利衡量指标？为什么？

GDP平减指数：用名义GDP与真实GDP的比率乘以100计算的物价水平衡量指标。

$$\text{GDP 平减指数} = \frac{\text{名义 GDP}}{\text{真实 GDP}} \times 100$$

由于基年的名义 GDP 与真实 GDP 必定是相同的，所以基年的 GDP 平减指数总是等于 100。以后各年的 GDP 平减指数衡量的是不能归因于真实 GDP 变动的相对于基年名义 GDP 的变动。

GDP 平减指数衡量相对于基年价格的现期物价水平。为了说明为什么这是正确的，来看一对简单的例子。首先，设想经济中的产量一直在增加，但价格保持不变。在这种情况下，名义 GDP 和真实 GDP 同时增加，因此，GDP 平减指数不变。现在假设，物价水平一直在上升，但产量保持不变。在这种情况下，名义 GDP 增加，而真实 GDP 保持不变，因此，GDP 平减指数也上升了。要注意的是，在这两种情况下，GDP 平减指数反映了价格的变动，而不是产量的变动。

现在回到表 23-2 的数字例子中。GDP 平减指数的计算在表的底部。对于 2013 年，名义 GDP 是 200 美元，真实 GDP 是 200 美元，因此，GDP 平减指数是 100（基年的 GDP 平减指数总是 100）。对于 2014 年，名义 GDP 是 600 美元，真实 GDP 是 350 美元，因此，GDP 平减指数是 171。

经济学家用**通货膨胀**这个词来描述经济中整体物价水平上升的情况。**通货膨胀率**是从一个时期到下一个时期某个物价水平衡量指标变动的百分比。如果用 GDP 平减指数表示，两个相连年份的通货膨胀率用如下方法计算：

$$\text{第二年的通货膨胀率} = \frac{\text{第二年的 GDP 平减指数} - \text{第一年的 GDP 平减指数}}{\text{第一年的 GDP 平减指数}} \times 100\%$$

由于 2014 年的 GDP 平减指数从 100 上升到 171，所以通货膨胀率就是 100% ×（171−100）/100，即 71%。在 2015 年，GDP 平减指数从前一年的 171 上升到 240，因此，通货膨胀率是 100% ×（240−171）/171，即 40%。

GDP 平减指数是经济学家用来监测经济中平均物价水平，从而监测通货膨胀率的一个衡量指标。GDP 平减指数的得名是因为它可以用来从名义 GDP 中剔除通货膨胀——也就是说，"平减"名义 GDP 中由于物价上升而引起的上升。在下一章中，我们将考察经济中物价水平的另一个衡量指标——消费物价指数，届时我们还要说明这两个衡量指标之间的差别。

案例研究　近年来的真实 GDP

既然我们知道了如何定义和衡量真实 GDP，那么我们就来考虑这个宏观经济变量说明了近年来美国经济的什么情况。图 23-2 显示了 1965 年以来美国经济真实 GDP 的季度数据。

这些数据最明显的特点是真实 GDP 一直在增长。美国经济 2012 年的真实 GDP 几乎是 1965 年水平的 4 倍。换言之，美国生产的物品与服务的产量平均每年增长 3% 左右。这种真实 GDP 的持续增长使普通美国人比他的父辈和祖父辈享有更大的经济繁荣。

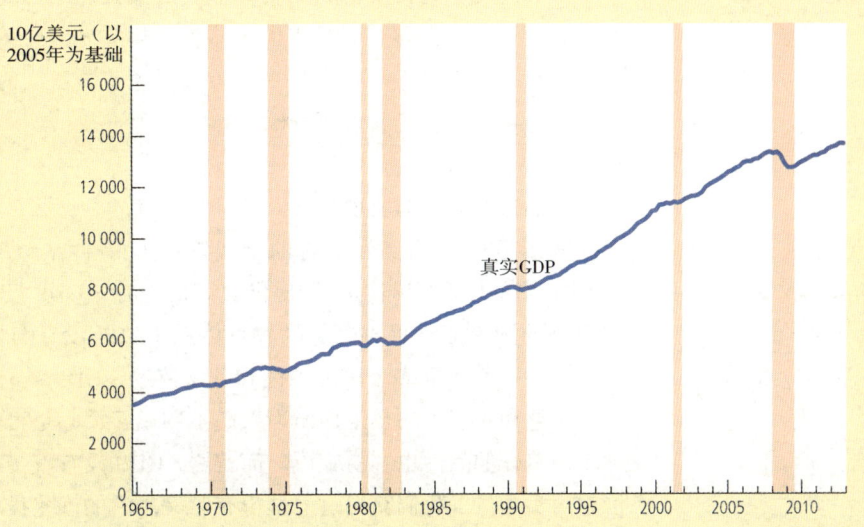

图23-2 美国的真实GDP

该图显示了1965年以来美国经济真实GDP的季度数据。衰退——真实GDP下降的时期——用垂直的阴影条表示。

资料来源: U.S. Department of Commerce.

GDP 数据的第二个特点是其增长并不稳定。真实 GDP 的上升有时被称为衰退的 GDP 减少时期打断。图 23-2 用垂直的阴影条显示了衰退。(官方确定经济周期的委员会什么时候宣布衰退已经开始并没有什么固定的规则,但一个古老的经验规则是真实 GDP 连续两个季度下降。)衰退不仅与低收入相关,而且还与其他形式的经济灾难相关,如失业增加、利润减少、破产增加,等等。

宏观经济学的大部分内容是要解释真实 GDP 的长期增长与短期波动。正如我们将在以后几章中说明的,出于这两个目的,我们需要不同的模型。由于短期波动代表着对长期趋势的背离,所以我们首先考察长期中包括真实 GDP 在内的关键宏观经济变量的状况,然后在后面的章节中以这种分析为基础解释短期波动。

23.5 GDP是衡量经济福利的好指标吗

在本章的开始,GDP 被称为衡量社会经济福利最好的指标。现在我们知道了 GDP 是什么,那么我们就可以评价这种说法了。

正如我们已经说明的,GDP 既衡量经济的总收入,又衡量经济用于物品与服务的总支出。因此,人均 GDP 能够告诉我们经济中每个人的平均收入与支出。由于大多数人喜欢得到更高的收入并有更高的支出,所以人均 GDP 似乎自然就成为平均经济福利的衡量指标。

但一些人对 GDP 作为福利衡量指标的正确性持有异议。当参议员罗伯特·肯尼迪(Robert Kennedy)在 1968 年竞选总统时,他慷慨激昂地批评了这种经济衡量指标:

（国内生产总值）并没有考虑到我们孩子的健康、他们的教育质量，或者他们做游戏的快乐。它也没有包括我们的诗歌之美和婚姻的稳定，以及我们关于公共问题争论的智慧和我们公务员的廉正。它既没有衡量我们的勇气、我们的智慧，也没有衡量我们对祖国的热爱。简言之，它衡量一切，但并不包括使我们的生活有意义的东西，它可以告诉我们关于美国人的一切，但没有告诉我们为什么我们以做一个美国人而骄傲。

罗伯特·肯尼迪所说的话大部分是正确的。那么，为什么我们还要关注GDP呢？

即问即答

■ 为什么决策者应该关注GDP？

答案是GDP高实际上有助于我们过上好生活。GDP没有衡量我们孩子的健康，但GDP高的国家能够为孩子提供更好的医疗；GDP没有衡量孩子们的教育质量，但GDP高的国家能够提供更好的教育体系；GDP没有衡量我们的诗歌之美，但GDP高的国家可以教育更多公民去阅读和欣赏诗歌；GDP没有考虑到我们的知识、廉正、勇气、智慧和对国家的热爱，但当人们不用过多关心是否能够提供生活的物质必需品时，这一切美好的品性也容易养成。简言之，GDP没有直接衡量这些使生活有意义的东西，但它确实衡量了我们获得过上这份有意义生活的许多投入的能力。

然而，GDP并不是衡量福利的完美指标。对美好生活做出贡献的某些东西并没有包括在GDP中。一种是闲暇。例如，假设经济中的每个人突然开始每天都工作，而不是在周末享受闲暇。这将生产更多的物品和服务，GDP肯定增加。然而，尽管GDP增加了，但我们不应该得出每个人状况更好的结论。减少闲暇引起的福利损失抵消了人们从生产并消费更多的物品和服务中所获得的福利利益。

由于GDP用市场价格来评价物品与服务，所以它几乎未包括所有在市场之外进行的活动的价值。特别是，GDP漏掉了在家庭中生产的物品与服务的价值。当厨师做出美味佳肴并将其在餐馆出售时，这顿饭的价值是GDP的一部分。但是，如果厨师为他的家人做一顿同样的饭，那么他增加到原材料中的价值并不属于GDP。同样，幼儿园提供的对孩子的照顾是GDP的一部分，而父母在家照料孩子就不是。义工也为社会福利做出了贡献，但GDP并不反映这些贡献。

GDP没有包括的另一种东西是环境质量。设想政府取消了所有环境管制，那么企业就可以不考虑它们引起的污染而生产物品与服务，GDP会增加，但福利很可能会下降。空气和水质量的恶化要大于更多生产所带来的福利利益。

GDP反映了工厂的生产，但没有反映它对环境的损害。

图片来源：⊙Bloomberg/Getty Images.

GDP也没有涉及收入分配。一个由100个每年收入为5万美元的人组成的社会，GDP为500万美元，毫不奇怪，人均GDP是5万美元。一个有10个人赚到50万美元而90个人因一无所有而受苦的社会，其GDP也为500万美元。很少有人在考虑这两种情况时认为它们是相同的。人均GDP告诉我们平均每个人的情况，但平均量的背后是个人经历的巨大差异。

最后，我们可以得出这样一个结论：就大多数情况——但不是所有情况——而言，GDP是衡量经济福利的一个好指标。重要的是，要记住GDP包括了什么，而又遗漏了什么。

【新闻摘录】
地下经济

国内生产总值忽略了许多发生在地下经济中的交易。

寻找隐蔽的经济
Doug Campbell

这里有一个我最近如何参与地下经济的简单而不起眼的故事：

在今年冬天最冷的一天的午后，一个人敲我家的前门。他问道："要清扫雪道吗？只要5美元。"

外面是寒风刺骨的华氏15度。我说："好吧。"半个小时后我给他5美元钞票，并感谢他为我省了不少麻烦。

在官方看来，这是非官方的交易——没有记录，没有交税，也没有遵守安全管制。（至少我认为这种临时雇用不必烦琐地报告收入或到相应的机构登记。）就其本身而言，在技术上这是非法的。当然，这只是一直在发生的一种事情。

2004年按国内生产总值（GDP）衡量，美国官方经济的规模将近12万亿美元。对非官方经济的衡量——不包括毒品交易和卖淫这类非法活动——却有很大差异。但是，普遍认为非官方经济的规模相当大——大约占GDP的6%—20%。按中间值计算，一年大约是1.5万亿美元。

按广义的定义，地下经济、灰色经济、非正式经济或影子经济包括合法但没有报告或记录的交易。这是一张大网，包括从照料孩子的费用到与邻居一起修缮房屋的物物交易，再到月光下即兴表演没有报告的收费等。"地下"这个标签使这些事看起来比其实际情况邪恶得多。

犯罪活动构成了可以称为总地下经济的大部分，关于毒品交易、卖淫、赌博的经济学的研究有许多。但是，由于来自犯罪的钱财几乎从未被披露过，所以许多决策者更关心地下经济中如果不向当局隐瞒本来就是合法的那一部分，例如清扫雪道这样的事。

尽管它不正当，但非正式经济的重要性及其后果也仍然是有争议的。原因正如威斯康星大学的经济学家Ed Feige所说的，"你要去衡量的这种现象，其全部目的就在于不被发现"。

地下经济的国际差异

国家	地下经济占GDP的百分比（%）
玻利维亚	68
津巴布韦	63
秘鲁	61
泰国	54
墨西哥	33
阿根廷	29
瑞典	18
澳大利亚	13
英国	12
日本	11
瑞士	9
美国	8

资料来源：Friedrich Schneider. 采用的是2002年的数据。

这种不确定性给决策者带来了难题。不了解地下经济的规模、范围和原因，他们如何可能决定对它做点什么呢——如果能做点什么的话？

那个给我清扫雪道的人所做的从社会角度来看是正的活动还是负的活动？我所做的呢？不必多说，某些经济学家终其一生来回答关于地下经济的问题，但是，仍然没有对其规模或描述达成一致意见⋯⋯

经济学家普遍认为，发展中国家的影子经济更严重，这些国家官僚作风和腐败是臭名昭著的。例如，经济学家Friedrich Schneider在2003年出版的《影子经济》中对以下国家的影子经济（广义定义为所有市场上的、有意避开当局的合法的物品与服务的生产）进行了估算：津巴布韦影子经济占GDP的63.2%，泰国占GDP的54.1%，玻利维亚占GDP的68.3%，格鲁吉亚占GDP的68%。这些国家的地下经济平均占GDP的40.1%，相比之下，这一比例在西方国家平均为16.7%⋯⋯

研究型作家Eric Schlosser在其2003年的著作——《冷藏的愤怒：美国黑市上的性、毒品和廉价劳动力》中援引亚当·斯密的"看不见的手"理论，即人们追求自己的私利将给整个社会带来利益。这只看不见的手产生了相当大规模的地下经济，而我们如果不了解隐蔽经济如何起作用，就不能了解我们的整个经济制度。Schlosser写道："地下经济很好地衡量了一个国家的进步和健康程度。当许多事情是错误的时候，就需要将其隐藏起来。"Schlosser这句话的含义是，美国的许多事是错误的。如果他从全球的角度看，他可能就会觉得相对而言美国其实隐藏得并不多。

资料来源：Doug Campbell, "Region Focus", Federal Reserve Bank of Richmond, Spring 2005.

这是一个影子企业吗？

图片来源：
Rosemarie Gearhart/ArtisticCaptures/iStockphoto.com.

案例研究 GDP与生活质量的国际差异

确定GDP作为经济福利衡量指标的有用性的一个方法是考察国际数据。富国与穷国人均GDP水平差异巨大。如果更多的GDP能够带来更高的生活水平，那么我们就应该认为GDP与生活质量的多种衡量指标是密切相关的。而且，事实上我们也是这样做的。

表23-3列示了按人均GDP排序的世界上12个人口最多的国家。该表还显示了这些国家人口的预期寿命、平均上学年数以及对水质的满意程度。这些数据表现出一种明显的格局。在美国、德国和日本这些富国，人们预期可以活到80岁左右，并上学12年，而且十个人中有九个对他们喝的水满意。在孟加拉国、尼日利亚和巴基斯坦这些穷国，人们一般比富国的人少活10—20年，而且上学不到六年；有三分之一到一半的人不满意当地水的质量。

生活质量其他方面的数据也说明了类似的情况。人均GDP低的国家往往存在如下情况：婴儿出生时体重轻，婴儿死亡率高，母亲生孩子时的死亡率高，儿童营养不良的比率高。在人均GDP低的国家，学龄儿童实际入学率较低，上学的儿童也只能在人均教师数量很少的条件下学习，而且成人文盲较普遍。这些国家往往拥有的电视机少，电话少，铺设的道路少，有电的家庭少，而且接触互联网的机会也少。国际数据无疑表明，一国的人均GDP与其公民的生活水平密切相关。

表23-3 GDP与生活质量

该表显示了12个主要国家的人均GDP和其他三项生活质量衡量指标。

国家	人均真实GDP（美元）	预期寿命（岁）	平均上学年数	对水质的满意程度（总人口的%）
美国	43 017	79	12	90
德国	35 854	80	12	95
日本	32 295	83	12	88
俄罗斯	14 561	69	10	53
墨西哥	13 245	77	9	68
巴西	10 162	74	7	83
中国	7 746	74	8	73
印度尼西亚	3 716	69	6	87
印度	3 468	65	4	63
巴基斯坦	2 550	65	5	55
尼日利亚	2 069	52	5	47
孟加拉国	1 529	69	5	70

资料来源： Human Development Report 2011, United Nations. 2011年的真实GDP以2005年为基期计算。平均上学年数的统计人群是25岁以上成人。

THE NEWS

> 【新闻摘录】
> 衡量宏观经济福利

有没有比用国内生产总值更好的方法呢?

各国在寻求超越GDP的成功
Mark Whitehouse

金钱不是万能的。但在衡量国家成功与否时,很难找到金钱的替代品。

政治领袖们越来越表达出了对国内生产总值(GDP)的不满,用 GDP——一国所生产的物品和服务总和的货币衡量——来判断一国在提高生活水平方面是否成功是不够的。

英国首相 David Cameron 11月份时宣布,计划建立衡量国民福利的指标,该指标会包括人民生活满意度这样的因素。法国总统 Nicolas SarKozy 也做出了类似的表态。

他们的努力直指经济学的核心——什么使我们更幸福?我们怎么才能更幸福?但是,想得到直截了当答案的人恐怕要失望了。

"生活当然比 GDP 广泛得多,但是,很难用一个衡量指标来代替 GDP,而且,我们也很难确定使用一个衡量指标就够了,"英国国家统计办公室衡量国民福利项目的负责人 Paul Allin 说,"可能我们生活在一个多维度的世界里,而我们不得不适应处理相当数量的信息。"

布鲁金斯研究所(Brookings Institution)的研究员 Carol Graham 周五在美国经济学会年会有关创建国家成功指标的讨论后总结说:"这就像一种新科学,还有好多活儿没做呢。"

过去四十年的大部分时间里,经济学家一直困惑于是否应该把 GDP 作为世界上最主要的衡量成功的指标。

富裕国家的人并没有显得比贫穷国家的人更幸福。宾夕法尼亚大学的经济学家 Richard Easterlin 从20世纪70年代就开始的研究发现,国民收入——按人均 GDP 计算——与人们所讲的幸福水平之间并没有直接关联。

更新的研究表明,GDP 也没有那么糟。通过使用更多的数据以及不同的统计方法,宾夕法尼亚大学沃顿商学院的三位经济学家——Daniel Sacks、Betsey Stevenson 以及 Justin Wolfers——发现,人均 GDP 的某种比例的增加通常伴随幸福感的同比例增加。这种相关性适用于各个不同国家以及不同时期。

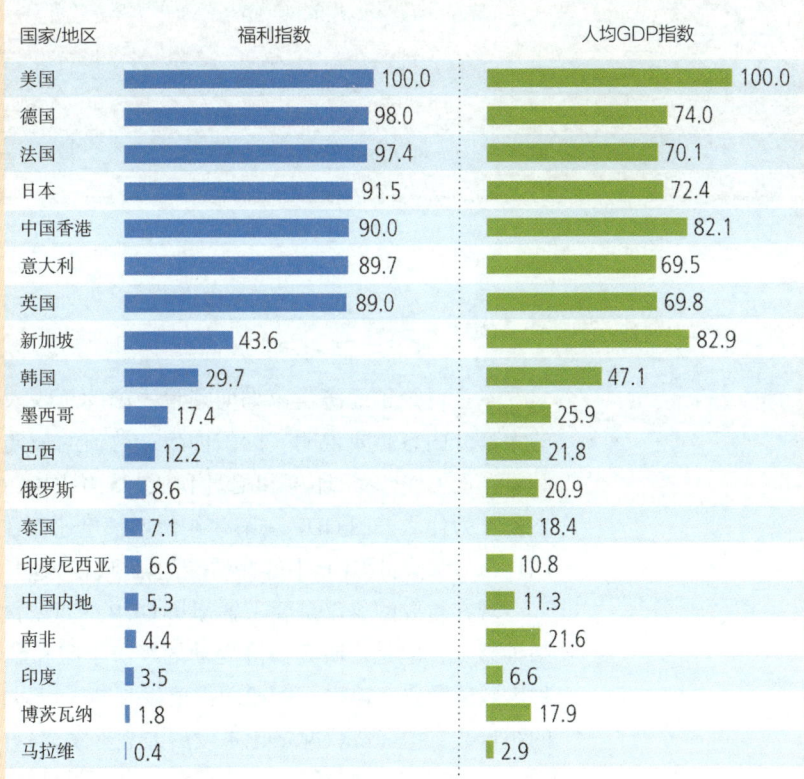

从此后幸福快乐直至永远
当计入闲暇和寿命长短等因素后,更多的财富并不总能转化为更好的生活质量。

国家/地区	福利指数	人均GDP指数
美国	100.0	100.0
德国	98.0	74.0
法国	97.4	70.1
日本	91.5	72.4
中国香港	90.0	82.1
意大利	89.7	69.5
英国	89.0	69.8
新加坡	43.6	82.9
韩国	29.7	47.1
墨西哥	17.4	25.9
巴西	12.2	21.8
俄罗斯	8.6	20.9
泰国	7.1	18.4
印度尼西亚	6.6	10.8
中国内地	5.3	11.3
南非	4.4	21.6
印度	3.5	6.6
博茨瓦纳	1.8	17.9
马拉维	0.4	2.9

注:2000年数据。

资料来源:Peter Klenow and Charles Jones, Stanford University. Reprinted with permission of The *Wall Street Journal*, Copyright © 2011 Dow Jones & Company, Inc. All Rights Reserved Worldwide.

但用 GDP 来衡量政策是否成功远远未尽如人意。每人每周工作 120 小时会极大地抬高一国的人均 GDP，但它绝不会使人们觉得更幸福。取消污染限制会提高每工作小时的 GDP，但这不可能带给我们宜居的世界。

一个解决方案是把 GDP 和其他主观指标结合起来，比如不平等、闲暇和预期寿命。在周六美国经济学会的会议上，斯坦福大学经济学家 Peter Klenow 和 Charles Jones 的论文说明了这样做能带来巨大的不同。

根据他们的计算，如果计入更长的预期寿命、更多的闲暇时间和更低的不平等水平，法国和德国的生活水平看起来与美国一样，但如果不包括上述几项，那差距可就大了。

Klenow 先生提到，他们的计算困难重重，其中之一是许多国家在诸如预期寿命这样关键的因素上数据很少。

如果要对比不同国家的福利，可能询问人们感觉如何会比货币形式的衡量更好。普林斯顿大学经济学家 Angus Deaton 认为，把美国和诸如塔吉克斯坦这样的国家所消费的完全不同的物品和服务进行标价对比是几乎不可能的。问一问人们觉得自己状态怎么样更容易，也同样准确。

有许多民意调查对不同国家评价自身表现都有很重要的作用，比如美国的消费者信心指数、荷兰的生活状态指数，这些研究都考虑了人与人之间的关系以及社区参与度等因素。

为了更好地衡量福利，英国计划在家庭调查中加入更多的主观问题。

但也有一些民意调查对政策有误导作用。比如 Wolfers 先生就发现，对美国妇女的幸福感调查结果显示她们不如四十年前幸福，尽管工资、教育和其他客观性衡量指标都提升了。他说，这并不意味着女权运动要被推翻。这种结果其实与被采访妇女的期望值提高以及坦诚度提高有关。

人们的真实偏好其实更多的是由行动而不是言语来体现的。民意调查认为，有孩子的人幸福感不如没孩子的人高，但人们还是选择要孩子——没人会提倡集体绝育来提升整体幸福感。

Wolfers 先生说："我们认为人生在世最重要的不仅仅是幸福，如果断章取义地只衡量整个生命的一部分，你肯定会损伤生命里的其他东西。"

现在对于决策者来说，能选择的衡量成功的方法只能是最合适解决手头问题的方法。这当然不够理想，但这是经济学所能提供的最佳答案了。

资料来源: *The Wall Street Journal*, January 10, 2011.

23.6 结论

本章讨论了经济学家如何衡量一国的总收入。当然，衡量只是起点。宏观经济学的大部分内容是要说明一国国内生产总值的长期与短期决定因素。例如，为什么美国和日本的 GDP 高于印度和尼日利亚？最穷国家的政府可以用什么方法来加快 GDP 的增长？为什么美国 GDP 在某些年份增长迅速而在另一些年份却下降？美国决策者可以用什么方法降低 GDP 中这些波动的剧烈性？这些是我们马上要讨论的问题。

现在重要的仅仅是要了解衡量 GDP 的重要性。我们在生活中对经济状况如何总有某种感觉，但是，研究经济变动的经济学家和制定经济政策的决策者需要了解的比这种大致感觉要多得多——他们需要做判断时可以依据的具体数据。因此，用 GDP 这样的统计数字把经济状况量化是发展宏观经济学这门科学的第一步。

内容提要

◎ 由于每一次交易都有买者与卖者,所以经济中的总支出必定等于经济中的总收入。

◎ 国内生产总值(GDP)衡量经济用于新生产的物品与服务的总支出,以及生产这些物品与服务所赚到的总收入。更确切地说,GDP 是在某一既定时期一个国家内生产的所有最终物品和服务的市场价值。

◎ GDP 分为四个组成部分:消费、投资、政府购买和净出口。消费包括家庭用于物品与服务的支出,但不包括购买新住房的支出。投资包括用于新设备和建筑物的支出,也包括家庭购买新住房的支出。政府购买包括地方、州和联邦政府用于物品与服务的支出。净出口等于国内生产并销售到国外的物品与服务的价值(出口)减国外生产并在国内销售的物品与服务的价值(进口)。

◎ 名义 GDP 用现期价格来评价经济中物品与服务的生产。真实 GDP 用不变的基年价格来评价经济中物品与服务的生产。GDP 平减指数——用名义 GDP 与真实 GDP 的比率计算——衡量经济中的物价水平。

◎ GDP 是经济福利的一个良好衡量指标,因为人们对高收入的偏好大于低收入。但 GDP 并不是衡量福利的一个完美指标。例如,GDP 不包括闲暇的价值和清洁的环境的价值。

关键概念

微观经济学
宏观经济学
国内生产总值(GDP)
消费

投资
政府购买
净出口

名义 GDP
真实 GDP
GDP 平减指数

复习题

1. 解释为什么一个经济的收入必定等于其支出。
2. 生产一辆经济型轿车和生产一辆豪华型轿车,哪一个对 GDP 的贡献更大?为什么?
3. 一个农民以 2 美元的价格把小麦卖给面包师。面包师用小麦制成面包,以 3 美元的价格出售。这些交易对 GDP 的贡献是多少呢?
4. 许多年以前,Peggy 为了收集唱片而花了 500 美元。今天她在旧货市场中把她收集的物品卖了 100 美元。这种销售如何影响现期 GDP?
5. 列出 GDP 的四个组成部分。各举一个例子。
6. 为什么经济学家在判断经济福利时用真实 GDP,而不用名义 GDP?
7. 在 2013 年,某个经济生产 100 个面包,每个以 2 美元的价格售出。在 2014 年,这个经济生产 200 个面包,每个以 3 美元的价格售出。计算每年的名义 GDP、真实 GDP 和 GDP 平减指数(以 2013 年为基年)。从一年到下一年,这三个统计数字的百分比分别提高了多少?
8. 为什么一国的 GDP 增加是人们所希望的?举出一个增加了 GDP 但并不是人们所希望的事情的例子。

第 24 章
生活费用的衡量

1931 年，当美国经济正经受大萧条之苦时，纽约扬基队向著名的棒球运动员 Babe Ruth 支付了 8 万美元的薪水。当时，即使已跻身于明星球员之列，这样的薪水也是非同寻常的。有一个故事说，一个记者问 Ruth，是否认为他赚的钱比当时的总统哈伯特·胡佛（Herbert Hoover）7.5 万美元的薪水还高是合理的。Ruth 回答："我遇上了一个好年头。"

在 2012 年，一名纽约扬基队棒球运动员赚到的中位薪水是 190 万美元，而游击手 Alex Rodriguez 得到了 3 000 万美元。乍一看，这个事实会使你认为，在最近 80 年间，棒球成为一个更赚钱的职业。但正如每个人都知道的，物品和服务的价格也上升了。在 1931 年，五分钱可以买一个冰淇淋蛋卷，两角五分钱可以买一张本地电影院的电影票。由于 Babe Ruth 那时的物价比我们现在低得多，所以我们并不清楚 Ruth 的生活水平比现在的运动员高还是低。

在上一章中，我们考察了经济学家如何用国内生产总值（GDP）衡量一个经济所生产的物品与服务量。本章要考察的是经济学家如何衡量整体生活费用。为了比较 Babe Ruth 的 8 万美元薪水与今天的薪水，我们需要找到一种把美元数字变成有意义的购买力衡量指标的方法。这正是被称为消费物价指数的统计数字的工作。在说明如何编制消费物价指数之后，我们将讨论如何运用物价指数来比较不同时点的美元数字。

消费物价指数是用来监测生活费用随着时间的推移而发生的变动的。当消费物价指数上升时，一般家庭必须支出更多的钱才能维持同样的生活水平。经济学家用通货膨胀这个术语来描述物价总水平上升的情况。通货膨胀率是从上一个时期以来物价水平变动的百分比。前一章说明了经济学家如何用 GDP 平减指数来衡量通货膨胀。但是你在晚间新闻里听到的通货膨胀率很可能不是用这种统计方法计算出来的。由于消费物价指数更好地反映了消费者购买的物品与服务，所以它是更为常用的通货膨胀指标。

正如我们将在以后各章说明的，通货膨胀是受到密切关注的宏观经济状况的一个方面，也是指导宏观经济政策的关键变量。本章通过说明经济学家如何用消费物价指数来衡量通货膨胀率，以及如何用消费物价指数来比较不同时期的美元数字，为以后的分析提供一些背景知识。

24.1 消费物价指数

消费物价指数（consumer price index，CPI）是普通消费者所购买的物品与服务的总费用的衡量指标。隶属于劳工部的劳工统计局（BLS）每月都计算并公布消费物价指数。在这一节，我们将讨论如何计算消费物价指数以及这种衡量存在什么问题。我们还要讨论如何比较消费物价指数与 GDP 平减指数，我们在上一章考察的 GDP 平减指数是物价总水平的另一个衡量指标。

消费物价指数（CPI）：普通消费者所购买的物品与服务的总费用的衡量指标。

24.1.1 如何计算消费物价指数

当劳工统计局计算消费物价指数和通货膨胀率时，它要使用成千上万种物品与服务的价格数据。为了正确说明如何编制这些统计数字，我们这里考虑消费者只购买两种物品——热狗和汉堡包——的简单经济。表 24-1 显示了劳工统计局所遵循的五个步骤。

1. 固定篮子。确定哪些物价对普通消费者是最重要的。如果普通消费者买的热狗比汉堡包多，那么热狗的价格就比汉堡包的价格重要。因此，在衡量生活费用时就应该给热狗更大的权数。劳工统计局通过调查消费者并找出普通消费者购买的一篮子物品与服务来确定这些权数。在表 24-1 的例子中，普通消费者购买的一篮子物品包括 4 个热狗和 2 个汉堡包。

2. 找出价格。找出每个时点上篮子中每种物品与服务的价格。表 24-1 显示了三个不同年份的热狗和汉堡包价格。

3. 计算这一篮子东西的费用。用价格数据计算不同时期一篮子物品与服务的费用。该表显示了对三年中每一年的这种计算。要注意的是，在这种计算中只有价格变动。通过使这一篮子物品与服务相同（4 个热狗和 2 个汉堡包），我们可以把同时发生的价格变动的影响与任何数量变动的影响区分开来。

4. 选择基年并计算指数。指定一年为基年，即其他各年与之比较的基准。（在用指数衡量生活费用的变动时，基年的选择是任意的。）一旦选择了基年，指数的计算如下：

$$\text{消费物价指数} = \frac{\text{当年一篮子物品与服务的价格}}{\text{基年一篮子的价格}} \times 100$$

这就是说，每一年一篮子物品与服务的价格除以基年这一篮子物品与服务的价格，然后再用这个比率乘以 100，所得出的数字就是消费物价指数。

在表 24-1 的例子中，2013 年是基年。在这一年，一篮子热狗和汉堡包的费用是 8 美元。因此，各年的消费物价指数等于各年的一篮子物品价格除以 8 美元并乘以

表24-1 计算消费物价指数和通货膨胀率的一个例子

该表说明了在一个假设消费者只购买热狗和汉堡包的经济中如何计算消费物价指数和通货膨胀率。

第一步：调查消费者以确定固定的一篮子物品

一篮子物品=4个热狗，2个汉堡包

第二步：找出每年每种物品的价格

年份	热狗的价格（美元）	汉堡包的价格（美元）
2013	1	2
2014	2	3
2015	3	4

第三步：计算每年一篮子物品的费用

年份	一篮子物品的费用
2013	（每个热狗1美元×4个热狗）+（每个汉堡包2美元×2个汉堡包）= 8美元
2014	（每个热狗2美元×4个热狗）+（每个汉堡包3美元×2个汉堡包）= 14美元
2015	（每个热狗3美元×4个热狗）+（每个汉堡包4美元×2个汉堡包）= 20美元

第四步：选择一年作为基年（2013年）并计算每年的消费物价指数

年份	消费物价指数
2013	（8美元/8美元）×100 = 100
2014	（14美元/8美元）×100 = 175
2015	（20美元/8美元）×100 = 250

第五步：用消费物价指数计算自上一年以来的通货膨胀率

年份	通货膨胀率
2014	（175−100）/100 × 100% = 75%
2015	（250−175）/175 × 100% = 43%

100。2013年的消费物价指数是100（基年的指数总是100）。2014年的消费物价指数是175。这意味着，2014年一篮子物品的价格是基年的175%。换个说法，基年价值100美元的一篮子物品在2014年值175美元。同样，2015年的消费物价指数是250，表示2015年的物价水平是基年物价水平的250%。

5. 计算通货膨胀率。用消费物价指数计算通货膨胀率。**通货膨胀率**（inflation rate）是从前一个时期以来物价指数变动的百分比。这就是说，计算连续两年之间通货膨胀率的方法如下：

通货膨胀率：从前一个时期以来物价指数变动的百分比。

$$第二年的通货膨胀率 = \frac{第二年\,CPI - 第一年\,CPI}{第一年\,CPI} \times 100\%$$

正如表 24-1 所表明的，在我们的例子中 2014 年的通货膨胀率是 75%，2015 年是 43%。

虽然这个例子通过只包括两种物品把现实世界简化了，但它说明了劳工统计局如何计算消费物价指数和通货膨胀率。劳工统计局每月收集并整理成千上万种物品与服务的价格数据，遵循上述五个步骤，确定普通消费者的生活费用上升的速率。当劳工统计局每月发布消费物价指数时，你通常会在晚间电视新闻中听到这些数字，或在第二天的报纸上看到这些数字。

生产物价指数：企业所购买的一篮子物品与服务的费用的衡量指标。

参考资料　CPI 的篮子中有些什么

当劳工统计局在编制消费物价指数（CPI）时，竭力想把普通消费者购买的所有物品与服务都包括进来。而且，竭力想根据消费者购买的每种物品的多少来对这些物品与服务进行加权。

图 24-1 说明了消费者在主要物品与服务项目上的支出类别。首先，最大的项目是住房，它占普通消费者预算的 41%。这个项目包括住所费用（32%）、燃料和其他公共服务（5%）以及家具和维修（4%）。其次是交通，占 17%，包括用于汽车、汽油、公共汽车和地铁等的支出。再次是食物和饮料，占 15%，包括在家消费的食物（8%）和在外面消费的食物（6%）以及含酒精的饮料（1%）。然后是医疗、休闲活动、教育和通信，大约各占 7%，其中教育和通信包括学费（3%）、电话服务（2%）、个人电脑和互联网之类信息技术（1%）以及教学类书籍和教科书等的供给（0.3%）。包括衣服、鞋和首饰在内的服装占普通消费者预算的 4%。

图中还有一项 3% 的支出是其他物品与服务。这个项目是不适于划归其他类别的杂项，如香烟、理发和丧葬支出。

除了整体经济的消费物价指数之外，劳工统计局还计算一些其他物价指数。它公布国内特定的大城市区域（例如，波士顿、纽约和洛杉矶）和一些较狭义的物品与服务项目（例如，食物、衣服和能源）的指数。它还计算**生产物价指数**（producer price index, PPI）——衡量的是企业而不是消费者所购买的一篮子物品与服务的费用。由于企业最终要把它们的费用以更高消费价格的形式转移给消费者，所以通常认为生产物价指数的变动对预测消费物价指数的变动是有用的。

图 24-1　一篮子物品与服务

该图显示了普通消费者的支出在各项不同的物品与服务间的划分。劳工统计局称每一项的百分比为该项目的"相对重要性"。

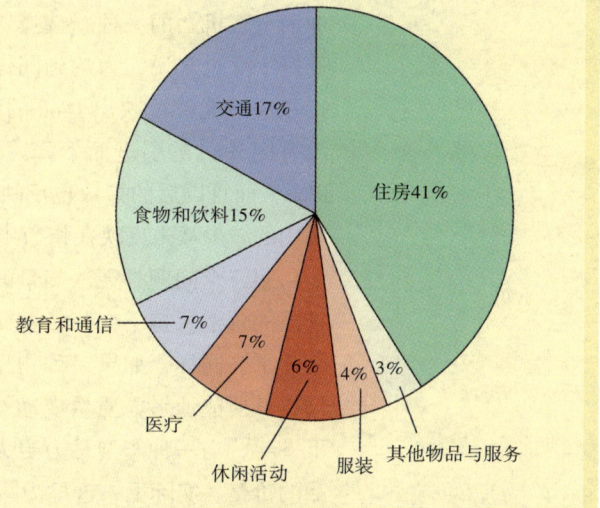

资料来源：Bureau of Labor Statistics.

24.1.2 衡量生活费用中的问题

消费物价指数的目的是衡量生活费用的变动。换句话说，消费物价指数是要确定为了保持生活水平不变，收入应该增加多少。但是，消费物价指数并不是生活费用的完美衡量指标。这个指数有三个受到广泛承认但又难以解决的问题。

第一个问题称为替代偏向。当价格年复一年地变动时，它们并不都是同比例变动的：一些物品的价格上升得比另一些快。消费者对此的反应是少购买价格上升相对较快的物品，多购买价格上升较慢甚或价格下降的物品。这就是说，消费者倾向于用那些变得不太昂贵的物品来替代。如果计算消费物价指数时假设一篮子物品是固定不变的，就忽略了消费者替代的可能性，从而高估了从某一年到下一年生活费用的增加。

我们来看一个简单的例子。设想在基年苹果比梨便宜，因此，消费者购买的苹果比梨多。当劳工统计局编制一篮子物品时，它包括的苹果就比梨多。假设下一年梨变得比苹果便宜了。消费者对价格变动的反应自然是多买梨少买苹果。但劳工统计局在计算消费物价指数时仍在使用固定的一篮子物品，实际上就是假设消费者仍然购买和以前同样数量而现在变贵的苹果。由于这个原因，消费物价指数所衡量的生活费用的增加就大于消费者实际感受到的。

第二个问题是新物品的引进。当引进了一种新物品时，消费者有了更多的选择，这就减少了维持相同经济福利水平的费用。为了说明原因，考虑一种假设的情况：假设你可以在提供各种物品的大商店的 100 美元礼品券和物品价格相同但选择范围有限的小商店的 100 美元礼品券之间做出选择。你会偏好哪一个？大多数人会选择品种更多的商店。实际上，可选择范围的扩大使每一美元更值钱。这对经济进步同样适用。当引入新物品时，消费者就有了更多选择，每一美元也就更值钱了。但由于消费物价指数是基于固定不变的一篮子物品和服务的，它就没有反映出因引进新物品而引起的美元价值的增加。

我们再来看一个例子。当 2001 年引进 iPod 时，消费者发现这样更方便听自己喜欢的音乐。以前也有设备可以播放音乐，但并不像它这样轻便和用途广泛。iPod 是增加消费者机会的一种新选择。对于任何既定的美元量而言，iPod 的引进使人们的状况变好；反过来说，为达到同样的福利水平，要求的美元量少了。一个完美的生活费用指数应该能够反映出 iPod 的引进所带来的生活费用的减少。但是，消费物价指数并没有因 iPod 的引进而下降。最终，劳工统计局真的修改了这一篮子物品，以便包括 iPod，而且以后的指数也反映了 iPod 价格的变动。但是，与最初 iPod 引进相关的生活费用的减少从未反映在指数中。

第三个问题是无法衡量的质量变动。如果一种物品的质量逐年变差，那么即使该物品的价格保持不变，一美元的价值也下降了，因为你支付同样的货币量得到的东西变差了。同样，如果一种物品的质量逐年上升，一美元的价值也就上升了。劳工统计局尽其所能地考虑质量变动。当篮子里一种物品的质量变动时——例如，从某一年到下一年，当一种车型马力更大或更省油时——劳工统计局就要根据质量变动来调整物品的价格。实际上，这是力图计算一篮子质量不变的物品的价格。尽管做了这些努力，但质量变动仍然是一个问题,因为质量是难以衡量的。

关于这些衡量问题有多严重以及对此应该做些什么,在经济学家中仍然存在许多争论。20世纪90年代发表的几项研究的结论是,消费物价指数每年高估了1%的通货膨胀。针对这种批评,劳工统计局采取了一些技术性变动以改善消费物价指数,许多经济学家相信,现在这种偏差只是以前的一半。这个问题之所以重要,是因为许多政府计划是用消费物价指数来调整物价总水平的变动的。例如,社会保障领取者每年补助的增加就与消费物价指数相关。一些经济学家建议修改这些计划,例如,通过减少补助自动增加的数量纠正衡量中存在的问题。

即问即答

■ 简单解释CPI衡量什么以及如何编制。指出CPI是生活费用一个不完美衡量指标的原因。

【新闻摘录】
在网络时代监控通货膨胀

网络为收集全面的物价水平数据提供了不同的方法。

我们需要用谷歌来衡量通货膨胀吗
Annie Lowrey

在美国90个城市的23 000个商店和企业里,数百名政府工作人员要找到、记录某些精挑细选的物品的价格。当我说"精挑细选"的时候,我可不是随便说说的。比如说相关工作人员正在寻找酒店

"我想知道这件衣服在网上卖多少钱。"
图片来源:Photolove/Cultura/Getty Images.

房间的价格。如可能要这样写报告:居住人数——2个成年人;户型——豪华房;房间分类/房号——海景房/306号房;住宿时间——周末;停留时间——一晚;浴室配置条件——全套卫浴;厨房设备——无;电视——一台(含免费电影频道);电话——一部(本地通话免费);空调——有;餐饮——含早餐;停车——免费;交通——来往机场免费班车;休闲设施——室内外游泳池各一个,酒店自有沙滩,三块网球场地,健身房。

这样冗长得令人头昏眼花的过程还需要全套进行下去:葡萄酒、外卖餐、卧室家具、外科手术程序、宠物狗、大学学费、香烟、美发、葬礼。记录下所有价格之后,政府工作人员经核对、检查,再输入巨大的统计表里,之后将表格上交。然后政府把这些数据压缩成一个。这里会对某些价格加权,比如要考虑到人们用于租房的开支比早餐麦片多;还要考虑到产品升级换代和开支习惯的变化。这样,这个数字才能综合体现一个消费者每个月用于购买同样的物品需要多花多少。这个数字就是消费物价指数,政府衡量通货膨胀的主要指标。

劳工统计局每个月都要把这些麻烦事来一遍,因为了解通货膨胀率对于衡量经济健康与否意义重大——这对于政府预算来说是十分重要的。高通货膨胀情况下会怎样?储蓄者会惊慌,眼睁睁地看着他们的账户购买力被侵蚀。通货紧缩情况下又会怎样?每个人都会储蓄,等着之后几个月更便宜的价格。而剧烈波动的通货膨胀会令企业和消费者难以做出经济决策。另外,政府也需要通货膨胀率为某些支出编制指数,比如社会保障补助、政府债券利息的支出等。

但是,政府花费了如此大的精力在精确获得通货膨胀率上,并不意味着它能把这笔账算得明智、准确。现行的方法其实并不怎么样。联邦政府每年大概要花费2.34亿美元让大家去调查、盯着一包长筒袜的价格上涨1.57美元,然后把这样一堆单一的数据揉成一个数字。而且,在调查员们记录数据和政府公布CPI之间还有几个星期的时间差,通货膨胀每年仅衡量12次,但价格变化,有时是巨大的价格波动,可是每时每刻都在发生的。想想吧,这已经是网络时代了,而通货膨胀的统计方法还处在远古时期。在网上很容易就能得到价格,而且,很多

购买其实是发生在网络上,而不是实体商店里。

不过也许有更好的方法。过去几个月以来,经济学家们有了以网络速度计算通货膨胀的新方法——更敏捷,更便宜,更快,还可能比联邦政府更准确。这种新方法最早来自麻省理工学院(MIT)。2007年,经济学家Roberto Rigobon和Albeto Cavallo开始追踪网上的价格,并把它们输入一个巨大的数据库。上个月,他们首次公开了这个"亿万价格项目"(Billion Prices Project, BPP),这个项目旨在用遍布70个国家的300家线上零售商所销售的500万种货品的价格衡量通货膨胀。(在美国,BPP要收集50万种价格。)

BPP的通货膨胀衡量方法与政府的衡量方法有显著的不同。经济学家们把从网上收集来的所有价格平均化,也就是说一篮子物品其实是你能从网上买到的任何东西。(有些东西,比如说书籍,大部分可以在网上购买,但有些东西,比如猫,就不是这么回事。)而且,研究人员也不加大某些物品的价格加权数,尽管他们更倾向于加大家庭日用开支的比例。

迄今为止,BPP还是能够紧密追踪CPI的。而且,以网上数据为基础的衡量方法还有其他优势。BPP数据每天都有,更有益于感觉通货膨胀的方向。它甚至可以让研究人员检测每天每分钟的价格变化。比如,这个月Rigobon和Cavallo就发现"2010年黑色星期五的折扣对物价平均水平的影响要低于2009年",这与今年所报道的更多折扣预期的效果相反。BPP还带来一些学术洞察。比如,Cavallo发现,零售商并没有像经济学家所想象的那样经常改变价格,而更多的是按比例改变价格。

第二种通货膨胀衡量方法来自网络巨擘谷歌,是该公司首席经济学家Hal Varian的得意之作。根据《金融时报》的报道,Hal Varian在今年早些时候决定用谷歌巨大的网上价格数据库创建"谷歌价格指数",这个指数随时更新价格变化和通货膨胀情况。(这个主意是他在网购胡椒研磨器时得到的灵感。)谷歌还没有决定是否发布这个价格指数,至今也没有公开其计算方法。但是Varian说,他初步得到的指数能够紧密地追踪CPI,尽管他的指数显示出了通货紧缩的时期——价格实际上在令人担忧地下降——而CPI并没有显示出来。

新的指数引出了一个大问题,即政府是不是应该更新方法来反映经济的变化——考虑新的价格趋势,重新评估计算公式,更频繁地更新。答案是肯定的。(经济学家以前也曾改革过CPI。)但是,让CPI及其石器时代的计算方法引以为荣的是它有一个巨大的优点——由于计算方法变化不大,此种稳定的、经过检验的方法,历久而一致性不变。更引人注目的是,谷歌和BPP恰恰说明了老派CPI的准确性,它们都是紧密追踪CPI,而不是让CPI显得不可靠。

从根本上说,关于通货膨胀衡量方法的争论不止是哪一种更好、更新,而是拥有更多的衡量方法。政府已经开始通过计算一系列通货膨胀率来描绘出更完整的价格变化、货币价值以及整个经济的状况。更引人注目的是,劳工统计局发布了"核心通货膨胀"数据,用来衡量反复无常的食品和能源价格之外的通货膨胀。还有许多其他衡量方法。以网络为基础的新工具为衡量CPI的准确性提供了更多更好的机会和方法——还可以有更新的发现。这意味着目前那帮侦探样子的政府兄弟们还得不厌其烦地继续监测价签上的价格。

资料来源:*Slate*, December 20, 2010.

24.1.3 GDP平减指数与消费物价指数

在上一章中,我们考察了经济中物价总水平的另一个衡量指标——GDP平减指数。GDP平减指数是名义GDP与真实GDP的比率。由于名义GDP是按现期价格评价的现期产出,而真实GDP是按基年价格评价的现期产出,所以GDP平减指数反映了相对于基年物价水平的现期物价水平。

经济学家和决策者为了判断物价上升的快慢,既要关注GDP平减指数,又要关注消费物价指数。通常,这两个统计数字说明了相似的情况,但存在两个重要的差别使这两个数字不一致。

第一个差别是,GDP平减指数反映国内生产的所有物品与服务的价格,而消费物价指数反映消费者购买的所有物品与服务的价格。例如,假设由波音公司生产并出售给空军的一架飞机价格上升了。尽管这架飞机是GDP的一部分,但并不是普通消费者购买的物品与服务篮子中的一部分。因此,反映在GDP平减指数中的物价上升了,但消费物价指数并没有上升。

再举一个例子，假设沃尔沃公司提高了其汽车的价格。由于沃尔沃汽车是在瑞典生产的，所以这种汽车并不是美国 GDP 的一部分。但是，美国消费者购买沃尔沃汽车，所以这种汽车是普通消费者一篮子物品中的一部分。因此，如沃尔沃汽车之类的进口消费品价格的上升反映在消费物价指数中，但并未反映在 GDP 平减指数中。

当石油价格变动时，消费物价指数和 GDP 平减指数之间的第一种差别特别重要。虽然美国也生产一些石油，但是美国用的大部分石油是进口的。因此，石油和汽油、燃料油这类石油产品在消费者支出中的比例远远大于在 GDP 中的比例。当石油价格上升时，消费物价指数上升的速度比 GDP 平减指数大得多。

GDP 平减指数和消费物价指数之间第二个更微妙的差别涉及如何对各种价格进行加权以得出一个物价总水平的数字。消费物价指数比较的是固定的一篮子物品与服务的价格和基年这一篮子物品与服务的价格，而劳工统计局只是偶尔改变这一篮子物品的构成。与此相反，GDP 平减指数比较的是现期生产的物品与服务的价格和基年同样物品与服务的价格。因此，用来计算 GDP 平减指数的物品与服务的组合自动地随着时间的推移而变动。当所有价格都同比例地变动时，这种差别并不重要。但是，如果不同物品与服务价格的变动量不同，我们对各种价格加权的方法对于整个通货膨胀率就是至关重要的。

图 24-2 说明了 1965 年以来用 GDP 平减指数和消费物价指数所衡量的每年的通货

"价格看来或许高些，可是你得记住这是以今天的钱计价的。"

图片来源：
THE WALL STREET JOURNAL——PERMISSION, CARTOON FEATURES SYNDICATE.

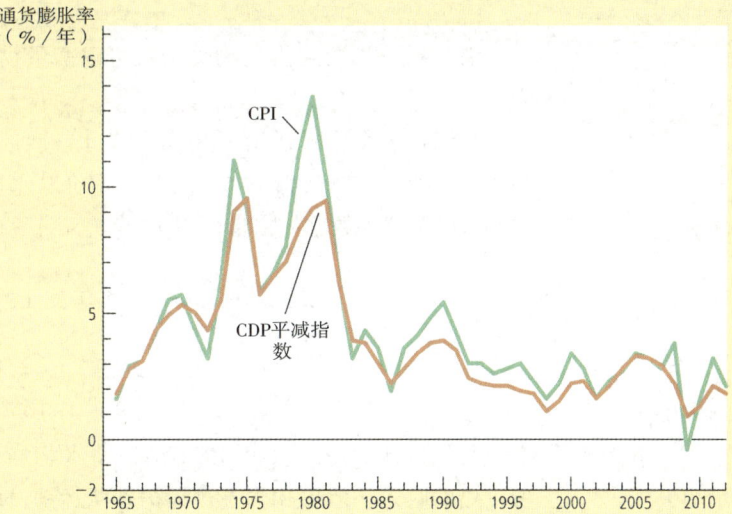

图24-2 通货膨胀的两个衡量指标

该图显示了1965年以来用年度数据按GDP平减指数和消费物价指数衡量的通货膨胀率——物价水平变动百分比。要注意的是，这两个通货膨胀衡量指标一般是同时变动的。

资料来源：U.S. Department of Labor; U.S. Department of Commerce.

膨胀率。你可以看到，有时这两个衡量指标并不一致。当它们不一致时，探讨这些数字，并用我们讨论过的两个差别来解释这种不一致是可能的。例如，在 1979 年和 1980 年，CPI 衡量的通货膨胀大大高于 GDP 平减指数所衡量的，因为在这两年中，石油价格上升了两倍以上。然而，这两个衡量指标之间的不一致是例外，而不是常规。在 20 世纪 70 年代，GDP 平减指数和消费物价指数都表明通货膨胀率高。在 20 世纪 80 年代后期、90 年代以及 21 世纪的第一个十年中，这两个衡量指标都表明通货膨胀率低。

24.2 根据通货膨胀的影响校正经济变量

衡量经济中物价总水平的目的是使我们能比较不同时期的美元数字。现在我们已经知道了如何计算物价指数，就可以用这个指数来比较过去的美元数字与现在的美元数字。

24.2.1 不同时期的美元数字

我们先回到 Babe Ruth 的薪水问题。与今天运动员的薪水相比，他在 1931 年时的 8 万美元薪水是高还是低呢？

为了回答这个问题，我们需要知道 1931 年的物价水平和今天的物价水平。棒球运动员增加的薪水中一部分仅仅是基于今天更高的物价水平对他们所做的补偿。为了比较 Ruth 的薪水与今天运动员的薪水，我们需要把 Ruth 1931 年的美元薪水换算成今天的美元。

把 T 年的美元换算成今天美元的公式如下：

$$\text{今天美元的数量} = T \text{ 年美元的数量} \times \frac{\text{今年的物价水平}}{T \text{ 年的物价水平}}$$

消费物价指数之类的物价指数可以衡量物价水平，从而决定了通货膨胀校正的大小。

我们把这个公式运用于 Ruth 的薪水。政府的统计数字表明，1931 年的物价指数为 15.2，而 2012 年为 229.5。因此，物价总水平上升了 15.1 倍（它等于 229.5/15.2）。我们可以用这些数字来衡量按 2012 年美元计算的 Ruth 的薪水，计算如下：

$$2012 \text{ 年美元的薪水} = 1931 \text{ 年美元的薪水} \times \frac{2012 \text{ 年的物价水平}}{1931 \text{ 年的物价水平}}$$

$$= 80\,000 \times \frac{22.9}{15.2} = 1\,207\,894 \text{（美元）}$$

我们发现，Babe Ruth 1931 年的薪水相当于今天超过 120 万美元的薪水。这是份不错的收入，但仅相当于今天扬基队运动员中位薪水的 2/3，只有扬基队付给 Alex Rodriguez 报酬的 4%。多种因素，包括整个经济的增长和超级明星得到的收入份额的增加，都使最好运动员的生活水平有了很大提高。

即问即答

■ 1914 年，亨利·福特（Henry Ford）向他的工人支付一天 5 美元的工资。如果 1914 年消费物价指数是 10，而 2012 年是 230，按 2012 年美元计算，福特支付的工资值多少？

我们再来考察胡佛总统1931年的薪水7.5万美元。为了把这个数字换算为2012年的美元，我们又要乘以这两年物价水平的比率。我们发现，胡佛的薪水相当于75 000美元 ×（229.5/15.2），即按2012年美元计算为1 132 401美元。这大大高于巴拉克·奥巴马（Barack Obama）总统的薪水40万美元。看来胡佛总统竟然有过一个相当不错的年份。

参考资料 | 指数先生进入好莱坞

电影史上最卖座的片子是哪一部呢？答案可能会使你吃惊。

电影受欢迎的程度通常用票房收入来衡量。按照这个标准，《阿凡达》以国内收入7.61亿美元名列各个时代的第一名，紧随其后的是《泰坦尼克号》（6.59亿美元）和《复仇者联盟》（6.23亿美元）。但这个排序忽略了一个明显而重要的事实：包括电影票价格在内的物价一直在上升。通货膨胀对最近的电影有利。

当我们根据通货膨胀的影响校正票房收入时，情况就完全不同了。现在第一名是《乱世佳人》（16.04亿美元），其后是《星球大战》（14.14亿美元）和《音乐之声》（11.31亿美元）。《阿凡达》降到第十四名。

《乱世佳人》在1939年公映，那是在每个人家里都有电视之前。在20世纪30年代，每周大约有9 000万美国人去电影院，而今天只有2 500万人。但那个时代的电影很少能上票房排行榜，因为票价只有25美分。实际上根据名义票房收入的排行，《乱世佳人》并不在前50部电影之列。一旦我们根据通货膨胀的影响进行校正，白瑞德和斯嘉丽就身价百倍了。

"亲爱的，说真的，我不太在乎通货膨胀的影响。"

图片来源：Screen Prod/PhotoNonStop/Glow Images.

24.2.2 指数化

正如我们刚刚说明的，当比较不同时期的美元数字时，要用物价指数来校正通货膨胀的影响。在经济中的许多地方都反映出这种校正。当某一美元量根据法律或合同自动地按物价水平的变动校正时，这就称为通货膨胀**指数化**（indexation）。

指数化：根据法律或合同按照通货膨胀的影响对货币数量的自动调整。

例如，企业和工会之间的许多长期合同有工资根据消费物价指数部分或全部指数化的条款。这种条款被称为**生活费用津贴**（cost-of-living allowance，COLA）。当消费物价指数上升时，COLA自动地增加工资。

指数化也是许多法律的特点。例如，社会保障补助每年根据物价上升调整，以补偿老年人。联邦所得税等级——税率变动依据的收入水平——也按通货膨胀进行指数化。然而，税制中也有许多内容尽管应该指数化，但并没有按通货膨胀指数化。当我们在本书的后面讨论通货膨胀的成本时，还要更充分地讨论这些问题。

24.2.3 真实利率与名义利率

我们在考察利率的数据时，根据通货膨胀的影响来校正经济变量特别重要，而且颇为棘手。利率的概念必然涉及比较不同时点的货币量。当你把钱存入银行账户时，现在你给了银行一些货币，未来银行就要偿还你的存款和利息。同样，当你向银行借款时，现在你得到了一些货币，未来你就必须偿还借款和利息。在这两种情况下，为了充分了解你与银行之间的交易，关键是要知道，未来美元的价值不同于今天的美元。这就是说，你必须根据通货膨胀的影响进行校正。

我们来看一个例子。假设 Sally 把 1 000 美元存入一个银行账户，该银行账户每年支付 10% 的利率。一年以后，Sally 累积的利息为 100 美元，她可以提取 1 100 美元。但这 100 美元使 Sally 比一年前存款时更富有了吗？

答案取决于我们所说的"更富有"这个词的含义。Sally 确实比她以前多了 100 美元。换句话说，Sally 所拥有的美元数量增加了 10%。但是，Sally 并不关心货币数量本身：她只关心她用这些货币能买到什么。如果她的货币存在银行时物价上升了，现在每一美元买到的东西比一年前少了，在这种情况下，她的购买力——她能买到的物品与服务量——并没有上升 10%。

为了使事情简单，我们假设 Sally 是一个电影迷，而且只买 DVD。当 Sally 存款时，在当地商店里一张 DVD 卖 10 美元。她的存款 1 000 美元相当于 100 张 DVD。一年以后，在得到 10% 的利息之后，她有 1 100 美元。现在她能买多少张 DVD？这取决于 DVD 价格的变动。下面是一些例子：

· 零通货膨胀：如果 DVD 的价格仍然是 10 美元，那么她可以购买的 DVD 量从 100 张增加到 110 张。美元数量增加 10% 意味着她的购买力增加 10%。

· 6% 的通货膨胀：如果 DVD 的价格从 10 美元上升到 10.6 美元，那么她能购买的 DVD 量就从 100 张增加到约 104 张。她的购买力增加约为 4%。

· 10% 的通货膨胀：如果 DVD 的价格从 10 美元上升到 11 美元，她仍然只可以购买 100 张 DVD。尽管 Sally 的美元财富增加了，但是她的购买力与一年前相同。

· 12% 的通货膨胀：如果 DVD 的价格从 10 美元上升到 11.2 美元，那么她能购买的 DVD 量从 100 张下降到约 98 张。尽管她的美元数量多了，但是她的购买力却降低了约 2%。

如果 Sally 生活在一个通货紧缩——物价下降——的经济里，就会有另一种可能性出现：

· 2% 的通货紧缩：如果 DVD 的价格从 10 美元下降到 9.8 美元，那么她能购买的 DVD 量就从 100 张增加到约 112 张。她的购买力增加了 12% 左右。

这些例子说明，通货膨胀率越高，Sally 的购买力增加得就越少。如果通货膨胀率大于利率，她的购买力实际上就下降了。如果存在通货紧缩（也就是说，负通货膨胀率），她的购买力的增加就大于利率。

为了了解一个人能从储蓄账户上赚到多少，我们需要考虑利率和价格变动。衡量美元数量变动的利率称为**名义利率**（nominal interest rate），根据通货膨胀校正的利率称为**真实利率**（real interest rate）。名义利率、真实利率和通货膨胀率之间的关系接近于以下公式：

真实利率 = 名义利率 − 通货膨胀率

真实利率是名义利率和通货膨胀率之间的差额。名义利率告诉你，随着时间的推移，你的银行账户中的美元数量增加有多快；而真实利率告诉你，随着时间的推移，你的银行账户中的美元购买力提高有多快。

名义利率：通常公布的、未根据通货膨胀的影响校正的利率。

真实利率：根据通货膨胀的影响校正过的利率。

案例研究 美国经济中的利率

图24-3显示了自1965年以来美国经济中的真实利率与名义利率。这个图中名义利率是3个月期国库券的利率（尽管有关其他利率的数据也是相似的）。真实利率是从名义利率中减去通货膨胀率计算出来的。在这里，通货膨胀率是用消费物价指数变动百分比衡量的。

这个图的一个特点是，名义利率几乎总是大于真实利率。这反映了在这一时期美国经济每年都在经历消费物价上升这个事实。与此相反，如果你观察19世纪后期的美国经济或者近年来的日本经济，你就会发现通货紧缩的时期。在通货紧缩时期，真实利率大于名义利率。

图24-3还表明，由于通货膨胀是变动的，真实利率与名义利率并不总是同时变动。例如，在20世纪70年代后期，名义利率高，但由于通货膨胀率极高，真实利率就低。实际上在20世纪70年代的许多年份，真实利率是负的，这是由于通货膨胀对人们储蓄的侵蚀要快于名义利息支付的增加。与此相反，在20世纪90年代后期，名义利率较20年前的低，但由于通货膨胀率比那时低很多，因此真实利率比那时高。在以后几章中，我们将研究决定真实利率与名义利率的经济因素。

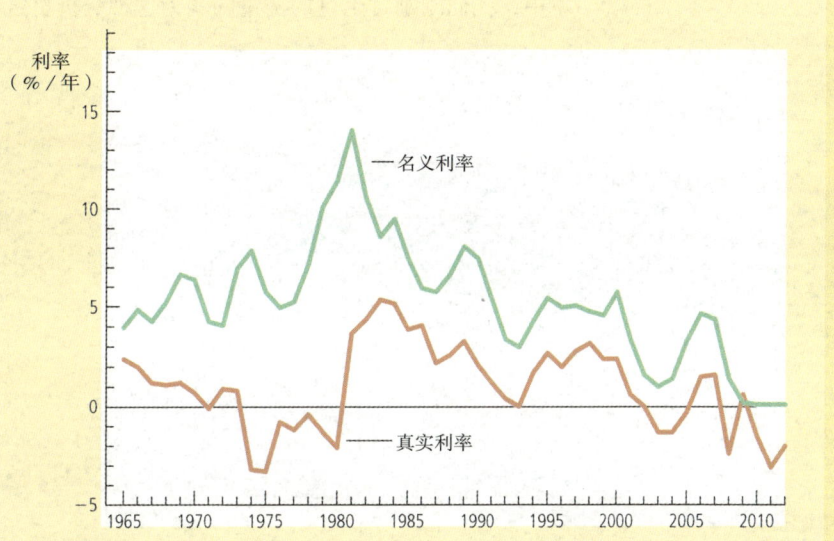

图24-3 真实利率与名义利率

该图显示了自1965年以来的年度名义利率与真实利率。名义利率是3个月期国库券的利率。真实利率是名义利率减去按消费物价指数衡量的通货膨胀率。要注意的是，名义利率和真实利率往往并不同时变动。

资料来源：U.S. Department of Labor; U.S. Department of Treasury.

24.3 结论

棒球运动员 Yogi Berra 曾讽刺说："5 美分总没有 10 美分值钱。"实际上，在整个近代史中，5 美分、10 美分和 1 美元背后的真实价值一直是不稳定的。物价总水平的持续上升已经成了惯例。这种通货膨胀一直在降低每单位货币的购买力。当比较不同时期的美元数字时，要牢记今天的 1 美元和 20 年前的 1 美元不同，或者说，很可能也不同于 20 年后的 1 美元。

本章讨论了经济学家如何衡量经济的物价总水平以及他们如何用物价指数来校正通货膨胀对经济变量的影响。物价指数使我们可以比较不同时点的美元，从而更好地了解经济是如何变动的。

本章中关于物价指数的讨论与上一章关于 GDP 的讨论仅仅是研究宏观经济学的第一步。我们还没有考察什么决定一国的 GDP 以及通货膨胀的原因与影响。为了这样做，我们需要超越衡量问题。实际上，这正是我们下面的任务。在前面的两章解释了经济学家如何衡量宏观经济的数量和价格以后，现在我们就准备构建一个解释这些变量变动的模型。

以下是我们未来几章的安排。首先，研究长期中决定真实 GDP 以及储蓄、投资、真实利率和失业这些相关变量的因素。其次，考察长期中决定物价水平和货币供给、通货膨胀以及名义利率这些相关变量的因素。最后，在说明长期中这些变量如何决定以后，考察什么引起真实 GDP 和物价水平短期波动这样更为复杂的问题。在所有这些章中，我们刚刚讨论过的衡量问题为这种分析奠定了基础。

内容提要

◎ 消费物价指数表示相对于基年一篮子物品与服务的费用，这一篮子物品与服务的费用是多少。这个指数用于衡量经济的物价总水平。消费物价指数变动的百分比可用于衡量通货膨胀率。

◎ 由于三个原因，消费物价指数并不是生活费用的一个完美衡量指标。第一，它没有考虑到，随着时间的推移，消费者用变得较便宜的物品替代原有物品的能力。第二，它没有考虑到因新物品的引进而使1美元的购买力提高。第三，这个指数因没有衡量物品与服务质量的变动而被扭曲。由于这些衡量问题，消费物价指数高估了真实的通货膨胀。

◎ 与消费物价指数一样，GDP平减指数也衡量经济的物价总水平。这两个物价指数通常同时变动，但是它们有着重大差别。GDP平减指数不同于消费物价指数，是因为它涵盖生产出来的物品与服务，而不是用于消费的物品与服务。因此，进口物品影响消费物价指数，但不影响GDP平减指数。此外，消费物价指数用固定的一篮子物品，而GDP平减指数一直随着GDP构成的变动而自动地改变物品与服务的组合。

◎ 不同时间的美元数字并不代表购买力的真实差别。为了比较过去与现在的美元数字，过去的数字应该用物价指数进行调整。

◎ 各种法律和私人合同用物价指数来校正通货膨胀的影响。但是，税法只是部分地对通货膨胀实行了指数化。

◎ 当考察利率数据时，对通货膨胀的校正特别重要。名义利率是通常所公布的利率，它是储蓄账户上随着时间推移而增加的美元量的比率。与此相反，真实利率考虑到美元价值随着时间的推移而发生的变动。真实利率等于名义利率减通货膨胀率。

关键概念

消费物价指数（CPI）　　　　生产物价指数　　　　名义利率
通货膨胀率　　　　　　　　指数化　　　　　　　真实利率

复习题

1．你认为下列哪一项对消费物价指数影响大：鸡肉价格上升10%，还是鱼子酱价格上升10%？为什么？

2．陈述使消费物价指数成为生活费用的一个不完美衡量指标的三个问题。

3．如果进口的法国红酒价格上升了，对消费物价指数影响大，还是对GDP平减指数影响大？为什么？

4．在长期中，糖果的价格从0.2美元上升到1.2美元。在同一时期中，消费物价指数从150上升到300。根据整体通货膨胀进行调整后，糖果的价格变动了多少？

5．解释名义利率和真实利率的含义。它们如何相关？

第9篇
长期中的真实经济

第 25 章
生产与增长

当你在世界各国旅行时，你会看到生活水平的巨大差别。在美国、日本或德国这样的富国，人均收入是印度、印度尼西亚或尼日利亚这样的穷国人均收入的十几倍。这种巨大的收入差异反映在生活质量的巨大差异上。富国的人们拥有更好的营养、更安全的住房、更好的医疗、更长的预期寿命，以及更多的汽车、电话和电视机。

即使在一个国家内，生活水平也会随着时间的推移而发生巨大变化。过去一个世纪以来，美国按人均真实 GDP 衡量的平均收入每年增长 2% 左右。虽然 2% 看起来无足轻重，但这种增长率意味着人均收入每 35 年翻一番。由于这种增长，普通美国人享有比他们的父辈、祖辈和曾祖辈好得多的富裕生活。

国与国之间的增长率差别很大。在最近的历史上，一些东亚国家，如新加坡、韩国，经历了每年约 7% 的经济增长；按这个比率，人均收入每 10 年就翻一番。过去 20 年间，中国甚至有更高的增长率，根据某些人的估计，大约每年 12% 左右。一个经历如此迅速增长的国家，经过一代人的时间，就可以从世界上最穷的国家一跃跻身于世界上最富裕国家的行列。与此相反，撒哈拉以南的一些非洲国家，许多年来平均收入一直是停滞的。津巴布韦是增长最差的国家：从 1991 年到 2011 年，人均收入总计下降了 38%。

用什么来解释这些不同的经历呢？富国怎样才能维持它们的高生活水平呢？穷国应该采取什么政策来加快经济增长，并加入发达国家的行列呢？这些问题是宏观经济学中最重要的问题。正如诺贝尔奖获得者、经济学家罗伯特·卢卡斯（Robert Lucas）所指出的："这些问题对人类福利的影响简直令人吃惊：一旦开始考虑这些问题，就很难再考虑其他任何问题。"

在前两章中，我们讨论了经济学家如何衡量宏观经济的数量和价格。现在我们开始研究决定这些变量的因素。正如我们已经说明的，一个经济的国内生产总值（GDP）既衡量经济中赚到的总收入，又衡量经济中用于物品与服务产出的总支出。真实 GDP 的水平是判断经济繁荣与否的一个良好标准，而真实 GDP 的增长是判断经济进步与否的一个良好标准。在这一章中，我们将集中研究真实 GDP 水平及其增长的长期决定因素。在本书的后面，我们将研究围绕真实 GDP 长期趋势的短期波动。

在本章我们分三步进行研究：第一，考察人均真实 GDP 的国际数据，这些数据可使我们对世界各国生活水平与增长的差别大小有一个大体了解。第二，考察生产率——一个工人每小时生产的物品与服务量——的作用。特别是说明一国的生活水平是由其工人的生产率决定的，并且考虑决定一国生产率的因素。第三，考察生产率和一国采取的经济政策之间的联系。

25.1 世界各国的经济增长

作为研究长期增长的出发点，我们先考察世界上一些国家的经济发展历程。表 25-1 说明了 13 个国家人均真实 GDP 的数据。对于每一个国家，数据都涵盖一个世纪的历史。该表的第一栏和第二栏列出了国家与时期（各国的时期略有不同，这是因为数据的可获得性不同）。第三栏和第四栏列出了一个世纪前和最近一年的人均真实 GDP 的估计值。

表25-1 不同的增长经历

国家	时期	期初人均真实GDP [a]（美元）	期末人均真实GDP [a]（美元）	年增长率（%）
日本	1890—2010	1 517	34 810	2.65
巴西	1900—2010	785	10 980	2.43
墨西哥	1900—2010	1 169	14 350	2.31
中国	1900—2010	723	7 520	2.15
德国	1870—2010	2 204	38 410	2.06
加拿大	1870—2010	2 397	38 370	2.00
美国	1870—2010	4 044	47 210	1.77
阿根廷	1900—2010	2 314	15 470	1.74
印度	1900—2010	681	3 330	1.45
英国	1870—2010	4 853	35 620	1.43
印度尼西亚	1900—2010	899	4 180	1.41
巴基斯坦	1900—2010	744	2 760	1.20
孟加拉国	1900—2010	629	1 800	0.96

[a] 真实GDP以2010年美元衡量。

资料来源：Robert J. Barro and Xavier Sala-i-Martin, *Economic Growth* (New York: McGraw-Hill, 1995), Tables 10.2 and 10.3; World Development Indicators online; and author's calculations.

人均真实 GDP 数据表明各国生活水平差别很大。例如，美国的人均收入约为中国的 6 倍左右，印度的 14 倍左右。最穷国家的人均收入水平是发达国家几十年来所未见的。2010 年普通印度人的真实收入比 1870 年普通英国人的水平还低。2010 年普通孟加拉国人的真实收入不足一个世纪以前普通美国人的一半。

表 25-1 的最后一栏列出了每个国家的增长率。它衡量的是在正常的一年中人均真实 GDP 的增长速度。例如，美国在 1870 年的人均真实 GDP 是 4 044 美元，而 2010 年是 47 210 美元，年增长率为 1.77%。这意味着，如果人均真实 GDP 从 4 044 美元开始，140 年中每年增长 1.77%，那么最后就是 47 210 美元。当然，人均真实 GDP 实际上并不是每年正好增长 1.77%：一些年份增长快而另一些年份增长慢，而在其他年份会下降。每年 1.77% 的增长率没有考虑围绕长期趋势的短期波动，它代表许多年来人均真实 GDP 的平均增长率。

表 25-1 中的国家按其增长率从高到低排序。日本在最上端，它的年增长率为 2.65%。一百年前，日本并不是一个富国。日本的人均收入只比墨西哥略高一点，而且远远落后于阿根廷。日本在 1890 年的生活水平低于今天印度的一半。但是，由于其惊人的增长速度，日本现在是一个超级经济大国，人均收入是墨西哥和阿根廷的两倍多，与德国、加拿大和英国的水平相当。在这个表的最下面是巴基斯坦和孟加拉国，在过去的一个世纪中它们的年增长率等于或小于 1.2%。结果，这些国家的普通居民仍然生活在悲惨的贫困之中。

由于增长率的差别，随着时间的推移，各国按收入的排序会有很大的变动。正如我们所看到的，相对于其他国家，日本在上升。排名下降的一个国家是英国。在 1870 年，英国是世界上最富的国家，人均收入比美国高 20% 左右，是加拿大的两倍多。现在，英国的人均收入比美国低 25%，比加拿大低 7%。

这些数据表明，世界上最富的国家并不能保证它们将来也是最富的，而世界上最穷的国家也并不注定永远处于贫困状态。但是，用什么来解释长期中的这些变化呢？为什么有些国家快速增长，而另一些国家落后了呢？这些正是我们以下要论述的问题。

即问即答

美国人均真实 GDP 的长期年均增长率约为多少？举出比其增长快的一个国家和比其增长慢的一个国家。

参考资料 你比最富的美国人还富吗

约翰·D. 洛克菲勒
图片来源：AP Photos.

《美国传统》杂志曾公布各个时期最富的美国人的名单。第一位是生活于 1839—1937 年的石油企业家约翰·D. 洛克菲勒（John D. Rockefeller）。根据该杂志的计算，他的财富相当于今天的 2 000 亿美元，几乎是今天最富的美国软件企业家比尔·盖茨（Bill Gates）的三倍。

尽管洛克菲勒拥有巨额的财富，但他并没有享受到现在我们认为理所当然的许多便利。他无法看电视，无法玩电子游戏，无法上互联网，无法发电子邮件。在炎热的夏天，他无法用空调让家里凉爽下来。在他一生的大部分时间中，他无法乘汽车或飞机旅行，也无法给朋友和家人打电话。如果他生了病，他也无法使用许多药物，比如抗生素——今天医生经常用它来延长患者的生命和提高他们的生活质量。

现在想一想：有人要让你在以后的生活中放弃洛克菲勒没有享受到的所有现代便利，他得给你多少钱呢？你会为 2 000 亿美元这样做吗?也许不会。如果你不会这么做,是否就可以说,你的状况比所谓的美国最富的人约翰·D.洛克菲勒还好呢?

前一章讨论了用来比较不同时点上货币量的标准物价指数如何无法充分反映经济中新物品的引入。因此,通货膨胀率被高估了,其暗含的则是真实经济增长率被低估了。洛克菲勒的生活表明,这个问题是多么重要。由于巨大的技术进步,今天普通美国人大概比一个世纪以前最富的美国人还富,尽管在标准经济统计中这个事实并不存在。

25.2 生产率:作用及决定因素

从某种意义上说,解释世界各国生活水平的悬殊是非常容易的。正如我们将要说明的,这种解释可以归结为一个词——生产率。但是,从另一种意义上说,这种国际差异也令人深感困惑。为了解释为什么一些国家的收入比另一些国家高得多,我们必须考察决定一国生产率的许多因素。

25.2.1 为什么生产率如此重要

我们对生产率和经济增长的研究从根据丹尼尔·笛福(Daniel Defoe)的著名小说《鲁滨孙漂流记》建立的一个简单模型开始,这本小说是关于一个流落在荒岛上的水手鲁滨孙·克鲁索(Robinson Crusoe)的。由于克鲁索独自生活,所以他自己捕鱼,自己种菜,自己缝制衣服。我们可以把克鲁索的活动——捕鱼、种菜和做衣服的生产和消费——作为一个简单的经济。通过考察克鲁索的经济,我们可以了解一些适用于更复杂、更现实的经济的结论。

什么因素决定了克鲁索的生活水平呢?用一个词来说,就是生产率(productivity),它是每单位劳动投入所生产的物品和服务的数量。如果克鲁索在捕鱼、种菜和做衣服方面是一把好手,他就能生活得很好。如果他对这些事情极不擅长,他的生活就很糟。由于克鲁索只能消费他所生产的东西,所以他的生活水平就与他的生产率密切相关。

在克鲁索经济的情况下,显然,生产率是生活水平的关键决定因素,而生产率的增长是生活水平提高的关键决定因素。克鲁索每小时能捕到的鱼越多,他晚餐吃的鱼就越多。如果克鲁索能够找到捕鱼的更好地方,他的生产率就提高了。生产率的这种提高使克鲁索的状况变好:他可以吃到更多的鱼,或者他可以缩减用于捕鱼的时间,而把更多的时间用于制造他享用的其他物品。

生产率在决定处于困境的水手生活水平方面所起的关键作用对一国来说同样正确。回想一下,一个经济的国内生产总值(GDP)同时衡量两件事:经济中所有人赚到的总收入和经济中用于物品与服务产出的总支出。GDP 可以同时衡量这两件事是因为,对整体经济而言,它们必然是相等的。简单来说,一个经济的收入就是该经济的产出。

与克鲁索一样,一个国家只有生产出大量物品与服务,它才能享有更高的生活水平。美国人比尼日利亚人生活得好,是因为美国工人的生产率比尼日利亚工人的高。日本人生活水平的提高比阿根廷人快,是因为日本工人的生产率提高得更迅速。实际上,第 1 章中的经济学十大原理之一是,一国的生活水平取决于它生产物品与服务的能力。

因此，为了理解我们所观察到的各国或各个时期的生活水平的巨大差别，我们必须关注物品和服务的生产。但是，说明生活水平和生产率之间的联系只是第一步。它自然而然地引出了下一个问题：为什么一些经济在生产物品与服务方面比另一些经济强得多？

参考资料　一张图片顶一千个统计数字

乔治·萧伯纳（George Bernard Shaw）曾经说过："一个真正受过教育的人的标志是他能深深被统计数字打动。"但是，我们大多数人只有知道 GDP 数据代表什么，才能深深地被这些统计数据打动。

下面的三张照片显示分别来自三个国家——英国、墨西哥和马里——的三个普通家庭的情况。每个家庭及其所拥有的全部物质财产都在他们的房子外面被拍照。

根据这些照片、GDP 或其他统计数字来判断，这些国家的生活水平有着极大的差别。

• 英国是一个发达国家。在 2011 年，它的人均 GDP 是 36 010 美元。只有极少数人生活在极端贫困中，此处极端贫困的定义是每天的生活费低于 2 美元。一个在英国出生的婴儿可以预期一个相对健康的童年：仅有 5‰的儿童会在五岁之前死亡。受教育程度高：在处于高中入学年龄的孩子中，98% 的人上学。

• 墨西哥是一个中等收入国家。在 2011 年，它的人均 GDP 是 15 390 美元。约有 5% 的人每天的生活费不到 2 美元，有 16‰的儿童会在五岁之前死亡。在处于高中入学年龄的孩子中，71% 的人上学。

• 马里是穷国。在 2011 年，它的人均 GDP 只有 1 040 美元。极端贫困在这里是正常的：超过 3/4 的人每天的生活费不到 2 美元。生命经常夭折：有 17.6% 的儿童在五岁之前死亡。马里的教育水平低：在处于高中入学年龄的孩子中，只有 31% 的人上学。

那些研究经济增长的经济学家试图解释是什么引起生活水平上如此巨大的差别。

一个普通的英国家庭

图片来源：ⓒ David Reed-from MATERIAL WORLD.

一个普通的墨西哥家庭

图片来源：ⓒ Peter Menzel/menzelphoto.com.

一个普通的马里家庭

图片来源：ⓒ Peter Menzel/menzelphoto.com.

25.2.2　生产率是如何决定的

虽然生产率在决定鲁滨孙·克鲁索的生活水平方面是极为重要的，但是有许多因素决定着克鲁索的生产率。例如，如果他有更多渔具，如果他学到了最好的捕鱼技术，如果岛上有大量的鱼的供给，或者如果他发明了更好的鱼饵，他在捕鱼方面就会做得更好。这每一种克鲁索生产率的决定因素——我们称之为物质资本、人力资本、自然资源和技术知识——在更复杂、更现实的经济中都有相应的部分。下面我们依次考虑每一种因素。

人均物质资本 如果工人用工具进行工作，生产率就更高。用于生产物品与服务的设备和建筑物存量称为物质资本（physical capital），或简称为资本。例如，当木工制造家具时，他们用的锯、车床和电钻都是资本。工具越多，木工越能迅速而精确地生产更多的产品：只有基本手工工具的木工每周生产的家具少于使用更精密、更专业化设备的木工。

物质资本：用于生产物品与服务的设备和建筑物存量。

你可以回想一下，用于生产物品与服务的投入——劳动、资本，等等——称为生产要素。资本的重要特征是，它是一种生产出来的生产要素。也就是说，资本是生产过程的投入，也是过去生产过程的产出。木工用一部车床制造桌子腿，而车床本身是制造车床的企业的产出，车床制造者又用其他设备来制造它的产品。因此，资本是用于生产各种物品与服务，包括更多资本的生产要素。

人均人力资本 生产率的第二个决定要素是人力资本。人力资本（human capital）是经济学家用来指工人通过教育、培训和经验而获得的知识与技能的一个术语。人力资本包括在早期儿童教育、小学、中学、大学和成人劳动力在职培训中所积累的技能。

人力资本：工人通过教育、培训和经验而获得的知识与技能。

虽然教育、培训和经验没有车床、推土机和建筑物那样具体，但是人力资本在许多方面与物质资本类似。和物质资本一样，人力资本提高了一国生产物品与服务的能力，人力资本也是一种生产出来的生产要素。生产人力资本要求教师、图书馆和学生时间等形式的投入。实际上，可以把学生看作"工人"，他们的重要工作就是生产将用于未来生产的人力资本。

人均自然资源 生产率的第三个决定因素是自然资源（natural resources）。自然资源是自然界提供的生产投入，如土地、河流和矿藏。自然资源有两种形式：可再生的与不可再生的。森林是可再生资源的一个例子。当伐倒一棵树后，可以在这个地方播下种子，以便未来再长成树。石油是不可再生资源的一个例子。由于石油是自然界在几百万年中形成的，其供给极其有限。一旦石油供给枯竭，要再创造出来就是不可能的。

自然资源：由自然界提供的用于生产物品与服务的投入，如土地、河流和矿藏。

自然资源的差别引起了世界各国生活水平的一些差别。美国历史上的成功部分是由于有大量适于农耕的土地供给。现在中东的某些国家，例如科威特和沙特阿拉伯，它们之所以富有，只是因为它们正好位于世界上最大的储油区。

虽然自然资源很重要，但是它们并不是一个经济在生产物品与服务方面具有高生产率的必要条件。例如，日本尽管自然资源不多，但它仍是世界上最富裕的国家之一。国际贸易使日本的成功成为可能。日本进口大量它所需要的自然资源，如石油，再向自然资源丰富的经济出口其制成品。

技术知识 生产率的第四个决定因素是技术知识（technological knowledge）——对生产物品与服务的最好方法的了解。一百年前，大多数美国人在农场上干活，这是因为农业技术要求大量的劳动投入才能养活所有的人。现在，由于农业技术进步，少数

技术知识：社会对生产物品与服务的最好方法的了解。

人就可以生产足以养活整个国家的食物。这种技术变革使劳动可以用于生产其他物品与服务。

技术知识有多种形式。一种技术是公共知识——在某个人使用这种技术后，每个人就都了解了这种技术。例如，一旦亨利·福特成功地引进装配线生产，其他汽车制造商就很快模仿了这种技术。另一种技术是由私人拥有的——只有发明它的公司知道。例如，只有可口可乐公司知道生产这种著名软饮料的秘方。还有一种技术在短期内是由私人拥有的。当一家制药公司发明了一种新药时，专利制度给予该公司暂时排他性地生产这种药物的权利。然而，当专利期满时，就允许其他公司生产这种药品。所有这些技术知识形式对经济中物品与服务的生产都是重要的。

区分技术知识和人力资本是有必要的。虽然它们密切相关，但也有重大差别。技术知识是指社会对世界如何运行的理解，人力资本是指把这种理解传递给劳动力的资源消耗。用一个相关的比喻来说，知识是社会教科书的质量，而人力资本是人们用于阅读这本教科书的时间量。工人的生产率既取决于人们可以得到的教科书的质量，又取决于他们用来阅读教科书的时间量。

即问即答

列出并说明一国生产率的四个决定因素。

参考资料　生产函数

经济学家经常用生产函数来描述生产中所用的投入量与生产的产出量之间的关系。例如，假设 Y 表示产量，L 表示劳动量，K 表示物质资本量，H 表示人力资本量，N 表示自然资源量，那么我们可以写出：

$$Y = AF(L, K, H, N)$$

式中，$F(\ )$ 是一个表示这些投入如何结合起来以生产产出的函数。A 表示一个可得到的生产技术的变量。A 随着技术进步而上升，这样，一个经济就可以用既定的投入组合获得更多产量。

许多生产函数具有一种称为规模收益不变的特性。如果生产函数为规模收益不变的，那么所有投入翻一番就会使产出也翻一番。在数学上，对于任何一个正数 x，可以把生产函数的规模收益不变写为：

$$xY = AF(xL, xK, xH, xN)$$

在这个式子中，所有投入翻一番用 $x=2$ 来表示。右边表示投入翻一番，而左边表示产出翻一番。

规模收益不变的生产函数有一种有趣且有用的含义。为了说明这种含义，设 $x=1/L$，则上式变为：

$$Y/L = AF(1, K/L, H/L, N/L)$$

要注意的是，Y/L 是每个工人的产量，它也是生产率的衡量指标。这个公式说明，生产率取决于人均物质资本（K/L）、人均人力资本（H/L）以及人均自然资源（N/L）。生产率还取决于用变量 A 代表的技术状况。因此，这个公式对我们刚刚讨论过的生产率的四个决定因素提供了一个数学上的概括。

> **案例研究**　自然资源是增长的限制吗

今天，世界人口大约是 70 亿，超过了一个世纪以前的 4 倍。同时，许多人享有的生活水平大大高于他们的曾祖辈。关于人口和生活水平的增长能否持续到未来，始终存在争论。

许多评论家认为，自然资源最终是世界经济能够增长多少的一个限制。乍一看，这种观点似乎很难忽视。如果世界只有固定的不可再生性自然资源的供给，那么人口、生产和生活水平如何能保持长期的持续增长呢？石油和矿藏的供给最终不会耗尽吗？当这些资源的短缺开始出现时，不仅会使经济增长停止，也许还会迫使生活水平下降吧？

尽管这些观点言之有理，但大多数经济学家并不像想象的那样关注这种增长的限制。他们认为，技术进步会提供避免这些限制的方法。如果我们拿今天的经济与过去比较，我们就会发现各种使用自然资源的方法已经得到了改进。现代汽车耗油更少。新住房有更好的隔热设备，所需要的用于调节室温的能源也少了。更有效的采油装置使得采油过程中浪费的石油较少。资源回收使一些不可再生性资源被重复利用。可替代燃料的开发，例如用乙醇代替汽油，使我们能用可再生性资源来代替不可再生性资源。

70 年前，一些环保人士担心锡和铜的过度使用。在那时，锡和铜是关键商品：锡用于制造食物容器，而铜用于制造电话线。一些人建议对锡和铜实行强制回收利用和配给，以便子孙后代也能得到锡和铜的供给。但是，今天塑料已取代锡成为制造许多食物容器的材料，而电话通信通常可以利用以沙子为原料生产的光导纤维来传输。技术进步使一些曾经至关重要的自然资源变得不那么必要了。

然而，所有这些努力足以保证经济持续增长吗？回答这个问题的一种方法是考察自然资源的价格。在一个市场经济中，稀缺性反映在市场价格上。如果世界陷入了自然资源短缺，那么这些资源的价格就会一直上升。但实际情况往往与此相反。自然资源的价格表现出相当大的短期波动，但在长期里，大多数自然资源的价格（根据整体通货膨胀调整过的）是稳定的或下降的。看来我们保存这些资源的增长的能力比它们的供给减少的速度要快。市场价格使我们没有理由相信，自然资源是经济增长的限制。

25.3　经济增长和公共政策

到现在为止，我们已经确定了社会的生活水平取决于它生产物品与服务的能力，以及其生产率取决于物质资本、人力资本、自然资源和技术知识。现在我们转向全世界各国决策者面临的问题：哪些政府政策可以提高生产率和生活水平？

25.3.1　储蓄和投资

由于资本是生产出来的生产要素，因此，一个社会可以改变它所拥有的资本量。如果经济今天生产了大量新资本品，那么明天它就拥有大量资本存量，并能生产更多的物品与服务。因此，提高未来生产率的一种方法是把更多的现期资源投资于资本的生产。

第 1 章提出的经济学十大原理之一是人们面临权衡取舍。当考虑资本积累时，这个原理尤其重要。由于资源是稀缺的，把更多资源用于生产资本就要求把较少资源用于生产现期消费的物品与服务。这就是说，社会如果更多地投资于资本，它就必然少消费并把更多的现期收入储蓄起来。由资本积累所引起的增长并不是免费午餐：它要求社会牺牲现期物品与服务的消费，以便未来享有更多消费。

下一章要更详细地考察经济的金融市场如何协调储蓄与投资，还要考察政府政策如何影响所进行的储蓄与投资量。现在重要的是注意，鼓励储蓄和投资是政府促进增长的一种方法，并且在长期中也是提高一个经济生活水平的一种方法。

25.3.2 收益递减和追赶效应

假设一个政府，推行一种提高国民储蓄率的政策——提高用于储蓄而不是消费的GDP百分比。这会出现什么结果呢？随着一国储蓄的增加，用于生产消费品的资源少了，而更多的资源用于生产资本品。结果，资本存量增加了，这就引起生产率的提高和GDP更快的增长。但是，这种高增长率能持续多长时间呢？假设储蓄率处于新的高水平之上，GDP增长率会一直高下去，还是只能持续一段时间呢？

对于生产过程的传统观点是，资本要受到**收益递减**（diminishing returns）的制约：随着资本存量的增加，由增加的一单位资本生产的额外产量减少。换句话说，当工人已经用大量资本存量生产物品与服务时，再给他们增加一单位资本所提高的生产率是微小的。图25-1说明了这一点，该图表明，在所有其他决定产量的因素不变的情况下，人均资本量如何决定人均产量。

收益递减：随着投入量的增加，每一单位额外投入得到的收益减少的特性。

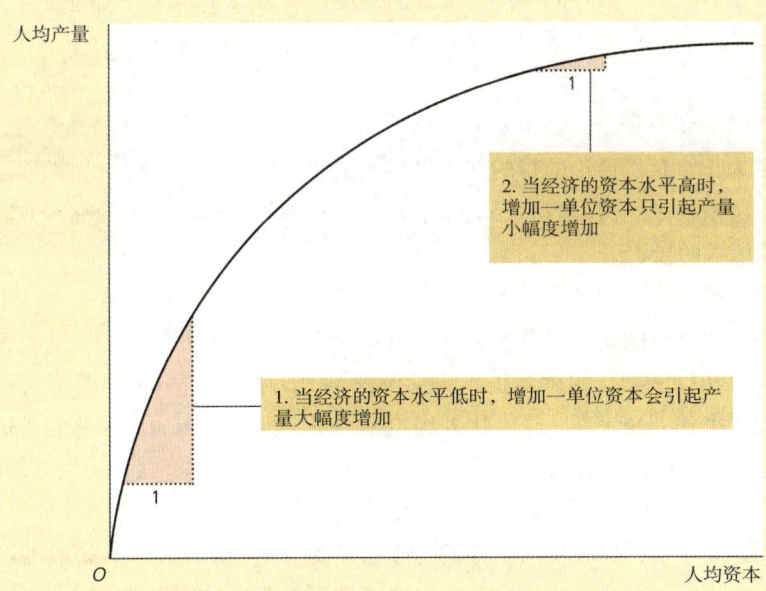

图25-1　生产函数图示

该图说明了人均资本量如何影响人均产量。其他决定产量的因素，包括人力资本、自然资源和技术，都是不变的。随着资本量的增加，曲线越来越平坦是因为资本的收益递减。

由于收益递减,储蓄率的增加所引起的高增长只是暂时的。随着储蓄率的增加使积累的资本更多,从增加的资本中得到的收益随着时间的推移而减少,因此增长会放慢。在长期中,储蓄率的增加会引起生产率和收入水平的上升,但不会引起这些变量增长率的提高。然而,达到这种长期可能需要相当一段时间。根据对经济增长国际数据的研究,提高储蓄率可以在几十年内引起相当高的增长。

资本的收益递减还有一层重要的含义:在其他条件相同的情况下,如果一国开始时较穷,它就更易实现迅速增长。这种初始状况对随后增长的影响有时称为追赶效应(catch-up effect)。在贫穷国家中,工人甚至缺乏最原始的工具,因此生产率极低。少量的资本投资会大大提高这些工人的生产率。与此相反,富国的工人用大量资本工作,这部分解释了他们的高生产率。但由于人均资本量已经如此之高,所以增加的资本投资对生产率只有较小的影响。对经济增长国际数据的研究证明了这种追赶效应:当控制住其他变量,例如用于投资的 GDP 百分比时,穷国往往增长得比富国快。

这种追赶效应有助于解释某些令人费解的事实。这里有一个例子:从 1960 年到 1990 年,美国和韩国用于投资的 GDP 份额相似,但在这一期间,美国只有 2% 左右的适度增长,而韩国却以超过 6% 的惊人速度增长。对这种差别的解释就是追赶效应。在 1960 年,韩国人均 GDP 不到美国的 1/10,这部分是由于以前的投资极低。在初始资本存量较少时,韩国资本积累的收益就大得多,这使韩国后来有较高的增长率。

这种追赶效应也表现在生活的其他方面。当一个学校在年末向"进步最大的"学生颁奖时,这种学生往往是年初成绩较差的学生。那些年初不学习的学生发现,他们的进步比那些总是刻苦学习的学生容易。要注意的是,在起点既定的情况下,"进步最大"是好的,但成为"最好的学生"更好。同样,最近几十年间韩国的经济增长一直比美国快得多,但人均 GDP 仍然是美国更高。

25.3.3　来自国外的投资

到现在为止,我们讨论的目的在于提高一国储蓄率的政策如何增加投资,进而提高长期的经济增长率。但国内居民的储蓄并不是一国投资于新资本的唯一方法。另一种方法是外国人的投资。

来自国外的投资采取了几种形式。福特汽车公司可以在墨西哥建一个汽车厂。由外国实体拥有并经营的资本投资称为外国直接投资。另一种方式是,一个美国人可以购买墨西哥公司的股票(也就是说,购买该公司的所有权份额);墨西哥公司可以用卖股票的收入来建立一个新工厂。用外国货币筹资,但由国内居民经营的投资称为外国有价证券投资。在这两种情况下,美国人提供了墨西哥资本存量增加所必需的资源。这就是说,用美国人的储蓄为墨西哥人的投资筹资。

当外国人在一个国家投资时,他们这样做是因为他们期望获得投资收益。福特公司的汽车厂增加了墨西哥的资本存量,因此提高了墨西哥的生产率,增加了墨西哥的 GDP。但福特公司也以利润的形式把一些额外收入带回美国。同样,当一个美国投资者购买墨西哥股票时,投资者也有权得到墨西哥公司赚到的一部分利润。

追赶效应:开始时贫穷的国家倾向于比开始时富裕的国家增长更快的特征。

因此，来自国外的投资对经济繁荣的所有衡量指标的影响并不相同。我们还记得，国内生产总值（GDP）是本国公民和非本国公民在国内赚到的收入，而国民生产总值（GNP）是一国公民在国内外赚到的收入。当福特公司在墨西哥开办它的汽车厂时，工厂产生的一些收入属于并不生活在墨西哥的人。因此，在墨西哥的国外投资所增加的墨西哥人的收入（用 GNP 衡量）小于在墨西哥增加的生产（用 GDP 衡量）。

此外，利用来自国外的投资是一国增长的一种方法。即使来自这种投资的一部分收益流回外国所有者手中，这种投资也增加了一国的资本存量，导致该国更高的生产率和更高的工资。而且，来自国外的投资也是穷国学习富国开发并运用先进技术的一种方式。由于这些原因，许多在欠发达国家当顾问的经济学家都提倡鼓励来自外国投资的政策。这往往意味着取消政府对外国人拥有国内资本的限制。

鼓励资本流入穷国的一个组织是世界银行。这个国际组织从美国这样的发达国家得到资金，并用这些资金向欠发达国家发放贷款，以便这些国家能投资于道路、排水系统、学校和其他类型的资本。它也向这些国家就关于如何最有效地运用这些资金提供咨询。世界银行与其姐妹组织国际货币基金组织都是在第二次世界大战后建立起来的。战争给我们的一个教训是，经济不景气往往引起政治动乱、国际局势紧张以及军事冲突。因此，每个国家都应关心和促进世界各国的经济繁荣。世界银行和国际货币基金组织成立的目的就在于此。

25.3.4 教育

教育——人力资本投资——对一个国家的长期经济繁荣至少和物质资本投资同样重要。在美国，从历史上看，每一年学校教育使人的工资增加平均 10% 左右。在人力资本特别稀缺的欠发达国家，受过教育的工人与未受过教育的工人之间的工资差距甚至更大。因此，政府政策能够提高生活水平的一种方法是提供良好的学校，并鼓励人们利用这些学校。

人力资本投资和物质资本投资一样也有机会成本。当学生上学时，他们放弃了本可以作为劳动力赚到的收入。在欠发达国家，尽管学校教育的收益非常高，但儿童往往小小年纪就退学了，这只是因为需要他们的劳动来帮助养家糊口。

一些经济学家认为，人力资本对经济增长特别重要，因为人力资本带来正外部性。外部性是一个人的行为对旁观者福利的影响。例如，一个受过教育的人会产生一些有关如何最好地生产物品与服务的新思想。如果这些新思想进入社会的知识宝库，从而每一个人都可以利用，那么这些思想就是教育的外部收益。在这种情况下，学校教育的社会收益就远远大于个人收益。这种观点证明了我们看到的以公共教育为形式的大量人力资本投资补贴的正确性。

一些穷国面临的一个问题是人才外流——许多受过最高教育的工人移民到富国，他们在这些国家可以享有更高的生活水平。如果人力资本有正外部性，那么这种人才外流就使那些留下来的人比未发生人才外流时更穷。这个问题使决策者进退两难。一方面，美国和其他富国有最好的高等教育制度，而且穷国把它们最好的学生派到国外

即问即答

■描述政府决策者可以努力提高社会生活水平的三种方式。这些政策有什么缺点吗？

获得更高学位看来是正常的。另一方面，这些在国外生活过一段时间的学生可能选择不回国，这种人才外流将进一步减少穷国的人力资本存量。

25.3.5 健康与营养

虽然人力资本这个术语通常指教育，但它也可以用来描述另一种类型的对人的投资：使人口更健康的支出。在其他条件相同时，更健康的工人生产率更高。对人口的健康进行适当投资是一国提高生产率和生活水平的一种方法。

根据近年来经济史学家罗伯特·福格尔（Robert Fogel）的研究，长期经济增长的一个重要因素是通过更好的营养改善健康状况。他估算出，1780年在英国，约有五分之一的人缺乏营养，以至于他们不能从事体力劳动。在那些能工作的人中，摄入的热量不足大大减少了他们可以付出的工作努力。随着营养改善，工人的生产率也提高了。

福格尔部分通过观察人口的身高来研究这些历史趋势。个子矮可能是营养不良的标志，特别是在胎儿时期和儿童时期。福格尔发现，随着一国经济的发展，人们吃得更多了，而且人的个子也高了。从1775年到1975年，英国人均的热量摄入增加了26%，男性的平均身高也增加了3.6英寸。同样，在1962—1995年韩国迅猛的经济增长期间，热量的消费增加了44%，男性的平均身高则增加了2英寸。当然，人的身高是由遗传因素和环境共同决定的，但由于人的基因结构变化很慢，所以平均身高的增加最大可能是由于环境引起的——营养是最显而易见的解释。

而且，研究发现，身高是生产率的一个衡量指标。研究者观察某一个时点上大量的工人数据时，发现高个子的工人往往赚钱更多。由于工资反映了工人的生产率，这一发现表明，高个子工人生产率更高。身高对工资的影响在穷国特别显著，在这些国家营养不良是一个较大的风险。

福格尔在1993年因其对经济史的研究获得了诺贝尔经济学奖，其研究不仅包括他对营养的研究，而且还包括他对美国奴隶制和铁路在美国经济发展中的作用的研究。在他被授予诺贝尔奖时所做的演讲中，他概括了健康和经济增长之间关系的证据。他的结论是："总体营养的改善对英国1790—1980年间人均收入增长的贡献约为30%。"

今天，营养不良现象在英国和美国这些发达国家已经很少见了（肥胖是更普遍的问题）。但对发展中国家的人们而言，健康状况差和营养不足仍然是提高生产率和改善生活水平的障碍。联合国估计，在撒哈拉以南的非洲几乎有三分之一的人口处于营养不良的状态。

健康和财富之间的因果关系也是双向的。穷国的贫穷，部分是因为人们不健康，而人们不健康部分又是因为他们穷，负担不起必要的医疗和营养费用。这是一个恶性循环。但是，这个事实也揭示了良性循环的可能性：引起更快经济增长的政策自然会改善人们的健康状况，而这又会进一步促进经济增长。

THE NEWS

【新闻摘录】
食品援助计划有益还是有害

经济政策经常适得其反。下文就是一个例子。

对发展中国家的食品援助计划可能加剧武装冲突
Justin Lahart

国家陷于纷争,人民处于饥饿状态。

我们很自然的反应是送去食物,但事实上这样做可能有问题。几十年以来,救援人员、记者和其他一些人都提供了事实说明食品援助经常被当地武装滥用于自己的给养以及武器购买。护送食品的卡车和其他设备经常被劫持。

这些报告最终都被视为奇闻轶事,或者仅仅是极端、少数的案例。更何况"鸡生蛋,蛋生鸡"的问题总是存在的,比如说,是食品援助加剧了冲突纷争,还是酝酿中的争斗带来了食品援助。

但是,哈佛大学的Nathan Nunn和耶鲁大学的Nancy Qian发明了一个新方法,回避了鸡与蛋的问题,更直接地估量出到底发生了什么。他们的结论发人深省。

这两位经济学家发现,美国食品援助计划的流向与小麦关系很大。在丰收年份里,美国政府囤积小麦,作为价格支持项目的一部分。而在次年,多余的小麦就被作为食品援助运送到发展中国家。这就使经济学家们能够梳理出1972—2006年间食品流向134个发展中国家产生的影响。

他们发现,食品援助计划增加了受援国发生武装冲突的概率和持续时间。而且在拥有道路更少——食品护送车队更难绕开麻烦——的国家,以及有严重的民族分裂问题的国家,这种问题就更为突出。

经济学家们认为,由于食品体积庞大,可能需要通过政府无法控制的地区运输,因此,特别容易成为武装力量袭击的目标。因此,他们说道:"我们的研究成果不应该被推广而作为其他外国援助所产生影响的证据。"

资料来源:The Wall Street Journal, Real Time Economics blog, January 30, 2012.

25.3.6 产权和政治稳定

决策者可以促进经济增长的另一种方法是保护产权和促进政治稳定。这个问题正是市场经济如何运行的核心问题。

市场经济中的生产产生于千百万个个人与企业的相互交易。例如,当你买一辆汽车时,你就购买了汽车中间商、汽车制造商、钢铁公司、铁矿公司等的产出。生产分别在许多企业进行,就使经济的生产要素可以得到尽可能有效的利用。为了达到这个结果,经济必须协调这些企业之间以及企业和消费者之间的交易。市场经济通过市场价格实现这种协调。这就是说,市场价格是市场这个看不见的手用来使组成经济的成千上万个市场实现供求平衡的工具。

价格制度发生作用的一个重要前提是经济中广泛尊重产权。产权指人们对自己拥有的资源行使权力的能力。如果一家铁矿公司预计铁矿会被偷走,它就不会努力开采铁矿。只有公司相信它将从铁矿的随后销售中获得收益，它才会开采铁矿。由于这个原因，法院在市场经济中所起的一个重要作用是强制保护产权。在整个刑事审判制度中，法院禁止偷窃。此外，在整个民事审判制度中，法庭保证买者和卖者履行他们的合同。

发达国家的人们往往把产权视为理所当然的，而那些生活在欠发达国家的人们也明白缺乏产权会是一个严重问题。在许多国家中，司法制度不能很好地运行。合同很难得到实施，而且欺诈往往没有受到应有的惩罚。在较为极端的情况下，政府不仅不能保护产权，而且实际上还侵犯产权。在一些国家中，企业为了进行经营，需要贿赂有权的政府官员。这种腐败阻碍了市场的协调能力，它还抑制了国内储蓄和来自国外的投资。

对产权的一个威胁是政治的不稳定性。当革命和政变很普遍时，产权在未来能否得到尊重就很值得怀疑。如果一个发生革命性巨变的政府没收一些企业的资本，国内居民就很少有储蓄、投资和开办新企业的激励了。同时，外国人也很少有在该国投资的激励了。革命性巨变的威胁甚至会降低一国的生活水平。

因此，经济繁荣部分取决于政治繁荣。一个拥有有效的法院体系、忠诚的政府官员和稳定的政治局势的国家享有的生活水平将高于一个缺乏法院体系、官员腐败和经常发生革命和政变的国家。

25.3.7 自由贸易

世界上最穷的一些国家企图通过实施内向型政策来实现更快的经济增长。这些政策的目的在于通过避免与世界其他国家的相互交易来提高国内的生产率和生活水平。一些声称需要保护以避开外国竞争来生存和成长的国内企业，通常支持这种幼稚产业论。这种幼稚产业保护论与对外国人的普遍不信任结合在一起，有时会使欠发达国家的决策者实行关税和其他贸易限制。

今天大多数经济学家相信，穷国实行与世界经济融为一体的外向型政策会使其状况变好。物品与服务的国际贸易能改善一国公民的经济福利。在某些方面，贸易是一种技术。当一个国家出口小麦并进口纺织品时，该国就如同发明了一种把小麦变为纺织品的技术一样而获益。因此，取消贸易限制的国家，将经历重大技术进步之后出现的同种经济增长。

当考虑到许多欠发达国家规模不大时，内向型发展的不利影响就显而易见了。例如，阿根廷的 GDP 总量与得克萨斯州的休斯敦的 GDP 总量相近。设想一下，如果休斯敦市议会禁止本市居民与住在该市范围外的人进行贸易，会出现什么情况。当不能利用贸易的好处时，休斯敦就要生产它消费的所有物品。它还要生产它所需的所有资本品，而不是进口其他城市最先进的设备。休斯敦的生活水平马上就会下降，而且问题会一直恶化下去。这正是阿根廷在 20 世纪大部分时间里实行内向型政策所出现的情况。与此相反，实行外向型政策的国家和地区，例如韩国、新加坡和中国台湾，都有很高的经济增长率。

一国与其他国家的贸易量不仅取决于政府政策，还取决于地理环境。有天然海港的国家发现它们进行贸易要比没有这种资源的国家容易。世界上许多重要城市，例如纽约、旧金山和香港，都位于海边并不是偶然的。同样，由于内陆国家进行国际贸易更为困难，所以它们的收入水平往往低于容易接近世界航道的国家。例如，超过80%的居民住在离海岸线100公里以内的国家，其人均GDP是不到20%的居民住在海岸线附近的国家的4倍。靠近大海的关键重要性有助于解释为什么由许多内陆国家构成的非洲大陆如此贫穷。

25.3.8 研究与开发

今天的生活水平高于一个世纪前的主要原因是技术知识的进步。电话、晶体管、电脑和内燃机是提高生产物品与服务能力的成千上万个创新中的一些。

虽然大多数技术进步来自企业和个人发明家所进行的私人研究，但这之中也有政府对促进这些努力的关心。在很大程度上，知识是公共物品：这就是说，一旦某个人发现了一个思想，这个思想就进入社会的知识宝库，而且其他人可以免费使用。正如政府在提供国防这类公共物品上起作用一样，它在鼓励新技术的研究和开发中也应该起作用。

美国政府长期以来在创造和传播技术知识方面起着作用。一个世纪前，政府就资助耕作方法研究，建议农民如何最好地利用他们的土地。近年来，美国政府一直通过空军和国家航空航天局支持空间研究，因此，美国成为火箭和航天飞机的主要制造者。政府继续用来自国家科学基金和国家医疗研究所的研究资金鼓励知识进步，并用减税鼓励企业从事研究与开发。

政府政策鼓励研究的另一种方式是通过专利制度。当一个人或一个企业发明了一种新产品，例如一种新药品时，发明者可以申请专利。如果认定该产品的确是原创性的，政府就授予专利，从而给予发明者在规定年限内排他性地生产该产品的权利。在本质上，专利给予发明者对其发明的产权，这就把他的新思想从公共物品变成私人物品。通过允许发明者从其发明中获得利润——尽管只是暂时的——专利制度就增加了对个人和企业从事研究的激励。

25.3.9 人口增长

经济学家和其他社会科学家已经就人口是如何影响社会的问题争论了很久。最直接的影响是劳动力规模：人口多意味着生产物品和服务的工人多。中国人口众多是中国在世界经济中起着如此重要作用的原因之一。

但是，同时人口多也意味着消费这些物品与服务的人多。因此，尽管人口众多意味着物品与服务的总产出更多，但是它不一定意味着普通公民的生活水平高。的确，在各种经济发展层次上都可以发现大国与小国。

在这些明显的人口规模影响之外，人口增长与其他生产要素以更为微妙且引起更多争论的方式相互作用。

导致自然资源紧张 英国牧师和早期经济思想家托马斯·罗伯特·马尔萨斯（Thomas Robert Malthus，1766—1834）以其名为《论人口对未来社会进步影响的原理》（简称《人口论》）的著作而闻名于世。在这本书中，马尔萨斯提出了可能是历史上最耸人听闻的预言。马尔萨斯认为，不断增长的人口将始终制约着社会养活自己的能力，结果人类注定要永远生活在贫困之中。

马尔萨斯的逻辑是非常简单的。他从指出"食物是人类生存所必需的"以及"两性间的性欲是必然的，且将几乎保持现状"开始，得出的结论是"人口的力量永远大于地球上生产维持人类生存的必需品的力量"。根据马尔萨斯的观点，对人口增长的唯一限制是"灾难和罪恶"。他认为，教会或政府减缓贫困的

托马斯·罗伯特·马尔萨斯

图片来源：
2002 ARPL/Top ham/
The ImageWorks.

努力都是反生产的，因为这些努力仅仅是让穷人多生孩子，这对社会生产能力造成了更大的限制。

马尔萨斯也许正确地描述了他生活的时代，但幸运的是，他的可怕预言并没有变为现实。尽管过去 200 年间世界人口增长了 6 倍左右，但全世界的平均生活水平也大大提升了。由于经济增长，长期的饥饿和营养不良现在远没有马尔萨斯时代那么普遍。饥荒虽不时出现，但通常都是收入分配不平等或政治不稳定的结果，而不是食物生产不足的结果。

马尔萨斯错在哪里呢？正如我们在本章前面的案例研究中所讨论的，人类创造力的增长抵消了人口增加所产生的影响。马尔萨斯从未想到过的农药、化肥、机械化农业设备、新作物品种以及其他技术进步使每个农民可以养活越来越多的人。尽管要养活的人变多了，但由于每个农民的生产率更高了，需要的农民反而越来越少了。

IN THE NEWS

【新闻摘录】
一个经济学家的回答

为什么一些国家兴旺发达,而另一些国家远非如此,本文对这个深奥的问题提供了一个分析视角。

使一国富裕的是什么
Daron Acemoglu

我们是富国,有财产,发达。但世界上的其他大多数国家——在非洲、南亚和南美,如索马里、玻利维亚和孟加拉国——并非如此。情况总是这样,全球分为富裕与贫穷、健康与疾病流行、食物充足与饥荒,各国的不平等是空前的。平均每个美国公民的财富是危地马拉的十倍,朝鲜的二十多倍,马里、埃塞俄比亚、刚果或塞拉利昂的四十多倍。

几个世纪以来,社会科学家无法成功地解决这个问题,这是为什么?但其实,他们应该提的问题是,如何才能解决?因为不平等并不是先天的。国家并不像孩子一样——并不出生于富裕之家或贫穷之家。它们的政府决定了他们的种种状况。

你可以研究法国政治哲学家孟德斯鸠的不平等理论,他在 18 世纪中期给出了一种极为简单的解释:热带地区的人天生就懒。其后陆陆续续还有各种各样的解释:是不是马克斯·韦伯的新教伦理之工作道德是经济成功真正的驱动力?或者也许富国过去都是英国的殖民地?或者也许就是追踪哪个国家的主要人口有欧洲血统那么简单?所有这些理论的问题在于,当它们表面上适用于某些特殊情况时,另一些情况则从根本上驳倒了这些理论。

今天提出的理论也同样如此。哥伦比亚大学地球研究所主任、经济学家 Jeffrey Sachs 把相对成功的国家归因于地理和气候。他认为,在世界上最穷的地区,贫瘠而炎热的土壤使农业遇到挑战,而且炎热的天气容易引起疾病,特别是疟疾。也许如果我们能解决这些问题,教导这些国家的人民掌握更好的农业技术,消灭疟疾,或者至少可以给他们配备青霉素,以便战胜这些致命的疾病,这样就可以消除贫穷。更好的方法也许是让这些人民移民,放弃他们荒凉的土地。

著名的生态学家和畅销书作者 Jared Diamond 提出了一种不同的理论:世界不平等的起源是动植物物种的历史禀赋以及技术进步。按 Diamond 的说法,最早学会耕种作物的文化也是最早学会使用犁的文化,从而就最早采用其他技术,这就是每一个成功经济的发动机。那么也许解决世界的不平等问题取决于技术——用互联网和手机把发展中国家联系在一起。

尽管 Sachs 和 Diamond 对贫穷的某些内容提出了不错的观点,但是他们与孟德斯鸠和其他追随者有某些共同之处,即他们忽略了激励。人们需要投资和远景的激励;他们需要知道,如果他们努力工作,他们就可以赚到钱,并能实际上持有这些钱。而且,确保这种激励的关键是健全的制度——为实现目标和创新提供机会的法治、安全感以及政府体系。这正是决定从无到有的因素——不是地理、天气、技术、疾病或道德伦理。

简单地说,解决了激励你就解决了贫穷。而如果你希望解决制度问题,就必须解决政府问题。

我们如何知道制度对国家贫富如此重要呢?我们从被美国一墨西哥边界分成两半的城市 Nogales 开始。Nogales 的两个部分在地理上没有差别。天气是相同的,风是相同的,土壤也一样。在地理和气候相同的条件下,流行病的类型相同,居民的道德、文化和语言背景也相同。按逻辑,这个城市两边在经济上应该是相同的。

但它们大不相同。

边界的一边在亚利桑那州 Santa Cruz 县,家庭中位收入为 30 000 美元;离此几米之外,家庭中位收入为 10 000 美元。在一边,大多数青少年都在公立高中,而且大多数成年人拥有高中毕业学历;在另一边,只有少数居民能上高中,更不用说上大学了。亚利桑那州 65 岁以上的老人享有良好的保健和医疗服务,更不用说有效的道路网、电力、电话服务,以及可靠的污水处理和公共卫生体系;边界那边这些一件也没有,道路是坏的,婴儿死亡率高,电力和电话服务昂贵且弊端丛生。

关键的差别是边界北边的人享有法律和秩序,以及可靠的政府服务——他们可以不用担心生命、安全或财产权而去从事日常活动和工作。在另一边,相关的法律和制度并不完善。

Nogales 也许是最明显的例子,但

Daron Acemoglu

图片来源：由本人提供。

绝不是唯一的。以新加坡来说，曾经是一个贫瘠的热带岛屿，在建立起产权并鼓励贸易之后，变成亚洲最富的国家。再以中国来说，曾经有几十年的停滞，在邓小平先生开始在农业中以及又在工业中明晰产权之后改变了。再看博茨瓦纳，它的经济经历了四十年的繁荣，而非洲其他国家却在衰退，这是由于博茨瓦纳强大的部落制度以及早期民选领导人富有远见的国家建设。

现在看看经济和政治因素的影响。可以从塞拉利昂开始，这是一个缺乏有效的制度而钻石极其丰富的国家，几十年来陷于内战和动乱之中，贪污至今仍未得到制止。或者再看看朝鲜，它在地理、道德、文化上与韩国相同，但要贫穷十多倍。再看看埃及，这是世界上伟大文明的发源地之一，自从 Ottomans 及其以后欧洲人的殖民以来经济上一直停滞，战后的独立政府使情况更坏，这个政府限制所有经济活动和市场。实际上，这个理论是可以用来说明世界大多数国家的不平等模式的。

毫无疑问，全球经济发展的不平衡已经存在了上千年而且在过去一百五十年间扩大到空前的水平，要消除这种不平衡并不容易。

Daron Acemoglu 是麻省理工学院（MIT）的经济学家。

资料来源：*Esquire*，November 18, 2009.

稀释了资本存量 马尔萨斯担心人口对自然资源使用的影响，而一些现代经济增长理论则强调人口对资本积累的影响。根据这些理论，高人口增长降低了每个工人的 GDP，因为工人数量的迅速增长使资本存量被更稀薄地分摊。换句话说，当人口迅速增长时，每个工人配备的资本就减少了。每个工人分摊的资本量的减少引起生产率和人均 GDP 的降低。

就人力资本的情况而言，这个问题最明显。高人口增长的国家存在着大量学龄儿童，这就使教育体系负担更重。因此，毫不奇怪，在高人口增长的国家，教育成就往往较低。

世界各国人口的增长差别很大。在发达国家，例如美国和西欧一些国家，近几十年来每年人口增长 1% 左右，而且预期未来人口增长会更慢。与此相反，在许多贫穷的非洲国家，人口每年增长 3% 左右。按这种比率，人口每 23 年就要翻一番。这种快速的人口增长使得向工人提供他们实现高生产率水平所需的工具和技能变得很困难。

虽然快速的人口增长并不是欠发达国家贫穷的主要原因，但一些分析家相信，降低人口增长率将有助于这些国家的人民提高他们的生活水平。在一些国家，用控制家庭生养孩子数量的法律就可以直接达到这个目标；在另一些国家，降低人口增长的目标是通过提高对生育控制技术的了解来间接实现的。

国家可以影响人口增长的另一种方法是运用经济学十大原理之一：人们会对激励做出反应。抚养孩子也像任何一种决策一样有机会成本。当机会成本增加时，人们就将选择较小的家庭。特别是，有机会获得良好教育和满意工作的妇女往往要的孩子少于那些在家庭外工作机会少的妇女。因此，促进平等对待妇女的政策是欠发达国家降低人口增长率的一种方法，也许还能提高其生活水平。

促进了技术进步 虽然快速的人口增长会通过减少每个工人拥有的资本量而抑制经济繁荣，但它也有某些好处。一些经济学家提出，世界人口增长一直是技术进步和经济繁荣的发动机。机制很简单：如果有更多的人，那么就会有更多对技术进步做出贡献的科学家、发明家和工程师，每一个人都将因此而受益。

经济学家迈克尔·克瑞默（Michael Kremer）在一篇题为《人口增长与技术变革：公元前100万年到1990年》的文章中对这种假说提供了一些支持，这篇文章发表在1993年的《经济学季刊》上。克瑞默注意到，在漫长的人类历史中，世界经济增长率随着世界人口的增长而增长。例如，世界人口为10亿时（1800年左右）世界经济的增长比人口只有1亿时（公元前500年左右）要迅速。这个事实与更多的人口引起更快的技术进步的假设一致。

克瑞默的第二个证据来自对世界不同地区的比较。公元前1万年冰川纪结束时，极地冰雪融化形成的洪水冲破了大陆之间的连接地带，并把世界分为几千年中无法相互联系的几个地区。如果说当有更多的人做出发明时技术进步较为迅速，那么更大的地区就应该有更快的经济增长。

根据克瑞默的说法，这正是发生过的事情。在1500年（这一年哥伦布重建了联系）世界上最成功的地区组成了大部分欧亚非地区的"古老世界"文化。上一个技术进步是美洲的阿兹特克和玛雅文明，再往上是澳大利亚的狩猎采集者，再之前是塔斯马尼亚的原始人，他们甚至不知道用火，大多数工具是石头和骨头。

最小的岛屿地区是Flinders岛，它是塔斯马尼亚和澳大利亚之间的一个小岛。由于人口最少，Flinders岛取得技术进步的机会最少，实际上它是在退步。在公元前3000年左右，Flinders岛上的人口完全消失了。克瑞默的结论是，人口多是技术进步的前提。

25.4 结论：长期增长的重要性

在本章中，我们讨论了什么因素决定一国的生活水平，以及决策者如何通过促进经济增长的政策提高生活水平。本章的大部分内容概括在经济学十大原理之一中：一国的生活水平取决于它生产物品与服务的能力。想促进生活水平提高的决策者应该把目标定为，通过鼓励生产要素的迅速积累和保证这些要素尽可能得到有效运用来提高自己国家的生产能力。

经济学家关于政府在促进经济增长中的作用的观点并不一致。但至少政府可以通过维护产权和政治稳定来支持看不见的手。争论较多的是，政府是否应该确定并补贴那些对技术进步特别重要的特定行业。毫无疑问，这些问题是经济学中最重要的。一代决策者在学习经济增长基本结论方面成功与否，将决定下一代会继承一个什么样的世界。

内容提要

◎ 按人均GDP衡量的经济繁荣在世界各国差别很大。世界上最富裕国家的平均收入是最贫穷国家的十倍以上。由于真实GDP增长率差别也很大，所以各国的相对地位一直在急剧变动。

◎ 一个经济的生活水平取决于该经济生产物品与服务的能力。生产率又取决于物质资本、人力资本、自然资源和工人所得到的技术知识。

◎ 政府政策能以许多方式影响经济的增长率：鼓励储蓄和投资、鼓励来自国外的投资、促进教育、促进健康、维护产权与政治稳定、允许自由贸易以及促进新技术的研究与开发。

◎ 资本积累收益递减的限制：一个经济拥有的资本越多，该经济从新增加的一单位资本中得到的产量的增加就越少。结果，尽管高储蓄会引起一定时期内的高增长，但是随着资本、生产率和收入的增加，增长最终会放慢。由于收益递减，在穷国资本的收益特别高。在其他条件相同时，由于追赶效应这些国家可以增长得更快。

◎ 人口增长对经济增长有多种影响。一方面，更加迅速的人口增长会通过使自然资源供给紧张和减少每个工人可以得到的资本量而降低生产率。另一方面，更多的人口也可以提高技术进步的速度，因为会产生更多的科学家和工程师。

关键概念

生产率　　　　　　　　　　自然资源　　　　　　　　　　收益递减
物质资本　　　　　　　　　技术知识　　　　　　　　　　追赶效应
人力资本

复习题

1. 一国的GDP水平衡量什么？GDP的增长率衡量什么？你是愿意生活在一个高GDP水平而增长率低的国家，还是愿意生活在一个低GDP水平而增长率高的国家？
2. 列出并说明生产率的四个决定因素。
3. 大学学位是哪一种形式的资本？
4. 解释高储蓄率如何带来高生活水平。什么因素会阻碍决策者努力提高储蓄率？
5. 高储蓄率引起暂时的高增长还是永远的高增长？
6. 为什么取消关税这类贸易限制会引起更快的经济增长？
7. 人口增长率如何影响人均GDP的水平？
8. 说明美国政府努力鼓励技术知识进步的两种方法。

第 26 章
储蓄、投资和金融体系

设想你刚从大学毕业（当然，拥有经济学学位），并且决定开办一家企业——一家经济预测企业。在通过出售你的预测结果赚钱之前，你必须为建立你的企业支付相当一笔费用。你必须购买进行预测所用的电脑，还要购买桌子、椅子和档案柜来布置新办公室。这里的每一样东西都是你的企业将用来生产并出售服务的一种资本。

你如何得到投资于这些资本品的资金呢？也许你可以用自己过去的储蓄来为这些资本品付款。但更可能的情况是，像大多数企业家一样，你并没有足够的钱来开办自己的企业。因此，你必须从其他渠道取得你所需要的钱。

有几种方法可以为这些资本投资筹资。你可以向银行、朋友或亲戚借钱。在这种情况下，你要承诺在以后某一天不仅要还钱，还要为使用这笔钱而支付利息。此外，你也可以说服某人向你提供创办企业所需要的钱，以换取未来有利润时可以分享的权利，无论利润可能有多少。在这两种情况下，你对电脑和办公设备的投资是用别人的储蓄来筹资。

金融体系（financial system）由帮助将一个人的储蓄与另一个人的投资相匹配的机构组成。正如我们在上一章中所讨论的，储蓄和投资是长期经济增长的关键因素：当一国把其相当大部分的 GDP 储蓄起来时，就有更多的资源用于资本投资，而且较高的资本提高了一国的生产率和生活水平。然而，前一章并没有解释经济是如何协调储蓄与投资的。在任何时候，总有一些人想为未来考虑而把一些收入储蓄起来，也有另一些人想借钱来为新的、成长中的企业的投资筹资。是什么使这两部分人走到一起呢？是什么保证了那些想储蓄的人的资金供给与那些想投资的人的资金需求平衡呢？

本章将考察金融体系如何运行。第一，讨论经济中组成金融体系的各种机构；第二，讨论金融体系和一些关键宏观经济变量之间的关系，尤其是储蓄和投资之间的关系；第三，建立一个金融市场上的资金供求模型，在这个模型中利率是调整供求平衡的价格，这个模型说明了各种政府政策如何影响利率，从而影响社会对稀缺资源的配置。

> **金融体系**：经济中促使一个人的储蓄与另一个人的投资相匹配的一组机构。

26.1 美国经济中的金融机构

在最广义的层次上，金融体系使经济中的稀缺资源从储蓄者（支出小于收入的人）流动到借款者（支出大于收入的人）手中。储蓄者出于各种考虑而储蓄——为了数年后送孩子上大学或者几十年后退休时生活得更舒适。同样，借款者出于各种考虑而借钱——购买一所住房或者开办用以谋生的企业。储蓄者向金融体系提供他们的货币时，预期在以后的某一天能收回这笔有利息的储蓄。借款者向金融体系贷款时也知道要在以后的某一天偿还这笔钱和利息。

金融体系由帮助协调储蓄者与借款者的各种金融机构组成。作为分析使金融体系运行的经济力量的前提，我们讨论最重要的金融机构。金融机构可以分为两种类型——金融市场和金融中介机构。我们分别考虑每一种类型。

26.1.1 金融市场

金融市场（financial markets）是想储蓄的人可以借以直接向想借款的人提供资金的机构。我们经济中两种最重要的金融市场是债券市场和股票市场。

债券市场 当巨型电脑芯片生产商英特尔公司想借款来为建立一个新工厂筹资时，它可以直接向公众借款。它可以通过出售债券来这样做。**债券**（bond）是规定借款人对债券持有人负有债务责任的证明。简单地说，债券就是借据（IOU）。它规定了贷款偿还的时间，称为到期日，以及在贷款到期之前定期支付的利息的比率。债券的购买者将钱交给英特尔公司，换取英特尔公司关于债券利息和最后偿还借款量（称为本金）的承诺。购买者可以持有债券至到期日，也可以在到期日之前把债券卖给其他人。

在美国经济中有几百万种不同的债券。当大公司、联邦政府或州政府与地方政府需要为购买新工厂、新式喷气式战斗机或新学校筹资时，它们通常发行债券。如果你阅读《华尔街日报》或当地报纸的经济版，你就会发现报纸上列出了所发行的一些最重要债券的价格和利率。这些债券由于三个重要特点而不同。

第一个重要特点是债券的期限——债券到期之前的时间长度。一些债券是短期的，也许只有几个月，而另一些债券的期限则长达 30 年。（英国政府甚至发行了永不到期的债券，称为永久债券。这种债券永远支付利息，但从不偿还本金。）债券的利率部分取决于它的期限。长期债券的风险比短期债券大，因为长期债券持有人要等较长时间才能收回本金。如果长期债券持有人在到期日之前需要钱，他只能把债券卖给其他人，也许还要以低价出售，此外别无选择。为了补偿这种风险，长期债券支付的利率通常高于短期债券。

第二个重要特点是它的信用风险——借款人不能支付某些利息或本金的可能性。这种不能支付称为拖欠。借款人可以通过宣布破产来拖欠他们的贷款（有时他们也确实会这样做）。当债券购买者觉察到拖欠的可能性很高时，他们就需要高利率来补偿这种风险。由于一般认为美国政府有安全的信用风险，所以政府债券倾向于支付低利率。

金融市场：储蓄者可以借以直接向借款者提供资金的金融机构。

债券：一种债务证明书。

与此相反，财务状况不稳定的公司通过发行垃圾债券来筹集资金，这种债券支付极高的利率。债券购买者可以通过各种私人机构，如标准普尔公司的核查来判断信用风险，这些机构可以评定不同债券的信用风险。

第三个重要特点是它的税收待遇——税法对待债券所赚到的利息的方式。大多数债券的利息是应纳税收入，这就是说，债券所有者必须将一部分利息用于交纳所得税。与此相反，当州政府和地方政府发行市政债券时，这种债券的所有者不用为利息收入支付联邦所得税。由于这种税收利益，州政府和地方政府发行的债券支付的利率通常低于公司或联邦政府发行的债券。

股票市场 英特尔公司为建立一个新的半导体工厂而筹集资金的另一种方法是出售公司的股票。股票（stock）代表企业的所有权，所以也代表对企业所获得利润的索取权。例如，如果英特尔公司出售的股票总计为一百万股，那么每股股票就代表该公司百万分之一的所有权。

股票：企业部分所有权的索取权。

出售股票来筹集资金称为权益融资，而出售债券筹集资金称为债务融资。虽然公司既可以用权益融资的方式也可以用债务融资的方式为新投资筹集资金，但股票与债券的差别是很大的。英特尔公司股票的所有者是英特尔公司的部分所有者，而英特尔公司债券的所有者是英特尔公司的债权人。如果英特尔公司的利润极为丰厚，股票持有者就享有这种利润的利益，而债券持有者只得到其债券的利息。如果英特尔公司陷入财务困境，在股票持有者得到补偿之前，先要支付债券持有者应得的部分。与债券相比，股票既给持有者提供了高风险，又提供了潜在的高收益。

在公司通过向公众出售股份而发行了股票之后，股票持有者可以在有组织的股票市场上交易这些股票。在这些交易中，当股票易手时，公司本身并没有得到一分钱。美国经济中最重要的证券交易所是纽约证券交易所和纳斯达克（NASDAQ，即全国证券交易商协会自动报价系统）。世界上大多数国家都有自己的证券交易所，本国公司在这些交易所买卖股票。

股票市场上股票交易的价格是由这些公司股票的供求状况决定的。由于股票代表公司所有权，所以股票的需求（以及其价格）反映了人们对公司未来盈利性的预期。当人们对一个公司的未来乐观时，他们就增加对其股票的需求，从而使股票的价格上升；相反，当人们预期一个公司盈利很少，甚至会亏损时，其股票价格就会下降。

各种股票指数可以用于监测整体的股票价格水平。股票指数是计算出来的一组股票价格的平均数。最著名的股票指数是道·琼斯工业平均指数，它从1896年开始定期地被计算。它现在是根据美国最主要的30家公司，如通用电气公司、微软公司、可口可乐公司、沃尔特·迪士尼公司、美国电话电报公司（AT&T）及沃尔玛公司的股票价格来计算的。另一种知名的股票指数是标准普尔500指数，它是根据500家主要公司的股票价格计算的。由于股票价格反映了预期的盈利性，所以这些股票指数作为未来经济状况的可能指标而备受关注。

即问即答

■ 什么是股票？什么是债券？它们有什么不同之处？它们有什么相似之处？

> **参考资料** 对股市观察者而言的关键数字

当追踪任何一家公司的股票时，你应该盯住三个关键数字。在一些报纸的财经版上有这些数字的报道，你也可以很容易地从网上新闻中得到这些数字：

· 价格。关于股票最重要的一条信息是每股价格。新闻服务通常提供几种价格。"最后"价格是股票最近一次交易的价格。"收盘"价格是在前一天股票市场收盘前进行的最后一次交易的价格。新闻服务还会提供前一天交易的"最高"和"最低"价格，有时也提供前一年交易的"最高"和"最低"价格。它可能也报道在前一天收盘价格基础上发生的变动。

· 红利。公司把它的一些利润支付给股东，这称为红利。（没有支付的利润称为留存收益，被公司用于增加投资。）新闻服务通常还报道前一年每股股票支付的红利。有时还报道红利收益率，它是把红利表示为股票价格的百分比。

· 价格—收益比。公司的收益或会计利润是根据会计师衡量的出售产品得到的收入减去其生产成本。每股收益是公司总收益除以流通在外的股票总股数。价格—收益比通常称为 P/E，是公司股票的价格除以过去一年间公司的每股收益。从历史上看，一般价格—收益比在 15 左右。

P/E 高表明：相对于公司近期收益，公司股票是昂贵的；这既可能表明人们预期未来收益增加，也可能表明股票被高估了。相反，P/E 低表明：相对于公司近期收益而言，公司股票便宜；这既可能表明人们预期收益减少，也可能表明股票被低估了。

为什么新闻服务报道所有这些数据？因为许多股票投资者在决定买卖什么股票时会密切关注这些数字。与此相反，另一些股东遵循购买并持有策略：他们购买运营良好的公司的股票，并长期持有这些股票，不会对每天的波动做出反应。

26.1.2 金融中介机构

金融中介机构（financial intermediaries）是储蓄者可以借以间接地向借款者提供资金的金融机构。中介机构这个术语反映了这些机构在储蓄者与借款者之间的作用。下面我们考虑两种最重要的金融中介机构——银行和共同基金。

> **金融中介机构**：储蓄者可以借以间接地向借款者提供资金的金融机构。

银行 如果一家小杂货店的老板想为扩大经营筹资，他也许会采取与英特尔公司完全不同的策略。与英特尔公司不同，小杂货商会发现在债券和股票市场上筹资是很困难的。大多数股票和债券购买者喜欢购买大的、较熟悉的公司发行的股票和债券。因此，小杂货商最有可能通过向本地银行贷款来为自己扩大经营筹资。

银行是人们最熟悉的金融中介机构。银行的主要工作是从想储蓄的人那里吸收存款，并用这些存款向想借款的人发放贷款。银行对存款人的存款支付利息，并对借款人的贷款收取略高一点的利息。这两种利率的差额弥补了银行的成本，并给银行所有者带来一些利润。

除了作为金融中介机构，银行在经济中还起着另外一个重要的作用：它们通过允许人们根据自己的存款开支票以及使用借记卡使物品与服务的购买变得便利。换句话说，银行帮助创造出一种人们可以借以作为交换媒介的特殊资产。交换媒介是人们能方便地用来进行交易的东西。银行提供交换媒介的作用使它不同于许多其他金融机构。股票和债券也与银行存款一样，是一种可能的对人们过去储蓄积累的财富的价值储藏手段，但要使用这种财富并不像开支票或使用借记卡那样容易、便宜和迅速。就现在而言，我们不考虑银行的第二种作用，但在本书后面讨论货币制度时将要回到这个问题。

共同基金 美国经济中日益重要的一个金融中介机构是共同基金。共同基金

> **共同基金**：向公众出售股份，并用收入来购买股票与债券资产组合的机构。

（mutual fund）是一个向公众出售股份，并用收入来购买各种股票、债券，或同时包含股票与债券的选择，即资产组合的机构。共同基金的持股人接受与这种资产组合相关的所有风险与收益。如果这种资产组合的价值上升，持股人就获益；如果这种资产组合的价值下降，持股人就蒙受损失。

共同基金的首要优点是，它们可以使钱并不多的人进行多元化投资。股票和债券的投资者经常听到这样的劝告：不要把你所有的鸡蛋放在一个篮子里。由于任何一种股票或债券的价值与一个公司的前景相关，持有一种股票或债券的风险是极大的。与此相反，那些持有多元化资产组合的人面临的风险要小一些，因为它们与每个公司都只有一点利害关系。共同基金使这种多元化更容易实现。一个只有几百美元的人可以购买共同基金的股份，并间接地变为几百家主要公司的部分所有者或债权人。由于这种服务，经营共同基金的公司向股份持有者收取年费，通常为资产价值的 0.5%—2.0%。

共同基金公司所宣称的第二个优点是，共同基金使普通人获得专业资金管理者的服务。大多数共同基金的管理者密切关注他们所购买股票的公司的发展与前景。这些管理者购买他们认为有盈利前途的公司的股票，并出售前景不被看好的公司的股票。据称，这种专业化管理会提高共同基金存款者从其储蓄中得到的收益。

但是，金融经济学家往往怀疑这第二个优点。在成千上万资金管理者密切关注每家公司的前景时，一家公司股票的价格通常很好地反映了该公司的真实价值。因此，通过购买好股票并出售坏股票来做到"跑赢市场"是很困难的。实际上，有一种被称为指数基金的共同基金，它按一个既定的股票指数购买所有股票，它的业绩平均而言比通过专业资金管理者进行积极交易的共同基金还要好一些。对指数基金业绩好的解释是，它们通过极少买卖及不给专业资金管理者支付薪水而压低了成本。

26.1.3　总结

美国经济包括大量不同种类的金融机构。除了债券市场、股票市场、银行和共同基金之外，还有养老基金、信用社、保险公司，甚至地方高利贷者。这些机构在许多方面有所不同。但是，在分析金融体系的宏观经济作用时，重要的是记住这些机构的相似性而不是差异性。这些金融机构都服务于同一个目标——把储蓄者的资源送到借款者手中。

ARLO AND JANIS by Jimmy Johnson

图片来源：ARLO AND JANIS REPRINTED BY PERMISSION OF UNITED FEATURE SYNDICATE, INC.

IN THE NEWS

> 【新闻摘录】
> 大学生应该把自己作为资产销售吗

芝加哥大家经济学教授Zingales先生建议了一个为高等教育筹资的新方法。

大学毕业生可作为抵押物
Luigi Zingales

学术界的经济学家喜欢拿生意人开玩笑：生意人进入新市场时要竞争，但他们一旦进入了市场马上就游说要补贴和竞争壁垒。像我这样的学者可不这么想。我们自己就在一个最没有竞争性而补贴又最高的行业里工作——这个行业就是高等教育。

我们批评抵押贷款经纪人掠夺成性，其实学生贷款也一样应该被谩骂。为了避免下一次信贷泡沫和债务危机，我们应该取消政府补贴，而把学费筹措和大学毕业生的收入联系起来。

2010年，大约800万名学生得到了佩尔助学金，用掉了280亿美元。除此之外，2010—2011年，贫困家庭学生获得政府担保的低息贷款的联邦直接贷款项目用去了纳税人130亿美元。对大学教育的补贴一年就高达430亿美元，其中包括大约20亿美元的国会拨款——不过这还没算税收补贴（给大学教育基金的部分）、税收减免（比如为大学捐款的部分）以及用于研究的补贴。

正如给住房拥有者的补贴抬高了房价一样，教育补贴也为大学费用上涨做出了贡献。从1977年到2009年，大学学费的实际平均成本翻了一番还要多。

这些补贴也扰乱了信贷市场。由于政府为学生贷款担保，贷方没有明智地放贷的激励。做出正确决策的重担全部压在借方。而不幸的是，在没有专家建议的情况下，十八岁的学生并不善于判断投资的盈利性，即使他们得到建议，通常也都是建议他们去争取最高额的贷款。学生贷款总额已经高达1万亿美元，同时借方的违约率从2007年的6.7%跃至2009年的8.8%。

最后同样重要的是，这些补贴贷款使一些大学得以维持，但那些大学并没有为学生们增加任何价值，反而妨碍了人们积累有用的技能。

我并不认为帮助贫困家庭的学生上大学是件坏事。一个真正自由的市场体制应该是机会平等的，即使不是为公平，也是为了效率：不应该浪费人才。

治理这种低效率的最好办法是追溯问题的根源：最聪明的学生没有任何抵押物，无法轻易抵押他们未来的收入。而风险投资行业早已证明，私人部门非常善于为没有抵押的新风险项目筹资。那他们为什么不能给聪明的学生投资？

投资者可以以股权形式而不是债务形式为学生的教育投资。作为资本回报，投资者可以获得学生未来收入的一部分——或者更好的是，由于上大学而多增加的收入的一部分。（这种增加额可以通过计算实际收入与同领域高中毕业生的平均收入之差而很容易地得出。）

这不是契约劳役的现代形式，而更像是一种自愿的税收形式。这种方法使得大学教育的受益者——而不是所有的纳税人——支付大学教育的成本。

维护实施依未来收入而定的契约的成本很高，但有一个有效的解决方案：仰仗税收体系。美国国税局（IRS）可以替私人出借方承担收税服务，纳税人不必花钱。（澳大利亚从20世纪80年代开始实施这样的制度。国家税务部门强制依收入高低来安排贷款的偿还金额，但最富裕的毕业生的支付金额有上限，所以没那么富裕的毕业生就得多付，这样这个体系才能运转下去，这一点与我所提倡的制度不同。）

股权合约可以分散失败的风险，比如获得高额回报的超级明星帮助那些不那么成功的大学毕业生筹集大学学费；它们还可以避免毕业生为了还贷而从事唯利是图的工作。最重要的是这种合约还有激励机制去促使资金提供者为学生们提供明智的建议，因为投资者将从好的教育投资中获利，从坏的教育投资中受损。这样就能为学校创造出更明确的需求，使它们有压力去保持成本水平并提高质量。

这些股权合约最重要的影响是说明，我们有可能去阻止为了帮助弱势群体就以其他所有人（学生和纳税人）的利益为代价，过度补贴生产者（大学）并创造出特权阶层（比如我这样的教授）这样的事情。毕竟，当我们这些学者受益于资本主义制度时，怎么能挑剔它呢？

资料来源：*New York Times*，June 14, 2012。

26.2 国民收入账户中的储蓄与投资

金融体系中发生的事件是理解整个经济发展的关键。正如我们刚刚说明的,组成这个体系的机构——债券市场、股票市场、银行和共同基金——有协调经济中储蓄与投资的作用。而且,正如我们在前一章中说明的,储蓄与投资是长期 GDP 增长和生活水平提高的重要决定因素。因此,宏观经济学家需要知道金融市场如何运行以及各种事件和政策如何影响金融市场。

作为分析金融市场的出发点,这一节我们将讨论在这些市场中衡量经济活动的关键宏观经济变量。在这里,我们的重点不是行为而是核算。核算是指如何确定并加总各种数字。职业会计师会帮助个人加总收入与支出;国民收入会计师对整个经济做同样的事。国民收入账户特别包括了 GDP 以及许多相关的统计数字。

国民收入账户的规则包括几个重要的恒等式。我们还记得,恒等式是由于公式中定义变量的方式而必然正确的公式。记住这些恒等式是有用的,因为它们能清楚地说明不同变量相互之间的关系。我们先考虑一些说明金融市场宏观经济作用的会计恒等式。

26.2.1 一些重要的恒等式

我们还记得,国内生产总值(GDP)既是一个经济的总收入,又是用于经济中物品与服务产出的总支出。GDP(用 Y 表示)分为四部分支出:消费(C)、投资(I)、政府购买(G)和净出口(NX)。我们将其写为:

$$Y = C + I + G + NX$$

这个等式之所以是恒等式,是因为左边列示的每一美元支出也列示在右边四个组成部分中的一个部分里。由于每一个变量定义与衡量的方式,这个等式必定总能成立。

在本章中,我们通过假设所考察的经济是封闭的而把分析简化。封闭经济是不与其他经济相互交易的经济。特别是,一个封闭经济既不进行物品与服务的国际贸易,也不进行国际借贷。现实经济是开放经济——这就是说,它们与世界上其他经济相互交易。但是,假设封闭经济是一个有用的简化,利用这种简化我们可以了解一些适用于所有经济的结论,而且这个假设完全适用于世界经济(因为星际贸易尚未普及)。

由于一个封闭经济不进行国际贸易,进口与出口正好是零,因此,净出口(NX)也为零。在这种情况下,我们可以写出:

$$Y = C + I + G$$

这个等式表明,GDP 是消费、投资和政府购买的总和。一个封闭经济中出售的每一单位产出都被消费、投资,或由政府购买。

为了说明这个恒等式对于金融市场的意义,从这个等式两边减去 C 和 G,我们得出:

$$Y - C - G = I$$

等式的左边（$Y-C-G$）是在用于消费和政府购买后剩下的一个经济中的总收入，这个量称为**国民储蓄**（national saving），或简称储蓄（saving），用 S 来表示。用 S 代替 $Y-C-G$，我们可以把上式写为：

$$S = I$$

这个等式说明，储蓄等于投资。

为了理解国民储蓄的含义，多运用一下这个定义是有帮助的。假设 T 表示政府以税收的形式从家庭得到的数量减去以转移支付形式（例如社会保障和福利）返还给家庭的数量。这样，我们可以用两种方式来写出国民储蓄：

$$S = Y - C - G$$

或者

$$S = (Y - T - C) + (T - G)$$

这两个等式是相同的，因为第二个等式中的两个 T 可以相互抵消，但两个等式表明了考虑国民储蓄的不同方式。特别是，第二个等式把国民储蓄分为两部分：私人储蓄（$Y-T-C$）和公共储蓄（$T-G$）。

考虑这两部分中的每个部分。**私人储蓄**（private saving）是家庭在支付了税收和消费之后剩下来的收入量。特别是，由于家庭得到收入 Y，支付税收 T 以及消费支出 C，所以私人储蓄是 $Y-T-C$。**公共储蓄**（public saving）是政府在支付其支出后剩下来的税收收入量。政府得到税收收入 T，并支出用于购买物品与服务的 G。如果 T 大于 G，政府由于得到的资金大于其支出而有**预算盈余**（budget surplus）。这种 $T-G$ 的盈余代表公共储蓄。如果政府支出大于其税收收入，那么 G 大于 T。在这种情况下，政府有**预算赤字**（budget deficit），而公共储蓄（$T-G$）是负数。

现在来考虑这些会计恒等式如何与金融市场相关。等式 $S=I$ 说明了一个重要事实：对整个经济而言，储蓄必定等于投资。但这个事实提出了一些重要的问题：这种恒等式背后的机制是什么？是什么在协调那些决定储蓄多少的人与决定投资多少的人？答案是金融体系。在 $S=I$ 这个等式两边之间的是债券市场、股票市场、银行、共同基金，以及其他金融市场和金融中介机构。它们吸收国民储蓄，并将之用于一国的投资。

国民储蓄（储蓄）：在用于消费和政府购买后剩下的一个经济中的总收入。

私人储蓄：家庭在支付了税收和消费之后剩下来的收入。

公共储蓄：政府在支付其支出后剩下的税收收入。

预算盈余：税收收入大于政府支出的余额。

预算赤字：政府支出引起的税收收入短缺。

26.2.2 储蓄与投资的含义

储蓄和投资这两个术语有时是很容易混淆的。大多数人随意使用，而且有时还互换使用。与此相反，那些把国民收入账户放在一起的宏观经济学家谨慎而有区别地使用这两个术语。

考虑一个例子。假设 Larry 的收入大于他的支出，并把未支出的收入存在银行，或用于购买一个公司的某种股票或债券。由于 Larry 的收入大于他的消费，他增加了国民储蓄。Larry 可以认为他把自己的钱"投资"了，但宏观经济学家称 Larry 的行为是储蓄，而不是投资。

用宏观经济学的语言来说，投资指设备或建筑物这类新资本的购买。当 Moe 从银行借钱建造自己的新房子时，他就增加了一国的投资。（记住，购买新住房是家庭投资支出,而不是消费支出的一种形式。)同样,当 Curly 公司卖出一些股票,并用取得的收入来建立一座新工厂时,它也增加了一国的投资。

虽然会计恒等式 S=I 表示对整个经济来说储蓄与投资是相等的,但对每个单个家庭和企业而言,这就不一定正确了。Larry 的储蓄可能大于他的投资,他可以把超出的部分存入银行。Moe 的储蓄可能小于他的投资,他可以从银行借到不足的部分。银行和其他金融机构通过允许一个人的储蓄为另一个人的投资筹资而使个人储蓄与投资不相等成为可能。

即问即答

■定义私人储蓄、公共储蓄、国民储蓄和投资。它们如何相关?

26.3 可贷资金市场

在讨论了我们经济中的一些重要金融机构和这些机构的宏观经济作用之后,现在我们准备建立一个金融市场的模型。我们建立这个模型的目的是解释金融市场如何协调经济的储蓄与投资。这个模型还给了我们一个分析影响储蓄与投资的各种政府政策的工具。

为了使事情简化,我们假设经济中只有一个金融市场,称为**可贷资金市场**(market for loanable funds)。所有储蓄者都到这个市场存款,而所有借款者都到这个市场贷款。因此,可贷资金这个术语是指人们选择储蓄并贷出而不是用于自己消费的所有收入,以及投资者选择为新投资项目筹集资金要借的数量。在可贷资金市场上存在一种利率,这个利率既是储蓄的收益,又是借款的成本。

可贷资金市场:想储蓄的人借以提供资金、想借钱投资的人借以借贷资金的市场。

当然,单一金融市场的假设并不真实。正如我们所看到的,经济中有许多类型的金融机构。但是,正如我们在第 2 章中所讨论的,建立经济模型的技巧在于简化现实世界,从而解释现实世界。就我们的目的而言,我们可以不考虑金融市场的多样化,并假设经济中只有一个金融市场。

26.3.1 可贷资金的供给与需求

经济中的可贷资金市场和其他市场一样,都是由供给与需求支配的。因此,为了了解可贷资金市场如何运行,我们首先考察这个市场上供给和需求的来源。

可贷资金的供给来自那些有额外收入并想储蓄和贷出的人。这种贷出可以直接进行,例如,一个家庭购买一家企业的债券;也可以间接进行,例如,一个家庭在银行进行存款,银行又用这些资金来发放贷款。在这两种情况下,储蓄是可贷资金供给的来源。

可贷资金的需求来自希望借款进行投资的家庭与企业。这种需求包括家庭用抵押贷款购置住房,也包括企业借款用于购买新设备或建立新工厂。在这两种情况下,投资是可贷资金需求的来源。

利率是贷款的价格。它代表借款者要为贷款支付的货币量以及贷款者从其储蓄中得到的货币量。由于高利率使借款更为昂贵,所以,随着利率的上升,可贷资金需求量减少。同样，由于高利率使储蓄更有吸引力，所以，随着利率的上升，可贷资金供给量增加。换句话说，可贷资金的需求曲线向右下方倾斜，而可贷资金的供给曲线向右上方倾斜。

图 26-1 说明了使可贷资金供求平衡的利率。在供求均衡时，利率为 5%，可贷资金的需求量与供给量为 1.2 万亿美元。

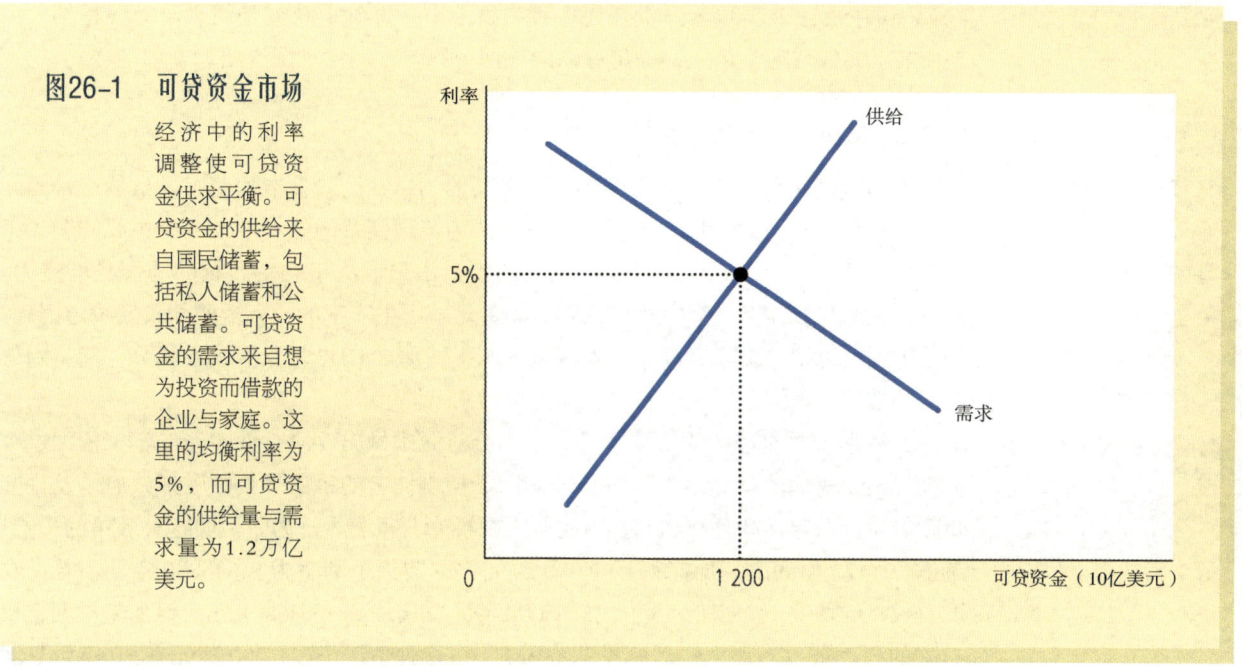

图26-1 可贷资金市场

经济中的利率调整使可贷资金供求平衡。可贷资金的供给来自国民储蓄，包括私人储蓄和公共储蓄。可贷资金的需求来自想为投资而借款的企业与家庭。这里的均衡利率为5%，而可贷资金的供给量与需求量为1.2万亿美元。

由于常见的原因，利率调整使可贷资金的供给与需求达到均衡水平。如果利率低于均衡水平，则可贷资金的供给量小于可贷资金的需求量。所引起的可贷资金短缺将鼓励贷款者提高他们所收取的利率。高利率将鼓励储蓄（从而增加可贷资金的供给量），并抑制为投资而借款（从而减少可贷资金的需求量）。相反，如果利率高于均衡水平，可贷资金的供给量就大于可贷资金的需求量。由于贷款者争夺稀缺的借款者，利率被迫下降。由此，利率趋向于使可贷资金供给与需求正好平衡的均衡水平。

我们还记得，经济学家区分了真实利率与名义利率。一般所公布的利率是名义利率——储蓄的货币收益与借款的货币成本。真实利率是根据通货膨胀校正后的名义利率，它等于名义利率减通货膨胀率。由于通货膨胀一直在侵蚀货币的价值，所以真实利率更准确地反映了储蓄的真实收益和借款的真实成本。因此，可贷资金的供求取决于真实利率（而不是名义利率），图 26-1 中的均衡应该解释为经济中的真实利率。在本章的其他部分，当你看到利率这个词时，你应该记住，我们指的是真实利率。

这个可贷资金供求模型说明了金融市场也和经济中的其他市场一样运行。例如，在牛奶市场上，牛奶价格的调整使牛奶的供给量与牛奶的需求量平衡。"看不见的手"

以这种方法协调奶牛场农民的行为与牛奶饮用者的行为。一旦我们认识到储蓄代表可贷资金的供给，投资代表可贷资金的需求，我们就可以说明"看不见的手"如何协调储蓄与投资。当利率调整使可贷资金市场供求平衡时，它就协调了想储蓄的人（可贷资金供给者）的行为和想投资的人（可贷资金需求者）的行为。

现在我们可以用这种可贷资金市场的分析来考察影响经济中储蓄与投资的各种政府政策。由于这个模型描述的只是一个特殊市场上的供给与需求，所以我们可以用第4章中讨论的三个步骤来分析任何一种政策：第一，确定政策是使供给曲线移动，还是使需求曲线移动；第二，确定移动的方向；第三，用供求图说明均衡如何变动。

26.3.2　政策1：储蓄激励

美国家庭储蓄占收入的比例小于许多其他国家，例如日本和德国。虽然这种国际差异的原因并不清楚，但许多美国决策者认为美国储蓄的低水平是一个主要问题。第1章中的经济学十大原理之一是，一国的生活水平取决于它生产物品与服务的能力。而且，正如我们在上一章中所讨论的，储蓄是一国生产率的一个重要的长期决定因素。如果美国可以把储蓄率提高到其他国家的水平，那么GDP增长率就会提高，而且随着时间的推移，美国公民可以享有更高的生活水平。

经济学十大原理中的另一个是，人们会对激励做出反应。许多经济学家依据这个原理提出，美国的低储蓄率至少部分归因于抑制储蓄的税法。美国联邦政府以及许多州政府通过对包括利息和红利在内的收入征税来获得收入。为了说明这种政策的影响，考虑一个25岁的人，他储蓄了1 000美元，并购买了利率为9%的30年期债券。在没有税收的情况下，当他55岁时，1 000美元就增加到13 268美元。但如果对利息按33%的税率征税，那么税后利率只有6%。在这种情况下，1 000美元在30年后只增加到5 743美元。对利息收入征税大大减少了现期储蓄的未来回报，因此，减少了对人们储蓄的激励。

针对这个问题，许多经济学家和法律制定者建议改变税法以鼓励储蓄。例如，一个建议是放宽特殊账户的要求，比如个人养老金账户，允许人们的某些储蓄免于纳税。我们来考虑这种储蓄激励对可贷资金市场的影响，如图26-2所示。我们遵循三个步骤来分析这种政策。

第一，这种政策影响哪一条曲线？由于在既定的利率之下，税收变动将改变家庭储蓄的激励，所以政策将影响每种利率下的可贷资金供给量。这样，可贷资金供给将会移动。由于税收变动并不直接影响借款者在利率既定时想借款的数量，所以可贷资金的需求保持不变。

第二，供给曲线向哪个方向移动？因为对储蓄征收的税额比现行税法下的税额大大减少了，所以家庭将通过减少收入中消费的份额来增加储蓄。家庭用这种增加的储蓄增加其在银行的存款或购买更多债券。可贷资金的供给增加，供给曲线将从S_1向右移动到S_2，如图26-2所示。

第三，我们比较新旧均衡。在图26-2中，可贷资金供给的增加使利率从5%下降

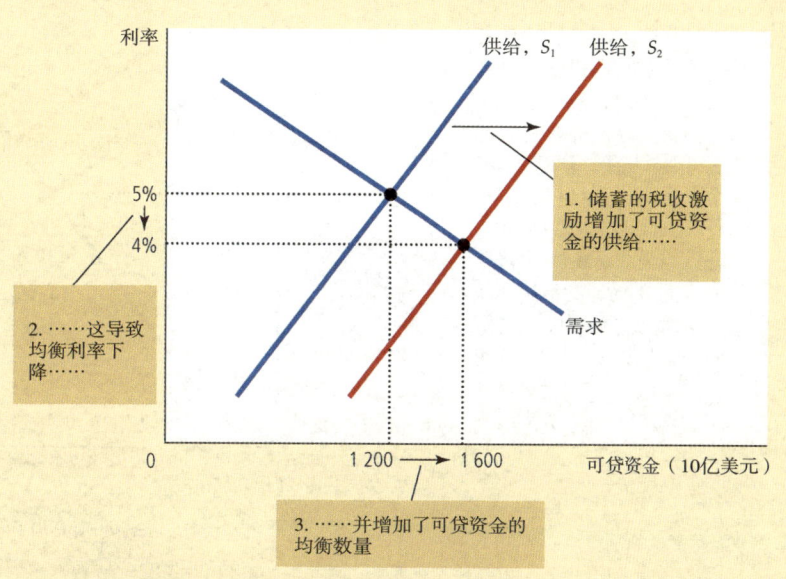

图26-2 储蓄激励增加了可贷资金供给

鼓励美国人更多地储蓄的税法变动将使可贷资金供给从 S_1 向右移动到 S_2。因此，均衡利率会下降，而且低利率刺激了投资。在图中，均衡利率从5%下降到4%，储蓄和投资的可贷资金均衡数量从1.2万亿美元增加到1.6万亿美元。

为4%。较低的利率使可贷资金需求量从1.2万亿美元增加到1.6万亿美元。这就是说，供给曲线的移动使市场均衡沿着需求曲线变动。在借款的成本较低时，家庭和企业受到刺激，从而更多地借款为更多的投资筹资。因此，<u>如果税法改革鼓励更多储蓄，则利率下降且投资增加</u>。

虽然经济学家普遍接受对增加储蓄的影响的这种分析，但他们对应该实行哪种税收变动的看法并不一致。许多经济学家支持目的在于增加储蓄以刺激投资和经济增长的税收改革。但另一些经济学家却怀疑这种税收变动会对国民储蓄有多大影响，还怀疑所建议的改革的平等性。他们认为，在许多情况下，税收变动的利益将主要归于对税收减免需求最低的富人。

26.3.3 政策2：投资激励

假设国会通过了一项税收改革法案，目的在于使投资更有吸引力。实际上，这也正是国会时常制定投资赋税减免政策时所要做的。投资赋税减免对任何一个建造新工厂或购买新设备的企业有利。我们来看这种税收改革对可贷资金市场的影响，如图26-3所示。

第一，该法案影响供给还是需求？由于税收减免将使借款并投资于新资本的企业受益，所以它将改变任何既定利率水平下的投资，从而改变可贷资金的需求。与此相反，由于税收减免并不影响既定利率水平下家庭的储蓄量，所以它不影响可贷资金的供给。

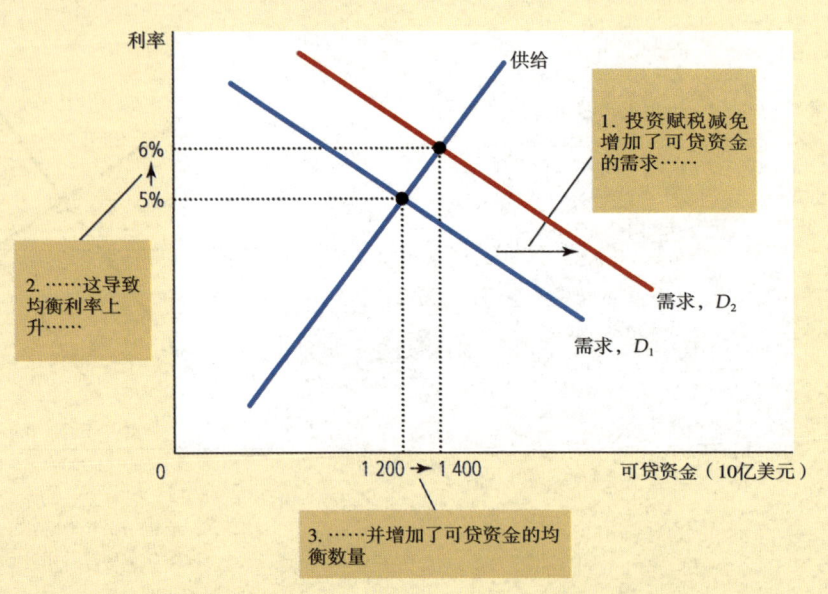

图26-3 投资激励增加了可贷资金需求

如果投资赋税减免政策的通过能够鼓励美国企业更多地投资,那么可贷资金的需求就会增加。结果,均衡利率将上升,而且更高的利率又会刺激储蓄。在图中,当需求曲线从 D_1 移动到 D_2 时,均衡利率从 5% 上升到 6%,并且储蓄和投资的可贷资金均衡数量从 1.2 万亿美元增加到 1.4 万亿美元。

第二,需求曲线向哪个方向移动?由于企业受到在任何一种利率时增加投资的激励,所以任何既定利率下的可贷资金需求量都增加了。这样,图中的可贷资金需求曲线从 D_1 向右移动到 D_2。

第三,考虑均衡如何变动。在图 26-3 中,增加的可贷资金需求使利率从 5% 上升到 6%,而更高的利率又使可贷资金供给量从 1.2 万亿美元增加到 1.4 万亿美元,因为家庭对此的反应是增加储蓄量。家庭行为的这种变动在这里用沿着供给曲线的变动来代表。因此,如果税法改革鼓励更多投资,则利率上升且储蓄增加。

26.3.4 政策3:政府预算赤字与盈余

政治争论的永恒主题是政府预算状况。回想一下,预算赤字是政府的支出超过税收收入的部分。政府通过在债券市场上借款为预算赤字筹资,过去政府借款的积累被称为政府债务。预算盈余,即政府税收收入超过政府支出的部分,可以用于偿还一些政府债务。如果政府支出正好等于税收收入,可以说政府预算平衡。

设想政府从平衡的预算开始,然后由于政府支出增加,开始出现预算赤字。我们可以通过图 26-4 所示的可贷资金市场的三个步骤来分析预算赤字的影响。

第一,当预算赤字出现时,哪一条曲线移动?我们还记得,国民储蓄——可贷资金供给的来源——由私人储蓄和公共储蓄组成。政府预算余额的变动代表公共储蓄的

即问即答

■ 如果更多人采取了"今朝有酒今朝醉"的生活方式,这将如何影响储蓄、投资和利率?

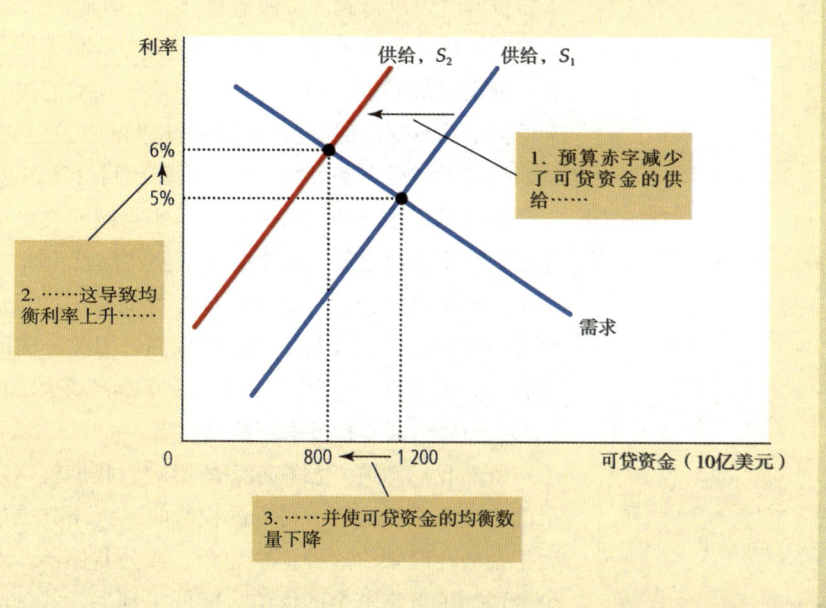

图26-4　政府预算赤字的影响

当政府支出大于税收收入时，所导致的预算赤字降低了国民储蓄。可贷资金的供给下降，均衡利率上升。这样，当政府借款为其预算赤字筹资时，有些原本要借款用于投资的家庭和企业就被挤出。在图中，当供给从 S_1 移至 S_2 时，均衡利率从 5% 上升至 6%，储蓄和投资的可贷资金均衡数量从 1.2 万亿美元降至 0.8 万亿美元。

变动，从而代表可贷资金供给的变动。由于预算赤字并不影响家庭和企业在利率既定时想要为投资筹资借款的数量，所以它没有改变可贷资金的需求。

第二，供给曲线向哪个方向移动？当政府出现预算赤字时，公共储蓄是负的，这就减少了国民储蓄。换句话说，当政府借款为其预算赤字筹资时，它就减少了可用于家庭和企业为投资筹资的可贷资金的供给。因此，预算赤字使可贷资金供给曲线从 S_1 向左移动到 S_2，如图 26-4 所示。

第三，比较新旧均衡。在图中，当预算赤字减少了可贷资金供给时，利率从 5% 上升到 6%。这种高利率之后又改变了参与借贷市场的家庭和企业的行为，特别是许多可贷资金需求者受到高利率的抑制。买新房子的家庭少了，选择建立新工厂的企业也少了。由于政府借款而引起的投资减少称为**挤出**（crowding out），在图中用可贷资金沿着需求曲线从 1.2 万亿美元变动为 0.8 万亿美元来代表。这就是说，当政府借款为其预算赤字筹资时，它挤出了那些想为投资筹资的私人借款者。

挤出：政府借款所引起的投资减少。

因此，从预算赤字对可贷资金供求的影响中直接得出的有关预算赤字的最基本结论是：当政府通过预算赤字减少了国民储蓄时，利率就会上升且投资减少。由于投资对长期经济增长很重要，所以政府预算赤字降低了经济的增长率。

你会问，为什么预算赤字影响可贷资金的供给，而不影响可贷资金的需求呢？首先，政府要通过出售债券为预算赤字筹资，从而向私人部门借钱。为什么增加的政府借款改变了供给曲线,而私人投资者增加的借款改变了需求曲线?为了回答这个问题,我们需要更准确地考察"可贷资金"的含义。这里提出的模型认为,这个词是指为私人投资筹资可以得到的资源流量,因此,政府的预算赤字减少了可贷资金的供给。相反,如果我们把"可贷资金"这个词定义为从私人储蓄中得到的资源流量,那么政府预算赤字就会增加需求,而不是减少供给。在我们描述的模型中,改变这个词的解释会引起语义上的改变,但分析的结果是相同的:在这两种情况下,预算赤字都提高了利率,从而挤出了依靠金融市场为私人投资项目筹集资金的私人借款者。

到目前为止,我们已经考察了来自政府支出增加的预算赤字,而来自减税的预算赤字也有相似的效果。减税减少了公共储蓄($T-G$)。私人储蓄($Y-T-C$)可能由于更低的税收 T 而增加,但只要家庭对减税的反应是增加消费,C 就增加,所以私人储蓄的增加额小于公共储蓄的减少额。因此,国民储蓄($S=Y-C-G$)即公共储蓄与私人储蓄的总和下降。从而,预算赤字减少了可贷资金的供给,推升了利率,挤出了那些想要为资本投资融资的借款者。

既然我们知道了预算赤字的影响,我们就可以改变分析的方向,说明政府预算盈余的相反影响。当政府得到的税收收入大于其支出时,它偿还一些未清偿的政府债务后把余额存起来。这种预算盈余,或公共储蓄,对国民储蓄做出了贡献。因此,预算盈余增加了可贷资金的供给,降低了利率,并刺激了投资。反过来,更高的投资又意味着更多的资本积累和更快的经济增长。

案例研究 美国政府债务史

美国政府的债务情况是怎样的?这个问题的答案随着时间的推移而迥然不同。图 26-5 显示了美国联邦政府债务占美国 GDP 的百分比。该图表明,政府债务占 GDP 的百分比在 0(1836 年)至 107%(1945 年)之间波动。

债务—GDP 比率是政府财政状况的一个标志。由于 GDP 是政府税基的粗略衡量指标,所以,债务—GDP 比率的下降表明:相对于政府筹集税收收入的能力,它的债务减少了。这就表明,从某种意义上说,政府是在其财力之内运转。与此相反,债务—GDP 比率上升意味着:相对于政府筹集税收收入的能力,它的债务在增加。这往往被解释为财政政策——政府支出和税收收入——不能以现在的水平一直维持下去。

在历史上,政府债务波动的主要原因是战争。当战争爆发时,政府的国防支出大幅度增加,用以支付士兵的薪酬和军事装备。税收通常也会增加,但一般远远小于支出的增加。结果是预算赤字和政府债务增加。当战争结束时,政府支出减少,债务—GDP 比率也开始下降。

有两个理由使人们相信,为战争而进行的债务筹资是一种合适的政策。第一,它可以使政府一直保持税率平稳。如果没有债务筹资,税率在战争期间就会急剧上升,而且这会引起经济效率大幅度下降。第二,为战争筹资的债务将部分战争费用转移给子孙后代,他们将不得不偿还政府债务。这是一种有争议的公平负担分摊,因为当一代人为保卫国家免受外国侵略而战斗时,他们的子孙后代会从中受益。

不能用战争解释的政府债务的一次大幅度增加是在 1980 年左右开始出现的。当罗纳德·里根(Ronald Reagan)总统在 1981 年执政时,他承诺缩小政府支出并减税。但他发现削减政府支出在政治上比减税要困难,结果一个存在大量预算赤字的时期自此开始,这个时期不仅在整个里根当政期间一直持续,而且以后还持续了许多年。结果,政府债务从 1980 年占 GDP 的 26% 上升到 1993 年占 GDP 的 50%。

由于政府预算赤字减少了国民储蓄、投资和长期经济增长,这也正是 20 世纪 80 年代期间政府债务增加使许多经济学家和决策者头疼的原因。当比尔·克林顿(Bill Clinton)在 1993 年入主白宫时,减

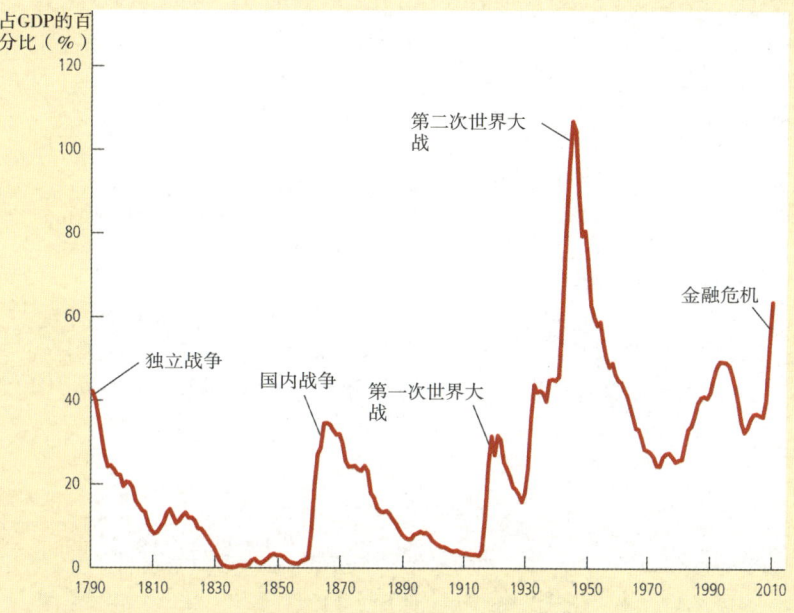

图26-5 美国政府债务

在图中，用占GDP百分比表示的美国联邦政府债务在历史上一直在变动。战时的支出通常都与政府债务大幅度增长相关。

资料来源：U.S. Department of Treasury; U.S. Department of Commerce; and T.S. Berry, "Production and Population since 1789", Bostwick Paper No. 6, Richmond, 1988.

少赤字是他的第一个主要目标。同样，当共和党在1995年控制了国会时，减少赤字在其立法议事日程中也占有重要的地位。这两方面的努力大大降低了政府预算赤字的规模，此外，90年代后期的经济繁荣也使税收收入增加。最终联邦政府由赤字变为盈余，在这些年间，债务—GDP比率大大下降了。

在乔治·W. 布什（George W. Bush）总统任期的前几年，由于预算盈余变成预算赤字，债务—GDP比率又不再下降了。这一变动有三个原因：第一，布什总统签署了2000年他在竞选期间承诺的几项主要税收减免的法律。第二，在2001年，美国经济经历了一次衰退（经济活动的减少），从而自动减少了税收收入并增加了政府支出；第三，"9·11"恐怖袭击后国家安全方面的支出以及其后对伊拉克和阿富汗的战争导致政府支出增加。

债务—GDP比率真正的急剧上升是从2008年开始的，这时经济经历了金融危机和严重的衰退。（接下来的"参考资料"专栏将简要介绍这个问题，在以后一些章节中我们将更全面地讨论这个问题。）衰退自动地增加了预算赤字，而由布什和奥巴马政府为应对衰退而通过的一些政策措施又进一步减少了税收收入并增加了政府支出。从2009年到2012年，联邦政府的预算赤字平均占GDP的9%左右，这是第二次世界大战以来最大的赤字。用借款为这些赤字筹资就引起了债务—GDP比率的大幅度上升，正如图26-5中所显示的。

参考资料 金融危机

在2008年和2009年，美国和世界上许多其他主要国家经历了金融危机，这场金融危机引起了经济的严重衰退。在本书的后面，我们将详细考察这些事件。但由于本章介绍了金融体系，因此我们简要讨论一下金融危机的主要表现。

金融危机的第一个表现是一些资产的价格大幅度下跌。在2008年和2009年，这些价格下跌的资产是不动产。在经历了头十年的高涨之后，住房价格在短短几年间下跌了约30%。自20世纪30年代以来，美国还没有出现过不动产价格这样大幅度的下跌。

金融危机的第二个表现是金融机构的破产。在 2008 年和 2009 年，许多银行和金融企业通过持有以不动产为抵押的贷款，实际上把赌注压在不动产价格上。当房产价格下跌时，大量房东无法偿还贷款，这些拖欠就使一些金融机构走向破产。

金融危机的第三个表现是对金融机构信心的下降。尽管银行中的一些存款由政府的政策保证，但并非所有的存款都如此。随着破产的蔓延，每一家金融机构都可能成为下一个破产者。在这些金融机构中有未被保险覆盖的存款的个人和企业就会提取他们的钱。面对提款狂潮，银行开始出售资产（有时是以低价"抛售"），同时削减新贷款。

金融危机的第四个表现是信贷不足。由于许多金融机构面临困难，借款者即使有有利可图的投资项目，也很难得到贷款。实际上，金融体系已经很难起到把储蓄者的资源转移到有最好投资机会的借款者手中的正常作用。

金融危机的第五个表现是经济下滑。由于人们无法为新投资项目筹资，对物品与服务的整体需求也就减少了。因此，国民收入减少，同时失业增加，原因我们将在本书后面进行更充分的讨论。

金融危机的第六个也是最后一个表现是一种恶性循环。经济下滑减少了许多公司的利润和许多资产的价值。因此，我们又回到第一步，金融体系的问题和经济下滑相互强化。

像 2008 年和 2009 年这样的金融危机可能产生严重的后果。幸运的是，金融危机结束了。也许是由于政府政策的某种帮助，金融机构最终站稳了脚跟，并且恢复了其金融中介机构的正常职能。

26.4 结论

莎士比亚的《哈姆雷特》中的波罗纽斯建议他的儿子"既不当债务人也不当债权人"。如果每个人都遵循这个建议，本章也就没有必要了。

很少有经济学家同意波罗纽斯的看法。在我们的经济中，人们常常向别人借钱，也借钱给别人，而且通常都有充分的理由。你可以在某一天借钱开办自己的企业或买一所房子。而且，人们也会贷款给你，希望你支付的利息能使他们享受更好的退休生活。金融体系有协调所有这些借款与贷款活动的作用。

在许多方面，金融市场和经济中的其他市场一样。可贷资金的价格——利率——由供求的力量决定，正如经济中的其他价格一样。而且我们也可以像分析其他市场一样分析金融市场上供给或需求的变动。第 1 章中介绍的经济学十大原理之一是，市场通常是组织经济活动的一种好方法。这个原理也适用于金融市场。当金融市场使可贷资金的供求平衡时，它们就有助于使经济中的稀缺资源得到最有效的配置。

但是，金融市场在一个方面是特殊的。与大多数其他市场不同，金融市场起着联系现在与未来的重要作用。那些提供可贷资金的人——储蓄者——之所以这样做，是因为他们想把一些现期收入变为未来的购买力。那些需要可贷资金的人——借款者——之所以这样做，是因为他们想要现在投资，以便未来有生产物品与服务的额外资本。因此，运行良好的金融市场不仅对现在这一代人是重要的，而且对将要继承相应利益的他们的子孙后代也是重要的。

内容提要

◎ 美国金融体系由各种金融机构组成，例如，债券市场、股票市场、银行和共同基金。所有这些机构的作用都是使那些想把一部分收入储蓄起来的家庭的资源流入到那些想借款的家庭和企业的手中。

◎ 国民收入账户恒等式说明了宏观经济变量之间的一些重要关系。特别是，对一个封闭经济来说，国民储蓄一定等于投资。金融机构是使一个人的储蓄与另一个人的投资相匹配的机制。

◎ 利率由可贷资金的供求决定。可贷资金的供给来自想把自己的一部分收入储蓄起来并借贷出去的家庭。可贷资金的需求来自想借款投资的家庭和企业。为了分析任何一种政策或事件如何影响利率，我们应该考虑它如何影响可贷资金的供给与需求。

◎ 国民储蓄等于私人储蓄加公共储蓄。政府预算赤字代表负的公共储蓄，从而减少了国民储蓄和可用于为投资筹资的可贷资金供给。当政府预算赤字挤出了投资时，它就降低了生产率和GDP的增长。

关键概念

金融体系	共同基金	预算盈余
金融市场	国民储蓄（储蓄）	预算赤字
债券	私人储蓄	可贷资金市场
股票	公共储蓄	挤出
金融中介机构		

复习题

1. 金融体系的作用是什么？说出作为金融体系一部分的两种市场的名称并描述之。说出两种金融中介机构的名称并描述之。
2. 为什么那些拥有股票和债券的人要使自己持有的资产多样化？哪种金融机构进行多样化更容易？
3. 什么是国民储蓄？什么是私人储蓄？什么是公共储蓄？这三个变量如何相关？
4. 什么是投资？它如何与国民储蓄相关？
5. 描述可以增加私人储蓄的一种税法变动。如果实施了这种政策，它会如何影响可贷资金市场呢？
6. 什么是政府预算赤字？它如何影响利率、投资以及经济增长？

第 27 章
金融学的基本工具

在生活中，有时你必须与经济中的金融体系打交道。你将把你的储蓄存入银行账户，或者你要借住房抵押贷款买房。在你找到一份工作以后，你将决定是否把你的退休金账户里的钱投资于股票、债券或其他金融工具。如果你努力理出自己的股票组合，你就要决定把赌注压在通用电气这样已有良好信誉的公司上，还是脸书这样的新公司上。而且，只要你看晚间新闻，你就会听到有关股市上涨或下跌的报道，同时还经常徒劳地企图解释为什么市场这样行事。

如果思考一下在一生中你将做出的许多金融决策，你会在几乎所有这些事情中看到两个相关的要素：时间和风险。正如我们在前面两章中说明的，金融体系协调经济的储蓄与投资，而储蓄与投资又是经济增长的关键决定因素。更为重要的是，金融体系涉及我们每天进行的决策和行为，这些决策和行为将影响我们未来的生活。但未来是不可知的，当个人决定留存一些储蓄或企业决定进行一项投资时，决策依据的是对可能结果的猜测。但是实际结果可能与我们预期的完全不同。

本章介绍一些工具，有助于我们理解人们在参与金融市场时所做出的决策。**金融学**（finance）学科详细介绍了这些工具，你可以选修集中讨论这个主题的课程。但是，由于金融体系对经济的作用如此重要，所以金融学的许多基本观点对理解经济如何运行也是至关重要的。金融学工具会有助于你思考一生中将要做出的一些决策。

本章包括三个主题：第一，讨论如何比较不同时点的货币量；第二，讨论如何管理风险；第三，根据对时间和风险的分析，考察什么决定一种资产比如一股股票的价值。

金融学：研究人们如何在某一时期内做出关于配置资源和应对风险的决策的学科。

27.1 现值：衡量货币的时间价值

设想某个人今天给你 100 美元或 10 年后给你 100 美元。你将选择哪一个呢？这是一个简单的问题。今天得到 100 美元更好，因为你总是可以把这笔钱存入银行，在

10年中你仍然拥有这笔钱，顺便还赚到了利息。结论是，今天的钱比未来同样数量的钱更值钱。

现在考虑一个难一点儿的问题：设想某人今天给你 100 美元或 10 年后给你 200 美元。你将选择哪一个呢？为了回答这个问题，你需要用某种方法来比较不同时点上的货币量。经济学家为此引入了现值的概念。任何未来一定量货币的**现值**（present value）是在现行利率下产生这一未来货币量所需要的现在货币量。

为了了解如何运用现值的概念，我们通过两个简单的例子来说明：

问题：如果你今天把100美元存入银行账户，在N年后这100美元将值多少？也就是说，这100美元的**终值**（future value）是多少？

解答：我们用r代表以小数形式表示的利率（因此，5%的利率意味着$r=0.05$）。假设每年支付利息，而且所支付的利息仍然在银行账户上继续生息——一种称为**复利**（compounding）的过程，那么100美元将是：

$(1+r) \times 100$美元	1年以后
$(1+r) \times (1+r) \times 100$美元 $= (1+r)^2 \times 100$美元	2年以后
$(1+r) \times (1+r) \times (1+r) \times 100$美元 $= (1+r)^3 \times 100$美元	3年以后
……	……
$(1+r)^N \times 100$美元	N年以后

例如，如果我们按5%的利率投资10年，那么100美元的终值将是 $(1.05)^{10} \times 100$ 美元，即163美元。

问题：现在假设你在N年后将得到200美元。这笔未来收入的现值是多少呢？这就是说，为了在N年后得到200美元，你现在必须在银行中存入多少钱？

解答：为了回答这个问题，要回到前一个答案。在上一个问题中，我们用现值乘以 $(1+r)^N$ 来计算终值。为了由终值计算现值，我们用 $(1+r)^N$ 来除终值。因此，N年后的200美元的现值是200美元$/(1+r)^N$。如果这个量是今天存入银行中的，那么在N年后它将变成 $(1+r)^N \times [200$美元$/(1+r)^N]$，即200美元。例如，如果利率是5%，10年后的200美元的现值就是200美元$/(1.05)^{10}$，即123美元。这就意味着今天在利率为5%的银行账户中存入123美元，10年后就得到200美元。

这说明了如下具有普遍性的公式：

- 如果利率是r，那么在N年后将得到的X量的现值是 $X/(1+r)^N$。

由于赚到利息的可能性使现值降到X量之下，所以寻找一定量未来货币现值的过程称为贴现。这个公式准确表示出，未来一定的货币量应该贴现为多少。

现在我们回到以前的问题：你应该选择今天的100美元，还是10年后的200美元呢？我们可以从现值的计算中推导出，如果利率是5%，你应该选择10年后的200美元。未来200美元的现值是123美元，这大于100美元。等待未来的收入，你的状况会更好。

现值：用现行利率产生一定量未来货币所需要的现在货币量。

终值：在现行利率既定时，现在货币量将带来的未来货币量。

复利：货币量的累积，比如说银行账户上货币量的累积，即赚得的利息仍保留在账户上以赚取未来更多的利息。

要注意的是，这一问题的答案取决于利率。如果利率是 8%，那么 10 年后的 200 美元的现值是 200 美元 / $(1.08)^{10}$，即只有 93 美元。在这种情况下，你应该选择今天的 100 美元。为什么利率对你的选择至关重要呢？答案是利率越高，你把钱存在银行能赚到的钱越多，因此，得到今天的 100 美元也就越有吸引力。

现值的概念在许多应用中是很有用的，包括评价投资项目时公司所面临的决策。例如，设想通用汽车公司正在考虑建立一个新的工厂。假设建厂今天将耗资 1 亿美元，并在 10 年后给公司带来 2 亿美元收益。通用汽车公司应该实施这个项目吗？你可以看到，这种决策完全和我们研究过的决策一样。为了做出决策，公司将比较 2 亿美元收益的现值和 1 亿美元的成本。

因此，公司的决策将取决于利率。如果利率是 5%，那么工厂 2 亿美元收益的现值是 1.23 亿美元，公司将选择支付 1 亿美元的成本。与此相反，如果利率是 8%，那么收益的现值仅为 0.93 亿美元，公司将决定放弃这个项目。因此，现值的概念有助于解释为什么当利率上升时，投资——可贷资金的需求量——减少。

下面是现值的另一种应用：假设你赢得了 100 万美元的彩票并面临一个选择，在未来 50 年中每年支付给你 2 万美元（总计 100 万美元），或者立即支付给你 40 万美元。你应该选择哪一个呢？为了做出正确的选择，你需要计算支付流的现值。我们假设利率是 7%，在完成了与以上类似的 50 次计算（每支付一次计算一次）并把结果加总之后，你就会知道，在利率为 7% 时，这笔 100 万美元奖金的现值仅为 27.6 万美元。你选择立即支付 40 万美元会更好。100 万美元看来是很多钱，但一旦贴现为现值后，未来的现金流就远不那么值钱了。

即问即答
■ 利率是7%，10年后得到的150美元的现值是多少？

参考资料　复利计算的魔力与 70 规则

假设你观察到，一个国家每年的平均增长率为 1%，而另一个国家每年的平均增长率为 3%。乍一看，这并不是什么大事。2% 会产生多大差别呢？

答案是：会产生很大差别。在写成百分比时看来很小的增长率在许多年的复利计算之后会变得很大。

我们来看一个例子。假设两个大学毕业生——Marshall 和 Lily——在 22 岁时都找到了第一份年收入为 3 万美元的工作。Marshall 生活在一个所有收入都按每年 1% 增长的经济中，而 Lily 生活在一个所有收入都按每年 3% 增长的经济中。简单明了的计算可以表明所发生的情况。40 年后，当两人都 62 岁时，Marshall 一年收入为 4.5 万美元，而 Lily 一年收入为 9.8 万美元。由于增长率 2% 的差别，在老年时 Lily 的收入是 Marshall 的两倍多。

一个称为 70 规则的古老经验规则有助于理解增长率和复利计算的结果。根据 70 规则，如果某个变量每年按 $x\%$ 增长，那么大约在 $70/x$ 以后，该变量翻一番。在 Marshall 的经济中，收入按每年 1% 增长，因此，收入翻一番需要 70 年左右的时间。在 Lily 的经济中，收入按每年 3% 增长，因此，收入翻一番需要大约 70/3 年，即 23 年。

70 规则不仅适用于增长的经济，而且还适用于增长的储蓄账户。下面是一个例子：1791 年，本·富兰克林（Ben Franklin）去世，留下为期 200 年的 5 000 美元投资，用于资助医学院学生和科学研究。如果这笔钱每年赚取 7% 的收益（实际上，这是非常可能的），那么这笔投资的价值每 10 年就能翻一番。在 200 年中，它就翻了 20 倍。在 200 年复利计算结束时，这笔投资将值 $2^{20} \times 5\,000$ 美元，约为 50 亿美元。（实际上，富兰克林的 5 000 美元在 200 年中只增加到 200 万美元，因为一部分钱在此期间花掉了。）

正如这些例子所表明的，许多年中增长率和利率的复利计算会带来惊人的结果。也许这就是阿尔伯特·爱因斯坦（Albert Einstein）称复利计算为"有史以来最伟大的数学发现"的原因。

27.2 风险管理

生活充满了赌博。当你去滑雪时，你有摔断腿的风险。当你开车去上班时，你有发生车祸的风险。当你把储蓄投入股市时，你要面临股价下跌的风险。对这种风险的理性反应不是一定要不计成本地去回避它，而是在你做决策时要考虑到风险。现在我们看看一个人能对风险做些什么。

27.2.1 风险厌恶

大多数人是风险厌恶（risk aversion）的。这就意味着，人们更不喜欢坏事发生在他们身上。这也意味着，他们对坏事的厌恶甚于对可比的好事的喜欢。

风险厌恶：不喜欢不确定性。

例如，假设一个朋友向你提供了下面的机会。她将掷硬币。如果面朝上，她支付给你 1 000 美元。但如果背朝上，你必须给她 1 000 美元。你会接受这个交易吗？如果你是一个风险厌恶者，你不会接受。对一个风险厌恶者来说，失去 1 000 美元的痛苦大于赢得 1 000 美元的快乐。

经济学家用效用的概念建立了风险厌恶模型。效用是一个人对福利或满足的主观衡量。如图 27-1 的效用函数所示，每种财富水平都给出一定的效用量。但这个函数表现出边际效用递减的性质，即一个人拥有的财富越多，他从增加的 1 美元中得到的

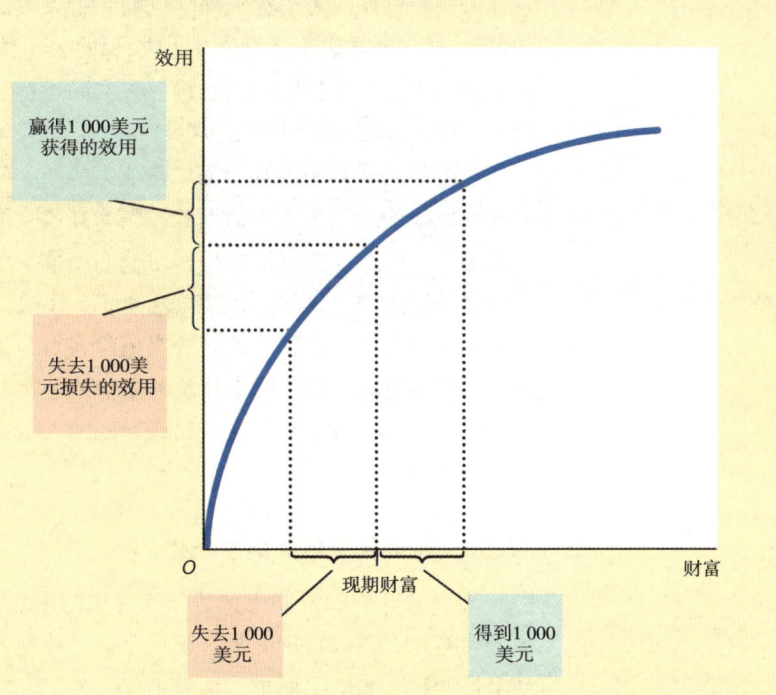

图27-1 效用函数

这个效用函数表示，效用，即满足的主观衡量，如何取决于财富。随着财富的增加，效用函数变得平坦，这反映了边际效用递减的性质。由于边际效用递减，损失 1 000 美元减少的效用大于得到 1 000 美元增加的效用。

效用越少。因此，在图 27-1 中，随着财富的增加，效用函数越来越平坦。由于边际效用递减，失去 1 000 美元损失的效用大于赢得 1 000 美元获得的效用。因此，人们是风险厌恶者。

风险厌恶为我们提供了解释我们在经济中所观察到的各种事情的出发点。现在我们来考虑其中的三件事：保险、多元化与风险—收益权衡取舍。

27.2.2　保险市场

应对风险的一种方法是购买保险。保险合同的一般特点是，面临风险的人向保险公司支付一笔保险费，作为回报，保险公司同意接受所有或部分风险。保险类型有许多种。汽车保险补偿遭遇车祸的风险，火灾保险补偿房子遭受火灾的风险，医疗保险补偿可能需要昂贵医疗的风险，而人寿保险补偿被保险人死亡后留下没有收入的家人的风险。还有应对长寿的保险：你今天交纳一笔保险费，保险公司将向你支付一笔年金——每年的一笔定期收入，直到你去世为止。

在某种意义上说，每一份保险合同都是一场赌博。很可能你没有遭遇车祸，你的房子也没着火，你也不需要昂贵的医疗。在大多数年份，你将向保险公司交纳保险费，而除了心境平和之外你什么也没得到。实际上，保险公司正是依赖这一事实：大多数人并不会按保单提出索赔；否则，它就无法向少数不幸的人支付大量索赔并持续经营下去。

从整个经济的角度看，保险的作用并不是消除生活中固有的风险，而是更有效地分摊风险。例如，考虑火灾保险。购买了火灾保险的投保人并不会因此减少房子着火的风险。但是，如果不幸发生了火灾，保险公司就会赔偿你。风险不是由你一个人承担，而是由成千上万个保险公司的投保人共同承担。由于人们是风险厌恶者，因此，一万个人承担万分之一的风险比你自己一个人承担全部风险容易得多。

保险市场受到制约其分摊风险能力的两类问题的困扰。一是逆向选择：高风险的人比低风险的人更可能申请保险，因为高风险的人从保险的保护中获益更大。二是道德风险：人们在购买保险之后，对他们谨慎从事以规避风险的激励小了，因为保险公司将会补偿大部分损失。保险公司意识到了这些问题，但它们无法充分保护自己免受损失。保险公司无法很好地区分高风险客户与低风险客户，而且它也无法监测其客户的所有风险行为。保单的价格反映了保险公司在售出保险后将面对的实际风险。保费很高是一些人，特别是知道自己风险低的人，决定不购买保险而是自己承受生活中的某些不确定性的原因。

27.2.3　企业特有风险的多元化

2002 年，曾经规模庞大且备受尊敬的安然公司在被控诈骗和会计违规中破产了。该公司的几位高层管理人员被起诉，最终被判入狱。但是，这个事件最悲惨的部分是受牵连的数千名低层雇员。他们不仅失去了工作，而且许多人还失去了他们一生的储蓄。这些雇员将大约三分之二的退休基金投资于安然股票，现在这些股票一文不值。

如果说金融学向风险厌恶者提供了实用的建议，那就是"不要把你所有的鸡蛋放在一个篮子里"。你以前可能听说过这句话，但是金融学把这个传统智慧变成了科学。它称为**多元化**（diversification）。

保险市场是多元化的一个例子。设想一个城镇有一万名房主，每一个都面临房子遭受火灾的风险。如果某人开办了一家保险公司，而且镇上的每个人既是该公司的股东又是该公司的保险客户，那么他们都通过多元化而降低了风险。现在每个人面对一万次可能发生的火灾的万分之一的风险，而不是自己家里一次火灾的全部风险。除非整个镇子同时发生火灾，否则每个人面临的风险就大大降低。

当人们用储蓄购买金融资产时，他们也可以通过多元化来降低风险。购买一家公司股票的投资者是在和该公司未来的利润率打赌。这种孤注一掷的风险往往很大，因为公司的未来是难以预期的。微软从由一些十几岁的毛孩子开始创建到发展为世界上最有价值的公司仅仅用了几年；安然从世界上最受尊敬的公司之一到几乎一文不值仅仅用了几个月。幸运的是，一个股东并不一定要把自己的未来与任何一家公司联系在一起。人们可以通过打大量的小赌，而不是少量大赌来降低风险。

图 27-2 表明了股票有价证券组合的风险如何取决于这种组合中股票的数量。这里的风险用统计学中的标准差衡量，你可能在数学或统计学课上听过这个词。标准差

多元化：通过用大量不相关的小风险代替一种风险来降低风险。

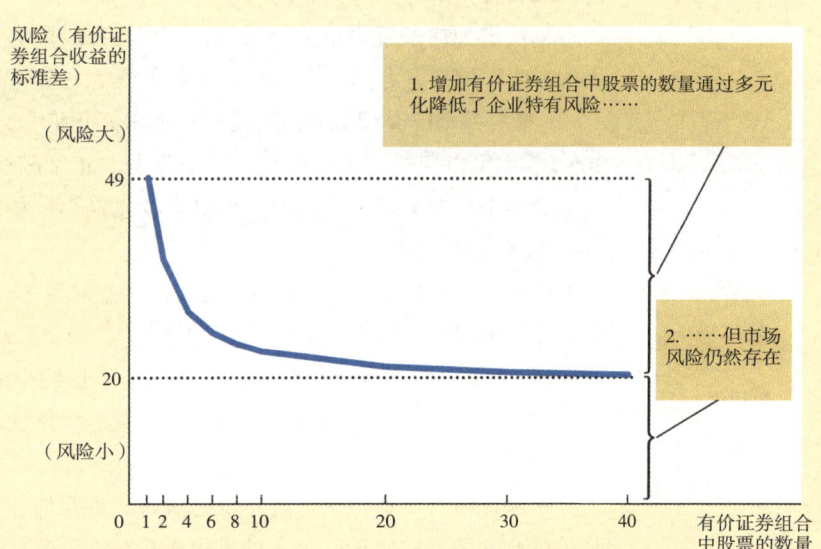

图27-2　多元化降低风险

该图表明了用标准差来衡量的有价证券组合的风险如何取决于有价证券组合中股票的数量。假设投资者把其有价证券组合的相同百分比投入每一种股票。增加股票数量减少了股票有价证券组合的风险，但并没有消除风险。

资料来源：Adapted from Meir Statman, "How Many Stocks Make a Diversified Portfolio?" *Journal of Financial and Quantitative Analysis* 22（September, 1987）：353—364.

衡量变量的变动，即变量的波动可能有多大。有价证券组合收益的标准差越大，组合收益可能越易变化，而且该组合持有者不能得到其预期收益的风险越大。

该图表明，股票有价证券组合的风险随着股票数量的增加而大大降低。对于有价证券组合来说，如果只有一种股票，标准差是 49%；从 1 种股票增加到 10 种股票，风险消除了约 50%；从 10 种股票增加到 20 种股票，风险又降低了 13%。随着股票数量的继续增加，风险继续下降，但在有价证券组合中包含 20 或 30 种股票以后风险的下降幅度就很小了。

要注意的是，通过增加有价证券组合中的股票数量来消除所有风险是不可能的。多元化可以消除**企业特有风险**（firm-specific risk）——与某家公司相关的不确定性，但是不能消除**市场风险**（market risk）——与整个经济相关的影响所有在股市上交易的公司的不确定性。例如，当经济进入衰退期时，大多数公司都要经历销售量减少、利润下降以及股票收益降低。多元化降低了持有股票的风险，但并没有消除它。

企业特有风险：只影响一家公司的风险。

市场风险：影响股市上所有公司的风险。

27.2.4 风险与收益的权衡取舍

第 1 章的经济学十大原理之一是人们面临权衡取舍。与理解金融决策最相关的权衡取舍是风险和收益之间的权衡取舍。

正如我们已经说明的，即使在多元化有价证券组合中，持有股票也存在固有风险。但是，风险厌恶者愿意接受这种不确定性，因为他们这样做会得到补偿。从历史上看，股票提供的收益率远远高于其他可供选择的金融资产，比如债券和银行储蓄账户。在过去的两个世纪中，股票提供的平均真实收益率为每年 8% 左右，而短期政府债券支付的真实收益率每年只有 3%。

当决定如何配置自己的储蓄时，人们必须决定为了赚取高收益，他们愿意承担多大的风险。例如，考虑一个人在两种资产类型之间配置资产组合时如何做出选择：

- 第一种资产类型是有风险的股票的多元化组合，平均收益率为 8%，而标准差为 20%。（你可以回忆一下数学或统计学课程，正常随机变量约有 95% 的时间出现在其均值的两个标准差之内。因此，当真实收益以 8% 为中心时，它通常是在收益 48% 到亏损 32% 之间变动。）

- 第二种资产类型是安全的替代品，收益率为 3%，而标准差为零。安全的替代品既可以是银行储蓄账户，也可以是政府债券。

图 27-3 说明了风险与收益的权衡取舍。该图中的每一点都代表有风险的股票与安全的资产之间的某一种有价证券组合配置。该图说明，投入的股票越多，风险和收益就越大。

了解风险—收益权衡取舍本身并没有告诉我们一个人应该做什么。对风险和收益某种组合的选择取决于一个人的风险厌恶程度，这反映了他的偏好。但是，对股票持有者来说，认识到他们享有的高平均收益要以高风险为代价是很重要的。

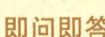

即问即答

■ 描述风险厌恶者降低他所面临的风险的三种方法。

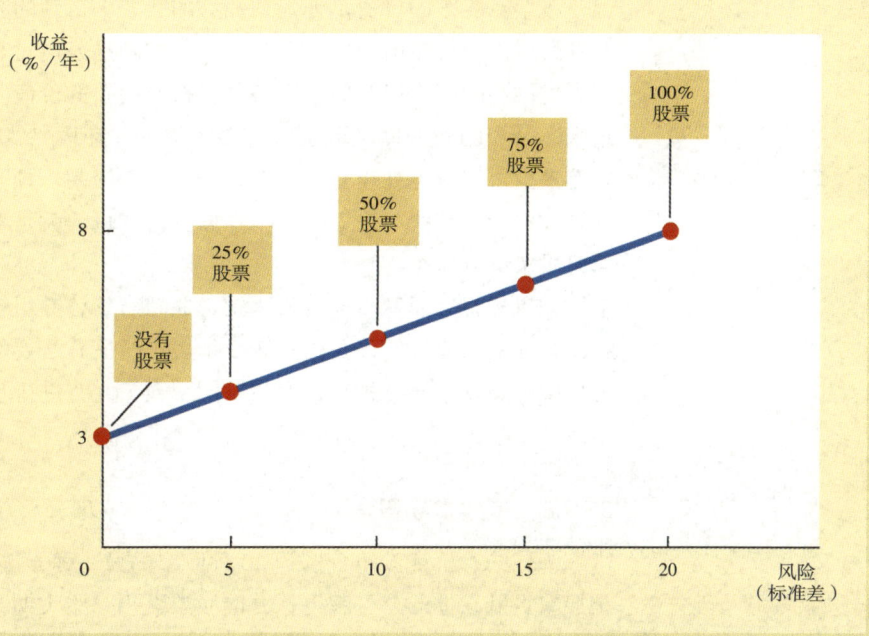

图27-3 风险与收益的权衡取舍

当人们增加他们投资于股票的储蓄百分比时,他们增加了预期可以赚到的平均收益,但也增加了面临的风险。

27.3 资产评估

既然我们已经对金融学的两个模块——时间和风险——有了基本了解,那么让我们来运用这些知识。本节考虑一个简单的问题:什么决定股票的价格?正如大多数价格一样,答案是供给与需求。但是,事情并没有结束。为了了解股票价格,我们需要深入考虑是什么决定了投资者对每股股票的支付意愿。

27.3.1 基本面分析

我们设想,你已经决定把 60% 的储蓄投入股票,并且为了实现多元化,你还决定购买 20 种不同的股票。如果你翻开报纸,你就会发现上面列出了几千种股票。你应该如何挑选有价证券组合中的 20 种股票呢?

当你购买股票时,你是在购买企业的股权。当决定你想拥有哪一个企业时,自然要考虑两件事:所购买企业的股份的价值和股份出售时的价格。如果价格低于价值,则股票被低估了;如果价格高于价值,则股票被高估了;如果价格与价值相等,则股票被公正地估价。当选择你的有价证券组合中的 20 种股票时,你应该偏爱被低估的股票。在这些情况下,你通过支付低于企业价值的价格而达成买卖。

说起来容易做起来难。了解股票价格是很容易的:你只要看看报纸就可以了。困难的是确定企业的价值。**基本面分析**(fundamental analysis)指为决定一家公司的价值

基本面分析:为决定一家公司的价值而对其会计报表和未来前景进行的研究。

而对其进行的详细分析。许多华尔街企业都雇用股票分析师来进行这种基本面分析，并向其提供有关购买什么股票的建议。

股票对股东的价值是他能从拥有的股票中得到的东西，这包括红利支付流量和股票的最后出售价格的现值。回想一下，红利是公司对其股东进行的现金支付。一个公司支付红利的能力以及股东出售其股权时股票的价值，取决于该公司的盈利能力。反过来，公司的利润率又取决于许多因素——对其产品的需求，它所面临的竞争程度，它有多少可用资本在运行，工人是否受工会控制，顾客的忠诚程度，它所面对的是哪一种政府管制和税收，等等。基本面分析的目的就是考虑所有这些因素以决定公司的每股股票价值。

如果你想依靠基本面分析来挑选股票有价证券组合，有三种方法可以考虑：第一种是，你自己通过阅读公司的年度报表进行所有必要的研究；第二种是，听从华尔街分析师的建议；第三种是，购买共同基金，它有进行基本面分析并替你做出决策的基金经理。

27.3.2 有效市场假说

为你的有价证券组合选择 20 种股票的另一种方法是：随机挑选这些股票，例如，把股票页贴在你的公告牌上，并向股票页扔一些飞镖，扎到哪个算哪个。这听起来有点发疯，但有理由相信，这不会使你误入歧途。这个理由被称为**有效市场假说**（efficient markets hypothesis）。

为了理解这一理论，我们的出发点是要认识到在一个主要股票交易所上市的每家公司都处于许多资金管理者的跟踪之下，例如，管理共同基金的人就跟踪这些上市公司。这些管理者每天都关注新闻事件并进行基本面分析，以努力确定股票的价值。他们的工作就是在价格下降到低于其价值时买进股票，并在价格上升到高于其价值时抛出股票。

有效市场假说的第二个内容是：供求均衡决定了市场价格。这就意味着，在市场价格这一点，为销售提供的股份数量正好等于人们想要购买的股份数量。换句话说，在市场价格这一点，认为股票被高估的人数与认为股票被低估的人数正好平衡。根据市场上普通人的判断，所有股票总是被公正地估价。

根据这一理论，股票市场表现出是**信息有效**（informational efficiency）的：它反映了有关资产价值的所有可获得的信息。当信息改变时，股票价格就会变动。当有关公司前景的利好新闻公开时，股票价值和价格都上升；当公司前景恶化时，价值和价格都下跌。但是，在任何一个时点上，市场价格是以可获得信息为依据的公司价值的最好估算。

有效市场假说的一个含义是，股票价格应该是**随机游走**（random walk）的。这意味着，股票价格的变动不可能根据可获得的信息来预期。如果根据公开可获得的信息，一个人能够预期股票价格明天将上升 10%，那么今天的股票市场就必定没有包括这条信息。根据这一理论，只有能改变市场对公司价值评估的新闻才能改变股票价格。但

图片来源：S.Adams, www.unitedmedia.com; ©1997 United Feature Syndicate, Inc; 1997 SCOTT ADAMS/DIST. BY UNITED FEATURE SYNDICATE, INC.

是，新闻应该是不可预期的——否则，它就不是新闻了。出于同样的原因，股票价格的变动应该是不可预期的。

如果有效市场假说是正确的，那么为了决定将哪 20 种股票加入你的有价证券组合而花许多时间研究企业资料就没有什么意义了。如果价格反映了所有可获得的信息，就没有一种股票是比其他任何股票更好的购买选择。你最好的选择就是购买多元化的有价证券组合。

即问即答

■《财富》杂志定期公布"最受尊重的公司"的排行榜。根据有效市场假说，如果把你的股票投资组合限于这些公司，你赚得的收益会比平均收益多吗？解释之。

案例研究 | 随机游走与指数基金

有效市场假说是一种关于金融市场如何运行的理论。这一理论也许并不完全正确：我们在下一部分讨论时，就有理由怀疑股东总是理性的以及股票价格在每一个时点都是信息有效的。但是，有效市场假说作为一种对世界的描述，比你认为的要好得多。

有许多证据表明，即使股票价格不完全是随机游走的，也非常接近于它。例如，你会打算购买近期上涨的股票并避开近期下跌的股票（或者也许正好相反）。但是，统计研究说明，跟随这种趋势（或对抗这种趋势）不会使市场表现得更好。一只股票在一年中的状况与其在下一年的状况的相关性几乎为零。

支持有效市场假说的最有力证据来自指数基金的业绩。指数基金是一种按照既定股票指数购买所有股票的共同基金。可以将这些基金的业绩与被积极管理的共同基金的业绩相比较，后一种基金由专业的有价证券组合管理者根据广泛研究和所谓的专家意见挑选股票。在本质上，指数基金购买所有股票，而积极管理的基金被认为只购买最好的股票。

在实践中，积极管理者通常并没有胜过指数基金。例如，到 2013 年 1 月为止的 10 年中，84% 的股票共同基金没有跑赢持有在美国证券交易所交易的所有股票的指数基金。在这段时期内，股票基金的平均年收益比指数基金的收益低 1.21 个百分点。大多数积极的有价证券组合管理者没有跑赢市场，因为他们频繁地交易，导致了更多的交易费用；也因为他们收取更高的费用，即对他们作为专家的报酬。

那么 16% 的管理者是如何跑赢市场的呢？也许他们比一般人更聪明，也许是他们更幸运。如果让 5 000 个人抛 10 次硬币，平均而言有 5 个人 10 次都抛出了正面；这 5 个人可以声称有不寻常的抛硬币技能，但他们要重复这种业绩就有困难了。同样，研究表明，有优异业绩史的共同基金管理者通常没有在以后时期中保持这种业绩。

有效市场假说认为，跑赢市场是不可能的。关于金融市场的许多研究证实了，跑赢市场是极为困难的。即使有效市场假说不是对世界的准确描述，它也包含了大量的真理成分。

IN THE NEWS

【新闻摘录】
有效市场假说过时了吗

在2008年和2009年，美国经济经历了一次金融危机，这场金融危机开始于房产价格的大幅度下跌，并扩大到抵押贷款的违约。一些观察家说，这场危机应该使我们放弃有效市场假说。宾夕法尼亚大学沃顿商学院金融学教授、经济学家Jeremy Siegel不同意这种说法。

有效市场假说与金融危机
Jeremy Siegel

财经记者和畅销书作家Roger Lowenstein今年夏天在《华盛顿邮报》的一篇文章中直言不讳地说道："当前的大萧条可以推翻以有效市场假说闻名的学院派自认为可以解决社会问题的核心。"广受尊敬的基金管理者和金融分析师Jeremy Grantham在去年一月的季度报告中以同样的腔调写道："极其错误的有效市场理论（引起了）资产泡沫、放松警惕、有害的激励和不良复杂工具等一系列致命危险组合，这些导致我们当前的困境。"

但是，有效市场假说真的应该对当前的危机负责吗？答案是否定的。有效市场假说最早是20世纪60年代由芝加哥大学的Eugene Fama提出的，这个假说认为，有价证券的价格反映了影响其价值的所有已知信息。这个假说并不认为市场价格总是正确的。相反，它意味着市场上的价格经常是错误的，但在某一既定时点上，根本不能轻易地判断这些价格是太高还是太低。华尔街最棒、最聪明的家伙们犯了这么多错误的事实，恰恰表明跑赢市场有多难。

这并不意味着，失败的金融企业的CEO或管理者可以把有效市场假说作为借口，他们没有看到住房抵押贷款支持证券对经济的金融稳定引起的潜在风险。管理者错误地相信，金融企业可以消除它们的信贷风险，而银行和信用评级机构又受低估了不动产风险的错误模型误导。

1982年衰退之后，美国和世界各国经济进入了一个国内生产总值、工业生产和就业等变量长期的低波动时期，显著低于第二次世界大战以来这些变量的波动水平。经济学家把这个时期称为"大缓和"，并把这种日益增长的稳定归因于更好的货币政策、更大的服务部门和更好的存货控制，当然还有其他因素。

对大缓和的经济反应是可预测的：风险贴水减少，个人和企业利用更多的杠杆作用。由于历史上的低名义利率与真实利率和次级贷款证券市场的发展，住房价格提高了。

根据耶鲁大学教授Robert Shiller所收集的数据，在从1945年到2006年的61年间，平均住房价格最大的累积性下降是1991年的2.84%。如果住房价格的这种低振荡能持续到未来，那么构成国民贷款多元化有价证券组合的抵押贷款有价证券（其由住房价值的前80%构成），就绝不会接近违约。购房者的信用质量是次要的，因为一般认为基本抵押品——住房——在房东不能偿还贷款时也总可以弥补本金。这些模型使信贷机构把次级抵押贷款评定为"投资级"。

但是，这种评估是错误的。从2000年到2006年，国内住房价格上升了88.7%，远远高于消费物价指数上升的17.5%或中等居民收入上涨的微不足道的1%。以前住房价格的上升速度从未超过消费价格和收入的上升速度。

这应该已经发出了红色警报，并提醒人们对使用仅仅关注历史性下降来预测未来风险的模型应持怀疑态度。但这些警报被忽视了，因为华尔街在打包和出售有价证券时能获得大量利润，而国会也很满意更多的美国人可以实现拥有住房的"美国梦"。实际上通过政府支持的房利美、房地美等这些企业，联邦政府助长了次贷泡沫。

评级机构的错误和金融企业在次级有价证券操作中的过度杠杆都不是有效市场假说的过错。即使不考虑投资评级，这些抵押贷款的收益也确实很高，这一事实已经说明了市场对于这些证券质量的怀疑是有道理的，这应该对未来购买者起到了警示作用。

除了少数例外（高盛就是一个），金融企业都忽视了这种警告，这些企业的CEO们没有行使监控企业整体风险的权利，却相信了那些用不足以看到大格局的狭隘模型研究的技术人员……

我们的危机并不是由于盲目相信有效市场假说。事实上风险贴水低，并不意味着这种贴水不存在以及市场价格是正确的。尽管有近年来的衰退，但大缓和是真实的，而且我们的经济本质上更稳定。

但是，这并不意味着风险已经消失了。打一个比喻，今天的汽车比多年前安全得多这一事实并不意味着你可以开到时速120英里。路上小的颠簸也许对低速行驶的汽车微不足道，但却很容易使高速行驶的汽车翻车。我们的金融企业开得太快了，我们的中央银行没有制止它们，住房价格的下跌击垮了银行和经济。

资料来源：Reprinted with permission of The *Wall Street Journal*, Copyright © 2009 Dow Jones & Company, Inc. All Rights Reserved Worldwide.

27.3.3 市场非理性

有效市场假说假设，买卖股票的人理性地处理他们拥有的关于股票基本价值的信息。但是，股票市场真的是理性的吗？或者，股票价格有时会背离其真实价值的理性预期吗？

长期以来，传统观点认为，股票价格波动部分是心理原因造成的。在 20 世纪 30 年代，经济学家约翰·梅纳德·凯恩斯（John Maynard Keynes）提出，资产市场是由投资者的"本能冲动"——乐观主义与悲观主义非理性的波动——驱动的。在 20 世纪 90 年代，当股票市场攀至新高时，美联储主席艾伦·格林斯潘（Alan Greenspan）怀疑，高涨是否反映了"非理性的繁荣"。股票价格后来真的下跌了，但是，在可获得的信息为既定时，对 90 年代的繁荣是否为非理性的仍然存有争论。只要一种资产的价格上升到高于其基本价值，就可以说市场正经历一场投机泡沫。

股票市场投机泡沫可能性的产生部分是因为股票对于股东的价值不仅取决于红利支付流量，还取决于最终的出售价格。因此，如果一个人预期另一个人明天会支付更高的价格，他愿意支付的价格就会比股票今天的价值高。当你评价一只股票时，你不仅必须估算企业的价值，还要估算其他人认为企业未来值多少。

经济学家对背离理性定价的频繁性与重要性存在许多争论。相信市场非理性的人（正确地）指出，很难根据可以改变理性评价的新闻来解释股市的变动方式。相信有效市场假说的人（正确地）指出，要知道对一家公司的正确、理性评价是不可能的，因此，不应该很快地得出任何一种具体评价是非理性的结论。而且，如果市场是非理性的，理性人就应该能利用这个事实，但正如我们在前一个案例研究中所讨论的，跑赢市场几乎是不可能的。

27.4 结论

本章提出了一些人们在做出金融决策时应该（而且经常）使用的基本工具。现值的概念提醒我们，未来的 1 美元不如现在的 1 美元值钱，而且，它给了我们比较不同时点货币量的一种方法。风险管理理论提醒我们，未来是不确定的，而且风险厌恶者能够谨慎地防止这种不确定性。资产评估研究告诉我们，任何一家公司的股票价格应该反映其被预期的未来盈利性。

虽然大多数金融学工具已经创建完善，但是对于有效市场假说的正确性以及实践中股票价格是不是公司真正价值的理性估算仍然存在争论。无论理性与否，我们观察到的股票价格的大幅波动具有重要的宏观经济意义。股票市场波动往往更广泛地与经济中的波动相伴随。当我们在本书后面研究经济波动时，将再次谈及股市。

内容提要

◎ 由于储蓄可以赚到利息，所以今天的货币量比未来相同的货币量更有价值。人们可以用现值的概念比较不同时点的货币量。任何一笔未来货币量的现值是现行的利率既定时为产生未来这一货币量今天所需要的货币量。

◎ 由于边际效用递减，大多数人是风险厌恶者。风险厌恶者可以通过购买保险、使其持有的财产多元化，以及选择低风险和低收益的有价证券组合来降低风险。

◎ 一种资产的价值等于所有者将得到的现金流的现值。对一股股票而言，这些现金流包括红利流量以及最终出售价格。根据有效市场假说，金融市场理性地处理可获得的信息，因此股票价格总是等于企业价值的最好估算。但是，一些经济学家质疑有效市场假说，并相信非理性心理因素也会影响资产价格。

关键概念

金融学　　　　　　风险厌恶　　　　　　基本面分析
现值　　　　　　　多元化　　　　　　　有效市场假说
终值　　　　　　　企业特有风险　　　　信息有效
复利　　　　　　　市场风险　　　　　　随机游走

复习题

1. 假设利率为7%。用现值的概念比较10年后得到的200美元与20年后得到的300美元。
2. 人们从保险市场中得到了什么利益？阻碍保险公司完美运作的两个问题是什么？
3. 什么是多元化？股票持有者从持有1种股票到持有10种股票获得的多元化收益更大，还是从持有100种股票到持有120种股票获得的多元化收益更大？
4. 比较股票和政府债券，哪一种风险更大？哪一种能够带来更高的平均收益？
5. 股票分析师在确定一股股票的价值时应该考虑哪些因素？
6. 描述有效市场假说，并给出一个与这种理论一致的证据。
7. 解释那些质疑有效市场假说的经济学家的观点。

第 28 章
失 业

在人的一生中，失去工作可能是最悲惨的经济事件。大多数人依靠他们的劳动收入来维持生活水平，而且许多人也从工作中获得了个人成就感。失去工作意味着现期生活水平降低、对未来的担忧以及自尊心受到伤害。因此，毫不奇怪，政治家在竞选时往往谈到他们提出的政策将如何有助于创造工作岗位。

在前几章中，我们说明了决定一国生活水平和经济增长的因素。例如，一个将其大部分收入用于储蓄和投资的国家，它的资本存量和 GDP 的增长要快于储蓄和投资较少的国家。一国生活水平更明显的决定因素是它正常情况下所存在的失业量。那些想工作但又找不到工作的人对经济中物品与服务的生产没有做出贡献。虽然某种程度的失业在一个有成千上万家企业和数百万工人的复杂经济中是不可避免的，但在不同时期和不同国家，失业量差别很大。当一国尽可能使其工人充分就业时，它所达到的 GDP 水平高于使许多工人赋闲在家时的状况。

本章开始研究失业。失业问题通常分为两类——长期失业问题与短期失业问题。经济的自然失业率指经济中正常情况下存在的失业量。周期性失业指失业率围绕自然失业率逐年波动，它与经济活动的短期上升与下降密切相关。对周期性失业的解释，我们在本书后面研究短期经济波动时再作讨论。在本章中，我们将讨论决定一个经济中的自然失业率的因素。正如我们将要说明的，自然这个词既不意味着这种失业率是所期望的，也不意味着它是一直不变的，或是对经济政策不产生影响的。它仅仅是指，这种失业即使在长期中也不会自行消失。

本章我们从观察描述失业的一些相关事实开始。特别是，我们要考察三个问题：政府如何衡量经济中的失业率？在解释失业数据时会出现什么问题？一般情况下失业者没有工作的时间会有多长？

然后，我们转向经济中总是存在某种失业的原因以及决策者可以帮助失业者的方式。我们讨论对经济中自然失业率的四种解释——寻找工作、最低工资法、工会和效率工资。正如我们将要说明的，长期失业并不是由只有一种解决方法的单个问题所引起的。相反，它反映了多种相关问题。因此，对决策者来说，并没有一种轻而易举的方法能够既减少经济中的自然失业率,又减轻失业者所遭受的痛苦。

28.1 失业的确认

我们从更准确地考察失业这个术语的含义开始。

28.1.1 如何衡量失业

衡量失业是劳工统计局（BLS）的工作,该局是劳工部的一个部门。劳工统计局每个月提供有关失业和劳动市场其他方面的数据,包括失业类型、平均工作周的长度以及失业的持续时间。这些数据来自对大约 6 万个家庭的定期调查,这种调查称为当前人口调查。

根据对调查问题的回答,劳工统计局把每个受调查家庭中的每个成年人（16 岁以上）分别划入三个类别：

- 就业者：这类人包括作为得到报酬的员工而工作的人,在自己的企业里工作且得到报酬的人,以及在家族企业里工作但拿不到报酬的人。无论全职工作还是兼职工作的工人都计算在内。这类人还包括现在不工作,但有工作岗位,只是由于度假、生病或天气恶劣等原因暂时不在工作岗位上的人。
- 失业者：这类人包括能够工作且在之前四周内努力找工作但没有找到工作的人,还包括被解雇正在等待重新被招回工作岗位的人。
- 非劳动力：这类人包括不属于前两个类别的人,如全日制学生、家务劳动者和退休人员。

图 28-1 显示了 2012 年这三种类别的划分。

一旦劳工统计局把所有受调查者归入各个类别,它就可以计算出概括劳动市场状况的各种统计数字。劳工统计局把**劳动力**（labor force）定义为就业者与失业者之和：

$$\text{劳动力} = \text{就业者人数} + \text{失业者人数}$$

劳工统计局把**失业率**（unemployment rate）定义为失业者占劳动力的百分比：

$$\text{失业率} = \frac{\text{失业者人数}}{\text{劳动力}} \times 100\%$$

劳工统计局会计算整个成年人口的失业率,以及更细分的群体如黑人、白人、男性、女性等的失业率。

劳工统计局用同一个调查来提供有关劳动力参工率的数据。**劳动力参工率**（labor-force participation rate）衡量的是美国总成年人口中劳动力所占的百分比：

$$\text{劳动力参工率} = \frac{\text{劳动力}}{\text{成年人口}} \times 100\%$$

这个统计数字告诉我们选择参与劳动市场的人口的比率。与失业率一样,劳动力

即问即答

■ 如何衡量失业率?

劳动力：既包括就业者又包括失业者的工人总数。

失业率：劳动力中失业者所占的百分比。

劳动力参工率：劳动力占成年人口的百分比。

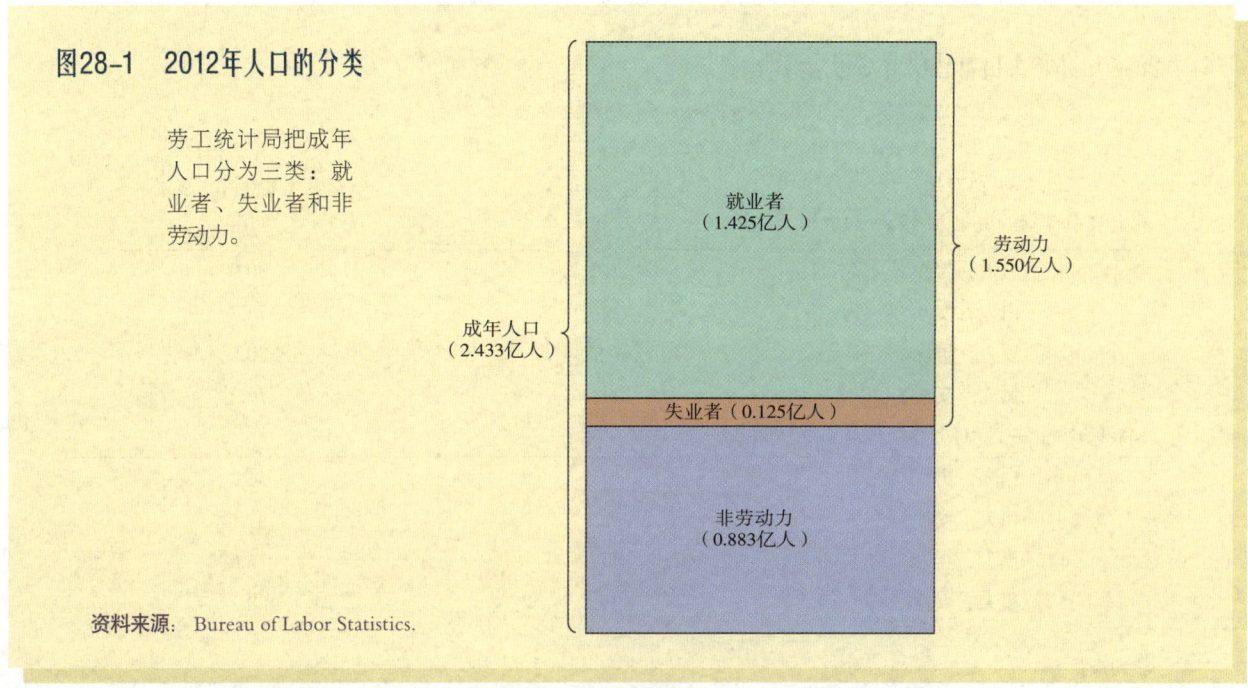

图28-1 2012年人口的分类

劳工统计局把成年人口分为三类：就业者、失业者和非劳动力。

资料来源：Bureau of Labor Statistics.

参工率既可以计算整个成年人口的劳动力参工率，也可以计算更多的特殊群体的劳动力参工率。

为了说明如何计算这些数据，我们来看一下2012年的数字。在那一年，1.425亿人就业，而0.125亿人失业。劳动力是：

$$劳动力 = 1.425 + 0.125 = 1.550（亿人）$$

失业率是：

$$失业率 = (0.125/1.550) \times 100\% = 8.1\%$$

由于成年人口是2.433亿，劳动力参工率是：

$$劳动力参工率 = (1.550/2.433) \times 100\% = 63.7\%$$

因此，2012年几乎有2/3的美国成年人参与了劳动市场，这些劳动市场参与者中有8.1%的人没有工作。

表28-1说明了美国人口中各个群体的失业率与劳动力参工率的数据。有三种对比是最明显的。第一，最佳工作年龄（25—54岁）的女性的劳动力参工率低于男性，但一旦女性成为劳动力，女性的失业率与男性类似。第二，最佳工作年龄的黑人的劳动力参工率与白人类似，但黑人的失业率要高得多。第三，青少年的劳动力参工率比成年人低很多，而且失业率比成年人高得多。更一般地说，这些数据说明了经济内不同群体的劳动市场经历极为不同。

劳工统计局关于劳动市场的数据使经济学家和决策者可以监测一定时期内经济的变动。图28-2显示了美国1960年以来的失业率。该图表明，经济中总是存在某种失

表28-1 不同人口群体的劳动市场经历

该表显示了2012年美国人口中不同群体的失业率与劳动力参工率。

人口群体	失业率（%）	劳动力参工率（%）
最佳工作年龄的成年人（25—54岁）		
白人，男性	6.2	90.0
白人，女性	6.4	74.7
黑人，男性	12.7	80.5
黑人，女性	11.3	76.2
青少年（16—19岁）		
白人，男性	24.5	36.7
白人，女性	18.4	37.1
黑人，男性	41.3	25.6
黑人，女性	35.6	28.2

资料来源：Bureau of Labor Statistics.

图28-2 1960年以来的失业率

该图用美国失业率的年度数据来说明没有工作的劳动力的百分比。自然失业率是正常的失业水平，失业率围绕它上下波动。

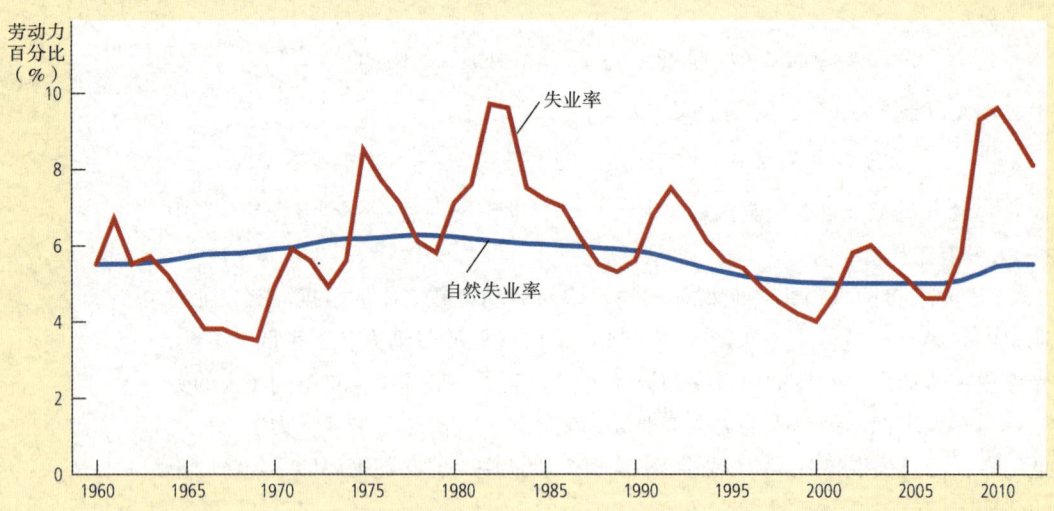

资料来源：U.S. Department of Labor, Congressional Budget Office.

业，并且失业量逐年变动。失业率围绕正常失业率波动，这一正常失业率称为**自然失业率**（natural rate of unemployment），失业率对自然失业率的背离称为**周期性失业**（cyclical unemployment）。图中显示的自然失业率是由国会预算办公室的经济学家估算的一系列数字。2012年，他们估算出自然失业率为5.5%，远远低于实际失业率8.1%。在本书的后面我们要讨论短期经济波动，包括失业围绕自然失业率的逐年波动。但是，在本章的其余部分，我们不考虑短期波动，只考虑为什么市场经济中总有某种失业存在。

自然失业率：失业率围绕它而波动的正常失业率。

周期性失业：失业率对自然失业率的背离。

案例研究　美国经济中男性与女性的劳动力参工率

过去一个世纪以来，美国社会中女性的作用发生了巨大的变化。社会评论家已经指出了这种变化的许多原因：部分归因于新技术，如洗衣机、烘干机、电冰箱、冷藏柜和洗碗机，这些新技术减少了完成日常家务劳动所需的时间量；部分归因于有效的生育控制，减少了普通家庭生儿育女的数量；部分归因于政治与社会态度的变化，而这种变化又得到了技术进步与生育控制的促进。这些发展共同对社会总体，特别是对经济产生了深远的影响。

这种影响在劳动力参工率数据上体现得最为明显。图28-3 表明了美国1950年以来男性与女性的劳动力参工率。第二次世界大战后不久，男性与女性在社会中的作用差别很大。只有33%的女性从事工作或在找工作，相比之下，男性的这一比率为87%。在过去的六十年间，随着越来越多的女性进入劳动力队伍和一些男性离开劳动力队伍，男性与女性的劳动力参工率之间的差别逐渐缩小。2012年的数据表明，女性的劳动力参工率为58%，相比之下，男性的这一比率为70%。

按照劳动力参工率来衡量，男性和女性现在在经济中起着更均衡的作用。

女性劳动力参工率提高是很容易理解的，但男性劳动力参工率下降似乎有些令人困惑。这种下降有以下几个原因：第一，年轻男性在学校上学的时间比他们的父亲和祖父们长。第二，老年男性现在退休得更早并活得更长。第三，随着更多的女性就业，现在更多的父亲留在家里照料自己的子女。全日制学生、退休者和留在家里照料孩子的父亲都不算作劳动力。

图28-3　1950年以来男性与女性的劳动力参工率

该图显示了劳动力成员中成年男性与女性各自的百分比。它表明在过去的几十年间，更多的女性进入了劳动力队伍，而一些男性则离开了劳动力队伍。

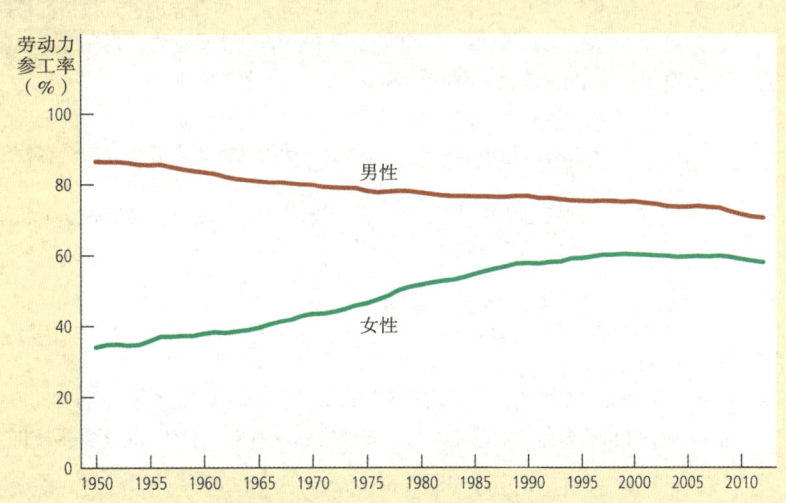

资料来源：U.S. Department of Labor.

28.1.2 失业率衡量了我们想要衡量的内容吗

衡量经济中的失业量看似容易,实际上,情况并非如此。区别全职工作的人与完全不工作的人很容易,然而区分失业者与非劳动力就要难得多。

实际上,进入与退出劳动力队伍是极为常见的。1/3 以上的失业者是最近进入劳动力队伍的。这些进入者包括第一次找工作的年轻工人,还包括相当多的以前离开劳动力队伍但现在又回来找工作的老工人。而且,并不是所有失业都以求职者找到工作而结束。在整个失业队伍中,几乎有一半失业最后是以失业者离开劳动力队伍而结束的。

由于人们如此频繁地进入和离开劳动力队伍,所以失业统计数字很难解释。一方面,一些报告自己失业的人事实上并没有努力去找工作。他们称自己为失业者,可能是因为他们想使自己符合为失业者提供经济帮助的政府计划的资格要求,或者是因为他们实际上在工作并且"暗中"获得了报酬,从而避免就其收入纳税。把这些人视为非劳动力,或者在某种情况下视为就业者更为真实。另一方面,一些报告自己是非劳动力的人实际上想工作。这些人可能已经努力地找工作,但在求职失败之后放弃了努力。这些人被称为丧失信心的工人(discouraged workers),尽管他们实际上是没有工作的工人,但在失业统计中并没有表示出来。

由于这些问题和其他问题,劳工统计局除了计算官方失业率之外,还计算其他几种劳动力利用不足的衡量指标。表 28-2 中提出了这些可供选择的衡量指标。最后,我

即问即答

■ 失业率如何可能高估了失去工作的人的数量?如何可能低估了失去工作的人的数量?

丧失信心的工人:想工作但已放弃寻找工作的人。

表28-2 劳动力利用不足的可供选择的衡量指标

该表显示了美国经济中失业者的各种衡量指标,数据采自2013年1月。

	衡量指标与说明	比率(%)
U-1	失业15周或更长时间的人占国内劳动力的百分比(只包括极长期失业者)	4.2
U-2	失去工作者和结束了暂时工作的人占国内劳动力的百分比(不包括离职者)	4.3
U-3	失业者总数占国内劳动力的百分比(官方失业率)	7.9
U-4	失业者总数加丧失信心的工人占国内劳动力加丧失信心的工人的百分比	8.4
U-5	失业者总数加所有处于边际状态的工人占国内劳动力加所有处于边际状态工人的百分比	9.3
U-6	失业者总数加所有处于边际状态的工人加由于经济原因非全职就业者占国内劳动力加所有处于边际状态的工人的百分比	14.4

说明:劳工统计局对部分术语的定义如下:
- 边际状态的工人是那些现在既无工作又不找工作的人,但表明他们想工作而且得到过工作,并在最近有时也找过工作。
- 丧失信心的工人是指那些处于边际状态且现在不找工作的原因与劳动市场状况相关的工人。
- 由于经济原因非全职就业者是那些想要并得到全职工作,但不得不按部分时间表工作的人。

资料来源:U.S. Department of Labor.

们最好把官方失业率看作有用的但不完善的失业衡量指标。

28.1.3 失业者没有工作的时间有多长

在判断失业问题的严重性时，要考虑的一个问题是，正常情况下失业是一种短期状态还是一种长期状态。如果失业是短期的，那么就可以得出这不是一个大问题的结论。在变换工作时工人需要几周时间找到一个最适合自己嗜好与技能的空缺。但如果失业是长期的，就可以得出这是一个严重问题的结论。失业了许多个月的工人可能要承受更大的经济与心理痛苦。

由于失业时间长短会影响我们关于失业问题严重性的观点，所以，经济学家将很多精力用于研究有关失业时间长短的数据。从这项工作中，他们得出了一个重要的、微妙的而又似乎矛盾的结论：大多数失业是短期的，而在任何一个既定时间段所观察到的大多数失业又是长期的。

为了说明这种表述是正确的，我们来看一个例子。假设你一年中每周去一次政府失业机构以调查失业者的状况。你发现每周有 4 个失业工人，这 4 个人中的 3 个在整个一年中都是相同的，而第 4 个人每周换一个。根据这种情形，你认为失业是短期的还是长期的？

一些简单的计算有助于回答这个问题。在这个例子中，你在一年中总计会见了 55 个失业工人，其中 52 人失业 1 周，3 人失业 1 年。这意味着，52/55 即 95% 的失业在 1 周内结束；但是，无论你什么时候去失业机构，你见的 4 个工人中有 3 个全年是失业者。因此，尽管 95% 的失业在 1 周内结束，但任一时刻我们所观察到的 75% 的失业是由全年失业的人引起的。在这个例子中，与全世界一样，美国的大多数失业是短期的，但在任何一个既定时间段所观察到的大多数失业却是长期的。

这种微妙的结论意味着，在解释失业数据以及在设计帮助失业者的政策时，经济学家和决策者一定要谨慎。那些成为失业者的大多数人将很快找到工作，而经济中的大部分失业问题是由少数长期没有工作的工人所造成的。

28.1.4 为什么总有些人是失业者

我们已经讨论了政府如何衡量失业量、在解释失业统计数字中所出现的问题以及劳动经济学家关于失业时间长短的发现。现在你对什么是失业应该有一个正确的概念了。

但是，这种讨论并没有解释为什么经济中存在失业。在经济的大部分市场中，价格调整使供给量与需求量达到平衡。在一个理想的劳动市场中，工资的调整会使劳动的供给量与需求量平衡，这种工资的调整将保证所有工人总是充分就业的。

当然，现实与理想并不一致。甚至在整个经济运行良好时，也总有一些工人没有工作。换句话说，失业率从未降至零；相反，失业率总是围绕自然失业率波动。为了理解这种自然失业率，本章其余部分将研究实际劳动市场背离充分就业理想状态的原因。

摩擦性失业：由于工人寻找最适合自己嗜好和技能的工作需要时间而引起的失业。

结构性失业：由于某些劳动市场上可提供的工作岗位数量不足以为每个想工作的人提供工作而引起的失业。

为了预先展示我们的结论，我们将找出解释长期中失业的四种方法。第一种解释是工人寻找最适合自己的工作需要时间。由使工人与工作相匹配的过程所引起的失业有时被称为**摩擦性失业**（frictional unemployment），通常认为这种失业可以解释较短的失业持续时间。

以下三种对失业的解释表明，在某些劳动市场上可提供的工作岗位数量可能不足以为每个想工作的人提供工作。当劳动的供给量大于需求量时就出现了这种情况。这种类型的失业有时被称为**结构性失业**（structural unemployment），通常认为这种失业可以解释较长的失业持续时间。正如我们将要看到的，当工资由于某些原因高于使供求均衡的水平时，就产生了这种失业。我们将考察存在高于均衡工资的三个可能原因：最低工资法、工会和效率工资。

参考资料 就业岗位数

每月初，劳工统计局都会公布失业率，同时也会公布经济中增加或者减少的就业岗位数。作为短期经济趋势的指标之一，就业岗位数和失业率一样引人关注。

就业岗位数是从哪里来的？你可能会猜想来自得出失业率的 6 万个家庭户的同样调查。事实上家庭户调查确实提供了整体就业的数据。但是大家最关心的就业岗位数，来自另一个 16 万家工商户的调查，这个调查包括 4 000 万就业人口。工商户调查的结果和家庭户调查的结果是同时宣布的。

这两个调查都能够得到整体就业水平的信息，但是结果并不总是一致的。一个原因是工商户调查的样本量更大，所以结论应该更可信。另一个原因是这两个调查衡量的并不是完全相同的东西。比如，一个在不同的公司做两份兼职工作的人，在家庭户调查中是一个就业人口，但在工商户调查中就要算作两个工作职位。再比如，自己做生意的人在家庭户调查中是就业人口，但是在工商户调查中就不会被计入，因为工商户调查只针对领工资的雇员。

工商户调查能够紧密反映就业数据，但是完全不能说明失业的情形。要知道失业数字，我们必须知道没有工作的人中有多少人正努力找工作，家庭户调查是能够提供这些数字的唯一来源。

28.2 寻找工作

寻找工作：在工人的爱好与技能既定时工人寻找适当工作的过程。

经济中总存在某些失业的一个原因是寻找工作。**寻找工作**（job search）是使工人与适当工作相匹配的过程。如果所有工人和所有工作岗位是同样的，以至于所有工人都同样适合所有工作，那么寻找工作就不是一个问题。被解雇的工人可以很快找到非常适合他们的新工作。但是，实际上工人的爱好与技能不同，工作的性质不同，而且寻找工作的人和空缺职位的信息在经济的许多企业和家庭中扩散得很慢。

28.2.1 为什么一些摩擦性失业是不可避免的

摩擦性失业通常是不同企业间劳动需求变动的结果。当消费者对戴尔电脑的偏好大于苹果电脑时，戴尔公司就会增加就业，而苹果公司则裁减工人。苹果公司裁减的工人现在必须寻找新工作，而戴尔公司必须决定雇用哪些新工人来从事空缺的各种工作。这种转变的结果是出现一个失业的时期。

同样，由于一国的不同地区生产不同的物品，所以，当一个地区的就业增加时，另一个地区的就业可能减少。例如，考虑世界石油价格下跌时发生的情况。阿拉斯加石油生产企业对价格下跌的反应是减少生产和就业。同时，廉价的汽油刺激了汽车销售，因此，密歇根的汽车生产企业增加了生产和就业。当世界石油价格上升时，相反的情况就会出现。各行业或各地区之间的需求构成变动称为部门转移。由于工人在新部门找到工作需要时间，所以部门转移暂时引起失业。

摩擦性失业是不可避免的，仅仅是因为经济总是处于变动之中。一个世纪以前，美国就业最多的四个行业是棉纺织品、毛纺织品、男士服装以及木材。现在，就业最多的四个行业是汽车、飞机、通信与电子元件。随着这种转移的发生，一些企业创造了工作岗位，而另一些企业中的工作岗位消失了。这一过程的结果是达到更高的生产率和生活水平。但是，伴随这一过程，处于衰落行业的工人发现他们失去了工作，并要寻找新的工作。

数据表明，美国制造业中每年最少有 10% 的工作岗位被取消。此外，一般在一个月中，有 3% 以上的工人离开他们的工作岗位，有时这是因为他们意识到这些工作与他们的爱好和技能并不匹配。许多工人，特别是年轻工人，转而寻找工资更高的工作。在一个运行良好且动态化的市场经济中，劳动市场的这种变动是正常的，但结果是出现一定数量的摩擦性失业。

28.2.2　公共政策和寻找工作

尽管一些摩擦性失业是不可避免的，但并没有准确的数量。有关工作机会与工人可获得性的信息传播得越快，工人与企业匹配得也就越快。例如，互联网就有助于使寻找工作变得方便，并减少摩擦性失业。此外，公共政策也会起作用。如果政策可以减少失业工人寻找新工作所需的时间，就可以降低经济中的自然失业率。

政府计划努力以各种方式促进寻找工作。一种方法是通过政府管理的就业机构，该机构发布有关职位空缺的信息。另一种方法是通过公共培训计划，其目的是使处于衰落行业的工人易于转移到增长行业中，并帮助处于不利地位的群体脱贫。这些计划的倡导者认为，这些计划可以通过使劳动力更充分地就业而使经济更有效地运行，而且这些计划减少了始终变动的市场经济中的固有不平等。

这些计划的批评者怀疑政府是否应该卷入寻找工作的过程。他们认为，让私人市场使工人与工作相匹配也许更好一些。实际上，我们经济中的大部分寻找工作的活动都是在没有政府干预的情况下进行的。报纸广告、就业网站、大学就业辅导处、猎头公司和口头传言，都有助于传播有关职位空缺与工作候选人的信息。同样，许多工人教育也可由私人进行，既可以通过学校，也可以通过在职培训。这些批评者认为，在向适当的工人传播适当的信息以及决定哪一种工人培训最有价值方面，政

失业保险：当工人失业时为他们提供部分收入保障的政府计划。

府并不是更好的——而且很可能是更坏的。他们声称，这些决策最好由工人和雇主独立地做出。

28.2.3 失业保险

无意增加摩擦性失业人数但却导致这一后果的一个政府计划是**失业保险**（unemployment insurance）。这个计划是给失去工作的工人提供部分保障。那些辞去自己的工作、由于过失而被开除，或刚刚进入劳动力队伍的失业者不具备受保障资格。失业保险仅仅向那些由于以前的雇主不再需要其技能而被解雇的失业者支付补助。虽然这个计划的条款在不同时期和不同州有所不同，但在美国享有失业保险的一个普通工人可以在 26 周内得到相当于其以前工资 50% 的补助。

尽管失业保险减轻了失业的痛苦，但也增加了失业量。这种解释依据了第 1 章的经济学十大原理之一：人们会对激励做出反应。由于当工人找到一份新工作时失业补助才停止发放，所以失业者不会努力地找工作，而更可能拒绝缺乏吸引力的工作。此外，由于失业保险使失业不是那么难应付，所以当工人就就业条件与雇主谈判时，不大会想取得雇主关于工作保障的保证。

劳动经济学家的许多研究考察了失业保险的激励效应。一项研究考察了 1985 年在伊利诺伊州进行的一项试验。当失业工人申请领取失业保险补助时，州政府随机地选出一些人，并且告诉他们如果能在 11 周内找到新工作，就给每人 500 美元的额外补助。然后把这个群体与一个不被提供这种激励的受控群体进行比较。被提供额外补助的群体平均失业时间比另一受控群体缩短 7%。这个试验说明，失业保险制度的设计影响了失业者寻找工作的努力程度。

几项其他研究通过跟踪不同时期的同一工人群体，考察了他们寻找工作的努力程度。失业保险补助并不是无限期地存在,通常是在半年或一年以后结束。这些研究发现，当失业者失去领取补助的资格时，他们找到新工作的概率显著提高了。因此，领取失业保险补助确实降低了失业者寻找工作的努力程度。

即使失业保险降低了寻找工作的努力程度并增加了失业，我们也不一定能得出这项政策不好的结论。这项计划达到了降低工人面临的收入不确定性的主要目标。此外，当工人拒绝所提供的没有吸引力的工作时，他们就有机会寻找更适合他们嗜好和技能的工作。一些经济学家认为，失业保险提高了一个经济使每个工人与其最适合的工作相匹配的能力。

对失业保险的研究表明，失业率是衡量一国整体经济福利水平的一个不完善的指标。大多数经济学家一致认为，取消失业保险会减少经济中的失业量，但经济学家们对这种政策改变将会提高还是降低经济福利的看法并不一致。

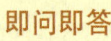

即问即答

■世界石油价格的提高会如何影响摩擦性失业的数量？这种失业是人们所不希望的吗？哪一种公共政策可能会影响这种价格变动所引起的失业量？

THE NEWS

【新闻摘录】
就业为什么下滑

在这篇专栏文章中，俄亥俄大学经济学名誉教授Vedder先生认为，政府补助增加是最近就业—人口比率下降的原因之一。

失业的工资
Richard Vedder

从17世纪中叶到20世纪晚期，美国的经济增长率大致是每年3.5%。但增长率在这之后开始严重下跌。到2012年最终数据出来的时候，21世纪最初的这12年的年平均实际产出增长率可能是1.81%左右。

为什么增长率会降低？有部分重要原因其实很简单：美国人当今工作量大大减少了。这种趋势比近几年的衰退和经济放缓反映出了更多的问题。

国民收入账户说明美国产出的70%来自人们的劳动。但是，美国处于工作年龄的就业人群的比重一直在下降。

近几十年来，就业—人口比率一直在稳步上升：2000年每100个处于工作年龄的美国人比1960年多8个。这种增长充分反映了女性劳动力参工率的提高。但是，2000年以后，处于工作年龄的就业人口增长的超过2/3都不见了。

这种减少的麻烦可比你想象的大得多。如果现在美国处于工作年龄的就业人口的比例和2000年一样，就应该多出约1400万人为经济做贡献。即使我们假定这多出的1400万人的平均生产率比现有劳动力低25%，美国的国内生产总值（GDP）还应该比当前的实际数字高5%（也就是8000亿美元，或者人均2600美元）。GDP的实际增长率应该是2.2%，而不是1.81%。简而言之，工作人口的减少影响甚大。

为什么美国人工作减少了？尽管因素很多，但产生这种现象最主要的原因是各种各样的公共政策减少了就业的激励。这些政策包括：

• 食品券。人们最基本的是为了吃而工作，如果政府提供了食物，那么工作的必要性就大大降低了。从20世纪60年代食品券计划开始以来，食品券增长得很厉害，特别是进入21世纪之后。现在领食品券的美国人比2000年时多了3000万人。

食品券受益人的急剧增加在时间上要早于2008年金融危机。根据农业部的数据，从2000年到2007年，食品券受益人从1710万人增加到2630万人。到2012年10月，这个数字已攀升到4750万人。2009年，平均每人的补助从每月102美元上升到了125美元。

我们想当然会认为2008年年末的失业率上升、贫困和收入降低会延续至2009年，甚至有可能延续进2010年（尽管衰退其实在2009年年末就正式结束了），依赖食品券的人口也会随之增加，但事实远远不止于此。

根据食品券计划的最新数据，我们来对比2010年10月和2012年10月的情况。失业率从9.6%降至7.8%，真实GDP即使不是强劲有力也是稳健增长了。食品券的使用应该已经过了最高峰并且开始下降了。但是领食品券的人数增加了722.3万人。在失业降低、产出增长的时期，领食品券的人每天增加近1万人，国会应该想想原因。

• 用于补助残疾人的社会保障支出。美国人的健康状况改善了，从事相对危险的职业以及矿工的人数减少带来的结果应该是美国因残疾而不能工作的人数比例下降。但事实恰恰相反。

1990年，只有300万美国人从社会保障中收到与工作相关的残疾补贴支票。这个数字在此前十年或二十年变化都很小。但从1990年以后，收到残疾补贴支票的人急剧增加。2000年超过500万人，2005年超过650万人，今天已经达到约860万人。麻省理工学院的David Autor在一系列论文中已经说明残疾补助计划低效、无能，并以不可持续的速度增加。新闻媒体已经报道了欺诈丛生的案例。

• 佩尔助学金。付钱让人们去上大学而不是去工作在传统上是基于一种认识，这种认识认为高等教育创造了"人力资本"，而人力资本对于国家经济的未来是至关重要的。但是，Christopher Denhart、Jonathan Robe和我为学院支付能力和生产率研究中心（The Center for College Affordability and Productivity）所做的研究说明，将近一半的四年制大学毕业生现在所从事的工作被劳工部认定是不需要大学学历的。比如，有100万名"零售人员"和11.5万名"门卫和清洁工"都是大学毕业生。

2000年，不足390万名青年男女得到佩尔助学金上了大学。2005年，这一数字增加了1／3，达到520万人，2008年又增加了100万人。而在接下来的三年时间里，这个数字增长了一半以上，达到约970万人。这比十年前多了600万人。结果是劳动人口减少。同时，大学毕业生数量和需要大学教育的工作岗位不匹配状况也在增加。

• 广泛的失业补助。20世纪30年代以来，失业保险制度旨在为失去工作的人给予短期的暂时性帮助，以便他们有喘息之机去寻找新工作。但在过去的四年里，传统的26周补助一直在不断延长——很多人一年或更长时间没工作但还在领补助。

实际上，国家整体经济确实没有增长太多。但如果你付钱让人们待在家里，很多人就会愿意这样，而不是去找工作，或者接受那些薪水不如意的工作。

这些政府项目还不是全部。例如，近几十年来以就业人口为导向的移民政策在很大程度上促进了经济增长，并提高了就业—人口比率。税收也是重要的一部分：今天所采用的更高的与工作相关的收入边际税率对那些纳税人来说带来了更低的工作意愿，同时也就减缓了经济增长。

很多美国人都认识到应该减少政府支出以控制国家债务。但其实削减政府为某些特定项目的开支还另有原因：如果更多的人有更少的不加入劳动力大军的激励，他们就会去找工作，从而刺激经济增长。

资料来源：Reprinted with permission of The Wall Street Journal, Copyright © 2013 Dow Jones & Company, Inc. All Rights Reserved Worldwide.

28.3 最低工资法

我们已经说明了摩擦性失业产生于使工人与工作岗位相匹配的过程，现在我们考察当工作岗位数量小于工人数量时，结构性失业如何产生。

为了说明结构性失业，我们从考察最低工资法如何引起失业开始。虽然最低工资并不是美国经济中失业的主要原因，但它对某些失业率特别高的群体有着重要的影响。而且，把对最低工资的分析作为出发点也是正常的，因为它可以用于了解结构性失业的某些其他原因。

图28-4 说明了最低工资的基本经济学分析。当最低工资法迫使工资高于供求平衡的水平时，与均衡水平相比，它就增加了劳动供给量而减少了劳动需求量，因而，存在着过剩的劳动。由于愿意工作的工人的数量多于工作岗位的数量，所以一些工人成为失业者。

尽管最低工资法是美国经济中存在失业的一个原因，但它并不影响每一个人。大

图28-4 工资高于均衡水平引起的失业

在这个劳动市场上，使供给与需求平衡的工资是W_E。在这一均衡工资下，劳动供给量与需求量都等于L_E。与此相比，如果最低工资法使工资被迫高于均衡水平，劳动供给量增加到L_S，而劳动需求量下降到L_D，就会引起过剩的劳动$L_S - L_D$，它代表失业量。

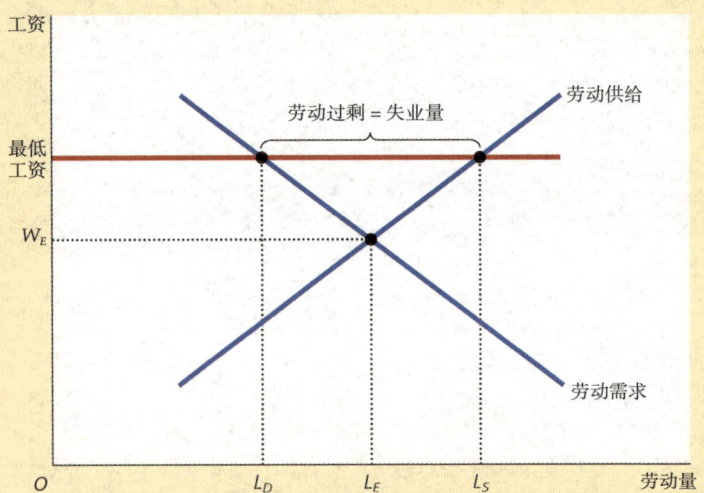

多数工人的工资远远高于法定最低工资，因此，最低工资法并不限制调节供求平衡的工资。最低工资法对劳动力中的最不熟练工人和经验最少的工人，如青少年，是最重要的。他们的均衡工资往往相当低，因此，更可能低于法定最低工资。最低工资法解释的只是这些工人中失业的存在。

虽然画出图28-4是要说明最低工资法的影响，但它也说明了一个更具有一般性的结论：如果工资由于任何一种原因高于均衡水平，就会导致失业。最低工资法只是工资可能"太高"的一个原因。在本章的余下两个部分中，我们考虑工资高于均衡水平的其他两个原因——工会和效率工资。在这些情况下，失业的基本经济学分析与图28-4所示的是相同的，但这些失业解释可以适用于经济中更多的工人。

但是，现在我们应该停下来并关注，从某种重要的意义上说，产生于高于均衡工资的结构性失业不同于产生于寻找工作过程的摩擦性失业。需要寻找工作并不是因为工资不能使劳动的供求平衡。当把寻找工作作为失业的解释时，工人正在寻找最适于自己嗜好和技能的工作岗位。与此相反，当工资高于均衡水平时，劳动供给量大于劳动需求量，工人失业是因为他们等待工作岗位的开放。

598

参考资料 谁在领取最低工资

在2012年，劳工部公布了一项关于哪些工人的报告收入处于或低于2011年最低工资水平的研究，2011年的最低工资为每小时7.25美元。（报告工资低于最低工资是可能的，因为一些工人不在最低工资法所适用的范围之内，因为最低工资法在实施过程中有这样那样的问题，也因为一些工人在调查中报告自己的工资时将其四舍五入。）下面是对研究结果的总结：

- 在领取小时工资的工人中，约有4%的男性和6%的女性的报告工资处于或低于现行的联邦最低工资。
- 领取最低工资的工人往往是年轻人。在所有领取小时工资在最低工资及以下的工人中有一半年龄低于25岁，而且其中大约1/4的人年龄在16—19岁。在青少年中，23%的人工资为最低工资或更少，相比之下，在25岁及以上的工人中这一比例仅为3%。
- 领取最低工资的工人往往受教育少。在16岁及以上领取小时工资的工人中，没有高中文凭的人中领取最低工资或更少的比例约为11%，相比之下，高中毕业（但未上大学）的人中这一比例约为5%，而获得大学学位的人中这一比例仅为2%。
- 领取最低工资的工人更可能从事兼职工作。在从事兼职工作的人（他们通常每周工作少于35小时）中，13%的人工资为最低工资或更少，相比之下，从事全职工作的人中这一比例为2%。
- 所报告的小时工资等于或低于最低工资的工人最多的行业是休闲和接待（约有22%）。工资处于或低于最低工资水平的所有工人中约有一半的人在这个行业就业，主要是餐饮服务。对这些人中的大多数来说，有小费作为小时工资的补充。
- 每小时得到的工资等于或低于联邦最低工资的工人的比例一直变化很大：从1979年——第一次开始定期收集数据的年份——的13%下降到2006年的2%，然后在2011年上升到5%。最近的这种上升部分要归因于法定最低工资从2006年的每小时5.15美元上升到2011年的每小时7.25美元。

28.4 工会和集体谈判

工会（union）是一个与雇主就工资、津贴和工作条件进行谈判的工人协会。尽管美国现在只有11%的工人加入了工会，但是过去工会在美国劳动市场上曾起过重要

工会：与雇主就工资、津贴和工作条件进行谈判的工人协会。

作用。在20世纪40年代和50年代，工会处于鼎盛时期，美国工人中大约有1/3加入了工会。

基于各种历史原因，在许多欧洲国家，工会仍然起着相当大的作用。例如，在比利时、挪威和瑞典，有一半以上的工人加入了工会。在法国和德国，大部分工人的工资是通过集体谈判再经由法律确定的，尽管这些工人中只有一部分是工会成员。在这些情况下，工资并不是由竞争的劳动市场上的供求均衡决定的。

28.4.1 工会经济学

工会是一种卡特尔。与任何卡特尔一样，工会是卖者共同行动以希望发挥其共同市场势力的一个集团。在美国经济中，大部分工人单独地与其雇主讨论工资、津贴和工作条件。与此相反，工会的工人是作为一个集团来这样做的。工会与企业就就业条件达成一致的过程称为**集体谈判**（collective bargaining）。

当工会与企业谈判时，它提出的工资、津贴和工作条件会比没有工会时高。如果工会和企业没有达成协议，工会就会组织工人从企业撤出劳动，这称为**罢工**（strike）。由于罢工减少了生产、销售和利润，所以面临罢工威胁的企业可能同意支付比没有工会时更高的工资。研究工会影响的经济学家会发现，参加工会的工人赚得的收入比不属于工会的类似工人高出10%—20%。

当工会把工资提高到均衡水平之上时，它就增加了劳动供给量，减少了劳动需求量，从而引起了失业。那些在较高工资时仍然就业的工人的状况变好了，但那些以前有工作而现在失业的工人的状况变坏了。实际上，通常认为工会是引起不同工人集团之间——从工会高工资中得到好处的局内人与没有得到工会工作岗位的局外人之间——冲突的原因。

"先生们，除了管理者想利润最大化和工会想要更多钱以外，我们在达成最终协议方面没有什么障碍。"

图片来源：
© ALAN DUNN/ THE NEW YORKER COLLECTION/ WWW.CARTOONBANK.COM.

局外人可以用两种方法中的一种对其处境做出反应。他们中的一些人仍然处于失业状态，并等待时机成为局内人，以赚到工会的高工资。另一些人在没有工会组织的企业中工作。因此，当工会提高了经济中一个部门的工资时，经济中其他部门的劳动供给就增加了。这种劳动供给的增加又降低了那些没有工会组织的行业的工资。换句话说，参加工会的工人从集体谈判中得到了好处，而没有参加工会的工人承担了部分代价。

经济中工会的作用部分取决于指导工会组织和集体谈判的法律。在正常情况下，卡特尔成员之间的公开协议是非法的。当出售相似产品的企业达成协议确定一个高价格时，这种协议就被认为是"限制交易的共谋"，政府会在民事或刑事法庭起诉这些企业违背了反托拉斯法。与此相反，工会不受这些法律的限制。那些制定反托拉斯法的决策者相信，工人在与雇主谈判时需要更大的市场势力。实际上，政府所制定的各种法律都鼓励建立工会。特别是 1935 年的《瓦格纳法案》，它禁止雇主在工人努力组织工会时进行干预，并要求雇主以高度的诚信与工会进行谈判。全国劳工关系委员会（NLRB）是实现工人组织工会权利的政府机构。

影响工会市场势力的立法一直是政治争论的主题。州的立法者有时争论工作权利法，该法赋予有工会组织的企业中的工人选择是否加入工会的权利。在没有这类法律时，工会就会在集体谈判时坚持要求企业把成为工会会员作为就业的条件。联邦政府中的立法者一直在争论一项法律议案，该法律禁止企业靠雇用长期人员来替代正在罢工的工人。这项法律使罢工给企业带来的代价更高，从而加强了工会的市场势力。这些法律和类似的政策决策将有助于决定工会运动的未来。

28.4.2 工会对经济是好还是坏

经济学家关于工会对整个经济是好还是坏的看法并不一致。我们来考虑争论的双方。

工会的批评者认为，工会仅仅是一种卡特尔。当工会把工资提高到竞争市场应有的水平之上时，工会就减少了劳动需求量，使一些工人失业，并降低了其他经济部门的工资。批评者认为，由此引起的劳动配置既是无效率的，又是不公平的。它之所以无效率，是因为工会的高工资使有工会组织的企业的就业降低到有效率的竞争水平之下。它之所以不公平，是因为一些工人的获益是以另一些工人的损失为代价的。

工会的支持者争辩说，工会是与雇用工人的企业的市场势力抗衡所必需的。这种市场势力的极端情况是"公司城"，在这种地方，一个企业雇用了该地区的大部分工人。在公司城中，如果工人不接受企业提供的工资和工作条件，他们除了搬走或不工作以外别无选择。因此，在没有工会的情况下，与企业必须同其他企业竞争以雇用同样的工人时所出现的情况相比，企业可以凭借其市场势力支付低工资，并提供恶劣的工作条件。在这种情况下，工会可以平衡企业的市场势力，并保护工人免受企业所有者的摆布。

工会的支持者还声称，工会在帮助企业有效地对工人的利益做出反应方面也是重

即问即答
■ 在汽车行业中，工会如何影响通用汽车公司和福特汽车公司的工资和就业？工会如何影响其他行业的工资和就业？

要的。当工人接受了一份工作时，工人与企业必须就除了工资之外的许多工作特性达成一致意见，如工作时间、加班、休假、病假、医疗津贴、晋升、工作安全，等等。工会通过代表工人在这些问题上的观点，使企业提供这些工作特性的适当组合。即使工会在使工资高于均衡水平而引起失业上有不利影响，但是它们在帮助企业保有一支乐观而富有生产效率的劳动力队伍方面却是有益的。

总之，经济学家对于工会对经济是好还是坏并没有达成共识。与许多制度一样，工会的影响也许在一些情况下是有利的，而在另一些情况下是不利的。

28.5　效率工资理论

经济中总是存在一些失业的第四个原因——除了寻找工作、最低工资法和工会之外——是**效率工资**（efficiency wages）理论所提出来的。根据这种理论，如果工资高于均衡水平，企业的经营会更具效率。因此，即使存在超额劳动供给，企业保持高工资也是有利的。

效率工资：企业为了提高工人的生产率而支付的高于均衡水平的工资。

在某些方面，效率工资引起的失业与最低工资法和工会所引起的失业是相似的。在这三种情况下，失业都是因为工资高于使劳动供给量与劳动需求量平衡的水平。但也有一个重要的差别：最低工资法和工会可以阻止企业在工人供给过剩时降低工资；效率工资理论则认为，在许多情况下，这种对企业的限制是不必要的，因为企业使工资处于均衡水平之上时其状况可能会更好。

为什么企业想保持高工资？这个决策看来有点古怪，因为工资是企业成本的主要部分。在正常情况下，我们预期利润最大化的企业要使成本——从而使工资——尽可能低。效率工资理论的新观点是，支付高工资可能是有利的，因为高工资可以提高企业中工人的效率。

有几种效率工资理论。每种理论都对企业为什么想支付高工资给出了不同的解释。现在我们来考虑其中的四种理论。

28.5.1　工人健康

第一种也是最简单的效率工资理论强调工资和工人健康之间的联系。工资高的工人因其饮食更有营养，所以更健康、有更高生产率。企业会发现，支付高工资并且有更加健康、生产率更高的工人，比支付低工资从而有不健康、生产率低的工人更有利。

这种效率工资理论可用于解释欠发达国家的失业。在这些国家，营养不良会是一个问题，企业可能担心削减工资实际上会对其工人的健康和生产率有不利的影响。换言之，对营养问题的关注，可以解释为什么尽管劳动过剩企业仍会把工资保持在均衡水平以上。对工人健康的关注并不适用于美国这类富裕国家的企业，在这些国家，大多数工人的均衡工资都远远超出保证其充足饮食所需要的水平。

28.5.2 工人流动率

第二种效率工资理论强调工资与工人流动率之间的联系。工人会因许多原因而离职，如接受其他企业的工作、移居到本国其他地方、离开劳动力队伍等。工人离职的频率取决于他们面临的一整套激励，包括离职的利益和留下的利益。企业向工人支付的工资越高，通常选择离职的工人就越少。因此，企业可以通过支付高工资来降低其工人的流动率。

为什么企业关心工人流动率呢？原因是企业雇用并培训新工人是有成本的。而且，即使在经过培训之后，新雇用的工人的生产率也不如有经验的工人高。因此，工人流动率高的企业往往生产成本也高。企业会发现，为了减少工人流动而支付给工人高于均衡水平的工资是有利的。

28.5.3 工人素质

第三种效率工资理论强调工资和工人素质之间的联系。所有企业都想要更能干的工人，而且它们努力挑选最好的申请者来填补职位空缺。但是由于企业无法准确测定申请者的素质，雇用就有一定的随机性。当一个企业支付了高工资时，它就吸引了更好的工人来申请这份工作，从而提高了其劳动力的素质。如果企业对劳动过剩的反应是降低工资，那么大多数有能力的申请者——他们比那些缺乏能力的申请者更有可能有更好的选择机会——就会选择不申请。如果工资对工人素质的这种影响是相当大的，对企业来说支付高于供求均衡水平的工资就是有利的。

28.5.4 工人努力程度

第四种也是最后一种效率工资理论强调工资和工人努力程度之间的联系。在许多工作中，工人对自己工作的努力程度有某种相机抉择权。因此，企业要监测工人的努力程度，并解雇逃避责任的工人。但是，抓住所有逃避责任者的难度很大，因为监测工人的成本高昂且又不完全有效。处于这种环境下的企业总在寻找克服逃避责任的方法。

一种解决方法是支付高于均衡水平的工资。高工资使工人更渴望保持他们的工作，从而给予工人付出最大努力的激励。如果工资在使供求均衡的水平上，工人就没有什么理由去努力工作，因为即使他们被解雇他们也能很快找到一份支付同样工资的工作。因此，企业把工资提高到均衡水平以上，可以激励工人不要逃避责任。

即问即答

■ 给出四种解释，说明为什么企业会发现支付高于使劳动供给量与劳动需求量均衡水平的工资是有利的。

图片来源：
S.Adams, E-mail: SCOTTADAMS@AOL.COM; ©1996 United Feature Syndicate, Inc. (NYC); ©SCOTT ADAMS/DIST.BY UNITED FEATURE SYNDICATE, INC.

> **案例研究** 亨利·福特及其极为慷慨的每天 5 美元工资

亨利·福特是一位有远见的工业家。作为福特汽车公司的创始人，他负责引进了现代生产技术。福特不是靠熟练工匠的小团队来生产汽车，而是用装配线来生产汽车，在装配线上不熟练工人被教会完成不断重复的简单工作。这种装配线的产品是 T 型福特车，它是早期最有名的汽车之一。

在 1914 年，福特进行了另一项革新：每个工作日 5 美元工资。这在今天看似微不足道，但退回到当时，5 美元是一般工资的 2 倍左右。这种工资远远高于使供求均衡的工资。每天 5 美元工资的新政策一经宣布，福特公司的工厂外面求职的人就排起了长队。愿意在这种工资水平下工作的工人数量远远超出了福特公司需要的工人数量。

福特公司的高工资政策产生了效率工资理论所预期的许多有利影响。流动率下降了，缺勤率下降了，而生产率提高了。工人的效率如此之高，以至于尽管工资较高，但福特公司的生产成本减少了。因此，支付高于均衡水平的工资对企业是有利的。研究早期福特汽车公司的一位历史学家写道："福特及其部下在许多场合公开宣称，高工资政策的结果是良好的业绩。他们这样说的意思是，它加强了工人的纪律，使工人忠于公司，并提高了工人的个人效率。"亨利·福特本人称每天 5 美元工资是"我们所做出的最成功的降低成本的努力之一"。

为什么亨利·福特要引进这种效率工资呢？为什么其他公司不采用这种看似有利的经营战略呢？根据某些分析家的看法，福特的决策与其装配线的使用是密切相关的。用装配线组织起来的工人相互之间是高度依赖的。如果一个工人旷工或工作缓慢，其他工人就不能完成他们自己的任务。因此，当装配线使生产更有效率时，它们也提高了工人低流动率、高度努力和高素质的重要性。因此，与当时其他公司相比，支付效率工资对福特汽车公司来说是一种更好的策略。

28.6 结论

在本章中，我们讨论了失业的衡量以及经济中总是存在某种程度失业的原因。我们说明了寻找工作、最低工资法、工会和效率工资如何有助于解释为什么一些工人没有工作。这四种有关自然失业率的解释中哪一种对美国经济和世界其他经济最重要呢？不幸的是，要说明这一点并不容易。经济学家们在这些解释中哪一个最重要的问题上意见并不一致。

本章的分析得出了一个重要结论：尽管经济中总有某种失业，但是自然失业率一直在变动。许多事件和政策都会改变经济正常运行时所存在的失业量。随着信息革命改变寻找工作的过程，随着国会调整最低工资，随着工人组成或离开工会，以及随着企业改变对效率工资的依赖，自然失业率也在变动。失业并不是一个用简单方法就能解决的问题，但我们选择如何组织我们的社会能够深深地影响存在多少失业。

内容提要

◎ 失业率是那些想要工作但又没有工作的人所占的百分比。劳工统计局每月根据对成千上万户家庭的调查计算这个统计数字。

◎ 失业率是对失去工作者的一个不完善的衡量指标。一些自称失业的人实际上可能并不想工作；而一些想工作的人在寻找工作失败后离开了劳动力队伍，从而不被计算为失业者。

◎ 在美国经济中，大多数成为失业者的人在短期内找到了工作。然而，在任何一个既定时间段内所观察到的大多数失业归因于少数几个长期失业者。

◎ 失业的一个原因是工人寻找最适合他们爱好与技能的工作需要时间。由于失业保险、政府政策旨在保护工人收入，因此摩擦性失业增加。

◎ 经济中总是存在某种失业的第二个原因是最低工资法。最低工资法通过把不熟练与无经验的工人的工资提高到均衡水平以上而增加了劳动供给量，并减少了劳动需求量。它所引起的过剩劳动供给代表失业。

◎ 失业的第三个原因是工会的市场势力。当工会推动有工会组织的行业的工资提高到均衡水平之上时，工会就创造出了过剩的劳动供给。

◎ 效率工资理论提出了失业的第四个原因。根据这种理论，企业发现支付高于均衡水平的工资是有利的。高工资可以改善工人的健康状况，降低工人流动率，提高工人努力程度，以及提高工人素质。

关键概念

劳动力
失业率
劳动力参工率
自然失业率
周期性失业

丧失信心的工人
摩擦性失业
结构性失业
寻找工作
失业保险

工会
集体谈判
罢工
效率工资

复习题

1. 劳工统计局把每个人划入哪三个类别？它如何计算劳动力、失业率以及劳动力参工率？
2. 失业在正常情况下是短期的还是长期的？解释之。
3. 为什么摩擦性失业是不可避免的？政府如何降低摩擦性失业的数量？
4. 最低工资法能更好地解释青少年的结构性失业还是大学毕业生的结构性失业？为什么？
5. 工会如何影响自然失业率？
6. 工会的支持者提出了哪些观点来证明工会对经济有利？
7. 解释企业通过提高它所支付的工资增加利润的四种方式。

第10篇
长期中的货币与物价

第 29 章
货币制度

当你走进一家餐馆点了一份饭时,你得到了某种有价值的东西——饱餐一顿。为了对这种服务付费,你会递给餐馆老板几张破旧的、上面印有奇特的符号、政府大楼和已故美国名人肖像的淡绿色纸片。或者,你也可以拿出一张载有银行名称和你的签名的纸片。无论你是支付现金还是支票,餐馆老板都乐于为满足你的食欲而辛勤工作,以换取这些本身没有什么价值的纸片。

对于任何一个生活在现代经济中的人来说,这种社会习惯一点也不奇怪。尽管纸币没有内在价值,但餐馆老板相信未来会有第三个人接受它,由此餐馆老板可以换取他认为有价值的东西。而且,这第三个人也相信会有第四个人接受这些纸币,并知道还有第五个人也将接受它,如此等等。对餐馆老板和我们社会中的其他人来说,你的现金或支票代表了对未来物品与服务的索取权。

使用货币进行交易的社会习惯在一个大而复杂的社会中是极其有用的。假设经济中没有这种在交换物品与服务时被广泛接受的媒介,人们就不得不依靠物物交换——用一种物品或服务交换另一种物品或服务——来得到他们需要的东西。例如,你为了得到餐馆的一顿饭,你就必须提供对餐馆老板有直接价值的东西。你可以帮他洗一些盘子、给他擦汽车,或者把你家的肉糜糕秘方给他。一个依靠物物交换的经济,难以有效地配置其稀缺资源。在这种经济中,交易要求欲望的双向一致性——一种不大可能的偶然巧合,即两个人彼此都有对方想要的物品或服务。

货币的存在使交易变得容易了。餐馆老板并不关心你是否能生产对他有价值的物品或服务,他乐于接受你的货币,因为他知道其他人也会接受他的货币。这种惯例使交易循环往复地进行。餐馆老板接受你的货币,并把它支付给她的厨师;厨师又用她的工资支票送孩子上幼儿园;幼儿园用这些学费支付教师的工资;教师又雇你给她修剪草坪。随着货币在经济中从一个人手中流到另一个人手中,它便利了生产和交易,从而使每个人都能专门从事自己最擅长的活动,并提高每个人的生活水平。

在本章中,我们开始考察货币在经济中的作用。我们讨论什么是货币、货币的各种形式、银行体系如何有助于创造货币,以及政府如何控制流通中的货币量。由于货币在经济中如此重要，所以在本书的其他部分，我们用了许多精力来了解货币量变动如何影响各种经济变量，包括通货膨胀、利率、生产和就业。为了与前四章中集中于长期问题保持一致，我们将在下一章中考察货币量变动的长期影响。货币量变动的短期影响是一个更为复杂的题目，我们将在本书的后面论述这一问题。本章为这些进一步的分析提供了一些背景知识。

29.1 货币的含义

什么是货币？这个问题似乎有点奇怪。当你谈到亿万富翁比尔·盖茨有许多货币时，你知道这是指：他如此富裕，以至于他几乎可以买到他想要的任何东西。在这个意义上，货币这个词用来指代财富。

> **货币**：经济中人们经常用于向其他人购买物品与服务的一组资产。

但是，经济学家在更为具体的意义上使用这个词：**货币**（money）是经济中人们经常用于相互购买物品与服务的一组资产。你钱包里的现金之所以是货币，是因为你可以用它在餐馆买饭或在服装店买衬衣。与此相反，如果你碰巧也像比尔·盖茨那样拥有微软公司的大部分股权，你也是很富有的，但这种资产并不能作为货币的一种形式。如果不首先得到一些现金，你不能用这种财富买饭或买衬衣。根据经济学家的定义，货币只包括在物品与服务交换中卖者通常接受的少数几种财富。

29.1.1 货币的职能

货币在经济中有三种职能：交换媒介、计价单位和价值储藏手段。这三种职能把货币与经济中的其他资产，如股票、债券、不动产、艺术品，甚至棒球运动员卡区分开来。现在我们依次考察货币的每一种职能。

> **交换媒介**：买者在购买物品与服务时给予卖者的东西。

交换媒介（medium of exchange）是买者在购买物品与服务时给予卖者的东西。当你在服装店购买一件衬衣时，商店给你衬衣，你给商店货币。货币从买者向卖者的转移使交易得以进行。当你走进商店时，你确信商店会为它出售的商品而接受你的货币，因为货币是普遍接受的交换媒介。

> **计价单位**：人们用来表示价格和记录债务的标准。

计价单位（unit of account）是人们用来表示价格和记录债务的标准。当你去购物时，你会观察到，衬衣价格为 30 美元，而汉堡包价格为 3 美元。尽管说衬衣的价格是 10 个汉堡包的价格以及汉堡包的价格是 1/10 件衬衣的价格也是正确的，但价格绝不是用这种方式表示的。同样，如果你从银行得到一笔贷款，你将来偿还贷款的数额也用美元来衡量，而不用物品和服务的数量来衡量。当我们想衡量并记录经济价值时，我们把货币作为计价单位。

> **价值储藏手段**：人们可以用来把现在的购买力转变为未来的购买力的东西。

价值储藏手段（store of value）是人们可以用来把现在的购买力转变为未来的购买力的东西。当卖者今天在物品与服务的交换中得到货币时，他可以持有货币，并在另一个时候成为另一种物品或服务的买者。货币不是经济中唯一的价值储藏手段：人们也可以通过持有诸如股票和债券这些非货币资产来把现在的购买力转变为未来的购买力。财富这个词用来指所有价值储藏的总量，包括货币和非货币资产。

经济学家用流动性（liquidity）来说明一种资产兑换为经济中的交换媒介的容易程度。由于货币是经济中的交换媒介，所以它是最具流动性的资产。其他资产在流动性方面差别很大。大多数股票和债券能以较小的代价变现，因此，它们是流动性较强的资产。与此相反，出售一所房子、一幅伦勃朗的油画或者一张1948年Joe DiMaggio的棒球运动员卡就要付出更多时间和努力，所以这些资产的流动性较弱。

当人们决定以某种形式持有自己的财富时，他们必须使每种可能资产的流动性与资产作为价值储藏手段的有用性保持平衡。货币是最具流动性的资产，但它作为价值储藏手段远不够完美。当物价上升时，货币的价值就减少了。换句话说，当物品和服务变得更为昂贵时，你钱包里的每一美元的购买力就变小了。物价水平与货币价值之间的这种联系对理解货币如何影响经济是很关键的，我们将在下一章中论及这个话题。

29.1.2　货币的种类

当货币采取有内在价值的商品形式时，它被称为商品货币（commodity money）。内在价值这个词是指，即使不作为货币，东西本身也有价值。商品货币的一个例子是黄金。黄金之所以有内在价值，是因为它可以用于工业和制造首饰。虽然今天我们不再把黄金作为货币，但它在历史上是货币最常见的形式，因为它较容易携带、衡量和确定成色。当一个经济用黄金（或者用可以随时兑换为黄金的纸币）作为货币时，可以说这个经济是在金本位下运行。

商品货币的另一个例子是香烟。在第二次世界大战的战俘营中，战俘们用作为价值储藏、计价单位和交换媒介的香烟进行交易。同样，当苏联刚刚解体时，香烟在莫斯科又开始替代卢布成为受欢迎的通货。在这两种情况下，即使一个不吸烟的人也乐于在交换中接受香烟，因为他们知道可以用香烟去购买其他物品与服务。

没有内在价值的货币称为法定货币（fiat money）。法定就是一种命令或法令，法定货币是由政府法令所确定的货币。例如，比较你钱包中的纸币美元（由美国政府印制）和"垄断"游戏中的纸币美元（由帕克兄弟游戏公司印制）。为什么你能用前者支付餐馆的账单，而不能用后者支付？答案是美国政府的法令规定它的美元为有效货币。你钱包里的每一张纸币上都写着："此纸币是所有公私债务的合法偿付。"

虽然政府是建立并管理法定货币制度的中心（例如，对造伪钞者予以惩罚），但这种货币制度的成功还依赖于其他因素。在很大程度上，接受法定货币对预期和社会习惯的依赖与对政府法令的依赖同样重要。20世纪80年代，苏联政府并没有废除作为官方通货的卢布，但莫斯科人民在物品与服务交换中更愿意接受香烟（或者甚至是美元），因为他们确信未来其他人将接受这些替代货币。

流动性：一种资产兑换为经济中交换媒介的容易程度。

即问即答
■ 列出并说明货币的三种职能。

商品货币：以有内在价值的商品为形式的货币。

法定货币：没有内在价值、由政府法令确定作为通货使用的货币。

IN THE NEWS

【新闻摘录】
为什么是黄金

几百年以来,当社会需要使用某种形式的商品货币时,最常见的选择就是金本位。这种选择可能是有合理的科学基础的。

化学家解释了为什么黄金淘汰了锂、锇、镍……

Jacob Goldstein
David Kestenbaum

元素周期表列出了 118 种不同的化学元素。可是几千年来,人们真正喜欢的只有一种:金。几千年来黄金一直作为货币使用,它的价格早已直冲云霄了。

为什么是金?为什么不是锇、锂,或者钌?

我们信任黄金。

图片来源:
Shutterstock.com/Hein Nouwens.

我们去请教了一位专家:哥伦比亚大学的化学专家 Sanat Kumar。我们请他拿出元素周期表,开始排除那些不适于当作货币的元素。

元素周期表看起来有点像游戏卡:每个方格都有一种不同的元素——一格是碳,一格是金,以此类推。

Sanat 从周期表的最右边开始梳理。这部分元素有非常富有魅力的特性:它们不会改变。它们在化学意义上非常稳定。

但它们都有一个巨大的缺陷:它们都是气态。你可以把所有气态的钱放进罐子里,但一旦把罐子打开,你可就破产了。所以 Sanat 把右列都划掉了。

然后他就转到了最左边,指着其中一个元素:锂。

"如果你把锂暴露在空气里,它就会引起一场大火,这场大火能烧毁一堵水泥墙。"他说。

随时都能自燃的钱可不好。实际上,你不会希望你的钱产生任何自发的化学反应。可是元素周期表上的许多元素都是容易产生化学反应的。

不是所有这些易反应的化学元素都会突然燃烧。但很多时候它们易受腐蚀,而分解成小块。

这样 Sanat 又划掉了 38 种元素,因为它们都是易反应的。

然后我们就问他周期表底部那两行奇怪的元素。它们从主要表格中分离出来,有些名字听起来很棒——钷、镎。

原来它们都是放射性的——在口袋里放上一些镎,一年之后你就死亡了。

所以我们把元素从 118 种减少到了 30 种,我们总结出三项基本原则:(1) 不是气体;(2) 不会自燃或者燃烧;(3) 不会杀人。

现在 Sanat 又加了一条:你希望它是稀缺的。这条原则让他又划掉了周期表上面的许多方格,因为这些元素世界上有太多太多。

同时你又不能用那些太稀有的元素。所以,铱——通过陨星坠落才能来到地球上的元素——也被划掉了。

这样我们就只有 5 种元素了:铑、钯、银、铂和金。所有这些都是稀有金属。

但即使这样,我们还得划掉几个。银当然一直被作为货币广泛使用,但它容易起化学反应而失去光泽。所以 Sanat 说,银不是最佳选择。

早期文明不大可能用铑或者钯,因为到 19 世纪早期它们才被发现。

这样就只剩下铂和金了。这两种元素都可以在河流或溪流中找到。

但是,如果你生活在古代,想制造铂硬币,你可能需要来自未来的熔炉,因为铂的熔点是 3000 华氏度以上。

而金正好可以在低很多的温度下熔化,这使前工业时代的人们易于掌握。

所以,我们问 Sanat,如果我们倒拨时钟重新开始历史,世界会有所不同吗?或者金是不是还会成为被选中的元素?

"就地球而言,在我们可选的范围之内,金是最佳选择,"他说,"别无他选。"

资料来源: *NPR Morning Edition*,February 15, 2011.

29.1.3 美国经济中的货币

正如我们将要说明的，经济中流通的货币量称为货币存量，它对许多经济变量有重要的影响。但是，在我们考虑这一点为什么正确之前，我们需要问一个基本问题：什么是货币量？特别是，假设给你一个衡量美国经济中有多少货币的任务，在衡量时你会包括什么？

要包括在内的最明显的资产是通货（currency）——公众手中持有的纸币钞票和铸币。通货显然是我们经济中最为广泛接受的交换媒介。毫无疑问，它是货币存量的一部分。

通货：公众手中持有的纸币和铸币。

然而通货并不是你可以用来购买物品和服务的唯一资产。许多商店还接受个人支票。你支票账户中拥有的财富几乎和你钱包中的财富一样，可以同样方便地购买物品。因此，为了衡量货币存量，你应该想要包括活期存款（demand deposits）——储户可以简单地通过开支票或在商店中刷借记卡而随时支取的银行账户余额。

活期存款：储户可以通过开支票而随时支取的银行账户余额。

一旦你开始考虑把支票账户上的余额作为货币存量的一部分，你就要考虑人们在银行和其他金融机构所拥有的大量其他账户。银行储户通常并不能根据他们储蓄账户的余额开支票，但他们可以很容易地把资金从储蓄账户转到支票账户。此外，货币市场共同基金的储户通常可以根据他们的余额开支票。因此，把这些账户作为美国货币存量的一部分应该是有道理的。

在一个像我们这样复杂的经济中，要在能够称为"货币"的资产和不能称为"货币"的资产之间划一条界线是不容易的。你钱包中的铸币显然是货币存量的一部分，而帝国大厦显然不是，但在这两个极端之间存在许多资产，要做出选择并不那么容易。由于对如何在货币资产与非货币资产之间划出一条线，不同的分析者并没有一致的意见，所以美国就有各种不同的货币存量衡量标准。图29-1表示了两个最常用的衡量指标，

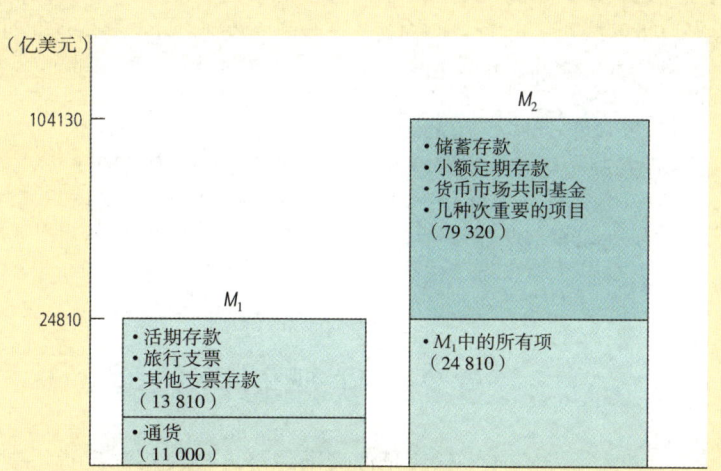

图29-1 美国经济中货币存量的两种衡量指标

两个广为采用的货币存量衡量指标是 M_1 和 M_2。该图显示了2013年1月每个衡量指标的规模。

资料来源：Federal Reserve.

称为 M_1 和 M_2。M_2 衡量指标中包括的资产比 M_1 多。

就本书的目的而言，我们并不需要深入探讨各种货币衡量指标之间的差别。我们的讨论不受 M_1 与 M_2 之间区别的影响。重要的一点是，美国经济的货币存量不仅包括通货，而且还包括银行和其他金融机构的存款，这些存款可以随时获得并用于购买物品与服务。

参考资料　为什么信用卡不是货币

把信用卡作为经济中货币存量的一部分似乎是很自然的。毕竟人们用信用卡可以购买许多东西。因此，信用卡难道不是一种交换媒介吗？

乍一看这种说法似乎有些道理，但信用卡并不是一种货币量的衡量指标。理由是，信用卡实际上并不是一种支付方式，而是一种延期支付方式。当你用信用卡买一份饭时，发行信用卡的银行向餐馆支付了应该支付的钱。过一段时间，你必须偿还银行的钱（也许还有利息）。到你支付信用卡账单时，你会从你的支票账户开一张支票来进行支付。这种支票账户上的余额是经济中货币存量的一部分。

要注意的是，信用卡完全不同于借记卡，借记卡自动地从银行账户提取资金为所购的东西付款。借记卡不允许使用者为购买而延期支付，只允许使用者立即从银行账户提取存款。在这个意义上，借记卡更类似于支票而不像信用卡。借记卡上的账户余额包括在货币量的衡量中。

尽管信用卡不作为货币的一种形式，但它对分析货币制度是很重要的。信用卡的持有人可以在月底一次付清所有账单，而不是在购买时随时支付。因此，信用卡的持有人所持有的货币平均而言可能少于没有信用卡的人。这样，引进并提高信用卡的普及程度可以减少人们选择持有的货币量。

案例研究　所有的通货都在哪里

美国经济中货币存量的一个谜与通货量有关。在 2013 年 1 月，流通在外的通货有 11 000 亿美元。为了仔细观察这个数字，我们可以用它除以美国成年人（16 岁及以上）人口数 2.45 亿。这种计算意味着，平均每个成年人持有大约 4 490 美元的通货。当得知美国经济中有这么多通货时，大多数人都很惊讶，因为他们的钱包里远远没有这么多钱。

谁持有所有这些通货？没有一个人确切地了解，但有两种看起来合理的解释。

第一种解释是，许多通货由外国人持有。在没有稳定货币制度的某些国家，人们通常对美元的偏好大于本国资产。事实上，经常可以看到美元在外国被作为交换媒介、计价单位和价值储藏手段。

第二种解释是，许多通货由毒品商、逃税者和其他犯罪分子持有。对于美国经济中的大多数人来说，通货并不是持有财富的一种特别好的方式。通货不仅会丢失或被偷走，而且赚不到利息，而银行存款有利息。因此，大多数人只持有少量通货。与此相反，犯罪分子可能不喜欢把他们的财富放在银行，因为银行存款会给警察留下证据，警察可以由此追踪他们的非法活动。对于犯罪分子来说，通货可能是可以获得的最好的价值储藏手段。

29.2　联邦储备体系

只要是像美国经济这样使用法定货币制度的经济，就必须有某个机构负责管理这个制度。在美国，这个机构是**联邦储备局**（Federal Reserve），通常简称为美联储

联邦储备局：美国的中央银行。

（Fed）。如果你观察一张美元钞票的上部，你将看到"联邦储备券"的字样。联邦储备是中央银行（central bank）的一个例子，中央银行是为了监管银行体系和调节经济中的货币量而设计的机构。世界其他主要的中央银行包括英格兰银行、日本银行和欧洲中央银行。

29.2.1 美联储的结构

在经历了 1907 年的一系列银行倒闭事件以后，国会相信美国需要一个中央银行来确保全国银行体系的正常运行，于是在 1913 年创建了联邦储备。现在，美联储由其理事会管理，理事会有 7 名由总统任命并得到参议院确认的理事。理事任期 14 年。正如联邦法官的终身任职使他们与政治分离一样，美联储理事的长期任职使他们在制定货币政策时能够独立于短期的政治压力。

在理事会的 7 名成员中，最重要的是主席。主席任命美联储官员，主持理事会会议，并定期在国会各种委员会前为美联储的政策作证。总统有权任命任期 4 年的主席。当本书即将付印时，美联储主席是本·伯南克，他以前是一位经济学教授，2005 年由乔治·W. 布什总统任命担任美联储的这一职务，2009 年又由巴拉克·奥巴马总统再次任命。

联邦储备体系由设在华盛顿特区的联邦储备理事会和位于全国一些主要城市的 12 个地区联邦储备银行组成。地区银行的总裁由每个银行的理事会选择，理事会成员一般来自当地银行和企业界。

美联储有两项相互关联的工作。第一项工作是管制银行并确保银行体系的正常运行。这项工作主要由地区联邦储备银行负责。特别是，美联储监管每个银行的财务状况，推进银行的支票结算交易。它也是银行的银行。这就是说，美联储在银行想要借款时给它们贷款。当财务上出现麻烦的银行发现自己现金短缺时，美联储充当最后贷款者，即贷款给在其他任何地方都借不到款的银行，以便维持整个银行体系的稳定。

美联储的第二项且更为重要的工作是控制经济中可以得到的货币量，这种货币量称为货币供给（money supply）。决策者关于货币供给的决策构成货币政策（monetary policy）。在美联储，货币政策是由联邦公开市场委员会（FOMC）制定的。联邦公开市场委员会每 6 周在华盛顿特区开一次会，讨论经济状况并考虑货币政策的变动。

货币供给：经济中可得到的货币量。

货币政策：中央银行的决策者对货币供给的安排。

29.2.2 联邦公开市场委员会

联邦公开市场委员会由美联储的 7 位理事和 12 个地区银行总裁中的 5 位组成。所有 12 个地区银行总裁都参加联邦公开市场委员会的每次会议，但只有 5 个有投票权。这 5 个投票权由 12 个地区银行总裁轮流享有。但纽约联邦储备银行的总裁总是拥有投票权，因为纽约是美国经济的传统金融中心，并且美联储的所有政府债券的买卖都在纽约联邦储备银行的交易柜台进行。

通过联邦公开市场委员会的决策，美联储有权增加或减少经济中美元的数量。用一个简单的比喻，你可以想象美联储印制美元钞票，然后用直升机送到全国各地；同样，你也可以想象美联储用一个巨大的吸尘器把人们钱包中的美元钞票吸走。虽然实际上美联储改变货币供给的方法比这要复杂和微妙，但直升机和吸尘器的比喻是理解货币政策含义的一个很好开始。

在本章后面我们要讨论美联储实际上如何改变货币供给，但在这里要注意的是，美联储的主要工具是**公开市场操作**——买卖美国政府债券。（我们还记得，美国政府债券是联邦政府负债的凭证。）如果联邦公开市场委员会决定增加货币供给，美联储就创造美元并用它们在全国债券市场上从公众手中购买政府债券，于是这些美元就到了公众手中。因此，美联储对债券的公开市场购买增加了货币供给。相反，如果联邦公开市场委员会决定减少货币供给，美联储就在全国债券市场上把它的资产组合中的政府债券卖给公众，于是它从公众手中得到了美元。因此，美联储对债券的公开市场出售减少了货币供给。

由于货币供给的变动会极大地影响经济，所以中央银行是一个重要的机构。第1章中的经济学十大原理之一是，当政府发行了过多货币时，物价上升。经济学十大原理的另一个是，社会面临通货膨胀与失业之间的短期权衡取舍。美联储的权力正是依靠这些原理。美联储的政策决定在长期中对经济的通货膨胀率以及在短期中对经济的就业与生产都有重要的影响，其原因我们将在以后几章进行详细的讨论。实际上，联邦储备主席被称为美国第二有影响的人物。

即问即答

■ 美联储的主要职责是什么？如果美联储想增加货币供给，它通常怎么做？

29.3 银行与货币供给

"我对货币的了解不算少了，现在我想尝试一下。"

图片来源：
ⓒ MICK STEVENS/
THE NEW YORKER
COLLECTION/
WWW.CARTO-
ONBANK.COM.

到目前为止，我们已经介绍了"货币"的概念，并讨论了联邦储备如何通过在公开市场操作中买卖政府债券来控制货币供给。虽然这样解释货币供给是正确的，但并不完全。特别是，它遗漏了银行在货币体系中所起的中心作用。

我们还记得，你持有的货币量包括通货（你钱包中的纸币和你口袋中的硬币）和活期存款（你支票账户上的余额）。由于活期存款放在银行，所以银行的行为也会影响经济中的活期存款量，从而影响货币供给。这一节我们将解释银行如何影响货币供给，以及在这样做时它们如何使美联储控制货币供给的工作复杂化。

29.3.1 百分之百准备金银行的简单情况

为了说明银行如何影响货币供给，首先让我们假想一个根本没有一家银行的世界。在这个简单的世界中，通货是唯一的货币形式。为了具体化，我们假设通货总量是

100美元。因此，货币供给是 100 美元。

现在假设某人开办了一家银行，称之为第一国民银行。第一国民银行只是存款机构——这就是说，该银行接受存款，但不发放贷款。该银行的目的是向储户提供一个安全保存货币的地方。只要有人存入一笔货币，银行就把货币放到它的金库中，直至储户来提取，或根据其余额开支票，或刷借记卡。银行得到但没有贷出去的存款称为**准备金**（reserves）。在这个假想的经济中，所有存款都作为准备金持有，因此这种制度被称为百分之百准备金银行。

> **准备金**：银行得到但没有贷出去的存款。

我们可以用一个T型账户表示第一国民银行的财务状况，T型账户是表明银行资产与负债变动的一个简化的会计报表。如果该经济的全部 100 美元货币都存在银行中，则第一国民银行的T型账户如下：

第一国民银行	
资产	负债
准备金100.00美元	存款100.00美元

T型账户的左边是银行的资产 100 美元（银行金库中持有的准备金），右边是银行的负债 100 美元（银行欠储户的货币量）。由于资产与负债完全相等，所以这个账户表述有时称为资产负债表。

现在考虑这个假想经济中的货币供给。在第一国民银行开办之前，货币供给是人们持有的 100 美元通货。在银行开办且人们把通货全部存入银行之后，货币供给是 100 美元活期存款（不再有任何流通在外的通货，因其全部在银行金库中）。银行的每一笔存款都减少了通货并增加了等量的活期存款，从而使货币供给不变。因此，如果银行以准备金形式持有所有存款，银行就不影响货币供给。

29.3.2 部分准备金银行的货币创造

第一国民银行的老板终于开始重新考虑其百分之百准备金银行的政策。把所有货币都闲置在金库中看来是不必要的。为什么不把一些货币用于发放贷款，并且通过对贷款收取利息来赚得利润呢？买房子的家庭、建立新工厂的企业和支付学费的学生都乐于为借用一些钱一段时间而支付利息。当然，第一国民银行必须持有一些准备金，以便储户想提取存款时备有通货。但是，如果新存款流入量与提款流出量大体相同，第一国民银行就只需要把它的一部分存款作为准备金。因此，第一国民银行采用了称为**部分准备金银行**（fractional-reserve banking）的制度。

> **部分准备金银行**：只把部分存款作为准备金的银行制度。

银行在总存款中作为准备金持有的比例称为**准备金率**（reserve ratio）。这个比率由政府管制和银行政策共同决定。正如本章后面我们要详细讨论的，美联储规定了银行必须持有的准备金量的最低水平，这称为法定准备金。此外，银行可以持有高于法定最低量的准备金，这称为超额准备金。这样，银行可以更有把握不会缺少通货。就我们这里的目的而言，我们只把准备金率作为既定的，以考察部分准备金银行如何影响货币供给。

> **准备金率**：银行作为准备金持有的存款比例。

我们现在假设，第一国民银行的准备金率为 1/10，即 10%。这就意味着该银行把存款的 10% 作为准备金，而把其余存款贷出。现在我们再来看看该银行的 T 型账户：

第一国民银行			
资产		负债	
准备金	10.00 美元	存款	100.00 美元
贷款	90.00 美元		

第一国民银行的负债仍是 100 美元，因为发放贷款并没有改变银行对其储户的义务。但现在银行有两种资产：在其金库中的 10 美元准备金和 90 美元贷款。（这些贷款是借款人的负债，但它们是发放贷款的银行的资产，因为债务人以后要偿还贷款。）总之，第一国民银行的资产仍然等于其负债。

再来考虑经济中的货币供给。在第一国民银行发放贷款之前，货币供给是银行中的 100 美元存款。但当第一国民银行发放了这些贷款以后，货币供给增加了。储户的活期存款仍是 100 美元，但现在债务人持有 90 美元通货。货币供给（等于通货加活期存款）等于 190 美元。因此，当银行只把部分存款作为准备金时，银行创造了货币。

乍一看，这种部分准备金银行创造货币似乎好得令人难以置信：银行似乎是无中生有地创造出了货币。为了使这种货币创造看起来不那么神秘，要注意当第一国民银行把它的部分准备金贷出去并创造了货币时，它并没有创造出任何财富。第一国民银行的贷款给了借款人一些通货以及购买物品和服务的能力，但借款人也承担了债务，因此贷款并没有使他们变富。换句话说，当一个银行创造了货币资产时，它也创造了相应的借款人的负债。在这个货币创造过程结束时，从交换媒介增多的意义上说，经济更具流动性，但是经济并没有比以前更富。

29.3.3 货币乘数

货币创造并没有在第一国民银行停止。假设第一国民银行的借款人用 90 美元购买了某人的东西，这个人又把通货存入第二国民银行。下面是第二国民银行的 T 型账户：

第二国民银行			
资产		负债	
准备金	9.00 美元	存款	90.00 美元
贷款	81.00 美元		

在存款以后，这家银行的负债为 90 美元。如果第二国民银行也是 10% 的准备金率，它把 9 美元资产作为准备金，并发放 81 美元贷款。第二国民银行用这种方法创造了额外的 81 美元货币。如果这 81 美元货币最终存入了第三国民银行，该银行也是 10% 的

准备金率，它就留 8.10 美元作为准备金，并发放贷款 72.90 美元。下面是第三国民银行的 T 型账户：

第三国民银行			
资产		负债	
准备金	8.10美元	存款	81.00美元
贷款	72.90美元		

这个过程会继续下去。货币每存入一次，银行就进行一次贷款，更多的货币就被创造出来。

这个经济最终创造出了多少货币呢？我们来相加：

初始存款　　　　　＝ 100.00 美元
第一国民银行贷款　＝ 90.00 美元（0.9×100.00 美元）
第二国民银行贷款　＝ 81.00 美元（0.9×90.00 美元）
第三国民银行贷款　＝ 72.90 美元（0.9×81.00 美元）
　　　　⋮　　　　　　⋮
货币供给总量　　　＝ 1 000.00 美元

结果，尽管这个货币创造过程可以无限继续下去，但是它没有创造出无限的货币量。如果你耐心地把无限的一系列数字相加，你会发现 100 美元准备金产生了 1 000 美元货币。银行体系用 1 美元准备金所产生的货币量称为<u>货币乘数</u>（money multiplier）。在这个假想的经济中，100 美元准备金产生了 1 000 美元货币，货币乘数是 10。

什么因素决定货币乘数的大小呢？答案很简单：货币乘数是准备金率的倒数。如果 R 是经济中所有银行的准备金率，那么每 1 美元准备金能产生 $1/R$ 美元货币。在我们的例子中，$R=1/10$，因此，货币乘数是 10。

货币乘数的这个倒数公式是有意义的。如果一家银行持有 1 000 美元存款，那么准备金率为 1/10（10%）就意味着银行必须持有 100 美元准备金。货币乘数只是其逆向思维：如果银行体系持有总计为 100 美元的准备金，它就只能有 1 000 美元存款。换句话说，如果 R 是每家银行准备金与存款的比率（即准备金率），那么银行体系中的存款与准备金的比率（即货币乘数）必定是 $1/R$。

这个公式表明，银行创造多少货币量取决于准备金率。如果准备金率只是 1/20（5%），那么银行体系的存款就是准备金的 20 倍，这意味着货币乘数为 20，1 美元准备金将产生 20 美元货币。同样，如果准备金率是 1/4（25%），那么存款就是准备金的 4 倍，货币乘数将是 4，1 美元准备金将产生 4 美元货币。因此，准备金率越高，每个存款银行贷出的款越少，货币乘数越小。在百分之百准备金银行的特殊情况下，准备金率是 1，货币乘数是 1，银行不进行贷款也不创造货币。

29.3.4　银行资本、杠杆以及2008—2009年的金融危机

在前几节中，我们给出了银行如何运行的极为简单的解释。但是，现代银行的现

货币乘数：银行体系用 1美元准备金所产生的货币量。

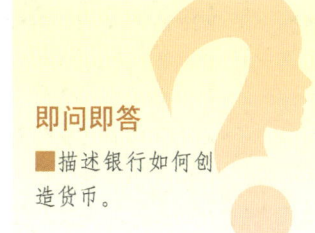

即问即答
■描述银行如何创造货币。

实情况比这复杂得多，而且这种复杂的现实情况在 2008—2009 年的金融危机中起了重要作用。在研究这次危机之前，我们需要对银行实际如何运行了解得更多一点。

在到现在为止你看到的银行资产负债表中，银行接受存款并把这些存款用于发放贷款或作为准备金持有。更现实的情况是，一家银行不仅从接受存款中得到金融资源，而且还可以像其他公司那样，从发行股票和债券中得到金融资源。银行从向其所有者发行的股票中得到的资源称为银行资本（bank capital）。银行以各种方式使用这些金融资源以为其所有者创造利润。它不仅发放贷款和持有准备金，而且还购买股票和债券这类金融有价证券。

银行资本：银行的所有者投入机构的资源。

下面是更现实的银行资产负债表的例子：

更现实的国民银行			
资产		负债和所有者权益	
准备金	200美元	存款	800美元
贷款	700美元	债务	150美元
有价证券	100美元	资本（所有者权益）	50美元

这个资产负债表的右边是银行的负债和资本（也称为所有者权益）。这家银行从其所有者那里得到 50 美元，它还得到 800 美元存款并发行了 150 美元债务。总计 1 000 美元，可以用于三方面，这就是资产负债表左边（表明银行资产）所列出的。这家银行持有 200 美元准备金，发放了 700 美元银行贷款，并用 100 美元购买政府和公司债券这类金融有价证券。银行根据各种资产的风险与收益以及任何一种限制银行选择的管制（如法定准备金）来决定如何把资源在各种类型资产之间进行配置。

根据会计规则，资产负债表左边的准备金、贷款和有价证券在总量上应该总是等于资产负债表右边的存款、债务和资本。这个等式中没有魔法。它之所以发生是因为，根据定义，所有者权益的价值等于银行资产（准备金、贷款和有价证券）的价值减负债（存款和债务）的价值。因此，资产负债表的左边和右边加总起来总是同一个总量。

杠杆：将借到的货币追加到用于投资的现有资金上。

经济中许多经营活动依靠**杠杆**（leverage），即将借到的货币追加到用于投资的现有资金上。实际上，只要有人用债务为投资项目筹资，他就是在运用杠杆。但杠杆对银行尤其重要，因为借与贷是它们所做的事的中心。因此，想要充分了解银行，理解杠杆如何发挥作用是关键。

杠杆率：资产与银行资本的比率。

杠杆率（leverage ratio）是银行的总资产与银行资本的比率。在这个例子中，杠杆率为 1 000 美元/50 美元，即 20。杠杆率为 20 意味着银行所有者所拿出的每一美元资本可以使银行有 20 美元资产。在这 20 美元的资产中，19 美元是由借来的货币筹资的——可以通过吸收存款或发行债务。

你在物理课中可能已经学过，杠杆可以放大一种力量：你只用手臂不可能移动一块大石头，但如果你用杠杆就可以。相似的结果也发生在银行杠杆上。为了说明这是如何发生作用的，我们继续用数字举例。假定银行的资产价值上升了 5%，比如说是由于银行持有的有价证券价格上升了，那么，1 000 美元的资产现在就值 1 050 美元了。由于储户和债权人仍然拥有 950 美元，那么银行资本就从 50 美元上升到 100 美元。因此，当杠杆率是 20 时，资产价值 5% 的增加就会使所有者权益增加 100%。

同样的原理在下降时也发生作用，但这就会有令人麻烦的结果。假定一些从银行借钱的人拖欠了他们的贷款，使银行的资产价值减少了 5%，到 950 美元。由于储户和债权人有在银行所有者之前得到补偿的法定权利，所以所有者权益的价值减少为零。这样，当杠杆率是 20 时，银行资产价值下降 5% 就使银行资本减少 100%。如果资产价值下降超过 5%，银行的资产就会减少到低于负债。在这种情况下，银行就会破产，而且它不能完全偿还债权人和储户。

银行管制者要求银行持有一定量资本。规定这种**资本需要量**（capital requirement）的目的是确保银行能偿还其储户的存款（在没有依靠政府提供的存款保险基金的情况下）。所要求的资本量取决于银行持有的资产的类型。如果银行持有政府债券这类安全资产，管制者要求的资本就少于银行持有贷款这类风险资产时要求的资本，因为信用贷款是质量不高的。

资本需要量：政府管制确定的最低银行资本量。

当银行发现它们的资本太少不能满足资本需要量时，就会出现经济动乱。这种现象的一个例子出现在 2008 年和 2009 年，当时许多银行发现它们的资产出现了相当大的亏损——特别是抵押贷款和由抵押贷款支持的有价证券出现了亏损。资本短缺引起银行减少贷款，这种现象有时称为信用危机，这反过来又引起严重的经济活动减少。（这个事件在第 33 章中还要更充分地讨论。）为了解决这个问题，美国财政部和联邦储备共同努力，把几百亿美元的公共资金投入银行体系以增加银行的资本量。结果，这暂时使美国纳税人成为许多银行的部分所有者。这个不寻常的政策的目的是对银行体系再资本化，以便银行的贷款可以回到更加正常的水平，实际上这出现在 2009 年年底。

29.4　美联储控制货币的工具

如前所述，美联储负责控制经济中的货币供给。既然我们知道了银行如何运行，就可以更好地了解美联储如何进行这项工作。由于银行在部分准备金银行制度中创造货币，所以美联储对货币供给的控制是间接的。当美联储决定改变货币供给时，它必须考虑它的行动如何通过银行体系而起作用。

美联储的货币工具箱中有各种工具。我们可以把这些工具分为两类：影响准备金量的和影响准备金率从而影响货币乘数的。

29.4.1　美联储如何影响准备金量

美联储可以改变货币供给的第一种方法是通过改变准备金量。美联储改变经济中的准备金量既可以通过在公开市场操作中购买和出售债券，也可以通过对银行发放贷款（或者两种方法的某种结合）。现在我们依次来考虑每一种做法。

公开市场操作　正如我们以前提到的，美联储在买卖政府债券时进行了 公开市场操作（open-market operations）。为了增加货币供给，美联储会指令它在纽约联邦储备的债券交易商在全国债券市场上买进公众手中的债券。美联储为债券支付的美元就增加了经济中美元的数量。这些新增的美元有一些作为通货被持有，有一些被存入银行。作为通货被持有的每一美元都正好增加了一美元货币供给。而被存入银行的每一美元增加的货币供给大于一美元，因为它增加了准备金，从而增加了银行体系可以创造的货币量。

为了减少货币供给，美联储的做法正好相反：它在全国债券市场上向公众抛出政府债券。公众用他们持有的通货和银行存款来购买这些债券，这就直接减少了流通中的货币量。此外，由于人们从银行提款然后向美联储购买这些债券，所以银行发现自己的准备金也减少了。因此，银行就会减少贷款量，货币创造的过程在反方向起作用。

公开市场操作是容易进行的。实际上，美联储在全国债券市场上买卖政府债券类似于任何人为自己的资产组合所进行的交易活动。（当然，当个人买卖债券时，货币只是易手，流通中的货币量并未改变。）此外，在没有重大法律或银行管制条例变动的情况下，美联储可以在任何一天利用公开市场操作或多或少地改变货币供给。因此，公开市场操作是美联储最常用的货币政策工具。

美联储向银行发放贷款　美联储还可以通过向银行贷款来增加经济中的准备金量。当银行感到其没有充分的准备金时，它们会向美联储借款，准备金既可以满足银行监管者的要求，又可以满足储户取款的需求，还可以发放新贷款，或者用于其他某种商业活动。

银行向美联储借钱可以有多种方式。传统上，银行从美联储的贴现窗口借款，并对贷款支付称为 贴现率（discount rate）的利率。当美联储向银行发放这笔贷款时，银行体系就比没有这笔贷款时有了更多准备金，而且这些增加的准备金就使银行体系可以创造更多货币。

美联储可以通过改变贴现率来改变货币供给。贴现率高就阻碍银行向美联储借准备金，因此，提高贴现率就减少了银行体系的准备金量，这又减少了货币供给。相反，低贴现率鼓励银行向美联储借款，这就增加了准备金量和货币供给。

近年来，联邦储备建立了银行向美联储借款的新机制。比如，在短期拍卖工具之下，美联储确定它想借给银行的资金量，并确定合乎资格的银行，然后拍卖借出这些资金。贷款给出价最高的合乎资格者——这就是说，给那些有可接受的抵押品而且愿意支付最高利率的银行。与在贴现窗口美联储确定贷款价格而银行决定借款数量不同，短期拍卖工具是由美联储确定借款数量，并且在参与投标竞争的银行中进行竞争性拍卖。通过这种及类似工具，美联储提供越多的资金，那么准备金的数量就越大，货币供给量也就越大。

美联储运用这种贷款方式不仅能控制货币量，而且还可以在金融机构遇到问题时帮助它们。例如，当 1987 年 10 月 19 日股票市场崩溃 22% 时，许多华尔街证券公司发现它们需要短期资金来为大量的股票交易筹资。第二天早晨，在股票市场开盘之前，美联储主席艾伦·格林斯潘宣布，美联储"随时可以作为支持经济与金融体系的流动性资金来源"。许多经济学家认为，格林斯潘对股市崩溃的反应是这场风波几乎没有留下什么后遗症的重要原因。

同样，在 2008 年和 2009 年，席卷美国的房价下跌引起拖欠抵押贷款的房主数量急剧增加，而且许多持有这些抵押贷款的金融机构遇到了麻烦。为了防止这些事件扩大到各个经济部门，美联储向许多处于困境中的金融机构提供了数十亿美元的贷款。

29.4.2 美联储如何影响准备金率

除了影响准备金量以外，美联储还可以通过影响准备金率，从而影响货币乘数来改变货币供给。美联储影响准备金率既可以通过控制银行必须持有的准备金量，也可以通过美联储支付给银行准备金的利率。我们再来依次考察这两种货币政策工具。

法定准备金 美联储可以影响准备金率的一种方法是改变法定准备金（reserve requirements），法定准备金是关于银行必须根据其存款持有的最低准备金量的规定。法定准备金影响银行体系用每一美元准备金创造出的货币量。法定准备金的增加意味着银行必须持有更多的准备金，从而存入银行的每一美元中可以贷出去的就减少了。结果，法定准备金增加就提高了准备金率，降低了货币乘数，并减少了货币供给。相反，法定准备金的减少就降低了准备金率，提高了货币乘数，并增加了货币供给。

美联储很少使用改变法定准备金的方法，因为这会干扰银行的经营。例如，当美联储提高法定准备金时，一些银行发现尽管他们并没有看到存款变动但准备金不够了。结果，它们不得不减少贷款，直至它们的准备金达到新规定的水平。然而，近年来，这种特殊的工具也变得不太有效，因为许多银行持有超额准备金（这就是说，它们持有的准备金大于规定的）。

支付准备金利息 在传统上，银行持有的准备金不赚取任何利息。但是，在 2008 年 10 月，美联储开始支付准备金利息。这就是说，当一家银行以在美联储的存款持有准备金时，美联储现在为这些存款向银行支付利息。这种改变给予美联储另一种影响经济的工具。准备金利率越高，银行选择持有的准备金越多。因此，准备金利率上升会提高准备金率，降低货币乘数，并减少货币供给。由于美联储支付准备金利息的时间并不长，所以这种新工具在货币政策运用中的重要程度还不明显。

29.4.3 控制货币供给中的问题

美联储的各种工具——公开市场操作、银行贷款、法定准备金和准备金利息——对货币供给有着重要的影响。但美联储对货币供给的控制并不精确。美联储必须克服两个问题，每个问题的产生都源于我们的部分准备金银行制度创造了大量的货币供给。

第一个问题是，美联储不能控制家庭选择以银行存款的方式持有的货币量。家庭

法定准备金：关于银行必须根据其存款持有的最低准备金量的规定。

持有的存款货币越多，银行的准备金越多，银行体系所能创造的货币就越多。而家庭持有的存款货币越少，银行的准备金越少，银行体系所能创造的货币就越少。为了说明为什么这是一个问题，假设某一天人们开始对银行体系失去信心，因而决定提取存款并持有更多通货。当这种情况出现时，银行体系失去了准备金，创造的货币也减少了。即使没有美联储的任何行动，货币供给也减少了。

第二个问题是，美联储不能控制银行选择的贷款量。当货币存入银行后，只有银行把它贷出去，它才能创造更多的货币。由于银行可以选择持有超额准备金，所以美联储不能确定银行体系创造了多少货币。例如，假设有一天银行家更为审慎地看待经济状况，决定少发放贷款，持有较多准备金。在这种情况下，银行体系创造的货币量就会减少。由于银行家的决策，货币供给减少了。

因此，在一个部分准备金银行制度中，经济中的货币量部分取决于储户和银行家的行为。由于美联储不能控制或准确地预期这种行为，它就不能完全控制货币供给。但是，如果美联储谨慎行事，这些问题就不严重。美联储通过每周收集银行存款与准备金的数据，可以很快地掌握储户或银行家行为的任何变动。因此，它可以对这些变动做出反应，使货币供给接近于它所选定的水平。

即问即答

■ 如果美联储想用所有政策工具来减少货币供给，它将怎么做？

案例研究 银行挤兑和货币供给

尽管你也许从未目睹过现实生活中的银行挤兑，但你可能在《玛丽·波平斯》或《生活真奇妙》这类电影中看到过这种场面。当储户怀疑银行可能要破产，从而"挤"到银行去提取自己的存款时，银行挤兑就发生了。在最近的历史上美国还没有大的银行挤兑出现，但在英国，北岩银行（Northern Rock）在2007年经历了挤兑，结果最终由政府接管。

银行挤兑是部分准备金银行制度产生的一个问题。由于银行只以准备金形式持有部分存款，因此它不可能满足所有储户的提款要求。即使银行实际上有偿付能力（即它的资产大于负债），但它手头也没有足够的现金使所有储户可以马上得到他们所有的货币。当挤兑发生时，银行被迫关门，直至一些银行贷款得到偿还，或直至某个最后贷款人（例如美联储）向它提供满足储户所需要的通货。

银行挤兑使控制货币供给复杂化。这个问题的一个重要例子发生在20世纪30年代初期的大萧条时期。在银行挤兑和银行关闭风潮之后，家庭和银行家变得更谨慎了。家庭从银行提取它们的存款，宁愿以通货的形式持有货币。当银行家对准备金减少的反应是减少银行贷款时，这一决策就使货币创造的过程在反方向起作用。同时，银行家提高他们的准备金率，以便手头有足够的现金在任何未来的银行挤兑发生时能满足储户的需求。较高的准备金率降低了货币乘数，这又进一步减少了货币供给。从1929年到1933年，尽管联邦储备没有采取任何有意的紧缩行为，但货币供给减少了28%。许多经济学家用这种货币供给的大幅度减少来解释这一时期存在的高失业与物价下降。（在以后各章中，我们要考察货币供给变动影响失业和物价的机制。）

现在，银行挤兑已经不是美国银行体系或美联储的主要问题了。联邦政府现在主要通过联邦存款保险公司（FDIC）来保证大多数银行存款的安全。储户不用到他们的银行挤兑，因为他们确信即使银行破产了，FDIC也将保证其存款完好无损。政府的存款保险政策是有代价的：那些存款得到保证的银行家在发放贷款时失去了规避坏账风险的激励。但存款保险的好处是更稳定的银行体系。因此，大多数人只在电影中看见过银行挤兑。

并不那么美妙的银行挤兑
图片来源：RKO/THE KOBAL COLLECTION/ PICTURE DESK.

THE NEWS

> 【新闻摘录】
> 美联储工具箱上的伯南克

在2008年和2009年的金融危机期间，美联储帮助解救了各类银行和其他金融机构，因此，美联储也相应地扩大了银行的准备金量。大部分新创造的准备金被作为超额准备金持有。本文中美联储主席解释了展开这个过程的计划。在本书即将付印之时，美联储还没有实施它的退出策略，但计划大体未变。

美联储的退出策略
本·伯南克（Ben Bernanke）

全球经济衰退的深度和广度要求有高度与其相适应的货币政策。自从约两年前的金融危机之始，美联储已经将银行间隔夜拆借利率（联邦基金利率）降至接近于零。而且，美联储通过购买期限更长的证券以及瞄准旨在重启信贷的贷款项目，大幅扩大了美联储资产负债表的规模。

美联储主席本·伯南克

图片来源：
Chip Somodevilla/Getty Images.

这些措施减缓了金融危机对经济的影响，也改善了重要信贷市场的运行，包括银行间借贷市场、商业票据市场、消费者和小企业信贷市场以及住房抵押贷款市场。

我和我的同事们坚信，配套的政策应当再持续一段时间。不过终归，当经济复苏出现时，为防止可能出现的通货膨胀问题，我们会紧缩货币政策。联邦公开市场委员会负责制定美国的货币政策，它已经把大量的时间用于处理与退出策略相关的问题。我们相信，当时间合适的时候，我们有必要的工具恰当而平稳地撤出相应的政策。

退出策略与美联储资产负债表的管理密切相关。当美联储发放贷款或获得证券时，资金进入银行系统并最终通过银行或其他存款机构出现在美联储的准备金账户上。这些准备金余额现在的总值约为8000亿美元，比平时要高很多。在现有的经济状况下，银行一般以在美联储的余额的形式来持有这些准备金。

但是，随着经济复苏，银行就要寻找更多贷出其准备金的机会。这就会使广义货币（比如，M_1或者M_2）增长加快，并放松信贷条件，这最终会引起通货膨胀压力——除非我们及时采取抵消性政策措施。当紧缩性货币政策来临时，我们或者必须消除巨额准备金余额，或者，如果余额无法消除，我们就要缓解它对经济所产生的任何潜在的不利影响。

从某种意义上说，随着金融状况的改善引起短期信贷工具使用的减少并最终消失，银行在美联储持有的准备金也会自然而然地减少。事实上，美联储借给金融机构和其他市场参与者的短期信贷已经从2008年年末的约1.5万亿美元下降到今年7月中旬的不足6000亿美元。此外，接下来的几年中，由于美联储持有的证券到期或者已经偿还，准备金每年还会减少1000亿美元到2000亿美元。但是，如果不采取更多的政策，准备金在几年时间内仍然会保持高位。

即使美联储的资产负债表仍然将在一段时间内保持较大规模，我们也可以在适当的时候采取两种广义上的紧缩性货币政策：对准备金余额支付利息，以及采用各种手段减少准备金存量。这两种方法我们可以逐一单项使用；但为了保证效率，我们更愿意把这两者结合起来使用。

去年秋季，国会授权我们对银行在美联储的准备金支付利息。现在我们给银行的利率是0.25%。一旦紧缩政策的时机到了，我们可以提高联邦基金利率的目标，从而提高准备金的利率。

银行一般不会以比从美联储那里可以毫无风险地得到的利率更低的利率去贷出资金。不仅如此，当利率低于准备金余额的利率时，它们会竞相从私人市场上借任何资金，因为这样它们可以无风险地大赚一笔。

因此，美联储支付的利率实际上就是短期市场利率的基准线，这也包括我们的政策目标——联邦基金利率。提高准备金余额的利率还抑制了货币或信贷的过度增长，因为银行不会愿意以低于它们从美联储能赚到的利率贷出它们的准备金。

大量的国际经验表明，为准备金支付利息能够有效地管理短期市场利率。例如，欧洲央行允许银行把超额准备金存到有利息的存款工具上。即使央行的流动性操作极大地提高了资产负债表的规模，银行间隔夜拆借利率仍然能保持或高于存款利率。此外，日本银行和加拿大银行也用它们支付准备金利息的能力来保持短期市场利率的底线。

尽管有这种逻辑与经验，但联邦基金利率却降到过美联储支付的利率之下，特别是在2008年10月和11月，当时美联储刚刚开始为准备金支付利息。这种结果部分反映出一些临时性因素，比如银行对新制度还缺乏经验。

但是，这种结果看起来还起因于这样一个事实：一些在联邦基金市场上的大贷款者，特别是房利美和房地美这类政府资助的企业，由于没有资格得到在美联储持有的余额的利息，从而就有动机在联邦基金市场上以低于美联储支付给银行的利率进行贷款。

在较为正常的金融状况下，银行以上述方式简单套利的意愿会缩小联邦基金利率与美联储向准备金支付的利率之间的差距。如果仍然存在这个差距，就可以通过支付准备金利率以及逐步减少准备金并从市场上收回过剩的流动性来解决这个问题——这是紧缩性货币政策的第二种工具。这样做时有四种选择。

第一，美联储可以通过与金融市场的参与者，包括银行、政府资助的企业和其他机构，达成大规模准备金回购协议来吸收银行的准备金并减少其他机构的过度流动性。准备金回购协议包含美联储出售其资产组合中的证券，并且承诺在以后以略高的价格买回这些证券等条款。

第二，财政部可以出售票据并将所获资金存在美联储。当购买者为证券付款时，财政部在美联储的账户余额增加了，而准备金余额减少了。

去年秋季以来，财政部已经根据补充金融计划（Supplementary Financing Program）进行了这种操作。为了保证货币政策的独立性，尽管财政部的操作很有用，但我们务必保证不依赖财政部就可以达到我们的政策目标。

第三，依照国会授权，我们可以对银行在美联储的余额支付利息，我们可以向银行提供定期存款服务——类似于银行向客户提供的存款服务。银行以在美联储定期存款的形式持有的资金不能在联邦基金市场上获得。

第四，如果有必要，美联储可以通过在公开市场出售它所持有的部分长期证券来减少准备金。

这里的每一项政策都有助于提高短期利率，并限制广义货币和信贷的增长，从而都是紧缩性货币政策。

总而言之，当经济状况需要我们采取紧缩性货币政策时，美联储有许多有效的工具达到这个目标。然而，正如我和我的同事们所说过的，在相当长的时期里，经济状况看来并不需要紧缩性货币政策。我们会综合运用多种工具，为未来的紧缩调整好时间和节奏，以更好地促进我们的双重目标。

资料来源：*The Wall Street Journal*，July 21, 2009.

29.4.4 联邦基金利率

联邦基金利率：银行向另一家银行进行隔夜贷款时的利率。

如果你阅读报纸上有关美国货币政策的信息，你会发现许多有关**联邦基金利率**（federal funds rate）的讨论。这一讨论提出了几个问题：

问：什么是联邦基金利率？

答：联邦基金利率是银行相互贷款时收取的短期利率。如果一家银行发现其准备金不足，而另一家银行有超额准备金，那么第二家银行就可以贷给第一家银行一些准备金。贷款是暂时的，通常只有一夜。这种贷款的价格就是联邦基金利率。

问：联邦基金利率与贴现率有什么不同？

答：贴现率是银行通过贴现窗口直接从联邦储备借款支付的利率。在联邦基金市场上从其他银行借准备金是从美联储借准备金的一种替代方法，而且银行缺乏准备金时一般是哪一种方法便宜用哪一种。实际上，贴现率与联邦基金利率的变动总是密切相关的。

问：联邦基金利率只对银行至关重要吗？

答：完全不是。虽然只有银行才能直接在联邦基金市场上借钱，但是这个市场对经济的影响要广泛得多。由于金融体系的各个部分高度相关，不同类型贷款的利率也密切相关。因此，当联邦基金利率上升或下降时，其他利率往往同方向变动。

问：美联储要对联邦基金利率做些什么呢？

答：近年来，联邦储备给联邦基金利率设定了一个目标。当联邦公开市场委员会每六周开一次会时，它决定是提高还是降低这个目标。

问：美联储如何能使联邦基金利率钉住它确定的目标？

答：尽管实际的联邦基金利率是由银行间贷款市场上的供求决定的，但美联储可以用公开市场操作来影响这个市场。例如，当美联储在公开市场操作中购买债券时，它就把准备金注入了银行体系。由于银行体系中有了更多准备金，发现需要借准备金来满足法定准备金的银行就少了。借准备金的需求减少就降低了这种借贷的价格，即联邦基金利率。相反，当美联储出售债券并从银行体系抽走准备金时，发现准备金不足的银行就多了，这就会使借贷准备金的价格上升。因此，公开市场购买降低了联邦基金利率，而公开市场出售则提高了联邦基金利率。

问：这些公开市场操作难道不影响货币供给吗？

答：绝对影响。当美联储宣布联邦基金利率变动时，它承诺利用必要的公开市场操作干预市场上的变动，这些公开市场操作将改变货币供给。联邦公开市场委员会改变联邦基金利率目标的决策也是改变货币供给的决策。这是同一枚硬币的两面。在其他条件相同时，联邦基金利率目标的下降意味着货币供给的扩张，而联邦基金利率目标的上升意味着货币供给的紧缩。

29.5 结论

几年前，有一本畅销书叫作《庙堂的秘密：美联储如何治理这个国家》（*Secrets of the Temple：How the Federal Reserve Runs the Country*）。毫无疑问，虽然这个题目有些夸大其词，但是它也强调了货币制度在我们日常生活中的重要作用。无论我们买东西还是卖东西，我们都要依赖极为有用的称为"货币"的社会习俗。现在我们知道了什么是货币以及什么因素决定货币供给，我们就可以讨论货币量的变动如何影响经济了。在下一章中，我们将开始研究这个主题。

内容提要

- 货币这个词指人们经常用来购买物品与服务的资产。
- 货币有三种职能:作为交换媒介,它提供用于进行交易的东西;作为计价单位,它提供记录价格和其他经济价值的方式;作为价值储藏手段,它提供把购买力从现在转移到未来的方式。
- 像黄金这样的商品货币是有其内在价值的货币:即使它不作为货币也有其价值。像纸币这样的法定货币是没有内在价值的货币:如果它不作为货币就没有价值。
- 在美国经济中,货币以通货和其他各类银行存款,例如支票账户的形式存在。
- 联邦储备局,即美国的中央银行,负责管理美国的货币体系。美联储主席每隔四年由总统任命并得到国会确认,他是联邦公开市场委员会的领导人。联邦公开市场委员会约每六周开一次会,考虑货币政策的变动。
- 银行储户通过把他们的钱存到银行账户向银行提供资源。这些存款是银行负债的一部分。银行所有者也为银行提供资源(称为银行资本)。由于杠杆作用(为投资而借入资金),银行资产价值较小的变动就会引起银行资本价值较大的变动。为了保护储户,银行监管者要求银行持有某一最低的资本量。
- 美联储主要通过公开市场操作来控制货币供给:购买政府债券增加货币供给,出售政府债券减少货币供给。美联储还可以用其他工具来控制货币供给。美联储可以通过降低贴现率,增加它对银行的贷款,降低法定准备金,或者降低准备金利率,来扩大货币供给。也可以通过提高贴现率,减少它对银行的贷款,提高法定准备金,或者提高准备金利率,来减少货币供给。
- 当个人在银行有存款货币,并且银行把一些存款贷出去时,经济中的货币量就增加了。由于银行体系能够以这种方式影响货币供给,所以美联储对货币供给的控制是不完全的。
- 美联储近年来确定了选择联邦基金利率作为目标的货币政策,联邦基金利率是银行向另一家银行贷款的短期利率。当美联储要实现这个目标时,它会调整货币供给。

关键概念

货币	通货	准备金	杠杆率
交换媒介	活期存款	部分准备金银行	资本需要量
计价单位	联邦储备局(Fed)	准备金率	公开市场操作
价值储藏	中央银行	货币乘数	贴现率
流动性	货币供给	银行资本	法定准备金
商品货币	货币政策	杠杆	联邦基金利率
法定货币			

复习题

1. 如何区分经济中的货币与其他资产?
2. 什么是商品货币?什么是法定货币?我们用的是哪一种货币?
3. 什么是活期存款?为什么活期存款应该包括在货币存量中?
4. 谁负责制定美国的货币政策?这个团体是如何被选出来的?
5. 如果美联储想用公开市场操作增加货币供给,它应该怎么做?
6. 为什么银行不持有100%的准备金?银行持有的准备金量与银行体系创造的货币量有什么关系?
7. 银行A的杠杆率是10,而银行B的杠杆率是20。两家银行相似的贷款亏损使它们的资产价值下降了7%,哪一家银行表现出银行资本更大的变动?这两家银行仍然有偿还能力吗?解释之。
8. 什么是贴现率?当美联储提高贴现率时,货币供给会发生什么变动?
9. 什么是法定准备金?当美联储提高法定准备金时,货币供给会发生什么变动?
10. 为什么美联储不能完全控制货币供给?

第 30 章
货币增长与通货膨胀

今天，如果你想买一个冰淇淋蛋卷，你至少需要 2 美元，但情况也并不总是这样。在 20 世纪 30 年代，我的祖母在新泽西州的特伦顿经营一家糖果店，她出售两种规格的冰淇淋蛋卷。一小勺量的冰淇淋蛋卷只卖 3 美分；饥饿的顾客则可以花 5 美分买一大勺量的冰淇淋蛋卷。

对冰淇淋价格的上升你也许不会感到奇怪。在我们的经济中，大多数价格往往一直在上升。这种物价总水平的上升称为通货膨胀。在本书前面，我们已经考察了经济学家如何用消费物价指数（CPI）、GDP 平减指数或某些其他物价总水平指数的变动百分比来衡量通货膨胀率。这些物价指数说明，在过去的 80 年间，物价平均每年上升 3.6% 左右，这些年来每年 3.6% 的通货膨胀率的积累使物价水平上升了 17 倍。

对那些近几十年来在美国长大的人来说，通货膨胀似乎是自然的、不可避免的，但实际上它并不是不可避免的。在 19 世纪的较长时期中，大多数物价都在下降——这种现象被称为通货紧缩。1896 年美国经济的平均物价水平比 1880 年低 23%，而且这种通货紧缩成为 1896 年美国总统大选时的一个主要议题。当谷物价格下降减少了农民的收入，从而降低了他们偿还债务的能力时，积累了大量债务的农民苦不堪言，因而他们支持扭转通货紧缩的政府政策。

虽然通货膨胀在近代历史上是正常现象，但物价上升的比率有很大变动。从 2002 年到 2012 年，物价平均每年上升 2.5%。相比之下，在 20 世纪 70 年代，物价平均每年上升 7.8%，这意味着 10 年间物价水平就要翻一番。公众往往把这种高通货膨胀率看作一个主要的经济问题。实际上，当吉米·卡特（Jimmy Carter）在 1980 年再次竞选总统时，他的竞争对手罗纳德·里根就指出高通货膨胀是卡特政府经济政策的一个失败。

国际数据表明，通货膨胀变动的范围还要大得多。在 2012 年，当美国的通货膨胀率为 2.1% 时，日本的通货膨胀率为 –0.1%，俄罗斯为 5.1%，印度为 9.3%，委内瑞拉为 21.1%。并且印度和委内瑞拉的高通货膨胀率按某些标准也是适度的。2008 年 2 月，津巴布韦中央银行宣布，它们经济中的通货膨胀率达到 24 000%，然而一些独立人士估计这个数字甚至还要高。像这样极高的通货膨胀率被称为超速通货膨胀。

什么因素决定了一个经济中有没有通货膨胀？如果有通货膨胀，它会有多高呢？本章通过介绍货币数量论来回答这个问题。第 1 章把这个理论概括为经济学十大原理之一：当政府发行了过多货币时，物价上升。这种观点长久以来一直为经济学家们所认同。18 世纪著名的哲学家、经济学家大卫·休谟（David Hume）提出了货币数量论，而近年来倡导这种理论的是著名经济学家米尔顿·弗里德曼（Milton Friedman）。这种理论既可以解释温和的通货膨胀，如美国所经历的通货膨胀，也可以解释超速通货膨胀。

在提出通货膨胀理论之后，我们回到一个与之相关的问题：为什么通货膨胀会成为一个问题？乍一看，对这个问题的回答似乎是显而易见的：通货膨胀之所以成为一个问题，是因为人们不喜欢它。在 20 世纪 70 年代，当美国经历较高的通货膨胀时，民意调查把通货膨胀作为国家面临的最重要的问题。1974 年，当福特总统把通货膨胀列为"头号公敌"时，他顺从了这种民意。当时，他在其上衣领子上别了一个写有"WIN"的徽章，意思是立刻铲除通货膨胀（whip inflation now）。

但是，准确地说，通货膨胀给社会带来的成本是什么呢？答案可能会让你吃惊。确定通货膨胀的各种成本并不像乍看起来那么简单。因此，虽然所有经济学家都谴责超速通货膨胀，但一些经济学家认为，温和通货膨胀的成本并不像公众认为的那么大。

30.1　古典通货膨胀理论

我们从介绍货币数量论开始对通货膨胀的研究。这种理论之所以被称为"古典的"，是因为它是由一些最早的经济思想家提出来的。今天，大多数经济学家用这种理论来说明物价水平和通货膨胀率的长期决定因素。

30.1.1　物价水平与货币价值

假设我们观察到，在某一时期内冰淇淋蛋卷的价格从 5 美分涨到 1 美元。从人们愿意为得到一个冰淇淋蛋卷而放弃这么多货币这一事实中我们应该得出什么结论呢？

"我们该怎么办？是要和去年一样大小的，还是要与去年一样价钱的？"

图片来源：ⓒ FRANK MODELL/THE NEW YORKER COLLECTION/WWW.CARTOONBANK.COM.

可能人们变得更喜欢吃冰淇淋了（或许是因为某个化学家研制了一种神奇的新口味），但也可能不是这种情况。更可能的情况是，人们对冰淇淋的喜好大体没有什么变化，只是随着时间的推移，用来购买冰淇淋蛋卷的货币的价值下降了。实际上，关于通货膨胀的第一种观点就是它是关于货币价值的，而不是关于物品价值的。

这种观点有助于推导出通货膨胀理论。当消费物价指数和其他物价水平衡量指标上升时，评论家们通常更加关注组成这些物价指数的许多单个价格的变化："上个月 CPI 上升了 3%，是由于咖啡价格上升了 20% 和燃油价格上升了 30%。"虽然这种方法包含某些关于经济中所发生情况的有趣信息，但它忽略了关键的一点：通货膨胀是一种广泛的经济现象，它涉及的首要并且最重要的是经济中交换媒介的价值。

我们可以从两个方面来看待经济中的物价总水平。一方面，到目前为止，我们一直把物价水平看作一篮子物品与服务的价格。当物价水平上升时，人们必须为他们购买的物品与服务支付更多的钱。另一方面，我们还可以把物价水平看作货币价值的一种衡量指标。物价水平上升意味着货币价值下降，因为你钱包中的每一美元所能购买的物品与服务量变少了。

用数学方法来表述上述思想或许有助于理解。例如，假设 P 是用消费物价指数或 GDP 平减指数所衡量的物价水平，那么 P 也就衡量了购买一篮子物品与服务所需要的美元数量。现在反过来考虑，即用一美元所能购买的物品与服务量等于 $1/P$。换句话说，如果 P 是用货币衡量的物品与服务的价格，那么 $1/P$ 就是用物品与服务衡量的货币价值。

这种数学方法对理解只生产一种物品，比如说冰淇淋蛋卷的经济是最简单的。在这个例子中，P 是一个蛋卷的价格。当蛋卷的价格（P）是 2 美元时，那么一美元的价值（$1/P$）就是一个蛋卷的一半。当价格（P）上升到 3 美元时，一美元的价值（$1/P$）就下降到蛋卷的三分之一。现实经济生产成千上万种物品与服务，因此我们使用的是物价指数而不是一种物品的价格。但逻辑是相同的：当物价总水平上升时，货币的价值下降。

30.1.2 货币供给、货币需求与货币均衡

是什么因素决定货币的价值？这个问题的答案也和经济学中许多问题的答案一样，是供给与需求。正如香蕉的供给与需求决定了香蕉的价格一样，货币的供给与需求也决定了货币的价值。因此，在介绍货币数量论的过程中，下一步就是要考虑货币供给与货币需求的决定因素。

首先考虑货币供给。在上一章中，我们讨论了联邦储备如何与银行体系共同决定货币的供给。当美联储在公开市场操作中出售政府债券时，它换回了美元，减少了货币供给。当美联储购买政府债券时，它支付了美元，扩大了货币供给。此外，如果这些美元中有一些存在银行，银行再把一部分作为准备金并把其他的贷出去，那么货币乘数就发生了作用，这些公开市场操作对货币供给的影响甚至就会更大。就我们本章的目的而言，我们可以不考虑银行体系引起的复杂性，而是简单地把货币供给量当作由美联储控制的政策变量。

现在考虑货币需求。最基本的是，货币需求反映了人们想以流动性形式持有的财富量。许多因素影响货币需求量。例如，人们钱包中的通货数量取决于他们对信用卡的依赖程度，以及是否很容易就能找到一台自动提款机。又如，正如我们将在本书第34章中强调的，由于人们宁愿购买有利息的债券，而不愿把它放在钱包里或低息支票账户中，因此，货币需求量取决于人们能够从债券中赚取的利率。

虽然许多变量都影响货币需求，但有一个变量最为重要：经济中的平均物价水平。人们持有货币是因为它是交换媒介。与债券或股票这类资产不同，人们可以用货币购买他们购物单上的物品与服务。他们选择持有多少货币取决于这些物品与服务的价格。价格越高，正常交易所需要的货币就越多，人们选择在其钱包和支票账户中持有的货币也就越多。这就是说，物价水平上升（货币价值下降）增加了货币需求量。

是什么因素确保美联储供给的货币量与人们需求的货币量平衡呢？答案取决于所考虑的时间长短。在本书的后面，我们将考察短期时这一问题的答案，并说明利率起着关键作用。但是，在长期中，答案要简单得多。在长期中，物价总水平会调整到使货币需求等于货币供给的水平。如果物价水平高于均衡水平，人们想要持有的货币量就大于美联储所创造的，所以物价水平必然下降以使供求平衡。如果物价水平低于均衡水平，人们想要持有的货币量就小于美联储所创造的，此时物价水平必然上升以使供求平衡。在均衡的物价水平时，人们想要持有的货币量与美联储所供给的货币量恰好相等。

图30-1说明了这些观点。该图的横轴表示货币量。左边纵轴表示货币价值 1/P，而右边纵轴表示物价水平 P。需要注意的是，物价水平轴正好上下颠倒：较低的物价水平接近于这条轴的顶端，而较高的物价水平则接近于底部。这种颠倒的轴表示，当货币价值高时（用接近左边纵轴的顶端来表示），物价水平低（用接近右边纵轴的顶端

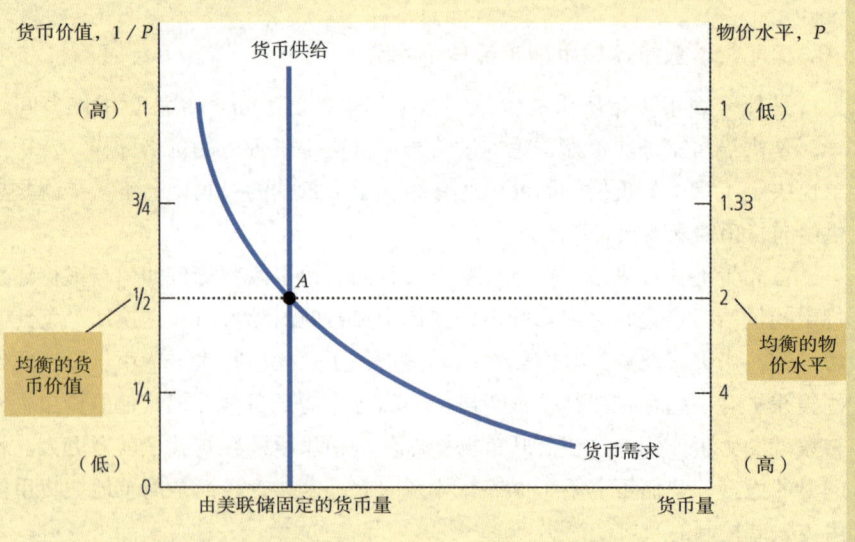

图30-1　货币供给与货币需求如何决定均衡的物价水平

横轴表示货币量；左边纵轴表示货币价值，右边纵轴表示物价水平。货币供给曲线是垂直的，因为美联储将货币供给量固定了。货币需求曲线向右下方倾斜，因为当每一美元买的东西减少时人们想持有的货币量就更多。在均衡时，即A点时，货币价值（在左边纵轴）与物价水平（在右边纵轴）已调整到使货币供给量与货币需求量平衡的水平。

来表示）。

图中的两条曲线是货币的供给曲线与需求曲线。货币供给曲线是垂直的，因为美联储固定了可得到的货币量。货币需求曲线向右下方倾斜，表示当货币价值低（物价水平高）时，人们需要更多的货币来购买物品与服务。在均衡时，如图中 A 点所示，货币需求量与货币供给量相等。这种货币供给与货币需求的均衡决定了货币价值和物价水平。

30.1.3 货币注入的影响

现在我们考虑货币政策变动产生的影响。假设经济最初是均衡的，然后美联储突然通过印刷一些美元钞票并用直升机把它们撒到全国各地而使货币供给翻了一番。（或者，不太戏剧化或更为现实地，美联储可以通过在公开市场操作中向公众购买政府债券而向经济中注入货币。）在货币注入之后，经济会发生什么变动呢？与旧均衡相比，新均衡会如何呢？

图 30-2 显示了发生的变动。货币注入使供给曲线从 MS_1 向右移动到 MS_2，而且均衡点从 A 点移动到 B 点。结果，货币价值（用左边纵轴表示）从 1/2 下降到 1/4，而均衡物价水平（用右边纵轴表示）从 2 上升到 4。换句话说，当货币供给增加使美元更多时，物价水平上升，这使每一美元更不值钱。

这种对物价水平如何决定以及为什么它一直在变化的解释被称为**货币数量论**（quantity theory of money）。根据货币数量论，经济中可得到的货币量决定了货币的价值，而且货币量增长是通货膨胀的主要原因。正如经济学家米尔顿·弗里德曼曾指出的：“通货膨胀永远而且处处是一种货币现象。”

货币数量论：一种认为可得到的货币量决定物价水平，可得到的货币量的增长率决定通货膨胀率的理论。

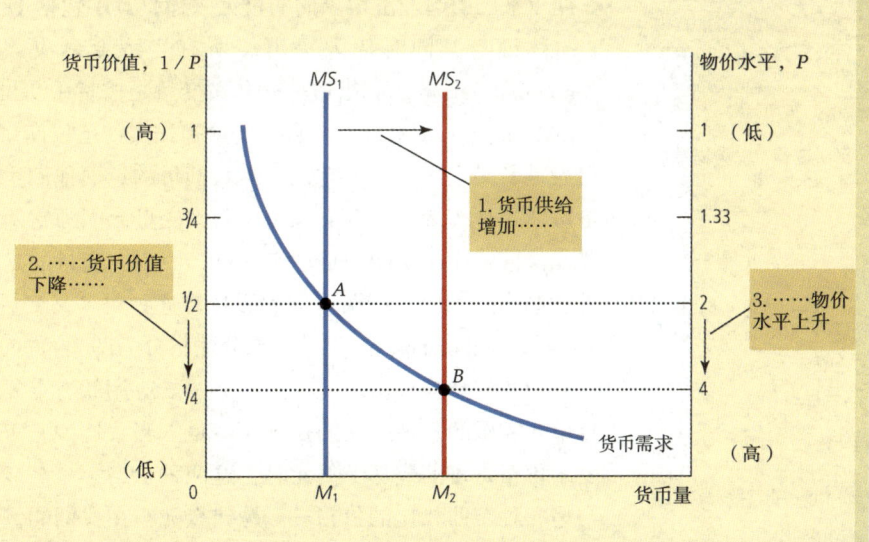

图30-2 货币供给增加

当美联储增加货币供给时，货币供给曲线从MS_1移动到MS_2。货币价值（左边纵轴）和物价水平（右边纵轴）的调整使货币供求回到均衡状态。均衡点从A点移动到B点。因此，当货币供给增加使美元增多时，物价水平上升，这使每一美元更不值钱。

30.1.4 调整过程简述

到目前为止，我们比较了旧均衡与注入货币后的新均衡。经济如何从旧均衡达到新均衡呢？对这个问题的完整回答要求了解经济中的短期波动，我们将在本书的后面考察这一问题。在这里，我们简单地考虑在货币供给变动之后所发生的调整过程。

货币注入的直接影响是创造了超额货币供给。在注入之前，经济是均衡的（图30-2中的 A 点）。在现行的物价水平下，人们拥有的货币量正好是他们所需要的。但在直升机撒下新货币并且人们在街上捡到这些货币后，人们钱包里的美元比他们想要的多了。在现行的物价水平下，货币供给量现在超过了货币需求量。

人们试图以各种方式花掉这些超额货币供给。他们可能用所持有的超额货币购买物品与服务。或者他们也可能用这些超额货币通过购买债券或把货币存入银行储蓄账户而向其他人发放贷款，这些贷款又使其他人可以购买物品与服务。在这两种情况下，货币的注入都增加了人们对物品与服务的需求。

然而，经济中生产物品与服务的能力并没有改变，正如我们在生产与增长那一章中说明的，经济中物品与服务的产量由可获得的劳动、物质资本、人力资本、自然资源和技术知识决定。货币注入并没有改变这些因素中的任何一项。

因此，这种对物品与服务需求的增加就引起价格上升。而物价水平上升又增加了货币需求量，因为人们要为每次交易支付更多的美元。最后，经济在货币需求量又等于货币供给量时实现了新均衡（图30-2中的 B 点）。物品与服务的物价总水平以这种方法调整货币供给与货币需求的平衡。

30.1.5 古典二分法和货币中性

我们已经说明了货币供给变动如何引起物品与服务的平均物价水平变动，这些货币变动又如何影响其他经济变量，如生产、就业、真实工资和真实利率呢？这个问题长期以来已引起经济学家们的极大兴趣，其中包括18世纪的大卫·休谟。

休谟与其同时代人提出，所有经济变量应该分为两类：第一类由**名义变量**（nominal variables）组成——名义变量是按货币单位衡量的变量。第二类由**真实变量**（real variables）组成——真实变量是按实物单位衡量的变量。例如，一种玉米的农民的收入是名义变量，因为它是按美元衡量的；而他们生产的玉米量是真实变量，因为它是按蒲式耳衡量的。名义GDP是名义变量，因为它衡量的是经济中物品与服务产出的美元价值；而真实GDP是真实变量，因为它衡量的是生产的物品与服务总量，并且不受这些物品与服务现期价格的影响。这种对名义变量和真实变量的区分称为**古典二分法**（classical dichotomy）。（二分法指分为两类，古典指早期的经济思想家。）

当我们转向价格时，古典二分法的应用就有点复杂了。经济中的大多数价格是用货币来表示的，因此它们是名义变量。当我们说，玉米的价格是每蒲式耳 2 美元或小麦的价格是每蒲式耳 1 美元时，这两种价格都是名义变量。但相对价格——一种东西与另一种东西相比的价格——是什么呢？在我们的例子中，我们可以说 1 蒲式耳玉米的价格是 2 蒲式耳小麦。这种相对价格不再用货币衡量。当比较任意两种物品的价格时，

名义变量：按货币单位衡量的变量。

真实变量：按实物单位衡量的变量。

古典二分法：名义变量和真实变量的理论区分。

美元符号被抹去了，所得出的数字是用实物单位衡量的。因此，美元价格是名义变量，而相对价格是真实变量。

这个结论有许多应用。例如，真实工资（根据通货膨胀调整后的美元工资）是真实变量，因为它衡量经济中用物品与服务交换一单位劳动的比率。同样，真实利率（根据通货膨胀调整后的名义利率）也是真实变量，因为它衡量用今天的物品与服务交换未来的物品与服务的比率。

为什么要把变量分为这两类呢？古典二分法是有用的，因为影响真实变量与名义变量的因素不同。根据古典分析，名义变量受经济中货币制度发展的影响，而货币与解释真实变量基本是无关的。

这种思想隐含在我们关于长期中真实经济的讨论里。在前几章中，我们在没有引入货币的情况下讨论了真实 GDP、储蓄、投资、真实利率和失业是如何决定的。在那种分析中，经济中物品与服务的生产取决于生产率和要素供给；真实利率的调整使可贷资金的供求平衡；真实工资的调整使劳动的供求平衡；当真实工资由于某种原因高于其均衡水平时，就引起了失业。这些重要结论均与货币供给量无关。

根据古典分析，货币供给变动影响名义变量而不影响真实变量。当中央银行使货币供给翻一番时，物价水平翻了一番，美元工资翻了一番，所有其他用美元衡量的价值都翻了一番。而真实变量，例如，生产、就业、真实工资和真实利率等都没有变动。这种货币供给变动对真实变量的无关性被称为**货币中性**（ monetary neutrality ）。

货币中性：认为货币供给变动并不影响真实变量的观点。

一个类比有助于解释货币中性。作为计价单位，货币是我们用来衡量经济交易的尺度。当中央银行使货币供给翻一番时，所有物价都翻了一番，而且计价单位的价值下降了一半。如果政府要把 1 码的长度从 36 英寸减少为 18 英寸，将会发生类似的变动：由于新的衡量单位，所有可衡量的距离（名义变量）都翻了一番，但实际距离（真实变量）仍然相同。美元也和码一样，仅仅是一种衡量单位，因此，它的价值的变动并没有实际影响。

货币中性符合现实吗？不完全符合。1 码的长度从 36 英寸变为 18 英寸在长期中并没有关系，但在短期中它肯定会引起混乱和各种错误。同样，大多数经济学家现在相信，在短期中——在一两年的时期内，货币变动对真实变量有影响。休谟本人也怀疑货币中性在短期中的适用性。（在本书后面我们将研究短期货币非中性，这个主题将有助于解释为什么美联储一直变动货币供给。）

然而古典分析对长期经济而言是正确的。例如，在十年期间，货币变动对名义变量（例如物价水平）有重要影响，但对真实变量（例如真实 GDP）的影响却是微不足道的。在研究经济中的长期变动时，货币中性对世界如何运行提供了一个很好的描述。

30.1.6 货币流通速度与货币数量方程式

我们可以通过考虑下面这个问题而从另一个角度说明货币数量论：普通的一美元钞票每年有多少次要用于支付新生产的物品与服务？一个称为**货币流通速度**（velocity of money）的变量对这个问题做出了回答。在物理学中，速度这个词指物体运动的速度。

货币流通速度：货币易手的速度。

在经济学中，货币流通速度指在经济中普通的一美元在不同人手中流动的速度。

为了计算货币流通速度，我们用产出的名义值（名义 GDP）除以货币量。如果 P 表示物价水平（GDP 平减指数），Y 表示产量（真实 GDP），M 表示货币量，那么，货币流通速度为：

$$V = (P \times Y)/M$$

为了说明这个公式为什么有意义，设想一个只生产比萨饼的简单经济。假设该经济在一年内生产了 100 个比萨饼，一个比萨饼售价为 10 美元，而该经济中的货币量为 50 美元。那么，货币流通速度为：

$$V = (10 \text{ 美元} \times 100)/50 \text{ 美元} = 20$$

在这个经济中，人们每年用于比萨饼的总支出为 1 000 美元。由于只用 50 美元货币进行这 1 000 美元的支出，所以每美元钞票每年必须平均易手 20 次。

对方程式略加整理，可以将其改写为：

$$M \times V = P \times Y$$

这个方程式说明，货币数量（M）乘以货币流通速度（V）等于产品的价格（P）乘以产量（Y）。这个公式称为**数量方程式**（quantity equation），因为它把货币数量（M）与产出的名义价值（$P \times Y$）联系起来。数量方程式说明，经济中货币量的增加必然反映在其他三个变量中的一个上：物价水平必然上升，产量必然上升，或货币流通速度必然下降。

在许多情况下，货币流通速度是较为稳定的。例如，图 30-3 显示了 1960 年以来美国经济的名义 GDP、货币量（用 M_2 衡量）以及货币流通速度。在这一时期，货币供给与名义 GDP 都增加了 30 倍左右。与此相反，虽然货币流通速度并不是完全不变的，但是它变动并不大。因此，就某些目的而言，货币流通速度不变的假设可能是相当接近现实的。

现在我们有了解释均衡物价水平和通货膨胀率所需的所有因素。这些因素是：

（1）货币流通速度一直是较为稳定的。

（2）由于货币流通速度稳定，所以当中央银行改变货币量（M）时，它就引起了名义产出价值（$P \times Y$）的同比例变动。

（3）一个经济的物品与服务产量（Y）主要是由要素供给（劳动、物质资本、人力资本和自然资源）及可以得到的生产技术决定的，特别是，由于货币是中性的，所以它并不影响产量。

（4）在产量（Y）由要素供给和技术决定的情况下，当中央银行改变货币供给（M）并引起名义产出价值（$P \times Y$）发生同比例变动时，这些变动反映在物价水平（P）的变动上。

（5）因此，当中央银行迅速增加货币供给时，结果就是高通货膨胀率。

这五个步骤是货币数量论的本质。

数量方程式：即方程式 $M \times V = P \times Y$，它把货币量、货币流通速度和经济中物品与服务产出的美元价值联系在一起。

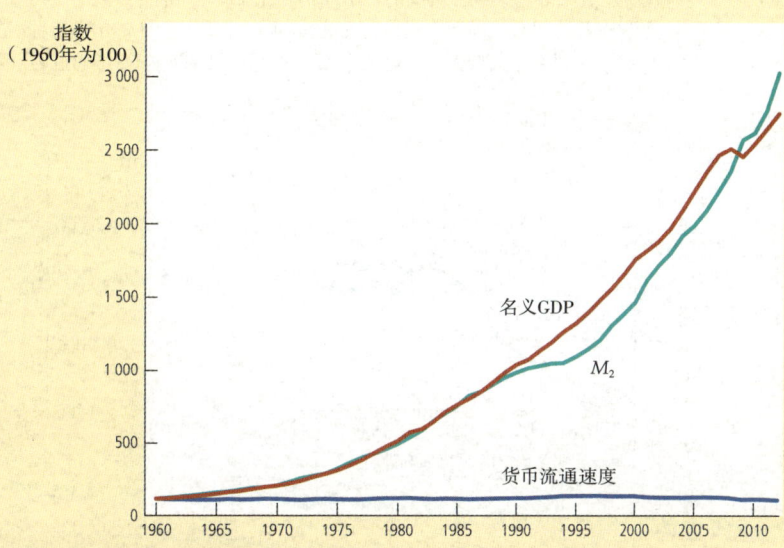

图30-3 名义GDP、货币量与货币流通速度

该图显示了用名义GDP衡量的名义产出价值，用 M_2 衡量的货币量，以及用这两者比率衡量的货币流通速度。为了便于比较，这三个指标系列均以 1960 年为 100。需要注意的是，在这个时期，名义GDP与货币量增长幅度相当大，而货币流通速度则相对稳定。

资料来源：U.S. Department of Commerce; Federal Reserve Board.

案例研究　四次超速通货膨胀期间的货币与物价

虽然地震对社会可能是一场大浩劫，但其有利的副产品是给地震学家提供了大量有用的数据。这些数据有助于地震学家发现可能正确的理论，从而有助于社会预测并应对未来的威胁。同样，超速通货膨胀也为货币经济学家提供了一个自然的试验，他们可以用这个试验研究货币对经济的影响。

超速通货膨胀之所以令人感兴趣，部分是因为货币供给和物价水平的变动如此之大。实际上，超速通货膨胀一般被定义为每月通货膨胀率在 50% 以上，这意味着物价水平在一年之内要上升 100 倍以上。

超速通货膨胀的数据清晰地表明了货币量与物价水平之间的联系。图30-4 是 20 世纪 20 年代分别发生在奥地利、匈牙利、德国和波兰的四次经典性超速通货膨胀的数据。其中，每幅图表示一个经济中的货币量与物价水平指数。货币供给曲线的斜率代表货币量增长的比率，而物价水平曲线的斜率代表通货膨胀率。

这两条曲线的倾斜度越大，货币增长率或通货膨胀率越大。

需要注意的是，在每幅图中，货币量与物价水平几乎是平行的。在这四种情况下，货币量的增长起初都是温和的，通货膨胀也是一样。但随着时间的推移，货币量增长得越来越快。几乎在同时，通货膨胀也加快了。最后，当货币量稳定时，物价水平也稳定了。这些事件充分说明了经济学十大原理之一：当政府发行了过多货币时，物价上升。

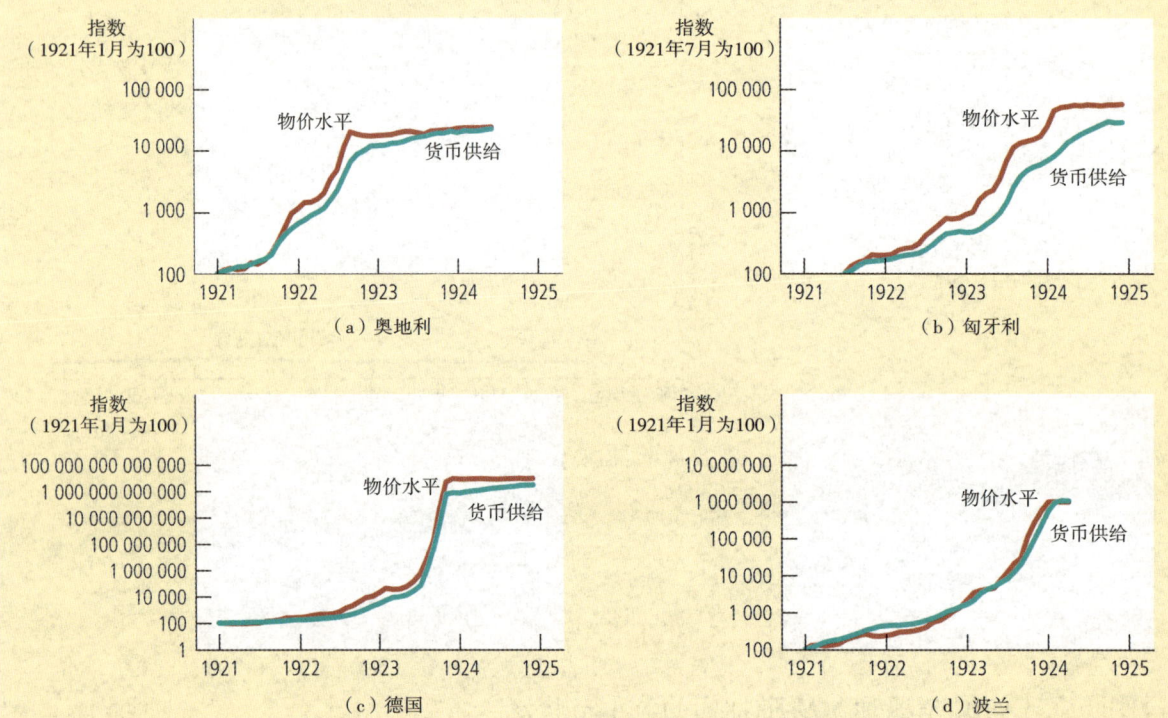

图30-4 四次超速通货膨胀期间的货币与物价

该图显示了四次通货膨胀期间的货币量与物价水平。（需要注意的是，这些变量在图中是以对数形式表示的，这意味着图中纵轴上相等的距离代表变量相同的变动百分比。）在每种情况下，货币量与物价水平几乎同步运动。两者的高度相关与货币数量论中货币供给的增长是通货膨胀的主要原因这一论述是一致的。

资料来源：Adapted from Thomas J. Sargent, "The End of Four Big Inflations", in Robert Hall, ed., *Inflation* (Chicago: University of Chicago Press, 1983), pp. 41—93.

30.1.7　通货膨胀税

如果通货膨胀如此容易解释，那么为什么一些国家还会发生超速通货膨胀呢？也就是说，为什么这些国家的中央银行选择发行这么多货币，以致货币必然会一直迅速贬值呢？

答案是，这些国家的政府把货币创造作为支付其支出的一种方法。当政府想要修公路、支付军人薪水，或者对穷人或老年人进行转移支付时，它首先必须筹集必要的资金。在正常的情况下，政府可以通过征收所得税和销售税来筹资，也可以通过出售政府债券向公众借债来筹资。然而政府也可以简单地通过印发它需要的货币来为其支出进行支付。

当政府通过印发货币筹集收入时，可以说是在征收一种**通货膨胀税**（inflation tax）。但是，通货膨胀税和其他税并不完全一样，因为没有一个人从政府那里收到这种税的税单。相反，通货膨胀税是较为隐蔽的。当政府印发货币时，物价水平就会上升，你钱包里的货币就不值钱了。因此，通货膨胀税就像是一种向每个持有货币的人征收的税。

通货膨胀税的重要性在不同国家和不同时期并不相同。近年来，通货膨胀税一直不是美国主要的收入来源，由此取得的收入估计不到政府收入的3%。但在18世纪70年代期间，对刚成立不久的美国来说，美国国会主要依靠通货膨胀税来支付其军事支出。因为新政府通过正常税收或借款筹资的能力有限，所以印发美元就成为向美国军人支付工资的一种简单易行的方法。正如货币数量论所预言的，结果导致了高通货膨胀率：在短短几年间按大陆美元衡量的物价上涨了100多倍。

几乎所有超速通货膨胀都遵循了与美国独立战争时期超速通货膨胀相同的模式。政府面临高额支出，税收不足，而且借款能力有限，结果就只能通过印发钞票来为其支出进行支付。最终，货币的大量增加引起了高通货膨胀。当政府实行消除通货膨胀税所需的财政改革措施时——例如，削减政府支出——通货膨胀就结束了。

> **通货膨胀税**：政府通过创造货币而筹集的收入。

> **即问即答**
> ■一国政府把货币供给增长率从每年5%提高到每年50%，物价水平会发生什么变动？名义利率会发生什么变动？政府为什么要这样做？

参考资料 津巴布韦的超速通货膨胀

在21世纪的第一个十年间，津巴布韦这个国家经历了历史上最严重的一次超速通货膨胀。这个故事听起来司空见惯：巨大的政府预算赤字引起大量的货币发行，并引起高通货膨胀。在2009年4月，津巴布韦中央银行停止印制津巴布韦元，而且该国开始使用美元和南非兰特这类外国通货作为交换媒介，此时超速通货膨胀才结束。

有关津巴布韦通货膨胀有多高的各种估计差别很大，但中央银行发行的货币面额证明问题相当严重。在超速通货膨胀开始之前，津巴布韦元的价值比美元略高一点，因此，纸币的面额与在美国见到的情况类似。例如，一个人的钱包里会带10元面额的纸币。但是，在2008年1月，几年的高通货膨胀之后，津巴布韦储备银行发行了面额1 000万津巴布韦元的纸币，这相当于4美元。但即使这样面额还不够大。一年后，中央银行宣布它将发行面额100亿津巴布韦元的钞票，这只值3美元。

随着物价上升和中央银行发行越来越大面额的货币，过去小面额的货币已经失去价值并变得几乎一文不值。津巴布韦一间公共厕所的标语就是这一现象的一个证明。

"本厕所只能使用厕所手纸。不能用硬纸板。不能用布。不能用津巴布韦元。不能用报纸。"

图片来源：ⓒEugene Baron.

30.1.8 费雪效应

根据货币中性原理，货币增长率的上升会导致通货膨胀率的上升，但并不影响任何真实变量。这个原理的一个重要应用涉及货币对利率的影响。利率是宏观经济学家要了解的重要变量，因为利率通过对储蓄和投资的影响而把现在的经济与未来的经济联系在一起。

为了理解货币、通货膨胀和利率之间的关系，我们首先回忆一下名义利率和真实利率之间的区别。名义利率是你在银行得知的利率。例如，如果你有一个储蓄账户，则名义利率会告诉你，你账户上的美元数量在一定时期内将以多快的速度增加。真实利率是根据通货膨胀的影响校正的名义利率，它告诉你，你储蓄账户的购买力在一定时期内会以多快的速度增长。真实利率等于名义利率减通货膨胀率：

真实利率 = 名义利率 − 通货膨胀率

例如，如果银行公布名义利率是每年 7%，通货膨胀率是每年 3%，那么存款的真实价值每年增加 4%。

我们可以改写这个等式，以便说明名义利率是真实利率和通货膨胀率之和：

名义利率 = 真实利率 + 通货膨胀率

这种观察名义利率的方法是有用的，因为决定这个公式右边每一项的经济力量是不同的。正如我们在本书前面讨论的，可贷资金的供求决定真实利率，而且根据货币数量论，货币供给的增长决定通货膨胀率。

现在我们考虑货币供给增长如何影响利率。货币在长期中是中性的，货币增长的变动并不会影响真实利率。真实利率毕竟是真实变量。由于真实利率不受影响，所以名义利率必然根据通货膨胀的变动进行一对一的调整。因此，当美联储提高货币增长率时，长期的结果是更高的通货膨胀率和更高的名义利率。这种名义利率根据通货膨胀率所做的调整称为**费雪效应**（Fisher effect），即以第一个研究这个问题的经济学家欧文·费雪（Irving Fisher，1867—1947）的名字命名。

费雪效应：名义利率对通货膨胀率所进行的一对一的调整。

记住，我们对费雪效应的分析在长期中是正确的。费雪效应在短期中是不成立的，因为通货膨胀是不可预期的。名义利率是对一笔贷款的支付，而且它通常是在最初进行贷款时确定的。如果通货膨胀的变动出乎债务人和债权人的意料之外，他们事先达成协议的名义利率就没有反映较高的通货膨胀。但是，如果通货膨胀保持在高位，人们最终就会预期到这一较高的通货膨胀，而且贷款协议也将反映这种预期。确切地说，费雪效应表明名义利率是根据预期的通货膨胀进行调整的。长期中预期的通货膨胀随实际的通货膨胀而变动，但短期中不一定。

费雪效应对于理解名义利率在长期中的变动是至关重要的。图 30-5 显示了美国 1960 年以来的名义利率和通货膨胀率。这两个变量之间的密切联系是显而易见的。从 20 世纪 60 年代初到 70 年代，名义利率上升了，因为在这一时期通货膨胀率也上升了。同样，从 20 世纪 80 年代初到 90 年代，名义利率下降了，因为美联储控制住了通货膨胀。在最近一些年，以历史标准衡量，名义利率和通货膨胀率都较低。

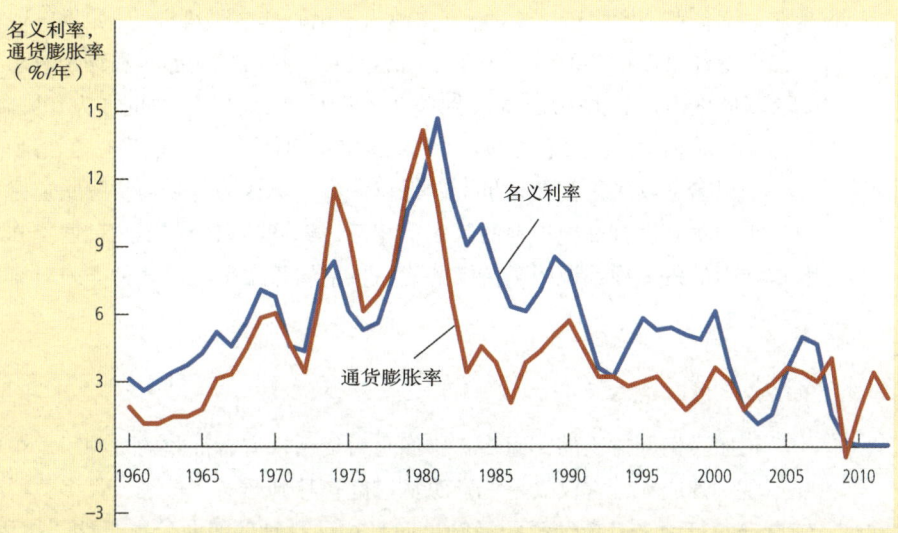

图30-5 名义利率和通货膨胀率

该图用1960年以来的年度数据说明了三个月期国库券的名义利率和用消费物价指数衡量的通货膨胀率。这两个变量之间的密切联系验证了费雪效应：当通货膨胀率上升时，名义利率也上升。

资料来源：U.S. Department of Treasury; U.S. Department of Labor.

30.2 通货膨胀的成本

在20世纪70年代后期，美国的年通货膨胀率达到10%左右，通货膨胀率成了关于经济政策争论的最主要主题。尽管在最近二十多年中通货膨胀率一直很低，但通货膨胀率仍然是受到密切关注的宏观经济变量。一项研究发现，通货膨胀是美国报纸最经常提到的一个经济术语（远远领先于第二位的失业和第三位的生产率）。

通货膨胀受到密切关注和广泛讨论是因为它被认为是一个严重的经济问题。但这种认识正确吗？如果正确的话，又是为什么呢？

30.2.1 购买力下降？通货膨胀的谬误

如果你问一个普通人为什么通货膨胀是坏事，他会告诉你，答案是显而易见的：通货膨胀剥夺了他辛苦赚来的美元的购买力。当物价上升时，每一美元收入所能购买的物品和服务量都减少了。因此，似乎通货膨胀直接降低了人们的生活水平。

但进一步思考你就会发现这个答案存在一个谬误。当物价上升时，尽管物品与服务的购买者为他们所买的东西支付得多了，但同时，物品与服务的卖者从他们所卖的东西中得到的也多了。由于大多数人通过出卖他们的服务而赚到收入，所以收入的膨胀与物价的膨胀是同步的。因此，通货膨胀本身并没有降低人们的实际购买力。

人们相信这个通货膨胀谬误是因为他们并没有认识到货币中性的原理。每年收入增加10%的工人倾向于认为这是对其才能与努力的奖励。当6%的通货膨胀率把这种收入增加降为4%时，工人会感到他应该得到的收入被剥夺了。实际上，正如我们在生产与增长那一章中所讨论的，真实收入是由真实变量决定的，如物质资本、人力资本、自然资源和可以得到的生产技术；而名义收入是由这些因素和物价总水平决定的。如果美联储把通货膨胀率从6%降到0，工人们每年的收入增加也将从10%降到4%。此时，虽然他可能感觉自己没有再被通货膨胀剥夺，但他的收入也没有更快地增加。

如果名义收入往往与物价上升保持一致，那么为什么通货膨胀还是一个问题呢？对这个问题并没有一个单一的答案。相反，经济学家确定了几种通货膨胀的成本。这些成本中的每一种都说明了持续的货币供给增长实际上以某种方式对真实变量产生了某种影响。

30.2.2 皮鞋成本

正如我们所讨论的，通货膨胀像是对货币持有者征收的一种税。税收本身对社会并不是一种成本，它仅仅是把资源从家庭转移到政府。但是，大多数税收给人们以改变自己的行为来避免纳税的激励，而且这种激励的扭曲给整个社会造成了无谓损失。和其他税收一样，通货膨胀税也造成了无谓损失，因为人们把稀缺资源浪费在试图避免通货膨胀上。

一个人如何才能避免支付通货膨胀税呢？由于通货膨胀侵蚀了你钱包中货币的真实价值，所以你可以通过少持有货币来避免通货膨胀税。一种方法是你可以更经常地去银行。例如，你可以每周去银行提取50美元，而不是每四周提取200美元。通过更频繁地去银行，你可以把更多财富放在有利息的储蓄账户上，而少放一些在通货膨胀会侵蚀货币价值的钱包中。

减少货币持有量的成本称为通货膨胀的**皮鞋成本**（shoeleather cost），因为更经常地去银行会使你的鞋磨损得更快。当然，不能从字面上理解这个词，减少货币持有量的实际成本不是鞋的磨损，而是为了使手头保留的钱少于没有通货膨胀时的数量你必须牺牲的时间与便利。

通货膨胀的皮鞋成本似乎是微不足道的，而且在近年来只有温和通货膨胀的情况下，美国的皮鞋成本的确很少。但是在经历超速通货膨胀的国家中，这种成本就很重要了。下面是对一个人在玻利维亚超速通货膨胀时期经历的描述（发表在1985年8月13日的《华尔街日报》上）：

> 当Edgar Miranda得到他每月作为教师的工资2 500万比索时，他一刻也没有耽误。比索的价值每小时都在下跌。因此，当他的妻子冲向市场上买一个月的大米和面条时，他也赶紧把剩下的比索换为黑市美元。
>
> Miranda先生正是在失控的通货膨胀世界中实践第一生存规则。玻利维亚是

皮鞋成本：当通货膨胀鼓励人们减少货币持有量时所浪费的资源。

飞速的通货膨胀如何破坏社会的一个案例。物价上升幅度如此之大，以至于这些数字几乎让人难以置信。例如，在6个月的时间里，价格以每年38000%的比率上涨。但是，按官方的统计，去年的通货膨胀率达到2000%，而今年预期达到8000%——尽管其他的估算比这还要高许多倍。无论如何，玻利维亚的通货膨胀率使以色列的370%和阿根廷的1100%——这两种情况已经是严重的通货膨胀——相形见绌。

很容易看出，如果38岁的Miranda先生不很快把比索兑换为美元，他的工资会发生什么变动。他得到2500万比索工资的那一天，1美元值50万比索，因此他可以得到50美元。仅仅是几天之后，就要90万比索才能兑换1美元，那时他只能得到27美元。

正如这个故事所说明的，通货膨胀的皮鞋成本可能相当高。在通货膨胀率高时，Miranda先生没有奢侈地把本国货币作为价值储藏手段持有。相反，他被迫很快地把他的比索换为物品或美元，因为它们作为价值储藏手段更稳定。Miranda先生为减少其货币持有量而付出的时间和努力是一种资源浪费。如果货币当局采取低通货膨胀政策，Miranda先生就乐于持有比索，他也可以把他的时间和努力投入到更具生产性的活动中。实际上，在这篇文章写完后不久，由于采取了更具限制性的货币政策，玻利维亚的通货膨胀率大大降低了。

30.2.3 菜单成本

大多数企业并不是每天改变它们产品的价格。相反，企业往往公布价格，并使价格在几周、几个月甚至几年内保持不变。一项研究发现，普通的美国企业大约一年改变一次产品的价格。

企业不经常改变价格是因为改变价格有成本。改变价格的成本称为**菜单成本**（menu costs），这个词源自餐馆印刷新菜单的成本。菜单成本包括决定新价格的成本、印刷新价格表和目录的成本、把这些新价格表和目录送给中间商和顾客的成本、为新价格做广告的成本，甚至还包括处理顾客对价格变动的恼怒的成本。

菜单成本：改变价格的成本。

通货膨胀增加了企业必须承担的菜单成本。在当前的美国经济中，由于通货膨胀率低，一年调整一次价格是许多企业合适的经营策略。但是，当高通货膨胀使企业成本迅速增加时，一年调整一次价格就是不现实的。例如，在超速通货膨胀期间，企业必须每天甚至更频繁地变动价格，以便与经济中所有其他价格保持一致。

30.2.4 相对价格变动与资源配置不当

假设艾塔比特小吃店在每年的1月份印一份新菜单，并使其价格在一年中其他时间保持不变。如果没有通货膨胀，艾塔比特的相对价格——与经济中其他价格相比的其饭菜价格——将会在一年中固定不变。与此相反，如果年通货膨胀率为12%，艾塔比特的相对价格每月就会自动下降1%。在刚刚印了新菜单后的一年中最初的几个月内，餐馆的价格相对较高，但在以后几个月则相对较低。而且，通货膨胀率越高，这种自发的变动就越大。因此，由于在一段时期内价格只变动一次，所以通货膨胀引起的相对价格的变动就比没有通货膨胀时大。

这一点为什么如此重要呢？原因是市场经济依靠相对价格来配置稀缺资源。消费者通过比较各种物品与服务的质量和价格决定购买什么。通过这些决策，他们决定稀缺的生产要素如何在个人与企业中配置。当通货膨胀扭曲了相对价格时，消费者的决策也被扭曲了，市场也就不能把资源配置到其最好的用途中。

30.2.5 通货膨胀引起的税收扭曲

几乎所有税收都扭曲了激励，引起人们改变自己的行为，并导致经济资源配置的无效率。当存在通货膨胀时，许多税收因扭曲激励而更成了问题。这是因为法律制定者在制定税法时往往没有考虑到通货膨胀。那些研究税法的经济学家得出的结论是，通货膨胀往往增加了储蓄所赚到的收入的税收负担。

通货膨胀如何抑制储蓄的一个例子是税收对资本收益——以高于购买价格出售一种资产所得到的利润——的处理。假设1980年你用一些储蓄以每股10美元的价格买进了苹果公司的股票，并在2010年以50美元的价格抛出了该股票。根据税法规定，当计算应纳税收入时，你必须把赚到的40美元资本收益包括在你的收入中。但是，假设从1980年到2010年物价总水平翻了一番。在这种情况下，1980年你投资的10美元就相当于（按购买力计算）2010年的20美元。当你以50美元出售股票时，你的真实收益（购买力的增加）仅为30美元。但是，税法并不考虑通货膨胀，而是对你40美元的收益征税，因此，通货膨胀扩大了资本收益的规模，无形中增加了这种收入的税收负担。

另一个例子是税收对利息收入的处理。尽管名义利率的一部分仅仅是为补偿通货膨胀，但所得税把名义储蓄利息作为收入。为了说明这种政策的影响，考虑表30-1中的数字例子。该表比较了两个经济，这两个经济都对利息收入按25%的税率征税。在经济A中，通货膨胀率为零，名义利率和真实利率都为4%。在这种情况下，对利息收入征收25%的税使真实利率从4%下降为3%。在经济B中，真实利率仍然是4%，但通货膨胀率是8%。由于费雪效应，名义利率是12%。因为所得税把整个12%的利息作为收入，政府对它征收25%的税，所以剩下的税后名义利率为9%，而税后真实利率仅为1%。在这种情况下，对利息收入征收25%的税使真实利率从4%下降为1%。因为税后真实利率提供了对储蓄的激励，所以，在存在通货膨胀的经济（经济B）中，储蓄的吸引力就比在价格稳定的经济（经济A）中要小得多。

对名义资本收益和名义利息收入的税收是税法与通货膨胀如何相互影响的两个例子。经济中还有许多其他例子。由于通货膨胀引起的税收变化，高通货膨胀倾向于抑制人们的储蓄。我们还记得，经济中的储蓄提供了投资资源，而投资又是长期经济增长的关键因素。因此，当通货膨胀增加了储蓄的税收负担时，它就倾向于抑制经济的长期增长率。但是，经济学家们对这种影响的大小的看法并不一致。

表30-1　通货膨胀如何增加了储蓄的税收负担

在没有通货膨胀时，对利息收入征收25%的税使真实利率从4%下降为3%。在存在8%的通货膨胀时，同样的税收使真实利率从4%下降为1%。

	经济A（物价稳定）	经济B（通货膨胀）
真实利率	4%	4%
通货膨胀率	0	8%
名义利率（真实利率+通货膨胀率）	4%	12%
25%税收引起的利率减少（0.25×名义利率）	1%	3%
税后名义利率（0.75×名义利率）	3%	9%
税后真实利率（税后名义利率–通货膨胀率）	3%	1%

除了消除通货膨胀之外，解决这个问题的另一种方法是税制指数化。这就是说，可以修改税法以考虑到通货膨胀的影响。例如，对于资本收益，税法可以用物价指数调整购买价格，并只对真实收益征税。对于利息收入，政府可以扣除补偿通货膨胀的那部分利息收入而只对真实利息收入征税。在某种程度上，税法已经按指数化的方向变动。例如，每年根据消费物价指数的变动来自动地调整所得税税率变动所依据的收入水平。但税法的其他方面——例如，对资本收益和利息收入的税收处理——并没有指数化。

在一个理想的世界中，税法的规定应该使通货膨胀不改变任何一个人的真实税收负担。但在现实世界中，税法是很不完善的。更为完善的指数化也许是合意的，但它将使已经让许多人认为太复杂的税法变得更为复杂。

30.2.6　混乱与不方便

设想我们进行一项民意调查，在调查中向人们提出这样一个问题："今年1码是36英寸。你认为明年1码应该是多长？"假设我们可以让人们认为我们是严肃的，那么他们将告诉我们，1码应该仍是36英寸。任何一种使生活复杂化的事情都是不必要的。

这种发现与通货膨胀有什么关系呢？我们还记得，货币作为经济的计价单位是我们用来表示价格和记录债务的东西。换句话说，货币是我们用以衡量经济交易的尺度。联邦储备的工作有点儿像标准局的工作——确保常用衡量单位的可靠性。当美联储增加货币供给并引起通货膨胀时，它就侵蚀了计价单位的真实价值。

要判断通货膨胀引起的混乱和不方便的成本是困难的。以前我们讨论了存在通货膨胀时，税法如何错误地衡量了真实收入。同样，当价格一直在上升时，会计师也会错误地衡量企业的收入。因为通货膨胀使不同时期的美元有不同的真实价值，所以，在存在通货膨胀的经济中计算企业利润——其收益与成本的差额——要更复杂。因此，在某种程度上，通货膨胀使投资者无法区分成功与不成功的企业，这又抑制了金融市场在把经济中的储蓄配置到不同类型投资中的作用。

30.2.7 未预期到的通货膨胀的特殊成本：任意的财富再分配

到目前为止，我们所讨论过的通货膨胀的成本即使在通货膨胀稳定和可预期时也会发生。然而，当通货膨胀的发生出乎意料时，还会发生额外的成本。未预期到的通货膨胀以一种既与价值无关又与需要无关的方式在人们中重新分配财富。这种再分配的发生是因为经济中的许多贷款是按计价单位——货币——来规定贷款条件的。

来看一个例子。假设学生 Sam 以 7% 的利率从大银行（Bigbank）贷款 2 万美元用于上大学，10 年后贷款将到期。这笔债务按 7% 的复利计算，10 年后 Sam 将欠大银行 4 万美元。这笔债务的真实价值将取决于这 10 年间的通货膨胀。如果 Sam 走运，这 10 年间经济中将发生超速通货膨胀。在这种情况下，工资和物价将会上升得如此之高，以至于 Sam 只用一点儿零钱就可以偿还这 4 万美元的债务。与此相反，如果经济中发生了严重的通货紧缩，那么工资和物价将下降，Sam 将发现 4 万美元的债务负担比他预期的要大得多。

这个例子说明，未预期到的物价变动在债务人和债权人之间进行财富再分配。超速通货膨胀以损害大银行的利益为代价使 Sam 变得更富有，因为这种通货膨胀减少了债务的真实价值，Sam 可以用不如他预期的那样值钱的美元来偿还贷款。通货紧缩以损害 Sam 的利益为代价使大银行变得更富有，因为债务的真实价值增加了。在这种情况下，Sam 必须用比他预期的更值钱的美元来偿还债务。如果通货膨胀可以预期，那么大银行和 Sam 在确定名义利率时就可以考虑到通货膨胀（回想一下费雪效应）。但是，如果通货膨胀难以预期，它就把风险加在都想回避它的 Sam 和大银行身上。

与另一个事实一起考虑时，未预期到的通货膨胀的成本是很重要的：当平均通货膨胀率很高时，通货膨胀就特别多变而且不确定。通过考察不同国家的经历就可以很容易地说明这一点。平均通货膨胀率低的国家，例如 20 世纪后期的德国，往往有稳定的通货膨胀。平均通货膨胀率高的国家，例如拉丁美洲的许多国家，往往有不稳定的通货膨胀。还不知道有哪一个经济中存在高而且稳定的通货膨胀。通货膨胀水平与波动性之间的这种关系指出了通货膨胀的另一种成本。如果一个国家实行高通货膨胀的货币政策，那么它不仅要承受预期到的高通货膨胀的成本，而且还要承受与未预期到的通货膨胀相关的任意的财富再分配。

30.2.8 通货膨胀不好，但通货紧缩可能更坏

在美国近代的历史上，通货膨胀一直是正常的。但是也有物价水平下降的时期，例如 19 世纪后期与 20 世纪 30 年代初期。从 1998 年到 2012 年，日本经历了物价总水平约 4% 的下跌。到现在为止，我们总结了有关通货膨胀成本的讨论，我们也应该简单考虑一下通货紧缩的成本。

一些经济学家认为，小且可预期的通货紧缩可能是合意的。米尔顿·弗里德曼指出，通货紧缩会降低名义利率（回想一下费雪效应），而名义利率下降又引起持有货币的成本下降。他认为，持有货币的皮鞋成本会由于名义利率接近于零而达到最小，这反过来又要求通货紧缩等于真实利率。适度通货紧缩的这种做法被称为弗里德曼规则。

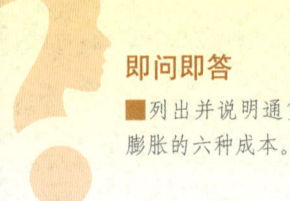

即问即答
■ 列出并说明通货膨胀的六种成本。

但是，还有其他通货紧缩成本。有一些与通货膨胀成本相对应。例如，正如物价水平上升引起菜单成本和相对价格变动一样，物价水平下降也如此。而且，实际上，通货紧缩很少像弗里德曼所说的那样稳定和可预期。更经常的情况是，它会突然而至，并引起财富向有利于债权人而不利于债务人的再分配。

也许更重要的是，通货紧缩的出现通常是源自更广泛的宏观经济困境。正如我们在以后几章将看到的，当出现货币紧缩这样的事情时，物价就会下降，并使经济中整个物品与服务的需求减少。总需求减少又会引起收入减少和失业增加。换言之，通货紧缩往往是更深层经济问题的症状。

案例研究 《欧兹国历险记》与银币自由铸造的争论

在孩提时代，你也许看过电影《欧兹国历险记》（也译为《绿野仙踪》），这部电影以1900年写的一本儿童读物为蓝本。电影和书讲述了一个名叫陶利丝的小姑娘的故事，这个小姑娘在远离家乡的一块陌生土地上迷了路。但也许你并不知道，这个故事实际上是对19世纪后期美国货币政策的一种影射。

从1880年到1896年，美国物价水平下降了23%。由于这个事件是没有预期到的，所以引起了重大的财富再分配。美国西部地区的大部分农民成了债务人，而他们的债权人是东部的银行家。当物价水平下降时，它引起这些债务的真实价值上升，这就以损害农民的利益为代价而富了银行。

根据当时人民党政治家的看法，解决农民问题的方法是银币的自由铸造。在这个时期，美国是在金本位制下运行。黄金的数量决定了货币供给，从而也决定了物价水平。银币自由铸造的倡导者想把银如金一样作为货币。如果采用了这个建议，就增加了货币供给，使物价上升，并减少农民债务的真实负担。

围绕银币的争论达到白热化，并且成为19世纪90年代政治的中心。人民党的竞选口号是"我们负债累累，只剩下了手中的选票"。银币自由铸造的一位著名倡导者是民主党1896年总统候选人William Jennings Bryan。他被人们记住部分是因为他在民主党提名大会上的一次演讲，在这次演讲中他说："你们不应该把这顶满是荆棘的皇冠硬扣在劳动者头上，你们不应该用金十字架来残害自己的同胞。"从那时以来，很少再有政治家能用诗一样的语言来包装自己对货币政策的不同观点。但Bryan在竞选中败给了共和党人William McKinley，从而美国也保持了金本位。

《欧兹国历险记》的作者L. Frank Baum是中西部的一名记者。当他给孩子们写这个故事时，他创造了几个代表当时重大政治斗争中人物的角色。下面是经济史学家Hugh Rockoff在1990年发表于《政治经济学杂志》上的对这个故事的解释：

陶利丝：传统的美国价值观
小狗托托：禁酒党，又称戒酒主义者
稻草人：农民
铁皮人：产业工人
胆小的狮子：William Jennings Bryan
莫其干人：东部居民
东方坏女巫：Grover Cleveland
西方坏女巫：William McKinley
魔法师：共和党主席Marcus Alonzo Hanna
欧兹国：一盎司黄金的简写
黄砖路：金本位

在故事的结尾，陶利丝找到了回家的路，但并不是沿着黄砖路。在经历了漫长而危险的旅程之后，她懂得魔法师不

早期关于货币政策的争论

图片来源：
MGM/THE KOBAL COLLECTION/PICTURE DESK.

能帮助她或她的朋友们。最终陶利丝发现了她的银拖鞋的魔力。（当《欧兹国历险记》这本书1939年被拍成电影时，陶利丝的拖鞋从银的换成了红宝石的。显然，好莱坞的电影制片商更感兴趣于炫耀彩色印片这一新技术，而不是讲述有关19世纪的货币政策的故事。）

虽然人民党在关于银币自由铸造的争论中失败了，但他们最终得到了货币扩张和他们想要的通货膨胀。1898年，探矿者在加拿大育空地区的克朗代克河附近发现了黄金，从南非金矿运来的黄金也增加了。因此，美国和其他采用金本位的国家的货币供给和物价水平开始上升。在15年内，美国的物价回升到19世纪80年代的水平，农民也能更好地应付他们的债务了。

30.3 结论

本章讨论了通货膨胀的成因与成本。通货膨胀的主要原因就是货币量增加。当中央银行创造了大量货币时，货币的价值就迅速下降。为了维持物价稳定，中央银行必须保持对货币供给的严格控制。

通货膨胀的成本是较为隐蔽的。这种成本包括皮鞋成本、菜单成本、相对价格变动的加剧、意想不到的税收负担变动、混乱与不方便以及任意的财富再分配。这些成本在总量上是大还是小呢？所有经济学家一致认为，在超速通货膨胀时期这些成本是巨大的。但在温和通货膨胀时——当每年物价上升小于 10% 时——这些成本的大小则尚无定论。

虽然本章提出了许多有关通货膨胀的最重要的结论，但这种讨论并不完全。正如货币数量论所提出的，当中央银行降低货币增长率时，物价上升较慢。但当经济转向这种低通货膨胀率时，货币政策的变动也会对生产和就业产生不利影响。这就是说，尽管在长期中货币政策是中性的，但在短期中它对真实变量具有重要影响。在本书的后面，我们将讨论短期中货币非中性的原因，以加深我们对通货膨胀成因与成本的理解。

内容提要

◎ 经济中物价总水平的调整使货币供给与货币需求平衡。当中央银行增加货币供给时，就会引起物价水平上升。货币供给量的持续增长引起了持续的通货膨胀。

◎ 货币中性原理断言，货币量变动只影响名义变量而不影响真实变量。大多数经济学家认为，货币中性近似地描述了长期中的经济行为。

◎ 政府可以简单地通过印发货币来为自己的一些支出付款。当国家主要依靠这种通货膨胀税时，结果就是超速通货膨胀。

◎ 货币中性原理的一个应用是费雪效应。根据费雪效应，当通货膨胀率上升时，名义利率等量上升，因此，真实利率仍然不变。

◎ 许多人认为，通货膨胀使他们变穷了，因为通货膨胀提高了他们所买东西的成本。但这种观点是错误的，因为通货膨胀也提高了名义收入。

◎ 经济学家确定了通货膨胀的六种成本：与减少货币持有量相关的皮鞋成本，与频繁地调整价格相关的菜单成本，相对价格变动的加剧，由于税法非指数化引起的意想不到的税收负担变动，由于计价单位变动引起的混乱和不方便，以及债务人与债权人之间任意的财富再分配。在超速通货膨胀时期，这些成本都是巨大的，但温和通货膨胀时期这些成本的大小并不清楚。

关键概念

货币数量论	货币中性	费雪效应
名义变量	货币流通速度	皮鞋成本
真实变量	数量方程式	菜单成本
古典二分法	通货膨胀税	

复习题

1. 解释物价水平上升如何影响货币的真实价值。
2. 根据货币数量论，货币量增加的影响是什么？
3. 解释名义变量与真实变量之间的差别，并各举出两个例子。根据货币中性原理，哪一个变量受货币量变动的影响？
4. 从什么意义上说，通货膨胀像一种税？把通货膨胀作为一种税如何有助于解释超速通货膨胀？
5. 根据费雪效应，通货膨胀率的上升如何影响真实利率与名义利率？
6. 通货膨胀的成本是什么？你认为这些成本中的哪一种对美国经济最重要？
7. 如果通货膨胀比预期的低，谁会受益——债务人还是债权人？解释之。

第11篇
开放经济的宏观经济学

第 31 章
开放经济的宏观经济学：基本概念

当你决定买一辆汽车时，你可以比较福特公司和丰田公司提供的最新车型。当你有下一次假期时，你可以考虑在佛罗里达海滩或墨西哥海滩度假。当你开始为退休后的生活储蓄时，你可以在购买美国公司股票的共同基金和购买外国公司股票的共同基金之间做出选择。在所有这些情况下，你不仅参与了美国经济，而且参与了世界经济。

开放国际贸易的好处是显而易见的：贸易使人们生产自己最擅长生产的东西，并消费世界各国生产的各种各样的物品与服务。实际上，第 1 章强调的经济学十大原理之一就是，贸易可以使每个人的状况都变得更好。国际贸易可以使每个国家专门生产自己具有比较优势的物品与服务，从而提高所有国家的生活水平。

到目前为止，我们介绍的宏观经济学总体上忽略了一个经济与世界其他经济之间的相互交易。对宏观经济学的大部分问题而言，国际问题是次要的。例如，当我们讨论自然失业率和通货膨胀的原因时，可以忽略国际贸易的影响。实际上，为了使分析简化，宏观经济学家经常假设一个封闭经济（closed economy）——一个不与其他经济相互交易的经济。

封闭经济：不与世界上其他经济相互交易的经济。

但是，某些新的宏观经济问题产生于开放经济（open economy）——一个与世界上其他经济自由交易的经济。因此，本章和下一章将介绍开放经济的宏观经济学。在本章中，我们从讨论描述一个开放经济在世界市场上相互交易的基本宏观经济变量开始。你阅读新闻报道或观看晚间新闻时也许已经注意到了这些变量——出口、进口、贸易余额和汇率。我们的第一项工作就是要理解这些数据的含义。在下一章中，我们建立了一个解释这些变量如何决定以及它们如何受各种政府政策影响的模型。

开放经济：与世界上其他经济自由交易的经济。

31.1 物品与资本的国际流动

一个开放经济以两种方式和其他经济相互交易：在世界产品市场上购买并出售物品与服务；在世界金融市场上购买并出售股票和债券这类资本资产。下面我们就讨论这两种活动以及它们之间的密切关系。

31.1.1 物品的流动：出口、进口以及净出口

出口：在国内生产而在国外销售的物品与服务。

进口：在国外生产而在国内销售的物品与服务。

净出口：一国的出口值减进口值，又称贸易余额。

贸易余额：一国的出口值减进口值，又称净出口。

贸易盈余：出口大于进口的部分。

贸易赤字：进口大于出口的部分。

贸易平衡：出口等于进口的状况。

出口（exports）是在国内生产而在国外销售的物品与服务；进口（imports）是在国外生产而在国内销售的物品与服务。当美国飞机制造商波音公司制造了一架飞机并把它卖给法国航空公司时，这种销售对美国而言是出口，对法国而言是进口。当瑞典汽车制造商沃尔沃公司生产了一辆汽车并把它卖给一个美国居民时，这种销售对美国而言是进口，对瑞典而言是出口。

任何一国的净出口（net exports）是其出口值与其进口值的差额：

$$净出口 = 一国的出口值 - 一国的进口值$$

波音公司的销售增加了美国的净出口，而沃尔沃公司的销售减少了美国的净出口。由于净出口告诉我们一国在总量上是世界物品与服务市场中的卖者还是买者，所以净出口又称为贸易余额（trade balance）。如果净出口是正的，即出口大于进口，则表明一国向国外出售的物品与服务多于它向其他国家购买的。在这种情况下，可以说该国有贸易盈余（trade surplus）。如果净出口是负的，即出口小于进口，则表明一国向国外出售的物品与服务少于它向其他国家购买的。在这种情况下，可以说该国有贸易赤字（trade deficit）。如果净出口为零，即它的出口与进口完全相等，可以说该国贸易平衡（balanced trade）。

在下一章中，我们要建立一种理论来解释一国的贸易余额，但即使在现在这个初始的阶段考虑会影响一国出口、进口和净出口的许多因素也并不难。这些因素包括：

- 消费者对国内与国外物品的嗜好；
- 国内与国外物品的价格；
- 人们可以用国内通货购买国外通货的汇率；

"我们所谈的可不仅仅是买一辆车——而是关于这个国家面临的与日本的贸易赤字问题。"

图片来源：
ⓒ MORT GERBERG/THE NEW YORKER COLLECTION/WWW.CARTOON-BANK.COM.

- 国内与国外消费者的收入；
- 从一国向另一国运送物品的成本；
- 政府对国际贸易的政策。

随着这些变量的变动，国际贸易量也在变动。

案例研究　美国经济日益提高的开放程度

过去60年间，美国经济最大的变化也许就是国际贸易与国际金融的重要性一直在提高。图31-1说明了这种变化，该图表明了向其他国家出口和从其他国家进口的物品与服务的总价值在国内生产总值中所占的百分比。在20世纪50年代，物品与服务的进口和出口一般占GDP的4%—5%。近年来，出口和进口已经是这个水平的3倍。美国的贸易伙伴包括不同的国家。到2012年，根据进口与出口之和来衡量，最大的贸易伙伴是加拿大，紧随其后的是中国、墨西哥、日本、德国和英国。

在过去几十年里，国际贸易的这种增加部分是由于运输的改善。在1950年，一般商船的运载量不足1万吨；现在，许多船的运载量超过10万吨。1958年引进了远程喷气飞机，1967年又引进了宽体飞机，这使空运更便宜了。由于这些进步，曾经不得不在本土生产的物品现在可以在世界各国交易：以色列种植的鲜切花被空运到美国出售；许多只能在夏天种植的新鲜水果和蔬菜现在冬天也可以消费，因为可以从南半球国家运到美国。

国际贸易的增长也受惠于通信进步，这种进步使企业可以更容易地接触到国外顾客。例如，1956年才铺设第一条海底电缆。到1966年，通信技术只能使北美与欧洲之间的138个人同时通话。现在，由于e-mail成为极为普及的商业沟通形式，在世界各国之间交流几乎与在一个镇上相互交流一样容易。

技术进步也通过改变各国经济生产的物品种类促进了国际贸易。当体积大的原料（例如钢铁）和易腐烂的物品（例如食物）占了世界产出的大部分时，这些物品往往运输成本高昂，有时甚至是不可能运输的。与此相反，用现代技术生产的物品往往既轻又易于运输。例如，家用电器每美元价值的重量较轻，这使得这些产品易于在一国生产而在另一国出售。一个更极端的例子是电影行业。一旦好莱坞的制片厂拍摄了一部电影，它几乎就能以零成本把这部电影的拷贝送到世界各地。事实上，电影的确是美国的一种主要出口品。

政府的贸易政策也是国际贸易增加的一个因素。正如我们在本书前面讨论的，经济学家长期以来一直认为，各国之间的自由贸易是互利的。随着时间的推移，世界各国大多数决策者终于接受了这些结论。例如，北美自由贸易协定（NAFTA）和关税与贸易总协定（GATT）这些国际协定，已经逐渐降低了关税、进口配额和其他贸易壁垒。图31-1所表明的日益增加的贸易模式是大多数经济学家和决策者支持并且鼓励的现象。

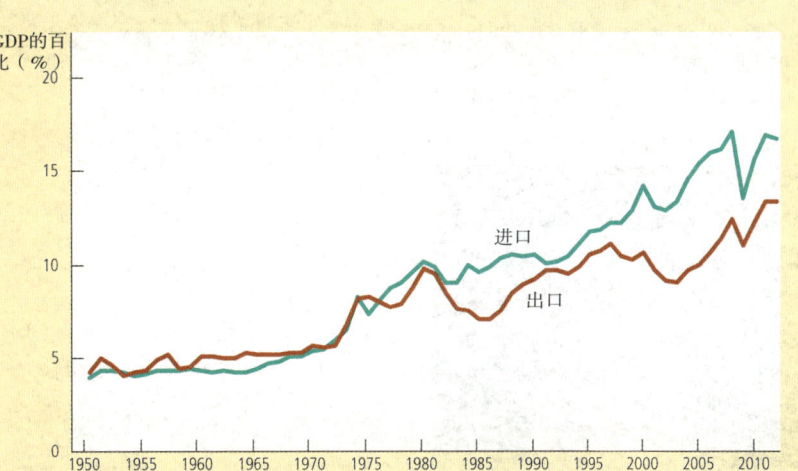

图31-1　美国经济的国际化

该图表明了1950年以来美国经济的出口与进口在美国国内生产总值中所占的百分比。这一时期巨幅的增长表明了国际贸易与国际金融重要性的提高。

资料来源：U.S. Department of Commerce.

IN THE NEWS

【新闻摘录】
美国出口的属性改变

国际贸易可以在意想不到的地方出现。

林书豪和美国的"新型出口"
Austan Goolsbee

上周"林旋风"席卷了全国。

名不见经传的哈佛毕业生林书豪几天之间就从一名板凳队员变成了MVP候选人。纽约尼克斯队的17号球衣变成了NBA最畅销的商品,对林先生的兴趣在全世界急剧升温。

上周我们也知道了中国未来的主席习近平是NBA球迷。在白宫会见了奥巴马总统之后,习先生去了艾奥瓦州,然后在洛杉矶看了一场湖人队的比赛。而奥巴马先生呢,他去参观了一家波音787工厂,以推销出口,将其作为经济增长的一个发动机。

这三件事看起来没有什么关联,但实际上它们是美国摆脱经济萧条的亮点:增加出口——出口应该被广泛地定义为包括娱乐支出、旅游业、旅行和服务等各种项目。

最近几个月美国的经济状况一直在好转,但住房和消费支出仍然低迷,焦虑依然弥漫。而出口显著增长,并仍有持续增长的空间。

在我们上一次的经济扩张中,我们关注的是本土市场,而其他发达经济体出口的增长速度三倍于我们。巨大的新兴市场的增长速度更为惊人。

今天,促进出口是天赐良缘于我们,而且还是联邦政府两党共同推进的少数几个领域之一。但出口并不局限于传统制造业产品。

当一位外国来访者到美国度假,像习先生那样,他在洛杉矶买NBA的球票,在艾奥瓦州的Muscatine吃午饭,这些都计入官方的出口数据。如果一位印度尼西亚球迷看了一场NBA比赛或者买了林书豪的球衣,这种娱乐支出也计入出口。许多服务都增加了出口:外国学生支付的学费、外国旅客支付的美国航空公司飞机票,以及谷歌上外国公司的广告费。

这些都是出口。去年,根据经济分析局(BEA)的数据,美国出口了2.1万亿美元的物品和服务(历史新高),而其中超过6000亿美元来自服务业。

想想这些新型出口,比起其他国家,美国在这些方面的出口已经是多得多了。美国出口的教育多于计算机,出口的旅游业多于航空产品或机械设备。与美国在物品上的巨大贸易赤字不同,美国的主要贸易盈余来自新型出口——根据BEA的数据,2011年新型出口有1790亿美元盈余,2012年可能会更多。这支持了美国数百万工作岗位。

促进新型出口不能仅仅依靠过去那些办法,比如依赖外国市场开放以及降低对我们的物品的关税和限制性壁垒。促进新型出口需要依靠奋力反击限制电子商务的条款以及强化知识产权规则。它还有赖于那些不太具有对抗性(或者通常是更缓和)的策略,比如改善外国人对美国的看法,这样他们就会想来观光或者把孩子送到美国读书,因此要放宽学生和旅游签证,让外国人能做到这些。

适度的投资能够促进主要私人部门的经济收益。以从巴西这样的国家来的游客为例。在最近的一项调查里,94%的巴西人认为去美国不是很难就是几乎不可能。为了得到签证,他们需要经历一系列的严峻考验,包括去有美国领事馆的城市进行面签——而这样的城市在巴西只有四个。从开始到结束,签证过程可能长达五个月。

上个月奥巴马总统呼吁加快签证进程以促进旅游业。美国旅游协会估计,算上领事官员的薪酬和日常开支,每年每人是28万美元。每个到美国的巴西游客平均花销大约是5000美元,因此该协会估计每个领事官员能为美国商业带来5000万美元的旅游出口(这还不算美国政府能得到的100万美元签证费)。

支持新型出口并不需要与中国进行外交战,也不需要国会投票通过新的贸易协定。这些出口是其他国家想给予我们的,而我们却由于短视而失之交臂。上周我们延长了削减工薪税计划的持续时间以促进经济增长。我们已经用税收激励来鼓励公司进行投资,为什么我们不能用短期的政府激励去鼓励新型出口呢?比如可以对航空税、签证申请费和机场降落费限时减免。

作为芝加哥公牛队的球迷,我可不希望看到纽约尼克斯队复兴。不过我还是要站在"林旋风"这一边,因为对于每场在亚洲被观看的比赛、每件在欧洲售出的球衣、每张外国游客购买的NBA赛事球票,这位球员所做的贡献都远远大于他在球队的作用。他代表了我们的经济增长方式。林先生在一支战绩一般的球队里,他有可能撑不到今年年底。但他已经极大地帮助了削减贸易赤字,这对于经济学专业的他来说,可能是个安慰。

Goolsbee先生是芝加哥大学的经济学教授。他曾是奥巴马总统的经济顾问。

资料来源: Reprinted with permission of *The Wall Street Journal*, Copyright © 2012 Dow Jones & Company, Inc. All Rights Reserved Worldwide.

林书豪:出口促进者
图片来源: Al Bello/Getty Images.

31.1.2 金融资源的流动：资本净流出

到目前为止，我们讨论了一个开放经济的居民如何参与世界物品与服务市场。此外，一个开放经济的居民还可以参与世界金融市场。一个有 2.5 万美元的美国居民可以用这些钱买一辆丰田汽车，但他也可以用这些钱买丰田公司的股票。第一种交易代表物品流动，而第二种交易则代表资本流动。

资本净流出（net capital outflow）这个词指本国居民购买的外国资产与外国人购买的本国资产之间的差额：

$$资本净流出 = 本国居民购买的外国资产 - 外国人购买的本国资产$$

当一个美国居民购买了一家墨西哥电话公司 Telmex 的股票时，这种购买增加了等式右边的第一项，因此，增加了美国的资本净流出。当一个日本居民购买了美国政府发行的债券时，这种购买增加了等式右边的第二项，因此，减少了美国的资本净流出。

> **资本净流出**：本国居民购买的外国资产减外国人购买的本国资产。

美国和世界各国之间的资本流动采取了两种形式。一种形式是，麦当劳在俄罗斯开了一家快餐店，这是**外国直接投资**的例子。另一种形式是，一个美国人购买了一家俄罗斯公司的股票，这是**外国有价证券投资**的例子。在第一种情况下，美国所有者（麦当劳公司）主动管理投资；而在第二种情况下，美国所有者（股东）起了较为消极的作用。在这两种情况下，美国居民都购买了位于另一个国家的资产，因此，这两种购买都增加了美国的资本净流出。

资本净流出（有时称为**外国净投资**）既可以是正的，也可以是负的。当它是正的时，国内居民购买的外国资产多于外国人购买的本国资产，此时可以说资本流出一国。当资本流出是负的时，国内居民购买的外国资产少于外国人购买的本国资产，此时可以说资本流入一国。也就是说，当一国的资本净流出是负的时，该国有资本流入。

在下一章中我们会介绍一种理论来解释资本净流出。这里我们只是简要地考虑以下一些影响资本净流出的较重要因素：

- 国外资产得到的真实利率；
- 国内资产得到的真实利率；
- 持有国外资产可以觉察到的经济与政治风险；
- 影响国外对国内资产所有权的政府政策。

例如，考虑美国投资者决定购买墨西哥政府债券还是美国政府债券。（我们还记得，债券实际上是发行者的借据。）为了做出这种决策，美国投资者要比较这两种债券提供的真实利率。债券的真实利率越高，也就越有吸引力。但是，在进行这种比较时，美国投资者还应该考虑到这些政府中的某一个会拖欠其债务（即不按时支付利息或本金）的风险，以及墨西哥政府对在墨西哥的外国投资者所实行的任何一种限制，或在未来可能实行的任何一种限制。

31.1.3 净出口与资本净流出相等

我们已经说明了，一个开放经济以两种方式与世界其他经济相互交易——在世界物品与服务市场上和在世界金融市场上。净出口和资本净流出分别衡量了在这两个市场上的不平衡类型。净出口衡量一国出口与其进口之间的不平衡；资本净流出衡量本国居民购买的外国资产量与外国人购买的本国资产量之间的不平衡。

一个重要但又微妙的核算事实表明，对整个经济而言，资本净流出（NCO）必然总是等于净出口（NX）：

$$NCO = NX$$

这个等式之所以成立，是因为影响这个等式一方的每一次交易也必然完全等量地影响另一方。这个等式是一个恒等式——根据等式中各变量定义与衡量的方法，这个等式必然成立。

为了说明为什么这个会计恒等式是正确的，我们来看一个例子。设想你是一个居住在美国的电脑程序员。有一天，你编了一个软件并将其以1万日元卖给一个日本消费者。软件销售是美国的出口，因此它增加了美国的净出口。为了确保这个恒等式成立会出现什么情况？答案取决于你用你得到的1万日元做什么。

首先，我们假设你简单地把1万日元放在你的床垫下（我们可以说，你是为日元而拥有日元）。在这种情况下，你将一些你的收入投资于日本经济。也就是说，本国居民（你）得到了外国资产（日本通货）。美国净出口的增加与美国资本净流出的增加相当。

然而，更现实一些，如果你想投资于日本经济，你不会持有日本通货。更可能的是，你会用1万日元去购买一家日本公司的股票，或者你会购买日本政府的债券。但你决策的结果是极为相同的，本国居民最终都获得了一种外国资产。美国资本净流出（购买日本股票或债券）的增加完全等于美国净出口（出售软件）的增加。

现在我们再改变这个例子。假设你不是用1万日元去购买日本资产，而是用它去购买日本生产的一种物品，例如游戏机。由于购买这种游戏机，美国的进口增加了。软件出口和游戏机进口代表贸易平衡。由于出口和进口等量增加，净出口没有变化。在这种情况下，没有一个美国人最终获得外国资产，也没有一个外国人最终获得美国资产，因此，对美国资本净流出没有影响。

最后，还有一种可能是，你到当地一家银行把你的1万日元兑换为美元。但这并没有使情况发生改变，因为现在银行可以用这1万日元做些事。它可以购买日本资产（美国的资本净流出），也可以购买日本的物品（美国的进口），还可以把日元卖给另一个想进行这种交易的美国人。结果，美国的净出口必定等于美国的资本净流出。

这个例子开始时是美国的程序员把一些软件卖到国外，但这件事和美国人购买其他国家的物品与服务几乎一样。例如，沃尔玛从中国购买了5 000万美元的衣服并将其出售给美国消费者，这5 000万美元一定会发生点事情。一种可能是，中国可以把这5 000万美元投资于美国。这种来自中国的资本流入采取的形式是中国人购买美国政府债券。在这种情况下，购买衣服减少了美国的净出口，而出售债券又减少了美国

即问即答

■ 给出净出口与资本净流出的定义，并说明它们如何相关。

的资本净流出。另一种可能是，中国可以用这5 000万美元购买美国飞机制造商波音公司生产的飞机。在这种情况下，美国的衣服进口与飞机出口平衡，因此净出口和资本净流出都未发生变化。在所有这些情况下，交易对净出口和资本净流出的影响相同。

我们可以对整个经济概括如下结论：

• 当一国有贸易盈余时（NX > 0），它出售给外国人的物品与服务多于外国人购买的。用它从国外的物品与服务的净销售中得到的外国通货做什么呢？它必定用来购买外国资产。因此，资本从一国流出（NCO > 0）。

• 当一国有贸易赤字时（NX < 0），它从外国人那里购买的物品与服务多于向外国人出售的。在世界市场上它如何为这些物品与服务的净购买筹资呢？它必定在国外出售资产。因此，资本流入国内（NCO < 0）。

国际物品与服务的流动和国际资本流动是同一个问题的两个方面。

31.1.4 储蓄、投资及其与国际流动的关系

一国的储蓄和投资是其长期经济增长的关键。正如我们在本书前面所说明的，在一个封闭经济中储蓄与投资是相等的，但在开放经济中，事情并不是这么简单的。现在我们考虑储蓄和投资如何与用净出口和资本净流出衡量的物品与资本的国际流动相关。

也许你还记得，净出口这个词是在本书前面讨论国内生产总值构成时出现的。一个经济的国内生产总值（Y）分为四个组成部分：消费（C）、投资（I）、政府购买（G）和净出口（NX）。我们把它写为：

$$Y = C + I + G + NX$$

对经济中物品与服务产出的总支出是用于消费、投资、政府购买和净出口的支出之和。因为支出的每一美元都可以归入这四个组成部分之一，所以这个等式是一个会计恒等式：它必然正确是因为这些变量定义和衡量的方法。

我们还记得，国民储蓄是在支付了现期消费和政府购买之后剩下的国民收入。国民储蓄（S）等于$Y - C - G$。如果我们重新整理上式来说明这个事实，我们就得出：

$$Y - C - G = I + NX$$
$$S = I + NX$$

因为净出口（NX）也等于资本净流出（NCO），所以我们也可以把这个式子写为：

$$S = I + NCO$$
储蓄 ＝ 国有投资者 ＋ 资本净流出

这个式子表明，一国的储蓄必定等于其国内投资加资本净流出。换句话说，当美国公民为未来储蓄了其收入中的一美元时，这一美元既可以用于为国内资本积累筹资，也可以用于为国外资本的购买筹资。

对这个式子你应该似曾相识。在本书前面，当我们分析金融体系的作用时，我们考虑了封闭经济这一特殊情况下的这个恒等式。在一个封闭经济中，资本净流出是零（$NCO = 0$），因此，储蓄等于投资（$S = I$）。相比之下，在一个开放经济中，储蓄有两种用途：国内投资与资本净流出。

与以前一样，我们认定金融体系处于这个恒等式的两边之间。例如，假设 Garcia 家决定储蓄一部分收入以便退休后使用。这个决策对国民储蓄，即等式的左边做出了贡献。如果 Garcia 家把储蓄存入共同基金，共同基金就可以用一些存款购买通用汽车公司发行的股票，然后通用汽车公司可以用这些钱在俄亥俄州建一个工厂。此外，共同基金也可以用 Garcia 一家的部分存款购买丰田公司发行的股票，然后丰田公司可以用这些钱在大阪市建一个工厂。这些交易列示在等式的右边。从美国会计的角度看，通用汽车公司用于新工厂的支出属于国内投资，而美国居民购买丰田公司的股票是资本净流出。因此，美国经济的全部储蓄表现为在美国经济中的投资或美国的资本净流出。

储蓄、投资和国际资本流动错综复杂地相互关联。当一国的储蓄大于其国内投资时，它的资本净流出就是正的，这表明该国用它的一些储蓄购买外国资产。当一国的国内投资大于其储蓄时，它的资本净流出就是负的，这表明外国人正通过购买国内资产为一部分国内投资筹资。

31.1.5 总结

表 31-1 总结了迄今为止本章提出的许多思想。它描述了一个开放经济的三种可能：有贸易赤字的国家、贸易平衡的国家以及有贸易盈余的国家。

先考虑有贸易盈余的国家。根据定义，贸易盈余意味着出口值大于进口值。因为净出口等于出口减进口，所以净出口（NX）大于零。结果，收入（$Y = C + I + G + NX$）必定大于国内支出（$C + I + G$）。但是，如果收入（Y）大于国内支出（$C + I + G$），那么储蓄（$S = Y - C - G$）必定大于投资（I）。因为该国储蓄大于投资，所以它必定把一些储蓄输出到国外。这就是说，资本净流出必定大于零。

表 31-1 物品与资本的国际流动：总结

该表说明了一个开放经济的三种可能结果。

贸易赤字	贸易平衡	贸易盈余
出口 < 进口	出口 = 进口	出口 > 进口
净出口 < 0	净出口 = 0	净出口 > 0
$Y < C + I + G$	$Y = C + I + G$	$Y > C + I + G$
储蓄 < 投资	储蓄 = 投资	储蓄 > 投资
资本净流出 < 0	资本净流出 = 0	资本净流出 > 0

相同的逻辑适用于有贸易赤字的国家（比如近年来的美国经济）。根据定义，贸易赤字意味着出口值小于进口值。因为净出口等于出口减进口，所以净出口（NX）是负的。因此，收入（$Y = C + I + G + NX$）必定小于国内支出（$C + I + G$）。但是，如果收入（Y）小于国内支出（$C + I + G$），那么储蓄（$S = Y - C - G$）必定小于投资（I）。因为该国投资大于储蓄，所以它必定通过在国外出售资产来为一些国内投资筹资。这就是说，资本净流出必定是负的。

贸易平衡的国家介于这两种情况之间。出口等于进口，因此，净出口为零。收入等于国内支出，并且储蓄等于投资。资本净流出等于零。

案例研究 美国的贸易赤字是一个全国性问题吗

你可能听到过新闻上称美国是"世界上最大的债务国"，因为在过去30年间，美国通过在世界金融市场上大量借款来为巨额贸易赤字筹资。美国为什么要这样做？这件事是使美国人担忧的原因吗？

为了回答这些问题，现在我们来看看这些宏观经济会计恒等式告诉了我们关于美国经济的一些什么内容。图31-2中（a）幅表明了1960年以来美国经济中国民储蓄和国内投资占GDP的百分比，（b）幅显示了资本净流出（即贸易余额）占GDP的百分比。要注意的是，正如恒等式所要求的，资本净流出总是等于国民储蓄减国内投资。该图显示国民储蓄和国内投资在GDP中所占的百分比一直波动相当大。在1980年以前，国民储蓄和国内投资是非常接近的，而且资本净流出是很少的——在GDP的-1%到1%之间。自从1980年以来，国民储蓄降到大大低于国内投资，这引起相当大的贸易赤字和相当大的资本流入。这就是说，资本净流出通常是一个相当大的负数。

为了理解图31-2的波动，我们需要跳出数据并讨论影响国民储蓄和国内投资的政策与事件。历史表明，贸易赤字绝不是单一的原因。它们可能产生于多种情况。以下是三个最显著的历史时期。

• **不平衡的财政政策**：从1980年到1987年，流入美国的资本从占GDP的0.5%上升到3.1%。这2.6个百分点的变动主要是由于储蓄减少了3.2%。国民储蓄的这种减少经常被认为是由于公共储蓄的减少——也就是说，政府预算赤字的增加。这种预算赤字的增加是由于罗纳德·里根总统减税以及增加国防支出，而他发现他提出的减少非国防支出很难实现。

• **投资高涨**：不同的情况解释了之后10年间的贸易赤字。从1991年到2000年，流入美国的资本从占GDP的0.5%上升到3.8%。这3.3个百分点的变动不能归因于储蓄的减少；实际上，在这一时期，随着政府预算从赤字转变为盈余，储蓄增加了。但是，随着经济在信息技术领域中出现繁荣以及许多企业热衷于进行高科技投资，投资从占GDP的13.4%上升到17.8%。

• **经济衰退**：从2000年到2012年，流入美国的资本仍然相当大。但这个变量的一贯性与储蓄和投资的明显变动完全不同，储蓄和投资下降了4.5%。投资减少是因为从2008年开始的艰难经济时代使增加的投资获利减少，而国民储蓄减少是因为在对衰退做出反应时，政府有了巨额预算赤字。在这个时期结束时，国民储蓄只能为国内投资筹资2/3，而国外流入的投资为其他部分筹资。

贸易赤字和国际资本流动对美国经济来说是一个问题吗？这个问题不好回答。我们必须评价环境和可能的其他选择。

首先考虑20世纪80年代期间出现的储蓄减少引起的贸易赤字。低储蓄意味着国家把其收入中为未来保留的份额减少了。但是，一旦国民储蓄减少，就没有什么理由厌恶所引起的贸易赤字。如果国民储蓄减少又没有引起贸易赤字，则美国的投资必然减少。这种投资减少反过来又对资本存量、劳动生产率和真实工资的增长有不利的影响。换言之，在美国储蓄减少为既定事实时，有外国人投资于美国经济总比什么也没有强。

现在考虑投资高涨所引起的贸易赤字，比如20世纪90年代的贸易赤字。在这种情况下，经济从国外借钱为购买新的资本品筹资。如果这种增加的资本以生产更多物品与服务的形式得到了好的收益，那么经济就有能力处理所积累的债务。另一方面，如果投资项目没能带来预期的收益，那么债务就不太合意，至少从事后来看是这样。

正如个人可以精打细算或由于挥霍浪费欠债一样，国家也可以这样。贸易赤字本身并不是个问题，但它有时会成为问题的征兆。

图31-2 国民储蓄、国内投资与资本净流出

（a）幅显示了国民储蓄和国内投资占GDP的百分比，（b）幅显示了资本净流出占GDP的百分比。从图中你可以看出，1980年以来国民储蓄比1980年以前低。国民储蓄的减少主要反映在资本净流出的减少上，而不是反映在国内投资的减少上。

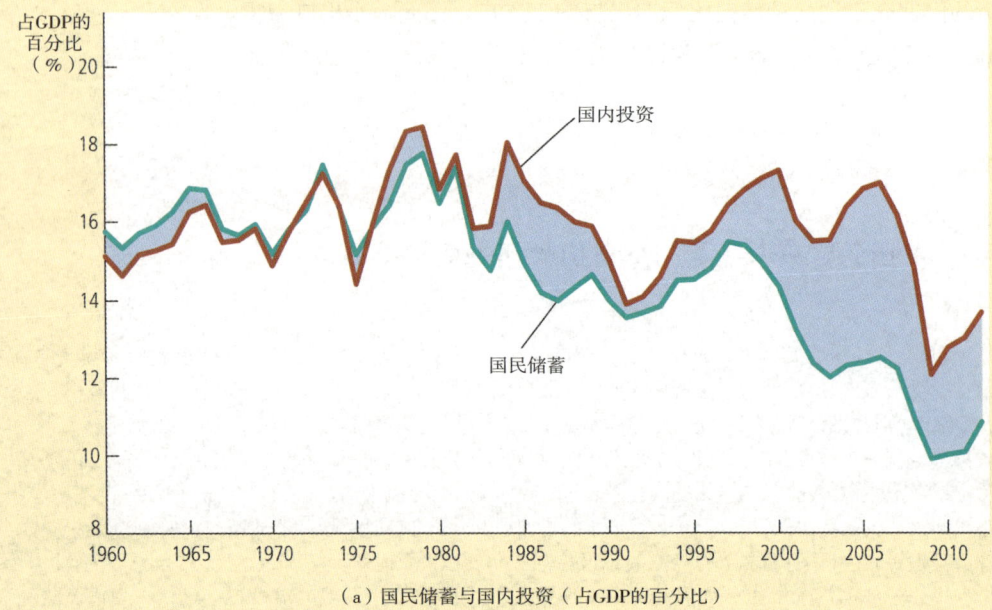

（a）国民储蓄与国内投资（占GDP的百分比）

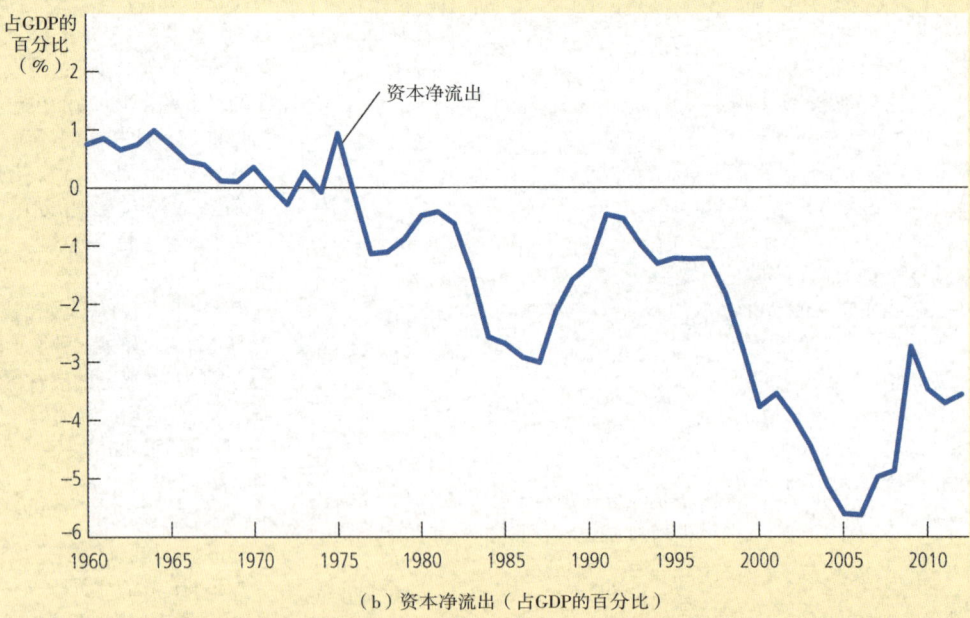

（b）资本净流出（占GDP的百分比）

资料来源：U.S. Department of Commerce.

31.2 国际交易的价格：真实汇率与名义汇率

到目前为止，我们讨论了对各国间物品与服务流动以及资本流动的衡量。除了这些数量变量之外，宏观经济学家还研究了衡量这些国际交易的价格的变量。正如任何一个市场上的价格在协调该市场上买者与卖者中所起的重要作用一样，国际价格也有助于协调消费者与生产者在国际市场上进行交易时的决策。这里我们讨论两种最重要的国际价格——名义汇率与真实汇率。

31.2.1 名义汇率

名义汇率（nominal exchange rate）是一个人可以用一国通货交换另一国通货的比率。例如，如果你到银行，你就会看到标出的汇率是 80 日元兑 1 美元。如果你给银行 1 美元，银行就给你 80 日元；如果你给银行 80 日元，银行就给你 1 美元。（实际上，银行标出的买卖日元的价格会略微不同，其差别作为银行提供这种服务的一点利润。就我们这里的目的而言，我们可以忽略这些差别。）

一种汇率总可以用两种方法来表示。如果汇率是 1 美元兑 80 日元，那么，它也就是 1 日元兑 1/80（即 0.0125）美元。在本书中，我们用 1 美元兑外国通货的单位来表示名义汇率，比如，1 美元兑 80 日元。

如果汇率的变动使 1 美元能买到更多的外国通货，那么这种变动称为美元**升值**（appreciation）。如果汇率的变动使 1 美元能买到的外国通货减少，那么这种变动称为美元**贬值**（depreciation）。例如，当汇率从 1 美元兑 80 日元上升到 90 日元时，就可以说美元升值了。同时，因为现在 1 日元购买的美国通货少了，所以可以说日元贬值了。当汇率从 1 美元兑 80 日元下降为 70 日元时，可以说美元贬值了，而日元升值了。

你也许常听到媒体报道美元"坚挺"或"疲软"。这些描述通常指名义汇率的近期变动。当一种通货升值时，就可以说它是"坚挺"的，因为它可以购买更多的外国通货。同样，当一种通货贬值时，就可以说它是"疲软"的。

对于任何一个国家来说，存在许多名义汇率。可以用美元来购买日元、英镑、墨西哥比索等。当经济学家研究汇率的变动时，他们通常使用将这许多汇率平均的指数。正如消费物价指数把经济中的许多价格变为物价水平的一种单一衡量指标一样，汇率指数也把这许多汇率变为国际通货价值的一种单一衡量指标。因此，当经济学家谈论美元升值或贬值时，他们通常是指一种考虑到许多单个汇率的汇率指数。

名义汇率：一个人可以用一国通货交换另一国通货的比率。

升值：按所能购买到的外国通货量衡量的一国通货的价值增加。

贬值：按所能购买到的外国通货量衡量的一国通货的价值减少。

> **参考资料** 欧元

你可能听说过,甚至见过法国法郎、德国马克和意大利里拉这些通货。这些货币类型已经不存在了。在 20 世纪 90 年代,许多欧洲国家决定放弃各国的通货,并且使用一种称为欧元的共同通货。2002 年 1 月 1 日,欧元开始流通,这时 12 个国家开始把它作为自己的官方货币。到 2013 年,有 17 个国家使用欧元。几个欧洲国家,例如英国、瑞典和丹麦拒绝加入并仍使用自己的通货。

欧元区的货币政策现在由欧洲中央银行(ECB)制定,该银行由来自所有参与国的代表组成。欧洲中央银行发行欧元,并控制货币供给,就像联邦储备控制美国经济中的美元供给一样。

为什么这些国家采用了共同的通货?共同通货的一个好处是使贸易更容易。设想美国 50 个州中每个州都有不同的通货。你每跨过一个州界,就需要兑换你的货币,并进行本书中讨论的那种汇率计算。这很不方便,并可能阻止你在你所在的州之外购买物品与服务。欧洲国家决定,随着它们的经济变得更为一体化,避免这种不方便会更好一些。

在某种程度上,欧洲采用一种共同通货是基于超出标准经济学范围考虑的一种政治决策。有些欧元的支持者想削弱民族主义感情,并使欧洲人更充分地意识到他们的共同历史与命运。他们认为,欧洲大陆大多数国家使用单一货币将有助于达到这个目的。

但是,采用一种共同通货也有代价。如果欧洲国家只有一种货币,它们就只能有一种货币政策。如果它们对于什么货币政策是最好的有分歧,它们就必须达成某种一致,而不是各行其是。由于采用单一货币既有好处又有代价,所以经济学家对欧洲采用欧元是不是一个好的决策仍有争论。

从 2010 年到 2012 年,随着一些欧洲国家要应付各种经济困难,欧元问题凸显出来。特别是希腊积累了大量政府债务,而且发现自己可能面临拖欠。结果,它就不得不提高税收并大幅度削减政府支出。一些观察家认为,如果政府有额外一种工具——一国的货币政策,解决这些问题就并不难。他们甚至讨论了希腊离开欧元区并重新引入其通货的可能性。但是,在本书即将付印之际,还看不出结果。

图片来源:Peter Stone/Alamy.

31.2.2 真实汇率

真实汇率:一个人可以用一国的物品与服务交换另一国的物品与服务的比率。

真实汇率(real exchange rate)是一个人可以用一国的物品与服务交换另一国的物品与服务的比率。例如,假设你到商店购物,发现一磅瑞士奶酪的价格是一磅美国奶酪的 2 倍,真实汇率是一磅美国奶酪兑 1/2 磅瑞士奶酪。要注意的是,和名义汇率一样,真实汇率也可以用一单位国内东西的外国东西单位量来表示。但在这种情况下,东西是物品,而不是通货。

真实汇率与名义汇率是紧密相关的。为了说明它们如何相关,我们来看一个例子。假设每蒲式耳美国大米卖 100 美元,而每蒲式耳日本大米卖 16 000 日元。美国大米与日本大米之间的真实汇率是多少呢?为了回答这个问题,我们首先必须用名义汇率把价格转换为一种共同的通货。如果名义汇率是 1 美元兑 80 日元,那么每蒲式耳美国大米 100 美元的价格等于每蒲式耳 8 000 日元。我们得出,美国大米价格是日本大米的

即问即答
■ 给出名义汇率与真实汇率的定义,并解释它们如何相关。

一半。真实汇率是每蒲式耳美国大米兑 1/2 蒲式耳日本大米。

我们可以用以下公式总结真实汇率的计算：

$$真实汇率 = \frac{名义汇率 \times 国内价格}{国外价格}$$

把例子中的数字代入公式，得到：

$$真实汇率 = \frac{（每美元兑 80 日元）\times（每蒲式耳美国大米 100 美元）}{每蒲式耳美国大米 16\ 000 日元}$$

$$= \frac{每蒲式耳美国大米 8\ 000 日元}{每蒲式耳美国大米 16\ 000 日元}$$

$$= 每蒲式耳美国大米兑 1/2 蒲式耳日本大米$$

因此，真实汇率取决于名义汇率和用本国通货衡量的两国物品的价格。

为什么真实汇率至关重要呢？正如你可能猜到的，因为真实汇率是一国出口与进口多少的关键决定因素。例如，当 Ben 大叔的公司在决定是买美国大米还是买日本大米来存入库中时，它将要问哪一种大米更便宜。真实汇率给出了这一问题的答案。再举一个例子，假设你要决定是在佛罗里达州的迈阿密海滩度假还是在墨西哥的坎科海滩度假，你一定会问你的旅行代理人迈阿密旅馆房间的价格（用美元衡量）、坎科旅馆房间的价格（用比索衡量）以及比索和美元之间的汇率。如果你通过比较成本来决定在哪里度假，那么你就要基于真实汇率做出决策。

当研究整个经济时，宏观经济学家关注的是物价总水平，而不是个别东西的价格。这就是说，为了衡量真实汇率，他们使用物价指数，例如衡量一篮子物品与服务价格的消费物价指数。通过使用美国一篮子物品与服务的消费物价指数（P）、国外一篮子物品与服务的消费物价指数（P^*）以及美元和外国通货之间的名义汇率（e），我们可以用以下公式计算美国和其他国家之间的总体真实汇率：

$$真实汇率 = (e \times P) / P^*$$

这个真实汇率衡量国内得到的一篮子物品与服务相对于国外得到的一篮子物品与服务的价格。

正如我们在下一章中将要更充分说明的，一国的真实汇率是其物品与服务净出口的关键决定因素。美国真实汇率的下降意味着相对于外国物品而言，美国物品变得便宜了。这种变化鼓励国内与国外消费者更多地购买美国物品，而更少地购买外国物品。结果美国出口增加而进口减少，这两种变化都增加了美国的净出口。相反，美国真实汇率的上升意味着与外国物品相比，美国物品变得昂贵，因此，美国的净出口减少。

31.3 第一种汇率决定理论：购买力平价

汇率的变动一直很大。在1970年，1美元可以兑换3.65德国马克或627意大利里拉。

即问即答

■ 如果名义汇率从1美元兑100日元上升到120日元，美元是升值了还是贬值了？

在 1998 年，当德国和意大利都准备采用欧元作为共同的通货时，1 美元可以兑换 1.76 德国马克或 1 737 意大利里拉。换句话说，在这一时期内，与马克相比，美元的价值下降了一半多；而与里拉相比，美元的价值翻了一番还多。

什么因素可以解释这些幅度大且反方向的变动呢？经济学家建立了许多模型来解释汇率是如何决定的，每一种模型都强调了一些因素的作用。这里我们提出一种最简单的，称为**购买力平价**（purchasing-power parity）的汇率理论。这种理论认为，任何一单位通货应该能在所有国家买到等量的物品。许多经济学家认为，购买力平价描述了长期中决定汇率的因素。现在我们考虑这种长期汇率理论所依据的逻辑以及这种理论的含义与局限性。

674　**购买力平价**：一种认为任何一单位通货应该能在所有国家买到等量物品的汇率理论。

31.3.1　购买力平价理论的基本逻辑

购买力平价理论根据一价定律得出。这个定律认为，一种物品在所有地方都应该按同样的价格出售，否则就有未被利用的可以获取利润的机会。例如，假设西雅图咖啡豆的售价低于达拉斯。一个人就可以在西雅图，比如说以每磅 4 美元的价格购买咖啡，然后在达拉斯以每磅 5 美元的价格出售，这样他就从这种价格差中获得每磅 1 美元的利润。利用不同市场上同一种东西的价格差的过程称为套利。在我们的例子中，当人们利用这种套利机会时，他们就增加了西雅图的咖啡需求并增加了达拉斯的咖啡供给，从而西雅图的咖啡价格将上升（由于需求增加），而达拉斯的咖啡价格将下降（由于供给增加）。这个过程会一直持续到两个市场上的价格最终相同时为止。

现在考虑一价定律如何应用于国际市场。如果 1 美元（或任何一种其他通货）在美国可以买到的咖啡比在日本多，国际贸易者就会通过在美国购买咖啡并将其在日本出售而获得利润。这种从美国到日本的咖啡出口会使美国的咖啡价格上升，使日本的咖啡价格下降。相反，如果 1 美元在日本能买到的咖啡比在美国多，贸易者就会在日本购买咖啡并将其在美国出售。这种从日本到美国的咖啡的进口会使美国的咖啡价格下降而日本的咖啡价格上升。最后，一价定律告诉我们，在所有国家，1 美元都必定能买到等量的咖啡。

这种逻辑使我们得出购买力平价理论。根据这个理论，一种通货必然在所有国家具有相同的购买力。这就是说，1 美元在美国和日本能购买的物品量必然相等，并且 1 日元在日本和美国能购买的物品量也必然相等。实际上，这种理论的名称就恰当地描述了它的内容。平价意味着平等，而购买力是指用它能购买到的物品量衡量的货币价值。购买力平价说明，一单位通货在每个国家都应该有相同的真实价值。

31.3.2　购买力平价理论的含义

购买力平价理论对汇率的含义是什么呢？它告诉我们，两国通货之间的名义汇率取决于这两个国家的物价水平。如果 1 美元在美国（用美元衡量价格）和在日本（用日元衡量价格）能买到等量物品，那么每 1 美元兑日元的数量必然反映了该物品在美国和日本的价格。例如，如果 1 磅咖啡在日本值 500 日元而在美国值 5 美元，那么名义汇率必然是 1 美元兑 100 日元（500 日元 / 5 美元 =100 日元 / 美元）。否则，1 美元的购买力在这两个国家就不相同。

为了更充分地说明这是如何起作用的，用一些数学方法是有帮助的。

假设 P 是美国一篮子物品的价格（用美元衡量），P^* 是日本一篮子物品的价格（用日元衡量），而 e 是名义汇率（1 美元可以购买的日元数量）。现在考虑 1 美元可以在国内与国外购买的物品数量。在国内，物价水平是 P，因此在国内 1 美元的购买力是 $1/P$。这就是说，1 美元可以购买 $1/P$ 物品量。在国外，1 美元可以交换 e 单位外国通货，其购买力相应地就为 e/P^*。由于在这两个国家 1 美元的购买力相同，所以应该有：

$$1/P = e/P^*$$

整理上式，该式可变为：

$$1 = eP/P^*$$

要注意的是，式子的左边是一个常量，右边是真实汇率。因此，如果 1 美元的购买力在国内和国外总是相同的，那么，真实汇率——国内物品和国外物品的相对价格——就不会改变。

为了说明这种分析对名义汇率的含义，我们整理上式以解出名义汇率：

$$e = P^*/P$$

这就是说，名义汇率等于外国物价水平（用外国通货单位衡量）与国内物价水平（用国内通货单位衡量）的比率。根据购买力平价理论，两国通货之间的名义汇率必然反映这两个国家的物价水平。

这一理论的关键含义是，当物价水平变动时，名义汇率也变动。正如我们在前一章所说明的，任何一个国家物价水平的调整都使货币供给量与货币需求量达到平衡。由于名义汇率取决于物价水平，它也就取决于每个国家的货币供给与货币需求。当任何一个国家的中央银行增加货币供给并引起物价水平上升时，它就会引起该国通货相对于世界其他通货贬值。换句话说，当中央银行印发了大量货币时，无论根据它能买到的物品与服务，还是根据它能买到的其他通货，这种货币的价值都减少了。

现在我们可以回答这一节开始时的问题了：为什么与德国马克相比，美元价值减少了？而与意大利里拉相比，美元价值提高了？答案是，德国实行比美国通货膨胀低的货币政策，而意大利实行比美国通货膨胀高的货币政策。从 1970 年到 1998 年，美国的年通货膨胀率是 5.3%。与此相比，德国的年通货膨胀率是 3.5%，而意大利的年通货膨胀率是 9.6%。由于美国的物价相对于德国而言上升了，所以美元的价值相对于马克就下降了。同样，由于美国的物价相对于意大利而言下降了，所以美元的价值相对于里拉就上升了。

德国和意大利现在使用共同的通货——欧元。这意味着，两国只有一种货币政策，而且两国的通货膨胀率将有密切的联系。但是，里拉和马克的历史教训也适用于欧元。从现在起的 20 年中，美元对欧元的汇率的高低取决于欧洲中央银行引起的欧洲通货膨胀高于还是低于联邦储备所引起的美国的通货膨胀。

即问即答

■过去20年间，墨西哥通货膨胀一直较高，而日本通货膨胀一直较低。你预测一个人用1日元可以购买的墨西哥比索数量会发生什么变动？

案例研究 超速通货膨胀时期的名义汇率

宏观经济学家只在极少数的情况下才能进行受控制的试验。他们通常是从历史上出现的自然试验中收集他们所能得到的一切资料。一种自然试验是超速通货膨胀——当政府为了支付其大量支出而转向印发货币时出现的高通货膨胀。因为超速通货膨胀如此极端,所以它能够清晰地说明一些基本的经济学原理。

考虑德国20世纪20年代初期的超速通货膨胀。图31-3表示了德国的货币供给、物价水平以及那一时期的名义汇率(用每德国马克兑美分来衡量)。要注意的是,这一系列变动几乎是同时发生的。当货币供给开始迅速增长时,物价水平也迅速上升,随之而来的便是德国马克的贬值。当货币供给稳定时,物价水平和汇率也稳定了。

该图所表明的模式出现在每一次超速通货膨胀期间。毫无疑问,货币、物价与名义汇率之间存在一种基本联系。前一章所讨论的货币数量论解释了货币供给如何影响物价水平,本章所讨论的购买力平价理论解释了物价水平如何影响名义汇率。

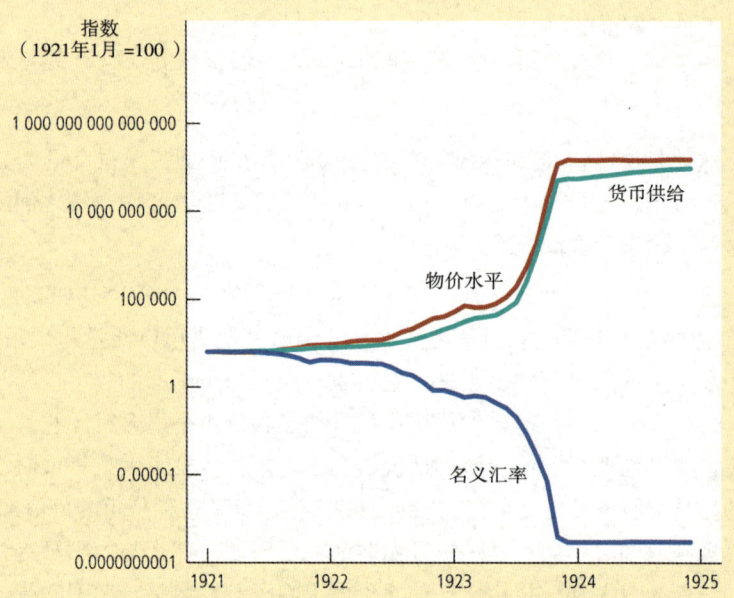

图31-3 德国超速通货膨胀时期的货币供给、物价水平与名义汇率

该图显示了从1921年1月到1924年12月德国超速通货膨胀时期的货币供给、物价水平以及名义汇率(用每马克兑美分来衡量)。要注意的是,这三个变量的变动如何相似。当货币供给量开始迅速增长时,物价水平随之上升,马克相对于美元贬值。当德国中央银行稳定了货币供给时,物价水平和汇率也稳定了。

资料来源:Adapted from Thomas J. Sargent, "The End of Four Big Inflations", in Robert Hall, ed., *Inflation* (Chicago: University of Chicago Press, 1983), pp. 41—93.

31.3.3 购买力平价理论的局限性

购买力平价理论提供了一个有关汇率如何被决定的简单模型。对于理解许多经济现象,这种理论是很有用的。特别是,它可以解释许多长期趋势,例如美元对德国马克的贬值以及美元对意大利里拉的升值;它也可以解释超速通货膨胀期间出现的汇率的重大变动。

然而，购买力平价理论并不是完全正确的。这就是说，汇率的变动并不总能保证美元在所有国家始终都具有同样的真实价值。购买力平价理论在实践中并不总能成立有如下两个原因：

第一个原因是，许多物品是不容易进行贸易的。例如，设想在巴黎理发比纽约贵。国际旅游者可以避免在巴黎理发，一些理发师也可以从纽约移居到巴黎。但这种套利是如此有限，以至于无法消除价格差。因此，与购买力平价的背离会存在下去，而一美元（或欧元）在巴黎购买的理发服务会继续少于纽约。

第二个原因是，即使是可贸易物品，当它们在不同国家生产时，也并不总能完全替代。例如，一些消费者偏爱德国汽车，而另一些则偏爱美国汽车。而且随着时间的推移，消费者对汽车的爱好也在变化。如果德国汽车突然变得更受欢迎，需求的增加会使德国汽车的价格相对于美国汽车价格上升。尽管两个市场上有这种价格差，可是并不存在有利可图的套利机会，因为消费者并不认为这两种汽车是相同的。

案例研究 汉堡包标准

当经济学家运用购买力平价理论来解释汇率时，他们需要有关不同国家可得到的一篮子物品的价格的数据。国际新闻杂志《经济学家》进行了这种分析。该杂志不定期收集由"两块煎牛肉饼、特殊调味汁、莴苣叶、奶酪、泡菜、洋葱和芝麻面包"组成的一篮子物品的价格数据。这一篮子物品被称为"巨无霸"，并在全世界的麦当劳店中销售。

一旦我们有了在两个国家用各自通货表示的巨无霸价格，我们就可以计算购买力平价理论所预期的汇率了。这种预期的汇率是使两个国家巨无霸的成本相同的汇率。例如，如果在美国一个巨无霸的价格是3美元，而在日本是300日元，那么购买力平价理论将预期汇率是每1美元兑100日元。

当把购买力平价理论运用于巨无霸时，这种理论如何起作用呢？下面是2013年1月的一些例子，这时巨无霸在美国的价格是4.37美元：

你能在任何你见到的麦当劳餐厅找到巨无霸。

图片来源：
ⓒTonyv 3112/Shutterstock.com。

国家/地区	巨无霸的价格	预期的汇率	现实汇率
印度尼西亚	27 939 卢比	6 393 卢比/美元	9 767 卢比/美元
韩国	3 700 韩元	847 韩元/美元	1 085 韩元/美元
日本	320 日元	72 日元/美元	91 日元/美元
瑞典	48.4 克朗	11.1 克朗/美元	6.4 克朗/美元
墨西哥	37 比索	8.5 比索/美元	12.7 比索/美元
欧元区	3.59 欧元	0.82 欧元/美元	0.74 欧元/美元
英国	2.69 英镑	0.62 英镑/美元	0.63 英镑/美元

你可以看到，预期的汇率与现实汇率并不完全相同。毕竟，巨无霸的国际套利是不容易进行的。然而，两种汇率通常又是十分相近的。虽然购买力平价理论不是一种精确的汇率理论，但它经常能够提供一个最合理的近似值。

因此，由于一些物品是不可贸易的，以及一些可贸易物品并不能完全替代国外的相应物品，所以购买力平价不是一种完美的汇率决定理论。由于这些原因，真实汇率事实上一直在波动。然而，购买力平价理论提供了理解汇率的有用的第一步。基本逻辑是可信的：当真实汇率背离了购买力平价理论所预期的水平时，人们就会有在各国之间买卖物品的激励。即使购买力平价的力量不能完全确定真实汇率，它也使我们有理由预期，真实汇率的变动通常是小而暂时的。因此，大幅度且持久的名义汇率的变动反映了国内外物价水平的变动。

31.4 结论

本章的目的是介绍一些宏观经济学家用来研究开放经济的基本概念。现在你应该了解了一国的贸易余额如何与资本的国际流动相关，以及开放经济中一国的储蓄如何会不等于国内投资；你也应该了解了当一国有贸易盈余时，它必须把资本输出到国外，而当一国有贸易赤字时，它必定有资本流入；你还应该了解了名义汇率与真实汇率的含义，以及作为汇率决定理论的购买力平价理论的含义和局限性。

这里所定义的宏观经济变量为分析一个开放经济与世界其他经济的相互交易提供了一个出发点。在下一章中，我们要介绍一个可以说明什么因素决定这些变量的模型。然后，我们就可以讨论各种事件与政策如何影响一国的贸易余额以及各国在世界市场上按什么比率进行交换。

内容提要

◎ 净出口是在国外销售的国内生产的物品与服务的价值（出口）减去在国内销售的国外物品与服务的价值（进口）。资本净流出是本国居民获得的外国资产（资本流出）减去外国人获得的本国资产（资本流入）。由于每一次国际交易都包括资产与物品或服务的交换，所以一个经济的资本净流出总是等于其净出口。

◎ 一个经济的储蓄既可以用于为国内投资筹资，又可以用于购买国外资产。因此，国民储蓄等于国内投资加资本净流出。

◎ 名义汇率是两国通货的相对价格，而真实汇率是两国物品与服务的相对价格。当名义汇率变动致使每美元能购买更多的外国通货时，可以说美元升值或者坚挺。当名义汇率变动致使每美元只能购买较少的外国通货时，可以说美元贬值或者疲软。

◎ 根据购买力平价理论，一美元（或者一单位任何一种其他通货）应该能在所有国家购买等量的物品。这种理论意味着两国通货之间的名义汇率应该反映这两个国家的物价水平。因此，有较高通货膨胀的国家的通货应该贬值，而有较低通货膨胀的国家的通货应该升值。

封闭经济
开放经济
出口
进口
净出口

贸易余额
贸易盈余
贸易赤字
贸易平衡
资本净流出

名义汇率
升值
贬值
真实汇率
购买力平价

复习题

1. 定义净出口与资本净流出。解释它们如何相关以及为什么相关。
2. 解释储蓄、投资和资本净流出之间的关系。
3. 如果一辆日本汽车的价格为 50 万日元，一辆类似的美国汽车的价格为 1 万美元，并且 1 美元可以兑换 100 日元，那么名义汇率与真实汇率分别为多少？
4. 描述购买力平价理论背后的经济逻辑。
5. 如果美联储开始大量印发美元，1 美元所能购买的日元数量会有什么变化？为什么？

第 32 章
开放经济的宏观经济理论

在过去的 30 年间,美国进口的物品与服务一直大于其出口。这就是说,美国的净出口一直是负数。虽然经济学家们一直在争论这些贸易赤字对于美国经济是不是一个问题,但美国企业界有一种强烈的舆论。许多企业领导人声称,贸易赤字反映了不平等的竞争:美国政府允许外国企业在美国市场上出售其产品,而外国政府却不让美国企业在国外销售美国产品。

设想你是美国总统,并且你想消除这些贸易赤字,你应该怎么办呢?你是否应该通过对来自中国的纺织品或日本的汽车实行配额来努力限制进口?或者,你应该用某种其他方式来影响本国的贸易赤字?

为了理解是什么因素决定了一国的贸易余额以及政府政策如何影响贸易余额,我们需要一种解释开放经济如何运行的宏观经济理论。前一章介绍了一些关键宏观经济变量——包括净出口、资本净流出以及真实汇率和名义汇率,这些变量描述了一个经济与其他经济的关系。本章要建立一个模型来说明是什么因素决定了这些变量以及这些变量如何彼此相关。

为了建立这个开放经济的宏观经济模型,有两个方面是建立在之前分析的基础之上的。第一,这个模型把经济的 GDP 作为既定的。我们假设,用真实 GDP 衡量的一个经济中物品与服务的产量是由生产要素的供给和可获得的把这些投入变为产出的生产技术决定的。第二,这个模型把经济中的物价水平作为既定的。我们假设物价水平的调整使货币的供求达到平衡。换句话说,本章是把前几章中学到的有关决定经济中的产量与物价水平的结论作为出发点。

本章模型的目的是阐明决定经济的贸易余额和汇率的力量。从某种意义上说,这个模型是简单的:它仅仅是把供求工具运用于开放经济。但这个模型还是比我们所论述过的其他模型更为复杂,因为它要同时考察两个相关的市场——可贷资金市场和外汇市场。在我们介绍这个开放经济模型之后,我们就用它考察各种事件和政策如何影响经济的贸易余额和汇率。然后,我们将能确定最可能扭转美国经济过去 30 年经历的贸易赤字的政府政策。

32.1 可贷资金市场与外汇市场的供给与需求

为了理解在开放经济中发生作用的力量，我们集中研究两个市场的供给与需求。第一个是可贷资金市场，它协调经济中的储蓄与投资，以及国外可贷资金的流动（所谓的资本净流出）。第二个是外汇市场，它协调那些想用国内通货交换其他国家通货的人。在这一节，我们讨论每个市场上的供给与需求。在下一节，我们把这两个市场放在一起来解释开放经济的整体均衡。

32.1.1 可贷资金市场

当我们在第 26 章中第一次分析金融体系的作用时，我们做了一个可以使研究简化的假设：金融体系只包括一个市场，即所谓的可贷资金市场。所有储蓄者都到这个市场上存入他们的储蓄，所有借款者都从这个市场上得到他们的贷款。在这个市场上，存在一种利率，它既是储蓄的收益，又是借款的成本。

为了理解开放经济中的可贷资金市场，我们将上一章所讨论的恒等式作为起点：

$$S = I + NCO$$
$$储蓄 = 国内投资 + 资本净流出$$

每当一国储蓄了其一美元收入时，它就可以用这一美元来为购买国内资产筹资，或为购买国外资产筹资。这个恒等式的两边代表可贷资金市场的双方。可贷资金的供给来自国民储蓄（S），可贷资金的需求来自国内投资（I）和资本净流出（NCO）。

可贷资金应该解释为国内产生的可用于资本积累的资源流量。无论是购买国内资本资产（I）还是购买国外资本资产（NCO），这种购买都增加了可贷资金的需求。由于资本净流出既可以是正的，也可以是负的，所以它既可以增加也可以减少由国内投资引起的可贷资金的需求。当 $NCO > 0$ 时，一国有资本净流出，此时对海外资本的净购买增加了对国内产生的可贷资金的需求；当 $NCO < 0$ 时，一国有资本净流入，此时来自国外的资本资源减少了对国内产生的可贷资金的需求。

正如我们在以前关于可贷资金市场的讨论中所得知的，可贷资金的供给量和需求量取决于真实利率。较高的真实利率鼓励人们更多地储蓄，因此，增加了可贷资金的供给量。较高的真实利率也增加了为资本项目筹资而借款的成本，因此，它抑制了投资，并减少了可贷资金的需求量。

除了影响国民储蓄和国内投资之外，一国的真实利率还影响该国的资本净流出。为了说明原因，考虑两种共同基金——美国的和德国的——以决定是购买美国政府的债券还是购买德国政府的债券。共同基金的管理者部分是通过比较美国和德国的真实利率来做出这个购买决策的。当美国真实利率上升时，美国债券对这两种共同基金都更有吸引力了。因此，美国真实利率上升就抑制了美国人购买外国资产，且鼓励了外国人购买美国资产。由于这两个原因，美国较高的真实利率降低了其资本净流出。

我们用图 32–1 中熟悉的供求图来说明可贷资金市场。与以前我们对金融体系的分析一样，供给曲线向右上方倾斜，因为较高的利率增加了可贷资金的供给量；而需求曲线向右下方倾斜,因为较高的利率减少了可贷资金的需求量。但是,与我们以前讨论的情况不同,现在市场的需求一方代表国内投资与资本净流出行为。这就是说,在一个开放经济中,可贷资金需求不仅来自那些想借贷以购买国内资本品的人,而且还来自那些想借贷以购买外国资产的人。

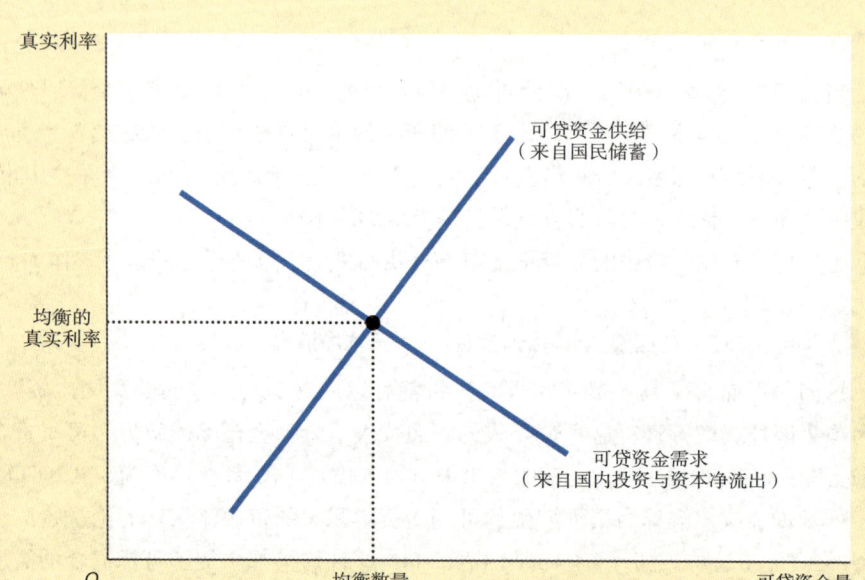

图32-1 可贷资金市场

开放经济中的利率和封闭经济中的一样,都是由可贷资金的供给与需求决定的。国民储蓄是可贷资金供给的来源。国内投资和资本净流出是可贷资金需求的来源。在均衡利率时,人们想储蓄的量正好与人们想为购买国内资本和国外资产而借贷的量相等。

利率调整使可贷资金的供给与需求平衡。如果利率低于均衡水平,可贷资金供给量将小于需求量,所引起的可贷资金短缺将使利率上升。相反,如果利率高于均衡水平,可贷资金供给量将大于需求量,可贷资金过剩将使利率下降。在均衡利率时,可贷资金供给正好与需求平衡。这就是说,在均衡利率时,人们想储蓄的量正好与合意的国内投资和资本净流出量平衡。

32.1.2 外汇市场

开放经济模型中的第二个市场是外汇市场,这个市场的参与者用美元兑换外国通货。为了了解外汇市场,我们从上一章的另一个恒等式开始:

$$NCO = NX$$
资本净流出 = 净出口

这个恒等式表明,国外资本资产的购买与出售之间的不平衡(NCO)等于物品与服务的出口和进口之间的不平衡（NX）。例如，当美国有贸易盈余（NX > 0）时，外国人购买的美国物品与服务多于美国人购买的外国物品与服务。美国人用他们从这种物品与服务的国外净销售中得到的外国通货做什么呢？他们必定购买外国资产，因此，美国资本流向国外（NCO > 0）。相反，如果美国有贸易赤字（NX < 0），那么美国人用于购买外国物品与服务的支出就多于他们从国外销售中得到的收入。因此，部分支出必定通过出售美国人的国外资产来筹资，因此，外国资本流入美国（NCO < 0）。

我们的开放经济模型认为，这个恒等式的两边代表外汇市场上的双方。资本净流出代表为购买国外资产而供给的美元量。例如，当一个美国共同基金想购买日本政府债券时，它就需要把美元兑换为日元，因此它在外汇市场上供给美元。净出口代表为了购买美国物品与服务的净出口而需要的美元量。例如，当一家日本航空公司想购买波音公司制造的飞机时，它需要把日元兑换成美元，因此，它在外汇市场上需要美元。

使外汇市场供求平衡的价格是什么呢？答案是真实汇率。正如我们在上一章中所说明的，真实汇率是国内物品与国外物品的相对价格，从而也是净出口的关键决定因素。当美国真实汇率上升时，美国物品相对于国外物品变贵了，这使美国物品对国内外消费者的吸引力变小了。结果，美国的出口减少，而进口增加。由于这两个原因，美国的净出口减少了。因此，真实汇率上升减少了外汇市场上美元的需求量。

图 32-2 表明了外汇市场的供给与需求。需求曲线向右下方倾斜，原因我们刚刚讨论过，即较高的真实汇率使美国的物品更加昂贵，并减少了为购买这些物品而需求的美元量。供给曲线是垂直的，因为为资本净流出而供给的美元量并不取决于真实汇率。（正如以前所讨论的，资本净流出取决于真实利率。当讨论外汇市场时，我们把真实利率和资本净流出作为既定的。）

乍一看，资本净流出并不取决于汇率似乎是奇怪的。毕竟，较高的美元兑换价值不仅使外国物品对美国购买者来说便宜了，而且也使外国资产便宜了。人们会猜测，这会使外国资产更有吸引力。但是，要记住，一个美国投资者最终想把外国资产，以及从这种资产中赚到的任何利润转变回美元。例如，美元的高价值使美国人购买日本公司的股票便宜了，但当股票分红时，这些红利是日元。当把这些日元兑换为美元时，美元的高价值就意味着红利买的美元少了。因此，汇率变动既影响购买外国资产的成本，又影响拥有这些资产的收益，而且这两种影响相互抵消。由于这些原因，我们的开放经济模型假定资本净流出并不取决于真实汇率，正如图 32-2 中垂直的供给曲线所表示的。

真实汇率变动以确保这个市场均衡。这就是说，其调整使美元的供求平衡，这正如任何一种物品的价格调整使该物品的供求平衡一样。如果真实汇率低于均衡水平，那么美元供给量将小于需求量，所引起的美元短缺将使美元的价值上升。相反，如果真实汇率高于均衡水平，那么美元供给量将大于需求量，美元过剩将使美元的价值下降。在均衡的真实汇率下，由美国物品与服务净出口所引起的外国人对美元的需求正好与由美国资本净流出所引起的来自美国人的美元供给相平衡。

即问即答
■描述可贷资金市场与外汇市场上供给与需求的来源。

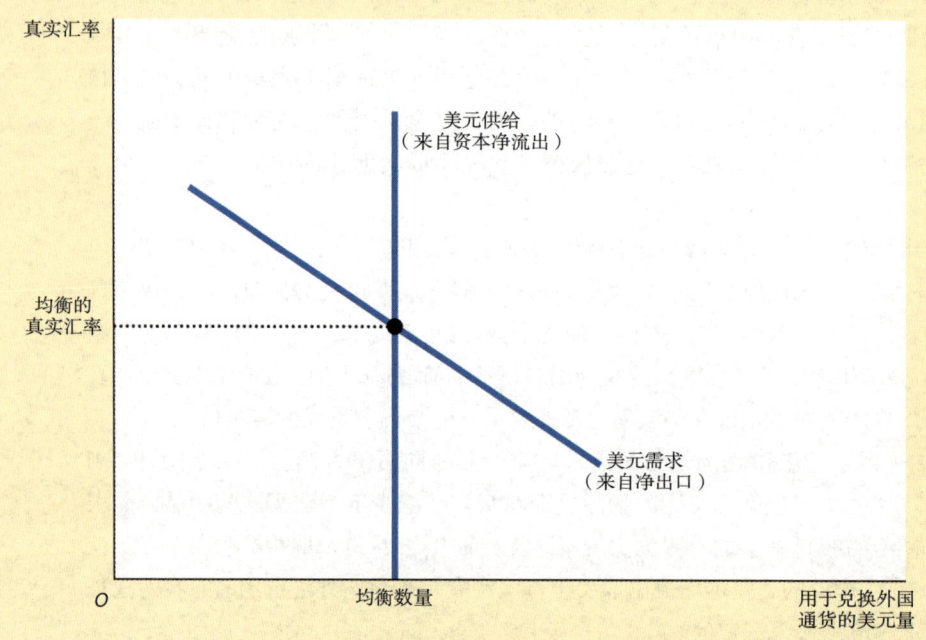

图32-2 外汇市场

真实汇率是由外汇市场上的供给与需求决定的。用于兑换外国通货的美元的供给来自资本净流出。由于资本净流出并不取决于真实汇率，所以供给曲线是垂直的。美元的需求来自净出口。由于较低的真实汇率刺激了净出口（从而增加了为这些净出口进行支付而需求的美元量），所以需求曲线向右下方倾斜。在均衡的真实汇率下，人们为购买外国资产而供给的美元数量正好与人们为购买净出口而需求的美元数量平衡。

参考资料　购买力平价是一种特例

细心的本书读者可能会问：为什么我们在这里还要介绍一种汇率理论？在前一章中我们不是已经介绍了一种汇率理论吗？

正如你可能记得的，在上一章中我们介绍了称为购买力平价的汇率理论。这种理论认为，一美元（或任何一种其他通货）在不同国家应该能买到等量的物品与服务。因此，真实汇率是固定的，并且两种通货之间名义汇率的一切变动都反映了两国物价水平的变动。

这里所提出的汇率模型与购买力平价理论是相关的。根据购买力平价理论，国际贸易对国际价格差会迅速做出反应。如果一个国家的物品比另一个国家便宜，那么这些物品就会从第一个国家出口并且进口到第二个国家，直至价格差消失为止。换句话说，购买力平价理论假定，净出口对真实汇率的微小变动都反应极快。如果净出口实际上是这样做出反应的，图32-2中的需求曲线就应该是水平的。

因此，购买力平价理论可以被看作这里所考虑的模型的一种特例。在这种特例下，外汇的需求曲线不是向右下方倾斜，而是位于确保国内外购买力平价的真实汇率处的一条水平线。

当研究汇率时，这种特例是一个良好的出发点，但远远不是事情的结局。因此，本章集中在更现实的情况上。在这种情况下，外汇的需求曲线是向右下方倾斜的，这就使真实汇率可以像现实世界中的情况那样一直变动。

32.2 开放经济中的均衡

到目前为止,我们已经讨论了两个市场——可贷资金市场和外汇市场——的供给与需求。现在我们来考虑这两个市场如何相关。

32.2.1 资本净流出:两个市场之间的联系

我们首先简要重述迄今为止在本章中所学过的内容。我们已经讨论了经济如何协调四个重要的宏观经济变量:国民储蓄(S)、国内投资(I)、资本净流出(NCO)和净出口(NX)。记住以下恒等式:

$$S = I + NCO$$

以及

$$NCO = NX$$

在可贷资金市场上,供给来自国民储蓄(S),需求来自国内投资(I)和资本净流出(NCO),并且真实利率使供求平衡。在外汇市场上,供给来自资本净流出(NCO),需求来自净出口(NX),并且真实汇率使供求平衡。

资本净流出是联系这两个市场的变量。在可贷资金市场上,资本净流出是需求的一部分。那些想购买国外资产的人必须通过在可贷资金市场上获得资源为这种购买筹资。在外汇市场上,资本净流出是供给的来源。那些想购买另一个国家资产的人必须供给美元,以便用美元兑换那个国家的通货。

如前所述,资本净流出的关键决定因素是真实利率。当美国的真实利率高时,拥有美国资产更有吸引力,因而美国的资本净流出低。图 32-3 显示了真实利率和资本净流出之间的这种负相关关系。这条资本净流出曲线把可贷资金市场和外汇市场联系起来。

32.2.2 两个市场的同时均衡

现在我们可以把模型中的各个部分放在图 32-4 中。这个图说明了可贷资金市场和外汇市场如何共同决定开放经济中的重要宏观经济变量。

图 32-4(a)幅表示可贷资金市场(取自图 32-1)。和以前一样,国民储蓄是可贷资金供给的来源,国内投资和资本净流出是可贷资金需求的来源,均衡的真实利率(r_1)使可贷资金供给量和可贷资金需求量平衡。

图 32-4(b)幅表示资本净流出(取自图 32-3)。它说明从(a)幅中得出的真实利率如何决定资本净流出。国内真实利率高使国内资产更有吸引力,而这又减少了资本净流出。因此,(b)幅中的资本净流出曲线向右下方倾斜。

图 32-4(c)幅表示外汇市场(取自图 32-2)。由于必须用外国通货购买外国资产,所以从(b)幅中得出的资本净流出量决定了用于兑换外国通货的美元的供给。真实汇率并不影响资本净流出,因此,供给曲线是垂直的。对美元的需求来自净出口。因为真实汇率下降增加了净出口,所以外汇需求曲线向右下方倾斜。均衡的真实汇率(E_1)

图32-3 资本净流出如何取决于真实利率

由于较高的国内真实利率使国内资产更有吸引力,这就减少了资本净流出。注意横轴零的位置:资本净流出既可以为正,也可以为负。资本净流出为负值意味着经济中存在资本净流入。

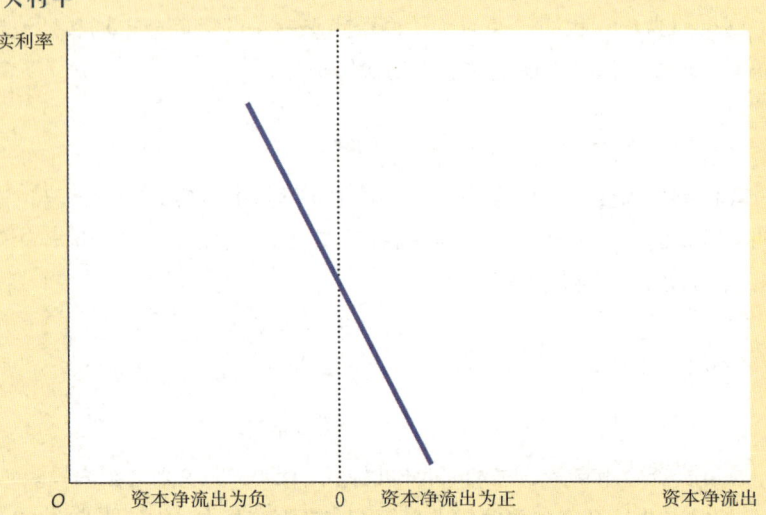

图32-4 开放经济的实际均衡

在(a)幅中,可贷资金的供给和需求决定了真实利率。在(b)幅中,真实利率决定了资本净流出,资本净流出提供了外汇市场上的美元供给。在(c)幅中,外汇市场上美元的供给与需求决定了真实汇率。

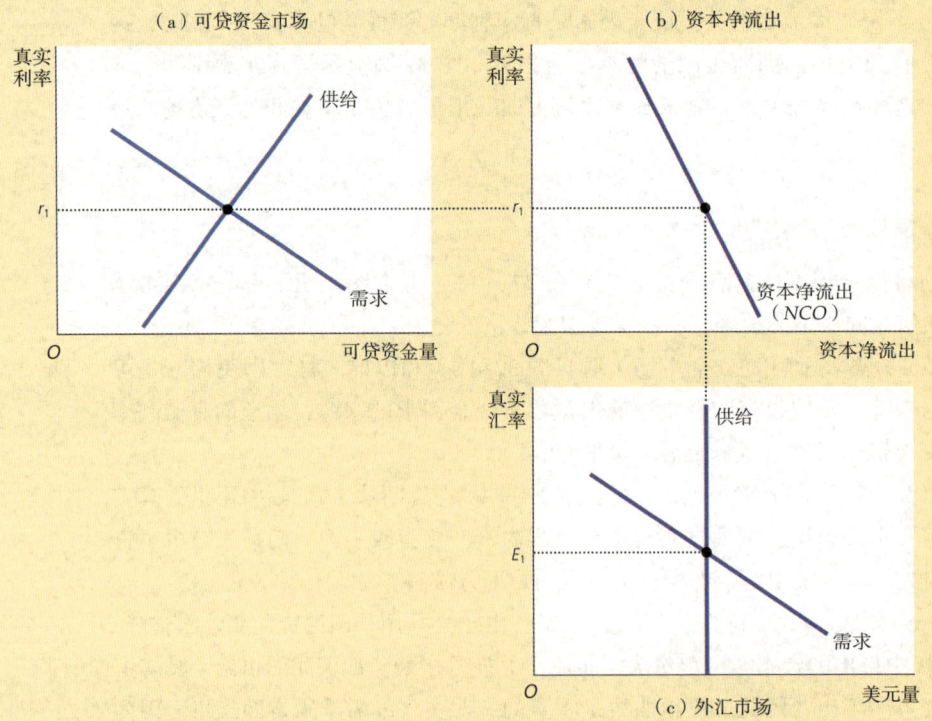

使外汇市场上美元的供给量与需求量平衡。

图 32-4 中所表示的两个市场决定了两个相对价格——真实利率和真实汇率。（a）幅中决定的真实利率是相对于未来物品与服务的现期物品与服务的价格。（c）幅中决定的真实汇率是相对于国外物品与服务的国内物品与服务的价格。这两个相对价格同时调整使这两个市场的供求达到平衡。当这两个相对价格调整时，它们就决定了国民储蓄、国内投资、资本净流出和净出口。我们接下来就用这个模型来说明：当某种政策或事件引起这些曲线中的一条移动时，所有这些变量将如何变动。

> **即问即答**
> ■ 在刚刚介绍的开放经济模型中，两个市场决定两个相对价格。这两个市场是什么？这两个相对价格又是什么？

参考资料　区分供给与需求

假设一个苹果园主决定消费一些他自己的苹果。这个决策代表了苹果需求增加，还是苹果供给减少？这两种答案都是正确的，只要我们在以后的分析中留心，我们就会发现没有什么重要的事情会随我们选择哪一个答案而发生变动。有时我们如何区分供给与需求是有点随意的。

在本章建立的开放经济的宏观经济模型中，交易在"供给"和"需求"之间的划分也有点随意性。这对可贷资金市场和外汇市场都是适用的。

首先，考虑可贷资金市场。这个模型把资本净流出作为可贷资金市场需求的一部分。但我们可以不写成 S = I + NCO，而是很容易地将其写为 S − NCO = I。当按这种方式重写方程式时，资本流出看来就像可贷资金供给的减少。哪一种方法都可以。第一个表达式 (S = I + NCO) 强调了无论在国内还是在国外使用，可贷资金是在国内产生的。第二个表达式 (S − NCO = I) 强调了无论产生于国内还是国外，可贷资金都可以用于国内投资。这一差别更多的是语义上的，而非本质上的。

同样，考虑外汇市场。在我们的模型中，净出口是美元需求的来源，而资本净流出是美元供给的来源。因此，当一个美国公民进口了一辆日本生产的汽车时，我们的模型把这种交易作为美元需求量的减少（因为净出口减少了），而不是作为美元供给量的增加。同样，当一个日本公民购买了美国政府的债券时，我们的模型把这个交易作为美元供给量的减少（因为资本净流出减少了），而不是作为美元需求量的增加。乍一看，这种对供给与需求的定义似乎有点不正常，但在分析各种政策的影响时，它被证明是有用的。

32.3　政策和事件如何影响开放经济

在介绍了一个解释开放经济中关键宏观经济变量如何决定的模型之后，我们就可以用它来分析政策和其他事件的变动如何改变经济的均衡。当我们进行这种分析时，要牢记：我们的模型仅仅是两个市场——可贷资金市场和外汇市场——的供给与需求。当用这个模型来分析任何一个事件时，我们可以运用在第 4 章中所概括的三个步骤：第一，确定该事件影响供给曲线和需求曲线中的哪一条；第二，确定曲线以什么方式移动；第三，用供求图考察这些移动如何改变经济的均衡。

32.3.1　政府预算赤字

在本书的前面当我们第一次讨论可贷资金的供给与需求时，我们考察了政府预算赤字的影响：当政府支出大于政府收入时，赤字就出现了。由于政府预算赤字代表负的公共储蓄，所以它减少了国民储蓄（公共储蓄与私人储蓄之和）。因此，政府预算赤字减少了可贷资金的供给，使利率上升，并挤出了投资。

现在我们考虑开放经济中预算赤字的影响。第一步，我们的模型中哪一条曲线移动？与封闭经济中的情况一样，预算赤字最初是影响国民储蓄，从而影响可贷资金的供给。第二步，这条供给曲线以什么方式移动？又与封闭经济中的情况一样，预算赤字代表负的公共储蓄，因此它减少了国民储蓄，并使可贷资金供给曲线向左移动。如图 32-5（a）幅所示，这条曲线从 S_1 移动到 S_2。

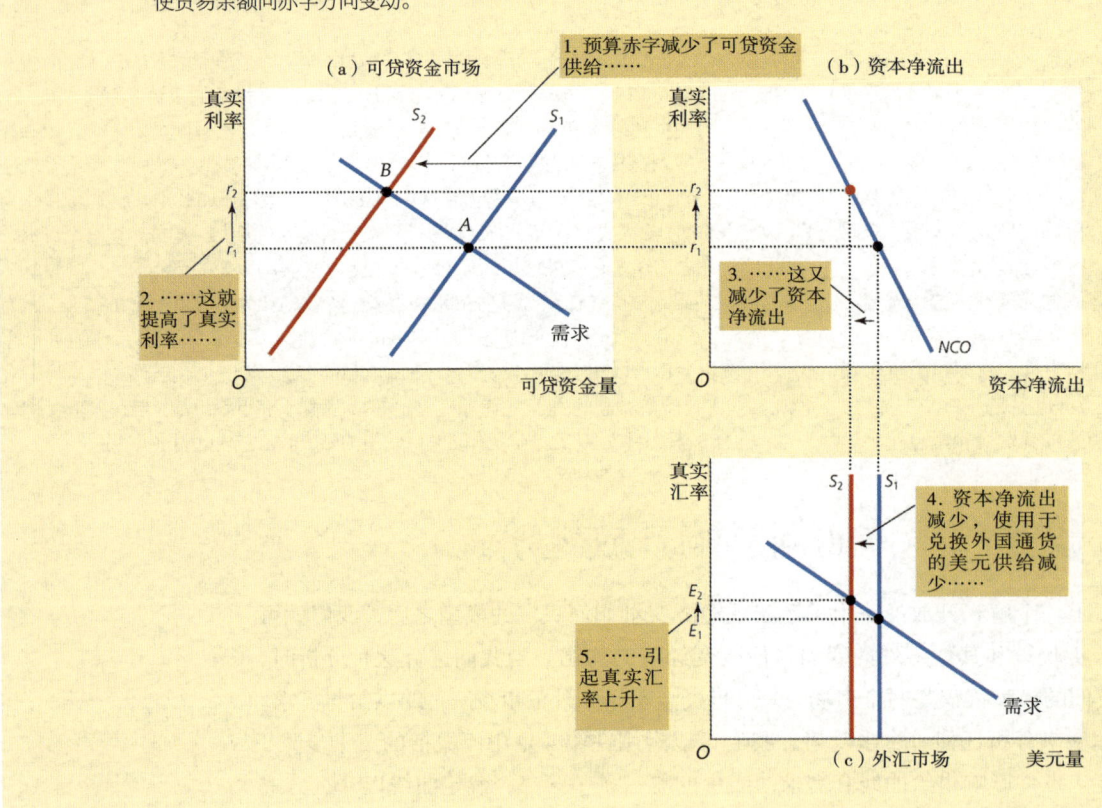

图32-5　政府预算赤字的影响

当政府有预算赤字时，它使可贷资金的供给从（a）幅中的 S_1 减少为 S_2。利率从 r_1 上升到 r_2，以使可贷资金的供求平衡。在（b）幅中，较高的利率减少了资本净流出。减少的资本净流出又使外汇市场上美元的供给从（c）幅中的 S_1 减少为 S_2。美元供给的这种减少引起真实汇率从 E_1 上升为 E_2。汇率上升使贸易余额向赤字方向变动。

第三步，也是最后一步，是比较新旧均衡。图 32-5（a）幅显示了美国预算赤字对其可贷资金市场的影响。随着美国金融市场上借款者得到的资金减少，利率从 r_1 上升到 r_2，以使供求平衡。面对较高的利率，可贷资金市场上的借款者选择少借贷。这种变化反映在图中是沿着可贷资金需求曲线从 A 点移动到 B 点。特别是，家庭和企业减少了它们对资本品的购买。如同在封闭经济中一样，预算赤字挤出了国内投资。

但是，在开放经济中，可贷资金供给的减少还有额外的影响。图32-5（b）幅显示了利率从r_1上升到r_2减少了资本净流出。（这种资本净流出减少也是（a）幅中可贷资金需求量从A点减少到B点中的一部分。）由于现在在国内储蓄赚到了较高的收益率，国外投资的吸引力就小了，国内居民购买的外国资产也少了。较高的利率还吸引了外国投资者，因为他们想赚取美国资产的较高收益。因此，当预算赤字提高了利率时，国内与国外的行为都使美国资本净流出减少。

图32-5（c）幅显示了预算赤字如何影响外汇市场。由于资本净流出减少，人们需要用于购买外国资产的外国通货少了，因此外汇市场上美元的供给也减少了。这使美元供给曲线从S_1向左移动到S_2。美元供给减少使真实汇率从E_1上升为E_2。这就是说，与外国通货相比，美元变得更值钱了。这种升值又使美国物品与外国物品相比变得更加昂贵了。由于国内外人们不再购买更昂贵的美国物品，美国的出口减少了，并且其进口增加了。由于这两个原因，美国净出口减少了。因此，在一个开放经济中，政府预算赤字提高了真实利率，挤出了国内投资，引起美元升值，并使贸易余额向赤字方向变动。

这一结论的一个重要例子发生在20世纪80年代的美国。在1980年罗纳德·里根当选总统后不久，美国联邦政府的财政政策发生了急剧变化。总统和国会都实行了大幅度减税，但是它们并没有近乎等量地削减政府支出，结果就是巨额预算赤字。我们的开放经济模型预言，这种政策将引起贸易赤字，实际上的确如此，正如我们在前一章的一个案例研究中所看到的。这个时期的预算赤字和贸易赤字在理论和实践上如此密切相关，以至于它们得到了一个"孪生赤字"的绰号。但是，我们不应该把这两种赤字等同起来，因为有许多财政政策之外的因素会影响贸易赤字。

32.3.2 贸易政策

贸易政策（trade policy）是直接影响一国进口或出口的物品与服务数量的政府政策。贸易政策有多种形式，通常其目的是支持国内某个特定行业。其中一种常见的贸易政策是关税，即对进口物品征收的税；另一种是进口配额，即对在国外生产而在国内销售的物品数量的限制。贸易政策在全世界是普遍存在的，尽管有时是隐蔽的。例如，美国政府有时会迫使日本汽车制造商减少它们在美国出售的汽车数量。这些所谓的"自愿出口限制"实际上并不是自愿的，它本质上是进口配额的一种形式。

贸易政策：直接影响一国进口或出口的物品与服务数量的政府政策。

现在我们考虑贸易政策的宏观经济影响。假设美国汽车行业关注来自日本汽车制造商的竞争，它们说服了美国政府对从日本进口的汽车数量实行配额。在促成这种情况时，汽车行业的游说者断言，贸易限制会缩小美国贸易赤字的规模。他们的说法正确吗？如图32-6所示，我们的模型提供了一个答案。

分析贸易政策的第一步是确定哪一条曲线移动。显然，进口配额最初影响进口。由于净出口等于出口减进口，所以这项政策也影响净出口。而且，由于净出口是外汇市场上美元需求的来源，所以这项政策也会影响外汇市场上的需求曲线。

第二步是确定这条需求曲线如何移动。由于进口配额限制了在美国销售的日本汽

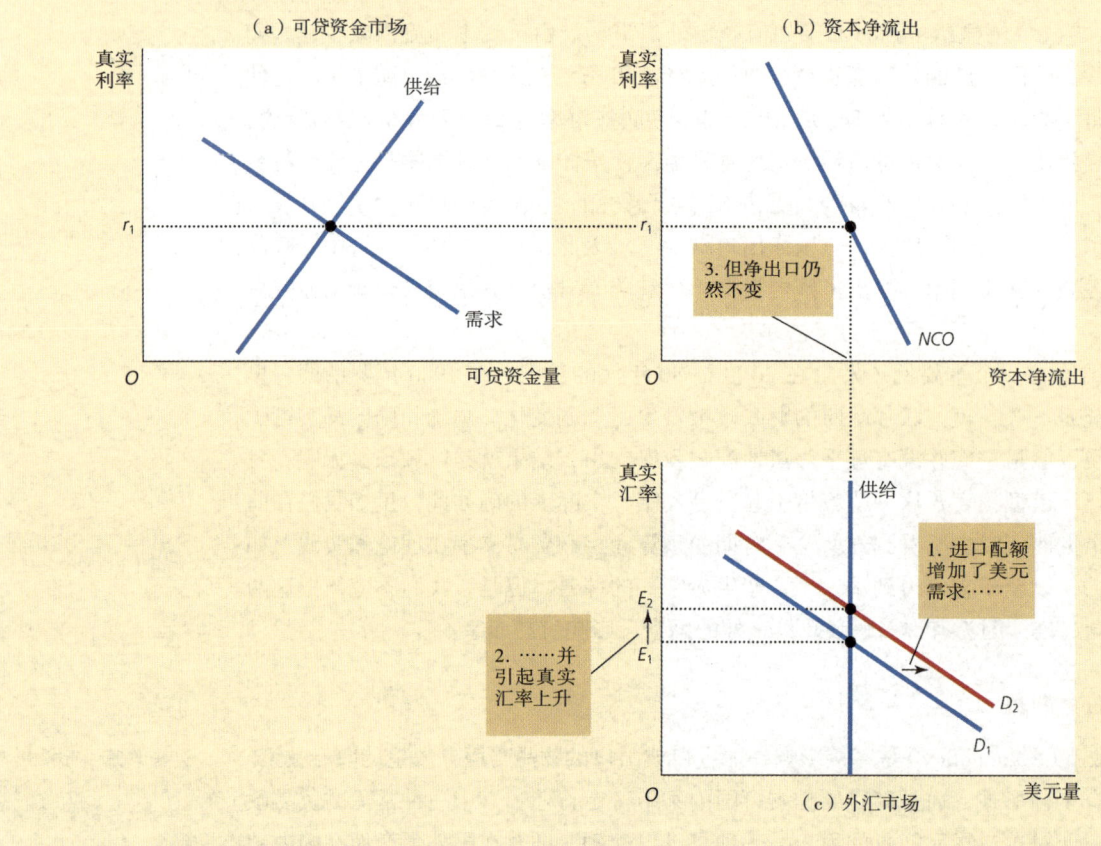

图32-6 进口配额的影响

当美国政府对日本汽车实行进口配额时，(a) 幅中的可贷资金市场和 (b) 幅中的资本净流出并没有发生什么变动。唯一的影响是，在真实汇率既定时，净出口（出口减进口）增加了。因此，外汇市场上的美元需求增加了，在 (c) 幅中表现为美元需求曲线从 D_1 移动到 D_2。美元需求增加引起美元价值从 E_1 上升为 E_2。美元的这种升值往往减少净出口，这就抵消了进口配额对贸易余额的直接影响。

车的数量，所以它减少了真实汇率既定时的进口。由于净出口等于出口减进口，所以净出口在真实汇率既定时增加了。由于外国人需要美元来购买美国的净出口，所以在外汇市场上美元的需求增加了。这种美元需求的增加在图 32-6（c）幅中表现为美元需求曲线从 D_1 移动到 D_2。

第三步是比较新旧均衡。正如我们在（c）幅中所看到的，美元需求增加引起真实汇率从 E_1 上升为 E_2。由于（a）幅中可贷资金市场没有发生任何变动，所以真实利率也没有变动。由于真实利率没有发生变动，如（b）幅所示，资本净流出也没有变动。由于资本净流出没有变动，所以尽管进口配额减少了进口，但净出口没有变动。

净出口仍然相同，而进口减少了，这看来是个谜。解开这个谜要注意真实汇率的变动：当外汇市场上美元升值时，相对于外国物品而言国内物品变得更昂贵了。这种升值鼓励进口而抑制出口，并且这两种变动的作用抵消了由进口配额直接增加的净出口。结果是：进口配额既减少了进口，也减少了出口，但净出口（出口减进口）并没有改变。

因此，我们可以得出一个令人惊讶的结论：贸易政策并不影响贸易余额。这就是说，直接影响出口或进口的政策并没有改变净出口。如果我们回忆一下会计恒等式，这个结论看起来就不那么令人惊讶了：

$$NX = NCO = S - I$$

净出口等于资本净流出，资本净流出又等于国民储蓄减国内投资。贸易政策并没有改变贸易余额，因为这些政策并没有改变国民储蓄和国内投资。在国民储蓄和国内投资水平既定时，无论政府实行什么贸易政策，真实汇率的调整都使贸易余额保持不变。

虽然贸易政策并不影响一国的总体贸易余额，但这些政策确实影响着某些企业、行业和国家。当美国政府对日本汽车实行进口配额时，通用汽车公司面临的来自国外的竞争就不那么激烈了，并将卖出更多的汽车。同时，由于美元升值，美国飞机制造商波音公司将发现，与欧洲飞机制造商空中客车公司相竞争更加困难了。美国的飞机出口将减少，而美国的飞机进口将增加。在这种情况下，对日本汽车的进口配额将增加汽车的净出口而减少飞机的净出口。此外，它将增加美国对日本的净出口，而减少美国对欧洲的净出口，但美国经济的总体贸易余额仍然保持不变。

因此，贸易政策的微观经济影响大于宏观经济影响。虽然贸易政策的支持者有时（错误地）声称，这些政策可以改变一国的贸易余额，但他们通常更多的是受对某些企业或行业的关注所驱动的。例如，当你听说通用汽车公司的总裁支持对日本汽车实行进口配额时，你并不会觉得奇怪。经济学家通常反对这种贸易政策。因为自由贸易使各个经济能专门从事自己最擅长的事，从而使各国居民状况更好。贸易限制妨碍了从贸易中获得的好处，从而减少了整体经济福利。

32.3.3 政治不稳定与资本外逃

1994年，墨西哥的政治不稳定（包括主要政治领导人遭暗杀）导致世界金融市场动荡。人们开始认为墨西哥远远不像他们以前认为的那样是一个稳定的国家。因此，他们决定从墨西哥撤出一些资产，以便把这些资金转移到美国和其他"安全的地方"。一个国家这种大量且突然的资金流出被称为资本外逃（capital flight）。为了说明资本外逃对墨西哥经济的影响，我们仍然遵循分析均衡变动的三个步骤，但这一次我们从墨西哥的角度而不是从美国的角度来运用开放经济模型。

首先考虑资本外逃影响模型中的哪一条曲线。当全世界投资者看到墨西哥的政治问题时，他们决定出售一些墨西哥资产，并用这些收入来购买美国资产。这种行动增加了墨西哥的资本净流出，从而影响了模型中的两个市场。最明显的是，这种行动影响了资本净流出曲线，而资本净流出曲线又影响外汇市场上比索的供给。此外，由于可贷资金需求既来自国内投资又来自资本净流出，所以资本外逃影响可贷资金市场的

资本外逃：一国资产需求大量且突然地减少。

需求曲线。

现在考虑这些曲线如何移动。当资本净流出增加时，为了给购买国外资本资产筹资，可贷资金的需求更大了。因此，正如图 32-7（a）幅所示，可贷资金需求曲线从 D_1 向右移动到 D_2。此外，由于在利率既定时资本净流出更多了，资本净流出曲线也如（b）幅所示，从 NCO_1 向右移动到 NCO_2。

为了说明资本外逃对墨西哥经济的影响，我们比较新旧均衡。图 32-7（a）幅显示了可贷资金需求增加使墨西哥的真实利率从 r_1 上升到 r_2。（b）幅表示墨西哥的资本净流出增加了（虽然真实利率上升使墨西哥资产更有吸引力，但这只部分抵消了资本外逃对资本净流出的影响）。（c）幅表示资本净流出的增加使外汇市场上比索的供给从

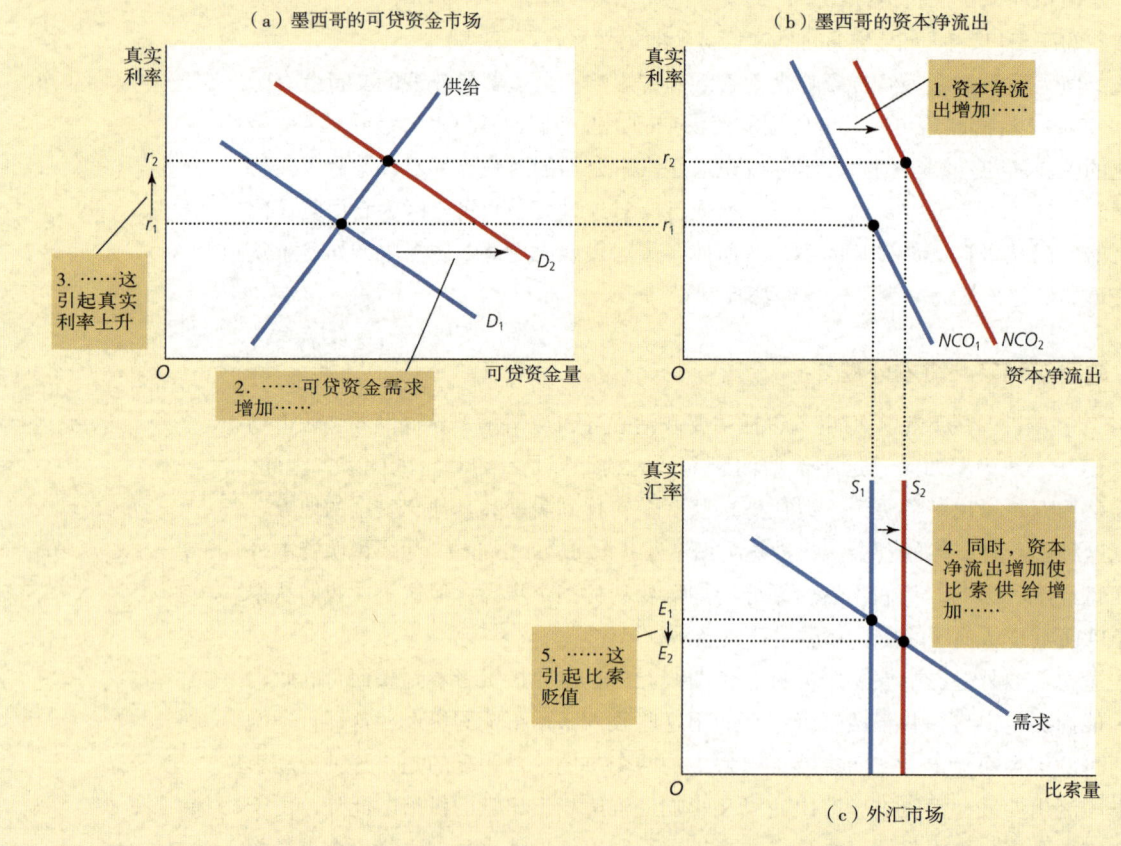

图32-7　资本外逃的影响

如果人们认定，持有在墨西哥的储蓄是有风险的，他们就会把自己的资本转移到美国这样更安全的地方，这就引起墨西哥的资本净流出增加。因此，如（a）幅所示，墨西哥的可贷资金需求从 D_1 增加到 D_2，而且，这使墨西哥的真实利率从 r_1 上升为 r_2。由于在任何一种利率时资本净流出更多了，所以（b）幅中资本净流出曲线从 NCO_1 向右移动到 NCO_2。同时，在外汇市场上，比索的供给如（c）幅所示，从 S_1 增加到 S_2。比索供给的这种增加使比索从 E_1 贬值为 E_2，因此，与其他通货相比，比索变得更不值钱了。

S_1 增加到 S_2。这就是说，由于人们试图抛出墨西哥资产，要兑换为美元的比索的供给是大量的。这种供给增加使比索从 E_1 贬值为 E_2。因此，墨西哥的资本外逃提高了墨西哥的真实利率，并降低了外汇市场上墨西哥比索的价值，这正是我们在 1994 年所看到的情况。从 1994 年 11 月到 1995 年 3 月，墨西哥政府短期债券的利率从 14% 上升到 70%，而比索的价值从 1 比索兑 29 美分下降到 15 美分。

这些资本外逃引起的价格变动影响了一些关键宏观经济数量。通货贬值使出口更廉价而进口更昂贵，这使贸易余额向盈余方向变动。同时，利率上升减少了国内投资，这放慢了资本积累和经济增长的速度。

尽管资本外逃对资本流出国的影响最大，但它也影响其他国家。例如，当资本从墨西哥流入美国时，它对美国经济的影响与对墨西哥经济的影响相反。特别是，墨西哥资本净流出的增加与美国资本净流出的减少是一致的。随着比索价值下降和墨西哥利率上升，美元价值上升而美国利率下降。但是，这对美国经济的影响并不大，因为与墨西哥经济相比，美国经济的规模大得多。

我们所描述的墨西哥的事件可以发生在世界上任何一个经济中，事实上这种情况也不时地在发生。全世界都知道，在 1997 年，一些亚洲经济体包括泰国、韩国和印度尼西亚的银行体系曾处于或接近破产，这个消息使资本纷纷逃离这些国家。1998 年，俄罗斯政府拖欠其债务，致使国际投资者撤走了他们所有的资金。类似（但更为复杂）的事件 2002 年出现在阿根廷。在每一种资本外逃的情况下，结果都与模型所预期的差不多：利率上升，而通货贬值。

案例研究　中国的资本流动

根据我们对资本外逃的分析，一国出现资本流出通常是其通货在外汇市场上疲软时，而这种通货贬值反过来又增加了该国的净出口。资本流入的国家看来是通货坚挺，而且它的升值使其贸易余额向赤字方向变动。

记住这些结论，考虑一个问题：假设一个国家的政策鼓励资本流到另一个国家，也许就是通过政府本身进行国外投资，这种政策会有什么影响呢？答案是极为相同的：其他条件不变，对于鼓励资本流出的国家，这会引起疲软的通货和贸易盈余，而接受这些资本流入的国家通常是坚挺的通货和贸易赤字。

这种分析可以说明中美之间一直持续的一个政策争论。美国政府认为，近年来，中国政府压低了其通货——人民币——在外汇市场上的价值，以鼓励其出口行业。它是通过积累包括大量美国政府债券在内的外国资产来做到的。到 2012 年年底，中国的总外国资产储备已达 3 万亿美元左右。

美国政府经常反对中国对外汇市场的干预，认为这种政策通过压低人民币的价值使中国物品更便宜，这就增加了美国的贸易赤字，并伤害了与中国进口产品竞争的美国生产者。由于这些影响，美国政府多次要求中国政府停止使用官方手段来影响其通货的外汇价值。一些国会议员甚至主张，除非中国停止其"通货操控"，否则就对中国进口品征收关税。

但中国的政策对美国经济的影响也并不全是坏的。美国的中国进口品的消费者从低价格中获益。此外，来自中国的资本流入也降低了美国的利率，这又增加了美国经济的投资。在某种意义上说，中国政府为美国经济的增长筹集了资本。中国在美国的投资政策使一些美国人受益，另一些受损。通盘来考察，其对美国经济的净影响也许并不大。

比较困难的问题涉及政策背后的动机：为什么中国更关注生产出口品并投资于国外，而不是生产国内的消费品并投资于国内？对此没有显而易见的答案。一种可能是，中国想积累紧急情况时可以拿出的外国资产储备——一种国家层面的"未雨绸缪"。

IN THE NEWS

【新闻摘录】
国家总是想要强势货币吗

一位经济学家尽力解码关于汇率的政治辞令。

关于美元，坦率的交谈是必要的
Christina D. Romer

美联储主席本·伯南克最近在一个新闻发布会上被问到美元贬值的问题。他回避了这个问题，说财政部长才是美国政府在汇率上的发言人——而且当然了，美国想要强势美元。

听到这句话，我脑海中闪现出我在担任巴拉克·奥巴马的顾问时的画面。2008年11月，我在芝加哥与前财政部长兼总统竞选经济顾问的Larry Summers同乘一辆出租车。为了帮助我准备即将到来的面谈和国会质询，Larry非常体恤地问了我几个问题并且对我的回答予以评议。

当他问我美元汇率时，我说道："汇率和其他价格类似，是由市场力量决定的。"

Christina Romer
图片来源：Bloomberg/Getty Images.

"不对！" Larry纠正道，"汇率是财政部的事务范围。美国政府想要强势美元。"

我需要申明，我最初的答案是更合理的。我们的汇率仅仅是个价格——美元以其他货币所表示的价格。它不由任何人控制。高价美元，也就是我们说的强势美元，并不总是那么讨人喜欢。

有些国家基本上是固定它们的通货价格。但自20世纪70年代早期以来，美国一直是让美元价格在外汇市场上随供求自由波动。财政部不再决定美元的价格，就好像能源部不再决定天然气的价格一样。财政部和能源部都有少量的储备以应对市场不稳定，但它们都没有资源或强制力来操纵相关的价格长期脱离于市场均衡。

实际上，"汇率是财政部的事务范围"指的是只有财政部长才能谈有关汇率的话题（但即使是他也不能讲太多）。这使我感到羞愧。也许如果政府官员可以直率地谈汇率，会更有助于大家理解汇率这件事，并且更有利于理性的政策讨论。

这样理性的讨论应该从基础经济学谈起。与他国进行贸易或投资的意愿是活跃外汇市场的动力。你需要欧元到西班牙去旅行或购买德国的政府债券，所以你需要有办法换到外汇。

外汇市场的美元供给来自想从国外购买物品、服务或资产的美国人。对美元的需求来自想从美国购买的外国人。

增加美元需求或者减少美元供给的任何情形都会提高美元价格。减少美元需求或者增加美元供给的任何情形都会削弱美元。

举两个例子。假定美国企业家创造出了许多外国人想买的物品，企业家们开始投资于许多公司。这就增加了对美元的需求，并导致美元价格上升。这种创新也使得美国人想买更多的美国物品和资产与更少的外国物品和资产。外汇市场的美元供给会减少，这进一步提升了美元价格。这个例子就是20世纪90年代末期的情况——那时美元确实很强势。

现在我们假定美国财政赤字严重，导致国内利率上升。美国利率上升使得外国人和美国人都想购买更多的美国债券，减少持有其他国家的债券。因此对美元的需求增加而供给减少，美元的价格也就会上升。

这个例子所描述的就是20世纪80年代早期的情形，当时罗纳德·里根总统所进行的减税和增加军备开支带来巨额赤字。巨额赤字以及当时美联储（时任主席是保罗·沃尔克（Paul A. Volcker））所采取的反通货膨胀政策，导致美国利率维持高位。那段时间美元很强势。

这两种情形——无论是辉煌的美国创新还是麻烦的美国赤字——都使美元强势。但显然，一种情形对美国经济有利，另一种则有害。问题的核心是美元的变动方向没有哪一个是普遍意义上的好或者坏。我们想要美元汇率向哪个方向变动取决于变动的原因。

它还取决于经济状态。在充分就业的情形下，强势美元有利于生活水平的提高。美元的价格高意味着我们的货币在外国能买到更多东西。

但在衰退的经济里，强势美元是不是合适就不好说了。弱势美元意味着我们的物品比外国物品便宜。这能刺激我们的出口，减少我们的进口。净出口增加提高了国内生产和就业水平。外国物品更贵了，但是更多的美国人有了工作。考虑到我们对工作岗位的迫切需求，我们基本可以确认弱势美元在相当长时期内是个好选择。

美联储的政策取决于美国的通货膨胀和失业状况。如果伯南克先生可以公开讨论汇率，他可能会告诉你任何有助于拯救经济衰退的货币扩张都是要削弱美元。而且经济学基础课程都是这么讲的，只不过美联储被要求佯装不知。

财政政策也同样取决于国内的情形。接下来几年我们必须削减赤字，这也会削弱美元。而这样做的后果，短期之内一定会减弱削减赤字对就业和产出的负面影响。

奇怪的是，每位政治家好像都明白美元对某种特定货币——人民币——最好要保持弱势。多年来，中国一直在努力保持美元对人民币的相对高位。如果美元价格下跌，则美国就能出口更多且更快地增长。国会不断地威胁说，如果中国不采取削弱美元的措施，就要实施报复。

但几乎在一眨眼的功夫之后，同样的这些国会议员们又改口声称强势美元的重要性。如果美元对人民币的相对价格降低是有利的话，美元对其他许多国家货币的相对价格下降会对现有情形更有益。

公开这么说要冒着被认为是极端主义者，甚至是非美国人的风险。是时候来进行一场更成年人方式的对话了。汇率属于市场经济的一部分，而不是财政部或者强势美元空想家们的事务范围。

Romer女士是加州大学伯克利分校的经济学教授，2009—2010年曾担任奥巴马总统经济顾问委员会主席。

资料来源：*The New York Times*, May 22, 2011.

32.4 结论

国际经济学是一个日益重要的主题。美国人购买的在国外生产的物品和为在国外销售而生产的物品越来越多。人们通过共同基金和其他金融机构在世界金融市场上进行借贷。因此，对美国经济的全面分析要求了解美国经济如何与世界其他经济相互交易。本章为思考开放经济的宏观经济学提供了一个基本模型。

虽然对国际经济学的研究是有价值的，但我们应该注意不要夸大它的重要性。决策者和评论家往往把美国经济所面临的问题归咎于外国人。与此相反，经济学家通常认为这些问题是内生的。例如，政治家在讨论时往往把外国竞争视为对美国生活水平的威胁，而经济学家则更可能将其归因于国民储蓄的低水平。无论经济是开放的还是封闭的，低储蓄都抑制了资本、生产率和生活水平的提高。外国人很容易成为被政治家们利用的一个靶子，因为归咎于外国人可以逃避责任，而又不会激怒任何国内选民。因此，每当你听到有关国际贸易与国际金融的公众讨论时，特别重要的是要把神话与现实分开。你在前两章中所学过的工具应该对此有所帮助。

◎ 两个市场是开放经济的宏观经济学的中心：可贷资金市场和外汇市场。在可贷资金市场上，真实利率的调整使可贷资金的供给（来自国民储蓄）和可贷资金的需求（来自国内投资和资本净流出）平衡。在外汇市场上，真实汇率的调整使美元的供给（来自资本净流出）和美元的需求（用于净出口）平衡。因为资本净流出是可贷资金需求的一部分，并且它为外汇市场提供了美元，所以它是联系这两个市场的变量。

◎ 减少国民储蓄的政策，例如政府预算赤字，减少了可贷资金的供给，并使利率上升。较高的利率减少了资本净流出，这又减少了外汇市场上的美元供给，导致美元升值及净出口减少。

◎ 虽然限制性贸易政策，例如进口关税或进口配额，有时因被视为一种改变贸易余额的方法而得到支持，但这些政策并不一定有这种效果。贸易限制增加了汇率既定时的净出口，从而也提高了外汇市场上的美元需求。因此，美元的价值上升，这就使国内物品相对于国外物品更昂贵。这种升值抵消了贸易限制对净出口的最初影响。

◎ 当投资者改变他们对持有一国资产的态度时，这对该国经济的后果可能是严重的。特别是，政治上的不稳定会引起资本外逃，资本外逃往往又会提高利率，并引起通货贬值。

贸易政策　　　　　　　　　　　　资本外逃

1．说明可贷资金市场与外汇市场的供给与需求。这两个市场如何联系？

2．为什么预算赤字和贸易赤字有时被称为孪生赤字？

3．假设纺织工人工会鼓励人们只购买美国制造的衣服。这种政策对贸易余额和真实汇率有什么影响？对纺织行业有什么影响？对汽车行业有什么影响？

4．什么是资本外逃？当一个国家发生了资本外逃时，对利率和汇率有什么影响？

第12篇
短期经济波动

第 33 章
总需求与总供给

经济活动每年都有波动。在大多数年份，物品与服务的生产是增长的。由于劳动力增加、资本存量增加以及技术知识进步，经济能生产的东西就会一直越来越多。这种增长使每一个人都享有更高的生活水平。平均而言，在过去半个世纪，美国经济按真实 GDP 衡量的生产每年增长 3% 左右。

但是，在一些年份，经济经历紧缩而不是增长。企业无法把它们提供的所有物品与服务都卖出去，因此它们削减生产，结果工人被解雇，失业增加，而且工厂被闲置。随着经济生产的物品与服务的减少，真实 GDP 和收入的其他衡量指标下降。如果这种收入减少和失业增加较为缓和，这一时期就被称为衰退（recession）；如果较为严重，就被称为萧条（depression）。

衰退：真实收入下降和失业增加的时期。

萧条：严重的衰退。

一个衰退的例子出现在 2008 年和 2009 年。从 2007 年第四季度到 2009 年第二季度，美国经济的真实 GDP 下降了 4.7%。失业率从 2007 年 5 月的 4.4% 上升到 2009 年 10 月的 10.0%——近三十年来的最高水平。这一时期毕业的学生发现合意的工作很难找到，这一点也不奇怪。

是什么因素引起了经济活动的短期波动呢？如果可能的话，能够用什么公共政策来防止收入减少和失业增加的时期出现呢？当衰退和萧条发生时，决策者如何缩短其持续时间以及减轻其严重性呢？这些正是我们现在要论述的问题。

我们所研究的变量主要是在前几章已经说明的变量。这些变量包括 GDP、失业、利率以及物价水平。还有我们所熟悉的政策工具，如政府支出、税收和货币供给。与我们以前分析的不同之处在于分析的时间框架。到目前为止，我们的目标一直是解释这些变量在长期中的变动情况。现在我们的目标是解释它们偏离其长期趋势的短期波动。换言之，我们现在不是集中于解释从这一代到下一代经济增长的因素，而是关注于解释从这一年到下一年经济波动的因素。

虽然经济学家对于如何分析短期波动仍然存在一些争论，但大多数经济学家都使用总需求与总供给模型。学会运用这个模型来分析各种事件和政策的短期效应是当前的首要任务。本章将介绍这个模型的两个部分——总需求曲线与总供给曲线。在研究这个模型之前，我们先来看一些描述经济盛衰的关键事实。

33.1 关于经济波动的三个关键事实

各国在其整个历史时期的经济活动中都存在短期波动。作为了解这些逐年波动的出发点，我们现在讨论这种波动的一些最重要的特征。

33.1.1 事实1：经济波动是无规律的且不可预测的

经济中的波动通常被称为**经济周期**。正如这个术语所表明的，经济波动与经济状况的变动是相对应的。当真实 GDP 增长迅速时，经济状况就比较好。在这种经济扩张时期，大多数企业会发现，顾客很多且利润在增长。当在衰退时期真实 GDP 减少时，经济就出现了问题。在这种经济紧缩时期，大多数企业经历了销售和利润的减少。

经济周期这个术语有时也会引起误解，因为它表明经济波动遵循一种有规律的、可预测的形式。实际上，经济波动根本没有规律，而且几乎不可能较为准确地预测。图 33-1（a）幅显示了 1965 年以来美国经济中的真实 GDP。阴影面积表示衰退的时期。正如该图所表明的，衰退并不是有规律地间隔发生。有时衰退相隔非常近，例如 1980 年和 1982 年的衰退；有时经济许多年都没有经历衰退。美国历史上最长的没有经历衰退的时期是从 1991 年到 2001 年的经济扩张时期。

33.1.2 事实2：大多数宏观经济变量同时波动

真实 GDP 是最普遍地用于监测经济中短期变动的一个变量，因为它是经济活动的一个最全面的衡量指标。真实 GDP 既衡量了某一既定时期内生产的所有最终物品与服务的价值，也衡量了经济中所有人的总收入（根据通货膨胀调整过的）。

然而，事实证明，对于监测短期波动而言，人们观察经济活动用哪个指标实际上无关紧要。大多数衡量某种收入、支出或生产波动的宏观经济变量几乎是同时变动的。当真实 GDP 在经济衰退中减少时，个人收入、公司利润、消费者支出、投资支出、工业生产、零售额、住房销售额、汽车销售额等也都减少。由于衰退是经济的总体现象，所以它们反映在宏观经济数据的许多来源上。

虽然许多宏观经济变量同时变动，但它们波动的幅度并不相同。特别是，正如图 33-1（b）幅所示，在经济周期中投资支出的变动最大。尽管平均而言投资只占 GDP 的七分之一左右，但在衰退期间 GDP 减少的三分之二左右是由投资减少导致的。换句话说，当经济状况恶

图33-1 观察短期经济波动

该图（a）幅、（b）幅和（c）幅分别显示了1965年以来用季度数据表示的美国经济的真实GDP、投资支出以及失业率。阴影面积表示衰退。要注意的是，在衰退时期，真实GDP和投资支出是减少的，而失业率是上升的。

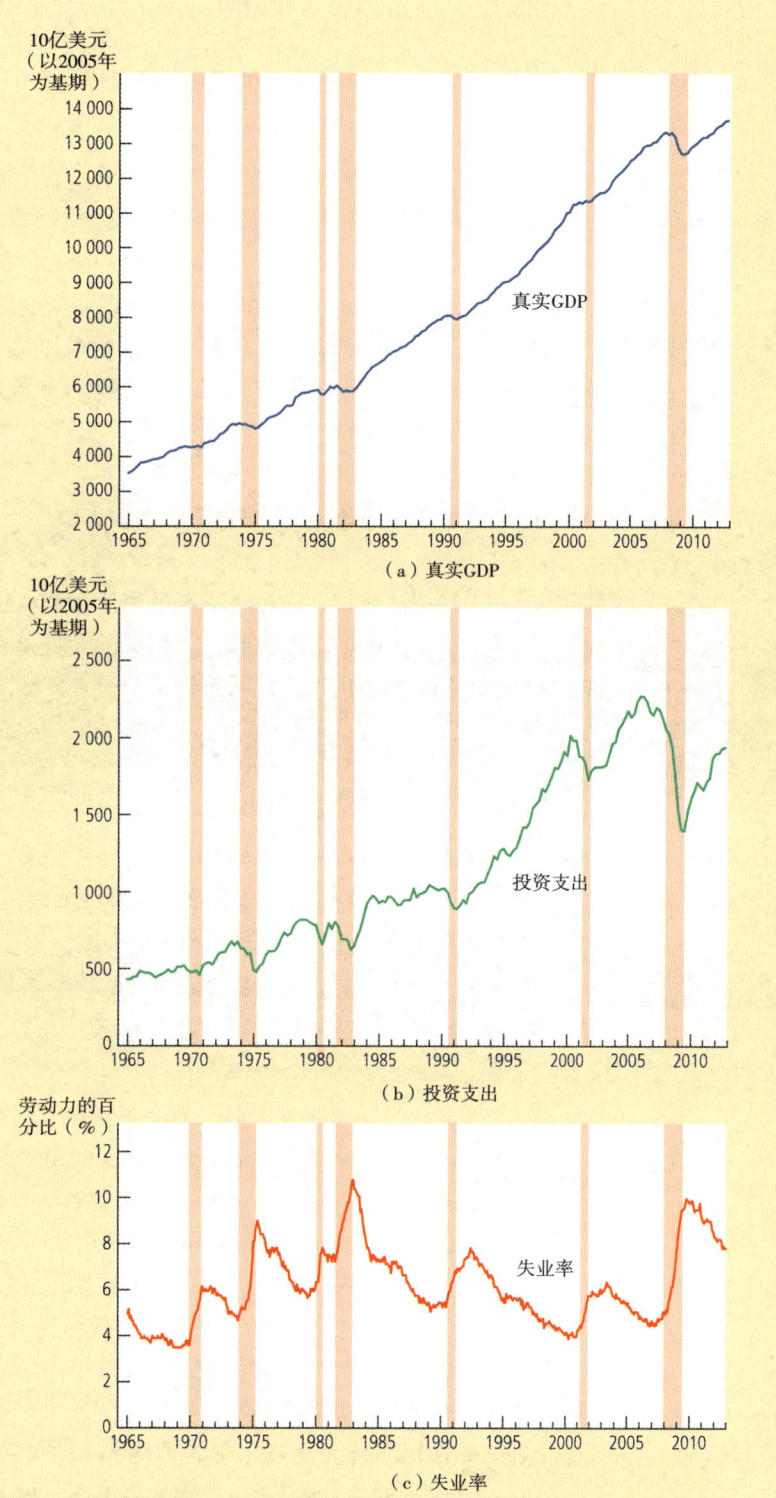

资料来源：U.S. Department of Commerce; U.S. Department of Labor.

化时，大部分下降应归因于用于新工厂、住房和存货支出的减少。

33.1.3 事实3：随着产量减少，失业增加

经济中物品与服务产量的变动与经济中劳动力利用率的变动是密切相关的。换句话说，当真实GDP减少时，失业率上升。这个事实没有什么奇怪的：当企业选择缩减其产品和服务的生产数量时，它们就会解雇工人，从而使失业大军扩大。

图33-1（c）幅显示了1965年以来美国经济中的失业率。图中仍然是用阴影面积表示衰退时期。该图清楚地表明了衰退对失业的影响。在每一次衰退时，失业率都大幅度上升。当衰退结束且真实GDP开始增加时，失业率才逐渐下降。失业率从未达到零，反而是围绕5%或6%左右的自然失业率波动。

即问即答

■ 列出并讨论关于经济波动的三个关键事实。

33.2　解释短期经济波动

当经济波动时，描述经济经历了什么是容易的，但解释是什么引起了这些波动则较为困难。实际上，与我们在前些章中所研究的题目相比，经济波动理论仍然是有争议的。在本章中，我们开始介绍一个大多数经济学家用来解释经济活动中短期波动的模型。

33.2.1　古典经济学的假设

在前几章中，我们提出了用于解释长期中什么因素决定最重要的宏观经济变量的理论。第25章解释了生产率和真实GDP的水平及其增长。第26章和第27章解释了金融体系如何运行，以及真实利率如何调整以使储蓄与投资平衡。第28章解释了经济中总有一些失业的原因。第29章和第30章解释了货币制度以及货币供给的变动如何影响物价水平、通货膨胀率和名义利率。第31章和第32章把这种分析扩展到开放经济中，以便解释贸易余额和汇率。

所有这些以前的分析都是基于两种相关的思想——古典二分法和货币中性。我们还记得，古典二分法是把变量分为真实变量（衡量数量或相对价格的变量）和名义变量（按货币衡量的变量）。根据古典宏观经济理论，货币供给的变动影响名义变量，而不影响真实变量。由于这种货币中性，第25—28章可以不引入名义变量（货币供给和物价水平）而直接考察真实变量（真实GDP、真实利率和失业）的决定因素。

在某种意义上说，在古典世界中货币无关紧要。如果经济中的货币量翻了一番，每一种东西的成本就会翻一番，而且每个人的收入也会翻一番。这是怎么回事呢？原因就是变动是名义的（标准的含义是"近乎无意义"）。人们真正关心的事情——他们是否有工作，他们能买多少物品与服务，等等——完全没有改变。

这种古典观点有时也可以用"货币是一层面纱"这句俗语来描述。这就是说，当我们观察经济时，名义变量可能是我们看到的第一样东西，因为经济变量通常用货币

单位来表示。但是，重要的是真实变量和决定它们的经济力量。根据古典理论，为了理解这些真实变量，我们需要透过面纱去观察。

33.2.2 短期波动的现实性

古典宏观经济理论的这些假设适用于我们生活的现实世界吗？这个问题的答案对于了解经济如何运行是至关重要的。大多数经济学家认为，古典理论描述了长期世界，但并没有描述短期世界。

我们再来考虑货币对经济的影响。大多数经济学家认为，在超过几年的一个时期，货币供给的变动影响物价和其他名义变量，但并不影响真实 GDP、失业以及其他真实变量——正如古典理论所说的。然而，在研究逐年的经济变动时，货币中性的假设就不再适用了。在短期中，真实变量与名义变量是高度相关的，而且货币供给的变动可以暂时地使真实 GDP 背离其长期趋势。

甚至古典经济学家（例如大卫·休谟）也认识到，古典经济理论在短期中并不成立。18 世纪在英国，大卫·休谟观察到，当黄金发现后货币供给增加时，价格上升需要一段时间，而且在这一时期，经济中存在更高的就业和更多的生产。

为了了解短期中经济如何运行，我们需要一个新模型。我们可以用在以前各章中介绍的许多工具来建立这个新模型，但必须放弃古典二分法和货币中性。我们可以不再把我们的分析分为产量与就业这类真实变量和货币与物价水平这类名义变量。我们的新模型将注意力集中在真实变量与名义变量如何相互影响上。

> **即问即答**
> ■ 短期中经济的行为与长期中经济的行为有什么不同？

IN THE NEWS

☞ 【新闻摘录】
经济衰退的社会影响

在 2008 年和 2009 年，美国经济经历了严重的衰退。这引起一些评论家们提问，这些事件如何对社会产生更广泛的影响。

衰退能改变生活方式
Tyler Cowen

随着失业者增加以及为摆脱困境已花费的数万亿美元，经济衰退的社会成本也日益明显。主要的问题肯定是怎样才能缩短这一艰难时期并使状况有所缓解。但在严肃的经济学外，还有衰退如何改变我们生活的一系列更广泛的问题。

所有衰退都有文化与社会影响，而在严重的衰退期间改变就是深远的。例如，20 世纪 30 年代的大萧条既被作为一个经济时代也被作为一个社会和文化时代。而这一次的经济危机也将引起从娱乐习惯到健康的许多方面的变化。

首先，来看娱乐。许多研究表明，当工作难找或赚钱难的时候，人们把时间更多地用在自我提升和较为廉价的娱乐上。在 20 世纪 30 年代的大萧条期间，

这意味着去听收音机，玩室内游戏，以此代替在城里过一个迷人的夜晚。这种"宅"在家里的趋势一直持续到 20 世纪 50 年代末期。

在今天的衰退期间，我们也可以预料到人们会转向不太昂贵的活动——而且也许会在几年内保持这种习惯。人们

也许会对网上免费项目和简单的日常散步更有兴趣,而不是去度昂贵的假和买NBA的包厢票。

在任何一次衰退中,穷人受的痛苦都是最大的。但在文化上,那些在当前危机中失去大部分财富的富人也是如此。这种衰退所引起的富人消费的减少非比寻常。

西北大学金融学教授Jonathan A. Parker和Annette Vissing-Jorgensen在他们最近的文章中记录了这种转变,文章题目是"谁承受总波动和如何承受呢?消费不平等的估算和含义"。当然,那些以不动产或股票持有许多财富的人承担了沉重的损失。但是这篇文章说,最重要的是,正如在金融部门看到的,那些高收入者的劳动收入下降得比以前的衰退时期多。

在这次衰退中,广受富人喜欢的聚餐会也减少了。我们可以预言,聚会场所从明星交际的高档餐馆转向公共图书馆。在衰退时期都会出现这种变化,但这次尤其明显。

当然,衰退和萧条对人的精神健康绝非好事。但并不广为人知的是,在美国和其他富裕国家,平均而言,经济衰退期间人们的身体健康状况看起来改善了。的确,工资减少有压力,但工作压力的消除也有些有利的影响。也许更重要的是,人们开车外出少了,从而车祸的风险也降低了,而且用于酒和烟的钱也少了。他们有更多时间锻炼和睡觉,而且往往选择在家做饭而不是吃快餐。

北卡罗来纳大学Greensboro分校的经济学家Christopher J. Ruhm 2003年在"艰难时期的健康生活"一文中说明,随着失业率上升,死亡率下降了。他发现,在美国,平均而言,失业率每上升1%,死亡率下降0.5%。

David Potts在其2006年的著作《大萧条之谜》中研究了20世纪30年代澳大利亚的社会史。澳大利亚的自杀率在1930年达到顶点,但整体健康状况改善了,而且死亡率下降了;在1930年以后,自杀率也下降了。

他在访谈中发现,许多人还很甜蜜地缅怀这些衰退的年份,不过我们并不能因此匆忙地得出结论"衰退是幸福时光"。

正如哈佛大学的心理学家Daniel Gilbert在其畅销书《幸福之困惑》中证明的,他们的许多论述看来都是错觉。根据Gilbert教授的说法,人们往往对极为艰辛的时期有乐观的回忆,这种时期包括极端贫穷和战争。

就今天而言,我们对遥远未来的有趣记忆颇为怀疑的慰藉也有点担心与焦虑。

但这种衰退很可能意味着,更为审慎的一代人即将到来。加州大学伯克利分校的教授Ulrike Malmendier和斯坦福大学商学院教授Stefan Nagel在2007年合著的一篇文章"衰退时期的孩子:宏观经济经历影响风险承担水平吗?"就含有此意。

文章指出,成长于股票低收益时期的一代人往往对投资有不寻常的谨慎,即使在几十年后也是这样。同样,在高通胀时期成长的一代在几十年后仍然对购买债券较为谨慎。

换言之,现在十几岁的年轻人在股市上会更少做出愚蠢的决策。他们可能会错过一些好的商业机会,但也会少犯错误。

说一千,道一万,美国经济还是发生了大问题,没有人愿意看到这样的事情发生。不过如果深入了解这种衰退及其带来的社会变化,就会呈现出更复杂的情形。

除了努力走出衰退之外——美国人的首要任务——许多人会少花钱,多办事,而且更多依靠自己及其家庭。这些社会变化很可能是这次衰退的下一个大故事。

Cowen先生是乔治·梅森(George Mason)大学经济学教授。

资料来源:*New York Times*,February 1,2009。

33.2.3 总需求与总供给模型

总需求与总供给模型:大多数经济学家用来解释经济活动围绕其长期趋势的短期波动的模型。

总需求曲线:表示在每一种物价水平时,家庭、企业、政府和外国客户想要购买的物品与服务数量的曲线。

总供给曲线:表示在每一种物价水平时,企业选择生产并销售的物品与服务数量的曲线。

我们的短期经济波动模型将注意力集中在两个变量的行为上。第一个变量是,用真实GDP衡量的经济中物品与服务的产出。第二个变量是,用CPI或GDP平减指数衡量的物价总水平。要注意的是,产量是真实变量,而物价水平是名义变量。通过关注这两个变量之间的关系,我们背离了可以分别研究真实变量与名义变量的古典假设。

我们用图33-2所示的**总需求与总供给模型**(model of aggregate demand and aggregate supply)来分析整个经济的波动。图中纵轴表示经济中的物价总水平,横轴表示经济中物品与服务的总产量。**总需求曲线**(aggregate-demand curve)表示在每一种物价水平时,家庭、企业、政府和外国客户想要购买的物品与服务的数量。**总供给曲线**(aggregate-supply curve)表示在每一种物价水平时,企业生产并销售的物品与服务的数量。根据这个模型,物价水平与产量的调整使总需求与总供给达到平衡。

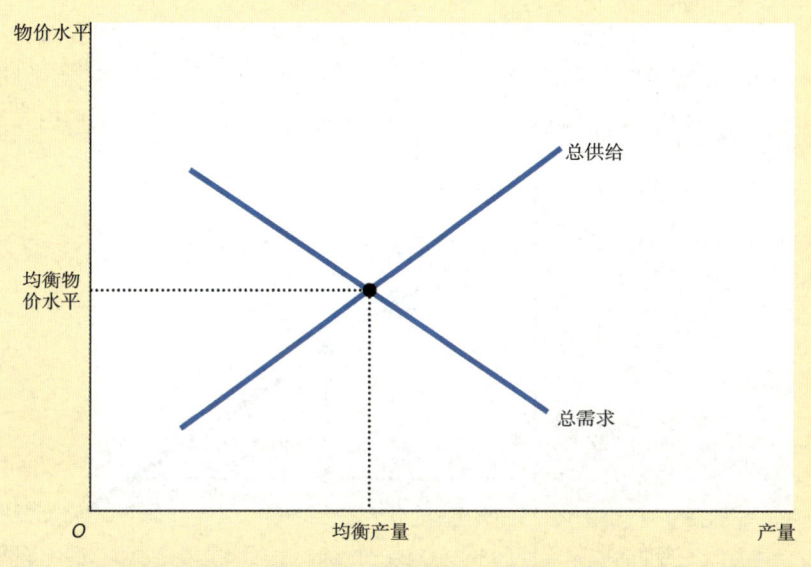

图33-2 总需求与总供给

经济学家用总需求与总供给模型来分析经济波动。纵轴表示物价总水平，横轴表示经济中物品与服务的总产量。产量和物价水平会调整到使总需求曲线与总供给曲线相交的那一点。

也许有人会认为，总需求与总供给模型不过是第 4 章中介绍的市场需求与市场供给的模型的放大形式而已。实际上这两个模型是完全不同的。当我们考虑某个特定市场——比如冰淇淋市场——的需求与供给时，买者与卖者的行为取决于其把资源从一个市场转移到另一个市场的能力。当冰淇淋价格上升时，其需求量减少是因为买者将用他们的收入去购买其他产品而不买冰淇淋。同样，较高的冰淇淋价格使供给量增加是因为通过雇用从其他经济部门来的工人，生产冰淇淋的企业可以增加冰淇淋的产量。这种从一个市场转向另一个市场的微观经济替代对整个经济来说是不可能的。毕竟我们的模型所要解释的量——真实 GDP——衡量了所有市场上所有企业生产的物品与服务的总量。为了理解为什么总需求曲线向右下方倾斜，而总供给曲线向右上方倾斜，我们需要一种解释物品与服务总需求量和物品与服务总供给量的宏观经济理论。提出这种理论是我们的下一个任务。

33.3 总需求曲线

总需求曲线告诉我们在任何一种既定的物价水平时经济中所有物品与服务的需求量。如图 33-3 所示，总需求曲线向右下方倾斜。这意味着，在其他条件相同的情况下，经济中物价总水平的下降（比如说，从 P_1 下降为 P_2）会增加物品与服务的需求量（从 Y_1 增加为 Y_2）；相反，物价水平的上升会减少物品与服务的需求量。

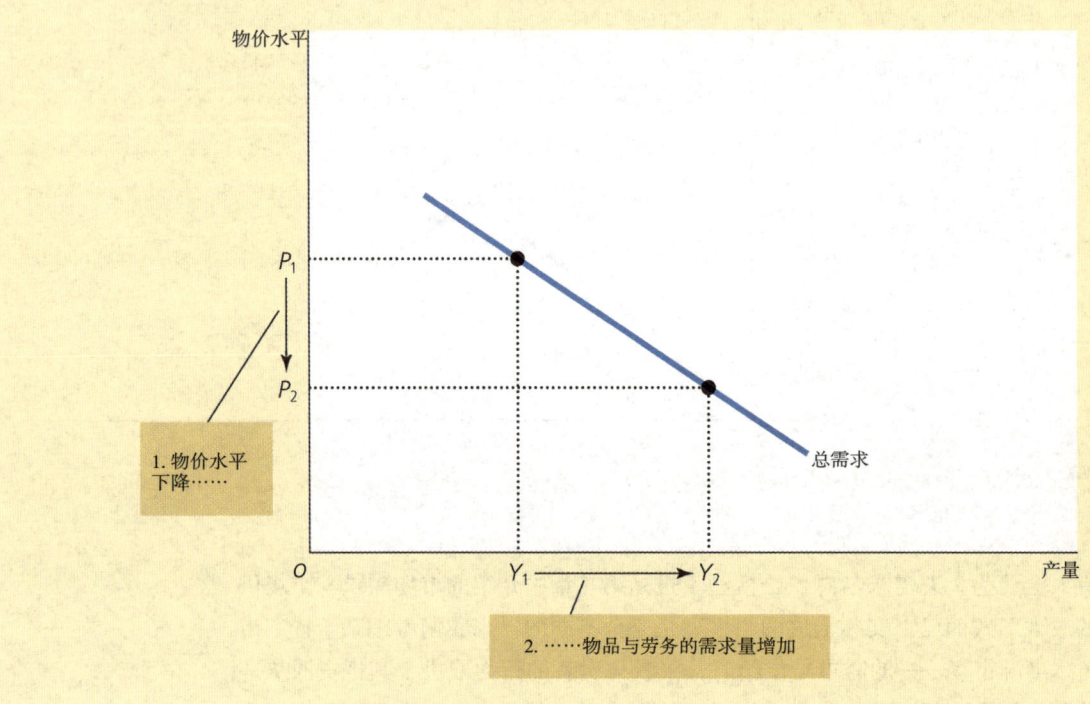

图33-3 总需求曲线

物价水平从 P_1 下降到 P_2，这使物品与服务的需求量从 Y_1 增加到 Y_2。这种负相关关系有三个原因。当物价水平下降时，真实财富增加，利率下降，而且汇率下降。这些效应刺激了用于消费、投资和净出口的支出。这些 GDP 组成部分中任意一个或所有部分支出的增加意味着物品与服务的需求量更大了。

33.3.1 为什么总需求曲线向右下方倾斜

为什么物价水平变动引起物品与服务的需求量反方向变动？为了回答这个问题，回忆一下一个经济中的 GDP（我们用 Y 表示）是其消费（C）、投资（I）、政府购买（G）和净出口（NX）之和是有用的：

$$Y = C + I + G + NX$$

这四个组成部分的每一部分都对物品与服务的总需求做出了贡献。现在我们假设政府支出是由政策固定的。支出的其他三个组成部分——消费、投资和净出口——取决于经济状况，特别是取决于物价水平。因此，为了了解总需求曲线为什么向右下方倾斜，我们必须考察物价水平如何影响用于消费、投资和净出口的物品与服务需求量。

物价水平与消费：财富效应 考虑你在钱包中和银行账户上所持有的货币。这种货币的名义价值是固定的：一美元总是值一美元。但一美元的真实价值并不固定。如果一个棒棒糖的价格是一美元，那么一美元就值一个棒棒糖。如果一个棒棒糖的价格下降到 50 美分，那么一美元就值两个棒棒糖。因此，当物价水平下降时，你所拥有的美元的价值上升了，这就增加了你的真实财富以及你购买物品与服务的能力。

这个逻辑给了我们总需求曲线向右下方倾斜的第一个原因。物价水平下降提高了货币的真实价值，并使消费者更富有，这又鼓励他们更多地支出。消费者支出增加意味着物品与服务需求量更大。相反，物价水平上升降低了货币的真实价值，并使消费者变穷，这又减少了消费者支出以及物品与服务的需求量。

物价水平与投资：利率效应　物价水平是货币需求量的一个决定因素。物价水平越低，家庭为了购买它们想要的物品与服务需要持有的货币就越少。因此，当物价水平下降时，家庭会通过把一些钱借出去来试图减少货币持有量。例如，家庭可能会用它的超额货币去购买有利息的债券，或者把超额货币存入有利息的储蓄账户，而银行将用这些资金进行更多的贷款。在这两种情况下，由于家庭试图把自己的一些货币换为有利息的资产，所以利率会下降（下一章会对此进行更详细的分析）。

利率反过来又影响对物品与服务的支出。由于低利率使借款变得便宜，这就鼓励企业更多地借款并投资于新工厂和设备，也鼓励家庭借更多的钱投资于新住房。（低利率也可能会刺激消费支出，特别是像汽车这类通常靠信贷购买的大件耐用品的购买。）因此，低利率增加了物品与服务的需求量。

这个逻辑给了我们总需求曲线向右下方倾斜的第二个原因。物价水平下降降低了利率，鼓励更多的用于投资品的支出，从而增加了物品与服务的需求量。相反，物价水平上升提高了利率，抑制了投资支出，并降低了物品与服务的需求量。

物价水平与净出口：汇率效应　正如我们刚刚讨论过的，美国的物价水平越低，美国的利率就越低。作为对低利率的反应，一些美国投资者通过在国外投资而寻求更高的收益。例如，当美国政府债券的利率下降时，共同基金就会出售美国政府债券，以购买德国政府债券。当共同基金为了购买德国债券试图把它的美元兑换为欧元时，它就增加了外汇市场上美元的供给。

要兑换为欧元的美元供给增加引起美元相对于欧元贬值。这就引起了真实汇率——国内物品与国外物品的相对价格——的变动。由于每一美元购买的外国通货单位少了，外国物品相对于本国物品就变得昂贵。

相对价格变动反过来又影响物品与服务的支出，既影响国内的，也影响国外的。由于外国物品现在变得昂贵了，美国人从其他国家购买的东西就少了，这引起美国物品与服务的进口减少。同时，由于美国物品现在变得便宜了，外国人从美国购买的东西就多了，因此，美国的出口增加。净出口等于出口减进口，因此，这两种变动都引起美国的净出口增加。这样，美元的真实汇率值下降引起了物品与服务的需求量增加。

这个逻辑提供了总需求曲线向右下方倾斜的第三个原因。当美国物价水平下降引起美国利率下降时，美元在外汇市场上的真实价值下降了。这种贬值刺激了美国的净出口，从而增加了物品与服务的需求量。相反，当美国物价水平上升并引起美国利率上升时，美元的真实价值就会上升，而且这种升值减少了美国的净出口以及物品与服务的需求量。

总结 有三个不同但相关的原因说明了为什么物价水平下降增加了物品与服务的需求量：

（1）消费者更富有了，这刺激了消费品需求。

（2）利率下降，这刺激了投资品需求。

（3）通货贬值，这刺激了净出口需求。

同样的这三种效应也在相反的方向起作用：当物价水平上升时，财富减少抑制了消费支出，高利率抑制了投资支出，而且通货升值抑制了净出口。

有一个思想试验可以加深你对这些效应的理解。设想有一天你醒来时注意到，由于某种神奇的原因，所有物品与服务的价格都下降了一半，因此，你拥有的美元价值翻了一番。按真实价值计算，你现在拥有的钱是你昨天晚上睡觉时的两倍。你会用这些额外的钱做什么呢？你可以在你喜欢的餐馆里花这些钱，增加消费支出；你也可以把这些钱贷出去（通过购买债券或者把这些钱存入银行），这就降低了利率，并增加了投资支出；你还可以把这些钱投资于海外（通过购买国际共同基金的股份），这就降低了美元的真实汇率值，并增加了净出口。无论你选择这三种反应中的哪一种，物价水平的下降都引起了物品与服务需求量的增加。这就是总需求曲线向右下方倾斜所代表的。

重要的是要记住，总需求曲线（和所有需求曲线一样）是在假设"其他条件相同"的情况下画出来的。特别是，我们对向右下方倾斜的总需求曲线的三个解释都假定货币供给是固定的。这就是说，我们是在假设经济中货币供给不变的情况下来考虑物价水平的变动如何影响物品与服务的需求的。正如我们将要说明的，货币量的变动会使总需求曲线移动。现在只要记住，总需求曲线是根据一个既定的货币供给量做出的。

33.3.2 为什么总需求曲线会移动

总需求曲线向右下方倾斜表明物价水平下降增加了物品与服务的总需求量。但是，许多其他因素也影响物价水平既定时的物品与服务的需求量。当这些因素中的一种变动时，在每一种物价水平时物品与服务的需求量改变了，总需求曲线就会移动。

现在我们考虑一些使总需求曲线移动的事件的例子。我们可以依据这些事件最直接影响总支出的哪一个组成部分将它们进行分类。

消费变动引起的移动 假设美国人突然变得更为关注其退休后的生活，从而减少了他们的现期消费。由于在物价水平既定时，物品与服务的需求量减少了，所以总需求曲线向左移动。相反，设想股市高涨使人们更富有了，并且不太关心储蓄了。这种情况所引起的消费支出增加意味着在物价水平既定时物品与服务的需求量增加，因此总需求曲线向右移动。

因此，任何一个改变人们在物价水平既定时想消费多少的事件都会使总需求曲线移动。具有这种效应的政策变量之一是税收水平。当政府减税时，它鼓励人们更多地支出，因此总需求曲线向右移动。当政府增税时，人们就会削减支出，因此总需求曲线向左移动。

投资变动引起的移动 任何一个改变企业在物价水平既定时想投资多少的事件也都会使总需求曲线移动。例如，设想电脑行业引进了运算速度更快的电脑，而且许多企业决定投资于新电脑系统。由于在物价水平既定时物品与服务的需求量增加了，所以总需求曲线向右移动。相反，如果企业对未来经济状况持悲观态度，它们就会削减投资支出，这将使总需求曲线向左移动。

税收政策也可以通过投资影响总需求。例如，投资税收优惠（税收减免与企业的投资支出相关）增加了企业在利率既定时需求的投资品数量，从而使总需求曲线向右移动。相反，投资税收优惠的取消减少了投资，使总需求曲线向左移动。

影响投资和总需求的另一个政策变量是货币供给。正如我们在下一章将要更充分地讨论的，短期中货币供给增加降低了利率，这种利率的下降就使借款成本减少。借款成本减少又刺激了投资支出，从而使总需求曲线向右移动。相反，货币供给减少提高了利率，抑制了投资支出，从而使总需求曲线向左移动。许多经济学家认为，整个美国历史上货币政策的变动一直是总需求曲线移动的一个重要原因。

政府购买变动引起的移动 决策者使总需求曲线移动的最直接的方式是通过政府购买。例如，假设国会决定减少新武器系统的购买，由于在物价水平既定时物品与服务的需求量减少了，所以总需求曲线向左移动。相反，如果州政府开始建设更多的高速公路，结果是在物价水平既定时物品与服务需求量的增多，因此总需求曲线向右移动。

净出口变动引起的移动 在物价水平既定时任何一个改变净出口的事件也会使总需求曲线移动。例如，当欧洲经历衰退时，它从美国购买的物品变少了，这就减少了美国在每一物价水平上的净出口，使美国经济的总需求曲线向左移动。当欧洲从衰退中复苏时，它又开始购买美国物品，这又会使总需求曲线向右移动。

净出口的变动也可能是因为国际投机者的活动引起了汇率变动。例如，假设这些投机者对外国经济失去信心，想要将其一些财富转移到美国经济中，这样做的结果是他们使外汇市场上的美元价值上升。这种美元升值使美国物品相对于外国物品更为昂贵，这就抑制了美国的净出口，使总需求曲线向左移动。相反，引起美元贬值的投机活动刺激了净出口，使总需求曲线向右移动。

总结 在下一章中我们要更详细地分析总需求曲线，并且将更精确地考察货币政策和财政政策工具如何使总需求移动，以及决策者是否应该把这些工具运用于这种目的。但现在我们应该对为什么总需求曲线向右下方倾斜以及哪几种事件和政策会使这条曲线移动有所了解。表33-1总结了我们迄今为止所学到的内容。

即问即答

■ 解释总需求曲线向右下方倾斜的三个原因。

■ 举出一个会使总需求曲线移动的事件的例子。这个事件使该曲线向哪个方向移动？

> **表33-1　总需求曲线：总结**
>
> **为什么总需求曲线向右下方倾斜？**
>
> 1. 财富效应：物价水平下降增加了真实财富，这鼓励了消费支出。
> 2. 利率效应：物价水平下降降低了利率，这鼓励了投资支出。
> 3. 汇率效应：物价水平下降引起了真实汇率下降，这鼓励了净出口支出。
>
> **为什么总需求曲线会移动？**
>
> 1. 消费变动引起的移动：在物价水平既定时，使消费者支出增加的事件（减税、股市高涨）使总需求曲线向右移动。在物价水平既定时，使消费者支出减少的事件（增税、股市低迷）使总需求曲线向左移动。
>
> 2. 投资变动引起的移动：在物价水平既定时，使企业投资增加的事件（对未来的乐观，由于货币供给增加引起的利率下降）使总需求曲线向右移动。在物价水平既定时，使企业投资减少的事件（对未来的悲观，由于货币供给减少引起的利率上升）使总需求曲线向左移动。
>
> 3. 政府购买变动引起的移动：政府对物品与服务购买的增加（增加对国防或高速公路建设的支出）使总需求曲线向右移动。政府对物品与服务购买的减少（削减对国防或高速公路建设的支出）使总需求曲线向左移动。
>
> 4. 净出口变动引起的移动：在物价水平既定时，增加净出口支出的事件（国外经济繁荣，引起汇率下降的投机）使总需求曲线向右移动。在物价水平既定时，减少净出口支出的事件（国外经济衰退，引起汇率上升的投机）使总需求曲线向左移动。

33.4　总供给曲线

总供给曲线告诉我们在任何一种既定的物价水平时企业生产并销售的物品与服务总量。与总是向右下方倾斜的总需求曲线不同，总供给曲线的走势取决于所考察的时间长短。在长期中，总供给曲线是垂直的；而在短期中，总供给曲线向右上方倾斜。为了了解短期经济波动，以及经济的短期行为如何与其长期行为不一致，我们既要考察长期总供给曲线，又要考察短期总供给曲线。

33.4.1　为什么长期中总供给曲线是垂直的

是什么因素决定长期中物品与服务的供给量呢？在本书前面，当我们分析经济增长的过程时已经隐含地回答了这个问题。在长期中，一个经济的物品与服务生产（它的真实GDP）取决于它的劳动、资本和自然资源的供给，以及可得到的用于把这些生产要素变为物品与服务的技术。

当我们分析决定长期经济增长的这些因素时，我们根本不需要提到物价总水平。我们在另一章考察了物价水平，在那一章中我们说明了物价水平由货币量决定。我们知道，如果两个经济除了一个经济流通中的货币是另一个经济的两倍之外，其他完全相同，那么货币多的经济中的物价水平也是另一个经济的两倍。但是由于货币量并不影响技术以及劳动、资本与自然资源的供给，所以在这两个经济中物品与服务的产量应该是相同的。

因为物价水平并不影响这些真实 GDP 的长期决定因素，所以长期总供给曲线是垂直的，如图 33-4 所示。换句话说，在长期中，经济的劳动、资本、自然资源和技术决定了物品与服务的总供给量，而且无论物价水平如何变动，供给量都是相同的。

垂直的长期总供给曲线是古典二分法与货币中性的图形表示。正如我们已经讨论过的，古典宏观经济理论是以真实变量不取决于名义变量的假设为基础的。长期总供给曲线与这个思想是一致的，因为它意味着产量（真实变量）不取决于物价水平（名义变量）。正如以前所提到的，大多数经济学家认为，在研究包含许多年的一个时期的经济时，这个原理很适用，但当研究逐年的变动时就不适用了。因此，只有在长期中总供给曲线才是垂直的。

即问即答

■ 解释为什么长期总供给曲线是垂直的。

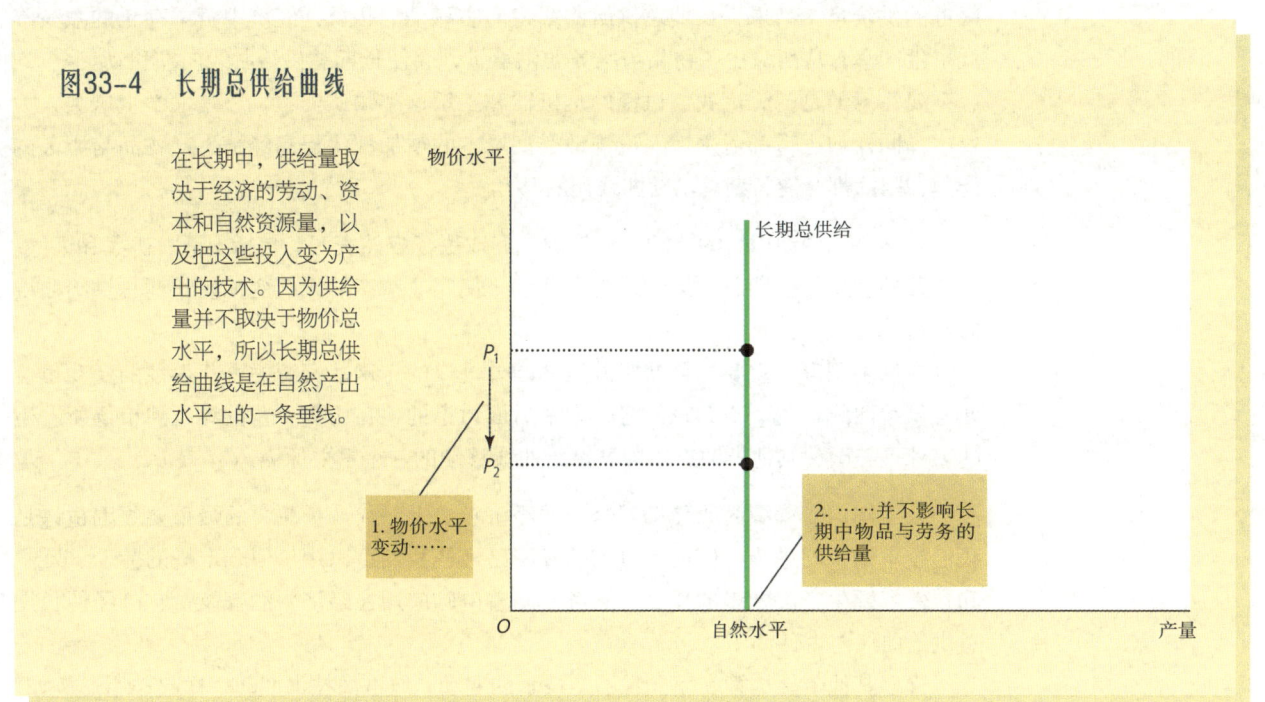

图33-4　长期总供给曲线

在长期中，供给量取决于经济的劳动、资本和自然资源量，以及把这些投入变为产出的技术。因为供给量并不取决于物价总水平，所以长期总供给曲线是在自然产出水平上的一条垂线。

33.4.2　为什么长期总供给曲线会移动

因为古典宏观经济理论预测了一个经济在长期中所生产的物品与服务量，所以它也说明了长期总供给曲线的位置。长期生产水平有时称为潜在产量或充分就业产量。为了更准确一些，我们称它为自然产出水平（natural level of output），因为它表明失业为其自然率或正常率时经济中所生产的东西。自然产出水平是经济在长期中所趋向的

自然产出水平：一个经济在长期中当失业处于其正常率时达到的物品与服务的生产水平。

生产水平。

经济中任何改变自然产出水平的变动都会使长期总供给曲线移动。因为古典模型中的产量取决于劳动、资本、自然资源和技术知识，所以我们可以把长期总供给曲线的移动划分为这四个原因引起的移动。

劳动变动引起的移动 设想一个经济中移民的增加使工人的数量增多了，因而物品与服务的供给量也增加了。结果，长期总供给曲线将向右移动。相反，如果许多工人离开这个经济去了国外，那么长期总供给曲线将向左移动。

因为长期总供给曲线的位置还取决于自然失业率，所以自然失业率的任何一种变动都会使长期总供给曲线移动。例如，如果国会大幅度提高最低工资，自然失业率就会上升，从而经济生产的物品与服务量就会减少。结果，长期总供给曲线将向左移动。相反，如果失业保险制度改革鼓励失业工人更努力地寻找新工作，自然失业率就会下降，长期总供给曲线将向右移动。

资本变动引起的移动 经济中资本存量的增加提高了生产率，从而增加了物品与服务的供给量。结果，长期总供给曲线将向右移动。相反，经济中资本存量的减少降低了生产率，从而减少了物品与服务的供给量，会使长期总供给曲线向左移动。

要注意的是，无论我们讨论的是机器和工厂这类物质资本，还是大学生这类人力资本，同样的逻辑都适用。无论哪种类型资本的增加都将提高经济生产物品与服务的能力，因此都会使长期总供给曲线向右移动。

自然资源变动引起的移动 经济的生产取决于自然资源，包括土地、矿藏和天气。新矿藏的发现使长期总供给曲线向右移动；使农业减产的天气变化使长期总供给曲线向左移动。

在许多国家，重要的自然资源是从国外进口的。这些资源的可获得性的变动也会使总供给曲线移动。正如我们将在本章后面讨论的，在历史上，世界石油市场所发生的事件是美国和其他石油进口国总供给曲线移动的一个重要原因。

技术知识变动引起的移动 今天的经济较之上一代产量更高的最重要原因也许是我们技术知识的进步。例如，电脑的发明已经使我们可以用任何既定量的劳动、资本和自然资源生产出更多的物品与服务。随着电脑应用在经济中的普及，它已经使长期总供给曲线向右移动了。

许多其他事件尽管表面上看不是技术的变动，但也像技术变动一样起作用。例如，开放国际贸易与发明新的生产过程有类似的作用，因为它使一个国家专门从事生产率更高的行业，所以它也会使长期总供给曲线向右移动。相反，如果政府出于对工人安全与环境的考虑，通过了阻止企业利用某种生产方法的新规定，结果就将使长期总供给曲线向左移动。

总结 因为长期总供给曲线反映了我们在前几章中提出的古典经济模型，所以它提供了描述我们以前分析的一种新方法。在前几章中任何一种增加真实GDP的政策或事件都可以增加物品与服务的供给量，并使总供给曲线向右移动。在前几章中任何一种减少真实 GDP 的政策或事件也都可以减少物品与服务的供给量，并使总供给曲线向左移动。

33.4.3 用总需求和总供给来描述长期增长与通货膨胀

在介绍了经济的总需求曲线和长期总供给曲线之后，现在我们有了一种描述经济长期趋势的新方法。图 33-5 说明了经济中每十年间发生的变动。要注意的是，这两条曲线都在移动。尽管在长期中有许多因素决定经济，而且在理论上这些因素都可以引起这种移动，但是现实世界中最重要的两个因素是技术和货币政策。技术进步提高了一个经济生产物品与服务的能力，而且这种产量的增加反映在长期总供给曲线持续地向右移动上。同时，由于美联储一直在增加货币供给，所以总需求曲线也向右移动。正如该图所说明的，结果是产量的持续增长（用 Y 的增加表示）和持续的通货膨胀（用 P 的上升表示）。这仅仅是提供了我们在前几章中讨论的增长与通货膨胀的古典分析的另一种方法。

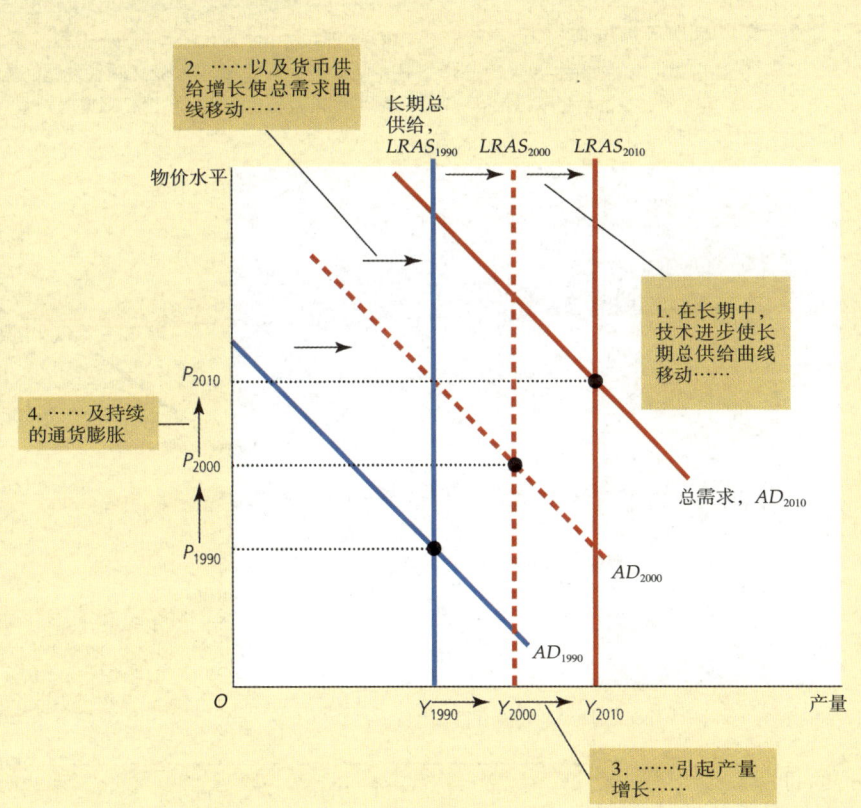

图33-5 总需求与总供给模型中的长期增长与通货膨胀

但是，提出总需求与总供给模型的目的并不是要给我们以前得出的长期结论穿上一件新外衣，而是要为我们即将说明的短期分析提供一个框架。当我们提出短期模型时，我们通过省略图33-5中的移动所描述的持续增长和通货膨胀而使分析变得简单。但要时刻记住，长期趋势是短期波动叠加的结果。应该把产量与物价水平的短期波动视为对持续的产量增长和通货膨胀长期趋势的背离。

33.4.4 为什么短期中总供给曲线向右上方倾斜

短期中的经济与长期中的经济之间的关键差别是总供给的状况不同。长期总供给曲线是垂直的，因为在长期中物价总水平并不影响经济生产物品与服务的能力。与此相反，在短期中物价水平确实影响经济的产量。这就是说，在一年或两年的时期内，经济中物价总水平上升往往会增加物品与服务的供给量，而物价水平下降往往会减少物品与服务的供给量。结果，短期总供给曲线如图33-6所示向右上方倾斜。

为什么物价水平的变动在短期中影响产量呢？宏观经济学家提出了三种说明短期总供给曲线向右上方倾斜的理论。在每一种理论中，某个市场的不完全性引起经济中供给一方的短期行为与长期不同。虽然以下每一种理论在细节上不同，但它们具有一

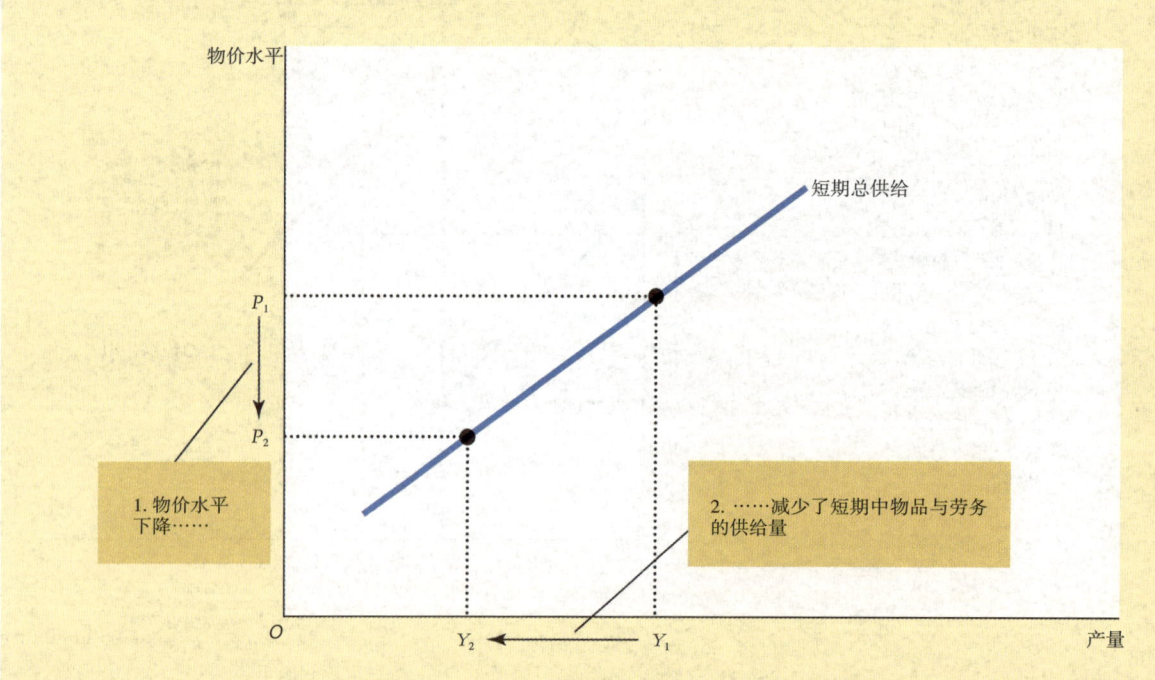

图33-6　短期总供给曲线

在短期中，物价水平从 P_1 下降到 P_2，使供给量从 Y_1 减少为 Y_2。两者之间的这种正相关关系可能是由于黏性工资、黏性价格或错觉的存在。随着时间的推移，工资、物价和感觉得到调整，因此这种正相关关系只是暂时的。

个共性：当经济中的实际物价水平背离了人们预期的物价水平时，供给量就背离了其长期水平或自然水平。当物价水平高于人们预期的水平时，产量就高于其自然水平；当物价水平低于预期水平时，产量就低于其自然水平。

黏性工资理论 对短期总供给曲线向右上方倾斜的第一种解释是黏性工资理论。这种理论是研究总供给的三种方法中最简单的，并且一些经济学家认为它是短期中经济不同于长期中经济的重要原因，因此它也是我们在本书中重点强调的理论。

根据这种理论，短期总供给曲线向右上方倾斜是因为名义工资对经济状况变动的调整缓慢。换句话说，工资在短期中是"黏性的"。在某种程度上，名义工资调整缓慢是由于工人和企业之间签订了固定名义工资的长期合同，有时这种合同的期限长达三年。此外，名义工资调整缓慢也可能是由于影响工资确定的社会规范和公正的观念变动缓慢。

一个例子有助于解释黏性名义工资如何能引起短期总供给曲线向右上方倾斜。设想一年前，一个企业预期现在的物价水平是 100，并且根据这种预期与其工人签订了合同，同意支付给他们比如说每小时 20 美元的工资。实际上，物价水平 P 结果只是 95。由于物价水平降到预期水平以下，企业从其每单位产品销售中得到的收入比预期少了 5%。但是，用于生产这些产品的劳动的成本仍然是每小时 20 美元。现在生产不太有利了，因此企业就会少雇用工人，并减少产品供给量。随着时间的推移，劳动合同会到期，企业会与其工人就工资下调再次进行谈判（工人可能会接受较低的工资，因为物价也下降了），但同时就业与生产将仍然低于其长期水平。

同样的逻辑也在相反的方向起作用。假设物价水平结果是 105，并且工资仍然是每小时 20 美元。企业看到，它出售每单位产品得到的收入增加了 5%，而其劳动成本并没变。企业的反应就是雇用更多的工人，并增加供给量。最终工人会要求更高的名义工资来补偿更高的物价水平，但在一段时间内，企业可以通过使就业和产品供给量高于其长期水平来利用这个可以赚取更多利润的机会。

简言之，根据黏性工资理论，短期总供给曲线向右上方倾斜是因为名义工资是基于预期的物价确定的，并且当实际物价水平结果不同于预期水平时，名义工资并不会立即对此做出反应。工资的这种黏性激励了企业在实际物价水平低于预期水平时生产较少的产量，而在实际物价水平高于预期水平时生产较多的产量。

黏性价格理论 一些经济学家提出了用于解释短期总供给曲线向右上方倾斜的另一种方法，称为黏性价格理论。正如我们刚才所讨论的，黏性工资理论强调名义工资随着时间推移调整缓慢。黏性价格理论则强调一些物品与服务的价格对经济状况变动的调整也是缓慢的。这种缓慢的价格调整，部分是因为调整价格要付出成本，即所谓的菜单成本。这些菜单成本包括印刷和分发目录的成本，以及改变价格标签所需要的时间。由于这些成本，短期中价格和工资可能都是黏性的。

为了说明黏性价格如何解释总供给曲线向右上方倾斜，我们首先假设经济中每个企业都根据它所预期的未来一年的经济状况提前公布了该企业生产的物品或服务的价格。再假设，在价格公布之后，经济中出现了未预料到的货币供给紧缩，（正如我们所知道的）这将降低长期中的物价总水平。虽然一些企业对未预料到的经济状况变动的反应是迅速降低自己所生产的物品或服务的价格，但还有一些企业不想引起额外的菜单成本，结果它们在降低自己所生产的物品或服务的价格上暂时滞后了。由于这些滞后企业的价格如此之高，所以它们的销售减少了。销售减少又引起企业削减生产和就业。换句话说，由于并不是所有价格都根据变动的经济状况而迅速调整，未预料到的物价水平下降使一些企业的价格高于合意水平，而这些高于合意水平的价格抑制了销售，并引起企业减少它们生产的物品与服务量。

当货币供给和物价水平结果高于最初确定价格时企业的预期时，同样的推理也适用。一些企业对新经济环境的反应是立即提高其价格，而另一些企业的反应滞后，使自己的价格低于合意水平。这种低价格吸引了顾客，从而引起这些企业增加就业和生产。因此，在价格调整滞后的企业以较低的价格经营的期间内，物价总水平和产量之间就存在正相关关系。这种正相关关系用总供给曲线向右上方倾斜来表示。

错觉理论　解释短期总供给曲线向右上方倾斜的第三种方法是错觉理论。根据这种理论，物价总水平的变动会暂时误导供给者对自己出售产品的个别市场发生的事情的看法。由于这些短期的错觉，供给者对物价水平的变动做出了反应，并且这种反应引起了总供给曲线向右上方倾斜。

为了说明这种理论如何起作用，假设物价总水平降到供给者预期的水平之下。当供给者看到他们产品的价格下降时，他们可能会错误地认为，他们的相对价格下降了。这就是说，他们会认为与经济中其他价格相比，他们的产品价格下降了。例如，种小麦的农民在注意到他们作为消费者购买的许多物品的价格都下降之前先注意到了小麦价格的下降，他们可能从这种观察中推知生产小麦的报酬暂时降低了，并且他们的反应可能是减少他们所供给的小麦。同样，工人在注意到他们所购买的物品价格下降之前先注意到他们的名义工资下降了，他们就会由此推知他们的工作报酬暂时降低了，并做出减少他们供给的劳动量的反应。在这两种情况下，较低的物价水平引起对相对价格的错觉，而且这些错觉又引起供给者对较低物价水平做出减少物品与服务供给量的反应。

当实际物价水平高于预期的水平时，类似的错觉也会产生。物品与服务的供给者可能只注意到自己产品的价格上升了，并错误地推断他们产品的相对价格上升了。他们就会得出结论，这是生产的好时机。在他们的错觉得到纠正之前，他们对高物价水平的反应是增加物品与服务的供给量。这种行为就引起短期总供给曲线向右上方倾斜。

总结　对短期总供给曲线向右上方倾斜有三种不同的解释：（1）黏性工资；（2）黏性价格；（3）对相对价格的错觉。经济学家们在争论哪一种理论是正确的，而极有可能的是每一种理论都包含真理的成分。就本书的目的而言，这些理论的相似之处比它们之间的差别更重要。所有这三个理论都表明，当实际物价水平背离人们预期的物价水平时，短期产量就背离自然产出水平。我们可以用数学公式表述如下：

$$产量的供给量 = 自然产出水平 + a（实际物价水平 - 预期的物价水平）$$

即问即答
■阐述解释短期总供给曲线向右上方倾斜的三种理论。

其中，a 是决定产量对未预期到的物价水平变动做出多大反应的数字。

要注意的是，这三种短期总供给理论中的每一种都强调了一个可能只是暂时存在的问题。无论短期总供给曲线向右上方倾斜是由于黏性工资、黏性价格还是错觉，这些情况都不会持久存在下去。随着时间的推移，名义工资将变得没有黏性，价格将变得没有黏性，并且对相对价格的错觉也将得到纠正。在长期中，合理的假设是工资和价格具有伸缩性，而不是黏性，而且人们不会为相对价格所迷惑。因此，尽管我们有几种好理论来解释为什么短期总供给曲线向右上方倾斜，但是它们与垂直的长期总供给曲线都是完全一致的。

33.4.5 为什么短期总供给曲线会移动

短期总供给曲线告诉我们短期内在任何既定物价水平时物品与服务的供给量。这条曲线与长期总供给曲线相似，但由于黏性工资、黏性价格以及错觉的存在，它不是垂直的，而是向右上方倾斜的。因此，当考虑是什么引起短期总供给曲线移动时，我们必须考虑使长期总供给曲线移动的所有变量以及一个新变量——预期的物价水平，它影响黏性工资、黏性价格和对相对价格的错觉。

我们从对长期总供给曲线的了解开始。正如以前我们所讨论的，长期总供给曲线的移动通常是由于劳动、资本、自然资源和技术知识的变动引起的。这些相同的变量也会使短期总供给曲线移动。例如，当经济中的资本存量增加而提高了生产率时，这个经济就能够生产更多的产品，因此无论长期还是短期总供给曲线都向右移动。当最低工资增加从而提高了自然失业率时，经济中就业的工人就少了，因而生产的产品也少了，因此无论长期还是短期总供给曲线都向左移动。

影响短期总供给曲线位置的重要新变量是人们预期的物价水平。正如我们所讨论的，在短期中，物品与服务的供给量取决于黏性工资、黏性价格和错觉。但工资、价格和错觉都是根据预期的物价水平确定的，因此当人们改变他们对物价水平的预期时，短期总供给曲线也将移动。

为了使这种思想更具体，我们考虑一种明确的总供给理论——黏性工资理论。根据这种理论，当工人和企业预期物价水平要上升时，他们就倾向于达成一个高水平名义工资的合同。高工资增加了企业的成本，而且在任何既定的实际物价水平下减少了企业供给的物品与服务量。因此，当预期的物价水平上升时，工资就会提高，成本增加，并且企业在实际物价水平既定时生产的物品和服务减少。这样，短期总供给曲线向左移动。相反，当预期的物价水平下降时，工资下降，成本下降，企业在实际物价水平既定时增加产量，短期总供给曲线向右移动。

同样的逻辑也适用于每一种总供给理论。一般性结论如下：预期物价水平上升减少了物品与服务的供给量，并使短期总供给曲线向左移动。预期物价水平下降增加了物品与服务的供给量，并使短期总供给曲线向右移动。正如我们将在下一节中说明的，预期对短期总供给曲线位置的这种影响在解释经济如何从短期转向长期时起了关键作用。在短期中，预期是固定的，经济处于总需求曲线与短期总供给曲线的交点。在长

即问即答

■ 什么变量既使长期总供给曲线移动又使短期总供给曲线移动？

■ 什么变量使短期总供给曲线移动而不使长期总供给曲线移动？

期中，如果人们观察到物价水平不同于他们的预期，他们的预期就会得到调整，短期总供给曲线将移动。这种移动保证了经济最终会处于总需求曲线与长期总供给曲线的交点。

你现在应该对为什么短期总供给曲线向右上方倾斜以及什么事件与政策会引起这条曲线移动有所了解了。表 33-2 总结了我们的讨论。

表33-2　短期总供给曲线：总结

为什么短期总供给曲线向右上方倾斜?

1. 黏性工资理论：未预期到的低物价水平增加了真实工资，这引起企业减少雇用工人并减少生产的物品与服务量。
2. 黏性价格理论：未预期到的低物价水平使一些企业的价格高于合意的水平，这就抑制了它们的销售，并引起它们削减生产。
3. 错觉理论：未预期到的低物价水平使一些供给者认为自己的相对价格下降了，这引起生产减少。

为什么短期总供给曲线会移动?

1. 劳动变动引起的移动：可得到的劳动量增加（也许是由于自然失业率的下降）使总供给曲线向右移动；可得到的劳动量减少（也许是由于自然失业率的上升）使总供给曲线向左移动。
2. 资本变动引起的移动：物质资本或人力资本增加使总供给曲线向右移动；物质资本或人力资本减少使总供给曲线向左移动。
3. 自然资源变动引起的移动：自然资源可获得性的增加使总供给曲线向右移动；自然资源可获得性的减少使总供给曲线向左移动。
4. 技术变动引起的移动：技术知识进步使总供给曲线向右移动；可得到的技术减少（也许由于政府管制）使总供给曲线向左移动。
5. 预期物价水平变动引起的移动：预期物价水平下降使短期总供给曲线向右移动；预期物价水平上升使短期总供给曲线向左移动。

33.5　经济波动的两个原因

既然我们已经介绍了总需求与总供给模型，我们就有了分析经济活动波动所需的基本工具。特别是，我们可以用所学的关于总需求与总供给的内容来考察短期波动的两个基本原因：总需求移动与总供给移动。

为了使事情简化，我们假设经济开始时处于长期均衡，如图 33-7 所示。均衡产量和物价水平在长期中是由总需求曲线和长期总供给曲线的交点决定的，如图中 A 点

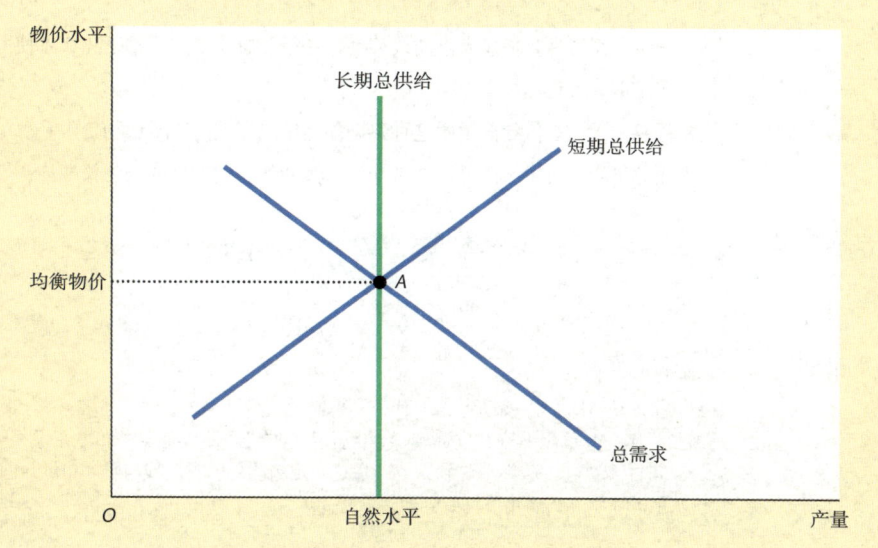

图33-7 长期均衡

经济的长期均衡是在总需求曲线与长期总供给曲线相交的地方（A点）。当经济达到这种长期均衡时，预期物价水平将调整为等于实际物价水平。因此，短期总供给曲线也相交于这一点。

所示。在这一点时，产量为其自然水平。由于经济总是处于短期均衡，因此短期总供给曲线也通过这一点，这表示预期物价水平已经调整到了这种长期均衡。也就是说，当一个经济处于长期均衡时，预期物价水平必定等于实际物价水平，从而总需求曲线与短期总供给曲线的交点和总需求曲线与长期总供给曲线的交点重合。

33.5.1 总需求移动的影响

假设悲观的情绪突然笼罩了经济。原因可能是白宫丑闻、股票市场崩溃，或者海外战争爆发。由于这些事件，许多人对未来失去信心并改变了他们的计划。家庭削减了支出并且延迟了重大购买，企业则放弃了购买新设备。

这种悲观情绪对宏观经济有什么影响呢？在回答这个问题时，我们可以遵循在第4章中分析某个特定市场的供给与需求时所采用的三个步骤：第一步，确定这个事件是影响总需求还是影响总供给；第二步，确定曲线向哪一个方向移动；第三步，用总需求和总供给图来比较最初的均衡和新的均衡。此外，我们需要增加第四步，必须跟踪新的短期均衡、新的长期均衡以及它们之间的转变。表33-3总结了分析经济波动的四个步骤。

前两步很容易。第一，由于悲观情绪影响支出计划，所以它影响总需求曲线。第二，由于家庭和企业现在在任何一种既定的物价水平时想购买的物品与服务量减少了，所以这个事件减少了总需求，如图33-8所示，总需求曲线从 AD_1 向左移动到 AD_2。

表33-3 分析宏观经济波动的四个步骤

1. 确定某个事件是使总需求曲线移动，还是使总供给曲线移动（或者使两条曲线都移动）。
2. 确定曲线移动的方向。
3. 用总需求和总供给图说明这种移动如何影响短期的产量和物价水平。
4. 用总需求和总供给图分析经济如何从其新的短期均衡变动到长期均衡。

图33-8 总需求减少

总需求曲线从 AD_1 向左移动到 AD_2 代表了总需求减少。在短期中，经济从 A 点移动到 B 点，产量从 Y_1 减少为 Y_2，物价水平从 P_1 下降到 P_2。随着时间的推移，当预期物价水平调整时，短期总供给曲线从 AS_1 向右移动到 AS_2，经济达到 C 点，在这一点新的总需求曲线与长期总供给曲线相交。在长期中，物价水平下降到 P_3，产量恢复到其自然水平 Y_1。

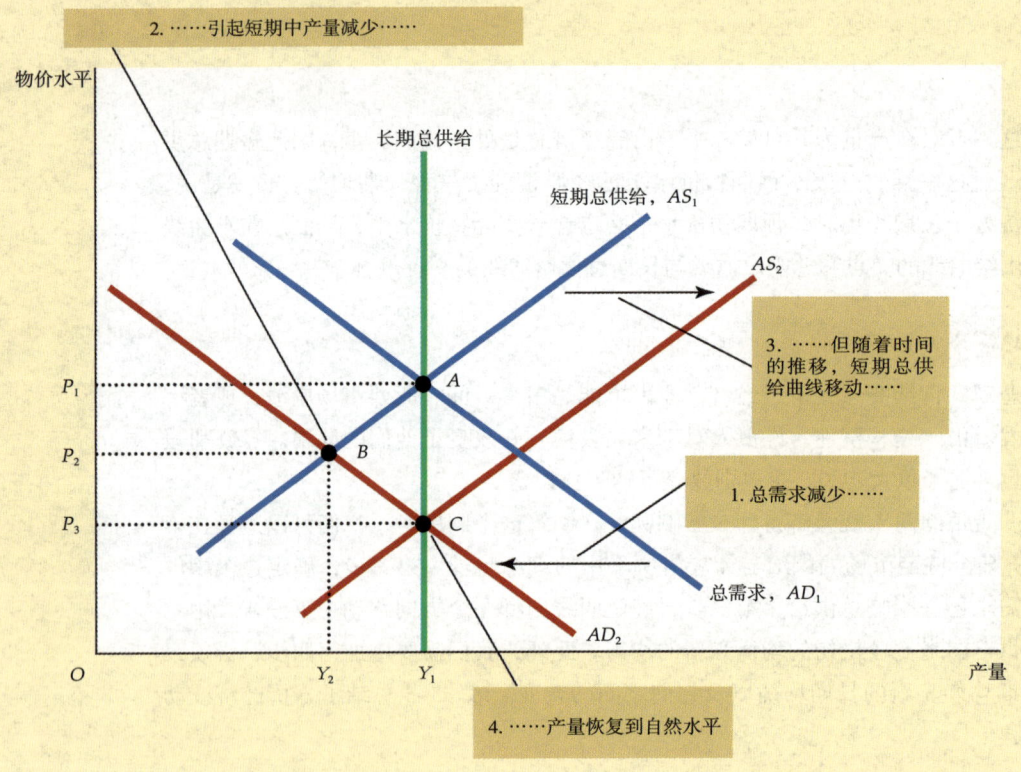

利用该图，我们可以完成第三个步骤：通过比较最初的均衡和新的均衡，我们可以说明总需求减少的影响。在短期中，经济沿着最初的短期总供给曲线 AS_1 从 A 点变动到 B 点。随着经济从 A 点移动到 B 点，产量从 Y_1 下降到 Y_2，而物价水平从 P_1 下降到 P_2。产量水平下降表明经济处于衰退中。虽然在该图中没有反映出来，但企业对低销售和低生产的反应是减少就业。因此，在某种程度上，引起总需求移动的悲观主义是自我实现的：对未来的悲观引起收入下降和失业增加。

现在进行第四步——从短期均衡向长期均衡的转变。由于总需求减少，物价水平从最初的 P_1 下降到 P_2。因此，物价水平低于在总需求突然减少之前人们的预期水平（P_1）。尽管人们在短期中会感到吃惊，但他们不会一直这样。随着时间的推移，预期赶上了这种新的现实，预期物价水平也下降了。预期物价水平的下降改变了工资、价格和感觉，这又影响了短期总供给曲线的位置。例如，根据黏性工资理论，一旦工人和企业逐渐预期到物价水平下降，他们就开始接受较低名义工资的议价；劳动成本减少鼓励企业雇用更多的工人，并在任何既定的物价水平时扩大生产。因此，预期物价水平下降使短期总供给曲线从图 33-8 中的 AS_1 向右移动到 AS_2。这种移动使经济接近于 C 点，新的总需求曲线（AD_2）与长期总供给曲线在这一点相交。

在新的长期均衡 C 点时，产量回到了其自然水平。经济进行了自我纠正：即使决策者不采取任何行动，长期中产量的减少也会逆转。尽管悲观情绪已经减少了总需求，但物价水平大大下降（到 P_3）抵消了总需求曲线移动的影响，而且人们也会预期到这种新的低物价水平。因此，在长期中，总需求曲线的移动完全反映在物价水平上，而根本没有反映在产量水平上。换句话说，总需求移动的长期效应是一种名义变动（物价水平下降），而不是真实变动（产量相同）。

当面对总需求的突然减少时，决策者应该做点什么呢？在前面的分析中，我们假定他们什么也不做。另一种可能是，只要经济进入衰退（从 A 点变动到 B 点），决策者就可以采取行动增加总需求。正如我们以前讲到的，政府支出增加或者货币供给增加都会增加任何一种物价水平时的物品与服务需求量，从而使总需求曲线向右移动。如果决策者以足够快的速度采取足够准确的行动，他们就可以抵消总需求最初的移动，使总需求曲线回到 AD_1，并使经济回到 A 点。如果政策是成功的，低产量和低就业的痛苦时期的长度就会缩短，其严重性也会减轻。下一章我们会更详细地讨论货币政策和财政政策影响总需求的方法，以及在运用这些政策工具中存在的一些实际困难。

总而言之，关于总需求移动的情形有三个重要结论：

- 在短期中，总需求移动引起经济中物品与服务产量的波动。
- 在长期中，总需求移动影响物价总水平，但不影响产量。
- 影响总需求的决策者可以潜在地减缓经济波动的严重性。

参考资料 再度审视货币中性

根据古典经济学理论，货币是中性的。这就是说，货币量的变动影响物价水平这类名义变量，但不影响产量这类真实变量。在本章的前面，我们说道，大多数经济学家把这个结论作为在长期而不是短期中经济如何运行的描述。运用总需求与总供给模型我们可以说明这个结论，并更充分地解释它。

假设美联储减少了经济中的货币量。这种变动有什么影响呢？正如我们讨论过的，货币供给是总需求的一个决定因素，货币供给减少将使总需求曲线向左移动。

这一分析很像图 33-8 所示，尽管总需求曲线移动的原因不同，但我们会看到其对产量和物价水平产生了同样的影响。在短期中，产量和物价水平都下降了，经济经历了一次衰退。但随着时间的推移，预期的物价水平也下降了。例如，企业和工人对这种新预期的反应是同意降低名义工资。当他们这样做时，短期总供给曲线就将向右移动。最终，经济发现自己又回到长期总供给曲线上。

图 33-8 表明了货币何时对真实变量有影响，何时对真实变量没有影响。在长期中，货币是中性的，正如经济从 A 点移动到 C 点所表示的。但在短期中，货币供给的变动有真实影响，正如经济从 A 点移动到 B 点所表示的。一句老话可以概括这个分析："货币是一层面纱，但是当面纱被掀开时，真相就露出来了。"

案例研究 总需求两次重大的移动：大萧条与第二次世界大战

在本章的开头，我们通过观察 1965 年以来的数据确定了有关经济波动的三个关键事实。现在我们考察美国经济史上更长的时期。图 33-9 显示了 1900 年以来每三个年份的真实 GDP 变动百分比的数据。在平均三年的一个时期中，真实 GDP 增长 10% 左右——每年略高于 3%。但是，经济周期引起了围绕这个平均数的波动。有两个事件由于特别重

在美国经济史上，两次波动特别剧烈。在 20 世纪 30 年代初，经济经历了大萧条，当时物品与服务的生产严重萎缩。在 20 世纪 40 年代初，美国加入第二次世界大战，这使经济中的生产迅速增加。通常用总需求的大幅度移动来解释这两个事件。

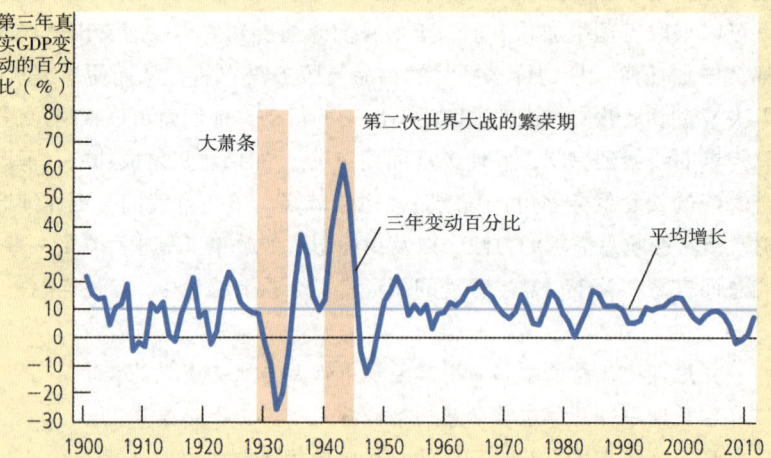

图 33-9 1900 年以来美国的真实 GDP 增长

资料来源：Louis D. Johnston and Samuel H. Williamson, "What was GDP Then?" http://www.measuringworth.com/usgdp/; Department of Commerce（Bureau of Economic Analysis）.

总需求大幅度减少的结果。

图片来源：BETTMANN/CORBIS.

要而凸显出来——20世纪30年代初真实GDP的大幅度下降与40年代初真实GDP的大幅度上升。这两个事件都可以归因于总需求的移动。

20世纪30年代初的经济灾难称为大萧条，而且它是美国历史上最大的经济下降。从1929年到1933年，真实GDP减少了27%，失业从3%增加到25%。同时，在这四年中物价水平下降了22%。在这一时期，其他许多国家也经历了类似的产量与物价下降。

经济史学家一直在争论大萧条的起因，但大多数解释集中在总需求的大幅度减少上。是什么引起了总需求的紧缩呢？分歧就出现在这里。

许多经济学家主要抱怨货币供给的减少：从1929年到1933年，货币供给减少了28%。回想一下我们关于货币制度的讨论，这种货币供给减少是由于银行体系中的问题。随着家庭从财务不稳定的银行提取它们的货币，以及银行家变得更为谨慎并开始持有更多的准备金，部分准备金银行制度之下的货币创造过程反方向发生作用。同时，美联储并没有用扩张性公开市场操作来抵消货币乘数的这种下降。结果，货币供给减少了。许多经济学家责怪美联储没有对大萧条的严重性采取什么行动。

另一些经济学家提出了总需求崩溃的其他理由。例如，在这一时期股票价格下降了90%左右，这减少了家庭财富，从而也减少了消费者支出。此外，银行的问题也使一些企业无法为其新项目或企业扩张进行融资，这就抑制了投资支出。可能的情况是，在大萧条时期，所有这些因素共同发生作用紧缩了总需求。

图33-9中的第二个重大时期——20世纪40年代初的经济繁荣——是容易解释的。这次事件显而易见的原因是第二次世界大战。随着美国在海外进行战争，联邦政府不得不把更多资源用于军事。从1939年到1944年，政府对物品与服务的购买几乎增加了5倍。总需求的巨大扩张几乎使经济中物品与服务的产量翻了一番，并使物价水平上升了20%（尽管普遍的政府物价管制限制了价格上升）。失业从1939年的17%下降到1944年的1%——美国历史上最低的失业水平。

案例研究 2008—2009年的衰退

在2008年和2009年，美国经济经历了金融危机和经济活动的严重下降。在许多方面，这是半个多世纪中最坏的宏观经济事件。

这次衰退开始于几年前住房市场的繁荣。这种繁荣部分是由低利率引起的。在2001年的衰退后，美联储把利率降到历史上的最低水平。虽然低利率有助于经济复苏，但通过使抵押贷款和买房便宜了，却也引起住房价格上升。

除了低利率之外，抵押贷款市场上的各种发展也使次级借款者——根据其收入和信贷历史这些借款者有高度的拖欠风险——更容易得到买房的贷款。一种发展是证券化，即金融机构（特别是抵押贷款的创办人）进行贷款，然后（通过投资银行帮助）将贷款捆绑为称为住房抵押贷款支持证券的金融工具的过程。

然后证券被卖给了其他金融机构（诸如银行和保险公司），这些机构并没有充分评估这些证券的风险。一些经济学家指责对这些高风险贷款监管不充分。另一些经济学家指责政府政策的误导：一些政策鼓励这种高风险贷款，以实现低收入家庭可以更多拥有住房的目的。总之，这些力量共同推高住房需求及住房价格。1995年到2006年间，美国的住房价格翻了一番。

但是，住房高价格并不能持续。从2006年到2009年，美国的住房价格下降了30%左右。这种价格波动不一定是市场经济的问题。毕竟，价格变动会使市场供求均衡。但是，在这种情况下，价格下降有两个引起总需求规模减小的相关后果。

第一个后果是抵押贷款拖欠以及住房被收回大幅度上升。在住房价格高涨时期，许多房东用可能借到的所有的钱并把支出降到最低来买房。当住房价格下降时，这些房东的贷款就成为没顶（underwater）贷款（即抵押贷款高于其住房的价值）。许多房东不再偿还他们的贷款。为抵押贷款服务的银行通过收回抵押品程序收回住房并出售这些住房来应对这些拖欠。银行的目标是，用尽一切办法收回坏账。正如你根据所学的供给与需求可以预测到的，要销售的住房量的增加使住房价格螺旋式加速下降。随着住房价格下降，住房建设的支出也崩溃了。

第二个后果是，各个拥有住房抵押贷款支持证券的金融机构蒙受了巨大亏损。实质上，这些公司通过大量借款来购买高风险的抵押贷款是赌房屋价格将会持续上升；结果赌错了，它们发现自己处于或接近破产的边缘。由于这些大量的亏损,许多金融机构没有资金用于贷款,而且金融体系把资源给予能最好使用资源的人的渠道能力也受到损害,甚至信誉好的客户也发现自己无法借款来为投资支出筹资。

由于这些事件,经济就经历了总需求的大幅度收缩。真实 GDP 和就业都大幅度下跌。在 2007 年第四季度到 2009 年第二季度间,真实 GDP 下降了 4.7%。失业率从 2007 年 5 月的 4.4% 上升到 2009 年 10 月的 10.0%。

随着危机的延伸,美国政府以各种方式做出反应。三项政策措施——目的在于部分把总需求恢复到以前的水平——是最值得注意的。第一,美联储将联邦基金利率的目标从 2007 年 9 月的 5.25% 降到 2008 年 12 月的接近于零。美联储还开始用公开市场操作购买住房抵押贷款支持证券和其他私人贷款。通过从银行体系购买这些金融工具,美联储向银行提供了额外的资金,希望银行能更容易发放贷款。

第二,一个更为不寻常的变动是 2008 年 10 月,国会批准给财政部 7 000 亿美元,用于拯救金融体系。目的是阻止华尔街的金融危机并使贷款容易获得。这些资金许多被用于注入银行作为股本。这就是说,财政部把资金投入银行体系,这就使银行可以用于发放贷款,通过交换这些资金,美国政府至少暂时成为这些银行的部分所有者。

最后,当巴拉克·奥巴马在 2009 年 1 月成为总统后,他的第一个重大倡议就是大幅度增加政府支出。在国会对立法形式的简单争论之后,总统在 2009 年 2 月 17 日签署了 7 870 亿美元的经济刺激法案。

官方认为这次衰落的复苏始于 2009 年 6 月。但根据历史标准,这仅仅是一次微弱的复苏。从 2010 年到 2012 年,真实 GDP 平均每年增长 2.1%,低于 3% 左右的平均增长率。失业从其顶峰降下来了,但仍然相当高:在 2013 年 4 月,失业率为 7.5%,高于衰退开始前 3 个百分点。

如果有的话,在这许多政策中哪一项对终结衰退最重要?而且,其他哪些政策能促进强劲的复苏呢?这些的确是宏观经济史学家在随后几年要争论的问题。

IN THE NEWS

【新闻摘录】
我们学到了什么

自从 2008—2009 年的金融危机和经济大衰退以来,经济学家们一直在问自己,这一幕将怎样改变宏观经济学领域。

Olivier Blanchard 从金融危机中得出的给经济学家的五个教训
David Wessel

75 年中最糟糕的金融危机和最严重的经济衰退告诉了那些眼睁睁地看着这一切发生的学院派经济学家和决策者们什么?在最近伦敦政治经济学院为纪念英格兰银行行长 Mervyn King 的论坛上,Olivier Blanchard 提供了一些答案。

Blanchard 先生今年 64 岁,很适合做这样的陈述。2008 年 9 月,就在雷曼兄弟公司破产之前,他开始担任国际货币基金组织(IMF)的首席经济学家。在此前的 25 年里,他任教于麻省理工学院(MIT)。

以下就是 Blanchard 先生原文所讲述的五个教训,《华尔街日报》的 David Wessel 稍稍编辑了一下:

1. 谦恭是王道

经济大缓和时期(1987—2007 年的经济平静时期)使得我们太多人以为大规模的经济危机——金融危机、银行危机——是过去的事情。它再也不会发生,除非是在新兴市场。历史在前进。

我这一代人在第二次世界大战后出生,一直生活在一切正变得越来越好这样的信条里。我们知道如何更好地做事,这不仅是在经济学领域,在其他领域也都一样。现在我们知道了不是这么回事。历史会反复。我们应该知道这一点。

2. 金融体系非常重要

这不是我们第一次面临 Donald Rumsfeld 先生(美国前国防部长)所说的"我们所不知道的那些未知"。我们从未想过的事情发生了。宏观经济上还有另一个例子:

20 世纪 70 年代石油冲击发生的时候我们还是学生,从没想到会发生那样的事情。经济学家们花了几年,甚至更长时间才明白那是怎么回事。一些年以后,我们发现我们可以把石油冲击当作一场宏观经济学冲击。我们不需要了解网络体系,也不需要了解石油市场的细节。只要能源或者物资价格上涨,我们就可以把它整合进宏观经济模型里——能够显示能源价格对通货膨胀及其他的影响。

但这次不同了。我们从金融体系中了解到的是这次问题出现在网络体系上，我们必须了解网络体系才行。在我来到IMF之前，我以为金融体系就是一系列的套利方程式。基本上就是美联储选定某个利率水平，然后预期假说给出有风险溢价的各种利率，这种风险溢价会有变动，但差别并不大。这实际上不难。我认为华尔街的人们会替我基本做好这件事，因此我根本不用费劲去想。

我们了解到的是，事情并不是这样。在金融体系中，有无数扭曲和小震动相互叠加。当小震动和扭曲足够多时，事情就会变得非常糟糕。这对宏观经济学有基础性意义。我们进行宏观研究的假设是，我们可以观察到某些总体变量，然后让它们在一个简单的模型里互动。我依然认为应该是这样的，但这种方法有局限性。当我们要考察金融体系时，研究网络的细节就至关重要。

3. 相互关联性至关重要

这次经济危机始于美国，在几周内就席卷了全世界。每一次危机，即使发生在几个小岛上，都对世界各地有潜在的影响。借贷双方所告诉我们的关于跨国复杂性的有些东西是我们许多人从未完全认识到的：在由追逐风险带来的跨国界运动中，哪个国家是安全天堂，什么时候以及为什么是呢？理解这一点是极其重要的。世界某个角落发生的事情不能被世界另一个角落所忽视。有个很好的例子，就是这几天我们都花了许多时间来思考塞浦路斯的局势。

贸易方面也是如此。我们过去认为，如果某国经济状况不好，则向那一国的出口也不会好，因此出口产品的国家经济也就不会好。在我们的模型里，这种影响相对比较小。这次危机所带来的一个绝对有力的冲击就是2009年的贸易崩溃。生产减少，贸易崩溃，那些自认为不会遭受贸易冲击的国家结果非常悲惨。

Olivier Blanchard
图片来源：AP Photo/IMF/Eugene Salazar.

4. 我们不知道审慎的宏观工具是否有用

显然传统的货币和财政工具在处理金融体系的特殊问题时不够有效。这导致了审慎的宏观工具的发展，它有可能成为宏观经济政策的第三条腿。

（审慎的宏观工具允许央行放松某些部门的借贷，而不必提高整个经济的利率水平，比如央行可以提高获得住房抵押贷款的最低首付比例，这会降低贷款—价值比率。）原则上，这些宏观工具是可以处理金融部门的某些特殊问题的。如果有问题，可以使用针对某个问题的工具，而不至于用政策性的利率，利率基本上就像个没有精确度的原子弹。

现在的问题是：这些宏观工具有多可靠？我们能用多少？答案——这些答案来自此次金融危机之前的一些贷款—价值比率的经验，以及危机期间周期性银行资本率、贷款—价值比率或者资本控制的变动，正如巴西的情况——是：它们在起作用，但并没有起多大作用。专家和机构围绕这些工具寻找方法。在这个过程中，这里减少一些问题，那里就会引起些其他扭曲。

5. 央行的独立性无助于人们要求央行所能发挥的作用

货币政策和审慎的宏观工具之间是双向互动的关系。当本·伯南克实施扩张性货币政策，量化宽松，许多资产的利率接近于零时，许多参与者倾向于冒风险去获得更高的回报率。这些风险有些确实是我们想让参与者去冒的，有些我们并不想让大家去冒。这是货币政策对金融体系的互动影响。

也可以从相反的角度来看。比如说，如果你用审慎的宏观工具来降低房屋的建筑量，你就会影响总需求，进而减少产量。

问题是：你如何组织使用这些工具？当然应该在统一指令之下。在实践中这就意味着要在央行的指挥之下。但如果是这样，就会有新问题，不仅是两种功能的协调问题，还有央行独立性的问题。

过去20年里很重要的成就之一就是央行可以独立于政府之外。因为授权和工具十分清晰，央行获得了独立性。授权主要是针对通货膨胀，通货膨胀随时可以被监控；工具是央行可以应用的一些短期利率，以便实现通货膨胀目标。这样，因为目标是被完美界定的，所以你可以赋予这个机构某些独立性来确保这个目标的实现，我们每个人只需要旁观央行多么漂亮地去实现目标。

你如果认为现在的央行有这么重大的一系列责任，同时还有一大套工具可用，那么央行独立性的话题就变得相当复杂了。你是不是真的希望央行有不需要政治过程监督的独立性来决定贷款—价值比率？央行有如此大的权力是不是有玷污民主之嫌？我坚信还是有解决办法的。也许在（传统意义上的）货币政策维度内，央行应该具有独立性；而在其他维度上，应该有些监管或者与政治过程的互动。

资料来源：Reprinted with permission of *The Wall Street Journal*, Copyright © 2013 Dow Jones & Company, Inc. All Rights Reserved Worldwide.

33.5.2 总供给移动的影响

再设想一个经济处于长期均衡。现在假设一些企业的生产成本突然增加了。例如，农业州的坏天气可能摧毁了一些农作物，这将使生产食品的成本上升；或者，中东的一场战争可能会中断原油运输，这将使生产石油产品的成本上升。

为了分析这种生产成本增加的宏观经济影响，我们遵循同样的四个步骤。第一步，哪一条曲线受影响？由于生产成本影响供给物品与服务的企业，所以生产成本的变动改变总供给曲线的位置。第二步，曲线向哪个方向移动？由于高生产成本使销售物品与服务变得不太有利可图，所以企业现在在任何一种既定的物价水平时都要减少供给量。因此，如图 33-10 所示，短期总供给曲线从 AS_1 向左移动到 AS_2。（根据这个事件，长期总供给曲线可能也会移动。但为了使事情简单，我们假设长期总供给曲线不会移动。）

利用该图我们可以进行第三步——比较最初的均衡与新的均衡。在短期中，经济沿着现在的总需求曲线从 A 点移动到 B 点。经济中的产量从 Y_1 减少为 Y_2，而物价水平从 P_1 上升为 P_2。由于经济既经历了停滞（产量下降）又经历了通货膨胀（物价上升），所以这种情况有时被称为滞胀（stagflation）。

现在考虑第四步——从短期均衡转向长期均衡。根据黏性工资理论，关键问题在于滞胀如何影响名义工资。企业和工人最初对高物价水平的反应是提高对物价水平的预期，并确定更高的名义工资。在这种情况下，企业的成本还会再上升，而且短期总

滞胀：产量减少而物价上升的时期。

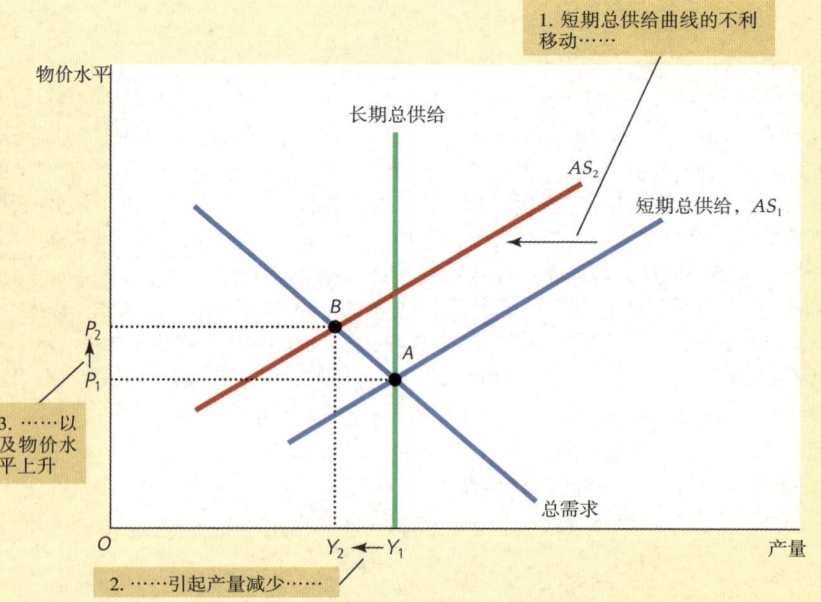

图33-10 总供给的不利移动

当某个事件增加了企业的成本时，短期总供给曲线从AS_1向左移动到AS_2。经济从A点移动到B点。结果出现了滞胀：产量从Y_1减少为Y_2，而物价水平从P_1上升为P_2。

供给曲线将进一步向左移动，这将使滞胀问题加剧。高物价引起高工资，高工资又引起更高的物价，这一现象有时被称为工资—物价螺旋式上升。

在某一点时，这种工资和物价的螺旋式上升会放慢。低产量与低就业水平将压低工人的工资，因为当失业率较高时工人的议价能力就小了。当名义工资下降时，生产物品与服务变得更有利可图了，短期总供给曲线将向右移动。当短期总供给曲线移动回 AS_1 时，物价水平下降了，而且产量也接近于其自然水平。在长期中，经济又回到了 A 点，总需求曲线与长期总供给曲线在这一点相交。

然而，这种回到最初均衡的转变假设，在整个过程中总需求不变。在现实世界中，不可能是这种情况。那些控制货币政策与财政政策的决策者会力图通过移动总需求曲线来抵消短期总供给曲线移动的一些影响。图 33-11 说明了这种可能性。在这种情况下，政策变动使总需求曲线从 AD_1 向右移动到 AD_2——正好足以阻止总供给移动对产量的影响。经济直接从 A 点移动到 C 点，产量仍然为其自然水平，而物价水平则从 P_1 上升为 P_3。在这种情况下，可以说决策者抵消了总供给的移动。抵消性政策为维持较高的产量和就业水平而接受了持久的高物价水平。

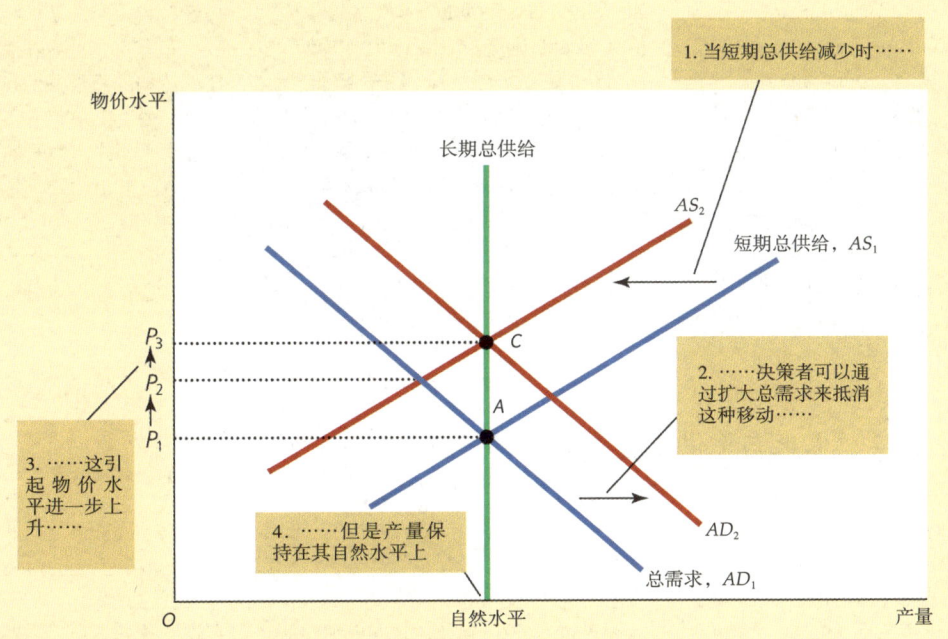

图33-11 抵消总供给的不利移动

面对总供给从 AS_1 到 AS_2 的不利移动，可以影响总需求的决策者会努力使总需求曲线从 AD_1 向右移动到 AD_2。经济会从 A 点移动到 C 点。这种政策在短期内会阻止供给移动带来的产量减少，但物价水平将永久地从 P_1 上升到 P_3。

总之，关于总供给移动的情形有两个重要结论：

- 总供给移动会引起滞胀——衰退（产量减少）与通货膨胀（物价上升）的结合。
- 那些能影响总需求的决策者可以潜在地减缓对产量的不利影响，但是只能以加剧通货膨胀问题为代价。

案例研究　石油与经济

1970年以来，美国经济中一些最大的经济波动起源于中东的产油地区。原油是生产许多物品与服务的关键要素，而且世界大部分石油来自沙特阿拉伯、科威特和其他中东国家。当某个事件（通常起源于政治）减少了来自这个地区的原油供给时，世界石油价格就会上升。美国生产汽油、轮胎和许多其他产品的企业的成本就会增加，而且这些企业发现在任何一种既定的价格水平时供给它们的物品与服务利润更少了。结果总供给曲线向左移动，这又会引起滞胀。

第一起这种事件发生在20世纪70年代中期。石油储藏丰富的国家作为石油输出国组织（the Organization of Petroleum Exporting Countries，OPEC）成员走到了一起。OPEC是一个卡特尔——一个企图阻止竞争并减少生产以提高价格的卖者集团。而且，石油价格的确大幅度上升了。从1973年到1975年，石油价格几乎翻了一番。世界石油进口国都同时经历了通货膨胀和衰退。在美国，按CPI衡量的通货膨胀率几十年来第一次超过了10%，失业率也从1973年的4.9%上升到1975年的8.5%。

几乎完全相同的事件在几年后又发生了。在20世纪70年代末期，OPEC国家再一次限制石油的供给以提高价格。从1978年到1981年，石油价格翻了一番还多，结果又是滞胀。第一次OPEC事件引起的通货膨胀本已渐渐平息，但每年的通货膨胀率一次上升到10%以上。由于美联储不愿意采取措施来抵消这种通货膨胀的大幅度上升，所以经济很快又进入了衰退。失业从1978年和1979年的6%左右上升到几年后的10%左右。

世界石油市场也是总供给有利移动的来源。1986年OPEC成员之间爆发了争执，成员国违背了限制石油生产的协议。在世界原油市场上，价格几乎下降了一半。石油价格的下降减少了美国企业的成本，企业现在发现在任何一种既定的物价水平时供给物品和服务都是更加有利可图的。结果，总供给曲线向右移动。美国经济经历了滞胀的反面：产量迅速增长，失业减少，而且通货膨胀率达到了多年来的

中东石油生产量的变化是美国经济波动的影响因素之一。

图片来源：YASSER AL-ZAYYAT/AFP/Getty Images.

最低水平。

近年来，世界石油市场并没有成为经济波动的重要来源。部分原因是，节油的努力、技术变革和替代能源的可获得性降低了经济对石油的依赖程度。生产一单位真实GDP所需的石油量自从20世纪70年代的OPEC冲击以来已下降了40%左右。结果，今天石油价格的任何变动对经济的影响都比过去要小。

参考资料　总需求与总供给模型的来源

既然我们已经初步了解了总需求与总供给模型，现在回顾一下这个模型的历史。这个短期波动模型是如何形成的呢？答案是，这个模型在很大程度上是20世纪30年代大萧条的副产品。当时的经济学家和决策者对是什么引起这场灾难感到困惑，而且对如何应对这场灾难感到没把握。

1936年，经济学家约翰·梅纳德·凯恩斯出版了一本名为《就业、利息和货币通论》（简称《通论》）的书，这本书试图解释一般意义上的短期经济波动和特殊意义上的大萧条。凯恩斯的主要观点是，衰退和萧条之所以会发生，是因为对物品与服务的总需求不足。

凯恩斯长期以来一直是古典经济理论——我们在本书前面所考察的理论——的一个批评者，因为古典经济理论只能解释政策的长期效应。在出版《通论》前几年，凯恩斯针对古典经济学写了下面一段话："长期是对当前事情的一个误导。在长期中，我们都会死。如果在暴风雨季节，经济学家只能告诉我们，暴风雨在长期中会过去，海洋必将平静，那么他们给自己的任务就太容易且无用了。"

凯恩斯的这段话是针对决策者和经济学家的。当世界经济饱受高失业之苦时，凯恩斯提出了增加总需求的政策，包括增加政府的公共支出。

在下一章中，我们要详细考察决策者如何运用货币政策与财政政策工具来影响总需求。下一章和这一章的分析有许多是约翰·梅纳德·凯恩斯留下来的遗产。

约翰·梅纳德·凯恩斯

图片来源：KEYSTONE/HULTON ARCHIVE/GETTY IMAGES.

33.6 结论

本章实现了两个目标：第一，讨论了经济活动中短期波动的一些重要事实；第二，介绍了用于解释这些波动的基本模型，即所谓的总需求与总供给模型。在下一章中，要继续研究这个模型，以便更深入地理解是什么引起经济中的波动以及决策者如何对这些波动做出反应。

即问即答

■ 假设受欢迎的总统候选人当选突然增加了人们对未来的信心，用总需求与总供给模型分析其对经济的影响。

内 容 提 要

◎ 所有社会都经历过围绕长期趋势的短期经济波动。这些波动是无规律的，而且大体上是不可预测的。当衰退真的发生时，真实GDP以及有关收入、支出与生产的其他衡量指标都下降，而失业增加。

◎ 古典经济理论建立在货币供给和物价水平这类名义变量并不影响产量和就业这类真实变量这一假设的基础之上。许多经济学家认为，这个假设在长期中是正确的，但在短期中并不正确。经济学家用总需求与总供给模型分析短期经济波动。根据这个模型，物品与服务的产量和物价总水平的调整使总需求与总供给平衡。

◎ 总需求曲线由于三个原因向右下方倾斜。第一是财富效应：较低的物价水平增加了家庭持有的货币的真实价值，这刺激了消费支出。第二是利率效应：较低的价格减少了家庭需要的货币量，随着家庭试图把货币转变为有利息的资产，利率下降了，这刺激了投资支出。第三是汇率效应：当较低的物价水平降低了利率时，外汇市场上美元贬值，这刺激了净出口。

◎ 在物价水平既定时，任何一种增加消费、投资、政府购买或净出口的事件或政策都会增加总需求。在物价水平既定时，任何一种减少消费、投资、政府购买或净出口的事件或政策都会减少总需求。

◎ 长期总供给曲线是垂直的。在长期中，物品与服务的供给量取决于经济中的劳动、资本、自然资源和技术，但不取决于物价总水平。

◎ 本章提出了三种理论用以解释短期总供给曲线向右上方倾斜。根据黏性工资理论，未预期的物价水平下降暂时增加了真实工资，这使企业减少就业和生产。根据黏性价格理论，未预期的物价水平下降使一些企业的价格暂时升高，这就降低了它们的销售量，并使它们削减生产。根据错觉理论，未预期的物价水平下降使供给者错误地相信，它们的相对价格下降了，这就使它们减少生产。所有这三种理论都意味着，当实际物价水平与人们预期的物价水平背离时，产量就会与自然水平背离。

◎ 改变经济生产能力的事件，例如劳动、资本、自然资源或技术的变动，都会使短期总供给曲线移动（而且也会使长期总供给曲线移动）。此外，短期总供给曲线的位置还取决于预期的物价水平。

◎ 经济波动的一个可能原因是总需求的移动。例如，当总需求曲线向左移动时，短期中产量和物价就会下降。随着时间的推移，当预期物价水平的变动引起工资、物价和感觉进行调整时，短期总供给曲线就会向右移动，并使经济在一个新的、较低的物价水平时回到其自然产出水平。

◎ 经济波动的第二个可能原因是总供给的移动。当短期总供给曲线向左移动时，效应是产量减少和物价上升——这种结合被称为滞胀。随着时间的推移，当工资、物价和感觉进行了调整时，短期总供给曲线向右移动，使物价水平和产量回到其原来的水平。

关 键 概 念

衰退　　　　　　　　　　总需求曲线　　　　　　　　自然产出水平
萧条　　　　　　　　　　总供给曲线　　　　　　　　滞胀
总需求与总供给模型

复 习 题

1. 写出当经济进入衰退时下降的两个宏观经济变量。写出当经济进入衰退时上升的一个宏观经济变量。
2. 画出一个有总需求、短期总供给和长期总供给的图，仔细并正确地标出坐标轴。
3. 列出并解释总需求曲线向右下方倾斜的三个原因。
4. 解释为什么长期总供给曲线是垂直的。
5. 列出并解释短期总供给曲线向右上方倾斜的三种理论。
6. 是什么因素可能引起总需求曲线向左移动？用总需求与总供给模型来探讨这种移动对产量和物价水平的短期影响和长期影响。
7. 是什么因素引起总供给曲线向左移动？用总需求与总供给模型来探讨这种移动对产量和物价水平的短期影响和长期影响。

第 **34** 章
货币政策和财政政策对总需求的影响

设想你是联邦储备中确定货币政策的联邦公开市场委员会的一名成员。你注意到总统和国会都同意增加税收。美联储对财政政策的这种变动应该做出什么反应呢？它是应该扩大货币供给、紧缩货币供给，还是使货币供给保持不变呢？

为了回答这个问题，你需要考虑货币政策和财政政策对经济的影响。在上一章中，我们用总需求与总供给模型来解释短期经济波动。我们看到，总需求曲线或总供给曲线的移动会引起经济中物品与服务的总产量及物价总水平的波动。正如我们在上一章中所提到的，货币政策与财政政策都可以影响总需求。因此，这些政策中有一种发生变动就会引起产量和物价的短期波动。决策者想预期这种影响，或许还想相应地调整其他政策。

在本章中，我们将更详细地考察政府的政策工具如何影响总需求曲线的位置。这些政策工具包括货币政策（中央银行确定的货币供给）和财政政策（总统和国会确定的政府支出与税收水平）。我们以前讨论了这些政策的长期效应。在第25章和第26章中，我们说明了财政政策如何影响储蓄、投资和长期经济增长。在第29章和第30章中，我们说明了货币政策如何影响长期中的物价水平。现在我们要说明的是，这些政策工具如何使总需求曲线移动，以及如何影响短期中的宏观经济变量。

正如我们已经学过的，除了货币政策和财政政策以外，还有许多因素影响总需求。特别是，家庭和企业的合意支出决定了对物品与服务的总需求。当合意支出变动时，总需求就变动了。如果决策者不对此做出反应，总需求的这种变动就会引起产量与就业的短期波动。因此，货币政策与财政政策决策者有时用他们控制的政策工具来试图抵消总需求的这些变动，从而稳定经济。在这里，我们将讨论这些政策行为背后的理论，以及在现实中运用这种理论时出现的一些困难。

34.1 货币政策如何影响总需求

总需求曲线表示在任何一种物价水平时物品与服务的总需求量。前一章讨论了总需求曲线向右下方倾斜的三个原因：

- **财富效应**：较低的物价水平提高了家庭持有的货币的真实价值。货币是他们财富的一部分，更多的真实财富刺激了消费支出，从而增加了物品与服务的需求量。
- **利率效应**：较低的物价水平减少了人们想要持有的货币量。由于人们试图把他们持有的超额货币贷出去，所以利率下降了。低利率刺激了投资支出，从而增加了物品与服务的需求量。
- **汇率效应**：当较低的物价水平降低了利率时，投资者就把他们的部分资金转移到国外，以寻求更高的回报。资金的这种流动引起外汇市场上国内通货的真实价值下降。相对于外国物品，国内物品变得便宜了。真实汇率的这种变动刺激了对净出口的支出，从而增加了物品与服务的需求量。

这三种效应同时发生作用，在物价水平下降时增加了物品与服务的需求量，在物价水平上升时减少了物品与服务的需求量。

虽然在解释总需求曲线向右下方倾斜时这三种效应同时发生作用，但它们的重要性并不相同。由于货币持有量只是家庭财富的一小部分，所以在这三种效应中财富效应是最不重要的。此外，由于出口和进口在美国 GDP 中只占一个很小的比例，所以对美国经济而言汇率效应也不大。（这种效应对一些小国更重要，因为在正常情况下，小国的出口与进口在其 GDP 中占的比例较高。）对美国经济来说，总需求曲线向右下方倾斜的最重要原因是利率效应。

为了更好地理解总需求，我们现在更详细地研究短期利率的决定。在这里，我们提出流动性偏好理论（theory of liquidity preference）。这种利率决定理论将有助于解释为什么总需求曲线向右下方倾斜，以及货币政策和财政政策如何使这条曲线移动。通过对总需求曲线的新解释，流动性偏好理论扩展了我们对是什么引起短期经济波动以及决策者对此可能做些什么的理解。

34.1.1 流动性偏好理论

凯恩斯在其经典著作《就业、利息和货币通论》中提出了流动性偏好理论，用来解释决定经济中利率的因素。这种理论在本质上只是供给与需求的应用。根据凯恩斯的观点，利率的调整使货币供给与货币需求平衡。

你会记得，经济学家区分了两种利率：名义利率是通常所报告的利率；而真实利率是根据通货膨胀影响校正过的利率。在没有通货膨胀时，这两种利率是相同的。但当债务人和债权人预期在贷款期间物价会上升时，他们会一致同意名义利率应大于真实利率，且两者差额应为预期的通货膨胀率。更高的名义利率补偿了他们预期在贷款偿还时美元价值下降这一事实。

我们现在要用流动性偏好理论解释哪一种利率呢？答案是两种都解释。在以后的

流动性偏好理论：凯恩斯的理论，认为利率的调整使货币供给与货币需求平衡。

分析中，我们假设预期的通货膨胀率不变。这个假设对于研究短期经济来说是合理的，因为预期的通货膨胀在短期内一般是稳定的。在这种情况下，名义利率与真实利率的差距是不变的。当名义利率上升或下降时，人们预期赚到的真实利率也上升或下降。在本章的以下部分，当我们提到利率变动时，你应该设想真实利率与名义利率同方向变动。

现在我们通过考虑货币的供求及其各自如何取决于利率来提出流动性偏好理论。

货币供给 流动性偏好理论的第一部分是货币供给。正如我们在第 29 章中所讨论的，美国经济中的货币供给由美联储控制。美联储主要通过在公开市场操作中买卖政府债券的方式改变银行体系的准备金数量，从而改变货币供给。当美联储购买政府债券时，它为债券而支付的美元通常被存入银行，并且这些美元增加了银行的准备金。当美联储出售政府债券时，它从这些债券中所得到的美元是从银行体系中提取出来的，从而减少了银行的准备金。银行准备金的这些变动又引起银行发放贷款和创造货币的能力的变化。因此，美联储通过在公开市场操作中买卖债券来改变经济中的货币量。

除了公开市场操作以外，美联储还可以运用其他各种工具来影响货币供给。美联储的一种选择是改变它贷给银行多少钱。例如，降低贴现率（银行从美联储借准备金的利率）鼓励银行更多地借款，这就增加了银行准备金，从而增加了货币供给。相反，贴现率提高就抑制了银行借款，从而减少了银行准备金和货币供给。美联储还可以通过改变法定准备金（银行根据其存款必须持有的准备金量）和改变它支付给银行持有的准备金的利率来改变货币供给。

这些货币控制的细节对美联储政策的实施尽管很重要，但在本章中却并不是至关重要的。我们这里的目的是考察货币供给的变动如何影响物品与服务的总需求。出于这一目的，我们可以忽略美联储如何实施政策的细节，而只是假设美联储直接控制了货币供给。换句话说，经济中的货币供给量固定在美联储所设定的水平上。

由于货币供给量由美联储的政策所固定，所以它不取决于其他经济变量，特别是它不取决于利率。一旦美联储做出了决策，无论现行的利率是多少，货币供给量都是相同的。我们用一条垂直的供给曲线表示固定的货币供给，如图 34-1 所示。

货币需求 流动性偏好理论的第二部分是货币需求。作为理解货币需求的出发点，我们回忆一下，任何一种资产的流动性是指该资产可以转换为经济中的交换媒介的难易程度。由于货币是经济中的交换媒介，因此根据定义，货币是可以得到的最具流动性的资产。货币的流动性解释了货币需求：人们选择持有货币而不持有其他可以提供较高收益率的资产，是因为货币可以用于购买物品与服务。

虽然许多因素决定货币需求量，但流动性偏好理论强调的一个因素是利率，理由是利率是持有货币的机会成本。这就是说，当你以钱包中的现金，而不是以有利息的债券来持有财富时，你就失去了你本来可以赚到的利息。利率上升增加了持有货币的成本，因此货币需求量就减少了。利率下降减少了持有货币的成本，并增加了货币需求量。这样，如图 34-1 所示，货币需求曲线向右下方倾斜。

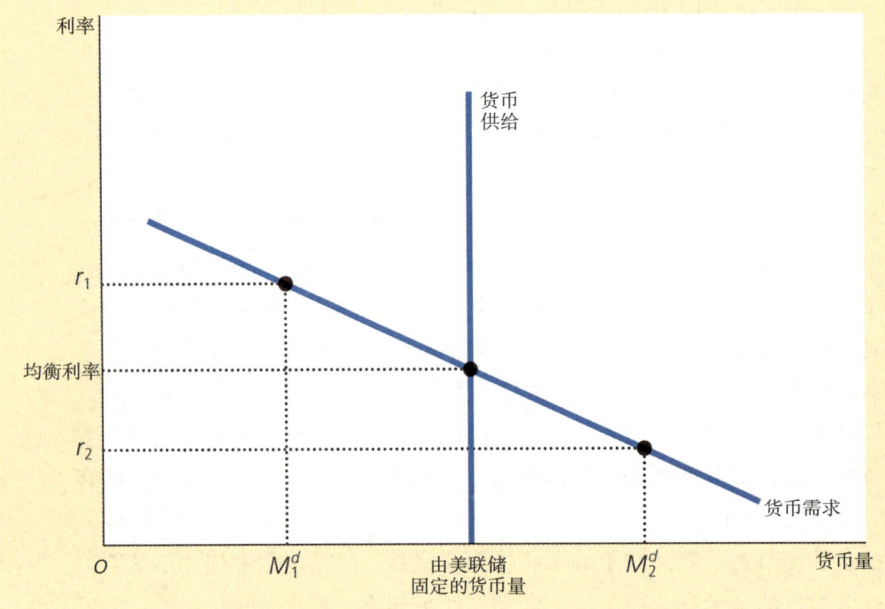

图34-1 货币市场的均衡

根据流动性偏好理论,利率的调整使货币供给量与货币需求量平衡。如果利率高于均衡水平(例如在 r_1),人们想持有的货币量(M_1^d)就小于美联储创造的货币量,而且这种超额货币供给会给利率一种下降的压力。相反,如果利率低于均衡水平(例如在 r_2),人们想要持有的货币量(M_2^d)就大于美联储创造的货币量,而且这种超额货币需求会给利率一种上升的压力。因此,货币市场上供求的力量使利率趋向于均衡利率。在均衡利率时,人们乐于持有美联储所创造的货币量。

货币市场的均衡 根据流动性偏好理论,利率的调整使货币的供求平衡。存在一种利率,即所谓的均衡利率,在这一利率时,货币的需求量正好与货币的供给量平衡。如果利率处于其他水平上,人们就要调整自己的资产组合,从而使利率趋向于均衡利率。

例如,假设利率高于均衡水平,如图34-1中的 r_1 时。在这种情况下,人们想持有的货币量 M_1^d 小于美联储供给的货币量。那些超额货币的持有者将试图通过购买有利息的债券或将货币存入有利息的银行账户来抛出这些货币。由于债券发行者和银行更愿意支付低利率,所以它们对这种超额货币供给的反应就是降低它们所支付的利率。随着利率的下降,人们变得更愿意持有货币,直至利率降至均衡利率。此时,人们乐于持有的货币量正好等于美联储供给的货币量。

相反,在利率低于均衡水平,例如在图34-1中的 r_2 时,人们想要持有的货币量 M_2^d 大于美联储所供给的货币量。因此,人们试图通过减少他们持有的债券和其他有利息的资产来增加货币持有量。随着人们减少自己持有的债券量,债券发行者发现,为了吸引购买者他们不得不提供较高的利率。这样,利率就会上升并趋向于均衡水平。

> **参考资料** 长期利率与短期利率

在以前的一个章节中，我们说明了，利率调整使可贷资金的供给（国民储蓄）和可贷资金的需求（合意的投资）达到均衡。在这里我们则说明了，利率调整使货币的供求平衡。我们能使这两种理论一致吗？

为了回答这个问题，我们需要关注三个宏观经济变量：经济中的物品与服务产量、利率和物价水平。根据我们在本书前面提出的古典宏观经济理论，这些变量是这样决定的：

（1）产量由资本和劳动的供给以及把资本和劳动转变为产出的可得到的生产技术决定（我们称之为自然产出水平）。

（2）在产量水平既定时，利率的调整使可贷资金的供求平衡。

（3）当产量与利率既定时，物价水平的调整使货币的供求平衡。货币供给的变动引起物价水平同比例变动。

这是古典经济理论的三个基本观点。大多数经济学家认为，这些观点对经济在长期中是如何运行的是一个很好的描述。

但这些观点在短期中并不成立。正如我们在前一章中所讨论的，许多价格对货币供给变动的调整是缓慢的，这一事实反映在短期总供给曲线是向右上方倾斜而不是垂直上。结果，在短期中，物价总水平本身并不能使货币供求平衡。物价水平的这种黏性要求利率变动，以使货币市场均衡。利率的这些变动又影响物品与服务的总需求。当总需求波动时，经济中物品与服务的产量就背离了要素供给和技术所决定的产量水平。

为了考虑短期中（逐日、逐周、逐月、逐季）的经济状况，最好记住以下逻辑：

（1）物价水平固定在某个水平上（基于以前形成的预期），在短期中它对经济状况的变动反应较小。

（2）对于任何一个既定的物价水平，利率的调整使货币的供求平衡。

（3）使货币市场均衡的利率影响物品与服务的需求量，从而影响产量水平。

要注意的是，这正好是把用于研究长期中的经济的分析顺序颠倒了过来。

因此，这两个不同的利率理论是用于不同的目的。当考虑利率的长期决定因素时，最好记住可贷资金理论，该理论强调了经济中储蓄倾向和投资机会的重要性。与此相反，当考虑利率的短期决定因素时，最好记住流动性偏好理论，该理论强调了货币政策的重要性。

34.1.2 总需求曲线向右下方倾斜

在说明了流动性偏好理论如何解释经济中的均衡利率之后，现在我们可以考虑这一理论对物品与服务总需求的含义了。作为一种准备性练习，我们从用这种理论重新解释我们已经了解的主题——利率效应和总需求曲线向右下方倾斜——开始。特别是，假设经济中物价总水平上升。这会导致使货币供求平衡的利率发生什么变动呢，这种变动又如何影响物品与服务的需求量呢？

正如我们在第 30 章中所讨论的，物价水平是货币需求量的一个决定因素。在物价较高时，每次要用较多的货币交换一种物品或服务，结果人们将选择持有较多的货币。这就是说，较高的物价水平增加了利率既定时的货币需求量。因此，如图 34-2（a）幅所示，物价水平从 P_1 上升到 P_2，使货币需求曲线从 MD_1 向右移动到 MD_2。

要注意的是，货币需求的这种变动如何影响货币市场的均衡。对于一定的货币供给来说，为了使货币供给与货币需求平衡，利率必然上升。因为较高的物价水平增加了人们想要持有的货币量，并使货币需求曲线向右移动。但货币供给量并没有改变，因此利率必然从 r_1 上升为 r_2，以抑制额外的货币需求。

如图 34-2（b）幅所示，利率的这种上升不仅对货币市场有影响，而且对物品与服务的需求量也有影响。在利率较高时，借款的成本与储蓄的收益都增加了。选择借款买新房子的家庭少了，而且买房子的家庭购买的也是较小的房子，因此住房投资需求就减少了。选择借款建立新工厂和购买新设备的企业少了，因此企业投资减少了。

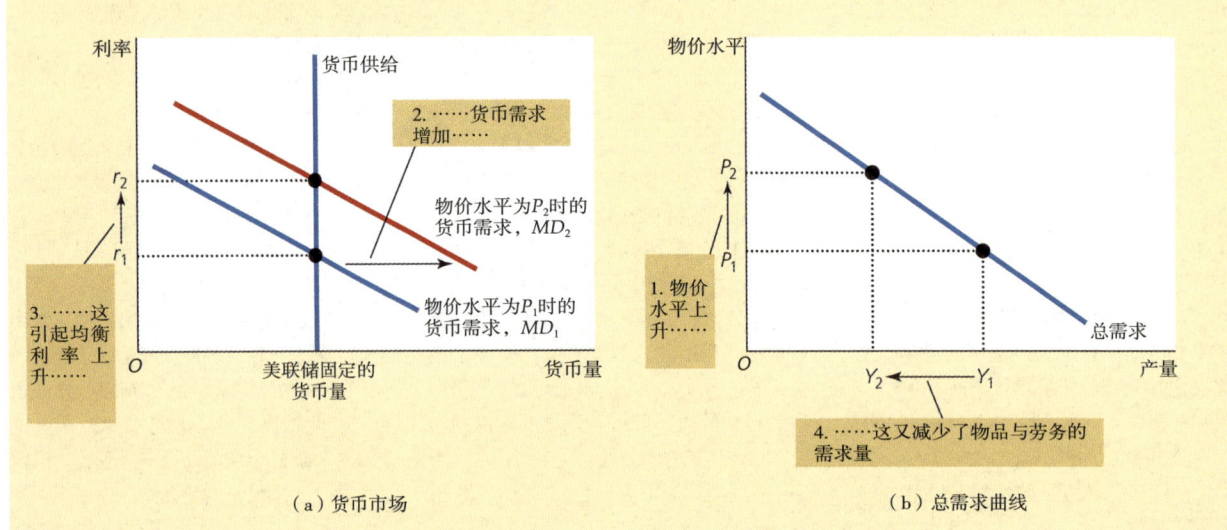

图34-2 货币市场与总需求曲线的斜率
如(a)幅所示,物价水平从 P_1 上升为 P_2,使货币需求曲线向右移动。这种货币需求的增加使利率从 r_1 上升为 r_2。由于利率是借款的成本,利率上升使物品与服务的需求量从 Y_1 减少为 Y_2。如(b)幅所示,向右下方倾斜的总需求曲线表示了物价水平和需求量之间的这种负相关关系。

这样,当物价水平从 P_1 上升到 P_2 时,货币需求从 MD_1 增加到 MD_2,而利率从 r_1 上升到 r_2,物品与服务的需求量则从 Y_1 减少为 Y_2。

可以把对利率效应的这种分析概括为三个步骤:(1)较高的物价水平增加了货币需求;(2)较高的货币需求引起了较高的利率;(3)较高的利率减少了物品与服务的需求量。当然,同样的逻辑也在反方向发生作用:较低的物价水平减少了货币需求,这引起利率下降,而利率下降又增加了物品与服务的需求量。这种分析的结论是,正如向右下方倾斜的总需求曲线所说明的那样,物价水平和物品与服务的需求量之间存在负相关关系。

34.1.3 货币供给的变动

到目前为止,我们已经用流动性偏好理论更为充分地解释了经济中物品与服务的总需求量如何随着物价水平的变动而变动。这就是说,我们已经考察了沿着向右下方倾斜的总需求曲线的运动。但是,这个理论还说明了改变物品与服务需求量的一些其他事件。只要在一个既定的物价水平时物品与服务的需求量变动,总需求曲线就移动。

使总需求曲线移动的一个重要变量是货币政策。为了说明货币政策在短期中如何影响经济,我们假设美联储通过在公开市场操作中购买政府债券来增加货币供给。(在我们了解了这种变动的影响之后,美联储为什么会这样做就显而易见了。)现在我们考虑这种货币注入如何影响既定物价水平时的均衡利率,这将告诉我们货币注入对总需求曲线位置的影响。

如图34-3(a)幅所示,货币供给的增加使货币供给曲线从 MS_1 向右移动到 MS_2。由于货币需求曲线没有变,为了使货币供给与货币需求平衡,利率从 r_1 下降为 r_2。这就是说,为了使人们持有美联储创造的额外货币,利率必然要下降,以恢复货币市场上的均衡。

如图34-3(b)幅所示,利率又影响了物品与服务的需求量。较低的利率减少了借款的成本和储蓄的收益。家庭会花费更多来购买新房子,这刺激了住房投资需求。企业对新工厂和新设备的支出增加,这刺激了企业投资。结果,在既定的物价水平$\bar{P}$时,物品与服务的需求量从 Y_1 增加到 Y_2。当然,$\bar{P}$也没有什么特别的:货币注入增加了每一种物价水平时的物品与服务需求量。因此,整个总需求曲线向右移动。

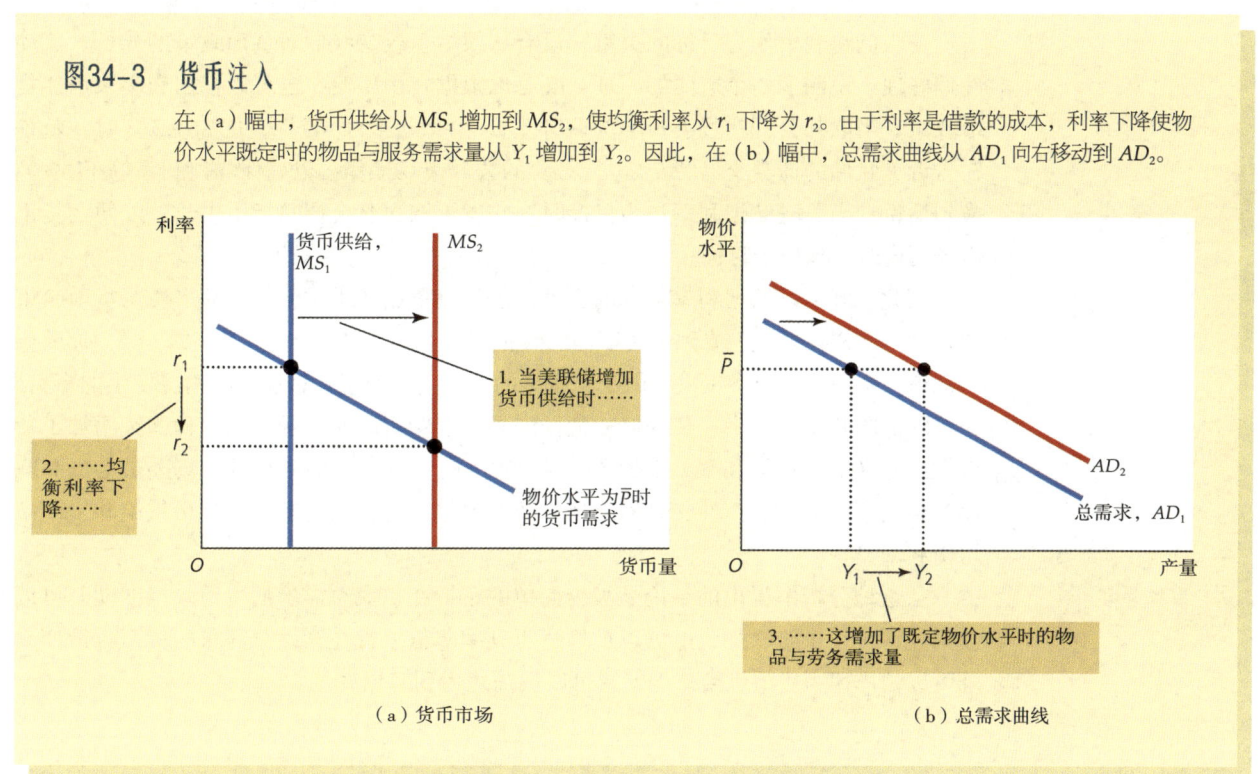

图34-3 货币注入

在(a)幅中,货币供给从 MS_1 增加到 MS_2,使均衡利率从 r_1 下降为 r_2。由于利率是借款的成本,利率下降使物价水平既定时的物品与服务需求量从 Y_1 增加到 Y_2。因此,在(b)幅中,总需求曲线从 AD_1 向右移动到 AD_2。

总之,当美联储增加货币供给时,它降低了利率,增加了既定物价水平时的物品与服务需求量,使总需求曲线向右移动。相反,当美联储紧缩货币供给时,它提高了利率,减少了既定物价水平时的物品与服务需求量,使总需求曲线向左移动。

34.1.4 美联储政策中利率目标的作用

美联储如何影响经济呢?我们这里以及本书前面的讨论一直把货币政策作为美联

储的政策工具。当美联储在公开市场操作中购买政府债券时，它增加了货币供给并扩大了总需求。当美联储在公开市场操作中出售政府债券时，它减少了货币供给并减少了总需求。

有关美联储政策的讨论往往把利率而不是货币供给作为美联储的政策工具。实际上，近年来联邦储备一直通过为联邦基金利率——银行相互之间对短期贷款收取的利率——设定一个目标来运用政策。在联邦公开市场委员会的会议上，这个目标每六周被重新评价一次。联邦公开市场委员会现在选择为联邦基金利率设定目标，而不是像过去那样不时地为货币供给设定目标。

美联储把联邦基金利率作为目标的决策有几个相关的理由：一是难以非常准确地衡量货币供给；二是货币需求一直在波动。在任何一种既定的货币供给时，货币需求的波动会引起利率、总需求和产量波动。与此相反，当美联储宣布把联邦基金利率作为目标时，它基本就通过调整相应的货币供给调整了每天的货币需求变动。

美联储将利率作为目标的决策并没有从根本上改变我们对货币政策的分析。流动性偏好理论说明了一个重要的原理：既可以根据货币供给，也可以根据利率来描述货币政策。当联邦公开市场委员会为联邦基金利率设定一个目标，比如说6%时，就是在告诉美联储的债券交易者："进行必要的公开市场操作，以确保均衡利率等于6%。"换句话说，当美联储把利率作为目标时，它就承诺自己会调整货币供给，以便在货币市场均衡时达到那个目标。

因此，既可以根据利率目标的变动，也可以根据货币供给的变动来说明货币政策的变动。当你在报纸上看到"美联储已经把联邦基金利率从6%降为5%"时，你就应该知道，这种情况的发生只是由于美联储的债券交易商正在做使这种情况发生的事情。为了降低联邦基金利率，美联储的债券交易商会购买政府债券，而这种购买增加了货币供给并降低了均衡利率（正如图34-3所示）。同样，当联邦公开市场委员会提高联邦基金利率目标时，债券交易商就出售政府债券，这种出售减少了货币供给并提高了均衡利率。

从这种分析中得出的结论是极为简单的：旨在扩大总需求的货币政策变动既可以被描述为货币供给增加，也可以被描述为利率降低；旨在紧缩总需求的货币政策变动既可以被描述为货币供给减少，又可以被描述为利率提高。

即问即答

■ 用流动性偏好理论解释货币供给减少如何影响均衡利率。这种货币政策变动如何影响总需求曲线？

参考资料 利率降至零

正如我们刚刚说明的，货币政策通过利率发生作用。这个结论提出了一个问题：如果美联储的目标利率已经降得很低了，它还能做什么？在2008年和2009年的衰退中，联邦基金利率降到接近于零。在这种情况下，为了刺激经济，货币政策还可以做些什么呢？

一些经济学家把这种情况称为流动性陷阱。根据流动性偏好理论，扩张性货币政策通过降低利率和刺激投资支出发生作用。但是，如果利率已经下降到接近于零，那么货币政策也许就不再有效。名义利率不会降到零以下：人们宁可持有现金也不会以负利率发放贷款。在这种情况下，扩张性货币政策增加了货币供给，并使公众的资产组合更有流动性，但由于利率不能再下降，额外的流动性不会再有任何效果。总需求、生产和就业会"陷于"低水平。

另一些经济学家怀疑流动性陷阱的适用性，而且相信，即使中央银行的利率目标已使利率降至零底线，它也会有扩张经济的工具。一种可能性是，中央银行通过承诺未来的货币扩张来提高通货膨胀预期。即使名义利率不能再下降，较高的预期通货膨胀也可以使真实利率降为负数，这就能刺激投资支出。

第二种可能性是，中央银行可以运用多于正常使用的多种金融工具来进行扩张性公开市场操作。例如，它可以购买抵押贷款和公司债券，从而降低这些类型贷款的利率。在 2008 年和 2009 年的衰退期间，美联储积极地推进这种操作。这种非常规的货币政策有时被称为量化宽松，因为它增加了银行准备金的数量。

一些经济学家提出，使利率降为零底线的可能性已被证明就是确定目标通货膨胀率高于零。在零通货膨胀之下，真实利率与名义利率一样绝不会降到零以下。但是，如果名义通货膨胀率是 4%，那么中央银行就可以通过将名义利率降为近似于零从而轻而易举地把真实利率降为 -4%。因此，适度的通货膨胀就给了货币决策者在需要刺激经济时更大的空间，这就降低了把利率降为零和经济陷入流动性陷阱的风险。

> **案例研究** 为什么美联储关注着股市（而且股市也关注着美联储）

"股市预测了过去五次衰退中的九次。"著名经济学家（以及教科书作者）保罗·萨缪尔森（Paul Samuelson）曾这样嘲讽。萨缪尔森是正确的，股市的波动极大，而且对经济可能会给出错误的信号。但是，股票价格的波动往往是更广泛的经济发展状况的信号。例如，20 世纪 90 年代的经济繁荣看起来不仅表现在 GDP 的高速增长和失业减少，而且也表现为股票价格上升，股价在这十年内上升了约 4 倍。同样，2008 年和 2009 年的严重衰退也反映在股票价格的下降上：从 2007 年 11 月到 2009 年 3 月，股市损失了一半左右的价值。

美联储应该如何对股市波动做出反应？美联储本身没有理由关心股票价格，但它的工作是监测整个经济的发展并对此做出反应，而且股市又是一个令人困惑的地方。当股市高涨时，家庭变得富有，增加的财富又刺激了消费支出。此外，股票价格上涨使企业发售新股更有吸引力，这又刺激了投资支出。由于这两个原因，高涨的股市扩大了物品与服务的总需求。

正如我们在本章后面要更充分地讨论的，美联储的目标之一是稳定总需求，因为总需求越稳定意味着产量和物价水平越稳定。为了促进稳定，美联储对股市高涨的反应是使货币供给低于而利率高于股市不高涨时的水平。高利率的紧缩效应抵消了高股票价格的扩张效应。实际上，这种分析确实描述了美联储的行为：在 20 世纪 90 年代末的股市高涨时期，按历史标准看，真实利率是较高的。

当股市下跌时会出现相反的情况。用于消费和投资的支出会减少，这抑制了总需求，使经济趋向衰退。为了稳定总需求，美联储将会增加货币供给和降低利率。实际上，这也是美联储的通常做法。例如，1987 年 10 月 19 日，股市下降了 22.6%——历史上最大日跌幅之一。美联储对股市崩溃的反应是增加货币供给和降低利率。联邦基金利率从 10 月初的 7.7% 下降到 10 月底的 6.6%。部分由于美联储的迅速行动，经济才避免了一次衰退。同样，正如我们在上一章案例研究中讨论的，在 2008 年和 2009 年经济衰退和股市下跌期间，美联储也降低了利率，但是这次货币政策没有足以扭转严重的衰退。

当美联储关注着股市时，股市参与者也在关注着美联储。由于美联储可以影响利率和经济活动，所以它也可以改变股票的价值。例如，当美联储通过减少货币供给来提高利率时，它就由于两个原因而使拥有股票的吸引力减弱：第一，较高的利率意味着股票的替代品——债券——赚到的收益高了；第二，美联储的紧缩货币政策降低了对物品与服务的需求，进而减少了利润。因此，当美联储提高利率时，股票价格通常下降。

34.2 财政政策如何影响总需求

政府不仅可以用货币政策影响经济行为，还可以用财政政策影响经济行为。**财政政策**（fisical policy）指政府对政府购买和税收总水平的选择。在本书的前面，我们考察了财政政策如何影响长期中的储蓄、投资和经济增长。但是，在短期中财政政策主要影响物品与服务的总需求。

财政政策：政府决策者对政府支出和税收水平的确定。

34.2.1 政府购买的变动

当决策者改变货币供给或税收水平时,它就通过影响企业或家庭的支出决策间接地使总需求曲线移动。与此相比,当政府改变其物品与服务的购买时,它就直接使总需求曲线移动。

例如,假设美国国防部向主要飞机制造商波音公司订购了价值200亿美元的新式战斗机。这笔订单就增加了对波音公司生产的产品的需求,这种需求的增加又使该公司雇用更多工人并增加生产。由于波音公司是经济的一部分,所以对波音公司飞机需求的增加就意味着,在每一种物价水平时物品与服务的总需求增加了,结果总需求曲线向右移动。

政府200亿美元的订货会使总需求曲线移动多少呢?乍一看,人们会猜想,总需求曲线向右的移动正好为200亿美元。但是,情况并不是这样。有两种宏观经济效应使得总需求移动的幅度不同于政府购买的变动:第一种为乘数效应,表明总需求的移动会大于200亿美元;第二种为挤出效应,表明总需求的移动会小于200亿美元。现在我们分别讨论每一种效应。

34.2.2 乘数效应

当政府向波音公司购买200亿美元的物品时,这种购买会产生一系列影响。政府需求增加的直接影响是增加了波音公司的就业和利润。当工人收入增加、企业所有者利润增加时,他们对这种收入增加的反应是增加对消费品的支出。结果,政府向波音公司的购买还增加了经济中许多其他企业产品的需求。由于政府支出的每一美元可以增加的物品与服务的总需求大于一美元,所以说政府购买对总需求有一种**乘数效应**(multiplier effect)。

乘数效应:当扩张性财政政策增加了收入,从而增加了消费支出时引起的总需求的额外变动。

在第一轮之后,这种乘数效应仍然在继续。当消费支出增加时,生产这些消费品的企业会雇用更多工人,并获得更高的利润。更高的收入和利润又刺激了消费支出,如此循环往复。因此,当较高需求引起较高收入时,存在一种正的反馈,这种正的反馈又引起了更高的需求。一旦把所有这些效应加在一起,对物品与服务需求量的总影响就远远大于最初来自更多政府支出的刺激。

图34-4说明了乘数效应。政府购买增加200亿美元最初使总需求曲线从 AD_1 向右移动到 AD_2,正好为200亿美元。但当消费者的反应是增加自己的支出时,总需求曲线就进一步向右移动到 AD_3。

这种产生于消费支出反应的乘数效应由于投资对更高水平的需求的反应而得到加强。例如,波音公司对飞机需求量增多的反应可能是决定购买更多设备或再建立一个工厂。在这种情况下,较高的政府需求刺激了较高的投资品需求。这种来自投资需求的正的反馈有时被称为投资加速数。

34.2.3 支出乘数的公式

我们可以用一个简单的运算推导出计算乘数效应(当政府支出增加引起消费

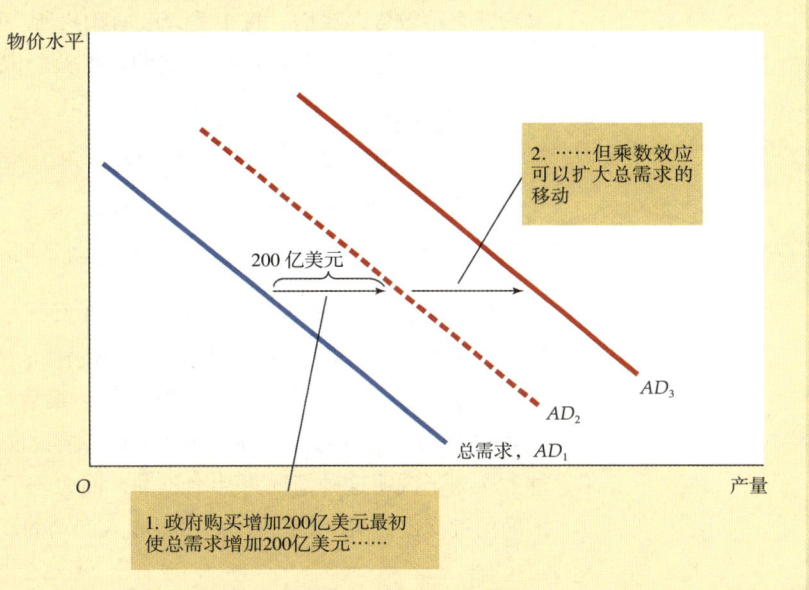

图34-4 乘数效应

政府购买增加200亿美元可以使总需求曲线向右的移动大于200亿美元。这种乘数效应的产生是因为总收入的增加刺激了消费者的额外支出。

1. 政府购买增加200亿美元最初使总需求增加200亿美元……

2. ……但乘数效应可以扩大总需求的移动

支出增加时产生的）大小的公式。在这个公式中，一个重要的数字是边际消费倾向（MPC）——家庭额外收入中用于消费而不用于储蓄的比例。例如，假设边际消费倾向是3/4。这就意味着，家庭每赚到1美元额外收入，则支出75美分（1美元的3/4），储蓄25美分。在MPC为3/4的情况下，当波音公司的工人和所有者从与政府签订的合同中赚到200亿美元时，他们增加的消费支出为3/4×200亿美元，即150亿美元。

为了确定政府购买变动对总需求的影响，我们逐步地观察这种效应。当政府支出200亿美元时这个过程开始，这意味着国民收入（工资和利润）也增加了这么多。这种收入增加又增加了消费支出 $MPC \times 200$ 亿美元，这又增加了生产消费品的企业的工人和所有者的收入。这第二轮收入的增加又增加了消费支出，这一次的增加量为 $MPC \times (MPC \times 200$ 亿美元$)$。这种反馈效应会持续下去。

为了得出对物品与服务需求的总影响，我们把所有这些效应相加：

政府购买变动	=	200亿美元
第一轮消费变动	=	$MPC \times 200$亿美元
第二轮消费变动	=	$MPC^2 \times 200$亿美元
第三轮消费变动	=	$MPC^3 \times 200$亿美元
⋮		⋮
需求总变动	=	$(1+MPC+MPC^2+MPC^3+\cdots) \times 200$亿美元

在这里,"…"代表一个类似项的无穷数量。因此,我们可以把乘数写为:

$$乘数 = 1+MPC+MPC^2+MPC^3+\cdots$$

这个乘数告诉我们,每 1 美元政府购买所产生的对物品与服务的需求。

为了简化这个乘数方程式,我们记得数学课上这个式子是一个无穷几何级数。令 x 在 −1 与 +1 之间,则:

$$1+x+x^2+x^3+\cdots = 1/(1-x)$$

在我们的例子中,$x = MPC$。因此,

$$乘数 = 1/(1-MPC)$$

例如,如果 MPC 是 3/4,乘数就是 1/(1−3/4),即 4。在这个例子中,政府支出 200 亿美元将产生 800 亿美元的对物品与服务的需求。

这个乘数公式说明了一个重要结论:乘数的大小取决于边际消费倾向。当 MPC 为 3/4 时,乘数为 4;当 MPC 为 1/2 时,乘数仅为 2。因此,MPC 越大,意味着乘数越大。为了说明这种情况为什么正确,回想一下乘数的产生是因为更高的收入引起更大的消费支出。MPC 越大,消费对收入变动的反应越大,因此乘数也越大。

34.2.4 乘数效应的其他应用

由于乘数效应,政府购买的 1 美元产生的总需求大于 1 美元。但是,乘数效应的逻辑并不限于政府购买的变动,它适用于改变 GDP 任何一个组成部分——消费、投资、政府购买或净出口——支出的任何一个事件。

例如,假设国外的经济衰退使其对美国净出口的需求减少了 100 亿美元。这种对美国物品与服务支出的减少降低了美国的国民收入,这又减少了美国消费者的支出。如果边际消费倾向是 3/4,乘数是 4,那么净出口减少 100 亿美元就意味着总需求减少了 400 亿美元。

再举一个例子,假设股市高涨增加了家庭的财富,并刺激了他们支出 200 亿美元用于物品与服务的购买。这种额外的消费支出增加了国民收入,国民收入增加又引起了更多的消费支出。如果边际消费倾向是 3/4,乘数是 4,那么最初 200 亿美元消费支出的刺激就会转变为总需求 800 亿美元的增加。

在宏观经济学中,乘数是一个重要的概念,因为它说明了经济可以把支出变动的影响扩大多少。消费、投资、政府购买或净出口最初一个较小的变动最终都会对总需求产生较大的影响,从而对经济中物品与服务的生产产生较大的影响。

34.2.5 挤出效应

乘数效应似乎表明,当政府从波音公司购买价值 200 亿美元的飞机时,所引起的总需求扩大必定大于 200 亿美元。然而还有一种效应在相反的方向发生作用。当政府购买增加刺激了物品与服务的总需求时,它也会使利率上升,这往往会减少投资支出,阻止总需求增加。当财政扩张使利率上升时其所引起的总需求减少被称为**挤出效应**(**crowding-out effect**)。

即问即答

■假设政府减少高速公路建设支出 100 亿美元。总需求曲线会如何移动?解释为什么这种移动会大于或小于 100 亿美元。

挤出效应:当扩张性财政政策引起利率上升,从而减少了投资支出时所引起的总需求减少。

为了说明为什么会发生挤出效应，我们来考虑当政府向波音公司购买飞机时货币市场上出现的情况。正如我们所讨论的，这种需求增加会引起这家企业的工人和所有者收入的增加（由于乘数效应，其他企业的工人和所有者收入也增加）。随着收入增加，家庭计划购买更多的物品与服务，因此，就选择以流动性形式持有更多的财富。这就是说，财政扩张引起的收入增加提高了货币需求。

货币需求增加的效应如图 34-5（a）幅所示。由于美联储并没有改变货币供给，所以垂直的供给曲线保持不变。当收入水平提高使货币需求曲线从 MD_1 向右移动到 MD_2 时，为了保持货币供求平衡，利率必然从 r_1 上升为 r_2。

利率上升反过来又减少了物品与服务的需求量。特别是，由于借款更昂贵了，所以对住房和企业投资品的需求减少了。这就是说，当政府购买增加提高了对物品与服务的需求时，它也会挤出投资。这种挤出效应部分抵消了政府购买对总需求的影响，如图 34-5（b）幅所示。政府购买增加最初的影响是使总需求曲线从 AD_1 移动到 AD_2，但一旦挤出效应发生作用，总需求曲线又回到 AD_3。

总之，当政府增加 200 亿美元的购买时，物品与服务总需求的增加可以大于或小于 200 亿美元，这取决于乘数效应与挤出效应的大小。乘数效应本身引起的总需求移动会大于 200 亿美元。挤出效应使总需求曲线向相反的方向移动，而且如果足够大，可以导致总需求的移动小于 200 亿美元。

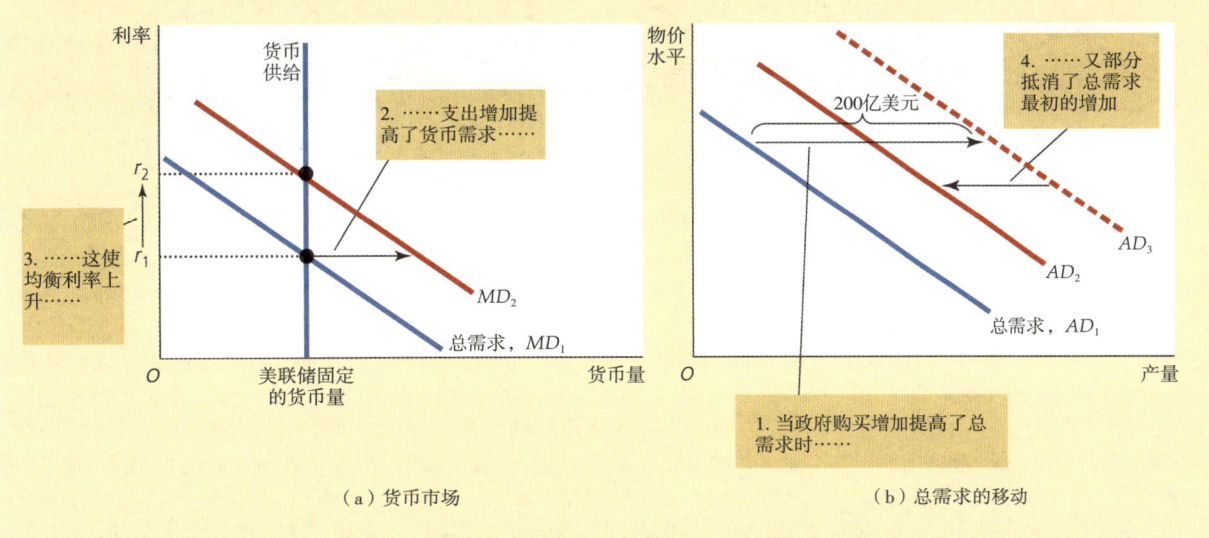

图34-5　挤出效应

（a）幅表示货币市场。当政府增加物品与服务的购买时，所引起的收入增加使货币需求从 MD_1 增加到 MD_2，这又会引起均衡利率从 r_1 上升为 r_2。（b）幅表示对总需求的影响。政府购买增加的最初影响是使总需求曲线从 AD_1 移动到 AD_2。然而，由于利率是借款的成本，利率上升往往减少物品与服务的需求量，特别是对投资品的需求量。这种投资的挤出部分抵消了财政扩张对总需求的影响。最后，总需求曲线只移动到 AD_3。

34.2.6 税收变动

除了政府购买水平之外，财政政策的另一种重要工具是税收水平。例如，当政府削减个人所得税时，就增加了家庭可以拿回家的工资。家庭将会把一部分额外的收入储蓄起来，但也会把一部分用于消费支出。由于减税增加了消费支出，就会使总需求曲线向右移动。同样，增税抑制了消费支出，使总需求曲线向左移动。

税收变动引起的总需求变动的幅度也要受乘数效应和挤出效应的影响。当政府减税并刺激消费支出时，收入和利润增加，这又进一步刺激了消费支出。这就是乘数效应。同时，较高的收入引起较高的货币需求，这又倾向于提高利率，而较高的利率使借款成本更高，这就减少了投资支出。这是挤出效应。根据乘数效应与挤出效应的大小，总需求曲线的移动可以大于或小于引起它的税收变动。

除了乘数效应与挤出效应之外，还有一个重要因素决定税收变动所引起的总需求变动的幅度：家庭对税收变动是持久变动还是暂时变动的感觉。例如，假设政府宣布每个家庭减税1 000美元。在决定从这1 000美元中支出多少时，家庭必须自问，这种额外的收入会持续多长时间。如果家庭预期减税是持久的，他们就会认为减税会大大增强他们的经济实力，从而大量增加他们的支出。在这种情况下，减税将对总需求产生重大影响。与此相反，如果家庭预期税收变动是暂时的，他们就会认为这不会增加他们多少收入，因而只增加少量支出。在这种情况下，减税对总需求只有很小的影响。

暂时减税政策的一个极端例子是1992年宣布的减税。在这一年，乔治·H. W. 布什总统面临着仍在持续的衰退和即将来临的连任竞选。他对这种状况的反应是宣布减少联邦政府从工人工资支票中扣除的所得税数量。但是，由于法定的所得税税率并没有改变，所以1992年每少扣除1美元就意味着到1993年4月15日要多交1美元税，这时必须补足1992年的应缴所得税。*因此，布什的"减税"实际上仅仅是一种来自政府的短期贷款。毫不奇怪，这种政策对消费支出和总需求的影响是较小的。

* 在每年4月15日之前，美国居民需要向国税局申报自己在前一年度的收支情况，按要求补缴所得税或获得政府退税。——编者注

参考资料　财政政策如何影响总供给

到目前为止，我们关于财政政策的讨论强调了政府购买和税收的变动如何影响物品与服务的需求量。大多数经济学家认为，财政政策的短期宏观经济效应主要是通过总需求发生作用的，然而财政政策也会潜在地影响物品与服务的供给量。

例如，考虑税收变动对总供给的影响。第1章中的经济学十大原理之一是，人们会对激励做出反应。当政府决策者降低税率时，工人从他们赚到的每一美元中得到的更多了，因此，他们就有工作和生产物品与服务的更大激励。如果他们对这种激励做出反应，在每一物价水平时物品与服务的供给量就会增多，而且总供给曲线将向右移动。

供给学派的一些经济学家认为，减税对总供给的影响是很大的。根据一些供给学派经济学家的观点，减税的影响如此之大，以至于降低税率将刺激生产和收入的增加，从而实际上将增加税收收入。这在理论上确实是可能的，但大多数经济学家并不认为这是正常情况。尽管税收的供给效应是重要的，但是当税率下降时它通常并不会大到足以引起税收收入增加。

与税收的变动一样，政府购买的变动也会潜在地影响总供给。例如，假设政府以提供公路这类资本形式增加了支出。私人企业就可以使用公路来向顾客运送货物。公路数量的增加提高了企业的生产率。因此，当政府对公路的支出更多时，它就增加了在物价水平既定时物品与服务的供给量，从而使总供给曲线向右移动。但是，这种对总供给的影响也许在长期中比在短期中更重要，因为政府修建新公路并使之投入使用需要一段时间。

34.3 运用政策来稳定经济

我们已经说明了货币政策与财政政策会如何影响经济中物品与服务的总需求。这些理论观点提出了一些重要的政策问题：决策者是否应该用这些政策工具来控制总需求并稳定经济？如果是的话，应该在什么时候运用这些政策工具？如果不是的话，为什么？

34.3.1 支持积极稳定政策论

现在我们回到本章开始时的问题：当总统和国会提高税收时，美联储应该如何做出反应？如前所述，税收水平是总需求曲线位置的一个决定因素。当政府提高税收时，总需求将减少，这就会在短期内抑制生产和就业。如果美联储想阻止财政政策的这种不利影响，它可以通过增加货币供给来扩大总需求。货币扩张会降低利率，刺激投资支出，从而扩大总需求。如果货币政策反应适当，货币政策与财政政策的共同变动可以使对物品与服务的总需求不受影响。

联邦公开市场委员会成员遵循的正是这种思路。他们知道货币政策是总需求的重要决定因素；也知道还有一些其他重要的决定因素，包括由总统和国会确定的财政政策。因此，联邦公开市场委员会以敏锐的目光关注着有关财政政策的争论。

货币政策对财政政策变动的这种反应是更为一般的现象的例子：用政策工具稳定总需求，因此稳定生产和就业。自从 1946 年的《就业法案》颁布以来，经济稳定一直是美国政策的一个明确目标。该法案宣称，"促进充分就业和生产……是联邦政府一贯的政策和责任"。实际上，政府已经确定其对短期宏观经济表现负有责任。

《就业法案》有两种含义。第一种较为温和的含义是，政府应该避免成为经济波动的原因。因此，大多数经济学家反对货币政策和财政政策有大且突然的变动，因为这种变动很可能会引起总需求的波动。而且，重要的是，当发生大的变动时，货币政策与财政政策的决策者要意识到这种变动，并对彼此的行动做出反应。

第二种较有雄心的含义是，政府应该对私人经济中的变动做出反应以便稳定总需求。这个法案是在凯恩斯的《就业、利息和货币通论》出版后不久通过的，这本书一直是最有影响的经济学著作之一。在这本书中，凯恩斯强调了总需求在解释短期经济波动中的关键作用。凯恩斯宣称，当总需求看来不足以维持充分就业水平的生产时，政府应该积极地刺激总需求。

凯恩斯（及其许多追随者）认为，总需求的波动主要是因为非理性的悲观主义与乐观主义情绪。他用动物本能这个词来指代态度的任意变动。当悲观主义盛行时，家庭减少消费支出，企业减少投资支出。结果是总需求减少，生产减少，失业增加。相反，当乐观主义盛行时，家庭和企业都增加支出。结果是总需求增加，生产增加，并有通货膨胀的压力。要注意的是，这些态度的变化在某种程度上是自我实现的。

从原则上说，政府可以调整货币政策与财政政策以对这些乐观主义和悲观主义情绪做出反应，从而稳定经济。例如，当人们过分悲观时，美联储可以扩大货币供给、降低利率并扩大总需求。当人们过分乐观时,美联储可以紧缩货币供给、提高利率并抑制总需求。曾任美联储主席的威廉·麦克切斯尼·马丁(William McChesney Martin)非常简单地描述了这种货币政策观点:"美联储的工作就是在宴会开始时把酒杯拿走。"

案例研究　白宫的凯恩斯主义者

1961年,当一个记者问约翰·F.肯尼迪总统为什么主张减税时,肯尼迪答道:"为了刺激经济。难道你不记得你上的经济学基础课程了吗?"肯尼迪的政策实际上依据的是我们在这一章中提出的财政政策分析。他的目标是实行减税,从而增加消费支出,扩大总需求,增加经济中的生产和就业。

在选择这种政策时,肯尼迪依靠了他的经济顾问小组。这个小组包括极为著名的经济学家詹姆斯·托宾(James Tobin)和罗伯特·索洛(Robert Solow),他们后来都由于对经济学的贡献而获得了诺贝尔奖。在20世纪40年代作为学生时,这些经济学家都深入地研究过当时刚出版几年的凯恩斯的《就业、利息和货币通论》。当肯尼迪的顾问提出减税时,他们就是在把凯恩斯的思想付诸实践。

虽然税收变动对总需求有潜在的影响,但也有其他影响。特别是,通过改变人们面临的激励,税收还会改变物品与服务的供给。肯尼迪建议的一部分是投资税收减免,它给投资于新资本的企业减税。高投资不仅直接刺激了总需求,而且也增加了经济中长期的生产能力。因此,通过较高的总需求增加生产的短期目标与通过较高的总供给增加生产的长期目标是连在一起的。实际上,当肯尼迪提出的减税最终在1964年实施时,它促成了一个经济高速增长的时期。

自从1964年减税以来,决策者不时地主张把财政政策作为控制总需求的工具。例如,巴拉克·奥巴马总统在2009年进入椭圆形办公室时,他正面临着进入衰退的美国经济。他的第一个政策建议就是一个包括大幅度增加政府支出的刺激提案。随后的"新闻摘录"讨论了对这个政策建议的一些争论。

IN THE NEWS

【新闻摘录】
财政政策的乘数有多大

在2008年和2009年的全球经济下滑中,各国政府都运用财政政策刺激总需求。这种做法引发了关于乘数大小的争论,乘数有多大仍然是一个有待探讨的话题。

关于乘数的啰里啰唆

现在是历史上和平时期最大的财政扩张。全球各国都在通过减税和增加政府支出来抗击衰退。20国集团经济体各国家领导人本周在匹兹堡开会,他们采取的刺激计划所涉及的金额平均已经占了今年GDP的2%及2010年GDP的1.6%。这么大规模、这么协调一致的行动应该说明大家对财政刺激的效果达成了共识。但是事实上,经济学家们对刺激是否有用以及有多大用处的看法存在许多分歧。

争论的关键是"财政乘数"的大小。这个衡量指标是在1931年由凯恩斯的学生Richard Kahn首次提出的,它能够说明减税或增加政府支出对产量的刺激效果有多大。1倍乘数意味着若政府支出增加10亿美元,GDP将增加10亿美元。

乘数的大小因经济状况而异。在其能力被充分利用的经济体,财政乘数应该是0。由于没有闲置的资源,政府需求的增加只能替代其他支出。但是,在经历衰退的经济体,当工人赋闲在家和工厂闲置不用时，财政刺激就能增加总需求。如果最初的刺激能够接连引起消费者和企业增加支出，乘数就会远远大于1。

乘数还会随财政措施的类型而不同。如果消费者把减税带来的意外之财存起来一部分，那么政府用于建造桥梁的支出就比减税带来的乘数更大。针对相对贫穷人群的减税的乘数效应要大于针对富裕人群的减税的乘数效应，因为穷人的收入中用于支出的比例更高。

财政乘数的大小关键还取决于人们对政府增加借款的反应。如果政府的措施支撑起民众的信心并唤起了"动物本能"，乘数就会随着需求增加和私人投资的"挤入"而上升。但如果随着政府借款增加，利率上升，那么本来有可能会产生的某些私人投资就会被"挤出"。而且，如果消费者预期未来的税率会提高以满足政府新增借款所需，那么现在就会少花钱。所有这些都会降低财政乘数，甚至有可能降为负数。

由于有关政府借款增加对利率和私人支出的影响到底有多大存在不同的假设，因此对现在的支出刺激带来的乘数的估计值也存在很大差异。奥巴马政府的经济顾问们假定联邦基金利率在四年内保持不变，他们预计美国财政刺激措施中的增加政府购买的乘数是1.6，减税的乘数是1.0。John Cogan、Tobias Cwik、John Taylor 和 Volker Wieland 并不这样认为，他们用了另外一个模型，假定公共借款增加带来的利率和税收增加的反应要快得多。他们计算出的乘数要小得多。他们认为美国的财政刺激措施能够给 GDP 增长带来的贡献只有奥巴马团队预期的六分之一。

预测模型的差别这么大，不如我们来仔细分析一下过去财政刺激的效果，也许会有所帮助。但不幸的是，要把财政政策的影响单列出来是极为困难的。有一个办法是，用微观经济学的案例研究方法去监测消费者在特定的税收返还和减免时行为的变化。这些主要基于美国税收变化的研究发现，永久性减税对消费者支出的影响比暂时性减税更大，而且那些不容易借到钱的消费者，比如常把信用卡余额用完的人，往往把减税得来的意外之财花得更多。但是，这些案例研究无法衡量减税或增加支出对产量的整体影响。

还有一个方法是找出政府支出变化或者减税对 GDP 统计的影响。这种方法的困难之处在于，经济衰退自然会伴生社会保障支出增加和税收减少，而财政刺激措施所带来的效应很难与它们区分开来。这种经验方法已经把某些领域的预期范围缩小了。它也带来了不同国家的有趣对比：封闭经济的乘数比开放经济的大（因为通过进口流到国外的刺激漏出会更少），富裕国家的乘数比新兴国家的大（因为新兴国家的投资者反应更快，这会推动利率上升）。不过总体上说，经济学家发现他们在经验中得到的乘数估值范围和从理论模型中得到的几乎一样。

还有更添乱的，统计分析的数据来源在第二次世界大战后和现在是很不同的。当时对政府支出乘数的很大一部分贡献来自军费，而今天的刺激计划更侧重于基础设施建设。许多富国的利率现在几乎都接近于零，这可能会加大财政刺激的作用，也会增加对财政刺激的需求。由于金融危机的影响，会有更多的人面临借款限制，这也会增加减税的效果。与此同时，负债累累的消费者倾向于减少他们的借款，这样就会降低乘数。今天的投资者更有必要担心富国而不是那些新兴市场国家的财政状况。

把所有这些因素加在一起，结论就是经济学家们在"盲飞"。他们能够自信地做出一点相关的判断。比如，暂时性减税比永久性减税的效果要差；负债多的国家的财政乘数可能比负债少的国家要低。但是，决策者们想要找到精确的乘数估值只能是自欺欺人了。

资料来源：*The Economist*，September 24，2009.

34.3.2 反对积极稳定政策论

一些经济学家认为，政府应该避免积极地利用货币政策和财政政策来努力稳定经济。他们声称，这些政策工具应该被用以实现长期目标，例如快速的经济增长和低通货膨胀，并且应该让经济靠自己的力量去克服短期波动。虽然这些经济学家也承认，货币政策与财政政策在理论上可以稳定经济，但他们怀疑其在实践中是否具有可行性。

反对积极的货币政策与财政政策的主要论点是，这些政策对经济的影响有相当长的时滞。正如我们所说明的，货币政策通过改变利率，从而影响投资支出而发挥作用。但是，许多企业会提前做出投资计划。因此，大多数经济学家认为，货币政

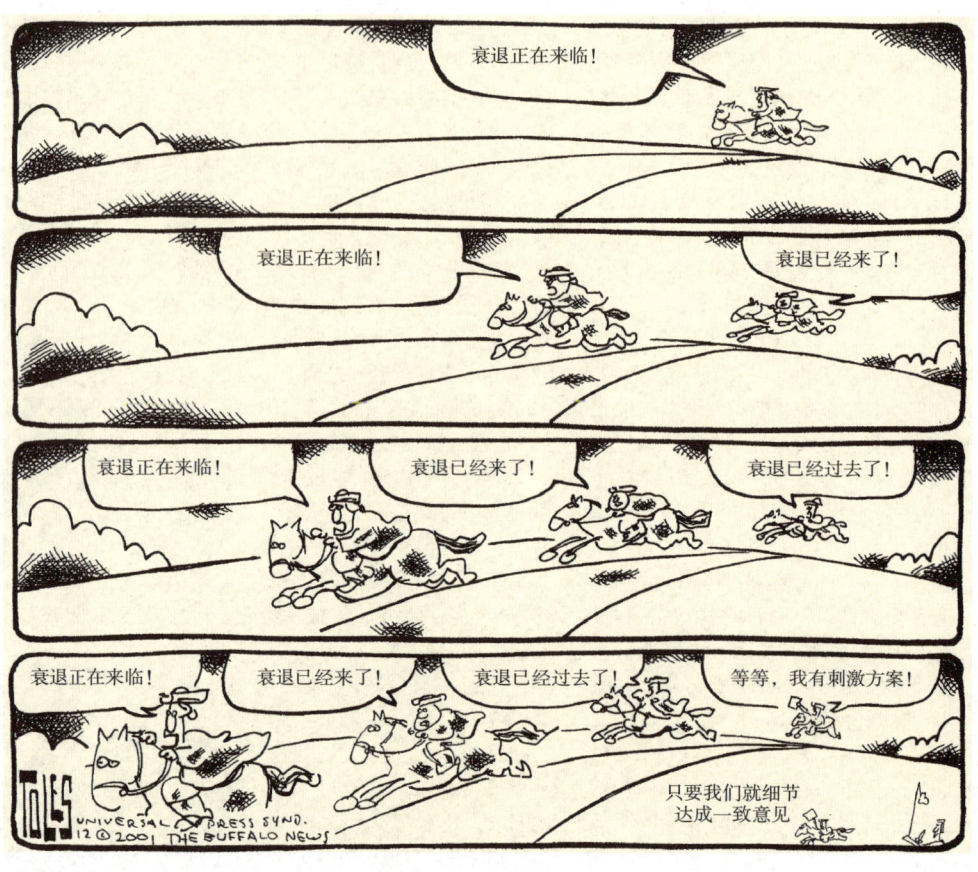

图片来源:
TOLES © 2001 *The Washington Post*. Reprinted with permission of UNIVERSAL PRESS SYNDICATE. All Rights Reserved.

策变动对产量和就业产生大的影响至少需要 6 个月。而且，一旦这些影响发生，就会持续几年。稳定政策的批评者认为，由于存在这种时滞，美联储不应该试图对经济进行微调。他们声称，美联储通常对变动的经济状况反应太迟，结果是引起了经济波动，而不是抑制了经济波动。这些批评者支持消极的货币政策，例如低且稳定的货币供给增长。

财政政策发生作用也有时滞，但与货币政策的时滞不同，财政政策的时滞主要是由于政治过程。在美国，大多数政府支出与税收的变动必须经过参众两院的国会委员会这两个立法机构通过并由总统签字。完成这个过程可能需要几个月，在有些情况下则需要几年。到财政政策的变动得到通过并准备实施时，经济状况可能已经改变了。

货币政策与财政政策的这些时滞之所以成为一个问题，部分是因为经济预测极不准确。如果预测者可以提前一年准确地预测经济状况，那么货币政策和财政政策决策者在做出决策时就可以带有前瞻性。在这种情况下，决策者尽管面临着时滞，也可以稳定经济。但是，衰退和萧条实际上是在没有任何预兆的情况下来临的。决策者最多也只能在衰退和萧条发生时对经济变动做出反应。

34.3.3 自动稳定器

所有经济学家——无论是稳定政策的支持者还是批评者——都一致认为，政策实施的时滞使政策作为短期稳定工具的作用不大。因此，如果决策者可以找到一种避免某些时滞的方法，经济就会较为稳定。事实上他们找到了这种方法。**自动稳定器**（automatic stabilizers）是在经济进入衰退时，决策者不必采取任何有意的行动就可以刺激总需求的财政政策变动。

最重要的自动稳定器是税制。当经济进入衰退时，政府所征收的税收量就会自动地减少，这是因为几乎所有税收都与经济活动密切相关。个人所得税取决于家庭收入，工薪税取决于工人的工资，而公司所得税取决于企业利润。由于收入、工资和利润在衰退时都会减少，所以政府的税收收入也会随之降低。这种自动的减税刺激了总需求，从而降低了经济波动的程度。

政府支出也作为自动稳定器发挥作用。特别是，当经济进入衰退且工人被解雇时，更多的人申请失业保险补助、福利补助和其他形式的收入补助。这种政府支出的自动增加正好在总需求不足以维持充分就业时刺激了总需求。实际上，当20世纪30年代最早建立失业保险制度时，经济学家们支持这种政策的部分原因就是它作为一种自动稳定器的力量。

美国经济中的自动稳定器还没有强大到足以完全防止衰退。但是，如果没有这些自动稳定器，产量和就业的波动将会比现在大。由于这个原因，许多经济学家反对一些政治家提出的要求联邦政府总是实现平衡预算的宪法修正案。当经济进入衰退时，税收减少，政府支出增加，政府预算向赤字发展。如果政府面临严格的平衡预算规则，政府就会被迫在衰退中寻求增加税收或削减支出的方法。换句话说，严格的平衡预算规则会消除我们现在的税收与政府支出制度中固有的自动稳定器。

自动稳定器：当经济进入衰退时，决策者不必采取任何有意的行动就可以刺激总需求的财政政策变动。

即问即答

■假设不利的"动物本能"弥漫在经济中，而且人们对未来变得悲观。总需求会发生什么变动？如果美联储想稳定总需求，它应该如何改变货币供给？如果它这样做，利率会发生什么变动？为什么美联储不会选择以这种方法做出反应？

34.4 结论

在决策者做出任何政策变动之前，他们需要考虑他们决策的所有影响。在本书前面，我们考察了经济的古典模型，它描述了货币政策与财政政策的长期效应。那里，我们说明了财政政策如何影响储蓄、投资和长期经济增长，以及货币政策如何影响物价水平和通货膨胀率。

在本章中，我们考察了货币政策与财政政策的短期效应。我们说明了这些政策工具可以如何改变物品与服务的总需求，以及短期中经济的生产和就业。当国会减少政府支出以平衡预算时，它既要考虑对储蓄和经济增长的长期效应，又要考虑对总需求和就业的短期效应。当美联储降低货币供给增长率时，它必须既考虑到对通货膨胀的长期效应，又考虑到对生产的短期效应。在政府的各个部门，决策者都要记住长期目标和短期目标。

内容提要

◎ 在建立短期经济波动理论时，凯恩斯提出了流动性偏好理论来解释利率的决定因素。根据这种理论，利率的调整使货币的供求平衡。

◎ 物价水平上升增加了货币需求，提高了使货币市场均衡的利率。由于利率代表借款的成本，所以较高的利率减少了投资，从而减少了物品与服务的需求量。向右下方倾斜的总需求曲线表明了物价水平与需求量之间的这种负相关关系。

◎ 决策者可以用货币政策影响总需求。货币供给的增加降低了物价水平既定时的均衡利率。因为较低的利率刺激了投资支出，所以总需求曲线向右移动。相反，货币供给减少提高了物价水平既定时的均衡利率，使总需求曲线向左移动。

◎ 决策者还可以用财政政策影响总需求。政府购买增加或减税可以使总需求曲线向右移动。政府购买减少或增税可以使总需求曲线向左移动。

◎ 当政府改变支出或税收时，所引起的总需求变动可能大于或小于财政变动。乘数效应往往扩大财政政策对总需求的影响。挤出效应往往减少财政政策对总需求的影响。

◎ 由于货币政策和财政政策可以影响总需求，所以政府有时用这些政策工具来试图稳定经济。经济学家对政府应该如何积极地进行这种努力的看法并不一致。根据积极稳定政策支持者的看法，家庭和企业态度的改变使总需求变动，如果政府不对此做出反应，结果就是产量与就业的不合意及不必要的波动。根据积极稳定政策批评者的看法，货币政策与财政政策发生作用都有相当长的时滞，以至于稳定经济的努力往往以不稳定告终。

关键概念

流动性偏好理论　　　　　　　乘数效应　　　　　　　　　　自动稳定器
财政政策　　　　　　　　　　挤出效应

复习题

1. 什么是流动性偏好理论？这种理论如何有助于解释总需求曲线向右下方倾斜？
2. 用流动性偏好理论解释货币供给减少如何影响总需求曲线。
3. 政府花费30亿美元用于购买警车。解释为什么总需求的增加会大于或小于30亿美元。
4. 假设对消费者信心的调查表明，悲观情绪蔓延全国。如果决策者无所作为，总需求会发生什么变动？如果美联储想稳定总需求，它应该怎么做？如果美联储无所作为，国会为了稳定总需求应该做什么？
5. 举出一个起到自动稳定器作用的政府政策的例子。解释为什么这一政策有这种效应。

第 35 章
通货膨胀与失业之间的短期权衡取舍

受到密切关注的两个经济状况指标是通货膨胀和失业。当劳工统计局每月公布这两个变量的数据时，决策者总是急切地想听到这条信息。一些评论家把通货膨胀率和失业率加在一起得出了一个痛苦指数，用于衡量经济状况是否正常。

经济状况的这两个衡量指标如何相关呢？在本书前面，我们讨论了失业的长期决定因素以及通货膨胀的长期决定因素。我们说明了自然失业率取决于劳动市场的各种特点，例如最低工资法、工会的市场势力、效率工资的作用以及寻找工作的有效性。与此相反，通货膨胀率主要取决于由中央银行控制的货币供给的增长。因此，在长期中，通货膨胀和失业基本是互不相关的问题。

在短期中，情况正好相反。第 1 章讨论的经济学十大原理之一是，社会面临通货膨胀和失业之间的短期权衡取舍。如果货币政策和财政政策决策者扩大总需求并使经济沿着短期总供给曲线向上移动，则可以在短期中扩大产量并减少失业，但这仅仅是以更迅速的物价水平上升为代价。如果决策者紧缩总需求并使经济沿着短期总供给曲线向下移动，则可以降低通货膨胀，但这仅仅是以暂时的低产量和高失业为代价。

在本章中，我们要更深入地考察这种权衡取舍。通货膨胀和失业之间的关系吸引了近半个世纪以来最重要的一些经济学家的关注。理解这种关系最好的方法就是考虑它随着时间推移的演变。正如我们将要说明的，20 世纪 50 年代以来的有关通货膨胀和失业的思想史与美国经济史是密不可分的。这两种历史将说明，为什么通货膨胀与失业之间的权衡取舍在短期中成立而在长期中不成立，以及它向经济决策者提出了什么问题。

35.1 菲利普斯曲线

"也许菲利普斯曲线描述了一种最重要的宏观经济关系。"这是经济学家乔治·阿克洛夫（George Akerlof）在 2001 年获得诺贝尔奖时所做的演讲中的一句话。菲利普斯

菲利普斯曲线：一条表示通货膨胀与失业之间短期权衡取舍的曲线。

曲线（Phillips curve）描述了通货膨胀与失业之间的短期关系。我们从菲利普斯曲线的发现及其传入美国开始讲起。

35.1.1 菲利普斯曲线的由来

1958年，经济学家菲利普斯（A. W. Phillips）在英国杂志《经济学》上发表了一篇使他成名的文章。这篇文章的题目是"1861—1957年英国失业和货币工资变动率之间的关系"。在这篇文章中，菲利普斯说明了失业率与通货膨胀率之间的负相关关系。也就是说，菲利普斯说明了低失业的年份往往有高通货膨胀，而高失业的年份往往有低通货膨胀。（菲利普斯考察通货膨胀是根据名义工资而不是物价，但就我们的目的而言，两者之间的区别并不重要，因为这两种通货膨胀的衡量指标通常是同时变动的。）菲利普斯得出的结论是，这两个重要的宏观经济变量——通货膨胀和失业——以一种经济学家以前没有注意到的方式相关联。

虽然菲利普斯的发现是基于英国的数据，但研究者很快就把这个发现扩展到其他国家。在菲利普斯的文章发表后两年，经济学家保罗·萨缪尔森和罗伯特·索洛在《美国经济评论》上发表了一篇题为"反通货膨胀政策的分析"的文章。在这篇文章中，他们用美国的数据表明了通货膨胀和失业之间类似的负相关关系。他们的推理是，这种相关性的产生是因为低失业与高总需求相关，而很高的总需求会给整个经济带来工资与物价上升的压力。萨缪尔森和索洛把失业与通货膨胀之间的负相关关系称为菲利普斯曲线。图35-1说明了一个与萨缪尔森和索洛所发现的菲利普斯曲线类似的例子。

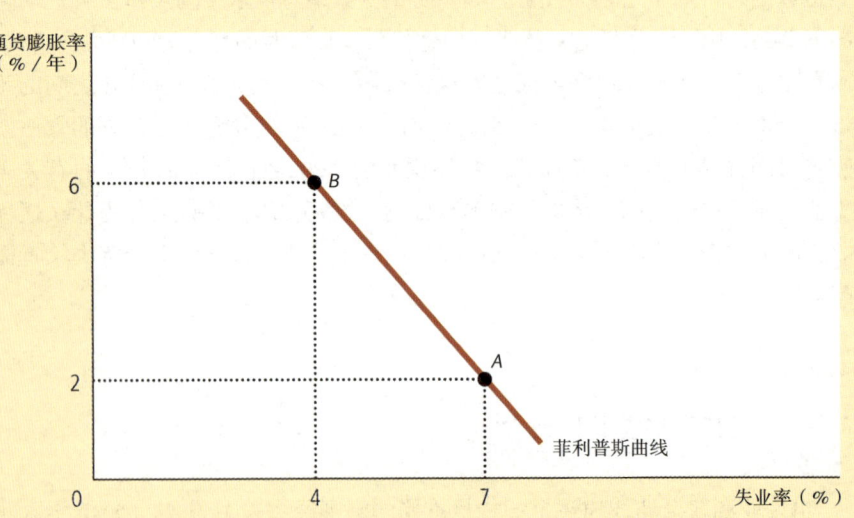

图35-1 菲利普斯曲线

菲利普斯曲线说明了通货膨胀率和失业率之间的负相关关系。在A点，通货膨胀率低而失业率高。在B点，通货膨胀率高而失业率低。

正如萨缪尔森和索洛的文章题目所表明的,他们关心菲利普斯曲线是因为他们相信这对决策者来说是一个重要的结论。特别是,他们说明了菲利普斯曲线给决策者提供了一个有各种可能的经济结果的菜单。通过改变货币政策与财政政策来影响总需求,决策者可以选择这条曲线上的任意一点。在 A 点,通货膨胀率低而失业率高。在 B 点,低失业率低而通货膨胀率高。决策者可能会偏好低通货膨胀率和低失业率,但正如菲利普斯曲线概括的历史数据所表明的,这种组合是不可能的。根据萨缪尔森和索洛的看法,决策者面临着通货膨胀和失业之间的权衡取舍,而菲利普斯曲线说明了这种权衡取舍。

35.1.2 总需求、总供给和菲利普斯曲线

总需求与总供给模型为菲利普斯曲线所描述的有各种可能结果的菜单提供了一个简单的解释。菲利普斯曲线说明,短期中出现的通货膨胀与失业的组合是由于总需求曲线的移动使经济沿着短期总供给曲线变动。正如我们在前两章中所看到的,在短期中物品与服务总需求的增加引起产量增加、物价总水平上升。产量越多,意味着就业越多,从而失业率越低。此外,高物价水平转变为高通货膨胀率。因此,总需求变动在短期中使通货膨胀和失业反方向变动,这正是菲利普斯曲线所说明的一种关系。

为了更充分地说明这是如何发生作用的,我们来看一个例子。为了使数字简化,设想物价水平(例如,用消费物价指数衡量)在 2020 年等于 100。图 35-2 表示由于总需求的力量在 2021 年可能出现的两种结果,一种结果是在总需求高时出现的,另一种结果是在总需求低时出现的。其中,(a)幅用总需求与总供给模型表示这两种结果,(b)幅用菲利普斯曲线表示同样的两种结果。

图 35-2(a)幅显示了 2021 年产量和物价水平发生的变动。如果物品与服务的总需求较低,那么经济就有结果 A:经济生产的产量是 15 000,而物价水平是 102。相比之下,如果总需求较高,经济就有结果 B:产量是 16 000,而物价水平是 106。这正是我们熟悉的一个结论——较高的总需求使经济在较高产量和较高物价水平时达到均衡——的例子。

图 35-2(b)幅显示了这两种可能的结果对失业和通货膨胀意味着什么。因为当企业生产更多物品与服务时,它们需要更多工人,所以在结果 B 时的失业低于结果 A 的。在这个例子中,当产量从 15 000 增加到 16 000 时,失业率从 7% 下降到 4%。而且,因为结果 B 时的物价水平高于结果 A,所以通货膨胀率(在前一年物价水平基础上变动的百分比)也高。特别是,由于 2020 年的物价水平是 100,所以结果 A 的通货膨胀率是 2%,而结果 B 的通货膨胀率为 6%。因此,我们既可以根据产量和物价水平(用总需求与总供给模型),也可以根据失业和通货膨胀(用菲利普斯曲线)来比较经济的这两种结果。

因为货币政策和财政政策可以使总需求曲线移动,所以它们可以使经济沿着菲利普斯曲线移动。货币供给增加、政府支出增加或减税都扩大了总需求,并使经济移动到菲利普斯曲线上低失业和高通货膨胀的一点上。货币供给减少、政府支出减少或增税都紧缩了总需求,并使经济移动到菲利普斯曲线上低通货膨胀和高失业的一点上。从这种意义上说,菲利普斯曲线向决策者提供了一个通货膨胀与失业的组合的菜单。

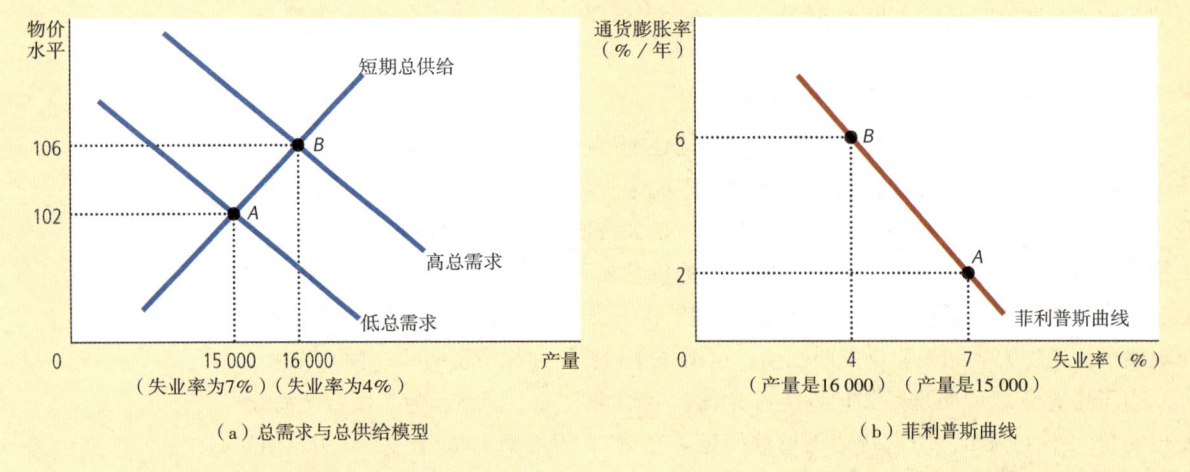

图35-2　菲利普斯曲线如何与总需求和总供给模型相关

该图假设2020年物价水平为100，并画出了2021年的可能结果。(a) 幅表示总需求与总供给模型。如果总需求低，经济在A点，产量低（15 000）且物价水平也低（102）。如果总需求高，经济在B点，产量高（16 000）且物价水平也高（106）。(b) 幅显示了菲利普斯曲线的含义。当总需求低时得出了A点，失业率高（7%），而通货膨胀率低（2%）。当总需求高时得出了B点，失业率低（4%），而通货膨胀率高（6%）。

35.2　菲利普斯曲线的移动：预期的作用

尽管菲利普斯曲线看来为决策者提供了一个通货膨胀—失业可能结果的菜单，但也提出了一个重要问题：随着时间的推移，这个选择的菜单一直是同样的吗？换句话说，向右下方倾斜的菲利普斯曲线是决策者可以依赖的一种稳定关系吗？在20世纪60年代末萨缪尔森和索洛把菲利普斯曲线引入宏观经济政策争论后不久，经济学家提出了这些问题。

35.2.1　长期菲利普斯曲线

1968年，经济学家米尔顿·弗里德曼在《美国经济评论》上发表了一篇文章，这篇文章是基于他作为美国经济学会会长时所做的一次演讲撰写的。这篇题为"货币政策的作用"的文章包含"货币政策能做什么"和"货币政策不能做什么"两部分。弗里德曼认为，在长期中货币政策不能做的一件事是靠提高通货膨胀来降低失业，这仅在短时间内可以实现。几乎在同时，另一位经济学家爱德蒙·费尔普斯（Edmund Phelps）也发表了一篇文章，否定通货膨胀和失业之间存在长期权衡取舍。

弗里德曼和费尔普斯的结论是以古典宏观经济学原理为依据的。古典理论指出货币供给增长是通货膨胀的主要决定因素。但是，古典理论还说明了，货币增长并不影响产量和就业这类真实变量，它只是同比例地改变所有物价与名义收入。特别是，货币增长并不影响决定经济中失业率的那些因素，如工会的市场势力、效率工资的作用或者寻找工作的过程。弗里德曼和费尔普斯得出的结论是：没有理由认为在长期中通货膨胀率与失业率是相关的。

用弗里德曼的话来说，他对联邦储备在长期中有望为经济做些什么的看法是：

> 货币当局控制名义变量——直接控制自己的负债变量（通货加银行准备金）。从原则上说，它可以用这种控制来钉住名义变量，如汇率、物价水平、名义国民收入水平、按某种方法定义的货币量，或者钉住名义变量的变动，如通货膨胀率或通货紧缩率、名义国民收入的增长率或下降率、货币量增长率。它不能用它对名义变量的控制去钉住真实变量，如真实利率、失业率、真实国民收入水平、真实货币量、真实国民收入增长率或者真实货币量增长率。

根据弗里德曼的观点，货币政策决策者面临着像图35-3中那样垂直的长期菲利普斯曲线。如果美联储缓慢地增加货币供给，则通货膨胀率是低的，经济处于 A 点。如果美联储迅速地增加货币供给，则通货膨胀率是高的，经济处于 B 点。在这两种情况下，失业率都趋向于其正常水平，称为自然失业率。垂直的长期菲利普斯曲线说明了这样一个结论：在长期中，失业并不取决于货币量增长和通货膨胀。

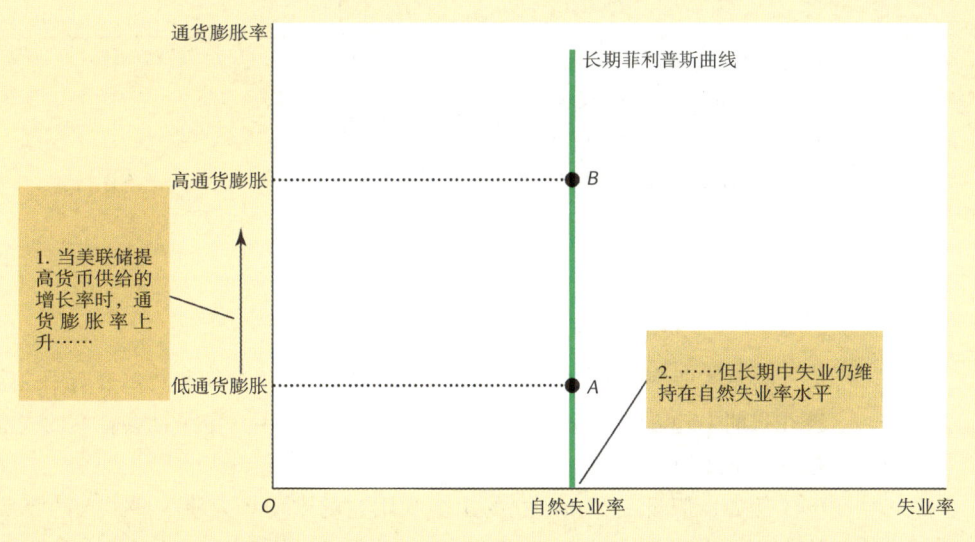

图35-3　长期菲利普斯曲线

根据弗里德曼和费尔普斯的看法，在长期中通货膨胀和失业之间不存在权衡取舍。货币供给的增长决定通货膨胀率。无论通货膨胀率如何，失业率都趋向于自然失业率。因此，长期菲利普斯曲线是垂直的。

垂直的长期菲利普斯曲线在本质上是古典货币中性思想的一种表述。以前我们用垂直的长期总供给曲线表述过这种思想。图35-4说明了垂直的长期菲利普斯曲线和垂直的长期总供给曲线是同一枚硬币的两面。在该图（a）幅中，货币供给增加使总需求曲线从 AD_1 向右移动到 AD_2，结果长期均衡从 A 点移动到 B 点，物价水平从 P_1 上升为 P_2，但由于总供给曲线是垂直的，所以产量仍然不变。在（b）幅中，更快的货币供给增长通过使经济从 A 点移动到 B 点而提高了通货膨胀率。但是，由于菲利普斯曲线是垂直的，这两点的失业率是相同的。因此，垂直的长期总供给曲线和垂直的长期菲利普斯曲线都意味着货币政策只影响名义变量（物价水平和通货膨胀率），但并不影响真实变量（产量与失业）。无论美联储采取什么样的货币政策，在长期中产量和失业均处于各自的自然水平。

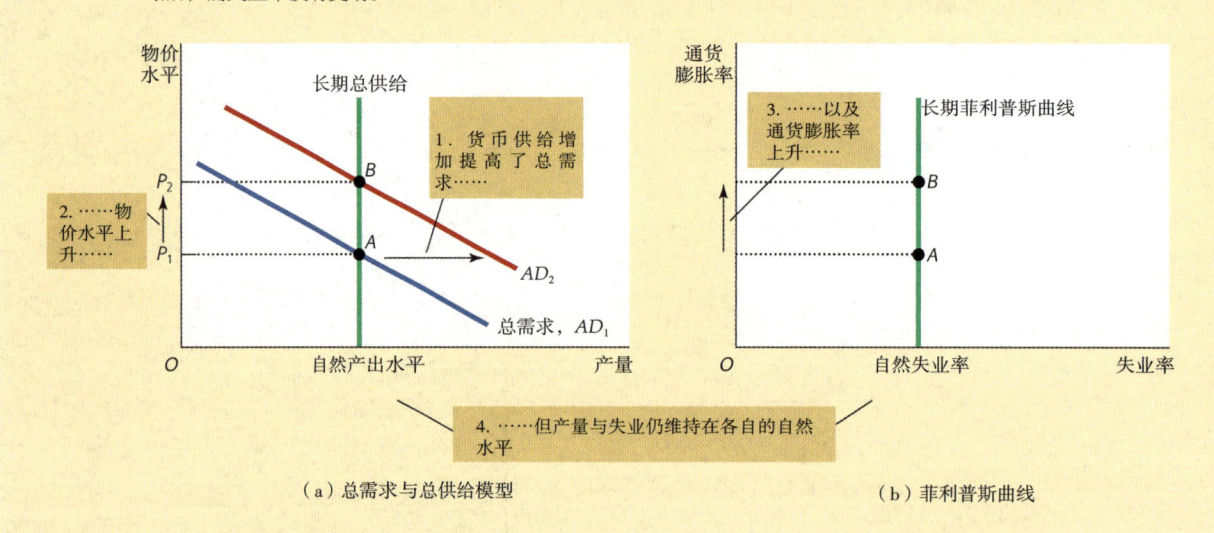

图35-4　长期菲利普斯曲线如何与总需求和总供给模型相关

（a）幅表示有垂直总供给曲线的总需求与总供给模型。当扩张性货币政策使总需求曲线从 AD_1 向右移动到 AD_2 时，均衡从 A 点移动到 B 点。物价水平从 P_1 上升为 P_2，而产量不变。（b）幅表示长期菲利普斯曲线，该曲线是经过自然失业率的一条垂线。在长期中，扩张性货币政策使经济从低通货膨胀（A 点）移动到高通货膨胀（B 点），而失业率没有变动。

35.2.2　"自然"的含义

自然失业率中的"自然"是什么意思呢？弗里德曼和费尔普斯用这个词来描述经济在长期中趋近的失业率。然而，自然失业率并不一定是社会合意的失业率，它也不是一成不变的。

例如，假设一个新成立的工会利用它的市场势力使一些工人的真实工资提高到均衡水平之上，结果就会出现超额劳动供给，因此就有较高的自然失业率。这种失业是"自然的",并不是因为它是适当的,而是因为它不受货币政策的影响。更为迅速的货币增长并没有削弱工会的市场势力,也没有降低失业水平,它只会引起更高的通货膨胀。

虽然货币政策不能影响自然失业率,但其他政策可以。为了降低自然失业率,决策者应该依赖改善劳动市场功能的政策。在本书的前面,我们讨论了各种劳动市场政策,例如最低工资法、集体谈判法、失业保险以及在职培训计划如何影响自然失业率。降低自然失业率的政策变动会使长期菲利普斯曲线向左移动。此外,由于较低的失业意味着更多的工人在生产物品与服务,所以在物价水平既定时物品与服务的供给量也增多了,长期总供给曲线将向右移动。这样,经济就可以在任何一种既定的货币增长率和通货膨胀率时享有较低的失业和较高的产量。

35.2.3 使理论与证据一致

乍一看,弗里德曼和费尔普斯关于失业与通货膨胀之间不存在长期权衡取舍的结论似乎难以让人信服。他们的论点基于理论的呼吁,特别是古典理论关于货币中性的预言。与此相反,菲利普斯、萨缪尔森和索洛所证明的通货膨胀与失业之间的负相关关系则基于现实世界的实际证据。为什么当全世界看来都是向右下方倾斜的菲利普斯曲线时,还会有人相信决策者面临一条垂直的菲利普斯曲线呢?菲利普斯、萨缪尔森和索洛的发现难道还不足以使我们否定货币中性吗?

弗里德曼和费尔普斯深深意识到这些问题,并且提出了一种使古典宏观经济理论与根据英国和美国数据而发现的向右下方倾斜的菲利普斯曲线相一致的方法。他们提出,通货膨胀与失业之间的负相关关系在短期中是存在的,但决策者不能把它作为长期中结果的菜单。决策者可以在某一时期内实行扩张性货币政策以实现较低的失业,但失业最终要回到自然失业率,并且扩张性货币政策只引起了较高的通货膨胀。

弗里德曼和费尔普斯的研究是我们讨论第 33 章中短期总供给曲线与长期总供给曲线之间区别的基础。正如你所记得的长期总供给曲线是垂直的,这表明物价水平并不影响企业长期中的供给量。但短期总供给曲线是向右上方倾斜的,这表明物价水平上升增加了企业供给的物品与服务量。例如,根据总供给的黏性工资理论,名义工资是根据工人和企业预期的现行物价水平提前确定的。当物价高于预期时,企业就有增加生产和就业的激励;当物价低于预期时,企业就减少生产和就业。但由于预期物价水平和名义工资最终要调整,实际物价水平和供给量之间的正相关关系只适用于短期。

弗里德曼和费尔普斯把这个逻辑运用于菲利普斯曲线。正如总供给曲线只在短期中向右上方倾斜一样,通货膨胀和失业之间的权衡取舍也只在短期中成立。而且,正如长期总供给曲线是垂直的一样,长期菲利普斯曲线也是垂直的。预期再次成为理解短期与长期如何相关的关键。

弗里德曼和费尔普斯把一个新变量引入通货膨胀和失业的权衡取舍分析中:预期的通货膨胀。预期的通货膨胀衡量人们预期物价总水平的变动幅度。由于预期的物价水平影响名义工资,所以预期的通货膨胀是决定短期总供给曲线位置的一个因素。在短期中，美联储可以把预期的通货膨胀（以及短期总供给曲线）作为确定的。当货币供给改变时，总需求曲线移动，而且经济沿着既定的短期总供给曲线变动。因此，在短期中，货币量变动引起产量、物价、失业和通货膨胀发生未预期到的波动。弗里德曼和费尔普斯正是用这种方法解释了菲利普斯、萨缪尔森和索洛所证明的向右下方倾斜的菲利普斯曲线。

美联储通过增加货币供给引起未预期到的通货膨胀的能力只在短期中存在。在长期中，人们可以预期到美联储决定引起多高的通货膨胀率，名义工资将根据通货膨胀率进行同步调整，所以长期总供给曲线是垂直的。这种由于货币供给变动而引起的总需求变动并不影响经济中的物品与服务量，也不影响企业生产这些物品与服务需要雇用的工人量。弗里德曼和费尔普斯得出了长期中失业将回到自然失业率的结论。

35.2.4 短期菲利普斯曲线

弗里德曼和费尔普斯的分析可以概括为下式：

$$失业率 = 自然失业率 - a(实际通货膨胀 - 预期通货膨胀)$$

这个方程式（实际上是我们以前说明的总供给方程式的另一种表述）把失业率与自然失业率、实际通货膨胀及预期通货膨胀联系起来。在短期中，预期通货膨胀是既定的，因此较高的实际通货膨胀与较低的失业相关。（变量 a 是衡量失业对未预期到的通货膨胀反应有多大的一个参数。）在长期中，人们可以预期到美联储会引起多大的通货膨胀，因此实际通货膨胀等于预期通货膨胀，而且失业处于自然失业率水平。

这个方程式意味着，并不存在稳定的短期菲利普斯曲线。每条短期菲利普斯曲线都反映了某个特定的预期通货膨胀率。（更确切地说，如果你把这个方程式画成图，你将发现向右下方倾斜的短期菲利普斯曲线与垂直的长期菲利普斯曲线相交于预期通货膨胀率那一点。）当预期通货膨胀率变动时，短期菲利普斯曲线就移动。

根据弗里德曼和费尔普斯的观点，把菲利普斯曲线作为可供决策者选择的菜单是危险的。为了说明原因，设想一个经济开始时通货膨胀低，并且有同样低的预期通货膨胀率，失业处于自然失业率水平，如图 35-5 中的 A 点所示。现在假设，决策者试图通过用货币政策或财政政策扩大总需求，来利用通货膨胀与失业之间的权衡取舍。在短期中，当预期通货膨胀既定时，经济从 A 点变动到 B 点，结果失业低于自然失业率水平，而实际通货膨胀高于预期通货膨胀。随着经济从 A 点移动到 B 点，决策者会认为，他们以较高通货膨胀的代价实现了持久的低失业——如果可能的话，这是值得的。

但是，这种情况并不会持续下去。随着时间的推移，人们会习惯于这种较高的通货膨胀率，而且他们也提高了其通货膨胀预期。当预期通货膨胀上升时，企业和工人在确定工资和价格时就考虑到更高的通货膨胀。短期菲利普斯曲线将向右移动，如图 35-5 所示。经济最终到达 C 点，这时通货膨胀高于 A 点，但失业水平与 A 点相同。因此，弗里德曼和费尔普斯得出结论：决策者只面临着通货膨胀和失业之间的短期权衡取舍。在长期中，更快地扩大总需求将引起更高的通货膨胀，而失业没有任何减少。

即问即答

■ 画出短期菲利普斯曲线和长期菲利普斯曲线。解释它们为什么不同。

图35-5 预期通货膨胀如何使短期菲利普斯曲线移动

预期的通货膨胀率越高,通货膨胀和失业之间的短期权衡取舍也就越高。在 A 点,预期通货膨胀和实际通货膨胀都很低,而且失业处于自然失业率水平。如果美联储实行扩张性货币政策,经济在短期中就从 A 点移动到 B 点。在 B 点,预期通货膨胀仍然低,但实际通货膨胀高,而失业低于自然失业率。在长期中,预期通货膨胀上升,经济移动到 C 点。在 C 点,预期通货膨胀和实际通货膨胀都高,而失业回到自然失业率水平。

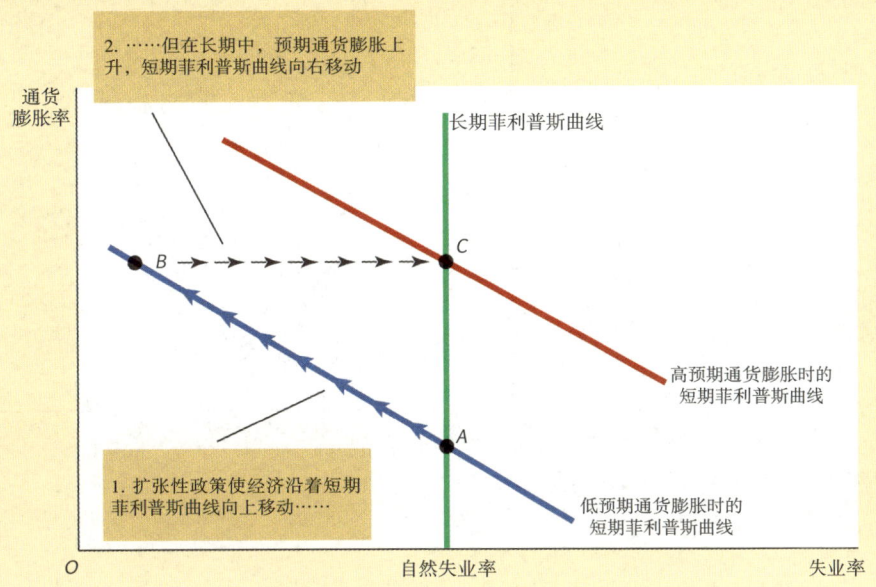

35.2.5 自然率假说的自然实验

弗里德曼和费尔普斯在 1968 年做出了一个大胆的预言:如果决策者试图通过选择较高的通货膨胀以减少失业来利用菲利普斯曲线,他们成功减少失业将只是暂时的。这种观点——无论通货膨胀率如何,失业最终都要回到自然失业率——被称为**自然率假说**(natural-rate hypothesis)。在弗里德曼和费尔普斯提出这个假说几年之后,货币政策和财政政策决策者无意中为检验这个假说创造了一次自然实验。他们的实验室是美国经济。

自然率假说:认为无论通货膨胀率如何,失业最终都要回到其正常率或自然率的观点。

在说明这个实验结果之前,我们先来看看弗里德曼和费尔普斯在 1968 年做出预言时所面对的数据。图 35-6 显示了 1961—1968 年这一时期的失业率和通货膨胀率。这些数据几乎描绘出一条完美的菲利普斯曲线。在这八年中,随着通货膨胀上升,失业下降了。这一时期的经济数据似乎证明了决策者面临着通货膨胀与失业之间的权衡取舍。

20 世纪 60 年代菲利普斯曲线的明显成功使人们认为弗里德曼和费尔普斯的预言简直是太过大胆了。1958 年,菲利普斯就提出了通货膨胀与失业之间的负相关关系。

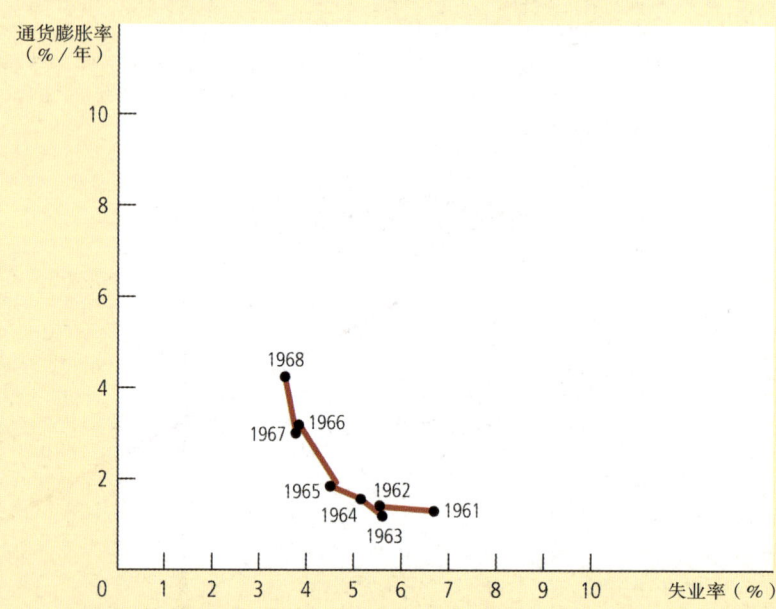

图35-6　20世纪60年代的菲利普斯曲线

该图用1961—1968年的失业率和通货膨胀率（用GDP平减指数衡量）的年度数据显示了通货膨胀与失业之间的负相关关系。

资料来源：U.S. Department of Labor；U.S. Department of Commerce.

1960年，萨缪尔森和索洛用美国的数据证明了这种关系。另一个为期10年的数据也证明了这种关系。对当时一些经济学家来说，声称一旦决策者想利用这种关系，被历史经验证明为可靠的菲利普斯曲线就将开始移动似乎有点荒唐。

事实上，这种情况确实出现了。从20世纪60年代末开始，政府实行了扩大物品与服务总需求的政策。这种扩张部分是由于财政政策：随着越南战争升级，政府支出增加；部分是由于货币政策：由于美联储在面临扩张性财政政策时试图压低利率，货币供给（用M_2衡量）在1970—1972年这一时期中每年增加约13%，而在60年代初是每年增加7%。结果，通货膨胀率一直很高（20世纪60年代末至70年代初是每年5%—6%，相比之下，60年代初是1%—2%）。但是，正如弗里德曼和费尔普斯所预言的，失业并未维持在低水平。

图35-7显示了1961—1973年的通货膨胀与失业的历史。它说明这两个变量之间的简单负相关关系在1970年左右被打破了。特别是，当20世纪70年代初通货膨胀仍然很高时，人们对通货膨胀的预期赶上了现实，而失业率又回到了60年代初的5%—6%。要注意的是，图35-7所表明的历史与图35-5所表示的移动的短期菲利普斯曲线的理论十分相似。到1973年，决策者认识到，弗里德曼和费尔普斯是正确的：在长期中，通货膨胀与失业之间不存在权衡取舍。

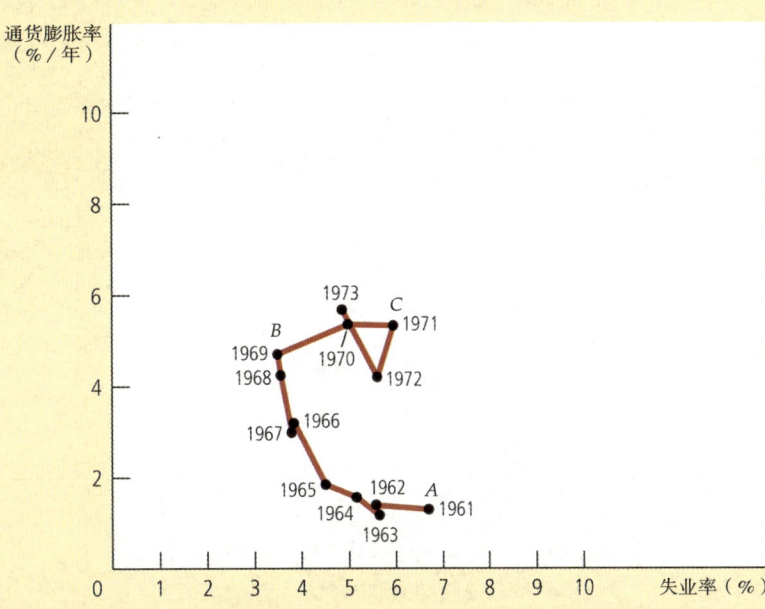

图35-7 菲利普斯曲线的破灭

该图显示了1961—1973年的失业率和通货膨胀率（用GDP平减指数衡量）的年度数据。正如弗里德曼和费尔普斯所预言的，20世纪60年代的菲利普斯曲线在70年代初被打破了。要注意的是，该图中标出的A、B和C点大致对应于图35-5中的各点。

资料来源：U.S. Department of Labor; U.S. Department of Commerce.

35.3 菲利普斯曲线的移动：供给冲击的作用

弗里德曼和费尔普斯在1968年提出，预期通货膨胀的变动会使短期菲利普斯曲线移动；而20世纪70年代初的经验使大多数经济学家相信，弗里德曼和费尔普斯是正确的。但是，在几年之间，经济学专家又把注意力转向短期菲利普斯曲线移动的另一个原因——总供给冲击。

这一次注意力的转移不是来自这两位美国经济学教授，而是来自一群阿拉伯酋长。1974年，石油输出国组织（OPEC）作为世界石油市场的卡特尔开始运用其市场势力来增加其成员国的利润。OPEC成员国，如沙特阿拉伯、科威特和伊拉克，限制它们开采和在世界市场上销售的原油量。在几年之内，这种供给减少使石油价格几乎翻了一番。

世界石油价格的大幅度上升是供给冲击的一个例子。**供给冲击**（supply shock）是直接影响企业的生产成本，从而影响它们收取的价格的事件；它使经济的总供给曲线移动，因此也使菲利普斯曲线移动。例如，当石油价格的上升增加了生产汽油、取暖油、轮胎和许多其他产品的成本时，它就减少了在物价水平既定时物品与服务的供给量。如图35-8（a）幅所示，这种供给减少用总供给曲线从 AS_1 向左移动到 AS_2 来表示。

供给冲击：直接改变企业的成本和价格，使经济中的总供给曲线移动，进而使菲利普斯曲线移动的事件。

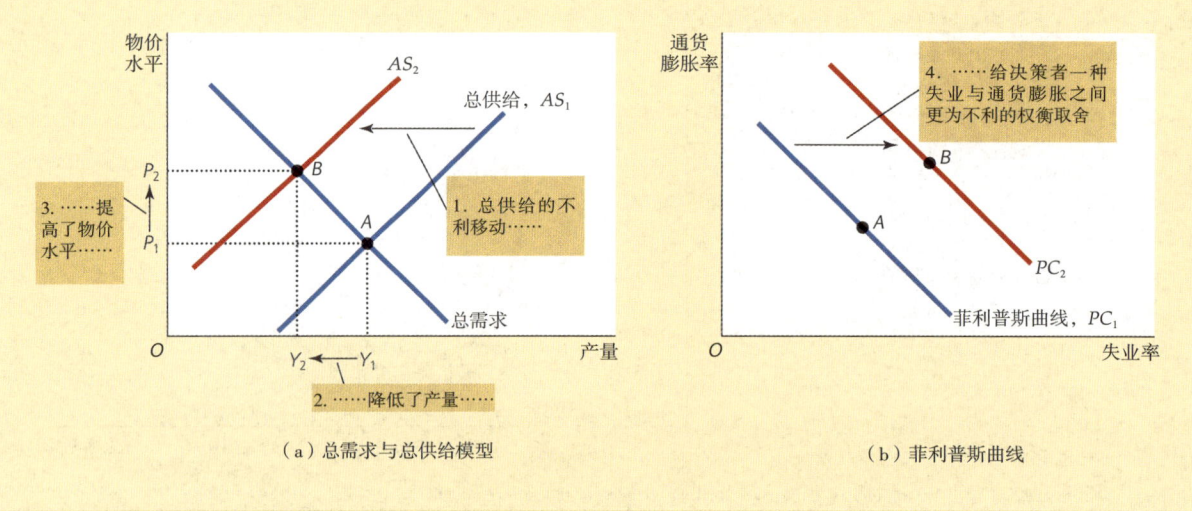

图35-8 对总供给的不利冲击

（a）幅表示总需求与总供给模型。当总供给曲线从 AS_1 向左移动到 AS_2 时，均衡从 A 点移动到 B 点，产量从 Y_1 减少为 Y_2，而物价水平从 P_1 上升为 P_2。（b）幅表示通货膨胀和失业之间的短期权衡取舍。总供给的不利移动使经济从低失业和低通货膨胀的一点（A 点）移动到高失业和高通货膨胀的一点（B 点）。短期菲利普斯曲线从 PC_1 向右移动到 PC_2。决策者现在面临着通货膨胀与失业之间权衡取舍的恶化。

产量从 Y_1 减少为 Y_2，物价水平从 P_1 上升为 P_2。产量下降（停滞）和物价上升（通货膨胀）的组合，有时被称为滞胀。

总供给的这种变动与图 35-8（b）幅所示的短期菲利普斯曲线的类似移动是相关的。由于企业需要较少的工人来生产较少的产量，致使就业减少，失业增加。由于物价水平较高，通货膨胀率——从前一年以来的物价水平变动百分比——也较高。因此，总供给变动引起较高的失业和较高的通货膨胀。通货膨胀与失业之间的短期权衡取舍从 PC_1 向右移动到 PC_2。

在遇到不利的总供给变动时，决策者面临着在反通货膨胀和反失业之间的艰难选择。如果他们紧缩总需求以对付通货膨胀，他们就将进一步增加失业。如果他们扩大总需求以对付失业，他们就将进一步提高通货膨胀。换句话说，决策者所面临的通货膨胀与失业之间的权衡取舍比总供给变动之前更为不利：在失业率既定时，他们不得不忍受一个更高的通货膨胀率；在通货膨胀率既定时，他们不得不忍受一个更高的失业率；或者，更高失业与更高通货膨胀的某种组合。

当面对这种不利的菲利普斯曲线移动时，决策者会问这种移动是暂时的还是持久的。答案取决于人们如何调整他们的通货膨胀预期。如果人们认为由供给冲击引起的通货膨胀上升只是暂时的背离，那么预期的通货膨胀将不会变动，菲利普斯曲线也将很快恢复到原来的位置。但是，如果人们认为这种冲击会引起一个高通货膨胀的新时代，那么预期的通货膨胀将上升，菲利普斯曲线也将处于其新的、不太合意的位置。

在20世纪70年代的美国，预期通货膨胀上升幅度相当大。预期通货膨胀的这种上升部分是因为美联储用更高货币增长抵消供给冲击的决策。（我们回想一下，当决策者对不利的供给冲击的反应是努力阻止产量下降以增加总需求时，可以说他们是在抵消不利冲击。）由于这种政策决策，供给冲击引起的衰退比没有这种政策时要小一些，但美国经济在许多年中一直面临着通货膨胀和失业之间的不利权衡取舍。当1979年OPEC又一次开始运用其市场势力时，问题比石油价格翻一番更复杂了。图35-9显示了这一时期美国经济中的通货膨胀率和失业率。

1980年，在OPEC的两次供给冲击之后，美国经济的通货膨胀率超过了9%，而失业率达到7%左右。这种通货膨胀和失业的组合与20世纪60年代看来可能的权衡取舍相距甚远。（在60年代，菲利普斯曲线表明7%的失业率与1%的通货膨胀率相关。超过9%的通货膨胀是不可思议的。）1980年的痛苦指数接近于历史最高水平，公众普遍对经济状况不满。主要由于这种不满，吉米·卡特总统在1980年11月的连任竞选中败北，被罗纳德·里根取代。必须得采取行动了，而且很快就采取了行动。

即问即答

■ 举出一个有利的总供给冲击的例子。用总需求与总供给模型解释这种冲击的影响。它如何影响菲利普斯曲线？

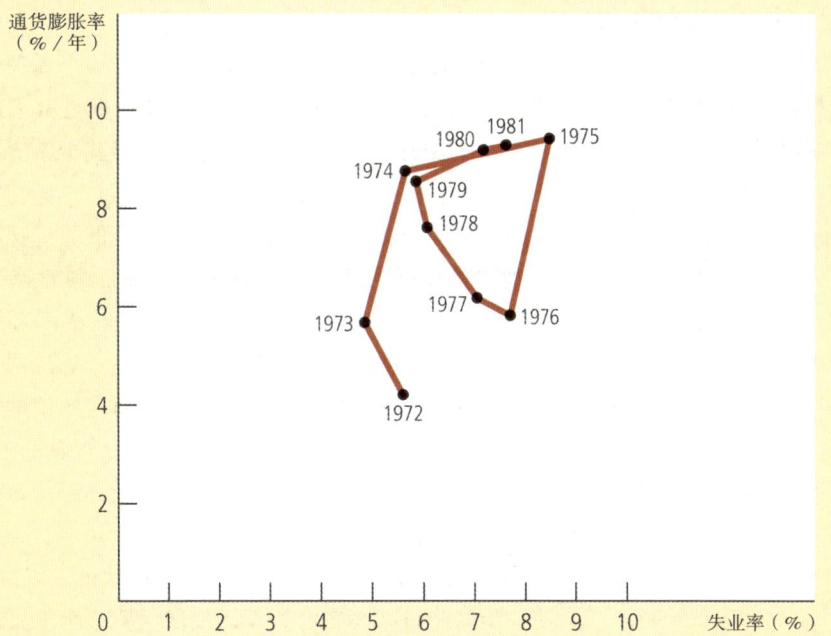

图35-9　20世纪70年代的供给冲击

该图显示了1972—1981年失业率和通货膨胀率（用GDP平减指数衡量）的年度数据。在1973—1975年和1978—1981年这两个时期中，世界石油价格的上升引起了更高的通货膨胀和更高的失业。

资料来源：U.S. Department of Labor；U.S. Department of Commerce.

35.4 降低通货膨胀的代价

1979年10月,当OPEC在十年内第二次给世界经济带来不利的供给冲击时,美联储主席保罗·沃尔克决定,采取行动的时候到了。沃尔克是在两个月之前才被卡特总统任命为美联储主席的,他接手这一工作时才知道,通货膨胀已达到了令人无法接受的水平。作为国家货币体系的捍卫者,他感到除了实行反通货膨胀的政策之外他别无选择。反通货膨胀是降低通货膨胀率,不应该把它混同于通货紧缩,即物价水平的下降。与汽车的行驶作一个类比,反通货膨胀是让汽车慢下来,而通货紧缩是让汽车向相反方向行驶。沃尔克主席和其他许多美国人一样,想让正在上升的物价水平慢下来。

沃尔克毫不怀疑美联储可以通过其控制货币量的能力降低通货膨胀。但是,反通货膨胀的短期代价是什么呢?对这个问题的回答并不十分肯定。

35.4.1 牺牲率

为了降低通货膨胀率,美联储必须实行紧缩性货币政策。图35-10表明了这种政策的一些影响。当美联储降低货币供给增长率时,它就紧缩了总需求。总需求减少又使企业生产的物品与服务量减少,而这种生产减少又引起了失业增加。经济开始时在图中的A点,并沿着短期菲利普斯曲线移动到B点,这一点有较低的通货膨胀和较高的失业。随着时间的推移,当人们知道物价上升会较缓慢时,预期通货膨胀就下降了,而且短期菲利普斯曲线也向左移动。最终经济从B点移动到C点。此时的通货膨胀低于最初A点的通货膨胀,而失业又回到自然失业率。

因此,如果一个国家想要降低通货膨胀,它就必然要忍受一个高失业和低产量的时期。在图35-10中,当经济从A点移动到C点时通过B点就表示了这种代价。这种代价的大小取决于菲利普斯曲线的斜率,以及通货膨胀预期基于新货币政策做出调整的速度。

许多研究考察了有关通货膨胀与失业的数据,以便估算降低通货膨胀的代价。这些研究的结果在统计学上通常被概括为**牺牲率**(sacrifice ratio)。牺牲率是在通货膨胀减少一个百分点的过程中每年产量损失的百分点数。牺牲率一般估算为5。也就是说,通货膨胀率每减少一个百分点,在这种转变中每年必须牺牲的产量是5%。

当保罗·沃尔克面临降低通货膨胀的任务时,这种估算肯定会使他忧心忡忡。当时的年通货膨胀率几乎是10%。为了达到温和的通货膨胀,比如说每年4%,这就意味着要使通货膨胀率降低6个百分点。如果每一个百分点的代价是经济每年产量的5%,那么通货膨胀率降低6个百分点就要求牺牲30%的年产量。

根据对菲利普斯曲线和反通货膨胀代价的研究,这种牺牲可以以几种方式付出。要立即降低通货膨胀会使一年的产量减少30%,但即使像保罗·沃尔克这样反通货膨胀的强硬派,也觉得这个结果确实太残酷了。许多人认为,更好的做法是把这种代价分摊到几年中。例如,如果降低通货膨胀在5年内进行,那么产量在这一时期内平均

牺牲率:在通货膨胀减少一个百分点的过程中每年产量损失的百分点数。

即问即答

■什么是牺牲率?美联储降低通货膨胀承诺的可信度如何影响牺牲率?

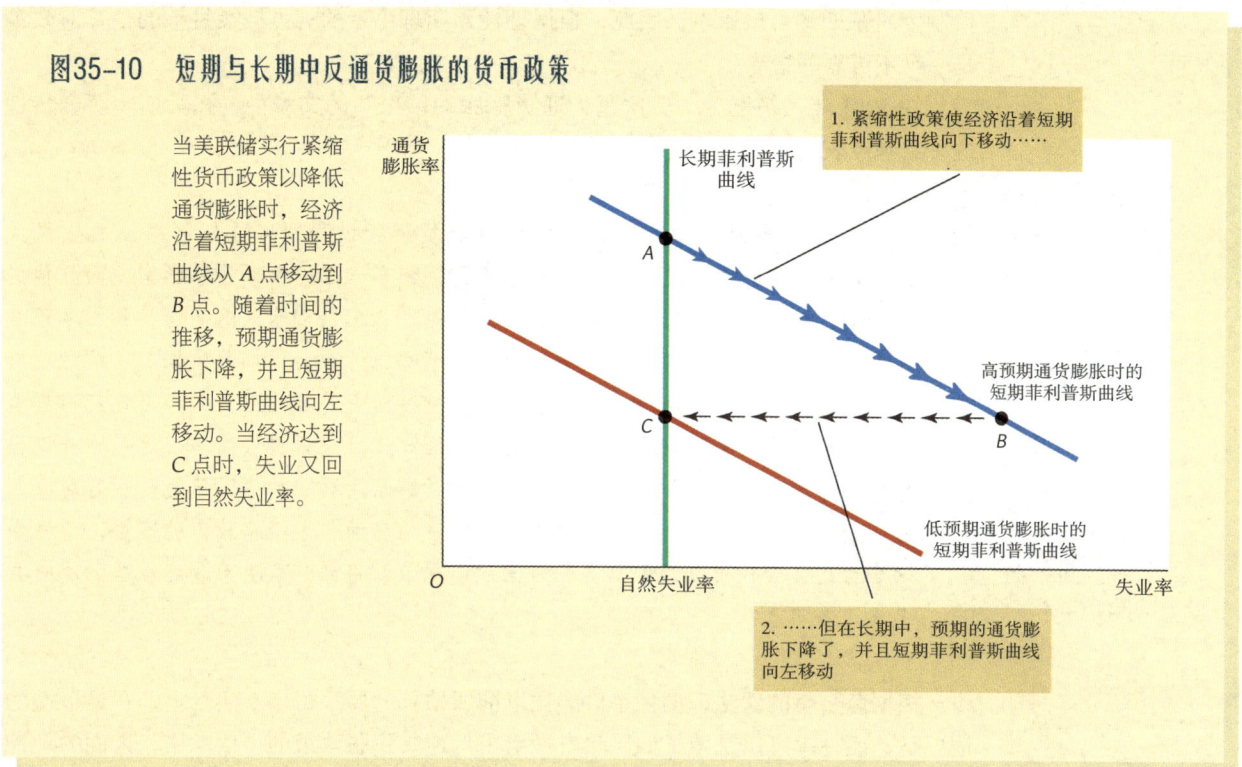

图35-10 短期与长期中反通货膨胀的货币政策

当美联储实行紧缩性货币政策以降低通货膨胀时，经济沿着短期菲利普斯曲线从 A 点移动到 B 点。随着时间的推移，预期通货膨胀下降，并且短期菲利普斯曲线向左移动。当经济达到 C 点时，失业又回到自然失业率。

比正常趋势低 6%，牺牲总计达到 30%。更为渐进的方式是在 10 年内缓慢地降低通货膨胀，因此产量只比正常趋势低 3%。但是，无论选择哪一种方式，降低通货膨胀似乎都不是轻而易举的。

35.4.2 理性预期与无代价的反通货膨胀的可能性

正当保罗·沃尔克在考虑降低通货膨胀的代价可能有多大时，一群经济学教授领导了一场向有关牺牲率的传统智慧挑战的知识革命。这个群体包括罗伯特·卢卡斯（Robert Lucas）、托马斯·萨金特（Thomas Sargent）和罗伯特·巴罗（Robert Barro）这样一些著名经济学家。他们的革命基于一种被称为**理性预期**（rational expectations）的研究经济理论和政策的新方法。根据理性预期理论，当人们预测未来时，他们可以充分运用他们所拥有的全部信息，包括有关政府政策的信息。

这种新方法对宏观经济学的许多领域都具有深远的意义，但最重要的还是它对通货膨胀与失业之间权衡取舍的适用性。正如弗里德曼和费尔普斯最早强调的，预期通货膨胀是解释为什么短期中存在通货膨胀与失业之间的权衡取舍而长期中不存在的一个重要变量。短期权衡取舍消失的速度取决于人们调整其通货膨胀预期的速度。理性预期的支持者基于弗里德曼—费尔普斯的分析提出，当经济政策改变时，人们就会相应地调整他们的通货膨胀预期。试图估算牺牲率的通货膨胀与失业研究没有考虑到政

理性预期：当人们预测未来时，可以充分运用他们所拥有的全部信息，包括有关政府政策的信息的理论。

策制度对预期的直接影响。因此，根据理性预期理论者的观点，牺牲率的估算对政策是一种不可靠的指导。

在1981年一篇题为"四次重大通货膨胀的结束"的文章中，托马斯·萨金特把这种新观点表述如下：

> "理性预期"观点否认了在现时通货膨胀过程中存在任何内在的数量关系。这种观点认为，企业和工人现在都预期到了未来的高通货膨胀率，而且他们根据这些预期坚持膨胀性的劳资协议。但是，人们预期未来的高通货膨胀率正是因为政府现在与未来的货币政策和财政政策都成为这些预期的依据……这种观点的含义是，遏制通货膨胀比"数量"论支持者所说的要快得多，而且他们根据所放弃的产量来估算遏制通货膨胀的时间长短和代价也是错误的……这并不是说根除通货膨胀是轻而易举的。相反，遏制通货膨胀所要求的绝不只是少数暂时限制性的财政行为与货币行为，它要求政策体系的变动……根据放弃的产量，这种做法要付出多大代价以及需要多长时间才能见效，将部分取决于政府承诺的决心有多大、多明显。

根据萨金特的看法，牺牲率可能比以前所估算的要小得多。实际上，在最极端的情况下，牺牲率可以是零：如果政府做出了低通货膨胀政策的可信承诺，人们的理性就足以使他们立即降低其通货膨胀预期。短期菲利普斯曲线将向下移动，而且经济将很快达到低通货膨胀，而无须付出暂时高失业和低产量的代价。

35.4.3 沃尔克的反通货膨胀

正如我们已经知道的，当保罗·沃尔克面临着把通货膨胀从10%左右的顶峰降下来的情景时，经济学家提出了两种矛盾的预测。一个经济学学派提出了牺牲率估算，并得出结论：根据损失的产量和高失业来看，降低通货膨胀代价高昂。另一个学派提出了理性预期理论，并得出结论：降低通货膨胀的代价要小得多，或许甚至根本没有代价。谁是正确的呢？

图35-11显示了1979—1987年的通货膨胀与失业。正如我们可以看到的，沃尔克在降低通货膨胀方面成功了。通货膨胀率从1981年和1982年的将近10%降到1983年和1984年的4%左右。这种通货膨胀率的降低要完全归功于货币政策。在这一时期，财政政策在相反的方向发生作用：在里根政府期间，预算赤字的增加扩大了总需求，这倾向于提高通货膨胀。1981—1984年通货膨胀率的下降要归功于美联储主席保罗·沃尔克坚决的反通货膨胀政策。

该图显示了沃尔克的反通货膨胀确实是以高失业为代价的。在1982年和1983年，失业率约为10%——比保罗·沃尔克被任命为美联储主席时的失业率水平高出4个百分点。同时，按真实GDP衡量的物品与服务的生产大大低于正常趋势水平。沃尔克的反通货膨胀引起了美国自20世纪30年代大萧条以来最严重的衰退。

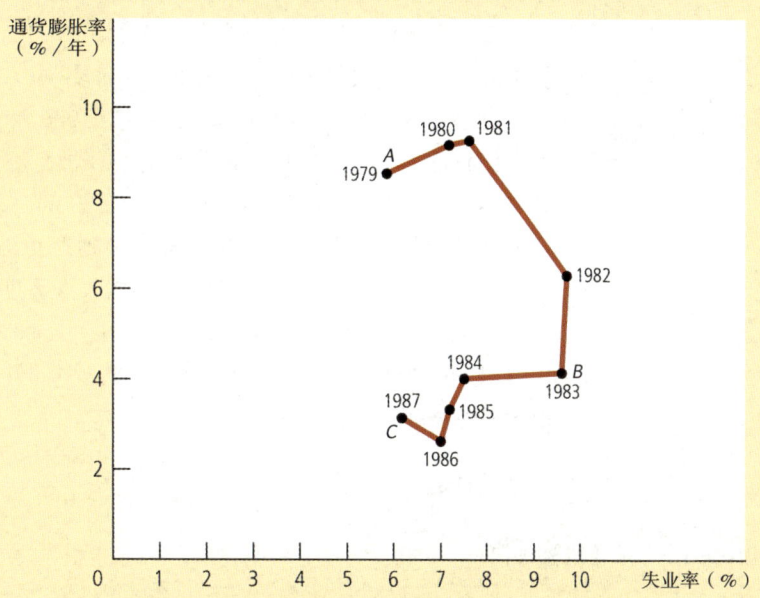

图35-11 沃尔克的反通货膨胀

该图显示了1979—1987年失业率与通货膨胀率（按GDP平减指数衡量）的年度数据。这一时期通货膨胀率的下降以1982年和1983年极高的失业率为代价。要注意的是，该图中标出的A、B和C点大致对应于图35-10中的各点。

资料来源：U.S. Department of Labor; U.S. Department of Commerce.

这种经历是否否定了理性预期理论者所提出的无代价反通货膨胀的可能性呢？一些经济学家认为，这是确定无疑的。实际上，图35-11中所示的反通货膨胀形式非常类似于图35-10中所预测的形式。为了从高通货膨胀（两个图中的A点）转向低通货膨胀（C点），经济不得不经历一个痛苦的高失业时期（B点）。

然而有两个理由使我们不能这么快地否定理性预期理论者的结论。第一，尽管沃尔克的反通货膨胀确实带来了暂时高失业的代价，但这种代价并没有许多经济学家所预测的那么大。基于沃尔克反通货膨胀的牺牲率的许多估算小于根据以前的数据所做出的估算。也许正如理性预期理论者所说的，沃尔克坚定的反通货膨胀立场对预期有某种直接影响。

第二，更为重要的是，尽管沃尔克宣布他的货币政策目标是降低通货膨胀，但许多公众并不相信他。由于只有很少的人认为沃尔克会像他说的那样尽快降低通货膨胀，所以预期通货膨胀并没有立即下降，而且短期菲利普斯曲线也没有尽快地向下移动。这种假说的一些证据来自商业预测企业所做出的预测：它们对20世纪80年代通货膨胀下降的预期慢于实际通货膨胀的下降。因此，沃尔克的反通货膨胀并不一定能否定理性预期关于可信赖的反通货膨胀可以无代价的观点。然而，这表明当决策者宣布一项反通货膨胀政策时，他们不能指望人们会马上相信他们。

35.4.4 格林斯潘时代

自从 20 世纪 70 年代的 OPEC 通货膨胀和 80 年代的沃尔克反通货膨胀以来，美国经济一直经历着相对温和的通货膨胀和失业波动。图 35-12 显示了 1984—2005 年的通货膨胀和失业。这一时期被称为格林斯潘时代，系以 1987 年继保罗·沃尔克之后担任美联储主席的艾伦·格林斯潘的名字命名。

这一时期从有利的供给冲击开始。1986 年，OPEC 成员开始为生产水平争执不下，而且它们长期坚持的限制供给的协议被打破了，因此石油价格下跌了一半。如图 35-12 所示，这种有利的供给冲击引起了 1984—1986 年的通货膨胀下降与失业减少。

在整个格林斯潘时代，美联储谨慎地避免再度犯下 20 世纪 60 年代的政策错误，当时过大的总需求使失业降到低于自然失业率而通货膨胀率上升。在 1989 年和 1990 年，当失业率下降、通货膨胀率上升时，美联储提高利率并紧缩总需求，从而引起 1991 年和 1992 年的微小衰退。当时失业率上升到大多数人估算的自然失业率之上，而通货膨胀率再次下降了。

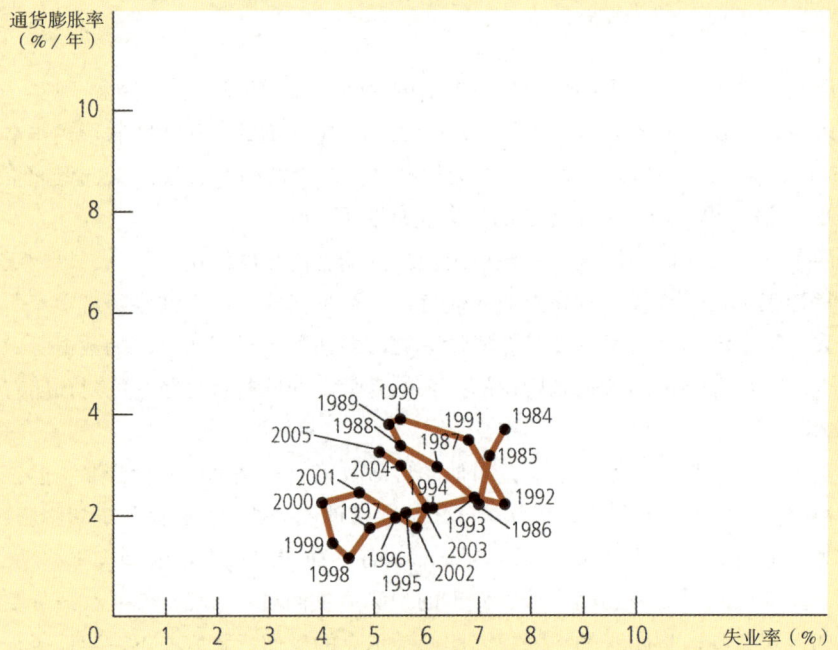

图35-12 格林斯潘时代

该图显示了 1984—2005 年失业率和通货膨胀率（用 GDP 平减指数衡量）的年度数据。在这一时期的大部分时间里，艾伦·格林斯潘担任着美联储主席。通货膨胀和失业的波动是相对小的。

资料来源：U.S. Department of Labor; U.S. Department of Commerce.

20世纪90年代的其余年份是一个经济繁荣时期。通货膨胀率逐渐下降,到90年代末接近于零。失业也下降了,这使许多观察家相信自然失业率下降了。这种良好的经济状况要部分归功于艾伦·格林斯潘及其美联储的同事们,因为只有用谨慎的货币政策才能实现低通货膨胀。但是正如前面案例研究所讨论的,这也部分地仰仗了有利供给冲击带来的好运气。

然而,经济在2001年又出现了问题。网络股市泡沫的结束、"9·11"恐怖主义袭击以及公司财务丑闻都抑制了总需求。当经济经历了十年中的第一次衰退时,失业又上升了。但扩张性货币政策与扩张性财政政策共同帮助结束了这次下降,到2005年年初失业又接近于大多数人估算的自然失业率。

在2005年,布什总统任命本·伯南克接替艾伦·格林斯潘成为美联储的主席。伯南克于2006年2月1日宣誓就职。在2009年,伯南克又被奥巴马总统任命为美联储主席。在受任时,伯南克说道:"我的首要任务将是继续维持格林斯潘时期实行的政策和策略。"

35.4.5　金融危机使美国符合菲利普斯曲线

本·伯南克可能希望继续格林斯潘时代的政策,并享受那些年份的平静时光,但他的愿望并没有实现。在他就任的前几年中,这位美联储主席面临了一些重大且使人沮丧的经济挑战。

正如我们在前几章中看到的,主要挑战来自住房市场和金融体系。从1995年到2006年,美国住房市场高涨,而且美国的住房价格平均上涨了两倍多。但这种住房价格高涨被证明是不可持续的,从2006年到2009年,住房价格下降了约三分之一。这种大幅度下跌导致家庭财富的减少,并使许多把赌注(通过购买住房抵押贷款支持证券)押在住房价格继续上升上的金融机构陷入困境。所引发的金融危机又引起总需求大幅度下降和失业急剧增加。

在前几章中,我们已经考察了这次危机的情况和政策反应,但图35-13说明了这些事件对通货膨胀和失业的含义。从2007年到2009年,随着总需求减少增加了失业,它也使通货膨胀从3%下降到1%。从2010年到2012年,随着经济缓慢复苏,失业减少,通货膨胀率又从约1%上升到约2%。在本质上,经济处于菲利普斯曲线先向下然后又回升的阶段。

这个时期的一个显著特点是,2009年和2010年极低的通货膨胀并没有显示出预期通货膨胀降低和菲利普斯曲线向下移动。相反,预期通货膨胀看起来仍在2%左右,这就使短期菲利普斯曲线较为稳定。对这种现象一般的解释是,在过去20年间,美联储在其承诺把通货膨胀维持在2%方面已确立了相当高的信任度。因此,预期通货膨胀和菲利普斯曲线的位置对突发的短期事件反应并不大。

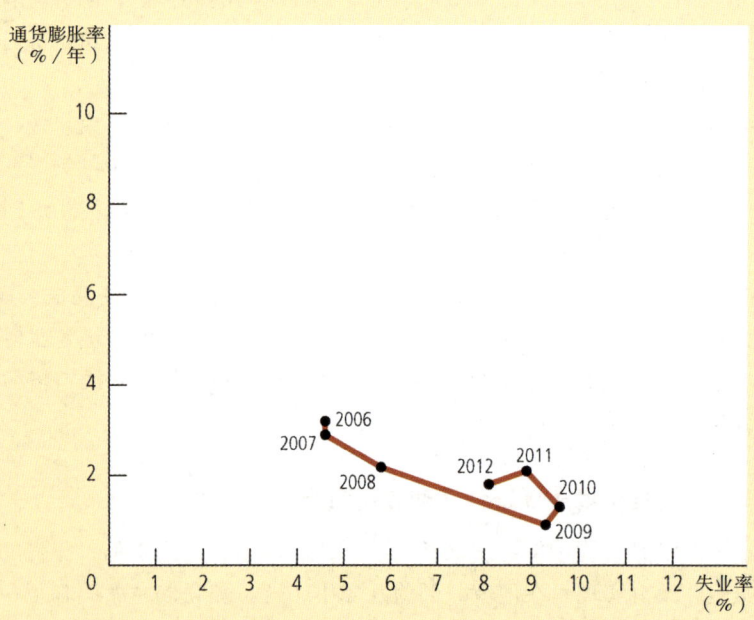

图35-13　2008—2009年衰退期间及之后的菲利普斯曲线

该图显示了2006—2012年失业率和通货膨胀率（用GDP平减指数衡量）的年度数据。金融危机引起总需求暴跌，这引起失业率大大提高，并使通货膨胀降到极低水平。

资料来源：U.S. Department of Labor; U.S. Department of Commerce.

35.5　结论

本章考察了经济学家如何思考通货膨胀与失业随着时间推移的演变。我们讨论了20世纪许多最优秀的经济学家的思想：从菲利普斯、萨缪尔森和索洛的菲利普斯曲线，到弗里德曼和费尔普斯的自然率假说，再到卢卡斯、萨金特和巴罗的理性预期理论。这些人中有五位已经因其在经济学方面的工作而获得了诺贝尔奖，而且可能还有更多的人会在以后的年份中获得这项荣誉。

虽然在过去的半个世纪中通货膨胀与失业之间的权衡取舍引起了学术界的混乱，但所形成的某些原理在今天已达成共识。下面是米尔顿·弗里德曼在1968年对通货膨胀与失业之间关系的表述：

通货膨胀与失业之间总存在着暂时的权衡取舍，但并不存在持久的权衡取舍。暂时的权衡取舍并不是来自通货膨胀本身，而是来自未预期到的通货膨胀，通常这也意味着来自上升的通货膨胀率。广泛存在的持久权衡取舍的信念是我们以较简单形式承认的"高"与"上升"之间界限不清的诡辩的说法。通货膨胀率上升可以减少失业,而高通货膨胀率却不能。

  但是,你会问多长时间是"暂时"呢……充其量我只能做出个人的判断,根据某些对历史证据的考察,较高且未预期到的通货膨胀率的最初影响大概可以持续2—5年。

在将近半个世纪之后的今天,这段话仍然概括了大多数宏观经济学家的观点。

内容提要

◎ 菲利普斯曲线描述了通货膨胀和失业之间的负相关关系。通过扩大总需求,决策者可以在菲利普斯曲线上选择较高通货膨胀和较低失业的一点。通过紧缩总需求,决策者可以在菲利普斯曲线上选择较低通货膨胀和较高失业的一点。

◎ 菲利普斯曲线所描述的通货膨胀与失业之间的权衡取舍只在短期中成立。在长期中,预期通货膨胀根据实际通货膨胀的变动进行调整,而短期菲利普斯曲线也会移动。因此,长期菲利普斯曲线是通过自然失业率的一条垂线。

◎ 短期菲利普斯曲线也会由于总供给冲击而移动。不利的供给冲击,例如世界石油价格的上升,给了决策者一个较为不利的通货膨胀和失业之间的权衡取舍。也就是说,在不利的供给冲击之后,决策者不得不在失业率既定时接受较高的通货膨胀率,或者在通货膨胀率既定时接受较高的失业率。

◎ 当美联储紧缩货币供给增长以降低通货膨胀时,它使经济沿着短期菲利普斯曲线移动,这就引起暂时的高失业。反通货膨胀的代价取决于通货膨胀预期下降的速度。一些经济学家认为,可信任的低通货膨胀承诺可以通过引起预期的迅速调整而降低反通货膨胀的代价。

关键概念

菲利普斯曲线 供给冲击 理性预期
自然率假说 牺牲率

复习题

1. 画出通货膨胀与失业之间的短期权衡取舍。美联储如何使经济从这条曲线上的一点移动到另一点?
2. 画出通货膨胀与失业之间的长期权衡取舍。解释短期权衡取舍与长期权衡取舍如何相关。
3. 自然失业率中的"自然"是什么意思?为什么各国的自然失业率不同?
4. 假设干旱摧毁了农作物并使食物价格上升。这对通货膨胀与失业之间的短期权衡取舍有什么影响?
5. 美联储决定降低通货膨胀。用菲利普斯曲线说明这种政策的短期影响与长期影响。如何可以减少短期的代价呢?

第13篇
最后的思考

第 36 章
宏观经济政策的六个争论问题

当你翻开报纸时要想不看到一些政治家或社论作家建议改变经济政策的文章是很难的。总统应该提高税收以减少预算赤字，或者不用担心预算赤字。美联储应该降低利率以刺激徘徊不前的经济，或者应该避免这些变动以降低面临更高通货膨胀的风险。国会应该改革税制以促进经济增长，或者应该改革税制以实现更为平等的收入分配。这些经济问题始终是美国和世界其他国家政治争论的中心。

前些章提出了经济学家用来分析整体经济的行为和政策对经济的影响的工具。这最后一章将讨论六个宏观经济政策的经典问题。经济学家一直争论这些问题，而且他们很可能要继续争论很多年。你在这门课程中所积累的知识为我们讨论这些重要且尚待解决的问题提供了背景知识。它可以帮助你在这些争论中选择支持一方，或者至少可以让你知道，为什么选择支持一方如此困难。

36.1 货币政策与财政政策决策者应该试图稳定经济吗

在前三章中，我们说明了总需求与总供给的变动会如何引起生产和就业的短期波动。我们还说明了，货币政策与财政政策可以如何使总需求发生变动，从而影响这些波动。但是，即使决策者可以影响短期经济波动，这是否就意味着他们应该这样做呢？我们的第一个争论问题涉及货币政策与财政政策决策者是否应该用他们所控制的工具来试图平缓经济周期的上升与下降。

36.1.1 正方：决策者应该试图稳定经济

如果放任不管，经济就倾向于发生波动。例如，当家庭和企业变得悲观时，它们就削减支出，这就减少了物品与服务的总需求。总需求减少进而又使物品与服务的生产减少。企业解雇工人，失业率上升。因而，真实 GDP 和其他收入衡量指标下降。失业上升和收入下降又加强了最初引起经济下降的悲观主义。

这种衰退对社会无益——它代表资源的绝对浪费。工人成为失业者是因为总需求减少而失去工作。这些工厂的老板在衰退期间让设备闲置就不能生产有价值的物品与服务，并销售这些物品与服务以得到利润。

社会没有理由要受到经济周期高涨与低落的折磨。宏观经济理论的发展表明了决策者可以如何减轻经济波动的严重程度。通过"逆经济变动的风向行事"，货币政策与财政政策可以稳定总需求，从而稳定生产和就业。当总需求不足以确保充分就业时，决策者应该增加政府支出、减税并扩大货币供给。当总需求过大，有引起更高通货膨胀的风险时，决策者应该削减政府支出、增税并减少货币供给。这些政策行为通过引致一个更稳定的经济，并使每一个人从中受益而使宏观经济理论得到最好的运用。

36.1.2　反方：决策者不应该试图稳定经济

虽然货币政策与财政政策在理论上可以用来稳定经济，但在实践中运用这些政策有重大障碍。

一个问题是，货币政策和财政政策并不能立即影响经济，其发生作用要有一个相当长的时滞。货币政策主要通过改变利率进而影响支出，特别是住房投资和企业投资来影响总需求。但许多家庭和企业会提前确定他们的支出计划。因此，通过利率变动来改变物品与服务的总需求需要时间。许多研究表明，在做出货币政策变动决策的 6 个月之内，这种变动对总需求的影响很小。

左边书名为《即将来临的繁荣》，右边书名为《即将来临的崩溃》。——译者注

图片来源：© FRANK MODELL/WWW.CARTO-ONBANK.COM.

财政政策的作用存在时滞源于政府改变支出与税收的漫长政治程序。为了做出任何一种财政政策变动决策，提案必须通过国会各委员会，由众议院与参议院通过，并由总统签署。一项重要的财政政策变动从提出、通过到实施也许需要好几年的时间。

由于这么长时间的时滞，那些想稳定经济的决策者就要预见在他们的行动发生作用时可能存在的经济状况。不幸的是，经济预测是极不准确的，部分是因为宏观经济学是极为原始的科学，部分是因为引起经济波动的冲击在本质上是无法预测的。因此，当决策者改变货币政策或财政政策时，他们不得不依靠对未来经济状况所做的学理式的猜测。

这一切往往使试图稳定经济的决策者正好起了反作用。在一种政策开始实施到它发生作用的这段时间内，经济状况很容易发生变动。由于这个原因，决策者可能无形中加剧了而不是减轻了经济波动的程度。一些经济学家声称，历史上许多重大的经济波动，包括20世纪30年代的大萧条，都可以归因于不稳定的政策行为。

教给医生的第一条规则是"不要伤害病人"。人体有自我恢复能力。当遇到一位并不能确定病因的患者时，医生通常应该什么也不做，让患者自行恢复。缺乏可靠了解的干涉只会增大使事情更糟糕的风险。

治疗一个"患病"的经济也是如此。如果决策者可以消除所有经济波动，这样做会是合意的，但是由于宏观经济知识有限和世界上许多事件固有的不可预测性，消除所有经济波动是一个不现实的目标。经济决策者应该避免经常用货币政策和财政政策进行干预，只要它们不伤害经济就足够了。

即问即答

■ 解释为什么货币政策与财政政策的作用存在时滞。为什么在积极与消极的政策选择中这些时滞至关重要？

IN THE NEWS

👉 【新闻摘录】
美联储还要把零利率维持多久

2008—2009年的经济危机之后，美联储将联邦基金利率目标降到几乎为零。直到2013年本书付印之时仍然如此。下文讨论了美联储的政策。

为美联储的新利率政策辩护

Frederic S. Mishkin
Michael Woodford

在最近的联邦公开市场委员会（FOMC）会议上，美联储打破了惯例，宣布了其明确的用于提高联邦基金利率目标的标准。FOMC称，只要失业率还在6.5%以上，且今后一两年的通货膨胀率预计不高于2.5%，它就将利率保持在接近于零。

美联储如此清楚地表达其意图广受欢迎。特别是此时此刻，当现有的联邦基金利率目标已经不可能再降低时，总需求仍然不足。一个如同预期那样的不提高未来利率的承诺是FOMC能够放松当前金融条件的显而易见的方法。但这个新方法还有需要FOMC解释的其他方面。

就美联储以往引导市场的方式来说，告知公众政策标准是一个显著的进步——FOMC宣布零利率"可能至少要持续到2015年年中"。保持利率至少两年不变，无论这一期间发生什么情况的誓言，有可能是鲁莽的——显然这不是央行想要的。基于具体日期的引导包含了一种风险，那就是这个遥远日期的宣布将暗示着美联储对未来经济前景的悲观预期。这会使得家庭和企业有理由攥住钱不放,而不是用于支出或进行投资——这会抑制经济增长。

美联储的新方法也引起了对其长期政策目标的猜疑。很多人把 FOMC 的发言看成是对 2012 年 1 月确定的政策框架的背离:美联储除通货膨胀目标外还采用失业的数字目标,通货膨胀目标看起来从 2% 上升到了 2.5%。

事实上,美联储在 2012 年 1 月 25 日的政策报告中说,制定就业的具体目标是不恰当的,因为可维持的就业的最高水平难以估算,并且这不是美联储所能控制的。

这种澄清是十分重要的。央行需要重申它没有"目标"失业率,而且也不会设置要达到的某个特定的失业率水平,无论需要多少货币刺激才能实现。那种自不量力之事在 20 世纪 70 年代发生过,结局悲惨,通货膨胀率和失业率都上升了。

美联储还应澄清,将通货膨胀率控制在 2.5% 以下并不意味着美联储将长期通货膨胀目标控制在 2% 以下的承诺被削弱了。动摇这个保证是危险的,它会导致通货膨胀以及通货膨胀预期永久向上攀升的棘轮效应。

其实,美联储的新方法是在更长时期保持低利率的暂时性政策,以弥补 2008 年以来名义 GDP 增长的不足。一旦名义 GDP 增长不足消除了,重拾危机前的政策就是恰当时机了。这意味着要保证用个人消费支出(PCE)平减指数表示的长期通货膨胀率为 2%,以及与价格稳定相一致的平均失业率。

如果 FOMC 能够通过描述需要弥补的名义增长不足的规模来解释这种暂时性政策就更好了。如果能够说明它与名义 GDP 保持一致,就能够澄清利率在多长时间内保持低水平取决于经济状况,同时强调央行重回与长期通货膨胀目标相一致的路径的意图。

FOMC 已经声明了决定几乎为零的联邦基金利率持续时间的条件是什么,这已经不能改变了。但未来美联储仍需要用公告或者演讲来说明其政策体系的特征,这将指引现在过渡期政策的未来预期方向。

这样做将有助于降低因美联储实施新的政策发布方式所可能引起的金融形势的不确定性。

Mishkin 先生和 Woodford 先生都是哥伦比亚大学的经济学教授。

资料来源:Reprinted with permission of *The Wall Street Journal*,Copyright © 2013 Dow Jones & Company,Inc. All Rights Reserved Worldwide.

36.2 政府反衰退应该增加支出还是减税

当乔治·W. 布什在 2001 年当选总统时,经济正陷入衰退。他的反应是降低税率。当巴拉克·奥巴马在 2009 年当选总统时,经济又一次陷入衰退,而且是几十年来最严重的。他的反应是一揽子刺激计划,不仅实施某些减税措施,而且还包括政府支出的大幅度增加。这两种政策的对比引出了宏观经济学的第二个经典问题:哪一种财政政策工具——政府支出还是税收——对减轻经济衰退的严重性更好?

36.2.1 正方:政府应该增加支出来反衰退

凯恩斯在 20 世纪 30 年代大萧条,即美国历史上最严重的经济衰退时,写出了《就业、利息和货币通论》,他改变了经济学。从那时起,经济学家们知道了,衰退期间的基本问题是总需求不足。当企业不能售出足够的物品与服务时,它们就减少生产与就业。终结衰退的关键是,把总需求恢复到与经济中劳动力充分就业一致的水平。

的确,货币政策是应对经济衰退的第一道防线。通过增加货币供给,中央银行降低了利率。低利率反过来又减少了为新工厂和新住房这类投资项目融资而借款的成本。较多的投资支出增加了总需求,并有助于生产和就业恢复到正常水平。

但是,财政政策还可以提供应对衰退的另一种工具。当政府减税时,它增加了家庭的可支配收入,这就鼓励他们增加消费支出。当政府购买物品与服务时,它直接增加了总需求。而且，这些财政行为具有乘数效应：更高的总需求引起更高的收入，这又引起额外的消费支出，并进一步增加总需求。

当货币政策工具失去其效用时，财政政策特别有用。例如，在 2008 年和 2009 年的经济衰退期间，美联储把其目标利率降至几乎为零。美联储不能把利率降到零以下，因为在负利率时，人们宁愿持有现金也不把它借出去。因此，一旦利率为零，美联储就失去了它刺激经济最有力的工具。在这种情况下，政府为了增加总需求而转向财政政策——税收和政府支出，就是自然而然的。

传统的凯恩斯主义分析表明，增加政府购买是一种比减税更有效的工具。当政府为家庭减税一美元时，其中一部分可能被用于储蓄，而不是支出。（如果家庭认为减税是暂时的，而不是持久的，那么情况就更是如此。）用于储蓄的那部分美元对物品与服务的总需求并没有什么贡献。与此相反，当政府支出一美元购买物品或服务时，这一美元直接且完全地增加了总需求。

2009 年，奥巴马政府的经济学家用了一个传统的宏观经济模型来计算这些效应的大小。根据他们的电脑模拟，每减税 1 美元，GDP 增加 0.99 美元，而政府购买每增加 1 美元，GDP 增加 1.59 美元。因此，政府支出增加比减税提供了更大的"作用力"。由于这个原因，对 2009 年衰退的政策反应的特点是联邦税收减少得少，而联邦支出增加得多。

决策者将注意力集中在三类支出上：第一，用于"现建现用"项目的支出。这些项目是维修高速公路和桥梁这类公共工程项目，这类工程可以马上开工，让失业者回来工作。第二，联邦政府对州和地方政府的援助。由于宪法要求这些政府实现预算平衡，在衰退期间税收收入减少不得不为此而解雇教师、警察和其他公务人员；联邦政府的援助阻止了这种结果，或者至少降低了其严重性。第三，通过失业保障制度增加对失业者的补助。由于失业者往往经济上存在困难，所以他们通常都会把额外的收入用于支出而不是储蓄。因此，这种转移支付对总需求——从而对生产和就业——的贡献大于减税。根据奥巴马政府所用的宏观经济模型，到总统任职的第二年年末，8 000 亿美元的一揽子刺激计划会创造或储备 300 多万个工作岗位。

要知道这些刺激措施的效用到底有多大是不可能的。由于在历史上我们只有这一次，我们无法观察到相反的事实——没有一揽子刺激计划的相同经济。有一件事是显而易见的：2008—2009 年的经济衰退是严重的，它可能会更糟。在 20 世纪 30 年代的大萧条时期，真实 GDP 下降了 27%，失业率达到 25%。在最近这次衰退中，真实 GDP 仅下降 4%，失业率仅达到 10%。根据 GDP 的减少或失业的增加来判断，2008—2009 年的衰退还没有达到 20 世纪 30 年代大萧条的规模。

2010年6月18日，星期五，巴拉克·奥巴马总统在俄亥俄州哥伦布市由《美国复兴与再投资法案》提供资金的一个公路项目的开工仪式上发表演讲。

图片来源：AP PHOTO/AMY SANCETTA.

36.2.2 反方：政府应该减税来反衰退

用税收政策来刺激衰退的经济有长期传统。肯尼迪总统就把减税作为他主要的经济激励之一；这个方案最终在 1964 年约翰逊总统执政时通过。当里根在 1981 年当选总统时，他也签署了大幅减税的法律。这两次减税后很快就有了有活力的经济增长。

减税对总需求和总供给都有重要的影响。正如传统的凯恩斯主义分析所强调的，减税通过增加家庭的可支配收入而增加了总需求。但是，减税也可能通过改变激励而增加总需求。例如，如果减税采取了扩大投资税优惠的形式，减税就可以引起对投资品支出的增加。由于在经济周期期间，投资支出是 GDP 中最易变化的组成部分，所以刺激投资是结束衰退的关键。决策者可以用设计良好的税收政策把投资作为目标。

在减税增加总需求的同时，它也可以增加总供给。当政府降低边际税率时，工人可以把他们赚到的任何收入中的更大部分留下来。结果，失业者就有更大的激励去找工作，而且就业者也有了更大激励去工作更长时间。增加的总供给与增加的总需求意味着，在没有通货膨胀率上升的压力时，物品与服务的生产可以扩大。

在衰退期间增加政府支出存在各种问题。首先，消费者明白，高政府支出必然伴随着政府为这种支出融资而必需的政府借债，这很可能引起未来的高税收。这些对未来税收的预期会引起消费者削减今天的支出。而且，与大多数税收一样，这些未来的税收也会引起各种无谓损失。当企业家预见到未来的经济会有更大的扭曲时，他们就会降低对未来利润的预期，并减少今天的投资支出。由于多种效应，政府支出乘数很可能小于传统上所认为的。

政府能否明智且迅速地花钱也非常不清楚。大量政府支出项目往往需要数年的计划，因为决策者和投票者要评估许多可选择方案的成本和收益。与此相反，当衰退期间失业急剧上升时，增加总需求的要求是迫切的。如果政府迅速增加支出，就会以购买没什么公共价值的东西而结束。但是，如果政府努力谨慎而细致地计划支出，就不能适时地增加总需求。

减税的优点是分散了支出决策，而不是依靠集中的、极不完善的政治过程。家庭把他们的可支配收入用于他们认为有价值的东西上。企业把它们投资的钱用于它们预期有利可图的项目上。与此相反，当政府要迅速花大量的钱时，由于受制于各种政治压力，其可能结果就是建造"无地可去的桥梁"。无用的公共项目也可以雇用一些工人，但他们创造不出什么延续的价值。而且，这些项目也会把大量额外债务留给子孙后代纳税人。结果就是，来自增加政府支出的额外总需求的短期收益不足以补偿长期成本。

即问即答
■ 根据传统的凯恩斯主义分析，以下哪一种方法——减税 1 美元或者增加政府支出 1 美元——对 GDP 影响更大？为什么？

36.3 货币政策应该按规则制定还是相机抉择

正如我们在货币制度那一章中知道的，由联邦公开市场委员会制定美国的货币政策。该委员会大约每六个星期召开一次会议评价经济状况。基于这种评价和对未来经济状况的预测，该委员会确定短期利率水平是上升、下降，还是保持不变。然后，美联储调整货币供给以实现这个利率目标，正常情况下在下次会议召开之前这个利率目标会一直保持不变。

联邦公开市场委员会对如何实行货币政策采用几乎完全的相机抉择方式。创建美联储的法律仅仅给美联储提供了一些关于应该实现什么目标的含糊建议。《1913年联邦储备法案》1977年修正案中写道，美联储"将保持货币总量和信贷总量的长期增长与经济长期增加生产的潜力一致，以便有效促进最大就业、物价稳定和适度长期利率的目标"。但是，该法案并没有具体规定这些不同目标所占的比重，也没有告诉美联储如何实现这些目标。

一些经济学家对这种制度设计做出了批评。因此，我们关于宏观经济政策的第三个争论问题就集中于是否应该减少美联储相机抉择的权力，或者是否应该让它遵循某一采取货币政策的规则。

36.3.1　正方：货币政策应该按规则制定

货币政策运用中的相机抉择存在两个问题。第一个问题是对于能力不足及滥用权力没有限制。当政府派警察到一个社区去维护当地秩序时，它会对警察应如何完成工作给予严格的指示，因为警察有很大的权力，让他们随心所欲地行使权力是危险的。然而，当政府赋予中央银行领导人维护经济秩序的权力时，它并没有给他们任何指导，而是允许货币政策决策者不受约束地相机抉择。

中央银行领导人滥用权力的一个例子是，有时他们被诱惑用货币政策来影响总统竞选的结果。假设现任总统的选票取决于他再次参加竞选时的经济状况。一个对现任总统有好感的中央银行领导人就会选择在大选之前实行扩张性政策，以刺激生产和就业，因为他知道这样做所引起的通货膨胀在大选之后才会表现出来。因此，在某种程度上，中央银行领导人与政治家结盟，相机抉择政策就会引起反映大选日程的经济波动。经济学家称这种波动为政治性经济周期。

第二个，也更为微妙的问题是，相机抉择的货币政策所引起的通货膨胀会高于合意的水平。由于知道通货膨胀和失业之间不存在长期的权衡取舍，中央银行领导人通常宣布他们的目标是零通货膨胀。然而，他们很少实现物价稳定。为什么呢？也许是因为一旦公众形成了通货膨胀预期，决策者就面临通货膨胀与失业之间的短期权衡取舍。他们只好放弃他们关于物价稳定的声明，以实现较低的失业。这种声明（决策者说他们要做什么）和行动（决策者后来实际上做了什么）之间的不一致性称为政策的前后不一致性。由于决策者经常是前后不一致的，所以当中央银行领导人宣布他们打算降低通货膨胀率时人们往往表示怀疑。结果，人们预期的通货膨胀总要高于货币政策决策者宣布的他们要实现的通货膨胀。更高的通货膨胀预期又使短期菲利普斯曲线向上移动，这就使通货膨胀与失业之间的短期权衡取舍比不存在这种情况时更为不利。

避免与相机抉择有关的这两个问题的一种方法是让中央银行服从于政策规则。例如,假设国会通过一项法律,要求美联储每年正好增加3%的货币供给。(为什么是3%?因为真实GDP平均每年增长3%;又因为货币需求随真实GDP增加时,3%的货币供给增长大体上是使长期物价稳定所必需的比率。)这种法律将消除美联储本身的能力不足与滥用权力,而且这也将杜绝政治性经济周期现象。此外,政府也不再有前后不一致性。人们现在会信任美联储的低通货膨胀声明,因为法律要求美联储实行低通货膨胀的货币政策。在预期通货膨胀低时,经济将面临较为有利的通货膨胀与失业之间的短期权衡取舍。

货币政策的另一些规则也是可能的。一种较为积极的规则允许美联储根据经济状况的反馈来改变货币政策。例如,较为积极的规则可以规定失业率每高于自然失业率一个百分点,美联储就可以将货币增长提高一个百分点。无论规则的准确形式是什么,让美联储服从于某种规则可以通过限制能力不足、滥用权力和货币政策实施过程中的前后不一致性而得到好处。

参考资料 通货膨胀目标化

过去几十年间,世界各国的许多中央银行采取了一种被称为**通货膨胀目标化**的政策。有时采取的是中央银行宣布它对未来几年内通货膨胀率的调控目标的形式,有时采取的是由国家立法规定中央银行的通货膨胀目标的形式。

通货膨胀目标化并不是承诺一个不变的规则。在所有采用通货膨胀目标化的国家中,中央银行仍有一定的相机抉择权力。通货膨胀目标通常被确定为一个范围——例如,通货膨胀率为1%—3%——而不是一个特定的数。因此,中央银行可以在这个范围内选择自己所想要的水平。而且,如果某些事件(例如世界石油价格冲击)推动通货膨胀超过了目标范围,有时还允许中央银行至少暂时调整通货膨胀目标。

虽然通货膨胀目标化留了中央银行某种相机抉择的权力,但政策限制了使用相机抉择的范围。当一个中央银行被简单告知要"做正确的事"时,它就难以厘清自己的责任,因为人们会永远争论什么事是正确的。与此相反,当一个中央银行有一个通货膨胀目标时,公众就可以很容易判断中央银行是否完成其目标。通货膨胀目标化并没有束缚中央银行的手脚,但它提高了货币政策的透明度和负责性。在某种意义上,通货膨胀目标化是规则与相机抉择之争的一种妥协。

与其他各国的中央银行相比,美联储采用通货膨胀目标化政策是相当慢的,尽管一些评论者早就提出美联储有一个隐含的通货膨胀目标,约为2%。在2012年1月,联邦公开市场委员会制定了更为明确的政策,它发表了以下的言论:

> 长期中的通货膨胀率主要由货币政策决定,因此委员会有能力确定一个长期的通货膨胀目标。委员会认为,按个人消费支出物价指数的年变动量衡量,把通货膨胀确定为2%左右在长期与美联储的身份和使命最为一致。把这个通货膨胀目标明确地告诉公众有助于稳定长期的通货膨胀预期,从而稳定物价和形成适当的长期利率,并提高委员会在面对重大的经济动乱时促进最大就业的能力。

36.3.2 反方:货币政策不应该按规则制定

虽然相机抉择的货币政策可能有一些缺点,但它也有一个重要的优点:灵活性。美联储不得不面对许多情况,而且并不是所有情况都是可以预见的。在20世纪30年代,银行破产是创纪录的。在70年代,全世界的石油价格上涨也是破天荒的。1987年10月,股市在一天之内下跌了22%。从2007年到2009年,住房价格下跌了,而且丧失赎取权的住房大大增加了，金融体系经历了重大的问题。美联储必须决定如何对这些经济冲击做出反应。政策规则的设计者不可能考虑到所有的意外情况，并提前详细说明正确的政策反应。更好的做法是任命优秀人才实施货币政策，并给他们自由以使其尽可能做得最好。

此外，所谓的相机抉择问题很大程度上是假想的。例如，政治性经济周期的重要性在实践中并不明显。在某些情况下，情况看起来正好相反。例如，1979 年吉米·卡特总统任命保罗·沃尔克为美联储的领导人。然而，在那一年 10 月，沃尔克转向紧缩性货币政策，以便应对他从前任那里接手的高通货膨胀率。沃尔克决策的可预期结果是衰退，而且这种预期的衰退结果使卡特的支持率下降。沃尔克并没有用货币政策去帮助任命他的美国总统，而是出于国家利益采取了一些行动，即使这些行动使卡特在 1980 年 11 月的大选中被罗纳德·里根击败。

前后不一致性的重要性在实践中也很不明显。虽然大多数人怀疑中央银行的声明，但中央银行领导人可以通过实现自己的诺言而在长期中赢得信任。在 20 世纪 90 年代和 21 世纪初期，尽管有利用通货膨胀与失业之间短期权衡取舍的诱惑，但美联储实现并维持了低通货膨胀率。这一经历表明，低通货膨胀率并不要求美联储服从于一个政策规则。

任何一种以规则替代相机抉择的努力都必然面临详细说明准确规则的艰难任务。尽管有许多研究考察了可供选择的不同规则的成本与收益，但经济学家们对于什么是好规则并没有达成共识。在达成这种共识之前，社会除了让中央银行领导人相机抉择地实施他们认为合适的货币政策之外别无选择。

即问即答
■举出一个货币政策规则的例子。你的规则为什么可能会比相机抉择的政策更好？为什么可能更糟？

36.4 中央银行应该把零通货膨胀作为目标吗

在第 1 章中讨论过并在货币增长与通货膨胀这一章中更充分地揭示的经济学十大原理之一是，当政府发行了过多货币时，物价上升。在第 1 章中讨论过并在上一章更充分地揭示的经济学十大原理中的另一个是，社会面临通货膨胀与失业之间的短期权衡取舍。把这两个原理放在一起就向决策者提出了一个问题：中央银行愿意忍受的通货膨胀应该是多少？我们的第四个争论问题就是，通货膨胀率的适当目标是否为零。

36.4.1　正方：中央银行应该把零通货膨胀作为目标

通货膨胀并没有给社会带来什么好处，却引起了一些真实成本。正如我们所讨论过的，经济学家确定了六种通货膨胀成本：

- 与减少货币持有量相关的皮鞋成本；
- 与频繁地调整价格相关的菜单成本；

- 相对价格变动的加剧；
- 由于税法非指数化引起的意想不到的税收负担变动；
- 由于计价单位变动引起的混乱和不方便；
- 债务人与债权人之间任意的财富再分配。

一些经济学家认为，至少在温和的通货膨胀时，例如20世纪90年代和21世纪初期美国所经历的3%的通货膨胀时，这些成本并不大。但是，另一些经济学家认为，即使是温和的通货膨胀，这些成本也会相当大。此外，毫无疑问，公众不喜欢通货膨胀。当通货膨胀加快时，民意调查表明通货膨胀是国家的主要问题之一。

当然，必须根据达到零通货膨胀的成本来评价零通货膨胀的好处。正如短期菲利普斯曲线所表明的，降低通货膨胀通常要有一个高失业和低产量的时期。但这种反通货膨胀所引起的衰退仅仅是暂时的。一旦人们明白了决策者的目标是零通货膨胀，通货膨胀预期就会下降，这会改善菲利普斯曲线的短期权衡取舍。由于人们对通货膨胀预期的调整，在长期中通货膨胀与失业之间不存在权衡取舍。

因此，降低通货膨胀是一项暂时有成本但长期有好处的政策。一旦反通货膨胀引起的衰退结束，零通货膨胀的好处就会持续到未来。如果决策者有远见卓识，他们就应该愿意为持久利益而付出暂时的成本。这正是保罗·沃尔克在20世纪80年代初所做的考虑，当时他实行紧缩的货币政策，使通货膨胀率从1980年的约10%降到了1983年的约4%。尽管1982年失业率达到了大萧条以来的最高水平，但是经济最终走出了衰退，并使低通货膨胀一直持续下去。今天，沃尔克仍被认为是中央银行领导人中的一个杰出代表。

此外，降低通货膨胀的成本也并不一定像一些经济学家所认为的那样大。如果美联储宣布对零通货膨胀的可信承诺，它就可以直接影响通货膨胀预期。这种预期的变动会改善通货膨胀与失业之间的短期权衡取舍，使经济以较低的成本实现较低的通货膨胀。这种战略的关键是信任：人们必须相信美联储实际上正在实施它宣布的政策。国会在这方面可以通过使物价稳定成为美联储主要目标的立法来帮助它。这种法律会使实现零通货膨胀的成本更低，而且并不减少所带来的任何好处。

零通货膨胀目标的一个优点是，零给决策者提供了一个比任何其他数字都更自然的聚焦点。例如，假设美联储宣布它要把通货膨胀率保持在3%的水平上——之前20年的许多年份中所经历的通货膨胀率。美联储真的会坚持把3%作为目标吗？如果一些事件无意中使通货膨胀上升到4%或5%，为什么不能提高这个目标呢？毕竟3这个数字没有什么特殊含义。与此相反，零是唯一的美联储可以宣布已实现物价稳定并完全消除了通货膨胀成本的通货膨胀率值。

36.4.2　反方：中央银行不应该把零通货膨胀作为目标

虽然物价稳定是合意的，但与温和通货膨胀相比，零通货膨胀的好处并不大，然而实现零通货膨胀的成本却是很大的。牺牲率的估算表明，将通货膨胀率降低一个百分点要求放弃一年产量的 5% 左右。比如说，把通货膨胀率从 4% 降低到零，就要求减少当年产量的 20%。虽然人们不喜欢 4% 的通货膨胀率，但他们是否会（或应该）愿意为摆脱通货膨胀而付出一年收入的 20% 也不得而知。

反通货膨胀的社会成本甚至比 20% 这一数字所表示的还要大，因为损失的收入并不是平均分摊到每个人身上。当经济进入衰退时，所有的收入并不是同比例地减少。相反，总收入的减少集中在那些失去工作的人身上。那些易受伤害的工人往往是技术和经验最少的工人。因此，减少通货膨胀的大部分成本要由那些承受能力最差的人来承担。

虽然经济学家列出了通货膨胀的一些成本，但对这些成本是不是很大，专业人士并没有一致看法。皮鞋成本、菜单成本和经济学家确认的其他成本看来并不大，至少对温和的通货膨胀是如此。公众确实不喜欢通货膨胀，但公众也会被误导相信通货膨胀错觉——一种认为通货膨胀会降低生活水平的观点。经济学家知道，生活水平取决于生产率，而不取决于货币政策。由于名义收入膨胀与物价膨胀总是同时发生的，所以降低通货膨胀并不会使真实收入增加更快。

此外，决策者可以实际上并不降低通货膨胀而减少许多通货膨胀的成本。他们可以通过重新制定税法以考虑到通货膨胀的影响来消除与非指数化税制相关的问题。他们还可以像克林顿政府在 1997 年所做的那样，通过发行指数化政府债券来减少由未预期到的通货膨胀所引起的债权人与债务人之间的财富任意再分配。这种做法会使政府债务持有人避开通货膨胀。此外，通过制定一个范例，政府可以鼓励私人债务人和债权人签订根据通货膨胀指数化的合同。

如果可以像一些经济学家认为的那样不付出代价而降低通货膨胀，这当然是合意的。但这在实践中看来很难实现。当各个经济降低其通货膨胀率时，它们几乎总要经历一个高失业和低产量的时期。相信中央银行可以很快获得信任从而使反通货膨胀无痛苦的想法也是危险的。

实际上，反通货膨胀所引起的衰退在经济中会潜在地留下持久性的印记。在衰退期间，所有行业的企业都大幅度减少它们对新工厂和新设备的支出，这使投资成为 GDP 中最易变动的一个部分。即使在衰退过去以后，资本存量的减少也使生产率、收入和生活水平下降到其原本能够达到的水平之下。此外，当工人在衰退中成为失业者时，他们失去了工作技能，这永久地降低了他们作为工人的价值。

有一点通货膨胀甚至可能是一件好事。一些经济学家认为，通货膨胀是能"润滑"劳动市场的"车轮"。由于工人抵制名义工资的减少，通过物价水平上升来降低真实工资较为容易实现。因此，通货膨胀使得根据劳动市场的变动来调整真实工资更为容易。

IN THE NEWS

【新闻摘录】
最优通货膨胀率是多少

低通货膨胀说引起反思，但改变是不可能的
Jon Hilsenrath

在金融危机和2008—2009年衰退之后，经济学家开始思考高通货膨胀是不是合意的。

过去25年来，通货膨胀因其吞没财富并引起不稳定而被认为是可怕的。但近来一些聪明人——包括国际货币基金组织的首席经济学家和一位美联储的高级研究员——大声呼吁，如果让通货膨胀高一点，实际上也许会是一件好事。

但是，由于几个原因，这个思想在近来任何时候都不可能引起反响。

支持通货膨胀的新观点是：低通货膨胀和随之而来的低利率在冲击来临时没有为中央银行留下多少操作空间。例如，在2008年雷曼兄弟公司破产后，美联储迅速把利率降为接近于零，因此尽管经济需要更多刺激，美联储却不能再降低利率了。

经济学家称这种情况为"零约束"问题。这种观点认为，如果开始时通货膨胀略高一点，从而利率也略高一点，美联储降低利率就可以有更大余地，而且可以对经济提供更大的激励。

现在，美联储和其他主要中央银行把通货膨胀率定在2%左右。经济学家是用"三重承受"法得出的这个数字——在长期中，这个数字看来不是过热，也不是过冷。但是，低而稳定的通货膨胀在理论上也可能意味着有些事情在略高的水平时才稳定。

国际货币基金组织首席经济学家Olivier Blanchard在最近的一篇文章中说，也许美国中央银行未来的通货膨胀率目标应该是4%。旧金山美联储的研究部主任John Williams去年就认为，需要高一点的通货膨胀目标为未来危机提供一个缓冲垫。

还有其他原因使一些人乐于接受现在的通货膨胀略高一点。美国和其他国家政府以及许多美国家庭都有沉重的债务。略高一点的通货膨胀在理论上可以减少支付利息和偿还本金的负担，因为债务的支付通常是固定的，但家庭和政府为支付债务所获得的收益或收入随通货膨胀而上升。

但乐于接受略高的通货膨胀也有一些问题。

第一，Blanchard先生担心的利率"零约束"是不是经济的最大问题还不清楚。因此，为解决这个问题付出与高通货膨胀相关的代价可能就不值得。

在2008年12月美联储把利率降至接近于零以后，伯南克主席找到了再降息的替代方法：购买住房抵押贷款支持证券和国债，并向汽车贷款、学生贷款和信用卡市场提供信贷。这些办法也不是灵丹妙药，但它们有助于结束衰退，尽管它们并不会引起经济足够快的增长以迅速降低失业。

还有一个较为棘手的问题。暂时假设Blanchard先生是正确的，而且世界各国中央银行也准备好用略高一点的通货膨胀来应对未来的危机。将通货膨胀目标从2%调到4%可能是一个极为棘手的过程。投资者、企业家和家庭会得出结论，一次性移动到高通货膨胀目标实际上意味着，不完全承诺稳定的通货膨胀。高通货膨胀预期可能会成为自我实现的预言。中央银行最终可能达到的通货膨胀率是5%、6%或者7%，而不是4%。

摩根大通银行的首席经济学家Bruce Kasman说，高通货膨胀目标"对市场会有相当直接的破坏效应"。

伯南克先生知道高通货膨胀目标的诱惑力。在12月写给立法者的回信中他说，高通货膨胀目标在理论上可以使美联储把根据通货膨胀调整的利率降得更低，从而刺激借款和经济增长。

但是，相反的情形也可能发生。高通货膨胀的前景可能引起利率急剧上升，使未来借款的负担更重。这对美国这类发行了大量短期债券的国家和持有可调整利率抵押贷款的人群更是个问题。

伯南克先生的结论是，他不想搞乱人们脆弱的预期。他说，转向高通货膨胀目标会引起风险，这会引起公众对中央银行抑制通货膨胀进一步上升的愿望失去信心，并破坏未来货币政策的作用。

世界各国中央银行都认可的2%的通货膨胀目标回头看来不像是理想的目标。但是，无论好坏，在可预见的未来，看来每一个人都仍想坚持这个目标。

资料来源: Reprinted with permission of *The Wall Street Journal*, Copyright © 2010 Dow Jones & Company, Inc. All Rights Reserved Worldwide.

此外，通货膨胀还使负真实利率成为可能。名义利率绝不会低于零，因为债权人可以总持有自己的货币而不会以负收益把它贷出去。如果通货膨胀为零，真实利率就永远不可能是负的。但是，如果通货膨胀是正的，那么当名义利率低于通货膨胀率时就产生了负的真实利率。有时经济需要负的真实利率来提供对总需求的足够刺激——零通货膨胀就排除了这种选择。

根据所有这些观点，为什么决策者要以让经济通过一个高代价、不平等的反通货膨胀引起的衰退来实现零通货膨胀呢？曾经担任美联储副主席的艾伦·布林德（Alan Blinder）在其著作《冷静的头脑，仁慈的心》（Hard Heads，Soft Heart）中指出，决策者不应该做出这种选择：

> 达到美国和其他工业化国家所经历的低且温和的通货膨胀的代价看来是非常适当的——像社会得了重感冒，而不是患了癌症……作为理性个体，我们并不会为了治愈感冒而自愿做大手术。但是，作为一个集体，我们却用经济上的大手术（高失业）来治疗类似感冒的通货膨胀。

布林德的结论是，学会在温和通货膨胀之下生活会更好一些。

即问即答

■ 说明把通货膨胀降为零的成本与收益。其中，哪些是暂时的？哪些是持久的？

36.5 政府应该平衡其预算吗

旷日持久的宏观经济争论围绕着联邦政府财政展开。只要政府的支出大于以税收形式得到的收入，它就要通过发行政府债券来弥补这种赤字。在我们对金融市场的研究中，我们说明了预算赤字如何影响储蓄、投资和利率。但是，预算赤字是多大的问题呢？我们的第五个争论问题涉及财政政策制定者是否应该高度重视平衡政府预算。

36.5.1 正方：政府应该平衡其预算

美国联邦政府今天的负债远远大于 30 年前的。在 1980 年联邦政府的债务是 7 120 亿美元，在 2012 年是 113 000 亿美元。如果我们用现在的债务总额除以人口总数，那么我们就知道，每个人分摊的政府债务约为 36 000 美元。

政府债务最直接的影响是把负担加在了子孙后代纳税人身上。当这些债务和累积的利息到期时，未来的纳税人就将面临一个困难的选择。为了把资源用于偿还债务和累积的利息，他们可以选择某种较高税收和较少政府支出的组合。或者，他们可以通过再借新债来偿还旧债务和利息来延迟偿还的日期，并使政府陷入更深的债务中。实际上，当政府有预算赤字并发行债券时，它就允许这一代纳税人把某些政府支出的账单转移给下一代纳税人。继承这样的巨额债务，只能是降低子孙后代的生活水平。

"什么？我分担的政府债务是 36 000 美元？"

图片来源：ANA BLAZIC PAVLOVIC/SHUTTERSTOCK.COM.

除了这种直接影响以外，预算赤字还有各种宏观经济影响。由于预算赤字代表负的公共储蓄，因而它降低了国民储蓄（私人储蓄与公共储蓄之和）。国民储蓄减少引起真实利率上升和投资减少。投资减少引起一定时期内的资本存量减少。资本存量减少又降低了劳动生产率、真实工资和经济中物品与服务的生产。因此，当政府增加其债务时，子孙后代就会出生在一个低收入和高税收的经济中。

当然，在一些情况下有预算赤字也是合理的。在整个历史上，政府债务增加最常见的原因是战争。当军事冲突暂时增加了政府支出时，通过借债为这种额外的支出筹资是合理的。否则，战争期间的税收就不得不迅速增加。这种高税率会极大地扭曲纳税人所面临的激励，从而导致严重的无谓损失。此外，这种高税率对现在这一代纳税人也是不公正的，因为他们已经不得不为进行战争而做出了牺牲。

同样，在经济活动暂时下降时期允许预算赤字存在也是合理的。当经济进入衰退时，税收收入自动减少，因为所得税和工薪税都是根据收入的多少征收的。如果政府在衰退时期要竭力平衡预算，它就不得不在高失业时增加税收或减少支出。这种政策会在正需要刺激总需求的时候抑制总需求，从而倾向于使经济波动加剧。

然而，并不是所有预算赤字都可以用战争或衰退来解释。美国政府债务占GDP的百分比从1980年的26%上升到1995年的50%。在这个时期中，美国没有经历重大的军事冲突和严重的经济衰退。然而，政府一直有巨额的预算赤字，这主要是因为总统和国会发现增加政府支出比增加税收容易得多。

也许近年来的美国政府预算赤字可以用伊拉克战争和阿富汗战争以及2001年和2008—2009年衰退的影响来解释。但是，不可避免的是，这种赤字不是回到前一个时期不可持续的财政政策的信号。随着经济从最近的衰退中复苏以及失业回到其自然水平，政府应该使支出与税收收入持平。与一直存在的预算赤字的其他可能选择相比，平衡预算意味着更大的国民储蓄、投资和经济增长，也意味着未来的大学毕业生将进入一个更为繁荣的经济。

36.5.2　反方：政府不应该平衡其预算

政府债务问题往往被夸大了。虽然政府债务确实代表对年青一代的税收负担，但与平均每个人一生的收入相比它并不算多。美国联邦政府的债务是人均36 000美元左右。那些工作40年且每年收入5万美元的人一生赚取的收入为200万美元。他的政府债务份额约占他一生收入的不到2%。

此外，孤立地看待预算赤字的影响是容易导致误解的。预算赤字只是政府如何选择筹集并支出资金的整体情况的一部分。在做出这些有关财政政策的决策时，决策者会以许多方式来影响各代纳税人。人们应该把政府的预算赤字或盈余与这些其他政策放在一起来考虑。

例如，假设政府通过削减公共投资，例如教育的支出来减少预算赤字。这种政策会使年轻一代的状况变好吗？当这一代年轻人成为劳动力时，政府债务将变小，这意味着他们的税收负担轻了。然而，如果他们受到的教育比他们原本能受到的少了，他们的生产率和收入就将降低。许多对教育收益（在学校多受一年教育所引起的工人工资的增加）的估算发现，这种收益是巨大的。从整体来考虑，减少政府预算赤字而不是进行更多教育支出会使子孙后代的状况变坏。

仅仅关注预算赤字也是危险的，因为它转移了人们对其他各种在各代人中进行收入再分配的政策的注意力。例如，在20世纪60年代和70年代，美国联邦政府增加了对老年人的社会保障补助。它通过增加对工作年龄人口的工薪税来为这种更高的支出筹资。这种政策尽管并没有影响政府债务，但也是把年青一代的收入再分配给年老一代。因此，预算赤字只是政府政策如何影响各代人福利这个大问题的一小部分。

在某种程度上，有远见卓识的父母可以扭转政府债务的不利影响，他们通过储蓄并留下较多遗产就可以抵消这种影响。因为这些遗产可以提高其子女承受未来税收负担的能力。一些经济学家认为，人们实际上正是这样做的。如果政府债务真的对子女有影响，父母较高的私人储蓄就可以抵消预算赤字的公共负储蓄，并且赤字不会影响经济。大多数经济学家不相信父母如此有远见，但有些人也许确实会为他们的子女留下较多储蓄，而且任何一个人也都可以这样做。赤字使一些人有机会以子女的损失为代价来消费，但赤字并没有要求他们这样做。如果政府债务实际上的确是子孙后代面临的一个大问题，那么一些父母就会帮助解决这个问题。

预算赤字的批评者有时断言，政府债务不能永远持续下去，但实际上它可以。正如银行评价一个贷款申请人时可以比较这个人的债务与收入一样，我们也应该评价相对于国民收入规模的政府债务负担。人口增长和技术进步使美国经济的总收入一直在增长。因此，美国支付政府债务利息的能力也一直在增长。只要政府债务的增长慢于国民收入的增长，就没有什么能阻止政府债务一直增长。

一些数据可以让我们全面地看待赤字问题。美国经济的真实产量平均每年增长3%左右。如果通货膨胀率是每年2%，那么名义收入每年增长5%。因此，政府债务可以每年增长5%，而不会提高债务与收入的比率。2012年，联邦政府债务是11 3000亿美元，这个数字的5%是5 650亿美元。只要联邦预算赤字小于5 650亿美元，这种政策就可以维持下去。

我们确信，巨大的预算赤字不可能永远持续。从2009年到2012年，美国联邦政府预算赤字每年大于10 000亿美元，但这一令人吃惊的数字是严重的金融危机、巨大的经济衰退以及政府对这些事件的反应这一系列不寻常的情况使然。没有人认为这一巨大预算赤字应该持续，但对财政政策决策者来说，零也是一个错误的目标。只要预算赤字是适度的，就永远不会有政府借款结束或经济崩溃的那一天。

即问即答

■ 解释减少政府预算赤字会如何使子孙后代状况变好。哪一种财政政策能比减少政府预算赤字更好地改善子孙后代的生活？

IN THE NEWS

> 【新闻摘录】
> 美国的财政危机会是什么样

近年来,由于要应对剧增的政府债务和低迷的投资者信心,一些欧洲国家政府陷入了财政危机。下文讲的是如果这种危机发生在美国,看起来会是什么样子。

2026年,该还债了
N. Gregory Mankiw

下文是总统的国情咨文——2026年3月发布:

我的同胞们,今天我带着沉重的心情来到这里。我们现在面临一场危机。这是我们自作自受的结果。而且,我们没有什么好的选择。

多年以来,我们国家的政府都入不敷出。我们承诺低税收的同时还拥有慷慨的社会保障体系。但是,我们一直都没有正视预算数字的困境。

图片来源: DAVID KLEIN.

这场危机的种子很久以前由前几代人早早种下。我们的祖父辈和父辈有崇高的理想。他们看见老年人生活贫困,因此创造了社会保障。他们看见疾病,因此创造了医疗保险和医疗补助。他们看见美国人苦苦挣扎于支付医疗保险,就用向中产阶级家庭提供补贴的方式进行了医疗改革。

但这种政府的扩张来之不便宜。政府支出占我们国家收入的比例持续增长。

今天,大多数婴儿潮时代的人都已经退休。他们不再工作,不再纳税,但是他们符合条件得到我们向老年人支付的政府补助。

我们控制医疗成本的努力失败了。我们必须知道,成本增加很大一部分归因于能够拯救生命的技术进步。进步当然好,然而进步是昂贵的。

如果当初他们选择自己缴税来支付这些开支,我们现在的问题就可以避免了。但没有人喜欢纳税。税收不仅仅把钱从我们的口袋里拿走,它还扭曲了激励机制,减缓了经济增长。所以,取而代之,他们选择借款来支付这些开支。

但是借款并不能回避艰难抉择,它只是延缓选择而已。经过上周债券市场的事件之后,显然未来再拖延下去是不可能的了。结算日到了。

财政部今天早上发布了有关这一问题实质的详细报告。简而言之,债券市场不再信任我们。

多年以来,美国政府的借款条件很好。国内外投资者相信我们能够信守承诺。他们相信当借款到期时,我们会做出正确的选择,并使支出和税收基本相等,达到收支平衡。

但是在过去的几年里,由于我们的债务占GDP的比例达到前所未有的高水平,投资者开始紧张了。他们要求更高的利率水平来补偿他们所觉察到的风险。利率上升增加了我们的债务成本,给支出带来了更大的压力。我们发现自己已经处于提高预算赤字和降低投资者信心的恶性循环里。

正如经济学家经常提醒我们的,危机比我们想象的来得晚,但发生得比我们想象的要快得多。上周,当财政部努力拍卖最新一期政府债券时,几乎没有人购买。私人市场也不再借钱给我们了。我们国家的信用等级大幅下降。

我们应该怎么办?

昨天,我从国际货币基金组织(IMF)的新总部北京开会回来。我很高兴有点好消息要告诉你们。我努力从IMF争取到了一项临时贷款来帮助我们渡过这次危机。

这笔贷款是有条件的。作为你们的总统,我必须直言不讳:我不喜欢那些条件,你们也不会喜欢。但是,在现在的形势下,接受这些条件是我们唯一的选择。

我们必须马上削减社会保障支出,特别是较高收入者的福利。社会保障仍会保证老年人不至于陷入贫困,但仅仅是达到温饱水平而已。

我们必须限制医疗保险和医疗补助的支出。这些项目仍然会提供基本的医疗保障,但是不会覆盖许多昂贵的治疗。个人将为这些昂贵的治疗付费,或者很遗憾就不治疗了。

我们必须削减对中产阶级家庭的医疗保险补贴。医疗保险不再是公民的权利,而是个人的责任。

我们必须去除不必要的政府职能,比如农业补贴、乙醇生产、公共广播、能源保护以及促进贸易的措施。

我们将提高除最贫穷的美国人之外一切人的税收。我们将扩大税基,取消对房屋抵押贷款利息、州和地方税的减免。由雇主提供的医疗保险从此将是纳税性补偿。

我们将增加汽油税,每加仑 2 美元。这不仅会增加收入,还有助于治疗各种社会病——从全球气候变暖到地方交通拥堵。

正如我所说的,这些变化令我反感。当你们投给我选票的时候,我承诺保留社会保障体系;我保证预算赤字将会通过消除浪费、欺诈和滥用,以及仅仅增加最富有的美国人的税收来解决。但是,现在我们在这件事上已没有什么选择。

如果我们的上一代人提早正视这个问题就好了。当时做选择也不会容易,但不会像现在我们面临的情形这样严酷、突然、毫无回旋余地。美国人应该更少依赖政府而更多依靠自己,如果那样,我们今天的情形也将更好。

我希望能有机会回到过去,改变过去。但是,一切发生的都已经发生了。美国人民过去经历过困难和逆境,并且挺过来了。让我们齐心协力,为我们的子孙后代能享有更繁荣的未来而做出必要的牺牲。

资料来源:New York Times,March 27,2011。

36.6　应该为了鼓励储蓄而修改税法吗

一国的生活水平取决于它生产物品与服务的能力,这是第 1 章的经济学十大原理之一。如我们在生产与增长那一章中所说明的,一国的生产能力又主要由它为未来储蓄和投资了多少来决定。我们的第六个争论问题是,决策者是否应该修改税法,以便鼓励更多的储蓄和投资。

36.6.1　正方:应该为了鼓励储蓄而修改税法

一国的储蓄率是其长期经济繁荣的关键决定因素。当储蓄率较高时,更多的资源用于新工厂和设备的投资。工厂和设备的较大存量又提高了劳动生产率、工资和收入。因此,毫不奇怪,国际数据表明国民储蓄率和经济福利衡量指标之间有密切的相关性。

第 1 章提出的经济学十大原理中的另一个是,人们会对激励做出反应。这个结论适用于人们关于储蓄多少的决策。如果一国的法律使储蓄有吸引力,人们就会把收入中更多的部分用于储蓄,而这种较高的储蓄将使未来的经济更加繁荣。

遗憾的是,美国的税制通过对储蓄的收益征收重税而抑制了储蓄。例如,考虑一个 25 岁的工人,他为了使自己在 70 岁时能享有更舒适的退休生活而把收入中的 1 000 美元储蓄起来。如果他购买支付 10% 利率的债券,在不对利息征税的情况下,到第 45 年年末时这 1 000 美元将累积达到 72 900 美元。现在假设他面对利息收入 40% 的边际税率(如果把联邦所得税和州所得税加在一起,40% 的边际税率是许多工人面临的正常情况)。在这种情况下,她的税后利率仅为 6%,这 1 000 美元在第 45 年年末时累积仅达到 13 800 美元。也就是说,在这么长时期的累积中,利息收入税率使 1 000 美元储蓄的收益从 72 900 美元减少为 13 800 美元,即减少了 80% 左右。

税法又通过对某些形式的资本收入的双重征税进一步抑制了储蓄。假设一个人用他的一些储蓄购买了一家公司的股票。当这家公司从其资本投资中赚得利润时,它首先要以公司所得税的形式支付这部分利润的税收。如果这家公司以红利的形式把剩下的利润支付给股东,股东还要以个人所得税的形式第二次为这一收入纳税。这种双重税收大大减少了股东的收益,从而减少了对储蓄的激励。

如果一个人想把其积累的财富留给子女（或其他任何一个人）而不是在他一生中消费掉，税法又一次抑制了储蓄。没有税收时，父母可能想把一些钱留给子女；但如果遗产数额较大，遗产税率会高达40%。在很大程度上，对国民储蓄的关注是由于想保证子孙后代的经济繁荣。因此，税法不鼓励一代人帮助下一代人的最直接方法，这是很奇怪的。

除了税法之外，我们社会中的许多其他政策和制度也减少了对家庭储蓄的激励。一些政府补助，例如福利和医疗补助，都是根据经济情况发放的。也就是说，那些在过去节俭地把自己的一些收入储蓄起来的人得到的补助减少了。学院与大学提供的助学金也根据学生及其父母所拥有的财富而定。这种政策与对财富征税一样，同样抑制了学生及其父母储蓄。

税法可以用各种方法为储蓄提供激励，或者至少减少家庭现在面临的负激励。税法已经对某些类型的退休储蓄给予了优惠待遇。例如，当一个纳税人把收入存入个人退休金账户时，政府对这种收入及其所赚到的利息在纳税人退休后提取资金之前不征税。税法也对以其他名义开立的退休金账户给予类似的税收优惠，例如401（k）、403（b）和利润分成方案。但是，对谁有资格享有这些税收优惠是有限制的，并且即便那些有资格的人，对其可以存入这些账户的资金数量也是有限制的。此外，由于对于在退休前提取账户中的资金有惩罚，这些退休方案对其他类型的储蓄，例如用于购买住房或支付上大学学费的储蓄，就没有提供什么激励。鼓励更多储蓄的一项措施是扩大家庭利用这种税收优惠储蓄账户的能力。

更全面的方法应该是重新考虑政府征税的整个基础。美国税制的中心内容是所得税。无论所赚到的每一美元是支出还是储蓄都同样征税。许多经济学家提出的另一种可选择方案是消费税。在消费税下，家庭只对它所支出的部分纳税。用于储蓄的收入在以后提取储蓄并用于消费品支出之前免税。实际上，消费税使所有储蓄都自动成为和个人退休金账户一样的税收优惠储蓄账户。从所得税转向消费税会极大地提高对储蓄的激励。

36.6.2　反方：不应该为了鼓励储蓄而修改税法

增加储蓄可能是合意的，但这并不是税收政策的唯一目标。决策者还必须保证公平地分配税收负担。提高对储蓄的激励的建议存在的问题是，它们增加了那些承受能力最弱的人的税收负担。

高收入家庭的储蓄占其收入的比例高于低收入家庭是不可否认的。因此，任何有利于进行储蓄的人的税收变动也往往有利于高收入的人。像税收优惠退休金账户这样的政策看起来可能是很好的，但它们会使社会更不平等。减少那些可以利用这些账户的富人的税收负担，这些做法迫使政府增加了穷人的税收负担。

而且，所设计的鼓励储蓄的税收政策并没有有效地达到这个目标。经济理论对高收益率能否增加储蓄并没有给出明确的预测。结果取决于两种相互冲突的效应的相对大小，即替代效应和收入效应。一方面，较高的收益率提高了储蓄的利益：现在储蓄的每一美元能带来未来更多的消费。这种替代效应倾向于增加储蓄。另一方面，较高的收益率降低了储蓄的必要：家庭储蓄少一些也能达到未来任何一种目标消费水平。这种收入效应倾向于减少储蓄。如果正如一些研究所表明的，替代效应和收入效率接近于相互抵消，那么当较低的资本收益税提高了收益率时，储蓄将不会改变。

除了给富人以税收优惠之外，还有其他增加国民储蓄的方法。国民储蓄是私人储蓄与公共储蓄之和。不用改变税法来鼓励更多私人储蓄，决策者也可以简单地通过减少预算赤字或提高对富人的税收来增加公共储蓄。这提供了一种增加国民储蓄并增进子孙后代繁荣的直接方法。

实际上，一旦考虑到公共储蓄，鼓励储蓄的税收条款就会造成相反的结果。减少资本收益税的税收变动减少了政府收入，从而引起了较大的预算赤字。为了增加国民储蓄，这种税法的变动所刺激的私人储蓄增加必须大于公共储蓄的减少。如果情况不是这样，所谓的储蓄激励就有可能使问题恶化。

> **即问即答**
> ■举出我们的社会不鼓励储蓄的三个例子。取消这些抑制措施有什么弊端？

36.7　结论

本章考虑了有关宏观经济政策的六个经典的争论问题。对每一个问题，都从有争论的主张开始，然后提出正方与反方的观点。如果你发现要选择站在这些争论的哪一方很困难，当你知道这样为难的不只是你一个人这一事实时你就会得到一些安慰。经济学的学习并不能总是使你在不同政策中轻而易举地做出选择。实际上，弄清楚决策者面临的一些不可避免的权衡取舍，会使选择更困难。

但是，也不能把困难的选择看得太容易了。当你听到政治家或评论家提出某些好得令人难以置信的主张时，这一主张也许就是不可信的。如果他们说的好像是要给你提供免费午餐，那么你一定要找一找隐藏着的价格标签。很少有什么政策只有好处而没有代价。通过帮助你看穿政治演讲中十分常见的文字游戏，经济学的学习将使你更好地参与我们的全国性的争论。

内容提要

◎ 积极货币政策与财政政策的支持者认为，经济本质上是不稳定的，并相信政府可以管理总需求，以抵消内在的不稳定性。积极货币政策与财政政策的批评者强调，政策对经济的影响存在时滞，而且我们预期未来经济状况的能力是很差的，因此稳定经济的努力可能以使经济不稳定而告终。

◎ 增加政府支出以应对衰退的支持者认为，由于减少的税收可能被用于储蓄而不是支出，因此直接的政府支出能更多地增加总需求，这是促进生产和就业的关键。增加政府支出的批评者认为，减税既可以扩大总需求又可以扩大总供给，而且政府支出迅速增加会引起浪费性的公共项目产生。

◎ 货币政策规则的支持者认为，相机抉择的政策会饱受能力不足、滥用权力和政策前后不一致性之苦。货币政策规则的批评者认为，相机抉择的政策在对变化着的经济环境做出反应时较为灵活。

◎ 零通货膨胀目标的支持者强调，通货膨胀有许多成本，而且即使有好处也很少。此外，消除通货膨胀的代价——压低产量和就业——只是暂时的。如果中央银行宣布一项可信的降低通货膨胀的计划，从而直接降低通货膨胀预期，那么甚至连这种代价也可以减少。零通货膨胀目标的批评者认为，温和的通货膨胀给社会只带来很小的成本，而降低通货膨胀所必需的衰退则代价高昂。批评者也指出了几种缓和的通货膨胀可以有助于经济的方法。

◎ 平衡政府预算的支持者认为，预算赤字通过增加子孙后代的税收并减少他们的收入而把不公正的负担加在他们身上。平衡政府预算的批评者认为，赤字只是财政政策的一小部分。只关心预算赤字会忽略诸多方面，包括各种支出计划在内的财政政策能够影响几代人的利益。

◎ 税收激励储蓄观点的支持者指出，我们的社会用许多方法抑制储蓄，例如对资本收益征收重税和减少那些积累了财富的人享有的补助。他们支持修改税法以鼓励储蓄，比如把所得税改为消费税。税收激励储蓄观点的批评者认为，许多刺激储蓄的变动主要是使富人受益，而这些富人并不需要减税。他们还认为，这种变化对私人储蓄只有微小的影响。通过降低政府预算赤字来增加公共储蓄可以提供更直接、更平等地增加国民储蓄的方法。

复 习 题

1．是什么因素引起了货币政策与财政政策对总需求影响的时滞？这些时滞对积极与消极政策争论的含义是什么？

2．根据传统的凯恩斯主义分析，为什么减税对GDP的影响要小于相似规模的政府支出增加对GDP的影响？为什么不是相反的情况？

3．什么会促使中央银行领导人引起政治性经济周期？政治性经济周期对政策规则争论的含义是什么？

4．解释信任如何影响降低通货膨胀的代价。

5．为什么一些经济学家反对零通货膨胀目标？

6．解释政府预算赤字伤害下一代工人的两种方式。

7．大多数经济学家认为预算赤字在哪两种情况下有其合理性？

8．一些经济学家说，政府可以永远有预算赤字。怎么有这种可能性呢？

9．政府对一些资本收益双重征税。请解释这个观点。

10．增加储蓄的税收激励可能造成什么不利影响？

术语表

A

支付能力原则 (ability-to-pay principle)
认为应该根据一个人可以承受的负担来对这个人征税的思想。

绝对优势 (absolute advantage)
一个生产者用比另一个生产者更少的投入生产某种物品的能力。

会计利润 (accounting profit)
总收益减总显性成本。

逆向选择 (adverse selection)
从无信息一方的角度看,无法观察到的特征组合变为不合意的倾向。

代理人 (agent)
一个为另一个人(称为委托人)完成某种行为的人。

总需求曲线 (aggregate-demand curve)
表示在每一种物价水平时,家庭、企业、政府和外国客户想要购买的物品与服务数量的曲线。

总供给曲线 (aggregate-supply curve)
表示在每一种物价水平时,企业选择生产并销售的物品与服务数量的曲线。

升值 (appreciation)
按所能购买到的外国通货量衡量的一国通货的价值增加。

阿罗不可能性定理 (Arrow's impossibility theorem)
一个数学结论,它表明在某些假设条件之下,没有一种方案能把个人偏好加总为一组合理的社会偏好。

自动稳定器 (automatic stabilizers)
当经济进入衰退时,决策者不必采取任何有意的行动就可以刺激总需求的财政政策变动。

平均固定成本 (average fixed cost)
固定成本除以产量。

平均收益 (average revenue)
总收益除以销售量。

平均税率 (average tax rate)
支付的总税收除以总收入。

平均总成本 (average total cost)
总成本除以产量。

平均可变成本 (average variable cost)
可变成本除以产量。

B

贸易平衡 (balanced trade)
出口等于进口的状况。

银行资本 (bank capital)
银行所有者投入机构的资源。

行为经济学 (behavioral economics)
经济学中将心理学的观点考虑进来的分支学科。

受益原则 (benefits principle)
认为人们应该根据他们从政府服务中得到的利益来纳税的思想。

债券 (bond)
一种债务证明书。

预算约束线 (budget constraint)
对消费者可以支付得起的消费组合的限制。

预算赤字 (budget deficit)
政府税收收入小于政府支出。

预算盈余 (budget surplus)
政府税收收入大于政府支出。

预算赤字 (budget deficit)
政府支出引起的税收收入短缺。

预算盈余 (budget surplus)
税收收入大于政府支出的余额。

经济周期 (business cycle)
就业和生产等经济活动的波动。

C

资本 (capital)
用于生产物品与服务的设备和建筑物。

资本外逃 (capital flight)
一国资产需求大量且突然地减少。

资本需要量 (capital requirement)
政府规定的最低银行资本量。

卡特尔 (cartel)
联合起来行事的企业集团。

追赶效应 (catch-up effect)
开始时贫穷的国家倾向于比开始时富裕的国家增长更快的特征。

中央银行 (central bank)
为了监管银行体系和调节经济中的货币量而设计的机构。

循环流量图 (circular-flow diagram)
一个说明货币如何通过市场在家庭与企业之间流动的直观经济模型。

古典二分法 (classical dichotomy)
名义变量和真实变量的理论区分。

封闭经济 (closed economy)
不与世界上其他经济相互交易的经济。

俱乐部物品 (club goods)
有排他性但无消费竞争性的物品。

科斯定理 (Coase theorem)
认为如果私人各方可以无成本地就资源配置进行协商，那么，他们就可以自己解决外部性问题的观点。

集体谈判 (collective bargaining)
工会和企业就就业条件达成一致的过程。

勾结 (collusion)
一个市场上的企业之间就生产的产量或收取的价格达成的协议。

商品货币 (commodity money)
以有内在价值的商品为形式的货币。

公共资源 (common resources)
有消费竞争性但无排他性的物品。

比较优势 (comparative advantage)
一个生产者以低于另一个生产者的机会成本生产某种物品的能力。

补偿性工资差别 (compensating differential)
为抵消不同工作的非货币特性而产生的工资差别。

竞争市场 (competitive market)
有许多买者与卖者交换相同产品，以至于每个买者与卖者都是价格接受者的市场。

互补品 (complements)
一种物品价格的上升引起另一种物品需求量的减少的两种物品。

复利 (compounding)
货币量的累积，比如说银行账户上货币量的累积，即赚得的利息仍留在账户上以赚取未来更多的利息。

康多塞悖论 (Condorcet paradox)
多数原则没有产生可传递的社会偏好。

规模收益不变 (constant returns to scale)
长期平均总成本在产量变动时保持不变的特性。

消费物价指数 (consumer price index, CPI)
普通消费者所购买的物品与服务的总费用的衡量指标。

消费者剩余 (consumer surplus)
买者愿意为一种物品支付的量减去其为此实际支付的量。

消费 (consumption)
家庭除购买新住房之外用于物品与服务的支出。

矫正税 (corrective tax)
旨在引导私人决策者考虑负外部性引起的社会成本的税收。

成本 (cost)
卖者为了生产一种物品而必须放弃的所有东西的价值。

成本—收益分析 (cost-benefit analysis)
比较提供一种公共物品的社会成本与社会收益的研究。

需求的交叉价格弹性 (cross-price elasticity of demand)
衡量一种物品需求量对另一种物品价格变动的反应程度的指标，用第一种物品需求量变动百分比除以第二种物品价格变动百分比来计算。

挤出 (crowding out)
政府借款所引起的投资减少。

挤出效应 (crowding-out effect)
当扩张性财政政策引起利率上升，从而减少了投资支出时所引起的总需求减少。

通货 (currency)
公众手中持有的纸币钞票和铸币。

周期性失业 (cyclical unemployment)
失业率对自然失业率的背离。

D

无谓损失 (deadweight loss)
市场扭曲（例如税收）引起的总剩余减少。

需求曲线 (demand curve)
表示一种物品的价格与需求量之间关系的图形。

活期存款 (demand deposits)
储户可以通过开支票而随时支取的银行账户余额。

需求表 (demand schedule)
表示一种物品的价格与需求量之间关系的表格。

贬值 (depreciation)
按所能购买到的外国通货量衡量的一国通货的价值减少。

萧条 (depression)
严重的衰退。

边际产量递减 (diminishing marginal product)
一种投入的边际产量随着投入量增加而减少的特征。

收益递减 (diminishing returns)
随着投入量的增加，每一单位额外投入得到的收益减少的特性。

贴现率 (discount rate)
美联储向银行发放贷款的利率。

丧失信心的工人 (discouraged workers)
想工作但已放弃寻找工作的人。

歧视 (discrimination)
对仅仅是种族、宗教、性别、年龄或其他个人特征不同的相似个人提供不同的机会。

规模不经济 (diseconomies of scale)
长期平均总成本随产量增加而增加的特性。

多元化 (diversification)
通过用大量不相关的小风险代替一种风险来降低风险。

占优策略 (dominant strategy)
无论其他参与者选择什么策略，对一个参与者都为最优的策略。

E

经济利润 (economic profit)
总收益减总成本，包括显性成本与隐性成本。

经济学 (economics)
研究社会如何管理自己的稀缺资源。

规模经济 (economies of scale)
长期平均总成本随产量增加而减少的特性。

效率 (efficiency)
社会能从其稀缺资源中获得最大利益的特性。

效率工资 (efficiency wages)
企业为了提高工人的生产率而支付的高于均衡工资的工资。

有效市场假说 (efficient markets hypothesis)
认为资产价格反映了关于一种资产价值的所有公开的、可获得的信息的理论。

有效规模 (efficient scale)
使平均总成本最小的产量。

弹性 (elasticity)
衡量需求量或供给量对其某种决定因素的变动的反应程度的指标。

平等 (equality)
经济成果在社会成员中公平分配的特性。

均衡 (equilibrium)
市场价格达到使供给量与需求量相等的水平时的状态。

均衡价格 (equilibrium price)
使供给与需求平衡的价格。

均衡数量 (equilibrium quantity)
均衡价格下的供给量与需求量。

排他性 (excludability)
一种物品具有的可以阻止一个人使用该物品的特性。

显性成本 (explicit costs)
需要企业支出货币的投入成本。

出口 (exports)
在国内生产而在国外销售的物品。

外部性 (externality)
一个人的行为对旁观者福利的未经补偿影响。

F

生产要素 (factors of production)
用于生产物品与服务的投入。

联邦基金利率 (federal funds rate)
银行向另一家银行进行隔夜贷款时的利率。

联邦储备 (Federal Reserve, Fed)
美国的中央银行。

法定货币 (fiat money)
没有内在价值、由政府法令确定作为通货使用的货币。

金融学 (finance)
研究人们如何在某一时期内做出关于配置资源和应对风险的学科。

金融中介机构 (financial intermediaries)
储蓄者可以借以间接地向借款者提供资金的金融机构。

金融市场 (financial markets)
储蓄者可以借以直接向借款者提供资金的金融机构。

金融体系 (financial system)
经济中促使一个人的储蓄与另一个人的投资相匹配的一组机构。

企业特有风险 (firm-specific risk)
只影响一个公司的风险。

财政政策 (fisical policy)
政府决策者对政府支出和税收水平的确定。

费雪效应 (Fisher effect)
名义利率对通货膨胀率所进行的一对一的调整。

固定成本 (fixed costs)
不随着产量变动而变动的成本。

部分准备金银行 (fractional-reserve banking)
只把部分存款作为准备金的银行制度。

搭便车者 (free rider)
得到一种物品的利益但避开为此付费的人。

摩擦性失业 (frictional unemployment)
由于工人寻找最适合自己嗜好和技能的工作需要时间而引起的失业。

基本面分析 (fundamental analysis)
为决定一家公司的价值而对其会计报表和未来前景进行的研究。

终值 (future value)
在现行利率既定时，现在货币量将带来的未来货币量。

G

博弈论 (game theory)
研究在策略状况下人们如何行为的理论。

GDP 平减指数 (GDP deflator)
用名义 GDP 与真实 GDP 的比率乘以 100 计算的物价水平衡量指标。

吉芬物品 (Giffen good)
价格上升引起需求量增加的物品。

政府购买 (government purchase)
地方、州和联邦政府用于物品与服务的支出。

国内生产总值 (gross domestic product, GDP)
在某一既定时期一个国家内生产的所有最终物品与服务的市场价值。

H

横向平等 (horizontal equity)
主张有相似支付能力的纳税人应该缴纳等量税收的思想。

人力资本 (human capital)
工人通过教育、培训和经验而获得的知识与技能。

I

隐性成本 (implicit costs)
不需要企业支出货币的投入成本。

进口 (imports)
在国外生产而在国内销售的物品。

激励 (incentive)
引起一个人做出某种行为的某种东西。

收入效应 (income effect)
当价格的某些变动使消费者移动到更高或更低无差异曲线时所引起的消费变动。

需求收入弹性 (income elasticity of demand)
衡量一种物品需求量对消费者收入变动反应程度的指标，用需求量变动百分比除以收入变动百分比来计算。

指数化 (indexation)
根据法律或合同对通货膨胀的影响进行货币数量的自动调整。

无差异曲线 (indifference curve)
一条表示给消费者相同满足程度的消费组合的曲线。

低档物品 (inferior good)
收入增加引起需求量减少的物品。

通货膨胀 (inflation)
经济中物价总水平的上升。

通货膨胀率 (inflation rate)
前一个时期以来物价指数变动的百分比。

通货膨胀税 (inflation tax)
政府通过创造货币而筹集的收入。

信息有效 (informational efficiency)
以理性方式反映所有可获得的信息的有关资产价格的描述。

实物转移支付 (in-kind transfers)
以物品和服务而不是以现金形式给予穷人的转移支付。

外部性内在化 (internalizing the externality)
改变激励，以使人们考虑到自己行为的外部效应。

投资 (investment)
用于资本设备、存货和建筑物的支出，包括家庭用于购买新住房的支出。

J

寻找工作 (job search)
在工人的偏好与技能既定时工人寻找适当工作的过程。

L

劳动力 (labor force)
既包括就业者又包括失业者的工人总数。

劳动力参工率 (labor-force participation rate)
劳动力占成年人口的百分比。

需求定理 (law of demand)
认为在其他条件不变时，一种物品的价格上升，对该物品的需求量减少的观点。

供给定理 (law of supply)
认为在其他条件不变时，一种物品的价格上升，该物品的供给量增加的观点。

供求定理 (law of supply and demand)
任何一种物品的价格都会自发调整，使该物品的供给和需求达到平衡。

杠杆 (leverage)
将借到的货币追加到用于投资的现有资金上。

杠杆率 (leverage ratio)
资产与银行资本的比率。

自由主义 (liberalism)
一种政治哲学，根据这种政治哲学，政府应该选择被认为是公正的政策，这种公正要由一位在"无知面纱"背后的无偏见观察者来评价。

自由至上主义 (libertarianism)
一种政治哲学，根据这种政治哲学，政府应该惩罚犯罪并实行自愿的协议，但不应该进行收入再分配。

生命周期 (life cycle)
在人的一生中有规律的收入变动形式。

流动性 (liquidity)
一种资产兑换为经济中交换媒介的容易程度。

定额税 (lump-sum tax)
对每个人等量征收的税收。

M

宏观经济学 (macroeconomics)
研究整体经济现象，包括通货膨胀、失业和经济增长的学科。

边际变动 (marginal change)
对行动计划的微小增量调整。

边际成本 (marginal cost)
额外一单位产量所引起的总成本的

增加。

边际产量 (marginal product)
增加一单位投入所引起的产量增加。

劳动的边际产量 (marginal product of labor)
增加的一单位劳动所引起的产量增加量。

边际替代率 (marginal rate of substitution)
消费者愿意以一种物品交换另一种物品的比率。

边际收益 (marginal revenue)
增加一单位销售量引起的总收益变动。

边际税率 (marginal tax rate)
增加1美元收入所支付的额外税收。

市场 (market)
由某种物品或服务的买者与卖者组成的一个群体。

市场经济 (market economy)
当许多企业和家庭在物品与服务市场上相互交易时，通过他们的分散决策配置资源的经济。

市场失灵 (market failure)
市场本身不能有效配置资源的情况。

可贷资金市场 (market for loanable funds)
想储蓄的人借以提供资金、想借钱投资的人借以借贷资金的市场。

市场势力 (market power)
单个经济活动者（或某个经济活动小群体）对市场价格有显著影响的能力。

市场风险 (market risk)
影响股市上所有公司的风险。

最大最小准则 (maximin criterion)
一种主张，认为政府的目标应该是使社会上状况最差的人的福利最大化。

中值选民定理 (median voter theorem)
一个数学结论，表明如果要选民沿着一条线选一个点，而且，每个选民都想选离他最偏好的点最近的点，那么，多数原则将选出中值选民最偏好的点。

交换媒介 (medium of exchange)
买者在购买物品与服务时给予卖者的东西。

菜单成本 (menu costs)
改变价格的成本。

微观经济学 (microeconomics)
研究家庭和企业如何做出决策，以及它们如何在市场上相互交易的学科。

总需求与总供给模型 (model of aggregate demand and aggregate supply)
大多数经济学家用来解释经济活动围绕其长期趋势的短期波动的模型。

货币中性 (monetary neutrality)
认为货币供给变动并不影响真实变量的观点。

货币政策 (monetary policy)
中央银行的决策者对货币供给的安排。

货币 (money)
经济中人们经常用于向其他人购买物品与服务的一组资产。

货币乘数 (money multiplier)
银行体系用1美元准备金所产生的货币量。

货币供给 (money supply)
经济中可得到的货币量。

垄断竞争 (monopolistic competition)
存在许多出售相似但不相同产品的企业的市场结构。

垄断企业 (monopoly)
作为一种没有相近替代品的产品的唯一卖者的企业。

道德风险 (moral hazard)
一个没有受到完全监督的人从事不诚实或不合意行为的倾向。

乘数效应 (multiplier effect)
当扩张性财政政策增加了收入，从而增加了消费支出时引起的总需求的额外变动。

共同基金 (mutual fund)
向公众出售股份，并用收入来购买股票与债券资产组合的机构。

N

纳什均衡 (Nash equilibrium)
相互作用的经济主体在假定所有其他主体所选策略为既定的情况下选择他们自己最优策略的状态。

国民储蓄 (national saving)
在用于消费和政府购买后剩下的一个经济中的总收入。

自然产出水平 (natural level of output)
一个经济在长期中当失业处于其正常率时达到的物品与服务的生产水平。

自然垄断 (natural monopoly)
由于一个企业能以低于两个或更多企业的成本向整个市场供给一种物品或服务而产生的垄断。

自然失业率 (natural rate of unemployment)
失业率围绕它而波动的正常失业率。

自然资源 (natural resources)
由自然界提供的用于生产物品与服务的投入，如土地、河流和矿藏。

自然率假说 (natural-rate hypothesis)
认为无论通货膨胀率如何，失业最终都要回到其正常率或自然率的观点。

负所得税 (negative income tax)
向高收入家庭征税并给低收入家庭补贴的税制。

资本净流出 (net capital outflow)
本国居民购买的外国资产减外国人购买的本国资产。

净出口 (net exports)
外国人对国内生产的物品的支出（出口）减国内居民对外国物品的支出（进口）。

名义汇率 (nominal exchange rate)
一个人可以用一国通货交换另一国通货的比率。

名义GDP (nominal GDP)
按现期价格评价的物品与服务的生产。

名义利率 (nominal interest rate)
通常公布的、未根据通货膨胀的影

响校正的利率。

名义变量 (nominal variables)
按货币单位衡量的变量。

正常物品 (normal good)
收入增加引起需求量增加的物品。

规范表述 (normative statements)
试图描述世界应该是什么样子的观点。

O

寡头 (oligopoly)
只有少数几个提供相似或相同产品的卖者的市场结构。

开放经济 (open economy)
与世界上其他经济自由交易的经济。

公开市场操作 (open-market operations)
美联储买卖美国政府债券。

机会成本 (opportunity cost)
为了得到某种东西所必须放弃的东西。

P

完全互补品 (perfect complements)
无差异曲线为直角形的两种物品。

完全替代品 (perfect substitutes)
无差异曲线为直线的两种物品。

持久收入 (permanent income)
一个人的正常收入。

菲利普斯曲线 (Phillips curve)
一条表示通货膨胀与失业之间短期权衡取舍的曲线。

物质资本 (physical capital)
用于生产物品与服务的设备和建筑物存量。

政治经济学 (political economy)
用经济学的分析方法研究政府。

实证表述 (positive statements)
试图描述世界是什么样子的观点。

贫困线 (poverty line)
由联邦政府根据每个家庭规模确定的一种收入绝对水平,低于这一水平的家庭被认为处于贫困状态。

贫困率 (poverty rate)
家庭收入低于一个称为贫困线的绝对水平的人口百分比。

现值 (present value)
用现行利率产生一定量未来货币所需要的现在货币量。

价格上限 (price ceiling)
出售一种物品的法定最高价格。

价格歧视 (price discrimination)
以不同价格向不同顾客出售同一种物品的经营做法。

需求价格弹性 (price elasticity of demand)
衡量一种物品需求量对其价格变动反应程度的指标,用需求量变动百分比除以价格变动百分比来计算。

供给价格弹性 (price elasticity of supply)
衡量一种物品供给量对其价格变动反应程度的指标,用供给量变动百分比除以价格变动百分比来计算。

价格下限 (price floor)
出售一种物品的法定最低价格。

委托人 (principal)
让另一个人(称为代理人)完成某种行为的人。

囚徒困境 (prisoners' dilemma)
两个被捕的囚徒之间的一种特殊"博弈",说明为什么甚至在合作对双方都有利时,保持合作也是困难的。

私人物品 (private goods)
既有排他性又有消费竞争性的物品。

私人储蓄 (private saving)
家庭在支付了税收和消费之后剩下来的收入。

生产物价指数 (producer price index, PPI)
企业所购买的一篮子物品与服务的费用的衡量指标。

生产者剩余 (producer surplus)
卖者出售一种物品得到的量减去其生产成本。

生产函数 (production function)
用于生产一种物品的投入量与该物品产量之间的关系。

生产可能性边界 (production possibilities frontier)
表示在可得到的生产要素与生产技术既定时,一个经济所能生产的产品数量的各种组合的图形。

生产率 (productivity)
每单位劳动投入所生产的物品与服务数量。

利润 (profit)
总收益减去总成本。

累进税 (progressive tax)
高收入纳税人缴纳的税收在收入中的比例高于低收入纳税人的这一比例。

产权 (property rights)
个人拥有并控制稀缺资源的能力。

比例税 (proportional tax)
高收入纳税人和低收入纳税人缴纳收入中相同比例的税收。

公共物品 (public goods)
既无排他性又无消费竞争性的物品。

公共储蓄 (public saving)
政府在支付其支出后剩下的税收收入。

购买力平价 (purchasing-power parity)
一种认为任何一单位既定通货应该能在所有国家买到等量物品的汇率理论。

Q

需求量 (quantity demanded)
买者愿意并且能够购买的一种物品的数量。

数量方程式 (quantity equation)
即方程式 $M \times V = P \times Y$,它把货币量、

货币流通速度和经济中物品与服务产出的美元价值联系在一起。

供给量 (quantity supplied)
卖者愿意并且能够出售的一种物品的数量。

货币数量论 (quantity theory of money)
一种认为可得到的货币量决定物价水平，可得到的货币量的增长率决定通货膨胀率的理论。

R

随机游走 (random walk)
一种不可预期的变量变动的路径。

理性预期 (rational expectations)
一种认为当人们预测未来时，可以充分运用他们所拥有的全部信息，包括有关政府政策的信息的理论。

理性人 (rational people)
系统而有目的地尽最大努力实现其目标的人。

真实汇率 (real exchange rate)
一个人可以用一国的物品与服务交换另一国的物品与服务的比率。

真实 GDP(real GDP)
按不变价格评价的物品与服务的生产。

真实利率 (real interest rate)
根据通货膨胀的影响校正过的利率。

真实变量 (real variables)
按实物单位衡量的变量。

衰退 (recession)
真实收入下降和失业增加的时期。

累退税 (regressive tax)
高收入纳税人缴纳的税收在收入中的比例低于低收入纳税人的这一比例。

准备金率 (reserve ratio)
银行作为准备金持有的存款比例。

法定准备金 (reserve requirements)
关于银行必须根据其存款持有的最低准备金量的规定。

准备金 (reserves)
银行得到但没有贷出去的存款。

风险厌恶 (risk aversion)
不喜欢不确定性。

消费中的竞争性 (rivalry in consumption)
一个人使用一种物品将减少其他人对该物品的使用的特性。

S

牺牲率 (sacrifice ratio)
在通货膨胀减少一个百分点的过程中每年产量损失的百分点数。

稀缺性 (scarcity)
社会资源的有限性。

筛选 (screening)
无信息的一方所采取的引起有信息的一方披露信息的行动。

皮鞋成本 (shoeleather cost)
当通货膨胀鼓励人们减少货币持有量时所浪费的资源。

短缺 (shortage)
需求量大于供给量的状态。

发信号 (signaling)
有信息的一方向无信息的一方披露自己私人信息所采取的行动。

社会保险 (social insurance)
旨在保护人们规避负面事件风险的政府政策。

滞胀 (stagflation)
产量减少而物价上升的时期。

股票 (stock)
企业部分所有权的索取权。

价值储藏手段 (store of value)
人们可以用来把现在的购买力转变为未来的购买力的东西。

罢工 (strike)
工会有组织地从企业撤出劳动。

结构性失业 (structural unemployment)
由于某些劳动市场上可提供的工作岗位数量不足以为每个想工作的人提供工作而引起的失业。

替代品 (substitutes)
一种物品价格的上升引起另一种物品需求量的增加的两种物品。

替代效应 (substitution effect)
当价格的某种变动使消费者沿着一条既定的无差异曲线变动到有新边际替代率的一点时所引起的消费变动。

沉没成本 (sunk cost)
已经发生而且无法收回的成本。

供给曲线 (supply curve)
表示一种物品的价格与供给量之间关系的图形。

供给表 (supply schedule)
表示一种物品的价格与供给量之间关系的表格。

供给冲击 (supply shock)
直接改变企业的成本和价格，使经济中的总供给曲线移动，进而使菲利普斯曲线移动的事件。

过剩 (surplus)
供给量大于需求量的状态。

T

关税 (tariff)
对在国外生产而在国内销售的物品征收的一种税。

税收归宿 (tax incidence)
税收负担在市场参与者之间进行分配的方式。

技术知识 (technological knowledge)
社会对生产物品与服务的最好方法的了解。

流动性偏好理论 (theory of liquidity preference)
凯恩斯的理论，认为利率的调整使货币供给与货币需求平衡。

总成本 (total cost)
企业用于生产的投入的市场价值。

(企业)总收益 [total revenue (for a firm)]
企业出售其产品所得到的货币量。

(市场)总收益 [total revenue (in a market)]
一种物品的买者支付从而卖者得到的量，用该物品的价格乘以销售量来计算。

贸易余额 (trade balance)
一国的出口值减进口值，又称净出口。

贸易赤字 (trade deficit)
进口大于出口的部分。

贸易政策 (trade policy)
直接影响一国进口或出口的物品与服务数量的政府政策。

贸易盈余 (trade surplus)
出口大于进口的部分。

公地悲剧 (Tragedy of the Commons)
一个寓言，说明为什么从整个社会的角度看，公有资源的使用大于合意的水平。

交易成本 (transaction costs)
各方在达成协议与遵守协议过程中所发生的成本。

失业保险 (unemployment insurance)
当工人失业时为他们提供部分收入保障的政府计划。

失业率 (unemployment rate)
劳动力中失业者所占的百分比。

工会 (union)
与雇主谈判工资、福利和工作条件的工人协会。

计价单位 (unit of account)
人们用来表示价格和记录债务的标准。

功利主义 (utilitarianism)
一种政治哲学，根据这种政治哲学，政府应该选择使社会上所有人总效用最大化的政策。

效用 (utility)
衡量幸福或满足程度的指标。

边际产量值 (value of the marginal product)
一种投入的边际产量乘以该产品的价格。

可变成本 (variable costs)
随着产量变动而变动的成本。

货币流通速度 (velocity of money)
货币易手的速度。

纵向平等 (vertical equity)
主张支付能力更强的纳税人应该缴纳更多税收的思想。

W

福利 (welfare)
补贴贫困者收入的政府计划。

福利经济学 (welfare economics)
研究资源配置如何影响经济福利的一门学问。

支付意愿 (willingness to pay)
买者愿意为某种物品支付的最高量。

世界价格 (world price)
一种物品在世界市场上通行的价格。

索引

说明：索引中的页码为英文原书页码，在正文边际处。黑体的页码指给出关键术语定义的页码。

A

能力与工资 (Ability, wages and), 399—400
支付能力原则 (Ability-to-pay principle), **247**
绝对优势 (Absolute advantage), **52**
绝对值 (Absolute value), 91
与开车相关的事故 (Accidents, associated with driving), 204
计价单位 (Account, unit of), **611**
经济学家与会计师 (Accountants, economists vs.), 262
会计 (Accounting), 554
会计利润 (Accounting profit), **262**
Acemoglu, Daron, 542—543
积极稳定政策论 (Active stabilization policy)
  反对的观点 (case against), 764
  支持的观点 (case for), 761—763
调整过程 (Adjustment process), 638—639
逆向选择 (Adverse selection), **464**, 574
广告 (Advertising), 338—343
  品牌 (brand names), 342—343
  对广告的批评 (critique of), 339—340
  关于广告的争论 (debate over), 339—340
  对广告的辩护 (defense of), 340
  广告与眼镜的价格 (price of eyeglasses and), 340—341
  广告的发信号理论 (signaling theory of), 401

作为质量信号的广告 (as signal of quality), 341—342
与年龄有关的贫困 (Age, poverty correlated with), 418
代理人 (Agent), **462**, 462—464
总需求 (Aggregate demand), 707—708。参看总需求曲线、总需求与总供给模型 (See also Aggregate-demand curve; Model of aggregate demand and aggregate supply)
  自动稳定器 (automatic stabilizers), 764—765
  政府购买的变动 (changes in government purchases), 755
  货币供给的变动 (changes in money supply), 751—752
  税收的变动 (changes in taxes), 759—760
  挤出效应 (crowding-out effect), 758—759
  经济波动 (economic fluctuations of), 707—714
  移动的影响 (effects of shift in), 729—733
  财政政策与 (fiscal policy and), 755—760
  支出乘数公式 (formula for spending multiplier), 757
  大萧条 (Great Depression), 732—733
  货币政策与 (monetary policy and), 746—755
  乘数效应 (multiplier effect), 756
  菲利普斯曲线 (Phillips curve), 771—773
  2008—2009 年的衰退 (recession of 2008—2009), 733—736
  稳定政策 (stabilization policy), 760—765
  流动性偏好理论 (theory of liquidity preference), 747—749
  第二次世界大战 (World War II), 732—733
总需求曲线 (Aggregate-demand curve), **712**, 714—719。参

看总需求、总需求与总供给模型 (See also Aggregate demand; Model of aggregate demand and aggregate supply)
    向右下方倾斜 (downward slope of), 714—717, 749—751
    汇率效应 (exchange-rate effect), 716—717
    利率效应 (interest-rate effect), 715—716
    总需求曲线移动 (shifts in), 717—718
    财富效应 (wealth effect), 715
总供给 (Aggregate supply), **712**, 712—714。参看总供给曲线、总需求与总供给模型 (See also Aggregate-supply curve; Model of aggregate demand and aggregate supply)
    对总供给的不利冲击 (adverse shock to), 781
    经济波动 (economic fluctuation of), 707—714
    总供给移动的影响 (effects of shift in), 736—738
    财政政策与 (fiscal policy and), 760
    石油与经济 (oil and economy), 738—740
    菲利普斯曲线 (Phillips curve), 771—773
    滞胀 (stagflation), 737
    工资—价格螺旋上升 (wage-price spiral), 737
总供给曲线 (Aggregate-supply curve), **713**, 719—728。参看总供给、总需求与总供给模型 (See also Aggregate supply; Model of aggregate demand and aggregate supply)
    菜单成本 (menu costs), 725
    错觉理论 (misperception theory), 726
    自然产出水平 (natural level of output), 721
    总供给曲线移动 (shifts in), 721—722
    短期总供给曲线向右上方倾斜 (slopes upward in short run), 723—726
    黏性价格理论 (sticky-price theory), 725
    黏性工资理论 (sticky-wage theory), 724—725
    长期总供给曲线垂直 (vertical in long run), 719
民航业中的价格歧视 (Airline industry, example of price discrimination), 317
Akerlof, George, 770
阿尔及利亚, 作为卡特尔的 OPEC(Algeria, OPEC as cartel), 356
Allin, Paul, 500

Alm, Richard, 420
美国航空公司 (American Airlines), 361
《美国经济评论》(*American Economic Review*), 770, 773
美国印第安人 (American Indians), 338—339
《美国复兴与再投资法案》(American Recovery and Reinvestment Act), 799
"反通货膨胀政策分析"（萨缪尔森与索洛）["Analytics of Anti-Inflation Policy" (Samuelson & Solow)], 770
《无政府、国家与乌托邦》（诺齐克）[*Anarchy, State, and Utopia* (Nozick)], 423
作为公共资源的动物 (Animals as common resources), 227
年金 (Annuity), 573
反贫困计划 (Antipoverty programs), 424—427
    支持反贫困计划的受益原则观点 (benefits principle argument for), 247
    作为公共物品的反贫困 (fighting poverty is public good), 220
    实物转移支付 (in-kind transfers), 426
    最低工资法 (minimum-wage laws), 424—425
    负所得税 (negative income tax), 425—426
    福利 (welfare), 427
    与工作激励 (work incentives and), 427
反托拉斯法 (Antitrust laws)
    《克莱顿反托拉斯法》(Clayton Antitrust Act), 319,360
    关于反托拉斯法的争论 (controversies over policy), 361—363
    用反托拉斯法增强竞争 (increasing competition with), 319
    微软案 (Microsoft case), 363—364
    与寡头 (oligopolies and), 361—363
    掠夺式定价 (predatory pricing), 362—363
    转售价格维持 (resale price maintenance), 361—362
    贸易限制 (restraint of trade), 360
    《谢尔曼反托拉斯法》(Sherman Antitrust Act), 319,360
    搭售 (tying), 363
升值 (Appreciation), **671**
套利 (Arbitrage), 315, 674
阿根廷 (Argentina)

资本外逃 (capital flight), 699
  经济增长 (economic growth of), 525
  GDP, 539
  内向型贸易政策 (inward-oriented policies of trade), 539
  地下经济 (underground economy in), 498—499
作为囚徒困境的军备竞赛 (Arms races as prisoners' dilemma), 356—357
肯尼思·阿罗 (Arrow, Kenneth), 469
阿罗不可能性定理 (Arrow's impossibility theorem), **469**
资产估值 (Asset valuation), 576—580
假设 (Assumptions), 21—22, 710—711
不对称信息 (Asymmetric information), 461, 462—467
  逆向选择 (adverse selection), 464
  代理人 (agents), 462—464
  作为信号的礼物 (gifts as signals), 465—466
  隐蔽性行为 (hidden actions), 462—464
  隐蔽性特征 (hidden characteristics), 464
  柠檬问题 (lemons problem), 464
  道德风险 (moral hazards), 462—464
  委托人 (principals), 462—464
  与公共政策 (public policy and), 467
  引起个人信息披露的筛选 (screening to uncover private information), 466
  为传递个人信息发信号 (signaling to convey private information), 465
美国电话电报公司 (AT&T), 319
澳大利亚，地下经济 (Australia, underground economy in), 498—499
奥地利，超速通货膨胀 (Austria, hyperinflation in), 642
自动稳定器 (Automatic stabilizers), 764—765
汽车行业与安全法 (Automobile industry, safety laws), 7—8
Autor, David, 597
平均成本 (Average cost), 6—7, 267—268
  与边际成本曲线 (and marginal-cost curves), 269
  与定价、无谓损失 (pricing, deadweight losses and), 320
平均固定成本 (Average fixed cost), **268**, 274
平均固定成本曲线 [Average fixed cost (AFC) curve], 268, 270

平均收益 (Average revenue), **281**, 283, 304, 305
平均税率 (Average tax rate), **245**
平均总成本 (Average total cost), **267**, 274
  与边际成本的关系 (related to marginal cost and), 270
  与短期和长期相关 (related to short-and long-run), 271—272
  U 形 (U-shaped), 269—270
平均总成本曲线 [Average total cost (ATC) curve], 268, 270, 283
平均可变成本 (Average variable cost), **268**, 274
平均可变成本曲线 [Average variable cost (AVC) curve], 268, 270

B

平衡预算争论 (Balance budget debate), 808—812
预算平衡 (Balanced budget), 561
贸易平衡 (Balanced trade), **661**
资产负债表 (Balance sheet), 618
孟加拉国 (Bangladesh)
  经济增长 (economic growth of), 525
  GDP 和生活质量 (GDP and quality of life in), 498
银行资本 (Bank capital), **620**, 620—622
银行 (Banks)。参看中央银行、欧洲中央银行 [See also Central bank; European Central Bank]
  银行资本、杠杆和 2008—2009 年的金融危机 (bank capital, leverage, and financial crisis of 2008—2009), 620—622
  美联储对银行的贷款 (Fed lending to), 622—623
  作为金融中介机构 (as financial intermediaries), 550—551
  百分之百准备金银行 (100-percent-reserve banking), 617—618
  部分准备金银行的货币创造 (money creation with fractional-reserve banking), 618—619
  货币乘数 (money multiplier), 619—620
  货币供给与 (money supply and), 617—622

挤兑、货币供给与 (runs, money supply and), 625
柱形图 (Bar graph), 37
罗伯特·巴罗 (Barro, Robert), 784, 789
物物交换 (Barter), 610
Bartlett, Bruce, 429
基年 (Base year), 492
一篮子物品与服务 (Basket of goods and services), 506—507
Baum, L. Frank, 653
Bauman, Yoram, 208
《美丽心灵》,(纳什)[*A Beautiful Mind*, (Nash)], 351
漂亮津贴 (Beauty premium), 400—401
行为经济学 (Behavioral economics), **471**,471—476
　　与公正 (fairness and), 474—475
　　与前后不一致性 (inconsistency and), 475
　　与理性 (rationality and), 471—473
漂亮的收益 (Benefits of beauty), 400—401
受益原则 (Benefits principle), **246**,246—247
仁慈的社会计划者 (Benevolent social planner), 145
李·贝纳姆 (Benham, Lee), 340
杰瑞米·边沁 (Bentham, Jeremy), 421
本·伯南克 (Bernanke, Ben), 33, 615, 626—627, 700—701, 735, 788, 807
Bertrand, Marianne, 405
Biddle, Jeff, 400—401
亿万价格项目 (Billion Prices Project), 511
黑死病的经济学 (Black Death, economics of), 389
黑人 (Blacks)
　　歧视经济学 (economics of discrimination), 403—408
　　与贫困 (poverty and), 418
Blanchard, Olivier, 734—735, 807
艾伦·布林德 (Blinder, Alan), 808
Bloomfield, Robert, 33
玻利维亚 (Bolivia)
　　超速通货膨胀 (hyperinflation in), 648
　　地下经济 (underground economy in), 498—499
债券 (Bonds), 548, 549
债券市场 (Bond market), 548—549

博达计算 (Borda count), 469
博茨瓦纳,作为私人物品的大象 (Botswana, elephants as private good), 227
Bowles, Erskine B., 250
人才外流 (Brain drain), 536
品牌产品 (Brand-name product), 309
品牌经济学 (Brand names, economics of), 342—343
布拉尼夫航空公司 (Braniff Airways), 361
巴西 (Brazil)
　　经济增长 (economic growth of), 525
　　GDP 和生活质量 (GDP and quality of life in), 498
　　收入不平等 (income inequality in), 416
英国,购买力平价 (Britain, purchasing-power parity), 678
破窗谬论 (Broken window fallacy), 14
预算 (Budget), 808—812
　　预算约束线 (constraint), **436**,436—437
预算赤字 (Budget deficit),**238**,**555**
　　挤出 (crowding out), 562
　　与联邦政府 (Federal government and), 238—240
　　财政挑战 (fiscal challenge of), 238—240
　　老年人的预期寿命与医疗费用的增加 (life expectancy of elderly and rising cost of healthcare), 238—240
　　可贷资金市场与 (market for loanable funds and), 561—563
　　开放经济中的预算赤字 (in open economies), 692—694
预算盈余 (Budget surplus), 238, 555
　　可贷资金市场与 (market for loanable funds and), 561—563
经济分析局 [Bureau of Economic Analysis(BEA)], 491, 662
　　投资和 GDP 的定义 (definitions of investment and GDP), 492—493
　　目标 (goal of), 493
劳工统计局 [Bureau of Labor Statistics (BLS)], 586, 693
　　计算 CPI(computing CPI), 506
乔治·H.W. 布什 (Bush, George H.W.), 429
乔治·W. 布什 (Bush, George W.), 788
　　任命伯南克 (appointing Bernanke), 615
　　这一时期的政府债务 (government debt under), 564
　　最高税率的降低 (reduced highest tax rate), 253

这一时期的减税 (tax cuts under), 798
经济周期 (Business cycle), **15**, 708
抢走业务外部性 (Business-stealing externality), 337
买者 (Buyers)
    边际买者 (marginal), 137
    买者人数与需求曲线移动 (number of, and shifts in demand), 71
    向买者征税对市场结果的影响 (taxes on, affect market outcomes), 123—125
    影响买者的变量 (variables that influence), 71
    支付意愿 (willingness to pay), 136

C

Cameron, David, 500
Campbell, Doug, 498—499
加拿大 (Canada)
    经济增长 (economic growth of), 525
    收入不平等 (income inequality in), 416
    与北美自由贸易协定 (NAFTA and), 187
    税收负担 (tax burden in), 235
    贸易与收入分配 (trade and distribution of income), 184
资本 (Capital), **387**
    总供给曲线移动与 (aggregate-supply curve shifts and), 721
    银行资本 (bank), **620**, 620—622
    资本成本 (cost of), 261—262
    资本市场均衡 (equilibrium in markets for), 387—388
    生产要素资本 (factor of production), 386—389
    人力资本 (human), 396—397, 404—405, 527, **530**, 536
    国际资本流动 (international flows of), 660—670
    物质资本 (physical), 530
资本外逃 (Capital flight), **697**, 697—699
来自中国的资本流动 (Capital flow from China), 699
资本收入 (Capital income), 388
资本净流出 (Capital outflow, net), **664**, 664—665
    与净出口相等 (equality of net exports and), 665—666

两个市场之间的联系 (link between two markets), 689
美国的资本净流出 (in United States), 668—670
资本需要量 (Capital requirement), **621**
资本存量，人口增长稀释了资本存量 (Capital stock, population growth diluting of), 541—542
Capone, Al, 233
碳排放 (Carbon emissions), 200
碳税 (Carbon tax), 208—209
Carnegie, Andrew, 453—454
Carney, John, 84
卡特尔 (Cartel), **349**, 739。参看"石油输出国组织" [See also Organization of Petroleum Exporting Countries (OPEC)]
    只有少数几个卖者的市场 (markets with only few sellers), 349—350
    公开的价格勾结 (public price fixing), 350
    工会是卡特尔的一种类型 (union as type of), 599—600
吉米·卡特 (Carter, Jimmy), 634, 803
追赶效应 (Catch-up effect), 533—535, **534**
原因与结果 (Cause and effect), 43—45
Cavallo, Alberto, 511
中央银行 (Central bank), **615**。参看欧洲中央银行、联邦储备 [See also European Central Bank; Federal Reserve(Fed)]
    零通货膨胀争论 (zero inflation debate), 804—808
中央计划经济 (Centrally planned economies), 10
爱德华·张伯伦 (Chamberlin, Edward), 342
机遇与工资 (Chance, wages and), 399—400
慈善，外部性的私人解决方法 (Charities, private solution to externalities), 208—209
Chew, Victor, 148
智利，自由贸易的单边方法 (Chile, unilateral approach to free trade), 187
中国 (China)
    来自中国的资本流动 (capital flows from), 699
    经济增长 (economic growth of), 525
    经济增长率 (economic growth rate of), 524

GDP 和生活质量 (GDP and quality of life in), 498
收入不平等 (income inequality in), 416
贸易与收入分配 (trade and distribution of income), 185
人民币 (Chinese Renminbi), 701
选择 (Choice)。参看"消费者选择""最优化"(See Consumer choice; Optimization)
Christie, Chris, 84
循环流量图 (Circular-flow diagram), **22**, 22—24, 485
古典二分法 (Classical dichotomy), **639**, 639—640
古典经济学，假设 (Classical economics, assumptions of), 710—711
《克莱顿反托拉斯法》(Clayton Antitrust Act), 319, 360
《清洁空气法》(Clean Air Act), 207, 209
作为公共资源的清洁空气与水 (Clean air and water as common resource), 226
气候变化 (Climate change), 208—209
比尔·克林顿 (Clinton, Bill)
　　政府债务 (government debt and), 564
　　提高税率 (tax rates raised by), 252
　　签署的福利改革法案 (welfare reform bill signed by), 427
封闭经济 (Closed economy), 554, **660**
俱乐部物品 (Club goods), **217**, 302
罗纳德·科斯 (Coase, Ronald), 209
科斯定理 (Coase theorem), **209**, 209—210
集体谈判 (Collective bargaining), 598—601, **599**
大学教育费用 (College education, cost of), 398—399
大学运动的卡特尔 (College sports cartel), 365
勾结 (Collusion), **349**
战胜不平等，原因 (Combating inequality, reason), 428—429
Combs, Sean (Diddy), 9
命令与控制政策 (Command-and-control policies), 202
商品货币 (Commodity money), **611**
公共资源 (Common resources), 214—215, **216**, 216—217, 223—227
　　作为公共资源的动物 (animals as), 227
　　清洁的空气与水 (clean air and water), 226
　　拥挤的道路 (congested roads), 226

大象 (elephants), 227
囚徒困境的例子 (example of prisoners' dilemma), 357—358
产权的重要性 (importance of property rights), 228
作为自然垄断 (as natural monopoly), 302
受管制最少的海洋 (oceans least regulated), 226
公地悲剧 (Tragedy of the Commons), 223—225
作为公共资源的野生动物 (wildlife as), 226
苏联和东欧解体 (Collapse in Soviet Union and Eastern Europe), 10—11
比较优势 (Comparative advantage), 52—58, 53
绝对优势 (absolute advantage), 52, 57
应用 (applications of), 55—58
与机会成本 (opportunity cost and), 52—53
与贸易 (trade and), 53—54
与世界价格 (world price and), 173
补偿性工资差别 (Compensating differentials), **396**
与工资差别 (wage differences and), 404
竞争 (Competition), 66—67
差别产品的竞争 (with differentiated products), 332—337
与性别歧视 (gender differences and), 408—409
不完全竞争 (imperfect), 330
国际贸易增加了竞争 (international trade increases), 181
竞争与市场 (markets and), 66—67, 349—350
竞争与垄断 (monopoly vs.), 303—304, 322
完全竞争 (perfect), 330
竞争企业 (Competitive firms)
劳动需求 (demand for labor), 374—380
进入或退出市场的长期决策 (long-run decision to exit or enter a market), 288
长期供给曲线 (long-run supply curve), 289
边际成本曲线 (marginal-cost curve), 283—285
有进入与退出的市场供给 (market supply with entry and exit), 290—292
有固定数量企业的市场供给 (market supply with fixed number of), 290
用图形衡量利润 (measuring profit in graph), 288—289

与垄断企业 (vs. monopoly), 303—304
与利润最大化 (profit maximization and), 282—289, 375
竞争企业的收益 (revenue of), 280—282
短期与长期内的需求移动 (shift in demand in short run and long run), 293
停止营业的短期决策 (short-run decision to shut down), 285—286
短期供给曲线 (short-run supply curve), 287
与沉没成本 (sunk costs and), 286—287
作为竞争企业供给曲线的边际成本曲线 (supply curve, marginal cost as), 285
供给决策 (supply decision), 283—285
与零利润 (zero profit and), 292—293
竞争市场 (Competitive market), **66**, **280**, 280—282
竞争市场的特征 (characteristics of), 280
竞争市场上的企业 (firms in), 279—280
长期供给曲线 (long-run supply curve), 293—295
有进入与退出时的市场供给 (market supply with entry and exit), 290—292
有固定企业数量时的市场供给 (market supply with fixed number of firms), 290
含义 (meaning of), 280
竞争企业的收益 (revenue of competitive firm), 280—282
短期与长期内的需求移动 (shift in demand in short run and long run), 293
供给曲线 (supply curve in), 289—295
与零利润 (zero profit and), 292—293
互补品 (Complements), 70
需求的交叉价格弹性 (cross-price elasticity of demand), 98
完全互补品 (perfect), **441**
复利 (Compounding), 570
复利的魔力 (magic of), 572
70 规则 (rule of 70), 572
集中率 (Concentration ratio), 330
马奎斯·康多塞 (Condorcet, Marquis de), 467
康多塞悖论 (Condorcet paradox), **468**
拥挤 (Congestion)

与公共资源 (common resource and), 226
与汽油税 (gas tax and), 204
交通拥堵与收费道路 (traffic and toll roads), 226
拥堵定价 (Congestion pricing), 224—225
国会预算办公室 (Congressional Budget Office), 29, 248, 589
规模收益不变 (Constant returns to scale), **273**, 531
消费者选择 (Consumer choice)
预算约束 (budget constraint), 436—437
消费者的最优选择 (consumer optimal choices), 442—443
需求曲线的推导 (deriving demand curve), 448—449
吉芬物品 (Giffen good), 449
与收入变动 (income changes and), 444
收入效应 (income effect), 446—448
无差异曲线 (indifference curve), 438
低档物品 (inferior good), 444
利率和家庭储蓄 (interest rates and household saving), 454—456
边际替代率 [marginal rate of substitution (MRS)], 438, 443
正常物品 (normal good), 444
最优化 (optimization), 442—449
完全互补品 (perfect complements), 441
完全替代品 (perfect substitutes), 441
偏好 (preferences), 437—441
与价格变动 (price changes and), 445—446
替代效应 (substitution effect), 446—448
消费者选择理论 (theory of), 435—436, 449—456
工资影响劳动供给 (wages affect labor supply), 450—453
消费物价指数 [Consumer price index (CPI)], **506**, 506—513
消费者剩余 (Consumer surplus), 136—141, **137**
评估市场均衡 (evaluating market equilibrium), 146—148
价格降低引起消费者剩余增加 (lower price raises), 138—139
与市场效率 (market efficiency and), 144—150
度量 (measure), 139—140
价格影响消费者剩余 (price affects), 140
用需求曲线衡量消费者剩余 (using demand curve to

measure),137—138,139
  支付意愿 (willingness to pay), 136—137
消费 (Consumption), **489**
  消费的变动 (changes in), 717
  作为 GDP 的组成部分 (as component of GDP), 489, 491
  消费的差距 (gap), 420
  消费中的竞争性 (rivalry in), 216—217
  消费税 (tax), 243—244
  贸易扩大了消费机会的集合 (trade expands set of opportunities), 51
消费—储蓄决策 (Consumption-saving decision), 454
Cooper, Michael, 148
合作 (Cooperation)
  合作经济学 (economics of), 353—360
  与囚徒困境 (prisoners' dilemma), 353—355
坐标系 (Coordinate system), 38—41
协调问题 (Coordination problems), 273
版权法 (Copyright laws), 299—302
核心通货膨胀 (Core inflation), 511
公司所得税 (Corporate income tax), 241,250—251
公司管理 (Corporate management), 463
公司 (Corporation),236
  委托—代理问题 (principal-agent problem), 463
矫正税 (Corrective tax), **203**,203—207
正相关与负相关 (Correlation, positive and negative), 38—39
Costanza, George, 149
成本—收益分析 (Cost-benefit analysis), **221**,221—223
成本曲线 (Cost curves)
  成本曲线的形状 (and their shapes), 268—270
  典型的成本曲线 (typical), 270—271
生活费用 (Cost of living)
  津贴 [allowance (COLA)], 514
  消费物价指数 (consumer price index), 506
  衡量生活费用 (measuring), 505—506, 509—512
降低通货膨胀的成本 (Cost of reducing inflation), 782—789
  无代价的反通货膨胀的可能性 (costless disinflation,possibilities), 784—785

格林斯潘时代 (Greenspan era), 787—788
理性预期 (rational expectations), 784—785
2008—2009 年的衰退 (recession of 2008—2009), 788—789
牺牲率 (sacrifice ratio), 783—784
沃尔克的反通货膨胀 (Volcker disinflation), 785—786
成本 [Cost(s)], **141**,260—262
  平均固定成本 (average fixed), **268**,274
  平均总成本 (average total), **267**,271—272,274,290
  平均可变成本 (average variable), **268**,274
  预算赤字与医疗成本 (budget deficit and healthcare), 239
  资本成本 (of capital), 261—262
  经济利润与会计利润 (economic profit vs. accounting profit), 262
  与规模经济 (economies of scale and), 180—182
  显性成本 (explicit), **261**, 274
  固定成本 (fixed), **266**,266—267,274
  隐性成本 (implicit), 261,274
  不便利、通货膨胀与 (inconvenience, inflation and), 650—651
  通货膨胀成本 (of inflation), 646—653
  边际成本 (marginal)。参看"边际成本"(See Marginal cost)
  菜单成本 (menu), **648**, 725
  机会成本 (opportunity)。参看"可能的卖者的机会成本"(See Opportunity cost of possible sellers), 141
  与生产 (production and), 263—265
  短期成本与长期成本 (in short run and long run), 271—273
  皮鞋成本 (shoeleather), **647**, 647—648
  社会成本 (social), 198—199,313
  沉没成本 (sunk), 285,**286**,286—287
  税收成本 (of taxation), 155—156
  总成本 (total), **260**,263,274
  交易成本 (transaction), **212**
  可变成本 (variable), 266—267,**267**,274
  成本的不同衡量指标 (various measures of), 265—271

福利 (welfare), 310—313
经济顾问委员会 (Council of Economic Advisers), 29
OPEC 成员国 [Countries (OPEC)]
 供给、需求和弹性的应用 (application of supply, demand, and elasticity), 104—105
 不能保持石油高价 (failure to keep price of oil high), 104—105
 提高原油价格 (increase in price of crude oil), 114—115
Cowen, Tyler, 712—713
Cox, Michael, 420
CPI。参看 "消费物价指数" [See Consumer price index]
Crandall, Robert, 361
信用卡, 货币 (Credit cards, money and), 614
信用危机 (Credit crunch), 622
信用风险, 债券 (Credit risk, bonds), 549
需求的交叉价格弹性 (Cross-price elasticity of demand), **98**
挤出 (Crowding out), **562**
挤出效应 (Crowding-out effect), 758—759
通货 (Currency), **613**, 615
当前人口调查 (Current Population Survey), 586—587
曲线 (Curves), 39—41
 沿着曲线变动 (movements along), 40—41
 曲线的移动 (shifts of), 40—41
 曲线的斜率 (slope of), 41—43
顾客歧视 (Customers, discrimination by), 406—407
周期性失业 (Cyclical unemployment), 586, **589**

D

牛奶行业 (Dairy industry), 280—282
到期日, 债券 (Date of maturity, bonds), 549
无谓损失 (Deadweight loss), **159**, 160
 福利的变动 (changes in welfare), 159
 关于无谓损失的争论 (debate), 162—163
 决定因素 (determinants of), 160—163
 与弹性 (elasticity and), 160—163

与贸易的好处 (gains from trade and), 159—160
与垄断 (monopoly and), 311—313
与关税 (tariffs and), 178
税收的无谓损失 (of taxation), 156—160, 234, 243
对市场参与者的税收效应 (tax effects on market participants), 157—159
与税收收入 (tax revenue and), 163—165
无谓损失三角形 (triangle), 312—313
Deaton, Angus, 501
DeBeers, 301
债务融资 (Debt finance), 549—550
债务 [Debt(s)]
 应对债务 (dealing with), 808—812
 美元主导的 (dollar denominated), 805
 政府债务 (government), 561, 563—564, 806, 808—812
拖欠, 债券 (Default, bonds), 549
赤字 (Deficits)
 预算赤字 (budget)。参看预算赤字 (See Budget deficit)
 应对预算赤字 (dealing with), 808—812
 贸易赤字 (trade), **661**, 668—670
 孪生赤字 (twin), 694
通货紧缩 (Deflation), 634, 652, **783**
 衡量一国的收入 (measuring a nation's income), 483—484
Defoe, Daniel, 527
需求 (Demand), 67—73。参看总需求、总需求与总供给模型 (See Aggregate demand; Model of aggregate demand and aggregate supply), 101—107
 需求变动 (change in), 79, 81
 需求减少 (decrease in), 69
 富有弹性的需求 (elastic), 90, 92, 97—98
 需求弹性 (elasticity of)。参看 "需求弹性" (See Demand elasticity)
 供求均衡 (equilibrium of supply and), 77—79
 超额需求 (excess), 78
 与预期 (expectations and), 70—71
 收入变动 (income changes), 69—70
 需求增加 (increase in), 69, 80, 294

个人需求 (individual), 68—69
缺乏弹性的需求 (inelastic), 90,92
劳动需求 (for labor), 374—380
需求定理 (law of), 67,79,449
市场需求 (market), 68—69
供给与需求的市场力量 (market forces of supply and), 65
与买者数量 (number of buyers and), 71
完全有弹性的需求 (perfectly elastic), 94
完全无弹性的需求 (perfectly inelastic), 92
需求的价格弹性 (price elasticity of), 93
与相关物品的价格 (prices of related goods and), 70
减少吸烟 (reducing smoking), 71—73
价格与需求量之间的关系 (relationship between price and quantity demanded), 67—68
供给与需求 (supply and), 77—83,111—112,375
与爱好 (tastes and), 70
需求曲线 [Demand curve(s)], 39—40,67—68,**68**
与需求表 (demand schedule and), 138
需求曲线的推导 (deriving), 448—449
竞争企业与垄断企业需求曲线的差异 (difference between competitive firm and monopoly), 303—304
线性需求曲线的弹性 (elasticity of linear), 97
用需求曲线衡量消费者剩余 (measuring consumer surplus with),137—138,139
垄断企业的需求曲线 (for monopoly), 304,306
与需求价格弹性 (price elasticity of demand and), 91,93
需求曲线的移动 (shifts in), 40—41,69—73
需求曲线的移动与沿需求曲线的变动 (shifts in vs. movements along),72
需求曲线的斜率 (slope of), 449
各种不同的需求曲线 (variety of), 92—94
活期存款 (Demand deposits), **613**
需求弹性 (Demand elasticity), 90—98
需求的交叉价格弹性 (cross-price elasticity of), 98
需求的收入弹性 (income), 97—98
需求的价格弹性 (price), 90—91
需求表 (Demand schedule), **67**

与需求曲线 (demand curve and), 68,138
水的需求表 (for water), 348—349
Denhart,Christopher, 597
Dennie, Christian, 365
司法部，反托拉斯法 (Department of Justice, antitrust laws), 319
劳工统计局 (Department of Labor), 506, 586, 599
贬值 (Depreciation), 489, **671**
派生需求 (Derived demand), 374
Diamond, Jared, 542
Diamond, Peter, 166
边际产量递减 (Diminishing marginal product), **265,376**
边际效用递减 (Diminishing marginal utility), 421,443
收益递减 (Diminishing returns), 533, 533—535
折扣券 (Discount coupons), 317
折扣 (Discounting), 318，571
贴现 (Discounting), 571
贴现率 (Discount rate), **623**
贴现窗口 (Discount window), 623
丧失信心的工人 (Discouraged workers), **591**
歧视 (Discrimination), **403**
顾客与政府的歧视 (by customers and governments), 406—407
收入与歧视 (earnings and), 395—396
歧视的经济学 (economics of), 403—408
雇主的歧视 (by employers), 405—406
劳动市场的歧视 (in labor market), 405
劳动市场歧视的衡量 (measuring labor-market discrimination), 403—405
价格歧视 (price), 314—318
与利润动机 (profit motive and), 406
体育运动中的歧视 (in sports), 407—408
规模不经济 (Diseconomies of scale), 272—273,273
反通货膨胀 (Disinflation), **783**
无代价的 (costless), 786
定义 (defined), 783
理性预期与无代价的可能性 (rational expectations and

possibility of costless), 784—785
  沃尔克 (Volcker), 785—786
个人可支配收入 (Disposable personal income), 489
分配 (Distribution)
  美国的收入分配 (of income in U.S.), 415
  新古典分配理论 (neoclassical theory of), 390
多元化 (Diversification), **574**, 574—575
红利 (Dividend), 551
美元的汇率 (Dollar,exchange rate for), 700—701
占优策略 (Dominant strategy), **354**
欲望的双向一致性 (Double coincidence of wants), 610
道·琼斯工业平均指数 (Dow Jones Industrial Average), 550
Downs, Anthony, 224
禁毒与供给、需求及弹性的应用 (Drug interdiction, applications of supply, demand and elasticity), 105—107
双头 (Duopoly), 348—349

E

劳动所得税抵免 [Earned Income Tax Credit (EITC)], 121,426,427
Easterlin,Rechard, 500
《经济学》(*Economica*), 770
经济波动 (Economic fluctuations)
  经济波动的原因 (causes of), 728—740
  总需求移动的影响 (effects of shift in aggregate demand), 728—740
  总供给移动的影响 (effects of shift in aggregate supply), 736—738
  有关经济波动的事实 (facts about), 710—714
  无规律的且不可预测的经济波动 (irregular and unpredictable), 708
  短期经济波动 (short-run), 712—714
经济增长 (Economic growth)
  描述长期经济增长的总供给与总需求 (aggregate demand and aggregate supply to depict long-run), 722

全世界的经济增长 (around world), 524—526
  收益递减和追赶效应 (diminishing returns and catch-up effect), 533—535
  教育与 (education and), 536
  经历，多样性 (experience,variety of), 525
  总需求与总供给描述长期经济增长 (aggregate demand and aggregate supply to depict long-run), 734
  自由贸易与 (free trade and), 539
  健康与营养 (health and nutrition), 536—537
  长期增长的重要性 (importance of long-run growth), 544
  来自国外的投资 (investment from abroad), 535
  自然资源的限制 (natural resources as limit to), 532
  人口增长与 (population growth and), 540—544
  与生产可能性边界 (production possibilities frontier and), 24—26
  生产率与 (productivity and), 526—532
  产权和政治稳定 (property rights and political stability), 537—539
  公共政策与 (public policy and), 532—544
  研究与开发 (research and development), 540
  储蓄和投资 (saving and investment), 533
经济流动性 (Economic mobility), 420—421
经济模型 (Economic models), 22—26
经济利润 (Economic profit), **262**
《总统经济报告》(*Economic Report of the President*), 29
经济学 (Economics), **4**。参看"福利经济学"(See also Welfare economics)
  行为经济学 (behavioral), **471**,471—476
  黑死病的经济学 (of Black Death), 389
  品牌经济学 (of brand names), 342—343
  合作经济学 (of cooperation), 353—360
  歧视经济学 (of discrimination), 403—408
  移民经济学 (of immigration), 384—385
  婚姻经济学 (within a marriage), 56—57
  学习经济学的原因 (reasons for studying), 14
  供给方与拉弗曲线 (supply-side, and Laffer curve), 164—165

经济学十大原理 (ten principles of), 4
工会经济学 (of unions), 599—600
经济变量 (Economic variables), 513—517
经济福利 (Economic welfare)
　　与价格歧视 (price discrimination and), 315
　　与总剩余 (total surplus and), 145
规模经济 (Economies of scale), 272—273, **273**
　　垄断产生的原因 (as causes of monopoly), 302
　　通过规模经济降低成本 (lower costs through), 180—182
　　与专业化 (specialization and), 273
经济学家 (Economists)
　　经济学家与会计师 (vs. accountants), 262
　　经济学家之间的不一致 (disagreement among), 30—31
　　作为公共政策顾问 (as policy adviser), 27—30
　　大多数经济学家赞同的主张 (propositions which most agree about), 32
　　作为科学家 (as scientist), 20—27
　　像经济学家一样思考 (thinking like), 19—20
　　和虚拟现实 (and virtual realities), 33
　　华盛顿的经济学家 (in Washington), 28—29
经济 (Economy)
　　中央计划经济 (centrally planned), 10
　　封闭经济 (closed), 554, **660**
　　金融危机 (financial crisis), 734—735
　　日益开放的美国经济 (increasing openness of U.S.), 661—664
　　美国经济的利率 (interest rates in U.S.), 517
　　美国男性和女性的劳动力参工率 (labor-force participation of men and women in U.S.), 589—590
　　市场经济 (market), 10—11
　　美国经济中的货币 (money in U.S.), 613—614, 615
　　石油与总供给移动 (oil and shifts in aggregate supply), 738—740
　　开放经济 (open), 554, **660**
　　现代经济寓言 (parable for modern), 48—52
　　政治经济学 (political), 462, **467**, 467—471
　　地下经济 (underground), 163, 498—499

工会, 对经济是好是坏 (union, good or bad for), 600—601
美国的严重经济衰退 (U.S. deep economic downturn), 15
用政策稳定经济 (using policy to stabilize), 760—765, 796—798
厄瓜多尔, 作为卡特尔的 OPEC (Ecuador, OPEC as cartel), 356
教育 (Education)
　　教育的另一种观点 (alternative view of), 401
　　大学教育的费用 (cost of college), 5—6
　　经济增长与 (economic growth and), 199—200, 536
　　正的外部性 (as positive externality), 536
　　公共政策与 (public policy and), 536
　　教育的发信号理论 (signaling theory of), 401
　　教育与社会最优 (social optimum and), 200—201
　　州与地方教育支出 (state and local spending for), 241
　　人力资本的类型 (type of human capital), 397
　　与工资 (wages and), 397
效率 (Efficiency), 5, **145**, 242—246
　　均衡数量的效率 (of equilibrium quantity), 147
　　与政府干预 (government intervention and), 11—12
　　信息有效 (informational), 578
　　定额税 (lump-sum taxes), 245—246
　　边际税率与平均税率 (marginal tax rates vs. average tax rates), 245
　　市场效率 (market)。参看"市场效率"(See Market efficiency)
　　与垄断 (monopoly and), 311—313
　　与生产可能性边界 (production possibilities frontier and), 24
　　与总剩余 (total surplus and), 145
　　平等与效率之间的权衡取舍 (trade-off between equity and), 252—253
效率工资 (Efficiency wages), **403**, **601**, 601—603
效率工资理论 (Efficiency-wage theories), 463
有效市场假说 (Efficient markets hypothesis), 577, 577—578
有效规模 (Efficient scale), **270**, 291, 336
努力与工资 (Effort, wages and), 399—400, 603

阿尔伯特·爱因斯坦 (Einstein, Albert), 20
弹性 (Elasticity), **90**, 166
　沿着一条线性需求曲线的弹性 (along a linear demand curve), 96—97
　应用 (applications of), 89—107
　与无谓损失 (deadweight loss and), 160—163
　需求弹性 (of demand)。参看"需求弹性"(See Demand elasticity)
　需求的收入弹性 (income elasticity of demand), 97—98
　现实世界 (real world), 94
　供给弹性 (of supply), 98—101
　与税收归宿 (tax incidence and), 126—128
作为公共资源的大象 (Elephants, common resource), 227
Emmert, Mark, 365
雇主歧视 (Employers, discrimination by), 405—406
就业 (Employment)。参看"工作岗位"(See also Jobs)
　道德风险 (moral hazard), 462—464
就业差 (Employment gap), 398
"四次重大通货膨胀的结束"（萨金特）["End of the Four Big Inflations, The" (Sargent)], 785
进入与退出市场 (Entry/exit into market)
　公司进入与退出的长期决策 (firm's long-run decision to), 288
　自由进入与退出市场 (free), 331
　与长期中的市场供给 (long run market supply with), 290—292
　垄断 (monopoly), 300—303
环境保护署 [Environmental Protection Agency (EPA)], 203
环境管制 (Environmental regulations), 202
平等 (Equality), 5, **146**
　政府干预与平等 (government intervention and), 12
　净出口与资本净流出相等 (of net exports and net capital outflow), 665—666
均衡 (Equilibrium), 77, 77—79
　均衡变动的分析 (analyzing changes in), 79—83
　寡头的均衡 (for an oligopoly), 351—352
　市场中的消费者剩余与生产者剩余 (consumer and producer surplus in market), 146
　供给减少影响均衡 (decrease in supply affects), 81
　需求增加影响均衡 (increase in demand affects), 80
　劳动市场均衡 (in labor market), 381—386
　长期均衡 (long-run), 729, 332—335
　土地与资本市场均衡 (in markets for land and capital), 387—388
　非均衡的市场 (markets not in), 78
　货币均衡 (monetary), 635—636
　货币市场均衡 (in money market), 748, 749
　纳什均衡 (Nash), 351
　开放经济中的均衡（in open economy）, 689—691
　供求均衡 (of supply and demand), 77—78
　没有国际贸易时的均衡 (without international trade), 172—173
　零利润均衡 (zero-profit), 292—293
均衡利率 (Equilibrium interest rate), 749
均衡价格 (Equilibrium price), 77
均衡数量 (Equilibrium quantity), 77, 147
均衡工资 (Equilibrium wages), 396—403
平等 (Equity)
　横向平等 (horizontal), 247, 249
　平等税 (tax), 249—251
　与税收 (taxes and), 246—251
　平等与效率之间的权衡 (trade-off between efficiency and), 252—253
　纵向平等 (vertical), **247**
权益融资 (Equity finance), 549—550
《人口论》（马尔萨斯）[Essay on the Principle of Population as It Affects the Future Improvement of Society (Malthus)], 540
欧元 (Euro), 671
　购买力平价 (purchasing-power parity), 678
欧洲中央银行 [European Central Bank (ECB)], 671
Evenett, Simon, 181
Eve Online, 33
生产能力过剩 (Excess capacity), 335—336

超额准备金 (Excess reserves), 618

超额供给和超额需求 (Excess supply and demand), 77—78

汇率效应 (Exchange-rate effect), 716—717, 746

汇率 (Exchange rate), 670—678

销售税 (Excise taxes), 237

排他性 (Excludability), **216**, 216—217

预期 (Expectations)

 对自由贸易的预期 (of free trade), 183

 理性预期 (rational), 784—785

 预期的作用 (role of), 773—780

 菲利普斯曲线的移动 (shifts in Phillips curve), 773—782

 需求曲线移动 (shifts in demand curve), 70—71

 供给曲线移动 (shifts in supply curve), 76

预期通货膨胀 (Expected inflation), 776—778

 短期菲利普斯曲线与 (short-run Phillips curve and), 778

支出,和一国经济的总支出 (Expenditures, nation's overall economy and), 484—486

显性成本 (Explicit costs), **261**, 274

出口 (Exports), 57, **660**。参看 "国际贸易"（See also International trade)

 进口国的得失 (gains and losses from exporting country), 174—175

 净出口 (net), **490**, 490—491, **660**

外部性 (Externality) **12**, 150, 195—**196**, 536

 碳税 (carbon tax), 208—209

 科斯定理 (Coase theorem), 209—210

 命令与控制政策 (command-and-control policies), 202

 矫正税与补贴 (corrective taxes and subsidies), 203—205

 乡村生活的外部性 (of country living), 200

 教育的外部性 (education as), 199

 与汽油税 (gas tax and), 204—205

 外部性内在化 (internalizing), 199

 与市场无效率 (market inefficiency and), 197—202

 负外部性 (negative), 196, 198—199

 正外部性 (positive), 196, 199—202

 外部性的私人解决方法 (private solutions to), 208—211

 对外部性的公共政策 (public policies toward), 202—207

技术溢出效应 (technology spillovers), 201—202

可交易的污染许可证 (tradable pollution permits), 205—207

交易费用 (transaction costs), 211

F

生产要素 (Factors of production), 22—24, **374**, 527

 竞争性的利润最大化企业 (competitive profit-maximizing firm), 375

 劳动需求 (demand for labor), 374—380

 劳动市场均衡 (equilibrium in labor market), 381—386

 土地与资本 (land and capital), 386—389

 生产要素之间的联系 (linkages among), 388—389

 生产要素市场 (markets for), 22—24, 373—390

 生产函数与劳动的边际产品 (production function and marginal product of labor), 375—376

 劳动需求曲线的移动 (shifting labor-demand curve), 378—380

 劳动供给 (supply of labor), 380—381

 边际产量值 (value of marginal product), 377—378

1938 年《公平劳动标准法案》(Fair Labor Standards Act of 1938), 117

公平与行为经济学 (Fairness, behavioral economics and), 474—475

家庭纳税义务 (Family tax liability), 236

农产品与供给、需求及弹性的应用 (Farming, applications of supply, demand, and elasticity), 102—104

联邦存款保险公司 [Federal Deposit Insurance Corporation(FDIC)], 625

联邦基金利率 (Federal funds rate), **628**, 753—754

联邦政府 (Federal government)

 预算赤字 (budget deficit), 238—240

 财务概览 (financial overview of), 234—241

 政府收入 (receipts of), 235—237

政府支出 (spending), 237—240
联邦所得税率 (2013)[Federal income tax rates (2013)], 236
联邦公开市场委员会 [Federal Open Market Committee(FOMC)],616,626—627,745, 753—754,761,798—799,802
联邦储备系统（美联储）[Federal Reserve(Fed)],29, **615**
    降低通货膨胀的成本 (cost of reducing inflation), 782—783, 785, 787—789
    退出策略 (exit strategy), 626—627
    联邦基金利率 (federal funds rate), 628
    联邦公开市场委员会 (FOMC), 616
    格林斯潘时代 (Greenspan era), 787—788
    向银行贷款 (lending to banks), 623
    货币政策与 (monetary policy and), 802—804
    美联储的结构 (organization of), 615—616
    金融危机期间的菲利普斯曲线 (Phillips curve during financial crisis), 788—789
    控制货币供给过程中存在的问题 (problems in controlling money supply), 624—625
    准备金数量 (quantity of reserves), 622—623
    理性预期与反通货膨胀 (rational expectations and disinflation), 784—785
    准备金率 (reserve ratio), 623—624
    利率目标的作用 (role of interest-rate target in), 753—755
    牺牲率 (sacrifice ratio), 783—784
    股票市场与 (stock market and), 754—755
    联邦储备体系 (system), 615—617
    货币控制工具 (tools of monetary control), 622—628
    沃尔克的反通货膨胀 (Volcker disinflation), 785—786
    零通货膨胀争论 (zero inflation debate), 805, 808
联邦税收负担 (Federal tax burden), 248
法定货币 (Fiat money), **612**
《联邦保险支付法案》[Federal Insurance Contributions Act (FICA)], 125
最终物品，GDP包含的是最终物品的价值 (Final goods,GDP includes value of), 487

金融学 (Finance), 569—570, **570**
财务援助 (Financial aid), 317
金融中介机构 (Financial intermediaries), **550**, 550—552
    银行 (banks), 558—559
    共同基金 (mutual funds), 551—552
金融资源，流动 (Financial resources,flow of), 664—665
金融体系 (Financial system), 547—548, **548**
企业 (Firms)。参看"竞争企业"(See also Competitive firms)
    循环流量图中的企业 (in circular-flow diagram), 22—24
    边际企业 (marginal), 295
    有固定数量企业的市场供给 (market supply with fixed number of), 290
    自然垄断企业 (as a natural monopoly), 302—303
    利润最大化企业 (profit-maximizing), 375
企业特有风险 (Firm-specific risk), 574—575, 575
财政挑战 (Fiscal challenge), 238—240
接近财政悬崖 (Fiscal cliff approaches), 167
财政政策 (Fiscal policy), **746**。参看政府支出 (See also Government spending)
    总需求与 (aggregate demand and), 755—760
    总供给与 (aggregate supply and), 760
    自动稳定器 (automatic stabilizers), 764—765
    政府购买变动 (changes in government purchases), 755
    税收变动 (changes in taxes), 759—760
    挤出效应 (crowding-out effect), 758—759
    乘数效应 (multiplier effect), 756
    支出乘数，公式 (spending multiplier,formula for), 757
    稳定 (stabilization), 760—765, 796—798
阿尔文·费雪 (Fisher, Irving), 645
费雪效应 (Fisher effect), 644—646, **645**
固定成本 (Fixed costs), **266**, 266—267, 274
    每天5美元工资 ($5-a-day wage), 603
    平均固定成本 (average), **268**, 274
税收归宿的粘蝇纸理论 (Flypaper theory of tax incidence), 249—251
罗伯特·福格尔 (Fogel, Robert), 536—537

FOMC。参看联邦公开市场委员会 (Federal Open Market Committee)

食品救助计划 (Food aid), 538

食品券计划 (Food Stamp program), 220, 426, 427

食品券（Food stamps）, 596

杰拉尔德·福特 (Ford, Gerald), 14

亨利·福特 (Ford, Henry), 603

福特汽车公司 (Ford Motor Company), 271—272

取消赎回权 (Foreclosures), 734—735

外汇交易 (Foreign-currency exchange), 684—689

国外投资 (Foreign investment)

    外国直接投资 (direct), 535, 664

    经济增长与 (economic growth and), 535

    外国有价证券投资 (portfolio), 535, 664

《经济分析基础》[Foundations of Economic Analysis (Samuelson)], 476

《神经经济分析基础》[Foundations of Neuroeconomic Analysis (Glimcher)], 476

401(k), 813

403(b), 813

部分准备金银行 (Fractional-reserve banking), **618**, 618—619

法国 (France)

    法国的税收负担 (tax burden in), 235

    税率和劳动税 (tax rate and labor taxes), 166

本·弗兰克林 (Franklin, Ben), 233

搭便车者 (Free rider), **218**

银币自由铸造争论 (Free-silver debate), 652—653

每个人都可以保持自我 (Free To Be You and Me style), 56

自由贸易 (Free trade), 171—188, 539

摩擦性失业 (Frictional unemployment), **593**, 594

米尔顿·弗里德曼 (Friedman, Milton), 634, 637, 652, 773—780, 784

充分就业产量 (Full-employment output), 721

完全储备银行 (Full-reserve banking), 33

基本面分析 (Fundamental analysis), 577

终值 (Future value), **570**

G

20国集团经济体 (G20 group of economies), 762

加蓬, OPEC作为卡特尔 (Gabon, OPEC as cartel), 356

贸易的好处 (Gains from trade)

    比较优势 (comparative advantage), 52—58

    与无谓损失 (deadweight losses and), 159—160

    出口国从贸易中得到的好处 (of exporting country), 174—175

    进口国从贸易中得到的好处 (of importing country), 175—177

    生产可能性 (production possibilities), 48—50

    专业化 (specialization), 50—51

Gale, William, 429

博弈论 (Game theory), 347—359, **348**

汽油价格的激励效应 (Gasoline prices, incentive effects of), 8—9

汽油税 (Gasoline tax)

    与受益原则 (benefits principle and), 246—247

    作为矫正税 (as corrective tax), 204—205

    与道路拥堵 (road congestion and), 204—205

比尔·盖茨 (Gates, Bill), 166, 167, 363—364

GDP。参看国内生产总值 (See Gross domestic product)

GDP平减指数 (GDP deflator), **494**, 494—495

    用GDP平减指数计算通货膨胀率 (computing inflation rate), 495

    与消费物价指数相比 (vs. consumer price index), 512—513

性别 (Gender)。参看"女性" (See also Women)

    性别差异 (differences), 408—409

关税与贸易总协定 [General Agreement on Tariffs and Trade (GATT)], 187, 664

《就业、利息和货币通论》(凯恩斯)[*General Theory of Employment, Interest, and Money, The* (Keynes)], 739, 747, 761, 798

德国 (Germany)

    平均收入 (average income in), 523

经济增长 (economic growth of), 525

GDP 和生活质量 (GDP and quality of life in), 498

超速通货膨胀 (hyperinflation in), 642

20 世纪 20 年代早期的超速通货膨胀 (hyperinflation of early 1920s), 676

收入不平等 (income inequality in), 416

通货膨胀 (inflation in), 14

购买力平价与 (purchasing-power parity and), 673—678

税收负担 (tax burden in), 235

 税率和劳动税 (tax rate and labor taxes), 166

罗伯特·吉芬 (Giffen, Robert), 449

吉芬物品 (Giffen good), **449**, 450

作为信号的礼物 (Gifts as signals), 465—466

Gilbert,Daniel, 713

Glaeser, Edward L., 200—201

保罗·格利姆彻 (Glimcher, Paul), 476—477

全球贸易警示 (Global Trade Alert), 181

金本位 (Gold standard), 611

Goldstein,Jacob, 612

《乱世佳人》(Gone with the Wind), 515

物品 [Good(s)], 70

 俱乐部物品 (club), **217**, 302

 互补品 (complements), **70**

 CPI 的一篮子物品 (CPI basket of), 506—510

 当期生产的物品, GDP 包括的 (currently produced,GDP includes), 487

 不同类型的物品 (different kinds of), 216—217

 物品的排他性 (excludability of), 216—217

 最终物品 (final), 487

 吉芬物品 (Giffen), **449**, 450

 低档物品 (inferior), **70**,98,**444**,445

 中间物品 (intermediate), 487

 物品的国际流动 (international flow of), 660—670

 国际贸易增加了物品的多样性 (international trade increases variety of), 180

 物品的边际效用 (marginal utility of), 443

 物品市场 (markets for), 22—24

 正常物品 (normal), **70**,98,**444**

 私人物品 (private), **216**,216—217

 公共物品 (public), 215—217,**216**,218—223

 相关物品 (related), 70

 消费中的竞争性 (rivalry in consumption), 216—217

 替代品 (substitutes), **70**

 有形物品 (tangible), 487

 物品的类型 (types of), 217

谷歌 (Google), 300,510—511

谷歌价格指数 (Google Price Index), 511

Gooslbee,Austan, 662—663

政府 (Government)。参看"联邦政府"(See also Federal government)

 平衡预算争论 (balanced budget debate), 808—812

 政府的利益 (benefits of), 11—12

 预算赤字 (budget deficits), 561—563, 692—694

 政府支出增加的争论 (debate over spending hikes), 798—801

 政府引起的歧视 (discrimination by), 406—407

 政府管制 (regulation), 301

 政府收入占 GDP 的百分比 (revenue as percentage of GDP), 234

 税收收入占 GDP 的百分比 (tax revenue as percentage of GDP), 235

政府创造的垄断 (Government-created monopolies), 301—302

政府债务 (Government debt), 561

 挤出 (crowding out), 562

 美国的政府债务史 (history of U.S.), 563—564

政府政策 (Government polies)

 与价格控制 (price control and), 112—121

 与供给、需求 (supply, demand, and), 111—112

 与税收 (taxes and), 121—128

政府购买 (Government purchases), **490**

 由于政府购买变动引起总需求曲线的移动 (aggregate-demand curve shifts due to changes in), 718

 政府购买的变动 (changes in), 755

作为 GDP 的组成部分 (as component of GDP), 490, 491
政府支出 (Government spending)。参看财政政策 (See also Fiscal policy)
　　三种 (three kinds of), 800
Graham,Carol, 500
图形 (Graphs), 37—45
　　原因和结果 (cause and effect), 43—45
　　图形中的曲线 (curves in), 39—41
　　用图形衡量利润 (measuring profit in), 288—289
　　单变量的图形 (of single variable), 37—38
　　斜率 (slope of), 41—43
　　两个变量的图形 (of two variables), 38—39
英国 (Great Britain)
　　热量消耗与人的身高 (caloric consumption and height of population), 536
　　自由贸易的单边方法 (unilateral approach to free trade), 187
大萧条 (Great Depression), 797, 798, 800, 805
　　银行挤兑 (bank runs during), 625
　　总需求曲线移动 (shift in aggregate demand), 732—733
大温和时代 (Great Moderation), 580
大衰退 (Great Recession), 398
艾伦·格林斯潘 (Greenspan, Alan), 244, 579, 787—788
格林斯潘时代 (Greenspan era), 787—788
Greenstone, Michael, 398
国内生产总值 (GDP)[Gross domestic product(GDP)], 483—484, **486**, 535
　　GDP 之外 (beyond), 500—501
　　组成部分 (components of), 488—491
　　消费 (consumption), 489
　　作为经济的收入与支出 (as economy's income and expenditures), 484—486
　　GDP 中的遗漏 (exclusions from), 496—500
　　GDP 平减指数 (GDP deflator), 494—495
　　政府购买 (government purchases), 490
　　政府收入占 GDP 的百分比 (government revenue as percentage of), 234
　　政府税收收入占 GDP 的百分比 (government tax revenue as percentage of), 235
　　投资 (investment), 489—490
　　Lady Gaga 的歌曲也对 GDP 做出了贡献 (Lady Gaga's songs contribution to), 492—493
　　衡量 (measurement of), 486—488
　　作为经济福利状况的衡量指标 (as measure of economic well-being), 496—500
　　净出口 (net exports), 490—491
　　名义 GDP(nominal)。参看名义 GDP(See Nominal GDP)
　　人均资本 (per capital), 491
　　GDP 和生活质量 (quality of life and), 398
　　自 1900 年以来美国的真实 GDP 增长 (real growth in U.S. since 1900), 732
　　地下经济与 (underground economy and), 498—499
国民生产总值 [Gross national product (GNP)], 489, 535
增长，生产 (Growth,production and), 523—524
Gucht, Karel De, 181
Guðmundsson, Eyjólfur, 33
"大炮与黄油"的权衡取舍（"Guns and butter" tradeoff), 5

H

Hamermesh, Daniel, 400—401
Hamilton Project, 398—399
《冷静的头脑，仁慈的心》(布林德)[Hard Heads, Soft Hearts (Blinder)], 808
医疗 (Health)
　　经济增长与 (economic growth and), 536—537
　　效率工资与 (efficiency wages and), 601—602
　　医疗与联邦支出 (federal spending and), 237—238
医疗 (Healthcare)
　　医疗费用与预算赤字 (costs, budget deficit and), 239—240
　　奥巴马的医疗改革方案 (Obama's healthcare reform bill), 249

医疗保险 (Health insurance), 573—574
Hilsenrath, Jon, 807
西班牙裔人与贫困 (Hispanics, poverty and), 418
小奥立弗·温德尔·霍姆斯 (Holmes, Oliver Wendell, Jr.), 155
理性经济人 (Homo economics), 471
人类 (Homo sapiens), 472
香港地区，贸易与收入分配 (Hong Kong, trade and distribution of income), 185
哈伯特·胡佛 (Hoover, Herbert), 505, 514
横向平等 (Horizontal equity), 247, 249
家庭 (Households)
　循环流量图中的家庭 (in circular-flow diagram), 22—24
　家庭面临的决策 (decisions faced by), 3
　利率影响家庭储蓄 (interest rates affect savings of), 454—456
住房 (Housing)
　CPI一篮子物品中的住房 (in basket of goods of CPI), 508
　2008—2009年的衰退 (recession of 2008—2009 and), 733—736
　租金控制 (rent control), 115—116
Huga, Katherine, 120
人力资本 (Human capital), 396—397, 397, 527, 530, 536
　经济增长与 (economic growth and), 532—544
　教育作为人力资本 (education as), 397, 536
　作为健康与营养投资的人力资本 (health and nutrition as investment in), 536—537
　人均人力资本 (per worker), 530
　人力资本的作用 (role of), 404—405
人力资本理论 (Human-capital theory), 401
人的生命的价值 (Human life, value of), 222—223
人体器官市场 (Human organs, market for), 148—150
大卫·休谟 (Hume, David), 634, 639—640
匈牙利，超速通货膨胀 (Hungary, hyperinflation in), 642
超速通货膨胀 (Hyperinflation), 634
　玻利维亚 (in Bolivia), 648
　德国 (in Germany), 676

其间的货币与物价 (money and prices during), 642
其间的名义汇率 (nominal exchange rate during), 676—677
津巴布韦 (in Zimbabwe), 644

I

Imasogie, Osagie, 492
移民 (Immigration), 381
不完全竞争 (Imperfect competition), 330
隐性成本 (Implicit costs), **261**, 274
进口配额 (Import quota), 31
　与关税比较 (compared to tariff), 179
　进口配额的影响 (effects of), 695
进口 (Imports), **57, 660**。参看"国际贸易"(See also International trade)
　进口国的得失 (gains and losses of importing country), 175—177
激励 (Incentives), **7**, 7—9
　品牌质量 (brand names quality), 342—343
　投资激励 (investment), 580
　储蓄激励 (savings), 558—560
　工作激励 (work), 427
收入 (Income)
　资本的收入 (capital), 388
　收入变化对消费者选择的影响 (changes in affect consumer's choices), 444
　个人可支配收入 (disposable personal), 489
　经济生命周期 (economic life cycle), 419
　收入效应 (effect), **446**, 446—448
　收入的增长 (increase in), 444
　实物转移支付作为收入 (in-kind transfers as), 419
　衡量一国的收入 (measuring a nation's), 483—484
　国民收入 (national), 489
　一国整体经济与 (nation's overall economy and), 484—486
　收入的其他衡量指标 (other measures of), 489

持久收入 (permanent), 419
个人收入 (personal), 489
收入再分配的政治哲学 (political philosophy of redistributing), 421—424
收入与需求移动 (shifts in demand and), 70
暂时收入与持久收入 (transitory vs. permanent), 419
美国的收入分配 (U.S. distribution of), 414—416
收入效应 (Income effect), **446**, 446—448, **814**
劳动供给的收入效应 (on labor supply), 453—454
需求的收入弹性 (Income elasticity of demand), 97, 97—98
收入不平等 (Income inequality)
收入不平等程度的其他衡量方法 (alternative measures of), 420
世界范围内的收入不平等 (around world), 416—417
经济流动性 (economic mobility), 420—421
收入不平等程度的衡量 (measurement of), 414—421
与贫困 (poverty and), 413—414, 417
美国的收入不平等 (in U.S.), 414—416
收入再分配的国际差异 (Income redistribution, international differences in), 428—429
所得税 (Income tax), 243
公司所得税 (corporate), 241, 250—251
个人所得税 (individual), 241
负所得税 (negative), **425**, 425—426
指数化 (Indexation), **514**, 514—515
指数基金 (Index funds), 552, 578—579
印度 (India)
平均收入 (average income in), 523
经济增长 (economic growth of), 525
GDP 和生活质量 (GDP and quality of life in), 498
收入不平等 (income inequality in), 416
无差异曲线 [Indifference curve(s)], **438**
极端例子 (extreme examples of), 440—441
四个特征 (four properties of), 439—440
收入效应 (income effect), 446—448
完全互补品 (perfect complements), 411
完全替代品 (perfect substitutes), 411

偏好 (preferences), 438—439
替代效应 (substitution effect), 446—448
个人需求 (Individual demand), 68—69
个人所得税 (Individual income tax), 241
个人退休金账户 [Individual Retirement Account (IRA)], 813
个人供给与市场供给 (Individual supply vs. market supply), 74—75
印度尼西亚 (Indonesia)
平均收入 (average income in), 523
资本外逃 (capital flight), 699
经济增长 (economic growth of), 525
GDP 和生活质量 (GDP and quality of life in), 498
作为卡特尔的 OPEC(OPEC as cartel), 356
购买力平价 (purchasing-power parity), 678
产业组织 (Industrial organization), 260
产业政策 (Industrial policy), 201—202
无效率 (Inefficiency)
与外部性 (externalities and), 197—200
垄断的无效率 (of monopoly), 312—313
缺乏弹性的需求 (Inelastic demand), 90, 92
缺乏弹性的供给 (Inelastic supply), 98
不平等 (Inequality)
其他衡量标准 (alternative measures of), 420
世界范围内的不平等 (around world), 416—417
支持贸易限制的幼稚产业论 (Infant-industry argument for trade restrictions), 185—186
低档物品 (Inferior good), 70, **444**, 445
与需求的收入弹性 (income elasticity of demand and), 98
通货膨胀 (Inflation), **14**, 495, 506, 737
财富任意再分配 (arbitrary redistribution of wealth), 651—652
简要看一下调整过程 (brief look at adjustment process), 638—639
古典二分法与货币中性 (classical dichotomy and monetary neutrality), 639—640
混乱与不方便 (confusion and inconvenience), 650—651
核心通货膨胀 (core inflation), 511

根据通货膨胀的影响修正经济变量 (correcting economic variables for effect of), 513—517
降低通货膨胀的代价 (cost of reducing), 782—789
通货膨胀的成本 (costs of), 646—653
货币注入的影响 (effects of monetary infection), 637
通货膨胀对票房收入的影响 (effect of on box office receipts), 515
预期通货膨胀 (expected), 776—778
购买力下降 (fall in purchasing power), 647
费雪效应 (Fisher effect), 644—646
通货膨胀引起的税收扭曲 (Inflation-induced tax distortions), 649—650
通货膨胀税 (inflation tax), 642—644
物价水平与货币价值 (level of prices and value of money), 635
低通货膨胀信条 (low-inflation doctrine), 807
衡量指标 (measures of), 513
衡量一国的收入 (measuring a nation's income), 483—484
菜单成本 (menu costs), 648
货币增长与 (money growth and), 633—634
与货币供给 (money supply and), 15
货币供给、货币需求和货币均衡 (money supply, money demand and monetary equilibrium), 635—636
在网络时代监控通货膨胀 (monitoring inflation in internet age), 510—511
以网上数据为基础的衡量方法 (online-based measures), 511
提高储蓄的税收负担 (raises tax burden on saving), 650
相对价格变动与资源配置不当 (relative-price variability and misallocation of resources), 648—649
皮鞋成本 (shoeleather costs), 647—648
与失业之间的短期权衡取舍 (short-run-trade-off between unemployment and), 15, 773—792
六种成本 (six costs of), 805
未预期到的通货膨胀的特殊成本 (special cost of unexpected), 651—652
通货膨胀理论 (theory of), 634—646

货币流通速度和数量方程式 (velocity and quantity equation), 640—642
零通货膨胀 (zero), 804—808
通货膨胀的谬误 (Inflation fallacy), 647
通货膨胀引起的税收扭曲 (Inflation-induced tax distortions), 649—650
通货膨胀率 (Inflation rate), 495, 506, **508**
    通货膨胀率的计算 (calculating of), 507
    高通货膨胀率 (high), 510—511
    名义利率与 (nominal interest rate and), 646
    最优通货膨胀率 (optimal), 807
通货膨胀目标 (Inflation targeting), 804
通货膨胀税 (Inflation tax), 642—644, **643**
信息有效 (Informational efficiency), 578
信息不对称 (Information asymmetry), 462
实物转移支付 (In-kind transfers), **419**
    减少贫困的政策 (policies to reduce poverty), 426
    不平等程度衡量的问题 (problems in measuring inequality), 418—419
投入需求与产量供给 (Input demand and output supply), 379
投入品价格与供给 (Input prices and supply), 75—76
《国民财富的性质和原因的研究》(斯密)[An Inquiry into the Nature and Causes of the Wealth of Nations (Smith)], 10,55,273
破产 (Insolvency), 621
保险 (Insurance)
    逆向选择 (reverse selection), 574, 464
    医疗保险 (health), 573—574
    保险市场 (market for), 573—574
    道德风险 (moral hazard), 464, 574
    社会保险 (social)。参看"社会保险税"(See Social insurance taxes)
    失业保险 (unemployment), **595**
无形服务, GDP 包括的 (Intangible services, GDP includes), 487
知识产权产品 (intellectual property products), 492—493
利率效应 (Interest-rate effect), 746

总需求曲线 (aggregate-demand curve), 715—716
利率 [Interest rate(s)]
    利率影响家庭储蓄 (affect household saving), 459—461,454—456
    均衡利率 (equilibrium), 749
    联邦基金利率 (federal funds rate), **628**, 753—754
    利率上升 (increase in), 455—456
    长期利率与短期利率 (in long run and short run), 750
    名义利率 (nominal), 515—517, **516**, 645, 747
    真实利率 (real), 515—517, **516**, 645, 747
    次级贷款者 (subprime borrowers), 733—736
    可贷资金的供给与需求 (supply and demand for loanable funds), 557—558
    美联储政策中的利率目标,利率的作用 (targets in Fed policy,role of), 753—755
    流动性偏好理论 (theory of liquidity preference), 747—749
    美国经济中的利率 (in U.S. economy), 517
中间物品 (Intermediate good), 487
外部性内在化 (Internalizing the externality), **199**
国际货币基金组织 (International Monetary Fund), 734—735
国际贸易 (International trade), 171—188
    与寡头分析 (analysis of oligopoly and), 353
    好处 (benefits of), 180—182
    比较优势 (comparative advantage), 173
    决定因素 (determinants of), 172—173
    关税对国际贸易的影响 (effects of tariffs), 177—179
    没有国际贸易时的均衡 (equilibrium without), 172—173
    出口国的得失 (gains and losses of exporting country), 174—175
    进口国的得失 (gains and losses of importing country), 175—177
    与关税相比的进口配额 (import quota compared to tariff), 179
    贸易政策的结论 (lessons for policy of), 179—180
    自由贸易的多边方法 (multilateral approach to free trade), 187
    与外包 (outsourcing and), 184—185
    对熟练劳动和非熟练劳动的相对需求 (relative demand for skilled and unskilled labor and), 397—398
    限制 (restriction of), 179
    美国的国际贸易 (of United States), 57—58
    国际贸易的赢家和输家 (winners and losers from), 174—182
    世界价格 (world price), 173
国际交易,价格 (International transaction,prices for), 670—673
网络 (Internet)
    与通货膨胀 (and inflation), 510—511
    购物通过 (shopping through), 510—511
内在价值 (Intrinsic value), 611
Intuit, 319
存货,与 GDP(Inventory, GDP and), 490
投资 (Investment), **489**, 489—490, 555—556, 563—564
    投资加速数 (accelerator), 756
    由于投资变动引起总需求曲线移动 (aggregate-demand curve shifts due to changes in), 717—718
    作为 GDP 的一个组成部分 (as component of GDP), 489—490
    可贷资金需求与 (demand for loanable funds and), 557—558
    经济增长与 (economic growth and), 533, 535
    高等教育作为投资 (higher education as), 398—399
    国外投资 (foreign), 535, 664
    激励 (incentives), 560—561
    对人的投资 (in people), 397
    物价水平与投资,总需求曲线向右下方倾斜 (price level and,aggregate-demand curve downward slope), 715—716
    储蓄,它们与国际流动的关系 (saving,and their relationship to international flows), 666—667
    税收减免 (tax credit), 560
    美国贸易赤字与投资 (U.S. trade deficit and), 668—670
看不见的手 (Invisible hand), 10—12,14,148—149,499
内向型政策 (Inward-oriented policies), 539

伊朗，作为卡特尔的 OPEC(Iran, OPEC as cartel), 356

伊拉克，作为卡特尔的 OPEC(Iraq, OPEC as cartel), 356

以色列，与劳动供给移动 (Israel, shifts in labor supply and), 382—383

意大利，购买力平价 (Italy, purchasing-power parity and), 673—678

J

日本 (Japan)
 平均收入 (average income in), 523
 经济增长 (economic growth of), 525
 GDP 和生活质量 (GDP and quality of life in), 498
 收入不平等 (income inequality in), 416
 通货膨胀率 (inflation rate), 634
 购买力平价与 (purchasing-power parity and), 674—676, 678
 税率 (tax rate), 167
 贸易与收入分配 (trade and distribution of income), 184
 地下经济 (underground economy in), 498—499
 工作时数 (work hours), 167

Jensen, Robert, 450

工作岗位 (Jobs)
 支持贸易限制的工作岗位论 (argument for trade restrictions), 182—183
 工作特征 (characteristics of), 396—403
 工作岗位的数量 (number), 593

史蒂夫·乔布斯 (Jobs, Steve), 167

寻找工作 (Job search), **593**, 593—595
 公共政策与 (public policy and), 594—595
 某种摩擦性失业是不可避免的 (some frictional unemployment is inevitable), 594

Jones, Charles, 500

垃圾债券 (Junk bonds), 549

K

Kahn, Mathew, 200

Kasman, Bruce, 807

约翰·F. 肯尼迪 (Kennedy, John F.), 417, 762—763

罗伯特·肯尼迪 (Kennedy, Robert), 496

肯尼亚，大象猎杀 (Kenya, elephant poaching), 227

Kestenbaum, David, 612

约翰·梅纳德·凯恩斯 (Keynes, John Maynard), 29, 34, 477, 739, 747, 761—762, 798

白宫的凯恩斯主义者 (Keynesians in White House), 762—763

Klenow, Peter, 500

Kobylarz, Thaddeus J., 492

迈克尔·克瑞默 (Kremer, Michael), 552

保罗·克鲁格曼 (Krugman, Paul), 184—185

Kumar, Sanat, 612—613

科威特 (Kuwait), 356, 738—740

L

劳动 (Labor)
 总供给曲线移动与 (aggregate-supply curve shifts and), 721
 劳动利用不足的可供选择衡量指标 (alternative measurement of underutilization), 591
 劳动需求 (demand for), 374—380
 国际贸易与对熟练工人和非熟练工人的需求 (international trade and demand for skilled and unskilled), 397—398
 支持贸易限制的工作岗位论 (jobs argument for trade restrictions), 182—183
 劳动的边际产量 (marginal product of), 375—376, 379
 劳动供给 (supply of), 380—381
 劳动的税收 (taxes on), 162—163
 技术与对熟练工人和非熟练工人的需求 (technology and demand for skilled and unskilled), 397

劳动需求 (Labor demand)
　　与最低工资 (minimum wage and), 119
　　移动 (shifts in), 383—384
劳动力 (Labor force), **587**
劳动力参工率 (Labor-force participation rate), **587**
劳动市场 (Labor market)
　　逆向选择 (adverse selection), 464
　　歧视的衡量 (discrimination, measuring), 403—405
　　均衡 (equilibrium in), 381—386
　　最低工资的影响 (minimum wage effects on), 118
　　劳动市场上的种族歧视 (racial discrimination in), 405
劳动供给 (Labor supply)
　　与收入效应 (income effects on), 453—454
　　移动 (shifts in), 381—383
　　与工资 (wages and), 450—453
劳动税的无谓损失 (Labor tax, deadweight loss of), 162—163
Lady Gaga, 歌曲也对 GDP 做出了贡献 (Lady Gaga, songs contribution to GDP),492—493
阿瑟·拉弗 (Laffer, Arthur), 164—165,208
拉弗曲线 (Laffer curve), 164—165
Lahart, Justin,538
自由放任 (*Laissez faire*), 147
Lamy, Pascal, 181
土地 (Land)
　　土地市场均衡 (equilibrium in markets for), 387—388
　　生产要素 (factor of production), 386—389
Landsburg, Steven E., 183
需求定理 (Law of demand), **67**,449
一价定律 (Law of one price), 674
供给定理 (Law of supply), **73**
供求定理 (Law of supply and demand), **79**
干中学 (Learning by doing), 57
左位偏差 (Left-digit bias), 473—474
最后贷款人 (Lender of last resort), 616
杠杆, 620—622, **621**
杠杆率, **621**
自由主义 (Liberalism), **422**,422—423

自由至上主义 (Libertarianism), **423**,423—424
利比亚, 作为卡特尔的 OPEC(Libya, OPEC as cartel), 356
生命周期 (Life cycle), **419**
作为公共物品的灯塔 (Lighthouses as public goods), 221
Lin, Jeremy, 662, 663
Lindert, Peter, 428
Lindsay, Alistair, 350
流动性 (Liquidity), **611**
　　资产的 (of asset), 749
　　货币的 (of money), 749
　　流动性偏好理论 (theory of liquidity preference), 747—749
　　流动性陷阱 (trap), 753
可贷资金 (Loanable funds)
　　可贷资金市场 (market for), 556—565, 684—686
　　可贷资金的供给与需求 (supply and demand for), 557—558, 684—689
地方政府 (Local government), 240—241
　　收入 (receipts for), 240—241
　　支出 (spendings for), 241
自利的逻辑 (Logic of self-interest), 351
长期 (Long run)
　　总供给曲线 (aggregate-supply curve), 719—723, 731—734
　　长期成本 (costs in), 271—273
　　进入与退出市场的决策 (decision to exit or enter a market), 288
　　长期中反通货膨胀的货币政策 (disinflationary monetary policy in), 783
　　长期均衡 (equilibrium), 332—335, 729
　　利率 (interest rates in), 750
　　市场供给 (market supply), 290—292
　　菲利普斯曲线 (Phillips curve), 773—775
　　租金控制 (rent control), 115—116
　　需求移动 (shift in demand), 293
　　供给曲线 (supply curve), 293—295
Looney, Adam, 398
损失 (Losses)。参见 "无谓损失 (See also Deadweight loss)

出口国的损失 (of exporting country), 174—175

进口国的损失 (of importing country), 175—177

Lowrey, Annie, 510

罗伯特·卢卡斯 (Lucas, Robert), 784, 789

定额税 (Lump-sum tax), **245**, 245—246

奢侈品 (Luxuries)

与需求收入弹性 (income elasticity of demand and), 98

与需求价格弹性 (price elasticity of demand and), 90

奢侈品税 (Luxury tax), 128

M

宏观经济学 (Macroeconomics), 27, **484**

分析波动 (analyzing fluctuations of), 729

宏观经济变量同时波动 (quantities fluctuate together in), 710

宏观经济政策的六个争论问题 (six debates over policy for), 795—816

开放经济理论 (theory of open economy for), 683—684

宏观经济福利，衡量 (Macroeconomic well-being, measuring), 500—501

马拉维，作为私人物品的大象 (Malawi, elephants as private good), 227

马里，贫穷国家 (Mali, poor country), 528—529

Malmendier, Ulrike, 713

托马斯·罗伯特·马尔萨斯 (Malthus, Thomas Robert), 540—541

N. 格里高利·曼昆 (Mankiw, N. Gregory), 208, 250

边际 (Margin), 6

边际收益 (Marginal benefits), 6

边际买者 (Marginal buyer), 137

边际变动 (Marginal change), 6

边际成本 [Marginal cost (MC)], 6—7, 267—268, **268**, 274, 379

垄断时的加成与完全竞争 (markup over, monopolistic vs. perfect competition), 336

作为一种管制制度的定价 (pricing as regulatory system), 320

自然垄断的边际成本定价 (pricing for natural monopoly), 320

与平均总成本的关系 (related to average total cost), 270

与价格的关系 (related to price), 336

边际成本递增 (rising), 268—269

边际成本曲线 [Marginal cost (MC) curve], 268, 270, 283

与平均成本曲线 (and average-cost curves), 269

与企业供给决策 (firm's supply decision and), 283—285

边际企业 (Marginal firm), 295

边际产量 (Marginal product), **264**

劳动需求与边际产量值 (demand for labor and value of), 377—378

边际产量递减 (diminishing), 265, 376

劳动的边际产量 [Marginal product of labor(MPL)], 376, 379

与生产函数 (production function and), 375—376

劳动的边际产量值 (value of), 378

边际消费倾向 [Marginal propensity to consume(MPC)], 757

边际替代率 [Marginal rate of substitution(MRS)], **438**, 443

边际收益 [Marginal revenue(MR)], **282**, 283

竞争企业的边际收益 (for competitive firm), 281

垄断的边际收益曲线 (curve for monopoly), 306

垄断者的边际收益 (monopoly), 304, 305

边际卖者 (Marginal seller), 142

边际税率 (Marginal tax rate), 162, 236, **245**

边际效用 (Marginal utility)

边际效用递减 (diminishing), 421, 443

物品的边际效用 (of goods), 443

市场需求 (Market demand), 68—69

市场经济 (Market economy), **10**, 10—11

市场效率 (Market efficiency), 144—151

评价市场均衡 (Market equilibrium, evaluating), 146—150

市场失灵 (Market failure), **12**, 150—151, 321。参看"外部性" (See also Externalities)

多样性不充分作为一种市场失灵 (insufficient variety as), 338—339

可贷资金市场 (Market for loanable funds), **556**, 556—565,

684—686
政府预算赤字和盈余 (government budget deficits and surpluses), 561—563
投资激励 (investment incentives), 560—561
储蓄激励 (saving incentives), 558—560
可贷资金的供给与需求 (supply and demand for loanable funds), 557—558
市场非理性 (Market irrationality), 579
市场势力 (Market power), **12**,150,280,301
市场风险 (Market risk), **575**
市场 [Market(s)], **66**。参看"竞争市场"(See also Competitive market)
　与逆向选择 (adverse selection and), 464
　债券市场 (bond), 548—549
　与竞争 (competition and), 66—67
　市场的定义 (definition of), 90
　市场的效率 (efficiency of), 135—136
　金融市场 (financial), **548**, 548—550
　企业的长期退出与进入决策 (firm's long-run decision to exit or enter), 288
　外汇市场 (for foreign-currency exchange), 686—689
　市场的自由进入与退出 (free entry and exit of), 331
　物品与服务市场 (for goods and services), 22—24
　保险市场 (for insurance), 573—574
　土地与资本市场的均衡 (for land and capital, equilibrium in), 387—388
　只有少数几个卖者的市场 (with only few sellers), 348—349
　完全竞争市场 (perfectly competitive), 66
　股票市场 (stock), 549—550
　市场的专制 (tyranny of), 338—339
市场供给 (Market supply)
　有进入和退出的长期市场供给 (with entry and exit, long run), 290—292
　有固定数量企业的短期企业供给 (with fixed number of firms, short run), 290
　与个人供给 (vs. individual supply), 74—75

个人供给的总和 (as sum of individual supplies), 74
高于边际成本的加成 (Markup over marginal cost), 336
最大最小准则 (Maximin criterion), **422**
McGinty, Jo Craven, 148
McTeer, Robert D., Jr., 14
中值选民定理 (Median voter theorem), 469—471,**470**
医疗援助 (Medicaid), 426,427
医疗保障 (Medicare), 125,162,167,236—239
交换媒介 (Medium of exchange), 551, **611**
菜单成本 (Menu costs), **648**, 725
墨西哥 (Mexico)
　经济增长 (economic growth of), 525
　资本外逃对经济的影响 (effect of capital flight on economy), 697
　GDP 和生活质量 (GDP and quality of life in), 498
　中等收入国家 (middle-income country), 528—529
　收入不平等 (income inequality in), 416
　生活水平 (living standards in), 13
　与 NAFTA(NAFTA and), 187
　购买力平价 (purchasing-power parity), 678
　地下经济 (underground economy in), 498—499
微观经济学 (Microeconomics), 27,461—462, **484**
微软公司 (Microsoft Corporation), 299—300, 319
　反托拉斯诉讼 (antitrust case against), 363—364
　《谢尔曼反托拉斯法》(Sherman Antitrust Act and), 319
中东，原油的产地 (Middle East,source of crude oil), 738—740
中点法 (Midpoint method), 91—92
约翰·斯图亚特·穆勒 (Mill, John Stuart), 421
Miller, Nolan, 455
最低工资 (Minimum wage), 117—119
　支持者与反对者 (advocates and opponents of), 119
　《1938 年公平劳动标准法案》(Fair Labor Standards Act of 1938), 117
　最低工资与劳动市场 (labor market and), 118
　价格下限 (price floor), 117
　与青少年劳动市场 (teenage labor market and), 118—119

谁赚取最低工资 (who earns), 599
最低工资法 (Minimum-wage laws), 424—425, 596—598
    均衡工资的决定 (determinant of equilibrium wages), 402—403
    评价价格控制 (evaluating price controls), 119—121
    减少贫困的政策 (policies to reduce poverty), 424
痛苦指数 (Misery index), 773
错觉理论, 总供给曲线 (Misperception theory, aggregate-supply curve and), 726
总需求与总供给模型 (Model of aggregate demand and aggregate supply), 712, 712—714
    总需求曲线 (aggregate-demand curve), 714—719
    总供给曲线 (aggregate-supply curve), 719—728
    来源 (origins of), 739
    菲利普斯曲线 (Phillips curve), 771—773, 775
货币均衡 (Monetary equilibrium), 635—636
货币中性 (Monetary neutrality), 639—640, **640**
    费雪效应 (Fisher effect), 644—645
    再度审视货币中性 (revisited), 731
货币政策 (Monetary policy), **616**
    总需求与 (aggregate demand and), 746—755
    货币供给的变动 (changes in money supply), 751—752
    降低通货膨胀的成本 (cost of reducing inflation), 783, 785—786
    争论, 按规则制定的政策与相机抉择 (debate, policy made by rule or discretion), 802—804
    反通货膨胀 (disinflation), 783
    货币注入的影响 (effects of monetary injection), 637—638
    扩张性的货币政策 (expansionary), 753
    银币自由铸造争论 (free-silver debate), 652—653
    通货膨胀目标 (inflation targeting), 804
    菲利普斯曲线与 (Phillips curve and), 773—775
    美联储政策中利率目标的作用 (role of interest-rate targets in Fed policy), 753—755
    稳定政策论 (stabilization policy arguments), 760—763, 796—798
    流动性偏好理论 (theory of liquidity preference), 747—749

利率降至零 (zero lower bound), 753
货币制度 (Monetary system), 609—610
    银行与货币供给 (banks and money supply), 617—622
    联邦储备体系 (Federal Reserve system), 615—617, 622—628
    货币的含义 (meaning of money), 610—615
货币 (Money), **610**
    商品货币 (commodity), 611
    部分准备金银行创造货币 (creation with fractional-reserve banking), 618—619
    信用卡与 (credit card and), 614
    法定货币 (fiat), **612**
    货币的职能 (functions of), 611
    终值 (future value), 570
    超速通货膨胀期间的货币 (during hyperinflations), 642
    货币的种类 (kinds of), 611—612
    衡量货币的时间价值 (measuring time value of), 570—572
    现值 (present value), 570—572
    货币数量论 (quantity theory of), 634, **637**
    存量 (stock), 613
    美国经济中的货币 (in U.S. economy), 623—624
    货币价值 (value of), 635
    货币流通速度 (velocity of), 640—642
货币需求 (Money demand), 635—636
    流动性偏好理论 (theory of liquidity preference), 749
货币市场 (Money market)
    均衡 (equilibrium in), 748, 749
    与总供给曲线的斜率 (and slope of aggregate demand curve), 751
货币乘数 (Money multiplier), 619—620, **620**
货币存量 (Money stock), 613
货币供给 (Money supply), **616**, 635—636
    银行资本、杠杆和2008—2009年金融危机 (bank capital, leverage, and financial crisis of 2008—2009), 620—622
    银行挤兑与 (bank runs and), 625
    银行与 (banks and), 612—622
    货币供给变动 (changes in), 751—752

部分准备金银行创造货币 (creation with fractional-reserve banking), 618—619

贴现率 (discount rate), 623

美联储控制货币供给的工具 (Fed's tools for monetary control), 622—628

大萧条 (Great Depression), 732—733

与通货膨胀 (inflation and), 15

货币中性 (monetary neutrality), 640

货币乘数 (money multiplier), 619—620

公开市场操作 (open-market operations), 622—623

控制货币供给中的问题 (problems in controlling), 624—625

法定准备金 (reserve requirements), 624

流动性偏好理论 (theory of liquidity preference), 747—748

垄断竞争 (Monopolistic competition), 329—330, **330**

广告 (advertising), 338—343

特征 (characteristics of), 334—335

差别产品的竞争 (competition with differentiated products), 332—337

过度生产能力 (excess capacity), 335—336

长期均衡 (long-run equilibrium), 332—335

高于边际成本的加成 (markup over marginal cost), 336

与完全竞争 (vs. perfect competition), 330—332, 335—336, 344

短期中的垄断竞争 (in short run), 332

与社会福利 (welfare of society and), 336—337

垄断 (Monopoly), 67,299—300, **300**

反托拉斯法 (antitrust laws), 319—321

垄断竞争 (vs. competition), 303—304,322

与竞争 (competition vs.), 322

与无谓损失 (deadweight loss and), 311—313

垄断药品与非专利药品 (drugs vs. generic drugs), 309—310

因规模经济的垄断 (economies of scale as), 302

政府创造的垄断 (government-created), 301—302

垄断的无效率 (inefficiency of), 312—313

只有少数几个卖者的垄断市场 (markets with only few sellers), 349—350

自然垄断 (natural), 217,302—303

垄断与完全竞争 (perfect competition and), 330—332,344

垄断的普遍性 (prevalence of), 322

价格歧视 (price discrimination), 314—318

生产与定价决策 (production and pricing decisions), 303—310

利润最大化 (profit maximization), 306—308

垄断利润 (profit of), 308—309

垄断的公有制 (public ownership), 321

针对垄断的公共政策 (public policy toward), 319—321

管制 (regulation), 319—321

资源 (resources), 300,301

垄断收益 (revenue of), 304—306

社会成本 (social cost), 313

与供给曲线 (supply curve and), 308

福利代价 (welfare costs of), 310—313

买方垄断 (Monopsony), 386

Montero, Jenny, 121

道德风险 (Moral hazard), **462**,462—464

保险中的道德风险 (insurance), 464,574

Morris, Eric A., 224

住房抵押贷款支持证券 (Mortgage-backed securities), 733

抵押贷款拖欠 (Mortgage default), 734

电影业,作为价格歧视的例子 (Movie industry, example of price discrimination), 317

Mullainathan, Sendhil, 405

乘数效应 (Multiplier effect), **756**

总需求 (aggregate demand), 756

支出乘数公式 (formula for spending), 757

其他应用 (other application of), 758

市政债券 (Municipal bonds), 549

Muskie, Edmund, 207

共同基金 (Mutual funds), **551**, 551—552

作为金融中介机构 (as financial intermediaries), 551—552

指数基金 (index funds), 552

资产组合 (portfolio), 551

《大萧条之谜》(Potts)[*Myth of the Great Depression*,The(Potts)], 713

N

Nader, Ralph, 8
Nagel, Stefan, 713
纳米比亚, 大象作为私人物品 (Namibia, elephants as private good), 227
纳斯达克 (全国证券商协会自动报价系统)[NASDAQ (National Association of Securities Dealers Automated Quotation system)], 550
约翰·纳什 (Nash, John), **351**
纳什均衡 (Nash equilibrium), 351
全美大学体育协会 [National Collegiate Athletic Association (NCAA)], 365
国防 (National defense)
    重要的公共物品 (important public goods), 219
    国防支出 (spending), 237
美国国家公路交通安全管理局 (National Highway Traffic Safety Administration), 204
国民收入 (National income), 489
国民收入账户 (National income accounts), 554—556
美国国立卫生研究院 (National Institutes of Health), 220,237
全国劳工关系委员会 [National Labor Relations Board(NLRB)], 600
国民储蓄 (National saving), **555**, 809, 812—814
    经济福利与 (economic well-being and), 812
    美国贸易赤字与 (U.S. trade deficit and), 668—670
    增加国民储蓄的方法 (ways to increase), 814
美国国家科学基金会 (National Science Foundation), 220,540
支持贸易限制的国家安全论 (National-security argument for trade restrictions), 184—185
自然灾害与价格 (Natural disasters, prices and), 84—85
自然垄断 (Natural monopoly), 217,**302**,302—303

自然率假说 (Natural-rate hypothesis), **778**
    自然试验 (natural experiment for), 778—779
自然产出水平 (Natural level of output),**721**
自然失业率 (Natural rate of unemployment), 586, **588**,774
自然资源 (Natural resources), 527, **530**
    总供给曲线移动与 (aggregate-supply curve shifts and), 721
    对增长的限制 (limit to growth), 532
    人口增长紧张 (population growth stretching of), 540—541
负相关性 (Negative correlation), 39
负外部性 (Negative externality), 196,198—199
负所得税 (Negative income tax), **425**,425—426
负的公共储蓄 (Negative public saving), 809
新古典分配理论 (Neoclassical theory of distribution), 390
资本净流出 (Net capital outflow), **664**, 664—665
    与净出口相等 (equality of net exports and), 665—666
    美国的资本净流出 (in United States), 668—670
    两个市场之间的联系 (link between two markets), 689
净出口 (Net exports), **490**, 490—491, 660
    由于净出口变动引起的总需求曲线移动 (aggregate-demand curve shifts due to changes in), 718
    作为 GDP 的一个组成部分 (as component of GDP), 490—491
    汇率效应 (exchange-rate effect), 716—717
    与资本净流出 , 相等 (and net capital outflows,equality of), 665—666
    物价水平 , 总需求曲线向右下方倾斜 (price level and, aggregate-demand curve downward slope), 716—717
    贸易政策 (trade policies), 694—697
国外净投资 (Net foreign investment), 664
国民生产净值 [Net national product (NNP)], 489
Neuman, William, 120
神经经济学革命 (Neuroeconomics revolution), 476—477
Newell, Gabe, 33
艾萨克·牛顿 (Newton, Isaac), 20
纽约证券交易所 (New York Stock Exchange), 550
尼日利亚 (Nigeria)

人均收入 (average income in), 531
GDP 和生活质量 (GDP and quality of life in), 498
收入不平等 (income inequality in), 416
生活水平 (living standards in), 13
作为卡特尔的 OPEC(OPEC as cartel), 356
耐克 (Nike), 338
Nocer, Joe, 365
名义汇率 (Nominal exchange rate), **670**, 670—672
在超速通货膨胀期间 (during hyperinflation), 676—677
名义 GDP(Nominal GDP), **492**, 641
名义 GDP 与真实 GDP 的数字举例 (numerical example of real vs.), 492—494
与真实 GDP 比较 (real GDP vs.), 491—496
货币流通速度与数量方程式 (velocity and quantity equation), 640
名义利率 (Nominal interest rate), 515—517, **516**, 747
费雪效应 (Fisher effect), 645
通货膨胀率与 (inflation rate and), 646
美国经济的名义利率 (in U.S. economy), 517
名义变量 (Nominal variables), 639
正常物品 (Normal good), **70, 444**
与收入变动 (income change and), 444
与需求的收入弹性 (income elasticity of demand and), 98
规范表述 (Normative statements), **28**
北美自由贸易协定 [North American Free Trade Agreement(NAFTA)], 187,664
罗伯特·诺齐克 (Nozick, Robert), 423
Nunn, Nathan, 538
营养，与健康 (Nutrition, health and), 536—537

O

巴拉克·奥巴马 (Obama, Barack), 15,167,181,249,250,253, 318,428,429,662—663,700,736,788,798—800
观察 (Observation), 20—21
海洋，公共资源 (Oceans, common resources), 226

Ohanian, Lee, 167
Ohanian, Lee E., 167
Oikonomos, 3
石油行业 (Oil industry)
经济与总供给移动 (economy and shifts in aggregate supply), 750—752
寡头 (Oligopoly), **330,347**
寡头分析与国际贸易 (analysis of, and international trade), 353
寡头与卡特尔 (cartels and), 349—350
与竞争 (competition and), 349—350
集中率 (concentration ratio), 330
双头的例子 (duopoly example), 348
合作经济学 (economics of cooperation), 353—360
寡头的均衡 (equilibrium for), 351—352
与博弈论 (game theory and), 355
只有少数几个卖者的市场 (markets with only few sellers), 348—353
垄断 (monopolies), 349—350
作为卡特尔的 OPEC(OPEC as cartel), 356
掠夺式定价 (predatory pricing), 362—363
囚徒困境 (prisoners' dilemma), 353—355
对寡头的公共政策 (public policy toward), 360—364
公开的价格勾结 (public price fixing), 350
转售价格维持 (resale price maintenance), 361—362
贸易限制与反托拉斯法 (restraint of trade and antitrust laws), 360
寡头数量影响市场结果 (size affects market outcome), 352—353
搭售 (tying), 363
遗漏的变量 (Omitted variable), 43—44
OPEC。参看"石油输出国组织"(See Organization of Petroleum Exporting Countries)
OPEC 与世界石油市场 (OPEC and world oil market), 356
价格上限与加油站前的长队 (price ceilings and lines at gas pump), 114—115
开放经济 (Open economies), 554, **660**

净出口与资本净流出相等 (equality of net exports and net capital outflow), 665—666

开放经济中的均衡 (equilibrium in), 689—691

欧元 (Euro), 671

金融资源的流动 (flow of financial resources), 664—665

物品的流动 (flow of goods), 660—670

政府预算赤字 (government budget deficit), 692—694

政策和事件如何影响开放经济 (how policies and events affect), 692—700

提高美国经济的开放度 (increasing openness of U.S. economy), 661—664

物品与资本的国际流动 (international flows of goods and capital), 662—670

外汇市场 (market for foreign-currency exchange), 686—689

可贷资金市场 (market for loanable funds), 684—686

名义汇率 (nominal exchange rates), 670—672, 676—677

政治不稳定和资本外逃 (political instability and capital flight), 697—699

国际交易价格 (prices for international transactions), 670—673

购买力平价 (purchasing-power parity), 673—678

真实汇率 (real exchange rates), 672—673

贸易政策 (trade policy), 694—697

公开市场操作 (Open-market operation), 616, **622**, 622—623, 747—748, 753—754

机会成本 [Opportunity cost(s)], **6,52**, 52—53, 260—261

与比较优势 (comparative advantage and), 52—53

作为机会成本的资本成本 (cost of capital as), 261—262

经济学家与会计师 (economists vs. accountants), 262

显性与隐性成本 (explicit and implicit costs), 261

与生产可能性边界 (production possibilities frontier and), 24—26

最优化 (Optimization)

消费者最优选择 (consumer optimal choices), 442—443

需求曲线的推导 (deriving demand curve), 448—449

与收入变动 (income changes and), 444

收入效应 (income effect), 446—448

与价格变动 (price changes and), 445—446

替代效应 (substitution effect), 446—448

与效用 (utility and), 443

最优 (Optimum), 198,442

有序数对 (Ordered pair), 38

经济合作与发展组织 (Organization for Economic Cooperation and Development, OECD), 428

石油输出国组织 [Organization of Petroleum Exporting Countries (OPEC)]

OPEC 中的各国 (nations in), 356

与石油价格 (and price of oil), 104—105

石油与经济 (oil and economy), 738—740

菲利普斯曲线移动 (shifts in Phillips curve), 780, 782

供给冲击与 (supply shocks and), 780, 782

与世界石油市场 (world oil market and), 356

人体器官市场 [Organs (human), market for], 148—150

图形的原点 (Origin, of graph), 38

Orrenius, Pia, 384—385

Orszag, Peter, 208

Oster, Emily, 56—57

产量 (Output), 750

有效率的产量水平 (efficient level of), 311

充分就业产量 (full-employment), 721

产量水平 (levels of), 307

自然产出水平 (natural level of), 733

潜在产量 (potential), **721**

产量下降引起的失业上升 (unemployment rises as output falls), 711—712

产量效应 (Output effect), 305,352

产品价格 (Output price), 378—379

外包 (Outsourcing), 183,184—185

外向型政策 (Outward-oriented policies), 539

P

巴基斯坦 (Pakistan)
    经济增长 (economic growth of), 525
    GDP 和生活质量 (GDP and quality of life in), 498
劳动供给移动与巴勒斯坦人 (Palestine, shifts in labor supply and), 382—383
Parker, Jonathan A., 712—713
停车位 (Parking spots), 148—149
专利到期 (Patent, expiration of), 309—310
专利保护 (Patent protection), 201—202
工薪税 (Payroll tax), 236
    工薪税的负担 (burden of), 125—126
佩尔助学金 (Pell grants), 597
萨姆·佩兹曼 (Pelzman, Sam), 8
感觉与现实 (Perception vs. reality), 31
完全竞争 (Perfect competition)
    与垄断竞争 (monopolistic vs.), 335—336
    与垄断 (monopoly and), 330—332, 344
完全互补品 (Perfect complements), **441**
完全竞争市场 (Perfectly competitive markets), 66, 280
完全有弹性的需求 (Perfectly elastic demand), 94
完全有弹性的供给 (Perfectly elastic supply), 99
完全缺乏弹性的需求 (Perfectly inelastic demand), 92
完全缺乏弹性的供给 (Perfectly inelastic supply), 99
完全价格歧视 (Perfect price discrimination), 315—316
完全替代品 (Perfect substitutes), **441**
持久收入 (Permanent income), **419**
永久债券 (Perpetuity, bonds), 549
个人收入 (Personal income), 489
秘鲁,地下经济 (Peru, underground economy in), 498—499
品牌药品与无品牌药品 (Pharmaceutical drugs vs. generic drugs), 309—310
爱德蒙·费尔普斯 (Phelps, Edmund), 773—780, 784
菲利普斯 (Phillips, A.W.), 770
菲利普斯曲线 (Phillips curve), 770
    在 20 世纪 60 年代 (in 1960s), 779

    总需求和总供给 (aggregate demand, aggregate supply and), 771—773
    破灭 (breakdown of), 780
    金融危机期间 (during financial crisis), 788—789
    长期菲利普斯曲线 (long-run), 773—775
    自然率假说 (natural-rate hypothesis), 778—779
    由来 (origins of), 770—771
    理性预期 (rational expectations), 784
    牺牲率 (sacrifice ratio), 783—784
    菲利普斯曲线的移动 (shift in), 773—782
    短期菲利普斯曲线 (short run), 777—778
    供给冲击与 (supply shocks and), 780—782
物质资本 (Physical capital), **530**
    人均物质资本 (per worker), 530
饼形图 (Pie chart), 37
阿瑟·庇古 (Pigou, Arthur), 203
庇古税 (Pigovian taxes), 203
制针厂 (Pin factory), 273
Plumer, Brad, 33
波兰,超速通货膨胀 (Poland, hyperinflation in), 642
政治性经济周期 (Political business cycle), 802—803
政治经济学 (Political economy), 462, **467**, 467—471
    阿罗不可能性定理 (Arrow's impossibility theorem), 468—469
    康多塞投票悖论 (Condorcet voting paradox), 467—468
    中值选民定理 (median voter theorem), 469—471
    政治家的行为 (politician's behavior), 471
政治不稳定与资本外逃 (Political instability, capital flight and), 697—699
政治稳定与经济增长 (Political stability, economic growth and), 537—539
污染 (Pollution)
    作为公共资源的清新空气与水 (clean air and water as common resource), 226
    与矫正税 (corrective taxes and), 203—204
    环境保护署 [Environmental Protection Agency(EPA)], 203
    汽油税 (gas tax), 205

作为负外部性 (as negative externality), 226
对关于污染的经济分析的批评 (objections to economic analysis of), 207
与管制 (regulation and), 203
污染与社会最优 (social optimum and), 198
可交易的污染许可证 (tradable pollution permits), 205—207
人口增长与经济增长 (Population growth, economic growth and), 540—544
Porter, Eduardo, 428
共同基金中的有价证券组合 (Portfolio, mutual funds), 551
正相关 (Positive correlation), 38
正外部性 (Positive externalities), 196, 199—202
技术溢出效应、产业政策与专利保护 (technology spillovers, industrial policy, and patent protection), 201—202
实证表述 (Positive statements), **28**
Potts, David, 713
贫困 (Poverty)
与种族、年龄与家庭构成相关 (correlated with age, race, and family composition), 418
作为公共物品的反贫困 (fighting, as public good), 220
与收入不平等 (income inequality and), 413—414
与实物转移支付 (in-kind transfers and), 419
减少贫困的政策 (policies to reduce), 424—427
贫困线 (Poverty line), **417**
贫困率 (Poverty rate), **417**, 417—418
掠夺性定价 (Predatory pricing), 362—363
偏好 (Preferences)
消费者选择 (consumer choice), 437—441
多样性不足 (insufficient variety), 338—339
边际替代率 (marginal rate of substitution), 433
用无差异曲线代表偏好 (representing with indifference curves), 438—439
与效用 (utility and), 433
Prescott, Edward, 167
现值 (Present value), **570**, 570—572

价格上限 (Price ceiling), **112**
有限制作用的价格上限 (binding constraint), 112
加油站前排队 (lines at gas pump), 114—115
与市场结果 (market outcomes and), 112—113
没有限制作用的价格上限 (not binding), 112
租金控制 (rent control), 115—116
价格控制与食物短缺 (Price controls, food shortage and), 120—121
价格歧视 (Price discrimination), **314**, 314—318
价格歧视的分析 (analytics of), 315—317
与经济福利 (economic welfare and), 315
例子 (examples of), 317—318
高等教育中的价格歧视 (in higher education), 318
事故的寓意 (moral of story), 315
定价寓言 (parable about pricing), 314—315
利润最大化的垄断者的理性策略 (rational strategy for a profit-maximizing monopolist), 315
与支付意愿 (willingness to pay and), 315
价格—收益比 (Price-earnings ratio), 551
价格效应 (Price effect), 305,352
需求价格弹性 (Price elasticity of demand), 90,90—91
计算 (computing), 91
决定因素 (determinants of), 90—91
沿着一条线性需求曲线的弹性和总收益 (elasticity and total revenue along a linear demand curve), 96—97
中点法 (midpoint method), 91—92
与总收益 (total revenue and), 94—96
需求曲线的多样性 (variety of demand curves), 92—94
供给价格弹性 (Price elasticity of supply), **98**
计算 (computing), 99
决定因素 (determinants of), 98—99
供给曲线的多样性 (variety of supply curves), 99—101
公开的价格勾结 (Price fixing, public), 350
价格下限 (Price floor), **112**
价格下限与市场结果 (market outcomes and), 116—117
作为价格下限的最低工资 (minimum wage as), 117—119
物价水平 (Price level), 750

消费与 (consumption and), 715
汇率效应 (exchange-rate effect), 716—717
投资与 (investment and), 715—716
净出口与 (net export and), 716—717
价格制定者 (Price maker), 300
价格 [Price(s)], 551。参看消费物价指数 [See also Consumer price index]
　广告对价格的影响 (advertising effect on), 340—341
　价格与资源配置 (allocation of resources and), 83
　价格变动 (change in), 444—445
　价格控制 (control on), 112—121
　均衡价格 (equilibrium), 77
　高价格增加了生产者剩余 (higher price raises producer surplus), 143—144
　超速通货膨胀期间的价格 (during hyperinflations), 642
　投入品价格与供给 (input prices and supply), 75—76
　国际交易价格 (for international transactions), 670—673
　一价定律 (law of one), 674
　物价水平 (level of), 635
　低价格增加了消费者剩余 (lower price raises consumer surplus), 138—139
　价格与边际成本 (marginal cost and), 336
　市场出清价格 (market-clearing), 77
　与自然灾害 (natural disasters and), 84—85
　产量 (output), 378—379
　土地和资本的购买价格 (purchase, of land or capital), 387
　与需求量 (quantity demanded and), 67—68
　与供给量 (quantity supplied and), 73
　相关物品的价格与需求 (of related goods and demand), 70
　相对价格 (relative), 437, 648—649
　土地或资本的租赁价格 (rental, of land or capital), 387
　与短缺 (shortages and), 78
　与过剩 (surplus and), 77—78
　贸易的价格 (of trade), 54
　当供给和需求变动时 (when supply and demand shifts), 82
　支付意愿 (willingness to pay), 136—137
　世界价格 (world), 173

价格接受者 (Price takers), 66, 174, 280, 300
定价 (Pricing)
　平均成本定价 (average-cost), 320
　交通拥挤定价 (congestion), 224—225
　边际成本定价 (marginal-cost), 320
　掠夺性定价 (predatory), 362—363
　转售价格维持 (resale price maintenance), 361—362
　搭售 (tying), 363
　价值 (value), 224—225
本金 (Principal), **462**, 462—464
　债券本金 (of bond), 549
委托人 (Principal), 462, 462—464
《政治经济学与赋税原理》(李嘉图) [*Principles of Political Economy and Taxation* (Ricardo)], 55
囚徒困境 (Prisoners' dilemma), 353, 353—355
　占优策略 (dominant strategy), 354
　合作经济学 (economics of cooperation), 353—355
　例子 (examples of), 356—358
　作为囚徒困境的寡头 (oligopoly as), 355
　一报还一报策略 (tit-for-tat strategy), 359
　比赛 (tournament), 359
　与社会福利 (welfare of society and), 358
私人物品 (Private goods), **216**, 216—217
私人储蓄 (Private saving), **555**
生产物价指数 (Producer price index), **509**
生产者剩余 (Producer surplus), **141**, 141—144
　成本和销售意愿 (cost and willingness to sell), 141—142
　评价市场均衡 (evaluating market equilibrium), 146—148
　价格上升引起生产者剩余增加 (higher prices raises), 143—144
　与市场效率 (market efficiency and), 144—150
　用供给曲线衡量生产者剩余 (using supply curve to measure), 142—143
产品差别 (Product differentiation), 331
生产 (Production)
　生产成本 (cost of), 259—260, 263—265
　一国内生产, GDP 衡量生产的价值 (within country, GDP

measures value of), 487
生产要素 (factors of), 22—24,**374**, 527
增长与生产 (growth and), 523—524
生产过程 (process), 301
数量有限的资源 (resources, limited quantities of), 293—295
特定时期内,GDP 衡量生产的价值 (within specific interval of time,GDP measures value of), 487
生产函数 (Production function), **263**,263—265,376,377,531
图示 (illustration), 534
与劳动的边际产量 (marginal product of labor and), 375—376
与总成本 (total cost and), 263, 265
生产可能性边界 (Production possibilities frontier), 49
贸易的好处 (gains from trade), 48—50
与生产可能性边界 (Production possibilities frontier and), **24**,24—26
生产率 (Productivity),**13**,527
决定因素 (determinants of), 526—532
健康与营养影响生产率 (health and nutrition affects), 536—537
人均人力资本 (human capital per worker), 530
重要性 (importance of), 527
生活水平与 (living standards and), 527
人均自然资源 (natural resources per worker), 530
人均物质资本 (physical capital per worker), 530
生产函数 (production function), 531
与生活水平的关系 (relationship between living standards and), 13
技术知识 (technological knowledge), 530—531
与工资 (wages and), 384—386
产品 (Products)
作为产品质量信号的广告 (advertising as signal of quality), 341—342
品牌 (brand-name), 309
差别产品的竞争 (competition with differentiated), 332—337

利润 (Profit), **260**
会计利润 (accounting), **262**
价格与平均总成本之间的区域 (as area between price and average total cost), 290
经济利润 (economic), **262**
用图形衡量竞争企业的利润 (measuring in graph for competitive firm), 288—289
垄断利润 (of monopoly), 308—309
利润最大化 (Profit maximization), 282—283
与竞争企业的供给曲线 (competitive firm's supply curve and), 282—289
垄断 (monopoly), 306—308
累进税 (Progressive tax), **247**
累进税法 (Progressive tax code), 428—429
产权 (Property rights), **12**
经济增长与 (economic growth and), 537—539
产权的重要性 (importance of), 228
与技术 (technology and), 202
财产税 (Property taxes), 240—241
比例税 (Proportional tax), **247**
支持贸易限制的作为讨价还价筹码的保护论 (Protection-as-a-bargaining-chip argument for trade restrictions), 186—187
公共选择 (Public choice), 467
公共物品 [Public good(s)], 215—217,**216**,218—223,540
反贫困计划 (antipoverty programs), 220
作为公共物品的基础研究 (basic research), 219—220
成本—收益分析 (cost-benefit analysis), 221—223
搭便车者问题 (free-rider problem), 218
产权的重要性 (importance of property rights), 228
作为公共物品的灯塔 (lighthouses as), 221
作为公共物品的国防 (national defense), 219
作为自然垄断 (as natural monopoly), 302
人的生命的价值 (value of human life), 222—223
公有制,针对垄断的公共政策 (Public ownership, public policy toward monopolies), 321
公共政策 (Public policy),12。参看反垄断法、财政政策、

货币政策 (See also Antitrust laws; Fiscal policy; Monetary policy)
　与不对称信息 (asymmetric information and), 466—467
　收益递减与追赶效应 (diminishing returns and catch-up effect), 533—535
　经济增长与 (economic growth and), 532—544
　教育与 (education and), 536
　自由贸易与 (free trade and), 539
　健康与营养 (health and nutrition), 536—537
　来自国外的投资 (investment from abroad), 535
　寻找工作 (job search and), 594—595
　人口增长 (population growth and), 540—544
　产权与政治稳定 (property rights and political stability), 537—539
　研究与开发 (research and development), 540
　储蓄与投资 (saving and investment), 533
　针对外部性的公共政策 (toward externalities), 202—207
公共储蓄 (Public saving), **555**, 809—814
　预算赤字与 (budget deficit and), 814
　负的 (negative), 809
　储蓄激励与 (saving incentives and), 814
购买力与通货膨胀 (Purchasing power, inflation and), 647
购买力平价 (Purchasing-power parity), 673—678, **674**
　基本逻辑 (basic logic of), 674
　汉堡包标准 (hamburger standard), 677—678
　含义 (implications of), 674—676
　局限性 (limitations of), 677
　作为特例 (as special case), 688
Putnam, Howard, 361

Q

卡塔尔，作为卡特尔的OPEC (Qatar, OPEC as cartel), 356
Qian, Nancy, 538
质量 (Quality)
　作为质量信号的广告 (advertising as signal of), 341—342
　与品牌 (brand names and), 342—343
　质量变动与CPI (change in, and CPI), 511
　效率工资与质量 (efficiency wages and), 602
　效率工资理论与工人素质 (theory of efficiency wages and worker quality), 602
数量 (Quantity)
　均衡数量 (equilibrium), 77
　准备金数量，美联储影响 (of reserves, Fed influence), 622—623
需求量 (Quantity demanded), 67
　需求量变动 (change in), 80—81
　与价格的关系 (relationship between price and), 67—68
数量折扣 (Quantity discounts), 318
数量方程式 (Quantity equation), 640—642, **641**
供给量 (Quantity supplied), 73
货币数量论 (Quantity theory of money), 634, 637
五分之一 (Quintiles), 248
进口配额 (Quotas, import), 31, 179

R

种族 (Race)
　劳动市场上的歧视 (discrimination in labor market), 405
　体育运动中的歧视 (discrimination in sports), 407—408
　各种族的年收入中值 (median annual earnings by), 403
　与种族相关的贫困 (poverty correlated with), 418
　与电车上的隔离 (segregated streetcars and), 406
Raffo, Andrea, 167
Randlett, Tom, 149
随机游走 (Random walk), **578**
　指数基金与 (index funds and), 578—579
理性预期 (Rational expectations), **784**
　与无代价的反通货膨胀的可能性 (and possibility of costless disinflation), 784—785
理性与行为经济学 (Rationality, behavioral economics and),

471—473

理性人 (Rational people), **6**

约翰·罗尔斯 (Rawls, John), 422—423

罗纳德·里根 (Reagan, Ronald), 30, 429, 634, 701, 800, 803

 政府债务与 (government debt and), 564

 减税 (tax cuts under), 165,166,252

真实汇率 (Real exchange rate), **672**, 672—673

真实GDP(Real GDP), **492**

 与名义GDP比较 (vs. nominal GDP), 491—496

 名义GDP与真实GDP的数字例子 (numerical example of nominal vs.), 492—494

 各国的真实GDP(of various countries), 498

 近代史上的真实GDP(over recent history), 495—496

真实利率 (Real interest rate), 515—517, 516, 747

 费雪效应 (Fisher effect), 644—645

 美国经济的真实利率 (in U.S. economy), 517

感觉与现实 (Reality, perception vs.), 31

真实变量 (Real variables), **639**

衰退 (Recession), 564, **707**, 708, 709, 710

 衰退的文化与社会影响 (cultural and social effect of), 712, 713

 支出增加和减税的政策争论 (government debate over spending hikes or tax cuts), 798—801

 真实GDP与 (real GDP and), 495

 沃尔克的结论 (Volcker's decision), 803

《冷藏的愤怒：美国黑市上的性、毒品和廉价劳动力》(Schlosser)[*Reefer Madness: Sex, Drugs and Cheap Labor in the American Black Market*(Schlosser)], 499

累退税 (Regressive tax), **247**

管制 (Regulation)

 外部性管制 (of externalities), 202

 针对垄断的公共政策 (public policy toward monopolies), 319—321

《1861—1957年英国失业和货币工资变动率之间的关系》（菲利普斯）["Relationship between Unemployment and the Rate of Change of Money Wages in the United Kingdom, 1861—1957" (Phillips)], 770

相对价格 (Relative price)

 与预算约束 (budget constraints and), 436—441

 与消费者选择 (consumer's choice and), 443

 相对价格变动与资源配置不当 (variability and misallocation of resources), 648—649

租金控制 (Rent control), 31

 对价格控制的评价 (evaluating price controls), 120—121

 价格上限 (price ceiling), 115—116

 短期与长期 (in short run and long run), 115—116

租金补贴 (Rent subsidies), 120—121

转售价格维持 (Resale price maintenance), 361—362, 363—364

研究与开发，经济增长与 (Research and development, economic growth and), 540

准备金率 (Reserve ratio), **618**, 623—624

法定准备金 (Reserve requirements), 618, **624**

准备金 (Reserves), **617**, 622—624

资源 (Resources)

 公共资源 (common), 214—215,**216**,216—217, 223—227,302

 金融资源的流动 (flow of financial), 664—665

 有限的产量 (limited quantities of production), 293—295

 垄断 (monopoly), 300,301

 自然资源 (natural), 527, **530**, 721

 价格与资源配置 (prices and allocation of), 83

 囚徒困境 (prisoners' dilemma), 357—358

 相对价格变动与资源配置不当 (relative-price variability and misallocation of), 648—649

 资源的稀缺性 (scarcity of), 4

留存收益 (Retained earnings), 489

收益 (Revenue)。参看"总收益"(See also Total revenue)

 平均收益 (average), **281**

 竞争企业的收益 (of competitive firm), 280—282

 边际收益 (marginal), **282**

 垄断的收益 (of monopoly), 304—306

税收 (tax), 157
反向因果关系 (Reverse causality), 44—45
Reyes, Nery, 120
Rhodes, Cecil, 301
大卫·李嘉图 (Ricardo, David), 55
工作权利法 (Right-to-work laws), 600
Rigobon, Roberto, 511
风险 (Risk)
  企业特有风险 (firm-specific), **575**
  管理风险 (managing), 572—576
  市场风险 (market), **575**
  风险与收益, 二者之间的权衡取舍 (and return, trade-off between), 575—576
风险厌恶 (Risk aversion), **572**, 572—573
消费中的竞争性 (Rivalry in consumption), 216, 216—217
道路拥挤与汽油税 (Road congestion, gasoline tax and), 204
Roback, Jennifer, 406
Robe, Jonathan, 597
《鲁滨孙漂流记》(笛福)(Robinson Crusoe, Defoe), 527
约翰·D. 洛克菲勒 (Rockefeller, John D.), 526
Rodriquez, Alex, 505
Rodríguez, Francisco, 121
Rogerson, Richard, 167
《货币政策的作用》(弗里德曼)["The Role of Monetary Policy" (Friedman)], 773
Romer, Christina D., 700—701
Ruhm, Christopher J., 713
70 规则 (Rule of 70), 572
Rumsfeld, Donald, 734
俄罗斯 (Russia)
  资本外逃 (capital flight), 699
  GDP 和生活质量 (GDP and quality of life in), 498
  收入不平等 (income inequality in), 416
  通货膨胀率 (inflation rate), 634
Ruth, Babe, 514

S

Sachs, Jeffrey, 550
Sacks, Daniel, 500
牺牲率 (Sacrifice ratio), 783—784
Saez, Emmanuel, 166
Saldate, Edward, 149
销售税 (Sales taxes), 240—241
三星 (Samsung), 300
保罗·萨缪尔森 (Samuelson, Paul), 476, 770—771, 773, 776—777, 779
托马斯·萨金特 (Sargent, Thomas), 784—785
Sarkozy, Nicolas, 500
满意者 (Satisficers), 472
沙特阿拉伯 (Saudi Arabia), 356, 738—740
储蓄 [Saving(s)], 547—548, **555**, 812—814
  与国民收入账户中的投资 (and investment in national income accounts), 554—556
  作为可贷资金的供给 (as supply of loanable funds), 558—559
  定义 (defined), 556
  经济增长与 (economic growth and), 533
  通货膨胀增加了储蓄的税收负担 (inflation raises tax burden on), 650
  国际流动 (international flows), 666—667
  利率影响家庭储蓄 (interest rates affect household), 454—456
  国民储蓄 (national), **555**, 668—670, 809, 812—814
  私人储蓄 (private), **555**
  公共储蓄 (public), 555, 809—814
  负的公共储蓄 (negative public), 809
  对鼓励储蓄的税法修改的争论 (tax law reform debate to encourage saving), 812—814
储蓄激励 (Savings incentives), 558—560
沙特阿拉伯 (Saudi Arabia), 356
稀缺性 (Scarcity), **4**
稀缺指数 (Scarcity index), 121

离散点 (Scatterplot), 38
Schlosser, Eric, 499
Schwarz, Andy, 365
经济学家之间科学判断的差别 (Scientific judgments, differences among economists in), 30—31
科学方法 (Scientific method), 20—21
筛选 (Screening), **466**
季度调整 (Seasonal adjustment), 488
部门转移 (Sectoral shifts), 594
证券化 (Securitization), 733
隔离、隔离电车与利润动机 (Segregation, segregated streetcars and profit motive), 406
卖者 (Sellers)
  卖者数量与供给曲线移动 (number of, and shifts in supply curve), 76
  向卖者征税 (taxes on), 121—123
  影响卖者的变量 (variables that influence), 76
最明智的税 (Sensible tax), 208—209
服务 (Services)
  CPI 篮子 (CPI basket of), 506—509
  当期生产的服务, GDP 包括 (currently produced, GDP includes), 487
  无形的服务 (intangible), 487
  服务市场 (markets for), 22—24
影子经济 (Shadow economy), 498—499
乔治·萧伯纳 (Shaw, George Bernard), 528
萧伯纳 (Shaw, George Bernard), 30
《谢尔曼反托拉斯法》(Sherman Antitrust Act), 319, 360
Shi-Ling, Hsu, 208
Shiller, Robert J., 476—477
皮鞋成本 (Shoeleather costs), **647**, 647—648
短缺 (Shortage), **78**
  加油站前的长队 (lines at gas pump), 114—115
  与价格上限 (price ceilings and), 113
短期 (Short run)
  短期总供给曲线向右下方倾斜 (aggregate-supply curve slopes upward in), 722—726

成本 (costs in), 271—273
短期中的反通货膨胀货币政策 (disinflationary monetary policy in), 783
经济波动 (economic fluctuations in), 721, 724—726, 709
需求增加 (increase in demand), 294
利率 (interest rates in), 750
有固定数量企业的市场供给 (market supply with fixed number of firms), 290
短期中的垄断竞争企业 (monopolistically competitive firm in), 332
短期中的垄断竞争者 (monopolistic competitors in), 333
菲利普斯曲线 (Phillips curve), 777—778
租金控制 (rent control), 115—116
需求的移动 (shift in demand), 293
Shoup, Donald, 149
停业 (Shutdown), 285
  竞争企业的短期停业决策 (competitive firm's short-run decision to), 285—286
  与生意冷清的餐馆 (near-empty restaurants and), 287
  与淡季的小型高尔夫球场 (off-season miniature golf and), 287
Sichel, Daniel, 492
Siegel, Jeremy, 580
西拉俱乐部 (Sierra Club), 208
发信号 (Signaling), 401, **465**
  作为信号的广告 (advertising), 401
  传递私人信息 (to convey private information), 465
  作为信号的教育 (education), 401
  作为信号的礼物 (gifts as), 465—466
哈伯特·西蒙 (Simon, Herbert), 472
Simpson, Alan K., 250
新加坡 (Singapore)
  经济增长率 (economic growth rate of), 524
  追求外向型政策 (pursued outward-oriented policies), 539
  贸易与收入分配 (trade and distribution of income), 185
斜率 (Slope), 41—43
亚当·斯密 (Smith, Adam), 10, 11, 14, 55, 148, 209, 273, 361, 499

Smith, Fred, 167
减少吸烟 (Smoking, reducing), 71—73
《社会选择与个人价值》(阿罗)[Social Choice and Individual Values (Arrow)], 469
社会成本 (Social cost), 198
    垄断利润 (monopoly's profit), 313
社会保险 (Social insurance), **423**
社会保险税 (Social insurance taxes), 236
社会保障 (Social Security), 125, 236, 248
    与预算赤字 (budget deficit and), 238—240
    与联邦政府支出 (federal spending and), 237
    社会保障下的收益指数化 (indexation of benefits under), 514—515
    政府社会保障支出增加 (rise in government spending for), 238—239
    社会保障税 (tax), 162, 167
用于补助残疾人的社会保障支出 (Social security disability payments), 597
社会 (Society)
    社会面临的决策 (decisions faced by), 3—4
    面临失业与通货膨胀之间的短期权衡取舍 (faces short-run trade-off between inflation and unemployment), 15
    垄断竞争与社会福利 (monopolistic competition and welfare of), 336—337
    囚徒困境与社会福利 (prisoners' dilemma and welfare of), 358
罗伯特·索洛 (Solow, Robert), 770—771, 773, 776—777, 779
Soltas, Evan, 318
南非的收入不平等 (South Africa, income inequality in), 416
韩国 (South Korea)
    热量消耗和人的身高 (caloric consumption and height of population), 537
    资本外逃 (capital flight), 699
    经济增长率 (economic growth rate of), 524
    用于投资的 GDP (GDP to investment), 534
    购买力平价 (purchasing-power parity), 678
    追求外向型政策 (pursued outward-oriented policies), 539
    贸易与收入分配 (trade and distribution of income), 185
    自由贸易的多边方法 (unilateral approach to free trade), 187
苏联 (Soviet Union)
    军备竞赛与冷战 (arms race and Cold War), 356—357
专业化 (Specialization)
    动力 (driving force of), 52—58
    与规模经济 (economies of scale and), 273
    与贸易 (trade and), 50—51
投机泡沫 (Speculative bubble), 579
支出与税收间的模糊界限 (Spending and taxes, blur between), 250—251
支出乘数，公式 (Spending multiplier, formula for), 757
体育运动中的歧视 (Sports, discrimination in), 407—408
稳定 (Stabilization)
    自动稳定器 (automatic stabilizers), 764—765
    争论 (debate), 796—798
    政策观点 (policy arguments), 760—765
滞胀 (Stagflation), **737**, 780
停滞 (Stagnation), 737
标准普尔 (Standard & Poor's), 550
生活水平 (Standard of living)
    决定因素 (determinants of), 13
    生产率与生活水平之间的关系 (relationship between productivity and), 13
州政府 (State government), 240—241
    收入 (receipts for), 240—241
    支出 (spendings for), 241
统计误差 (Statistical discrepancy), 488, 489
Steam, 33
Stevenson, Betsey, 500
黏性价格理论与总供给曲线 (Sticky-price theory, aggregate-supply curve and), 725
黏性工资理论与总供给曲线 (Sticky-wage theory, aggregate-supply curve and), 724—725
乔治·斯蒂格勒 (Stigler, George), 321

约瑟夫·E. 斯蒂格利茨 (Stiglitz, Joseph E.), 208
股票 (Stocks), **549**
    企业特有风险的分散 (diversification of firm-specific risk), 574—575
    有效市场假说 (efficient markets hypothesis), 577—578
    基本面分析 (fundamental analysis), 577
    市场非理性 (market irrationality), 579
    随机游走与指数基金 (random walks and index funds), 578—579
股票指数 (Stock index), 550
Stockman, David, 165
股票市场 (Stock market), 549—550
    联邦储备 (Federal Reserve and), 754—755
价值储藏 (Store of value), 551, **611**
罢工 (Strike), **403**, **599**
结构性失业 (Structural unemployment), **593**
    最低工资法与 (minimum-wage laws and), 596—598
次级贷款者 (Subprime borrowers), 733
补贴 (Subsidies)
    以市场为基础的补贴政策 (market-based policy), 203—205
    租金补贴 (rent), 120—121
    工资补贴 (wage), 120—121
替代品 (Substitutes), **70**
    需求的交叉价格弹性 (cross-price elasticity of demand), 98
    完全替代品 (perfect), **441**
    需求价格弹性 (price elasticity of demand), 90
替代 (Substitution)
    替代偏向 (bias), 509
    替代效应 (effect), **446**, 446—448
    边际替代率 (marginal rate of), **438**, 443
替代效应（Substitution effect）, **814**
Summers, Larry, 700
沉没成本 (Sunk cost), 285, **286**, 286—287
超级明星现象 (Superstar phenomenon), 402
补充性保障收入 [Supplemental Security Income (SSI)], 425

供给 (Supply), 73—76。参见"货币供给" (See also Money supply)
    供给的应用 (applications of), 101—107
    变动 (change in), 80—81
    减少 (decrease in), 75, 81
    供给弹性 (elasticity of), 98—101
    供求均衡 (equilibrium of demand and), 77—79
    超额供给 (excess), 77—78
    供给增加 (increase in), 75, 102
    个人供给 (individual), 74—75
    缺乏弹性的供给 (inelastic), 98
    与投入品价格 (input prices and), 75—76
    劳动供给 (of labor), 380—381
    供给定理 (law of), **73**
    市场供给与个人供给 (market vs. individual), 74—75
    与卖者的数量 (number of sellers and), 76
    完全有弹性的供给 (perfectly elastic), 99
    完全无弹性的供给 (perfectly inelastic), 99
    供给的价格弹性 (price elasticity of), 99, 100, 101
    价格与供给量之间的关系 (relationship between price and quantity supplied), 73—74
    与技术 (technology and), 76
供给与需求 (Supply and demand), 77—83, 111—112
    区分供给与需求 (disentangling), 692
    外汇供给与需求 (for foreign-currency exchange), 684—689
    可贷资金的供给与需求 (of loanable funds), 684—689
    供求均衡 (equilibrium of), 77
    供求定理 (law of), 79
    供求的市场力量 (market forces of), 65
    供求变动 (shift in), 82
    多功能性 (versatility of), 375
供给曲线 [Supply curve(s)], **74**
    竞争市场上的供给曲线 (in competitive market), 289—295
    与垄断 (monopoly and), 308
    供给价格弹性 (price elasticity of supply), 99—101
    供给曲线移动 (shifts in), 75—76

供给曲线移动与沿着供给曲线的变动 (shifts in vs. movements along), 80
  供给表与供给曲线 (supply schedule and), 73—74,142
  用供给曲线衡量生产者剩余 (using to measure producer surplus), 142—143
  供给曲线的多样性 (variety of), 99—101
供给表 (Supply schedule), **74**
  供给表与供给曲线 (supply curve and), 73—74,142
供给冲击 [Supply shock(s)], **780**
  20世纪70年代的供给冲击 (of the 1970s), 782
  抵消不利的供给冲击 (accommodating adverse), 781—782
  对总供给的不利冲击 (adverse shock to aggregate supply), 781
  与菲利普斯曲线 (Phillips curve and), 780—782
  供给冲击的作用 (role of), 780—782
供给学派经济学与拉弗曲线 (Supply-side economics and Laffer curve), 165
供给学派经济学家 (Supply siders(economists)),760
剩余 (Surplus), **77**
  消费者剩余 (consumer)。参看"预算盈余""消费者剩余""总剩余"(See also Budget surplus; Consumer surplus; Total surplus)
  与价格下限 (price floors and), 117
  生产者剩余 (producer)。参看"生产者剩余"(See Producer surplus)
瑞典 (Sweden)
  拉弗曲线 (Laffer curve), 165
  购买力平价 (purchasing-power parity), 678
  税收负担 (tax burden in), 235
  地下经济 (underground economy in), 498—499
瑞士，地下经济 (Switzerland, underground economy in), 498—499
协同效应 (Synergies), 319

T

台湾地区 (Taiwan)
  贸易与收入分配 (trade and distribution of income), 185
  追求外向型政策（pursued outward-oriented policies）,539
  贸易和收入分配（trade and distribution of income）,185
有形物品,GDP包括 (tangible goods,GDP includes), 487
坦桑尼亚，大象猎杀 (Tanzania, elephant poaching), 227
关税 [Tariff(s)], 31,**177**,694
  与进口配额比较 (compared to import quotas), 179
  关税的无谓损失 (deadweight loss of), 178
  在国际贸易中的影响 (effects of in international trade), 177—179
爱好与需求曲线移动 (Tastes, shifts in demand and), 70
税收的成本 (Taxation, costs of), 155—156
税收负担 (Tax burden)
  税收负担的分配 (distribution of), 248—249
  划分税收负担 (divided), 127
  与欧洲公司相比，美国的税收负担 (of U.S. compared to European companies), 235
减税 (Tax cuts)
  乔治·W. 布什时的减税 (under George W. Bush), 798
  肯尼迪时的减税 (under Kennedy), 762
  里根时期的减税 (under Ronald Reagan), 252
  乔治·H.W. 布什时的减税 (under George H.W. Bush), 760
税收辩论 (Tax debate), 166
税收平等 (Tax equity), 249—251
税收 (Taxes), 121—128,242—246
  支付能力原则 (ability-to-pay principle), 247
  奥巴马不增加税收的承诺 (Barack Obama pledged to raise taxes), 253
  受益原则与汽油税 (benefits principle and gasoline), 246—247
  对买者征税与市场结果 (on buyers, market outcomes and), 123—125
  碳税 (carbon), 208—209

税收变动 (changes in), 759—760

消费税 (consumption), 243—244

公司所得税 (corporate income), 241, 250—251

矫正税 (corrective), **203**

里根时期的减税 (cuts under Reagan), 165

税收的无谓损失 (deadweight loss of taxation), 156—160,163—165,234,243

与平等 (equity and), 246—251

销售税 (excise), 237

消费税 (expenditures), 250—251

汽油税 (gas), 204—205

高税率 (high tax rates), 166

税收归宿 (incidence), 122

所得税 (income), 243

个人所得税 (individual income), 241

通货膨胀 (inflation), 642—644

劳动税 (on labor), 162—163

拉弗曲线和供给学派经济学 (Laffer curve and supply-side economics), 165—166

定额税 (lump-sum tax), **245**, 245—246

奢侈品税 (luxury), 127

负所得税 (negative income), 425—426

工薪税 (payroll), 125—126

庇古税 (Pigovian), 203

累进税 (progressive), **247**

财产税 (property), 240—241

比例税 (proportional), **247**

累退税 (regressive), **247**

销售税 (sales), 240—241

对卖者征税与市场结果 (on sellers, market outcomes and), 121—123

社会保险税 (social insurance), 236

增值税 (value-added), 244

税收支出 (Tax expenditures), 250—251

税收归宿 (Tax incidence), **122**,249—251

与弹性 (elasticity and), 126—128

税收归宿的粘蝇纸理论 (flypaper theory of), 249—251

税法争论 (Tax laws debate), 812—814

税率 (Tax rates)

平均税率 (average), **245**

边际税率 (marginal), **245**

税收收入 (Tax revenue), 157,163—166

税制 (Tax systems), 247

税制的管理负担 (administrative burden of), 244—245

税制的设计 (design of), 233—234

税收优惠,债券 (Tax treatment,Bonds), 549

Team Fortress, 2,33

技术变革 (Technological change), 379

技术知识 (Technological knowledge), 529, **530**, 530—531

技术知识变动 (changes in), 722

特定的技术知识 (specific), 219

技术进步 (technological progress)

促进技术进步的人口增长 (population growth promoting of), 542—544

技术 (Technology)

与对熟练与不熟练工人的需求 (demand for skilled and unskilled labor and), 397—399

与供给曲线移动 (shifts in supply curve and), 76

技术溢出效应 (spillovers), 201—202

青少年劳动市场与最低工资 (Teenage labor market, minimum wage and), 118—119

贫困家庭临时援助 [Temporary Assistance for Needy Families (TANF)], 220,425

债券的期限 (Term, bonds), 549

短期拍卖工具 (Term auction facility), 623

纺织业 (Textile market), 172—187

泰国 (Thailand)

资本外逃 (capital flight), 699

地下经济 (underground economy in), 498—499

理论 (Theory), 20—21

《正义论》(罗尔斯)[*Theory of Justice* (Rawls)], 422

流动性偏好理论 (Theory of liquidity preference), 747—749

时间范围与需求价格弹性 (Time horizon, price elasticity of demand), 91

政策的前后不一致性 (Time inconsistency of policy), 802—803

时间序列图 (Time-series graph), 37,38

货币的时间价值, 衡量 (Time value of money,measuring), 570—572

一报还一报战略 (Tit-for-tat strategy), 359

收费道路 (Toll roads), 224—225

总成本 (Total cost), **260**,274
    平均总成本 (average), **267**,274
    与生产函数 (production function and), 263—265

总收益 (Total revenue), **94**,95,**260**
    沿着线性需求曲线的总收益 (along a linear demand curve), 96—97
    竞争企业的总收益 (for competitive firm), 281
    垄断者的总收益 (monopoly), 304,305
    与需求价格弹性 (price elasticity of demand and), 94—96

总剩余 (Total surplus), 145,147

可交易的污染许可证 (Tradable pollution permits), 205—207

贸易 (Trade)。参看"自由贸易""贸易的好处""国际贸易"(See also Free trade; Gains from trade; International trade)
    贸易协定与世界贸易组织 (agreements and World Trade Organization), 187
    贸易的收益 (benefits of), 10
    与比较优势 (comparative advantage and), 53—54
    无谓损失与贸易的好处 (deadweight losses and gains from), 159—160
    没有国际贸易时的均衡 (equilibrium without international), 172—173
    相互依存与贸易的好处 (interdependence and gains from), 47—48
    贸易的价格 (price of), 54
    贸易限制 (restraint of), 360
    与专业化 (specialization and), 50—51

贸易余额 (Trade balance), **660**

贸易壁垒 (Trade barriers), 31

贸易赤字 (Trade deficit), **661**

    衡量一国的收入 (measuring a nation's income), 484
    美国的贸易赤字 (of U.S.), 668—670

权衡取舍 (Trade-offs)
    平等与效率之间的权衡取舍 (between equity and efficiency), 252—253
    通货膨胀与失业之间的权衡取舍 (between inflation and unemployment), 15
    风险与收益之间的权衡取舍 (between risk and return), 575—576
    与政策决策 (policy decisions and), 28
    与生产可能性边界 (production possibilities frontier and), 24—26

贸易政策 (Trade policy), **694**, 694—697
    关税 (tariff), 694
    进口配额 (import quota), 694

贸易限制 (Trade restrictions)
    支持贸易限制的观点 (arguments for), 182—187
    支持贸易限制的幼稚产业论 (infant-industry argument for), 185—186
    支持贸易限制的工作岗位论 (jobs argument for), 183—184
    支持贸易限制的国家安全论 (national-security argument), 184—185
    支持贸易限制的作为讨价还价筹码的保护论 (protection-as-a-bargaining-chip argument), 186—187
    关税 (tariffs), 31
    支持贸易限制的不公平竞争论 (unfair-competition argument for), 186

贸易盈余 (Trade surplus), **660**

交通, 作为公共物品或公共资源的拥堵道路 (Traffic, congested roads as public goods or common resources), 226

公地悲剧 (Tragedy of the Commons), 223,223—225

交易成本 (Transaction costs), **211**

转移支付 (Transfer payments), 237,248,490

传递性 (Transitivity), 468,469

交通 (Transportation), 508

Truman, Harry, 28—29
营业额, 效率工资与 (Turnover, efficiency wages and), 602
孪生赤字 (Twin deficits), 694
搭售 (Tying), 363—364
市场的专制 (Tyranny of market), 338—339
《市场的专制》[*Tyranny of the Market, The* (Waldfogel)], 338

U

乌干达, 大象猎杀 (Uganda, elephant poaching), 227
最后通牒博弈 (Ultimatum game), 474
地下经济 (Underground economy), 163, 498—499
失业 (Unemployment), 585—586
    补助 (benefits), 597
    周期性失业 (cyclical), 586, **589**
    效率工资与 (efficiency wages and), 601—603
    摩擦性失业 (frictional), **593**
    没有工作的时间 (how long without work), 592
    失业的确认 (indentifying), 586—593
    寻找工作与 (job search and), 593—595
    衡量一国的收入 (measuring a nation's income), 484
    衡量 (measuring of), 586—589
    最低工资法与 (minimum-wage laws and), 596—598
    自然失业率 (natural rate of), 586, **588**, 774
    随着产量下降失业上升 (rises as output falls), 711—712
    通货膨胀与失业的短期权衡取舍 (short-run trade-off between inflation and),15,773—792
    结构性失业 (structural), **593**
    失业的工资 (wages of), 596—597
    为什么一些人总是失业 (Why some people always), 592—593
失业保险 (Unemployment insurance), **595**
失业率 (Unemployment rate), **587**
    衡量指标 (measures), 590—591
    自1960年以来的失业率 (since 1960), 588

支持贸易限制的不公平竞争论 (Unfair-competition argument for trade restrictions), 186
工会 (Union), **402,608**
    集体谈判 (collective bargaining and), 598—601
    均衡工资的决定 (determinant of equilibrium wages), 402—403
    工会经济学 (economics of), 599—600
    工会对经济是好还是坏 (good or bad for economy), 600—601
    卡特尔的一种类型 (type of cartel), 599—600
计价单位 (Unit of account), **611**
阿拉伯联合酋长国, 作为卡特尔的 OPEC(United Arab Emirates, OPEC as cartel), 356
英国 (United Kingdom)
    发达经济 (advanced economy), 528
    经济增长 (economic growth of), 525
    收入不平等 (income inequality in), 416
    税收负担 (tax burden in), 235
    地下经济 (underground economy in), 498—499
美国 (United States)
    平均收入 (average income in), 523
    碳税 (carbon tax), 208—209
    出口的属性改变 (changing nature of exports), 662—663
    美国的收入分配 (distribution of income in), 415
    经济增长 (economic growth of), 525
    金融机构 (financial institutions in), 548—553
    GDP 和生活质量 (GDP and quality of life in), 498
    用于投资的 GDP(GDP to investment), 534
    政府债务, 美国历史 (government debt, history of), 563—564
    收入不平等 (income inequality in), 414—416
    通货膨胀 (inflation in), 14
    通货膨胀率 (inflation rate), 634
    与美国的国际贸易 (international trade with), 57—58
    利率 (interest rates in), 517
    美国的生活水平 (living standards in), 13
    货币 (money in), 613—614, 615

与北美自由贸易协定 (NAFTA and), 187
自 1900 年以来的真实 GDP 增长 (real GDP growth since 1900), 710
真实 GDP(real GDP in), 495
与欧洲国家相比的税收负担 (tax burden compared to European countries), 235
税率 (tax rate), 166
贸易与收入分配 (trade and distribution of income), 184—185
贸易限制 (trade restrictions), 181
贸易赤字 (trade deficit), 668—670
地下经济 (underground economy in), 498—499
管理鱼类和其他野生动物使用的法律 (various laws to manage use of fish and other wildlife), 226
《任何速度都不安全》(纳德尔)[Unsafe at Any Speed (Nader)], 8
美国商务部 (U.S. Department of Commerce), 491
美国出口 (U.S. exports), 662—663
美国司法部 (U.S. Justice Department), 360,363—364
美国最高法院与反托拉斯法 (U.S. Supreme Court, antitrust laws), 319
U 形的平均总成本曲线 (U-shaped average total cost), 269—270
功利主义 (Utilitarianism), **421**,421—422
效用 (Utility), **421**,443
 效用的概念 (concept of), 573
 效用函数 (function), 573
效用理论 (Utility theory), 476—477

V

增值税 [Value-added (VAT) tax], 244
人生命的价值, 成本—收益分析 (Value of human life, cost-benefit analysis), 222—223
边际产量值 (Value of the marginal product), 377,377—378
价值定价 (Value pricing), 224—225

经济学家之间价值观的差别 (Values, differences among economists in), 31
可变成本 (Variable costs), 266—267,**267**,274
 平均可变成本 (average), **268**,274
变量 (Variables)
 单变量的图形 (graphs of single), 37—38
 两个变量的图形 (graphs of two), 38—39
 名义变量 (nominal), **639**
 忽略的变量 (omitted), 43—44
 真实变量 (real), **639**
 影响买者的变量 (that influence buyers), 71
 影响卖者的变量 (that influence sellers), 76
可变收费 (Variable tolling), 224—225
Varian, Hal, 408—409,511
Varoufakis, Yanis, 33
Vedder, Richard, 596—597
货币流通速度 (Velocity of money), **640**, 640—642
委内瑞拉 (Venezuela)
 通货膨胀率 (inflation rate), 634
 作为卡特尔的 OPEC(OPEC as cartel), 356
纵向平等 (Vertical equity), **247**
网络游戏经济学 (Video games, economics of), 33
Vissing-Jorgenson, Annette, 712—713
保罗·沃尔克 (Volcker, Paul A.), 701, 782—783, 784, 785—786, 787
 导致衰退的决定 (decision led to recession), 803
 反通货膨胀 (disinflation), 785—786
投票机制 (Voting systems), 468—469
 阿罗不可能性定理 (Arrow's impossibility theorem), 469
 康多塞投票悖论 (Condorcet voting paradox), 467—468
 中值选民理论 (median voter theorem), 469—471

W

工资—物价螺旋式上升 (Wage-price spiral), 737
工资 (Wages)

一天 5 美元工资 ($5-a-day), 603
与能力、努力和机遇 (ability, effort, and chance), 399—400
效率 (efficiency), 601, 601—603
黏性工资理论 (sticky-wage theory), 724—725
效率工资理论 (theory of efficiency), 601—603
失业的工资 (of unemployment), 596—597
与逆向选择 (adverse selection and), 464
与漂亮 (beauty and), 400—401
与黑死病 (Black Death and), 389
补偿性工资差别 (compensating differentials), 396
均衡工资的决定 (determinants of equilibrium), 396—403
与教育 (education and), 397
效率 (efficiency), 402—403,**601**,601—603
与自由贸易 (free trade and), 184—185
人力资本 (human capital), 396—397
与移民 (immigration and), 384—385
与劳动供给 (labor supply and), 450—453
最低工资 (minimum), 117—119
最低工资法、工会与效率工资 (minimum-wage laws, unions, and efficiency wages), 402—403,404—405
与生产率 (productivity and), 384—386
发信号 (signaling), 401
超级明星现象 (superstar phenomenon), 402
工资补贴 (Wage subsidies), 120—121
瓦格纳法案 (Wagner Act), 600
Waldfogel, Joel, 338—339
财富 (Wealth)
　财富任意再分配 (arbitrary redistributions of), 651—652
　财富效应 (effect), 715, 746
《国富论》(斯密)[The Wealth of Nations (Smith)], 11,361
Weil, David N., 846
福利 (Welfare), 237,248,**425**,427
　自由贸易的福利效应 (effects of free trade), 174
　关税的福利效应 (effects of tariffs), 177—179
　减少贫困的政策 (policies to reduce poverty), 425
　税收影响福利 (tax affects), 158—159

垄断的福利成本 (Welfare cost of monopoly), 310—313
　无谓损失 (deadweight loss), 311—313
福利经济学 (Welfare economics), 135,136—151, 157—159,197,313
Wessel, David, 734—735
Whitehouse, Mark, 500
为什么是黄金 (Why gold), 612—613
支付意愿 (Willingness to pay), **136**,136—137,315
销售意愿与成本 (Willingness to sell, cost and), 141—142
Wolfers, Justin,500—501
女性 (Women)
　自 1950 年以来的女性劳动力参工率 (labor force participation rates since 1950), 590
　竞争中的性别歧视 (gender differences in competition), 408—409
　美国经济中的女性劳动力 (labor force participation in U.S. economy of), 589—590
《欧兹国历险记》(Baum)[Wonderful Wizard of Oz,The (Baum)], 652—653
工人 (Worker)
　丧失信心的工人 (discouraged), **591**
　工人努力程度 (effort), 603
　工人健康 (health), 601—602
　人均人力资本 (human capital per), 530
　自然资源 (natural resources), 530
　人均物质资本 (physical capital per), 530
　工人素质 (quality), 602
　工人流动率 (turnover), 602
劳动福利 (Workfare), 427
工作激励与反贫困计划 (Work incentives, antipoverty programs and), 427
世界价格 (World price), **173**
世界贸易组织 [World Trade Organization (WTO)], 181,187
　世界贸易组织与贸易协定 (trade agreements and), 187
第二次世界大战，总需求曲线的移动 (World War II, shift in aggregate demand), 732—733

X

x 轴 (x-coordinate), 38

Y

y 轴 (y-coordinate), 38

Z

零约束问题 (Zero bound problem), 807

零经济利润 (Zero economic profit), 334

零通货膨胀 (Zero inflation), 804—808

利率降至零 (Zero lower bound), 753

零利润 (Zero profit)
- 继续经营的零利润的竞争企业 (competitive firms stay in business with), 292—293
- 零利润条件 (condition), 336
- 零利润均衡 (equilibrium), 292—293

津巴布韦 (Zimbabwe)
- 经济增长率 (economic growth rate of), 524
- 超速通货膨胀 (hyperinflation in), 644
- 通货膨胀率 (inflation rate), 634
- 地下经济 (underground economy in), 498—499